2025
NONA
EDIÇÃO

Marcelo
Abelha

MANUAL DE EXECUÇÃO CIVIL

Dados Internacionais de Catalogação na Publicação (CIP) de acordo com ISBD

R696m   Rodrigues, Marcelo Abelha

Manual de execução civil / Marcelo Abelha Rodrigues. - 9. ed. - Indaiatuba, SP : Editora Foco, 2025.

800 p. ; 17cm x 24cm.

Inclui índice e bibliografia.

ISBN: 978-65-6120-304-3

1. Direito. 2. Direito civil. 3. Execução civil. I. Título.

2025-442

CDD 347   CDU 347

Elaborado por Vagner Rodolfo da Silva – CRB-8/9410

Índices para Catálogo Sistemático:

1. Direito civil 347

2. Direito civil 347

NONA
EDIÇÃO

Marcelo
Abelha

MANUAL DE EXECUÇÃO CIVIL

2025 © Editora Foco

Autor: Marcelo Abelha
Diretor Acadêmico: Leonardo Pereira
Editor: Roberta Densa
Coordenadora Editorial: Paula Morishita
Revisora Sênior: Georgia Renata Dias
Revisora Júnior: Adriana Souza Lima
Capa Criação: Leonardo Hermano
Foto da orelha: Vinicius Matos
Diagramação: Ladislau Lima e Aparecida Lima
Impressão miolo e capa: META BRASIL

DIREITOS AUTORAIS: É proibida a reprodução parcial ou total desta publicação, por qualquer forma ou meio, sem a prévia autorização da Editora FOCO, com exceção do teor das questões de concursos públicos que, por serem atos oficiais, não são protegidas como Direitos Autorais, na forma do Artigo 8º, IV, da Lei 9.610/1998. Referida vedação se estende às características gráficas da obra e sua editoração. A punição para a violação dos Direitos Autorais é crime previsto no Artigo 184 do Código Penal e as sanções civis às violações dos Direitos Autorais estão previstas nos Artigos 101 a 110 da Lei 9.610/1998. Os comentários das questões são de responsabilidade dos autores.

NOTAS DA EDITORA:

Atualizações e erratas: A presente obra é vendida como está, atualizada até a data do seu fechamento, informação que consta na página II do livro. Havendo a publicação de legislação de suma relevância, a editora, de forma discricionária, se empenhará em disponibilizar atualização futura.

Erratas: A Editora se compromete a disponibilizar no site www.editorafoco.com.br, na seção Atualizações, eventuais erratas por razões de erros técnicos ou de conteúdo. Solicitamos, outrossim, que o leitor faça a gentileza de colaborar com a perfeição da obra, comunicando eventual erro encontrado por meio de mensagem para contato@editorafoco.com.br. O acesso será disponibilizado durante a vigência da edição da obra.

Impresso no Brasil (2.2025) – Data de Fechamento (2.2025)

2025
Todos os direitos reservados à
Editora Foco Jurídico Ltda.
Rua Antonio Brunetti, 593 – Jd. Morada do Sol
CEP 13348-533 – Indaiatuba – SP

E-mail: contato@editorafoco.com.br
www.editorafoco.com.br

APRESENTAÇÃO

Não se trata de simplesmente apresentar uma nova edição, a nona, do meu MANUAL DE EXECUÇÃO CIVIL.

Já escrevi antes que duas perdas recentes de pessoas que são responsáveis por quem eu sou me impuseram uma mudança de perspectiva na minha forma de ver a vida […] e a morte.

Sem melancolia alguma, não se preocupem, enxergo claramente a finitude da vida aqui neste plano, e já não temo ou receio o porvir, muito pelo contrário. Somos passageiros desta estrada que tem início, meio e fim.

Enxergando, verdadeiramente, que a estrada termina, às vezes sem aviso prévio, pode-se aproveitar a jornada da vida mais e melhor, com a infalível receita de tentar ser e fazer os outros felizes, em especial quem você ama.

Essa consciência permite saborear mais intensamente "tudo" o que nos faz sorrir. "Tudo" são as coisas mais simples da vida, como apenas estar perto e poder sentir a presença espiritual dos seus amores.

Entre essas incessantes e diárias "escolhas" por uma jornada melhor que dê sentido à nossa existência, uma delas é a que me faz querer publicar meus livros por uma editora em que eu me sinta em casa; sim, onde todos são muito profissionais, mas que jamais deixam de ser "gente como a gente", de carne e osso […] e especialmente de alma.

Não tem preço poder conversar a qualquer hora com a Roberta ou com o Leo sobre a obra a ser lançada, e ver, com absoluta sinceridade, que ali não tem apenas mais um livro. Transparece em cada um da editora Foco um "sentimento" pelo livro a ser lançado.

A sensação que tenho é que eles também percebem que este livro será lido por uma pessoa que, na sua intimidade, dele tentará extrair algum conhecimento que possa lhe ser útil na sua vida profissional. Pode ser um estudante ou um ministro, pouco importa. O que é significativo é saber que este livro se coloca como uma ponte de diálogo entre mim e o leitor, aquele com quem eu irei conversar. Na Foco eu sinto que eles também sentem isso.

Trouxe mais este trabalho para cá, casa de onde espero não sair na minha finitude desta minha jornada. Não estamos preocupados com números, mas com pessoas.

Portanto, esta "nona edição" é, como se fosse, uma edição que está debutando, não apenas porque nela fiz vários acréscimos doutrinários e jurisprudenciais, mas porque está sendo lançada numa casa onde o que mais importa é a leitura de quem vai ler.

A grande maioria dos operadores do direito "detesta" estudar execução civil. Acreditem em mim: é apaixonante. Deem-me a chance de mostrar isso. Tentei colocar aqui neste livro um pouco, ou muito, da minha inacabável paixão pelo estudo da execução civil, disciplina que leciono há 30 anos.

Despeço-me desta apresentação com um sentimento de gratidão aos meus leitores que tanto me alegram com o contraditório, seja nas críticas sempre construtivas, nas sugestões ou simplesmente nas mensagens de carinho relatando como o livro lhes tocou.

Chegando ao final, devo lembrá-los que um dia a jornada aqui acaba, que o tempo é curto e que ele não retroage. Portanto, "carpe diem" meus queridos leitores.

Marcelo Abelha

SUMÁRIO

APRESENTAÇÃO.. V

PARTE I

FUNDAMENTOS DA EXECUÇÃO CIVIL

CAPÍTULO I – PREMISSAS ESSENCIAIS PARA A COMPREENSÃO DA EXECUÇÃO CIVIL.. 3

1. O devido processo legal e a execução 3

    1.1 Os fins não justificam os meios.. 3

    1.2 Devido processo legal e tutela executiva 4

    1.3. Poder geral de coação estatal e seus limites 7

    1.4 Devido processo legal, tutela executiva e proteção dos valores do exequente e do executado 10

2. Sistema executivo aberto, fechado e flexível 10

3. Devido processo legal e sistema executivo 13

4. Solução – adjudicada e consensual – dos conflitos 15

CAPÍTULO II – TUTELA JURISDICIONAL EXECUTIVA NO CPC 17

1. As crises jurídicas e a atividade jurisdicional... 17

2. A configuração da atividade jurisdicional executiva no Código de Processo Civil.. 21

3. O Estado liberal e sua influência no CPC/1973.. 25

4. Os fundamentos e os fins do Novo Código de Processo Civil (Lei 13.105/2015)..... 30

    4.1 Razões sociais e jurídicas justificadoras de um Novo Código de Processo Civil 30

    4.2 A crise do Poder Judiciário e o NCPC.. 35

    4.3 O Novo CPC e a aproximação com a common law............................ 39

    4.4 Obrigacionalização da tutela executiva pelo CPC............................ 41

5. A técnica processual executiva.. 42

    5.1 Os módulos processuais executivos (fase ou módulo processual e processo autônomo) 43

    5.2 Os procedimentos executivos (espécies de procedimentos)............ 44

5.3	Os provimentos executivos (meios de sub-rogação e meios de coerção)	44
5.4	Atos executivos em espécie	48
5.4.1	Penhora e avaliação de bens penhorados	48
5.4.2	Adjudicação, apropriação de frutos e rendimentos e arrematação do bem penhorado	50
5.4.3	Meios de coerção (multa etc.)	52
5.4.4	As diversas classificações da atividade executiva	53
5.4.4.1	Execução provisória e execução definitiva	54
5.4.4.2	Execução específica e genérica	56
5.4.4.3	Execução direta e indireta	58
5.4.4.4	Execução singular e coletiva	59
5.4.4.5	Execução universal (coletiva) e execução singular (individual)	60

6. Perspectivas sobre a desjudicialização da execução civil 61

6.1	Introito	61
6.2	Descentralização e eficiência	61
6.3	Crise do Poder Judiciário e reformas na execução	62
6.4	Axioma lógico-jurídico-econômico: o sucesso da execução depende da existência de patrimônio expropriável do executado	66
6.5	A execução extrajudicial prevista no DL 70/66 e na Lei 9.514/97 não é parâmetro para medir o sucesso da desjudicialização	68
6.6	Remate	69

CAPÍTULO III – DIRETIVAS DA EXECUÇÃO CIVIL 71

1.	Considerações iniciais: por que *diretivas da execução*?	71
2.	A *primeira diretiva*: a solução integral do mérito engloba a *satisfação* do direito com *eficiência e em tempo razoável*	71
3.	A *segunda diretiva*: a busca da maior coincidência possível	73
4.	A *terceira diretiva*: amplitude dos meios executivos (típicos e atípicos)	74
5.	A *quarta diretiva*: probidade das partes na execução	76
6.	A *quinta diretiva*: sujeitabilidade do patrimônio e menor sacrifício possível	81
7.	A *sexta diretiva*: o procedimento executivo de desfecho único	82
8.	A *sétima diretiva*: a liberdade/disponibilidade na execução	86

CAPÍTULO IV – EXECUÇÃO CIVIL E RESPONSABILIDADE PATRIMONIAL 93

1.	Introdução: débito e responsabilidade	93
2.	Natureza substancial da responsabilidade patrimonial	96

3.	Responsabilidade patrimonial: caráter subsidiário da execução		97

3. Responsabilidade patrimonial: caráter subsidiário da execução 97

4. Responsabilidade patrimonial, execução por expropriação e execução real 102

5. Momento de formação da responsabilidade patrimonial 104

    5.1 A responsabilidade patrimonial no CPC 104

    5.2 Origens do dispositivo 105

    5.3 Devedor e responsável: classificações 107

        5.3.1 O devedor e o responsável 107

        5.3.2 Classificação 108

            5.3.2.1 A responsabilidade patrimonial primária e secundária 108

            5.3.2.2 A responsabilidade patrimonial principal e subsidiária 116

            5.3.2.3 Responsabilidade patrimonial subsidiária ou teoria menor da desconsideração da personalidade jurídica? 117

    5.4. Responde com todos os seus bens... 120

        5.4.1 Limite da dívida é o limite do patrimônio garantidor 120

        5.4.2 O patrimônio garantidor e sua limitação por convenção das partes ... 121

        5.4.3 A flexibilização judicial da imunidade patrimonial: quebra da impenhorabilidade por decisão judicial 125

    5.5 Bens presentes e futuros e o terceiro adquirente 128

    5.6 A expressão "para o cumprimento de suas obrigações" 132

6. Responsabilidade patrimonial e limitação à propriedade do devedor 133

7. Garantia patrimonial geral e garantia especial 135

8. Responsabilidade patrimonial sobre bens que não mais pertencem ao devedor no momento de instauração da atividade jurisdicional cognitiva ou executiva 136

9. Tutela judicial da responsabilidade patrimonial.. 138

10. Individualização patrimonial e remédios repressivos.. 139

11. As técnicas de prevenção e repressão do prejuízo à garantia patrimonial 141

    11.1 A tutela jurídica 141

    11.2 A tutela preventiva.. 142

        11.2.1 Introito 142

        11.2.2 O "arresto" preventivo... 142

        11.2.3 A demanda/medida/atuação sub-rogatória pelo credor na posição jurídica do devedor/responsável.. 144

        11.2.4 As técnicas de tutela repressiva de desfazimento do ilícito danoso (fraude patrimonial).. 147

            11.2.4.1 A importância do momento do ilícito de desfalque patrimonial: entre o início da relação obrigacional e a efetiva expropriação judicial do patrimônio do executado (responsável)... 147

11.2.5	A fraude patrimonial	150

11.2.5 A fraude patrimonial 150

11.2.6 As fraudes contra o credor e contra a execução: hipóteses e tutela jurídica 151

11.2.6.1 Direito de propriedade do devedor e tutela jurídica da responsabilidade patrimonial 151

11.2.6.2 O ato ilícito da fraude sob a perspectiva dos sujeitos envolvidos 154

11.2.6.3 Fraude contra credores 155

11.2.6.4 Fraude à execução 160

11.2.6.5 A declaração de nulidade do negócio jurídico 163

11.2.7 A desconsideração da personalidade jurídica 165

11.2.7.1 Introito: finalidade da desconsideração 165

11.2.7.2 A desconsideração no CPC 166

11.2.7.3 Pontos de reflexão sobre o direito material e direito processual na desconsideração da personalidade jurídica 170

12. Bens sujeitos à execução e bens sujeitos à responsabilidade patrimonial 186

12.1 Apresentação do tema 186

12.2 Bens do sucessor a título singular, tratando-se de execução fundada em direito real ou obrigação reipersecutória 187

12.3 Do sócio, nos termos da lei 188

12.4 Do devedor, ainda que em poder de terceiros 188

12.5 Do cônjuge ou companheiro, nos casos em que seus bens próprios ou de sua meação respondem pela dívida 189

12.6 Alienados ou gravados com ônus real em fraude à execução 190

12.7 A alienação ou gravação com ônus real tenha sido anulada em razão do reconhecimento, em ação autônoma, de fraude contra credores 190

12.8 Do responsável, nos casos de desconsideração da personalidade jurídica 191

13. O regime de impenhorabilidade 192

14. Impenhorabilidade absoluta e relativa/totais ou parciais 193

15. Garantia patrimonial x impenhorabilidade relativa x ordem processual da penhora 194

15.1 Interpretação dos casos de impenhorabilidade 195

15.2 O rol do art. 833 do CPC 197

15.3 O fiador e o benefício de ordem 198

CAPÍTULO V – TÍTULO EXECUTIVO 201

1. Introito 201

2. Título executivo e devido processo legal 202

3.	Crise jurídica, norma jurídica concreta e título executivo	203
4.	O "intrínseco" e o "extrínseco" do título executivo	205
5.	A eficácia executiva e abstrata	207
6.	Classificação: título judicial e extrajudicial	209
7.	Títulos executivos híbridos	212
8.	Aspecto formal e material do título executivo	215
	8.1. O elemento material: a norma jurídica concreta	216
9.	O rol do art. 515 do CPC e outros títulos judiciais	220

9.1 A sentença proferida no processo civil que reconheça a existência de obrigação de fazer, não fazer, entregar coisa ou pagar quantia (art. 515, I, do CPC) 220

9.2 A decisão homologatória de autocomposição judicial (art. 515, II) ou extrajudicial de qualquer natureza (art. 515, III) 222

9.3 O formal e a certidão de partilha, exclusivamente em relação ao inventariante, aos herdeiros e aos sucessores a título singular ou universal 223

9.4 O crédito de auxiliar da justiça, quando as custas, os emolumentos ou os honorários tiverem sido aprovados por decisão judicial 223

9.5 Sentença penal condenatória transitada em julgado (art. 515, VI, do CPC).. 224

9.6 A sentença arbitral 226

9.7 Sentença estrangeira homologada pelo STJ e a decisão interlocutória estrangeira, após a concessão do exequatur à carta rogatória pelo Superior Tribunal de Justiça (art. 515, VIII e IX) 227

10.	O rol do art. 784 do CPC	227

10.1 O rol do art. 784 e a tipicidade dos títulos executivos extrajudiciais 227

10.2 A criação desordenada pela lei de títulos executivos extrajudiciais 229

10.3 Título executivo extrajudicial e eficácia abstrata 232

10.4 Art. 784, I (cheque, nota promissória, letra de câmbio, duplicata e debênture) 233

10.5 Art. 784, II (escritura pública ou outro documento público assinado pelo devedor); art. 784, III (o documento particular assinado pelo devedor e por duas testemunhas); art. 784, IV (o instrumento de transação referendado pelo Ministério Público, pela Defensoria Pública, pela Advocacia Pública, pelos advogados dos transatores ou por conciliador ou mediador credenciado pelo tribunal) 234

10.6 Contratos garantidos por hipoteca, penhor, anticrese e caução (art. 784, V) 236

10.7 Contrato de seguro de vida em caso de morte (art. 784, VI) 238

10.8 Crédito decorrente de foro e laudêmio (art. 784, VII) 239

10.9 Crédito, documentalmente comprovado, decorrente de aluguel de imóvel, bem como encargos acessórios, tais como taxas e despesas de condomínio (art. 784, VIII) 239

10.10 A certidão de dívida ativa da Fazenda Pública da União, Estado, Distrito Federal, Território e Município, correspondente aos créditos inscritos na forma da lei.. 240

10.11 O crédito referente às contribuições ordinárias ou extraordinárias de condomínio edilício, previstas em Convenção de Condomínio ou aprovadas em Assembleia Geral, desde que documentalmente comprovadas (art. 784, X) 240

10.12 A certidão expedida por serventia notarial ou de registro, relativa a valores de emolumentos e demais despesas devidas pelos atos por ela praticados, fixados nas tabelas estabelecidas em lei 241

10.13 Títulos executivos previstos fora do Código de Processo Civil..................... 241

11. Algumas reflexões sobre o art. 785 do CPC (que permite a parte buscar a tutela cognitiva mesmo sendo portadora de título executivo extrajudicial) 242

CAPÍTULO VI – INADIMPLEMENTO E EXECUÇÃO CIVIL................................. 247

1. Crise de adimplemento e execução 247

2. Crise de adimplemento: a mora e o "inadimplemento" 249

3. Inadimplemento como requisito necessário da tutela executiva (art. 786 do CPC e art. 523, § 1º) 251

4. Inadimplemento e exigibilidade 253

5. Exigibilidade e contraprestação nos contratos bilaterais................................. 254

6. Exigibilidade e obrigações sujeitas à condição ou termo 255

CAPÍTULO VII – A RELAÇÃO PROCESSUAL EXECUTIVA............................. 259

1. Considerações preliminares 259

2. A relação processual executiva... 261

   2.1 A tessitura da relação processual executiva 261

   2.2 Pressupostos processuais.. 261

   2.3 A competência na execução... 262

   2.4 A finalidade da relação processual executiva....................................... 264

   2.5 Procedimentos executivos... 265

      2.5.1 Introdução 265

      2.5.2 Os procedimentos típicos.. 267

3. Cumulação de execuções.. 268

4. Tutela de urgência na execução 270

5. Suspensão da relação processual executiva 271

   5.1 Noções preliminares... 271

   5.2 Causas suspensivas e impeditivas da execução.................................... 272

5.3	Hipóteses de causas impeditivas da execução		273
	5.3.1	Quando não for localizado o executado ou bens penhoráveis (art. 921, III, do CPC)	273
	5.3.2	Prestação de caução no cumprimento provisório da sentença (art. 521, IV)	275
	5.3.3	Penhora sobre ação e direito do devedor (penhora no rosto dos autos – art. 860 do CPC)	275
	5.3.4	Concurso particular de credores e exequentes (arts. 908 e 909 do CPC)	276
5.4	Hipóteses de causas suspensivas da execução		276
	5.4.1	Efeitos da suspensão	277
6.	Extinção da execução		278
6.1	Extinção do "processo" de execução		278
6.2	A sentença no processo de execução		278
6.3	O rol do art. 924 do CPC		279
	6.3.1	Art. 924, I (a petição inicial for indeferida)	279
	6.3.2	Art. 924, II (a obrigação for satisfeita)	280
	6.3.3	Art. 924, III (o executado obtiver, por qualquer meio, a extinção total da dívida)	280
	6.3.4	Art. 924, IV (o credor renuncia ao crédito)	280
	6.3.5	O fim da execução e efeito sobre o direito material: satisfação do direito e quitação	281
7.	Remição da execução		282
7.1	Conceito e generalidades		282
7.2	Remição da execução e institutos afins		283
7.3	Tipos de remição da execução		283
8.	Recursos na execução		288

PARTE II
O PROCEDIMENTO DAS DIVERSAS ESPÉCIES DE EXECUÇÃO

CAPÍTULO I – REGRAS GERAIS DO CUMPRIMENTO DE SENTENÇA			291
1.	Introdução		291
2.	Disposições gerais do cumprimento de sentença		292
2.1	As regras processuais aplicáveis		292
2.2	Cumprimento de sentença e provocação do interessado		292
2.3	A intimação do executado		295
2.4	O exequente e o executado no cumprimento de sentença		296

2.5	A sentença que decide relação jurídica sujeita a condição ou termo	296
2.6	Dos títulos executivos judiciais	297
2.7	Da competência no cumprimento de sentença	297
2.8	O protesto da decisão judicial transitada em julgado	297
2.9	A validade do procedimento de cumprimento da sentença e dos atos executivos e a objeção do executado	299
2.10	Tutela provisória, liquidação de sentença e cumprimento de sentença	300

CAPÍTULO II – CUMPRIMENTO DA SENTENÇA DAS OBRIGAÇÕES DE FAZER E NÃO FAZER ... 303

1.	Considerações sobre a tutela das obrigações de fazer e não fazer no CPC	303
2.	Obrigações ou deveres de fazer e não fazer?	304
3.	Breves considerações sobre as *obrigações de fazer e não fazer*	304
	3.1 A identificação do fazer e não fazer	304
	3.2 Obrigações fungíveis e infungíveis	305
4.	A conversão em perdas e danos	306
5.	O resultado prático equivalente	308
6.	O cumprimento de sentença e o processo de execução das obrigações de fazer e não fazer e a prioridade da tutela *in natura*	311
	6.1 O cumprimento de sentença das obrigações de fazer e não fazer	312
	6.1.1 Do julgamento das ações relativas às prestações de fazer e não fazer – a pretensão à tutela específica	313
	6.1.2 O dano e o ilícito e sua tutela específica	313
	6.1.3 A obrigação de prestar declaração de vontade	315
	6.1.4 As técnicas de efetivação (medidas necessárias) da tutela específica	316
	6.1.5 A multa do art. 537 do CPC	318

CAPÍTULO III – PROCESSO DE EXECUÇÃO DAS OBRIGAÇÕES DE FAZER E NÃO FAZER ... 323

1.	Considerações gerais	323
2.	O início do processo de execução	324
3.	Prazo para cumprimento voluntário da obrigação	324
4.	A opção pelas perdas e danos	325
5.	Procedimento da execução das obrigações fungíveis	326
6.	Execução das prestações infungíveis	327
7.	"Execução" das obrigações de emitir declaração de vontade	327
8.	Execução das obrigações de não fazer previstas nos arts. 822 e 823 do CPC	328

CAPÍTULO IV – CUMPRIMENTO DA SENTENÇA DAS OBRIGAÇÕES DE ENTREGA DE COISA 331

1. Generalidades 331
2. O intercâmbio entre o cumprimento e a sentença para obrigação de fazer e não fazer e para a entrega de coisa 332
3. A obrigação de entrega de coisa 332
4. Entrega de coisa certa e coisa incerta 334
5. Entrega de coisa e devido processo legal 336
6. As obrigações de entrega de coisa e a utilização dos meios de coerção previstos no art. 536 337
7. A obrigação de entrega de coisa também é forma de tutela específica 338
8. Art. 498 e art. 538 e a obtenção da tutela específica 339
9. Art. 538: mandado de cumprimento da obrigação (*caput*) e parágrafo único 341
10. Art. 538, § 3.º: expressa referência de aplicação das técnicas dos arts. 536 e 537 342
11. O direito de retenção deve ser exercitado na contestação, e não em impugnação do executado 343

CAPÍTULO V – PROCESSO DE EXECUÇÃO DAS OBRIGAÇÕES DE ENTREGA DE COISA 345

1. Introdução 345
2. Natureza pessoal ou real da execução de entrega de coisa 345
3. Entrega de coisa *certa* e *incerta* 346
4. Procedimento para entrega de coisa certa 346
   4.1 Postulação 346
   4.2 A expedição do mandado executivo 347
   4.3 Os embargos do executado 348
   4.4 Alienação da coisa pelo executado 348
   4.5 Conversão da execução específica para pagamento de quantia (perdas e danos) 349
5. Procedimento do processo de execução para a entrega de coisa incerta 350
6. Aplicação subsidiária do art. 538 ao procedimento executivo dos arts. 806 e ss. 351
7. Embargos de retenção por benfeitorias 352

CAPÍTULO VI – ASPECTOS GERAIS DA TUTELA EXECUTIVA DA OBRIGAÇÃO DE PAGAR QUANTIA 353

1. Execução por quantia certa e expropriação forçada 353
2. Expropriação e poder de império do Estado 353
3. Configuração da execução por quantia certa no Código de Processo Civil 354

4. Técnicas executivas expropriatórias (instrumentais e finais) previstas no Código de Processo Civil 355

5. A escolha das técnicas executivas finais na execução por expropriação 356

6. Identificar os fundamentos e fins da pretensão à tutela pecuniária e a aplicação do artigo 139, IV 360

CAPÍTULO VII – CUMPRIMENTO PROVISÓRIO DA SENTENÇA 363

1. Generalidades 363

2. Conceito e regime jurídico da execução provisória 366

    2.1 Considerações preliminares 366

    2.2 Diretivas e cabimento (regras materiais) do cumprimento provisório da sentença 368

        2.2.1 Responsabilidade objetiva por dano processual (art. 520, I, do CPC) 368

        2.2.2 O efeito retroativo da indevida execução provisória (cumprimento provisório da sentença) 369

        2.2.3 Prestação de caução nos casos de levantamento de depósito em dinheiro e a prática de atos que importem transferência de posse ou alienação de propriedade ou de outro direito real, ou dos quais possa resultar grave dano ao executado 370

        2.2.4 A dispensa da caução do inc. IV do art. 520 372

        2.2.5 O cumprimento provisório das astreintes e a impossibilidade de levantamento de quantia antes do trânsito em julgado da sentença favorável à parte 373

3. O procedimento do cumprimento provisório da sentença 374

4. Cumprimento provisório da sentença, suspensividade da execução e oposição do executado 374

5. Preclusão de execução definitiva 376

CAPÍTULO VIII – CUMPRIMENTO DEFINITIVO DE SENTENÇA PARA PAGAMEN-TO DE QUANTIA 377

1. Considerações gerais 377

2. O início da fase de cumprimento de sentença 378

    2.1 Inércia e requerimento executivo 378

    2.2 A condenação em quantia certa, ou já fixada em liquidação, e no caso de decisão sobre parcela incontroversa 380

    2.3 Honorários advocatícios no cumprimento de sentença 381

    2.4 A multa de 10% 382

    2.5 O demonstrativo discriminado e atualizado do crédito 384

    2.6 A indicação de bem à penhora/avaliação 385

3. O cumprimento da sentença provocado pelo devedor 388

SUMÁRIO **XVII**

CAPÍTULO IX – PROCESSO DE EXECUÇÃO PARA PAGAMENTO DE QUANTIA......... 391

1. Introdução 391

2. O ajuizamento da petição inicial 391

3. A formação da relação executiva: a citação do executado e o arresto dos bens na execução fundada em título extrajudicial.. 394

4. Atitudes do executado no procedimento executivo para pagamento de quantia fundada em título extrajudicial 397

CAPÍTULO X – DA PENHORA E DA AVALIAÇÃO... 399

1. Conceito e natureza jurídica 399

2. O mesmo regime jurídico da penhora na execução por cumprimento e por processo autônomo... 400

3. Propriedade, patrimônio, responsabilidade patrimonial e penhora.......... 400

    3.1 A propriedade do devedor sobre bens e valores que integram o seu patrimônio.. 400

    3.2 Inadimplemento da obrigação e sujeição do patrimônio do devedor: retirar do executado e dar para o exequente.. 401

    3.3 Os limites políticos: o que não pode ser expropriado do executado 401

    3.4 Patrimônio Garantidor e Limitação por Convenção das Partes 403

    3.5 Responsabilidade patrimonial e penhora.. 404

        3.5.1 Distinguindo os institutos 404

        3.5.2 A conexão da penhora com a responsabilidade patrimonial 406

        3.5.3 Os bens "impenhoráveis" do art. 833 do CPC........................... 407

            3.5.3.1 Introito 407

            3.5.3.2 Impenhorabilidade ou impossibilidade de expropriar judicialmente? 408

            3.5.3.3 O Patrimônio mínimo – Motivos das limitações políticas e possibilidade de flexibilização... 408

            3.5.3.4 A possibilidade de disposição pelo próprio executado 410

            3.5.3.5 O rol de bens do art. 833 411

            3.5.3.6 A penhora não retira a propriedade do executado 437

4. Aspectos gerais da penhora... 439

    4.1 Introito 439

    4.2 Os elementos constitutivos do ato de penhora.................................. 440

4.3 O objeto da penhora.. 441

    4.3.1 Bens do patrimônio sujeito à execução 441

    4.3.2 Exemplos de bens expropriáveis no CPC................................. 442

4.3.3	"Tantos bens quanto bastem" e "custos da execução": os parâmetros valorativos máximo e mínimo da penhora	442
4.3.4	O valor do objeto penhorado pode não ser tão preciso	444
4.3.5	Bens de qual patrimônio podem ser penhorados?	445
4.3.6	Quando a penhora recai sobre bem de terceiro dado em garantia real	446
4.3.7	Penhora sobre bem que está penhorado	450
4.3.8	Penhora sobre bem gravado com ônus real	451
4.3.9	A ordem de preferência da penhora	452
4.3.10	O meio de realização e a formalização da penhora	454
4.3.11	O lugar de realização da penhora	456

4.4 O depósito do bem apreendido 459

4.5 A intimação da penhora 460

4.5.1	Intimação do exequente e do executado	460
4.5.2	Intimação de terceiros	461
4.5.3	Terceiro garantidor caso seu patrimônio seja atingido	461
4.5.4	Execução que recai sobre o patrimônio do atingido pela desconsideração da personalidade jurídica	462
4.5.5	Intimação do Cônjuge ou companheiro	462
4.5.6	Intimação da penhora de bem indivisível pertencente a coproprietário ou do cônjuge alheio à execução	463
4.5.7	Intimação da penhora de quota social ou de ação de sociedade anônima fechada realizada em favor de exequente alheio à sociedade	464
4.5.8	Outros terceiros elencados no artigo 799	464

4.6 Os efeitos da penhora 465

4.7 As penhoras especiais no CPC 468

4.7.1	Introito	468
4.7.2	Da penhora de dinheiro em depósito ou em aplicação financeira no artigo 854 do CPC	469

4.7.2.1	Explicando o problema	469
4.7.2.2	Quando e como é realizada a penhora on-line de dinheiro	470
4.7.2.3	A atitude do executado que não efetua o pagamento voluntário e que sabe que o dinheiro de sua conta possa ser penhorado	470
4.7.2.4	Premissa para compreensão: como é a penhora tradicional	471
4.7.2.5	Como é realizada a penhora de dinheiro no art. 854 do CPC	472

4.7.2.6 O requerimento inicial do exequente e o pedido de penhora on-line de dinheiro 474

4.7.3 Da penhora de créditos 476

4.7.3.1 É preciso visitar o CPC de 1939 para entender o tema da forma como se encontra no atual CPC 476

4.7.3.2 Panorama inicial 476

4.7.3.3 A importância na identificação da natureza do crédito a ser penhorado 478

4.7.3.4 Hipóteses de penhora de crédito descritas no CPC 479

4.7.4 Da penhora das quotas ou das ações de sociedades personificadas . 486

4.7.4.1 Introito 486

4.7.4.2 A sociedade de pessoas e a sociedade de capitais 487

4.7.4.3 O problema da avaliação 488

4.7.4.4 Affectio societatis e direito de preferência 488

4.7.4.5 O procedimento 489

4.7.5 Da penhora de empresa, de outros estabelecimentos e de semoventes 492

4.7.5.1 A subsidiariedade desta penhora 492

4.7.5.2 A complexidade do depósito (administração e gestão do bem penhorado) 493

4.7.5.3 Penhora sobre edifícios em construção 494

4.7.5.4 Penhora de empresa concessionária ou permissionária de serviço público 495

4.7.5.5 Penhora de navio ou aeronave 495

4.7.6 Da penhora de percentual de faturamento de empresa 496

4.7.6.1 Subsidiariedade 496

4.7.6.2 Requisitos e procedimento 497

4.7.7 Da penhora de frutos e rendimentos de coisa móvel ou imóvel 498

4.8 Incidentes envolvendo a penhora 500

4.8.1 Introito 500

4.8.2 As hipóteses 500

4.8.2.1 Substituição do bem penhorado 500

4.8.2.2 Incidente de redução ou reforço da penhora (modificação qualitativa) 505

4.8.2.3 A segunda penhora 506

4.8.2.4 Contraditório 508

4.8.2.5 Alienação antecipada dos bens penhorados 508

5.	A avaliação	509
	5.1 Conceito	509
	5.2 Avaliação no CPC	509
	5.3 A avaliação e a execução por quantia certa	510
	5.4 Não se confunde a avaliação como ato executivo e como prova pericial	511
	5.5 O avaliador	511
	5.6 Requisitos para a nomeação do avaliador especializado	512
	5.7 Prazo para a entrega do laudo	513
	5.8 Avaliação e avaliador: desnecessidade de avaliação pelo oficial de justiça	513
	5.8.1 Generalidades	513
	5.8.2 Estimativa da parte	514
	5.8.3 Cotação do bem penhorado por órgão oficial	515
	5.8.4 Veículos automotores e outros bens cujo preço médio de mercado possa ser conhecido por meio de pesquisas realizadas por órgãos oficiais ou de anúncios de venda divulgados em meios de comunicação	515
	5.9 Conteúdo e forma da avaliação	516
	5.9.1 Generalidades	516
	5.9.2 A forma de realização da avaliação pelo oficial de justiça e pelo avaliador nomeado pelo juiz	516
	5.9.3 O conteúdo da avaliação	517
	5.9.4 Imóvel que admitir cômoda divisão	517
	5.10 Nova avaliação	517
	5.10.1 Generalidades	517
	5.10.2 Arguição do defeito da avaliação.	518
	5.10.3 Tipos de incorreções arguíveis	518
	5.11 Avaliação e modificação quantitativa da penhora	520
	5.11.1 Generalidades	520
	5.12 Término da avaliação e início dos atos de expropriação	521
	5.12.1 Generalidades	521
	5.12.2 Avaliação e adjudicação	521
	5.12.3 Avaliação, expropriação e preço vil	522
	5.12.4 Avaliação e expropriação de imóvel de incapaz	523
	5.12.5 Avaliação e expropriação de imóvel de coproprietário ou cônjuge alheio à execução	523
	5.12.6 Avaliação e o efeito suspensivo nas oposições do executado (impugnação e embargos)	524
	5.12.7 Remição do bem penhorado pelo valor da avaliação	524

CAPÍTULO XI – DA EXPROPRIAÇÃO LIQUIDATIVA 525

1. Expropriação liquidativa e satisfativa.. 525
2. A adjudicação e o duplo regime: liquidativa ou satisfativa 526
3. A expropriação liquidativa por meio de leilão público.................................. 527
4. Exceções ao leilão público (presencial ou eletrônico) 527
   4.1   Alienação por iniciativa particular.. 528
5. O leilão público 530
   5.1   Conceito e características gerais 530
   5.2   Tipos de leilões... 531
   5.3   O leilão judicial público presencial ou eletrônico 533
   5.4   Leilão judicial presencial: elementos necessários e dinâmica............ 534
   5.5   Os sujeitos participantes 534
          5.5.1   O Estado-juiz... 534
          5.5.2   O leiloeiro 535
                   5.5.2.1   Auxiliar da justiça (art. 149)..................................... 535
                   5.2.2.2   A indicação do leiloeiro público............................. 537
                   5.5.2.3   Deveres do leiloeiro... 537
                   5.5.2.4   Remuneração do leiloeiro 540
                   5.5.2.5   O custo da remoção dos bens 541
                   5.5.2.6   Os licitantes 542
          5.5.3   O objeto a ser leiloado 546
                   5.5.3.1   Bens e lotes 546
                   5.5.3.2   Leilões de bens de diversas execuções 547
                   5.5.3.3   Conjunto de bens e arrematação preferencial 547
                   5.5.3.4   Bens imóveis que admitem cômoda divisão....... 547
                   5.5.3.5   Preço de reserva: preço mínimo judicial e legal.. 548
                   5.5.3.6   Bem com mais de uma penhora 549
                   5.5.3.7   Bem tombado.. 550
                   5.5.3.8   Bem gravado com ônus real..................................... 551
                   5.5.3.9   Bem de incapaz... 553
                   5.5.3.10 Bem com execução embargada ou impugnada.... 553
          5.5.4   O local e a data... 554
          5.5.5   A arrematação 554
                   5.5.5.1   Conceito: o ato de arrematar.................................... 554
                   5.5.5.2   Arrematação, auto de arrematação e carta de arremata-
                             ção... 557

	5.5.5.3	Conteúdo	560
	5.5.5.4	Efeitos da arrematação	560
	5.5.5.5	A ineficácia, a resolução e a resilição da arrematação	562
	5.5.5.6	A entrega do dinheiro resultante da arrematação	573
5.5.6		O leilão na perspectiva dinâmica de sua realização	573
	5.5.6.1	O bem penhorado "vai" a leilão	573
	5.5.6.2	Os primeiros passos da alienação por leilão judicial presencial: definição do leiloeiro/corretor; local; preço mínimo, as condições de pagamento e as garantias que poderão ser prestadas pelo arrematante	574
	5.5.6.3	O Edital	577
	5.5.6.4	Pessoas que devem ser obrigatoriamente cientificadas da alienação judicial, com pelo menos 5 (cinco) dias de antecedência	579
	5.5.6.5	O adiamento do leilão	581
	5.5.6.6	O leilão: do início ao fim	582

CAPÍTULO XII – EXPROPRIAÇÃO SATISFATIVA DOS BENS DO EXECUTADO 587

1.	Introdução	587
2.	Da adjudicação	589
2.1	O bem-instrumento e o bem-fim na execução pecuniária	589
2.2	O conceito de adjudicação	590
2.3	A adjudicação no CPC	591
2.4	Adjudicação no cumprimento de sentença (provisório ou definitivo) e no processo de execução	591
2.5	Adjudicação e satisfação do crédito exequendo (art. 904, II do CPC)	592
2.6	A preferência e o momento da adjudicação	592
2.7	Legitimidade para adjudicar	593
2.8	A adjudicação no CPC e a dação em pagamento no direito privado: figuras próximas, mas diferentes	595
2.9	As três modalidades de adjudicação do artigo 876 e ss.	596

	2.9.1	As três figuras do artigo 876 e ss.: a genuína adjudicação, a adjudicação-arrematação e a adjudicação-remição	596
	2.9.2	Adjudicação do bem penhorado pelo exequente	596
		2.9.2.1 Características	596
	2.9.3	Adjudicação do bem penhorado pelo exequente e sub-rogação decorrente da penhora de crédito (art. 857)	598

	2.9.4	Adjudicação do bem penhorado pelo exequente e apropriação de frutos e rendimentos (art. 825, III)	599
	2.9.5	A adjudicação pelo exequente que possui garantia real sobre o bem	600
	2.9.6	A adjudicação-arrematação do § 5º, primeira parte, do artigo 876 do CPC	600
	2.9.7	A adjudicação-remição do § 5º, segunda parte, do artigo 876 do CPC	602

2.9.7.1	Características	602
2.9.7.2	Manutenção do direito de remir o bem arrematado em casos específicos	604

- 2.10 Requisitos para adjudicar no artigo 876 do CPC 605
- 2.11 Documentação e o efeito de aquisição da propriedade pela adjudicação 607
- 2.12 Adjudicação e evicção 608
3. Apropriação de frutos e rendimentos do bem penhorado 609
  - 3.1 Características 609
  - 3.2 A entrega do dinheiro 610
  - 3.3 A iniciativa para a decretação da apropriação de frutos e rendimentos de bem móvel e imóvel 610
  - 3.4 Momento 611
  - 3.5 A decretação da penhora para a apropriação de frutos e rendimentos de coisa móvel ou imóvel 611
  - 3.6 O objeto 612
  - 3.7 O procedimento 612
4. A satisfação do crédito: entrega do dinheiro / adjudicação do bem penhorado pelo exequente 613

CAPÍTULO XIII – CUMPRIMENTO DE SENTENÇA E PROCESSO DE EXECUÇÃO CONTRA A FAZENDA PÚBLICA: CUMPRIMENTO DE SENTENÇA (PROVISÓRIO E DEFINITIVO) E O PROCESSO DE EXECUÇÃO 615

1. Introdução 615
2. Regimes executivos especiais envolvendo a Fazenda Pública 616
3. Razão do regime especial dos "precatórios" contra a Fazenda Pública 617
4. Características do procedimento executivo previsto no art. 100 da CF/1988 c/c os arts. 534 e 910 do CPC 618
   - 4.1 Execução fundada em título judicial ou extrajudicial 618
   - 4.2 O regime jurídico dos precatórios 618
   - 4.3 Reserva da quantia dos honorários para pagamento dos precatórios proporcionais diretamente ao advogado 621
5. Procedimento do cumprimento de sentença por quantia contra a Fazenda Pública 622

6. Cumprimento provisório da sentença para pagamento de quantia contra a Fazenda Pública...... 624

7. Procedimento do processo de execução por quantia certa contra a Fazenda Pública 624

CAPÍTULO XIV – CUMPRIMENTO DE SENTENÇA E PROCESSO DE EXECUÇÃO PARA PAGAMENTO DA PRESTAÇÃO ALIMENTÍCIA...... 627

1. Introdução 627

2. O crédito alimentar (conceito, classificação e características)...... 627

3. Alimentos e a relação jurídica material 629

    3.1 *Ratio essendi* da relação jurídica material alimentícia...... 629

        3.1.1 Parentesco...... 629

        3.1.2 Relação familiar (casamento e união estável)...... 630

        3.1.3 Voluntários...... 631

        3.1.4 Ressarcitórios (ato ilícito)...... 631

4. Execução da prestação alimentícia...... 631

    4.1 Considerações gerais...... 631

    4.2 Cumprimento de sentença da prestação de alimentos e a aplicação subsidiária ao processo de execução...... 632

    4.3 Técnicas executivas típicas aplicáveis à execução da prestação alimentícia ... 633

        4.3.1 Introito 633

        4.3.2 O desconto em folha 633

        4.3.3 Constituição de capital para pagamento de indenização por ato ilícito 635

        4.3.4 A técnica da prisão civil...... 637

            4.3.4.1 Noções preliminares...... 637

            4.3.4.2 Competência para decretar a prisão civil...... 639

            4.3.4.3 Decretação da prisão...... 639

            4.3.4.4 Alimentos pretéritos e prisão civil...... 640

            4.3.4.5 Prazo e regime jurídico da prisão...... 640

            4.3.4.6 Do protesto do título judicial...... 641

            4.3.4.7 O procedimento do cumprimento de sentença e do processo de execução 641

            4.3.4.8 As técnicas do procedimento comum para pagamento de quantia (penhora e demais atos expropriatórios) 642

            4.3.4.9 A conduta procrastinatória do executado e o crime de abandono material...... 643

PARTE III
INCIDENTES E PROCESSOS INCIDENTAIS CONEXOS À EXECUÇÃO

CAPÍTULO I – LIQUIDAÇÃO DE SENTENÇA 647

1. Introdução 647

2. Liquidação e norma jurídica (quase) concreta 648

3. Liquidação e princípio da estabilidade da demanda 649

4. O objeto da liquidação 651

5. Liquidação pela individuação do objeto (art. 324, I) 653

6. Liquidação do valor (*quantum*) 656

    6.1   Liquidação tradicional 656

    6.2   Liquidação promovida por um devedor solidário contra os demais codevedores 657

7. Liquidação nas ações coletivas para a defesa de direitos individuais homogêneos . 657

8. Liquidação: processo incidente ou questão incidental 659

9. A liquidação de sentença dos arts. 509 e ss. do CPC 660

    9.1   Considerações gerais 660

    9.2   O julgamento da liquidação: antijuridicidade e dano 661

    9.3   Espécies de liquidação 663

    9.4   Procedimento do incidente processual de liquidação 663

    9.5   Legitimidade 664

    9.6   Competência 664

    9.7   Procedimento 664

    9.8   Contumácia na liquidação 665

  9.9 Defesa 666

    9.10   Liquidação e recursos 667

CAPÍTULO II – OPOSIÇÕES DO EXECUTADO 671

1. Apresentação do tema: as posições jurídicas das partes e a atividade jurisdicional . 671

2. O demandado na execução 673

3. As oposições típicas e atípicas do executado no cumprimento de sentença e no processo de execução 675

4. A impugnação ao cumprimento de sentença 676

5. Os embargos à execução 676

6. Os embargos à execução e a impugnação do executado: processo incidental e incidente processual 677

7. Natureza jurídica dos embargos do executado 679

8. Natureza jurídica da impugnação do executado 681

9. A pretensão nos embargos do executado 682

10. A "pretensão" na impugnação do executado 683

11. Embargos do devedor e embargos de terceiro 684

12. Embargos do devedor e impugnação do executado: distinções 685

13. Classificações genéricas aplicáveis aos embargos e à impugnação do executado 688

14. Requisitos de admissibilidade dos embargos e da impugnação do executado 689

    14.1 Interesse processual 689

        14.1.1 Os limites da cognição e adequação do pedido à via eleita 689

        14.1.2 O prazo nos embargos e na impugnação do executado 690

    14.2 Legitimidade das partes nos embargos e na impugnação do executado 693

        14.2.1 Nos embargos do executado 693

        14.2.2 Na impugnação do executado 693

15. Competência nos embargos e na impugnação do executado 694

16. Pagamento da quantia e preclusão lógica para opor-se à execução 695

17. Fundamentos (causa de pedir) a serem opostas pelo executado 695

    17.1 Impugnação do executado 696

        17.1.1 Apresentação 696

        17.1.2 Falta ou nulidade da citação se o processo correu à revelia 697

        17.1.3 Ilegitimidade de parte 700

        17.1.4 Inexigibilidade ou inexequibilidade do título (art. 525, § 1.º, III) 701

        17.1.5 Penhora incorreta ou avaliação errônea (art. 525, § 1.º, IV) 702

        17.1.6 Excesso de execução ou cumulação indevida de execuções (art. 525, § 1.º, V) 703

        17.1.7 A incompetência absoluta ou relativa do juízo da execução 706

        17.1.8 Qualquer causa modificativa ou extintiva da obrigação, como pagamento, novação, compensação, transação ou prescrição, desde que supervenientes à sentença 708

        17.1.9 A impugnação ao cumprimento de sentença arbitral 708

        17.1.10 As alegações de impedimento e suspeição 709

        17.1.11 Impugnação à adjudicação e à arrematação (art. 903, § 2.º) 710

        17.1.12 Inexigibilidade da obrigação reconhecida em título executivo judicial fundado em lei ou ato normativo considerado inconstitucional pelo Supremo Tribunal Federal, ou fundado em aplicação ou interpretação da lei ou do ato normativo tido pelo Supremo Tribunal Federal como incompatível com a Constituição Federal, em controle de constitucionalidade concentrado ou difuso 712

        17.1.13 Fatos supervenientes e defesa do executado 713

17.1.14 A aplicação subsidiária do artigo 916 ao cumprimento de sentença..... 714

17.2 Embargos do executado... 716

    17.2.1 A amplitude de fundamento dos embargos à execução 716

    17.2.2 Embargos de retenção por benfeitorias 718

    17.2.3 A suspeição e o impedimento nos embargos do executado 720

18. Os embargos e a impugnação contra a execução por quantia contra a fazenda pública 720

19. Efeito suspensivo nas oposições do executado 721

19.1 O surgimento do efeito suspensivo ope judicis 721

19.2 Características gerais do efeito suspensivo aplicáveis às oposições do executado (impugnação e embargos) 722

19.3 Efeito suspensivo: requisitos 723

19.4 Efeito suspensivo e contracautela prestada pelo exequente 727

19.5 Julgamento dos embargos do executado e efeito do recurso 727

20. Procedimento dos embargos do executado... 729

21. Procedimento da impugnação do executado... 731

22. Honorários advocatícios na impugnação ao cumprimento de sentença................... 733

CAPÍTULO III – EMBARGOS DE TERCEIROS 735

1. Processo e terceiros 735

2. Atos judiciais constritivos e terceiros.. 736

3. Escorço histórico no direito pátrio.. 738

4. Conceito de embargos de terceiro: da apreensão judicial (CPC 1973) para a constrição judicial (CPC 2015) 739

5. Natureza jurídica.. 740

6. O conceito de terceiro 742

7. Elementos da demanda 743

8. Prazo dos embargos de terceiro 747

9. Competência 748

10. Procedimento 748

11. O procedimento comum subsidiário 749

12. Liminar em embargos de terceiro.. 749

13. Recurso de apelação 750

14. Fraude contra credores e fraude à execução 750

15. Compromisso de compra e venda e embargos de terceiros................................... 751

CAPÍTULO IV – CONCURSO DE EXEQUENTES E CREDORES 753

   1. Introdução 753

   2. Natureza jurídica 753

   3. Concurso de exequentes *versus* concurso de credores no processo de insolvência.. 754

   4. Duas ou mais penhoras sobre o mesmo bem 755

   5. O exercício do direito de preferência... 756

   6. Objeto 757

   7. Legitimidade... 757

   8. Procedimento.. 757

BIBLIOGRAFIA 759

PARTE I
FUNDAMENTOS DA EXECUÇÃO CIVIL

Capítulo I
PREMISSAS ESSENCIAIS PARA A COMPREENSÃO DA EXECUÇÃO CIVIL

1. O DEVIDO PROCESSO LEGAL E A EXECUÇÃO

1.1 Os fins não justificam os meios

O "devido processo legal" é raiz de todos os princípios do processo, de onde brotam os princípios estruturantes do exercício da função jurisdicional. Assim, a isonomia, o contraditório, a ampla defesa, a imparcialidade do juiz, o juiz natural, o direito de acesso à prova, a duração razoável, etc. nada mais são do que desdobramentos do "devido processo legal", que, quando exercitados no processo, culminam no que se chama de "processo justo ou tutela jurisdicional justa".

Portanto, justa é a tutela jurisdicional que ao ser entregue ao jurisdicionado consegue pôr em prática todos os princípios do devido processo legal, com o adequado equilíbrio entre eles, de forma a alcançar um resultado que possa ser tido como "justo".

Contudo, o processo (relação jurídica processual em contraditório animada por um procedimento) é dinâmico, caracterizando-se por colocar em confronto interesses conflitantes qualificados por pretensões resistidas ou insatisfeitas. Exatamente por isso – considerando o antagonismo das pretensões – é que se reconhece não ser tarefa fácil, senão o contrário, fazer com que o processo seja *adequado* para que justa seja a tutela jurisdicional.

Quase que intuitivamente pode-se dizer, à primeira vista, que o processo será justo se a tutela jurisdicional que por via dele foi prestada deu razão a quem a tinha, enfim, se o resultado final foi outorgado ao litigante que, no plano ideal de justiça, era realmente quem tinha o direito.

Assim, dar razão a quem a tem é o primeiro aspecto que faz cristalizar a ideia de um processo justo. Entretanto, sabe-se que a tutela justa não é vista apenas no papel, senão porque aí inclui não só o direito de receber a tutela (tutela revelada), mas, especialmente, de poder usufruí-la (tutela satisfeita) em condições mais próximas possíveis daquelas que se teria caso não tivesse ocorrido a crise jurídica que teve de ser debelada no Poder Judiciário. Ratificando, pois, tutela justa é aquela que reconhece e permite a fruição do direito ao litigante que seja dela merecedor.

Entretanto, ficaria ainda uma pergunta: seria justa essa tutela (segura e efetiva) ofertada a qualquer custo? Passando por cima do contraditório, sem ampla defesa, com "injusto sacrifício do litigante perdedor"? Enfim, seria legítima, "ou justa mesmo", uma tutela concedida àquele que tem razão e por ele fruída, mesmo sabendo que foi concedida passando-se por cima de direitos e garantias processuais e sacrificando a liberdade de expressão dentro do processo? Ora, certamente que não. E é aí que entra a outra face do conceito de "tutela justa". Os fins não justificam os meios.

A *tutela justa ou justa tutela* é aquela prestada (revelada e satisfeita) mediante um devido processo legal, com adequação de meios e resultados, seja sob a ótica do autor ou do réu, ou melhor, independentemente de *quem* venha a mostrar-se como o titular do direito revelado por sentença.

Apenas pelo exercício mental intuitivo percebemos que o devido processo legal, precursor que é de uma tutela justa (processo e tutela – meio e fim – instrumento e resultado), deve ser visto e realizado em concreto sob dois pontos de vista diferentes, mas que se complementam.

De um lado, coloca-se o devido processo legal (e todos os princípios que formam o seu conteúdo) na retaguarda do jurisdicionado, visto como um poderoso, único e insubstituível instrumento que deve estar à sua disposição para preservar e garantir a proteção de seu patrimônio (vida/propriedade/liberdade) mediante a exigência de um processo adequado.

De outro lado, a outra face do devido processo legal repousa na retaguarda do exercício da função jurisdicional estatal, visto como um fator de legitimação democrática da atuação do Estado e garantia do demandado. O respeito, dentro do processo, das garantias inerentes ao devido processo legal é, também, um fator de contenção e limitação da atuação do Estado, impedindo autoritarismos e excessos que violam um Estado Democrático de Direito. Com isso, percebe-se que o devido processo legal é, a um só tempo, fator de legitimação que deve pautar a atuação do Estado e fator de libertação do cidadão em um Estado democrático de direito.

Pelo que foi exposto, percebe-se que a tutela jurisdicional justa deve trazer em si embutida a marca do devido processo legal, no sentido de que a função estatal seja praticada legitimamente e que o jurisdicionado tenha liberdade e condições de impor-se na formação do resultado do processo.

Não é por acaso que o Código de Processo Civil, quase didaticamente, determina em seu art. 1º, dentro de suas "normais fundamentais", que o processo civil, cognitivo ou executivo, seja *"ordenado, disciplinado e interpretado conforme os valores e as normas fundamentais estabelecidos na Constituição da República Federativa do Brasil"*.

1.2 Devido processo legal e tutela executiva

Fazendo a transposição do que foi dito sobre o "processo justo e o devido processo legal" e procurando aplicar tais proposições aos diferentes tipos de tutela jurisdicional ofertados pelo ordenamento jurídico para debelar crises jurídicas da sociedade (conflitos de interesses), vê-se que o modelo processual dialético destinado a revelar a norma jurídica concreta, denominado de processo cognitivo, muito se distingue daquele outro em que a função jurisdicional precípua é tornar real e eficaz no mundo dos fatos o direito já reconhecido em favor de algum litigante.

Essa modalidade de tutela jurisdicional, conhecida como "tutela executiva", está diretamente relacionada – e quase sempre restrita[1] – às crises de cooperação, quando a atuação da norma concreta revelada num título executivo judicial ou extrajudicial[2], se faz mediante a realização de atos processuais de império estatal que incidem sobre o mundo dos fatos, com ou sem a colaboração do vencido que, até então, recusou-se a cooperar cumprindo o dever ou obrigação representados no título executivo.

Retomando o que foi dito, verifica-se que a satisfação da norma jurídica concreta (realização do direito declarado) existe apenas nas crises de cooperação, em que a satisfação do direito declarado depende da sua realização no mundo dos fatos, com intuito de se obter, dentro do *máximo* possível, o mesmo resultado prático que se teria caso a cooperação do sujeito passivo tivesse ocorrido. Como essa cooperação espontânea é cada vez mais rara em países de subdesenvolvidos com alto índice de inadimplência e endividamento, como o nosso, mais comuns são as crises de atuação da norma concreta – crises que ensejam a tutela executiva.[3]

Nessa modalidade de atuação da função jurisdicional, a executiva, obviamente o desenho do modelo processual não é o mesmo daquele que se destina à formulação da norma concreta. É que no modelo cognitivo, como o nome mesmo já diz, espera-se um amplo e irrestrito contraditório e todos os consectários que daí resultam, como a cognição exauriente, ampla defesa, irrestrito direito probatório etc., justamente porque a finalidade maior desse modelo processual é apenas "formular a norma jurídica concreta", ou, vulgarmente falando, "dar razão a quem tem razão", tanto que o julgamento pode ser de *procedência* ou *improcedência* do direito reclamado. Nesse modelo, porque ainda não se sabe com quem está a razão, o autor e o réu estão em posição de igualdade para desenvolver, respectivamente, a sua tese e a sua antítese, sendo ao final dado o veredito por meio da sentença favorável a um ou outro.

Assim, nada mais justo e lógico do que a dialeticidade imanente, intrínseca do procedimento cognitivo. Entretanto, depois disso, tratando-se não mais de "declarar", mas de "efetivar" o direito declarado em um título executivo, certamente a premissa a ser tomada como parâmetro e referência pelo órgão jurisdicional é outra diametralmente oposta: será preciso satisfazer o direito já revelado na norma jurídica concreta. Essa

---

1. O art. 515, I, atribuiu eficácia executiva não só às sentenças condenatórias, mas também a todas as que reconhecerem a exigibilidade da obrigação de pagar, entregar coisa ou fazer e não fazer.
2. Em título judicial (provisório ou definitivo) ou extrajudicial.
3. Sobre o tema, ver Teori Albino Zavascki. *Título executivo e liquidação*. 2. ed. São Paulo: RT, 2001.

revelação põe o titular deste direito numa posição de vantagem, e a função jurisdicional será a de *satisfazer* esse direito estampado no título executivo.

Então, se aquela primeira etapa processual[4] utilizada para obtenção da tutela cognitiva admite um desfecho duplo ("procedência ou improcedência") como formas normais de exaurimento da tutela jurisdicional, o mesmo não se diga da etapa processual utilizada para satisfazer o direito revelado no título executivo, posto que este é preparado para ser de desfecho único – "a satisfação do direito do exequente" –, sendo anormal qualquer outra forma de exaurimento desse módulo processual que não seja a de declaração de satisfação do direito do exequente.

Destarte, nem poderia ser diferente, afinal de contas a etapa processual executiva, normalmente posterior à cognitiva,[5] é impulsionada pela presunção legal de que o título executivo espelhe um direito do exequente.

Observe e frise-se que o módulo processual executivo pressupõe um suposto e muito provável direito do exequente estampado em uma norma jurídica concreta, a qual recebe a alcunha de título executivo, seja ele judicial ou extrajudicial.

Assim, justamente porque se presta a um desfecho único, com atos concatenados para esse fim, é que se mostra aprioristicamente inidôneo – neste itinerário procedimental – o uso de meios processuais para discutir o suposto direito do exequente ali mesmo dentro do módulo executivo.[6] Fosse possível isso, não se teria uma tutela preponderantemente executiva.

Isso não significa, contudo, dizer que não existe contraditório no módulo processual executivo, até porque qualquer processo pressupõe contraditório, pois está na raiz do seu conceito. O que ocorre é que, uma vez reconhecida a condição de executado, o objeto do contraditório no procedimento executivo direciona-se a imposição de limites e controle da regularidade da atividade executiva propriamente dita. Enfim, qualquer outra discussão acerca da existência, liquidez e exigibilidade do direito exequendo estampado no título executivo deve estar adstrita a uma etapa processual cognitiva, que no Código é feito, de forma típica, por via da ação de embargos à execução (art. 914 e ss.), ou pela

---

4. Usou-se a expressão "módulo processual" para englobar tanto os processos de execuções autônomas quase sempre fundados em títulos extrajudiciais como também aqueles em que a execução é apenas uma fase de um processo único (que engloba cognição e execução), ao qual o CPC denomina de *cumprimento de sentença*.

5. Nas execuções de títulos extrajudiciais, a cognição é posterior e eventual ao início da tutela executiva, e é realizada por intermédio dos embargos do executado.

6. Temos sustentado, *de lege ferenda*, ainda que contrariamente à determinação do art. 525, que a impugnação do executado deveria formar um procedimento lateral apartado ao procedimento executivo, tenha ou não sido atribuído o efeito suspensivo à referida oposição apresentada. Tal método (apensada em apartado) em nada retiraria a intenção do legislador de simplificar a *defesa do executado*, mas por outro lado tornaria mais organizado, sistemático e de mais fácil o manuseio pelo operador do direito, sem contar que não estaria misturando nos autos do cumprimento da sentença (atividade executiva) os atos de execução com os de cognição. Ainda que a impugnação ao cumprimento de sentença – meio de defesa típico – seja ofertado "dentro" do procedimento executivo, sabemos que ela – a impugnação – inaugura um procedimento cognitivo para seu processamento que se difere do procedimento executivo para a satisfação do direito exequendo.

impugnação ao cumprimento de sentença (art. 525), tratando-se, respectivamente, de execução fundada em título extrajudicial e cumprimento de sentença (título judicial).

1.3. Poder geral de coação estatal e seus limites

O poder geral de coação estatal no processo civil, previsto no artigo 139, IV do Código de Processo Civil (CPC), é uma manifestação direta da soberania estatal, conforme o artigo 1º, I da Constituição Federal de 1988.

Ele reflete a imperatividade do Estado no plano interno, atribuindo ao magistrado um importante papel na condução do processo. Esse poder se traduz na adoção de medidas coercitivas, sub-rogatórias, indutivas e mandamentais para garantir o cumprimento dos deveres processuais pelas partes, terceiros e todos aqueles que participam do processo. No entanto, esse poder não é absoluto e deve ser exercido dentro dos limites impostos pelo ordenamento jurídico, sobretudo em respeito aos princípios constitucionais e processuais.

Considerando que o inciso IV do artigo 139 do CPC confere uma cláusula aberta para que o magistrado determine medidas executivas necessárias e adequadas ao caso concreto, é fundamental que sua aplicação seja feita com sensibilidade, evitando que o poder estatal ultrapasse limites e resulte em autoritarismo indesejável sobre os direitos à liberdade e à propriedade dos envolvidos.

Na execução de direitos que estejam revelados em títulos judiciais e extrajudiciais, as técnicas de execução previstas nos Livros I e II do CPC, referentes ao cumprimento de sentença e ao processo de execução, devem ser aplicadas diretamente. Não se deve prescindir do procedimento executivo legislado. O artigo 139, IV do CPC assume assim, um papel subsidiário, sendo utilizado somente quando as medidas tradicionais de execução não são suficientes para garantir a efetividade das decisões judiciais e o resultado desejado mostre-se viável com a utilização desse dispositivo. O mesmo se aplica no contexto da tutela provisória, onde a atuação do magistrado é guiada principalmente pelo artigo 297 do CPC, que já segue a disciplina da atipicidade de meios, recorrendo-se ao artigo 139, IV, apenas de forma supletiva.

Quando se trata do dever processual de colaboração, que incumbe às partes, terceiros e qualquer outro sujeito processual, o artigo 139, IV ganha relevância imediata. A colaboração probatória, por exemplo, é regida pelos artigos 378 a 380 do CPC, que expressamente determinam a imposição de medidas de efetivação para assegurar a participação adequada das partes no processo probatório. Nessas situações, o poder coercitivo do Estado no inciso IV do artigo 139 manifesta-se de forma direta para garantir que todos cumpram seus deveres processuais.[7]

---

7. Em relação aos deveres processuais probatórios incide de forma direta as regras processuais específicas do artigo 378 e ss., sendo o inciso IV do artigo 139 também subsidiário

Observe-se que no âmbito penal, onde não há previsão expressa de um dispositivo equivalente ao artigo 139, IV do CPC, o Superior Tribunal de Justiça (STJ) tem reconhecido sua aplicação subsidiária[8]. Isso demonstra a flexibilidade desse artigo na garantia da efetividade do processo em diversas áreas, mesmo fora da esfera cível. Entretanto, essa aplicação deve respeitar as particularidades do processo penal, sobretudo no que tange aos direitos fundamentais do acusado e aos limites da atuação judicial.

O poder geral de coação estatal, apesar de sua amplitude, encontra limites naturais em um processo que deve funcionar como um método democrático de resolução de conflitos. O exercício desse poder é altamente sensível dada à "liberdade" que o legislador outorgou ao magistrado para colmatar esta abertura encontrando a medida executiva que se mostrar necessária e adequada diante das circunstâncias de cada caso concreto. Isso significa que o juiz, por exemplo, ao decidir pela imposição de uma medida coercitiva, deve atuar com prudência, sempre balizando suas decisões pelos princípios da legalidade, transparência, fundamentação, necessariedade, razoabilidade, proporcionalidade e adequação etc. No processo de escolha e de aplicação de uma medida atípica o magistrado deve agir com uma atenção e preocupação redobrada, devendo ser cuidadosamente justificada, especialmente quando envolve a aplicação de técnicas de coerção a sujeitos que nem sequer participam do processo. O uso dessas medidas deve ser orientado sempre pelo princípio da instrumentalidade, de forma a alcançar o resultado desejado no processo sem ultrapassar os limites impostos pelos direitos e garantias fundamentais, além do que deve ser eficiente (menor custo econômico e de tempo com maior rendimento possível).

A aplicação do poder coercitivo encontra limitações explícitas no princípio do devido processo legal, consagrado no artigo 5º, inciso LIV, da Constituição Federal. Esse princípio assegura que nenhum indivíduo, seja parte ou terceiro, será privado de seus direitos sem um processo justo. No contexto das técnicas de efetivação, isso significa que o sujeito que será afetado pela medida deve ter a devida informação, possibilidade de reação e a oportunidade de influenciar na revogação ou alteração da medida, caso ela seja concedida antes do contraditório. O contraditório, seja prévio ou posterior, é o que confere legitimidade e justiça ao exercício do poder coercitivo estatal. Essa garantia processual é essencial para preservar os direitos constitucionais, impedindo o exercício arbitrário do poder pelo juiz.

O contraditório e a ampla defesa, previstos no artigo 5º, inciso LV, da Constituição, estabelecem esse limite. O contraditório assegura que as partes, e especialmente os terceiros, possam apresentar suas razões antes de sofrerem medidas de sub-rogação ou serem submetidos ao mal ameaçado pela coerção em caso de descumprimento de ordens judiciais. Já a ampla defesa garante que todas as justificativas e provas sejam devidamente apresentadas, assegurando que as medidas executivas só sejam aplicadas quando a conduta em questão for efetivamente injustificada. A violação dessas garantias

---

8. (AgRg no AREsp n. 2.047.136/RJ, relator Ministro Sebastião Reis Júnior, Sexta Turma, julgado em 1º/10/2024, DJe de 3/10/2024)

constitucionais pode comprometer a legitimidade das decisões judiciais, tornando as medidas de efetivação injustas e sujeitas a correção por meio de recursos ou outros meios de impugnação.

Além disso, as medidas impostas pelo magistrado devem obedecer aos princípios da razoabilidade e proporcionalidade, conforme o artigo 5º, LIV e XXXV da Constituição. O poder de império não pode ser exercido de maneira desproporcional ao fim que se deseja alcançar, especialmente quando se está diante de medidas atípicas, já que não foram criadas pelo legislador e, no caso das coercitivas, envolvem a ameaça de um mal que limita a autonomia e liberdade de agir. As multas excessivas ou medidas de sub-rogação desproporcionais como cessação de uma atividade causando efeitos que atingem milhões de pessoas que dependem do funcionamento daquela empresa violam, a priori, esses princípios e podem acarretar sérias consequências jurídicas e sociais, inclusive o comprometimento de valores muito sagrados como a dignidade da pessoa humana, consagrada no artigo 1º, III da Constituição Federal, o direito ao trabalho etc. O respeito à dignidade humana impõe ao juiz o dever de aplicar as medidas coercitivas de maneira equilibrada, sem impor um ônus exagerado às partes ou a terceiros, especialmente aqueles que não são diretamente envolvidos na lide.

A legalidade também se impõe como um limite intransponível ao exercício do poder estatal. Nenhuma medida atípica pode ser ilícita, em qualquer de seus elementos constitutivos. Assim, o que se deseja obter pela coerção pode ser lícito, mas a ameaça não pode ser ilícita. Embora o artigo 139, IV do CPC ofereça uma cláusula geral para a adoção de medidas coercitivas, o juiz deve sempre respeitar os limites da lei e fundamentar suas decisões em normas jurídicas claras e precisas. O abuso desse poder pode configurar violação ao princípio da legalidade, resultando em anulação das decisões ou até mesmo em responsabilidade civil ou criminal do magistrado.

Por fim, o controle judicial é um elemento essencial para garantir que o poder de império do juiz não seja exercido de maneira abusiva. O artigo 5º, XXXV da Constituição assegura a todos o direito de acesso à justiça, o que inclui a possibilidade de revisão das decisões que impõem medidas de coação estatal. A revisão judicial pelo próprio juiz ou pelo tribunal correspondente é fundamental para assegurar que elas sejam aplicadas de maneira justa, proporcional e dentro dos limites legais. Além disso, o exercício do poder de império deve sempre buscar a efetividade da jurisdição, garantindo que as decisões judiciais sejam cumpridas sem sacrificar indevidamente os direitos fundamentais das partes envolvidas.

O poder geral de coação estatal no processo, embora essencial para a efetividade das decisões judiciais, deve ser exercido com prudência, moderação e respeito aos princípios constitucionais e processuais. A Lei de Abuso de Autoridade (Lei nº 13.869/2019) reforça a necessidade de cautela por parte dos magistrados, lembrando que o abuso desse poder pode gerar graves consequências. Portanto, o poder coativo estatal, mesmo que necessário, deve ser sempre aplicado com responsabilidade e dentro dos limites impostos pela ordem jurídica democrática.

1.4 Devido processo legal, tutela executiva e proteção dos valores do exequente e do executado

Não obstante o papel realizador da tutela executiva, engana-se quem imagina que no módulo processual executivo existe uma diminuição do devido processo legal, senão porque o fenômeno é exatamente o inverso. É justamente em uma tutela executiva que o "devido processo legal" (fator legitimante da atividade estatal e fator de segurança e libertação do cidadão) ganha maior e mais importante relevo, justamente em razão da sensibilidade que a situação jurídica requer.

Não se pode perder de vista que na tutela jurisdicional executiva há, de um lado, o executado e, de outro, o exequente, ou, mais precisamente, alguém com direito constitucional à obtenção da efetiva e justa tutela contra alguém que quer preservar ao máximo a sua liberdade e patrimônio. Para temperar a relação de "poder e sujeição" que tipificam claramente a tutela executiva, há de se levar em conta as regras imperativas do "devido processo legal". É que, se em um lado da balança o processo deve ser justo (devido processo), para dar a efetividade merecida ao direito do exequente, no outro existe o executado, que terá o seu patrimônio invadido ou a sua liberdade cerceada para satisfazer o crédito do exequente. Também aí deverá estar presente o devido processo legal, pois é ele que garantirá o justo equilíbrio e razoabilidade do poder estatal sobre o patrimônio do executado, evitando que a tutela executiva vá além daquilo para o qual ele serve ou deveria servir e, assim, impedindo que o executado saia com o seu patrimônio desnecessariamente arrasado após a realização das medidas executivas. Essas *medidas executivas* devem estar *conformes* ao Estado Democrático de Direito.

Quando a desigualdade das posições jurídicas ocupadas pelos litigantes é clara e evidente, certamente deve ser maior o rigor e a proteção contra abusos, bem como mais efetivas e prontas as armas contra os referidos excessos. Repisa-se, o devido processo legal deve, rotineiramente, sob os dois flancos já comentados, ser milimetricamente aplicado na tutela executiva, de forma que satisfaça o direito do exequente com o menor sacrifício possível do executado.

Não é por acaso que o artigo 797 diz que "realiza-se a execução no interesse do exequente" e o artigo 805 tempera a afirmação acima ao mencionar que "quando por vários meios o exequente puder promover a execução, o juiz mandará que se faça pelo modo menos gravoso para o executado". Tais dispositivos nada mais são do que expressões do direito constitucional de acesso pleno e efetivo à justiça (art. 5º, XXXV) e o direito de não ser privado de seus bens sem o devido processo legal (art.5º, LIV).

2. SISTEMA EXECUTIVO ABERTO, FECHADO E FLEXÍVEL

Um sistema processual executivo que proporcione uma *tutela justa e efetiva* deve atender aos seguintes predicados:

i. *coincidente*, isto é, proporcionar a maior coincidência possível entre o resultado proporcionado pelo processo e aquele que está previsto no direito material;

ii. *completo*, ou seja, ter todos os meios executivos à disposição do jurisdicionado para satisfazer o direito revelado no título executivo;

iii. *adequado* no sentido de que esses *meios* disponíveis sejam *ferramentas perfeitas* para a obtenção do resultado desejado;

iv. *eficiente*, no sentido de proporcionar o maior rendimento possível com o menor esforço de tempo e dinheiro, seja para o jurisdicionado, seja para o poder estatal;

v. *contemporâneo*, no sentido de que possa proporcionar ao exequente o direito de usufruir do bem da vida com a menor distância temporal do momento em eu o seu direito foi violado.

O nosso sistema processual executivo, conquanto tenha sido construído e ainda esteja de certa forma emoldurado sob um modelo conceitual oitocentista bastante hermético, estático, liberal, com inescondível valorização da segurança jurídica e de proteção demasiada da propriedade, aos poucos vem sendo temperado e oxigenado com as mudanças legislativas ocorridas após o texto constitucional de 1988.

Nada obstante o legislador processual brasileiro ainda separe os procedimentos segundo a natureza das obrigações: pagar, fazer e não fazer e entregar coisa sem se importar, a priori, com o direito que está por trás da referida prestação, há motivos para festejar no novo CPC, principalmente por causa da cláusula geral executiva do artigo 139, IV do CPC.

Recorde-se que em 1939 e em 1973 o nosso sistema executivo era tipicamente fechado, hermeticamente pré-definido pelo legislador, com procedimentos e técnicas executivas *tipificadas* pelo legislador. Todas as obrigações de fazer e não fazer, de entrega de coisa e de pagar quantia eram tratadas da mesma forma, exceção feita às execuções especiais de pagar quantia (contra a fazenda, a favor da fazenda, contra um devedor insolvente e as execuções de alimentos) que tinham procedimentos diferenciados, mas mesmo assim com técnicas igualmente típicas. O mesmíssimo (e rígido) procedimento, as mesmas (e típicas) técnicas executivas, colocavam o nosso modelo executivo como digno representante de um modelo *fechado*, e, por isso mesmo, *incompleto* – pois o legislador seria incapaz de prever todos os meios executivos possíveis – e *inadequado*, posto que da incompletude resultaria a inadequação do meio ao resultado.

Essa visão *estática* da execução, extremamente canhestra e mais preocupada com a segurança e proteção da propriedade do executado do que propriamente satisfação do direito do credor foi sendo aos poucos substituída – influenciada pela constitucionalização do direito material e processual – onde o primeiro poro de abertura desse sistema deu-se com a Lei 8952/94 quando trouxe para o CPC/1973 o artigo 461, quase que um decalque dos artigos 84 do CDC e 213 do Estatuto da Criança e Adolescente.

Neste dispositivo todas as condenações (título judicial) de obrigações de fazer e não fazer não mais ensejariam um processo autônomo, mas uma fase subsequente de satisfação do direito, dando ainda a liberdade ao magistrado de estabelecer o procedimento e a técnica executiva *necessária e adequada* para a obtenção da tutela específica. Foi a partir daí que passou a se falar em *atipicidade de procedimento e meio executivo* da tutela específica do cumprimento de sentença de obrigações de fazer e não fazer.

Nesta toada, e ante o sucesso do dispositivo, menos de 10 anos depois, portanto, em 2002 (Lei 10.244) nova lei processual introduziu o artigo 461-A expandindo esse mesmo regime jurídico para as obrigações de entrega de coisa. Não foi difícil, a partir daí estabelecer um intercâmbio desse modelo para o *processo de execução* das obrigações específicas (fazer e não fazer entrega de coisa), que fossem fincadas em um título extrajudicial. Já sustentávamos que a atipicidade dos meios e do procedimento é que regia a tutela satisfativa das obrigações específicas. O problema, então, passaria a ser a tutela expropriatória (pagar quantia) que, bem se sabe, é a mais comum dentre todas as três modalidades de obrigação. Até então, tanto os títulos judiciais quanto os extrajudiciais de pagar quantia se submetiam ao regime jurídico único do processo de execução previsto no livro II do CPC de 1973.

Eis que, então, por intermédio das Leis 11232/05 e 11.382/06 o legislador processual introduziu uma série de mudanças na tutela executiva e uma delas foi, justamente, a de tentar aproximar o modelo de cumprimento de sentença de obrigações específicas com o modelo de pagar quantia. O fato de as referidas leis *emprestarem o mesmo nome do cumprimento das obrigações específicas, bem como de exigir que, ante o requerimento do exequente, bastaria a intimação do advogado para se ter início à fase executiva*, não alterou muito nem a rigidez do procedimento expropriatório, e, nem mesmo a tipicidade das técnicas expropriatórias que ganharam novos nomes (ex: usufruto de bem passou a ser apropriação de frutos e rendimentos). As mudanças foram muito mais estéticas do que na essência. De certa forma, até que houvesse o sepultamento do CPC de 1973, manteve-se o quadro procedimental rígido e típico da tutela expropriatória, fosse ela fundada em título judicial (cumprir a sentença mediante uma nova fase "executiva") ou extrajudicial.[9]

Contudo, com o surgimento do Código de Processo Civil de 2015 um novo cenário mostrou-se possível com o surgimento do inciso IV do art. 139 do CPC que, ao nosso sentir, se apresenta como se fosse uma *cláusula geral de toda atividade executiva*. Uma abertura que permite a aplicação, não necessariamente subsidiária, da *atipicidade de meios executivos* e *flexibilização procedimental* em qualquer tipo de atividade satisfativa, inclusive "as que tenham por objeto a obrigação pecuniária". Isso significa dizer que a despeito da *tipificação procedimental* prevista para o cumprimento de sentença das obrigações de pagar quantia nos arts. 523 e ss., bem como a que foi prevista em

---

9. Tanto isso é verdade que o artigo 461-A estava inserido na seção intitulada dos "requisitos e efeitos da sentença", enquanto que o art.475-I dava início ao capítulo dedicado ao "cumprimento da sentença" que seria realizado "por execução" como dizia textualmente o caput do dispositivo revogado.

todo livro II da Parte especial (processo de execução), isso não seria sugestivo de que as medidas atípicas e a flexibilização do procedimento *teriam que ser* subsidiárias, ou seja, seria utilizado o inciso IV do artigo 139 em caso de o procedimento e as medidas previstas pelo legislador terem falhado.

3. DEVIDO PROCESSO LEGAL E SISTEMA EXECUTIVO

Registre-se, ainda, um elemento de ordem axiológica e histórica que é decisivo para se compreender como deve pautar-se a função jurisdicional executiva. Com a substituição do Estado liberal pelo Estado social, houve mudança do comportamento do Estado-juiz, que passou a "atuar", em vez de ficar "inerte", sob o manto de uma "neutralidade". Se antes a sua atuação, mesmo na execução, era milimetricamente medida, regulada, discriminada e seguia a regra da tipicidade da atividade a ser exercida, hoje a regra não é mais assim, pois, com a mudança de paradigma, o Estado liberal cedeu lugar ao Estado social e passou a ter um papel ativo, participativo e atuante, de forma a privilegiar o respeito e a credibilidade à jurisdição, no sentido de que o Estado deve dar a efetiva prestação da tutela jurisdicional.

Enfim, se antes, em um Estado liberal, o direito de propriedade deveria ter superlativa proteção e intocabilidade, outorgando ao executado todas as maiores e possíveis oportunidades de retardar ou evitar a expropriação (ou cerceamento da liberdade), hoje já não é mais assim.

Atualmente, privilegia-se a realização/satisfação do direito reclamado à jurisdição. Nesse passo, as regras processuais liberais, individuais e privatistas limitadoras da intervenção do Estado na propriedade alheia (limitação da própria atividade executiva), com definições estanques sobre o quê o juiz pode e o que não pode fazer, quais os passos, quais os remédios, qual o ato presente e o respectivo ato futuro, tudo de forma a se ter um máximo de previsibilidade e objetividade possível, hoje dão lugar às interpretações razoáveis do magistrado, com ampla liberdade de escolha de meios e fins executivos que sejam adequados a uma situação posta em juízo (art. 139, IV). Além disso, tenta-se desburocratizar o processo, gerindo-o de forma eficiente com o menor custo e maior rendimento possível (art. 8º), permitindo, inclusive, uma cooperação mais rente das partes na solução do litígio, inclusive por intermédio dos negócios processuais (art. 190).

Seria como dizer que hoje não existem regras fixas, gerais e abstratas relativamente aos meios executivos, tendo-se em vista a diferença abissal entre as pessoas e respectivos conflitos que levam ao Poder Judiciário. Precisam ser tratados desigualmente, na exata proporção das suas desigualdades, mesmo na tutela executiva.

Assim, desde que haja a real possibilidade de controle dos excessos jurisdicionais, hoje se deve dar valor à sensibilidade do magistrado, para que este a aplique de acordo com as peculiaridades do caso concreto, encontrando o justo equilíbrio entre os interesses conflitantes na tutela executiva (sopesando a garantia contra o excesso *versus* o direito à satisfação do exequente e respeito à decisão judicial). Enfim, chama-se e reforça-se a ideia de um juiz ativo, participativo, que dialogue com as partes e aplique a lei no caso concreto, realizando a execução sem perder de vista as singularidades do conflito em juízo. Deve o juiz efetivar o princípio da cooperação estampado em diversos princípios do CPC (art. 6º).

A tendência na tutela executiva hoje é de que o juiz seja um verdadeiro protagonista da tutela jurisdicional, atuando sempre em busca da solução efetiva, o que implica satisfazer o exequente sem que isso represente a ruína do executado. Longe de ser uma peça estática perdida no tabuleiro dinâmico do processo, o magistrado de hoje tem, com fulcro na CF/1988, o dever de driblar a burocracia da técnica processual para atuar com sua plenitude o devido processo.

Nessa linha de raciocínio, o novo Código de Processo Civil de 2015 introduziu diversas modificações na execução civil, imprimindo ao juiz poderes para realizar de fato o devido processo legal na execução, seja sob a perspectiva do exequente, seja do executado (art. 139, IV). Neste dispositivo está consagrado o poder geral de coerção estatal. Nessa toada, não impor a concretização do devido processo executivo é burlar o sistema e atentar contra a tutela jurisdicional justa e efetiva.

Nesse choque entre o interesse do exequente em ver satisfeita a tutela jurisdicional e do executado e em fazer com que essa satisfação seja a menos onerosa possível para o seu patrimônio é que se colocam a ponderação e a razoabilidade (o justo equilíbrio) como critérios insuperáveis na efetivação da tutela jurisdicional executiva.

Esse juízo de valor e ponderação do magistrado – de questionar em cada caso concreto os limites da ativação executiva – não precisa ser feito em todos os atos do processo executivo, obviamente, mas sim nas seguintes hipóteses: (i) quando o legislador outorgou-lhe dose de subjetivismo jurídico para preencher conceitos jurídicos indeterminados em cada caso concreto; (ii) quando a regra processual executiva encontra-se superada e contrária ao devido processo legal (tutela justa), o que acontece muito quando a norma abstrata já não espelha o fato social como ele realmente é, ou então quando a carga ideológica e axiológica que motivou a emolduração daquela regra encontra-se vencida pela evolução dos tempos. Claro que nessa hora todo cuidado é pouco, tendo-se em vista a natural abstração que rege o mundo dos princípios, porque senão esta pode ser uma porta de entrada do despotismo e arbitrariedade, tudo sob a falsa veste do devido processo legal.

É certo que o Novo Código de Processo Civil (NCPC), atento a essa necessidade, fez questão de fincar como premissas principiológicas de todo o direito processual, e aí compreendida a tutela satisfativa, a necessidade de um contraditório real, construtivo e não meramente reativo, que envolva a cooperação entre os sujeitos do processo, da busca concreta de uma duração razoável, da ética processual para todos os sujeitos que nele atuam, do incremento dos poderes do juiz na busca da solução lépida e justa do conflito etc., tal como se pode ver no Livro I, título único, capítulo I, do NCPC. Neste passo o artigo 139, IV do CPC é realmente uma cláusula geral que eleva o patamar da tutela executiva, permitindo, nos limites ali previstos, que a efetivação da tutela possa ser uma realidade.

4. SOLUÇÃO – ADJUDICADA E CONSENSUAL – DOS CONFLITOS

Normalmente os conflitos de interesses são solucionados sem a necessidade de intervenção do Poder Estatal. A habilidade dos contendores, a boa-fé de quem está em conflito, o grau de educação que possuem, são fatores decisivos para se alcançar uma solução para as crises que brotam naturalmente numa sociedade regida por regras contendo restrições à liberdade e ao patrimônio das pessoas.

O fato de se levar o conflito para ser solucionado no Poder Judiciário por meio de um *processo judicial contencioso* não fecha a possibilidade de que este seja palco de soluções amistosas entre os contendores no início, no meio ou na fase derradeira do procedimento judicial, muito pelo contrário. É papel do Estado estimular – mesmo nas lides já postas em juízo e em qualquer fase que se encontrem – as soluções consensuais, amistosas, frutos de conciliação e mediação. A justiça estatal não deve ser vista como uma porta que leva a um único corredor que leve as soluções adjudicadas impostas por sentença aos litigantes.

A eliminação da crise jurídica por meio do processo judicial contencioso é um caminho necessário no ordenamento jurídico, mas nem exclusivo e nem prioritário. A verdadeira paz social se alcança por meio de soluções medidas e construídas com a participação e oitiva daqueles que estão em conflito.

O art. 3º do CPC – nas suas normas fundamentais – repete o texto constitucional ao dizer que "não se excluirá da apreciação jurisdicional ameaça ou lesão a direito", mas ao mesmo tempo deixa claro que "é permitida a arbitragem, na forma da lei", e, mais ainda, no §2º que o "Estado promoverá, sempre que possível, a solução consensual dos conflitos", sendo que "a conciliação, a mediação e outros métodos de solução consensual de conflitos deverão ser estimulados por juízes, advogados, defensores públicos e membros do Ministério Público, inclusive no curso do processo judicial" (§3º).

Por isso, é importante deixar claro que seja no processo de conhecimento, seja no processo de execução nada impede que as soluções consensuais sejam realizadas e estimuladas no âmbito da justiça estatal, com ou sem a participação direta do magistrado condutor do processo. Muitas vezes, é na execução que se torna mais fácil a obtenção de acordos e soluções mediadas, na medida em que as partes envolvidas no conflito já sabem com quem está a razão revelada no título executivo. Tais soluções, consensuais, permitem que os conflitantes não fiquem presos e atados ao pedido e à causa de pedir delimitado e estabilizado há anos no bojo do processo, abrindo um leque de possibilidades de soluções que nem sequer poderiam ser imaginadas quando da propositura da demanda. Isso sem contar o fato de que abreviam o procedimento com o fim – total ou parcial – do conflito evitando dispêndio de tempo e dinheiro estatal.[10]

---

10. MOREIRA, Tainá da Silva. A autocomposição na execução por quantia certa contra devedor solvente. São Paulo: Dialética, 2022.

Capítulo II
TUTELA JURISDICIONAL EXECUTIVA NO CPC

1. AS CRISES JURÍDICAS E A ATIVIDADE JURISDICIONAL[1]

Se pretendêssemos – para fins meramente didáticos[2] – reduzir todos os tipos de conflitos de interesses a três categorias, certamente estas se enquadrariam nas seguintes modalidades de crises jurídicas: certeza, situação jurídica, conhecimento e cooperação (adimplemento, descumprimento).

A crise de certeza revela-se num conflito de interesses onde o que se deseja obter do Poder Judiciário é uma *certeza jurídica* acerca da *existência ou inexistência de uma relação jurídica*, ou excepcionalmente sobre a *autenticidade ou falsidade de um documento*.

Já a de *situação jurídica* tipifica-se pela necessidade de se obter do Poder Judiciário uma *situação jurídica nova*, diversa, portanto, da situação jurídica em crise.

---

1. Amílcar de Castro. Do procedimento de execução. 2. ed. Rio de Janeiro: Forense, 2000; Cleanto Guimarães Siqueira. A defesa no processo civil. 2. ed. Belo Horizonte: Del Rey, 1999. Cândido Rangel Dinamarco. Execução civil. 5. ed. São Paulo: Malheiros, 1997; Ovídio Baptista da Silva. Curso de direito processual civil. 3. ed. São Paulo: RT, 1998. v. II; Enrico Tullio Liebman. Processo de execução. 2. ed. São Paulo: Saraiva. 1963; Giuseppe Chiovenda. Instituições de direito processual civil. Trad. Guimarães Menegale. São Paulo, 1942. v. I e II; José Carlos Barbosa Moreira. O novo processo civil brasileiro. 23. ed. Rio de Janeiro: Forense, 2004; Humberto Theodoro Júnior. Curso de direito processual civil. 36. ed. Rio de Janeiro: Forense, 2004; Alexandre Freitas Câmara. Lições de direito processual civil. Rio de Janeiro: Lumen Juris, 2004. v. II; Cândido Rangel Dinamarco. Instituições de direito processual civil. São Paulo: Malheiros, 2004. v. IV; Cassio Scarpinella Bueno. Execução provisória e antecipação de tutela. São Paulo: Saraiva, 1999; Luiz Guilherme Marinoni. Técnica processual e tutela de direitos. São Paulo: RT, 2004; Marcelo Lima Guerra. Direitos fundamentais e proteção do credor na execução civil. São Paulo: RT, 2003; Ovídio Baptista da Silva. Jurisdição e execução. 2. ed. São Paulo: RT, 1997; Ovídio Baptista da Silva. Curso de direito processual civil. São Paulo. RT, 2001. v. II; Marcelo Lima Guerra. Execução indireta. São Paulo: RT, 1999; Marcelo Abelha Rodrigues. Elementos de direito processual civil I. 3. ed. São Paulo: RT, 2003; Eduardo Talamini. A tutela dos deveres de fazer e não fazer. 2. ed. São Paulo: RT, 2003; José Miguel Garcia Medina. Execução civil – teoria geral: princípios fundamentais. 2. ed. São Paulo: RT, 2004.

2. É preciso compreender que as relações jurídicas não são estáticas e dificilmente num conflito de interesses teremos uma divisão "clara e perfeitinha" das modalidades de obrigações. Possivelmente os direitos e obrigações, os deveres, as sujeições e as potestades se veem entremeados e sem uma definição precisa onde um começa e onde o outro termina. Apenas para se dar um exemplo de um contrato de prestação de serviços de advocacia que celebro no meu cotidiano, há a obrigação principal para quem contrata e para o contratado, mas há uma série de obrigações acessórias (dever de boa-fé, relatórios mensais, reuniões, etc., que giram em torno da obrigação principal, mas podem ser objeto de tutela autônoma caso sejam descumpridos. Enfim, apenas no mundo imaginário, e, meramente para fins didáticos, é que se deve uma imaginar uma separação perfeita e limpa das modalidades de obrigações.

A crise de conhecimento tem sido cada vez mais comum nesta sociedade "liquida" e onde é comum a existência de situações onde as pessoas não possuem informações suficientes sobre ser ou não ser titular de direitos, ou ainda sobre não ter provas que atestem este suposto direito.[3]

Por sua vez, a crise de cooperação (adimplemento ou descumprimento) é aquela em que se faz necessário obter do Poder Judiciário o adimplemento da *norma jurídica individualizada* que não foi cumprida espontaneamente[4] (cooperação ou adimplemento).

Lembrando que apenas excepcionalmente admite-se a autotutela, e permanecendo sem solução consensual o conflito de interesses, certamente essas crises jurídicas desembocarão no Poder Judiciário, para que este possa, então, resolvê-las de forma justa e efetiva.

Nesse passo, o método que o Poder Judiciário utiliza para alcançar esse resultado é "justo e efetivo" é o "processo", visto aqui como uma ferramenta (método) que permite revelar e depois atuar a norma jurídica concreta.

Sendo o processo uma ferramenta necessária para dar legitimidade e legalidade à atuação estatal num Estado Democrático de Direito, mostra-se necessário que disponibilize técnicas apropriadas e adequadas para *solucionar integralmente o conflito*, aí incluída tanto a tutela cognitiva, quanto a satisfativa (art. 4º do CPC).

Essas técnicas (genericamente falando) podem ser identificadas e aglutinadas, didaticamente, em (i) procedimentos, (ii) provimentos e de (iii) módulos processuais diferentes.[5]

Certamente, o tipo de procedimento, de provimento ou de "processo" será distinguido de acordo com as exigências do próprio direito material.

Ora, situações de urgência exigem módulo processual sumário, um procedimento expedito e provimentos eficazes.

O mesmo se diga da tutela processual relativa a direito de família, que implica o uso de técnicas processuais diversas das que são utilizadas para a tutela de direitos patrimo-

---

3. DINAMARCO, Candido; BADARÓ, Gustavo; LOPES, Bruno. *Teoria geral do processo*, 32. ed. São Paulo: Malheiros, 2020, p. 33.
4. Em países com verdadeira democracia, com menores índices de desigualdades sociais, financeiras, e com maior equilíbrio do nível educacional da população – sendo igualmente nivelado o sentimento de justiça social – será bem menor a possibilidade de descumprimentos espontâneos dos textos legais, dos negócios jurídicos etc. Não é incomum o sujeito dizer que não paga tributos porque não vê retorno algum do poder público nos itens fundamentais que deveria prestar à população. Rotineiramente há um duplo descumprimento – um do contribuinte e outro da administração – das normas individualizadas que resultam todos os dias da incidência de fatos aos textos normativos (um não paga o tributo e o outro não presta a educação nas escolas, saúde nos hospitais, segurança nas cidades etc.). Tais crises desembocam no Poder Judiciário na forma de crises de cooperação onde o que se pede é justamente o cumprimento do dever jurídico descumprido.
5. Sobre os provimentos, procedimentos e processos como técnicas processuais, ver Dinamarco, Cândido Rangel. Instituições de direito processual civil. 7. ed. São Paulo: Malheiros, 2013. v. I, p. 137 e ss.

niais. Da mesma forma quando se está diante de tutela de uma pretensão obrigacional e uma pretensão real, e assim sucessivamente.

Esse aspecto de "adequação do instrumento processual ao objeto pretendido no plano do direito material" por meio de tipos diferentes de *provimentos, processos e procedimentos* deveria não só ser ofertados pelo ordenamento jurídico, como, além disso, proporcionar a solução integral da crise jurídica[6], mas infelizmente a realidade é outra.

Tomando de análise os provimentos judiciais ofertados pelo ordenamento jurídico para debelar as crises jurídicas, sabe-se que os provimentos constitutivos e declaratórios proporcionam a solução final das crises de situação e certeza jurídica. Por outro lado, o mesmo não se diga quando se está diante de "crises de cooperação" (adimplemento, descumprimento).

É que, em relação ao provimento declaratório e constitutivo, a simples revelação da norma jurídica concreta na sentença é, por si só, suficiente para debelar, respectivamente, a crise de certeza e de situação jurídica. Nada se espera do "vencido" quando se está diante de uma sentença constitutiva ou declaratória. O provimento judicial constitutivo e o declaratório são suficientes (bastantes) para constituir a nova situação jurídica e ofertar a certeza desejada, respectivamente.

Assim, por exemplo, decretada por sentença a dissolução do vínculo negocial já existe uma nova situação jurídica. Por outro lado, declarada a falsidade do documento, obtida está a certeza jurídica.[7]

Já com relação à crise de cooperação (descumprimento, adimplemento), o Direito, especialmente o direito processual, tem dificuldades para pacificar esse tipo de conflito, justamente porque a mera revelação do direito pela sentença não é bastante para pôr fim ao conflito de interesses. É preciso ir além. É necessário partir do direito revelado para a sua atuação no mundo dos fatos.

Raríssimos são os casos de sujeitos inadimplentes que, diante de uma sentença condenatória que lhes seja imposta, decidem cumpri-la espontaneamente. Nem mesmo a multa legislativa do artigo 523 do CPC conseguiu alterar esse quadro de desprezo do devedor para com as sentenças condenatórias.[8]

---

6. O processo jurisdicional não deve ser um labirinto sem saída para o jurisdicionado. Deve proporcionar multiportas para a solução do conflito. As soluções adjudicadas após um longo processo não deve ser a única ou última saída. Sabe-se que as soluções que sejam fruto da mediação, por exemplo, tem maior aptidão para trazer a verdadeira paz social. Uma "paz" que não se alcança por meio de uma decisão imposta às partes.

7. O problema é que quase nunca as pretensões declaratórias ou constitutivas estão sozinhas. Normalmente vêm cumuladas com uma pretensão a um adimplemento, do tipo "desejo a rescisão do contrato e com ele a multa pelo inadimplemento ou as perdas e danos etc.". Ou ainda, "pretendo a declaração de falsidade do documento que se for atendida implica em desclassificação do vencedor do certame...".

8. Aliás, registre-se o desprezo com que a sentença condenatória foi tratada pelo NCPC, afinal de contas, pela leitura do art. 523, § 1º, do CPC, o devedor condenado ao pagamento de quantia cumpriria espontaneamente o comando se nada lhe acontecesse caso pagasse no prazo do referido dispositivo. Neste passo, sentenças condenatórias e sentenças que apenas reconheçam todos os elementos da obrigação (sejam declaratórias ou constitutivas) têm a mesmíssima força executiva (art. 515, I, do CPC).

Enquanto as normas jurídicas concretas constitutivas e declaratórias independem do comportamento do vencido para se *efetivarem*, não é o que se passa quando se está diante de um direito revelado em favor de um dos sujeitos numa crise de cooperação. Como o próprio nome já diz, é mister que o direito revelado se concretize, que se realize no mundo dos fatos, de forma a obter o resultado que se teria caso a cooperação (adimplemento, cumprimento) tivesse sido espontaneamente realizada.

Portanto, há aí um momento posterior à revelação do direito oriundo de crise de adimplemento, que é justamente a realização fática do comando declarado. É preciso, portanto, concretizar no mundo dos fatos aquilo que o devedor deveria ter cumprido. Como disse Carnelutti é preciso ir "la legge ai fatti" (do direito ao fato).

Esse é o ponto de maior estrangulamento (realizar, satisfazer o direito) do nosso direito processual pelo que se observa, e comprova, pelos números do das taxas de congestionamento da justiça no último relatório do CNJ. Esses números apontam a *execução civil* como o maior gargalo existente dentre todos os tipos de processos em curso no país.

A existência desses dois momentos – "revelar o direito" e "atuar o direito" – é que separa o que chamamos de atividade (função) jurisdicional cognitiva da executiva.[9]

A "primeira", nitidamente marcada por um procedimento em contraditório, dialético, dialógico, cooperativo em que as partes e o juiz atuam de forma participativa com a finalidade de identificar (revelar) a norma jurídica concreta. Enfim, dar razão a quem tenha razão.

A "segunda" atividade – a executiva –, restrita às crises de cooperação, tem como ponto de partida e pressuposto o direito previamente revelado num título judicial ou extrajudicial. Tal atividade, ao contrário da anterior, é marcada pela finalidade de satisfazer, atuar, efetivar, realizar no mundo fático o direito declarado no título executivo.

Logo, o que move esta atividade jurisdicional é uma *pretensão à satisfação de um direito revelado em favor de alguém e contra outrem*. Não se pretende declarar o direito em favor de A ou de B, mas de efetivar o que já está declarado no título e que não foi espontaneamente cumprido pelo sujeito que devia cumprir uma prestação.

Neste particular, é axiomático que toda a atividade cognitiva desenvolvida no curso deste procedimento gravite em torno do eixo da *pretensão à satisfação do direito já revelado no título executivo*, não sendo adequado – neste tipo de processo-procedimento – que se debata ou discuta a existência do tal direito já revelado; direito este que não foi cumprido por quem deveria cumprir, e exatamente por isso se requereu a sua satisfação pela via da execução civil.

---

9. Embora a função jurisdicional cognitiva seja diversa da cognitiva, não significa que precisarão estar isoladas em processos autônomos diversos. Trata-se de opção legislativa. Pelo atual sistema do Código, a execução fundada em título judicial é feita, sempre, no mesmo processo em que ocorreu a atividade cognitiva, muito embora em fase ou módulo processual diverso e subsequente. Essa fase ou etapa executiva recebe o nome de cumprimento de sentença.

É importante destacar que o fato de o objeto de debate e cognição neste tipo de processo girar em torno da *satisfação do direito*, isso não permite dizer, de forma alguma que não exista contraditório neste modelo de atividade jurisdicional.

Não há processo sem contraditório. A própria definição do que seja "processo" tem em si, ínsita, a noção de contraditório e dialeticidade. O *contraditório* existe em qualquer atividade estatal (cognitiva ou executiva), mas no caso da atividade executiva a função jurisdicional destaca-se pela sua vocação e finalidade de concretizar o que foi revelado no "título executivo judicial ou extrajudicial". Esse é o eixo em torno do qual deve gravitar o exercício do contraditório, as discussões, os debates envolvendo as partes e o juiz.

O contraditório, no sentido mais democrático que se possa lhe atribuir, é a espinha dorsal de qualquer processo estatal e não estatal dentro de um Estado Democrático de Direito; é, portanto, o eixo no qual ele se desenvolve e se desenrola de forma sucessiva, interligando atos processuais e sujeitos processuais até chegar ao ato final do procedimento.

Não há processo sem contraditório, porque dele é parte imanente, de forma que também se faz presente quando se requer *a satisfação de um direito*, seja no cumprimento de sentença, seja no processo de execução. A atividade jurisdicional executiva também é marcada pelo procedimento em franco contraditório. Cada ato executivo que se sucede na cadeia processual executiva formando situações jurídicas ativas e passivas deve proporcionar o contraditório. O contraditório dá dinamismo ao processo. A diferença diz respeito justamente ao objeto do contraditório que na execução não se volta, a priori, à cognição do conflito deduzido em juízo, salvo quando assim o permite o legislador nos limites por ele estabelecido.

Por intermédio da atividade executiva, o Poder Judiciário substitui (sub-rogação) ou estimula (coerção) a vontade do executado, com vistas a realização do direito já revelado no título executivo. Esta é, pois, a atividade jurisdicional executiva. Independentemente de onde esteja inserida no CPC, a atividade jurisdicional executiva caracteriza-se pela finalidade de satisfazer o direito revelado no título executivo. Não será um novo nome (efetivação do direito revelado, cumprimento de sentença, processo de execução etc.), um novo rótulo, que será capaz de transformar a essência da atividade satisfativa.

2. A CONFIGURAÇÃO DA ATIVIDADE JURISDICIONAL EXECUTIVA NO CÓDIGO DE PROCESSO CIVIL

O nosso Código de Processo Civil de 2015 substituiu um Código de 1973, que possuía franca inspiração nos modelos liberais e individualistas do Código austríaco e alemão. O CPC atual tem franca inspiração nos modelos legislativos posteriores à redemocratização alemã, sendo clara e evidente a inserção da Constituição Federal (e seus valores) como lente e filtro de qualquer atividade do Estado (legislativa, judiciária e executiva). O CPC passou a reconhecer nela, na CF/1988, uma eficácia que antes não lhe era dada, havendo o que a doutrina denominou, a nosso ver, sem um rigor muito técnico, de superação do modelo positivista para um pós-positivista. Um "neoprocessualismo", fruto de um "neoconstitucionalismo".

Dessa forma, vê-se que esse fenômeno de entronização da Constituição Federal para o centro do ordenamento jurídico, sendo filtro necessário para o nascimento e aplicação de uma norma, que deve sempre estar vinculada a realização dos direitos fundamentais e princípios fundantes da Carta Maior, fez com que o CPC fosse deslocado do seu papel central e deixasse de ser, ele mesmo, a referência primária na aplicação das regras de direito processual.

É, pois, necessário ler as regras do processo civil (como as do direito civil, do direito tributário, do direito eleitoral etc.) sob a lente da Constituição Federal, e não é por acaso que os 11 primeiros artigos do código nada mais fazem do que explicitar princípios do processo civil na Constituição Federal a tal ponto que, de forma categórica, diz o artigo primeiro do CPC que "*o processo civil será ordenado, disciplinado e interpretado conforme os valores e as normas fundamentais estabelecidos na Constituição da República Federativa do Brasil, observando-se as disposições desse Código*".

O CPC está dividido em duas partes: uma geral e outra especial.

A parte geral é dividida em seis Livros, a saber:

Livro I – Das normas processuais civis

Livro II – Da função jurisdicional

Livro III – Dos sujeitos do processo

Livro IV – Dos atos processuais

Livro V – Da tutela provisória

Livro VI – Da formação, suspensão e extinção do processo

Já a parte especial está dividida em quatro Livros:

Livro I – Do processo de conhecimento e do cumprimento de sentença

Livro II – Do processo de execução

Livro III – Dos processos nos tribunais e dos meios de impugnação às decisões judiciais

Livro Complementar – Das disposições finais e transitórias

À primeira vista, um novato no estudo da execução civil poderia acreditar que todas as regras referentes à atividade jurisdicional executiva estariam concentradas no Livro II da Parte Especial do CPC, intitulado "Do processo de execução".

Entretanto, isso não é verdade, pois no Livro I da Parte Especial existem as regras de cumprimento de sentença, que nada mais são do que atividade jurisdicional executiva para satisfação de título executivo judicial.

Também se engana quem acredita que se estanca aí, nestes dois livros, as regras atinentes à atividade jurisdicional executiva no CPC, pois em diversos outros dispositivos vamos encontrar princípios e regras que categorizam a atividade executiva, como por exemplo, nos dispositivos atinentes aos poderes do juiz (art. 139, IV)[10], na efetivação da tutela provisória (art. 295), nos procedimentos especiais etc.

Por outro lado, é seguro afirmar que a maior parte de dispositivos e técnicas relativos à atividade executiva está concentrada no Livro II da Parte Especial, e certamente que deverá ser emprestada quando se mostrar necessária a sua utilização (v.g., regras relativas à penhora eletrônica) para a realização do cumprimento de sentença.

Aliás, foi pensando nesse intercâmbio entre o Livro II com o Livro I e vice-versa que o legislador previu a *mão dupla* entre eles.

Segundo o art. 513 do CPC:

> Art. 513. O cumprimento da sentença será feito segundo as regras deste Título, observando-se, no que couber e conforme a natureza da obrigação, o disposto no Livro II da Parte Especial deste Código.

E, por sua vez, o art. 771 é ainda mais categórico ao iniciar o Livro II da Parte Especial (do processo de execução) ao dizer que:

> Art. 771. Este Livro regula o procedimento da execução fundada em título extrajudicial, e suas disposições aplicam-se, também, no que couber, aos procedimentos especiais de execução, aos atos executivos realizados no procedimento de cumprimento de sentença, bem como aos efeitos de atos ou fatos processuais a que a lei atribuir força executiva.
>
> Parágrafo único. Aplicam-se subsidiariamente à execução as disposições do Livro I da Parte Especial.

Assim, clarificando o que foi dito, a atividade jurisdicional executiva no CPC pode ser desenhada e simplificada da seguinte forma, usando inclusive a terminologia adotada pelo legislador:

(1) *Execução fundada em título extrajudicial*: faz-se mediante o uso do processo de execução autônomo, nos termos do Livro II da Parte Especial do CPC, aplicando, sempre que necessário e de ofício pelo juiz, as regras técnicas executivas previstas no Livro I da Parte Especial destinada ao cumprimento de sentença:

Parte Especial – Livro II

- Título I (da execução em geral)
- Título II (das diversas espécies de execução)
- Execução para a entrega de coisa (arts. 806-813)
- Execução das obrigações de fazer e não fazer (arts. 814-823)
- Execução por quantia certa contra devedor solvente (arts. 824-909)

---

10. Este dispositivo é uma cláusula geral da atividade executiva no Código. A maior ou menor eficiência e efetividade da tutela executiva passa pela forma como se pretende enxergar e dar rendimento ao artigo 139, IV do CPC.

- Execuções especiais
- Execução contra a Fazenda Pública (art. 910)
- Execução de alimentos (arts. 911-913)
- Execução por quantia certa contra devedor insolvente (art. 1.052)[11].

(2) *Execução fundada em título judicial (denominado de cumprimento de sentença)*:

Parte Especial – Livro I (Do processo de conhecimento e do cumprimento de sentença):

- Do cumprimento de sentença para <u>pagamento de quantia</u>, assim dividido:
- Do cumprimento <u>provisório</u> da sentença que reconheça a exigibilidade de obrigação de pagar quantia certa (arts. 520-522)
- Do cumprimento <u>definitivo</u> da sentença que reconheça a exigibilidade de obrigação de pagar quantia certa
- Do cumprimento de sentença contra devedor solvente comum (arts. 523-527)
- Do cumprimento da sentença que reconheça a exigibilidade de obrigação de prestar alimentos (arts. 528-533)
- Do cumprimento da sentença que reconheça a exigibilidade de obrigação de pagar quantia certa pela fazenda pública (arts. 534-535)
- Do cumprimento da sentença que reconheça a exigibilidade de obrigação de fazer, de não fazer ou de entregar coisa
- Da obrigação de fazer e não fazer (arts. 536-537)
- Da obrigação de entrega de coisa (art. 538)
- Da efetivação da tutela provisória (art. 297)

Esse desenho exposto adotado pelo CPC merece algum reparo, a saber, exemplificativamente:

- Seja porque não houve previsão, em nenhum momento, de uma genuína execução de título extrajudicial de obrigação de não fazer (abstenção ou tolerância);
- seja porque não fixou uma regra mais clara em relação às fraudes à execução e o papel do terceiro adquirente;
- seja porque não deu um tratamento adequado ao contempt of court na execução;
- seja porque não permitiu um regime flexível de impenhorabilidade;
- seja porque não deu à sentença condenatória um poder de persuasão que estimule o devedor a cumpri-la sem a necessidade de cumprimento da sentença;

---

11. Art. 1052. Até a edição de lei específica, as execuções contra devedor insolvente, em curso ou que venham a ser propostas, permanecem reguladas pelo Livro II, Título IV, da Lei 5.869, de 11 de janeiro de 1973".

- seja porque manteve a regra dos Códigos anteriores de não criar uma técnica diferenciada para a satisfação de direitos reais (conservou a terminologia de que todo exequente é um credor e todo executado é um devedor, o que não é correto);
- seja também porque quando a tutela jurisdicional executiva recai sobre uma situação de urgência, pouco importa que o título seja judicial ou extrajudicial, ao passo que o Código só prevê a tutela na primeira hipótese etc.
- Seja porque não estabeleceu um regime jurídico seguro e claro em torno das astreintes (medidas coercitivas)
- Seja porque não previu regras e diretrizes de cooperação de terceiro com a execução

É preciso ficar atento para um aspecto e não confundir a efetivação de um direito reconhecido num título executivo judicial ou extrajudicial com a efetivação de atos ou fatos processuais que dependem de atuação judicial coativa.

Se fizermos um voo rasante pelo CPC é fácil identificar uma série de situações jurídicas processuais que dependem de efetivação pelo órgão jurisdicional, mas que não podem ser enquadradas no conceito de "satisfação do direito revelado no título executivo", muito embora, a nosso ver façam parte do que se poderia denominar de "fenômeno executivo" visto sob uma percepção consentânea com o conceito dinâmico e complexo de processo. Assim, por exemplo, quando o art. 455, §5º do CPC diz que "a testemunha que, intimada na forma do § 1º ou do § 4º, deixar de comparecer sem motivo justificado será conduzida e responderá pelas despesas do adiamento". Ora, como será "conduzida"? Efetiva-se este ato jurídico processual de comparecimento da testemunha com apoio em medidas judiciais que normalmente se aplicam à atividade jurisdicional executiva.

Aliás, registro seja feito, rendendo-se a esta percepção, mas ainda de forma tímida, o legislador disse no artigo 771 que o "Livro da Execução" regula não apenas o procedimento executivo tradicional, mas também deve ser aplicado *"aos efeitos de atos ou fatos processuais a que a lei atribuir força executiva"*.

3. O ESTADO LIBERAL E SUA INFLUÊNCIA NO CPC/1973

Em uma visão absolutamente simplista, as normas jurídicas se bipartem em normas que regulam comportamentos sociais (hipotéticas) e normas de organização (que fixam atribuições, categóricas).

Tomando por objeto as primeiras, tem-se que de toda e qualquer norma desse tipo podem-se extrair dois aspectos fundamentais: a) todas elas reproduzem um recorte abstrato de uma situação de fato extraída da experiência social prevendo uma ou algumas consequências (eficácias); e b) esse recorte abstrato do fato é escolhido pela política legislativa, ou seja, deve espelhar os valores que o poder legislativo, representante do povo, quer proteger por meio da referida norma.

Assim, considerando que boa parte das normas jurídicas abstratas do direito processual civil regula situações jurídicas subjetivas (basta ler o CPC para ver as inúmeras normas de comportamento), que se desenvolvem no curso de uma relação jurídica processual em movimento, é certo que todas essas regras jurídicas abstratas são informadas e formadas por princípios vigentes e adotadas pelo sistema jurídico como um todo.

A adoção confessada do modelo liberalista extraído dos diplomas processuais europeus (vide a exposição de motivos do CPC/1973, Capítulo III), notadamente o austríaco e o alemão, construídos sob as luzes políticas da metade do século XIX, fez com que o recém-revogado CPC de 1973 tivesse um assumido e inconfundível perfil típico de um Estado liberal. Não esqueçamos que o "Direito" nada mais é do que uma construção humana para regular a vida em sociedade.

Isso implica dizer que o CPC de 1973 adotou uma política estatal liberal e, portanto, não intervencionista. E, ao acolher o eixo liberal, o CPC de 1973 trouxe para si todas as características marcantes desse modelo estatal. Recorde-se que o Estado liberal foi construído em pilares ideologicamente contrários ao Estado precedente, para atender aos reclames da nova ordem social e econômica que pôs fim ao absolutismo. Impulsionados pela necessidade de valorizar a propriedade e a liberdade dos cidadãos, e a partir daí a igualdade e o acúmulo de riquezas, a característica mais marcante de um Estado liberal é justamente o papel não intervencionista do Estado. Como se disse, o temor de um "retorno" absolutista, da invasão da propriedade e do cerceamento da liberdade praticamente obrigou uma política não intervencionista do Estado liberal.

No Código de 1973, a atuação do juiz constitui um dos aspectos mais afetados pelo Estado liberal, pois, sendo o magistrado um representante do Estado, sua voz e sua razão, certamente deveriam ser uma extensão do próprio perfil estatal. Por isso, quanto menos ativista, participativo e atuante fosse o juiz, mais estaria cumprindo o seu papel. Só poderia se manifestar se fosse provocado nos casos e formas legais (dispositivo), pois se entendia que dessa forma estaria resguardada a igualdade formalmente prevista na lei, estaria protegida a propriedade, pois cada um era livre para dispor dos seus próprios interesses. Mais do que isso, os pedidos e as provocações deveriam ser interpretados restritivamente (art. 295 do CPC 1973), com estrita observância e correspondência entre o que foi pedido e o que poderia ser dado (art. 463 do CPC de 1973).

Em matéria de provas, por exemplo, no revogado CPC de 1973 o juiz não deveria, senão subsidiariamente, buscar esclarecimentos probatórios, pois se entendia que as "provas" eram figuras atinentes e à livre disposição das partes, daí por que vêm incrustadas dentro de um dispositivo que as coloca como regidas pelo ônus processual.

Do ponto de vista da atividade jurisdicional executiva, as restrições à "liberdade" e "ativismo" judicial eram ainda mais visíveis, porque tal atividade significava, antes de tudo, uma permissão de invasão estatal no patrimônio das pessoas, e, por isso mesmo, toda cautela e rigidez deveriam ser tomadas para evitar o retorno de um Estado absolutista.

Assim, na tutela executiva do CPC de 1973, as regras ali previstas emprestavam ao juiz uma função muito próxima de um autômato, em um método de trabalho minudente, rígido e sem poucas variações; enfim, com margem de liberdade quase nenhuma. Nesse passo, destacava-se a adoção, em 1973, do princípio da "tipicidade de meios executivos", ou seja, todas as modalidades de obrigações descreviam o procedimento executivo a ser adotado, inclusive com o tipo de medida executiva a ser empregada, sem qualquer margem de liberdade do magistrado no cumprimento da tutela executiva.

É claro que o CPC de 1973 sofreu várias reformas, especialmente após o texto constitucional de 1988, tendo implementado mudanças importantes, inclusive na tutela executiva (a saber, as Leis 8.952, 10.444, 11.232, 11.382), que quebraram de certa forma a rigidez liberal do Código, permitindo inclusive uma atuação mais ativa do juiz em situações antes inimagináveis. Um exemplo disso, que envergou o dogma do princípio dispositivo, foi o cumprimento de sentença *ex officio* das obrigações de fazer e não fazer, prevista no antigo art. 461, § 5º, do CPC.

Outro aspecto que já havia sido quebrado no CPC de 1973 pelas reformas processuais pós-CF/1988 foi a existência de processo autônomo para exercício da tutela jurisdicional executiva. Desde tais reformas, iniciadas com a criação dos arts. 273 (Lei 8.952/1994) e 461-A (Lei 10.444/2002), já não mais existia a autonomia processual da atividade (função) jurisdicional. É que, a partir de então, cumprida a tendência simplificadora e menos formalista, suprimiu-se, inclusive, a autonomia formal do processo cautelar incidental e dos processos de execução de título judicial, permitindo que tais tutelas fossem prestadas, respectivamente, dentro do processo principal e em uma *fase* subsequente à revelação do direito na sentença. Apenas excepcionalmente existiria o processo cautelar autônomo incidental e o processo de execução (judicial) autônomo.

A necessidade de preservar a "liberdade" e a "propriedade individual" conduziu drasticamente o legislador processual, na época do Estado liberal, a privilegiar ao máximo a segurança jurídica, evitando que a intervenção do Estado na liberdade e propriedade fosse feita de qualquer forma ou, em outras palavras, sem um mínimo de segurança, previsibilidade e, principalmente, sem provocação expressa do poder jurisdicional para esse desiderato. Nesse passo, a tutela executiva talvez fosse – e sem dúvida era – a modalidade de tutela que mais amedrontava a sociedade existente em um estado liberal, pois representava um permissivo legal de invasão da propriedade privada e cerceamento da liberdade, ou seja, um intervencionismo estatal direto, com poder de coação, tudo permitido pela lei. Ora, como na filosofia liberal a intervenção estatal era uma exceção à regra, então todas as cautelas e restrições legais precisavam ser tomadas para evitar a ofensa aos valores mais sagrados do Estado liberal.

Assim, partindo desse pensamento, em 1973 sacramentou-se a regra de um processo formalmente autônomo para o exercício da tutela executiva, pois este seria um método racional, seguro e conservador de controle da atividade jurisdicional. Nessa toada, o CPC de 1973 adotou o princípio da inércia na atividade jurisdicional executiva, de forma que qualquer devedor estaria absolutamente certo e seguro de que só teria a sua esfera patrimonial atingida pela execução se e quando o Estado-juiz fosse explicitamente provocado para tal fim.

Mas não é só, pois no CPC de 1973 a concentração de atos executivos em um só processo dava, indubitavelmente, a segurança de que qualquer ato executivo só poderia ocorrer dentro da cadeia processual executiva típica, com regras bem delimitadas, evitando surpresas ao executado. Ademais, a existência de um processo autônomo de execução permitia esmiuçar as regras do procedimento executivo, deixando o juiz quase sem mobilidade para atuar na função executiva. Portanto, a contraface da função executiva a que se destina o processo de execução era, no CPC de 1973, a certeza que tinha o executado de que só teria cerceada sua liberdade e propriedade se isso se desse por intermédio de um processo de execução, após o estrito cumprimento de regras ali mesmo previstas. Por incrível que pareça, tinha-se aí muito mais uma garantia para o executado, do que propriamente para o exequente.

Outro aspecto muito importante do CPC de 1973, que foi tipificador do modelo liberal por ele adotado, era a tipicidade dos meios executivos. Ora, sendo a atividade executiva uma função jurisdicional que busca obter, por sub-rogação ou coerção, o resultado de um comportamento que não foi praticado pelo devedor, tem-se aí uma autorização normativa para que o Estado, ao mesmo tempo que impede a autotutela, se veja compelido a invadir a esfera patrimonial do indivíduo, visando realizar o direito revelado.

Todavia, para "controlar" e "delimitar" a atuação e interferência do Estado na liberdade e propriedade, o CPC/1973 previa, além da segurança de que o Estado só atuaria se fosse provocado –, a tranquila regra, para o executado, de que este só perderia seus bens em um processo específico, com um mínimo de previsibilidade, e, especialmente, sabendo de antemão quais seriam as armas executivas a serem utilizadas pelo Estado durante a atuação executiva. Mas não é só, pois o modelo liberal do processo executivo dava ao jurisdicionado a certeza e a segurança das armas que seriam utilizadas pelo Estado, bem como quando e como as utilizaria.

Isso implicava dizer que em um Estado liberal vigorava o princípio da tipicidade dos meios executivos, de forma que ao juiz não caberia a escolha do meio executivo, senão porque lhe competiria apenas e tão somente cumprir as regras legisladas da tutela processual executiva que estivessem delimitadas no "didático e exaustivo manual de instruções previamente estabelecido pelo legislador processual" de 1973.

Não haveria espaços para "invenções" ou "criações", ou até "escolhas", por parte do juiz, do meio executivo a ser utilizado na atividade executiva. Esse engessamento do magistrado tinha uma só finalidade: impedir a intervenção estatal desmedida na propriedade e liberdade das pessoas.

Obviamente que o modelo liberal foi substituído formalmente pelo novo texto constitucional, e, aos poucos, a legislação (inclusive a processual) foi se adequando à nova realidade social marcada por um Estado social democrático. Isso implicou e ainda implica sérias mudanças nos diversos flancos do ordenamento jurídico, e o direito processual é apenas mais um deles.

As reformas iniciadas em 1994, que se seguiram em 2002, 2005 e 2006 em matéria de execução são exemplos concretos disso. Já não havia mais dúvidas sobre a necessidade de superação da tipicidade dos meios executivos com a adoção da atipicidade dos meios de execução, que já estava patente nos últimos anos de vida do CPC de 1973 (tal como se via nos arts. 464, § 5.º, 273, § 3.º, 475-R, 685, parágrafo único etc.).

Outro aspecto não menos importante na execução civil regida por um modelo estritamente liberal, tal como foi cunhado o CPC de 1973, era a intangibilidade da vontade humana – ausência de limitações à liberdade e desprestígio da tutela específica.

Um dos pilares do Estado liberal, como o nome já diz, recaía sobre o totem da "liberdade dos indivíduos", a qual ao mesmo tempo funcionava como direito do cidadão e garantia contra toda e qualquer intervenção do Estado no patrimônio e na vontade das pessoas. A valorização do individualismo e da isonomia formal colocava essa "liberdade" (não intervenção estatal) como o principal fator de proteção da propriedade particular, e, assim, de desigualdades materiais entre os indivíduos. A proteção da liberdade, vista aí como instituto que garantia a intocabilidade das ações humanas diante do Estado, teve forte influência não só na economia, mas também no Direito, e a própria "autonomia da vontade" foi um dos principais vetores no desenvolvimento das disciplinas dos contratos e nas relações privadas em geral.

A suposta isonomia entre as pessoas obrigava o desenvolvimento de uma liberdade de atitudes e de intocabilidade na vontade humana. Assim, essa intangibilidade do Estado sobre a vontade dos particulares era um dos dogmas do Estado liberal, e, por isso mesmo, impedia que este – o Estado – interviesse nas relações privadas para obrigar esse ou aquele comportamento.

Nesse passo, o incumprimento de uma obrigação específica, regra geral, não acarretava uma atuação coercitiva do Estado sobre a vontade do devedor. Por isso mesmo, a consequência do inadimplemento não acarretava nenhum tipo de remédio contra o devedor inadimplente, pois o caminho natural para tais casos era a responsabilização patrimonial – transformava-se em obrigação de pagar quantia –, relegando a segundo plano a realização específica do direito negocial ou extranegocial.

Tudo para proteger o dogma da intangibilidade (liberdade) da vontade humana. Seria culturalmente intolerável em um Estado liberal que se permitisse que o Estado pudesse obrigar ou coagir o sujeito a realizar a tutela específica, pois o direito reservava para tais hipóteses a compensação pecuniária. Seria um absurdo sofrer uma intervenção estatal coativa sobre a vontade, e mal menor seria sofrer a atuação sobre o patrimônio, daí por que a execução recaía sobre o patrimônio, não se privilegiando a tutela específica. E sob esse matiz foi construído o CPC de 1973, que apenas após o texto constitucional de 1988, quando quebrou-se o paradigma do Estado – que, reconhecendo a fictícia isonomia liberal, teve de atuar e intervir para restabelecer uma isonomia material –, fez com que o dogma da intangibilidade da vontade humana fosse completamente afastado, privilegiando a responsabilidade específica, com primazia da proteção à tutela específica, deixando em segundo plano a tutela das perdas e danos e a responsabilidade patrimonial.

Assim, sob o prisma constitucional de 1988 exsurgiram os arts. 289, 464 e 461-A que deram o sabor dessa profunda mudança, na qual se enxergava no final da vida do CPC revogado (CPC de 1973), mesmo em uma leitura desatenta, a imersão do Estado liberal com a emersão do Estado social.

4. OS FUNDAMENTOS E OS FINS DO NOVO CÓDIGO DE PROCESSO CIVIL (LEI 13.105/2015)

4.1 Razões sociais e jurídicas justificadoras de um Novo Código de Processo Civil

É possível encontrar vários motivos, indiscutivelmente legítimos e convincentes, para que o Código de Processo Civil de 1973 fosse substituído por um novo. Essas razões podem ser bipartidas – apenas a título didático e acadêmico, pois na realidade elas se misturam – em (a) razões sociais e (b) razões jurídicas.

A (A) razão social está diretamente relacionada com o total descompasso, falta de sintonia mesmo entre as normas processuais e a realidade social. O atual comportamento das pessoas nesse primeiro quartel do novo milênio, a cultura, os modos de ser, fazer criar e viver são totalmente diferentes daqueles vigentes ao tempo da elaboração do CPC de 1973 (que, relembro, foi elaborado pelos idos da década de 1960).

É absolutamente certo que faltava legitimidade social às normas processuais do CPC de 1973 para tratar da realidade que ele regulava já no começo desse milênio. Alguém até poderia dizer que pouco mais de 50 anos é um tempo de vida muito curto para um Código tão importante e que o seu aprimoramento e arejamento estavam sendo feitos com as leis esparsas que todos os anos alteravam o seu texto.

Não é mentira que o legislador se esforçava em modificar a legislação processual para tentar adequá-la à realidade social e aos atuais reclames da sociedade. Não foi por acaso que desde o seu surgimento o CPC de 1973 passou por mais de 60 alterações legislativas, sendo algumas, curiosamente, mais de uma vez sobre o mesmo dispositivo legal.

Entretanto, por mais que costuras e enxertos tenham sido feitos, a diferença entre o passado (quando foi criado) e o presente era tão grande, mas tão grande, que apenas um novo Código realmente tinha condições de eliminar os atávicos e incompreensíveis dispositivos legais que ainda estavam vigentes, mas que estavam absolutamente descompassados da nossa atualidade. É, por mais que uma reforma fosse implementada, não se conseguiria, nunca, criar uma sintonia entre todo o sistema do Código depois dos enxertos legislativos feitos ao longo dos anos, fato este que podia ser comprovado no CPC de 1973 pelas diversas antinomias nele existentes ao tempo de sua revogação.

Os singelos exemplos a seguir expostos são prova dessa afirmação. Para ilustrar como o CPC de 1973 possuía, mesmo diante de tantas reformas processuais, raízes atávicas da realidade em que ele pretendeu regular nos idos dos anos 70, têm-se, por exemplo, artigos como o 159 do CPC que assim dispunha:

> Art. 159. Salvo no Distrito Federal e nas Capitais dos Estados, todas as petições e documentos que instruírem o processo, não constantes de registro público, serão sempre acompanhados de cópia, datada e assinada por quem os oferecer. § 1.º Depois de conferir a cópia, o escrivão ou chefe da secretaria irá formando autos suplementares, dos quais constará a reprodução de todos os atos e termos do processo original. § 2.º Os autos suplementares só sairão de cartório para conclusão ao juiz, na falta dos autos originais.

Honestamente, esse dispositivo era um "non sense jurídico" para os tempos atuais. Como imaginar a criação de autos suplementares para cada auto de processo que tramitasse em juízo, se não há espaço físico para tanto papel e se em futuro breve os processos serão todos eletrônicos? Como pensar num dispositivo como o referido se o caminho natural seria, como dito, o processo eletrônico, seja por razões de eficiência processual, proteção do meio ambiente e duração razoável do processo, sem estender muito as justificativas?

Enfim, apenas a título ilustrativo, como admitir a convivência entre o art. 796 do CPC de 1973, que dizia que "o procedimento cautelar pode ser instaurado antes ou no curso do processo principal e deste é sempre dependente", se todos sabiam e sabem que o art. 273, § 7.º, do referido Código, incluído em alguns desses tantos enxertos legislativos, permitia que uma medida cautelar incidente fosse requerida de forma avulsa nos autos do processo principal sem a necessidade de um procedimento próprio e que, por isso mesmo, sem a autonomia de um processo cautelar incidental?

Como ainda compatibilizar os conceitos diversos de sentença então presentes no CPC de 1973 e que brigavam entre si? Era injustificável que os arts. 162 e 269 do CPC não comungassem da mesma linearidade jurídica. Enfim, qualquer um que tivesse curiosidade poderia fazer uma leitura perfunctória do CPC/1973 e constataria um sem-número de antinomias e, muitas, muitas regras, absolutamente obsoletas e descompassadas com a realidade atual.

Todos sabem que o Direito, como fenômeno cultural e de linguagem que é, deve ser e estar em compasso com a realidade social que ele pretende regular, sob pena de se transformar num amontoado de regras sem sentido e que não possuem a menor legitimidade social. Não há "Estado Democrático de Direito" quando as suas regras não espelham e refletem a realidade da sociedade que ele regula. Infelizmente, assim estava o CPC de 1973 nos idos de 2014, que, nada obstante o esforço dos reformistas que incluíram inúmeras inovações ao longo de tempo depois do texto constitucional (permitindo a sua sobrevida após a Constituição Federal), ainda assim conservava uma axiologia de outros tempos e de outra realidade social e cultural, com regras que estavam descompassadas com os fenômenos culturais atuais. É bem verdade que o CPC de 1973 já começou a ser reformado antes mesmo da sua vigência (Lei 5.925/1973), ainda no período de vacatio legis, mas nos idos de 2014, o problema era outro, pois, de total descompasso social.

E não era demasiado dizer que, quando o CPC de 1973 substituiu o CPC de 1939, depois de 34 anos de vigência, a realidade social que passou a regulamentar nem era tão diferente assim daquela que justificou a criação do então novo Código de 1973. Ora, quase 50 anos depois do CPC de 1973, no ano de 2015, tem-se uma realidade absurdamente diversa daquela dos idos de 1970, porque é absolutamente incrível a quantidade de inovações científicas, sociais, tecnológicas, culturais, econômicas e de toda ordem que modificaram sensivelmente a sociedade, especialmente nos últimos 20 anos.

Fiquemos aqui somente com as inovações tecnológicas que jamais poderiam ser imaginadas quando se legislou na década de 1970, tais como a internet, e que alteraram grosseiramente o padrão de ser e viver das pessoas, apenas para me ater a esse exemplo. Os comportamentos sociais são tão díspares que hoje é possível estar presente em dois lugares simultaneamente, em tempo real, proferindo palestras para alguém no Japão e em Roraima. É possível estar em sua casa, sem estar em sua casa. O fenômeno de massificação social, pelo consumo e produção em massa, criou um novo padrão de consumo e de consumidores, inclusive virtuais. A inteligência artificial estabeleceu um novo padrão de ser e viver interferindo em todas as atividades e serviços. De fato, não existia a menor condição de que um Código, cunhado nos idos de 1960, pudesse ainda servir para atender e tutelar as lides não penais, de forma adequada e rente à realidade do mundo de 2015. Essas eram e são razões sociais que exortaram a criação de um novo CPC.

Bastaria unicamente a razão social mencionada para que fosse legítima a luta por um novo Código. No entanto, ela não era única, pois somou-se a esse fenômeno social outro, igualmente importante e que robusteceu ainda mais a necessidade de um novo CPC. É o que se pode chamar de (B) razão jurídica que sintetizava a necessidade de adequar o direito processual civil ao fenômeno de constitucionalização do direito, que, no Brasil, teve como marco histórico a CF/1988.

Assim, a razão jurídica, intimamente ligada àquela razão social supracitada, tem a ver com o fenômeno de constitucionalização democrática do direito acentuado em países de tradição romano-germânica e que no nosso país aconteceu com o advento da CF/1988. Inegavelmente, também por causa desse fenômeno, o CPC de 1973 estava completamente defasado em relação ao novo paradigma jurídico introduzido pela CF/1988.

A compreensão desse fenômeno de constitucionalização do direito tem sua origem histórica na derrocada do Terceiro Reich, após as forças aliadas derrotarem os alemães em maio de 1945, colocando um fim à Segunda Grande Guerra Mundial e iniciando a reconstrução da democracia na Alemanha. Como a herança deixada pelo Estado Nazista foi devastadora para a raça humana, com violação da ética, da dignidade e dos valores mais primitivos e sagrados do ser humano, tudo isso feito em prol de um insano antissemitismo e racismo que levariam a uma supremacia da raça alemã sobre as demais, então, era de esperar que o resgate da democracia fosse reconstruído de modo inversamente proporcional à desgraça humana causada pelo Nazismo. E deveria começar pela Constituição Federal.

Exatamente por isso, pouco mais de quatro anos depois do fim da Segunda Guerra, em 8 de maio de 1949 foi aprovada a Grundgesetz für die Bundesrepublik Deutschland (que vem a ser a Constituição da Alemanha), e que entrou em vigor em 23 de maio de 1949.

Verifique-se que, não por acaso, mas como resposta ao regime derrocado, a "lei fundamental" da Alemanha tem no seu artigo primeiro a inviolabilidade da dignidade humana, além da obrigatoriedade de os Poderes Judiciário, Legislativo e Executivo respeitarem a proteção da dignidade; já no artigo segundo tem-se a proteção da vida e a integridade do ser humano, afirmando ainda que a liberdade é um bem invulnerável. E, acompanhando essa linha de proteção dos direitos mais que fundamentais do ser humano, inclusive protegendo-os contra atos do próprio Estado, seguem-se dispositivos que, de forma até pleonástica, reiteram todo o tempo a proteção da vida, da dignidade e da liberdade sob diversas formas de expressão. Esse didatismo da lei fundamental alemã era fruto da necessidade de exterminar qualquer resquício da ideologia nazista e, ao mesmo tempo, impedir a sua repristinação no futuro.

Não foi coincidência o fato de países como Itália, Portugal e Espanha, que se viram dominados pelos regimes totalitários de Mussolini, Salazar e Franco, com a derrocada desses regimes, terem sido fortemente influenciados pelo processo de redemocratização alemão e pela Lei Fundamental alemã. O Brasil também sofreu essa influência com a redemocratização sacramentada pela CF/1988 após anos de ditadura militar.

Do ponto de vista jurídico, é certo que a queda do totalitarismo alemão fez com que com caísse o modelo jurídico positivista que lhe dava suporte. Dava-se início assim ao fenômeno do "pós-positivismo jurídico", com base de sustentação no deslocamento da Constituição Federal para o centro do sistema jurídico, não sendo ela apenas mais um documento político e simbólico de direitos do povo, como se os seus princípios não tivessem valor normativo, cuja tarefa era exclusiva da lei infraconstitucional. A rigor, não nos parece correto dizer que o "modelo positivista" foi substituído por um "modelo pós-positivista", porque seguramente o fenômeno é interpretativo, ou seja, passa-se a dar uma eficácia vertical da Constituição Federal, direta, e, também uma horizontal, ou seja, toda e qualquer norma infraconstitucional só deve ser aplicada depois de passar pelo filtro constitucional, assegurando que os valores e princípios constitucionais estarão protegidos e concretizados.

Todos sabem que durante o "positivismo jurídico" deveria haver regras de todos os tipos. Assim, quanto mais específico e tipificador de condutas fosse o ordenamento, melhor o Direito estaria aparelhado, e bem se sabe que mais-valia uma portaria ministerial ou uma "resolução de um chefe de uma repartição pública" do que qualquer invocação de uma norma constitucional. As lacunas do direito significavam "ausência de direito", sendo impensável uma interpretação principiológica constitucional para colmatar um espaço vazio de regra legal. É ilustrativo dizer que a expressão "ordem e progresso" da nossa bandeira é reflexo desse positivismo, pois a regra legal posta e vigente era a garantia de obediência e submissão à lei para se ter desenvolvimento e progresso social.

A origem da expressão "positivismo jurídico" (ius positivum) revela exatamente que o Direito era a ciência do direito posto, positivado e legislado minudentemente, justamente para evitar qualquer pecha de subjetivismo do intérprete ou aplicador do direito. A rigor, este deveria limitar-se a descrever a lei, de forma neutra e sem qualquer atitude que pudesse ameaçar a igualdade formalmente estabelecida pelo legislador.

Foi nesse ambiente que os Códigos passaram a ocupar o centro dos sistemas jurídicos, e no Brasil destacamos o Código Civil como o mais importante diploma jurídico então vigente na metade do século passado. Nesse ínterim, o CPC de 1973, como fixador das regras de direito processual para lides não penais, assumia um posto de igual importância.

O mesmo se diga para o Código Comercial, o Código Tributário, o Código Penal e de Processo Penal. Nesses termos e sob essa aura, a Constituição Federal então vigente na metade do século passado era considerada um simples documento político, no máximo, enunciador de princípios simbólicos sem eficácia vertical alguma. Eficácia esta que se restringia ao direito legislado e efetivamente posto, qual seja, aquele que cuidava, minuciosamente, de condutas, tipos e comportamentos sociais em que a dose de interpretação na sua aplicação era irrisória, mínima, sob pena de violação da igualdade formal.

Contudo, com a redemocratização alemã e a demonização do "positivismo", que durante algum tempo servira para, de forma desvirtuada, legitimar os absurdos ideais nazistas, foi necessário repensar o que seria o *ius positum*, e é nesse ambiente que o texto constitucional ganha relevo com a atribuição de uma eficácia vertical e horizontal dos direitos fundamentais nunca antes vista. Enfim, a Constituição, instrumento democrático por natureza, poderia e deveria ser aplicado diretamente na tutela de direitos pelo Estado, seja na função administrativa, judiciária e legislativa. Era a supremacia material sendo implantada, ultrapassando a meramente formal existente no período "positivista". Ademais, nenhuma lei poderia ser aplicada ou interpretada senão após uma análise, contraste e confronto, direto ou indireto, com os direitos fundamentais e princípios basilares de justiça, liberdade e dignidade da pessoa humana.

A lei infraconstitucional, portanto, nesse novo modelo de ver o direito posto, passa a ser um mecanismo de também concretizar os princípios e direitos fundamentais, sempre conforme a Constituição. Não mais haveria lei que não se submetesse a esse filtro constitucional inserido no miolo do sistema jurídico.

Assim, passa a se enxergar o direito posto (ius positum) trazendo na sua raiz e na sua finalidade a Constituição Federal, de forma que toda e qualquer norma (regra ou princípio) deve ser aplicada sob a lente dos valores fundantes do texto constitucional, tais como devido processo, justiça, liberdade, dignidade, igualdade etc. Aproxima-se assim o Direito da Ética, e inculcam-se no ordenamento as técnicas de compatibilização das regras e princípios a partir de juízos de razoabilidade e proporcionalidade, sempre com motivo e fim a proteção dos valores enraizadores do sistema jurídico.

Como reflexo desse fenômeno, altera-se profundamente o modelo legislativo de elaboração de leis que serão aplicadas pelo administrador e pelo Judiciário, adotando-se conceitos jurídicos indeterminados, com tipos mais ou menos abertos, que permitem o preenchimento desses conceitos a partir de análises concretas de cada situação *sub judice*, segundo interpretações comprometidas com os valores constitucionais. Tal mecanismo permite que os valores constitucionais sejam sempre invocados diretamente como forma de se aplicar o direito.

A partir dessa mudança de pensar o direito posto, inserindo a Constituição como lente e filtro de qualquer atividade do Estado (legislativa, judiciária e executiva), passou-se a reconhecer nela uma eficácia que antes não lhe era atribuída, havendo o que a doutrina denominou, a nosso ver, sem um rigor técnico, de a superação do modelo positivista para um pós-positivista.

Dessa forma, vê-se que esse fenômeno de entronização da Constituição Federal para o centro do ordenamento jurídico, sendo filtro necessário para o nascimento e aplicação de uma norma, que deve sempre estar vinculada à realização dos direitos fundamentais e princípios fundantes da Carta Maior, fez com que o CPC de 1973 fosse deslocado do seu papel central e deixasse de ser, ele mesmo, a referência primária na aplicação das regras de direito processual.

Nesse diapasão, tem-se que o CPC de 1973 revelava de maneira incontraste esse descompasso com essa nova forma de aplicar o direito, ou seja, de enxergar o direito posto, pois, nos seus 1.211 artigos, não havia nenhuma, absolutamente nenhuma, referência a algum dispositivo ou princípio processual existente na Constituição Federal, seja de 1988, seja na que estava vigente quando da sua entrada em vigor nos idos dos anos 70.

E esse fenômeno não se deu apenas com o processo civil, senão porque a CF/1988 cuidou também de fixar os princípios do direito civil, do direito comercial, do direito ambiental, do direito tributário, administrativo, financeiro, do trabalho, previdenciário etc. Enfim, todos os campos das diversas ciências do direito possuem na CF/1988 o reconhecimento de princípios que lhes são regentes e que devem estar uniformes e conciliados com os valores fundantes do Estado Democrático de Direito, tais como o devido processo, a justiça, a dignidade, a igualdade, a liberdade etc.

Têm-se, assim, razões de ordem jurídica e social que legitimaram a criação de um novo CPC, o CPC de 2015.

4.2   A crise do Poder Judiciário e o NCPC

O substantivo feminino "crise" sem um adjetivo que o qualifique é vago e de difícil compreensão, perpassando uma informação genérica cuja abstração deriva da própria natureza desse substantivo. Assim, dizer que o "Judiciário está em crise" é afirmar algo genérico, lacônico e que depende de uma qualificação para ser minimamente compreendido.

É fato indubitável a associação da expressão "crise no Judiciário" ao fenômeno de morosidade da justiça e da duração irrazoável do processo, que seria atribuível ao congestionamento de causas em curso no Poder Judiciário, e que tem transformado a tutela dos direitos em uma saga, só que sem um fim.

Contudo, é regra lógica de causa e efeito que só é possível prescrever um remédio se soubermos qual doença acomete o paciente. Por isso, ao se afirmar que o Judiciário está em crise, é preciso primeiro identificar a doença, ou seja, de que tipo de crise estamos falando para saber qual o remédio adequado para solucionar esse problema.

É fato notório que muitos juristas defendiam a criação de um novo CPC como se dele fosse sair a solução ou o remédio eficaz para a tal crise do Judiciário, chegando a ponto de vaticinar em tom popularesco que até 70% do tempo do processo seria reduzido com o novo Código.

Longe de defender uma posição niilista, a grande verdade é que não precisaria ser futurólogo para saber que tal previsão percentual é completamente desproposita, e que, verdadeiramente, nenhum Código, mormente o NCPC de 2015, será capaz de reduzir o tempo do processo e sanar a morosidade da justiça, simplesmente porque não são as técnicas processuais vigentes no CPC de 1973, ao tempo de sua revogação, os agentes responsáveis pela tal crise que assola o Poder Judiciário.

Aliás, esse arroubo otimista, revelado em frases de efeito, de que um novo Código de Processo Civil seria a solução para os problemas da crise do Judiciário, nos faz lembrar um recente fato, de otimismo exacerbado, que foi seguido de uma previsível frustração que aconteceu com a introdução no Texto Constitucional do inciso LXXVIII do art. 5.º pela EC 45/2004. Nesse dispositivo consagrou-se o direito fundamental à razoável duração do processo, mas nem por isso teve o condão, da noite para o dia, de transformar processos de duração irrazoável em duração razoável, pois, como se disse, não são os "excessos de recursos" nem o "formalismo processual" os principais algozes desse fenômeno.

Enfim, é preciso ter em mente que o tema da crise do Poder Judiciário deve ser visto sob várias frentes, pois direta ou indiretamente são muitas as causas às quais se pode atribuir esse nefasto efeito de demora irrazoável na prestação jurisdicional.

Sem sombra de dúvida que um desses fatores decorre da crise estrutural do Poder Judiciário, que reflete a ausência de infraestrutura (instalação, espaço, pessoal, equipamentos etc.) para prestação do serviço jurisdicional. O número de demandas que ingressam no Judiciário é muito maior do que as que saem, e a estrutura existente (pessoal e equipamentos) para lidar com esses números é arcaica, limitada e insuficiente. Uma simples reflexão do nosso dia a dia forense nos faz lembrar de inúmeras situações: numa sala de audiência não tem papel, não tem funcionário para auxiliar uma audiência, não há juízes e promotores que, quase sempre, respondem por mais de uma vara ou comarcas, entre tantos outros problemas estruturais que põem em xeque a infraestrutura do Poder Judiciário.

Outro fator considerável dessa crise – também já revelado pela radiografia do Judiciário feita pela Fundação Getulio Vargas – é a ineficiência e a incapacidade de autogestão administrativa do Poder Judiciário. A má administração da deficiente infraestrutura, a ausência de logística e planejamento, a inexistência de ações de administração, de resultados e metas, constituem também fatores decisivos para tal fenômeno. Enfim, o Poder Judiciário não é capaz de exercer a gestão administrativa de si mesmo, o que não nos parece nenhum absurdo, pois essa não é sua atividade-fim, e ele nunca foi preparado para exercer esse papel administrativo. Situações corriqueiras podem ser vistas nos cartórios judiciais pelo Brasil, onde há uma ausência total de procedimentalização de comportamentos e atos. Exemplos simples como gestão de horários e atos do quadro de pessoal, padronização de tipos e formas de comunicação judicial que deveriam ser iguais para todos os cartórios, uso racional dos equipamentos etc.

Outro fator, apontado por alguns juristas como o principal deles, é a inadequação do método utilizado para resolução dos conflitos, ou seja, as técnicas processuais vigentes não estariam adequadas à solução dos conflitos da atualidade porque teriam ficado defasadas com o tempo e com a evolução social. Essa inadequação refere-se não apenas à inexistência ou insuficiência de meios (soluções alternativas à judicialização, litigiosidade de massa etc.) para tratar dos conflitos da atualidade, mas também da inconveniência da técnica existente criada sob uma perspectiva de ultravalorização do formalismo, positivista e liberal, que está ultrapassada e inconveniente para o modelo sociopolítico, econômico e cultural da atual da sociedade.

Certamente que outros fatores podem ser identificados e até arrolados como precursores da "crise do Judiciário", neles incluindo-se a "crise de confiança", mas que aqui não serão tratados porque possuem um viés que ultrapassa uma análise processual.

Se é verdade que todos esses valores são responsáveis pela crise da morosidade da justiça, não nos parece que todos eles contribuem de forma idêntica para tal fenômeno. Não mesmo. Para se chegar a uma conclusão legítima dos principais fatores, e assim encontrar o remédio adequado para o problema, é preciso conhecer, estudar e refletir sobre os números do Poder Judiciário que são revelados pelo CNJ desde 2010 e que eriçam os principais vilões do Poder Judiciário.

Os dados estatísticos mais recentes de 2017 colhidos do CNJ apontam que no Brasil existe algo em torno de 80 milhões de causas em trâmite no Poder Judiciário, cuja organização judiciária e administrativa (entendam isso da forma mais lata possível) não tem a menor, frise-se, a menor condição de gerir e julgar em tempo minimamente razoável. Curiosamente, 40% desse montante refere-se à atividade executiva.

A ausência de infraestrutura para atender a esses milhões de causas refere-se a uma falta de política pública adequada, e se revela em todos os setores da atuação estatal. O modelo intervencionista de Estado exigido pela CF/1988 está falido. Não há nenhuma política pública no País que seja sequer satisfatória. O Estado não consegue prover a contento saúde, educação, segurança, meio ambiente, trabalho, lazer etc. E não é diferente em relação à prestação da justiça à população. Enfim, sob a perspectiva das políticas públicas que devem ser desenvolvidas pelo Estado, a prestação de uma justiça adequada à população é mais um exemplo concreto de inoperância e ineficiência da atuação estatal, que, certamente, não será resolvida ou remediada por um novo diploma processual civil.

Também não nos parece que o problema da gestão administrativa seja resolvido por um novo código de processo civil. Ainda que a eficiência (resultado com economia) venha a ser fixada como um dos cânones do "novo processo", não são as novas técnicas que serão capazes de otimizar a gestão administrativa dos Fóruns, das varas, do tempo do magistrado, do planejamento estratégico da forma de ser e atuar, das metas etc. Nesse campo, espera-se muito mais do modelo de atuação do Conselho Nacional de Justiça do que de qualquer outra atitude que venha a ser implementada em relação à técnica processual. A justiça sempre foi administrada por magistrados, e, nesse diapasão, era de se esperar que sem qualquer conhecimento técnico em gestão e administração pública o resultado seria desastroso como tem sido ao longo dos anos.

A simplificação dos procedimentos e da técnica processual pretendida pelo novo CPC de 2015 pode sim contribuir para a otimização do tempo, mas de forma muito pontual, e não como se gostaria. Certamente que não é o fim da nomeação à autoria, da oposição, da ação declaratória incidental, da exceção de incompetência relativa, da restrição na utilização do recurso de agravo, no fim dos embargos infringentes, entre tantas outras técnicas enferrujadas e que já estavam quase extintas pelo desuso, que abrandarão a crise de demora do processo. Igualmente, não é a criação de incidentes e técnicas individuais de repercussão coletiva, com o fornecimento a fórceps e comprometimento do sagrado direito constitucional de ação, que resolverá o problema da crise do Judiciário. As novas técnicas do NCPC devem ao mesmo tempo ser eficazes e úteis sem comprometer o direito de acesso à justiça.

A criação do novo CPC finca-se, sim, em razões jurídicas e sociais que por si sós legitimavam o surgimento do novo diploma, porém "colocar na conta" do novo Código – numa regra de causa e efeito – como se ele fosse um remédio adequado e suficiente para debelar a crise da demora da prestação do Poder Judiciário é ao mesmo tempo criar uma falsa expectativa de que tal crise será debelada, mas inadequadamente ocultar o verdadeiro problema, donde se pode encontrar o adequado remédio para estancar a irrazoável demora do processo.

Por outro lado, é importante dizer que um diploma dessa magnitude não surgirá perfeito tampouco livre de críticas que sempre devem ser feitas no sentido aprimorar o diploma e o texto que foi construído sob a batuta de mãos seguras e competentes.

4.3 O Novo CPC e a aproximação com a common law

A aproximação dos modelos jurídicos da common law e civil law tem uma razão histórica que se confunde e se mistura com a razão jurídica. A Revolução Francesa e a Revolução Gloriosa (puritana) na França e Inglaterra, respectivamente, foram marcos decisivos para o desenvolvimento – e também o isolamento – desses dois regimes jurídicos. Contudo, após o fenômeno de constitucionalização do Direito (pós-Segunda Guerra Mundial), esses regimes passaram a se comunicar num entrelaçamento que nos parece inevitável no atual contexto da sociedade de massa.

Uma leitura política e filosófica do nosso ordenamento jurídico permitirá identificar com clareza meridiana a marca indelével da Revolução Francesa. Todos sabemos que para aniquilar o antigo regime absolutista e ao mesmo tempo criar um modelo que garantisse o poder à classe emergente foi preciso destruir o direito existente, criando um novo paradigma jurídico que teria influência decisiva em países de tradição civilista.

No ancién regime é célebre e marcante a frase l´etat c´est moi atribuída a Luis XIV, o rei Sol como era apelidado. A verdade é que, mito ou verdade, a frase revela com precisão como funcionava o Estado Absolutista. Nesse modelo de Estado o cargo de juiz era doado ou comprado junto ao senhor absoluto que mantinha com o clero uma promíscua relação de manutenção do status quo. Portanto, o "Judiciário" nada mais fazia do que legitimar o Estado Absolutista.

Com a Revolução Francesa, o Estado Absoluto foi substituído pelo Estado de Direito onde a Lei deveria ser garantidora dos ideais da Revolução. Considerando a herança do Poder Judiciário, a sua relação promíscua com o antigo regime, nesse novo modelo jurídico introduzido o juiz jamais poderia "interpretar a lei", senão porque deveria ser la bouche de la loi (a boca da lei), qual seja, aplicando-a literalmente aos casos que lhe fossem submetidos. Havia uma necessidade de que o juiz ser neutro, absolutamente isento, e sem qualquer papel interpretativo da mensagem da lei, pois, se assim o fosse, suas decisões poderiam ser submetidas a uma corte de cassação formada por parlamentares que tornariam nula a decisão e aplicariam a lei que tinham feito. Enfim, por causa desse fenômeno histórico-político tornou-se regra comum aos países de tradição civil a valorização da lei, pois, segundo se imaginava, era a única forma de legitimar a vontade popular, de conquistar a liberdade e a igualdade entre as pessoas.

Essa foi a época, portanto, das grandes codificações, com regras de direito extremamente minudentes, com exagero legislativo para evitar lacunas, tudo com intuito de impedir que o magistrado pudesse, de alguma forma, ameaçar a vontade popular por intermédio de uma interpretação que se desviasse dos ditames da Lei. Não por acaso, naquela época, houve a valorização da igualdade e da liberdade perante a lei, com mínima intervenção estatal (aí incluído o Estado-juiz), justamente para evitar qualquer risco de retorno ao antigo regime. O Poder Legislativo seria a verdadeira, e única, fonte da democracia, e a lei não deveria ser interpretada, mas simplesmente aplicada literalmente pelo juiz.

Esse modelo foi espraiado para os países de tradição romano-germânica, fazendo-se presente no Brasil nos modelos de codificação civil, processual civil, comercial, tributário, penal, processual penal, entre tantos outros diplomas que revelaram a fonte liberal burguesa do ordenamento jurídico. É desse leito filosófico e sociológico que nasceu o nosso revogado CPC de 1973.

A derrocada desse modelo jurídico e sua substituição pelo constitucionalismo democrático tiveram início na Alemanha pós (Segunda) Guerra, onde a sociedade precisava aniquilar o modelo de ordenamento que durante anos havia legitimado o Terceiro Reich e que foi tão nefasto aos aspectos mais sagrados da vida humana.

Com a Constituição adquirindo uma força normativa, os seus princípios regentes passaram a ter uma aplicação vertical e horizontal no sistema jurídico. Nenhuma lei poderia ser criada e aplicada senão depois de passar pela lente constitucional. E, nessa toada, o juiz voltaria a ter um papel importante na interpretação do direito que deveria ser conforme a Constituição. O Judiciário passaria a ocupar um papel de destaque entre os poderes do Estado – nesse particular as cortes constitucionais, tendo em vista a pluralidade de fontes normativas e a abstração principiológica –, na medida em que teria que proteger (interpretando a lei ou suprindo lacunas) os sagrados valores e princípios constitucionais da dignidade, da justiça, da liberdade, da igualdade, do devido processo legal etc. Exatamente por isso que o princípio do contraditório e a fundamentação das decisões judiciais foram elevados a um enorme grau de importância, pois seria a maneira de obter um "processo judicial democrático" com controle da atuação do Poder Judiciário.

Contudo, nem o princípio do contraditório na sua faceta mais democrática nem a exigência constitucional de fundamentação das decisões judiciais foram suficientes para garantir coesão, uniformidade e igualdade das decisões judiciais em demandas de massa, pois a atividade interpretativa do magistrado é ilimitada, mormente num constitucionalismo processual com ampla influência dos princípios, cuja abstração é sempre marcante.

É justamente a partir daí do constitucionalismo democrático, que a civil law inclina-se para aproximar-se da common law. Registre-se que, embora a Revolução Gloriosa tenha também sacramentado a introdução de uma ordem liberal burguesa – então representada pelos protestantes –, ela não foi violenta como a Revolução Francesa, e, para que esta nova classe pudesse ascender ao poder, deveria reconhecer, junto ao parlamento, o bill of rights e o toleration act, documentos fundamentais para a sustentação da filosofia liberal. Contudo, curioso notar que, em vez de ser a lei que garantiria a liberdade e a igualdade dos cidadãos, com a diminuição do poder dos juízes, tal qual ocorrera no modelo francês, a forma pela qual o sistema jurídico garantiria a preservação dos valores estabelecidos naqueles documentos seria por meio da igualdade dos julgamentos. Se todos seriam iguais perante a lei, todos deveriam ser julgados da mesma forma, sem tribunais de exceção, de maneira que o resultado de um julgamento serviria como precedente para o seguinte, e, assim, haveria o fortalecimento do direito, sua coerência, sua segurança, previsibilidade, e, acima de tudo, todos, em concreto, teriam decisões iguais para situações iguais. Havendo distorção e incoerência de um julgado para com outro anterior que lhe serviria de fonte, tais decisões poderiam ser controladas pelo próprio parlamento. Perceba-se que, ao contrário do modelo francês, não se tentou usurpar do juiz inglês a inseparável função interpretativa, senão porque a vinculou à necessidade de ser equânime e coerente com as precedentes. Portanto, com o constitucionalismo democrático passando a ser regente do novo sistema jurídico do civil law, o papel interpretativo do juiz ganha relevo e nesse particular muito se assemelha à função interpretativa já exercida no common law.

E, assim, nessa escalada aproximativa, a adoção da técnica do precedente vinculante pelos sistemas da civil law passa a ser uma "quase necessidade" de sobrevivência do próprio ordenamento jurídico, justamente porque num sistema de pluralidade de fontes, com organização judiciária esparsa, com interpretação vertical e horizontal dos princípios constitucionais, e, finalmente, numa sociedade massificada com demandas iguais e em série, passa a ser imperiosa a adoção do sistema de precedentes vinculantes. O tempo dirá, no entanto, se temos como apreender e operacionalizar com justiça e acerto a técnica dos precedentes judiciais, afinal de contas não é da nossa tradição nem mesmo fomos preparados ou ensinados a operar.

Atento a isso tudo, e diante da ineficiência do modelo de tutela coletiva para a defesa de direitos individuais homogêneos (ineficiência esta causada por vários fatores, inclusive o político), o NCPC de 2015 tratou de adotar de forma mais racional o respeito aos precedentes dos tribunais superiores, o que pode ser visto em diversas passagens e técnicas processuais que nele estão contidas. Resta saber se os operadores do direito estarão preparados para lidar com tantas regras e técnicas que foram importadas sem que se tivesse uma preparação ou educação para sua utilização no dia a dia forense.

4.4 Obrigacionalização da tutela executiva pelo CPC

Pela leitura dos arts. 778 e ss. do CPC, observa-se claramente um fenômeno bastante interessante ocorrido na Parte Especial, Livro II, do CPC, que sabemos ser o habitat natural das regras processuais relativas à atividade executiva.

Analisando esses dispositivos, perceberemos que para o legislador brasileiro toda atividade executiva seria derivada de uma relação "débito/crédito" (relação obrigacional). Entretanto, bem se sabe que nem toda atividade executiva tem na sua origem uma pretensão obrigacional, já que também "pretensões reais" (v.g., reivindicatória, reintegração de posse, restituição de coisa etc.) dão ensejo à tutela jurisdicional satisfativa.

Essa distinção de pretensões que motivam a tutela executiva não é figura meramente acadêmica, e, pelo contrário, constitui diferenciação importantíssima não só para se compreender a origem de certos institutos executivos, ou a distinção entre condenação e interditos, mas também para justificar a necessidade de se dar um tratamento processual diferenciado pelo legislador para as demandas fulcradas em uma ou outra modalidade de pretensão.

Assim, quando se fala em "pretensão obrigacional", é preciso entender o que se quer dizer.

Em uma relação obrigacional, têm-se os seguintes elementos: crédito (credor), débito (devedor), vínculo que os une (a relação), o objeto (mediato – o bem devido) e o objeto imediato (a prestação a ser realizada). Uma vez descumprida a obrigação, o credor pode então "exigir" o seu cumprimento. Não cumprida essa exigência, certamente diante dessa crise jurídica só há um caminho para o credor: buscar a tutela jurisdicional.

Diante da crise instaurada perante o Poder Judiciário, cabe a este declarar a norma jurídica concreta, o que, em outras palavras, significa, no caso de procedência, reconhecer a existência da relação obrigacional, bem como o direito do credor de exigi-la, motivo pelo qual outorga ao devedor o "direito" de cumprir espontaneamente a prestação devida.

Caso este não a cumpra no prazo assinalado pelo juiz no provimento que impõe a prestação, restará então ao credor insatisfeito a necessidade de atuar, na prática, à norma jurídica concreta. Deve-se observar, entretanto, que, nas relações obrigacionais, é o próprio direito substancial que "exige" que se conceda ao devedor a oportunidade de cumprir a obrigação devida que foi reconhecida na sentença (norma jurídica concreta). Só depois de não cumprida espontaneamente é que nasce o momento executivo.

É daí que nasce o intervalo entre a atividade jurisdicional executiva e a atividade jurisdicional cognitiva nas relações obrigacionais (como no caso dos arts. 535, *caput*, e 520).[12]

5. A TÉCNICA PROCESSUAL EXECUTIVA

Como toda e qualquer ferramenta, o processo é um instrumento a serviço do direito substancial; é meio de impor a solução ofertada pelo direito material. Já dissemos

---

12. Todas as vezes que a atividade executiva é fundada em uma pretensão obrigacional, o que se espera é obter a efetivação de uma norma obrigacional primária (endonorma) ou a sanção pelo seu descumprimento (norma secundária). No primeiro caso a tutela específica de fazer e não fazer ou a entrega de bem específico. No segundo caso a expropriação de bens do responsável pelo inadimplemento do devedor. O direito de crédito reconhecido em favor do credor na norma jurídica concreta (judicial ou extrajudicial) não lhe dá a propriedade dos bens do patrimônio do executado. É preciso ir além. Mesmo nos casos em que se reconhece o direito de crédito à entrega de uma coisa (compra e venda de um bem específico), não se tem aí ofensa ao "direito de propriedade" do credor pelo inadimplemento do devedor, porque efetivamente não há propriedade sobre a coisa não entregue, já que no nosso ordenamento ela só se opera com a tradição. Assim, nesse caso, será necessário desapropriar e desapossar o devedor da coisa em seu poder que foi vendida, mas não entregue em favor do credor. O que se quer aí é justamente cumprir o contrato, pois é este que dá fundamento ao recebimento da coisa ou eventual perdas e danos pela sua perda ou deterioração. Como se verá oportunamente, não é o que se passa quando se está diante de situações jurídicas subjetivas fundadas em uma pretensão real, por exemplo, no caso em que se pede a restituição do bem indevidamente apossado pelo executado (que não é devedor). A restituição da coisa ao seu proprietário não nasce de uma relação obrigacional, mas do direito de sequela, inerente ao direito real. Infelizmente a tutela jurisdicional de entrega de coisa, seja na execução, seja no cumprimento de sentença, finca-se na premissa de que tudo não passa de uma obrigação descumprida, em que os atos são credor e devedor.

anteriormente que o processo constitui, portanto, um conjunto de técnicas (ferramentas) que são utilizadas para solucionar as crises do direito material.

Sendo, portanto, um meio, um método, e não um fim em si mesmo, o processo não é nem deve ser uma técnica-padrão, uniforme, porque o seu formato deve ser adequado ao tipo de direito em conflito. Mesmo assim, porquanto exista uma variedade de técnicas, podemos, para fins didáticos, compartimentá-las em: "módulos processuais, procedimentos e provimentos".

5.1 Os módulos processuais executivos (fase ou módulo processual e processo autônomo)

Tomando por análise a tutela jurisdicional executiva, podemos dizer que ela pode ser realizada por via de um processo autônomo ou sendo apenas uma etapa (fase) posterior à sentença (arts. 520 e 523 do CPC).

Do ponto de vista do procedimento a ser adotado para o módulo (fase) ou processo executivo, o CPC previu diversas espécies, estabelecidas de acordo com o direito material a ser satisfeito. O nome atribuído pelo legislador a esse módulo ou etapa executiva fundada em título judicial é cumprimento de sentença. Assim, quer se trate de sentença ou de acórdão ou até mesmo de interlocutória com eficácia de título executivo, então a sua efetivação recebe a alcunha de cumprimento de sentença. Assim, podem-se distinguir três tipos de procedimentos: expropriação, desapossamento e transformação, assim configurados no CPC:

1. Cumprimento de sentença (procedimento executivo como módulo processual subsequente à relação jurídica cognitiva, fundado em provimento judicial), que, por sua vez, se distribui em:

1.1 Cumprimento de sentença para pagamento de quantia fundado em título executivo provisório que segue o rito dos arts. 520 e ss.;

1.2 Cumprimento de sentença para pagamento de quantia fundado em título definitivo que segue o rito dos arts. 523 e ss.;

1.3 Cumprimento de sentença para pagamento de obrigação alimentícia que segue o rito dos arts. 528 e ss.;

1.4 Cumprimento de sentença para pagamento de quantia contra a Fazenda Pública que segue o rito dos arts. 534 e 535;

1.5 Cumprimento de sentença de tutela específica de obrigação de fazer e não fazer, que segue o rito dos arts. 536 e 537;

1.6 Cumprimento de sentença de sentença de tutela específica para entrega de coisa (art. 538).

2. Processo de execução autônomo (fundado em título extrajudicial) que também se divide em:

2.1 Processo de execução para entrega de coisa (arts. 806-810);

2.2 Processo de execução das obrigações de fazer e não fazer (arts. 814-823);

2.3 Processo de execução das obrigações para pagamento de quantia prevista nos arts. 824 e ss. do CPC. Neste, por sua vez, dependendo da solvabilidade do executado (insolvência civil, art. 1.052), da obrigação a ser executada (alimentos, art. 911) ou ainda daquele que será executado (Fazenda Pública – art. 910), existirão subdivisões procedimentais específicas.

5.2 Os procedimentos executivos (espécies de procedimentos)

No tocante ao procedimento executivo por expropriação (pagamento de quantia), transformação (fazer ou não fazer) ou desapossamento (entrega de coisa), como foi dito, a regra é a de que, se o título for judicial, um só processo é instaurado, muito embora existam uma fase (módulo) processual cognitiva e outra executiva muito bem definidas. O nome que se atribui à fase executiva é cumprimento de sentença.

Por outro lado, tratando-se de execução fundada em título extrajudicial, será necessária a instauração de um processo autônomo.[13]

É importante notar que as execuções por quantia (judiciais ou extrajudiciais) possuem tipos procedimentais específicos, segundo critérios adotados pelo legislador. Assim, as obrigações de pagar quantia são ainda subdivididas segundo critérios "pessoais, estado (solvência ou insolvência) patrimonial do executado, o direito exequendo" etc. Dessa forma, há diversos procedimentos especiais referentes ao tronco comum das obrigações de pagar quantia.

Têm-se, portanto, dentro do CPC, a "execução contra a Fazenda Pública", a execução contra devedor solvente, a execução da prestação de alimentos, e até mesmo fora do CPC há a execução fiscal (Lei 6.830/1990) promovida pela Fazenda Pública contra os administrados, que também enseja uma atividade executiva expropriatória e em breve ter-se-á em legislação extravagante a execução contra devedor insolvente nos termos do art. 1.052 do CPC.

5.3 Os provimentos executivos (meios de sub-rogação e meios de coerção)

No que se refere aos provimentos judiciais proferidos na atividade jurisdicional executiva, é certo que, dentre os diversos tipos de provimentos emitidos, destacam-se aqueles que dão característica e tipicidade à função executiva, que são, por isso mesmo, denominados atos processuais executivos.

---

13. Em razão de suas peculiaridades (descoincidência da competência na formação do título e da competência para executar o título), ainda existem atípicas situações de processo autônomo de execução para cumprimento de sentença, como bem alerta o art. 515, § 1.º, do CPC.

Tais atos são assim chamados porque emanam do poder do Estado-juiz, e têm por finalidade satisfazer à pretensão do exequente, sujeitando o executado a essa finalidade.

Esses atos processuais executivos são realizados mediante as técnicas processuais de sub-rogação ou coercitivas.

Lembre-se que a finalidade do ato executivo é satisfação à pretensão executiva, e, por isso mesmo, tais atos são destinados a criar alterações no mundo dos fatos, tornando concreta e real a prestação contida no título executivo provisório (judicial) ou definitivo (judicial ou extrajudicial).

Justamente porque têm essa finalidade de realizar o comando contido no título, com intuito de alterar o plano dos fatos, esses atos (executivos) são dominados pela função sancionatória, que se operará diretamente sobre o patrimônio do executado, compelindo-o por pressão psicológica (coerção) a cumprir a prestação (multa etc.), ou então realizando, independentemente de sua vontade, aquilo que ele deveria realizar (sub-rogação, por exemplo, a expropriação de quantia).

Por intermédio dos meios sub-rogatórios, o Estado-juiz substitui a atividade do executado, prescindindo da sua vontade, e realiza o direito do exequente. Podem ser divididos ainda em instrumentais e finais. São exemplos, respectivamente, a penhora de bens e a expropriação em leilão público (também os atos de desapossamento nas execuções de entrega de coisa).

Os meios coercitivos são aqueles que não prescindem da vontade do executado, pois atuam diretamente sobre ela, com função coercitiva de pressão psicológica, como se fosse um estimulante positivo no cumprimento da obrigação inadimplida. Tais atos têm grande vantagem sobre os anteriores, pois permitem a atuação da norma concreta por ato do próprio executado, com menos custo e ônus tanto para o Estado quanto para o exequente, portanto, em tese são mais *eficientes*. Tais medidas coercitivas devem ser direcionadas contra o executado, fazendo com que este raciocine no sentido de compreender que seria mais vantajoso cumprir e satisfazer o direito exequendo do que assumir a medida coercitiva que lhe foi imposta. São exemplos de medidas coercitivas as multas diárias, a prisão civil nas execuções de prestações alimentícias etc.

No que concerne às hipóteses de utilização dos meios de sub rogação e de cocrção, inegavelmente deve existir uma correspondência entre o direito a ser satisfeito e o meio executivo a ser utilizado.

Certamente, as obrigações de fazer e não fazer personalíssimas (execução por transformação) exigem a adoção de meios necessários e adequados de coerção, enquanto as obrigações de entrega de coisa (execução por desapossamento) sugerem o uso dos meios de sub-rogação.

Todavia, não obstante essa influência determinante do direito material sobre a ferramenta processual executiva a ser utilizada na atuação da norma concreta, prevalece hoje no direito processual brasileiro para a execução das obrigações específicas o "princípio da atipicidade do meio executivo".

Quando estamos diante de uma prestação pecuniária, a atipicidade dos meios executivos (art. 139, IV) só pode ser utilizada de forma subsidiária (os meios típicos não forem exitosos) e desde que exista indícios de ocultação patrimonial.

Nestas situações permite-se ao magistrado a escolha do meio executivo (sub-rogação ou coerção) necessário e adequado (razoável e proporcional) à realização da função executiva, tendo em vista as peculiaridades do caso concreto.[14]

Registre-se que nestas hipóteses de "atipicidade de meios executivos", o juiz poderá cumular meios coercitivos com sub-rogatórios se assim entender necessário para a efetivação da norma jurídica concreta. Nesse sentido é expresso o art. 139, IV, do CPC que assim diz:

> Art. 139. O juiz dirigirá o processo conforme as disposições deste Código, incumbindo-lhe:
>
> [...]
>
> IV – determinar todas as medidas indutivas, coercitivas, mandamentais ou sub-rogatórias necessárias para assegurar o cumprimento de ordem judicial, inclusive nas ações que tenham por objeto prestação pecuniária.

Assim, por ser meio executivo, tais atos têm natureza processual, e pode-se dizer que será um ato realmente efetivo se da sua atuação resultar a satisfação da norma jurídica concreta.

É interessante notar que, pelo fato de os atos executivos serem medidas cerceadoras da liberdade (atua sobre a vontade do indivíduo) e da propriedade (invade o patrimônio independentemente da vontade do executado), os meios executivos devem ser precisos, no sentido de estar muito bem delimitado o objeto da execução, o início da medida, a finalidade, a forma, justamente para evitar um desbordamento ilegítimo da função executiva.

O inciso citado acima impõe que sejam *necessários* e *adequados* à obtenção do resultado pretendido. Neste passo o magistrado deve exercer a sua *liberdade de escolha* com prudência e cautela regidas por estes valores determinados na lei processual. Dizer

---

14. AGRAVO INTERNO. PROCESSO CIVIL. RECURSO ESPECIAL. CUMPRIMENTO DE SENTENÇA. MEDIDAS COERCITIVAS ATÍPICAS. ART. 139, IV, DO CPC/2015. SÚMULAS 7 E 83 DO STJ.

1. A adoção de medidas executivas atípicas de satisfação do crédito devem ser adotadas de modo subsidiário, não podendo extrapolar os princípios da proporcionalidade e da razoabilidade, com observância, ainda, do princípio da menor onerosidade ao devedor, não sendo admitida a utilização do instituto como penalidade processual.

2. No caso concreto, independentemente de serem consideradas medidas típicas ou atípicas, o fato é que com base nos elementos fático-probatórios dos autos, a Corte local concluiu pela desproporcionalidade do pleito do credor para a aplicação das medidas coercitivas requeridas (bloqueio do cartão de crédito e expedição de ofício ao INCRA), além de salientar que nenhuma dessas medidas teria o condão de agregar efetividade ao cumprimento da sentença, mormente tendo em vista que a consulta ao INFOJUD evidenciou a ausência de bens imóveis rurais de propriedade dos executados.

3. Agravo interno não provido.

(AgInt nos EDcl no REsp n. 1.958.291/DF, relator Ministro Luis Felipe Salomão, Quarta Turma, julgado em 23.8.2022, DJe de 9.9.2022.)

que é "necessário" o meio executivo significa reconhecer que ele é imprescindível para a satisfação do direito, e, o "adequado" significa dizer que tal meio é o mais apropriado, o que mais se afina, mais justo para a obtenção daquele resultado. Esse juízo de valor quem deve fazer é o magistrado, obviamente, sem descartar o contraditório de ambas as partes (exequente e executado), que deve ser previamente permitido sempre que isso se mostrar possível.

Assim, por exemplo, na imposição de astreinte (art. 537) é salutar que o magistrado defina um prazo para cumprimento do preceito que seja de adequado à realização da obrigação devida, fixando com absoluta clareza o dia ou a hora da incidência da multa, quando é o seu início e quando é o seu fim, o valor compatível com a obrigação, que determine a conclusão dos autos após o prazo para reavaliar a manutenção ou a modificação da medida etc.

De nada adianta fixar uma unidade temporal para que a multa incida ou se torne devida se o prazo fixado para o cumprimento do preceito é absolutamente irreal e incompatível com a obrigação. Enfim, é preciso que o magistrado investigue o caso concreto, pois do contrário poderá cometer equívocos tornando a medida desproporcional ou irrazoável para aquela situação.

Registre-se que tem sido um equívoco muito comum a fixação da multa por período ilimitado (com o qual é maliciosamente consentido pelo exequente) de forma a transformar esse método processual indutivo em punitivo, caso em que desborda totalmente a função coercitiva e executiva, aproximando-se de um *contempt of court*.

A adoção do "princípio da atipicidade dos meios executivos" encontra-se expressamente prevista no art. 139, IV, do CPC e consagra, de uma vez por todas, a postura irreversível do legislador brasileiro de transformar o papel e a atuação do magistrado, de mero espectador (fruto de um Estado liberalista) em partícipe (Estado social intervencionista), na busca da efetividade da tutela jurisdicional.

Porquanto o manuseio dos meios executivos esteja atualmente entregue à "escolha" do magistrado – que, diante do caso concreto e para atender de forma justa e tempestiva o direito material, poderá utilizar o meio adequado para obter o melhor rendimento jurisdicional –, não vemos aí nenhum ponto de discricionariedade judicial, tendo em vista que a opção, além de ser a "adequada" para a hipótese, deve ser fundamentada, aliás, como toda e qualquer decisão. O limite natural dessa escolha, e que o juiz não pode perder de vista, é o de que, havendo mais de um meio adequado, a escolha deve ser feita de modo a acarretar o menor sacrifício possível ao devedor, tal qual determina o art. 805 do CPC.

É curioso notar que a regra matriz da atipicidade do meio executivo é adotada na Parte Geral do CPC, em especial ao tratar dos poderes do juiz, no art. 139, IV, mas ao tratar de cada espécie de execução, o legislador só a repete quando aborda a satisfação das obrigações específicas, seja no cumprimento de sentença ou no processo de execução. Isso, contudo, não exclui a possibilidade de que o juiz possa, em procedimento expropriatório de quantia, se utilizar de medidas indutivas como expressamente determina o art. 139, IV, sem, no entanto, excluir o procedimento comum (contra devedor solvente) e especial (alimentos) já existente para a expropriação de quantia. Como dissemos, as cortes superiores sedimentaram a interpretação de que nas execuções por quantia a utilização do inciso IV do artigo 139 deve ser subsidiária.

Ao que parece, embora discordemos da premissa, o fato de o legislador ter estabelecido um procedimento executivo típico para todo o livro II da Parte Especial (processo de execução) e para o cumprimento (provisório ou definitivo) de sentença de obrigação de pagar quantia seria um indicativo de que nestas hipóteses em que há um procedimento típico legislado, que o inciso IV só deva ser utilizado *subsidiariamente*, ou seja, apenas quando falhar o itinerário típico que o juiz lançará mão do inciso IV do artigo 139.

Não somos contrários a esta interpretação mais conservadora, mas por outro lado não se pode apequenar o artigo 139, IV é clausula geral de toda execução. Obviamente que só faz sentido lançar mão diretamente da atipicidade de meios e flexibilidade do procedimento – para o cumprimento de sentença para pagamento de quantia, por exemplo – se desde o início da fase executiva já existirem elementos (obtidos inclusive fase cognitiva) que levem a conclusão de que será inútil o procedimento típico e rígido previsto pelo legislador.

Logo, nestas situações excepcionais não haveria que se falar em subsidiariedade do artigo 139, IV, como se só pudesse ser utilizado após o insucesso dos meios típicos no roteiro procedimental criado pelo legislador para as obrigações de pagar quantia. A excepcionalidade devidamente demonstrada no caso concreto confirmaria a regra da subsidiariedade sustentada pelas cortes superiores.

5.4   Atos executivos em espécie

Conquanto as reformas implementadas no direito processual civil após a CF/1988 e consagradas no CPC de 2015 tenham se direcionado no sentido de substituir o vetusto e liberal princípio da tipicidade dos meios executivos pelo da atipicidade desses meios, e, portanto, franqueando margem de liberdade ao magistrado (art. 139, IV) para a escolha, obviamente fundamentada, do meio executivo mais apto e adequado para realizar a norma jurídica concreta, ainda assim o legislador fez questão de traçar um itinerário executivo para as diversas espécies de execução, sugerindo em alguns casos o meio executivo a ser tomado pelo juiz. Portanto, a seguir arrolamos alguns atos executivos da tutela satisfativa do direito processual civil brasileiro.

5.4.1   *Penhora e avaliação de bens penhorados*

Na execução para pagamento de quantia certa contra devedor solvente, há um itinerário procedimental em que primeiro se pinça(m) do patrimônio do executado qual (ou quais) o(s) bem(ns) – para em seguida valia-lo(s) – que suportará(ão) a expropriação para a satisfação do crédito.

Se o bem singularizado for dinheiro, então o caminho fica mais curto, pois o crédito será pago com a referida quantia, e não precisará ser feita avaliação alguma. Todavia, se o bem individualizado não recair sobre o dinheiro, será necessário que primeiro se proceda à penhora de determinado bem do patrimônio do executado e, em seguida, realizar-se-á a sua avaliação para saber se o bem afetado poderá converter-se em quantia suficiente à satisfação do crédito exequendo.[15]

Não se descarta, antes o contrário, que para a realização da penhora e da avaliação (instrumental), o magistrado lance mão de meios atípicos com a finalidade de *desocultação do patrimônio* que o executado relute a revelar espontaneamente. A punição pelo ato atentatório (art. 774 do CPC) não afasta a possibilidade de que sejam tomadas medidas executivas coercitivas atípicas (necessárias e adequadas) com a finalidade de abrir espaço para a realização da penhora e da avaliação. As medidas atípicas do artigo 139, IV podem ser *finais e instrumentais*.

Assim, regra geral, esses dois atos executivos instrumentais são necessários para que se faça a execução por expropriação (para pagamento de quantia certa contra devedor solvente). Também é preciso perceber que muitas vezes apenas a *forma ou o momento* de realização da penhora pode ser atípica, ou seja, não necessariamente precisa cumprir o itinerário no exato momento descrito pelo legislador, sempre que a situação em concreto determine a adoção de medidas do artigo 139, IV. A penhora pode ser antecipada e realizada de forma diversa da que é descrita pelo legislador desde que os meios atípicos preservem a segurança, o contraditório, o direito de defesa etc.

Feito isso, enfim, passado o itinerário preparatório, marcado pela penhora e pela avaliação, três são as formas típicas[16] de se chegar à satisfação do direito exequendo (art. 825 do CPC), podendo adotar uma ou outra, dependendo de certas condições em relação a cada caso concreto:

> Art. 825. A expropriação consiste em:
>
> I – adjudicação;
>
> II – alienação;
>
> III – apropriação de frutos e rendimentos de empresa ou estabelecimentos e de outros bens.

---

15. Embora a penhora e a avaliação sejam determinadas no mesmo mandado e pela mesma pessoa (oficial de justiça) nas execuções por expropriação, os atos são diversos porque ocorrem cronologicamente em momentos diferentes, já que se destinam à finalidade diversa. Assim, corrobora o exposto o preceito dos arts. 523, § 3.º, e 827, § 1.º.

16. Nada impede, por exemplo, que se adotem formas atípicas de satisfação do direito exequendo, como por exemplo, um usufruto do bem pelo exequente por período suficiente para quitação da dívida, algo que se aproximaria de um usufruto de bem móvel ou imóvel como dizia o CPC de 1973 e não propriamente uma apropriação de frutos e rendimentos como diz o novo Código.

Assim, a penhora é o primeiro ato de execução forçada quando se requer o pagamento de quantia, e tem o papel importantíssimo de identificar o bem que será expropriado, fazendo com que sobre ele incida a responsabilidade executiva.

Tal ato é executivo (instrumental) porque é marcado pela coercibilidade estatal, que afeta o bem à expropriação judicial, gerando efeitos no plano material e processual que deverão ser respeitados pelos litigantes.[17]

A penhora e a avaliação são atos executivos instrumentais, porque preparam o itinerário executivo para o ato final de expropriação. Há situações em que a penhora não é necessária, quando, por exemplo, o executado é a Fazenda Pública, cuja execução tem regra específica prevista na CF/1988 (art. 100). Também há casos em que a execução prescinde da avaliação quando ela recai sobre quantia, por razões óbvias. Há situações, ainda, em que a realização desses atos instrumentais é facilitada ou complicada, dependendo de certos aspectos impostos pelo próprio direito material, motivo pelo qual o juiz, com auxílio inclusive dos argumentos de exequente e executado, poderá lançar mão das técnicas atípicas.

Assim, por exemplo, enquanto nas execuções de bens hipotecados a efetivação da penhora do referido bem é bastante facilitada, há casos em que os bens do executado só se encontram em comarca diversa do juízo da execução, muito embora com o sistema eletrônico de penhora estes problemas tendam a desaparecer.

Por outro lado, há circunstâncias em que a avaliação é bastante facilitada, quando depende de cotação em bolsa de valores, assim como há outras em que é bem dificultada, por ser preciso nomear perito para se chegar a uma avaliação.

Portanto, como regra geral, tanto a penhora quanto a avaliação são atos executivos preparatórios imprescindíveis para que se possa realizar uma das formas de expropriação forçada prevista no art. 825 do CPC.

5.4.2 Adjudicação, apropriação de frutos e rendimentos e arrematação do bem penhorado

Uma vez realizada a penhora do bem na execução por quantia contra devedor solvente, inicia-se a fase expropriatória (expropriação forçada), que será, como regra geral, precedida de avaliação do bem penhorado. Obviamente, sendo dinheiro, é efetuado de imediato o pagamento, mas, não o sendo, segue-se o itinerário, rumo à satisfação do crédito exequendo.

A expropriação judicial, como ato de império estatal ao qual se sujeita o executado, poderá ser feita das seguintes formas (privação da propriedade do executado):

---

17. Quando a execução por quantia certa é contra um devedor insolvente, o reconhecimento judicial da insolvência no curso do processo (art. 753, II, do CPC/1973, que ainda deve ser aplicado segundo determina o art. 1.052 do CPC/2015) tem por efeito a "arrecadação" de todos os bens que compõem o patrimônio do executado. Dita arrecadação tem função e efeito semelhante aos da penhora, que serve às execuções contra devedor solvente.

I – adjudicação de bem penhorado;

II – alienação de bem penhorado;

III – apropriação de frutos e rendimentos de empresa ou estabelecimentos e de outros bens.

Todas as três técnicas são atos de execução por sub-rogação, impostos pelo Estado e, como tal, devem ser suportados pelo executado. Cada um se aplica em uma determinada situação regulada pelo Código, nada impedindo que, por força do art. 139, IV, o magistrado lance mão de outras medidas que entender necessárias à justa e adequada satisfação do direito exequendo seguindo os critérios que aqui já foram ditos.

Embora as referidas técnicas sejam ferramentas expropriatórias do bem do executado que responderá pela dívida, a verdade é que possuem diferenças além do tronco comum que as une. É que o resultado prático (satisfação do credor) a ser obtido com o uso de cada uma dessas ferramentas não é o mesmo em relação ao momento de sua consumação.

Assim, a adjudicação do bem penhorado pelo exequente[18] consiste na (o credor se dispõe a receber o próprio bem (ou bens) imóvel apreendido) oferta de um resultado prático imediato com a transferência do bem para a propriedade do credor. Ocorre aí uma espécie de resultado prático equivalente, pois o dinheiro era o que se pretendia originariamente. Com a penhora do bem vislumbra-se para o exequente a possibilidade de – se assim pretender – receber o bem ao invés de dinheiro. Há uma série de exigências para que se concretize a adjudicação do bem penhorado pelo exequente, e, por isso não é tão frequente, mas sempre que for possível deve prevalecer sobre a alienação do bem.

Já na alienação do bem penhorado a satisfação do credor ainda demorará algum tempo, pois primeiramente será feita a expropriação do bem, e, depois, a expropriação do dinheiro do executado que foi obtido com a alienação.

Por sua vez, na apropriação de frutos de rendimentos do bem penhorado, permite-se que o credor receba, aos poucos, e durante o período necessário, os rendimentos daquele. Ao final, o executado continuará proprietário do bem de onde foram extraídos frutos e rendimentos utilizados para pagar o crédito exequendo.

Essas diferenças entre as formas de expropriação forçada foram sentidas pelo CPC, e a prova disso é que só colocou sob a rubrica "da satisfação do crédito" no art. 904 a "entrega do dinheiro" e a "adjudicação do bem", in verbis:

Art. 904. A satisfação do crédito exequendo far-se-á:

I – pela entrega do dinheiro;

II – pela adjudicação dos bens penhorados.

---

18. Não se confunde a adjudicação do bem penhorado pelo exequente que leva a satisfação do direito exequendo (art. 904, II) com as figuras da remição do bem e da arrematação preferencial que foram colocadas no artigo 876, § 5º sob o mesmo regime jurídico (e até nome jurídico) da adjudicação.

Ora, a entrega do dinheiro corresponde justamente à hipótese de obtenção de expropriação do devedor do numerário obtido com a alienação do bem penhorado e com a obtenção do dinheiro ou da percepção dos seus frutos e rendimentos. Mesmo aí existe a diferença temporal de recebimento do dinheiro, por razões lógicas.

A rigor, todas as formas são expropriatórias e voltadas à satisfação do credor, mas uma importante diferença – mas não única – entre elas é que a linha que separa cada espécie de ato ao resultado a ser obtido é variável no tempo. Mais curta na adjudicação, mais longa na alienação em leilão. O meio-termo está na percepção de frutos e rendimentos de bem penhorado.[19]

5.4.3 Meios de coerção (multa etc.)

Também devem ser considerados "atos executivos" os meios coercitivos impostos com o desiderato, *final*, de compelir o executado a adimplir o dever ou obrigação, ou *instrumental*, de proporcionar que um outro ato executivo possa ser realizado[20]. Isso porque o ato executivo não é só aquele que atua sobre o patrimônio físico do executado com o intuito de transferi-lo ao exequente.

Os atos executivos coercitivos atuam sobre a psique do executado, incitando-o a cumprir, ele mesmo, o dever ou obrigação exequenda. Certamente, tais atos não têm o condão de atuar, pela sua própria força, à norma jurídica concreta, posto que necessitam da atuação do executado, mas certamente são um importante meio de forçar o executado a satisfazer a obrigação.

O papel executivo dessas ferramentas coercitivas que atuam sobre a vontade do executado (fazendo com que este reflita no sentido de concluir que é mais vantajoso cumprir a obrigação exequenda do que suportar os ônus da coerção que lhe é imposta) tem seu campo de incidência, precipuamente, nas modalidades de execução em que nenhum meio sub-rogatório servirá para se conseguir a atuação da norma jurídica concreta, como no caso das prestações infungíveis de fazer e de todas as prestações de não fazer (tolerar e abster).

Não obstante os meios coercitivos terem função acentuada nos casos de obrigações ou deveres infungíveis, certamente a lei não restringe a sua aplicação a essas situações, já que a execução por coerção é muito mais econômica do que a sub-rogatória, e atende ao princípio da maior coincidência possível, no sentido de que a obrigação foi cumprida, ainda que sob pressão e judicialmente, pelo próprio executado. Por isso, o CPC estende

---

19. Acertadamente o art. 904 do CPC menciona que a satisfação do crédito exequendo na execução para pagamento de quantia se dá: I – pela entrega do dinheiro; II – pela adjudicação dos bens penhorados. Não é propriamente com a alienação em leilão do bem penhorado que se dá a satisfação do exequente, posto que o dinheiro ainda não é transferido ao patrimônio do exequente, senão após a superação do momento processual de concurso de exequente e credores do art. 908.

20. São exemplos diversas medidas atípicas impostas ao executado para que este desoculte o patrimônio e permita a realização da penhora do bem.

os meios coercitivos – com destaque para a multa – a outras modalidades executivas, tal como se vê nos arts. 297, 771, parágrafo único, 806, §1º , 538, § 3.º etc.[21]

Insta observar que é importante que, no caso concreto e atendendo às peculiaridades da causa que lhe são postas, o juiz sopese, dentre outros aspectos da multa (valor, tempo etc.), a própria utilidade da sua imposição, pois, se há casos em que esta se mostra imprescindível para a obtenção da tutela específica (in natura), há outros em que ela será absolutamente desnecessária, como na hipótese de execução para emitir declaração de vontade (art. 501). Outrossim, também deve haver prudência em relação as execuções para entrega de coisa, em que os atos executivos sub-rogatórios de busca e apreensão (bem móvel) e imissão de posse (bem imóvel) são efetivos no sentido de obtenção do resultado específico (receber a coisa), e a multa será apenas mais um coadjuvante (não substitutivo) desses atos executivos, o que, aliás, deixa claro o art. 806, §1º do CPC.

Existem uma série de questões processuais que gravitam em torno da multa por unidade de tempo (astreintes), sendo um tema de constante reflexão do STJ porque não é por acaso a existências de execuções milionárias, às vezes nem sequer definitivas, em típicos casos de desvirtuamento abusivo do instituto. Veremos isso com mais vagar quando tratarmos da execução das obrigações de fazer e não fazer (art. 536 e 537).

É muito importante não confundir a *multa coercitiva* da *multa punitiva* imposta nas hipóteses de ato de *contempt of court* (art. 77, § 4.º e art. 774 do CPC).

5.4.4 As diversas classificações da atividade executiva

Apenas para fins didáticos e para melhor compreensão e sistematização do estudo da atividade jurisdicional executiva, é muito comum a doutrina – muitas vezes a partir da nomenclatura adotada pelo legislador – estabelecer classificações para a atividade executiva, utilizando para isso critérios como **(a)** "a eficácia imediata ou diferida dos atos executivos" (execução provisória ou definitiva), **(b)** a "natureza do meio executivo utilizado" (execução direta ou indireta), **(c)** a "tipicidade da atividade executiva" (execução própria e imprópria), **(d)** o "resultado" da atividade executiva (frutífera e infrutífera), **(e)** a "autonomia formal processual" da atividade executiva (execução lato sensu e stricto sensu), **(f)** o "pertencimento do direito que está sendo executado" (singular ou coletiva), a "constrição efetiva" do ato executivo etc.[22]

---

21. Importante meio coercitivo típico é o que consta no art. 517 do CPC, que permite que o exequente realize o protesto da decisão judicial transitada em julgado depois de transcorrido o prazo para pagamento voluntário previsto no art. 523.

22. A execução também é classificada como própria e imprópria. Própria seria aquela que dá ensejo à realização do direito revelado no título judicial ou extrajudicial, mediante técnicas de coerção ou sub-rogação. Imprópria é a "execução" de provimentos, cuja eficácia pode depender de algum ato de documentação ou certificação, tal como ocorre nas hipóteses de averbação do divórcio, anulação de casamento, registro da sentença de usucapião, averbação da anulação ou suspensão dos efeitos de uma assembleia na junta comercial etc. Observe que o artigo 771 do CPC considera o fenômeno executivo como algo bem mais amplo do que a satisfação do direito exequendo revelado no título executivo, já que estende os atos de execução para outras situações. "Art. 771. Este Livro regula o procedimento da execução fundada em título extrajudicial, e suas disposições

5.4.4.1 Execução provisória e execução definitiva

Fixada a premissa de que *provisório* é aquilo que será substituído por um *definitivo*, passemos a curiosa explicação do que hoje se denomina de *cumprimento provisório da sentença*.

A classificação da "execução" em *provisória ou definitiva* fazia muito sentido e tinha uma "lógica" durante a vigência do Código de 1939, onde os processos de execução só eram iniciados com base num título executivo judicial[23] e em determinadas situações era possível antecipar alguns atos executivos – mas não todos – quando o recurso interposto contra a decisão exequenda era desprovido de efeito suspensivo.

Na verdade, àquela época do CPC de 1939 antecipavam-se atos *instrumentais* (penhora, avaliação, a oportunidade de oferecimento de embargos pelo executado etc.), mas não os *finais* da execução. Era de fato uma espécie de *adiantamento do itinerário executivo* que iniciava "provisório" e convolava-se em "definitivo" com a rejeição do recurso e o trânsito em julgado da decisão.

Posteriormente, com o CPC de 1973 passou a ser possível iniciar um processo de execução com base num título judicial ou extrajudicial[24], e, portanto, já não seria mais adequado adjetivar o gênero "execução" com o vocábulo *provisório* que se prestaria, obviamente, apenas para os títulos judiciais Daí porque passou-se a atribuir a classificação apenas às execuções fundadas em título judicial instável, ou seja, aquelas que ainda não tinham estabilizado no processo, como no caso das interlocutórias e das sentenças e acórdãos impugnados por recursos desprovidos de efeito suspensivo.

Assim, títulos executivos (judiciais) "provisórios" ensejariam execuções provisórias, que, ao contrário do CPC de 1939 poderiam sim levar a satisfação do direito, desde que houvesse o preenchimento de certos requisitos como a prestação de caução idônea pelo exequente. Isso significava que o *título provisório* poderia gerar uma *execução definitiva*, desde que preenchidos certos requisitos.

Já não era mais adequado falar em "execução provisória" e "execução definitiva" pelo caráter satisfativo da segunda em contraste com a primeira. Por isso, a execução provisória era apenas a execução fundada em título executivo (judicial) provisório (instável) que seria substituído posteriormente por um título definitivo (caso mantida a decisão exequenda após o julgamento do recurso desprovido de efeito suspensivo).[25]

---

aplicam-se, também, no que couber, aos procedimentos especiais de execução, aos atos executivos realizados no procedimento de cumprimento de sentença, bem como aos efeitos de atos ou fatos processuais a que a lei atribuir força executiva. Parágrafo único. Aplicam-se subsidiariamente à execução as disposições do Livro I da Parte Especial".

23. Os provimentos judiciais exequíveis podem ser estáveis (não mais impugnáveis no processo) ou instáveis, quando impugnáveis ou impugnados por recurso.

24. Os títulos executivos extrajudiciais ou existem ou não existem. Não há título extrajudicial "em formação", daí porque não se admite adjetiva-los de "provisórios".

25. No CPC de 1939, apenas títulos executivos judiciais, aparelhavam um processo de execução, daí porque a qualificação da execução de "provisória" não apenas se dava porque o "título judicial ainda estava em formação" quando se iniciava uma execução, mas também porque era apenas um adiantamento dos atos da execução, se, no entanto, permitir a satisfação do direito.

Ocorre que com a Lei 11.232/05 e, posteriormente, com o CPC de 2015, a terminologia que restou consagrada para definir a execução fundada em título executivo judicial passou a ser *cumprimento de sentença*, tomando por sentença qualquer provimento judicial exequível.

Então, na esteira do que determina o artigo 520 apenas os *cumprimentos de sentença* podem ser *provisórios ou definitivos*, porque apenas os títulos judiciais são *provisórios ou definitivos*. Os extrajudiciais são *definitivos* apenas.

Mas nem esta classificação – segundo o critério da provisoriedade do título – está adequada ou coerente com o contexto dos dispositivos sobre a execução civil no CPC de 2015. Há diversas falhas que impõe a necessidade de se repensá-la.

Primeiro, porque, por equívoco derivado de uma má harmonização do texto do Código, o cumprimento provisório da "sentença" está descrito em capítulo que se intitula destinado às obrigações para pagamento de quantia certa, sugerindo, equivocadamente, que apenas nesta modalidade de obrigação fosse possível o cumprimento provisório, o que definitivamente não é verdade, tanto que, o art. 520, § 5º diz que "*ao cumprimento provisório de sentença que reconheça obrigação de fazer, de não fazer ou de dar coisa aplica-se, no que couber, o disposto neste Capítulo*".

Em segundo lugar, porque existem dois regimes de "execuções provisórias" no CPC: um no art. 297 e outro no art. 520. Há uma diferença *procedimental* entre o cumprimento provisório de uma decisão concessiva de tutela provisória, por exemplo, (impugnável por agravo de instrumento que não tem efeito suspensivo) e um acórdão em julgamento de apelação impugnado por recurso especial e extraordinário.

O primeiro segue a disciplina do artigo 297 que se aplica *apenas no que couber* o artigo 520. Certamente, a parte que "cabe" do artigo 520 ao cumprimento provisório de tutelas provisórias, por exemplo, é apenas a principiologia da "execução provisória", mas não a tipicidade do meio e do itinerário executivo.

Por outro lado, é preciso salientar a distinção de *espécie/gênero* entre a "execução provisória" e a "eficácia provisória". Esta última reflete um fenômeno de "efeitos imediatos" de toda e qualquer sentença, e não necessariamente apenas daquelas que aparelham uma "execução".

Recorde-se que o "normal" no Código de Processo Civil é o de que toda decisão judicial tem a sua eficácia amordaçada ou impedida de produzir efeitos no mundo dos fatos, enquanto não seja feito o seu reexame, normalmente por órgão hierarquicamente superior provocado pelo recurso cabível.

São a segurança jurídica e a conservação do poder e da dominação no âmbito dos tribunais que motivam não só a adoção do princípio do duplo exame, como também a regra de que a eficácia das decisões judiciais só deva ocorrer após realizado esse duplo exame (e, ainda assim, em certos casos, com algumas ressalvas).

Portanto, há uma verdadeira simbiose entre a eficácia provisória, estabelecida nos arts. 520 e ss. do CPC, e o "efeito suspensivo" do recurso, previsto no art. 1.012 do mesmo Código.

Ao dizer que a apelação será recebida apenas no efeito devolutivo para os casos descritos nos incs. I a VI do art. § 1.º do art. 1.012, o legislador já previu que nessas hipóteses o princípio da segurança jurídica cede espaço ao princípio da efetividade, permitindo que a eficácia jurídica da do direito revelado na decisão seja eficaz no mundo dos fatos (eficácia do direito).

O art. 1.012 trata da *eficácia imediata da sentença*, fenômeno bem mais amplo do que o art. 520 que cuida apenas do cumprimento provisório da sentença. A sutil diferença é que nem sempre a eficácia provisória refere-se a um provimento com eficácia executiva provisória (formador de título executivo judicial).

Os incisos IV e VI do referido art. 1.012, § 1.º, são exemplos de provimentos constitutivos com eficácia imediata, o que é deveras incomum no nosso ordenamento; por não serem condenatórios, mas sim constitutivos, e por isso não se sujeitam a um cumprimento provisório nos termos do art. 520 do CPC. Não se confunde a sua "eficácia imediata" mesmo com recurso pendente e o "cumprimento provisório" enquanto pende o recurso sem efeito suspensivo.[26]

Por outro lado, significa, a *contrario sensu*, que o efeito suspensivo nada tem a ver com a interposição do recurso, e, portanto, não é efeito seu; a interposição do recurso, portanto, prolonga um estado de ineficácia da decisão judicial, salvo naqueles casos em que o legislador, expressamente, optou por dotar de eficácia imediata a decisão judicial.

5.4.4.2 *Execução específica e genérica*

É certo que, mesmo nos casos em que a tutela jurisdicional concedida coincida com a situação que se teria caso tivesse ocorrido o adimplemento voluntário da obrigação, ainda assim pode-se dizer que não haveria identidade plena de resultados entre o adimplemento espontâneo e a sua realização mediante a utilização do processo. Isso porque todo processo nasce, se desenvolve e morre no tempo, de forma que, quando terminar, certamente o uso e gozo do bem devido não terão o mesmo sabor e benefícios que teriam quando da sua formação originária. O processo em si mesmo causa danos marginais, expectativas, ansiedades e, muitas vezes, um custo financeiro e econômico que não é ressarcido no final. Nada disso pode ser olvidado quando se estuda o conceito de tutela específica, execução específica e execução genérica.

---

26. Observe que proferida uma sentença condenatória contra o réu, a apelação ofertada tem, via de regra, efeito suspensivo que impede o início da execução provisória. Entretanto, mesmo nesta hipótese, permite-se que a sentença valha como título constitutivo de hipoteca judiciária (art. 495) de forma que o efeito suspensivo da apelação ofertada pelo réu não impedirá esta eficácia (hipoteca judiciaria) da sentença condenatória (art. 495, § 1º III).

É inegável que no modelo do Estado social o processo ocupa um papel fundamental no devido processo legal justo e efetivo, e, nesse contexto, ganha sobremaneira relevância a busca de uma identidade de resultados entre a tutela jurisdicional dada ao vencedor e o resultado que se teria caso esse mesmo processo não tivesse sido necessário. Trata-se da tutela específica, que se preocupa em dar ao jurisdicionado a máxima coincidência possível, de tempo e resultado, para evitar mal maior do que o próprio inadimplemento.

Antes mesmo do CPC de 2015, o Código anterior já havia sofrido inúmeras alterações no sentido de proporcionar ao jurisdicional um arsenal de técnicas processuais adequadas à tutela específica. O Novo CPC manteve a linha e trouxe em seu texto uma série de dispositivos que revelam a referida preocupação com a tutela justa e adequada em tempo razoável. Mais que isso, fez questão de colocar entre as normas fundamentais do direito processual os referidos princípios insculpidos na CF de 1988, a saber:

- art. 4.º As partes têm o direito de obter, em tempo razoável, a solução integral do mérito, *incluída* a atividade satisfativa);
- art. 6.º Todos os sujeitos do processo devem cooperar-se entre si para que se obtenha, em tempo razoável, decisão de mérito justa e efetiva;
- art. 80 (litigância de má-fé);
- art. 139, II, III, IV (poderes do juiz);
- art. 497 (efeitos da sentença que impõe uma obrigação de fazer e não fazer);
- art. 536 (cumprimento de sentença de obrigação de fazer e não fazer) etc.

Se o conceito de tutela específica, portanto, perpassa a ideia de obtenção do "mesmo resultado" contido na obrigação ou dever legal descumprido, o mesmo não se diga em relação ao conceito de execução específica, pois este toma em consideração a especificidade do objeto do direito a se satisfazer, e não propriamente o resultado no plano do direito material.

Isso quer dizer que todas as medidas executivas são desenvolvidas, praticadas e realizadas com um sentido específico, qual seja, no sentido de dar ao credor exata e precisamente o bem (a coisa ou o serviço) que por atitude do devedor lhe deveria ter sido ofertado. Já a execução "genérica" – que tipifica as obrigações de pagar quantia em razão da fungibilidade e inespecificidade do dinheiro – é assim chamada porque os meios executivos incidem sobre "qualquer bem" (inespecífico) sujeito à responsabilidade patrimonial, e, a rigor, normalmente, para se alcançar o dinheiro, converte-se antes, juridicamente, um bem no valor devido.

Assim, como se viu, não se confunde a tutela específica com o que se denomina execução específica.

A tutela específica em sentido estrito não possui nenhum conteúdo reparatório, de forma que o resultado a ser dado pelo processo é coincidente com o do adimplemento espontâneo. Por isso, não se enquadra no conceito de tutela específica em sentido estrito a "reparação" in natura, que é forma de reparar um dano causado, portanto, quando já não foi possível obter a tutela específica (inibitória do ilícito ou preventiva do dano).

Assim, v.g., quando se destrói um monumento natural, embora seja impossível obter a tutela específica dada a não renovabilidade do bem ambiental, é imperioso que a reparação ambiental seja in natura, de modo a compensar da melhor forma possível o prejuízo causado. Assim, caso a reparação in natura não seja adimplida, certamente daí resultará uma execução específica, pois o que se pretenderá será, justamente, o bem ou serviço declarado na norma jurídica concreta.

Além de genérica (em razão do bem objeto da execução), a execução por quantia é também "subsidiária" das demais, pois, para o caso de não realização da execução específica, deve-se converter o valor do bem ou serviço em pecúnia para que se permita, assim, a execução por quantia certa contra devedor solvente.

Muito se discute se o resultado prático equivalente é modalidade de tutela específica ou se seria modalidade de reparação específica[27]. A discussão é muito mais teórica do que propriamente prática, pois o art. 536 se presta tanto para a tutela específica que inibe ou previne quanto para a reparatória que outorga um bem *in natura*.

5.4.4.3 Execução direta e indireta

Na solução das crises de adimplemento, exsurge sempre o momento de cumprimento da norma jurídica concreta que foi judicial ou extrajudicialmente obtida pelo credor. Trata-se do momento de tornar real, verdadeiro e concreto no mundo dos fatos o comando ou a sanção reconhecida e estampada na norma individualizada. Caso esse comando não seja espontaneamente cumprido pelo inadimplente, certamente o credor deverá, em um Estado democrático de direito, buscar a solução para a recalcitrância do devedor, batendo nas portas do Estado-juiz.

Iniciada a tutela executiva, espera-se que, por meio de seu poder (o qual corresponde à sujeição do executado), o Estado realize o direito revelado no título executivo.

Para tanto, diz-se que o Estado, mesmo contra a vontade do devedor, usa de meios – meios de sub-rogação – que, substituindo a atuação deste último, chega aos mesmos resultados que se alcançariam caso o adimplemento tivesse sido prestado espontaneamente pelo executado.

---

27. A questão mais complexa a ser enfrentada caso se adote a posição de que se trata de uma *reparação específica* é saber quando e como deve ser feita esta mutação da pretensão à tutela específica em resultado prático equivalente. O art. 497 diz que "na ação que tenha por objeto a prestação de fazer ou de não fazer, o juiz, se procedente o pedido, concederá a tutela específica ou determinará providências que assegurem a obtenção de tutela pelo resultado prático equivalente".

Nesse passo e sob esse prisma, não se incluiriam no conceito de atividade executiva as medidas estatais impostas com o desiderato de atuar sobre a vontade do executado, servindo de medida coercitiva e estimulante ao cumprimento da obrigação ou dever inadimplido. Essas medidas, de alguma forma, servem de estimulante positivo, qual seja, encorajando-o a pensar e agir de modo que seja mais benéfico realizar a obrigação do que suportar a medida coercitiva.

Não obstante a antiga doutrina excluir do conceito de execução (senão em sentido lato) as medidas indutivas e coercitivas, é inegável que tais mecanismos de apoio têm ganhado enorme relevo no papel instrumental do atual processo civil, que visa a dar tutela jurisdicional justa e efetiva aos jurisdicionados. Isso porque, com a valorização da tutela específica e a busca cada vez mais incessante de um resultado processual que seja coincidente com aquele que se teria caso tivesse sido espontaneamente cumprida a obrigação ou dever legal num espaço de tempo razoável, ganha inominável relevo o uso dos mecanismos de coerção sobre a vontade do executado.

E, toda vez que a medida de apoio consegue persuadir o executado a cumprir a obrigação ou dever inadimplido, é sinal de que o adimplemento se deu da forma mais coincidente com a que se teria caso não tivesse sido necessário o processo.

No entanto, não é só esse o fator que faz das medidas de apoio uma das maiores estrelas da execução civil (arts. 139, IV, 536 etc.). Tais medidas, além de – por razões lógicas – representarem enorme vantagem econômica (economia processual) sobre as medidas de sub-rogação, constituem meio idôneo e propício (quando não são o único possível) para compelir o devedor a adimplir as obrigações ou deveres infungíveis (de fazer que não possa ser prestado por terceiro e todas relativas a um não fazer).

Exatamente em razão de tais aspectos, é que acreditamos que as medidas coercitivas devam estar inseridas no conceito de execução, pois, se, por um lado, não ensejam uma execução direta, com realização pelo Estado do ato executivo, por outro, são mecanismos que tendem para o mesmo fim.

O atual estágio de desenvolvimento do direito processual não permitirá excluir, e o legislador processual tem confirmado isso, as medidas coercitivas do papel executivo que possuem. Nesse passo, ou se revisita o conceito de tutela executiva para abraçar as medidas coercitivas sobre a vontade do executado, ou então se muda a terminologia para que outra expressão (tutela da efetividade) possa abraçar os dois tipos de atividades, as sub-rogatórias e as coercitivas.

5.4.4.4 *Execução singular e coletiva*

As espécies de procedimento executivo adotado pelo CPC foram extraídas de influências diretas do direito substancial, o que, no nosso sentir, não constitui nenhum demérito, antes o contrário.

A base procedimental da tutela jurisdicional executiva descrita no CPC pode ser fincada no seguinte tripé: a) execução por quantia certa; b) execução para entrega de coisa; e c) execução das obrigações de fazer e não fazer.[28] Partindo desse princípio – que leva em consideração a natureza do direito ou o seu objeto –, essas modalidades ainda se subdividem de acordo com outros aspectos que também não têm natureza processual,[29] tais como: a pessoa do executado (execução contra a Fazenda Pública), a pessoa do exequente (execução fiscal) e a condição de solvabilidade do executado (quantia certa contra devedor solvente e insolvente).

A distinção da execução em coletiva e individual pode ser utilizada para discernir a tutela executiva dos direitos difusos e coletivos da tutela executiva dos direitos individuais. Leva, portanto, em consideração o objeto e a natureza do direito a ser efetivado pela via processual executiva.

Tomando por análise a conceituação dos interesses coletivos trazida pelo art. 81, parágrafo único, I, II e III, da Lei 8.078/1990 (Código de Defesa do Consumidor), verifica-se que será coletiva a execução quando se tratar de satisfazer direito difuso ou coletivo consagrado no título executivo. Individual é a execução voltada à satisfação de pretensões individuais.

5.4.4.5 Execução universal (coletiva) e execução singular (individual)

No atual Código de Processo Civil só existe a previsão da execução por quantia contra devedor solvente[30], posto que a execução por quantia certa contra devedor insolvente – ou execução universal – deverá ser objeto de lei extravagante como expressamente determina o art. 1.052 das Disposições Transitórias do NCPC. Todavia, enquanto não elaborada a referida lei extravagante, deve ser adotado o procedimento dos arts. 750 e ss. do CPC revogado.

Neste último caso, de insolvência civil, diz-se que a execução é "universal" porque é realizada em benefício de todos os credores do executado, e coletiva, porque recai sobre todo o patrimônio expropriável do executado. A partir daí, tem-se o contraste em relação à execução singular e individual, assim denominada porque beneficia ape-

---

28. Não se pode esquecer de que, hoje, torna-se ainda mais nítida e importante a distinção do procedimento executivo segundo a natureza judicial ou extrajudicial do título executivo. Essa distinção reside no fato de que as execuções judiciais, aos quais o Código nomina de cumprimento de sentença, são realizadas em processos sincréticos, que têm uma fase cognitiva e outra executiva, ou seja, uma só relação processual com dupla função jurisdicional. Já para os títulos extrajudiciais permanece a regra dos processos de execução autônomos. Deve-se notar, todavia, que as execuções fundadas em título judicial, ou simplesmente cumprimento de sentença, possuem diferenças, pois, enquanto no cumprimento de sentença de obrigação específica (por desapossamento e transformação) o cumprimento da sentença se faz com fulcro nos arts. 536-538, o cumprimento (provisório e definitivo) de sentença para pagamento de quantia (expropriação) é cumprido segundo as regras dos arts. 520 e 523 do CPC.

29. O critério classificatório processual seria por expropriação, desapossamento e transformação, levando-se em consideração a finalidade do meio processual executivo empregado na tutela executiva.

30. Mesmo o concurso de credores e exequentes do artigo 908 do CPC refere-se à execução por quantia contra devedor solvente. Nesta hipótese, e, tese, o patrimônio do executado seria suficiente para satisfazer todos os pretendentes e ali estaria em jogo apenas a preferência de recebimento do credito exequente.

nas o credor exequente e recai apenas sobre o patrimônio expropriável para satisfação daquele crédito específico.[31]

6. PERSPECTIVAS SOBRE A DESJUDICIALIZAÇÃO DA EXECUÇÃO CIVIL

6.1 Introito

De antemão advirto você leitor que não sou contra a ideia de desjudicialização da execução civil no país, mas como qualquer iniciativa legislativa ela deve, inexoravelmente, atender a algumas premissas lógicas, *por exemplo*: (1) não tolher a liberdade do jurisdicionado, (2) ofertar resultados efetivos se possível a partir de dados concretos e correspondentes àquilo que se propõe, (3) não criar privilégios para quem quer que seja com o dinheiro público, ser (4) eficiente sob uma perspectiva *micro* (um processo) e *macro* (todos os processos impactados considerando a gestão do sistema judiciário sem os recursos que serão subtraídos pela desjudicialização); (5) ter muito clara a diferença entre atos de cognição e atos de execução passível de serem desjudicializados; (6) não existir nenhum embaraço para o controle judicial de atos da execução extrajudicial; (7) absoluto rigor na proteção da imparcialidade e responsabilização do agente de execução desjudicializada.

Parte-se da premissa de que *descentralizar os atos de execução* (sem retirá-los do poder judiciário) ou *desjudicializar os atos de execução* (retirando-os do Poder Judiciário) são medidas que podem ser tomadas no sentido de aumentar a efetividade/eficiência da execução civil no país *sempre tendo em mira a proteção do jurisdicionado*.

Do que se observa nas sugestões legislativas originariamente postas em projetos de lei que tramitam no Congresso Nacional, a situação é deveras preocupante porque vários destes pontos, exemplificados acima, ou não são enfrentados, ou, quando o são, ainda que parcialmente, estão irremediavelmente contrários daquilo que se espera de um projeto que terá enorme impacto social, econômico e jurídico. É de se esperar que o Congresso faça o devido ajuste por meio de emendas aos projetos existentes ou apresente outros projetos que sejam comprometidos com os axiomas acima mencionados.

6.2 Descentralização e eficiência

Tomando de exemplo o escritório de advocacia no qual eu trabalho nele se identifica o que seja *atividade-fim* e *atividade-meio*.

A *atividade-fim* da sociedade de advogados é prestar serviços de consultoria jurídica, realização de petições, estudos de casos e processos, assessoria e acompanha-

---

31. É preciso observar que a terminologia "execução coletiva" também tem sido empregada para designar a execução civil nas ações coletivas para a defesa de direitos difusos e coletivos, nos termos do art. 15 da Lei da Ação Civil Pública, e art. 100, parágrafo único, do CDC.

mento de processos, reuniões com clientes, participação de audiências, realização de sustentação oral etc.

É *atividade-meio* a que fica responsável pelo agendamento de horários, protocolo de petições, alimentação do sistema de informações internos, contratação e dispensa de funcionários, manutenção dos suprimentos etc.

Parece muito claro com o exemplo acima que se os advogados do escritório passarem a executar a atividade-meio, para a qual não possuem expertise, certamente que ou a atividade fim não será realizada ou será realizada de forma ineficiente e improdutiva o que pode comprometer a própria sobrevivência da empresa.

Neste singelo exemplo pode-se perceber o que há muito tempo já é estudado pelas ciências da administração[32], ou seja, o aumento da produtividade e a redução dos custos de uma empresa estão diretamente relacionados com uma gestão organizada (administrada) das atividades-meio e das atividades-fim, distribuindo-as de forma adequada às pessoas que possuem expertise para uma e outra.

6.3 Crise do Poder Judiciário e reformas na execução

Este mesmo raciocínio pode ser projetado para o universo mínimo de uma microempresa, mas também para o universo macro do funcionamento do Poder Judiciário.

Com o advento da constituição cidadã de 1988 houve um enorme convite à judicialização de direitos que até então nem sequer eram reconhecidos pelo direito material. Esse fenômeno foi deveras importante para a inclusão social de inúmeros sujeitos que estavam à imagem da lei, conferindo-lhes verdadeiro status de cidadão. Se por um lado a onda de judicialização estimulada pelo acesso à justiça trouxe cidadania, por outro escancarou a inoperância e ineficiência do Poder Judiciário para realizar a sua atividade fim.

Enfim, é preciso ter em mente que a crise do Poder Judiciário deve ser vista sob várias frentes, pois direta ou indiretamente são muitas as causas às quais se pode atribuir este nefasto efeito de demora irrazoável na prestação jurisdicional.

Sem sombra de dúvidas que um desses fatores decorre da crise estrutural do Poder Judiciário, que se reflete a ausência de infraestrutura (instalação, espaço, pessoal, equipamentos etc.) para prestação do serviço jurisdicional. O número de demandas que ingressam no Judiciário é muito maior do que as que saem, e a estrutura existente (pessoal e equipamentos) para lidar com estes números é arcaica, limitada e insuficiente.

Outro fator considerável desta crise – também já revelado pela radiografia do Judiciário é a ineficiência e incapacidade de autogestão administrativa do Poder Judiciário.

---

32. PARO, Vitor H. A gestão da educação ante as exigências de qualidade e produtividade da escola pública. In: SILVA, Luiz H. da (Org.). A escola cidadã no contexto da globalização. Petrópolis, Rio de Janeiro: Vozes, 1998, p. 19.

A má administração da deficiente infraestrutura, a ausência de logística e planejamento, a inexistência de ações de administração, de resultados e metas constitui também um fator decisivo para tal fenômeno.

Enfim, o Poder Judiciário não é capaz de exercer a gestão administrativa de si mesmo, o que não nos parece nenhum absurdo, pois esta não é sua atividade-fim e, nunca foi preparado para exercer este papel administrativo. Exemplos corriqueiros podem ser vistos nos cartórios judiciais pelo Brasil, nos quais há uma ausência total de procedimentalização de comportamentos e atos, como gestão de horários e atos do quadro de pessoal, padronização de tipos e formas de comunicação judicial que deveriam ser iguais para todos os cartórios, uso racional dos equipamentos etc.

Outro fator é a atávica e canhestra herança cultural do litígio que assombra a maior parte dos operadores do direito, e, a retrograda visão de que a solução adjudicada é a única ou a principal via ofertada pelo Poder Judiciário, quando na verdade sabemos que o *sistema multiportas* referido pelo Conselho Nacional de Justiça (CNJ) na Resolução 125, de 2010, amplia consideravelmente o leque de opções de métodos e técnicas de soluções de conflitos no que passou a ser visto como uma verdadeira política judiciária nacional de tratamento adequado dos conflitos.

Certamente que outros fatores podem ser identificados e até arrolados como precursores da "crise do Judiciário", neles se incluindo até a "crise de confiança" do cidadão nas instituições públicas. Se é verdade que todos estes aspectos são responsáveis pela crise da morosidade da justiça, não nos parece que todos eles contribuem de forma idêntica para tal fenômeno, de forma que para se chegar a uma conclusão segura e transparente das principais causas – e identificar os remédios possíveis – foi preciso conhecer, estudar e refletir sobre os números do Poder Judiciário que são revelados pelo CNJ desde 2010 e que eriçam a pelos principais vilões do Poder Judiciário. Sem isso não seria possível começar a cumprir a promessa constitucional expressa no art. 5º, LXXVIII, incluído pela Emenda Constitucional 45, de 2004: "a todos, no âmbito judicial e administrativo, são assegurados a razoável duração do processo e os meios que garantam a celeridade de sua tramitação."

Os dados estatísticos colhidos do CNJ no ano de 2020 apontam que o maior vilão do Poder Judiciário são as execuções, e, as razões disso não passam apenas pela ineficiência e mau uso dos recursos financeiros e humanos, e tampouco as vetustas regras do procedimento executivo, mas sim a inexistência de patrimônio de uma população que é totalmente desprovida dos serviços mais básicos como direito à água, direito à comida, direito à segurança etc.[33] Nenhuma execução iniciada irá terminar de modo frutífero sem patrimônio, pois toda execução termina atingindo o patrimônio do executado. Sem patrimônio, sem execução frutífera.

---

33. A respeito ver o nosso *Fundamentos da Tutela Executiva*. Brasília: Gazeta Jurídica. 2017.

Mesmo assim, não se pode ignorar a possibilidade de buscarem outras soluções para reduzir a taxa de congestionamento das execuções no Brasil, seja com estímulo as soluções mediadas, inclusive no curso da execução, seja no melhoramento das técnicas de execução, seja, também identificando o que que está hoje dentro da função executiva estatal que realmente necessita ser praticado pelo poder judiciário, bem como o que poderia ser descentralizado.

É neste cenário de busca de caminhos e soluções que desafoguem o Poder Judiciário que há algum tempo se tem percebido – e dele retirado – uma série de atos e procedimentos que antes estavam sob seu crivo e que passaram a ser resolvidos por outros órgãos de forma menos burocrática e mais eficiente.

Lembra Marcio Faria[34] que:

> Isso porque, como se sabe, nos últimos 15 anos, o ordenamento jurídico brasileiro agasalhou diversas7 normas desjudicializadoras, como as que autorizam, extrajudicialmente, (i) a retificação de registro imobiliário (Lei 10.931/04 (LGL\2004\2730)), (ii) a realização de inventário, separação e divórcio consensuais (Lei 11.441/07 (LGL\2007\2626)), (iii) o reconhecimento de usucapião (art. 216-A da Lei 6.015/73 (LGL\1973\14), com redação dada pelo art. 1.071 do CPC (LGL\2015\1656), regulamentado pelo Provimento 65/17, CNJ (LGL\2017\11292)); e (iv) a retificação de registro civil (Lei 13.484/17 (LGL\2017\8266)).

> Mesmo antes disso, já era possível encontrar, como bem observa Heitor Sica, outros exemplos de desjudicialização, como a venda extrajudicial, pelo credor pignoratício, da coisa empenhada (art. 1.433, IV, do CC/02 (LGL\2002\400)), o leilão extrajudicial de cota de terreno e correspondente parte construída na incorporação pelo regime de administração (art. 63 da Lei 4.591/64 (LGL\1964\12)), a execução extrajudicial de cédula hipotecária (Decreto-lei 70/66 (LGL\1966\16)) e a venda, em bolsa de valores, das ações do acionista remisso (art. 107, II, da Lei 6.404/76 (LGL\1976\12)), entre outros.

Assim, como se observa acima, o fenômeno de desjudicialização já existe há bastante tempo e com reconhecido sucesso no país, e, considerando a boa experiência estrangeira[35] em matéria de *desjudicialização da execução*, passou-se a ventilar aqui no Brasil a possibilidade de *desjudicializar a execução* ou *atos executivos* nas execuções para pagamento de quantia, já existindo o Projeto de Lei PLS 6.204/19 que retira do Poder Judiciário a execução para pagamento de quantia, bem como o Projeto de Lei 4.257/2019 que institui a "execução fiscal administrativa", e, segundo sua exposição de motivos, propõe "soluções que desburocratizem os procedimentos atualmente previstos na legislação para a cobrança da dívida ativa, tornando-a mais efetiva".

---

34. FARIA, Marcio. Primeiras impressões sobre o projeto de lei 6.204/2019: críticas e sugestões acerca da tentativa de se desjudicializar a execução civil brasileira (parte um). *Revista de Processo*. v. 313. São Paulo: Ed. RT, 2021, p. 393-414, edição eletrônica.

35. SILVA, Paula Costa e. A nova face da justiça: os meios extrajudiciais de resolução de controvérsias. Lisboa: Coimbra Editora, 2009; SILVA, Paula Costa e. O acesso ao sistema judicial e os meios alternativos de resolução de controvérsias: alternatividade efectiva e complementariedade. *Revista de Processo*. v. 158, São Paulo: Ed. RT, 2008, p. 93-106, edição eletrônica. SILVA, Paula Costa e. A constitucionalidade da execução hipotecária do decreto-lei 70, de 21 de novembro de 1966. *Revista de Processo*, v. 284, São Paulo: Ed. RT, 2018, p. 185-209, edição eletrônica.

Tais projetos ainda necessitam de consciencioso e amplo debate pela comunidade jurídica, pois o tema envolve de forma direta aspectos fundamentais do direito fundamental da população à tutela jurisdicional justa e efetiva.

Como já nos alertara o Professor Leonardo Greco[36] é necessária uma "reforma mais profunda, que, apesar da emergência de um novo Código de Processo Civil, continua a apresentar-se absolutamente necessária". E emenda o notável processualista ao dizer que:

> a execução civil no Brasil está excessivamente centralizada nas mãos do juiz. Essa centralização é fruto de uma concepção inteiramente anacrônica de que a justiça se reduz à pessoa do próprio juiz e que dele deve emanar o exercício de todos os poderes inerentes à jurisdição. Ora, não há no nosso tempo nenhuma instituição pública ou privada, racionalmente organizada, em que toda atividade-fim, toda atividade prática, toda atividade executiva, não no sentido de tomar as principais decisões, mas de cumpri-las, esteja concentrada na cabeça da instituição, em que aquele que decide é aquele que executa. É preciso instituir pelo menos um agente de execução com as atribuições e os meios necessários para cumprir com eficiência essa complexa atividade prática.

Os problemas envolvendo a execução no Brasil e a necessidade de formular soluções que passem por uma reforma do modelo atual, inclusive em relação ao tema da desjudicialização, motivou o então Presidente do Conselho Nacional de Justiça, Ministro Luiz Fux, a formar um Grupo de Trabalho coordenado Ministro Marco Aurélio Belizze do Superior Tribunal de Justiça.

Este grupo, o qual tive a honra de integrar, foi instituído pela Portaria CNJ 272/2020, objetivando contribuir com a modernização e efetividade da atuação do Poder Judiciário nos processos de execução e cumprimento de sentença, excluídas as execuções fiscais.

Assim, o tema das reformas da execução é efervescente no Brasil[37], mas é necessário ter cautelas e prudência, principalmente em relação a temas centrais que necessitam de maior debate e contraditório democrático, tais como *desjudicializar atos executivos ou toda execução por quantia? Obrigatoriedade ou facultatividade da desjudicialização;*

---

36. GRECO, Leonardo. *Comentários ao Código de Processo Civil*: Das diversas espécies de execução – Disposições gerais até obrigação de não fazer – XVI artigos 797 a 823. São Paulo: Saraiva, 2020, edição em e-book.

37. Um bom panorama pode ser extraído dos trabalhos de MEDEIROS NETO, Elias Marques de. *O procedimento extrajudicial pré-executivo*: Lei 32 de 30 de maio de 2014: inspiração para o sistema processual do Brasil. São Paulo: Verbatim, 2015; MEDEIROS NETO, Elias Marques de; RIBEIRO, Flávia Pereira (Coord.). *Reflexões sobre a desjudicialização da execução civil*. Curitiba: Juruá, 2020; SOUSA, Miguel Teixeira de. Um novo processo civil português: à la recherche du tempo perdu? *Revista De Processo*, ano 33, n. 161, p. 203-220. São Paulo. Ed. RT, 2008, edição eletrônica; SOUSA, Miguel Teixeira de. Processo executivo: a experiência de descentralização no processo civil português. *Revista de Processo Comparado*. São Paulo v. 9, 2019. p. 83-97, edição eletrônica; THEODORO JR. Humberto. Novas perspectivas para atuação da tutela executiva no direito brasileiro: autotutela executiva e "desjudicialização" da execução. *Revista de Processo*, v. 315, p. 109-158. São Paulo: Ed. RT, 2021, edição eletrônica; FARIA, Marcio. Primeiras impressões sobre o projeto de Lei 6.204/2019: críticas e sugestões acerca da tentativa de se desjudicializar a execução civil brasileira (parte um). *Revista de Processo*. v. 313. p. 393-414. São Paulo: Ed. RT, 2021, edição eletrônica; FARIA, Marcio. Primeiras impressões sobre o projeto de Lei 6.204/2019: críticas e sugestões acerca da tentativa de se desjudicializar a execução civil brasileira (parte dois). *Revista de Processo*, v. 314, p. 371-391. São Paulo: Ed. RT, 2021, edição eletrônica; FARIA, Marcio. Primeiras impressões sobre o projeto de Lei 6.204/2019: críticas e sugestões acerca da tentativa de se desjudicializar a execução civil brasileira (parte três). *Revista de Processo*, v. 315, p. 395-417. São Paulo: Ed. RT, 2021, edição eletrônica.

quais seriam os entes responsáveis pelos atos ou procedimento extrajudicial? A exclusividade dos tabelionatos de protesto na realização dos atos ou do procedimento executivo é a melhor escolha como sugere o PL 6204? Como deve ser o controle desses atos e a proteção das garantias fundamentais do contraditório e ampla defesa? Como deve ser a fiscalização destes agentes? Qual o custo destas execuções para o exequente? Pode ser feita sem advogado representando o exequente e o executado? Quais medidas executivas (típicas e atípicas?) podem ser realizadas pelo agente de execução? Como deve ser a distribuição do procedimento extrajudicial? Deve estar vinculado ou não previamente a algum juízo?

Enfim, como se pode observar são temas muito importantes e que não podem passar sem um debate social, acadêmico e absolutamente democrático de forma que todos os atores devam ser ouvidos e sugestões colhidas sejam avaliadas e sopesadas, pois de nada adianta retirar do judiciário o "problema" da morosidade da execução no Brasil se o jurisdicionado continuar a não ter o seu direito satisfeito correndo o risco de tornar ainda mais custosa a busca da justiça.

6.4 Axioma lógico-jurídico-econômico: o sucesso da execução depende da existência de patrimônio expropriável do executado

Após o excelente trabalho desenvolvido pelo CNJ de abrir a caixa preta e revelar, em números, o diagnóstico da conflituosidade no Poder Judiciário, todos passaram a conhecer de perto os gargalos do Poder Judiciário, das reais taxas de contingenciamento, dos custos por demanda, dos números aberrantes da *execução civil* no país, do descumprimento diário do direito fundamental à razoável duração do processo etc.

Há uma *série de fatores* responsáveis pela patologia – especialmente da execução civil – que foi escancarada desde meados da década passada pelos números revelados nos estudos e pesquisas do CNJ. Contudo, todos sabemos que muito antes disso, ainda nos idos dos anos 70, motivados pela onda de acesso à justiça[38], existiu (e continua a existir) um movimento crescente e legítimo de "deformalizar controvérsias"[39] ou *desjudicializar processos e/ou descentralizar atos jurisdicionais* com forma de implementar o acesso à "ordem jurídica justa"[40] numa sociedade cada vez mais líquida, instantânea e

---

38. Ver por todos WATANABE, Kazuo. Controle jurisdicional: princípio da inafastabilidade do controle jurisdicional no sistema jurídico e mandado de segurança contra atos judiciais. São Paulo: Revista dos Tribunais, 1980.; SILVA, Ovídio Araújo Baptista da. Juizados de pequenas causas. Porto Alegre: LEJUR, 1985.; GRINOVER, Ada Pellegrini. A tutela jurisdicional dos interesses difusos. Revista de processo, nº 14/15, a. 6. São Paulo: Revista dos Tribunais, abr./set., 1979, pp. 25-44.; DENTI, Vittorio. Crisi della giustizia e crisi della società. *Rivista di diritto processuale*, n. 4. Padova, out./dez., 1983, pp. 585-597.; CAPPELLETTI, Mauro. Formações sociais e interesses coletivos diante da justiça civil. Trad. Nelson Renato Palaia Ribeiro Campos. Revista de processo, n. 5, a. 2, jan./mar., 1977, pp. 128-159.; DINAMARCO, Candido Rangel. A instrumentalidade do processo. 1ª edição, São Paulo: Malheiros, 1987.

39. GRINOVER. Ada Pellegrini. "Deformalização do processo e deformalização das controvérsias", *Revista de Processo*, v. 12, n. 46, abr./jun., São Paulo: RT, 1987, p. 60–83.

40. WATANABE, Kazuo. Acesso à justiça e sociedade moderna. In: GRINOVER, Ada Pellegrini; DINAMARCO, Cândido Rangel; WATANABE, Kazuo (Coords.). Participação e processo. São Paulo: RT, 1998, p. 128-135.

massificada. Há uma série de iniciativas – judiciais e extrajudiciais – que em conjunto desaguam num fenômeno que hoje se denomina de *justiça multiportas*.[41]

É certo que a execução civil jurisdicional padece de vários problemas que não se resumem à típica ineficiência estatal (patente em todas as políticas públicas), mas ela ganha contornos quase dramáticos quando se trata da necessidade de se realizar direitos reconhecidos em um título executivo judicial e extrajudicial. Vários ingredientes explicam o porquê de a atividade jurisdicional executiva encontrar-se em estado de coma.

Até mesmo motivos de ordem político-social temperam este quadro caótico, como a ausência de uma educação financeira da população, a existência da infeliz "cultura" do *devo não nego e pago quando puder e quiser*[42], um sistema econômico que explora com juros estratosféricos a miséria da maior parte da população que vive abaixo da linha da pobreza etc.

Entretanto, nada obstante os ingredientes multifários (sociopolítico-econômico-jurídico) a ninguém é dado o direito de ser "ingênuo" ao enfrentar este quadro de coma da execução civil brasileira. Ninguém pode perder de vista que o principal ingrediente, que dá tessitura à patologia, é o fato de que a execução civil sempre recai sobre o patrimônio da pessoa, e, residualmente, mesmo as execuções por transformação e desapossamento, no final das contas, quando não são satisfeitas, se convolam em procedimento expropriatório de quantia.

Ora, desnudados de uma inaceitável/inadmissível "ingenuidade", é inconteste que num país onde mais da metade da população ativa está com o nome negativado em razão da inadimplência[43] parece-nos óbvio que aquele[44] que não consegue pagar a conta de luz, gás, internet, água, supermercado para itens básicos, roupa para se vestir, certamente não terá patrimônio expropriável para servir a uma execução civil[45]. Expropriar o que não existe?[46] No estado atual como se encontra a situação patrimonial da maior parte dos devedores a *regra* será a de que as execuções civis sejam *infrutíferas* por ausência

---

41. A respeito ver ZANETI JR., Hermes; CABRAL, Trícia Navarro Xavier. Justiça multiportas: mediação, conciliação, arbitragem e outros meios de solução adequada para conflitos. Salvador: Juspodivm, 2017. (Coleção grandes temas do novo CPC, v. 9)., CABRAL, Trícia Navarro Xavier et al. Lei de mediação comentada artigo por artigo: dedicado à memória de Profª Ada Pellegrini Grinover. 2. ed. Indaiatuba: Foco, 2020.; VASCONCELOS, Carlos Eduardo de. Mediação de conflitos e práticas restaurativas. São Paulo, Forense, 2018.; TARTUCE, Fernanda. Mediação nos conflitos civis. 6. ed. Rio de Janeiro: Forense; São Paulo: Método, 2021.
42. A respeito ver a palestra do Ministro Luis Roberto Barroso "jeitinho brasileiro". Disponível em https://www.conjur.com.br/2017-abr-10/leia-integra-palestra-barroso-jeitinho-brasileiro. Acessada em 30.06.2023.
43. Disponível em https://www.serasa.com.br/limpa-nome-online/blog/mapa-da-inadimplencia-e-renogociacao-de-dividas-no-brasil/. Acesso em 30.06.2023.
44. Aí se incluem as empresas individuais cujo patrimônio se mistura com o patrimônio da pessoa natural.
45. O mapa da inadimplência no Brasil deste ano pode ser conferida no https://www.serasa.com.br/limpa-nome-online/blog/mapa-da-inadimplencia-e-renogociacao-de-dividas-no-brasil/. Acessado em 30.06.2023.
46. Art. 836. Não se levará a efeito a penhora quando ficar evidente que o produto da execução dos bens encontrados será totalmente absorvido pelo pagamento das custas da execução.

de patrimônio expropriável e a *exceção* é que sejam *frutíferas*.[47]-[48] Não há palavra mágica ou varinha de condão que crie patrimônio expropriável onde não existe. E se não existe patrimônio [ou quando existe está imune pelas regras de impenhorabilidade de proteção da dignidade do devedor][49], a execução não será exitosa pois não há como satisfazer o crédito exequendo.

Esta é a premissa básica, ululante eu diria, que deve servir de axioma lógico (econômico) quando se pensa em legislar sobre a desjudicialização da execução civil. Retirar do judiciário a execução civil implicará em satisfação do crédito exequendo se mais da metade da população ativa está negativada pela inadimplência relativa a gêneros de primeira necessidade? A taxa de efetividade dos títulos protestados serve como parâmetro para todos os títulos executivos e todos os tipos de dívidas de pagar quantia? A resposta é óbvia. Quanto custará para o exequente iniciar uma execução extrajudicial e ao final não ter sido satisfeito o seu direito por falta de bens?

6.5 A execução extrajudicial prevista no DL 70/66 e na Lei 9.514/97 não é parâmetro para medir o sucesso da desjudicialização

Adiantamos que sob a perspectiva da satisfação do crédito exequendo por meio da atividade executiva não servirá de parâmetro comparativo para legitimar o discurso de que será um "sucesso" a desjudicialização de toda e qualquer execução para pagamento de quantia com os exemplos das (1) execuções extrajudiciais do procedimento de execução extrajudicial nos contratos de mútuo com alienação fiduciária de imóvel, pelo Sistema Financeiro Imobiliário – SFI, conforme previsto na Lei 9.514/1997, bem como da (2) execução extrajudicial da garantia hipotecária constituída em cédula de crédito hipotecária prevista no DL 70/66.

Definitivamente não é possível comparar uma execução que possui uma garantia especial vinculada a dívida (garantia fiduciária ou hipotecaria) com uma outra onde o patrimônio comum do devedor é garantia sobre a qual pode recair a execução ou todas as execuções que venha sofrer.

O vínculo de natureza real existente entre o bem que serve de garantia e a dívida que é paga paulatinamente dá toda a segurança ao credor hipotecário/fiduciário que sua dívida não será infrutífera, ou terá grandes chances de não ser, pois o bem garantidor

---

47. Entre as "execuções infrutíferas" é certo que existem aquelas que no polo passivo estão os "executados cafajestes" (art. 774) que usam de todas as artimanhas, algumas até criminosas (art. 179 do Código Penal), para obstacularizar, embaraçar e fraudar a tutela jurisdicional executiva.

48. Há muito já se defende um PEPEX à brasileira seguindo os mesmos rumos da experiencia lusitana. A oferta ao jurisdicionado de um sistema extrajudicial e simplificado de verificação antecipada da situação patrimonial do futuro executado poderia servir de fator inibitório e desestimulante ao ajuizamento de demandas executivas. A respeito ver

49. "O valor da "pessoa" abarca a possibilidade de se lhe garantir um patrimônio mínimo, a fim de que seja resguardada a dignidade em razão da qual os indivíduos merecem proteção e amparo. A tutela desses valores não preserva apenas a individualidade, como também se projeta para a coletividade. FACHIN, Luiz Edson. Estatuto Jurídico do Patrimônio Mínimo. 2. ed. Rio de Janeiro: Renovar, 2006, p. 114.

responde pelo inadimplemento. Quanto mais se pagam as parcelas, mais a chance de o bem garantidor satisfazer, com sobras, a dívida que venha a ser inadimplida.

Não há termos de comparação entre executar uma garantia com base num vínculo jurídico com eficácia de direito real e executar o patrimônio comum do devedor inadimplente. Isso é extremamente óbvio. Aliás, diga-se de passagem, apenas a título ilustrativo, é curioso observar que nestas execuções a própria lei dá por extinta a dívida do devedor fiduciário se no segundo leilão do bem o maior lance oferecido não for igual ou superior ao valor da dívida, das despesas, dos prêmios de seguro, dos encargos legais, inclusive tributos, e das contribuições condominiais (art. 27, §5º da Lei 9514/97), ou seja, nem sequer ousou o legislador em tentar prosseguir sobre o patrimônio comum do devedor fiduciário, com a execução da parcela da dívida que não foi coberta pelo bem dado em garantia, algo que, por exemplo, fosse uma hipoteca comum

6.6 Remate

Seguindo o roteiro axiomático que expusemos no item 6.1 e desde que não seja vista como "salvação" da crise executiva, deve ser vista com bons olhos a iniciativa de descentralizar e/ou desjudicializar a execução ou os atos executivos, inserindo tal mudança no contexto da justiça multiportas.

Capítulo III
DIRETIVAS DA EXECUÇÃO CIVIL[1]

1. CONSIDERAÇÕES INICIAIS: POR QUE *DIRETIVAS DA EXECUÇÃO?*

A tutela executiva não deve ser vista como uma ilha isolada num oceano do direito processual. Os *princípios* do processo civil emanam do texto constitucional e sombreiam *todo* o processo civil e não apenas esta ou aquela modalidade de tutela jurisdicional.

Preocupado em trazer maior cuidado e apuro técnico na nomenclatura e na utilização dos princípios, e também para evitar um criticável isolamento da tutela cognitiva com satisfativa, tal como se fossem fenômenos que não se entrelaçam, é que falaremos em *diretivas* da execução civil, que nada mais são do que orientações peculiares que devem ser dadas a alguns princípios do processo civil quando se está diante da tutela executiva.

2. A *PRIMEIRA DIRETIVA*: A SOLUÇÃO INTEGRAL DO MÉRITO ENGLOBA A *SATISFAÇÃO* DO DIREITO COM *EFICIÊNCIA E EM TEMPO RAZOÁVEL*

O princípio constitucional do acesso à justiça consagrado no inciso XXXV[2] do artigo 5º da CF/88 deve ser visto sob diversos flancos e perspectivas, seja processual, seja material. Um desses prismas é o de que o *acesso* à justiça não implica apenas o direito de bater nas portas do Poder Judiciário, mas também dele *sair* com a tutela *integralmente* prestada e em tempo razoável (art. 5º, LXXVIII).[3]

Atento a isso o CPC de 2015 fez questão de dizer no artigo 4º que a *solução integral do mérito* não se limita a *dizer o direito*, mas também de satisfazê-lo. Por mais óbvio que possa parecer, fez certo o legislador processual em dizer aquilo que se extrai do direito fundamental de acesso à justiça.

---

1. Cândido Rangel Dinamarco. *Instituições de direito processual civil.* São Paulo: Malheiros, 2003. v. IV; Alexandre Freitas Câmara. *Lições de direito processual civil.* Rio de Janeiro: Lumen Juris, 2004. v. II; Humberto Theodoro Júnior. *Curso de direito processual civil.* Rio de Janeiro: Forense, 2004. v. II; Leonardo Greco. *Processo de execução.* Rio de Janeiro: Renovar, 1999; Araken de Assis. *Manual do processo de execução.* São Paulo: RT, 2002; Andréa Proto Pisani. *Lezioni di diritto processuale civile.* Nápoles: Jovene, 1999.
2. Art. 5º, (...) XXXV – a lei não excluirá da apreciação do Poder Judiciário lesão ou ameaça a direito.
3. Art. 5º, (...) LXXVIII – a todos, no âmbito judicial e administrativo, são assegurados a razoável duração do processo e os meios que garantam a celeridade de sua tramitação.

Art. 4º As partes têm o direito de obter em prazo razoável a solução integral do mérito, incluída a atividade satisfativa.

Se lido *contrario sensu* o dispositivo facilmente se percebe que *não há solução integral para o jurisdicionado* quando a tutela satisfativa não está contemplada, ou seja, numa crise de adimplemento esta só é eliminada quando se dá a *satisfação do direito reconhecido* em favor de uma das partes.

A tutela prestada que apenas revela o direito não é solução integral para uma crise de adimplemento. Trocando em miúdos, nenhum jurisdicionado que vá em juízo pleitear uma indenização ou um ressarcimento ou o cumprimento de uma prestação qualquer não tem tutela integral quando a satisfação do direito não lhe é dada. A sentença ou o provimento que impõe uma prestação ao devedor é apenas a primeira metade do que se espera do poder judiciário. A segunda parte é justamente a satisfação do direito reconhecido. Não prestar a tutela satisfativa em tempo razoável é fornecer uma frustrante *meia tutela jurisdicional*, e, não solucionar o conflito.

É preciso enxergar a tutela satisfativa como consequência lógica do binômio *reconhecer e atuar o direito*. O fato de o credor possuir um "título executivo", seja ele judicial ou extrajudicial, apenas lhe confere a pretensão à satisfação, mas não a satisfação propriamente dita. Aliás, tratando-se de títulos judiciais, a sua pretensão à satisfação manifesta-se desde quando ajuíza a petição inicial e provoca o poder judiciário para solucionar a crise de adimplemento.

Neste passo, parece-nos acertada a regra dos artigos 536 e 538 do CPC que estabelecem a possibilidade de início de "ofício" do cumprimento de sentença definitivo de fazer e não fazer e entrega de coisa, porque a rigor tal provocação já foi feita quando do ajuizamento da petição inicial, pois o jurisdicionado que está diante de uma crise de adimplemento não busca apenas a *revelação do direito*, mas em especial que ele se concretize.

No que concerne ao cumprimento de sentença definitivo de pagar quantia parece-nos burocrática e indevida a exigência do *requerimento executivo* prevista no artigo 513 e 523 do CPC porque, como dito acima, ao buscar a tutela jurisdicional para pôr fim ao conflito não se pede uma sentença condenatória, mas sim a sua satisfação. O fato de a *cognição* anteceder a *execução* e os itinerários e modelos procedimentais se apresentarem com diferenças lógicas resultantes da função que desempenham não significa dizer que ao fim da primeira seria necessário formular nova pretensão, agora satisfativa. Certo está o artigo 4º quando considera a tutela de mérito a prestação da atividade completa, que satisfaz o direito revelado na sentença.

Obviamente que será necessário *requerimento* sempre que se tratar de *cumprimento calcado em títulos judiciais provisórios* pelo risco que apresentam, bem como sempre que a execução for lastreada em provimento judicial diverso do condenatório, pois nestes casos a pretensão ao adimplemento não estava presente desde o início da propositura da demanda.

3. A *SEGUNDA DIRETIVA*: A BUSCA DA MAIOR COINCIDÊNCIA POSSÍVEL

Como já alertamos anteriormente, o sistema processual deve esforçar-se para que o jurisdicionado nele encontre um resultado que seja *o mais coincidente possível* com aquele que teria caso não fosse necessário o processo.

O Estado deve preocupar-se em fornecer um resultado (tutela) o mais coincidente possível com o que originariamente esperava o jurisdicionado caso o adimplemento fosse espontâneo e nenhuma crise existisse.

Sob qualquer ótica que se pretenda comparar a tutela específica com a tutela genérica – tutela pecuniária prestada quando não é possível a tutela específica –, a primeira leva vantagem sobre a segunda, tanto sob a perspectiva do jurisdicionado quanto do próprio Estado. Quanto àquele, a vantagem decorre do fato de que o processo terá correspondido às expectativas primárias do cidadão, dando-lhe um resultado coincidente – embora com atraso temporal – com o que antes do processo esperava ter. Quanto ao Estado, as vantagens são ainda maiores, porque se prestará uma tutela muito mais econômica (economia processual), além de legitimar a função jurisdicional que exerce. Além do mais, há casos impostos pelo direito material em que a tutela específica é a única forma de prestar tutela, como no caso da proteção de direitos fundamentais à saúde, lazer, educação, meio ambiente etc. Qualquer tutela que não seja a específica não conseguirá jamais encontrar correspondente em tutela genérica.

Para que se obtenha a tutela específica, o Estado deve fazer o possível para que o próprio obrigado cumpra aquilo que já deveria ter cumprido antes da execução contra si reclamada. Assim, deve haver uma coincidência de resultados – e de meios também – sempre que este último aspecto for possível.

Por isso, será muito comum que na execução para cumprimento de obrigações específicas o juiz se valha de meios executivos coercitivos (meios de atuação da norma concreta), justamente para compelir o próprio executado a satisfazer o direito exequendo.

De outra banda, o desaconselhamento da tutela genérica em detrimento da específica existe também porque a tutela expropriatória para pagamento de quantia possui um procedimento cheio de becos, nos quais o executado ardilosamente pode se esconder, sem contar que é o procedimento que tem o itinerário mais demorado, o que se justifica pela sua própria natureza (expropriação). Tudo isso sem contar que a efetividade da expropriação depende da existência de patrimônio, o que nem sempre existe, ou, quando existe, em geral está maliciosamente escondido pelo executado.

O cumprimento, provisório ou definitivo, de sentença que impõe uma prestação de obrigações específicas segue o regime dos arts. 536-538 do CPC. No caso do processo de execução (títulos extrajudiciais), a regra é a dos arts. 806 e ss. (entrega de coisa) e arts. 814 e ss. (fazer e não fazer). Todavia, nada impede, antes recomenda-se, que determinada técnica executiva dos arts. 536-538 seja emprestada aos arts. 806 e ss., e 814 e ss. do CPC, quando se mostrar viável e até necessário por expressa permissão do art. 771 do CPC.

4. A *TERCEIRA DIRETIVA*: AMPLITUDE DOS MEIOS EXECUTIVOS (TÍPICOS E ATÍPICOS)

A motivação constitucional trazida pelo Estado social de realizar os direitos do cidadão – neles incluído o direito à tutela justa e efetiva – fez com que o juiz saísse de uma postura tímida e inerte para assumir uma conduta participativa e comprometida com a entrega, em tempo razoável, da tutela jurisdicional. Esse papel participativo é, na verdade, desejado pelo próprio legislador processual, que tem, aos poucos, modificado institutos e introduzido novas técnicas processuais que são adequadas aos ditames do Estado social. Muitos são os exemplos de técnicas novas e outras revisitadas no CPC de 2015 com o intuito de implementar a tutela justa e efetiva em tempo razoável.

Certamente, um dos campos mais propícios à introdução das novas regras processuais que visam a dar ao jurisdicionado um processo justo e efetivo irão recair sobre a tutela executiva, pois, em tais casos, já se sabe quem é o provável titular do direito (título executivo provisório ou definitivo), e resta apenas atuar a norma jurídica concreta para satisfazer o direito do exequente.

Assim, um dos vetores atuantes sobre a tutela executiva que foi impulsionado pela nova ordem constitucional é o da atipicidade dos meios executivos. Vem consagrado em forma de *cláusula geral da execução* (inciso IV do artigo 139) de que o juiz poderá, em cada caso concreto, utilizar o meio executivo que lhe parecer mais adequado para dar, de forma justa e efetiva, a tutela jurisdicional executiva. O artigo 139, IV é a projeção constitucional do poder geral de coerção estatal e atua não apenas para a efetivação do direito revelado nos títulos executivos judiciais e extrajudiciais mas também para garantir o fiel cumprimento dos deveres processuais em geral.

Por isso, não estará adstrito ao juiz seguir o itinerário de meios executivos previstos pelo legislador, senão porque poderá lançar mão de medidas *necessárias* – e nada além disso – para realizar a norma concreta. O limite natural dessa cláusula aberta é outra – a do menor sacrifício possível –, que servirá de contenção à atuação da atipicidade dos meios executivos.

A atipicidade dos meios executivos para a atuação da norma jurídica concreta é prevista no novo CPC, como cláusula geral de toda atividade executiva no art. 139, IV e como regra específica do cumprimento de sentença das obrigações específicas no 536 (fazer e não fazer) e artigo 538 (obrigações de entrega de coisa).

É importante deixar claro que a atipicidade dos meios executivos paira sobre todas as modalidades de execução, inclusive para a efetivação da tutela provisória, como prescreve o art. 297 do CPC.

Neste particular é importante compatibilizar a *cláusula geral do inciso IV do artigo 139* com a regra para o cumprimento de sentença e processo de execução para pagamento de quantia, bem como para o processo de execução das obrigações específicas (fazer e não fazer e entrega de coisa). É que nestas hipóteses o legislador fez questão de manter um procedimento rígido com meios executivos ali tipificados.

CAPÍTULO III • DIRETIVAS DA EXECUÇÃO CIVIL

Certamente haverá os que sustentarão que nestas hipóteses a cláusula geral só incidiria subsidiariamente e depois que o procedimento e meios executivos previstos pelo legislador tivessem falhado, pois do contrário não os teria deixado especificado nos arts. 523, 827, 805 e 813. Há quem veja nesta restrição da atipicidade uma certa cautela do legislador em não se sentir suficientemente seguro para permitir a execução por desapropriação sem a segurança e a previsibilidade dos meios típicos, e em nenhuma hipótese quando a tutela executiva é prestada com base num título extrajudicial. Como já expusemos anteriormente, no julgamento da ADI n.º 5941 o STF já reconheceu a constitucionalidade do inciso IV do art. 139, consolidando a orientação interpretativa que vem sendo dada pelo Superior Tribunal de Justiça, também comentada no capítulo anterior.

No art. 139, IV, está prevista a possibilidade de o magistrado cumular com os meios típicos aqueloutros coercitivos e indutivos que lhes parecem adequados para melhor obtenção da tutela, inclusive pecuniária, como expressamente menciona o dispositivo, sem fazer qualquer restrição se se aplica a cumprimento de sentença ou a processo de execução.

Nada obstante a posição sedimentada do STJ também não está dito que a aplicação do art. 139, IV deve ser *subsidiária* e somente quando *falhar* o procedimento e meios típicos previstos pelo legislador. Se por um lado é certo que a utilização do procedimento padrão previsto pelo legislador dispensa qualquer justificativa de sua adoção, a escolha do caminho atípico em detrimento do típico implica em razões circunstanciais que demonstrem o porquê da referida escolha, afinal de contas a medida deve ser *necessária e adequada*.

A necessidade e a adequação do meio executivo que consta no procedimento padrão legislado é *in re ipsa* e, via de regra, não precisa ser justificada[4], mas a adoção do meio atípico em detrimento do típico implica em demonstrar fundamentadamente qual ou quais razões levam a prescindir do meio típico e adotar o meio atípico. Mais do que justificar a medida atípica escolhida, deve explicitar o porquê de não se valer do procedimento padrão.

Em razão da exigência da "subsidiariedade" e da "existência de indícios de ocultação patrimonial" como gatilhos para destravar a utilização das medidas atípicas acarreta a necessidade de se fazer a escorreita distinção entre *medidas atípicas* (especialmente as coercitivas) e as *medidas punitivas* contra atos atentatórios à execução praticados pelo executado.

---

4. Uma das formas de obtenção da quantia que será expropriada em favor do exequente é a apropriação de frutos e rendimentos de empresa ou de estabelecimentos e de outros bens (art. 825, III do CPC). No entanto, para decidir se segue esta forma de expropriação em detrimento de outra deve o magistrado justificar, como determina o artigo 867 do CPC se esta modalidade é "mais eficiente para o recebimento do crédito e menos gravosa ao executado".

E essa confusão se dá porque, como dito, a tecla que destrava a utilização deste dispositivo é a mesma que destrava a identificação de um comportamento improbo do executado (ocultação patrimonial), fato que deveria culminar com abertura de contraditório para aplicação do inciso III do mesmo artigo 139.

Já no que concerne aos processos de execução (títulos extrajudiciais) para execução específica, acredita-se que, embora sem previsão expressa, mas valendo-se do inciso IV do artigo 139 e da aplicação subsidiária das regras do Livro I ao Livro II da parte especial do CPC naquilo que não for incompatível com o tema (art. 771) deve-se aplicar a regra da atipicidade de meios executivos com a flexibilização do procedimento. Tal interpretação parece ser a mais justa e evitará, por exemplo, que a tutela executiva de uma liminar com base na *evidência* (título judicial provisório) seja mais efetiva que a realizada em um título executivo extrajudicial (definitivo), o que seria uma incongruência.

É claro que tal cláusula aberta dá ao magistrado enorme poderes e, como corolário lógico, enorme responsabilidade na sua utilização, pois os meios executivos são aqueles que atuam coativamente sobre o executado, de modo sub-rogatório ou coercitivo, com o fim de satisfazer o direito exequendo[5] e, por isso mesmo, o risco de prejuízos ao executado é evidente. A intenção é justamente permitir que o magistrado identifique, ante as circunstâncias do caso concreto, o meio executivo necessário e adequado para assegurar o cumprimento da obrigação.

5. A *QUARTA DIRETIVA*: PROBIDADE DAS PARTES NA EXECUÇÃO

O princípio da probidade das partes e o dever de boa-fé de todos que participam do processo é um princípio inerente ao direito processual, seja ele penal, administrativo, trabalhista, civil etc. É corolário lógico e axiomático do princípio da cooperação, ao qual se sujeitam todos os participantes da relação processual. No processo civil, é encartado de forma principiológica no art. 5.º que assim diz:

> Art. 5º Aquele que de qualquer forma participa do processo deve comportar-se de acordo com a boa-fé.

Em seguida, mais especificamente sob o prisma da probidade processual encontramos o art. 77 e ss. que cuidam dos deveres processuais de *todos* os sujeitos do processo, em que se encontra arrolada uma série de comportamentos tidos como leais e adequados a um processo ético. No mesmo capítulo o legislador define também com descrições de condutas uma série de comportamentos que são tomados como indignos e atentatórios à justiça (art. 80).

O princípio da boa-fé entre os sujeitos do processo foi erigido à condição de norma fundamental de direito processual civil, de onde se extrai, também, o dever de probidade entre todos aqueles que dele participam.

---

5. Não se descarta poder ser utilizada para compelir o executado a apresentar o patrimônio ocultado, permitindo que o procedimento típico seja retomado.

A proteção da dignidade processual permite que o magistrado atue de ofício impondo medidas preventivas e punitivas (previstas no ordenamento) contra aquele que descumpre ou ameaça descumprir os deveres de lealdade processual. Diz o artigo 139, III do CPC que:

Art. 139. O juiz dirigirá o processo conforme as disposições deste Código, incumbindo-lhe: (...)

III – prevenir ou reprimir qualquer ato contrário à dignidade da justiça e indeferir postulações meramente protelatórias;

Nas normas gerais sobre o tema estão descritas no artigo 77 de onde se extrai dois incisos (IV e VI) que tocam diretamente à tutela executiva:

Art. 77. Além de outros previstos neste Código, são deveres das partes, de seus procuradores e de todos aqueles que de qualquer forma participem do processo:

(...)

IV – cumprir com exatidão as decisões jurisdicionais, de natureza provisória ou final, e não criar embaraços à sua efetivação; (...)

VI – não praticar inovação ilegal no estado de fato de bem ou direito litigioso.

§ 1º Nas hipóteses dos incisos IV e VI, o juiz advertirá qualquer das pessoas mencionadas no caput de que sua conduta poderá ser punida como ato atentatório à dignidade da justiça.

§ 2º A violação ao disposto nos incisos IV e VI constitui ato atentatório à dignidade da justiça, devendo o juiz, sem prejuízo das sanções criminais, civis e processuais cabíveis, aplicar ao responsável multa de até vinte por cento do valor da causa, de acordo com a gravidade da conduta.

§ 3º Não sendo paga no prazo a ser fixado pelo juiz, a multa prevista no § 2º será inscrita como dívida ativa da União ou do Estado após o trânsito em julgado da decisão que a fixou, e sua execução observará o procedimento da execução fiscal, revertendo-se aos fundos previstos no art. 97.

§ 4º A multa estabelecida no § 2º poderá ser fixada independentemente da incidência das previstas nos arts. 523, § 1º, e 536, § 1º.

§ 5º Quando o valor da causa for irrisório ou inestimável, a multa prevista no § 2º poderá ser fixada em até 10 (dez) vezes o valor do salário-mínimo.

§ 6º Aos advogados públicos ou privados e aos membros da Defensoria Pública e do Ministério Público não se aplica o disposto nos §§ 2º a 5º, devendo eventual responsabilidade disciplinar ser apurada pelo respectivo órgão de classe ou corregedoria, ao qual o juiz oficiará.

§ 7º Reconhecida violação ao disposto no inciso VI, o juiz determinará o restabelecimento do estado anterior, podendo, ainda, proibir a parte de falar nos autos até a purgação do atentado, sem prejuízo da aplicação do § 2º.

§ 8º O representante judicial da parte não pode ser compelido a cumprir decisão em seu lugar.

Por expressa dicção do § 1.º há a necessidade de que a multa imposta pelo descumprimento do dever estampado nos incisos IV e VI seja precedida de uma sanção de advertência, o que nos parece um retrocesso, pois, em nosso sentir, bastaria que o juiz, antes de sancionar, permitisse o contraditório do sujeito no processo, caso em que, posteriormente, a depender da resposta ou justificativa, poderia ou não sancioná-lo com a multa. Da forma como está, há a necessidade de se impor uma prévia sanção de advertência à imposição da multa ao *improbus litigator* que embaraça a efetivação da decisão judicial.

Pelo que se observa nos dispositivos resta clara a distinção da multa punitiva prevista no dispositivo e que é aplicável a qualquer sujeito do processo não se confundindo com as *astreintes* impostas ao réu como categoricamente prescreve o § 4.º do art. 77. Nesse dispositivo o objeto tutelado é a dignidade da justiça e essa multa não se baralha com a *astreinte*, cujo papel coercitivo é precípuo e o sujeito processual por ela atingido é sempre o requerido em desfavor de quem é efetivada a tutela. A cumulatividade das duas multas processuais é absolutamente possível de acontecer como claramente estabelece expressamente o CPC.

É de observar, contudo, a regra do art. 96 do CPC que trata do beneficiário pela sanção de multa por má-fé imposta pelo juiz. Na parte geral, aqui comentada, quando o instituto do *contempt of court* é aplicado mediante a punição com multa processual àquele que atentar contra a jurisdição (art. 77, §§ 1.º, 2.º e 3.º), a referida verba será destinada aos cofres públicos, o que nos parece lógico e sensato, pois trata-se de ato que atenta contra a jurisdição estatal.

Contudo, quando se lê o dispositivo correlato, que trata igualmente do ato atentatório contra a dignidade da justiça, só que especificamente no processo de execução (aplicável subsidiariamente ao cumprimento de sentença), o legislador se contradiz, pois a sanção de multa eventualmente aplicada ao executado que atenta contra a dignidade da justiça, será revertida, como expressamente determina o art. 774, parágrafo único, "em proveito do exequente, exigível na própria execução, sem prejuízo de outras sanções de natureza processual ou material". Ora, por que no art. 77, § 3.º, a multa por tal ato destina-se aos cofres públicos e no art. 774, parágrafo único, em proveito do exequente se, ontologicamente a conduta é a mesma? Parece-nos que houve aí uma falha na sistematização dos dispositivos que tratam do mesmo instituto.

Saindo da parte geral e adentrando propriamente na execução civil a tutela da probidade processual encontra-se descrita em diversos dispositivos, mas em especial nos arts. 772, II, e 774[6]:

> **Art. 772. O juiz pode, em qualquer momento do processo:**
>
> **I – ordenar o comparecimento das partes;**
>
> **II – advertir o executado de que seu procedimento constitui ato atentatório à dignidade da justiça;**
>
> **III – determinar que sujeitos indicados pelo exequente forneçam informações em geral relacionadas ao objeto da execução, tais como documentos e dados que tenham em seu poder, assinando-lhes prazo razoável.**
>
> **(...)**
>
> **Art. 774.** Considera-se atentatória à dignidade da justiça a conduta comissiva ou omissiva do executado que:
>
> **I – frauda a execução;**
>
> **II – se opõe maliciosamente à execução, empregando ardis e meios artificiosos;**

---

6. Os artigos citados referem-se a condutas do executado, e não das partes, pois é o único que pretende retardar ou criar obstáculos ao processo de execução. Caso o exequente pratique conduta ímproba, aplica-se-lhe a regra genérica dos arts. 80 e ss. do CPC.

CAPÍTULO III • DIRETIVAS DA EXECUÇÃO CIVIL

III – dificulta ou embaraça a realização da penhora;

IV – resiste injustificadamente às ordens judiciais;

V – intimado, não indica ao juiz quais são e onde estão os bens sujeitos à penhora e seus respectivos valores, nem exibe prova de sua propriedade e, se for o caso, certidão negativa de ônus.

Parágrafo único. Nos casos previstos neste artigo, o juiz fixará multa em montante não superior a vinte por cento do valor atualizado do débito em execução, a qual será revertida em proveito do exequente, exigível nos próprios autos do processo, sem prejuízo de outras sanções de natureza processual ou material.[7]

Esse destaque do legislador dado ao tema na execução civil justifica-se por uma razão bem simples. Na tutela executiva o exequente espera receber o que lhe é devido, e o executado se sujeita a atos de coação judicial contra e até mesmo independentemente da sua vontade (atos de coerção e sub-rogação). Portanto, nessa modalidade de atividade jurisdicional, o Estado está aparelhado para expropriar, desapossar ou impor o fazer e não fazer mesmo contra a vontade do executado. Por isso, é simples perceber que, diante dessa situação iminente de desespero e de perda do seu patrimônio, o executado lance mão de meios aéticos para burlar ou impedir que a execução alcance o seu desiderato.

Para tanto, sabendo que a tendência natural é a de que a atividade jurisdicional executiva esteja mais propícia à improbidade processual do executado, o legislador fez questão de prever um regramento específico relativo à penalização das partes caso pratiquem condutas atentatórias à dignidade da justiça.

Assim, o art. 774 do CPC, seguindo a tendência do art. 80 do mesmo Código, cita um rol de condutas (exaustivo, pois é restritivo de direitos) *apenas* do executado, que são consideradas atentatórias à dignidade da justiça (fraude à execução, opor maliciosamente à execução, empregando ardis e meios artificiosos, resistir injustificadamente às ordens judiciais, não indicar ao juiz onde se encontram os bens sujeitos à execução).

Nessa mesma linha, a regra do art. 918, III, do CPC, que determina que os embargos do executado manifestamente protelatórios serão liminarmente indeferidos e considerados como atentatórios à dignidade da justiça. Igualmente, determina o artigo 903, § 6º ao reconhecer como ato atentatório à dignidade a suscitação infundada de vício com o objetivo de ensejar a desistência do arrematante da arrematação. Nesta hipótese, o suscitante deverá ser condenado, sem prejuízo da responsabilidade por perdas e danos, ao pagamento de multa, a ser fixada pelo juiz e devida ao exequente, em montante não superior a vinte por cento do valor atualizado do bem arrematado.

Após prever as condutas ímprobas do executado na tutela executiva, o legislador cuida de elencar a penalização que lhe será imposta. É interessante observar que a

---

7. A multa prevista para as condutas descritas nos incisos devem ser aplicadas mediante análise criteriosa do magistrado em que realmente se configure a existência da má-fé do executado de protelar ou desafiar a atividade jurisdicional, e, normalmente, essa convicção do magistrado virá após a oportunidade dada ao executado de defender-se da penalidade que lhe poderá ser imposta. Pensamos que qualquer sanção deve ser precedida de contraditório, e aqui não deve ser diferente. Por isso, não é simplesmente pelo fato de não relacionar os bens sujeitos à execução que estará o executado incurso na penalidade de multa. Há de se ter uma situação evidente na qual esteja configurada a conduta do executado de obstacularizar a tutela jurisdicional executiva.

multa ali prevista no art. 774, parágrafo único, é bem mais severa do que aquela que está prevista no art. 81 do CPC, o que demonstra a especialidade daquele dispositivo em relação a este.

Entretanto, não é só, uma vez que prevê que tal sanção pecuniária de natureza processual não elide outras sanções, e que o seu produto se destinará ao bolso do credor exequente, que poderá ser exigível na própria execução.

Como já foi dito acima, os deveres de boa-fé e lealdade processual devem ser protegidos pelo magistrado que pode, de ofício, impor medidas de prevenção e punição pelo seu descumprimento. Obviamente que toda medida sancionatória deve estar prevista em texto normativo, pois num Estado Democrático de Direito todos temos o direito de saber, previamente, quais as sanções para esta ou aquela conduta típica.

Isso não é diferente com as sanções punitivas processuais. Para cada conduta ou tipo legal descrito como "típica" deve existir uma sanção para ela prevista. Não há no nosso ordenamento uma "atipicidade" de sanções processuais punitivas por violação dos deveres de lealdade processual. Neste passo, o magistrado está preso à tipicidade das sanções processuais punitivas ao exercer os poderes conferidos no artigo 139, III.

Eis aí um ponto de enorme preocupação e cautela quando se analisa a punição pelos atos atentatórios à dignidade da justiça em sede de execução. Não se pode contaminar ou misturar o inciso III que trata desse poder que tem o juiz de impor, de ofício, as sanções processuais (punitivas), que são sempre típicas (previstas em lei) com o inciso IV que trata das medidas executivas atípicas – em especial as coercitivas – que podem ser impostas de ofício para obter a satisfação do direito.

O cuidado que se deve ter é justamente de não se permitir que sob o nome de *medida executiva coercitiva atípica* se valha o juiz de uma *medida punitiva*. Estas são típicas e aquelas são atípicas. E, registre-se, o perigo existe porque boa parte da doutrina tem enxergado como gatilho para incidência do poder do artigo 139, IV o ato de executado de ocultação de bens do seu patrimônio, que, sabemos, também é uma conduta típica de agressão à dignidade da justiça previsto no artigo 774 do CPC.

Por fim não se pode olvidar que o dever de probidade, cooperação e boa-fé não se limita as partes – exequente e executado. Todos os sujeitos do processo e até terceiros que sejam instados a colaborar com a justiça devem agir desta forma sincera e colaborativa. Não será incomum a necessidade de que terceiros sejam instados a colaborar com a atividade jurisdicional executiva dando informações, por exemplo, sobre bens que integrem o patrimônio do executado que tenham sido por este ocultado. Basta imaginar os diversos aplicativos privados que possuem dados e informações do executado (art. 772, III) e que possam ser instados a cooperar. Também para estas hipóteses, para garantir o cumprimento desses deveres processuais de colaboração poderá o magistrado valer-se do inciso IV do art. 139 do CPC.

6. A *QUINTA DIRETIVA*: SUJEITABILIDADE DO PATRIMÔNIO E MENOR SACRIFÍCIO POSSÍVEL

O artigo 805 do CPC determina que:

Art. 805. Quando por vários meios o exequente puder promover a execução, o juiz mandará que se faça pelo modo menos gravoso para o executado.

Parágrafo único. Ao executado que alegar ser a medida executiva mais gravosa incumbe indicar outros meios mais eficazes e menos onerosos, sob pena de manutenção dos atos executivos já determinados.

Neste dispositivo está consagrada uma cláusula geral de proteção do executado contra os excessos da execução. É importante que quando se diz de "proteção do executado" isso deve ser interpretado dentro e de acordo com os limites lógicos da tutela executiva. Tal dispositivo se apresenta como um limite jurídico à tutela processual do exequente a qualquer custo. Assim como o artigo 139, IV é uma cláusula geral existente em favor do exequente, esta pretende servir de equilíbrio contra execuções que se valha de meios além do que seriam necessários.

E importante que a tutela executiva existe para realizar em concreto aquilo que o executado, espontaneamente, deixou de fazer. A pretensão à satisfação do direito, prometida constitucionalmente, só não foi cumprida porque o executado deixou de adimplir a prestação que deveria ter cumprido, ou seja, a execução já é, a priori, fruto da recalcitrância do devedor que não atendeu àquilo que consta no título executivo.

Aqui, nem mesmo os limites políticos e práticos da execução eximem o devedor das críticas por não ter adimplido a obrigação. A situação só piora quando, inexistindo limites políticos e práticos, a execução só se concretiza depois de muito esforço estatal e dispêndio de energia, tempo e dinheiro.

A tutela executiva não deixa de ser um termômetro da patologia incultural da sociedade, pois, quanto maior o descumprimento de normas jurídicas concretas – mormente aquelas que já passaram pelo crivo do judiciário – maior e a demonstração de que há crise cultural de desrespeito a harmonia social, aí incluído as relações públicas e privadas.

Assim, a despeito disso, o art. 805 do CPC é voltado à proteção do executado, e, não obstante o seu campo de incidência exigir a sua análise de ofício pelo magistrado ao longo de toda a execução civil, é claro que o devedor poderá invocá-lo sempre que a execução civil estiver sendo realizada por meio mais gravoso ao executado, isto é, por meio dispensável ou que ultrapasse os limites do indispensável.

Entretanto, como pode se observar no art. 805 consta um parágrafo único de capital importância, que merece aplausos. Isso porque na prática judiciária, tem sido comum a invocação por parte do devedor da referida cláusula geral *para tentar esquivar-se deste ou daquele meio executivo*. O executado usa de alegações genéricas sem, contudo, lembrar-se de que a execução é instaurada em benefício do exequente e que de alguma forma a ele, devedor, deve se sujeitar.

A novidade trazida pelo CPC de 2015 é muito interessante porque, segundo o parágrafo único, deve o executado, que eventualmente alegue a "maior gravosidade da medida executiva", *indicar outros meios mais eficazes e menos onerosos, sob pena de manutenção dos atos executivos já determinados.* A intenção do dispositivo é terminar com a alegação vã e genérica do executado que se escorava indevidamente no revogado art. 622 do CPC de 1973.

Portanto, ratificando, a máxima da *menor gravosidade possível da execução* deve nortear a realização da tutela executiva justamente porque não é justo nem legítimo submeter o executado (seu patrimônio) a uma situação de maior onerosidade do que a que seria indispensável para a satisfação do direito do exequente. Por outro lado, é importante deixar claro que tal cláusula geral não autoriza que ela seja invocada de forma libertina ou genérica pelo executado. Enfim, as mazelas da vida do executado não devem ser suportadas pelo exequente, que, também pode as possuir por trás da quantia reclamada ou da prestação específica inadimplida pelo executado.

7. A *SEXTA DIRETIVA*: O PROCEDIMENTO EXECUTIVO DE DESFECHO ÚNICO

O que se pretende dizer quando se fala que o procedimento executivo é de *desfecho único* é que este procedimento não é voltado para ser o mesmo palco dialético do processo cognitivo. Seus atos, sua destinação e seu ritmo são construídos para que o seu desfecho típico seja único: satisfação do direito exequendo.

Por isso, seja no procedimento do cumprimento de sentença, seja no processo de execução a vocação da sequência de atos processuais ali previstos formando o itinerário executivo é a obtenção da satisfação do direito exequendo.

Não é a execução vocacionada a um desfecho típico que seja duplo, de *procedência ou improcedência do direito* tal como acontece no dialético processo cognitivo onde se deve dar razão a quem tem razão. Em outras palavras, o desfecho único implica dizer que a função executiva termina de forma típica ou normal quando se prolata uma sentença que reconhece a satisfação do direito exequendo. Assim, a execução civil poderá ser frutífera ou infrutífera, mas não procedente ou improcedente.

Uma das consequências de se ter um modelo estruturado e vocacionado à satisfação do direito é a de que o legislador criou uma espécie de "isolamento" da função executiva (*em processo autônomo ou em módulo executivo no cumprimento de sentença*), de forma que, uma vez iniciada a tutela executiva, há uma sequência ordenada e ininterrupta de atos voltados à execução e satisfação do direito exequendo.[8] Outra consequência é

---

8. Essa sequência é facilmente percebida nas execuções fundadas em títulos extrajudiciais, porque são feitas por processo autônomo. São também percebidas quando se trata de cumprimento de sentença para pagamento de quantia, porque a fase ou módulo executivo é muito bem demarcado, e o seu início depende de provocação do credor com itinerário processual também delimitado pelo legislador. Todavia, quando se trata de cumprimento de sentença de obrigação específica, a "fase" executiva quase não será percebida, porque a efetivação da norma concreta é feita quase sempre pela expedição de simples atos executivos, sendo, inclusive, iniciada de ofício pelo juiz, sendo de direito e de fato quase que um *efeito imediato da sentença.*

que o executado não tem nenhuma expectativa em relação ao resultado da execução, pois, ao exercer a função jurisdicional executiva, o legislador apenas pretende satisfazer o muito provável direito do exequente representado no título executivo. Também se observa que a adoção do *desfecho único da execução* é que ao "isolar em sequência" os atos executivos, corretamente pretende-se organizar e distinguir a atividade executiva da cognitiva voltada ao julgamento do conflito, de modo que o executado, quando pretende debater ou discutir o direito subjacente ao título executivo, deveria fazê-lo em incidente lateral e apenso à execução.[9]

Por conta disso, a posição do executado permite que este exerça seus direitos de defesa dentro da execução para controle da regularidade dos atos executivos, sem permitir, portanto, que a execução seja um palco para discussões da pretensão executiva revelada no título. Se o executado pudesse a todo tempo transformar o rito executivo em lugar para discutir o direito revelado no título executivo, criando obstáculos e paralisando a sua sequência, ter-se-ia uma espécie de "contestação" na execução, sendo inócua a sequência ordenada de atos de execução, e, especial porque retiraria do título executivo a *força executiva* que lhe é inerente.

É verdade que se se trata de cumprimento de sentença ou se é em processo autônomo para execução de título extrajudicial essas "defesas" do executado tem conteúdos diferentes. No curso do processo de execução permite-se que o executado possa questionar o processo executivo ou a pretensão executiva mediante a técnica processual dos embargos do executado, que são formalmente uma ação judicial, mas nítido conteúdo de defesa. Justamente em respeito à opção legislativa do "desfecho único" que o legislador permite que o executado possa ofertar, em procedimento próprio, em uma demanda cognitiva e oposta à execução, os embargos do executado, que *ex lege* não são dotados de efeito suspensivo, e que terão por conteúdo qualquer matéria que seria lícito ao executado oferecer em contestação (art. 917, VI).

Por outro lado, tratando-se de execução fundada em título judicial, há de se distinguir quando se tratar de execução específica com fulcro nos arts. 536 e 538 da execução por quantia certa, fundada nos arts. 520 e 523 do CPC. Na execução específica, ela ocorre mediante mera expedição de ordens coercitivas (multas) ou sub-rogatórias (mandado de imissão ou busca e apreensão), de forma simples e objetiva, não sendo

---

9. *De lege ferenda* sugerimos que a impugnação do executado (art. 525) sempre levasse à formação de um destacamento formal para a resolução do incidente processual que ela causa, pois, afinal de contas, as funções jurisdicionais a serem exercidas no processamento do módulo executivo e no processamento da impugnação são absolutamente diferentes. Uma é executiva e outra, cognitiva. Não é assim que pensa o legislador, pois expressamente determina que a impugnação do executado será ofertada dentro da execução, independentemente de se lhe conferir ou não o efeito suspensivo. Em nosso sentir, o fato de ser oferecido *intra cumprimento de sentença* não é o que torna a *impugnação do executado* uma "defesa". O fato de ser inserido ali no procedimento executivo, sem qualquer destaque, não afasta o fato de que o incidente inaugura um procedimento cognitivo que é distinto do procedimento executivo. Nada impede, antes recomendaria, que a impugnação fosse colocada em destaque apensada e processada à parte da sequência executiva.

reservado um procedimento ou rito específico para ser realizado o cumprimento de sentença das obrigações específicas (atipicidade de meios e procedimento executivo).

Por isso, muito embora o art. 525 que trata da impugnação do executado ao cumprimento de sentença esteja inserto no procedimento *para pagamento de quantia*, dando a entender que não há a possibilidade de o executado valer-se da impugnação do executado no cumprimento de sentença de obrigações específicas, é lógico que dela poderá valer-se o executado como expressamente menciona o artigo 536, §4º[10], além de poder valer-se do que preceitua o art. 518 do CPC.[11] Isso não impede, de forma alguma, que as decisões interlocutórias proferidas pelo magistrado no cumprimento de sentença sejam desafiadas pelo executado mediante agravo de instrumento.

Todavia, tratando-se de cumprimento de sentença para pagamento de quantia certa, a regra é diversa porque as próprias peculiaridades dessa modalidade de execução dependem de uma sequência específica de atos executivos. Assim, é preciso, *v.g.*, penhorar bem do patrimônio do executado, e, se não for penhorado dinheiro, é mister a sua avaliação e posterior expropriação em leilão público (ou adjudicação ou apropriação de frutos e rendimentos), o que não é fácil nem rápido. Assim, para esses casos, em que a execução não é tão simples como nas obrigações específicas, o legislador criou a possibilidade de o executado insurgir-se mediante a oposição de impugnação de cumprimento de sentença que impõe pagamento de quantia prevista nos arts. 525 e ss. do CPC, que tem conteúdo limitado (uma vez que o executado já passou por uma fase cognitiva) e *ex lege* é desprovido de efeito suspensivo, formando um incidente processual cognitivo inserto na sequência de atos do cumprimento de sentença.[12-13]

Ao adotar um modelo procedimental de desfecho típico que seja único isso não quer dizer que não exista atividade cognitiva no procedimento executivo e tampouco que o contraditório seja admoestado.

Primeiro, porque não há processo ou atividade jurisdicional integrante de um estado de democrático de direito justa sem a presença do contraditório na sua versão real, participativa, construtiva e não simplesmente formal. O contraditório é um modo de ser do processo seja ele qual for, inclusive o extrajudicial, e até mesmo, nas relações jurídicas privadas.

---

10. Art. 536. § 4º No cumprimento de sentença que reconheça a exigibilidade de obrigação de fazer ou de não fazer, aplica-se o art. 525, no que couber.
11. Art. 518. Todas as questões relativas à validade do procedimento de cumprimento da sentença e dos atos executivos subsequentes poderão ser arguidas pelo executado nos próprios autos e nestes serão decididas pelo juiz.
12. O legislador permite que o juiz atribua efeito suspensivo à referida impugnação desde que presentes, cumulativamente, os requisitos do fundamento relevante e o risco de dano incerto ou de difícil reparação ao executado. Recorde-se que o fundamento relevante não é um mero *fumus boni iuris*, porque contra ele há a presunção de verdade do título judicial, que possui a eficácia abstrata executiva.
13. Tanto nos embargos do executado quanto na impugnação ao cumprimento de sentença, o ônus da prova é sempre do impugnante/embargante, independentemente da matéria por ele arguida, porque, se assim não fosse, seria letra morta a regra da eficácia abstrata do título executivo, prevista no art. 784, § 1.º, do CPC.

Há muito esse termo deixou de ter um sentido canhestro – de informação necessária que proporcione o direito de ser ouvido – para passar a ser visto como elemento intrínseco da ontologia do processo, qual seja, o de que o processo é o procedimento em contraditório e que o contraditório deve ser o eixo de um processo cooperativo envolvendo os principais atores do processo no sentido de que todos devem operar e laborar para que este alcance um fim almejado.

A ideia de contraditório deve ser ligada à noção de diálogo, portanto, de possibilidade efetiva de ser ouvido, de que a voz de quem o exerce possa ser levada em consideração na construção dos resultados, com paridade de armas, no "jogo" processual. Isso implica dizer que o contraditório constitui elemento natural do processo, posto que faz parte da sua essência e atua diretamente como fator de sua legitimação como instrumento realizador do direito.

É o contraditório que dá às partes o direito de serem ouvidas e de que suas alegações sejam consideradas na construção da solução do conflito. É o contraditório que une os atores do processo em cooperação. É, portanto, peça imprescindível num processo cooperativo e dialógico. O contraditório não está apenas no papel ou na informação sobre atos do processo, mas nas reais e concretas chances e oportunidades de ser ouvido e se fazer ouvir, por via de instrumentos idôneos que coloquem a parte em uma condição de igualdade para emitir suas alegações e defesas.

Não existe dúvida de que há contraditório no processo de execução ou na atividade executiva, simplesmente porque nestas há "participação", e, se esta existe, então estará presente o contraditório. As partes e também o juiz participam e devem cooperar entre si na obtenção do resultado executivo, e, se isso acontece, certamente é porque deverá estar presente o contraditório[14]. Todavia, o que se pode dizer é que no procedimento executivo o contraditório existente não gira em torno do debate, da discussão sobre o acertamento de com quem está a razão. No procedimento cognitivo o fim da atividade jurisdicional é descobrir com qual das partes está a razão – com quem está o direito – e as posições jurídicas de autor e réu são equivalentes em relação à revelação da norma jurídica concreta, já que a um ou a outro poderá ser entregue a tutela jurisdicional num *desfecho duplo*. No procedimento executivo, a premissa é a existência de posições jurídicas diversas – poder e sujeição –, em que a finalidade é obter – com o menor sacrifício possível do patrimônio do executado – a satisfação do direito exequendo.

---

14. O contraditório, no sentido mais democrático que se possa lhe atribuir, é a espinha dorsal do processo, o eixo no qual ele se desenvolve e se desenrola de forma sucessiva, interligando atos processuais e sujeitos processuais até chegar ao ato final do procedimento. Não há processo sem contraditório, porque dele ele é parte imanente, de forma que também se faz presente no cumprimento de sentença e também no processo de execução. A execução também é marcada pelo procedimento em franco contraditório. Cada ato executivo que se sucede na cadeia processual executiva formando situações jurídicas ativas e passivas deve ser fruto de contraditório. O contraditório dá dinamismo ao processo. A diferença diz respeito justamente ao objeto do contraditório que na execução não se volta, a priori, à cognição do conflito deduzido em juízo, salvo quando assim o permite o legislador.

Certamente, também aqui haverá "participação" e atuação do réu, que tem o direito de ser ouvido dentro da perspectiva relativa à atuação da norma jurídica concreta. A eficácia abstrata do título executivo adotada pelo CPC faz com que qualquer discussão acerca da obrigação corporificada no título seja transferida para outra sede, apropriada para a discussão acerca da pretensão executiva e o direito que a motiva, o que ocorre, ou deveria ocorrer, normalmente, em procedimento lateral, cognitivo, e à parte do procedimento executivo, justamente para se respeitar a sequência ordenada dos atos destinados à satisfação da norma jurídica concreta.

Ainda sobre a adoção do *desfecho único* é preciso dizer que tal máxima não impede que o procedimento executivo, voltado à satisfação do direito exequendo, possa ser incrementado com medidas atípicas executivas – finais ou instrumentais; coercitivas ou sub-rogatórias – aplicadas com a finalidade de obter a satisfação do direito. Também não impede, muito pelo contrário, os artigos 771 e 513 determinam, a mão dupla, suprindo as lacunas e ajustando as incongruências procedimentais, entre o cumprimento de sentença e o processo de execução.

Um registro final que deve ser feito em relação ao desfecho único adotado pelo CPC em matéria executiva é que ele não é impeditivo e nem avesso às soluções consensuais no curso da execução. Nenhum modelo de processo deve ser refratário a estes caminhos e, ao contrário deve proporcionar multiportas ao jurisdicionado para encontrar uma solução final do conflito que efetivamente consiga restabelecer a paz social, algo que, sabemos, as soluções adjudicadas dificilmente conseguem obter.

8. A *SÉTIMA DIRETIVA*: A LIBERDADE/DISPONIBILIDADE NA EXECUÇÃO

A pretensão à satisfação do direito reconhecido no título executivo judicial ou extrajudicial depende de manifesta provocação do interessado. Seguindo a regra do art. 2.º do CPC,[15] o seu art. 778 determina que a execução civil depende da promoção dos legitimados ativos que ali estão arrolados, e, nesse passo, aplica-se a regra dos art. 493 do CPC não só para a sentença de mérito, mas também em relação à prestação da tutela jurisdicional executiva, bastando a singela leitura do art. 924 que expõe as hipóteses de extinção da execução.

Se, por um lado, é evidente a identificação da inércia quando a execução tem início por demanda desde que instaurado um processo autônomo tal como acontece com os títulos extrajudiciais, por outro, tal princípio não fica assim tão evidente quando se está diante de cumprimento de sentença (execução de título judicial) em que a atividade executiva é uma fase – subsequente – à fase cognitiva que impôs a prestação. Atente-se que, também nessas hipóteses, v.g., arts. 520, 523, 536, 538, também está presente o princípio da inércia.

---

15. Art. 2.º O processo começa por iniciativa da parte e se desenvolve por impulso oficial, salvo as exceções previstas em lei.

CAPÍTULO III • DIRETIVAS DA EXECUÇÃO CIVIL

Nesses casos em que uma só há relação jurídica processual concentrando módulos cognitivo e executivo, é na propositura da única demanda que se requer a cumulação da pretensão cognitiva (revelação do direito) com o da pretensão executiva (realização do direito revelado no título executivo). Não é por acaso que o artigo 4º, explicado alhures, diz que a <u>atividade satisfativa integra a solução integral do mérito</u>.

Neste passo, ao nosso ver, na hipótese do artigo 523 do CPC seria desnecessário o requerimento executivo pelo exequente para que tivesse início o cumprimento de sentença *definitivo* de pagar quantia[16]. Por sua vez, quando o texto do art. 536, § 5.º, diz que o juiz pode de ofício efetivar o cumprimento de sentença definitivo de fazer e não fazer e entrega de coisa (art. 538), na verdade é de se considerar que a provocação foi feita, muito antes, quando o autor deu início a essa modalidade de demanda que concentra as duas atividades.

Outro aspecto que envolve a liberdade do exequente de dispor da execução, refere-se a possibilidade de que tal sujeito pode, a qualquer tempo, desistir da execução, seja ela prestada mediante processo autônomo – *iniciado por demanda executiva que inaugure uma relação jurídica processual* –, seja por meio de simples atos executivos de cumprimento da sentença.

Na hipótese de a execução ser iniciada mediante processo autônomo, por provocação de uma demanda executiva, o art. 775 do CPC[17] dispõe que o exequente tem a faculdade de desistir da ação executiva ou de alguns atos executivos.[18] Para que a desistência seja válida, é necessária sua homologação, nos termos do art. 200, parágrafo único, do CPC, que, embora esteja na parte geral do CPC, aplica-se subsidiariamente à parte especial referente à execução (art. 771).

A regra disposta no Livro II da Parte Especial, art. 775 do CPC, funda-se no aspecto de que o processo executivo tem por finalidade a satisfação do direito exequendo – processo de desfecho único – e, por isso mesmo, não haveria necessidade de consentimento do executado para que fosse válida a desistência, ou seja, não haveria nenhum prejuízo – antes, um benefício – para o executado se o autor desistisse da execução, daí por que a opinião do executado seria irrelevante para se obtê-la. Aliás, o texto é claro

---

16. Necessário apenas quando se tratasse de cumprimento provisório de qualquer obrigação, bem como nos cumprimentos de sentença, declaratória ou constitutiva com força executiva, que não impuseram ao executado o dever de adimplir a obrigação. Não há qualquer razão lógica para colocar o devedor na posição de inércia. O ônus de cumprir a sentença é dele. A figura do artigo 526 não deveria ser *decorativa*, mas impositiva de um ônus de atuação do executado.

17. Art. 775. O exequente tem o direito de desistir de toda a execução ou de apenas alguma medida executiva.
    Parágrafo único. Na desistência da execução, observar-se-á o seguinte:
    I – serão extintos a impugnação e os embargos que versarem apenas sobre questões processuais, pagando o exequente as custas processuais e os honorários advocatícios;
    II – nos demais casos, a extinção dependerá da concordância do impugnante ou embargante.

18. A desistência é da ação, e não da pretensão executiva, que permanece intacta. Portanto, não se confunde desistência com renúncia ou remissão da execução, pois estas duas últimas implicam a extinção do direito no qual se funda a demanda executiva.

ao demonstrar que existe uma "faculdade", justamente porque tal "situação jurídica subjetiva" caracteriza-se pelo fato de que não cria nenhum prejuízo em face de quem ela é exercida.

Entretanto, nem sempre essa desistência é um ato unilateral do exequente, e o Código ficou atento as hipóteses em que, eventualmente, o exequente pudesse desistir da execução, pretendendo, assim, escapar de eventual sentença de procedência dos embargos do executado que versassem sobre o direito contido no título, pois, se fosse extinta a execução, o alvo dos embargos não mais existiria, e essa demanda perderia o seu objeto.

Por isso, o legislador processual cuidou expressamente dessa hipótese, avisando que a desistência da execução é sempre possível e será unilateralmente decidida pelo autor continuamente, dependendo, é claro, de homologação. A diferença estará nos efeitos da desistência. Assim, se o exequente pretender desistir da execução quando o executado já tiver apresentado impugnação (art. 525) ou embargos (art. 914) com fundamento em matéria atinente ao mérito da execução (pretensão satisfativa resultante do inadimplemento de um crédito), a execução ou o cumprimento de sentença serão extintos, mas não a oposição ofertada (embargos ou impugnação), senão apenas depois de expressa concordância do embargante, seguindo aqui uma disciplina da bilateralidade consensual semelhante à do art. 485, VIII, § 4.º, do CPC.[19]

Todavia, se a desistência da execução for anterior à interposição dos embargos/impugnação, ou se, sendo-lhes posterior, se estes remédios se fundarem em matéria processual (cúmulo de execuções, competência etc.), então a desistência da execução/cumprimento de sentença arrastará a referida oposição processual, ou seja, será extinta junto com a execução, justamente porque nenhum benefício teria o embargante em obter uma sentença de procedência de conteúdo processual.

É importante registrar alguns pontos sensíveis acerca da matéria contida no art. 775 do CPC. A disciplina do dispositivo não altera o princípio da livre disponibilidade da execução, mas tão somente dá tratamento diverso *aos seus efeitos*, especialmente em relação à extinção ou não dos embargos do executado eventualmente interposto.

A distinção de regimes jurídicos quanto aos efeitos (extinção ou não dos embargos/impugnação) depende do tipo de matéria que tiver sido alegada nos embargos. Nesse dispositivo, o legislador tornou importante a classificação do remédio em "de rito" ou "de mérito", que leva em consideração o conteúdo dessa demanda. Todavia, embora na teoria possa parecer simples a distinção, na prática isso nem sempre, ou quase nunca, é tão evidente assim. Matérias como "excesso de execução" ou "legitimidade" etc. po-

---

19. Inegável a aproximação dos embargos como instrumento de defesa (contestação), não apenas material, mas também formal.

derão trazer dificuldade na definição da natureza substancial ou formal dos embargos ou da impugnação.[20]

Nesse caso, manda a prudência e a cautela o respeito ao princípio do contraditório, sendo salutar que o magistrado promova a conduta mais rente ao devido processo legal, evitando nulidades futuras e, assim, intimando o executado para manifestar-se sobre a concordância ou não com a extinção dos embargos/impugnação do executado. Não é demais repetir que se aplica o art. 775 do Livro II, Parte Especial, do CPC à impugnação (como deixa claro o art. 775, parágrafo único, I e II) prevista nos arts. 525 e ss. do Livro I, Parte Especial, do CPC.

Também é exemplo de livre manifestação do poder de dispor da execução quando o legislador permite que o exequente faça a cessão de seu crédito no curso da demanda, podendo assumir o polo ativo independentemente de consentimento do executado (art. 778, § 1º).[21]

Ultrapassada essa questão, outra de igual importância diz respeito aos ônus sucumbenciais (honorários e custas processuais) decorrentes da desistência homologada. No processo de execução, se o executado já tiver sido citado e ingressado no feito (com a penhora ou depósito), em regra, serão devidos honorários sucumbenciais; contudo, caso a execução seja extinta por desistência do credor por falta de bens penhoráveis ou por prescrição intercorrente, o exequente não será responsabilizado pelos honorários advocatícios.[22]-[23] Caso a desistência da execução implique também a extinção dos embargos do executado, a verba sucumbencial se estenderá, também, à ação de embargos do devedor, e só não serão devidos honorários, nesse caso, se o executado embargante anuir expressamente a respeito, por intermédio de seu advogado.[24]

Como já se viu, um dos efeitos da desistência será a sua interferência – ou não – na sobrevivência da defesa ofertada pelo executado, nos termos do art. 775, parágrafo único. Todavia, as hipóteses normalmente contempladas nesse tópico são de desistência da

---

20. É possível a desistência também da execução provisória, mas esta não influencia (e nem poderia) no julgamento do recurso desprovido de efeito suspensivo que se encontra pendente de julgamento.

21. Só não se admite a incidência desta regra da *cessão do crédito permitindo a sucessão processual sem necessidade de consentimento do executado* quando se trata de execução provisória e o título – instável – é impugnado por recurso que pende de julgamento. Nesta hipótese aplica-se a regra da sucessão processual prevista no artigo 109 do CPC.

22. (AgInt nos EDcl no AREsp n. 2.366.561/BA, relator Ministro Raul Araújo, Quarta Turma, julgado em 17/6/2024, DJe de 27/6/2024.)

23. (AgInt nos EDcl no AREsp n. 2.287.495/SP, relator o Ministro Moura Ribeiro, Terceira Turma, julgado em 16/10/2023, DJe de 18/10/2023).

24. A verba honorária pertence ao advogado (arts. 22 e ss. da Lei 8.904), e decorre dos serviços que este executa em favor do seu cliente. Logo, não é lícito supor que o exequente poderia dispor do direito do advogado do seu cliente. A questão de a desistência da execução implicar a extinção dos embargos do executado (com ou sem consentimento) não apaga o fato objetivo da sucumbência, e, portanto, o débito relativo aos honorários advocatícios. Assim, não pagos as custas e os honorários, o Estado poderá promover a execução fiscal, e o advogado credor, a execução fundada em título judicial contra o exequente originário que resolveu desistir da execução.

ação de execução, muito embora o dispositivo fale também na desistência de "algumas medidas executivas".

Nesse caso, só se imagina a desistência de algumas medidas executivas se outras puderem substituí-las, pois, do contrário, cairíamos na hipótese de término do processo de execução.

Parece-nos que o legislador se refere exatamente às situações em que, depois de requerida uma via coercitiva (*v.g.*, multa diária), o exequente pretende desistir dela para solicitar a medida sub-rogatória (*v.g.*, execução por terceiro). Tal dispositivo aplica-se, portanto, também às hipóteses em que a tutela executiva não é dada de forma autônoma, mas como se fosse uma fase seguinte e imediata à fase ou módulo cognitivo (cumprimento de sentença). Nesse caso, é bastante viável imaginar a desistência de algumas medidas executivas sem que isso comprometa o fim da execução propriamente dita.

A decisão que homologa a desistência (interlocutória ou sentença) tem eficácia imediata, e por isso a situação após a desistência deve ser a mesma anterior à instauração do processo de execução, e isso é muito importante para o executado, que poderá fazer valer esse direito (exigir o retorno ao estado anterior). Se foi o caso de desistência de alguma medida executiva, então que se retorne ao estado processual exatamente anterior àquele que existia antes de a medida ter sido concedida. Se a medida executiva de que se desistiu tinha sido a imposição de multa eventualmente paga, ela deverá ser devolvida, já que a desistência implica o retorno ao estado anterior ao do ato do qual se desistiu. Daí a importância entre pedido de *desistência* e de *substituição* da medida executiva. Neste último caso, a medida que substitui não implica retorno ao *status quo* alterado pela medida executiva substituída.

Não poderia deixar de ser comentado, no âmbito da liberdade e disponibilidade da execução – a possibilidade de que exequente e executado, desde que plenamente capazes e versando a execução sobre direitos que admitam autocomposição, possam estipular mudanças no procedimento para ajustá-lo às especificidades da causa e convencionar sobre os seus ônus, poderes, faculdades e deveres processuais, antes ou durante o processo, respeitadas as prescrições do artigo 190 e 191 do CPC.

Particularmente, nesses quase 30 anos de experiência processual em matéria de execução, não nos anima a festejada e entusiasmada a retórica de que a execução é um campo fértil para que se estabeleçam negócios jurídicos processuais. Para quem milita em processos executivos sabe que nem o mais ético dos executados e nem o menos faminto dos exequentes aceitará abrir mão da menor garantia que possuam, seja no tempo, seja no modo de ser dos atos processuais. Não se pode dizer ser impossível a formulação de negócios jurídicos processuais na execução, mas nada impede que possam ocorrer, devendo ser aplicado integralmente o artigo 190 do CPC.

Ainda dentro da disponibilidade da execução civil o CPC/2015 trouxe uma inusitada regra no art. 785 ao dizer que "a existência de título executivo extrajudicial não impede a parte de optar pelo processo de conhecimento, a fim de obter título executivo judicial". A regra *supra* é absolutamente sem sentido, mormente em tempos de eficiência processual, porque não haveria interesse processual em buscar a tutela jurisdicional cognitiva para se obter aquilo que já se tem, que é um título com eficácia executiva. A única interpretação que se pode extrair dessa norma decorre do fato de que, aos poucos e paulatinamente, o legislador tem deixado clara a sua posição em relação à necessidade de *diminuir a eficácia do título extrajudicial* diante do *título judicial*, tal como se observa em diversos dispositivos do CPC, sendo este, inclusive, mais um deles (*v.g.*, o art. 1.012, § 2.º, que "transforma" execução definitiva em provisória).

A regra é teoricamente absurda, e acaba sendo invocada ou justificada para atender a situações esdrúxulas que não precisariam recorrer a esta quimera para serem atendidas. Assim, por exemplo, porque não se tem uma técnica de efetivação de um *não fazer* no processo de execução, ou, ainda, porque corriqueiramente não se admite a tutela provisória urgente antecipatória em processo de execução, então, para esses casos justificar-se-ia a propositura de uma ação cognitiva lastreada em título executivo extrajudicial.

A liberdade de dispor da execução e de promovê-la sabendo que trará consequências negativas para o executado é uma opção do exequente, titular do direito reconhecido no título executivo. Ao promover uma execução deve sopesar as consequências que essa escolha para trazer. O legislador deixou isso muito claro ao prever a regra da *responsabilização do exequente pela execução indevida*. Segundo o art. 776, diz o legislador que "*o exequente ressarcirá ao executado os danos que este sofrer quando a sentença, passada em julgado, declarar inexistente, no todo ou em parte, a obrigação que ensejou a execução*".

O dispositivo *supra*, à semelhança dos arts. 520, I e II, e 302, prescreve que a regra de qualquer modalidade de dano pode ser objeto de ressarcimento, aí incluindo o que o executado perdeu ou deixou de ganhar, tanto sob o aspecto patrimonial quanto sob o extrapatrimonial.

Para que esteja configurada a responsabilidade civil decorrente da execução indevida, é mister que o executado obtenha uma decisão judicial transitada em julgado reconhecendo a inexistência do direito exequendo, o que pode ocorrer na hipótese do art. 776, por exemplo, quando transitada em julgado decisão nos embargos que reconheça a inexistência da obrigação.

Nesse sentido, aliás, o direcionamento da regra do art. 903 que assim diz:

> Art. 903. Qualquer que seja a modalidade de leilão, assinado o auto pelo juiz, pelo arrematante e pelo leiloeiro, a arrematação será considerada perfeita, acabada e irretratável, ainda que venham a ser julgados procedentes os embargos do executado ou a ação autônoma de que trata o § 4.º deste artigo, ressalvada a possibilidade de reparação pelos prejuízos sofridos.

Destarte, também poderá ocorrer quando seja julgada procedente (e transitada em julgado) a revisão criminal proposta pelo executado, em que, *v.g.*, o mesmo seja absolvido pela autoria do crime que deu origem à sentença penal condenatória e a seus efeitos civis. Também será caso de incidência do art. 776 do CPC quando transitar em julgado o acórdão que julgou procedente a apelação do embargante na execução fundada em título extrajudicial. O mesmo raciocínio se aplica quando transitada em julgado a decisão favorável ao executado na impugnação ao cumprimento de sentença prevista no art. 525 do CPC.

Todos os tipos de danos decorrentes da execução injusta devem ser reparados, e, portanto, mesmo os extrapatrimoniais. Não é preciso que a execução injusta tenha chegado aos atos finais de expropriação, desapossamento e transformação, bastando, portanto, que a execução instaurada seja injusta. Os atos executivos instrumentais e a própria instauração do processo executivo contra o executado já são suficientes para criar-lhe fatos danosos.

Para a configuração do art. 776 do CPC, é mister a conjugação dos seguintes requisitos: a) que o devedor tenha sofrido danos (morais ou patrimoniais); b) que o executado tenha movido demanda em face do exequente; c) que o objeto dessa demanda seja a declaração da inexistência do direito exequendo; d) que esse pedido seja favorável ao executado e que tal decisão tenha transitado em julgado.

Obviamente, o executado poderá mover a demanda autônoma de declaração de inexistência do direito (art. 20), e, se nela ficar revelado o prejuízo por ele suportado, tal sentença valerá como título executivo judicial, nos termos do art. 515, I, do CPC.

Deve-se registrar, por fim, que o ressarcimento pelos danos que aí foram mencionados não se confunde com o "retorno ao *status quo* ante", que é ínsito à execução injusta. Esta última regra incide sempre que houver extinção anormal da execução (sem satisfazer o direito exequendo), independentemente de o motivo ter sido a declaração judicial da obrigação, portanto, *v.g.*, quando procedentes os embargos de rito ofertados pelo executado. Tal efeito tem por finalidade livrar o executado de todos os atos executivos aos quais se sujeitou indevidamente.

Capítulo IV
EXECUÇÃO CIVIL
E RESPONSABILIDADE PATRIMONIAL[1]

1. INTRODUÇÃO: DÉBITO E RESPONSABILIDADE

A responsabilidade patrimonial é uma categoria fundamental no estudo da tutela jurisdicional executiva[2]. Trata-se de instituto intimamente ligado à própria evolução dessa função jurisdicional, porque diretamente relacionado à substituição da execução pessoal pela execução patrimonial. Isso mesmo! Houve determinada época em que a garantia do adimplemento obrigacional era feita com a própria vida do devedor. Considerando o caráter personalíssimo da obrigação resultante do "vínculo jurídico" de união obrigacional, caso esta não fosse cumprida, o pagamento era feito com o próprio corpo do devedor.

Em outras palavras, pode-se dizer que a proteção do direito de propriedade do devedor sobre os seus bens era mais sagrada que a própria vida ofertada como forma de pagamento da dívida inadimplida.

Felizmente, o direito evoluiu e substituiu a ideia da execução pessoal pela da execução patrimonial, fazendo que o débito fosse satisfeito com bens do patrimônio do executado. Dessa mudança nasceu a importantíssima distinção entre débito e responsabilidade patrimonial.

---

1. RODRIGUES, Marcelo Abelha. Responsabilidade patrimonial pelo inadimplemento das obrigações. 2ª edição. São Paulo: Foco. 2024.; Caio Mário da Silva Pereira. *Instituições de direito civil*. Rio de Janeiro: Forense, 1994. v. I e II; José Frederico Marques. *Instituições de direito processual civil*. 3. ed. Rio de Janeiro: Forense, 1971, v. V; Silvio Rodrigues. *Curso de direito civil*. 25. e 23. ed. Rio de Janeiro: Forense, 1995. v. I e II; Yussef Said Cahali. *Fraude contra credores*. 2. ed. São Paulo. RT, 1999, José Sebastião de Oliveira. *Fraude à execução*. São Paulo: Saraiva, 1988; Cândido Rangel Dinamarco. *Instituições de direito processual civil*. São Paulo. v. V; José Eli Salamancha. *Fraude à execução*. São Paulo: RT, 2005; Salvatore Satta. *Manual de derecho procesal civil*. Buenos Aires: Ejea, 1971. v. II; Alvino Lima. *A fraude do direito civil*. São Paulo: Saraiva, 1965; Willis Santiago Guerra Filho. Responsabilidade patrimonial e fraude à execução. *Revista de Processo*, São Paulo: RT, v. 65, 1992; Everaldo Cambler. Fraude à execução. *Revista de Processo*, São Paulo: RT, v. 58, 2000; Gelson Amaro de Souza. *Fraude à execução e o direito de defesa do adquirente*. São Paulo: Juarez de Oliveira, 2002; Gelson Amaro de Souza. Fraude à execução e o devido processo legal. *Revista dos Tribunais*, São Paulo: RT, v. 766, 1999; Humberto Theodoro Jr. A fraude à execução e o regime de sua declaração em juízo. *Revista de Processo*, São Paulo: RT, v. 102 2001; Araken de Assis. Responsabilidade patrimonial. In: João Batista Lopes e Leonardo José Carneiro da Cunha (Coord.). *Execução civil (aspectos polêmicos)*. São Paulo: Dialética, 2005.
2. Vale muito a leitura do inquietante e reconstrutivo trabalho de Fredie Didier acerca da teoria geral do processo. Sobre a teoria geral do processo: essa desconhecida. Salvador: JusPodivm, 2012.

A humanização do direito fez com que não se admitisse mais a responsabilidade pessoal, ou seja, aquela em que punia-se o inadimplemento com o próprio corpo do devedor; com a responsabilidade patrimonial o patrimônio do devedor/responsável passou a ser a garantia contra o inadimplemento da dívida.

Importante deixar claro que inegavelmente houve uma evolução da execução pessoal do devedor inadimplente para a execução sobre o patrimônio, mas isso não deve ser confundido com o fato de que a execução pessoal era punitiva e a execução do patrimônio tem um papel ressarcitório dos prejuízos causados pelo inadimplemento.[3]

Numa definição bem simples, pode-se dizer que a obrigação é uma situação jurídica caracterizada por uma relação jurídica em que se estabelece um vínculo jurídico entre credor e devedor e cujo objeto desse vínculo consiste numa prestação de dar, fazer ou não fazer. Vários vínculos e várias obrigações podem estar debaixo de uma mesma relação jurídica mãe e as posições de credor e devedor podem se inverter nessa miríade de posições jurídicas diversas.[4]

Contudo, tendo por maior expoente Gierke,[5] a doutrina alemã identificou outro fenômeno, distinto do vínculo obrigacional, e que é gerador de outra situação jurídica que também se manifestaria numa relação jurídica inserta na relação jurídica obrigacional. Assim, *Schuld* (débito) e *Haftung* (*responsabilidade*) seriam fenômenos distintos, mas atrelados à relação obrigacional. O débito representado pelo dever de prestar; a responsabilidade, na sujeitabilidade do patrimônio do responsável pelo inadimplemento.

A doutrina alemã se popularizou e ganhou enorme relevo aqui no Brasil, mas também nos institutos do *devoir* e *engagement* do direito francês, no *duty* e *liability* ingleses, nos direitos italiano e português.

Portanto, a partir da doutrina alemã restaram identificadas duas situações jurídicas diferentes, autônomas, embora uma seja instrumental à outra. A relação obrigacional teria esses dois eixos: (1) a prestação devida envolvendo o credor e o devedor e; (2) uma garantia patrimonial para o caso de inadimplemento da prestação.

Diante dessa autonomia, é possível haver débito sem responsabilidade e responsabilidade sem débito, como, por exemplo, respectivamente, na execução contra a fazenda pública e na execução hipotecária de bem pertencente a terceiro garantidor da obrigação. A fazenda pública pode ser devedora, mas seus bens não respondem pelo seu inadimplemento, porque há um sistema jurídico próprio de responsabiliza-

---

3. A execução indireta, ou seja, a utilização de técnicas processuais que atuam sobre a vontade do executado de forma a pressioná-lo a cumprir a obrigação não adimplida, não deixa de ser uma forma de se relativizar essa regra de que toda execução recai sobre o patrimônio. Ainda que o que se espere na execução indireta seja exatamente a obtenção da prestação assumida ou o bem devido, é inescondível que ela atua de forma a constranger a liberdade do devedor/responsável. A técnica processual executiva da prisão do devedor e alimentos é um exemplo do que aqui se afirma.

4. Um contrato pode conter diversas obrigações acessórias em torno da obrigação principal. Assim, aquele que seja o "devedor" da obrigação principal pode ser o "credor" da obrigação acessória. O dinamismo e a complexidade das relações jurídicas não permite um estudo estático e simplista das relações jurídicas.

5. Gierke, *Schuld und Haftun im altern deutschen Recht – insbesondere die Form der Schuld – und Haftungs-geschafte*, Breslau, 1910.

ção da fazenda pública pelas dívidas inadimplidas. Outro exemplo de obrigação sem responsabilidade são as obrigações naturais, como no caso do art. 814 do CCB.[6] Já a outra hipótese é mais comum, pois são vulgares as situações em que terceiro, alheio à obrigação (que não assume o papel de devedor ou de credor), assume a posição de responsável garantidor, seja por garantia pessoal ou real.

Todavia, como já se disse anteriormente, é importante deixar sedimentado que o papel de *garantia contra o inadimplemento* faz com que a responsabilidade patrimonial seja *instrumental* e por isso mesmo não há que se falar responsabilização patrimonial de uma dívida inexistente; nenhuma responsabilidade patrimonial se sustenta sem uma dívida, ainda que futura ou condicional, e nenhuma responsabilidade sobrevive depois de extinta a obrigação. Isso porque a função da responsabilidade patrimonial é *garantir o adimplemento*.

Uma situação interessante é aquela em que, depois de exercitada em juízo a responsabilidade patrimonial com a sujeição do patrimônio do devedor ao adimplemento da obrigação, descobre-se que nada há para ser excutido no referido patrimônio. Nesse caso, não se pode falar em *dívida sem responsabilidade*, porque esta última existe. A falta de bens no patrimônio do responsável é um problema prático, um limite natural da execução, relacionado à efetividade da responsabilidade patrimonial, que não nega a sua existência, antes o contrário.[7]

Do que foi dito pode-se concluir que toda execução incide sobre *bens* que compõem o patrimônio do garantidor, seja ele o próprio devedor ou um terceiro responsável pela garantia da dívida inadimplida. E, antes disso, é importante que fique bem claro que a *garantia patrimonial* nasce com a própria obrigação. Ela está, por expressa imposição legal, embutida em toda relação obrigacional negocial (art. 391 do CCB) ou extranegocial (art. 942 do CCB). Por outro lado, as exceções que criam imunidades patrimoniais livrando parte ou a totalidade do patrimônio também deve estar previstas em lei (art. 789 do CPC). A lei excepciona as situações em que o patrimônio não será garantidor da dívida inadimplida, e é importante que tais situações sejam muito pontuais para se evitar a criação de obrigações sem responsabilidade que estimulariam o inadimplemento e que levariam a uma crise do crédito que é tão perniciosa para a sociedade, especialmente a mais vulnerável.

> Algo que precisa ser refletido é que num país pobre como o Brasil, em que a existência de patrimônio do devedor é algo raro, parece-nos claro que o índice de insucesso das execuções civis será sempre muito grande, ainda mais quando se tem em torno de 65 milhões de inadimplentes no país em dados que são ano após ano pelo Serasa Experian.

Aspecto bastante interessante, que serve inclusive para demonstrar a autonomia do "débito" em relação à "responsabilidade patrimonial", é o fato de que nem sempre

---

6. "Art. 814. As dívidas de jogo ou de aposta não obrigam a pagamento; mas não se pode recobrar a quantia, que voluntariamente se pagou, salvo se foi ganha por dolo, ou se o perdente é menor ou interdito".
7. Art. 921. Suspende-se a execução: (...) III – quando o executado não possuir bens penhoráveis;

os dois fenômenos ("débito" e "responsabilidade") recaem sobre o mesmo sujeito na mesma obrigação.

Isso quer dizer que, via de regra, o devedor é ao mesmo tempo o sujeito que *deve* e o sujeito que *responde* (garantidor); mas isso comporta exceções, pois o direito, aprimorando as relações de crédito, permitiu que o patrimônio de outro sujeito responda (garanta) pela prestação inadimplida. É o que acontece, por exemplo, com o fiador de uma locação, que pode ter o seu patrimônio atingido pela atividade executiva do Estado, embora não seja ele o devedor da obrigação. O locatário é que tem um vínculo da prestação, mas em caso de inadimplemento quem irá responder é, além do locatário, o fiador garantidor.

Perceba-se que essa condição de "garantidor" da dívida por intermédio de sua responsabilidade patrimonial por débito de outrem é algo que se dá no plano substancial. Antes do inadimplemento é um direito de garantia que está em abstrato; depois do inadimplemento é a própria efetivação da própria garantia.

2. NATUREZA SUBSTANCIAL DA RESPONSABILIDADE PATRIMONIAL

Uma questão que apresenta um nó de difícil desate é saber se da formação do vínculo obrigacional também nasceria uma situação jurídica subjetiva de sujeitabilidade do patrimônio do devedor para a satisfação do direito de crédito (uma relação de garantia), ou se, por outro lado, a responsabilidade patrimonial seria uma *responsabilidade executória* derivaria de uma relação pública processual executiva, envolvendo o credor exequente, o Estado-juiz e o devedor executado.

A diferença, portanto, de ambas as posições é a de que, para os "privatistas", a responsabilidade patrimonial é vínculo de sujeitabilidade do patrimônio do devedor que nasce da relação obrigacional; já para os "processualistas", a natureza da responsabilidade patrimonial deriva da relação jurídica processual com função executiva que dá fundamento à atuação executiva do Estado.

Particularmente, com o devido respeito, contrariando grandes processualistas que se debruçaram sobre o estudo do processo de execução,[8] acreditamos que na relação obrigacional, além do dever de cumprimento da obrigação, há também o direito de garantia do credor sobre o patrimônio do devedor/responsável, que nada mais é do que um direito que garante o eventual prejuízo resultante do inadimplemento. Este direito é legalmente imposto nos vínculos obrigacionais negociais (art. 391 do CCB) ou extranegociais (art. 942 do CCB), e cuja finalidade e fazer com que o patrimônio do devedor ou do responsável possa servir à satisfação dos prejuízos resultantes do inadimplemento. A rigor, portanto, o que dá ao exequente o direito de executar e expropriar o

---

8. Enrico Tullio Liebman. *Processo de execução*. p. 62 e ss.; Cândido Rangel Dinamarco. *Instituições de direito processual civil*. v. IV, p. 321 e ss.; Alfredo Buzaid. *Do concurso de credores no processo de execução*. n. 7, p. 17.

patrimônio do devedor não é, *imediatamente,* a relação débito-crédito, mas a relação jurídica material de garantia pelo inadimplemento.

Nasce o vínculo obrigacional contendo a relação débito/crédito e também o direito à garantia patrimonial. Este é instrumental e dependente do primeiro. Havendo adimplemento, a garantia cessa. Não havendo o adimplemento passa-se a realização da garantia.

Como veremos alhures, essa posição *materialista* tem sérias consequências no estudo dos remédios repressivos e preventivos da responsabilidade patrimonial, seja em relação ao devedor/responsável, seja em relação ao terceiro, quando este estiver relacionado, de boa ou má-fé, com o ilícito cometido pelo devedor contra a responsabilidade patrimonial.

3. RESPONSABILIDADE PATRIMONIAL: CARÁTER SUBSIDIÁRIO DA EXECUÇÃO

Essa situação jurídica subjetiva de sujeitabilidade (responsabilidade) do patrimônio do devedor tem por pressuposto lógico dois aspectos que parecem redundantes à primeira vista, mas evitam confusões futuras.

O primeiro aspecto é que, regra geral, a situação de sujeição patrimonial vincula-se (serve de garantia) a uma relação obrigacional em que os bens (patrimônio) do devedor têm uma finalidade sempre subsidiária, que é satisfazer a obrigação inadimplida. Isso importa em dizer que a satisfação do crédito inadimplido pela efetivação da responsabilidade patrimonial comporta uma execução subsidiária (genérica), pois, a rigor, será certo que a prestação específica não terá sido atendida pelo devedor, caso em que só restará atuar sobre a garantia patrimonial, enfim os bens que servirão para aplacar o prejuízo resultante do inadimplemento.

O segundo aspecto é que o sujeito responsável pelo patrimônio que garantirá a execução deve ser titular dos bens expostos à execução, pois é a responsabilidade patrimonial – reconhecida num título executivo – que dá fundamento e suporte ao poder do Estado de invadir o patrimônio do executado para dele retirar os bens necessários `a satisfação da obrigação inadimplida.

Em outras palavras, quando o Estado lança mão dos poderes executivos sobre bens do devedor que ali se encontram para garantir a prestação não cumprida, certamente tem-se um embate entre o direito de exigir a satisfação dos prejuízos resultantes do inadimplemento atuando sobre a sujeição do patrimônio do responsável. Mas, um importante aviso. Não basta existir a responsabilidade patrimonial (direito de garantia) para haver o direito de excutir o patrimônio, pois é necessário que esse direito, esta responsabilidade patrimonial, esteja estampada num documento que a lei atribui força executiva. O título executivo, judicial ou extrajudicial, é o requisito legal processual que autoriza a atuação executiva do direito que nele está revelado; já a responsabilidade patrimonial é o vínculo existente entre o credor e o responsável, embutido na relação obrigacional, onde este submete o seu patrimônio à excussão judicial para satisfazer o credor que foi prejudicado pelo inadimplemento do devedor.

Por isso, também aqui incide o devido processo legal, no sentido de que ninguém será privado dos seus bens sem o atendimento do referido princípio constitucional. Só o Estado poderá, seguindo as regras de direito, fazer valer o direito do exequente e, assim, expropriar forçadamente o devedor e satisfazer o crédito exequendo.

A primeira constatação lógica e racional que se pode fazer acerca do instituto (responsabilidade patrimonial) é a sua relação de conexão e vínculo com o direito substancial obrigacional. Racionalmente, pode-se fazer a seguinte equação: *porque não adimplida uma obrigação, o patrimônio do devedor responde por isso*.

Uma vez reconhecido o vínculo entre a *responsabilidade patrimonial* e o *inadimplemento do devedor*, podem-se extrair dois aspectos fundamentais.

1. O primeiro, de que essa situação jurídica de *responsabilidade do patrimônio do devedor* não se confunde com o *vínculo obrigacional* que ele, devedor, tinha que ter cumprido espontaneamente. Ora, uma coisa é a situação jurídica que envolve o credor e o devedor, em que ambos assumem posições jurídicas em relação ao *débito e ao crédito*; outra coisa é a relação jurídica envolvendo credor e o responsável garantidor, onde o patrimônio deste último responde pelos prejuízos que o inadimplemento da prestação pelo devedor possa causar ao credor.

2. A responsabilidade patrimonial é uma garantia prevista em lei, que não pode ser afastada ou ignorada, salvo nas hipóteses expressamente autorizadas pelo próprio ordenamento jurídico. E assim é porque do contrário teríamos obrigações naturais e grassaria o inadimplemento generalizado. Essa previsão legal é essencial para evitar o inadimplemento generalizado, pois, sem consequências práticas, dificilmente as obrigações seriam cumpridas. Trata-se de um instituto do direito material com uma finalidade instrumental: assegurar que, no caso de inadimplemento de uma obrigação ou dever legal, o patrimônio do devedor possa ser utilizado para satisfazer o direito do credor. Essa natureza instrumental, contudo, não altera sua essência como garantia geral de que o credor poderá recorrer à execução patrimonial para obter o cumprimento da obrigação. Assim, a responsabilidade patrimonial é um mecanismo indispensável para proteger o equilíbrio das relações obrigacionais e assegurar a eficácia do direito.

Embora esteja prevista em lei como uma *garantia geral* para todos os deveres e obrigações, é inconteste que numa sociedade ideal o que se espera é justamente que essa *garantia geral* não saia desse estado de garantia e não tenha que ser efetivada, ou seja, a garantia patrimonial é para proteger uma eventual e futura uma situação indesejada (prejuízos do inadimplemento), pois espera-se que as obrigações e os deveres sejam espontaneamente cumpridos.

A garantia patrimonial funciona como uma proteção contra um risco; o risco do inadimplemento. Se adimplemento houver a garantia trouxe para o credor a paz e a tranquilidade durante o desenvolvimento da obrigação. Mas, se houve o inadimplemento, a garantia patrimonial pode ser efetivada pelo credor para ressarcir dos prejuízos que suportou com o inadimplemento da prestação.

O inadimplemento do devedor é o fato jurídico eventual e incerto (que pode ou não acontecer na relação jurídica obrigacional) e autoriza o credor munido de título executivo a exigir que se extraia (exproprie) do patrimônio do responsável o numerário que lhe seja devido o que deve ser feito de um processo judicial. *Antes* do inadimplemento há o direito de ter a garantia patrimonial para o futuro, que por isso mesmo pode ser conservada e protegida juridicamente; depois dele, esse direito de garantia projeta-se no direito de realizar a referida garantia por meio de expropriação, que via de regra, é num processo executivo judicial.

Importante que fique claro que sob o mesmo guarda-chuva da expressão "responsabilidade patrimonial" está o seu papel garantidor para o futuro, bem como o poder de excussão patrimonial do responsável após o *inadimplemento*. Este é o fato jurídico eventual e incerto imputável ao devedor que pode acontecer no percurso da relação obrigacional que destrava a possibilidade de execução do patrimônio garantidor do responsável. O *antes e o depois* do inadimplemento imputável ao devedor são decisivos para a compreensão do fenômeno (faces distintas de uma mesma moeda): *antes* é um direito de garantia para uma situação futura; *depois* é o direito de satisfazer o direito por meio da realização da referida garantia.

Entretanto, como efetivar essa garantia patrimonial se não pode o credor, com suas próprias mãos e fazendo uso da autotutela, ingressar no patrimônio do devedor e dele retirar o valor necessário para cobrir o prejuízo ou lesão que teve com o inadimplemento do devedor? A resposta virá adiante.

Voltemos à nossa digressão sobre a origem da responsabilidade patrimonial e vamos um pouco mais a fundo sobre o tema.

É interessante notar que as posições jurídicas ativas e passivas do devedor e do credor em relação à norma primária convencionalmente (ou legalmente) estabelecida entre eles podem encerrar *direitos, faculdades*, ônus, *deveres* etc. Assim, de uma forma bem simplista, pode-se dizer que numa compra e venda o credor tem a obrigação principal de pagar o preço e o direito de receber a coisa, ao passo que o devedor tem o direito de receber o preço e o dever de dar a coisa.

No entanto, quando ocorre o inadimplemento do devedor, a garantia patrimonial para o caso de um evento futuro e incerto se torna concreta, incide, e a partir daí, e, desde então o credor e o devedor assumem posições jurídicas ativas e passivas em relação a esse fenômeno, ou seja, em relação à *responsabilidade patrimonial.*

Essas situações jurídicas subjetivas estão diretamente atreladas àquilo para o qual serve a responsabilidade patrimonial, ou seja, a submissão do patrimônio do devedor como garantia pelo inadimplemento. Nesse fenômeno, tem-se claramente uma posição jurídica ativa de *poder* em favor do titular do crédito, o qual corresponde, do ponto de vista passivo, a uma posição jurídica de sujeição. O poder sobre a sujeição patrimonial. Isso mesmo, há uma sujeição do patrimônio do devedor ao correlato poder que a lei confere ao credor de ter a expropriação do tal patrimônio que responde pela dívida inadimplida.

É o inadimplemento do devedor que constitui o gatilho, o fato jurídico que liberta a eficácia, para que o credor munido de título executivo tenha o direito de "realizar a garantia" e assim retirar do patrimônio do responsável o valor correspondente ao prejuízo causado pelo inadimplemento. Antes do inadimplemento, a responsabilidade patrimonial do garantidor já existe apenas como direito de garantia latente, para um risco futuro, que traz segurança e tranquilidade ao credor, cuja conservação pode ser protegida caso esteja configurada a ameaça ou lesão à garantia patrimonial. Com a ocorrência do inadimplemento, o que se pretende não é mais garantir para o risco futuro, mas executar, satisfazer, realizar a garantia, daí porque a responsabilização patrimonial se efetiva mediante o direito de expropriar o patrimônio do responsável, dele retirando a quantia suficiente para satisfação da obrigação pecuniária resultante do crédito inadimplido.

Dessa forma, esse direito subjetivo que se configura em um *poder* de alterar a situação jurídica patrimonial do devedor, expropriando os seus bens para satisfazer a obrigação inadimplida, corresponde àqueles *direitos potestativos* que só podem ser obtidos e realizados por intermédio do Poder Judiciário, tais como o *direito potestativo de anular um casamento*, o de *requerer falência*, o de *decretar a interdição* etc.[9] Mas, frise-se: não basta ter o direito à responsabilização patrimonial contra o devedor/responsável, pois é preciso que isso esteja revelado num documento com eficácia de título executivo judicial ou extrajudicial.

No caso da responsabilidade patrimonial, a razão de esse direito potestativo só ser realizado em concreto por intermédio do Poder Judiciário reside no fato de que é apenas este que detém o poder estatal de realizar a expropriação do patrimônio do responsável para satisfazer a obrigação inadimplida. É o Estado-juiz que tem reservado para si o poder coativo de submeter o responsável ao referido direito potestativo, realizando em concreto a responsabilidade patrimonial.

E ante esse poder estatal nada pode fazer o devedor. Ele se submete, podendo apenas controlar a regularidade e a validade do processo judicial de expropriação do

---

9. Segundo Chiovenda, ao tratar dos direitos potestativos, "(...) esses poderes (que não devem confundir com as simples manifestações de capacidade jurídica, como a faculdade de testar, de contratar, de semelhantes, a que não corresponde nenhuma sujeição alheia) se exercitam e atuam mediante simples declaração de vontade, *mas, em alguns casos, com a necessária intervenção do juiz* (*sentença constitutiva*, de que nos ocuparemos adiante, § 8.º). Têm todas de comum tender à produção de um efeito jurídico que dispensa o concurso da vontade do sujeito, ou qualquer atitude dele. São poderes puramente ideais, criados e concebidos pela lei (...)" (Giuseppe Chiovenda. *Instituições de direito processual civil*. 3. ed. São Paulo: Saraiva. v. 1, p. 15.

seu patrimônio, ou seja, os limites legais de exercício desse direito potestativo. Não há, por parte do responsável patrimonialmente, um dever jurídico ou um contradireito. Há uma situação jurídica passiva de *sujeição patrimonial*. Enfim, uma sujeição ao direito potestativo que lhe é imposto e que atua sobre a sua esfera jurídica, criando (extinguindo, modificando ou criando) uma nova situação jurídica.[10]

Não se confunde (1) o *direito de ação*, inerente a um ordenamento jurídico democrático e que está previsto no art. 5.º, XXXV da CF/1988 e refere-se ao *poder de exigir a tutela jurisdicional contra lesão ou ameaça a direitos*, com o (2) direito garantia patrimonial que está previsto na norma secundária de qualquer obrigação e que se refere ao *direito potestativo à expropriação dos bens do responsável para satisfazer os prejuízos causados pelo inadimplemento*. Não só este, como todo e qualquer direito contido no ordenamento jurídico pode e deve ser tutelado pelo poder jurisdicional, que é provocado mediante o exercício do direito de ação. Assim, pode-se exercer o direito de ação para proteger o direito à garantia (responsabilidade patrimonial) quando este for violado ou ameaçado antes mesmo do inadimplemento.

Frise-se, pois, que o fato de a realização da garantia patrimonial só poder se efetivar por intermédio de uma atuação processual não se lhe retira, de forma alguma, a sua ontologia de direito instrumental nascido no direito material. Está a responsabilidade no âmago da relação obrigacional.

Contudo, essa posição não é majoritária, antes o inverso.

Seguindo passos introduzidos por Liebman,[11] difundidos por Buzaid[12] e Dinamarco,[13] praticamente toda a doutrina processualista brasileira acolheu a posição processualista da responsabilidade patrimonial defendida pelo mestre italiano e seus seguidores da Faculdade do Largo de São Francisco.[14] Segundo Liebman, a responsabilidade patrimonial ou executória nada mais é do que um "estado de sujeição puramente processual, que não se identifica e nem se inclui na obrigação pela qual a execução se exerce".

---

10. Mesmo sem admitir tratar-se de um direito potestativo, Liebman reconhece a natureza constitutiva dos atos executivos ao afirmar que "atos executórios em sentido estrito, que são os mais importantes, porque é com eles que o órgão realiza as atividades de maior transcendência no caminho da atuação da sanção; o que caracteriza estes atos e os distingue dos da categoria anterior é a circunstância de afetarem de qualquer forma a condição jurídica dos bens sujeitos à execução. Neste sentido eles têm eficácia constitutiva; não podem, contudo, ser confundidos com as sentenças que encerram o processo de cognição; estas decidem uma lide, declarando qual seja a situação jurídica existente entre as partes e modificando-a de acordo com o que dispõe a lei (por exemplo, rescindem um contrato, ou pronunciam o desquite) ao passo que os atos executórios, de que aqui se fala, não têm nenhuma lide a decidir, devendo apenas produzir alguma modificação na condição jurídica dos bens do executado, com a finalidade de preparar ou realizar a satisfação do credor (por exemplo, a arrematação, a adjudicação)".

11. Enrico Tulio Liebman. *Processo de execução*. 2. ed. São Paulo: Saraiva, 1963.

12. Alfredo Buzaid. *Do concurso de credores no processo de execução*. São Paulo: Saraiva, 1952. p. 16.

13. Cândido Rangel Dinamarco. *Instituições de direito processual civil*. 3. ed. São Paulo: Malheiros, 2009. v. IV, p. 352 e ss.

14. Exceção feita, dentro da própria Faculdade, ao excepcional José Frederico Marques. *Instituições de direito processual civil*. 3. ed. Rio de Janeiro: Forense, 1971. v. V, p. 78-79.

Obviamente, as teorias processualista e materialista possuem pontos em comum. E o principal deles é o de que o vínculo obrigacional é absolutamente diferente do vínculo da responsabilidade patrimonial, como veremos em tópico posterior.

O problema está em definir em que momento nasce a *responsabilidade patrimonial*. Nasceria com a ação executiva, porquanto seria ela chamada de *responsabilidade executória ou executiva*, ou como disse Emilio Betti que, *"na relação obrigacional, além do dever de cumprir a prestação, há também a responsabilidade que vincula os bens do devedor a garantir a satisfação do credor e que a essa responsabilidade corresponde".*[15] Mais do que uma simples divergência acadêmica, existem aí consequências sérias e importantes sobre situações jurídicas que venham a ser realizadas, justamente nesse período que separa a teoria materialista da processualista.

4. RESPONSABILIDADE PATRIMONIAL, EXECUÇÃO POR EXPROPRIAÇÃO E EXECUÇÃO REAL

Segundo Liebman, a responsabilidade executória (patrimonial) "consiste propriamente na destinação dos bens do vencido a servirem para satisfazer o direito do credor".[16] Por sua vez, preleciona Dinamarco que a responsabilidade patrimonial "ou responsabilidade executiva, se conceitua como a *suscetibilidade de um bem ou de todo um patrimônio a suportar os efeitos da sanção executiva".*[17]

A doutrina não diverge do conceito acima exposto. Aliás, se lidos os arts. 789 do CPC e 391 do CCB, não restam dúvidas de que a responsabilidade patrimonial está intimamente relacionada com a noção de que os bens que compõem o patrimônio do devedor, portanto, bens que lhe pertencem, devem responder pelo inadimplemento da obrigação por ele assumida.

É preciso compreender bem o fenômeno, partindo da seguinte premissa: em qualquer modalidade de prestação existe a responsabilidade patrimonial.

Ela é uma garantia geral de todas as obrigações e deveres de prestar. Assim, nas obrigações específicas (fazer ou não fazer ou entrega de coisa) ou de pagar quantia existe a garantia da responsabilidade patrimonial. Contudo, uma ressalva é muito importante para se compreender com rigor a incidência da responsabilidade patrimonial nas obrigações específicas.

É que quando se está diante de um fazer ou de um não fazer, quando acontece o inadimplemento da obrigação, o legislador prevê, no direito material, a possibilidade de o credor exigir em juízo, primeiro, a obrigação específica, ou seja, o cumprimento da própria norma primária (o fazer e não fazer ou a entrega da coisa específica), em vez

---

15. Emilio Betti. Concetto dell'obligazione costruito dal punto di vista dell'azione. *Studi nelle scienze giuridiche e social.* Universidade de Pavia, 1919. p. 97 e ss.

16. Op. cit., p. 60.

17. Op. cit., p. 351.

de substituir a obrigação específica pela satisfação pecuniária que será realizada pela imposição da responsabilidade patrimonial. Assim, apenas no caso de impossibilidade/inutilidade prática de cumprimento da obrigação específica, ou em algumas situações de opção do credor, é que se converte a obrigação em perdas e danos e o incumprimento desta prestação de pagar autoriza acionar a garantia patrimonial que permite, desde que munido de título executivo, excutir o patrimônio do responsável garantidor para dali extrair o numerário necessário para pagar os prejuízos sofridos com o inadimplemento.

Assim, chega a ser óbvia a noção de que a responsabilidade patrimonial está ligada à *tutela executiva expropriatória para pagamento de quantia*, porque essa é a maneira pela qual o Estado realiza a garantia e expropria o patrimônio do responsável. É o patrimônio que pertence ao responsável que será agredido pelo Estado, liquidado e entregue ao credor.

Não se deve confundir a responsabilidade patrimonial, por vezes chamada de responsabilidade executória, com o título executivo, seja ele judicial ou extrajudicial. São institutos diferentes, mas intimamente ligados, que se complementam para possibilitar a execução visando à expropriação de bens para pagamento de quantia. Sem o título executivo, não é possível dar início a uma execução judicial ou extrajudicial, pois ele é um requisito legal processual indispensável. Já sem a garantia patrimonial, não haveria patrimônio para satisfazer a execução, inviabilizando a satisfação do crédito. A existência da garantia patrimonial é lógica e cronologicamente antecedente à existência do título executivo, embora, nos títulos extrajudiciais, isso possa não ser tão fácil de se perceber.[18] Mas nos títulos judiciais isso fica muito claro, pois apenas quando se tem a sentença que reconhece a obrigação devida (e nela a responsabilidade patrimonial) é que se tem a formação do título executivo judicial.

Enquanto a responsabilidade patrimonial está embutida na relação jurídica obrigacional, funcionando como uma garantia de que o patrimônio do devedor pode ser utilizado para cumprir suas obrigações, o título executivo é o instrumento previsto em lei que autoriza o credor a instaurar uma relação jurídica executiva. O título deve revelar uma obrigação líquida, certa e exigível, indicando quem é o titular do direito à garantia patrimonial e o sujeito passivo cujo patrimônio se submeterá à execução.

Assim, a garantia patrimonial estabelece uma relação entre o titular do crédito e o sujeito titular do patrimônio que serve de garantia para o caso de não ser adimplida a prestação. Esta relação jurídica entre o *credor e o responsável* é estabelecida pela lei, como se observa nas cláusulas gerais do artigo 391 e 942 do CCB.

A princípio, não parece ser o ambiente da responsabilidade patrimonial qualquer situação ou relação jurídica que envolva, por exemplo, a tutela de um direito real, simplesmente porque nesta, *a priori*, em relação à obrigação originalmente concebida

---

18. Um contrato firmado entre o credor e o devedor que não esteja dentro das hipóteses do artigo 784 do CPC não será título executivo extrajudicial embora nele esteja inserida a clausula legal (art. 391 do CCB) da garantia patrimonial.

no plano do direito material, não se justifica qualquer submissão do patrimônio ou excussão de bens em favor de quem quer que seja. Diante de uma pretensão real, não há um devedor e tampouco inadimplemento, mas sim exercício de direito de sequela do titular do direito real que pretender reaver seu bem[19]. Nessa situação, a responsabilidade patrimonial, entendida como sujeição do patrimônio para garantir um adimplemento, só fará sentido, de forma subsidiária, se convolada em perdas e danos a tutela do direito real, porque a coisa teria sido, por exemplo, deteriorada ou não devolvida. Aí, sim, nessas hipóteses exsurge a responsabilidade patrimonial, na medida em que a *execução genérica ou subsidiária*, para pagamento de quantia, substitui o direito originariamente concebido. O vínculo da responsabilidade patrimonial com a execução por expropriação é lógico, extraído do próprio conceito do instituto (sujeição do patrimônio para garantir o adimplemento de qualquer modalidade de obrigação).

Entretanto, é curioso notar que, mesmo diante de uma pretensão de natureza real, não está presente, *a priori*, a hipótese de responsabilidade patrimonial, ainda assim pode o legislador, por ficção jurídica, a ela atribuir efeitos que sejam típicos, mas não exclusivos, da responsabilidade patrimonial, como, por exemplo, considerar ser fraude a execução não apenas os casos em que se esteja diante de um inadimplemento numa relação jurídica obrigacional.

É o que foi feito no art. 792, I, do CPC, pois nesses casos pode nem sequer haver devedor, mas mesmo assim o legislador impõe ao réu o dever de conservar a coisa em seu poder até que efetivamente seja devolvida ou entregue ao seu titular. Ao considerar como fraude à execução a alienação desse bem enquanto sobre ele pender demanda fundada em direito real, o legislador estende um típico efeito da responsabilidade patrimonial (fraude à execução) a um instituto que, na sua essência, não é afeto à responsabilidade patrimonial.

Não há nesse caso a *responsabilidade patrimonial*, mas sim fraude à execução, ou o instituto da fraude à execução, que, seja normalmente, se apresenta como um efeito decorrente da responsabilidade patrimonial a esta não se limita, podendo ser alargado para outras hipóteses, como a do referido art. 792, I.

5. MOMENTO DE FORMAÇÃO DA RESPONSABILIDADE PATRIMONIAL

5.1 A responsabilidade patrimonial no CPC

No Código de Processo Civil, a responsabilidade patrimonial está inserta na Parte Especial, Livro II, Título I ("Da execução em Geral"), Capítulo V. Com isso, o legislador pretende dizer que tal instituto é componente basilar da atividade jurisdicional executiva. Entretanto, observações precisam ser feitas:

---

19. Na pretensão real o bem é o fim a ser alcançado, na responsabilidade o bem (patrimônio) é meio para se obter a satisfação do direito.

(1) O fato de estar prevista no Livro II não significa que não se opera o mecanismo em outras situações do CPC em que também exista tutela jurisdicional executiva, por exemplo, nas hipóteses de cumprimento de sentença previstas nos arts. 520, 523 etc. do CPC.

(2) Não obstante esteja inserida nos aspectos gerais da tutela executiva, a responsabilidade patrimonial, que dá suporte à invasão do Estado no patrimônio do devedor inadimplente, só servirá de garantia ao adimplemento se não for possível a obtenção da tutela específica, tal como acontece nas obrigações de entrega de coisa e fazer e não fazer.

(3). Especialmente nos casos de obrigações solidárias decorrentes de atos ilícitos para que todos os sujeitos ofensores possam ser posteriormente executados é preciso que esta corresponsabilidade seja reconhecida na sentença e que contra todos tenha se formado um título executivo (art. 513, § 5º do CPC).

(4) A garantia patrimonial é um instituto que nasce no direito material, mas se projeta no processo (bifronte) porque a expropriação de bens do patrimônio de uma pessoa como forma de garantir os prejuízos resultantes do inadimplemento de uma prestação se faz por meio do processo, daí porque existem no processo uma série de regras atinentes à responsabilidade patrimonial.

O instituto, portanto, vem descrito inicialmente no art. 789 do CPC, no qual se lê que:

> "O devedor responde com todos os seus bens presentes e futuros para o cumprimento de suas obrigações, salvo as restrições estabelecidas em lei".

O primeiro aspecto que sobressai na análise do dispositivo é o fato de que o CPC utilizou uma unidade temporal fluida para designar o momento de incidência da responsabilidade patrimonial, e é justamente por causa disso que ainda existem vacilações sobre o momento em que nasce a figura em tela.

5.2 Origens do dispositivo

No âmbito do direito processual civil, o art. 789 tem sua origem próxima ao art. 591 do CPC de 1973, que tinha a seguinte redação:

> Art. 591. O devedor responde, para o cumprimento de suas obrigações, com todos os seus bens presentes e futuros, salvo as restrições estabelecidas em lei.

Antes deste dispositivo acima, o CPC vigente era o de 1939, data em que não se tinha ainda sedimentada, no Brasil, a doutrina alemã do *Schuld und Haftung*, que distinguiu as figuras do *débito e da responsabilidade* como institutos diversos.

Mesmo assim, se lia no art. 888[20] quais os bens que se sujeitavam à execução, que, como vimos, é algo (a indicação de quais bens se sujeitam à execução) que tem uma amplitude maior do que o fenômeno da *responsabilidade patrimonial*.

No âmbito do direito civil, prescrevem os arts. 391 e 942 do CCB que:

> Art. 391. Pelo inadimplemento das obrigações respondem todos os bens do devedor.
>
> Art. 942. Os Bens do responsável pela ofensa ou violação do direito de outrem ficam sujeitos à reparação do dano causado; e, se a ofensa tiver mais de um autor, todos responderão solidariamente pela reparação.

Antes desse diploma, era vigente o Código Civil de 1916, que, pelas mesmas razões citadas para o CPC de 1939, não continha regra semelhante.

No direito alienígena iremos encontrar dispositivos quase idênticos ao art. 789 do CPC.

Assim, por exemplo, o art. 2.740 do Código Civil Italiano de 19.04.1942, no qual se lê que "*Il debitore risponde dell'adempimento delle obbligazioni con tutti i suoi beni presenti e futuri. Le limitazioni della responsabilita' non sono ammesse se non nei casi stabiliti dalla legge* (o devedor responde pelo adimplemento das obrigações com todos os seus bens presentes e futuros. As limitações da responsabilidade não são admitidas senão nos casos estabelecidos em lei)".

No CPC português, precisamente na seção destinada à penhora e na subseção que cuida dos bens que podem ser objeto da execução, encontra-se o art. 821, que contém a seguinte redação:

> "1. Estão sujeitos à execução todos os bens do devedor suscetíveis de penhora que, nos termos da lei substantiva, respondem pela dívida exequenda. 2. Nos casos especialmente previstos na lei, podem ser penhorados bens de terceiro, desde que a execução tenha sido movida contra ele. 3 A penhora limita-se aos bens necessários ao pagamento da dívida exequenda e das despesas previsíveis da execução, as quais se presumem, para o efeito de realização da penhora e sem prejuízo de ulterior liquidação, no valor de 20%, 10% e 5% do valor da execução, consoante, respetivamente, este caiba na alçada do tribunal da comarca, a exceda, sem exceder o valor de quatro vezes a alçada do tribunal da relação, ou seja superior a este último valor".

Ainda no Código Civil lusitano, no art. 601 (no capítulo das garantias gerais da obrigação e sob o codinome de princípio geral) prescreve o legislador que

> "'pelo cumprimento da obrigação respondem todos os bens do devedor susceptíveis de penhora, sem prejuízo dos regimes especialmente estabelecidos em consequência da separação de patrimónios".

---

20. Art. 888. Ficarão sujeitos à execução os bens:

I – do sucessor singular, se se tratar de ação real;

II – do sócio, nos termos da legislação civil e comercial;

III – do vencido, quando em poder de terceiro;

IV – da mulher casada, nos casos em que os seus bens próprios, ou a sua meação, respondam pela dívida;

V – alienados ou hipotecados em fraude de execução.

Da leitura dos diplomas alienígenas percebe-se uma semelhança muito grande da redação do art. 2.740 do CC Italiano com o texto do nosso CPC. Igualmente, extrai-se dos demais diplomas citados, o que também pode ser comprovado pela legislação de outros países de tradição romano-germânica em que há uma separação muito clara entre o que seja débito e responsabilidade.

E, mais ainda, nesses diplomas, embora o tema esteja inserto em Códigos de Processo Civil, o tema é tratado sob a matiz do direito material, como o Código Civil português, reconhecendo a *responsabilidade patrimonial* como um direito de garantia geral do adimplemento das obrigações. É exatamente assim como pensamos e tivemos a oportunidade de sustentar em trabalho acadêmico que corou minha condição de professor titular da UFES e que acabou ganhando uma versão comercial.[21]

5.3 Devedor e responsável: classificações

5.3.1 O devedor e o responsável

O sujeito passivo da responsabilidade patrimonial não é, necessariamente, o devedor, mas qualquer pessoa, inclusive ele, que pode estar na condição de titular do patrimônio *responsável* pelo inadimplemento do devedor.

É claro que será típico, normal e vulgar que o sujeito passivo da responsabilidade patrimonial seja o próprio devedor, isto é, que a mesma pessoa que ostenta a condição de sujeito com o dever de prestar a obrigação coincida com aquele que seja o titular do patrimônio que garantirá/suportará os prejuízos resultantes do inadimplemento. O normal é que os sujeitos da relação débito/crédito sejam também os sujeitos da relação crédito/responsabilidade.

Entretanto, dada a distinção entre os institutos do débito e da responsabilidade, é possível que a dívida recaia sobre uma pessoa, o devedor, e a responsabilidade recaia sobre outra, um terceiro alheio à relação de direito material, mas que por razões convencionais ou legais tenha o seu patrimônio ou parte dele dado como garantia do adimplemento da obrigação do qual ele não faz parte.

Assim, v.g. quando um terceiro oferta um bem seu em hipoteca para garantir uma dívida feita por um amigo, estará ele se responsabilizando, com uma garantia real (hipoteca), pelo eventual inadimplemento do amigo. É o clássico exemplo de alguém ser responsável por uma dívida de outro. A mesma coisa do fiador que garante a locação feita pelo amigo. Neste exemplo quem mora no apartamento e dele usufrui é o devedor, mas em caso de inadimplemento, tanto o devedor quanto o fiador serão responsáveis e garantirão com os seus patrimônios os prejuízos resultantes do inadimplemento da prestação pelo devedor.

---

21. RODRIGUES, Marcelo Abelha. *Responsabilidade patrimonial pelo inadimplemento das obrigações*. 2ª edição. São Paulo: Foco editora. 2024.

Não é correto, portanto, o dispositivo legal da execução quando usa o termo devedor (terminologia do sujeito da relação obrigacional) em vez de *responsável*. É o responsável, seja ele devedor ou não, que suportará os atos de expropriação para garantir o inadimplemento da obrigação ao qual seu patrimônio está vinculado. Neste particular, embora desnecessariamente casuística, a terminologia utilizada pelo CPC no artigo 779 deixa claro ao falar em *devedor e em responsável* como aqueles que podem ocupar o polo passivo da execução:

> Art. 779. A execução pode ser promovida contra:
>
> I – o devedor, reconhecido como tal no título executivo;
>
> II – o espólio, os herdeiros ou os sucessores do devedor;
>
> III – o novo devedor que assumiu, com o consentimento do credor, a obrigação resultante do título executivo;
>
> IV – o fiador do débito constante em título extrajudicial;
>
> V – o responsável titular do bem vinculado por garantia real ao pagamento do débito;
>
> VI – o *responsável* tributário, assim definido em lei.

No rol acima elenca o legislador as hipóteses de *devedor que ao mesmo tempo é o responsável* e de *responsável* que não necessariamente é o devedor no plano do direito material.

Nunca é demais frisar que não basta ser *responsável* pela dívida própria ou alheia; é mister que esta responsabilidade (do devedor ou de outrem) esteja reconhecida num título executivo judicial ou extrajudicial. O requisito do título executivo é indispensável para se dar início a uma relação processual executiva.

5.3.2 Classificação

5.3.2.1 A responsabilidade patrimonial primária e secundária

A classificação da "responsabilidade patrimonial" em *primária* e *secundária* foi feita por Liebman[22] que, por sua vez, adotava a posição de Carnelutti[23] de que a responsabilidade patrimonial teria natureza processual[24], afastando-se da corrente privatista e dualista das obrigações que tinha como um dos maiores expoentes o notável civilista Emilio Betti[25] e, na Alemanha, essa classificação já se desenvolvia de forma robusta com os trabalhos de Brinz e Gierke.

> A execução civil no Brasil é AC/DC, antes e depois de Cândido Rangel Dinamarco, por toda contribuição que este notável jurista dedicou ao estudo teórico do tema, num momento em que as bases conceituais de suas categorias fundamentais ainda estavam incipientes no país. Por sua vez, Cândido, foi um dos

---

22. LIEBMAN, Enrico Tullio. *Processo de execução*. 3. ed. São Paulo: Saraiva, 1968, n. 41, p. 79.
23. CARNELUTTI, Francesco. *Diritto e Processo*. Napoli: Morano, 1958, p. 315-316.
24. LIEBMAN, Enrico Tullio. Processo de execução, 3. ed., p. 61.; LIEBMAN, Enrico Tulio. *Manual de Direito Processual Civil*. Vol. 1, Forense: Rio de Janeiro, 1984, p. 209.
25. BETTI, Emilio. *Teoría Generalde las Obligaciones*, t. 1, Editorial Revista de Derecho Privado: Madrid, 1969.

CAPÍTULO IV • EXECUÇÃO CIVIL E RESPONSABILIDADE PATRIMONIAL

mais diletos pupilos de Liebman, um dos ícones mundiais da fase autonomista do direito processual tão desenvolvida na Alemanha e Itália.

Liebman, citando Carnelutti, defendeu a natureza processual da responsabilidade patrimonial não sem antes explicitar que o tema fervilhava na doutrina, mencionando inclusive a posição materialista sobre o tema (notável de Emilio Betti)[26.] A posição do mestre Liebman[27] no clássico "processo de execução" (São Paulo, Saraiva, 1946) foi entre nós defendida pelo seu pupilo Dinamarco já na sua tese de livre docência na Faculdade de Direito da Universidade de São Paulo intitulada de "execução civil", que veio a se tornar logo depois um clássico na sua versão comercial.[28] Cândido é, sem qualquer favor, o maior processualista brasileiro sobre o tema da execução civil, e, todas homenagens são justas e merecidas, embora tímidas pelo acervo científico que nos proporciona. No entanto, em nosso sentir o direito processual civil e o direito civil amadureceram para um estágio posterior de refundação de ambos, redescobrindo o seu papel instrumental do processo na vida, anseios e direitos das pessoas – aqui, inclusive com trabalho hercúleo de Dinamarco.[29] Nesta lenta evolução, mas rápida transformação social, é que se insere ao nosso ver, atualmente, o reconhecimento da natureza material da garantia patrimonial. Não haveria "responsabilidade executiva" se não houvesse, antes, um direito material subjacente (garantia patrimonial) que lhe dá suporte e que legitima a sua atuação. Longe de afastar a natureza material, os argumentos da tese processualista reforça e conecta com aquela.

Para Carnelutti, a responsabilidade não teria natureza material, mas sim processual, ou seja, uma relação jurídica processual, invocando que corresponderia à ação executiva ensejadora de uma relação entre credor e estado-juiz que imporia uma "sujeição" e não uma "obrigação"[30].

Como já pontuado, não há relação jurídica de direito processual sem um direito material subjacente seja ele de que natureza for. A *tutela jurisdicional* impõe uma solução necessariamente prevista e acobertada pelo direito material. O que justifica a possibilidade de excutir o patrimônio do executado, colocando-o numa posição de sujeição como acertadamente menciona Carnelutti, é justamente a existência dessa "respondência" existente no plano de direito material e contida na estrutura da relação obrigacional.

É no direito material que está descrito que "o patrimônio do devedor responde pelo inadimplemento da prestação" ou que "os bens do responsável pela ofensa ou violação do direito de outrem ficam sujeitos à reparação do dano causado; e, se a ofensa tiver mais de um autor, todos responderão solidariamente pela reparação". A questão importante a *decifrar* é o que significa, no plano de direito material, a "respondência" em caso de inadimplemento.

Coube a Emilio Betti[31] a sagaz observação de que não haveria no direito italiano uma palavra que corresponderia com absoluta precisão conceitual ao termo alemão

---

26. C.F. *Teoria generale del negozio giuridico*. Torino, Unione Tipografico-editrice Torinese, 1943.

27. LIEBMAN, Enrico Tullio. *Processo de execução*. São Paulo, Saraiva, 1946.

28. DINAMARCO, Cândido Rangel. *Execução civil*: a execução na teoria geral do direito processual civil. São Paulo, Revista dos Tribunais, 1972.

29. C.F. A Instrumentalidade do processo. São Paulo, Revista dos Tribunais, 1987.

30. CARNELUTTI, Francesco. *Diritto e Processo*. Napoli: Morano, 1958, p. 315-316.

31. BETTI, Emilio. *Teoría Generalde las Obligaciones*, t. 1, Editorial Revista de Derecho Privado: Madrid, 1969, p. 254: "La palabra italiana que equivaldría mejor al concepto de "Haftung" sería la de "garantía", Pero esta palabra expresa el lado activo de la relación de responsabilidad, no el lado pasivo como la palabra alemana, o como la latina de "obligatio", en el sentido asumido por ella en la expresión "obligatio rei"".

haftung, ao analisar a teoria dualista de Brinz (*schuld/haftung*), para em seguida concluir que a palavra mais próxima de *haftung* seria o de "garantia" do lado ativo e do lado passivo, algo que se aproximasse de "coisa obrigada".

De fato, o que prevê a regra da "responsabilidade patrimonial" é que, desde a formação da obrigação, existe o reconhecimento de que, se acontecer o inadimplemento imputável ao devedor, o seu patrimônio atual e futuro responderá pela dívida inadimplida. Há uma situação atual regulamentando uma situação futura, incerta e possível de acontecer. Estabelece-se uma regra atual para garantir o futuro, sendo que a regra do futuro é justamente a de submissão do patrimônio garantidor. A garantia patrimonial é uma proteção contra o risco, trazendo paz e segurança à proteção dos credores comuns.

Essa equação implica reconhecer que a "submissão do patrimônio do devedor" está posta desde a formação da relação obrigacional como uma garantia para um evento incerto e futuro, ou seja, sabem credor e devedor que se esse último inadimplir a prestação, é o patrimônio dele que se sujeitará ao pagamento dos prejuízos. Isso é a "garantia patrimonial" que concede ao credor, caso de fato ocorra o inadimplemento do devedor, o direito de ele retirar deste patrimônio o numerário suficiente para cobrir o prejuízo que teve. Como isso não pode ser feito *per manus iniectio*, a tutela jurídica deste direito se realiza mediante o procedimento executivo expropriatório. Não se duvida de que o Judiciário está ali pronto para a atuação coativa dos direitos que não são cumpridos, mas nenhuma atuação coativa pode ser feita sem uma situação jurídica de direito material legitimante.

Frise-se: não é o "débito inadimplido" que legitima essa atuação, mas sim a previsão normativa de direito material de que "o patrimônio garante".

Retomando, a posição doutrinária defendida por Liebman teve forte adesão no solo brasileiro[32] e faz sentido atualmente apenas para compreender a distinção entre o *devedor (dívida)* e o *responsável (responsabilidade)*[33]. À sua época, defendendo a natureza processual com a maestria que lhe era peculiar, Liebman inclusive adjetivou a responsabilidade de *responsabilidade executiva*. No entanto, com a enorme evolução e sedimentação do conceito de obrigação a referida natureza jurídica processual da responsabilidade patrimonial nos parece superada como dito alhures, e a classificação que foi feita por Liebman de *primária e secundária* – inegavelmente importante do ponto de vista acadêmico – pode levar a falsas conclusões, se não for compreendido o contexto em que foi idealizada, pois, como dito, é majoritária a posição de que a *responsabilidade*

---

32. CASTRO, Amilcar de. *Do procedimento de execução*: Código de processo civil – livro II – arts. 566 a 747, Rio de Janeiro, Forense, 2000; LIMA, Alcides de Mendonça. *Comentários ao Código de Processo Civil*. Rio de Janeiro: Forense, 1974, v. VI, t. II, n. 1.041, p. 471; ASSIS, Araken. *Manual da execução*. 18. edição, São Paulo: Revista dos Tribunais. 2016, p. 292; THEODORO Jr., Humberto. *Curso de Direito Processual Civil*, vol. III, 52. edição, Rio de Janeiro: Forense (Grupo Editorial Nacional), 2019, item 221.

33. *Schuld* corresponderia ao dever de prestar (dívida), e, *haftung*, à responsabilidade patrimonial (sujeição do patrimônio para garantir a satisfação da dívida). Assim, por exemplo, o fiador não é o *devedor*, mas tem *responsabilidade* pela dívida do afiançado.

patrimonial integra a relação jurídica obrigacional e, portanto, não seria um instituto de direito processual, ainda que no processo executivo seja concretizada.

O equívoco que a classificação pode causar é de que ela possa sugerir a existência de uma obrigatória ordem de prioridade na responsabilização patrimonial, como se sempre o patrimônio do *devedor* tivesse que ser primeiramente atingido em relação ao *responsável*, ou, inversamente, de que este só poderia sujeitar seu patrimônio se o devedor tivesse sujeitado o seu em primeiro lugar.

Entende-se que já restou muito claro neste trabalho, a "responsabilidade patrimonial" enseja um direito material de garantia previsto na lei para os credores comuns e, com o inadimplemento, a *existência da garantia* passa à necessidade de *efetivação desta garantia*.[34] Logo, se além do próprio devedor, que é naturalmente *responsável garantidor*, há um outro sujeito que se responsabilizou pela dívida, é sobre ambos que incidirá a garantia da responsabilização patrimonial.

Embora intuitivamente haja inclinação para se pensar que exista uma ordem de preferência para excussão de um patrimônio do devedor em relação ao do responsável pela dívida alheia não necessariamente isso ocorrerá, pois pode, perfeitamente:

(a) não existir preferência/ordem alguma,

(b) pode existir preferência de excussão do patrimônio do devedor sobre o do responsável como também;

(c) pode existir a incomum situação de ordem de preferência de excussão do patrimônio do responsável pela dívida alheia para subsidiariamente atingir o patrimônio do próprio devedor inadimplente.

Observe-se que pelo fato de que a responsabilidade patrimonial integra a própria estrutura da relação obrigacional, então, logo se vê que não sendo o próprio devedor o garantidor de dívida alheia, este sujeito não é um "*terceiro*" que esteja fora da relação obrigacional. Reitere-se que justamente porque a relação jurídica obrigacional engloba tanto o débito quanto a responsabilidade não se pode dizer que o sujeito que é responsável pelo débito alheio *não é terceiro nesta relação obrigacional*. A distinção dos personagens no plano do débito e da responsabilidade não coloca o garantidor na condição de "terceiro".

Isso fica claro num exemplo do nosso cotidiano:

A locador contrata com B locatário a locação de imóvel X e C, fiador, assume a responsabilidade de garantir a dívida de B. O dever de pagar e o benefício da moradia serão exercidos pelo locatário. É ele quem *deve*. No entanto, se não o fizer como determina o contrato, um outro sujeito C que integra o contrato (não é um *terceiro* na relação jurídica contratual) assumiu a *responsabilidade* pela eventual dívida do locatário. Imaginando que este contrato seja um título executivo extrajudicial e que expressamente C tenha renunciado ao benefício de ordem, então, o locador A poderá cobrar/executar a quantia e retirar o numerário correspondente do patrimônio de B quanto de C, sem ordem de preferência. Pode, inclusive, optar por executar apenas C, caso entenda que suas chances de obter mais rapidamente o seu direito seja buscando a tutela apenas quanto ao fiador.

---

34. "(...) às garantias especiais, que são aquelas estipuladas como um extra. Representa, pois, um reforço à garantia geral, que é o patrimônio do devedor". MENEZES CORDEIRO, António. *Tratado de Direito Civil Português*. v. II, t. IV, Coimbra: Almedina, 2010, p. 503.

Aquele que suportará a futura expropriação do patrimônio em um procedimento executivo será o *responsável* pela dívida (devedor / garantidor), desde que, obviamente, tenha sido vencido na ação de conhecimento ou que figure no título executivo extrajudicial.

Não parece suficientemente completa a afirmação de que o patrimônio do devedor é *"o primeiro exposto aos meios executórios"*, só porque o sujeito é *devedor* e ao mesmo tempo *responsável*. Isso porque também estará igualmente exposto, sem ordem de prioridade, o patrimônio do garantidor que conste no título executivo judicial ou extrajudicial.

Isso quer dizer que tanto o *responsável primário* quanto o *secundário,* usando a terminologia de Liebman para designar o *devedor e o "terceiro" garantidor de dívida alheia*, estarão sujeitos, sem ordem de preferência, à sujeição patrimonial para satisfação da dívida inadimplida.

Alcunhar de responsável *primário* o *devedor*, porque é ele que deve adimplir a prestação, e *secundário* o garantidor da dívida por ele não assumida, não altera em absolutamente nada a ordem de sujeição patrimonial de ambos. Sendo o devedor naturalmente responsável e existindo um garantidor de dívida alheia, ambos responderão patrimonialmente, *a priori*, sem ordem de preferência, como sugere a terminologia utilizada para classificar as distintas posições de quem deve e de quem é responsável sem dever.

Apenas para deixar ainda mais clara a nossa crítica, o vocábulo "primário" indica o que vem em primeiro lugar e "secundário" é o que vem em segundo. Logo, são palavras relacionais e transitivas que perpassam a noção de ordem, porque um objeto só pode ser "primário" ou "secundário" em relação a outro objeto.

Esta óbvia explicação acima serve para perceber a equivocada adjetivação da expressão "responsabilidade patrimonial" com o vocábulo "primário" ou "secundário" *com o sentido que se lhe quer emprestar.*

Ora, se a responsabilidade *primária ou secundária* serve apenas para designar, respectivamente, a responsabilidade do devedor e de outrem pelo débito alheio, então a terminologia é válida, embora conceitualmente criticável. Porém, se além disso, pretender dizer que é "primária" ou "secundária" para sustentar uma ordem de prioridade de submissão patrimonial então a classificação pode conduzir a equívocos.

Daí porque a classificação de Liebman pode gerar riscos de interpretação, pois inúmeros são os casos em que o "responsável secundário" pode ser conjuntamente demandando/executado com o "responsável primário" sem que exista qualquer ordem de prioridade de excutir primeiro o patrimônio deste e depois daquele.

Assim, só se poderia afirmar ser a responsabilidade patrimonial de A como sendo "primária" e a de B "secundária", se sempre houvesse nestas situações uma ordem preferencial de sujeição da garantia patrimonial de A em relação a B, o que definitivamente não é verdadeiro.

Por isso, não parece adequada, embora consagrada, a utilização da expressão "responsabilidade patrimonial primária e secundária" para dizer que aquela é do devedor que assumiu a dívida e a secundária seria do garantidor débito alheio, pois na estrutura da relação jurídica obrigacional há a dívida e também a responsabilidade e, embora alguém possa ser responsável pela dívida de outrem, se ambos constam no título executivo, então o exequente pode promover a execução contra o "primário" e ou conta o "secundário", de forma que não haverá uma ordem de preferência em relação à sujeição patrimonial de um ou de outro, ou excepcionalmente, haverá a possibilidade de alegar o benefício de ordem pelo secundário.

Ademais, em nada altera a conclusão acima, antes a confirma o fato de o legislador material trazer situações específicas de *ordem de prioridade de excussão do patrimônio do devedor antes do responsável* como o *benefício de ordem* na fiança[35].

Segundo o art. 827 do CCB:

> Art. 827. O fiador demandado pelo pagamento da dívida tem direito a exigir, até a contestação da lide, que sejam primeiro executados os bens do devedor.
>
> Parágrafo único. O fiador que alegar o benefício de ordem, a que se refere este artigo, deve nomear bens do devedor, sitos no mesmo município, livres e desembargados, quantos bastem para solver o débito.

Observa-se que o dispositivo pressupõe que o fiador tenha sido demandado e, na condição de legitimado passivo da demanda, possa arguir o *benefício de ordem* como aliás determina o artigo 794 do CPC:

> Art. 794. O fiador, quando executado, tem o direito de exigir que primeiro sejam executados os bens do devedor situados na mesma comarca, livres e desembargados, indicando-os pormenorizadamente à penhora.
>
> § 1º Os bens do fiador ficarão sujeitos à execução se os do devedor, situados na mesma comarca que os seus, forem insuficientes à satisfação do direito do credor.
>
> § 2º O fiador que pagar a dívida poderá executar o afiançado nos autos do mesmo processo.
>
> § 3º O disposto no caput não se aplica se o fiador houver renunciado ao benefício de ordem.

Como se observa acima, não há que se falar em ordem secundária de *responsabilidade* do garantidor de dívida alheia, pois o eventual *benefício de ordem* previsto pode ser renunciado expressamente ou nem sequer existir se ele se obrigou como principal pagador ou como devedor solidário. Logo, pode haver responsabilidade sem débito (garantidor de dívida alheia), que exponha o patrimônio do responsável ao mesmo tempo e em pé de igualdade (na mesma ordem) do patrimônio do devedor inadimplente sem qualquer relação de preferência de submissão patrimonial.

Observe-se que não é o fato de ser "responsável secundário", *tout court*, que dá a tal sujeito algum privilégio em relação à ordem de sujeição patrimonial. Ao assumir a

---

35. Art. 828. Não aproveita este benefício ao fiador:

   I – se ele o renunciou expressamente;

   II – se se obrigou como principal pagador, ou devedor solidário;

   III – se o devedor for insolvente, ou falido.

responsabilidade por dívida alheia, ele é tão sujeito passivo de eventual responsabilização patrimonial, quanto o é o "devedor" tido como "responsável primário". Apenas em casos específicos é que a lei pode dar o benefício de expropriação patrimonial prioritária do devedor em relação àquele que garantiu responsabilizar-se por dívida alheia.

Curiosamente, há hipóteses legais em que o garantidor de dívida alheia (alcunhado de responsável secundário), tem o seu patrimônio posto em ordem de prioridade de excussão em relação ao próprio devedor, alcunhado de responsável primário.

Prevê o artigo 928 do CCB que "*o incapaz responde pelos prejuízos que causar, se as pessoas por ele responsáveis não tiverem obrigação de fazê-lo ou não dispuserem de meios suficientes*". Aqui nesta hipótese o incapaz é o devedor e "responsável primário", mas são os patrimônios de seus pais (responsáveis secundários) que responderão prioritariamente pela dívida do filho.

A desmistificação de que a terminologia *primário responsável e secundário responsável* nada tem a ver com a ordem de preferência de excussão da garantia patrimonial pode ser colhida dos arts. 794 e 795 do CPC:

> Art. 795. Os bens particulares dos sócios não respondem pelas dívidas da sociedade, senão nos casos previstos em lei.
>
> § 1º O sócio réu, quando responsável pelo pagamento da dívida da sociedade, tem o direito de exigir que primeiro sejam excutidos os bens da sociedade.
>
> § 2º Incumbe ao sócio que alegar o benefício do § 1º nomear quantos bens da sociedade situados na mesma comarca, livres e desembargados, bastem para pagar o débito.
>
> § 3º O sócio que pagar a dívida poderá executar a sociedade nos autos do mesmo processo.
>
> § 4º Para a desconsideração da personalidade jurídica é obrigatória a observância do incidente previsto neste Código.
>
> Art. 796. O espólio responde pelas dívidas do falecido, mas, feita a partilha, cada herdeiro responde por elas dentro das forças da herança e na proporção da parte que lhe coube.

No caso do artigo 794 do CPC, o que diz o *caput* é que a regra geral é a da separação patrimonial da pessoa jurídica em relação aos bens particulares dos sócios. Contudo, o próprio dispositivo prevê que existem situações dispostas na lei em que o patrimônio do sócio responde conjuntamente pela satisfação da dívida assumida pela sociedade, ou seja, além da própria sociedade ser responsável pela sua dívida, também serão responsáveis os patrimônios dos seus sócios.

Nessas hipóteses, desde que ambos constem no título executivo, poderão ser demandados, e, seus patrimônios, atingidos. Há *responsabilidade patrimonial* destes sujeitos que não são *devedores*, de forma que, não são "terceiros", tampouco estranhos à relação obrigacional, considerando que nela estão na condição de garantidores.

É o caso da sociedade em nome coletivo e na comandita simples, respectivamente nos arts. 1039 e 1045 do CCB:

> Art. 1.039. Somente pessoas físicas podem tomar parte na sociedade em nome coletivo, respondendo todos os sócios, solidária e ilimitadamente, pelas obrigações sociais.

Parágrafo único. Sem prejuízo da responsabilidade perante terceiros, podem os sócios, no ato constitutivo, ou por unânime convenção posterior, limitar entre si a responsabilidade de cada um.

Art. 1.045. Na sociedade em comandita simples tomam parte sócios de duas categorias: os comanditados, pessoas físicas, responsáveis solidária e ilimitadamente pelas obrigações sociais; e os comanditários, obrigados somente pelo valor de sua quota.

Parágrafo único. O contrato deve discriminar os comanditados e os comanditários.

Ainda se observa que o "benefício" trazido no artigo 794 do CPC é dado àqueles que seriam *responsáveis* junto com a própria pessoa jurídica. Conquanto sejam conjuntamente responsáveis, aí sim há o benefício de que *primeiro* se exproprie o patrimônio garantidor da devedora, e, residualmente, o dos sócios. Ambos são corresponsáveis, mas há preferência na ordem de expropriação patrimonial.

O que se poderia dizer para aproveitar a classificação de Liebman é que o responsável primário é quem *deve*, o próprio devedor, e o responsável secundário é aquele que *não deve, mas se responsabiliza* por garantir dívida alheia. Ambos são corresponsáveis (cogarantidores com seus respectivos patrimônios).

Já a questão da ordem de prioridade de excussão de um patrimônio em relação ao do outro sujeito é aspecto que não se prende a esta distinção. Enfim todo responsável secundário se sujeita à execução tal como o responsável primário (devedor), e apenas quando a distinção estiver prevista no direito material (na lei ou no negócio jurídico quando a lei assim permita), *normalmente* será o responsável secundário o sujeito contemplado com o "benefício da ordem" de excussão patrimonial, como no caso dos arts. 793 e 794 do CPC.

É o caso também do artigo 134 do CPC que estabelece expressamente que determinados sujeitos descritos nos incisos do artigo respondem também com o seu patrimônio quando houver "impossibilidade de exigência do cumprimento da obrigação principal pelo contribuinte". Observe que a *responsabilidade* destas pessoas[36] só incide *quando não for possível exigir do contribuinte*. Aqui, como ali, há uma *ordem preferencial* de expropriação patrimonial do devedor, e depois do responsável.

Aqui é importante ficar atento para mais um aspecto. É preciso observar a importantíssima regra de que em todos esses casos em que a lei ou o negócio jurídico preveem a responsabilidade, jamais um desses responsáveis poderá ter o seu patrimônio atingido se contra ele não existir título executivo judicial ou extrajudicial. Não basta ser um *garantidor com patrimônio responsável* para ser atingido pela expropriação judicial, como já dito alhures. É necessário que, além disso, exista contra ele um título executivo judicial ou extrajudicial que legitime atos de execução forçada contra o seu patrimônio (Cap. 03, item 4).

Daí porque, no exemplo do art. 134 do CTN acima mencionado, se no curso de uma execução fiscal constatar-se que o contribuinte não possui bens, não se pode, com uma

---

36. I – os pais, pelos tributos devidos por seus filhos menores; II – os tutores e curadores, pelos tributos devidos por seus tutelados ou curatelados; III – os administradores de bens de terceiros, pelos tributos devidos por estes; IV – o inventariante, pelos tributos devidos pelo espólio etc.

"canetada", *redirecionar* a execução contra os sujeitos descritos nos incisos do referido dispositivo, porque, embora *legalmente responsáveis secundários e subsidiários*, contra eles não há título executivo. A rigor, contra o responsável deveria ser formado o título executivo extrajudicial da mesma forma que se fez contra o devedor, mas se isso não se mostrar viável então será necessário, no mínimo, que se instaure um incidente cognitivo de corresponsabilidade dentro da execução para que contra o sujeito (até então um terceiro no processo) exista um título executivo. Apenas depois de formado o título executivo é que se pode redirecionar a execução, pois aí sim ele será um "executado", caso em que poderá opor-se à execução por meio de exceções à dívida e à responsabilidade. Igualmente, é exatamente o que diz o artigo 513, §° do CPC ao dizer que "o cumprimento da sentença não poderá ser promovido em face do fiador, do coobrigado ou do corresponsável que não tiver participado da fase de conhecimento". Veremos isso mais adiante.

5.3.2.2 A responsabilidade patrimonial principal e subsidiária

Ao invés de se considerar como "secundária" a responsabilidade apenas pelo fato de que o responsável não é o devedor (responsabilidade e débito não coincidem na mesma pessoa), melhor seria se fosse adotada a terminologia de *responsabilidade secundária, ou indireta ou subsidiária* apenas para os casos em que o *responsável por garantir a dívida alheia* tenha algum benefício legal ou convencional que lhe permita exigir que o seu patrimônio só seja expropriado depois de ter sido tentada, de modo infrutífera, a expropriação do patrimônio do devedor que inadimpliu a obrigação. Aí sim se teria uma situação de *ordem, prioridade, preferência, "secundariedade"* de excussão de um patrimônio (do devedor) em relação a outro (do responsável).

Existem inúmeros casos no direito material em que a lei estabelece a *responsabilidade subsidiária* de determinados sujeitos em razão do vínculo que mantém com o devedor (responsável primário, direto, principal). Um dos exemplos é o que se mencionou, valendo-se do artigo 134 do Código Tributário Nacional, pois apenas quando houver insuficiência patrimonial do contribuinte (devedor e responsável principal) é que poderá ser atingido o patrimônio dos sujeitos listados nos incisos do art. 134.

Exemplo bastante comum ocorre no processo trabalhista, como se pode observar na Súmula 331, IV do TST:

> IV – o inadimplemento das obrigações trabalhistas, por parte do empregador, implica a responsabilidade subsidiária do tomador dos serviços quanto àquelas obrigações, desde que haja participado da relação processual e conste também do título executivo judicial.

A hipótese acima tem sido regularmente aplicada nas situações de *terceirização* de forma que a empresa que contrata a empresa terceirizada é responsável *subsidiariamente* pelas obrigações trabalhistas se estas não forem honradas.

Nestes dois exemplos, o requisito necessário para que se possa excutir o patrimônio do responsável subsidiário é que o primeiro responsável não tenha patrimônio suficiente para satisfazer a dívida inadimplida. Obviamente, em ambos os casos deve haver título executivo contra o responsável subsidiário para que este possa sofrer a expropriação de bens do seu patrimônio[37].

5.3.2.3 Responsabilidade patrimonial subsidiária ou teoria menor da desconsideração da personalidade jurídica?

Em sequência ao que foi dito no tópico anterior é preciso apontar um equívoco criado pela jurisprudência brasileira, e que aos poucos vem sendo por ela sedimentado, que é o de atribuir ao fenômeno da responsabilidade patrimonial subsidiária (*garantia patrimonial subsidiária*) o nome de *teoria menor da desconsideração da personalidade jurídica*.[38]

Justifica-se o equívoco – ainda que bem-intencionado – pela forte influência (e estagnação) da teoria *processual* da responsabilidade patrimonial que não permitiu a jurisprudência enxergar, avançar e aplicar a responsabilidade patrimonial como um fenômeno do direito material. Este é o fato que explica a invenção da *teoria menor da desconsideração da personalidade jurídica*, ao invés de simplesmente tratar o fenômeno como *incidência do fenômeno da responsabilidade patrimonial subsidiária*. Trocando em miúdos, encontrou-se na criação da "teoria menor da desconsideração da personalidade jurídica" uma solução de direito material para situações que são, claramente, de responsabilidade patrimonial (legal) subsidiária, justamente porque o olho da maciça doutrina ainda está vendada para o fato de que aqui se trata de um fenômeno de direito material.

Bastaria a compreensão de que [a] a responsabilidade patrimonial nada mais é do que um direito material de garantia previsto em toda relação jurídica obrigacional e que, [b] em caso de inadimplemento do devedor, [c] proporciona ao credor o direito de retirar do patrimônio garantidor a quantia correspondente aos prejuízos do inadimplemento, para se perceber que [d] a garantia patrimonial pode ser *principal* ou *subsidiária* e que [e] o critério que a lei normalmente estabelece para que se retire do patrimônio garantidor subsidiário, e não do principal, o valor devido é justamente [f] a insuficiência (estado de "insolvência") deste último em relação àquele.

Entretanto, em acórdão publicado em 2004, o Superior Tribunal de Justiça, impulsionado pela interpretação dos arts. 28, §5º do CDC e art. 4º da Lei 9605, dá início à fixação da tese da "teoria menor da desconsideração da personalidade jurídica":

---

37. O artigo 4º da Lei 9605 prescreve que "Poderá ser desconsiderada a pessoa jurídica sempre que sua personalidade for obstáculo ao ressarcimento de prejuízos causados à qualidade do meio ambiente". A rigor, não parece ser caso de *desconsideração da personalidade jurídica*, tratada como *teoria menor*, mas sim de hipótese de responsabilidade patrimonial subsidiária.

38. Segundo Felipe Peixoto Braga Netto: "No Brasil, a prática jurisprudencial criou, a propósito da desconsideração da pessoa jurídica, duas teorias diferenciadas. São elas a teoria maior (em suas vertentes subjetiva e objetiva) e a teoria menor". BRAGA NETO, Felipe Peixoto. *Manual de direito do consumidor à luz da jurisprudência do STJ*. 10. ed. Podivm: Salvador, 2015, p. 273.

> RESPONSABILIDADE CIVIL E DIREITO DO CONSUMIDOR. RECURSO ESPECIAL. SHOPPING CENTER DE OSASCO-SP. EXPLOSÃO. CONSUMIDORES. DANOS MATERIAIS E MORAIS. MINISTÉRIO PÚBLICO. LEGITIMIDADE ATIVA. PESSOA JURÍDICA. DESCONSIDERAÇÃO. TEORIA MAIOR E TEORIA MENOR. LIMITE DE RESPONSABILIZAÇÃO DOS SÓCIOS. CÓDIGO DE DEFESA DO CONSUMIDOR. REQUISITOS. OBSTÁCULO AO RESSARCIMENTO DE PREJUÍZOS CAUSADOS AOS CONSUMIDORES. ART. 28, § 5º.
>
> (...). A teoria maior da desconsideração, regra geral no sistema jurídico brasileiro, não pode ser aplicada com a mera demonstração de estar a pessoa jurídica insolvente para o cumprimento de suas obrigações. Exige-se, aqui, para além da prova de insolvência, ou a demonstração de desvio de finalidade (teoria subjetiva da desconsideração), ou a demonstração de confusão patrimonial (teoria objetiva da desconsideração). A teoria menor da desconsideração, acolhida em nosso ordenamento jurídico excepcionalmente no Direito do Consumidor e no Direito Ambiental, incide com a mera prova de insolvência da pessoa jurídica para o pagamento de suas obrigações, independentemente da existência de desvio de finalidade ou de confusão patrimonial. Para a teoria menor, o risco empresarial normal às atividades econômicas não pode ser suportado pelo terceiro que contratou com a pessoa jurídica, mas pelos sócios e/ou administradores desta, ainda que estes demonstrem conduta administrativa proba, isto é, mesmo que não exista qualquer prova capaz de identificar conduta culposa ou dolosa por parte dos sócios e/ou administradores da pessoa jurídica. A aplicação da teoria menor da desconsideração às relações de consumo está calcada na exegese autônoma do § 5º do art. 28, do CDC, porquanto a incidência desse dispositivo não se subordina à demonstração dos requisitos previstos no caput do artigo indicado, mas apenas à prova de causar, a mera existência da pessoa jurídica, obstáculo ao ressarcimento de prejuízos causados aos consumidores. Recursos especiais não conhecidos. (REsp n. 279.273/SP, relator Ministro Ari Pargendler, relatora para acórdão Ministra Nancy Andrighi, Terceira Turma, julgado em 4/12/2003, DJ de 29/3/2004, p. 230.)

Esta posição, ano após ano, restou sedimentada no Superior Tribunal de Justiça como se observa no recente julgado:

> PROCESSUAL CIVIL. AGRAVO INTERNO NO AGRAVO EM RECURSO ESPECIAL. NEGATIVA DE PRESTAÇÃO JURISDICIONAL. INOCORRÊNCIA. FUNDAMENTAÇÃO. AUSENTE. DEFICIENTE. SÚMULA 284/STF. DESCONSIDERAÇÃO DA PERSONALIDADE JURÍDICA. TEORIA MENOR. ART. 28, § 5º, DO CDC.
>
> (...) 3. Nos termos do art. 28, § 5º, do CDC, a aplicação da teoria menor da desconsideração da personalidade jurídica da empresa é justificada pelo mero fato de a personalidade jurídica representar um obstáculo ao ressarcimento de prejuízos causados aos consumidores (Súmula 568/STJ). 4. Agravo interno não provido.
>
> (AgInt no AREsp n. 2.002.504/DF, relatora Ministra Nancy Andrighi, Terceira Turma, julgado em 2/5/2022, DJe de 4/5/2022.)

Como se observa nos arestos citados a insuficiência do patrimônio do responsável principal destrava a possibilidade de que o patrimônio dos sócios possa ser atingido.

A rigor, o que se quer dizer, é que não há desconsideração da personalidade jurídica quando a própria lei (art. 28, §5º do CDC e art. 4º da Lei 9.605) estabelece que o requisito para atingir o patrimônio do sócio é a insuficiência patrimonial do responsável principal.

Nestas hipóteses, denominada de "teoria menor da desconsideração da personalidade jurídica", o que se tem é apenas a previsão legal da responsabilidade patrimonial subsidiária, ou seja, nas dívidas da sociedade, se o seu patrimônio garantidor não for suficiente para satisfazer os prejuízos resultantes do seu inadimplemento, então é o patrimônio dos sócios que responderá subsidiariamente.

CAPÍTULO IV • EXECUÇÃO CIVIL E RESPONSABILIDADE PATRIMONIAL

Não há "quebra" nem "desconsideração" da personalidade jurídica como faz crer, erroneamente, o próprio texto do art. 4º da Lei 9605[39], bem como os arestos citados que sedimentaram uma "teoria menor" da desconsideração da personalidade jurídica.

Observe que nestas hipóteses não há nenhum "ilícito" ou "violação da boa-fé"[40] praticado contra a garantia patrimonial do responsável garantidor principal e nenhuma "sanção de desconsideração" é aplicada judicialmente, simplesmente porque desde o momento de constituição da obrigação já existe, por ordem legal, tanto a garantia patrimonial principal (naquele caso do devedor) e a garantia patrimonial subsidiária do sócio. O critério, absolutamente objetivo, para que incida a *garantia subsidiária* independe de qualquer verificação de ilicitude praticada pelo garantidor principal em relação à ocultação do seu patrimônio.[41] Logo, o magistrado não "rompe" a linha divisória da sociedade com os sócios simplesmente porque o patrimônio deste é garantidor subsidiário da sociedade que ele integra.[42]

Veremos mais adiante no capítulo 3, item 3 que é perfeitamente possível que a Lei, por opção política [como se vê no acórdão citado acima quando menciona a necessidade de proteger o consumidor], decida por estabelecer sujeitos responsáveis/garantidores (seus patrimônios) de dívidas alheias seja solidariamente, seja subsidiariamente, tudo para proporcionar maior segurança e proteção às relações creditícias.

No exemplo do art. 4º da Lei 9605, bem como no caso do artigo 28, §5º do CDC, foi a importância do direito tutelado e a hipossuficiência do consumidor e da coletividade (titular do meio ambiente ecologicamente equilibrado) que motivaram o legislador a estabelecer a responsabilidade patrimonial subsidiária de "terceiro" por dívida alheia. Nestas hipóteses o legislador nem foi "tão protetor assim", pois veremos no capítulo 3, item 3 que a responsabilidade patrimonial principal pode, excepcionalmente, recair sobre o "terceiro" e a responsabilidade patrimonial subsidiária recair sobre o "devedor", invertendo a ordem natural de qual patrimônio deve responder primeiro pela dívida inadimplida.

Considerando o que foi dito, dentre outras coisas, dois aspectos importantes devem restar claros.

O primeiro é que por não ser propriamente uma *desconsideração da personalidade jurídica* não há que se falar em *desconsideração inversa*, ou seja, a lei fixa apenas a garantia patrimonial subsidiária de "terceiro" (sócio) em relação ao devedor (sociedade),

---

39. Art. 4º Poderá ser desconsiderada a pessoa jurídica sempre que sua personalidade for obstáculo ao ressarcimento de prejuízos causados à qualidade do meio ambiente.

40. Sobre os pressupostos dogmáticos da desconsideração da personalidade jurídica, com enfoque na boa-fé, ver MENEZES CORDEIRO, António. O levantamento da personalidade colectiva. Coimbra: Almedina, 2000, p. 83 e ss.; 91 e ss.

41. Sobre a necessidade de existência de um ilícito para a desconsideração ver: NERY JÚNIOR, Nelson; NERY, Rosa Maria de Andrade. Código Civil Comentado, 6. ed. Editora Revista dos Tribunais: 2008, p. 249; BRUSCHI, Gilberto Gomes, "Aspectos Processuais da Desconsideração Jurídica", 2. ed., Saraiva, 2009.

42. Inclusive, nada impede que efetivamente se promova a desconsideração da personalidade jurídica do garantidor subsidiário no caso de fraude ou ilícito para furtar-se à sua responsabilidade patrimonial subsidiária.

mas não diz o inverso, qual seja, caso seja a pessoa física demandada e esta não tenha patrimônio suficiente para arcar com os prejuízos resultantes do inadimplemento, não está prevista na lei a garantia patrimonial subsidiária da sociedade. Isso não impede, como dito alhures, que possa ser efetivamente aplicada a regra da desconsideração da personalidade jurídica desde que exista ato ilícito de esvaziamento ou ocultação do patrimônio da pessoa física por meio da pessoa jurídica, caso em que o patrimônio desta será atingida.

O segundo aspecto é que todas as técnicas de proteção do patrimônio garantidor, preventivas (arresto, medidas sub-rogatórias, arrolamento de bens etc.) ou repressivas (ex. *fraude à execução e fraude contra credores*), se aplicam sem nenhuma dificuldade ao garantidor patrimonial subsidiário e, por não se tratar de "desconsideração propriamente dita", deve ser ele citado na demanda cognitiva para que contra ele seja formado o título executivo judicial.

5.4. Responde com todos os seus bens

5.4.1 *Limite da dívida é o limite do patrimônio garantidor*

Ao dizer que o *devedor* "responde com todos os seus bens", o que pretende o legislador é deixar claro que o *patrimônio do responsável*, conjunto de seus bens e direitos dotados de valor econômico se presta para garantir os prejuízos derivados do inadimplemento da obrigação ao qual ele está vinculado.

Obviamente, essa responsabilidade (garantia genérica) possui limite interpretativo. O primeiro limite é a própria dívida, ou seja, todos os bens do patrimônio do responsável se sujeitam à garantia da dívida no seu exato limite. Logo, quando se fala em *todos os seus bens*, quer-se dizer, na verdade, *todos os bens necessários para garantir a integralidade da dívida*. Ora, o limite do patrimônio que se submete é o limite da dívida.[43]

É importante deixar claro que, enquanto não for garantido o adimplemento, o patrimônio fica sob *estado de sujeição* ao *direito potestativo de expropriação do credor*, que só pode ser exercido por intermédio da tutela estatal executiva (expropriatória). Uma vez que o direito exequendo tenha sido satisfeito, cessam a responsabilidade patrimonial e o estado de sujeição.

Esse estado de sujeitabilidade do patrimônio do responsável nasce com a obrigação, trazendo segurança e tranquilidade para o credor, mas quando ocorre o inadimplemento do devedor o credor passa a buscar na *garantia patrimonial* o numerário necessário para cobrir os prejuízos resultantes do incumprimento da prestação.

---

43. A dívida executada é sempre maior do que a dívida que não levada a juízo. Por isso o dispositivo 907 determina que "Art. 907. Pago ao exequente o principal, os juros, as custas e os honorários, a importância que sobrar será restituída ao executado".

A propriedade do responsável sobre bens e valores que compõem o seu patrimônio se vê afetada pela responsabilidade patrimonial assumida de forma que, se o responsável pretender dilapidar seus bens de modo a desfalcar o patrimônio para fugir à sua responsabilidade, haverá a possibilidade de o credor exercer a tutela jurídica preventiva de proteção de seu direito (conservação do patrimônio para futura expropriação).

5.4.2 O patrimônio garantidor e sua limitação por convenção das partes

Ainda no campo das limitações da garantia patrimonial comum, com o incremento do tema dos *negócios jurídicos processuais* no CPC de 2015 (art. 190), esse assunto, que não era novo no processo civil brasileiro[44], voltou a ganhar relevo e destaque[45]. Entretanto, uma observação precisa ser feita, porque não será "processual", mas "material" o objeto da convenção que estabeleça regras de limitação da garantia patrimonial além daquelas que já estão diretamente previstas na lei.

O fato de essas limitações projetarem-se no processo e, mais precisamente, impondo limites à atuação executiva, não lhes retira o fato de que se situam no âmago da relação jurídica obrigacional, ou seja, elas são imunidades materiais convencionadas sobre bens e direitos que ficam excluídos de servir como garantia patrimonial contra o risco de inadimplemento. Assim, tais convenções que estabelecem limites à própria garantia patrimonial distinguem-se dos genuínos negócios jurídicos processuais que tenham por objeto restrições à atividade executiva (modos de execução)[46].

A limitação da responsabilidade patrimonial não é novidade no ordenamento jurídico como se observa no esquema legal das sociedades empresariais de responsabilidade limitada (LTDA) que é o modelo de sociedade empresária mais comum no país. Por meio destas não há limitação da responsabilidade patrimonial da empresa, mas da responsabilidade pessoal dos sócios por dívidas da sociedade. Segundo o artigo 1.052 do CCB: "na sociedade limitada, a responsabilidade de cada sócio é restrita ao valor de suas quotas, mas todos respondem solidariamente pela integralização do capital social". Isso quer dizer que quem responde pelas dívidas da sociedade é ela mesma, com o seu respectivo patrimônio. Não havendo patrimônio aí sim os sócios respondem pelas dívidas nos limites do valor que se convencionaram quando definiriam o capital social da empresa. Nem se pode dizer que aqui existe verdadeira limitação da responsabilidade do patrimônio pessoal dos sócios porque o patrimônio da sociedade empresarial é inicialmente formado pelo "capital social", que nada mais é do que o valor investido pelos sócios na empresa, ou seja, transferem o respectivo valor para a sociedade empresarial integralizando o capital e recebendo cotas proporcionais a sua participação.

Superada a imprecisão técnica, obviamente que não somos contra a autorregramento da vontade e o livre arbítrio das partes em entabular convenções *processuais* em

---

44. Por todos ver BARBOSA MOREIRA, José Carlos. "Convenções processuais em matéria processual", In Temas de Direito Processual, 3ª série, São Paulo: Saraiva, 1984, p. 87-98.

45. Por todos ver o excelente livro de CABRAL, Antonio do Passo. Convenções processuais: teoria geral dos negócios jurídicos processuais. 3. ed. Salvador: Podivm, 2020.

46. A respeito ver ainda o item 1.2.5.3.5 "A" infra, onde tratamos da análise da hipótese de "impenhorabilidade" do art. 833, I do CPC. A respeito ver também GAJARDONI, Fernando da Fonseca. Convenções processuais atípicas na execução civil. In Revista Eletrônica de Direito Processual. Disponível em https://www.e-publicacoes.uerj.br/index.php/redp/article/view/56700. Acessado em 02.05.2022.

matéria de execução como por exemplo, "ajustar a forma de administração e escolher o depositário" na penhora de empresa, de outros estabelecimentos e de semoventes, tal como previsto no art. 862, § 1º do CPC. Ao contrário, entendemos que essas convenções sobre matéria processual executiva devem ser estimuladas para tornar o processo mais eficiente, efetivo e colaborativo.

Entretanto, coisa diversa é a questão contemplando as convenções particulares que envolvam restrição ou exclusão da responsabilidade patrimonial. O tema não deveria apresentar maiores dificuldades, já que *se as partes podem entabular as regras de uma prestação, por que não poderiam fixar as regras dos meios que garantam contra o risco de seu inadimplemento?*

A dificuldade do tema reside no fato de que, com altos índices de inadimplência, hipossuficiência patrimonial e econômica e prestação de serviços em massa, a possibilidade irrestrita de convenção negocial de limitação da garantia patrimonial geral, poderia colocar em risco o próprio sistema econômico, já que restaria ao credor comum apenas "confiar" no cumprimento da prestação pelo devedor.

Como dito, o tema não é tão simples assim, porque expressamente menciona o artigo 789 do CPC que "*o devedor responde com todos os seus bens presentes e futuros para o cumprimento de suas obrigações, salvo as restrições estabelecidas em lei*". Há aí, nitidamente uma restrição o campo do autorregramento da vontade neste aspecto da responsabilidade patrimonial.

Resta claro no dispositivo a preocupação do legislador de impor a regra de que as "restrições" à responsabilidade patrimonial não podem ser feitas de forma a tornar inócua ou inexistente a garantia legal contra o inadimplemento. Por sua vez o art. 833, I do CPC [os bens inalienáveis e os declarados, por ato voluntário, não sujeitos à execução] ratifica esta possibilidade de limitação.

Todavia, admitida a possibilidade de que possam ser celebrados negócios jurídicos em matéria de responsabilidade patrimonial, a pergunta que naturalmente pode surgir é a seguinte: qual seria o limite da eventual convenção de restrição da garantia patrimonial a ponto de transformar a obrigação em uma "obrigação natural", algo em que o inadimplemento do devedor seria gerador de uma situação sem nenhuma consequência?

O artigo 602º do Código Civil português, por exemplo, ao cuidar do assunto, foi claro ao tratar da *possibilidade com limites*, da responsabilidade patrimonial por convenção das partes. Admite o dispositivo que não se tratando de "matéria subtraída à disponibilidade das partes", é possível, por convenção entre elas, "limitar a responsabilidade do devedor a alguns dos seus bens, no caso de a obrigação não ser voluntariamente cumprida". Esse, parece-nos, pode ser um importante guia para compreender os limites da convenção sobre os limites da responsabilidade patrimonial.

Isso quer dizer, interpretando *contrario sensu* o artigo mencionado acima, que não pode haver uma convenção que *renuncie por completo* ou que leve a total *exclusão da responsabilidade patrimonial*, admitindo-se apenas a *delimitação* dessa responsabilidade por convenção das partes sobre parte do acervo patrimonial ou sobre determinados bens específicos que o integram[47].

Contudo, frise-se, se a *matéria* objeto da relação jurídica obrigacional estiver fora dos limites da livre disponibilidade das partes, certamente não será possível a referida limitação. É o caso, *v.g.*, da impossibilidade de se estabelecer limitações à responsabilidade patrimonial quando esta sirva de garantia de direitos sobre os quais não se pode dispor.

Ora, se o direito material a ser garantido não admite disposição, então ainda que esse direito venha ser "convertido" em dinheiro pela impossibilidade de cumprimento da prestação pelo devedor, aqui também não poderia haver a limitação da responsabilidade para o pagamento da referida quantia, pois também ela estará afetada à natureza antecedente do direito indisponível. A origem indisponível do direito inadimplido projeta a sua indisponibilidade sobre o valor resultante dos prejuízos do seu inadimplemento. Tomando por hipótese, v.g., o dever ambiental de não destruir um monumento natural que seja descumprido pela exploração mineral do morro e, posteriormente, seja convertido em dever de pagar quantia (dano moral coletivo e custo de ressarcimento pecúnia para reflorestamento por terceiro), o valor daí decorrente constará de obrigação de o poluidor pagar uma quantia, e também aqui não poderá haver a limitação convencionada da responsabilização patrimonial.

Importante notar que o fato de haver limitação da garantia patrimonial sobre parte do acervo patrimonial do devedor, ou até mesmo sobre determinados bens específicos, não modifica o regime jurídico da referida garantia. O que se quer dizer é que tais convenções limitadoras da garantia geral não permitem que o credor tenha sobre o patrimônio garantidor qualquer direito diferente do que ele teria em relação à garantia comum. Não se transforma *em garantia especial* a *garantia patrimonial* sobre parte do patrimônio do devedor apenas porque houve uma delimitação do patrimônio garantidor. A delimitação patrimonial não cria um vínculo real entre a garantia patrimonial e o credor. O regime jurídico permanece exatamente o mesmo, inclusive em relação à utilização dos remédios hábeis às tutelas preventiva e repressiva do eventual prejuízo patrimonial que comprometa a referida garantia.

A limitação convencional da garantia patrimonial serve, antes de tudo, para reconhecer que o *patrimônio do devedor efetivamente responde pelo inadimplemento* e, por isso mesmo, *desde o nascimento da relação jurídica obrigacional*, encontram-se vinculados à referida garantia da dívida. Ora, afinal de contas, só se admite falar em "limitação da garantia patrimonial" porque: i) pretende-se libertar determinada parte do patrimônio para que não incida nenhuma limitação sobre o direito de propriedade do devedor/garantidor; ii) há claro reconhecimento de que o patrimônio não excluído se encontra em estado de sujeitabilidade abstrata desde o nascimento da obrigação.

---

47. LIMA, Pires de. VARELA, Antunes. *Código Civil Anotado*, vol. 1, 4. edição, 1987, p. 618.

Portanto, quando por convenção, as partes excluem bens e direitos do patrimônio que servem de garantia, esses "bens livres" encontram-se no campo da plena *disponibilidade e nada poderá fazer o credor se apenas aqueles estiverem no patrimônio, quando necessite ressarcir-se pelos prejuízos causados pelo inadimplemento*. Ainda que esses bens excluídos estejam dentro do patrimônio do devedor, eles simplesmente *não respondem*, porque *não serviam de garantia contra o risco de inadimplemento por expressa deliberação das partes*.

Com a limitação convencional da garantia patrimonial já não se pode mais afirmar que os "bens *presentes e futuros* do patrimônio respondem pelo inadimplemento", porque apenas a parte do acervo patrimonial que foi objeto do negócio jurídico é que se sujeita à garantia contra o risco de inadimplemento, salvo se, no referido pacto, restar expressamente que os bens adquiridos no futuro também passam a integrar. A convenção que limita a responsabilidade patrimonial leva à interpretação de que *apenas aquela parte do patrimônio serve de garantia* e *todas as demais se excluem desse papel*, daí porque é de bom alvitre que as partes delimitem expressamente as regras sobre o patrimônio futuro que ainda não estava incorporado ao patrimônio quando da elaboração do pacto.

Havendo um acordo de limitação sobre parte do patrimônio, certamente, os olhos do credor em relação à garantia patrimonial já não é a mesma da situação que existia antes da referida limitação, afinal de contas o credor já sabe de forma clara qual acervo patrimonial se sujeita ao papel garantidor. Isso implica ter maior cuidado e atenção sobre o comportamento do devedor em relação aos cuidados de conservação de tais bens, afinal de contas a tendência natural é a de que o devedor que se encontra em um estado de potencial inadimplemento deva se preocupar menos com o zelo e conservação do patrimônio garantido, se comparado com aquele que está no campo da livre disponibilidade. Não se pode negar a possibilidade de que a atuação jurídica do credor para tutela deste acervo patrimonial seja mais proeminente do que nas hipóteses em que essa limitação não existe.

Nem sempre a convenção da limitação do patrimônio garantidor é um benefício que se estabelece em prol do devedor como se poderia imaginar, pois é perfeitamente possível imaginar dentro do dinamismo econômico que um sócio investidor injete um patrimônio dentro de uma empresa e decida em comum acordo com os demais sócios que aquele patrimônio não se sujeita às dívidas que a empresa assumir perante terceiros.

Se até aqui cuidamos de situações de limitação da responsabilidade patrimonial, o inverso, a ampliação, não possui ressalvas. Ao contrário, nada impede que sejam pactuadas *ampliações* à responsabilidade patrimonial, por meio de negócio jurídico antes ou depois de iniciado o processo, como aliás cotidianamente acontece com o incremento de garantias pessoais e reais estabelecidas pelas partes na formação de títulos executivos extrajudiciais.

O tema da possibilidade de restrição da responsabilidade patrimonial por meio de negócio jurídico firmado entre as partes não é simples, embora no direito brasileiro o art. 789 do CPC determine expressamente ser matéria reservada aos limites da lei, fato que diminui a tensão sobre o tema. Quando a própria lei não estabelece a imunidade, ela confere aos particulares a possibilidade de fazê-lo em determinada circunstância e atendidos certos requisitos. Um exemplo da primeira hipótese é o *bem de família legal* (Lei n.º 8.009) e a segunda hipótese é o *bem de família convencional*. (art. 1711 do CCB). Como dito alhures, inaceitável, parece-nos, é a total exclusão da garantia patrimonial, ou uma limitação tão grande que esvazie por completo a possibilidade de o credor ter garantias contra o risco de inadimplemento, transformando a obrigação e uma obrigação natural, o que só a lei poderia fazê-lo.

A rigor, o problema dos limites das convenções sobre a limitação da responsabilidade deve sempre ser sopesado, sob o olhar da vulnerabilidade e hipossuficiência de quem adere a uma cláusula desta natureza, atinando para questões como a liberdade para contratar, autonomia da vontade etc. A grande verdade, como disse Ennercerus, no começo do século passado, é que *"raramente se celebrarán contratos de esta clase, ya que, por lo general, el acreedor no consentirá en que se le disminuyan los medios de ejecución que la ley otorga"*.

5.4.3 A flexibilização judicial da imunidade patrimonial: quebra da impenhorabilidade por decisão judicial

Como manifestação direta da vontade popular, a lei coloca em moldura abstrata recortes de fatos valorados que, em tese, espelham a vontade popular no momento de sua regência. São razões de ordem política, culturais de uma determinada época, as limitações que a lei impõe à expropriação de determinados direitos que integram o patrimônio do devedor.

O regime jurídico das impenhorabilidades previstas na legislação cuida das limitações políticas[48], estabelecidas pela lei (inclusive constitucional), verdadeiras imunidades patrimoniais, que impedem que determinado direito integrante do patrimônio do devedor possa servir de garantia patrimonial de dívidas por ele assumidas.

A noção de que o patrimônio do devedor é a garantia geral contra o inadimplemento de suas obrigações não é afastada pela regra das "impenhorabilidades", antes o contrário, pois esta é a exceção e aquela é a regra.

No âmbito meramente teórico e abstrato, pelo menos em tese, quanto mais minudente a descrição das hipóteses de "impenhorabilidades", menor seria o espaço para se discutir e questionar se as escolhas feitas pelo legislador estariam corretas, ou se seriam justas etc.

---

48. DINAMARCO, Cândido Rangel. *Instituições de direito processual civil*. Vol. IV. 4. ed. São Paulo: Malheiros, 2019, p. 359; THEODORO JUNIOR, Humberto. *Processo de execução e cumprimento de sentença*. 29. ed. São Paulo: Leud, 2017.

Por outro lado, é perfeitamente possível que a regra legal imunizadora do patrimônio, criada ao seu tempo para regular determinadas situações da vida, já não consiga mais acompanhar a evolução sociocultural, e por melhor que seja a tentativa de dela se extrair a norma aplicável aos fatos jurídicos que nelas estão abstratamente emoldurados, ela se mostre absolutamente descolada com as situações contemporâneas.

> a lei está; o fato move-se. A lei é um estado; o fato, um desenvolvimento. A lei é o presente; o fato não pode ser mais do que passado ou futuro. A lei está fora do tempo; o fato está dentro[49].

Ao tratar da "impenhorabilidade", a lei adentra diretamente no sensível terreno da limitação política dos interesses em conflito. Ao excluir determinado bem ou direito do campo da expropriação, fez a alegria de uns e a tristeza de outros.

O que faz a lei é dizer que parte do patrimônio do devedor (ou do responsável executivo) fica excluída da sujeitabilidade executiva, ou, resumindo, não pode ser expropriada. A justificativa dessas limitações previstas na lei (e até na CF/88) é, em tese, o resguardo da dignidade do executado ou de sua família, conservando um patrimônio mínimo para manutenção da sua dignidade, evitando que a tutela jurisdicional executiva satisfaça o exequente à custa da desgraça total da vida alheia.

Ao prever a "exclusão legal dos bens expropriáveis", o que pretende a lei proteger é a dignidade do executado, e, nesses casos, considerou-a como bem jurídico mais importante do que o direito do credor à satisfação do direito exequendo.

O rol do 833 do CPC concentra uma série de "impenhoráveis" e, portanto, pelo menos tem tese, imunes à execução. Entretanto, não nos parece que o referido rol seja absolutamente inquebrável, de forma que o credor não deve ser visto apenas como um simples titular de um direito de crédito, mas alguém com direito a tutela jurisdicional justa e efetiva.

Muitas vezes não se pode esquecer que o prejuízo que lhe foi causado pelo devedor, e tenta ser restabelecido pela tutela executiva, poderá ter resultado danos de toda monta (patrimoniais e extrapatrimoniais), ferindo-lhe, igualmente, a dignidade. Exatamente por isso sustentamos que o magistrado deveria, em cada caso concreto, e fundamentando-se em princípios constitucionais, afastar a imunidade de determinado bem arrolado nos incisos do art. 833, por entender que naquele caso concreto o valor jurídico da "proteção da dignidade do executado" não estaria em jogo pelas próprias peculiaridades que envolvessem a causa, mas sim a dignidade do exequente.

Uma leitura diagonal dos incisos que estão contidos no art. 833 do CPC revelam que muitos deles, *a priori*, apresentam-se completamente desconectados com a realidade social e, por isso, mesmo devem ser "relidos" pelo juiz quando estivesse atuando a norma concreta, de forma a reavaliar se, naquele caso concreto em que lhe era reclamada a tutela executiva, a regra limitadora estaria realmente protegendo a dignidade do

---

49. CARNELUTTI, Francesco. *A arte do direito*. Campinas: Bookseller, 2000, p. 35.

executado, ou se estaria sendo utilizada por este último apenas para evitar injustamente a satisfação do direito do exequente.

Tomemos de exemplo o §2º do art. 833:

Art. 833. São impenhoráveis:

IV – os vencimentos, os subsídios, os soldos, os salários, as remunerações, os proventos de aposentadoria, as pensões, os pecúlios e os montepios, bem como as quantias recebidas por liberalidade de terceiro e destinadas ao sustento do devedor e de sua família, os ganhos de trabalhador autônomo e os honorários de profissional liberal, ressalvado o § 2º;

X – a quantia depositada em caderneta de poupança, até o limite de 40 (quarenta) salários-mínimos;

§ 2º O disposto nos incisos IV e X do caput não se aplica à hipótese de penhora para pagamento de prestação alimentícia, independentemente de sua origem, bem como às importâncias excedentes a 50 (cinquenta) salários-mínimos mensais, devendo a constrição observar o disposto no art. 528, § 8º, e no art. 529, § 3º.

O parágrafo segundo citado acima, por exemplo, excluída a hipótese de penhora para pagamento de prestação alimentícia, imuniza o salário do devedor em até 50 salários-mínimos, ou seja, um valor absolutamente descompassado com a realidade média salarial do país. Por que diante de um caso concreto, sopesando a tutela do credor e a proteção da dignidade do devedor, não poderia o magistrado relativizar esta barreira?[50]

Não é possível sobrepor a lei processual aos ditames e princípios constitucionais de efetividade da tutela jurisdicional. A pedra de toque é reconhecer que, somente diante do caso concreto, o juiz poderá dizer se nesta ou naquela situação o bem deve ser preservado para garantia do "patrimônio mínimo" à manutenção da dignidade do executado. Essa regra de flexibilidade, devidamente fundamentada, deveria estar presente no art. 833. Registre-se que foi com esse pensamento que, "em cada caso concreto e uma vez apuradas as circunstâncias que envolvem cada execução", o legislador construiu a redação do art. 833, II e III, evitando que o devedor faça uso malicioso dessas regras excludentes da expropriação e impedindo, assim, que ele se esconda, imerecida e injustamente, atrás das referidas regras.

As frases "salvo os de elevado valor" ou "ultrapassem as necessidades comuns correspondentes a um médio padrão de vida" permitem a flexibilização da regra da impenhorabilidade para atender as nuances de cada caso em concreto, sempre lembrando que é ônus do executado demonstrar que o bem penhorado encontra-se dentro das limitações à responsabilidade patrimonial, afinal tais benefícios são disponíveis e renunciáveis além do que constituem exceção à regra da universalidade da garantia patrimonial. A expressão "a um médio padrão de vida" permitirá que o juiz, sopesando as informações de cada caso concreto, possa afastar a regra da impenhorabilidade dos bens móveis ou pertences e utilidades domésticas.

---

50. Esta tem sido a orientação do STJ como se observa adiante num dos tantos arestos que admitem a relativização da impenhorabilidade do salário. "(...) 2. A regra geral da impenhorabilidade de salários, prevista no Código de Processo Civil, pode ser excepcionada quando for preservado percentual capaz de dar amparo à dignidade do devedor e de sua família. (AgInt no REsp n. 2.072.120/SP, relatora Ministra Nancy Andrighi, Terceira Turma, julgado em 4.9.2023, DJe de 6.9.2023.)

Não se quer, com isso, criar um estímulo a um "ativismo judicial" que simplesmente ignore a regra legal que dê ao magistrado um passaporte para flexibilizar todas as regras de impenhorabilidade absoluta previstas na lei. Na verdade, a intenção é propiciar que se perceba que nenhuma regra abstratamente prevista é imune à interpretação conforme os ditames constitucionais, e, por outro lado, também perceber que, por trás do crédito pecuniário (não apenas o alimentar), possa estar em jogo situações da vida da pessoa física ou jurídica que impõem uma interpretação razoável do dispositivo, equilibrando os princípios da maior efetividade da tutela com a proteção da dignidade do executado.

5.5 Bens presentes e futuros e o terceiro adquirente

A expressão "bens presentes e futuros" contida no art. 789 foi extraída do art. 2.740 do Código Civil italiano, como vimos anteriormente. A expressão tem sido muito criticada pela doutrina, nacional e italiana, porque não diz, afinal de contas, em relação a qual ato jurídico são "presentes e futuros".

O direito do credor de exigir à expropriação do patrimônio do responsável para garantia do adimplemento da obrigação só pode ser concretizado pela via judicial executiva, pois o Estado detém o monopólio da expropriação forçada, salvo exceções legais. É por meio dela que haverá a alteração da situação jurídica do executado/responsável efetivando o direito potestativo do seu titular.

Desde que estampado num título executivo judicial ou extrajudicial, esse direito do credor tem a sua contraface na *submissão* do patrimônio do responsável, e a efetivação do referido direito se faz por atos de expropriação judicial.

Os bens "presentes e futuros" que se submetem à responsabilidade patrimonial têm como marco temporal a prestação assumida pelo devedor, pois é desde esse momento que *existe a responsabilidade patrimonial*. Ela está na obrigação, é um dos seus eixos. Antes do inadimplemento é um direito de garantia latente para dar tranquilidade e segurança ao credor. Depois do inadimplemento passa-se ao direito de realizar à garantia.

Portanto, em nosso sentir, são os *presentes* e os *futuros* em relação à própria obrigação assumida porque a responsabilidade patrimonial é um dos seus eixos. Data máxima vênia não nasce a garantia patrimonial, e nem o direito de exigir a satisfação por meio dela, com à instauração da tutela executiva.

Explica-se o porquê de nossa divergência.

Não se discute que todos os bens que integram o patrimônio do executado no momento de instauração da tutela executiva (cumprimento de sentença e processo de execução) se submetem à responsabilidade patrimonial. O que se quer dizer é que não só nesse momento (da execução) que esses bens se submetem, mas todos aqueles que já existiam no patrimônio do executado desde o momento em que se configurou, no plano do direito material, o estado de sujeição do patrimônio do responsável (com a obrigação).

A garantia patrimonial existe desde esse momento, vinculando o credor e o devedor (responsável). O papel da garantia patrimonial antes do inadimplemento servia para dar paz, tranquilidade e segurança contra o risco de inadimplemento e, por que não dizer, indiretamente como medida de *ameaça ou coerção* ao devedor, pois sabia desde então que seu patrimônio responderia se inadimplisse.

A questão que surge a partir dessa premissa é: e se for verificado no momento da execução (e dos atos expropriatórios de identificação de bens do patrimônio) que o patrimônio do responsável está desfalcado e que esse desfalque se deu antes de iniciada a tutela executiva e depois de assumida a obrigação inadimplida?

Ora, é ínsita a qualquer obrigação ou prestação a cláusula da responsabilidade patrimonial, que incide concretamente quando se dá o inadimplemento.

A referida cláusula é uma imposição legal, e, nos termos do texto constitucional (art. 5.º, II, da CF/1988), ninguém pode se escusar de desconhecer a lei, de forma que o devedor/responsável sabe que, se não adimplida a obrigação, o seu patrimônio responde (arts. 391 do CCB e 789 do CPC). Portanto, desde que assume o dever de adimplir a obrigação, o devedor/responsável já sabe que, se não o fizer, o seu patrimônio fica sujeito à expropriação para garantia do adimplemento.

Se a obrigação inadimplida está configurada em um título executivo extrajudicial (art. 784), poderá o credor exercer o seu direito potestativo de realizar a garantia patrimonial por meio de execução por expropriação tão logo ocorra o inadimplemento, e, portanto, qualquer ato de desfalque do patrimônio que prejudique a responsabilidade patrimonial será tomado como fraude à execução instaurada.

Por outro lado, se a obrigação inadimplida não está contida num título executivo extrajudicial, sendo necessário, primeiro, discutir em juízo o próprio direito na norma primária (quem deve, a quem se deve, se é devido e quanto ou o que é devido) para só depois prosseguir no cumprimento da sentença (título executivo judicial), então a eventual dilapidação patrimonial ocorrida depois de iniciada a tutela jurisdicional cognitiva que formará o título executivo também será tomada como fraude à execução.

É claro que o credor nao precisa esperar o momento da execução e dos atos expropriatórios para verificar e reagir contra a ameaça ou a lesão patrimonial cometido pelo responsável, pois se tiver elementos que demonstrem a atitude dilapidatária do patrimônio, antes mesmo de iniciado o processo de execução (ou o processo que ensejará o cumprimento de sentença), poderá lançar mão de remédio jurisdicional preventivo/inibitório para conservar e proteger a responsabilidade patrimonial que esteja sob risco.

A questão ainda se torna mais interessante se o devedor desfalcar o patrimônio antes de iniciada a tutela jurisdicional (processo de execução ou ação sincrética que leva ao cumprimento de sentença), por exemplo, alienando para terceiros os bens e valores que compõem o seu patrimônio, ou seja, antes mesmo de o credor provocar a tutela jurisdicional.

Nessa situação, tanto quanto no outro caso (antes ou depois de provocada a tutela jurisdicional), é preciso levar em consideração não apenas a conduta do devedor/responsável que desfalca o seu patrimônio, porque há um "terceiro" presumidamente inocente em favor de quem foi desfalcado o patrimônio.

Esta é a questão chave (o terceiro de boa-fé) para entender o porquê de não fazer incidir a responsabilidade patrimonial sobre o patrimônio desfalcado pelo executado após a obrigação por ele assumida.

Assim, por exemplo, imaginemos a hipótese de o credor A e o devedor B celebrarem negócio jurídico com eficácia de título executivo onde este último descumpra a obrigação devida e o credor ajuíze a demanda executiva, mas nada encontre no patrimônio do executado para satisfazer o seu crédito. Então, o credor-exequente olha para trás e verifica que B alienou seu patrimônio para um terceiro após assumir a obrigação que veio inadimplir. Por que não se pode excutir o patrimônio alienado para o terceiro? Por que presume-se a boa-fé deste último. Nem se discute o elemento anímico do devedor, pois ele melhor que ninguém conhecia seu patrimônio e sabia que a referida alienação poderia comprometer a satisfação da obrigação que ele inadimpliu ou que viria a inadimplir. Este, ao desfalcar, sempre tem conhecimento de que seu patrimônio responde pela dívida, pois é a lei que impõe essa situação, e, por isso, presume-se em seu desfavor a previsão expressa na lei.

Mas, o terceiro tem a sua boa-fé presumida e exatamente por isso não é possível atingir bem ou bens do patrimônio que por ele foi adquirido. Isso causaria uma enorme instabilidade na sociedade, e, por isso, apenas as alienações que tenham ocorrido em *fraude* é que não afastarão a incidência da responsabilidade patrimonial.

É exatamente por isso que o sistema jurídico tem, cada vez mais, criado formas que permitem separar o terceiro de boa-fé do terceiro de má-fé. Uma delas é a utilização dos registros públicos que permitem ao terceiro consultar previamente se há ou não restrição em relação ao bem o direito que pretende adquirir do sujeito que responde por dívidas. A averbação da penhora, as averbações premonitórias (art. 828) etc. sobre bens (imóvel, carros, cotas de participação etc.) que se submetem a algum tipo de registro público, afastam, a priori, a boa-fé do terceiro adquirente que deveria ter consultado o referido registro público antes de adquirir o patrimônio do devedor. Se ele adquiriu bem com restrição judicial averbada, a priori, não pode alegar sua boa-fé. Porém, por outro lado, se registro judicial não havia (exemplo, no cartório de registro do imóvel por ele adquirido não constava nenhuma restrição) presume-se a sua boa-fé. Já nas hipóteses de aquisição de bens que não se submetem a nenhum tipo de registro público é do terceiro o ônus de demonstrar que não tinha conhecimento (e, pelas circunstâncias não poderia ter) que estaria adquirindo um bem que lesaria a responsabilidade patrimonial.

A responsabilidade patrimonial é imanente à própria obrigação assumida. Mas aquele que adquire o bem alienado pelo devedor/responsável, o tal *terceiro adquirente*, só teria condições de saber que o referido bem estaria afetado ao adimplemento de uma obrigação assumida pelo devedor/responsável se, por exemplo, sobre o bem adquiri-do houvesse algum tipo de registro, *erga omnes*, que lhe permitisse ter consciência de que não deveria adquiri-lo. Na aquisição de um bem imóvel é fundamental a análise do registro do bem. É ele que dá alforria e tranquilidade ao adquirente. Isso fica claro e indubitável com o texto do artigo 54 da Lei 13097/2015 que, em prol da segurança jurídica e da estabilidade dos negócios jurídicos imobiliários, prescreve que prevalecem as averbações e registros constantes das matrículas dos imóveis. Trata-se de reconhecer que a matrícula do imóvel é a sua identidade. Se não há registros e averbações o terceiro que adquire é de boa-fé, mas se há registro assume o risco de que tal aquisição seja ineficaz em favor de quem consta a averbação.[51]

Assim, se alguém adquiriu um bem registrado ou gravado com a cláusula de afetação ou até mesmo se adquiriu um bem do patrimônio de alguém no qual constava o registro da existência de uma demanda capaz de incidir a responsabilidade patrimonial do devedor, então o terceiro adquirente agiu sob sua conta e risco, e a sua aquisição será ineficaz em relação ao credor/exequente titular do poder expropriatório sobre o patrimônio do executado.

Entretanto, por outro lado, se adquiriu um bem que não estava registrado ou que nem sequer se submeteria a qualquer tipo de registro, então o terceiro adquirente tem a seu favor a presunção da boa-fé, já que não poderia prever que o bem adquirido estivesse afetado à responsabilidade patrimonial para garantia do adimplemento de uma obrigação descumprida pelo alienante (devedor/responsável).

Porém, há neste caso uma cautela a ser adotada. Nesses casos, a presunção em favor do terceiro deve existir sempre que se tratar de uma situação comum e razoável da vida negocial, pois, por exemplo, se adquiriu o bem (alienado pelo responsável/devedor) por preço bem inferior de mercado, ou se era notória no mercado a situação de endividamento do alienante, ou se se tratava de vultuosa quantia que normalmente exige alguma cautela na negociação como por exemplo a investigação sobre a situação financeira do alienante, então nesses casos a presunção de boa-fé não se concretizará em favor do terceiro, antes o inverso, devendo o tal bem adquirido responder pela dívida ao qual ele estava afetado desde o inadimplemento.[52]

---

51. . Assim, adquirido o bem que esteja livre é ônus do terceiro imediatamente fazer o registro do imóvel em seu nome para evitar que o bem – ainda em nome do vendedor – possa ser objeto de constrição judicial contra este devedor. Nesta hipótese o sujeito que adquiriu deverá ofertar embargos de terceiro e esforçar-se para demonstrar que a aquisição não foi em fraude e as razões devem ser convincentes para justificar o porque de ele não ter realizado a transferência para o seu nome. E, frise-se, caso o seu pleito em embargos de terceiro seja acolhido, o exequente não poderá ser condenado nas verbas de sucumbência porque o bem objeto da penhora ainda constava em nome do executado.

52. Não se tratando de bem sujeito a registro deve o terceiro adquirente tomar cautelas naturais, como por exemplo, verificar se o preço do bem é o de mercado desconfiando de valores irrazoáveis. Deve, por exemplo, ter informações no mercado local sobre a condição financeira do vendedor, como por exemplo uma simples consulta pelo nome e CPF na justiça cível e trabalhista local etc.

Assim, fechando a análise da expressão "bens presentes e futuros", pensamos que o marco temporal que deve ser utilizado é o surgimento da própria obrigação assumida pelo devedor/responsável. São os bens que compõem o patrimônio presentes no momento da obrigação assumida e futuros em relação à mesma obrigação. Para os bens que, no momento da execução, não estejam mais no patrimônio do executado, tem-se o seguinte:

A) Sob a perspectiva do devedor/responsável/alienante terão sido alienados em fraude, pois ele sabia que estavam afetados à garantia da dívida que ele inadimpliu;

B) Sob a perspectiva de quem os adquire, o terceiro adquirente, nem sempre serão adquiridos mediante fraude, precisando esta estar configurada (em meio processual adequado) para que tais bens (fraudulentamente alienados) possam responder pela dívida, suportando os atos de expropriação.

B1) Se no registro dos bens não constava nenhum gravame ou restrição, presume-se a sua boa-fé; no inverso, se continha algum gravame, presume-se a má-fé.

B2) Não sendo bens que se submetem a qualquer tipo de registro o terceiro adquirente tem o ônus de provar que adotou as cautelas necessárias para a aquisição, mediante a exibição das certidões pertinentes, obtidas no domicílio do vendedor e no local onde se encontra o bem (art. 792, §2).

Essas e outras questões referentes ao desfalque patrimonial, ao seu momento, à situação do terceiro adquirente, aos mecanismos e técnicas processuais em que são tuteladas, serão tratadas adiante quando estudarmos a *fraude à execução* constante no art. 792.

5.6 A expressão "para o cumprimento de suas obrigações"

A responsabilidade patrimonial é a *garantia geral* de todas as obrigações. Se não existisse a responsabilidade patrimonial não haveria nenhuma consequência em descumprir uma obrigação, situação que geraria um caos nas relações civis e comerciais.

Assim, toda e qualquer relação obrigacional, negocial ou extranegocial, de qualquer espécie ou tipo (fazer ou não fazer e dar [entrega de coisa ou pagar quantia]), contém em si, embutido pela lei (arts. 391 e 942 do CCB) a responsabilidade (garantia) patrimonial.

O credor, sujeito ativo da relação jurídica obrigacional pode sempre que ainda for possível nas obrigações específicas optar por exigir judicialmente o seu direito à prestação da forma como está pactuado no direito material. Tratando-se de inadimplemento de uma prestação pecuniária, não há outra solução senão retirar do patrimônio do devedor o numerário correspondente ao prejuízo sofrido. Esse direito do credor (reconhecido em um título executivo judicial ou extrajudicial) resulta do fato de que no plano do direito material existe a *garantia patrimonial* embutida em toda relação jurídica obrigacional.

Contudo, nestas e em qualquer outra obrigação, se impossível ou impraticável ou, simplesmente por opção do credor nos casos em que a lei permite, não se pretender a realização da norma primária (obrigação) inadimplida, então poderá ele lançar mão do direito material que possui de efetivar a garantia patrimonial, isto é de exigir a excussão de bens do patrimônio do responsável para garantia da referida obrigação inadimplida. Esse direito do credor, ao qual o patrimônio do responsável fica submetido, é o que se denomina de responsabilidade patrimonial e, por razões de monopólio da soberania estatal, só pode ser efetivado por intermédio da expropriação judicial.

Como há sempre o risco de incumprimento das obrigações, o sistema jurídico impõe a regra de que os bens que compõem o patrimônio do responsável têm o papel de garantir que o credor não ficará no prejuízo caso o devedor não cumpra a prestação devida.

6. RESPONSABILIDADE PATRIMONIAL E LIMITAÇÃO À PROPRIEDADE DO DEVEDOR

Se a responsabilidade patrimonial é uma garantia para o credor, no sentido de que, caso a prestação não seja adimplida, ele poderá socorrer-se da responsabilidade patrimonial (sobre os bens do patrimônio do responsável pelo débito), tal instituto funciona, portanto, como um *limitador do direito de propriedade* do responsável, pois de antemão ele sabe que, no caso de inadimplemento da dívida, são os seus bens que deverão garantir os prejuízos resultantes do incumprimento da prestação.

Isso implica que, ao vincular-se a uma obrigação (contratual ou extracontratual), o devedor[53] não só se sujeita a prestar o fato ou ato que constitui o objeto imediato do vínculo jurídico, como ainda deverá saber que estará assumindo outra posição jurídica passiva, instrumental àquela que é *sujeitabilidade de seu patrimônio* à *responsabilidade pelo inadimplemento*.

É claro que se a garantia patrimonial proporciona ao credor a segurança e tranquilidade de que não suportará o prejuízo em caso de inadimplemento do devedor, é legítimo que o credor possa usar os remédios necessários para conservar a garantia caso ela esteja sendo desfalcada de modo que coloque um risco o papel garantidor. Essa sujeitabilidade é uma situação de desvantagem que implica uma conduta inibitória do responsável patrimonial no sentido de que "não poderá desfalcar o seu patrimônio aquém do nível de equilíbrio entre os seus bens e suas dívidas",[54] sendo, portanto, um limitador ao livre exercício da propriedade sobre os bens que integram o patrimônio daquele que é responsável pelo débito inadimplido.

Uma questão bastante interessante envolvendo as limitações à responsabilidade patrimonial à execução é saber se o devedor poderia abrir mão da proteção legislativa que lhe foi conferida e permitir, por exemplo, que seu "bem de família" pudesse ser expropriado judicialmente, ofertando-o, ele mesmo, à penhora. As imunidades patrimoniais criadas por Lei são renunciáveis e estão no campo da livre disponibilidade do devedor.

---

53. Nas hipóteses mais comuns em que dívida e responsabilidade recaem sobre a mesma pessoa.
54. Yussef Said Cahali. *Fraude contra credores*. 2. ed. São Paulo: RT. p. 467.

A Lei 8.009/90 criou o regime jurídico do "bem de família" sob fundamento de que ali estaria sendo protegido o direito fundamental à moradia da entidade familiar e não propriamente do "devedor", e, portanto, um direito irrenunciável por este último. É nesta linha o posicionamento do STJ, ou seja, de que "*o benefício conferido pela Lei 8.009/90 trata-se de norma cogente, que contém princípio de ordem pública, e sua incidência somente é afastada se caracterizada alguma hipótese descrita no art. 40, § 3º da Lei 8.009/90*"[55].

Contudo, quando o devedor ou os devedores constituem a entidade familiar, e estes manifestam-se no sentido de renunciar à proteção legal, não nos parece que haveria aí algum absurdo em admitir a renúncia, até porque, fora do processo não há nenhuma restrição de que ambos alienem o bem e usem o dinheiro para pagar o que devem. A renúncia não poderia é prejudicar a entidade familiar que é o objeto de proteção da norma do artigo 1º da Lei 8.009.

Parece-nos que este deve ser o raciocínio para compreender as imunidades do artigo 833 do CPC. O dispositivo não deve ser lido com uma literalidade sem alma. Sem desbordar um milímetro da intentio legis é preciso enxergar o regime político das impenhorabilidades sob a perspectiva pretendida pela lei diante de cada caso concreto. Exemplo disso é a possibilidade de que a impenhorabilidade da Lei nº 8.009/90, "*ainda que tenha como destinatários as pessoas físicas, merece ser aplicada a certas pessoas jurídicas, às firmas individuais, às pequenas empresas com conotação familiar, por exemplo, por haver identidade de patrimônios.*"[56]

É buscando o verdadeiro sentido constitucional dos limites políticos estabelecidos pelo legislador que o órgão jurisdicional deve ler as referidas restrições o que só será efetivamente possível mediante a análise de todos os aspectos do caso concreto.

A priori não nos parece correto o entendimento do STJ de que "os imóveis residenciais de alto padrão ou de luxo não estão excluídos, em razão do seu valor econômico, da proteção conferida aos bens de família consoante os ditames da Lei nº 8.009/90"[57]. Verdadeiramente a lei não prevê qualquer restrição aos imóveis de alto padrão a regra da impenhorabilidade, mas não parece ser lógico admitir que um devedor que não tenha condições de pagar suas dívidas continue morando em residência que não corresponde a sua situação econômica.

Em nosso sentir, independentemente da verificação da natureza do crédito exequendo, é preciso fazer a precisa hermenêutica da natureza da limitação estabelecida em prol do bem de família. Assim, por exemplo, pensemos numa hipótese de um imóvel com 07 suítes num condomínio de luxo onde moram um casal e dois filhos. O direito fundamental à tutela executiva e o direito fundamental à moradia da entidade

---

55. [AgRg no AREsp 537.034/MS, Rel. Ministro Raul Araújo, Quarta Turma, julgado em 26.08.2014, DJe 01.10.2014].
56. (FACHIN, Luiz Edson. "Estatuto Jurídico do Patrimônio Mínimo", Rio de Janeiro, Renovar, 2001, p. 154).
57. (AgInt no AREsp 2.107.604/SP, Relatora Ministra Nancy Andrighi, Terceira Turma, julgado em 17.10.2022, DJe de 19.10.2022).

familiar poderia ser conservado com a proteção de numerário suficiente para que, alienado este imóvel, a família pudesse residir com absoluta dignidade. É certo que nem todas as situações são extremas como neste exemplo, ou seja, existem zonas de penumbra que merecem a devida interpretação. É curioso pensar que a jurisprudência proíba a renúncia do benefício, mas fora do processo pode o executado vender o bem e pagar a dívida com o produto da venda e ainda comprar um outro local para sua moradia e dos seus. Talvez para o devedor seja muito mais importante do ponto de vista moral manter a sua imagem e boa reputação de bom pagador do que valer-se de um benefício legal que lhe permita residir num imóvel que tenha dificuldade até para mater. Estando no terreno dos direitos patrimoniais e disponíveis dever-se-ia evitar o paternalismo judicial estatal tratando as imunidades patrimoniais como se fossem regras de ordem pública.

7. GARANTIA PATRIMONIAL GERAL E GARANTIA ESPECIAL

A responsabilidade patrimonial é uma garantia que o credor possui de que não sofrerá prejuízo em caso de inadimplemento. Todos os bens presentes e futuros do responsável, em relação ao vínculo jurídico, concorrem pelo adimplemento da obrigação eventualmente não adimplida.

Sem dúvida, portanto, a responsabilidade patrimonial tem papel fundamental nas relações obrigacionais, sejam elas oriundas de uma relação negocial ou de um ato ilícito. Entretanto, não obstante a célebre frase de que *"o direito creditório pode existir sem a hipoteca, porque, independentemente dela, os bens do devedor ficam, na verdade, geralmente afetados ao pagamento de suas dívidas"*, o fato é que a simples existência da responsabilidade patrimonial não impede ao credor mais preocupado que, além dessa garantia imanente a qualquer obrigação, resolva apor no negócio jurídico outra garantia para apertar ainda mais o negócio ou resguardar-se contra o eventual inadimplemento.

O que se quer dizer é que a responsabilidade patrimonial (garantia geral prevista na lei) não afasta a possibilidade de que no mesmo negócio jurídico sejam tomadas outras garantias especiais, reais ou fidejussórias, que assegurem ao credor uma tranquilidade para o caso de inadimplemento do devedor.

É importante ressaltar que, no caso de serem tomadas outras garantias (além da responsabilidade patrimonial prevista na lei), o credor poderá, se necessário for, lançar mão de remédios jurisdicionais para tutela da responsabilidade patrimonial ou das garantias que eventualmente tiver feito para impedir o prejuízo no caso do inadimplemento. Como bem lembra Cahali: *"inobstante a garantia especificada no vínculo real constituído, os bens que compõem o patrimônio do devedor continuam respondendo pela total satisfação de seus débitos, qualquer que seja a origem ou natureza do crédito"*.[58]

---

58. Op. cit., p. 137.

Deve-se ficar atento apenas para o fato de que, quando se tratar de *garantia real*, e o bem onerado em fraude for exatamente o mesmo, será bastante para o credor com garantia real o uso da ação real (reipersecutória) respectiva (exercício da sequela), não havendo necessidade da propositura da ação pauliana (para reconhecer a ineficácia do negócio jurídico envolvendo o bem que estava gravado com ônus real), justamente por lhe falecer o dano à responsabilidade patrimonial.

Não obstante, essa não é regra absoluta, tendo-se em vista que a garantia real poderá ser insuficiente ou destruída de tal forma pelo devedor que, ainda assim, assistirá interesse em tutela a responsabilidade patrimonial quando se mostrar inoperante a ação real protetora da referida garantia.

Não é demais recordar que sendo insuficiente o preço alcançado na execução judicial do imóvel hipotecado, o credor hipotecário transferirá o seu interesse na proteção da garantia genérica de preservação dos demais bens que compõem o patrimônio do responsável, uma vez que será dali que extrairá numerário suficiente para se proteger do prejuízo causado pelo inadimplemento.

O que se quer dizer é que a garantia especial (real ou fidejussória) estabelecida num negócio jurídico não afasta a possibilidade de que sejam excutidos bens do responsável patrimonial em razão do inadimplemento, muito embora, tratando-se de garantia real seja bem melhor ao credor efetivar excussão sobre o bem dado em garantia.

8. RESPONSABILIDADE PATRIMONIAL SOBRE BENS QUE NÃO MAIS PERTENCEM AO DEVEDOR NO MOMENTO DE INSTAURAÇÃO DA ATIVIDADE JURISDICIONAL COGNITIVA OU EXECUTIVA

Considerando que a responsabilidade patrimonial enseja uma limitação natural e intrínseca ao exercício do direito de propriedade, no sentido de que o devedor não pode desfalcar o seu patrimônio de forma a pôr em risco a garantia de solvabilidade do débito inadimplido ou a inadimplir, surge importante questionamento – de ocorrência bastante vulgar – quando o devedor/responsável – proprietário que é do seu patrimônio – decide aliená-lo a tal ponto que, no momento da instauração das medidas executivas ou da própria instauração do processo (cognição/execução), exista uma situação de insolvabilidade patrimonial que não seja mais possível garantir a dívida inadimplida.

Seria possível penhorar e expropriar bens que o devedor/responsável alienou para um terceiro após a obrigação ter sido constituída?

Reconhece-se que o nó não é tão fácil de desatar, porque envolve, de um lado – como se disse –, o direito de liberdade/propriedade do devedor e, de outro, o direito do credor de ter satisfeita a tutela jurisdicional garantidora do inadimplemento, além de uma terceira pessoa que adquiriu o bem alienado.

Se se disser que a responsabilização patrimonial não poderá atingir naquele momento um bem alienado há para terceiro, certamente estará reduzida a pó a responsabilidade patrimonial, e nenhum sentido terá dizer que ela passou a existir no mundo jurídico desde o nascimento da obrigação. Por outro lado, não é possível punir o terceiro de boa-fé que adquiriu o bem sem ciência de que isso representaria um desfalque à garantia patrimonial de dívidas assumidas pelo alienante.

Se é verdade o que dizem os arts. 391 e 942 do CCB, de que a garantia patrimonial nasce com a obrigação porque nela está inserida, certamente a decisão judicial que impõe uma prestação (condenação) deveria ter efeito retroativo para dizer que a prestação a ser adimplida é devida desde a sua formação, portanto, historicamente anterior à formação do processo, e, como tal, também retroativa deveria ser a incidência da responsabilidade patrimonial, motivo pelo qual ela existiria, também, desde a formação da obrigação, como garantia inerente ao adimplemento.

Contudo, como se sabe, o processo leva tempo para ser formado, e somente quando se efetiva o direito revelado no título executivo é que se vai perceber – ou exigir – que o patrimônio do responsável/executado permaneça íntegro ou idôneo a tal ponto que seja apto para solver os débitos inadimplidos.

Nesse momento, como deve proceder a atividade jurisdicional executiva?

Ora, deve-se fazer com que o patrimônio do responsável – aquilo que possuir naquele momento – sirva como garantia pelo inadimplemento. Certamente, se nada possuir naquele momento, ou seja, se o patrimônio do executado for inexistente de bens economicamente executáveis, o exequente deverá buscar os tais bens que compunham o patrimônio do executado na época em que contraiu a dívida para que esses mesmos bens, eventualmente alienados para terceiros, possam dar alento à responsabilidade patrimonial, que, repita-se, existe desde a formação da obrigação, pois, se não fosse assim, o instituto da responsabilidade patrimonial existiria apenas no país das maravilhas, pois sabe-se que – infelizmente – o devedor aliena os bens que possui em momento muito anterior à formação do processo (de conhecimento mesmo!), justamente para fugir à responsabilidade patrimonial.

Como se disse a dificuldade não está na posição jurídica do exequente, nem do executado, mas sim do terceiro adquirente do referido bem alienado antes ou depois de iniciado um processo capaz de levar o devedor à insolvência.

Esse *efeito retroativo*, permitindo que bens "presentes" no momento de formação da obrigação, mas "passados" em relação ao momento da execução possam ser objeto de penhora e futura expropriação porque ainda integrariam a garantia patrimonial da dívida inadimplida não seria uma forma de limitar o direito de propriedade do executado? E poderia ser determinado a submissão desse bem que já estaria incorporado ao patrimônio de um terceiro?

Segundo pensamos, não há dificuldade de se enxergar a questão na perspectiva do executado alienante, afinal de contas desde que passou a existir a obrigação devida, havia uma limitação da livre disponibilidade do patrimônio, de forma que só poderia dispor de parcela que não comprometesse a garantia patrimonial de suas dívidas. Se não fosse dessa forma, certamente seria sem sentido e nula, na realidade atual, a função da responsabilidade patrimonial, posto que a mais comum das hipóteses de dívidas inadimplidas é o caso do devedor que transfere seus bens, desfalcando o seu patrimônio, muito antes de sofrer a tutela executiva, tornando infrutífera a tutela jurisdicional. E o mais interessante é que faz isso em momento tal que é impossível provar que naquele instante em que foi feita a alienação pudesse haver uma prova substancial de que tal alienação teria sido fraudulenta ou teria o intuito de fugir à responsabilidade. Eis aí a chave do problema, ou seja, os remédios repressivos não podem recolocar o patrimônio do executado, pinçando onde estiverem e com quem tiverem, sem que os terceiros que os adquiriram não possam ser ouvidos ou sem um devido processo legal.

Exatamente por isso, e com assento no texto legal, entendemos que a responsabilidade patrimonial é algo que limita sim o exercício do domínio do devedor/responsável de tal forma que a parcela de bens que compunham o patrimônio do executado que seriam aptos à satisfação do débito inadimplido fica "gravada" com a pecha da sujeitabilidade à futura e eventual execução Presume-se a má-fé do devedor alienante se alienou mais do que poderia alienar, pois ele sabia que *não* poderia desfalcar o patrimônio além daquilo que ele deveria garantir.

Mas não é assim que se passa em relação ao terceiro adquirente de bem que tenha tomado as cautelas legais, por exemplo, de consultar os registros públicos de onde o bem encontra-se registrado e nele não havia nenhuma restrição que pudesse alertar um risco da aquisição. Exatamente por isso não se pode de forma alguma submeter o terceiro adquirente de boa-fé à incidência da responsabilidade patrimonial de bem que integra o seu patrimônio e que foi adquirido de forma legítima e com boa-fé. Desta forma o seu bem não responderá pela dívida do alienante se ao tempo da alienação não havia nenhuma restrição pública sobre o bem que pudesse alertá-lo de forma a evitar a aquisição.[59]

9. TUTELA JUDICIAL DA RESPONSABILIDADE PATRIMONIAL

Considerando o que já foi dito em tópico anterior sobre a autonomia da responsabilidade patrimonial em relação ao débito, ou seja, de que "dívida" e "responsabilidade" são coisas distintas, embora nasçam de um mesmo vínculo jurídico, e também considerando que pode haver responsabilidade sem débito e débito sem responsabilidade, ou responsabilidade e débito recaindo sobre pessoas diversas, parece-nos clara a ideia de que, do ponto de vista do credor, a dívida e a responsabilidade são figuras que se completam, posto que esta se presta para garantir aquela.

---

59. . A existência de demandas condenatórias ou executivas – documentadas em certidões positivas – contra o devedor alienante não configura restrição ao bem especificamente adquirido pelo terceiro de boa-fé. Não perde a condição de boa-fé o terceiro que adquire determinado bem do patrimônio do devedor pois a aquisição não configura desfalque (afinal o dinheiro da aquisição entra no patrimônio do devedor) e mais ainda se ao tempo desta aquisição existiam outros bens claramente suficientes para garantir a dívida positivada em certidão da qual ele teve conhecimento na aquisição do bem. Deve o terceiro adquirente nestas hipóteses, acaso deseje ampliar a sua segurança, identificar o valor atualizado da dívida e informar-se sobre o patrimônio existente do devedor-alienante para assim garantir-se de que não há risco algum na sua aquisição.

É justamente porque "dívida" e "responsabilidade" são coisas distintas, enfim, porque correspondem a diferentes situações jurídicas subjetivas de vantagem do credor em relação ao devedor/responsável, que ambas podem ser tuteladas pelo direito.

Com isso se quer dizer que, por ser reconhecido como um direito do credor de exigir à expropriação do patrimônio do devedor/responsável, parece-nos claro que tanto a prestação devida quanto a responsabilidade patrimonial podem ser objeto de tutela quando, eventualmente, ocorra ameaça ou lesão a quaisquer dessas duas posições jurídicas de vantagem do credor.

Sendo mais explícito ainda, pode-se dizer que o credor poderá recorrer ao Poder Judiciário para tutelar tanto (1) o seu direito à prestação devida, quanto (2) a própria proteção do seu direito subjetivo à garantia patrimonial, bastando que algum destes estiver sendo ameaçado ou lesionado por quem quer que seja, especialmente pelo próprio devedor.

Nesse sentido, e atendo-nos à tutela jurisdicional da responsabilidade patrimonial, podemos dividir a sua proteção em preventiva e repressiva, respectivamente, quando pretender afastar a ameaça de lesão (tutela conservativa da garantia) ou para restaurá-la da lesão perpetrada.

A tutela jurisdicional preventiva ocorrerá quando o que se pretende obter pela via do processo é um resultado que evite a redução (ou o *não aumento*) do patrimônio do responsável, de forma que tal redução (ou não aumento) importaria em um desfalque que comprometeria a responsabilidade patrimonial (garantia) pelo eventual inadimplemento do devedor. O que se deseja é a conservação da higidez da garantia patrimonial.

Por sua vez, a tutela jurisdicional repressiva é aquela que se volta para uma situação em que a responsabilidade patrimonial já foi afetada, reduzida e comprometida, de forma que o processo deve ofertar ao autor uma tutela que restaure a garantia patrimonial lesada.

É importante frisar que a responsabilidade patrimonial tem a sua existência e seu fim atrelados umbilicalmente ao vínculo jurídico para o qual serve de garantia, de modo que a sua tutela, ainda que seja feita de maneira autônoma, jamais deverá estar desvinculada ao seu destino, ou seja, não se protege a responsabilidade patrimonial senão para que ela sirva, no futuro (tal proteção), para resguardar o credor do inadimplemento do devedor/responsável.

10. INDIVIDUALIZAÇÃO PATRIMONIAL E REMÉDIOS REPRESSIVOS

Existe uma inegável correlação – lógica e cronológica – entre os remédios judiciais repressivos da lesão à responsabilidade patrimonial, enfim, que visem à restauração do patrimônio, e o momento em que o referido ato lesivo de desfalque acontece.

Considerando que todas as atenções do titular do direito se voltam para o patrimônio do responsável apenas quando acontece o inadimplemento, certamente a partir desse momento (inadimplemento) até a efetiva excussão dos bens que irão colocar fim à dívida (e à própria responsabilidade patrimonial) haverá um lapso temporal que, aos poucos, em uma "escalada de individualização", fará com que a sujeição patrimonial deixe de ser genérica e passe a ser específica.

Isso quer dizer que, a partir do inadimplemento,[60] é permitido ao credor aparelhado de título executivo efetivar a garantia patrimonial, o que significa, em outras palavras, iniciar a execução forçada percorrendo um caminho de identificação – constrição – expropriação dos bens do patrimônio estarão sujeitos à satisfação do crédito exequendo.

Entre o nascimento da garantia patrimonial e a sua utilização pelo credor para satisfazer-se dos prejuízos causados pelo inadimplemento da prestação pelo devedor há um longo período marcado por diferentes situações jurídicas. Uma coisa é o desfalque patrimonial da garantia antes de ocorrido o inadimplemento, caso em que a tutela para restaurar tem a finalidade de preservar a garantia para o futuro. Se o desfalque se deu depois do inadimplemento é preciso separar se isso aconteceu antes ou depois de iniciado o processo cognitivo ou executivo capaz de levar o devedor a insolvência. Dependendo do momento em que a lesão ocorra, o legislador considerou como mais ou menos grave, e, por isso, previu uma reação (remédio jurídico) mais ou menos enérgica contra o referido ato.

Assim, se a lesão ao patrimônio do responsável aconteceu entre o nascimento da dívida e a instauração do processo que vise a assegurar o adimplemento (de cognição, de execução, monitório ou até mesmo cautelar), a eventual lesão ao patrimônio afeta diretamente o credor ou titular do direito inadimplido, que perde a garantia contra o referido inadimplemento, na medida em que o devedor/responsável pretende retira da responsabilidade patrimonial o bem ou bens alienados. Para essas situações, o legislador indicou como remédio jurídico a ação pauliana ou revocatória.[61]

Todavia, se a fraude aconteceu após a instauração do processo (monitório, cautelar, cognitivo ou executivo), portanto, no curso de uma relação jurídica processual (pública) e antes de realizada a apreensão e depósito (penhora) do(s) bem(ns) do responsável sujeito(s) à expropriação, então se terá uma situação de maior individualização do débito e, por conseguinte, de definição dos limites da própria responsabilidade patrimonial, motivo pelo qual a fraude praticada no desfalque patrimonial prejudicial ao adimplemento

---

60. Uma questão séria e importante é identificar o *momento* do inadimplemento que trataremos em capítulo próprio sobre o tema.

61. Como se disse, em razão da escalada de individualização do patrimônio a ser responsabilizado, a proteção do credor contra a fraude realizada é feita pelo exercício do direito de ação em face do devedor e dos adquirentes do bem alienado, pretendendo obter o reconhecimento da ineficácia da referida alienação, restaurando, pois, a integridade do patrimônio sujeito à excussão judicial em razão do inadimplemento do devedor. Outrossim, salienta-se que não se trata de obter uma decisão judicial que pretenda dizer que o devedor não possa alienar seus bens, ou que tais alienações não sejam válidas, mas simplesmente que apenas a alienação que comprometa a responsabilidade patrimonial é que se mostra ineficaz em relação ao credor prejudicado.

está *in res ipsa*, de forma que o que se tem é, portanto, uma especialização da "fraude" que é mais grave do que a anterior porque envolve um novo ator que é o Estado-juiz.

Nesses termos, considerando o caráter público do processo e o respeito à atividade jurisdicional, a medida a ser utilizada para reprimir o referido ato poderá ser a interposição de uma simples petição requerendo ao magistrado a declaração de ineficácia do ato de alienação em fraude à execução, fazendo com que o bem alienado em fraude e que integra o patrimônio de terceiro continue vinculado à satisfação da dívida inadimplida pelo devedor alienante.[62]

Não obstante tal situação pudesse ser tomada de ofício, tal fato será extremamente difícil de acontecer pelo desconhecimento judicial do ato lesivo.

Mais grave ainda é a fraude a execução depois do *bem já ter sido penhorado* (*antes da expropriação propriamente dita*), de forma que a tentativa de furtar-se à responsabilidade patrimonial é induvidosa e, por isso deve-se manter a constrição exercida sobre o bem, como se nada tivesse acontecido, prosseguindo-se com as medidas executivas adequadas de forma a considerar inexistente a alienação ocorrida.

11. AS TÉCNICAS DE PREVENÇÃO E REPRESSÃO DO PREJUÍZO À GARANTIA PATRIMONIAL

11.1 A tutela jurídica

Neste tópico iremos estudar algumas técnicas processuais hábeis para tutelar a garantia da responsabilização patrimonial e adotaremos como critério de discriminador o *momento* de cometimento do ilícito danoso à função garantidora do patrimônio do responsável.

Assim, primeiramente, trataremos da *técnica preventiva* ou *inibitória* contra potencial fraude ao patrimônio garantidor, seja por ato comissivo (oneração ou alienação), seja por ato omissivo (não acréscimo) indevido.

Em segundo lugar, cuidaremos da tutela de desfazimento do ilícito danoso ao patrimônio garantidor que já tenha sido cometido pelo devedor/responsável.

Nestes casos distinguem-se duas formas distintas de tutela considerando o momento do ilícito danoso: (a) Ilícito danoso à garantia patrimonial cometido pelo devedor-responsável *antes* de contra ele ter sido instaurada a demanda condenatória (que leva ao cumprimento de sentença) ou executória (processo de execução); (b) Ilícito danoso à garantia patrimonial cometido pelo devedor-responsável *após* contra ele ter sido instaurada a demanda condenatória ou executória.

---

62. Será fraude à execução mesmo que ainda não tivesse sido instaurada a execução ou o cumprimento de sentença, por aplicação do art. 792, IV, *in verbis*: Art. 792. A alienação ou a oneração de bem é considerada fraude à execução: [...] IV – quando, ao tempo da alienação ou oneração, tramitava contra o devedor ação capaz de reduzi-lo à insolvência.

11.2 A tutela preventiva

11.2.1 Introito

Está consagrado no Estado Democrático de Direito que nenhuma lei pode excluir da apreciação do Poder Judiciário uma *lesão* ou *ameaça* aos direitos (art. 5.º, XXXV, da CF/1988). O nosso sistema processual não se finca em *tipos de ações*, mas em *tipos de tutelas* que sejam adequadas (devido processo legal) à proteção dos direitos materiais que são criados e reconhecidos pelo direito objetivo.

Uma vez reconhecido pelo ordenamento que a garantia da *responsabilidade patrimonial* integra a relação jurídica obrigacional e constitui um direito (de garantia) em favor do credor para evitar que suporte os prejuízos decorrentes de um eventual inadimplemento da prestação pelo devedor, então é lógico que, se esse direito de garantia estiver ameaçado, ele poderá ser protegido pelo ordenamento.

Como já dissemos alhures é preciso identificar o papel dessa garantia patrimonial para compreender os remédios jurídicos que são hábeis à sua proteção. Uma vez constituída a relação jurídica obrigacional, todas as expectativas do credor são de receber a prestação devida da forma como foi pactuada, muito embora exista a garantia da responsabilidade patrimonial para o caso de ocorrer o inadimplemento.

Assim, o inadimplemento da prestação devida é, basicamente, o divisor de águas que faz com que o credor volte seus olhos para acionar a garantia patrimonial por meio da responsabilização. Não deseja mais apenas conservá-la para o caso de ocorrer um eventual e futuro inadimplemento, porque este já ocorreu; o que se deseja é que o que antes servia de garantia para o risco de inadimplemento, agora é que seja *realizada* pois a prestação já foi inadimplida. A necessidade de conservar ou impedir a dilapidação do patrimônio continua a existir até que se ultime a responsabilização por meio dos atos de expropriação. Enfim, a intenção do credor sobre o patrimônio do responsável não é mais conservá-lo *para um futuro incerto e eventual*, mas sim de expropriá-lo para satisfazer o prejuízo suportado pelo inadimplemento já ocorrido, mas para isso ele deve estar conservado.

11.2.2 O "arresto" preventivo

No CPC de 1973, calcado num sistema de *ações* e não propriamente de *tutelas*, o legislador previa, nos arts. 813 e ss., sob o nome típico de "arresto" e com alcunha de "ação cautelar" (assecuratória), a tutela preventiva da garantia da responsabilidade patrimonial. Voltava-se à proteção de "bens inespecíficos" do patrimônio do responsável da dívida inadimplida sempre que este cometia "qualquer artifício fraudulento, a fim de frustrar a execução ou lesar credores". Quando a preocupação era evitar a alienação de algum bem específico do patrimônio, mas também para evitar a fraude patrimonial, servia de remédio a medida do artigo 870, parágrafo único.

No CPC de 2015 as medidas preventivas conservativas do patrimônio do devedor/ responsável ou de um bem específico evitando para evitar a fraude patrimonial e o comprometimento da futura execução por quantia, estas passaram a ser mencionadas como meras *tutelas provisórias de urgência de natureza cautelar*, como exemplificadamente menciona o art. 301.[63]

> Com finalidade diversa do arresto porque não pretendia resguardar a função garantidora da responsabilização patrimonial, mas sim uma futura partilha dos bens, também merece ser mencionada a ação cautelar de arrolamento de bens contida no art. 855 e ss. do CPC de 1973 que podia ser utilizada por "todo aquele que tem interesse na conservação dos bens", interesse este que poderia ser resultante "de direito já constituído ou que deva ser declarado em ação própria". Como dito, esta "medida cautelar" tinha por finalidade garantir a conservação do patrimônio para uma futura partilha, e não a proteção da garantia patrimonial de uma dívida. Inegavelmente, por outro lado, é uma técnica muito útil de proteção patrimonial até porque neste procedimento permite-se atos de investigação para desvendar o que integra o patrimônio que será futuramente partilhado. Essa função dedicada a partilha futura observa-se, inclusive, pela redação do artigo 856, § 2º quando diz que "aos credores só é permitido requerer arrolamento nos casos em que tenha lugar a arrecadação de herança".
>
> O sequestro, por sua vez, conquanto sirva a apreensão e depósito de coisa determinada, não se presta à proteção da função garantidora da responsabilidade patrimonial, simplesmente porque resguarda uma futura execução para entrega de coisa, portanto, execução não monetária.[64]

Com o devido respeito, em nosso sentir, não se pode confundir a natureza *instrumental* com natureza *processual*. A garantia patrimonial da responsabilidade patrimonial é, como qualquer direito de garantia, um instituto de natureza material (civil, comercial etc.) mesmo sendo instrumental em relação à dívida. A fiança, por exemplo, é instrumental pois existe em função do débito, mas nem por isso deixa de ser um instituto do direito material que pode ser autonomamente objeto de proteção jurídica. A garantia da responsabilidade patrimonial é instituto do direito material, nasce com a relação jurídica obrigacional, mas tem função instrumental (garantir em caso de inadimplemento da prestação). Não se confundem os atos de execução que recaem sobre o patrimônio do responsável com o direito de proteger (evitar ou desfazer a redução ilícita) a garantia que o patrimônio proporciona. Não haverá execução se não houver patrimônio a ser expropriado; a proteção do patrimônio garantidor para um futuro eventual em caso de inadimplemento imputável ao devedor é um direito material que tem o credor.

Como dito, os próprios exemplos de direitos materiais que resultam de garantias como o penhor e a hipoteca, que se encontram nos arts. 1.425 e 1.433 do CCB, são clara demonstração de que as garantias para o adimplemento das obrigações estabelecidas no direito material não são de natureza processual. Seria soberbo e presunçoso que o direito processual considerasse, pelo papel *instrumental* das garantias previstas no

---

63. Art. 301. A tutela de urgência de natureza cautelar pode ser efetivada mediante arresto, sequestro, arrolamento de bens, registro de protesto contra alienação de bem e qualquer outra medida idônea para asseguração do direito.

64. A respeito ver SILVA, Ovídio A. Baptista da. Curso de processo civil. v. III Porto Alegre: Sérgio Antônio Fabris Editor, 1993. p. 174.; LOPES DA COSTA, Alfredo Araújo. Direito processual civil brasileiro. 2. ed. Rio de Janeiro: Forense, 1959. n. 66, p. 64-65.

direito material, que estas fossem *processuais*. Como dito, o fato de ser instrumental e acessório não lhe usurpa a natureza de direito material.

Nesse diapasão, pouco importa se a demanda preventiva para proteger a responsabilidade patrimonial contra o desfalque ilícito perpetrado pelo devedor/responsável será nominada de *procedimento de tutela antecipada requerida em caráter antecedente ou no curso do processo*, como indicam os arts. 303 e ss., ou de tutela inibitória, para abster o devedor/responsável de desfazimento do patrimônio nos limites da responsabilidade patrimonial que garanta o adimplemento da obrigação ainda não realizada. O nome que se dá é o menos importante, já que em qualquer destes casos o que está em jogo é a proteção de um direito de garantia que faz jus o credor e que recai sobre o patrimônio do responsável.

O fato de se *conservar* a garantia do direito material até o efetivo adimplemento da prestação, ou, depois do inadimplemento ocorrido, até que se realize e finalize o direito à expropriação do patrimônio pela via judicial não altera a substância da garantia da responsabilidade patrimonial, ou seja, de que estamos diante da tutela de um direito que nasce no direito material para salvaguarda dos *eventuais* prejuízos causados pelo *eventual* inadimplemento da prestação.[65]

Neste remédio inibitório do ilícito danoso que pretenda prejudicar a garantia patrimonial (redução indevida do patrimônio) o autor será o credor e o réu será o devedor responsável; a causa de pedir será o risco do ilícito, consubstanciado na prova de elementos que demonstrem ou permitam inferir que existe o real risco de inadimplemento e de prejuízo do patrimônio do responsável; o pedido será a inibição da prática do ilícito pelo devedor/responsável, o que levará à proteção do patrimônio nos limites da garantia da obrigação ao qual ele corresponda.

11.2.3 A demanda/medida/atuação sub-rogatória pelo credor na posição jurídica do devedor/responsável

Não se pode perder de vista que não raramente a conduta ilícita do devedor não se manifesta sempre, e apenas, por um ato comissivo (esvaziar ou dilapidar os bens presentes em seu patrimônio), mas sim por uma incúria, uma omissão premeditada de não tomar determinada atitude para assim evitar que o seu patrimônio possa ser acrescido de bens futuros.

Relembre-se que o artigo 789 menciona que "o devedor responde com todos os seus bens presentes e *futuros*" de forma que não será absurdo pensar, por exemplo, que José, credor de B, postergue a abertura de inventário de seus pais falecidos para evitar que o patrimônio da herança (bens futuros) possa ser incorporado ao seu patrimônio

---

65. Os arts. 158 e ss. do CCB tratam, com expressa dicção do dispositivo, da salvaguarda do *direito material* à responsabilidade patrimonial, que se faz por intermédio, naquelas hipóteses, da ação que a praxe judiciária convencionou chamar de ação pauliana.

com intuito de assim frustrar a eventual responsabilidade patrimonial que assumiu perante determinado credor. De outra parte, também pode-se imaginar que o devedor "X", demandado por mais de um credor (credor B e credor C) possa, em conluio com algum deles, adotar um comportamento processual simulado, justamente para frustrar o outro credor. Aliás, o próprio art. 142 do CPC prevê que "*convencendo-se, pelas circunstâncias, de que autor e réu se serviram do processo para praticar ato simulado ou conseguir fim vedado por lei, o juiz proferirá decisão que impeça os objetivos das partes, aplicando, de ofício, as penalidades da litigância de má-fé*".

Exatamente por causa destas hipóteses é que todas as vezes que o devedor fique inerte, o seu credor tem a possibilidade de exercer, contra terceiro, os direitos de conteúdo patrimonial que contra este competiriam ao devedor. Ora, justamente porque não seriam exercidos é que trariam prejuízo ao credor do devedor, na medida que haveria perecimento do seu patrimônio que serve de garantia patrimonial em favor do credor.

O Código de Processo Civil brasileiro até prevê, de forma muito tímida, a sub-rogação do credor pelo devedor na tutela dos direitos patrimoniais deste último, como se observa no artigo 867:

> Art. 857. Feita a penhora em direito e ação do executado, e não tendo ele oferecido embargos ou sendo estes rejeitados, o exequente ficará sub-rogado nos direitos do executado até a concorrência de seu crédito.
>
> § 1º O exequente pode preferir, em vez da sub-rogação, a alienação judicial do direito penhorado, caso em que declarará sua vontade no prazo de 10 (dez) dias contado da realização da penhora.
>
> § 2º A sub-rogação não impede o sub-rogado, se não receber o crédito do executado, de prosseguir na execução, nos mesmos autos, penhorando outros bens.

Dissemos tímida porque não há no Código Civil brasileiro,[66] por exemplo como como existe no Código Civil Lusitano (art. 605 e ss.[67]), art. 2900 do Código Civil Italiano[68] e no Código Civil Espanhol (art. 1111)[69] a expressa previsão de que o credor se

---

66. Interessante e extremamente importante é o art. 1.813 do CCB pois serve para impedir fraude bastante comum que é a "*renúncia simulada*" do quinhão hereditário. Segundo este dispositivo: "Quando o herdeiro prejudicar os seus credores, renunciando à herança, poderão eles, com autorização do juiz, aceitá-la em nome do renunciante".

67. Artigo 606º (Direitos sujeitos à sub-rogação) 1. Sempre que o devedor o não faça, tem o credor a faculdade de exercer, contra terceiro, os direitos de conteúdo patrimonial que competem àquele, excepto se, por sua própria natureza ou disposição da lei, só puderem ser exercidos pelo respectivo titular. 2. A sub-rogação, porém, só é permitida quando seja essencial à satisfação ou garantia do direito do credor.

68. Il creditore, per assicurare che siano soddisfatte o conservate le sue ragioni (2740), può esercitare i diritti e le azioni che spettano verso i terzi al proprio debitore e che questi trascura di esercitare, purché i diritti e le azioni abbiano contenuto patrimoniale e non si tratti di diritti o di azioni che, per loro natura o per disposizione di legge, non possono essere esercitati se non dal loro titolare (187, 324, 447, 470, 524, 557, 713, 802, 974, 1015, 1113, 1416, 2789, 2939). Il creditore, qualora agisca giudizialmente, deve citare anche il debitore al quale intende surrogarsi (Cod. Proc. Civ. 102, 163).

69. "Los acreedores, después de haber perseguido los bienes de que esté en posesión el deudor para realizar cuanto se les debe, pueden ejercitar todos los derechos y acciones de éste con el mismo fin, exceptuando los que sean inherentes a su persona; pueden también impugnar los actos que el deudor haya realizado en fraude de su derecho".

sub-roga na posição do devedor para proteger, perante terceiros, o patrimônio que lhe serve de garantia.

"Se aquele que descuida de exercer direitos e ações que lhe competem, pode este, em seu lugar, promover os meios judiciais de realizá-los, desde que não sejam privativos do titular".[70]

Na verdade, parece-nos, que a legitimidade deste credor na ação sub-rogatória não pode ser vista como uma simples "substituição processual" como se o credor estivesse defendendo direito alheio em nome próprio, porque a rigor o que justifica esta atitude do credor é que ele assim "o faz em atuação de interesse próprio, porque a realização do direito do devedor aumenta o patrimônio deste e reforça a garantia patrimonial a que ele tem direito".[71]-[72]

Esse raciocínio não retira o dever de citar o devedor que foi sub-rogado para integrar a relação jurídica processual e dela participar se assim o quiser, tal como advertem expressamente o Código Civil italiano e português, porque afinal de contas é o seu patrimônio que será atingido.

É preciso ter em mente que o que justifica, e legitima, a atuação do credor, é a tutela de seu próprio crédito pecuniário[73] contra o devedor, na medida em que evita que a inércia e incúria do devedor comprometa a garantia patrimonial da dívida que o devedor possui com ele. Ao não agir para proteger ou ampliar seu próprio patrimônio, na verdade o devedor não está comprometendo apenas os seus direitos, mas também o direito de seu credor que não poderia ficar de mãos atadas assistindo a dissipação da garantia patrimonial que possui.

Por óbvio que não se pode cogitar dessa legitimidade do credor se o direito patrimonial que vise tutelar não integra o patrimônio expropriável do devedor, ou ainda,

---

70. GOMES, Orlando. Obrigações. 8. edição. Rio de Janeiro: Forense, 1991, p. 281.
71. THEODORO JR., Humberto. Fraude contra credores: a natureza da ação pauliana. Belo Horizonte: Del Rey, 1996, p. 128.
72. Inegavelmente há casos em que a atuação do credor sub-rogante não é para *conservar o patrimônio para o futuro distante*, mas, precisamente, para trazê-lo à imediata satisfação numa execução que já esteja em curso, portanto, um futuro imediato. Isso dependerá do momento processual em que o credor sub-rogante se encontre ao exercer a demanda sub-rogatória: se já estiver em plena execução da garantia patrimonial ou antes disso, quando o fim é conservá-lo para futura execução, tenha ou não ocorrido o inadimplemento do devedor sub-rogado. O fato de já ter a execução em curso em nada altera a natureza da técnica de proteção à garantia patrimonial. O que ocorre que é que neta última hipótese a proteção da garantia é contemporânea a utilização do patrimônio na própria execução. Uma coisa é o provimento judicial que restaura o patrimônio, que é o que estamos cogitando, e, outra é aquele que realiza o ato executivo que é medida executiva propriamente dita. Neste sentido ver VARELA, Antunes. Op. cit., p. 441.
73. Em se tratando de credor de uma prestação de entrega de coisa ou fazer e não fazer não há que se falar, neste momento, em sub-rogar-se em direitos do devedor para proteger o patrimônio deste último, porque a rigor, apenas subsidiariamente a garantia da responsabilidade patrimonial incidirá, ou seja, se e quando o ressarcimento em pecúnia pelo inadimplemento da prestação específica tiver sido definido. A garantia patrimonial que permite a excussão de patrimônio do executado em caso de inadimplemento pressupõe que a obrigação inadimplida seja a pecuniária, ainda que derivada do incumprimento de uma prestação específica. Essa regra sofre temperamento quando, por exemplo, no próprio negócio jurídico já exista cláusula que atribua valor (das perdas e danos) pelo eventual inadimplemento da prestação específica pelo devedor.

se não existir nenhuma situação de risco patrimonial configurada que justifique a sua intervenção por sub-rogação ao devedor, ou ainda que não esteja configurada a inação ou comportamento desidioso do devedor em relação à tutela do seu patrimônio.[74]

11.2.4 As técnicas de tutela repressiva de desfazimento do ilícito danoso (fraude patrimonial)

11.2.4.1 A importância do momento do ilícito de desfalque patrimonial: entre o início da relação obrigacional e a efetiva expropriação judicial do patrimônio do executado (responsável)

Existe uma inegável correlação – lógica e cronológica – entre *(a)* o tipo de remédio judicial repressivo da lesão à responsabilidade patrimonial, enfim, que visem à restauração da garantia patrimonial sujeitável à futura expropriação, e *(b)* o momento em que o referido ato lesivo de desfalque acontece.

Essa relação se dá por dois motivos importantes: o primeiro porque a relação obrigacional se desenvolve no tempo; o segundo porque a satisfação do credor por meio da realização da expropriação do patrimônio do responsável é normalmente feita em processo judicial que também se desenvolve no tempo.

Assim, instaurada a relação obrigacional nascem o débito e a garantia da responsabilização patrimonial, mas é o *inadimplemento* que permite ao credor buscar a *realização* da garantia patrimonial, o que normalmente é feito por meio de um processo judicial o que leva algum tempo.

Portanto, antes da efetiva realização da garantia – quando o patrimônio do executado é expropriado para satisfazer os prejuízos causados pelo inadimplemento – o credor tem todo interesse de cuidar da proteção/conservação do patrimônio do responsável pela dívida, afinal de contas, é este patrimônio que servirá para garantir eventuais prejuízos da dívida inadimplida.

É importante que fique claro que desde o nascimento da dívida e até que se ultime a satisfação do direito do credor por meio de uma expropriação do patrimônio do responsável – normalmente por uma expropriação judicial – sempre haverá a chance de que o devedor (c/ou o responsável) possa cometer ilícitos que visem desfalcar a garantia patrimonial, frustrando os interesses do credor.

É claro que a tendência natural é que esses "ilícitos de desfalques patrimoniais" venham a acontecer à medida em que a relação jurídica obrigacional se desenvolva no tempo, e não será incomum que isso venha a acontecer *pouco tempo antes* ou *logo após*

---

74. Não por acaso o artigo 616, VI do CPC determina que o credor do herdeiro ou do legatário tem legitimidade concorrente para proceder o requerimento de inventário e de partilha, porque desta forma promoverá a *ampliação* do patrimônio destes seus devedores, e assim conservará protegida a sua garantia patrimonial.

o inadimplemento da obrigação devida, afinal de contas, é o devedor, no seu íntimo, quem sabe se irá ou não adimplir a prestação futura que lhe seja devida.

Por outro lado, não se deve perder de vista que a depender do momento em que se realize esse ilícito de desfalque patrimonial, a chance de isso ser percebido pelo credor está diretamente relacionado com a proximidade do momento de realização da prestação, ou seja, o credor normalmente descobrirá tal desfalque pouco tempo antes, ou durante ou logo depois de o inadimplemento ter ocorrido.

E, certamente que já tendo ocorrido o inadimplemento e iniciada a tutela judicial da responsabilização patrimonial, essa "percepção" do ilícito danoso da garantia patrimonial será uma "certeza constatada" quando se tentar realizar a penhora de direitos que compõem o patrimônio do responsável e não forem encontrados bens suficientes para realização do ato de penhora.

Tal como se fosse uma escalada temporal, à medida que a relação obrigacional progride no tempo é que vai se cristalizando o risco da inadimplência do devedor ao mesmo tempo que paulatinamente vai se revelando como potencialmente necessária a utilização da garantia patrimonial para ressarcimento do prejuízo que se avizinha.

A efetiva ocorrência do *inadimplemento* acaba sendo um divisor de águas no alerta do credor em relação à proteção da garantia patrimonial. Não que o credor não possa proteger a referida garantia patrimonial antes do inadimplemento, especialmente quando a situação patrimonial revelada no momento do negócio jurídico tenha sido determinante na sua própria feitura e já não seja a mesma mesmo antes de inadimplir.

> A relação jurídica obrigacional não possui apenas a prestação principal, e é bem possível que desde o primeiro dia seguinte à concreção do negócio jurídico, já surjam desconfianças/problemas/incumprimentos acerca de comportamentos dos deveres anexos e obrigações acessórias que podem apresentar indícios de que a obrigação principal não será cumprida.

Considerando que todas as atenções do credor se voltam para o patrimônio do responsável desde o momento em que surge o débito, mas *principalmente* depois que acontece o inadimplemento, certamente que a partir desse momento (inadimplemento) até a efetiva excussão dos bens que irão colocar fim à dívida (e à própria responsabilidade patrimonial) haverá um lapso temporal que, aos poucos, em uma "escalada de individualização", fará com que a sujeição da garantia patrimonial deixe de ser genérica e passe a ser específica, sendo a penhora judicial, regra geral, o ato processual de individualização da execução expropriatória.

Isso quer dizer que desde o momento em que se forma a relação jurídica obrigacional já é possível a tutela do direito de garantia representado pela "responsabilidade patrimonial". Só que antes do inadimplemento, justamente porque este ainda não aconteceu, a demonstração da necessidade de tutela conservativa da sujeitabilidade do patrimônio é mais complexa para o credor pois precisará deixar claro que há grande risco de o devedor inadimplir e daí a necessidade de conservar o patrimônio garantidor. Para

CAPÍTULO IV • EXECUÇÃO CIVIL E RESPONSABILIDADE PATRIMONIAL

tanto é recomendável que o credor tenha um quadro comparativo do patrimônio do devedor no momento que foi contraída a obrigação e quando da utilização da medida conservativa para deixar claro que o risco é iminente.

A partir do momento que ocorre inadimplemento[75] é que nasce para o credor o direito de satisfazer o seu direito de crédito valendo-se da realização da garantia da responsabilidade patrimonial.

Nesta situação, após o inadimplemento, uma de duas: (i) ou a obrigação (quem deve, a quem se deve, se deve e quanto é devido[76]) já está revelada num título executivo que permitirá buscar a imediata excussão do patrimônio, ou (ii) terá que obter, primeiro, o reconhecimento judicial de que o devedor X é responsável pelo inadimplemento da dívida Y o que se dá, normalmente, por meio de uma sentença que *reconhece o dever de pagar uma quantia*. Este título executivo judicial, provisório ou definitivo, é que permitirá instaurar o procedimento executivo que lhe proporcionará a satisfação da garantia patrimonial.

Assim, à medida que se inicia a escalada para executar bens do patrimônio do responsável, há um natural caminho de identificação de que os bens do patrimônio estarão sujeitos à garantia da dívida inadimplida. Nessa "escalada" rumo à identificação dos bens que compõem o patrimônio do responsável sobre os quais incidirão o poder de excussão do Estado, há de se separar, portanto, em qual momento dessa progressão teria ocorrido o ato lesivo à responsabilidade patrimonial. Dependendo do momento em que a lesão ocorra, o legislador considerou como mais ou menos grave, e, por isso mesmo previu uma reação (remédio jurídico) mais ou menos enérgica contra o referido ato.

Assim, se a lesão ao patrimônio do responsável aconteceu entre o nascimento da dívida e a instauração do processo (de cognição, de execução, monitório ou até mesmo cautelar) que vise satisfazer os prejuízos do inadimplemento, certamente o grau de individualização dos bens (montante) que se sujeitariam à responsabilidade patrimonial ainda se encontrava bastante embaçado, não havendo ainda a colocação do devedor ou o responsável na condição de sujeito passivo do processo instaurado para o fim de obter o adimplemento.

Nesse caso, a eventual lesão fraudulenta ao patrimônio afeta diretamente o credor, titular da situação jurídica ativa do direito que foi inadimplido, que perde a garantia contra os prejuízos decorrentes do referido inadimplemento. Para essas situações, uma das técnicas para remediar a fraude patrimonial já cometida é a ação pauliana ou revocatória.

---

75. Uma questão séria e importante é identificar o momento do inadimplemento que trataremos em capítulo próprio sobre o tema.

76. Sobre os elementos da obrigação revelados no título ver o excelente livro de Zavascki, Teori Albino. Título executivo e liquidação. São Paulo, Revista dos Tribunais, 2002.

11.2.5 A fraude patrimonial

Como se disse, em razão da escalada de individualização do patrimônio a ser responsabilizado, a proteção do credor contra a fraude realizada é feita pelo exercício do direito de ação em face do devedor e dos adquirentes do bem alienado, pretendendo obter o reconhecimento da ineficácia da referida alienação, restaurando, pois, a sujeitabilidade do patrimônio sujeito à excussão judicial em razão do inadimplemento do devedor. Outrossim, salienta-se que não se trata de obter uma decisão judicial que pretenda dizer que o devedor não possa alienar seus bens, ou que tais alienações não sejam válidas, mas simplesmente que se reconheça que é ineficaz em relação àquele credor a alienação comprometedora do vínculo de sujeitabilidade existente entre aquele bem específico e a dívida ao qual ele serviria de garantia.

Todavia, se a fraude aconteceu após a instauração do processo (monitório, cautelar, cognitivo ou executivo), portanto, no curso de uma relação jurídica processual (pública) e antes de realizada a apreensão e depósito (penhora) do(s) bem(ns) do responsável sujeito(s) à expropriação, então se terá uma situação de litigiosidade do débito e, por conseguinte, de definição dos limites da própria responsabilidade patrimonial, motivo pelo qual a fraude praticada no desfalque patrimonial prejudicial à realização da garantia patrimonial está *in res ipsa*, de forma que o que se tem é, portanto, uma especialização da "fraude contra credores" antes referida. Com a existência de um processo iniciado, há um novo ator, O Estado-juiz, com uma nova situação jurídica sob o enfoque do interesse público.

Nesses termos, considerando o caráter público do processo e o respeito à atividade jurisdicional, a medida a ser utilizada para reprimir o referido ato poderá ser a interposição de uma simples petição requerendo ao magistrado a declaração de ineficácia do ato de alienação em fraude à execução.[77] Não obstante tal situação pudesse ser tomada de ofício, tal fato será extremamente difícil de acontecer pelo desconhecimento judicial do ato lesivo.

Contudo, se a alienação fraudulenta foi do *bem já penhorado*, mas obviamente antes de ser adjudicado ou leiloado, certamente a individualização já era completa e sua afetação à execução era total, de forma que tentativa de livrá-lo da responsabilidade patrimonial é induvidosa e, por isso, mais grave ainda é a conduta praticada, mantendo-se, nesse caso, a constrição exercida sobre o bem como se nada tivesse acontecido[78],

---

77. Será fraude à execução mesmo que ainda não tivesse sido instaurada a execução ou o cumprimento de sentença, por aplicação do art. 792, IV, *in verbis*: Art. 792. A alienação ou a oneração de bem é considerada fraude à execução: [...] IV – quando, ao tempo da alienação ou oneração, tramitava contra o devedor ação capaz de reduzi-lo à insolvência.

78. A afirmação acima acerca da alienação (fraudulenta) do bem "penhorado" pressupõe que a penhora tenha sido devidamente registrada, naqueles casos em que o bem constrito se submete a algum tipo de registro público para conhecimento de terceiros. Nestas hipóteses o terceiro que adquire presume saber estar adquirindo um bem que está constrito e por isso contra si presume o ilícito de fraude na aquisição do bem penhorado (penhora registrada). Todavia, caso o terceiro adquira um bem penhorado que não se submete a qualquer tipo de registro público, ou cujo registro da penhora não tenha sido feito pelo exequente, isso não o livra do ônus de provar que

prosseguindo-se com as medidas executivas adequadas de forma a considerar inexistente a alienação ocorrida.

O que é mais interessante nesses remédios repressivos é que o negócio jurídico firmado entre o devedor/executado e o terceiro não se torna inválido após a decisão que reconhece o ilícito de fraude, mas tão somente declara-se que a referida transmissão do direito não produziu um de seus efeitos que é o de eliminar o seu vínculo de sujeitabilidade à obrigação inadimplida. Em outros termos, o bem passa ao patrimônio do terceiro, mas mantem o vínculo de sujeitabilidade patrimonial (responsabilidade patrimonial) preso a dívida que servia de garantia. Tanto na fraude contra credores, como na fraude à execução a decisão judicial de procedência do referido pedido reconhece o vínculo jurídico de sujeitabilidade daquele específico bem ou bens alienados à dívida que ele (s) servia de garantia. É como se dissesse que o patrimônio adquirido pelo terceiro continua vinculado à satisfação da dívida reclamada pelo credor/exequente.

11.2.6 As fraudes contra o credor e contra a execução: hipóteses e tutela jurídica

11.2.6.1 Direito de propriedade do devedor e tutela jurídica da responsabilidade patrimonial

O direito de propriedade é assegurado na Constituição Federal (art. 5.º, *caput*, XXII e XXVII) e, muito embora se diga aqui e alhures que a cada dia esse direito se veja esvaziado, com o seu núcleo limitado, ainda assim prevalece a máxima do art. 1.228 do CCB, inclusive com as restrições nele existentes, em que se lê que: "o proprietário tem a faculdade de usar, gozar e dispor da coisa, e o direito de reavê-la do poder de quem quer que injustamente a possua ou detenha".

Por outro lado, também assegura o legislador civil, logo no art. 1.º do referido texto, que "toda pessoa é capaz de direitos e deveres na ordem civil". Contudo, por razões óbvias, a faculdade de dispor do patrimônio encontra limites no ordenamento jurídico, e um desses limites, que aqui nos interessa, é justamente aquele que está descrito, por exemplo, no art. 391 do CCB, que assim dispõe: "pelo inadimplemento das obrigações respondem todos os bens do devedor".

A regra tem sabor de obviedade, mas não é demasiado dizer que ninguém pode contrair dívidas que não pode suportar em caso de inadimplemento. Se é verdade que existe uma liberdade de dispor do patrimônio e de contrair obrigações, por outro lado, também é verdade que deve haver um justo equilíbrio entre a dívida assumida e a responsabilidade patrimonial para suportá-la em caso de inadimplemento, de forma

---

foi lícita a sua aquisição, já aplica-se a regra do §2º do art. 792 do CPC que diz que *"o terceiro adquirente tem o ônus de provar que adotou as cautelas necessárias para a aquisição, mediante a exibição das certidões pertinentes, obtidas no domicílio do vendedor e no local onde se encontra o bem".*

que haverá uma patologia ou anormalidade quando a responsabilidade para suportar a dívida for inferior às dívidas assumidas.

A regra do art. 391 do CCB deixa clara a existência de dois fenômenos na relação jurídica obrigacional. O primeiro consubstanciado na própria *prestação* que tipifica o devedor ou obrigação. O segundo referente à consequência pelo descumprimento da primeira. Na primeira o que se espera é que a prestação seja cumprida. A segunda existe em função da primeira, ou seja, a *garantia* existe para proteger o credor contra o inadimplemento da primeira, tal como se fosse uma consequência pelo descumprimento.

Nesse dispositivo está claro que, ao assumir uma obrigação, o devedor, melhor do que ninguém, deve saber que se incumprir a prestação, o seu patrimônio será responsável pela garantia da dívida. Assim, não pode e não deve, de forma alguma, desfalcar o seu patrimônio de forma a tornar essa garantia oca, inócua ou infrutífera.

De nada adiantaria o direito material conceber ao credor o direito potestativo de expropriar o patrimônio do executado destinado à satisfação da dívida inadimplida se, quando provocasse o Estado a fazê-lo, o patrimônio do devedor ou responsável estivesse absolutamente desfalcado.

É exatamente por isso que o ordenamento jurídico excogita uma série de técnicas e ferramentas processuais que permitem ao credor tutelar a responsabilidade patrimonial, seja para *evitar* que ela seja desfalcada, seja para *remover* o desfalque cometido pelo devedor.

É importante deixar registrado que, desde o momento em que o devedor assume a obrigação, ele sabe, por imposição legal, que a consequência pelo inadimplemento da obrigação é a sujeição do seu patrimônio. Enfim, tem o devedor total conhecimento do estado de sujeição e do respectivo contradireito (potestativo) em favor do credor. Por isso mesmo, não é possível admitir qualquer atitude inocente do devedor ao desfalcar o patrimônio, além do limite necessário para garantir as dívidas por ele mesmo assumidas.

É nesse diapasão que a legislação civil brasileira prevê a possibilidade de que tais atos, ilícitos sob a perspectiva do devedor/responsável, possam ser *impedidos* ou *removidos* através de meios e técnicas processuais que tenham por finalidade a tutela da responsabilidade patrimonial.

Destarte, se por um lado é inegável que as técnicas processuais preventivas ou inibitórias do desfalque patrimonial apresentam-se como mecanismos eficazes e simples porque os atores envolvidos são o credor e o devedor/responsável, por outro lado, é inegável também que a probabilidade de o credor descobrir a tempo de prevenir ou inibir o desfalque é muito difícil, pois normalmente o devedor/responsável o faz de forma sorrateira, pois, afinal de contas, ele, mais do que ninguém, sabe quais as suas dívidas e qual o seu patrimônio.

Assim, quando o único remédio disponível é aquele que pretende a remoção do ilícito, os atores já não são mais o credor e o devedor/responsável, senão porque passa a existir um outro sujeito, um terceiro adquirente do bem/direito que desfalcou o patrimônio em violação à responsabilidade patrimonial. E, nesse caso, o terceiro, salvo as presunções legais, é de boa-fé e, da mesma forma que o credor, também pode ter sido enganado pelo devedor/responsável.

Assim, na tutela de remoção do ilícito cometido pelo devedor/responsável que alienou bem sujeito à responsabilidade patrimonial para um terceiro de boa-fé, passa a existir um complicador, que é a posição jurídica do terceiro adquirente ou em favor de quem o bem foi onerado/alienado. Esse "complicador" pode ser ainda maior quando estamos diante de alienações sucessivas e, portanto, vários "terceiros" em cadeia.

E exatamente porque se tem esse novo ator é que a ele também é disponibilizado remédios jurídicos para proteção de seus direitos, como, por exemplo, a ação de embargos de terceiro, hábil para promover a defesa da sua posse ou propriedade do bem submetido – ou em amaça de ser submetido – à responsabilidade de dívida de outrem. Concluindo, pode-se dizer que o legislador estabelece momentos diversos, e remédios igualmente diversos, para tutelar a responsabilidade patrimonial.

O primeiro momento é anterior à dilapidação do patrimônio pelo sujeito responsável, e que pode ser anterior até mesmo ao próprio inadimplemento, caso em que o ordenamento jurídico fornece uma técnica processual preventiva/inibitório contra o respectivo ilícito.

Se, por outro lado, o ilícito já tiver sido cometido, então o legislador separa os remédios disponíveis para o credor, de acordo com um marco temporal, que é o ajuizamento da demanda condenatória ou do processo de execução (de título extrajudicial).

Assim, se o ilícito cometido pelo devedor for anterior a esse *marco temporal*, será um ilícito de natureza civil, privado, envolvendo apenas os credores e devedores/responsáveis e por isso o ordenamento jurídico oferta a técnica processual de demanda que reconhecerá a *fraude contra credores*, popularmente conhecida como *ação pauliana* ou *revocatória*, que tanto poderá ser exercida formalmente por ação autônoma ou reconvencional.

Contudo, se o ilícito praticado pelo devedor for posterior àquele marco temporal, ele será reputado como um ilícito processual de *fraude à execução*, e o ordenamento jurídico oferta mecanismo mais simples e direto para sua remoção, pois, sendo um ilícito de natureza pública (processual), que atenta contra a dignidade da justiça, insurge-se por simples petição de objeção formulada pelo exequente nos próprios autos de onde se processa a execução.

Tanto num ou noutro caso não é possível cogitar que do referido procedimento cognitivo – processo incidental ou incidente processual – não participe (ou que se oportunize a participação) do terceiro que será atingido pela decisão que reconhece o vínculo de sujeitabilidade patrimonial do bem por ele adquirido. É possível que o próprio terceiro antecipe a sua participação provocando, ele mesmo, a tutela jurídica por meio de ação como no caso dos embargos de terceiro.

11.2.6.2 O ato ilícito da fraude sob a perspectiva dos sujeitos envolvidos

Ao violar a responsabilidade patrimonial mediante desfalque do seu patrimônio, o devedor comete um ato ilícito (art. 186 do CCB)[79] e é preciso que os sujeitos que por esse ato sejam lesionados encontrem no ordenamento jurídico remédios adequados à tutela dos seus direitos.

Os atores envolvidos e prejudicados pelo referido ilícito podem variar, de acordo com o momento em que o ilícito é cometido (antes ou depois de insaturado o processo) e com a posição jurídica assumida em relação ao mesmo (credor, devedor, terceiro e o estado-juiz). É curioso notar que inúmeras vezes poderá acontecer de mais de um personagem ser injustamente lesionado, criando uma situação *sui generis* de o ordenamento jurídico ter, por opção política legislativa, que "escolher" qual sujeito que deve merecer a tutela jurídica, ainda que estejam todos os lesados de boa-fé.

Sempre que o direito potestativo do credor à expropriação do patrimônio do devedor/responsável (*satisfazer a garantia patrimonial*) já tiver sido exercido em juízo por intermédio de um processo de execução ou demanda condenatória que leve a um cumprimento de sentença, qualquer ato ilícito de fraude que venha a ser cometido pelo devedor de redução ou desfalque indevido de seu patrimônio será extremamente grave, porque a mácula não prejudicará apenas os "credores", mas a própria Jurisdição estatal. Tratar-se-á, por isso mesmo, de um ato ilícito cometido no âmbito do processo, atentatório à dignidade da justiça, que envolverá, além de outros credores prejudicados, um ente público e, por isso mesmo, com métodos e consequências ainda mais sérias do que se tivesse sido cometido em momento anterior à instauração das referidas demandas. Se o bem já tiver sido constrito pela penhora, e, portanto, em vias de ser expropriado, o vício é ainda mais grave.

Assim, quando o ato ilícito de fraude for cometido antes de instaurada a demanda (condenatória ou processo de execução) pelo credor, então não haverá ato ilícito processual, excluindo-se do rol de prejudicados o Estado-juiz, mas identificam-se pelo menos três personagens envolvidos em relação a tal ato:

(a) o credor titular do direito potestativo à expropriação do patrimônio do responsável/devedor;

(b) o terceiro adquirente (que também é um credor) do bem que foi retirado do patrimônio garantidor da dívida por alienação ou oneração pelo devedor/responsável; e

(c) o devedor/responsável que cometeu o ilícito de desfalcar o seu patrimônio além do que lhe era permitido fazer.

O primeiro personagem citado acima é o credor da obrigação inadimplida, e, portanto, o titular do direito à expropriação do patrimônio do devedor/responsável em favor de quem a garantia patrimonial foi prestada e que agora necessita que seja satisfeita. É o credor que poderá ir a juízo para fazer valer o seu direito potestativo, sub-

---

79. Art. 186. Aquele que, por ação ou omissão voluntária, negligência ou imprudência, violar direito e causar dano a outrem, ainda que exclusivamente moral, comete ato ilícito.

metendo o patrimônio do devedor/responsável à expropriação, e que se viu prejudicado porque a subtração do patrimônio do devedor lhe causou o dano de não poder receber a quantia do devedor porque este não possui patrimônio a excutir. Enfim, a garantia patrimonial da dívida inadimplida não poderá ser satisfeita porque foi desfalcada pelo ilícito cometido. Além de não receber a prestação que lhe era devida, o credor também fica impossibilitado de satisfazer este prejuízo causado pelo inadimplemento porque o patrimônio foi ilicitamente desfalcado.

O segundo personagem é o terceiro adquirente ou em favor de quem foi ilicitamente onerado o bem que compunha o patrimônio do responsável/devedor. É o sujeito que fez o negócio jurídico com o devedor, ou seja, possui uma relação jurídica que teve na sua raiz um ato ilícito (desfalque indevido do patrimônio responsável para garantir a dívida inadimplida) e que pode ter sido feito com ou sem o seu conhecimento. Obviamente que o ordenamento jurídico oferecerá proteção ao seu direito, ou seja, protegerá esse *terceiro/credor* se e somente se tiver agido com boa-fé, como veremos oportunamente. Lamentavelmente, podem haver mais de um terceiro, bastando imaginar uma cadeia sucessiva de transmissões do mesmo bem, o que só torna ainda mais complexo o problema.

O terceiro personagem é o devedor/responsável, aquele que tinha o seu patrimônio submetido às obrigações por si assumidas e que, além de inadimplir a obrigação, desfalcou a garantia legal da responsabilidade patrimonial. Em relação ao negócio jurídico firmado com o terceiro, o devedor tem a má-fé da sua conduta presumida, *in re ipsa*, simplesmente porque sabia, por expressa previsão legal, que para toda e qualquer dívida que assume tem uma responsabilidade patrimonial que a garante. Se alienou ou desfalcou o patrimônio além do permitido, certamente tinha consciência, ou presumia-se ter, de que não poderia cometer tal ilícito. Se o negócio jurídico firmado com o terceiro for reconhecido como tendo sido realizado em conluio, em fraude à responsabilidade patrimonial, então será tido por ineficaz nos exatos limites da manutenção do patrimônio responsável àquela dívida que servia de garantia.

11.2.6.3 Fraude contra credores

Partindo da premissa de que o desfalque patrimonial ilícito já tenha sido cometido, é preciso excogitar os remédios jurídicos que permitam reverter a situação criada em desfavor do credor prejudicado.

O ponto de partida para qualquer remédio que vise a reversão do desfalque da garantia patrimonial do devedor é que previamente exista um crédito protegido por tal garantia e que, com o ato de disposição ou oneração, esta proteção fique comprometida.

Assim, créditos que nasçam após os atos de redução patrimonial não preenchem o requisito para utilizar destes remédios, e, tampouco quando o ato de desfalque não comprometa a garantia patrimonial de nenhum credor.

Assim, por exemplo, se o ato de disposição do patrimônio, unilateral (renuncia a uma herança) ou bilateral (alienação onerosa de um imóvel), se deu antes de um crédito ter sido constituído, não se pode dizer que ele estava protegido pelo patrimônio que foi desfeito. Por outro lado, ainda que crédito houvesse, se o ato de disposição não reduziu o patrimônio a ponto de violar a garantia patrimonial, também nada poderá ser *remediado*. É preciso que o ato de desfalque do patrimônio comprometa uma garantia patrimonial preexistente, ou seja, de um crédito que já exista. Observe que o "crédito preexistente" não se confunde com o crédito reclamado em juízo. Pode ele preexistir e não ter sido reclamado ainda, ou ser reconhecida a sua existência (*ex tunc*) por meio de sentença condenatória como nos casos de créditos derivados de ato ilícito ou os negociais estampados em documento sem eficácia de título executivo extrajudicial.

Não pretendemos aqui adentrar em questões específicas que envolvam os conceitos de *existência, validade e eficácia* do ato ou negócio jurídico, mas admitido que o ilícito (desfalque patrimonial ilícito) já tenha sido cometido, mas que ainda não tenha ocorrido o ajuizamento da demanda condenatória (que levará ao cumprimento de sentença) ou executória (processo de execução), deve o credor propor uma demanda contra o devedor/responsável que praticou o ato e também contra o terceiro (ou terceiros, se a cadeia dominial de transferência for mais de uma pessoa), colocando-os no polo passivo dessa demanda em um litisconsórcio necessário unitário.[80-81-82]

Isso porque a pretensão nela contida é a obtenção de um provimento judicial que restabeleça o patrimônio desfalcado pelo negócio jurídico formulado entre os réus, ou seja, reconheça a *ineficácia* do negócio jurídico formulado pelo devedor com o terceiro nos limites da responsabilidade patrimonial restabelecida. Trata-se, ao nosso ver, de *ineficácia* do negócio jurídico nos limites do desfalque patrimonial e não propriamente de *invalidação* do negócio jurídico porque a causa, o motivo, o fundamento é um *fato exterior* à relação negocial envolvendo o devedor e o terceiro. Não se atinge o conteúdo do negócio jurídico, mas apenas o efeito em relação apenas ao credor/autor da demanda.

---

80. (...) Em se tratando de ação anulatória (pauliana) para tornar sem efeito negócio jurídico, há litisconsórcio necessário entre todos os que participaram do ato, porquanto a sentença será, necessariamente, a mesma em relação às partes litigantes. (...)" (REsp 242.151/MG, Rel. Min. Luis Felipe Salomão, Quarta Turma, j. 02.09.2008, *DJe* 15.09.2008).

81. Art. 161. A ação, nos casos dos arts. 158 e 159, poderá ser intentada contra o devedor insolvente, a pessoa que com ele celebrou a estipulação considerada fraudulenta, ou terceiros adquirentes que hajam procedido de má-fé.

82. A fraude contra credores requer a invalidação de um negócio jurídico em relação ao credor que teve o seu direito à responsabilidade patrimonial violado. Exatamente por isso, requer que tal pretensão seja veiculada por meio de ação própria, como determina a legislação civil e processual (art. 790, VI, do CPC). Já na fraude à execução, porque se trata de um ilícito processual, realizado contra a atividade jurisdicional e na pendência de uma causa (demanda condenatória ou executória), pode ser reconhecida a ineficácia do ato ilícito nos próprios autos do processo mediante simples provocação por objeção do credor/exequente. Esse aspecto – poder ser alegado por simples objeção/exceção – permite que sejam arguidos pelo exequente quando seja réu em uma ação de embargos de terceiro proposta pelo adquirente do bem constrito em processo do qual ele não faça parte. Nesse sentido, são coerentes as Súmulas 195 e 84 do STJ, que assim dispõem: "Em embargos de terceiro não se anula ato jurídico, por fraude contra credores" (Súmula 195, Corte Especial, j. 01.10.1997, *DJ* 09.10.1997, p. 50.798) e "É admissível a oposição de embargos de terceiro fundados em alegação de posse advinda do compromisso de compra e venda de imóvel, ainda que desprovido do registro" (Súmula 84, Corte Especial, j. 18.06.1993, *DJ* 02.07.1993, p. 13.283).

Em outros termos, pretende o credor o provimento judicial que remova o ilícito danoso cometido sobre a garantia da responsabilidade patrimonial *no exato limite da garantia para a qual ele servia*. Assim, se o negócio jurídico firmado entre devedor e terceiro envolvia inúmeros bens e apenas um deles é suficiente para garantir a dívida que vinculava o autor e o devedor, esse será o limite da restauração da garantia patrimonial desfalcada ilicitamente. Daí por que se fala em ineficácia e não em invalidação de todo o negócio. A procedência da demanda implica em reconhecer que a oneração ou alienação do patrimônio em favor do terceiro não subtraiu aquele determinado bem da garantia patrimonial da dívida à qual estava vinculado. Assim, por exemplo, o patrimônio continua alienado para o terceiro, mas essa alienação não teve a eficácia, em relação àquele credor, de retirá-lo da responsabilização patrimonial.

É claro que nessa demanda o credor deverá demonstrar a situação de *ilicitude*, ou seja, que o devedor desfalcou o referido patrimônio violando a garantia da responsabilização patrimonial em relação a dívida assumida e inadimplida em relação ao credor.

A natureza civil do ilícito da fraude contra credores atrela-se a um *vício social fruto de um ato ilícito* cometido pelo devedor/responsável e vem inserta nos arts. 158 e 165 do Código Civil, em que se encontram as hipóteses denominadas pelo CCB de anulação do negócio jurídico (arts. 171, II, e 165).

Nesses dispositivos do CCB encontram-se os suportes fáticos, com inúmeras presunções firmadas pelo próprio legislador, que configuram a fraude contra credores. Eis aí, portanto, os fundamentos para a propositura da referida demanda que pretende remover o ilícito (desfalque patrimonial indevido) cometido pelo devedor/responsável.

O requisito "número um", antecedente a qualquer outro, é o prejuízo suportado pelos credores com a referida subtração patrimonial. A eventual *ilicitude do ato jurídico* nem sequer deve ser apreciada antes de estar configurado o *dano* sofrido resultante da subtração patrimonial. Isso porque o interesse do credor em fulminar tal ato jurídico resulta, primeiro, do suposto prejuízo suportado pelos atos de desfalque praticados pelo devedor. A *garantia patrimonial deve ter sido comprometida com o referido* ato, pois, não havendo dano, nem sequer se perquire os demais requisitos.

Como o ato de desfalque patrimonial envolve um ou mais terceiros, não é possível que se ignore ou prescinda do elemento anímico que envolva esse(s) outro (s) sujeito(s) que fizeram negócio com o devedor adquirindo bem que violou a garantia da responsabilidade patrimonial vinculada a outra obrigação.

De forma até didática, o legislador separa as hipóteses de atos ilícitos gratuitos e atos ilícitos onerosos. Nos gratuitos, basta a prova do nexo entre o ato e o desfalque patrimonial. Já nos atos onerosos (porque pode haver um prejuízo financeiro para um terceiro adquirente), o reconhecimento do ato ilícito depende da comprovação do desfalque patrimonial e da má-fé (analisada a partir das circunstâncias em que o negócio foi realizado) do terceiro adquirente.[83]

Em nosso sentir, no primeiro ponto que deve ser claro, independentemente de o ato ser oneroso ou gratuito, é irrelevante o elemento anímico do devedor que onera ou aliena o patrimônio, desfalcando a sua responsabilidade patrimonial sobre as dívidas assumidas.

Isso porque a garantia da responsabilidade patrimonial é imposta pela lei, embutida pelo legislador em toda e qualquer obrigação, figurando com *norma sanção ou perinorma* que incide com o inadimplemento[84]. Todo devedor sabe que, ao assumir uma obrigação, assume, por imposição legal, a garantia de que seu patrimônio responde pela dívida. Tanto é verdade que o art. 164 do CCB excepciona a hipótese em que existe a presunção de boa-fé do devedor quando aliena ou onera o patrimônio, nos casos de negócios ordinários indispensáveis à manutenção de estabelecimento mercantil, rural ou industrial, ou à subsistência do devedor e de sua família. Portanto, regra geral, é absolutamente irrelevante a ciência ou o conhecimento pelo devedor/responsável de que se encontra em situação em que o seu ativo (patrimônio) é menor do que o passivo (dívida).

Assim, para a configuração da fraude contra credores é necessário a demonstração dos seguintes elementos: *eventus damni* e o *consilium fraudis*.

O primeiro identifica-se como a ocorrência ou o evento do dano, que nada mais é do que o prejuízo a ser suportado pelos credores. Tal aspecto é da própria lógica que justifica o interesse na propositura desta demanda, pois se o devedor, após os atos negociais, possui um ativo maior do que o passivo, nem sequer haveria interesse de agir na propositura dessa demanda. Deve ser de plano indeferida a demanda pauliana quando não há uma indicação de que há o desfalque causador do prejuízo. Não há legitimidade para os credores questionarem a legalidade ou idoneidade de atos jurídicos praticados por credores e terceiros se não estiver embasado em uma alegação coerente de que teria ocorrido um desfalque patrimonial que lhe foi prejudicial, de que a *garantia patrimonial* estaria comprometida. Se há dano à garantia patrimonial, há ato ilícito, restando saber se o terceiro participe tinha conhecimento ou não desta ilicitude.

Já o segundo deve ser entendido não propriamente como um "conluio de vontades com a intenção de fraudar credores", ou seja, não é necessário que se demonstre um conluio ou acerto entre o devedor e o terceiro como se fosse uma trama arquitetada entre ambos, sendo suficiente a *ciência do terceiro de que a sua aquisição do bem constituiria uma violação (desfalque) da responsabilidade patrimonial, aqui vista como garantia do adimplemento de uma obrigação.* A própria lei cria uma série de presunções em que

---

83. Nesse sentido, ver: A. Wald. *Curso de direito civil brasileiro. Parte geral.* 4. ed. São Paulo: Ed. Sugestões Literárias, 1975. p. 239.
84. Neste sentido de ser uma "consequência" ver TRABUCCHI, Alberto. Instituzioni di Diritto Civile. 44. ed. Milano: CEDAM, 2009. p. 642.

a fraude é *in re ipsa* no próprio ato praticado, dispensando qualquer prova sobre o tal *consilium fraudis*.

Pela simples leitura dos dispositivos, verifica-se que são diversas as formas pelas quais a fraude contra credores se manifesta, ou seja, o ato ilícito de desfalcar o patrimônio que garante as obrigações, a saber: transmissão gratuita de bens (art. 158), contrato oneroso (art. 159), a renúncia de herança, a remissão de dívidas (art. 158), o estabelecimento de preferências a credores etc.

Tratando-se de atos praticados a título gratuito, porque não há prejuízo ao terceiro, a fraude é *in re ipsa*, e para a sua configuração basta demonstrar que o referido ato ilícito desfalcou além do devido a responsabilidade patrimonial do devedor.

Por outro lado, tratando-se de atos onerosos, é preciso perquirir, além do evento danoso à responsabilidade patrimonial, se, além disso, o terceiro tinha conhecimento de que o bem por ele adquirido constituiu um indevido desfalque da responsabilidade patrimonial do alienante em relação ao autor da demanda. Na verdade, melhor dizendo, usando a precisão cirúrgica de Alexandre Câmara "é a potencial consciência da insolvabilidade", ou seja, "que do devedor se pudesse razoavelmente exigir que soubesse que com a prática daquele ato se tornaria insolvável".[85]

Assim, ressalvas feitas à técnica redacional, prescreve o art. 159 do CCB que são anuláveis os contratos onerosos do devedor insolvente quando a insolvência for notória ou houver motivo para ser conhecida do outro contratante. Isso significa dizer que atualmente, considerando a facilidade de comunicação e obtenção de informações a respeito de pessoas e bens, não há razões para se estabelecer uma boa-fé presumida do terceiro ou considerá-lo como um pobre coitado, um sujeito ingênuo que merece ter o seu negócio protegido a todo custo, livrando o bem adquirido da garantia patrimonial ao qual estava submetido a negócio anterior inadimplido pelo alienante.

Enfim, superada a demonstração de que tal ato foi danoso ao credor, é preciso que a boa-fé do terceiro seja configurada ou esteja presente levando-se em consideração, em primeiro lugar, a regra da concentração dos atos registrais em relação aos bens que são submetidos a algum tipo de registro.

Assim, é preciso saber se o bem que foi negociado depende de algum tipo de registro (imóvel, carro, ações etc.), e, se assim é, se nele constava alguma anotação ou averbação que afastaria de imediato a boa-fé do terceiro adquirente. Não se tratando destas hipóteses, porque a alienação se dá normalmente antes de existir qualquer tipo de restrição registrada, é preciso verificar o contexto em que ele fez a sua aquisição, ou seja, é seu dever verificar se o *alienante/devedor* possuía qualquer restrição, ônus ou gravame pessoal, se a transação foi acompanhada e orientada por um corretor, se o preço pago foi o preço de mercado à época, se não se tratava de uma "oportunidade" que merecesse alguma desconfiança, se numa pesquisa simples em serviços de proteção

---

85. Alexandre Freitas Câmara. *O novo processo civil brasileiro*. São Paulo: Atlas, 2016, p. 339.

ao crédito havia restrições ao alienante, se em simples consultas a sítios eletrônicos da justiça trabalhista, federal e estadual do domicílio do alienante constava número expoente de ações em curso tendo ele a condição de réu etc.

Por isso, não nos parece que atualmente seja tirânica, como já foi em outros tempos, a prova do evento danoso e da má-fé do terceiro para restar configurada a fraude contra credores nos casos de alienação onerosa do bem, mormente com a franca e recomendável utilização da distribuição dinâmica da prova do art. 373, § 1º, do CPC.

A sentença de procedência dessa demanda culminará, segundo o art. 790, VI, do CPC, com a sujeição dos bens do responsável à execução *"cuja alienação ou gravação com ônus real tenha sido anulada em razão do reconhecimento, em ação autônoma, de fraude contra credores"*.

11.2.6.4 Fraude à execução

Uma vez cometido o ato ilícito (desfalque patrimonial) pelo devedor/responsável depois do ajuizamento da demanda condenatória (que levará ao cumprimento de sentença) ou executória (processo de execução), deve a parte requerer, por petição simples, mediante uma *objeção de ordem pública*, o reconhecimento de que a alienação do bem foi feita em fraude à execução.

Como se pode notar, a fraude à execução, embora também situada como situação extrínseca ao negócio jurídico firmado entre o devedor e o terceiro e, portanto, inserida no campo da ineficácia, é vício mais grave do que a fraude contra os credores, porque há um outro personagem envolvido (o Estado-juiz) e, também, porque, pelo momento em que foi praticado o ilícito, mais próxima e mais evidente estava a realização e concretização da responsabilidade patrimonial mediante atos de expropriação do patrimônio do devedor/responsável/executado.

É claro que é no momento de realização do desapossamento (execução para entrega) ou da penhora (execução por expropriação), tanto no cumprimento de sentença, quanto no processo de execução, que o exequente se depara com a indesejável situação de inexistência de bens no patrimônio do executado. Se descobrisse antes, certamente lançaria mão de alguma tutela preventiva, mas infelizmente esse tipo de ato ilícito é feito às escondidas, justamente para ficar oculto e só ser percebido quando se torne deveras difícil a sua remoção.

Assim, por se tratar de ato ilícito praticado após a instauração da demanda condenatória ou executiva, a fraude cometida pelo réu/executado é considerada um ato atentatório à dignidade da justiça, tal como enuncia o art. 774, I, ao dizer que "Considera-se atentatória à dignidade da justiça a conduta comissiva ou omissiva do executado que: I – frauda a execução".

Como bem diz Humberto Theodoro Júnior, na fraude à execução "a alienação dos bens do devedor vem constituir verdadeiro atentado contra o eficaz desenvolvimento da função jurisdicional já em curso, porque lhe subtrai o objeto sobre o qual a execução deverá recair".[86]

Pela própria natureza de ser um ilícito processual, tal vício é de ordem pública, é informado pelo princípio inquisitivo e sobre ele pode e deve conhecer de ofício o juiz, devendo inclusive aplicar a penalidade prevista no art. 774 sem prejuízo de outras sanções cabíveis. É justamente porque possui uma natureza processual que tal instituto vem regulamentado pelo CPC no art. 792 com diversos incisos que tipificam as hipóteses da referida fraude.

Obviamente que o fato de ser um vício de ordem pública cognoscível de ofício, é óbvio que não se admite a violação do contraditório (art. 10 do CPC). É necessário que se instaure um *incidente cognitivo* envolvendo credor, devedor e terceiro cujo mérito é justamente o reconhecimento da fraude à execução e, se necessário for, a restauração do desfalque patrimonial. A natureza de ofício da questão não a torna imune ao contraditório de forma alguma.

É importante que fique bem claro que a *fraude à execução* não possui uma simetria em relação à *fraude contra credores*, ou seja, como se esta fosse *aquela* só que antes de instaurado o processo. Essa simetria não existe, porque na *fraude à execução*, ao contrário da fraude contra os credores, não se tutela apenas a garantia da responsabilidade patrimonial, mas todo e qualquer bem que estiver sujeito à execução que dela venha a ser retirado pelo devedor/responsável. Explica-se.

A fraude à execução se presta também para situações em que a execução é para a entrega de coisa; ou seja, sendo a *coisa o fim a ser perseguido na execução e o executado aliena ou onera o referido bem*, ou seja, quando a tutela executiva é para a realização do débito e não para incidir a garantia da responsabilidade patrimonial. Trata-se de realizar a entrega do bem específico em posse do devedor. (art. 792, I do CPC)

Não se nega que a maior parte dos casos de *fraude a execução* estejam relacionadas com a tutela da garantia patrimonial, no qual o bem desfalcado do patrimônio é mero instrumento para obter o dinheiro que servirá para garantir o adimplemento.

Feita essa observação, passa-se aos requisitos da fraude à execução (dano e fraude) que se vivificam na verificação dos seguintes aspectos: (i) estado de pendência de uma demanda judicial condenatória ou executória; (ii) a situação de "insolvência" do executado; e (iii) a má-fé do terceiro.

O primeiro requisito está diretamente relacionado com a natureza processual da referida ilicitude e torna presumida para o réu/executado a ciência de que praticou o negócio com o terceiro assumindo o risco de que poderia ser considerado em fraude à execução. A citação é o ato pelo qual o réu ou interessado ou o executado são convocados para integrar a relação jurídica processual (art. 238). Desde que tenha sido

---

86. Humberto Theodoro Júnior. *Curso de direito processual civil*. Rio de Janeiro: Forense, 2002. p. 166-167.

validamente citado o réu, já existe demanda pendente, e, como tal, já está presente o primeiro requisito.[87]

O segundo aspecto, o pressuposto da "insolvência" do executado é simplesmente a condição de que o seu ativo é menor do que o passivo e, portanto, insuficiente para garantir a expropriação contra si instaurada. A própria inexistência de bens a penhorar é exemplo claro e inequívoco da referida "insolvência".

Os dois elementos *anteriores* são objetivos: (a) ciência da demanda condenatória ou executória quando realizada a alienação ou oneração patrimonial e (b) inexistência *no momento da aquisição do bem* de patrimônio suficiente para garantir a execução da obrigação inadimplida.

Com relação ao terceiro aspecto, a má-fé do terceiro adquirente, a questão deve ser analisada de forma muito cuidadosa, sendo preciso distinguir as hipóteses em que o ato de alienação ou oneração se deu a título gratuito ou oneroso.

Se foi a título gratuito, então o terceiro não terá sofrido nenhum prejuízo e o reconhecimento da ineficácia não depende da prova de nenhum ato de má-fé de sua parte, caso a alienação ou oneração tenha preenchido as demais condições objetivas supramencionadas.

Por outro lado, se se tratou de alienação ou oneração de bem a título oneroso, então é preciso verificar, além daquelas condições objetivas anteriores, se houve má-fé do terceiro e, nesse caso, é de se estabelecer as seguintes premissas, considerando o que preceitua o próprio CPC:

1. se tratava de bem que não estava sujeito a qualquer tipo de registro e por isso mesmo não estava nem em nome do devedor nem do terceiro;

2. se tratava de bem que se submetia a qualquer tipo de registro, mas não teria sido registrado pelo terceiro adquirente, caso em que ainda constava o bem em nome do devedor quando procedida a constrição executiva em nome do devedor;

3. se tratava de bem que se submetia a qualquer tipo de registro e como tal estava registrado em nome de terceiro quando se pretendeu fazer a constrição patrimonial do referido bem adquirido pelo terceiro.

Na primeira hipótese, segundo o art. 792, § 2.º, do CPC, tem-se que o terceiro adquirente de um bem que lhe foi alienado pelo devedor tem o ônus de provar que adotou as cautelas necessárias para a aquisição, mediante a exibição das certidões pertinentes, obtidas no domicílio do vendedor e no local onde se encontra o bem. Como o bem não estava sujeito a qualquer tipo de registro, nem o terceiro adquirente nem mesmo o autor/exequente poderiam fazer qualquer tipo de registro sobre o mesmo, de forma que o ônus é transferido para o terceiro, que deve demonstrar que tomou as cautelas mínimas ao adquirir o bem.

---

87. "1. A jurisprudência desta e. Corte está firmada no sentido de que se a doação ocorreu em momento anterior à citação do devedor (in casu, sócio da pessoa jurídica), fica descaracterizada a fraude à execução prevista no art. 593, inc. II, do Código de Processo Civil. Precedentes. 2. Agravo regimental desprovido" (AgRg no REsp 1.347.940/RS, Rel. Min. Marco Buzzi, Quarta Turma, j. 25.02.2014, DJe 05.03.2014).

CAPÍTULO IV • EXECUÇÃO CIVIL E RESPONSABILIDADE PATRIMONIAL **163**

Na segunda hipótese, parece-nos que a situação é ainda mais desfavorável ao terceiro, já que nenhum registro foi feito sobre o bem, como aliás, reforça o artigo 54 da Lei 13057 que protege o princípio da concentração registral dos bens imóveis em prol da segurança jurídica.

Ora, numa exegese *contrario sensu* do § 2º do art. 792 tem-se que se o bem era sujeito a registro e o terceiro não procedeu o registro de sua aquisição esta inércia milita em seu desfavor. Assim, se o bem admitia o referido registro sobre ele nada existia quando se procedeu a penhora ou a constrição do bem no curso da execução, então contra si (o terceiro) presume a sua inércia e a execução deve prosseguir sobre o referido bem, ainda que o terceiro apresente, por exemplo, um "contrato com data anterior".[88]

A terceira hipótese é aquela em que houve registro feito sobre o bem, seja pelo terceiro, seja pelo autor/exequente, isto é:

a) se assim que adquiriu o bem o terceiro procedeu o registro em seu nome e nenhum outro registro existia sobre o bem, tal fato milita a seu favor, embora não se descarte muito excepcionalmente a possibilidade de que a aquisição tenha sido em fraude à execução, caso em que poderá o magistrado utilizar, inclusive, a regra do art. 373, § 1º, do CPC e desde que ao tempo da aquisição não houvesse outros bens do devedor alienante disponíveis para garantir a dívida;;

b) o autor/exequente já tinha feito o registro sobre o bem, por exemplo, todos os registros possíveis das demandas em curso ou atos nelas contidos (hipoteca judiciária, averbação da propositura da ação de execução [art. 828], registro da penhora). Isso quer dizer que o bem adquirido pelo terceiro após o conhecimento *erga omnes* do registro feito pelo autor/exequente faz com que seja absoluta a presunção de má-fé do terceiro (se o credor já tiver realizado algum registro da condenação, demanda executiva etc.), pois adquiriu um bem após conhecimento deste fato.

Obviamente que todas estas questões poderão ser objeto de debate e contraditório no incidente processual instaurado nos termos do artigo 792, §4º[89] ou por meio do contraditório do credor prejudicado no bojo dos embargos de terceiro ajuizado pelo adquirente atingido ou ameaçado pelo esbulho judicial nos termos do artigo 674, §2º, II do CPC.

11.2.6.5 A declaração de nulidade do negócio jurídico

A invalidade do ato jurídico pressupõe que ele seja existente, mas que contenha defeito. Defeito este que o ordenamento jurídico, a depender do grau de repercussão na ordem pública ou lesão a terceiros, pode tipificar com a sanções mais ou menos severas. No Código Civil brasileiro tem-se dois degraus de invalidade cuja reação do

---

88. Nessa linha o artigo 54 da Lei 13.097, de forma que em nosso sentir, nenhum terceiro deve adquirir um bem sem ter os cuidados mínimos nos dias atuais, considerando a facilidade de obtenção de informações, inclusive pelos meios virtuais como consulta aos órgãos de proteção ao crédito, sítios eletrônicos das justiças locais para obter informação do alienante, desconfiar a procedência e o preço pago quando se mostrem suspeitos... entre outras cautelas comuns no nosso dia a dia.

89. Art. 792: (...) § 4º Antes de declarar a fraude à execução, o juiz deverá intimar o terceiro adquirente, que, se quiser, poderá opor embargos de terceiro, no prazo de 15 (quinze) dias.

ordenamento é a imposição de sanção de nulidade e a de anulabilidade. No primeiro caso, pela gravidade, a sanção imposta de ineficácia do ato atinge a todos, além do fato de que normalmente tais atos não são possíveis de se convalescer. De outra banda, as anulabilidades, normalmente interessam apenas àqueles que estejam diretamente vinculadas aos referidos atos, admitindo-se que o decurso do tempo possa fazer cessar o defeito que os maculava.

Seguindo a dogmática do direito civil brasileiro, lá está previsto no artigo 166 e ss. o regime jurídico do reconhecimento da nulidade e da anulabilidade dos atos jurídicos e colhe-se dos incisos do artigo 166 as causas geradoras da *nulidade* dos atos inválidos[90], portanto, que podem ser alegadas por "qualquer interessado", ou pelo Ministério Público, quando lhe couber intervir, bem como pela natureza de ordem pública do vício existente, devem ser pronunciadas pelo juiz, quando conhecer do negócio jurídico ou dos seus efeitos e as encontrar provadas, não lhe sendo permitido supri-las, ainda que a requerimento das partes. (art. 168). Diz ainda o artigo 169 do CCB, na esteira da maior gravidade do ato invalido nulo, que o negócio jurídico nulo não é suscetível de confirmação, nem convalesce pelo decurso do tempo. Contudo, admite o Código no artigo 170 que se, porém, o negócio jurídico nulo contiver os requisitos de outro, subsistirá este quando o fim a que visavam as partes permitir supor que o teriam querido, se houvessem previsto a nulidade.

Chama a atenção em relação ao tema objeto deste ensaio, porque conexa com a violação da garantia patrimonial, a causa geradora da *simulação do negócio jurídico* que o Código reputa como ato invalido com a pecha de nulidade[91]. Diz o artigo 167 que é nulo o negócio jurídico simulado, mas subsistirá o que se dissimulou, se válido for na substância e na forma. E mais, no §1º trata de explicar em que situação existe a *simulação dos negócios jurídicos*:

I – aparentarem conferir ou transmitir direitos a pessoas diversas daquelas às quais realmente se conferem, ou transmitem;

II – contiverem declaração, confissão, condição ou cláusula não verdadeira;

III – os instrumentos particulares forem antedatados, ou pós-datados.

O § 2º expressamente menciona que "*ressalvam-se os direitos de terceiros de boa-fé em face dos contraentes do negócio jurídico simulado*" deixando claro que os terceiros não podem ser prejudicados pelos atos simulados absolutos ou relativos[92] (nocentes) como por exemplo aqueles que levem ao desfalque do patrimônio prejudicando a garantia

---

90. Art. 166. É nulo o negócio jurídico quando: I – celebrado por pessoa absolutamente incapaz; II – for ilícito, impossível ou indeterminável o seu objeto; III – o motivo determinante, comum a ambas as partes, for ilícito; IV – não revestir a forma prescrita em lei; V – for preterida alguma solenidade que a lei considere essencial para a sua validade; VI – tiver por objetivo fraudar lei imperativa; VII – a lei taxativamente o declarar nulo, ou proibir-lhe a prática, sem cominar sanção.

91. A simulação é ainda "pior" do que a fraude a lei (inciso VI acima) porque nesta o que se quer está expresso de forma contrária a lei; já no ato simulado a fraude residente na distinção entre o que se apresenta e o que se deseja, que está oculto.

92. Na simulação absoluta nenhum ato se quis praticar; na relativa não o que aparenta, mas o que está escondido por trás daquele que o dissimula.

CAPÍTULO IV • EXECUÇÃO CIVIL E RESPONSABILIDADE PATRIMONIAL

patrimonial de credores comuns, ainda que tal aspecto não tinha sido intencionado pelos participes do ato simulado.[93] Observe que dada a natureza de ordem pública do vício da simulação, o desfalque patrimonial é desfeito e o bem que havia saído fraudulentamente pela simulação do patrimônio garantidor volta ao alienante e responde por qualquer dívida e não apenas em benefício daquele credor que promoveu a demanda.

Portanto, qualquer situação que envolva a nulidade do negócio jurídico e conecte-se com a violação da garantia patrimonial poderá ser objeto de demanda que reconheça a existência de ato inválido sendo necessária a desconstituição do ato jurídico, retirando os efeitos que ele pode ter gerado antes do referido reconhecimento, e, havendo prejuízo de terceiros estes devem ter direito a indenização a ser movida contra aqueles que praticaram o ato simulado. Em apertadíssima síntese, quando o artigo 168 fala em "qualquer interessado", o dispositivo serve para legitimar qualquer credor que tenha sido prejudicado por qualquer uma das hipóteses legalmente prevista nos artigos 166 e ss. em relação ao objeto deste ensaio. Se houve ato invalido nulo que ofendeu a garantia patrimonial de qualquer credor comum ele poderá intentar a ação que decrete a invalidade e nulidade do ato e seus efeitos.

11.2.7 A desconsideração da personalidade jurídica

11.2.7.1 Introito: finalidade da desconsideração

O tema da desconsideração da personalidade jurídica é íntimo ao da responsabilidade patrimonial. Finca-se na premissa de que a autonomia patrimonial da pessoa jurídica da empresa junto aos dos seus sócios e administradores não pode ser utilizada como meio ilícito para driblar à garantia da responsabilidade patrimonial que a empresa possui com as obrigações que assumiu. Com a decretação da *desconsideração da personalidade jurídica* permite-se que o patrimônio dos sócios e administradores possa ser atingido para que assim garanta os prejuízos resultantes do inadimplemento das obrigações pela pessoa jurídica. Fala-se em *desconsideração invertida* quando a prática ilícita foi inversa, da pessoa física para a jurídica.

Não se pode perder de vista qual o intento em se pretender a desconsideração da personalidade sob pena de despender inutilmente a atividade jurisdicional. Para o âmbito civil (não penal) a desconsideração da personalidade é medida que visa ampliar a garantia contra o inadimplemento, afinal de contas de acordo com o art. 391 do CCB "pelo inadimplemento das obrigações respondem todos os bens do devedor".

A priori, por exemplo, havendo solvabilidade do devedor pessoa jurídica, não se justifica – independentemente da forma como abusa ou confunde o patrimônio – a desconsideração para atingir os sócios da entidade.

---

93. "Para caracterizar a nocencia da simulação é irrelevante o intento de prejudicar terceiro, ou de infringir a lei; basta que haja o efetivo prejuízo de terceiro resultante de negócio jurídico simulado" MELLO, Marcos Bernardes. Teoria do Fato Jurídico: plano da validade. 12. ed. São Paulo: Saraiva, 2013, p. 169.

A técnica da desconsideração pressupõe (a) inadimplemento (ou risco de) e (b) insolvabilidade (risco de) do devedor originário de forma que a sua responsabilidade patrimonial fique comprometida e leve o credor ao prejuízo.

É, portanto, independentemente dos pressupostos materiais que justificam a quebra, no processo civil, uma técnica processual voltada a ampliar a responsabilidade patrimonial para evitar que o credor seja prejudicado pelo inadimplemento. Portanto, não nos parece que a medida se justifica quando se pretende a *tutela específica* do devedor, salvo se convertida a obrigação em pecúnia.

Por outro lado, considerando alguns dos principais *tipos materiais* que justificam a desconsideração parece-nos claro que a maior parte dos casos os atos de abuso e confusão patrimonial são feitos com intuito de lesar terceiros, gerando a famosa e intolerável situação de se ter, de um lado a pessoa jurídica falida e, de outro, pessoas físicas dos sócios milionários, deixando os credores da primeira com irrecuperáveis prejuízos econômicos.

Sendo assim, embora se imagine que a desconsideração faça todo sentido quando não se encontre bens penhoráveis do executado, ninguém mais é ingênuo para desvendar os atos de abuso, fraude e simulação antes mesmo de se pensar no inadimplemento formal, e, portanto, talvez seja bem mais comum que se requeira a medida na petição inicial (da ação condenatória ou do processo de execução), ou quiçá, por tutela provisória antecipada requerida em caráter antecedente. Não será fácil ter elementos de prova de atos jurídicos que são adredemente preparados para serem feitos na surdina, ocultos ou com aparência de legalidade. É certo que se já existir uma desconsideração decretada em outro processo contra aquele mesmo devedor, há aí elementos bem fortes para que também aqui se conceda a medida porque os atos de abuso e fraude não são feitos normalmente para lesar um credor específico.

11.2.7.2 A desconsideração no CPC

Basta ler o texto do Código de Processo Civil para ver que ele trata *formalmente* esta figura jurídica como se fosse uma modalidade típica de intervenção de terceiro, já que está *expressamente* regulamentada nos arts. 133-137 que, por sua vez, estão situados na Parte Geral, Livro III (sujeitos processuais), Título III (*da intervenção de terceiros*), Capítulo IV (do incidente de desconsideração da personalidade jurídica).

Inicialmente é preciso lembrar que *terceiro* é qualquer sujeito que não seja parte num processo, seja porque "nunca o tenha sido" ou até por ter "deixado de sê-lo em momento anterior àquele que se profira a decisão".[94] Portanto, considerando o dina-

---

94. BARBOSA MOREIRA, José Carlos. *Comentários ao Código de Processo Civil*. 10 edição. Rio de Janeiro: forense, 2002, v. 5, p. 291.; em igual sentido ver BUENO, Cassio Scarpinella. *Partes e terceiros no processo civil brasileiro*. São Paulo: Saraiva, 2006; JORGE, Flávio Cheim. *Chamamento ao processo*. 2. ed. São Paulo: Ed. RT, 1999.; Dinamarco, Candido Rangel. *Intervenção de terceiros*. São Paulo: Malheiros, 1997. p. 18; FUX, Luiz. *Intervenção de terceiros*. São Paulo: Saraiva, 1990.

CAPÍTULO IV • EXECUÇÃO CIVIL E RESPONSABILIDADE PATRIMONIAL

mismo da relação jurídica processual deve ser considerado terceiro aquele que *não está* como parte no processo, ainda que um dia já o tenha sido. Identifica-se o terceiro por um *contraconceito* como disse Teresa Arruda Alvim.[95]-[96]

Num flerte rápido aos artigos 133 ao 137 do CPC bem se percebe que nem sempre o ingresso do atingido pela desconsideração será uma modalidade de intervenção de terceiro. Basta imaginar a hipótese admitida pelo artigo 134, § 2º que dispensa a instauração do incidente se a desconsideração da personalidade jurídica for requerida na petição inicial do processo de conhecimento, hipótese em que será citado o sócio ou a pessoa jurídica.[97]

Nesta hipótese – salvo se tomarmos o conceito de terceiro a partir do conceito de parte em sentido material – não teremos aí um *terceiro* propriamente dito. Em tal situação o autor da ação que pede o ressarcimento em quantia dirige a sua pretensão contra o devedor e *também* contra aquele que se pretende sujeitar a responsabilidade patrimonial (ser também responsável pela dívida).

Assim como o devedor, também será citado o sócio ou a pessoa jurídica, dependendo tratar-se, respectivamente de desconsideração da personalidade jurídica ou inversa. Em nenhum momento o sujeito citado para responder ao pedido de desconsideração contido na petição inicial do autor será considerado um terceiro em relação a este *processo concretamente considerado* para usar a terminologia de Dinamarco.[98] Será, antes, um litisconsorte do devedor. Caso ao final seja procedente a demanda condenatória e também reconhecida a desconsideração então haverá título executivo judicial contra o devedor e contra o responsável, sendo que ambos foram *partes* no processo desde o início.[99]

---

95. ARRUDA ALVIM, Teresa. Os agravos no CPC brasileiro. 4. edição. São Paulo: Revista dos Tribunais. 2005, p. 209.
96. Há ainda os "sujeitos ocultos" que mesmo não sendo nem a parte em sentido material e nem processual e muitas vezes nem mesmo ingressando no processo como terceiro ainda assim *de alguma forma participam* (art. 5º do CPC) *da relação jurídica em contraditório*. É o caso do *terceiro financiador* como foi enfrentado em excelente ensaio de Sofia Temer: "a análise da figura do financiador e a identificação dos problemas relacionados à dinâmica de sua interação com o processo permite traçar alguns parâmetros para caracterizar os sujeitos processuais "ocultos" e, assim, trazê-los para a disciplina relativa à participação. Afinal, se o efetivo ingresso não pode ser o critério para identificar tais figuras, é preciso que haja elementos que os diferenciem de todos os demais "terceiros", ou seja, sujeitos efetivamente alheios ao processo". TEMER, Sofia. Financiamento de litígios por 'terceiros' (ou 'third party' funding). o financiador é um sujeito processual? Notas sobre a participação não aparente, in Revista de Processo, v. 309, São Paulo: RT, 2020, edição eletrônica, p. 359-384.
97. "A única hipótese em que o terceiro pode ser alcançada sem incidente específico é aquela em que a desconsideração já vem desde logo requerida com a petição inicial" (MARINONI, Luiz Guilherme; ARENHART, Sérgio Cruz; MITIDIERO, Daniel. Curso de processo civil. São Paulo: Ed. RT, 2015. v. 2. p. 105-106).
98. DINAMARCO, Candido Rangel. Intervenção de terceiros. São Paulo: Malheiros, 1997, p. 18.
99. Interessante observar que na mesma petição inicial há uma demanda contra aquele que já é responsável pela dívida inadimplida, e também contra aquele que espera que venha a ser também responsável pela dívida. No plano material o sujeito a ser atingido pela desconsideração não está na relação jurídica débito/responsabilidade, mas sim numa relação jurídica conexa com aquele que ostenta a responsabilidade patrimonial. Assim, o que se quer é obter um provimento que – desde que presentes os pressupostos materiais da desconsideração – altere a situação jurídica existente para colocar o terceiro também como garantidor da dívida inadimplida permitindo que seu patrimônio possa ser expropriado pelos meios executivos.

Aliás, é preciso deixar claro que só se faz *necessário* o pedido de desconsideração – desde que atendidos os pressupostos materiais – se o sujeito a ser atingido não for *responsável patrimonialmente pela dívida*, pois é exatamente isso que se quer obter com o incidente, ou seja, fazer com que o patrimônio do terceiro *passe a ser também responsável pela dívida inadimplida*. Se ele já é responsável por previsão legal ou contratual então *desnecessário o incidente*, pois já seria *legitimado passivo* em razão da sua posição jurídica de garantidor principal ou subsidiário da dívida inadimplida. Ademais se por opção do autor este não propôs demanda incluindo como réu determinado sujeito que também era responsável patrimonialmente, não pode agora driblar a estabilização da demanda para inserir o terceiro por meio deste incidente[100-101]. A decisão proferida no incidente é *constitutiva* pois altera a situação jurídica da responsabilidade patrimonial, pois acrescenta um patrimônio responsável que antes não respondia pelo inadimplemento. E, frise-se, não pode o terceiro atingido pela desconsideração invocar qualquer benefício de ordem, pois o seu patrimônio responde em pé de igualdade ao do devedor principal.

Na maior parte das vezes ele se instaura por meio de uma *intervenção (inter+venire) provocada* que se manifesta por meio de um incidente processual[102] (incide sobre um processo em curso), o que, aliás, pode ser feito em todas as fases do processo de conhecimento, no cumprimento de sentença e na execução fundada em título executivo extrajudicial.

O fato de ser um *incidente processual* não elimina a situação de que nele há (1) uma *pretensão* daquele que provoca e requer a procedência do *pedido* de *desconsideração* (2) contra aquele (terceiro) que se quer atingir, e que deve estar (3) fundamentado em *pressupostos previstos em lei*, que, sabemos, são variados e diversos e inclusive justifica-

---

100. Certeira a observação e YARSHELL "Dessa forma, se o demandante entende que determinada pessoa está obrigada (plano do débito) à determinada prestação, ele tem o ônus de inserir o suposto devedor no polo passivo da relação processual na fase cognitiva. No processo civil "comum", há relativa clareza acerca do seguinte: uma coisa é desconsiderar personalidade para estender responsabilidade patrimonial; outra – juridicamente inviável – é instaurar execução ou cumprimento de sentença à míngua de título executivo. Isso, aliás, está expresso de forma taxativa no § 5º do art. 513 e no art. 783 do CPC". YARSHELL, Flávio Luiz. Breves notas sobre a aplicação subsidiária do novo CPC à execução trabalhista e o incidente de desconsideração da personalidade jurídica. Disponível em https://juslaboris.tst.jus.br/bitstream/handle/20.500.12178/85447/2016_yarshell_flavio_breves_notas.pdf?sequence=1&isAllowed=y. Acessado em 17.04.2021.

101. O fiador integra a relação jurídica de direito material, precisamente, assumindo que o seu patrimônio responde pelo inadimplemento. Tem ele *responsabilidade patrimonial originária*, ao passo que o sujeito atingido pela desconsideração não está no plano de direito material nem na figura de devedor, nem da responsável pelo inadimplemento. Com o deferimento da desconsideração o atingido passa a ter *responsabilidade patrimonial* superveniente pela dívida inadimplida. Onde cabe o chamamento do terceiro ao processo, descabe o incidente de desconsideração, pela simples razão de que naquele o *terceiro* que ingressa já integra a relação jurídica de direito material que ali é debatida; já na desconsideração o *terceiro* atingido não faz parte da relação jurídica envolvendo o credor e o devedor, mas dada a existência de outra relação que possui com o devedor, permite-se, desde que atendidos os pressupostos materiais da medida, que seja *também* responsável pela dívida inadimplida.

102. Sobre uma teoria geral dos incidentes processuais ver o nosso *Suspensão de segurança*: sustação da eficácia de decisão judicial proferida contra o poder público. 5. ed. São Paulo: Foco, 2022.

dores de uma *teoria menor*[103] e outra *maior*[104], como se vê, respectivamente na legislação ambiental (art. 4º da Lei 9605) e no Código Civil (art. 50), além de outros casos. Há, portanto, *pedido, causa de pedir e partes* do incidente processual de desconsideração da personalidade jurídica.

Assim, para que fique claro, este incidente, quando instaurado, terá pedido e causa de pedir, e possivelmente uma defesa apresentada pelo requerido, eventualmente uma réplica, uma instrução probatória e um pronunciamento que o decide, o que faz muitos sustentarem a natureza de demanda[105].

Logo, há um objeto cognitivo específico, limitado horizontalmente, e ilimitado verticalmente. O debate no incidente versará apenas sobre o contraditório acerca dos pressupostos de cabimento da desconsideração e do pedido de desconsideração formulado. Ainda que não seja instaurado o incidente, pelo pedido ter sido feito no bojo da petição inicial há que se distinguir o *thema decidentum* da desconsideração da personalidade com aquele que é objeto da demanda proposta contra o sujeito cuja personalidade se pretende desconsiderar.

Ademais, se o pedido for feito de forma avulsa instaurando um incidente processual, diz o CPC que tal situação suspenderá o processo sobre o qual ele incide, salvo – não se suspende – se o requerimento tiver sido formulado no bojo da petição inicial por expressa determinação do § 3º do art. 134.[106]

---

103. Já explicamos em tópicos precedentes que a "teoria menor" não passa de responsabilidade patrimonial subsidiária; nela não há ilícito, mas apenas subsidiariedade da responsabilização patrimonial prevista em lei. Não nos parece correto usar o incidente de "desconsideração da personalidade jurídica" no curso de uma execução para nela inserir aquele que já era responsável patrimonialmente num *redirecionamento* da execução. O incidente, se houver, é para reconhecer a existência de corresponsabilização, e, a questão intrincada é saber se neste incidente todas as garantias processuais atinentes a um processo de cognição exauriente serão respeitadas, afinal de contas pela regra expressa do artigo 513, §º para que se execute o corresponsável (solidário ou subsidiário) é preciso ter título executivo contra ele, e, o que se irá fazer neste incidente de corresponsabilização no curso do cumprimento de sentença é justamente reconhecer a garantia da responsabilidade patrimonial para ter título contra o referido terceiro que, se procedente o incidente, passará à condição de executado.

104. A respeito ver COELHO, Fábio Ulhoa. *Curso de direito comercial*. 10. ed. São Paulo. Saraiva: 2007. v. 2. p. 36-47.; NEVES, Daniel Amorim Assumpção. *Novo código de processo civil*. 2. ed. São Paulo: Método. 2015. p. 145; RODRIGUES FILHO, Otávio Joaquim. *Desconsideração da personalidade jurídica e processo*. São Paulo: Malheiros, 2016. p. 214-215.

105. Neste sentido ver CAMARGO, Luiz Henrique Volpe. In: *Comentários ao Novo Código de Processo Civil*. CABRAL, Antonio do Passo; CRAMER, Ronaldo (Coord.). Rio de Janeiro: Forense, 2015. p. 241; MAZZEI, Rodrigo. Aspectos processuais da desconsideração da personalidade jurídica no código de defesa do consumidor e no projeto do "novo" Código de Processo Civil. In: BRUSCHI, Gilberto Gomes et al. (Coord.). *Direito processual empresarial*: estudos em homenagem ao professor Manoel de Queiroz Pereira Calças. Rio de Janeiro: Elsevier, 2012.

106. Art. 134. O incidente de desconsideração é cabível em todas as fases do processo de conhecimento, no cumprimento de sentença e na execução fundada em título executivo extrajudicial. (...) § 3º A instauração do incidente suspenderá o processo, salvo na hipótese do § 2º.

11.2.7.3 Pontos de reflexão sobre o direito material e direito processual na desconsideração da personalidade jurídica

A) Os limites da impugnação do sujeito que se pretende atingir com a desconsideração

Na hipótese de o pedido de desconsideração ter sido formulado na petição inicial sem a instauração do incidente, então serão todos citados, ou seja, aquela pessoa cuja personalidade se quer desconsiderar e também aquele que se pretende atingir com a desconsideração.

Mesmo que a desconsideração não tenha sido ainda decretada, salvo se houver tutela provisória neste sentido[107], estarão lado a lado, formalmente, em litisconsórcio passivo o sujeito passivo original e aquele que se pretende atingir com a desconsideração. Recorde-se que este sujeito não possui *responsabilidade patrimonial* nem primária e nem secundária. O que se deseja é justamente que se decrete que o seu patrimônio também responde pela dívida de quem já se apresenta como garantidor.

A questão que se apresenta é interessantíssima porque dada a regra do art. 336 do CPC, duvidamos muito que este sujeito se encoraje a fazer uma defesa restrita à impugnação do pedido de desconsideração e seus respectivos fundamentos, sob pena de que não fazendo a defesa completa de toda a petição inicial se veja surpreendido por uma sentença que decrete a desconsideração e nada mais possa fazer para impugnar o que já poderia ter feito se a desconsideração tivesse ocorrido.

Por outro lado, haveria aqueles que poderiam sustentar que os limites da impugnação ofertada no incidente de desconsideração estão restritos ao próprio objeto do incidente, ou seja, ao debate sobre a existência dos pressupostos da desconsideração.

Trocando em miúdos, exsurge o problema de saber se este sujeito, antes mesmo da decretação da desconsideração, teria legitimidade para impugnar uma situação de direito material que não lhe "pertence" já que nem era *devedor ou responsável*, e, caso positivo, se deve fazer isso com base na eventualidade de ser desconsiderada a personalidade ou quem sabe depois de ter sido atingido pela desconsideração?

Observe-se que uma vez decretada a desconsideração o sujeito atingido não se torna um *devedor*, mas sim um *corresponsável* pela dívida, de forma que poder-se-ia questionar se ele poderia, mesmo não sendo devedor em sentido material defender direito alheio (legitimidade extraordinária), alegando, por exemplo, novação, pagamento, exceção de contrato não cumprido.

Por analogia ao art. 837 do CCB pensamos que sim, afinal de contas pode o fiador "*opor ao credor as exceções que lhe forem pessoais, e as extintivas da obrigação que competem ao devedor principal*". E, claramente pode fazer isso porque se assim não

---

107. "(...) Sendo preenchidos os requisitos típicos da tutela de urgência e do pedido de antecipação dos efeitos da desconsideração da personalidade jurídica, entendo admissível a prolação de decisão antes da intimação dos sócios e da sociedade" (NEVES, Daniel Amorim Assumpção. *Novo Código de Processo Civil*. São Paulo: Método, 2015. p. 145).

fosse estaria refém das atitudes do devedor no processo, que nem sempre podem ser satisfatórias, para não dizer que são muitas vezes suspeitas de estarem em conluio com o próprio credor.

Certo é que antes ou depois de reconhecida a sua *responsabilidade patrimonial* tem todo interesse de que a tese de defesa de extinção da dívida ou da inocorrência do inadimplemento (do devedor principal) sejam acolhidas para *evitar* que seu patrimônio se sujeite também à execução.

No que se refere às questões atinentes aos pressupostos do pedido de desconsideração o terceiro defende *direito próprio em nome próprio* pois pretende ver afastada a sua responsabilidade patrimonial pela inocorrência dos pressupostos do incidente. Mas, no que se refere às questões atinentes à dívida do devedor principal ele defende direito alheio em nome próprio, pois a sua eventual responsabilidade patrimonial nasce no inadimplemento do devedor da obrigação principal do qual ele não figura nem como devedor e nem como responsável garantidor até então.

Um nó de difícil desate – com consequências sérias – é saber se o atingido só tiver sido provocado em momento que todo o processo cognitivo já se esgotou (fase cognitiva ou embargos à execução) e todas as defesas ofertadas pelo próprio devedor já tenham sido rechaçadas, quiçá, até estejam estabilizadas, pela incidência da eficácia preclusiva da coisa julgada (art. 508). Nesta hipótese, pergunta-se: em razão do momento processual em que foi atingido pela desconsideração, pode-se dizer que lhe foi oportunizado amplo contraditório se não teve chance de *debater sobre questões envolvendo a dívida e respectiva responsabilidade originária?*

B) Os limites da demanda principal e do incidente em relação ao atingido

O *responsável patrimonialmente*, originário ou *superveniente* (como no caso de desconsideração), tem todo interesse em fulminar o direito do credor pois assim fazendo estará também evitando que seu patrimônio se sujeite à execução. Isso decorre da lógica situação de que a responsabilidade patrimonial dele nada mais é do que, preliminarmente, a *consequência* (sanção) do inadimplemento da *norma primária* pelo devedor principal. Afastada esta situação, livre estará seu patrimônio e faz todo sentido que lute com todos os argumentos neste sentido. Assim, se não houve inadimplemento do devedor, nem se cogita trazer o seu patrimônio à garantia da dívida, não se justificando qualquer desconsideração judicial para atingi-lo.

Certamente que se não foi dado ao sujeito atingido pela desconsideração nem sequer a oportunidade de opor-se com exceções à dívida e ao inadimplemento, certamente que estará estabilizada apenas a situação jurídica ensejadora da desconsideração nos estreitos limites objetivos do incidente, sem descurar a possibilidade de que seja questionado posteriormente as situações atinentes à dívida e ao inadimplemento. Por outro lado, pode-se cogitar pela estabilização destas matérias (existência da dívida e ao inadimplemento) naquelas hipóteses em que o sujeito atingido pela desconsideração é exatamente a mesma pessoa que já estava na condição de ré do processo, isto é o sujeito que ostentava a posição jurídica de réu acaba por ser também a pessoa atingida pela desconsideração, como no caso das empresas individuais, ou ainda quando o sócio administrador e representante da empresa ré, é também o sócio atingido pela desconsideração.

Assim, uma de duas, ou houve um sujeito que não fez parte da fase de cognição e como tal não foi atingido pela coisa julgada acerca de aspectos atinentes à dívida e seu inadimplemento, ou então, como se disse, não há diferentes sujeitos, mas faces do mesmo legitimado.

C) A desconsideração como modalidade de intervenção coacta de terceiro no CPC

A desconsideração da personalidade é, como dito alhures, modalidade *típica* e *coacta* de intervenção de terceiro, e, vem regulada nos artigos 133 a 137 do CPC, muito embora surja esporadicamente em outros dispositivos esparsos do Código quando trata dos embargos de terceiro, da responsabilidade patrimonial, da competência do relator, do recurso de agravo de instrumento para desafiar a decisão resolve o incidente e da possibilidade de sua concessão nos juizados especiais (arts. 674, § 2º; 790, VII; 792, 795, 932, 1015, 1062).

Por expressa dicção do Código a desconsideração é cabível em todas as fases do processo de conhecimento, no cumprimento de sentença e na execução fundada em título executivo extrajudicial como expressamente menciona o artigo 134 do CPC. Será mais comum, é verdade, quando o exequente (cumprimento de sentença e processo de execução) não encontre patrimônio penhorável do executado e apenas neste momento tome pé da necessidade de desconsiderar a personalidade para *ampliar* a garantia da responsabilidade patrimonial desde que é, claro os pressupostos materiais do instituto estejam presentes.

Também por narrativa expressa do Código a desconsideração da personalidade depende de *provocação*, ou seja, não pode ser concedida de ofício, posto que é ato postulatório que se inicia a pedido da parte ou do Ministério Público, quando lhe couber intervir no processo.

Segundo o art. 133, *caput* combinado com o art. 134, § 2º esse pedido formulado pela parte deve ser feito de forma avulsa e dará ensejo a um incidente processual, exceto se a *desconsideração da personalidade jurídica for requerida na petição inicial, hipótese em que será citado o sócio ou a pessoa jurídica"* (§ 2º do art. 134).

D) Incidente que depende de requerimento e só vale no processo em que houve a desconsideração

A desconsideração tem por finalidade fazer com que se amplie a responsabilidade patrimonial atingindo terceiro que não era nem mesmo devedor ou responsável pela dívida, mas que passa a ser também *responsável* pela dívida reclamada no processo em que se deu a desconsideração.

A desconsideração decretada permite que, naquele processo específico, seja possível atravessar o biombo que separa o patrimônio da pessoa jurídica do patrimônio da pessoa física (ou inversa).

Afasta-se, por meio de decisão judicial *inter partes*, a *eficácia do ato constitutivo da pessoa jurídica* [108], precisa e limitadamente, permitindo que os bens pessoais dos sócios respondam pela dívida da empresa e vice-versa. Não se dissolve, nem se altera o regime jurídico da empresa, e tampouco esta desconsideração poderá ser projetada para outros processos, ainda que entre eles exista conexão. Contudo, não parece ser inviável cogitar, por exemplo, a possibilidade de utilização deste incidente onde foi decretada a desconsideração em outros processos e por outros credores para formação do convencimento dos respectivos juízos de outros processos.

E) Compatibilização do procedimento executivo e procedimento cognitivo do incidente

A execução fundada em título executivo extrajudicial é instaurada por meio de uma *demanda executiva* que dá início a um *processo de execução*. Pela regra do artigo 778, caput *"pode promover a execução forçada o credor a quem a lei confere título executivo"* e regra geral *"será promovida contra o devedor, reconhecido como tal no título executivo"* (art. 779, I).

Como toda e qualquer demanda aqui também se inicia por meio do ajuizamento de uma *petição inicial* que, na execução, tem disciplina particular nos artigos 798 (o que nela deve indicar e instruir) e 799 (quem deve intimar), sujeitando-se ao controle da sua regularidade pelo juiz que *"verificando que a petição inicial está incompleta ou que não está acompanhada dos documentos indispensáveis à propositura da execução"*, terá o dever de, em respeito às diretrizes do art. 4º, determinar que *"o exequente a corrija, no prazo de 15 (quinze) dias, sob pena de indeferimento"*. Uma vez admitida a petição, então, por despacho é determinada a citação do executado e, desde que realizada em observância ao disposto no § 2º do art. 240, ela interrompe a prescrição mesmo que tenha sido proferido por juízo incompetente (art. 802). Assim, considerando a regra do artigo 134, §2º do CPC: ou (1) a desconsideração enseja a instauração de um incidente ou (2) dispensa-se a instauração do incidente se a desconsideração da personalidade jurídica for requerida na petição inicial, hipótese em que será citado o sócio ou a pessoa jurídica.

Então vamos imaginar, primeiro, a hipótese de ser requerida a citação da pessoa que se quer atingir na mesma petição inicial da execução para pagamento de quantia junto com o pedido de citação do devedor para pagar o que deve em três dias (art. 829), ou seja, tornando "dispensável" o incidente de desconsideração.

---

108. COELHO, Fábio Ulhoa. *Desconsideração da personalidade jurídica*. São Paulo: RT, 1989, p. 92.

Nesta hipótese, a petição inicial, embora única, é objetivamente complexa, porque deve conter o fundamento o jurídico para pedir a satisfação do direito exequendo contra o executado (devedor que consta no título executivo), e, também deve conter o fundamento jurídico justificador do pedido de desconsideração voltado contra o sujeito que se pretende atingir com a desconsideração.

No primeiro caso, o comando voltado contra o devedor que consta no título executivo, pretende-se que este, no tríduo legal do art. 829, efetue o pagamento sob pena da sanção prevista no artigo 827. Este, citado, será o executado. Por sua vez, o comando para o sócio ou para a pessoa jurídica que se pretende atingir com a desconsideração não é para que *pague em três dias,* mas para que este impugne o pedido formulado exercendo defesa processual ou de mérito requerendo as provas cabíveis no prazo de 15 (quinze) dias (art. 135)[109]. Este, portanto, uma vez citado, será réu, pois ainda não terá integrado a relação executiva propriamente dita.

Bem, claramente há aqui um problema. Estamos diante de um cúmulo de pedidos de natureza procedimental diversa: um cognitivo (desconsideração) e outro executivo (execução para pagamento de quantia). Analisando os incisos do art. 327, §1º, logo veremos que pelo menos o inciso III possui uma complicação, qual seja, só se admite a cumulação quando seja adequado para todos os pedidos o tipo de procedimento, o que, neste exemplo, definitivamente não é. Nem o parágrafo segundo nos socorre porque ele pressupõe que os procedimentos diferentes – todos cognitivos – se convertam em procedimento comum.

Relembre-se que nesta hipótese não se aplica a *suspensão do processo* justamente porque o pedido de desconsideração foi requerida na petição inicial, de forma que a *suspensividade* não se aplica por expressa dicção do §3º do art. 134.

Para não sermos intransigentes, mesmo estando tudo cumulado na mesma petição inicial com procedimentos distintos o juiz, com sabedoria, ao receber a petição identifique imediatamente o pedido de desconsideração e paralise o procedimento executivo, mas mantenha o procedimento da desconsideração[110]. Nesta hipótese, pergunta-se, não se inicia o prazo para o devedor pagar nos três dias, ou se suspende após este prazo, afinal de contas se o executado efetuar o pagamento extinta extará a execução e desnecessário o pedido de desconsideração?

Não vemos problema em dividir a petição inicial em dois capítulos num típico caso de *cumulo objetivo* e *subjetivo* envolvendo dois procedimentos absolutamente

---

109. A pretensão à desconsideração é diferente da pretensão executiva. Na primeira deseja-se que o Poder Judiciário reconheça a existência de ato ilícito praticado em desfavor do credor, decretando que aquele sujeito atingido pela desconsideração também ocupe o papel de *garantidor patrimonial* de dívida; papel que não ocupava até então. Obtida esta situação o seu patrimônio passa a responder pela dívida alheia, como num caso de *responsável superveniente.*

110. Quando, por exemplo, no cumprimento de sentença o executado apresenta a impugnação (art. 525) no bojo do procedimento executivo há peças processuais distintas e posições jurídico-processuais distintas admitindo que se estabeleça uma sequência procedimental diversa para cada uma das postulações.

distintos, desde que esses procedimentos sejam respeitados e não baralhados. Ao que parece a sequência executiva deve esperar e prosseguir com o procedimento cognitivo de desconsideração onde o sócio ou a pessoa jurídica será citado para manifestar-se e requerer as provas cabíveis no prazo de 15 (quinze) dias, e, concluída a instrução, se for necessária, será resolvido por decisão interlocutória. Em caso de acolhimento da desconsideração retoma-se a execução contra os "dois" executados que terão três dias para pagar seguindo a sequência do art. 829 do CPC.

F) Coisa julgada na desconsideração

Como dissemos alhures há uma causa de pedir e um pedido, contraditório, instrução e decisão na demanda de desconsideração da personalidade jurídica, seja ela formulada cumulativamente na petição inicial, seja ela requerida avulsamente instaurando um incidente processual.

É certo que o objeto do debate tem cognição horizontal limitada ao tema, mas vertical exauriente de forma que uma vez resolvido o mérito do incidente este se estabiliza objetiva e subjetivamente, como aliás, deixa evidente o art. 674, §2º ao vedar a utilização de embargos de terceiro pelo sujeito que sofreu a constrição judicial de seus bens por força de desconsideração da personalidade jurídica, *de cujo incidente não fez parte*. Se foi parte do incidente, ou da demanda principal onde foi requerido, estabilizada estará a situação jurídica e em relação àquele credor o patrimônio do sujeito atingido sujeitar-se também à responsabilidade patrimonial.

O sujeito atingido pela desconsideração fica em pé de igualdade com o devedor originário em relação ao credor da obrigação como expressamente expressa o artigo 791, VII ao dizer que "são sujeitos à execução os bens do responsável, nos casos de desconsideração da personalidade jurídica". Por outro lado, dá a entender o artigo 795, §§1º e 4º, de forma até inaceitável, que o *responsável* cujo patrimônio passou a ser agredido após a desconsideração, possa alegar em seu favor o benefício de ordem.

Uma vez estabilizada a desconsideração nos estritos limites objetivos e subjetivos é possível, tem-se, apenas para aquele credor uma ampliação da responsabilidade patrimonial não sendo lícito que credores preferenciais do devedor originário se habilitem para receber os créditos obtidos da alienação do patrimônio do sujeito que teve seu patrimônio atingido a partir da desconsideração. Pode-se cogitar de espraiar os efeitos da desconsideração caso existam, por exemplo, outros créditos do mesmo credor e devedor, mas não quando se tratar de credores diferentes.

G) Embargos de terceiro e incidente de desconsideração

Sempre que se satisfaz uma obrigação inadimplida mediante uma *expropriação ou um desapossamento judicial* é certo que o *bem que será desapossado* ou o *direito que será expropriado* devem pertencer ao sujeito que responde processualmente pela dívida. Às vezes isso não ocorre e um bem de um *terceiro* acaba sendo atingido por atos de constrição ou esbulho judicial emanados de um processo do qual ele não é parte. Estes atos de constrição patrimonial, sejam eles preparatórios ou finais, tanto de um desapossamento, quanto de uma expropriação afetam diretamente o direito de posse ou propriedade do terceiro, e, bem sabemos, *ninguém pode ser privado de seus bens sem o devido processo legal.*

Os embargos de terceiro servem para a nobre função de impedir ou desfazer o esbulho judicial e esta pretensão é exercida por meio de uma demanda autônoma com rito especial previsto no art. 674 e ss. do CPC. Cabe ao terceiro o encargo de promover demanda com este desiderato. É, pois, genética a sua relação com o processo de onde emanou a ordem constritiva supostamente indevida, pois o que se quer com este remédio é inibi-la ou desfazê-la, daí porque é correto dizer que se trata de um *processo incidental* ao processo já existente.

Assim, o terceiro fundamenta o seu direito de não ser atingido pelo esbulho judicial porque afirma que o seu direito, de posse ou propriedade sobre determinado bem, não deve ser *desapossado* ou *expropriado* no processo de onde emanou ou pode emanar a constrição judicial, caso em que os embargos de terceiro terão finalidade *inibitória* ou de *remoção de ilícito*, respectivamente. O terceiro defende o seu patrimônio, ou melhor, um bem específico do seu patrimônio pretendendo obter decisão judicial que reconheça a ilicitude da medida constritiva tendo em vista a idoneidade do seu título de posse ou propriedade.

A tendencia natural é que os embargos de terceiro venham a ser manejados pelo terceiro quando se iniciam os atos de execução forçada no processo alheio, como o depósito para o futuro desapossamento, ou penhora na expropriação, mas nada impede que possa ser manejado antes ou depois destes momentos[111], como faz claro o artigo 675 do CPC ao dizer que eles podem ser "*opostos a qualquer tempo no processo de conhecimento enquanto não transitada em julgado a sentença e, no cumprimento de sentença ou no processo de execução, até 5 (cinco) dias depois da adjudicação, da alienação por iniciativa particular ou da arrematação, mas sempre antes da assinatura da respectiva carta*".

Assim, feita esta brevíssima apresentação dos embargos de terceiro, passemos a analisar a sua relação – íntima – com a desconsideração da personalidade jurídica, pois enquanto o primeiro pretende afastar determinado bem da responsabilidade patrimonial, o segundo pretende fazer com que todo o acervo patrimonial do terceiro responda também pela dívida.

Para facilitar a compreensão tomemos de exemplo algumas situações hipotéticas.

Imaginemos que no processo de execução movido por A contra B (pessoa jurídica) seja realizada a penhora sobre um bem Y pertencente a C. Ao tomar conhecimento da penhora, o terceiro C (sócio) decide opor-se ao ato de constrição por meio

---

111. Desde que exista a ameaça de constrição ou constrição já realizada.

de *embargos de terceiro* tendo no polo passivo deste processo incidental o exequente A e o executado B.

O limite cognitivo da ação proposta pelo terceiro é a demonstração de que aquele esbulho judicial sobre aquele bem específico emanado de processo do qual não é parte seria ilegítimo e estaria ferindo o seu direito de posse ou de propriedade sobre o referido bem. O alvo dos embargos de terceiro é impedir/retirar *determinado bem do campo da responsabilidade patrimonial* sob alegação de esbulho judicial. Obviamente que está tutelando o seu patrimônio, mas, mais que isso, quer obter um provimento judicial que reconheça que o *seu bem* não se sujeita à responsabilização patrimonial em outro processo.

Entretanto, eis que A, exequente, percebendo que poderia sofrer uma derrota nos embargos de terceiro porque de fato o bem Y pertenceria ao sócio e não a sociedade executada, requer a instauração do incidente de desconsideração da personalidade jurídica no processo executivo (desde que presentes os pressupostos da desconsideração), qual seja, para fazer com que não apenas aquele bem, mas todo o patrimônio do sócio, então terceiro, possa ser também atingido pela sua execução.

Feito isso teremos uma Execução de A contra B onde nele há a penhora do bem Y, e também nele foi instaurado um incidente de desconsideração da personalidade jurídica para atingir *todo* o patrimônio de C. Por outro lado, há uma demanda incidental de embargos de terceira proposta por C contra A e B alegando que é ilegítimo o esbulho judicial da execução sobre seu direito de posse ou propriedade sobre determinado bem. A primeira técnica é um incidente processual, a segunda um processo incidental.

A questão não é simples porque caso seja deferida a desconsideração da personalidade jurídica, não apenas o bem Y, mas *todo* o patrimônio de C passará a responder pela dívida de B, embora isso não queira significar que a penhora então ocorrida sobre o bem de C que antes era ilegítima passa a ser legítima. Isso porque a eficácia da decisão que desconsidera a personalidade jurídica tem natureza constitutiva, de forma que ainda que se pretenda "aproveitar" a penhora sobre o bem Y, é inegável que os efeitos que lhes são inerentes como direito de preferência (art. 797) só valem a partir do momento em que foi determinada após a desconsideração deferida.

Outrossim, embora se possa afirmar que ao requerer a desconsideração da personalidade jurídica A estaria admitindo que C não é parte da demanda, por outro lado isso não quer dizer que o bem Y não fosse responsável pela dívida, pois, por exemplo, poderia ter sido alienado por B para C em fraude à execução, caso em que reconhece que o bem, mesmo sendo de terceiro, se sujeita à execução, dada a ineficácia da alienação do devedor para o terceiro adquirente em relação àquele credor naquele processo. Ineficácia decorrente do fato de que a referida alienação, ainda que válida, não teve o condão de produzir a eficácia de retirar o bem da responsabilidade patrimonial.

Esses cuidados na análise dos institutos devem estar presentes pois não será incomum a possibilidade de que no curso da execução surjam "problemas" envolvendo a concomitância de embargos de terceiro com o incidente de desconsideração da personalidade jurídica.

Para tanto é preciso sempre lembrar que em ambos os casos – incidente processual e processo incidental – o objeto da cognição e debate de cada um são muito específicos e limitados, embora inegável que ambos se relacionem de forma específica ou genérica com a *responsabilidade patrimonial* do terceiro.

O terceiro, com razões e fins diversos, lutará para proteger o seu patrimônio dos atos de execução forçada ocorridos em outro processo, seja de forma específica sobre determinado bem, seja de forma genérica de todo o patrimônio. Ademais, ora será o provocador da demanda de embargos de terceiro *reagindo* a uma constrição (ou ameaça de), ora sendo demandado no incidente de desconsideração da personalidade jurídica. Em ambos os casos não se admite é que não possa *defender-se* de forma plena para proteção do seu patrimônio.

O que pretende a desconsideração da personalidade jurídica é trazer o terceiro para o processo do qual ele não participa e, mais que isso, sujeitá-lo também à responsabilidade patrimonial, ou seja, *todo o patrimônio de C passaria a se sujeitar à execução*, ao passo que o que se deseja nos embargos de terceiro é *afastar uma constrição judicial supostamente ilegítima sobre um bem específico que o terceiro exerce posse ou propriedade*.

É claro que a procedência da desconsideração da personalidade jurídica tornam inúteis os embargos de terceiro, pois não apenas o terceiro deixa de ser "terceiro", mas também a constrição judicial passa a ser lícita *a partir da* desconsideração ocorrida, *já que todo o seu patrimônio passa a responder pela dívida a partir daquele momento*.

Na eventual concomitância do incidente processual de desconsideração com o processo incidental de embargos de terceiro é perfeitamente *possível*, e, portanto, eventualmente, concluir-se, por exemplo, que houve o *abuso* ensejador da procedência do incidente (art. 50 do CCB), e, ao mesmo tempo concluir também que até aquele momento a penhora do bem de C era realmente ilegítima, o que levaria a procedência dos embargos de terceiro. Não se descarta, inclusive, a depender dos fundamentos e argumentos trazidos no pedido de desconsideração posterior feito pelo exequente, que exista um reconhecimento tácito da legitimidade do processo incidental de embargos de terceiro.

Por outro lado, acaso já requerido o incidente de desconsideração da personalidade jurídica antes de ter sido formulada a ação de embargos de terceiro, é preciso que a eventual decisão de procedência do incidente ainda não esteja produzindo efeitos jurídicos (de trazer o terceiro para dentro do processo) para que o terceiro possa a exercer os embargos de terceiros. Se já é parte, não é terceiro. Se todo o patrimônio responde, não se justifica e nem se mostra cabível os embargos de terceiro.

CAPÍTULO IV • EXECUÇÃO CIVIL E RESPONSABILIDADE PATRIMONIAL

H) Incidente de desconsideração instaurado pelo executado

Costuma-se pensar apressadamente que o credor é o único interessado em ampliar a responsabilidade patrimonial mediante a utilização da técnica do incidente de desconsideração da personalidade jurídica, quando na verdade é perfeitamente possível que o incidente seja instaurado pelo próprio réu com interesse em dividir, ou colocar em posição de subsidiariedade, a garantia patrimonial (responsabilidade) pela dívida inadimplida. Assim, por exemplo, se os patrimônios de vários réus estão em posição de solidariedade na garantia da dívida, é perfeitamente possível que um dos réus promova a instauração do incidente de desconsideração da personalidade jurídica quando se verifique a ocultação do seu patrimônio em nome de terceiro. O mesmo se diga, quando um réu, subsidiariamente responsável, promova a demanda incidental de desconsideração da personalidade jurídica contra o réu garantidor principal caso o patrimônio deste último esteja sendo ocultado ilicitamente.[112]

Imaginando que o exequente A promova execução contra o executado B (pessoa jurídica). Imaginando ainda que a administração da pessoa jurídica seja feita pelo sócio X que veio a substituir o sócio Y que desviou para si (pessoa física) o patrimônio da empresa, faz todo sentido que o executado (pessoa jurídica) pretenda a *desconsideração da sua própria personalidade* para atingir o bem dos sócios, e, em especial, daquele que se locupletou patrimonialmente às custas da empresa.

Neste particular o artigo 133, *caput* não traz nenhuma vedação à referida possibilidade quando diz que o incidente de desconsideração da personalidade jurídica será instaurado a pedido da parte ou do Ministério Público, quando lhe couber intervir no processo. Acaso seja procedente o pedido de desconsideração então não apenas B será *o executado*, mas todos os sócios da empresa, de forma incide conjuntamente o artigo 793, § 3º do CPC[113] com o artigo 283 do CCB[114].

I) Incidente de desconsideração e fraude à execução

I.1) Relembrando o conceito de fraude à execução para contraste com a desconsideração da personalidade jurídica

A fraude está em todas as áreas das relações humanas, e, no Direito, particularmente, está presente em todas as ciências, a saber: estelionato, fraude em licitações,

---

112. MEIRELES, Carolina Costa. "Legitimidade e interesse jurídico do responsável subsidiário para requerer a desconsideração da personalidade jurídica do devedor principal", in *Revista de Processo*, n. 305, São Paulo: RT, 2020, p. 289–308.

113. Art. 795. Os bens particulares dos sócios não respondem pelas dívidas da sociedade, senão nos casos previstos em lei. § 3º O sócio que pagar a dívida poderá executar a sociedade nos autos do mesmo processo. § 4º Para a desconsideração da personalidade jurídica é obrigatória a observância do incidente previsto neste Código.

114. Art. 283. O devedor que satisfez a dívida por inteiro tem direito a exigir de cada um dos codevedores a sua quota, dividindo-se igualmente por todos a do insolvente, se o houver, presumindo-se iguais, no débito, as partes de todos os codevedores.

fraude nos contratos, fraude à execução, fraude fiscal, fraude econômica, fraude nas licitações, fraude eleitoral etc.

Em todos estes casos o núcleo comum, mínimo, é (i) a existência de um sujeito que frauda e um sujeito que é fraudado; (ii) a intenção de enganosidade do primeiro em relação ao segundo; (iii) a existência de um benefício para o primeiro ou de prejuízo para o segundo ou para terceiros; (iv) a existência de meios para a enganosidade ser realizada.

No ato fraudulento o fraudado crê que em algo aparente, mas surpreende-se com o que está escondido no ato do fraudador como na camuflagem do animal para pegar a sua presa ou fugir do seu predador.

Não se confunde o *meio* que a fraude se instrumentaliza com a *fraude em si mesma*. Também não se reduz a fraude à intenção de fraudar. A só intenção, a má-fé, não é fraude, pois é necessário que se tenha outros elementos.

Para entender o que seja *fraude à execução* é preciso lembrar da regra contida no art. 391 do CCB *"pelo inadimplemento das obrigações respondem todos os bens do devedor"*, cuja redação é bem parecida com o art. 789 do CPC: *"o devedor responde com todos os seus bens presentes e futuros para o cumprimento de suas obrigações, salvo as restrições estabelecidas em lei"*.

Todo devedor sabe que se inadimplir suas obrigações, sejam elas legais ou contratuais, o *seu patrimônio responderá pela dívida inadimplida*. Eis aí a chave para entender o que seja a *fraude à execução*. Considerando aqueles elementos que compõem o núcleo comum da fraude *tout court*[115] então podemos defini-la como o desfalque patrimonial praticado pelo sujeito cujo patrimônio é responsável pela dívida inadimplida no curso de uma demanda que seria capaz de levá-lo a uma situação de insolvência frustrando a satisfação da futura execução. Observe que esse desfalque (oneração ou alienação) do patrimônio lesa não apenas o *titular do crédito inadimplido,* mas também a *jurisdição* porque frustra o resultado da demanda já instaurada.

Parece uma tolice – e talvez o seja – mas a redação do 593, caput do CPC de 1973 e também do artigo 895 do CPC de 1939 tinham um rigor vernacular que não foi mantido pelo CPC de 2015. Observemos a redação de cada um deles:

Art. 895. A alienação de bens considerar-se-á *em* fraude de execução:

Art. 593. Considera-se *em* fraude de execução a alienação ou oneração de bens:

Art. 792. A alienação ou a oneração de bem é considerada fraude à execução:

Ao colocar a preposição "em" antes da expressão "fraude à execução" ela perpassa a noção dinâmica de tempo permitindo que se compreenda que a *fraude em questão* é aquela em que o ilícito acontece com processo em curso. Esse aspecto é fundamental para se compreender que a *fraude à execução* pressupõe *processo em curso* como se ob-

---

115. Sujeito que frauda e sujeito fraudado, meio para realizar a fraude, intenção maliciosa, prejuízo do fraudado e/ou benefício do fraudador.

serva nas hipóteses descritas nos incisos dos respectivos artigos citados acima. Aliás, este é o *quid*, o *plus* que – por ser dirigida também contra a atividade jurisdicional – assume uma gravidade tal que permite que o seu reconhecimento seja feito de forma mais simples do que a fraude contra credores (sem processo judicial em curso e por meio de ação pauliana).

Nada obstante o nome que se dê seja fraude *à execução* não é preciso que a *execução* esteja em curso para que ela se configure, bastando que ao tempo da alienação ou da oneração, tramitava contra o devedor ação capaz de reduzi-lo à insolvência. A expressão "à execução" que qualifica a fraude está aí apenas para demonstrar que o desfalque praticado frustrará a execução, seja ela futura ou contemporânea. Observe-se com cuidado que o *ilícito de fraude de desfalque patrimonial* deve ter sido praticado com a demanda instaurada (executiva ou condenatória ou preparatória de alguma delas). Não se confunde o ilícito com o seu futuro reconhecimento judicial.

I.2) Elementos da fraude à execução

O sujeito que frauda à execução é *parte* no processo judicial, e assim ocupa esta situação jurídica porque é, no plano material, o responsável pela dívida inadimplida (devedor ou garantidor). É ele que terá o seu patrimônio sujeito à execução por expropriação. Portanto, o sujeito que pratica a fraude à execução é parte e não um terceiro na causa. É verdade que o ato ilícito de fraude à execução pode ser em feito em conluio – ou não – com um (ou alguns) terceiro (s) em favor de quem é feita a alienação ou oneração do bem que até então integrava o patrimônio de responsável.

A fraude à execução agride diretamente dois sujeitos: o titular do crédito inadimplido que pretende a sua satisfação em juízo, e também a própria jurisdição que vê comprometido o resultado do processo (satisfação do direito) pelo ato fraudatório.

O ato de fraude à execução consiste em desfalcar o patrimônio responsável (garantidor) da satisfação do direito pretendido em juízo. Esse desfalque tanto pode ser praticado por uma conduta comissiva, quanto omissiva. Assim, por exemplo quando aliena bem a terceiro no curso do processo ou quando deixa de receber crédito que integraria o seu patrimônio como no caso de não abrir inventário de ascendente falecido para evitar que o patrimônio herdado possa ser excutido.

O elemento intencional da fraude é normalmente um aspecto complicado de ser demonstrado, até porque em um desfalque patrimonial sempre há aquele que aliena ou onera o seu patrimônio e um outro, ou outros, em favor de quem este patrimônio é desfalcado e especialmente quanto a este último é que reside o problema do elemento anímico, afinal de contas o devedor, desde que firmou a obrigação, sabe o patrimônio que tem e que ele responde pelo inadimplemento da obrigação.

Justamente por causa das dificuldades de prova em relação ao terceiro o legislador estabelece presunções que tornam objetiva a verificação do elemento intencional.

Assim, se o bem é sujeito a qualquer tipo de registro oficial (v.g. ações, cotas, veículos, imóveis etc.) e houver qualquer averbação (anotação à margem do registro) emanada de processo judicial (penhora, medida de arresto ou indisponibilidade, hipoteca judiciária, averbação premonitória etc.) então há uma presunção absoluta de fraude. O terceiro que adquire um bem que se sujeita a registro cuja finalidade é justamente proteger terceiros e trazer segurança e não procede uma consulta, então não pode invocar a sua inocência na aquisição. Mas, existem casos em que o desfalque patrimonial ocorre depois de iniciado o processo, mas antes de ser possível qualquer tipo de averbação sobre qualquer bem registrado do patrimônio do executado, como por exemplo a demanda condenatória esteja ainda na fase de saneamento e nenhum ato constritivo tenha sido deferido até então.

Nesta hipótese pensamos que é necessário verificar as circunstâncias do caso concreto, ponderando de um lado que o terceiro adquiriu um bem em um momento que não tinha nenhuma restrição averbada e de outro lado que a redução patrimonial se deu em momento do processo que se tornava impossível qualquer averbação no registro pelo autor da demanda[116]. Ao nosso ver deve ser aplicado a esta situação a mesma prevista para casos de bens não sujeitos a qualquer tipo de registro, com ônus do terceiro demonstrar a normalidade da aquisição. É, pois, a solução prevista no art. 792, § 2º do CPC que diz *"no caso de aquisição de bem não sujeito a registro, o terceiro adquirente tem o ônus de provar que adotou as cautelas necessárias para a aquisição, mediante a exibição das certidões pertinentes, obtidas no domicílio do vendedor e no local onde se encontra o bem".*

No que concerne aos meios utilizados para realizar a fraude existem os mais diversos tipos, sendo impossível qualquer tentativa de catalogar. A criatividade do fraudador é ilimitada. São comuns por exemplo, o divórcio simulado para partilhar o patrimônio, o desmembramento da família colocando os filhos em imóveis sozinhos para alegar ser bem de família, a doação de bem não onerosa para parente ou amigo, etc.

I.3) O reconhecimento da fraude à execução e contraste com a desconsideração

O ato jurídico de desfalque patrimonial em fraude à execução praticado pelo réu/executado com um terceiro é válido entre eles, mas absolutamente ineficaz em relação ao autor/exequente. Logo, na fraude à execução não se pretenderá nenhuma anulação do ato jurídico,[117] mas para que a execução incida sobre bem que não integra mais formalmente o patrimônio do alienante/réu/executado é preciso que a ineficácia decorrente da fraude à execução seja reconhecida em juízo. É certo que por envolver um terceiro alheio a relação jurídica processual, por maior que possa a ser a presunção

---

116. Da mesma forma o inverso (inexistência de registro sobre o bem, mas com notório conhecimento da situação de insolvência pelo adquirente), porém, excepcionalmente, em razão da expressa adoção da *segurança do registro* como determina o art. 54 da Lei n.º 13097.

117. Como também não se pretende na ação de fraude contra credores.

de fraude no caso concreto, antes de declarar a fraude à execução, o juiz deverá intimar o terceiro adquirente, que, se quiser, poderá opor embargos de terceiro, no prazo de 15 (quinze) dias como determina o artigo 792, §4º (art. 674, §2º, II).

É de bom alvitre, para não haver deslizes no devido processo legal, que o magistrado instaure um incidente processual cognitivo que verse apenas sobre a questão da fraude à execução, dele fazendo parte, de um lado o auto/exequente e de outro, em litisconsórcio necessário o terceiro e o réu/executado.

Tal medida certamente implicará no esvaziamento de qualquer discussão posterior – em embargos de terceiro por exemplo – acerca da fraude cometida e da possibilidade de incidência da execução sobre o bem que, a rigor, em relação ao autor/exequente nunca saiu do patrimônio do réu/executado dada a natureza declaratória da decisão que reconhece a ineficácia.

I.4) Fraude à execução e desconsideração da personalidade jurídica

Como se observou acima a fraude à execução é resultado do reconhecimento da ineficácia de ato jurídico praticado pelo réu/executado em relação ao processo cujo propósito poderá será infrutífero sem esse bem.[118]

A desconsideração da personalidade é a consequência jurídica (sanção) que se impõe àquele que incide nos tipos (ato ilícito danoso da garantia patrimonial) previstos pelo direito material (consumidor, civil, fiscal, administrativo, ambiental etc.[119]). Por meio desta sanção um terceiro que não integra nem a relação jurídica processual e nem a material[120] discutida em juízo passa a ter, com a desconsideração da personalidade, o seu patrimônio sujeitável à execução pois passa a ter o seu patrimônio com garantidor de dívida alheia. Logo, como ela há uma *soma de patrimônios sujeitáveis* e não apenas um bem específico, a não ser que todo o patrimônio se resuma num único bem expropriável. Observe que o *terceiro* passa a integrar a relação jurídica processual caso incida a sanção de desconsideração.

---

118 DINAMARCO, Candido Rangel. Instituições de direito processual civil. 2. ed. São Paulo: Malheiros, v. IV, 2003, p. 389.

119. Nos casos do art. 28, § 5º da Lei 8.078 e art. 4º da Lei 9605 "a aplicação da teoria menor da desconsideração da personalidade jurídica da empresa é justificada pelo mero fato de a personalidade jurídica representar um obstáculo ao ressarcimento de prejuízos" (AgInt no AREsp 1560415/DF, Rel. Ministro Marco Buzzi, Quarta Turma, julgado em 30.03.2020, DJe 01.04.2020) o que leva ao questionamento se de fato há aí uma proteção ou uma desvalorização da autonomia patrimonial da pessoa jurídica (a respeito ver COELHO, Fábio Ulhoa. *Curso de Direito Comercial*. 7. ed. São Paulo: Saraiva, 2004, p. 46). A rigor, tomando de análise o art. 4º da Lei 9605 o que se tem é responsabilidade patrimonial subsidiária do sócio sempre, objetivamente, "que sua personalidade for obstáculo ao ressarcimento de prejuízos causados à qualidade do meio ambiente". Cabe ao sócio provar que não há a situação de insolvência da pessoa jurídica que justifique a invasão do seu patrimônio.

120. A rigor o sujeito atingido com a desconsideração possui relação jurídica com aquele que é o responsável patrimonialmente. É justamente esta relação jurídica que – a depender das circunstâncias do direito material – permitem a incidência da sanção da responsabilidade patrimonial por meio da desconsideração da personalidade jurídica. A relação jurídica envolvendo o atingido pela desconsideração e aquele que teve a sua personalidade desconsiderada é indireta com a relação jurídica já deduzida em juízo.

É claro que a desconsideração pode se dar porque, *fraudulentamente*, o devedor oculta o seu patrimônio em nome de outra pessoa, pois esta é *uma das várias hipóteses do direito material* que justificam a superação da personalidade. Mas, observe, ao desconsiderar a personalidade não se trata de *reconhecer a ineficácia de uma alienação ou oneração de bem no curso do processo*, mas sim de *decretar* uma situação jurídica nova (decisão constitutiva) para aquele terceiro que passa não só a integrar a relação jurídica processual, mas também submete o seu *patrimônio inteiro* à responsabilidade executiva. Todo acervo patrimonial do terceiro atingido passa a ser garantidor da dívida e não um bem específico que tenha sido objeto de desfalque fraudulento.

Acerca da comunicação dos institutos o CPC diz que:

> Art. 137. Acolhido o pedido de desconsideração, a alienação ou a oneração de bens, havida em fraude de execução, será ineficaz em relação ao requerente.
>
> Art. 792. A alienação ou a oneração de bem é considerada fraude à execução
>
> (...)
>
> § 3º Nos casos de desconsideração da personalidade jurídica, a fraude à execução verifica-se a partir da citação da parte cuja personalidade se pretende desconsiderar.

Para entender a hipótese do artigo 137 do CPC tomemos de exemplo a seguinte situação: A promove ação condenatória contra B e no curso desta A requer instauração de incidente para que seja desconsiderada a personalidade de B e assim sujeitar o patrimônio de C à responsabilidade executiva.

Assim, se for decretada em favor de A, a sanção de desconsideração da personalidade de B (pessoa jurídica) para que o patrimônio de C (sócio) também integre a responsabilidade patrimonial, então, aí entra o art. 137 e diz que toda alienação ou oneração de bens praticada por C havida em fraude à execução será ineficaz em relação à A.

O dispositivo é ótimo, porque C (sócio), sabendo que B (pessoa jurídica) foi citado e que possivelmente poderá ser atingido em eventual desconsideração que vier a ser instaurada, pode resolver desfalcar o seu patrimônio tornando inócua a sanção de desconsideração pois infrutífera será a futura execução. Nesta hipótese, frise-se, o que diz o texto é que se C, atingido pela desconsideração, tiver alienado ou onerado bens de seu patrimônio em alguma das hipóteses de fraude à execução, então essa alienação será ineficaz para A, caso em que o bem ou os bens que tenham sido formalmente desviados para o patrimônio de D, será atingido no limite da fraude cometida.

Já o artigo 792, § 3º reforça exatamente o que se disse anteriormente, ou seja, tomando o mesmo exemplo acima, como C é atingido pela desconsideração o seu patrimônio se submete à eventual execução promovida por A, mas ratifica o artigo 137 dizendo que, mesmo que a sanção constitutiva de desconsideração tenha se dado no curso do feito, para fins de fraude à execução, o legislador retroage o momento de sujeitabilidade do patrimônio de C à mesma data em que B foi citado.

Logo, não se confundem *fraude à execução* e a *superação da personalidade*. Nesta um terceiro passa a ser parte no processo e seu patrimônio sujeita-se à futura execução. Há, pois litisconsórcio passivo entre a pessoa desconsiderada e o atingido pela desconsideração. Litisconsórcio este decorrente do fato de que, com a decisão positiva da desconsideração, *ambos* se sujeitam a mesma garantia da responsabilidade patrimonial. A execução poderá ser movida contra ambos e a *desconsideração* é a sanção jurídica prevista às mais variadas situações previstas pelo direito material como abuso de direito, má administração, confusão patrimonial etc.

Já a *fraude a execução* é uma situação jurídica processual onde o réu ou executado aliena ou onera bem para desfalcar o patrimônio de forma que o processo seja infrutífero. Nesta hipótese, o adquirente do bem em fraude à execução não integrará a relação jurídica processual executiva e tampouco seu patrimônio inteiro responderá pela execução, senão apenas aquele específico bem objeto de uma alienação ou oneração que foi ineficaz em relação ao autor/exequente. Ademais, a sanção jurídico-processual pelo reconhecimento da fraude e a ineficácia da alienação ou oneração, permite que a execução incida sobre o patrimônio do terceiro aí incluído o tal bem alienado em fraude.[121] A fraude à execução não é espécie de desconsideração e nem a desconsideração é espécie de fraude.

São institutos diversos, embora se comuniquem pelo fato de que são técnicas protetoras da efetividade da execução por expropriação. Uma *restabelece* o vínculo de sujeitabilidade do patrimônio alienado em fraude à execução sem acréscimo objetivo ou subjetivo da demanda; outra amplia *objetivamente* o *patrimônio executável* em razão de igual *ampliação do polo subjetivo* com a decretação da desconsideração da personalidade, permitindo inclusive que o desconsiderado oponha exceções que visem a extinção da própria dívida.

Aliás, registre-se, embora isso seja incomum, é possível que o titular do crédito perceba, antes da data do inadimplemento, que o devedor já dê sinais de que não irá adimplir a obrigação e ainda por cima começa a dilapidar temerosamente o seu patrimônio justamente para comprometer a sua responsabilidade patrimonial. Nesta hipótese não há processo em curso e ainda não foi cometida a *fraude ao patrimônio*, mas está em vias de isso acontecer. Ora, é claro que o titular do crédito[122] pode, ante a *ameaça de lesão*, promover demanda que conserve o patrimônio do devedor *inibindo o ilícito* que está em vias de ser cometido. Conhecíamos esta demanda como *arresto* no art. 813 e ss. do CPC de 1973, mas nada mais é do que uma demanda inibitória contra o ilícito de *desfalque patrimonial*.

---

121. Observe que o bem continua no patrimônio do terceiro, mas se sujeita à execução, porque em relação ao autor/exequente a referida alienação ou oneração não produziu a eficácia de retirar aquele bem da responsabilidade patrimonial do executado.

122. Também tem legitimidade o responsável secundário ao perceber que ele arcará com o prejuízo e não poderá alegar o benefício de ordem a seu favor.

Entretanto, sabemos, que a maior parte dos casos o que se tem é justamente a tutela *repressiva* de remoção do ilícito de fraude já cometido, ou seja, se pretende o reconhecimento da fraude quando ao tentar realizar a penhora o exequente já não encontra bens do executado.

Pode-se concluir que o Código de Processo Civil deu tratamento bastante sintético a um instituto tão complexo como a *desconsideração da personalidade jurídica*, sem se preocupar com as diversas questões de ordem formal e material como foram trazidos neste ensaio que, longe de trazer soluções, apresentam pontos de reflexão para um tratamento jurídico mais adequado ao instituto que é técnica de enorme importância na execução civil.

12. BENS SUJEITOS À EXECUÇÃO E BENS SUJEITOS À RESPONSABILIDADE PATRIMONIAL

12.1 Apresentação do tema

No art. 790[123] o legislador elenca os *bens sujeitos à execução*. Relembre-se que toda execução tem por finalidade satisfazer um direito exequendo revelado num título executivo, ou seja, o *mérito* da tutela executiva é uma pretensão insatisfeita.

O CPC brasileiro não faz a distinção de execuções fundadas em pretensões reais ou pessoais, de forma que a tutela executiva tanto serve para efetivar uma obrigação de pagar quantia, de entrega de coisa, de fazer e não fazer ou, ainda, de execução fundada no exercício do direito de sequela para o proprietário do bem reaver a coisa.

É claro que, excluindo desse rol a execução das obrigações de fazer e não fazer, que não envolvem o desapossamento ou a expropriação de qualquer bem,[124] todas as hipóteses ali descritas se enquadram em execução por expropriação (de bens) ou execução por desapossamento de bens.[125]

No entanto, nada obstante os referidos bens se sujeitem à execução, eles possuem papéis diversos nas situações descritas no rol do dispositivo. Na execução por expro-

---

123. Art. 790. São sujeitos à execução os bens:

I – do sucessor a título singular, tratando-se de execução fundada em direito real ou obrigação reipersecutória;

II – do sócio, nos termos da lei;

III – do devedor, ainda que em poder de terceiros;

IV – do cônjuge ou companheiro, nos casos em que seus bens próprios ou de sua meação respondem pela dívida;

V – alienados ou gravados com ônus real em fraude à execução;

VI – cuja alienação ou gravação com ônus real tenha sido anulada em razão do reconhecimento, em ação autônoma, de fraude contra credores;

VII – do responsável, nos casos de desconsideração da personalidade jurídica.

124. Apenas se convertida a obrigação em perdas e danos é que recairá sobre a expropriação de bens do executado.

125. Estas fundadas em direito real ou pessoal.

priação, o bem que integra o patrimônio do executado tem uma função instrumental, ou seja, precisa ser liquidado para ser entregue ao exequente. Já no caso dos bens objeto do desapossamento, o próprio bem deve ser entregue. Isso, na verdade, decorre do fato de que na expropriação procura-se efetivar a responsabilidade patrimonial que poderá ser acionada com o inadimplemento da prestação. Já no segundo caso, o que se tem é a execução da própria norma primária, da prestação devida que não foi cumprida pelo executado. Claro que, neste último caso, se for infrutífero o desapossamento, poderá ser a execução convertida de entrega de coisa para pagar quantia, recaindo na hipótese de efetivação da responsabilidade patrimonial pelo inadimplemento.

Concluindo, a expressão *bens sujeitos à execução* refere-se a bens que são instrumentais (expropriação) ou finais (desapossamento) da tutela jurisdicional executiva.

12.2 Bens do sucessor a título singular, tratando-se de execução fundada em direito real ou obrigação reipersecutória

A sucessão nada mais é do que a transferência de um direito de uma pessoa para outra, que pode se dar em vida (*inter vivos*), como, por exemplo, um contrato de compra e venda, ou em razão da morte (*causa mortis*). Ela é denominada de *singular* quando a transferência é de bens ou de bem específico, e será universal quando é transferida uma universalidade de bens (patrimônio do *de cujus* transferido pela sua morte).

Aproximando os conceitos para a situação narrada no inc. I, tem-se no dispositivo que, havendo uma demanda já instaurada e fundada em direito real (exercício do direito de sequela) ou fundada numa obrigação reipersecutória,[126] caso o bem perseguido seja objeto de sucessão singular, ele continuará vinculado à execução ou cumprimento de sentença dessa demanda, ainda que esteja em poder de terceiro. O inciso primeiro do art. 790 não trata de *bens sujeitos a execução* em razão da responsabilidade patrimonial. Aqui neste caso o bem está sujeito à execução porque se trata de efetivar a própria prestação de entrega de coisa, ou seja, o bem fim, e não o bem instrumento que tipifica a responsabilidade patrimonial. Nesta, pouco importa qual o bem seja objeto da expropriação, pois ó que é relevante é justamente que do patrimônio se extraia o valor correspondente aos prejuízos suportados pelo inadimplemento. Neste inciso I do artigo 790 o bem mencionado é o bem que corresponde ao objeto da prestação de entrega, enquanto que os bens sujeitos à execução na responsabilidade patrimonial são aqueles que serão convertidos em dinheiro para satisfazer o direito do exequente.

Observe-se que o art. 240 do CPC determina que a citação válida, ainda quando ordenada por juízo incompetente, induz litispendência, torna litigiosa a coisa e constitui em mora o devedor, ressalvado o disposto nos arts. 397 e 398 da Lei 10.406, de 10 de janeiro de 2002 (Código Civil).

---

126. As ações reipersecutórias são aquelas que têm por causa de pedir uma obrigação, mas possuem por finalidade a obtenção de uma coisa específica e tanto pode ser proposta contra a pessoa obrigada quanto pelo possuidor da coisa.

Daí emerge a regra geral do art. 109, *caput*, do CPC de que a alienação da coisa ou do direito litigioso por ato entre vivos, a título particular, não altera a legitimidade das partes.

Exatamente por isso, prescreve a regra do art. 808 do CPC que, uma vez "alienada a coisa quando já litigiosa, será expedido mandado contra o terceiro adquirente, que somente será ouvido após depositá-la".

12.3 Do sócio, nos termos da lei

Existem duas premissas que devem servir de base para este dispositivo. É normal e típico que a responsabilidade patrimonial recaia sobre o patrimonial do próprio devedor, ou seja, é ele que normalmente se veste da condição de devedor e de responsável pelo débito.

Por outro lado, também é regra vulgar que o sócio e a respectiva sociedade possuem personalidades distintas, sendo igualmente distintos os seus patrimônios.

Nada obstante as duas premissas fixadas acima, o legislador admite, excepcionalmente, que os bens dos sócios se sujeitem à execução da dívida da pessoa jurídica, fato que deve acontecer *nos termos da lei*.

O próprio art. 795 do CPC ratifica o inc. II, mas ali elenca que, nesses casos de responsabilidade dos sócios pelas dívidas da sociedade, aqueles terão uma responsabilidade subsidiária, como trataremos adiante.

É a lei de direito material que irá descrever as hipóteses em que os bens dos sócios respondem pela dívida da sociedade. As hipóteses de desconsideração da personalidade jurídica são exemplos dessa permissão legal. O art. 28 do CDC é um bom exemplo disso, de forma que, em qualquer fase do processo, é possível que seja instaurado um incidente de desconsideração da personalidade jurídica[127] para que se permita que os bens dos sócios sejam atingidos pelas dívidas da sociedade.

Inclusive, registre-se que essa hipótese de submeter os bens dos sócios pelas dívidas da sociedade em virtude de desconsideração da personalidade jurídica da empresa passou a ser hipótese autônoma nesse dispositivo, como se verá no inc. VII, adiante.

12.4 Do devedor, ainda que em poder de terceiros

Inicialmente, deve-se dizer que esse dispositivo diz o óbvio, pois a regra geral do art. 391 do CCB e do art. 789 do CPC é clara ao dizer que o patrimônio do devedor res-

---

127. Art. 133. O incidente de desconsideração da personalidade jurídica será instaurado a pedido da parte ou do Ministério Público, quando lhe couber intervir no processo.

§ 1.º O pedido de desconsideração da personalidade jurídica observará os pressupostos previstos em lei.

§ 2.º Aplica-se o disposto neste Capítulo à hipótese de desconsideração inversa da personalidade jurídica.

Art. 134. O incidente de desconsideração é cabível em todas as fases do processo de conhecimento, no cumprimento de sentença e na execução fundada em título executivo extrajudicial.

ponde pelo inadimplemento da obrigação. Logo, se o bem pertence ao devedor, então ele compõe o seu patrimônio e deverá também responder pela dívida sujeitando-se à execução. Aliás, esta é, também, a redação do art. 824 do CPC.

Porém, ao mencionar "em poder de terceiros", o legislador admite que a propriedade do bem pertence ao devedor/responsável, mas que no momento da execução não esteja sob sua posse, e sim de outra pessoa.

Aqui é importante distinguir a posse da detenção. Segundo o art. 1.196 do CCB, "considera-se possuidor todo aquele que tem de fato o exercício, pleno ou não, de algum dos poderes inerentes à propriedade", e, consoante o art. 1.198, "considera-se detentor aquele que, achando-se em relação de dependência para com outro, conserva a posse em nome deste e em cumprimento de ordens ou instruções suas".

Por isso, será bastante simples e sem maiores consequências sujeitar à execução o bem que compõe o patrimônio do devedor e que esteja sob um regime jurídico de detenção de um terceiro. Isso porque o detentor não age em seu nome e nem aufere benefício econômico para si ao deter a coisa.

Contudo, quando o terceiro estiver em poder do bem do devedor na condição de possuidor, apesar de se permitir a expropriação do bem, seu adquirente (em adjudicação ou leilão) ficará na mesma posição do executado em relação ao bem excutido. Ou seja, passa a ser proprietário da coisa, mas não tem a sua posse, que permanece com o terceiro. Será necessário ao arrematante ou adjudicante do bem promover as medidas judiciais cabíveis para ter a posse, que não lhe foi transferida.

E mais, se a posse do terceiro sobre o bem do devedor estiver assentada em um contrato ou negócio jurídico como locação ou comodato, passa o adquirente à condição de possuidor indireto, com as regras que lhe forem pertinentes na referida avença.

12.5 Do cônjuge ou companheiro, nos casos em que seus bens próprios ou de sua meação respondem pela dívida

A união estável foi equiparada ao casamento pelo texto constitucional (art. 226 da CF/1988), havendo lei específica (Lei 8.971) que regula o direito de alimentos e de sucessão do companheiro.

Dessa forma, corretamente, o legislador processual rendeu-se aos ditames constitucionais e colocou no disposto legal aquilo que, na prática, a jurisprudência já tinha feito.

Por isso, sujeitam-se à execução os bens do cônjuge, se casado, ou do companheiro, se conviver em união estável, naqueles casos em que os seus bens próprios ou de sua meação respondem pela dívida.

Deve ficar claro que se marido e mulher (companheiro e companheira) assumiram ambos a dívida, não existe maior dificuldade, porque ambos serão devedores e responsáveis pelo inadimplemento.

Entretanto, o dispositivo admite hipótese em que apenas um dos cônjuges (ou companheiro) tenha assumido a dívida, mas o patrimônio do outro se submete à responsabilidade, sempre que esta tenha sido assumida em prol do casal ou da família. Nessa hipótese, o patrimônio de ambos os consortes responde, ainda que a dívida seja contraída por um só deles.

A orientação do Superior Tribunal de Justiça é a de que se presume que a dívida assumida por um dos cônjuges tenha sido contraída em benefício do casal ou da família, valendo-se para tanto da interpretação dos arts. 1.643 e 1.644 do CCB. Ao incidir sobre bem de terceiro (cônjuge ou companheiro), deve este elidir, por intermédio de embargos de terceiro (porque ele não é parte na relação jurídica processual), "a presunção de comunicabilidade das dívidas assumidas por apenas um dos cônjuges" (REsp 874.273/RS, Rel. Min. Nancy Andrighi, Terceira Turma, j. 03.12.2009, *DJe* 18.12.2009), lembrando que, em se tratando de aval, tem a jurisprudência entendido, na esteira do art. 1.647, III, do CCB, que, tal como a fiança, este ato exige outorga uxória, o que exigiria sempre o consentimento de ambos os cônjuges, caso em que haveria para ambos a reponsabilidade patrimonial (AgRg no REsp 1.082.052/RS, Rel. Min. Marco Buzzi, Quarta Turma, j. 19.09.2013, *DJe* 27.09.2013).

12.6 Alienados ou gravados com ônus real em fraude à execução

Neste dispositivo o legislador deixa claro que se submetem à execução os bens do executado que tenham sido por ele alienados ou sobre os quais tenha feito algum gravame com ônus real em fraude à execução.

Os suportes fáticos das hipóteses que configuram a fraude à execução estão descritos no art. 792 do CPC e nele contemplam-se situações em que o bem objeto da execução (objeto final ou instrumental) é excluído fraudulentamente da execução.

Perceba-se que, nessa modalidade de fraude, a alienação ou o gravame do bem é simplesmente ineficaz em relação ao exequente e à tutela executiva por ele instaurada, motivo pelo qual sobre esse bem recairá a execução. Não há necessidade de nenhuma demanda para que seja reconhecida a fraude à execução e submetido o bem à execução.

É claro que o terceiro adquirente do bem alienado ou em favor de quem consta o gravame poderá insurgir-se contra a medida executiva por intermédio de embargos de terceiro e a discussão a respeito da fraude, invocada das hipóteses contempladas no art. 792, poderá nestes acontecer. Da resolução dessa demanda, uma de duas, ou a alienação foi considerada ineficaz e mantém-se a execução sobre o referido bem, ou é afastada a fraude à execução e o bem permanece no patrimônio do terceiro, sendo excluída da execução.

12.7 A alienação ou gravação com ônus real tenha sido anulada em razão do reconhecimento, em ação autônoma, de fraude contra credores

A situação descrita neste dispositivo é diversa da anterior, embora, do ponto de vista prático, seja a mesma, ou seja, tanto no inciso anterior, quanto neste inciso, se reconhecida a fraude à execução ou se aqui for reconhecida a fraude contra credores, o bem do executado fraudulentamente alienado ou gravado com ônus real continua submetido à execução.

O que quis dizer o legislador foi que, tanto na hipótese de reconhecimento da ineficácia da alienação ou oneração (hipótese de fraude à execução), quanto na hipótese do reconhecimento da fraude contra credores tratada neste dispositivo, o bem que havia sido fraudulentamente alienado ou onerado deve submeter-se à execução. Aqui ficou muito clara a distinção do legislador, pois neste dispositivo ele deixa evidente que a fraude contra credores não poderá ser arguida por simples petição nos autos da execução, mas sim por intermédio de ação autônoma, proposta pelo exequente contra o devedor/responsável e o adquirente do bem alienado ou beneficiário do bem onerado com ônus real.

12.8 Do responsável, nos casos de desconsideração da personalidade jurídica

O presente dispositivo consagra a hipótese em que o patrimônio do sócio, ou da pessoa jurídica (no caso de desconsideração inversa), passa a responder pela dívida da sociedade. Essa situação já poderia ser inferida do art. 790, II, do CPC, mas entendeu o legislador que seria ela merecedora de uma hipótese autônoma. Não é apenas a ampliação da responsabilidade patrimonial, mas do próprio polo passivo da demanda executiva, permitindo que, na condição de executado (caso a desconsideração seja feita em incidente na execução) exerça todas prerrogativas inerentes a tal situação jurídica subjetiva. Ao ser acolhida a desconsideração um novo sujeito passa a integrar a relação jurídica processual e seu patrimônio também se sujeita à expropriação.

É de se dizer que, se a desconsideração da personalidade jurídica se deu no curso da demanda cognitiva, haverá título executivo judicial contra o sócio e contra a pessoa jurídica. Porém, se a realização do incidente de desconsideração ocorreu no curso do cumprimento de sentença – após infrutífera busca no patrimônio da empresa devedora –, então é a partir desse momento que haverá ampliação subjetiva do título executivo autorizador para submeter o patrimônio do sócio à execução. Por sua vez, tratando--se de processo de execução em que a sociedade, e não o sócio, responda pela dívida, certamente que no curso deste deverá acontecer o incidente de desconsideração da personalidade jurídica sempre que a pessoa jurídica não possuir bens que suportem o adimplemento da obrigação inadimplida e estejam configuradas as hipóteses autorizativas previstas na lei material.

Os arts. 133 e ss. do CPC cuidam apenas das regras atinentes à técnica processual e ao procedimento do incidente de desconsideração da personalidade jurídica (inclusive inversa), de forma que as hipóteses de seu cabimento devem estar previstas no direito material (Lei 8.078/1990, Lei 9.605/1998 etc.). O presente dispositivo pressupõe que já tenha acontecido a desconsideração da personalidade jurídica, incidindo a responsabilidade patrimonial sobre a pessoa cuja personalidade foi desconsiderada.

13. O REGIME DE IMPENHORABILIDADE

Num país como o Brasil com tantos hipossuficientes e vulneráveis, *a priori* é a lei que pode limitar a responsabilidade patrimonial e, ainda que a lei processual o faça por meio das "impenhorabilidades", na verdade o problema aí nada tem de processual, é antecedente a isso.

Por mais que a lei processual fale em *impenhorabilidade* dando a ideia de que estaríamos diante de um instituto de direito processual, na verdade não é o que se passa. A rigor, o que se tem aí são limitações à responsabilidade patrimonial, ou seja, bens que, por determinação legal direta (Lei 8.009), ou indireta (art. 833, I do CPC), não estão no campo da sujeitabilidade patrimonial decorrente do inadimplemento do devedor. Antes de iniciado o processo, e independentemente dele, a imunidade já foi estabelecida por lei.

Não é correto falar em *impenhorabilidades* sem alguma digressão prévia, porque a penhora é instituto de direito processual, um ato processual executivo de apreensão e depósito de um *direito* que integra o *patrimônio expropriável*. Sem dúvida que é um ato executivo íntimo da responsabilidade patrimonial pois com ela se conecta, mas obviamente não se confunde.

O problema da *impenhorabilidade* é antecedente à penhora, está no direito material, nos limites do patrimônio garantidor, no universo da responsabilidade patrimonial, ou seja, sobre os bens que compõem o patrimônio do executado e que podem (ou que não podem) serem retirados do patrimônio do devedor para satisfazer o direito do credor em razão do inadimplemento. Nem se trata de limitação do direito à tutela executiva, porque o problema é antecedente, pré-processual e contido na própria relação obrigacional. Trata-se de benefício concedidos pelo legislador ao devedor, que constituem exceções à regra da universalidade da garantia patrimonial. Por se tratar de um privilégio patrimonial vinculado ao poder de livre disposição, cabe ao devedor, como beneficiário da imunidade patrimonial, invocá-lo no momento oportuno para afastar a constrição processual, geralmente no ato em que ocorre a penhora. Caso não o faça, presume-se que renunciou ao benefício.

Por sua vez, exatamente por isso, o problema dos desfalques patrimoniais ilícitos violam justamente o direito material à garantia da responsabilização patrimonial, pois reduzem a garantia geral das obrigações. Esse direito nada mais é do que a garantia legal contida em qualquer obrigação de que, uma vez ocorrido o inadimplemento, confere ao credor o poder de exigir que se retire do patrimônio do devedor o numerário suficiente para ressarcir o prejuízo sofrido pelo inadimplemento.

Ora, como todo e qualquer direito, também este pode ser ameaçado ou lesado, e, para tanto, nos termos do artigo 5º, XXXV da CF de 1988, é certo que o credor dispõe de meios e técnicas para *prevenir* ou então *desfazer* os desfalques propositais cometidos pelo devedor para livrar o seu patrimônio da responsabilidade.

A fraude contra credores e a fraude à execução são degraus diferentes de uma mesma escada, com a diferença básica do *momento* em que são realizadas e dos *sujeitos prejudicados* pelo referido ato. O que se pretende nessas técnicas é conservar a integridade do patrimônio para uma futura e eventual expropriação caso ocorra o inadimplemento.

> Veremos mais adiante no capítulo 06 que situação diversa ocorre quando se está diante de *alienação do bem que já foi penhorado*. Com a penhora, sobre aquele bem já não há mais *sujeitabilidade abstrata*, mas sim sujeição específica e individualizada pois o bem já está afetado e direcionado à futura expropriação em poder do Estado. A tentativa de violação aqui é absolutamente inócua porque quando o bem foi especificado pela penhora a abstração da responsabilidade patrimonial já não existe. O ato é gravíssimo, mas nada precisa ser reconhecido, nada precisa ser feito senão prosseguir com a execução sobre o bem penhorado em direção a expropriação liquidativa.

O que se quer salientar é que a denominada "responsabilidade patrimonial" é instituto de direito material, integrante da relação obrigacional, e, portanto, antecedente à penhora que é ato processual da cadeia executiva e que se conecta com a responsabilidade patrimonial, retirando a abstração que marca este estado de sujeição, tornando-o concreto – dando o primeiro passo – na efetivação do direito do exequente de retirar o valor devido do patrimônio do executado para ressarcir o prejuízo causado pelo inadimplemento.

14. IMPENHORABILIDADE ABSOLUTA E RELATIVA/TOTAIS OU PARCIAIS

As imunidades patrimoniais podem ser classificadas em absolutas ou relativas ("impenhorabilidade absoluta ou relativa"), totais ou parciais. São denominadas absolutas, porque livram o patrimônio de expropriação de forma inderrogável caso arguidas pelo executado no momento oportuno. Já as relativas não são propriamente "imunidades", porque permitem que o patrimônio seja expropriável, estabelecendo apenas uma ordem de preferência na expropriação de bens de um mesmo patrimônio ou de patrimônio distintos. Já as imunidades totais ou parciais são aquelas que imunizam no todo ou em parte um patrimônio inteiro ou parcela dele.

A imunidade patrimonial relativa nada mais é do que a *responsabilidade patrimonial subsidiária dentro de um mesmo patrimônio garantidor ou de patrimônios distintos garantidores* do inadimplemento.

No primeiro caso – ordem preferencial de expropriação dentro do mesmo patrimônio – ela é conhecida como *impenhorabilidade relativa* e se verifica nas hipóteses em que a lei ou o negócio jurídico estabelecem uma ordem de preferência que coloque determinado bem em garantia antecedente a outros que integram o mesmo patrimônio, priorizando uma ordem de expropriação, como se observa no artigo 866 do CPC quando trata da penhora de faturamento de empresa:

> Art. 866. Se o executado não tiver outros bens penhoráveis ou se, tendo-os, esses forem de difícil alienação ou insuficientes para saldar o crédito executado, o juiz poderá ordenar a penhora de percentual de faturamento de empresa.

No segundo caso, quando estabelece uma ordem preferencial de um patrimônio em relação a outro, tem-se típico caso de *responsabilidade patrimonial subsidiária* que concede ao titular do patrimônio privilegiado o *direito* potestativo *ao benefício de ordem* caso a ordem de excussão não seja respeitada.

15. GARANTIA PATRIMONIAL X IMPENHORABILIDADE RELATIVA X ORDEM PROCESSUAL DA PENHORA

Considerando que o artigo 835 do CPC não contribui com a perfeita distinção das figuras que intitulam esse tópico, é preciso realçar que não se pode confundir a *imunidade patrimonial relativa dentro de um mesmo patrimônio*, que é tema de direito material e concede ao executado o direito de que determinado bem de seu patrimônio seja excutido depois de outros (vulgarmente conhecida pela exceção de *impenhorabilidade relativa*), com a ordem de preferência processual da penhora. A rigor, a lei ou o negócio jurídico criam uma ordem de preferência da garantia patrimonial, fixando a regra de que determinados bens e direitos do patrimônio garantam prioritariamente os prejuízos causados pelo inadimplemento da prestação pelo devedor. É a hipótese, por exemplo, de o Credor e Devedor estabelecerem a regra de que os veículos desse último devem ser prioritários à garantia da dívida, caso ele venha inadimplir. Trata-se de estabelecer uma *ordem de garantia e, portanto, de futura expropriação.*

Como dissemos acima, os temas da *ordem processual da penhora* e a *imunidade relativa (ordem da garantia patrimonial)* vêm baralhados no artigo 835 do CPC.

> Art. 835. A penhora observará, preferencialmente, a seguinte ordem:
>
> I – dinheiro, em espécie ou em depósito ou aplicação em instituição financeira;
>
> II – títulos da dívida pública da União, dos Estados e do Distrito Federal com cotação em mercado;
>
> III – títulos e valores mobiliários com cotação em mercado;
>
> IV – veículos de via terrestre;
>
> V – bens imóveis;
>
> VI – bens móveis em geral;
>
> VII – semoventes;
>
> VIII – navios e aeronaves;
>
> IX – ações e quotas de sociedades simples e empresárias;
>
> X – percentual do faturamento de empresa devedora;
>
> XI – pedras e metais preciosos;
>
> XII – direitos aquisitivos derivados de promessa de compra e venda e de alienação fiduciária em garantia;
>
> XIII – outros direitos.

Na imunidade relativa (instituto de direito material) a lei destaca certo direito (pessoal ou real) do patrimônio do responsável e coloca-o em uma situação jurídica de que só pode ser expropriado na ausência de outros bens (art. 866 do CPC), ou seja, também servem de garantia contra o risco de inadimplemento, mas *depois de outros bens que estejam no mesmo patrimônio*. Já na ordem meramente processual de preferência da penhora o legislador processual fixa uma lista, também ordinária, mas é flexível (excluída a hipótese de dinheiro, art. 835, §1°) e é criada apenas segundo o critério da maior eficiência da expropriação na execução por quantia.

Logo, o estudo da impenhorabilidade (*rectius* = dos limites políticos – imunidade – da responsabilidade patrimonial) está no campo do direito material, já o lugar onde se realiza, a documentação, o depósito do bem penhorado, a intimação do titular do bem penhorado a ordem processual estabelecida por critérios de provável maior eficiência do processo etc. estes sim são temas de direito processual.

15.1 Interpretação dos casos de impenhorabilidade

Sendo a penhora um ato executivo, que é preparatório ao ato final de expropriação na execução por quantia certa contra devedor solvente, pode-se dizer que, se um bem é impenhorável, é porque se encontra fora do rol dos bens sujeitos à responsabilidade patrimonial, e, portanto, por isso mesmo, é inexpropriável (inalienável) judicialmente. Segundo o art. 832 do CPC "não estão sujeitos à execução os bens que a lei considera impenhoráveis ou inalienáveis".[128]

Não é correto afirmar que todo bem impenhorável é também inalienável, mas o inverso é verdadeiro, ou seja, se determinado bem é inalienável, certamente não poderá se sujeitar à "execução por expropriação", e, por óbvio, não haverá de se cogitar de penhora sobre o mesmo.

Ao tratar da "impenhorabilidade", o legislador adentra diretamente no sensível terreno da limitação política dos interesses em conflito. Ao excluir determinado bem ou direito do campo da expropriação, fez a alegria de uns e a tristeza de outros. As regras que cuidam da impenhorabilidade em razão de imunidades criadas pelo legislador seriam mais bem enunciadas como "limitações culturais" (políticas) à expropriação judicial.

O que fez o legislador foi dizer que tal parcela do patrimônio do devedor (ou do responsável executivo) fica excluída da sujeitabilidade executiva, ou, resumindo, que não pode ser expropriada, desde que o executado argua o benefício por meio de exceção no momento adequado. A justificativa dessas limitações previstas na lei processual é, em tese e em abstrato, o resguardo da dignidade do executado, conservando um mínimo no patrimônio do devedor, que mantenha a sua dignidade, evitando que a tutela jurisdicional executiva satisfaça o exequente à custa da desgraça total da vida alheia. Mas ele, e somente ele, quando executado pode confirmar a previsão legislativa de que a imunidade criada realmente serve à sua proteção.

---

128. O art. 789 e o art. 832 submetem à lei as restrições à responsabilidade patrimonial.

O bem jurídico tutelado pelo legislador, ao prever a "exclusão legal dos bens expropriáveis", é a proteção da dignidade do executado, e, nesses casos, a considerou mais importante que o direito do credor à satisfação do direito exequendo.

O art. 833 do CPC concentra um rol de bens "impenhoráveis", não mais "absolutamente" como dizia o art. 649 do CPC de 1973, e, portanto, imunes à execução. Entretanto, desde já advertimos que o referido rol não é absolutamente inquebrável, de forma que o credor não deve ser visto apenas como um simples titular de um direito de crédito, mas alguém com direito a tutela jurisdicional justa e efetiva.

Muitas vezes não se pode esquecer que o prejuízo que lhe foi causado pelo devedor, e que ora tenta ser restabelecido pela tutela executiva, poderá ter resultado danos de toda monta (patrimoniais e extrapatrimoniais), ferindo-lhe, igualmente, a dignidade. Exatamente por isso sustentamos, mesmo na vigência do antigo rol do art. 649 do CPC revogado, que o magistrado deveria, em cada caso concreto, e fundamentando-se em princípios constitucionais, afastar a imunidade de determinado bem arrolado nos incisos do art. 833, por entender que naquele caso concreto o valor jurídico da "proteção da dignidade do executado" não estaria em jogo pelas próprias peculiaridades que envolvessem a causa, mas sim a dignidade do exequente.[129]

Desde a primeira edição deste livro e antes da reforma do art. 649 pela Lei 11.382/2006, e posteriormente pelo NCPC que praticamente reproduziu-o no art. 833, sustentávamos que algumas dessas normas excludentes da responsabilidade patrimonial deveriam ser "relidas" pelo juiz quando estivesse atuando a norma concreta, de forma a reavaliar se naquele caso concreto em que lhe era reclamada a tutela executiva a regra limitadora estaria realmente protegendo a dignidade do executado, ou se estaria sendo utilizada por este último apenas para evitar injustamente a satisfação do direito do exequente.

Enfim, o magistrado deveria revisitar os dispositivos dos arts. 649 do CPC/1973 e 833 do CPC/2015 de forma a verificar se ali estariam presentes, naquele caso concreto, a proteção da dignidade do executado e o menor sacrifício possível.

Não é possível sobrepor a lei processual aos ditames e princípios constitucionais de efetividade da tutela jurisdicional.

A pedra de toque é reconhecer que somente diante do caso concreto, após a arguição da impenhorabilidade pelo executado, que o juiz poderá dizer no referido incidente processual e após o regular contraditório, se nesta ou naquela situação o bem deve ser

---

129. Certamente, o que está sendo exposto – regras de impenhorabilidade ou "inexprialidade" – diz respeito apenas às tutelas executivas para pagamento de quantia, ou seja, aquelas cuja obrigação ou dever de pagar nasceram com o próprio vínculo obrigacional, ou que nela se tenha transformado (obrigação de pagar) em razão da impossibilidade (ou opção, segundo o art. 536, § 2.º) de se cumprir a obrigação específica. Não há que falar na impenhorabilidade quando a execução é por transformação (obrigações de fazer e não fazer) e por desapossamento (entrega de coisa específica).

preservado para garantia do "patrimônio mínimo" à manutenção da dignidade do executado. Essa regra deveria estar presente no art. 833.

Foi com esse pensamento que, "em cada caso concreto e uma vez apuradas as circunstâncias que envolvem cada execução", o legislador construiu a redação do art. 833, II e III, evitando que o devedor faça uso malicioso dessas regras excludentes da expropriação e impedindo, assim, que ele se esconda, imerecida e injustamente, atrás das referidas regras.

Na redação desses dois incisos consta uma cláusula aberta que permite ao magistrado fazer um juízo de proporcionalidade e razoabilidade de acordo com a situação em cada caso concreto:

> Art. 833. São impenhoráveis:
>
> (...)
>
> II – os móveis, os pertences e as utilidades domésticas que guarnecem a residência do executado, salvo os de elevado valor ou que ultrapassem as necessidades comuns correspondentes a um médio padrão de vida;
>
> III – os vestuários, bem como os pertences de uso pessoal do executado, salvo se de elevado valor.

As frases "salvo os de elevado valor" ou que "ultrapassem as necessidades comuns correspondentes a um médio padrão de vida" permitem a flexibilização da regra da impenhorabilidade para atender as nuances de cada caso em concreto.[130] A expressão "a um médio padrão de vida" permitirá que o juiz, sopesando as informações de cada caso concreto, possa afastar a regra da impenhorabilidade dos bens móveis ou pertences e utilidades domésticas.

15.2 O rol do art. 833 do CPC

Com doze incisos, o art. 833 assevera que os bens ali arrolados são impenhoráveis e, por conseguinte, imunes à expropriação judicial. Trata-se do que pode se denominar

---

130. "1. Em suma, o acórdão da origem considerou que o rol dos bens impenhoráveis previsto na legislação pátria não poderia ser tratado de modo absoluto. Desse modo, malgrado o bem não esteja expressamente elencado no art. 649 do CPC [de 1973], é indispensável à existência digna do executado, ou seja, o interesse meramente patrimonial do credor colide com um interesse mais relevante, qual seja, a dignidade da pessoa humana. 2. O rol das impenhorabilidades do ordenamento pátrio objetiva preservar o mínimo patrimonial necessário à existência digna do executado, impondo ao processo executório certos limites. Assim, a depender das peculiaridades do caso, as regras de impenhorabilidade podem ser ampliadas, de modo a adequar a tutela aos direitos fundamentais, por exemplo: o direito à moradia, à saúde ou à dignidade da pessoa humana. Trata-se, portanto, da aplicação do princípio da adequação e da necessidade sob o enfoque da proporcionalidade. 3. Implícita ou explicitamente, a indicação de que bem é absolutamente impenhorável, em regra, pode sofrer mitigação em razão do elevado valor do bem. Todavia, essa restrição não pode ser levada em consideração, tendo em vista que o automóvel constrito possui "pequeno valor." 4. Tem-se que é adequado e proporcional considerar impenhorável bem constrito. Isto porque é utilizado para transportar portador de necessidades especiais e possui pequeno valor, razão pela qual deve ser mantida a desconstituição de penhora, sob pena de comprometer da dignidade humana do devedor. Recurso especial improvido" (STJ, REsp 1.436.739/PR, Rel. Min. Humberto Martins, Segunda Turma, j. 27.03.2014, *DJe* 02.04.2014).

de *limitações políticas* impostas pelo legislador. Observe que não são penhoráveis, mas aqueles que pertencem ao devedor estão no campo da sua livre disponibilidade. Sobre o tema remetemos o leitor ao Capítulo X da Parte II deste livro onde analisamos cada um destes incisos do art. 833.

15.3 O fiador e o benefício de ordem

Segundo o art. 818 do CCB, "pelo contrato de fiança, uma pessoa garante satisfazer ao credor uma obrigação assumida pelo devedor, caso este não a cumpra". A fiança é uma garantia fidejussória extremamente comum no cotidiano das relações jurídicas. Por seu intermédio amplia-se a garantia do adimplemento da obrigação reservada, a princípio, para o devedor, submetendo o patrimônio do fiador também ao inadimplemento.

A possibilidade de que exista uma prioridade de excussão do patrimônio do devedor em vez de submeter solidariamente a do fiador está prevista no art. 827 do CCB, em que se lê que "o fiador demandado pelo pagamento da dívida tem direito a exigir, até a contestação da lide, que sejam primeiro executados os bens do devedor".

Tem-se aí o que se denomina de benefício de ordem, que nada mais é do que o direito que tem o fiador de exigir que a ordem de excussão dos bens se inicie, primeiro, com os bens que integrem o patrimônio do devedor. Segundo o parágrafo único desse dispositivo, "o fiador que alegar o benefício de ordem, a que se refere este artigo, deve nomear bens do devedor, sitos no mesmo município, livres e desembargados, quantos bastem para solver o débito".

O instituto do benefício de ordem tem natureza dispositiva e admite que o fiador possa dele dispor. Essa disposição tanto pode ser feita de forma expressa, com renúncia no próprio contrato em que foi estabelecida a garantia, como pode também acontecer quando o fiador é demandado e não argui o benefício de ordem por intermédio do chamamento ao processo nos termos do art. 130 do CPC. Tratando-se de execução fundada em título extrajudicial (processo de execução), então o benefício de ordem deve ser alegado pelo fiador na primeira oportunidade que lhe couber falar nos autos, nos termos do artigo em comento.

Existe discussão doutrinária acerca da nulidade da cláusula que exclui o benefício de ordem do fiador sob o argumento de que tal direito seria de ordem pública em razão da boa-fé objetiva e função social dos contratos, mormente quando ele, o fiador, simplesmente adere ao contrato sem oportunidade de discuti-lo.

Em relação a essa questão, a posição do Superior Tribunal de Justiça é a de que "3. A renúncia do fiador ao benefício de ordem é válida nos contratos de locação, nos termos do art. 828, I, do CC/2002. Precedentes" (AgInt nos EDcl no REsp 1564430/DF, Rel. Ministro Antonio Carlos Ferreira, Quarta Turma, julgado em 17.05.2018, DJe 25.05.2018).

O dispositivo prevê também o que já está descrito no Código Civil (art. 831) no sentido de que *"o fiador que pagar integralmente a dívida fica sub-rogado nos direitos do credor; mas só poderá demandar a cada um dos outros fiadores pela respectiva quota. Parágrafo único. A parte do fiador insolvente distribuir-se-á pelos outros"*.

Por fim, é de se dizer que, se o fiador assumir a condição de devedor solidário, renunciando expressamente ao benefício de ordem, a regra desse dispositivo não se aplica e a excussão dos bens poderá recair diretamente sobre o seu patrimônio se contra ele houver título executivo judicial ou extrajudicial.

Capítulo V
TÍTULO EXECUTIVO[1]

1. INTROITO

Título é palavra com variabilidade de significados, podendo referir-se a rótulo de alguma coisa; predicado de alguém; designação honorífica; elemento que introduz texto ou capítulo; reputação; razão aparente, pretexto, desculpa, e, dentre outros significados variados, inclusive com incursão no campo da química, título também tem a sua importância no mundo do direito, podendo estar vinculado tanto à ideia de titularidade (dono, senhor, possuidor) de alguma coisa quanto à ideia de documento representativo e de um direito.

Para fins da tutela executiva, a palavra título está estreitamente vinculada à noção de documento que representa um direito líquido, certo e exigível, e, com a "exigibilidade da obrigação", foi içada à categoria de "requisitos necessários para realizar qualquer execução" (Parte Especial, Livro II, Título I, Capítulo IV, do CPC).

O título executivo dá a necessária segurança para viabilizar invasão da esfera patrimonial do executado nos limites do direito estampado no referido documento. É com esse desiderato que deve ser lido o "requisito" ora objeto de análise: título executivo.

Ao se mencionar que o título é requisito para qualquer execução, assim como o *inadimplemento do devedor* segundo afirma o CPC (art. 786),[2] deve-se ler tal afirmação de forma geral, sem se preocupar em identificar, nesse momento, a função desses institutos (título executivo e inadimplemento) sob a ótica da ação, do processo e do mérito da tutela executiva.

---

1. José Miguel Garcia Medina. A sentença declaratória como título executivo – considerações sobre o art. 478-N, inc. I, do CPC. *Processo de execução civil.* Coord. Paulo Hoffman e Leonardo Torres da Silva Ribeiro; Flávio Cheim Jorge; Fredie Didier Jr.; Marcelo Abelha Rodrigues. *A terceira etapa da reforma processual.* São Paulo: Saraiva, 2006; Ferdinando Mazzarella. *Contributo allo studio del titolo esecutivo.* Milano: Giuffrè, 1965; Salvatore Satta. *L'esecuzione forzata.* Milano: Giuffrè, 1957; Julio Cesar Souza Rodrigues. *Medidas acautelatórias no processo de execução.* São Paulo: Saraiva, 2002; Luiz Guilherme Marinoni. São Paulo: RT, 2004; Cleanto Guimarães Siqueira. *A defesa no processo civil.* 2. ed. Belo Horizonte: Del Rey, 1997; Sandro Gilberto Martins. *A defesa do executado por meio de ações autônomas.* São Paulo: RT, 2002; Teori Albino Zavascki. *Título executivo e liquidação.* São Paulo: RT, 1999; Luiz Rodrigues Wambier. *Sentença civil:* liquidação e cumprimento. São Paulo: RT, 2006; Crisanto Mandrioli. *L'esecuzione forzata in forma specifica.* Milano: Giuffrè, 1957.
2. Art. 786. A execução pode ser instaurada caso o devedor não satisfaça a obrigação certa, líquida e exigível consubstanciada em título executivo.

Enfim, o que se quer dizer é que apenas a partir do último quartel do século passado a ciência processual começou a dar à execução civil a mesma visão científica e sistemática que há bem mais tempo já existia no processo de cognição. Basta uma rápida leitura da literatura processual brasileira acerca do tema para se ver que institutos como condições da ação, mérito, elementos da demanda e pressupostos processuais só recentemente têm recebido atenção especial e sistemática da doutrina que cuida da teoria geral do processo civil.[3]

Por isso, mesmo sabendo que o inadimplemento/adimplemento é matéria de análise restrita à impugnação ou embargo do executado, constituindo o próprio mérito, a razão fundamental da pretensão executiva, não significa que seja equivocado afirmar, genérica e didaticamente, que aquele que deseja obter a tutela jurisdicional executiva esteja munido desses dois elementos: (i) pretensão insatisfeita (inadimplemento, art. 786) e (ii) título representativo de um direito líquido, certo e exigível (art. 783).

2. TÍTULO EXECUTIVO E DEVIDO PROCESSO LEGAL

Como já dito alhures, a presença do título na deflagração da prestação da atividade jurisdicional executiva é muito importante. Mais do que isso, é condição *sine qua non* para a viabilização dessa modalidade de tutela. Como diz o brocardo latino, *nulla executio sine titulo*.

Se lembrarmos que, em última análise, a atividade executiva representa um jogo entre "poder e sujeição", no qual, de um lado, posiciona-se alguém que reclama a tutela da satisfação do seu direito revelado num título executivo e, de outro, alguém que sujeita o seu patrimônio ou a sua liberdade ao desapossamento, transformação e expropriação realizados pelo Estado, logo se verá, então, que ao se estabelecer a regra da *nulla executio sine titulo*, ou, em outras palavras, que o título executivo é elemento vital para deflagrar a tutela executiva, percebe-se que o legislador pretendeu, dessa forma, cercar-se do máximo de segurança possível – representada na figura do título executivo –, evitando que a intervenção estatal sobre o patrimônio ou limitadora liberdade[4] do executado seja injusta e/ou desnecessária.

Nessa linha de raciocínio, o título executivo – documento que representa um direito líquido, certo e exigível – é uma garantia do sistema jurídico contra execuções injustas e inadequadas.

---

3. Merece registro o trabalho pioneiro de Candido Rangel Dinamarco, ainda em 1972, quando defendeu a sua Livre Docência na USP a "Execução na teoria geral do direito processual civil". Inspirado em Liebman, Dinamarco foi o precursor aqui no Brasil revisitação dos institutos da execução civil sob o filtro da teoria geral do direito processual civil. DINAMARCO, Candido Rangel. Execução na teoria geral do direito processual civil. 1972. Tese (Livre Docência) – Universidade de São Paulo, São Paulo, 1972. Acesso em: 24.08.2023.

4. Aqui a expressão "limitadora da liberdade" corresponde, precisamente, aos meios de coerção que atuam sobre a vontade do executado, compelindo-o e estimulando-o a realizar a prestação devida.

O título que serve de base à execução, viabilizando a tutela jurisdicional executiva, traz para o legislador uma situação de segurança, no sentido de que a tutela jurisdicional executiva (poder *x* sujeição) poderá ser exercida, porque existe enorme probabilidade de que o conteúdo do título seja verdadeiro. Observe que todo título executivo – judicial ou extrajudicial – contém os elementos fundamentais da obrigação (débito e responsabilidade), e, pelo menos em tese reflete uma "verdade" sobre o seu conteúdo, seja porque foi fruto de uma decisão judicial com cognição completa, ou incompleta nas situações excepcionais, seja porque reflete a autonomia da vontade das partes como no caso dos extrajudiciais.

Esse aspecto do título – legitimador da tutela executiva – não é, seguramente, a sua função no processo de execução ou no cumprimento de sentença, mas é o que dá a certeza e a tranquilidade de que naquele caso concreto é possível haver a invasão da esfera patrimonial do executado para satisfazer a pretensão insatisfeita relativa ao direito representado no título executivo, simplesmente porque existe grande probabilidade de que o direito revelado no título realmente exista nos exatos termos em que nele está representado.

Sabemos que como qualquer documento, físico ou eletrônico, o título é estático tal como uma fotografia que representa um fato. Só que a vida é dinâmica e muita coisa pode ter acontecido após aquele fato revelado no título executivo. Aliás, a própria fotografia pode ter sido editada ou contaminada por algum vício e só posteriormente isso venha a ser descoberto. Enfim, é perfeitamente possível que o fato/ato jurídico representado no título executivo venha a ser contestado por algum fato posterior que modifique aquela situação representada. Mesmo assim ele representa, por conveniência de política legislativa, uma segurança de que é possível deflagrar a tutela executiva.

Há, sem dúvida, uma estreita e importante ligação do título executivo com o devido processo legal processual, no sentido de que a presença desse instituto como elemento imprescindível à execução representa uma segurança para as partes e legitimidade para o Estado, que lhe dá credibilidade para atuar (poder) a norma jurídica concreta sobre o patrimônio do executado (sujeição).

3. CRISE JURÍDICA, NORMA JURÍDICA CONCRETA E TÍTULO EXECUTIVO

A necessidade da tutela jurisdicional executiva se faz presente quando a norma jurídica individualizada não é espontaneamente cumprida, sendo necessária a sua realização prática pelo Poder Judiciário.

Tal asserção nos leva inexoravelmente a duas conclusões óbvias: a "primeira", de que a norma jurídica concreta que enseja a tutela executiva é aquela que só se satisfaz[5]

---

5. Em relação ao processo de concretização de uma norma jurídica, pode-se dizer que são três as "modalidades de eficácia da norma": a) a primeira, denominada "eficácia normativa", resultante da incidência da norma no fato, casos em que se diz que a norma foi eficaz sob tal aspecto; b) a segunda, denominada "eficácia jurídica",

quando é realizada no mundo dos fatos, ou seja, depende da prestação de ato ou fato que atenda ao comando determinado na norma individualizada; e a "segunda", de que a norma jurídica concreta executiva (que enseja uma tutela executiva) tem por conteúdo uma relação jurídica de cooperação (obrigação, dever legal), oriunda de um direito pessoal ou de um direito real. Também se verifica ainda a existência de um sujeito ativo (titular do direito) e de um sujeito passivo (titular do devedor ou obrigação).

Portanto, a crise jurídica que enseja a formação de uma norma jurídica concreta executiva é aquela resultante do descumprimento de um dever legal ou obrigação (ensejadores de uma "pretensão real" e "pretensão obrigacional"), que só se efetiva mediante a realização espontânea ou judicial do direito reconhecido na referida norma individualizada.

Resulta claro, portanto, que o título executivo nada mais é do que a representação documental de uma norma jurídica concreta, judicial ou extrajudicial, cujo conteúdo é formado pelo débito e pela responsabilidade, devendo conter o sujeito passivo responsável, um sujeito ativo titular do crédito exequendo, um objeto e um vínculo jurídico de dever legal ou de obrigação e a responsabilidade pelo inadimplemento.

Excluem-se, portanto, em um primeiro momento, do conceito de título executivo as normas jurídicas concretas reveladas para debelar crises de certeza (provimento declaratório) e de situação jurídica (provimento constitutivo), tendo em vista que, nesses casos, a eficácia do direito declarado e individualizado na norma acontece independentemente da contribuição ou participação do sujeito passivo, posto que se realiza mediante sanções formais (no mundo do direito).

Propositadamente, usamos no texto do parágrafo anterior a expressão "em um primeiro momento", porque o legislador processual desde a Lei 11.232/2005, posteriormente sacramentado pelo art. 515, I, do CPC de 2015, atribuiu natureza de título executivo judicial às "decisões proferidas no processo civil que reconheçam a exigibilidade de obrigação de pagar quantia, de fazer, de não fazer ou de entregar coisa". Ora, essa "decisão" não precisa ser, necessariamente, um provimento condenatório, mas também uma declaração que reconheça todos os elementos de uma obrigação. Nesse caso, o legislador deu enorme passo à efetividade processual, nem tanto por dar "efeito executivo" a uma sentença declaratória que revele todos os elementos da obrigação, mas sim para evitar que o titular de um provimento desse tipo fosse ainda "obrigado" a ajuizar uma "ação condenatória" para obter um título executivo. Foi a adoção do pragmatismo em detrimento da teoria do título.

Isso leva a crer, por exemplo, que se por acaso uma sentença meramente declaratória revelar todos os elementos de uma obrigação líquida certa e exigível poderá servir de

---

que ocorre quando o comando normativo mostra-se aplicável ao caso; c) a terceira, denominada "eficácia do direito", que ocorre quando a perinorma é realizada no mundo real (dos fatos). Perceba-se que a tutela executiva atua justamente para as crises que comprometem a eficácia do direito, à medida que procura, forçosamente, atuar a norma jurídica concreta.

título executivo para deflagrar a tutela executiva. Obviamente que em nenhuma hipótese poderá o magistrado dar início de ofício à tutela executiva – nas hipóteses que o Código admite – com base nestes títulos porque não foi provocado para tanto. A pretensão à satisfação deve ser expressamente manifestada pelo portador do título executivo.

4. O "INTRÍNSECO" E O "EXTRÍNSECO" DO TÍTULO EXECUTIVO

Na relação entre o intrínseco e o extrínseco, aquele é o conteúdo, a substância, e este, a forma. A forma (física ou eletrônica) é o que exterioriza a substância, tal como o corpo para a nossa alma. Quando pensamos em título executivo, vê-se que tal instituto é, na verdade, a soma ou a conjugação de um elemento extrínseco com outro intrínseco.

O intrínseco é o direito revelado no documento com eficácia executiva, judicial ou extrajudicial. É capital – eu diria verdadeiramente fundamental – que todos os elementos objetivos e os subjetivos do *débito/responsabilidade* estejam revelados.

É absolutamente essencial:

a) Em primeiro lugar que reconheçamos que a obrigação como um todo envolve dois eixos fundamentais que são o débito e a responsabilidade;

b) Em segundo lugar é preciso identificar qual a natureza da pretensão executiva que será exercida, ou seja, se:

- É para obter a realização da *prestação primária*, caso em que se dirige contra o devedor (aquele que deve prestar) como nas ações condenatória das obrigações de fazer ou não fazer ou entrega de coisa. É o *devedor* que deve estar identificado no título executivo judicial ou extrajudicial;

- É para expropriar quantia do patrimônio do *responsável* pelo inadimplemento da obrigação. Nesta hipótese é o *responsável* (e/ou corresponsáveis) que devem estar revelados no título. Este sujeito pode ser tanto o próprio devedor (situação mais comum), como também terceiro (s) garantidor (es).

Isso quer dizer que nas execuções destinadas à expropriação de quantia, que recaem sobre o patrimônio do responsável, é preciso que conste no título executivo, judicial ou extrajudicial, o sujeito responsável ou sujeitos responsáveis, sejam eles os devedores ou terceiros garantidores.

O artigo 513, § 5º do CPC deixa muito claro que:

§ 5º O cumprimento da sentença não poderá ser promovido em face do fiador, do coobrigado ou do corresponsável que não tiver participado da fase de conhecimento.

Está claro como o sol neste dispositivo que uma coisa é "ser *responsável patrimonialmente* pela dívida de outrem" e outra coisa, completamente diferente, é ter título executivo contra tal sujeito. Assim, por exemplo, se o locador/credor ajuizar demanda condenatória contra o locatário devedor para cobrar os alugueres atrasados, mas não colocar no polo passivo desta demanda os terceiros fiadores garantidores previstos no referido contrato de locação, se procedente a demanda, não terá contra estes últimos um título executivo judicial e não poderá iniciar uma execução contra eles, porque frise-se, contra eles não há título executivo. Alguém poderia perguntar:

_mas não são "responsáveis patrimonialmente"?

Sim, são aparentemente responsáveis patrimonialmente segundo prevê o contrato de locação, mas para excutir o patrimônio de alguém é necessário que esta responsabilidade esteja revelada no título executivo.

Retomando então o discurso, os sujeitos ativos e passivos do dever/obrigação e da responsabilidade devem constar no título executivo. Os aspectos objetivos compreendem o *objeto* (o que se deve ou quanto se deve) e o *vínculo jurídico* que une os sujeitos na prestação obrigacional, bem como o da responsabilidade patrimonial nas situações em que se pretenda obter expropriação de quantia do patrimônio do responsável.

É neste direito revelado num documento que a lei atribui eficácia de título executivo (judicial ou extrajudicial) que está a autorização para que se satisfaça o direito inadimplido.

Por intermédio dos elementos objetivos (débito/responsabilidade) permite-se fixar a espécie de execução e, portanto, fixar regras de competência e procedimento tal como descritas na Parte Especial, Livro II, Título I, Capítulo III (competência) e o respectivo Título II (diversas espécies de execução), do CPC. Já o aspecto subjetivo é o que possibilita inferir, *prima facie* – sem que essa regra seja absoluta –, quem será o beneficiado e quem suportará a tutela executiva (titular do direito exequendo e o sujeito passivo da pretensão executiva – devedor/responsável).

Vale dizer ainda que a origem da norma jurídica concreta revelada no título executivo delimita o grau de probabilidade de certeza e verdade do que ela contém. Esse grau de probabilidade e certeza é sempre relativo, porque admite o controle jurisdicional.

Assim, se se tratar de um direito revelado num título executivo nascido a partir de um processo judicial cognitivo prévio será enorme a probabilidade de que o direito ali revelado espelhe a verdade. Desta forma, se o título executivo judicial é *definitivo* (decisão transitada em julgado) maior ainda será a probabilidade se comparada com a decisão judicial com eficácia *provisória* (pendente de recurso sem efeito suspensivo). Por outro lado, se é extrajudicial o título executivo (art. 784), justamente porque não foi forjado em cognição *judicial* prévia, então o grau de probabilidade de certeza é menor, e, por isso mesmo o controle jurisdicional é amplo.[6]

O extrínseco é o documento físico ou eletrônico – ou o conjunto deles – que exterioriza a norma jurídica concreta (direito exequendo revelado). Na atividade executiva,

---

6. A irrelevância do grau de certeza para fins da *eficácia executiva* deveria ser a regra geral, pois tanto o título extrajudicial quanto o judicial têm – ou deveriam ter – *a mesma eficácia executiva*. Não se pode confundir a *eficácia executiva do título*, com o seu grau de *vulnerabilidade*.

o papel do documento (físico ou eletrônico) não é servir como prova do que nele contém, no sentido de "convencimento" do magistrado, mas simplesmente representar/ estampar aquilo que ele possui, sendo certo que poderá haver descoincidência entre o que se afirma nele existir e o que realmente existe. Para deflagrar a execução basta que esteja estampado no documento, com eficácia de título executivo os elementos necessários para realização da execução (*quem deve/responde*, a *quem se deve*, *se é devido/ responsabilidade*, o *quanto ou o quê* se executa).

No entanto, regra geral, quaisquer discussões que ensejem amplo contraditório e debate das partes, sobre o intrínseco ou extrínseco do título executivo, ou a relação entre eles, deverão ser feitas em sede própria, por intermédio da ação de embargos do executado (art. 914 do CPC) ou da impugnação à execução judicial de pagar quantia (art. 528 do CPC).

Portanto, o documento em si não atesta uma verdade absoluta de que o que nele está contido é incontestável ou indiscutível. Não mesmo. Na verdade, ele traz consigo uma grande probabilidade de o que ali contém ser verdadeiro (presumida pelo legislador), mas que é irrelevante para fins de desencadeamento da atividade executiva, posto que se inicia e se desenvolve independentemente da análise e investigação para saber se é verdade/legítimo aquilo que está estaticamente estampado corresponde à verdade no plano real.[7]

5. A EFICÁCIA EXECUTIVA E ABSTRATA

A qualificação de "executiva" e "abstrata" à eficácia do título executivo resulta, respectivamente, da legitimação (legal) atributiva do poder de invasão do patrimônio e da coerção do executado, bem como da autonomia dessa tutela em relação à existência do direito material revelado no título. Melhor explicando, diz-se que um título é executivo ou que tem "eficácia executiva" quando o tal documento representativo do direito é munido de "poder de excussão" do patrimônio do executado, que a ele se sujeita mediante a responsabilidade patrimonial e de atos de coerção.

Esse "poder coativo" do título "executivo" resulta de uma legitimação *da lei*, e, *pela lei*. Em outros termos: (i) a lei atribui diretamente a um documento que revele todos os elementos da obrigação/responsabilidade, como também (ii) confere a possibilidade de que nas situações em que ela abstratamente descreve as partes poderiam valer-se do autorregramento da vontade para construção do documento (art. 784, III).[8]

---

7. Basta imaginar a execução de um título executivo que já tenha sido pago pelo devedor. Contra ele será iniciada uma execução e, até que se argua e comprove o pagamento pelas vias adequadas, a execução prosseguirá partindo da premissa de que o que nele contém corresponderia a situação concreta.
8. Como adotamos a teoria unitária do direito, entendemos que os títulos executivos judicial e extrajudicial são, na verdade, "normas jurídicas concretas", eficácia resultante da juridicização do fato à norma abstrata fixada pelo Poder Legislativo. Quando o juiz revela o débito e a responsabilidade de alguém em favor de outrem, permitindo que se dê início a execução, está, na verdade, reconhecendo que um determinado fato incidiu em uma norma abstrata (suporte + preceito) que o previa, resultando na comentada norma concreta. O mesmo

A qualificação de "abstrata" à eficácia do título executivo decorre do fato de que é suficiente e bastante para que se dê início à execução que esteja estampado no documento todos os elementos da obrigação, *abstraindo-se* de quaisquer outros elementos concretos que envolvam aquele ato ou fato jurídico que está ali documentado.

Enfim, para que se dê início e prosseguimento da tutela executiva, basta a eficácia executiva atribuída por lei ao referido documento, e, que nele contenha, de modo evidente os elementos da obrigação (quem deve, a quem se deve, se é devido e quanto ou o que é devido).

Ao iniciar a tutela executiva o magistrado deve contentar-se com a verificação abstrata do título, ou seja, abstrair do seu processo cognitivo a análise de elementos ou fatores concretos que envolvam aquela obrigação/responsabilidade estampada no documento. Deve enxugar o seu raciocínio limitando-o para a verificação da evidência dos elementos da obrigação/responsabilidade, abstraindo qualquer outra consideração que não seja simplesmente aquela. As causas que deram origem àquele título executivo, em que condições ele foi confeccionado, se a obrigação ainda subsiste etc. não são objeto de apreciação neste momento de deflagrar a tutela executiva.

A técnica da *abstração*, e, não da *análise*, é o modelo de operação mental exigida pelo legislador e imposta ao magistrado para processar a tutela lastreada em um título executivo.

> Na filosofia, seja com Aristóteles (383 a.C.-322 a.C.), seja com Tomás de Aquino (1227-1274), a abstração consiste na operação intelectual que está na origem de todo o processo cognitivo. Por meio dela é um determinado objeto é escolhido como objeto de reflexão é isolado de fatores que comumente lhe estão relacionados na realidade concreta, com a finalidade de considerá-los em sua essência. Assim, por exemplo, ao invés de analisar (quebrar o todo em partes) um objeto com características particulares (cadeira de balanço, revestida de couro, com braços de madeira), faz-se a abstração destes elementos concretos para tomar as características representativas apenas da sua essência (cadeira).

Enfim, para que ocorram o início e o desenvolvimento da atividade executiva, abstrai-se qualquer análise sobre a existência ou inexistência do suposto direito contido no documento representativo do título executivo. É claro que esta "abstração" é diversa nos títulos judiciais dos extrajudiciais, pelo só fato de que o cumprimento da sentença é *fase* seguinte à revelação do direito. Mesmo assim, com o devido temperamento, abstrai-se, após a formação do título, se houve ou não pagamento, novação etc. O título executivo é o "bilhete de ingresso" para a fase executiva; um documento estático que revela um conteúdo de uma situação pretérita que, somado a afirmação de inadimplemento, viabiliza o início da execução.

---

se passa em relação aos títulos extrajudiciais – já tomando de exemplo o documento particular assinado pelo credor e devedor e mais duas testemunhas (art. 784, III, do CPC). É que, nesses casos, o legislador processual cria a norma abstrata prevendo que sua concretização pode dar-se mediante o autorregramento da vontade dos particulares. Assim, quem cria a norma abstrata, nela prevendo a eficácia executiva é o Estado. O particular tem apenas a possibilidade, delegada pelo Estado, de preencher o conteúdo da mesma, revelando a norma concreta, que poderá ser efetivada mediante a execução civil.

Parece-nos claro que a "eficácia executiva" é um atributo que o legislador escolhe, põe e tira onde ele desejar, desde que num documento existam todos os elementos da obrigação inadimplida. Assim, por exemplo, nada impede que amanhã ou depois os títulos cambiais do artigo 784, I do CPC deixem de ter a eficácia executiva... ou que as sentenças declaratórias que reconhecem a existência de todos os elementos da obrigação simplesmente voltem a não ter essa eficácia que lhes foi atribuída pelo artigo 515, I do CPC. Basta o poder legislativo querer... e legislar.

É importante dizer que a "eficácia executiva" do direito exequendo revelado no documento (judicial ou extrajudicial) resulta de opção política do poder legislativo, representante do povo. O legislador pode, inclusive, atribuir eficácia executiva a provimentos declaratórios que contenham todos os elementos (objetivos ou subjetivos) da obrigação/responsabilidade, tal como se infere do art. 515, I.

Nessas hipóteses, observe-se, *existe* no direito material uma *obrigação inadimplida*, ou seja, o legislador processual não cria a obrigação, mas apenas permite que o titular de uma obrigação inadimplida reconhecida em uma sentença declaratória possa promover a execução contra o devedor, sem precisar de outro processo cognitivo – condenatório – para obter o título executivo.

6. CLASSIFICAÇÃO: TÍTULO JUDICIAL E EXTRAJUDICIAL

É o próprio CPC que aponta, e em mais de uma passagem, as diferenças entre os títulos judiciais e extrajudiciais. Em pelo menos quatro diferentes momentos, e usando critérios distintos, o Código discrimina os títulos executivos judiciais e extrajudiciais.

Nos arts. 515 e 784, respectivamente, o legislador estabelece o que poderia ser denominado de "distinção ontológica" entre os títulos executivos, arrolando os títulos judiciais e os extrajudiciais.

Como se disse, os próprios nomes – judiciais e extrajudiciais – já servem para explicar o critério distintivo adotado pelo Código. São "judiciais" os títulos executivos hauridos em processos jurisdicionais nos quais, de rigor, sua formação terá sido precedida de todas as garantias inerentes ao "devido processo legal". São extrajudiciais, por outro lado, aqueles hauridos sem a participação do Poder Judiciário, ou seja, não foram formados em um processo judicial.[9]

---

9. No Código de 1939, a tutela executiva bipartia-se mediante o uso da "ação executória" e da "ação executiva". A ação executiva consistia em uma demanda especial que ensejava um procedimento que se iniciava com penhora (ato executivo), mas em seguida caía no procedimento ordinário, para formar no futuro um título judicial. Já a ação executória era a que instaurava um processo de execução que, naquele código, era fundada tanto em título judicial quanto extrajudicial. A rigor, na "executiva" a finalidade era a formação de um título executivo *judicial*, de forma que a satisfação pela via executiva sempre precisava ser alcançada mediante o uso de um título judicial (ação executória). Como se disse, a ação executória foi mantida no CPC de 1973, e no CPC de 2015 serve apenas para dar início ao processo de execução (títulos extrajudiciais), mas o procedimento relativo à ação "executiva" foi abolido, e pode-se dizer que as hipóteses de cabimento dessa demanda com procedimento especial em parte deram origens a títulos extrajudiciais e em parte contempladas como documentos que davam

No tocante à distinção pelo grau de vulnerabilidade dos títulos judiciais e extrajudiciais, o CPC a estabelece nos arts. 525 e 917, quais os limites na cognição (limites da matéria de defesa) da eventual oposição a ser ofertada pelo executado.

Vê-se que, quando se trata de execução fundada em título judicial, o art. 525 estabelece (salvo o inc. I) a regra de que só será possível impugnar a execução nos limites previstos no referido dispositivo. Esses limites são impostos pela regra do art. 508 do CPC. Quando fundada em título judicial, portanto precedida das garantias imanentes ao devido processo legal, só é possível impugnar aduzindo matérias posteriores à decisão transitada em julgado.

Por outro lado, tratando-se de título executivo extrajudicial, porque não foi precedido de um "devido processo legal jurisdicional", o direito revelado no referido documento pode ser amplamente questionado em juízo na eventual defesa do executado. O executado poderá opor-se judicialmente aduzindo qualquer fundamento que poderia arguir como defesa no processo de conhecimento.

Essa distinção – da amplitude do que pode ser impugnado, e, portanto, delimitador do objeto de cognição do juiz – faz que reconheçamos uma solidez maior para os títulos judiciais em relação aos extrajudiciais. Tal solidez resulta da maior probabilidade de existência (real, concreta) do direito revelado no título executivo judicial, afinal de contas, ele resulta de um processo judicial com contraditório necessário e prévio à sua formação.

Outra dessemelhança entre os títulos executivos judiciais e extrajudiciais diz respeito à necessidade ou não de iniciar a execução mediante a instauração de um processo formal e autônomo.

Assim, pelas regras dos Livros I e II da Parte Especial, vê-se que, se a execução for de provimento judicial, será feita mediante o que o CPC denomina de cumprimento de sentença, sem a necessidade de instauração de um processo autônomo de execução.[10] De outra parte, tratando-se de execução fundada em título extrajudicial, por óbvio, como não havia processo jurisdicional anterior, deverá ser instaurado um processo formalmente autônomo mediante o exercício de ação executiva.

Há ainda a dessemelhança relativa à competência do juízo para processar a execução fundada em título judicial e extrajudicial. Tal como se vê no art. 516 do CPC, tem-se que, tratando-se de cumprimento de sentença (execução por título judicial), a regra geral é a de que o juízo competente é aquele mesmo de onde emanou o provimento judicial

---

ensejo à propositura de demanda com o rito monitório (documento representativo de crédito sem eficácia de título executivo – art. 1.102-A do CPC de 1973). Com o novo CPC de 2015, manteve-se a ação monitória no art. 700.

10. Duas exceções dignas de registro em relação a esta sentença do texto. Primeira, relativa as decisões provisórias do artigo 294 e ss. que não seguem o modelo tradicional do cumprimento da sentença, pois a efetivação da decisão é feita de imediato por medidas de sub-rogação e/ou coerção num roteiro de *atipicidade do meio executivo* (art. 297). A segunda, refere-se aos casos excepcionais em que mesmo sendo um título executivo judicial será instaurado um processo autônomo nas hipóteses de sentença penal condenatória transitada em julgado, sentença arbitral e sentença estrangeira homologada pelo Superior Tribunal de Justiça (art. 515, §1º).

executivo.[11] Trata-se de competência funcional em razão da conexão dos processos. Já nas execuções fundadas em título extrajudicial, a regra da competência é relativa e os critérios para sua determinação são os mesmos previstos nos arts. 42 e ss. do CPC.

Não obstante tantas distinções, formais e materiais, entre os títulos executivos judiciais e extrajudiciais, por outro lado, há importantíssima característica que os colocam na mesma categoria: a de *título executivo*. Isso mesmo.

Porquanto possuam diferenças ontológicas em relação ao efeito que produzem, ambos moram no mesmo lugar-comum. Ambos estão sujeitos ao *princípio da tipicidade ou da reserva legal*.

Isso significa que não pode haver execução sem título executivo, seja ele judicial ou extrajudicial (arts. 515 e 783), e, especialmente, que, por ser o título executivo um instituto de direito processual *stricto sensu*, só pode ser criado por intermédio de lei federal em sentido estrito, nos termos do art. 22, I, da CF/1988. Não por acaso diz o inciso XII do artigo 784 que: "todos os demais títulos aos quais, por disposição expressa, a lei atribuir força executiva". Por aí se vê, portanto, que não é possível, por exemplo, criar títulos executivos extrajudiciais por convenção processual *fora dos limites estabelecidos pelo legislador*.

Assim, os róis criados nos arts. 515 e 784 do CPC demonstram a *tipicidade* dos títulos executivos em relação à tutela jurisdicional executiva, mas já é possível observar que a lista neles descrita está em *numerus apertus* (exemplificativo), pois em legislação processual extravagante há a previsão de inúmeros títulos executivos que ali não estão incluídos.[12]

Como se disse, outra característica marcante, e talvez a principal delas, que coloca em uma vala comum os títulos executivos "judiciais e extrajudiciais", é justamente o fato de que ambos possuem "eficácia executiva". Em relação a tal característica, pouco importa que, na sua origem, um tenha se formado mediante um processo jurisdicional com devido processo legal e o outro, não.

Ambos os títulos executivos são dotados do mesmo poder de invasão da esfera patrimonial do executado, permitindo que, até mesmo contra a sua vontade, realize-se a execução forçada.[13]

---

11. Há hipóteses, como a execução por título judicial fundada em homologação de sentença estrangeira, sentença arbitral ou sentença penal condenatória, em que a regra da competência não segue o critério funcional previsto no inc. I do art. 516 do CPC, nos termos do inc. III desse dispositivo. Há hipóteses ainda (art. 516, parágrafo único) em que o legislador permitiu que a efetivação da norma jurídica concreta se desse em juízo diverso de onde foi revelada, desde que o patrimônio do executado (sobre o qual recairá a execução) estivesse em comarca diversa, ou então quando o executado domiciliasse em outra comarca. Tal escolha fica a critério do autor. Tem-se aí uma relativização da regra absoluta de manter no mesmo juízo a competência para revelar e atuar a norma concreta.
12. Até mesmo o legislador constitucional cuidou dos títulos executivos extrajudiciais, ao dizer que a decisão proferida pelo Tribunal de Contas, na análise de processos administrativos de sua competência, tem força de título executivo extrajudicial (art. 71 da CF/1988).
13. O próprio art. 784, § 1.º, e o art. 969 do CPC avisam que a propositura de ação rescisória ou qualquer outra demanda relativa ao débito constante do título executivo não têm o poder de impedir a execução (processo de execução ou o cumprimento de sentença). Está aí comprovada a eficácia executiva abstrata que caracteriza qualquer título executivo.

Isso se dá porque, além dessa eficácia executiva, há ainda a característica da abstração do direito material supostamente representado pelo documento que cristaliza o título executivo.

É que a invasão do patrimônio do executado e a execução forçada ocorrem pelo só fato de existir o título executivo (judicial ou extrajudicial), qual seja, o documento físico ou eletrônico representativo do direito exequendo. A existência desse direito não é levada em consideração para que ocorra a realização da tutela executiva. É a partir daí que se fala em *abstração*. Obviamente que essa caraterística é mais proeminente dos títulos extrajudiciais do que nos judiciais, porque neste há houve alguma revelação do direito exequendo.

No caso de impugnação do executado ao cumprimento de sentença (art. 525, § 1º) e no dos embargos do executado (arts. 914 e ss.), não há necessidade de qualquer constrição judicial sobre o patrimônio do executado para que este ofereça a ação de embargos (art. 915, *caput*).[14]

Resumindo, pode-se dizer que ambos os títulos executivos são dotados de uma eficácia executiva, de forma tal que a propositura de qualquer ação contra o título não impede o prosseguimento da execução, salvo se ofertados e concedidos efeitos suspensivos às oposições do executado (embargos ou impugnação, dependendo se trate de processo de execução ou cumprimento de sentença).

7. TÍTULOS EXECUTIVOS HÍBRIDOS

Como já foi dito, o título executivo é formado por um elemento intrínseco e outro extrínseco. O extrínseco corresponde ao documento – físico ou eletrônico – que representa a norma jurídica concreta que fornece os elementos subjetivos e objetivos relativos ao direito exequendo.

Deve-se observar que nem sempre o aspecto extrínseco e o intrínseco são figuras unitárias, formadas em um mesmo momento temporal e de uma única vez.

Muitas vezes o título executivo decorre da conjugação de atos complexos, que, em conjunto, formam o título executivo. Assim, por exemplo, a sentença penal condenatória que muitas vezes é apenas um título liquidatório, pois pode lhe faltar um elemento imprescindível que é a identificação do *quantum* a ser executado judicialmente.[15] Após

---

14. O CPC traz uma importante diferença do regime jurídico da oposição do executado em relação ao sistema antes vigente no CPC de 1973. Pela nova regra, como dito anteriormente, não há necessidade de *segurança do juízo* para oferecimento de embargos, tampouco da impugnação do executado. No sistema revogado, para oferecimento da impugnação do executado o prazo para seu oferecimento se abria da *intimação da penhora* (art. 475-J, § 1.º), dando a nítida impressão de que se privilegiava o título judicial quando comparado ao extrajudicial.

15. A Lei 11.719/2008 deu nova redação ao art. 387, IV, do CPP ao prever que: "Art. 387. O juiz, ao proferir sentença condenatória: [...] IV – fixará valor mínimo para reparação dos danos causados pela infração, considerando os prejuízos sofridos pelo ofendido". Em tese, com a nova redação, a sentença penal condenatória não seria um

a obtenção desse valor em um regular procedimento liquidatório, pode-se dizer que existe um título executivo.

Todavia, tal título executivo é formado por mais de um documento e por uma norma jurídica concreta; complexa, porque formada em dois procedimentos cognitivos. Assim, quanto ao extrínseco e ao intrínseco, serão representativas do direito exequendo tanto a sentença penal condenatória (fixadora dos elementos subjetivos e da existência do crédito) quanto a sentença civil liquidatória (fixadora do *quantum*), em um típico caso de título executivo formado pela conjugação de dois provimentos judiciais.

Noutro exemplo, as partes convencionam em documentos separados o valor devido e o restante da obrigação exequenda. Isso acontece porque muitas vezes o "valor devido" depende de uma apuração posterior à formação do documento. Importante registrar que só haverá título quando todos os elementos estejam presentes, seja num ou em mais de um documento. Importante registrar que em cada documento separado deva constar as exigências do art. 784, III (assinados pelas partes, testemunhas etc.).

Em razão da evolução tecnológica e comportamental da sociedade que paulatinamente vem substituindo o documento em papel para o documento na forma eletrônica trouxe um importante questionamento sobre a aplicabilidade do inciso III do art. 784 para documentos eletrônicos no tocante à exigência da assinatura de duas testemunhas. Segundo este dispositivo:

> Art. 784. São títulos executivos extrajudiciais:
>
> (...)
>
> III – o documento particular assinado pelo devedor e por 2 (duas) testemunhas;
>
> Há tempos o Superior Tribunal de Justiça já tinha firmado posicionamento de que as duas testemunhas instrumentárias não precisariam ser *presenciais* da assinatura do devedor e do credor posto que expressam "*regularidade formal do instrumento particular, mas não evidencia sua ciência acerca do conteúdo do negócio jurídico*"[16]. Essa orientação, bem antiga, e na época aplicada ao art. 585, II do CPC de 1973, cuja redação corresponde ao atual art. 784, III do CPC, partia da premissa de que "*os pressupostos de existência e os de validade do contrato podem ser revelados por outros meios idôneos, e pelo próprio contexto dos autos, hipótese em que tal condição de eficácia executiva – a assinatura das testemunhas – poderá ser suprida*".[17]

---

título liquidatório, mas sim executivo, dado o dever do juiz penal fixar o *quantum* indenizatório. O tema é tortuoso na doutrina e longe de estar sedimentada a discussão sobre a legalidade de um juiz penal, sem elementos mínimos e não discutidos no processo penal, fixar o *quantum* indenizatório de natureza cível. A orientação mais recente do Superior Tribunal de Justiça é de enxergar esta regra *cum grano salis*, ou seja, não vê nenhuma omissão se o magistrado penal não fixar o *quantum* quando não possua elementos para tanto, motivo pelo qual a sentença penal condenatória pode fixar apenas o *an debeatur* e assim continuar a ser apenas um título liquidatório. "Agravo regimental no agravo em recurso especial. Condenação pelo delito de ameaça. Indenização do art. 387, IV, do CPP. Inexistência nos autos de elementos mínimos que permitam a fixação do valor. 1. Afirmando as instâncias ordinárias que inexistem elementos suficientes nos autos para a fixação dos danos causados pela infração, não há se falar em violação do art. 387, IV, do CPP. 2. Agravo regimental improvido" (STJ, AgRg no AREsp 594.182/DF, Rel. Min. Walter De Almeida Guilherme (desembargador convocado do TJSP), Quinta Turma, j. 16.12.2014, *DJe* 19.12.2014).

16. REsp 1185982/PE, Rel. Ministra Nancy Andrighi, Terceira Turma, julgado em 14/12/2010, DJe 02/02/2011.
17. AgInt no AREsp n. 2.186.002/PR, relator Ministro Marco Buzzi, Quarta Turma, julgado em 26.6.2023, DJe de 30.6.2023.

Partindo desta premissa e com as inovações tecnológicas que aos poucos vem levando os documentos, inclusive os públicos, a serem expressos na forma eletrônica e não mais em papel, não tardou chegar à interpretação de que poderia ser dispensada a assinatura de duas testemunhas nestas hipóteses se o documento eletrônico fosse certificado por um terceiro imparcial que é a autoridade certificadora autorizada pelo ICP-Brasil tal como acontece em inúmeros casos. A rigor, sendo uma assinatura eletrônica, o normal é que o credor e o devedor não estejam juntos, no mesmo momento, assinando os documentos, daí porque por meio de chaves criptografadas, biometria ou outros métodos de validação digital, adquire-se segurança e credibilidade de que o documento foi assinado pelas partes. Considerando esta nova realidade, em boa hora, a Lei nº 14.620/23 acrescentou o §4º ao artigo 784:

> § 4º Nos títulos executivos constituídos ou atestados por meio eletrônico, é admitida qualquer modalidade de assinatura eletrônica prevista em lei, dispensada a assinatura de testemunhas quando sua integridade for conferida por provedor de assinatura.

A mudança do meio físico para o digital tem várias consequências, não apenas comportamentais, e uma delas é necessidade de se revistar conceitos que só fazem sentido se pensados na perspectiva do documento físico. Este exemplo da lei mencionada acima revela exatamente isso. No âmbito da execução, por exemplo, com a preferência legal pelo leilão eletrônico dos bens penhorados e a sua popularização cada vez maior, perdeu muito o sentido a exigência de que o leilão seja realizado pelo juízo de onde se localiza o bem.[18]

Retomando a questão relativa ao fato de que às vezes o título executivo é formado por mais de um documento, é preciso dizer que nem sempre a conjugação mencionada é homogênea, sendo possível que o título executivo tenha uma parte de si judicial e outra extrajudicial (título executivo híbrido).

---

18. "(...) 1. Trata-se de Conflito Negativo de Competência suscitado nos autos da Carta Precatória expedida com a finalidade de que os atos processuais relacionados à alienação judicial eletrônica fossem realizados na Comarca em que se situa o imóvel penhorado. 2. Os procedimentos relativos à alienação judicial por meio eletrônico, na forma preconizada pelo art. 882, § 1o. do Código Fux (CPC/2015), têm por finalidade facilitar a participação dos licitantes, reduzir custos e agilizar processos de execução, primando pelo atendimento dos princípios da publicidade, da celeridade e da segurança.3. Tal modelo de leilão revela maior eficácia diante da inexistência de fronteiras no ambiente virtual, permitindo que o leilão judicial alcance um número incontável de participantes em qualquer lugar do País, além de propiciar maior divulgação, baratear o processo licitatório e ser infinitamente mais célere em relação ao leilão presencial, rompendo trâmites burocráticos e agilizando o processo de venda do bem objeto de execução. 4. Logo, cabe ao Magistrado atentar para essa relevante alteração trazida pelo Novel Estatuto Processual, utilizando-se desse poderoso instrumento de alienação judicial do bem penhorado em processo executivo, que tornou inútil e obsoleto deprecar os atos de alienação dos bens para satisfação do crédito, já que a alienação pela rede mundial dispensa o comparecimento dos interessados no local da hasta pública. 5. Portanto, considerando que a alienação eletrônica permite ao interessado participar do procedimento mediante um acesso simples à internet, sem necessidade de sua presença ao local da hasta, tem-se por justificada a recusa do cumprimento da Carta Precatória pelo Juízo deprecado, ora suscitante, visto que não há motivos para que a realização do ato de alienação judicial eletrônica seja praticada em Comarca diversa do Juízo da Execução. (CC n. 147.746/SP, relator Ministro Napoleão Nunes Maia Filho, Primeira Seção, julgado em 27/5/2020, DJe de 4/6/2020)."

CAPÍTULO V • TÍTULO EXECUTIVO **215**

É o que acontece quando se tem uma sentença condenatória sujeita a condição ou termo. Nos termos do art. 514 do CPC, não será possível dar início à execução sem que o exequente "prove"[19] (leia-se = instrua a sua petição inicial com o documento que representa a realização do termo ou condição) a ocorrência do termo ou condição à que estava sujeita a obrigação revelada na sentença.[20]

Ora, percebe-se que o título executivo é também aqui complexo, e, no presente caso heterogêneo, híbrido mesmo, porque formado pela conjugação de um "documento judicial", que representa uma sentença condenatória de uma obrigação sujeita a condição ou termo, com um "documento extrajudicial", que representa uma condição ou termo realizados.[21] Nesse caso, está-se diante de um título executivo misto, que poderá ser impugnado pelo executado na sua parte judicial, com as limitações do art. 525 do CPC.

8. ASPECTO FORMAL E MATERIAL DO TÍTULO EXECUTIVO

A regra do art. 798, bem como a dos arts. 515, 783, entre outros, do CPC, levam à conclusão de que o título executivo é sempre formado por algum documento, em formato físico ou eletrônico, que estampe um direito obrigacional contendo todos os elementos (objetivos e subjetivos). Nesse passo, o elemento "formal" do título é o documento, e o "material" é o seu conteúdo, o direito exequendo.[22] Como já disse o STJ, corretamente, "(...) não basta a denominação legal para um documento ser considerado título executivo, sendo indispensável que, por seu conteúdo, se revele uma obrigação certa, líquida e exigível, que revelarão ao órgão judicial os elementos necessários à abertura da ati-

---

19. Obviamente, não se trata de prova propriamente dita, porque a prova do direito não é função do título executivo. O que quer o legislador é que a execução seja iniciada com o documento que represente a condição ou termo realizados. Se prova fosse, estaria ferida aí a regra da abstração dos títulos executivos, obrigando-se o absurdo de se ter no início da atividade executiva um incidente cognitivo para saber se ocorreu ou não a condição ou termo. Nesse passo a redação do art. 514 (cumprimento de sentença sujeita a condição ou termo) é melhor do que a redação do art. 798, I, *c*, que fala em instruir a petição inicial da execução de título extrajudicial com a "prova" de que se verificou a condição ou o termo.

20. A multa coercitiva imposta para garantir o cumprimento de uma obrigação ou dever jurídico cria uma obrigação condicional, sujeita, portanto à ocorrência de um evento futuro e incerto: o incumprimento da prestação determinada pelo comando judicial. Se o sujeito cumprir a decisão a obrigação condicional resolve-se e nada será devido; mas se não cumprir a decisão judicial opera-se a incidência da multa tal como prevista. O "título" só pode ser executado se houver a comprovação do evento incerto e futuro: o incumprimento da decisão judicial.

21. Também é misto o título executivo quando iniciada a execução fundada em título extrajudicial para entrega de coisa e esta (a coisa) vem a se deteriorar no curso do processo. Nesse caso, é necessária a conversão do procedimento para a execução por quantia para devedor solvente, após a apuração das perdas e danos devidos pela deterioração do bem que deveria ser entregue. Nesse caso, o incidente judicial a que alude o art. 809, § 2.º, será resolvido por decisão interlocutória de mérito dentro do processo de execução que apontará o *quantum* devido. Nesse caso – de execução por quantia certa contra devedor solvente –, toda norma concreta formada do título executivo é extrajudicial, exceto a parte relativa ao *quantum* devido, porque tal parte foi obtida mediante decisão judicial em incidente de liquidação ocorrido no curso do processo jurisdicional. Para o eventual controle jurisdicional do *quantum* a ser executado, deve-se obedecer à regra do art. 525 do CPC, enquanto todo o restante submete-se ao regime do art. 917 do CPC.

22. Ainda que o título seja uma *sentença declaratória* que contenha todos os elementos da obrigação, nas hipóteses do art. 20 do CPC, a tutela executiva só terá início se houver uma crise de adimplemento no plano substancial (inadimplemento).

vidade executiva, em situação de completa definição dos limites objetivos e subjetivos do direito a realizar". A *forma* e o *conteúdo* devem passar pelo crivo de admissibilidade do juiz para que a execução forçada possa prosseguir contra o executado.[23]

8.1. O elemento material: a norma jurídica concreta

O elemento material do título executivo é o que lhe dá substância e, enfim, o que viabiliza a tutela jurisdicional executiva. É, pois, o direito obrigacional reconhecido, nele devendo conter os aspectos "objetivos" (vínculo jurídico da prestação/responsabilidade e o objeto da prestação) e "subjetivos" (partes da relação jurídica obrigacional (credor/devedor-responsável).

Faltando algum desses elementos haverá impossibilidade prática de realizar a execução, justamente porque faltará elemento material necessário (qualquer um deles isoladamente considerado) à realização das atividades e atos de execução. Assim, por exemplo, num cumprimento de sentença para pagamento de quantia se a sentença condenatória revela quem é o credor (locador), quem é o devedor (locatário), mas nele não está estampa o terceiro garantidor (fiador), então contra este sujeito não poderá ser promovida a execução porque contra é não há título executivo (art. 513, §5º).

Situação diversa da anterior, ocorre nas hipóteses de *sentença condenatória genérica* quando falta o elemento do "quantum" devido. Nesta hipótese, se diz que a inexistência de algum desses elementos ensejará a instauração de um procedimento cognitivo, cujo objeto (mérito) será descobrir exata e precisamente o elemento (objetivo[24] ou subjetivo[25]) que está faltando para que se tenha uma norma completamente individualizada e, assim, ter um título executivo. Tal procedimento é o liquidatório, que ocupa uma fase cognitiva seguinte à condenação genérica e que deve preceder, por razões lógicas, a tutela executiva.

É preciso ficar atento para uma observação importante. Engana-se quem imagina que debaixo do mesmo título executivo sempre existirá uma obrigação apenas, cristalina e fácil de ser identificada. Obviamente que o dinamismo e a complexidade das relações jurídicas permitem que sob um mesmo título executivo repousem várias obrigações – umas principais outras secundárias – onde é perfeitamente possível que para umas o credor seja devedor e para outras o então devedor seja credor. É perfeitamente possível que algumas delas todos os elementos estejam completos, e, para outros exista condição ou termo a ser superado para que seja exigível.

---

23. . (REsp n. 1.699.184/SP, relator Ministro Luis Felipe Salomão, Quarta Turma, julgado em 25/10/2022, DJe de 31/1/2023.)

24. Quando é necessário identificar o *quantum* devido ou individuar o objeto da obrigação, nos casos de condenação genérica (art. 491, I e II, do CPC).

25. Quando é necessário identificar o titular do direito, como nos casos de condenação genérica (art. 95 da Lei 8.078/1990), que tem aptidão para formar coisa julgada *erga omnes* (art. 103, III, da Lei 8.078/1990), nos termos da liquidação prevista nos arts. 97 e ss. do CDC (Lei 8.078/1990).

Assim, deve-se verificar que o documento que representa uma norma jurídica concreta com eficácia executiva deve deixar à evidência, claro e explícito, que o direito exequendo é líquido, certo e exigível – para usar a terminologia do art. 783 do CPC. Enfim, se num documento existem várias obrigações, só poderá ser executada aquela que contém todos os elementos mencionados, sem o qual não é possível executar. Nada impede, portanto, que num mesmo documento com eficácia de título executivo existam obrigações líquidas, certas e exigíveis, que podem ser executadas, e outras que não estejam liquidadas e que por isso mesmo dependem de prévia liquidação.

Por isso, os requisitos da "liquidez, certeza e exigibilidade" são atinentes ao direito exequendo representado no título. Entretanto, há uma observação interessante a se fazer: a liquidez, a certeza e a exigibilidade são aspectos substanciais exigidos nos arts. 783 e 784 do CPC apenas como fatores condicionantes e viabilizadores da tutela jurisdicional executiva.

Sem certeza, sem exigibilidade e sem liquidez, não será possível realizar os atos de execução forçada, pois não se saberá a espécie da execução a ser empregada, a favor de quem e contra quem deve ela acontecer; não se saberá se já é o momento de se executar; ou ainda qual o *quantum* da execução.

Assim, a liquidez, a exigibilidade e a certeza não devem ser vistas como elementos que precisam ser "provados" pelo título, porque a finalidade de tais aspectos é lógica: dar os elementos necessários à realização dos atos executivos. Sendo assim, a certeza, a liquidez e a exigibilidade são atributos do direito subjacente ao título que a estampa e que dará ensejo à tutela executiva. A certeza não está relacionada com a existência da obrigação, tal como dizia o art. 1.533 do CC anterior, mas sim com a identificação suficientemente clara dos elementos da norma jurídica concreta representada no documento.

O requisito da certeza sempre deve estar presente, porque é a partir dele que se identificam os elementos subjetivos e objetivos da norma concreta. É a partir da certeza que se torna possível visualizar, decalcado no título executivo, "aquele que deve" (devedor/responsável); "a quem se deve" (credor);[26] a "obrigação devida e sua respectiva natureza", bem como a "individuação do bem devido".

Ora, a identificação da modalidade da obrigação vai permitir que seja feita a escolha adequada do procedimento executivo a ser empregado, que, bem se sabe, é determinado pelo tipo específico de modalidade obrigacional.[27]

---

26. Permite-se, à primeira vista, a identificação dos legitimados ordinários à tutela executiva.
27. O Código de Processo Civil previu as "espécies de execução", que nada mais são do que procedimentos específicos e adequados para cada tipo de obrigação que ele determina. Há, portanto, procedimento específico para obrigações de dar dinheiro (pagar quantia), entrega de coisa que não seja dinheiro (certa ou incerta, e fazer e não fazer). Desses troncos partem outros que levam em consideração a pessoa (Fazenda Pública) e o próprio direito tutelado (alimentos etc.).

Já no tocante à individualização do objeto devido, a sua importância é capital para as modalidades de obrigação específica (fazer, não fazer e entrega de coisa certa), quando a precisa visualização do bem devido é que permitirá saber sobre qual bem recairão as medidas de coerção ou sub-rogação. Quadra registrar, ainda, em relação à certeza do título executivo, que existem situações nas quais a clareza dos elementos da obrigação não será absoluta, sendo necessário que se realizem atos processuais prévios à realização da atividade executiva, dada a relativização da certeza em tais hipóteses.

Assim, nos casos de "obrigações alternativas, obrigações condicionais ou a termo" e "nas obrigações de entrega de coisa incerta", verifica-se um "estado de indeterminação" que deixa completamente turva a certeza da obrigação contida no título. Esse estado de indeterminação de alguns dos elementos da obrigação ao mesmo tempo "impede a imediata execução forçada" e "obriga a adoção de um procedimento liquidatório prévio à atividade executiva".

Nessas hipóteses, antes de a execução ser iniciada, deverá ocorrer a identificação completa do objeto da obrigação, que deverá ser feita por meio da "demonstração da ocorrência da condição ou termo" (nas obrigações condicionais ou a termo, na disposição do art. 514 do CPC); da "escolha da obrigação, nos casos de alternatividade do cumprimento"; e da "identificação total da coisa a ser entregue, quando a obrigação seja determinada apenas pela quantidade e gênero" (obrigação de entrega de coisa incerta – art. 811).

Só depois de superados esses obstáculos é que poderá ter início a tutela executiva, porque estarão evidentes e certos no título executivo todos os elementos do direito exequendo. Portanto, nesses casos, é preciso fazer o acertamento da obrigação devida (no caso de alternatividade), da qualidade do objeto a ser entregue (escolha entre as coisas melhores e piores na quantidade e gênero da mesma determinada pelo título executivo).

Em ambos os casos já existe a liquidez, e o que falta é o acertamento (certeza) da obrigação e do objeto. Esse "momento cognitivo" é denominado "incidente de concentração", e tem início com o processo de execução, colocando-se como antecedente lógico à execução forçada.

O requisito da liquidez não estará presente em todas as modalidades de obrigações, mas apenas naquelas em que o bem devido, em razão da sua fungibilidade, admite quantificação (medida, peso, valor etc.), e, justamente por isso, além da sua identificação (do objeto) dada pela certeza, será necessário precisar a quantidade do bem devido. A determinação do *quantum* devido é tarefa da liquidez, que deve estar presente (às claras) no título executivo.

Assim, título ilíquido não é "executivo", pois não há presença de todos os elementos da norma individualizada, o que impede, do ponto de vista prático, a realização da tutela executiva. Deve-se notar que há casos em que existe uma aparência de iliquidez no título executivo, como nas situações em que a quantificação do bem devido depende apenas de cálculos aritméticos.

O CPC teve preocupação de evitar ao máximo a fase liquidatória nas obrigações de pagar quantia, porque se sabe que sempre acaba sendo uma chance a mais de o devedor protelar o feito. Nesse particular, não por acaso trouxe inovações sensíveis em relação ao sistema anterior, como se vê, precisamente no art. 491 do CPC ao dizer que:

> Art. 491. Na ação relativa à obrigação de pagar quantia, ainda que formulado pedido genérico, a decisão definirá desde logo a extensão da obrigação, o índice de correção monetária, a taxa de juros, o termo inicial de ambos e a periodicidade da capitalização dos juros, se for o caso, salvo quando: I – não for possível determinar, de modo definitivo, o montante devido; II – a apuração do valor devido depender da produção de prova de realização demorada ou excessivamente dispendiosa, assim reconhecida na sentença.
>
> § 1.º Nos casos previstos neste artigo, seguir-se-á a apuração do valor devido por liquidação.
>
> § 2.º O disposto no *caput* também se aplica quando o acórdão alterar a sentença". Percebe-se nesse dispositivo a nítida preocupação de evitar a fase liquidatória, evitando ao máximo uma condenação genérica.

Todas as vezes que os elementos identificadores da "precisa quantificação" puderem ser extraídos do próprio título executivo, é sinal de que já está presente o requisito da liquidez, sendo desnecessário um procedimento liquidatório subsequente à condenação genérica. Sendo um título "executivo" e não um título "liquidatório", basta ao credor (art. 524) instruir a sua petição com demonstrativo discriminado e atualizado do valor revelado na sentença. Frise-se, embora incomum, poderá o devedor deflagrar a consignação judicial do valor que entende ser devido também juntando a memória discriminada do débito nos termos do artigo 526 do CPC.

Todavia, ao revés, quando no título não existirem os elementos que identifiquem a quantidade do bem devido, então se dirá que a obrigação é ilíquida, e será necessário um procedimento liquidatório constituindo uma fase seguinte e contínua à sentença condenatória genérica. Esta fase liquidatória para descobrir o valor devido tanto pode ser instaurada pelo credor quanto pelo devedor (art. 509).[28]

Quadra observar, ainda, que na execução por quantia certa ou entrega de coisa incerta, como o nome mesmo já diz, a liquidez é imprescindível, pois a quantificação do bem devido é condição *sine qua non* para o exercício da tutela executiva. É importante ressaltar que não basta simplesmente a lei ou o negócio jurídico dizer que tal documento é um título executivo, se o direito ali revelado não é dotado de liquidez. É preciso que todos os elementos estejam presentes, sob pena de se ter um título, mas não executivo, e talvez apenas título para liquidação.[29]

---

28. Tratando-se de sentença condenatória genérica de direitos individuais homogêneos (art. 95 do CDC) a liquidação (atípica) envolve não apenas a identificação do quantum mas a comprovação de que o sujeito que postula a liquidação é, em concreto, vítima do evento danoso. Importante notar que por meio do Tema 1.169 o STJ irá: "Definir se a liquidação prévia do julgado é requisito indispensável para o ajuizamento de ação objetivando o cumprimento de sentença condenatória genérica proferida em demanda coletiva, de modo que sua ausência acarreta a extinção da ação executiva, ou se o exame quanto ao prosseguimento da ação executiva deve ser feito pelo magistrado com base no cotejo dos elementos concretos trazidos aos autos".

29. Outrossim, não tem sido incomum na minha experiencia profissional, ver documentos denominados de títulos extrajudiciais, mas que na verdade não possuem o elemento da liquidez. Nestes casos, não são, pelo seu próprio conteúdo, títulos "executivos". Não há título executivo extrajudicial ilíquido, ainda que, eventualmente, tenha nome de "título executivo" no referido documento.

9. O ROL DO ART. 515 DO CPC E OUTROS TÍTULOS JUDICIAIS

9.1 A sentença proferida no processo civil que reconheça a existência de obrigação de fazer, não fazer, entregar coisa ou pagar quantia (art. 515, I, do CPC)

A palavra sentença prevista nesse dispositivo deve ser empregada para designar todo e qualquer provimento judicial (decisão interlocutória, sentença e acórdão) que imponha o cumprimento de uma prestação de dar, fazer ou não fazer.

Aqui incluem-se tanto os provimentos judiciais que pretendam debelar crises jurídicas de cooperação (adimplemento ou descumprimento) como aqueles outros que são impostos na condenação por má-fé processual, os relativos aos honorários advocatícios etc.[30] Enfim, qualquer provimento judicial que imponha uma prestação no curso do processo.

Registre-se, ainda, que pouco importa qual será a técnica processual criada pelo legislador e aplicada pelo juiz no caso concreto para efetivar o provimento que imponha a prestação devida, ou seja, podem ser "medidas indutivas, coercitivas, mandamentais ou sub-rogatórias" ou qualquer outro nome que se queira dar, o que importa é que isso não altera o caráter executivo do referido provimento. Se nele for reconhecida "a exigibilidade de obrigação de pagar quantia, de fazer, de não fazer ou de entregar coisa" e se esta prestação não for espontaneamente satisfeita será necessária a via executiva para satisfazer o direito do exequente.

Outra questão interessante que não pode ser olvidada diz respeito às situações em que a crise jurídica é de "certeza" – resolvível mediante um pronunciamento declaratório –, mas o provimento que debela a referida crise revela, nele mesmo, todos os elementos de uma prestação, em tese, exigível.

Enfim, seriam as raras hipóteses em que, em vez de ter ajuizado uma demanda condenatória, o autor pretende obter uma declaração da existência da relação jurídica obrigacional, e ali mesmo estão contidos todos os elementos que, em tese, permitiriam uma execução caso a sentença impusesse uma condenação.

Falta à primeira, portanto, o pedido de imposição da sanção, porque a finalidade foi apenas declarativa. Daí exsurge a questão: poderia tal provimento declaratório ser um título executivo ou lhe ser emprestada a mesma eficácia executiva? Pensamos que sim, pois a eficácia executiva atribuída aos provimentos de prestação poderia ser, como de fato foi, por lei estendida aos provimentos declaratórios que estampassem todos os elementos da obrigação.

O inadimplemento de um direito revelado numa sentença condenatória ou declaratória não é contemporâneo à prolação da sentença. Condena-se ou declara-

---

30. Interessante notar que existem determinados títulos executivos judiciais cujo conteúdo é de natureza processual, como, por exemplo, as decisões que impõem as astreintes.

-se considerando uma situação histórica, do passado. O mesmo inadimplemento que motiva uma ação condenatória é o que permanece latente quando se inicia um cumprimento de sentença, obviamente que, agravo pelo fato de que além de não ter inadimplido materialmente a obrigação, também não atendeu ao comando da sentença. Nas declaratórias que reconheçam a obrigação (art. 515, I do CPC), por terem a eficácia executiva atribuída por lei, basta estarem atreladas a afirmação do inadimplemento do devedor para que esteja configurada a *pretensão insatisfeita* para dar início à tutela executiva.

Aliás, a título de registro histórico, tal possibilidade já se via presente no CPC revogado. Este foi esse o motivo que fez o legislador da Lei 11.232/2005 dar nova redação ao revogado art. 475-N, I, em que se tinha o rol de títulos executivos judiciais. O antigo texto original do CPC de 1973, do art. 584, I, falava em "sentença condenatória", e o texto modificado pela referida lei de 2005, que então criava o art. 475-N, I, tratava de sentença civil que "reconheça a obrigação", adotando a tese de que ali se incluíam os provimentos meramente declaratórios da obrigação, especialmente nas hipóteses do então revogado art. 4.º, parágrafo único, do CPC, ou seja, quando reconhecedoras do ilícito.

Com o CPC de 2015 a tese foi mantida no art. 515, I, do CPC (nas hipóteses de declaração previstas no art. 20), e deve-se dizer que o legislador pretendeu, com isso (atribuir eficácia executiva a provimentos declaratórios que reconheçam uma obrigação), sacramentar a tese que já vingava no CPC revogado, dando maior efetividade ao processo, e assim evitando que o jurisdicionado, que já tivesse uma declaração do crédito, tivesse ainda que propor uma ação condenatória.[31]

Contudo, não nos parece que seja possível atribuir eficácia executiva às sentenças de improcedência (declaratórias pela sua própria natureza) que contenham os elementos de obrigação. Quem apenas contesta, resiste, e limita-se a exercer a pretensão de que não há o direito que o autor pretende obter.[32]

Além disso, deve-se ficar atento para o fato de que restam sensivelmente diminuídas as diferenças entre as sentenças condenatórias e declaratórias que reconhecem a obrigação, posto que o meio primário daquela (formar título executivo) agora também existe para a declaração (efeito secundário).[33]

---

31. "(...) 2. Para aplicação da referida tese às sentenças declaratórias, exige-se que nela estejam expressos todos os elementos de um título executivo, ou seja, que se identifique uma obrigação certa, líquida e exigível. 3. Hipótese em que a Corte de origem não se manifestou sobre todos os elementos de um título executivo, tendo reconhecido a formação do título executivo em favor do réu como efeito automático da improcedência da ação declaratória. Necessidade de retorno dos autos à Corte de origem. (...)". (AgInt no REsp n. 1.892.472/PR, relator Ministro Raul Araújo, Quarta Turma, julgado em 27/5/2024, DJe de 4/6/2024).

32. Toda ação é bilateral (autor e réu), há pretensão de ambos os lados, mas em nosso sentir apenas às sentenças declaratórias de procedência que reconheçam uma obrigação (art. 20 do CPC) é que deve ser atribuída a eficácia executiva.

33. Registre-se que a multa pelo inadimplemento da sentença a que alude o art. 523 do CPC (cumprimento de sentença) pressupõe tratar-se de *sentença condenatória* onde teria havido a imposição de uma sanção que veio a ser descumprida pelo executado. Tanto que o texto fala em "no caso de *condenação* em quantia certa".

9.2 A decisão homologatória de autocomposição judicial (art. 515, II) ou extrajudicial de qualquer natureza (art. 515, III)

Inicialmente, um registro com ar de obviedade. Não é qualquer sentença do tipo enunciado no dispositivo que dá azo à formação de título executivo judicial, mas apenas aquelas que encerram o conflito criando ou reconhecendo uma prestação devida.

É justamente do inadimplemento da autocomposição homologada que nasce a pretensão executiva. Portanto, faltou o legislador dizer que apenas as autocomposições homologadas que estabeleçam a prestação de pelo menos uma das partes é que ensejam a formação de título executivo. Assim, *v.g.*, não é título executivo judicial uma sentença homologatória de transação acerca da anulação de um contrato.

Feita essa ressalva inicial, deve-se dizer que o dispositivo cuida das hipóteses de autocomposição ensejadoras ou reconhecedoras de prestação a ser cumprida por uma das partes. Logo, o rol não se restringe à transação e à conciliação, porque engloba o reconhecimento jurídico do pedido (art. 487, III, *a* e *b*). Exclui-se desse rol do inc. III, é claro, a renúncia ao direito (alínea *c*), porque, nesse caso, *in re ipsa* a inexistência de crédito a ser executado.

As sentenças homologatórias são aquelas que dão cunho jurisdicional a um ato que, por natureza, não o possui. Nessas sentenças (leia-se também as "decisões interlocutórias e acórdãos"), o Estado participa apenas para atribuir eficácia judicial à composição feita pelas partes. Não há, a rigor, "julgamento" de mérito, porque o dito "mérito" foi resolvido pelas partes. No entanto, mesmo assim, em tais casos o CPC atribui a natureza de sentença de mérito às hipóteses do art. 487, III, porque os efeitos que possui (os mesmos da sentença do inc. I) são os mesmos da hipótese do art. 487, I.

Essas decisões são chamadas de "subjetivamente complexas", porque a sua formação resulta da soma de esforços de sujeitos distintos: ato de inteligência das partes "somado" à vontade estatal (homologação). Se não houvesse a homologação, tal ato de autocomposição poderia ser no máximo um título extrajudicial, e disso resultaria que poderia ser atacado por embargos de fundamentação livre (art. 917, VI, do CPC).

Parece estar claro, então, que as ditas sentenças homologatórias são títulos judiciais, e, como tal, submetem-se ao regime do art. 523 do CPC, caso sejam atacadas por impugnação do executado (art. 525), mesmo que no caso concreto a participação do Estado tenha sido apenas uma chancela homologatória. Presumindo-se que foi feita a autocomposição (direitos patrimoniais e disponíveis) e foram respeitadas as regras formais de sua formação, essa opção tem de ser respeitada e devem ser-lhe atribuídos os mesmos efeitos de uma sentença do art. 487, I, do CPC.

Pouco importa se a autocomposição ocorreu no curso de um processo ou fora dele (extrajudicial). Desde que homologada em juízo, ela adquire força de título executivo judicial, com todas as vantagens que isso implica, especialmente a limitação das matérias que podem ser opostas pelo executado. Assim, seja judicial ou extrajudicial, uma vez homologada, a autocomposição constitui título judicial, conforme dispõe o art. 515, § 2º do CPC.

Ademais, o § 2º do mesmo artigo prevê que a autocomposição judicial pode abranger sujeitos estranhos ao processo e tratar de relações jurídicas que não tenham sido previamente deduzidas em juízo. Essa previsão amplia o alcance e a eficácia da autocomposição homologada, permitindo que ela tenha efeitos executivos mesmo sobre questões que extrapolem o objeto inicial do processo, consolidando sua relevância no sistema jurídico como instrumento de pacificação e resolução de conflitos.

9.3 O formal e a certidão de partilha, exclusivamente em relação ao inventariante, aos herdeiros e aos sucessores a título singular ou universal

Na parte especial, Livro I, Título III ("Dos Procedimentos Especiais"), Capítulo VI, arts. 610 e ss., o CPC cuida do processo de inventário e da partilha, e no art. 654 diz o seguinte: "Pago o imposto de transmissão a título de morte, e junta aos autos certidão ou informação negativa de dívida para com a Fazenda Pública, o juiz julgará por sentença a partilha". Em seguida, diz o art. 655 do CPC que: "Transitada em julgado a sentença mencionada no art. 654, receberá o herdeiro os bens que lhe tocarem e um formal de partilha, do qual constarão as seguintes peças: [...]".

É desses dispositivos que resulta o título executivo do art. 515, IV, do CPC, e, a rigor, nem seria necessário nele dizer que tal título executivo só possui a referida eficácia restrita (exclusiva) às pessoas que integraram o contraditório no processo de inventário e partilha, enfim, onde foi formado o citado título executivo judicial. Por isso, se o quinhão hereditário estiver em poder de terceiro que não participou do inventário e da partilha (processo judicial), contra ele não haverá título executivo, e, como tal, a eventual ação a ser proposta contra o referido terceiro não dispensará o processo cognitivo prévio para formulação da norma jurídica concreta.

9.4 O crédito de auxiliar da justiça, quando as custas, os emolumentos ou os honorários tiverem sido aprovados por decisão judicial

Distinguem-se os auxiliares de justiça (art. 149 do CPC) entre os que possuem vínculo "permanente" ou "eventual" com o Poder Judiciário. Os permanentes atualmente são funcionários públicos, e pela função que exercem são remunerados regularmente pelo aparelho estatal (escrivão, oficial de justiça, escrevente etc.). Já os de função episódica (peritos, intérpretes, tradutores etc.) não possuem vínculo remuneratório com o Estado, e foi para eles a regra desse dispositivo. Todavia, não obstante a expressa regra do dispositivo, sua aplicação prática é quase nenhuma, pois raramente alguns desses profissionais exercem função no processo sem que tenham recebido previamente os honorários que fixaram para a função para a qual foram nomeados.

É importante dizer que o NCPC corrigiu uma inexplicável imprecisão terminológica há muito apontada pela doutrina em relação ao CPC de 1973, pois, embora estivesse arrolado no rol dos títulos executivos extrajudiciais no código revogado, mencionava o antigo texto do inc. VI do art. 585 que os referidos créditos dos serventuários (custas, emolumentos ou honorários) deveriam ter sido aprovados por decisão judiciária.

Logo, concluía-se que o título executivo não era, por exemplo, o crédito da proposta de honorários apresentada pelo perito, mas apenas aqueles que fossem aprovados pelo juiz, "por decisão judiciária", como dizia o texto. O título, portanto, era judicial, pois era o crédito judicialmente aprovado, sendo os legitimados ativo e passivo à execução, respectivamente, o serventuário de justiça e o vencido na demanda.

No CPC 2015 tal falha foi devidamente corrigida e inserido o referido título executivo no rol de títulos executivos judiciais.

9.5 Sentença penal condenatória transitada em julgado (art. 515, VI, do CPC)

Diz o art. 515, VI, do CPC que a sentença penal condenatória transitada em julgado é título executivo judicial. Essa regra pretende dar operatividade a outra regra que está inserta no art. 91 do Código Penal (CP).[34] Tal dispositivo legal cria um "efeito secundário" da sentença penal condenatória, que, além de impor ao acusado a sanção penal correspondente, afirma que tal sentença tem um efeito extrapenal, na medida em que "torna certa a obrigação de indenizar o dano causado pelo crime" (art. 91, I, do CP). É daí que surge a referência ao art. 515, VI, do CPC.

O efeito anexo (secundário) da sentença penal transitada em julgado é a projeção, no cível, do *an debeatur*, ou seja, do dever de indenizar. Contudo, como se vê, tal dispositivo não fixa o *quantum debeatur* e por isso mesmo sempre se disse que a *sentença penal condenatória transitada em julgado seria, a rigor, um título liquidatório*, e não propriamente um título executivo.

No afã de resolver tal problema em 2008, o legislador alterou o art. 387 do Código de Processo Penal determinando que o juiz, ao proferir a sentença condenatória, deveria fixar o *quantum* mínimo da indenização cível, *in verbis*:

> Art. 387. O juiz, ao proferir sentença condenatória: (Vide Lei 11.719, de 2008). [...] IV – fixará valor mínimo para reparação dos danos causados pela infração, considerando os prejuízos sofridos pelo ofendido. (Redação dada pela Lei 11.719, de 2008.)

Enfrentando o tema o STJ decidiu que:

---

34. Art. 91. São efeitos da condenação: (Redação dada pela Lei 7.209, de 11.07.1984). I – tornar certa a obrigação de indenizar o dano causado pelo crime. (Redação dada pela Lei 7.209, de 11.07.1984.)

> RECURSO ESPECIAL. PENAL E PROCESSO PENAL. REPARAÇÃO CIVIL DO DANO CAUSADO PELA INFRAÇÃO PENAL. ART. 387, IV, DO CPP. ABRANGÊNCIA. DANO MORAL. POSSIBILIDADE. RECURSO IMPROVIDO.
>
> 1. Considerando que a norma não limitou e nem regulamentou como será quantificado o valor mínimo para a indenização e considerando que a legislação penal sempre priorizou o ressarcimento da vítima em relação aos prejuízos sofridos, o juiz que se sentir apto, diante de um caso concreto, a quantificar, ao menos o mínimo, o valor do dano moral sofrido pela vítima, não poderá ser impedido de fazê-lo.
>
> 2. Ao fixar o valor de indenização previsto no artigo 387, IV, do CPP, o juiz deverá fundamentar minimamente a opção, indicando o quantum que refere-se ao dano moral.
>
> 3. Recurso especial improvido.
>
> (REsp n. 1.585.684/DF, relatora Ministra Maria Thereza de Assis Moura, Sexta Turma, julgado em 9/8/2016, DJe de 24/8/2016.)

Em nosso sentir *não* deveria ser assim. É preciso ter cuidado com "efeitos anexos da sentença". Não nos parece correto admitir que num processo penal, que por variadas razões não se discute questões cíveis, possa ter um efeito anexo de ficar um quantum indenizatório. Uma coisa é o reconhecimento do *ilícito* que projeta-se no campo cível, e coisa completamente diferente é o dano sofrido pela vítima. A violação do contraditório é gritante nos "efeitos anexos" sem sentido e sem razão.

Longe de trazer uma paz jurídica, tal dispositivo gerou enorme discussão doutrinária, pois argumenta-se que o magistrado que atua na demanda penal, além de incompetente, não teria condições de aferir, ali na seara penal, os danos cíveis decorrentes da referida conduta antijurídica. Em nosso sentir, nenhum axioma de "eficiência" justificaria a quebra do contraditório e dos limites cognitivos do juízo competente. Exatamente por isso que, na prática judiciária, nem sempre o magistrado cumpre esse mister e o Superior Tribunal de Justiça tem dado respaldo a tal atitude, especialmente quando o juiz não fixa o *quantum* mínimo sob argumento de que não possui condições mínimas extraídas da causa para fixação do referido montante indenizatório. Assim, pode-se afirmar que a sentença penal condenatória continua sendo, muitas vezes, apenas um título liquidatório, nada obstante a regra do art. 387 do CPP.

Enfim, com a sentença penal condenatória transitada em julgado, não se tem a completude de elementos necessários à atividade executiva. Além de ser certo o dever de indenizar, de identificar a quem se deve e quem deve a obrigação, haverá de ser reconhecido o valor devido, o que, nesse caso, não foi feito na sentença penal condenatória. Assim, serão raras e invulgares (e é bom que assim seja) as hipóteses de sentença penal condenatória que serão títulos executivos, pois em sua maioria constituirão apenas título para liquidação (art. 510 do CPC).

É interessante observar, nesse caso, os diversos influxos do direito penal na seara cível, que exigem cuidado do estudioso do direito em relação a essas questões. Uma delas concerne à competência do juízo para promover a liquidação/execução da sentença penal condenatória. Nesses casos, há expressa mitigação da regra do art. 516, II, do CPC, tal como enunciam o próprio inc. III e o parágrafo único desse dispositivo, já que não se poderia imaginar possível que a competência para liquidar ou executar, não obstante a natureza judicial do título, recaísse no mesmo juízo (penal), tratando-se de execução cível.

Nessa hipótese, aplicam-se livremente as regras de distribuição de competência, salvo se na comarca for juízo único para lides penais e cíveis. Também deve ser observado que, em matéria penal, não existe prazo para revisão da sentença penal condenatória, dada a importância da proteção à liberdade da pessoa.

Assim, a "revisão criminal" permite a reabertura do processo criminal já julgado e transitado em qualquer tempo, sujeitando-se os efeitos primários e secundários aos reveses do que for decidido na ação de revisão criminal. Dependendo do tema acolhido na revisão, o título judicial deverá ou não ser mantido, assim como os efeitos decorrentes de uma eventual execução judicial que já tenha sido satisfeita. Também é muitíssimo importante lembrar que, em razão do princípio da pessoalidade da pena no processo penal, é possível que o mesmo fato sujeite uma pessoa à responsabilidade penal e essa mesma pessoa e outra, à responsabilidade civil, em razão da solidariedade.

É o que acontece, por exemplo, no caso de homicídio culposo por atropelamento. Nessa hipótese, quem atropelou é o condutor do veículo, mas quem responde civilmente não é só o condutor, mas também o proprietário do veículo, que no caso podem ser pessoas diferentes. Nessa hipótese, sendo demandado penalmente apenas o condutor, apenas contra ele existirá eventual título executivo judicial, motivo pelo qual será necessário propor ação condenatória contra o titular do veículo caso queira sujeitá-lo a uma futura execução cível.

Por fim, quadra registrar que o dispositivo menciona que a eficácia executiva só será atribuída quando se tratar de sentença penal condenatória "transitada em julgado". Ora, a regra é extraída do texto constitucional, em que se recorda que ninguém será considerado culpado até o trânsito em julgado, motivo pelo qual nenhum efeito da sentença penal condenatória poderia acontecer antes do referido trânsito.

Assim, findo o processo penal com sentença penal condenatória, a vítima ou seus sucessores poderão promover a liquidação ou execução cível do referido provimento penal, lembrando apenas que, se se tratar de ação de liquidação da referida sentença penal condenatória, só existirá execução definitiva quando ocorrer o trânsito em julgado da sentença proferida na ação de liquidação por arbitramento.

9.6 A sentença arbitral

É título executivo judicial a sentença condenatória proferida pelo árbitro (art. 31 da Lei 9.307/1996). Dada a regra expressa de que se exige um provimento "condenatório" para ser título executivo (enfim, que imponha uma prestação a ser cumprida), não pensamos que possa ser estendida às sentenças ou acordos arbitrais a mesma regra do inc. I do art. 515 do CPC, ou seja, os provimentos arbitrais declaratórios que apenas reconheçam a relação obrigacional não são título executivo judicial. Mesmo sendo título executivo judicial, dará ensejo a um processo de execução autônomo por faltar ao árbitro e a corte de arbitragem o poder de excussão que é restrito ao Estado juiz.

9.7 Sentença estrangeira homologada pelo STJ e a decisão interlocutória estrangeira, após a concessão do exequatur à carta rogatória pelo Superior Tribunal de Justiça (art. 515, VIII e IX)

A mesma ressalva feita para os incisos anteriores precisa ser realizada também aqui. Será título executivo a sentença estrangeira homologada pelo STJ que tenha por conteúdo uma prestação posteriormente inadimplida. Outro aspecto importante é que o título executivo não é a "sentença estrangeira", mas a sentença homologatória prolatada pelo STJ, que, em juízo de delibação, não rejulga a lide julgada no estrangeiro, mas apenas a sua conformidade à ordem pública e bons costumes.

Antes de ser homologada pelo STJ, a sentença estrangeira não tinha nenhuma eficácia jurídica no nosso ordenamento (a não ser para dar início ao processo de homologação de sentença estrangeira), e por isso não é ela o título executivo. Nesse passo, a redação do CPC não é adequada, porque dá a entender que a sentença estrangeira é que seria o título executivo, quando, na verdade, é a "sentença homologatória do STJ" que possui a dita eficácia executiva, mas isso em nada impede a intelecção e aplicação do dispositivo.

O mesmo raciocínio se aplica às decisões interlocutórias estrangeiras que dependam de *exequatur* do STJ para que sejam cumpridas no nosso país.

10. O ROL DO ART. 784 DO CPC

10.1 O rol do art. 784 e a tipicidade dos títulos executivos extrajudiciais

No art. 784 do CPC há o rol dos títulos executivos extrajudiciais, assim denominados porque hauridos fora de qualquer processo jurisdicional. Em relação aos títulos extrajudiciais vige o princípio da tipicidade, que deve ser rigorosamente considerado pelo operador do direito. Tipicidade ou "reserva legal" não significa que ali, no art. 784 do CPC, estejam "todos" os títulos executivos extrajudiciais e, menos ainda, que tais títulos não possam ser criados por legislação federal extravagante (inciso XII). No rol do referido dispositivo não há exclusão do tipo de obrigação que pode estar consubstanciada num título executivo extrajudicial, ou seja, tanto pode referir-se à prestação para pagamento de quantia, a mais comum, como também as prestações de fazer ou não fazer e entrega de coisa.

A tipicidade significa que não há título executivo sem prévia lei que o defina como tal. Trata-se de dar segurança jurídica ao instituto (título executivo extrajudicial), que, dotado de eficácia abstrata, permite a invasão do patrimônio do executado para prática de atos de desapossamento, expropriação e transformação, dependendo, é claro, da espécie de execução.

Portanto, desde que exista previsão em lei federal (art. 22, I, da CF/1988), é possível que se criem novos títulos executivos extrajudiciais.[35] Nesses termos é o que preceitua o inc. XII do art. 784, ao dizer que são títulos executivos extrajudiciais "todos os demais títulos a que, por disposição expressa, a lei atribuir força executiva".

Ainda que a criação dos títulos executivos extrajudiciais seja papel exclusivo do legislador é de se criticar a falta de critério com que se tem criado novas espécies de títulos executivos. Recorde-se que a criação de títulos executivos extrajudiciais constitui técnica legislativa importante para proporcionar celeridade à tutela jurisdicional permitindo que, havido o inadimplemento, seja possível ao credor inaugurar imediatamente a tutela executiva. Portanto, enquanto nos títulos judiciais este é formado após o prévio e necessário contraditório, nos extrajudiciais o contraditório é eventual[36] e posterior à sua formação.

Enfim, se a razão histórica de criação dos títulos executivos extrajudiciais é o fato de que alguns documentos reveladores de um crédito se apresentam como "quase verdade" então, definitivamente, alguns títulos extrajudiciais criados sem o menor cuidado (como no caso do inciso IX do artigo 784) estão muito longe desse propósito. Se decidirmos, por exemplo fazer um comparativo entre os títulos executivos do inciso VIII e do inciso X com o do inciso IV veremos uma enorme distância ontológica da raiz lógica que motiva a criação de um título extrajudicial.

Não é possível que esqueçamos que uma das significativas razões para se permitir uma tutela jurisdicional diferenciada (tutela evidente) lastreada em títulos extrajudiciais, com contraditório eventual e posterior provocado pelo devedor, é a suposta cognição sumária existente em relação ao conteúdo do título; enfim, uma presunção legal de que o ato/fato jurídico revelado no documento tem grandes possibilidades de ser exatamente como está nele evidenciado, permitindo que se inicie a execução antes mesmo da cognição judicial.

Exatamente por isso, pensamos, não é o *efeito (executivo)* que a lei empresta ao documento que deveria ser o fator de agregação dos títulos, mas sim a robustez da evidência do conteúdo nele revelado. A *substância das situações que justificam a sua criação*, e, não o *efeito*, é que deveria embasar, com seriedade e cautela, a criação dos títulos executivos extrajudiciais. Contudo, se algum dia este foi o genuíno critério de criação dos títulos executivos extrajudiciais, outorgando a estes documentos a mesma eficácia executiva que antes era restrita aos títulos judiciais, então, esse dia já ficou no passado; já não existe mais.

---

35. A criação de títulos executivos extrajudiciais há algum tempo foi "descoberta" como importante técnica legislativa de tutela jurídica diferenciada, e isso, de alguma forma, tem inflacionado a criação (legislativa extravagante) desses títulos, inclusive com regras específicas pertinentes à execução.

36. Eventual porque depende de provocação do executado por meio de embargos do executado ou por meio de ação autônoma.

Na verdade, no fundo no fundo, a criação legislativa desordenada de títulos executivos extrajudiciais, como diremos adiante, muitas vezes impulsionada por motivos políticos inaceitáveis e injustificáveis, impõe que saibamos que, embora estejam acomodados na vala comum do artigo 784, os documentos que ali estão arrolados, possuem, entre si, dessemelhanças evidentes acerca da presunção de verdade do que neles está contido. Aliás, a norma de encerramento contida no inciso XII, bastante comum inclusive em legislação alienígena, é claro ao dizer que serão títulos executivos extrajudiciais "todos os demais, que por disposição expressa, a lei atribuir força executiva".

Logo, por mais incrível que possa parecer, ao longo do tempo, e, desde as minirreformas processuais de 1994, para o nosso incônscio legislador, a eficácia executiva passa a ser, patologicamente, a "causa e o efeito" para que um documento revelador de um crédito possa ser um título executivo.

10.2 A criação desordenada pela lei de títulos executivos extrajudiciais

Agrupar itens, classificar objetos, organizar coisas sob um mesmo rótulo identificador é algo tão comum e importante que fazemos isso diariamente sem que sequer percebamos. Pode-se dizer, já me desculpando pelo excesso, que é um ato quase atribuível ao sistema nervoso parassimpático, tal como a respiração e os batimentos cardíacos. Aliás, não por acaso, existe uma ciência chamada *taxonomia* (*do grego antigo τάξις táxis, arranjo e nomia νομία, método*) que cuida das técnicas de classificação sistemática de coisas diferentes em categorias comuns.

Não há dúvida alguma que classificar e agrupar itens sob categorias comuns torna mais prática, mais simples, mais fácil, mais otimizada e operativa a nossa vida cotidiana. A organização da nossa rotina passa pelo exercício da taxonomia. Entretanto, é preciso ter em mente um alerta. É que muitas vezes os itens agregados numa mesma categoria não possuem uma afinidade substancial, senão apenas pela única característica que usamos para os aglutiná-los numa mesma categoria.

Neste passo é preciso perceber que o Código de Processo Civil, sob a rubrica "*títulos executivos extrajudiciais*", organizou e agrupou num só artigo (art. 784) um rol expletivo de documentos representativos de um ato ou fato jurídico que possuem aptidão para instaurar um processo de execução (eficácia executiva). Obviamente que tal atitude não foi propriamente uma inovação do CPC de 2015, pois em 1973 o então CPC vigente já tinha feito isso (art. 585), e também no CPC de 1939 (art. 298 que cuidava dos documentos com aptidão para dar início às ações executivas), e se voltarmos ainda mais no tempo veremos as ações decendiárias nas ordenações Filipinas, e por aí vai.

Todavia, a despeito de que todos os documentos ali listados no artigo 784 são "título executivos extrajudiciais", a grande verdade é que se resolvêssemos fazer uma análise minudente e comparativa entre os títulos ali descritos, e, mais propriamente, das suas origens, da sua substância, de como foram confeccionados etc., certamente veríamos que em inúmeros itens não seriam coincidentes a ponto de fazer com que fossem colocados na mesma vala comum, tal como estão.

Observe que não é o fato de serem todos eles taxados de *títulos executivos extra-judiciais* e terem *aptidão executiva* que os tornam idênticos entre si como se fossem farinha do mesmo saco. Não mesmo. Há diferenças substanciais, e, em alguns casos as *dessemelhanças* são muito maiores do que as *semelhanças* e, com sinceridade franciscana, talvez nem merecessem estar organizados na mesma categoria. É preciso ficar atento a isso porque estas diferenças entre os conteúdos dos títulos extrajudiciais certamente influenciarão o modo de ser e de se desenvolver (o conteúdo e o debate) dos embargos eventualmente opostos pelo executado. O novel inciso VIII do artigo 784 é a gota que fez derramar o copo, espalhando o problema da heterogeneidade dos títulos executivos extrajudiciais sob a perspectiva da bilateralidade, da autonomia da vontade e do efetivo contraditório de como são confeccionados.

Tomemos de análise uma comparação entre os incisos III e IX do artigo 784. Assim, tomando de exemplo situações jurídicas que já existiam no CPC revogado e que neste foram mantidas, diz o texto dos mencionados incisos que são títulos executivos extrajudiciais, respectivamente: "*o documento particular assinado pelo devedor e por 2 (duas) testemunhas*" e "*a certidão de dívida ativa da Fazenda Pública da União, dos Estados, do Distrito Federal e dos Municípios, correspondente aos créditos inscritos na forma da lei*".

Ora, ambos são documentos representativos de um ato/fato jurídico que, por sua vez, revelam a existência de um credor, de um devedor, de uma dívida e o seu objeto (ou seu quantum). Contudo, substancialmente, tais títulos contêm diferenças tão grandes, mas tão grandes, que, dependendo do critério eleito pelo código para agrupá-los, talvez nem devessem ficar num mesmo dispositivo.

Apenas por curiosidade, o rol de títulos executivos do art. 474 do Código de Processo Civil italiano é bem mais enxuto que o brasileiro, idem para o art. 703 do CPC português, e, diga-se de passagem, nem todos os países romanos germânicos atribuem aos títulos de crédito a mesma natureza de título executivo extrajudicial, reservando um procedimento especial para tais documentos. Neste particular o nosso Código se aproximou bastante da *Ley de Enjuiciamiento Civil* Espanhola (art. 517, o que não necessariamente deva ser criticado ou festejado.

Enfim, retornando à nossa comparação entre os incisos III e IX do artigo 784, imaginemos um documento particular que se encaixe na hipótese do inciso III e que tenha sido construído com intenso contraditório, ao longo de meses por meio de tratativas entre os advogados de credor e devedor, com discussões sobre todas as cláusulas ali previstas, e, que ao final tenha sido assinado por testemunhas presenciais indicadas por ambas as partes (e não aquelas *testemunhas de plantão* que nem sabem o que estão assinando). Pois é, a construção estruturante, paulatina e cooperativa, com o pleno contraditório e com a transparência das vontades expressadas nos documentos projetam-se em cada vírgula do título, de modo que, com todos os méritos, ele merece ter a tal "eficácia executiva".

É importante notar que a minudência e coparticipação na feitura do documento cria uma situação jurídica de tal densidade que tal situação acaba por esvaziar, significativa e naturalmente, as possibilidades de um dos transatores alegar, *a fortiori*, vícios de vontade na elaboração do documento ou de seu conteúdo.

Por outro lado, imaginemos agora o reverso da moeda, qual seja, a hipótese do inciso IX do artigo 784 que diz ser título executivo extrajudicial "*a certidão de dívida ativa da Fazenda Pública da União, dos Estados, do Distrito Federal e dos Municípios, correspondente aos créditos inscritos na forma da lei*".

Ora, *prima facie*, entendemos que não poderiam estar na mesma prateleira os títulos do inciso III e do inciso IX, até porque, para este último existe um procedimento especial previsto em lei extravagante (Lei 6.830) que não se aplica aos demais exequentes. Trata-se de um procedimento com francas vantagens processuais à toda poderosa fazenda pública, que, na teoria, as possui em *prol do interesse público...*

Contudo, é preciso ir além. A dessemelhança substancial entre os citados títulos executivos é ressaltada, inclusive, pelo fato de que enquanto o primeiro foi construído com contraditório entre os transatores, o segundo é quase sempre unilateral ou, quando muito, fruto de um processo administrativo marcado por um contraditório meramente ilustrativo (formal) e que é instaurado e julgado pelo próprio credor, ou seja, totalmente parcial.

Enfim, se a razão histórica de criação dos títulos executivos extrajudiciais é o fato de que alguns documentos reveladores de um crédito se apresentam como "quase verdade" então, definitivamente, os títulos do inciso IX estão muito longe disso; e também não se comparam os do inciso VIII e do inciso X com o do inciso IV, e, talvez não devessem estar na mesma prateleira.

Não é possível que esqueçamos que uma das significativas razões para se permitir uma tutela jurisdicional diferenciada (tutela evidente) lastreada em títulos extrajudiciais, com contraditório eventual e posterior provocado pelo devedor, é a *suposta cognição sumária existente em relação ao conteúdo do título*; enfim, uma presunção legal de que o ato/fato jurídico revelado no documento tem grandes possibilidades de ser exatamente como está nele *evidenciado*, permitindo que se inicie a execução antes mesmo da cognição judicial.

Exatamente por isso, pensamos, como dissemos alhures, não é o *efeito (executivo) que a lei empresta ao documento* que deveria ser o fator de agregação dos títulos, mas sim a *robustez da evidência do conteúdo nele revelado*. A *substância*, e, não o *efeito*, é que deveria justificar, com seriedade e cautela, a criação dos títulos executivos extrajudiciais. Bem, venhamos e convenhamos, se algum dia este foi o genuíno critério de criação dos títulos executivos extrajudiciais, outorgando a estes documentos a mesma eficácia executiva que antes era restrita aos títulos judiciais, então, esse dia já ficou no passado; já não existe mais.

Na verdade, no fundo no fundo, a criação legislativa desordenada de títulos executivos extrajudiciais, muitas vezes impulsionada por motivos políticos inaceitáveis e injustificáveis, impõe que saibamos que, embora estejam acomodados na vala comum do artigo 784, os documentos que ali estão arrolados, possuem, entre si, dessemelhanças *evidentes* acerca da presunção de verdade do que neles está contido. Aliás, a norma de encerramento contida no inciso XII, bastante comum inclusive em legislação alienígena, é claro ao dizer que serão títulos executivos extrajudiciais "todos os demais, que por disposição expressa, a lei atribuir força executiva". Logo, por mais incrível que possa parecer, ao longo do tempo, e, desde as minirreformas processuais de 1994, para o nosso incônscio legislador, a *eficácia executiva* passa a ser, patologicamente, a "causa e o efeito" para que um documento revelador de um crédito possa ser um título executivo.

A par do reconhecimento de que a construção da técnica processual da execução imediata lastreada em títulos executivos extrajudiciais é um método genial de se dar efetividade à tutela de um *direito evidente*, encurtando um longo caminho até a satisfação do direito, por outro lado, é preciso também reconhecer que nos últimos anos a criação *fordiana*, e muitas vezes irrefletida, de títulos executivos extrajudiciais acaba por vulgarizar o instituto e fazer com que o que ele tem de melhor seja banalizado.

Essa proliferação descuidada e incauta de títulos executivos extrajudiciais, implica, por outro lado, e de modo inversamente proporcional, a necessária valorização dos embargos do executado.

Portanto, se é para ser assim do jeito que está e para onde está rumando o artigo 784, inflacionado em relação ao revogado artigo 585, então, é melhor que cogitemos retornar às ações executivas de 1939 (um processo especial lastreado no que hoje é título extrajudicial), cujo procedimento tinha liminarmente uma penhora, e, logo depois vinha a contestação, seguindo-se o rito ordinário. Ainda, quem sabe seja melhor transformar o processo de execução em ação sumária com desfecho duplo (procedente ou improcedente) e reconhecendo os embargos à execução, de uma vez por todas, a natureza material e formal de mera defesa do executado.

10.3 Título executivo extrajudicial e eficácia abstrata

A eficácia abstrata é característica de qualquer título executivo, uma vez que permite a satisfação do direito nele revelado abstraindo as razões e legitimidade da sua existência, sendo absolutamente lógico que a "abstração" nos títulos executivos judiciais e menos do que a dos extrajudiciais tendo em vista que o primeiro formou-se após a atividade judicial cognitiva, enquanto que o segundo sem a presença do poder judiciário. Não por acaso são diferentes os limites da matéria que pode ser veiculada na oposição oferecida pelo executado (impugnação ao cumprimento de sentença ou embargos do executado). Nada obstante esta característica da abstração, ambos os títulos executivos possuem a eficácia "executiva", e, prova disso, é que as oposições ofertadas pelo executado são providas de efeito suspensivo *ex legge*.

Essa distinção entre (1) abstrair a situação de direito material após o transito em julgado da sentença exequenda (se pagou ou não pagou, se houve novação, se houve renuncia ao crédito etc.) e (2) abstrair todos aspectos de um título que não foi formado no poder judiciário, está também relacionada com o menor grau de vulnerabilidade do título judicial em relação ao extrajudicial. A eficácia executiva é atributo tanto do judicial quanto do extrajudicial[37], mas a *abstração* deste último, por razões lógicas e em alguns casos atreladas ao direito material (cambiais do art. 784, I) é naturalmente maior do que a dos judiciais.

10.4 Art. 784, I (cheque, nota promissória, letra de câmbio, duplicata e debênture)

Os institutos contidos no inc. I do art. 784 do CPC têm em comum o fato de que todos os títulos executivos extrajudiciais ali arrolados têm natureza de título de crédito, mas isso não significa em hipótese alguma que o rol ali é exemplificativo, e nem mesmo que todo e qualquer título de crédito será um título executivo.

Adotada a regra da tipicidade (reserva legal) do título executivo, é mister que tal atributo venha previsto em lei, e, com isso, pode-se inferir que, excluídos os títulos de crédito previstos no inc. I do art. 784, só serão títulos de crédito com força executiva se isso estiver expressamente previsto na lei, já que a executividade não é característica inerente dos títulos de crédito.[38]

É de se observar que num eventual contrato que tenha natureza de título executivo extrajudicial (art. 784, II) é possível que existam inúmeras notas promissórias vinculadas às prestações previstas no respectivo contrato. É corriqueiro dizer que existe um título mãe (contrato) e os títulos filhos (cada uma das promissórias). Pretendendo o titular do crédito executar em separado – a partir de cada vencimento – cada nota promissória em separado deverá fazê-lo respeitando a regra de distribuição por dependência ao mesmo juízo para o qual foi distribuída a primeira demanda executiva, nos termos do art. 55, § 2º, I, do CPC.[39] Caso não se cumpra a distribuição por depen-

---

37. O § 1.º do art. 784 do CPC, que faz questão de dizer que a propositura de qualquer ação relativa ao débito constante do título executivo, não inibe o credor de promover a execução. Ao executado caberá opor-se mediante embargos (processo de execução) ou pela impugnação (cumprimento de sentença).

38. São exemplos de títulos de crédito fora do rol do art. 585, I, do CPC de 1973: "certificado de depósito bancário" (Lei 4.728/1969), "ações de sociedade por ações" (Lei 6.404/1976); "letra hipotecária" (Lei 7.684/1988); cédula rural pignoratícia (Decreto-lei 167/1967); "certificado de investimento" (Resolução 145/1970 do Bacen); "cédula de crédito industrial" (Decreto-lei 413/1969) etc.

39. Art. 55. Reputam-se conexas 2 (duas) ou mais ações quando lhes for comum o pedido ou a causa de pedir.

§ 1º Os processos de ações conexas serão reunidos para decisão conjunta, salvo se um deles já houver sido sentenciado.

§ 2º Aplica-se o disposto no *caput*:

I – à execução de título extrajudicial e à ação de conhecimento relativa ao mesmo ato jurídico;

II – às execuções fundadas no mesmo título executivo.

dência deverão ser reunidas para o mesmo juízo prevento. O que não se admite é que execute ao mesmo tempo o título mãe e os títulos filhos, total ou parcialmente, sob pena de expressa violação das regras de boa-fé e cooperação processual num típico caso de litispendência total ou parcial dependendo da hipótese, devendo extinguir as demandas repetidas.

Para que cada título de crédito mencionado acima possa aparelhar uma execução de título o extrajudicial é necessário o cumprimento das exigências legais atinentes a cada um destes títulos.

10.5 Art. 784, II (escritura pública ou outro documento público assinado pelo devedor); art. 784, III (o documento particular assinado pelo devedor e por duas testemunhas); art. 784, IV (o instrumento de transação referendado pelo Ministério Público, pela Defensoria Pública, pela Advocacia Pública, pelos advogados dos transatores ou por conciliador ou mediador credenciado pelo tribunal)

As hipóteses descritas nesses incisos supramencionados ficavam aglutinadas no inc. II do art. 585 do CPC revogado, o que era muito criticado pela doutrina, tendo em vista o fato de que eram vários títulos executivos diferentes que ficavam sob a mesma rubrica. O CPC 2015 corrigiu isso e colocou cada hipótese em um inciso respectivo.

O inc. II cuida da eficácia executiva atribuída ao documento público assinado pelo devedor ou à escritura pública. Obviamente, tais documentos devem revelar uma prestação devida com todos os elementos precisos (quem deve, a quem se deve, se deve e quanto é devido).[40]

Já no inciso seguinte cuida de hipótese de documento particular assinado pelo devedor e por duas testemunhas. A diferença entre um inciso e outro reside no fato de que, no documento público, o reconhecimento da prestação líquida, certa e exigível requer apenas a autenticação do agente público, e, no particular, exige-se a assinatura de duas testemunhas, sendo dispensa da presença destas ao ato de formação do título executivo extrajudicial.[41]

---

40. É necessário que os ditos contratos representem obrigação líquida, certa e exigível, sob pena de não serem títulos executivos. É o que acontece com os contratos de abertura de crédito, que, por falta de liquidez no momento em que são celebrados, não são títulos executivos, conforme correta orientação do Superior Tribunal de Justiça (Súmula 233 do STJ). O valor lançado posteriormente pelo banco é unilateral e, como se disse, não é feito na data da celebração do negócio jurídico. O mesmo se diga em relação aos contratos de corretagem, aos quais falta liquidez no momento de sua celebração. A indicação da percentagem sobre o valor a ser vendido não é suficiente para preencher o requisito previsto no art. 586 do CPC.

41. "(...) 3. Segundo a jurisprudência deste Superior Tribunal de Justiça, "o documento particular, que não contenha a assinatura de duas testemunhas, não preenche os requisitos do art. 585, II, do CPC/73, desautorizando a utilização da via executiva para a cobrança do crédito nele inscrito" (AgInt no AREsp 1843911/SP, Rel. Ministro LUIS FELIPE SALOMÃO, QUARTA TURMA, julgado em 13/12/2021, DJe 15/12/2021). Incidência da Súmula 83 do STJ. Precedentes. 4. Agravo interno desprovido. (AgInt no AREsp n. 2.006.817/SP, relator Ministro Marco Buzzi, Quarta Turma, julgado em 23.5.2022, DJe de 30.5.2022.)

Assim, torna-se fácil e bastante acessível para o cidadão comum fazer contratos com eficácia executiva e, assim, dar um "salto qualitativo" na busca da tutela jurisdicional se e quando isso for preciso em relação ao dito contrato, já que poderá ingressar diretamente na via executiva. Às vezes por comodidade é comum que se coloque nos referidos documentos pessoas que possam ter algum grau de parentesco ou funcional com o credor ou devedor. Tal situação não tem o poder de macular a eficácia executiva do título extrajudicial porque tais pessoas são testemunhas do *instrumento* e não do conteúdo ali descrito.[42]

É de se observar que quando tais documentos passaram a ser realizados pela via eletrônica, o STJ deu interpretação diversa a este dispositivo, não exigindo a presença de duas testemunhas nos contratos eletrônicos constando a assinatura eletrônica do devedor, por considerar, que a autoridade certificadora da assinatura, de certa forma supriria tal exigência. Segundo o referido aresto:

> "1. Controvérsia acerca da condição de título executivo extrajudicial de contrato eletrônico de mútuo celebrado sem a assinatura de duas testemunhas.
>
> 2. O rol de títulos executivos extrajudiciais, previsto na legislação federal em "numerus clausus", deve ser interpretado restritivamente, em conformidade com a orientação tranquila da jurisprudência desta Corte Superior.
>
> 3. Possibilidade, no entanto, de excepcional reconhecimento da executividade de determinados títulos (contratos eletrônicos) quando atendidos especiais requisitos, em face da nova realidade comercial com o intenso intercâmbio de bens e serviços em sede virtual.
>
> 4. Nem o Código Civil, nem o Código de Processo Civil, inclusive o de 2015, mostraram-se permeáveis à realidade negocial vigente e, especialmente, à revolução tecnológica que tem sido vivida no que toca aos modernos meios de celebração de negócios, que deixaram de se servir unicamente do papel, passando a se consubstanciar em meio eletrônico. 5. A assinatura digital de contrato eletrônico tem a vocação de certificar, através de terceiro desinteressado (autoridade certificadora), que determinado usuário de certa assinatura a utilizara e, assim, está efetivamente a firmar o documento eletrônico e a garantir serem os mesmos os dados do documento assinado que estão a ser sigilosamente enviados.
>
> 6. Em face destes novos instrumentos de verificação de autenticidade e presencialidade do contratante, possível o reconhecimento da executividade dos contratos eletrônicos.
>
> 7. Caso concreto em que o executado sequer fora citado para responder a execução, oportunidade em que poderá suscitar a defesa que entenda pertinente, inclusive acerca da regularidade formal do documento eletrônico, seja em exceção de pré-executividade, seja em sede de embargos à execução.
>
> 8. RECURSO ESPECIAL PROVIDO.
>
> (REsp 1495920/DF, Rel. Ministro PAULO DE TARSO SANSEVERINO, TERCEIRA TURMA, julgado em 15/05/2018, DJe 07/06/2018)"

---

42. "(...). 1. A assinatura das testemunhas instrumentárias somente expressa a regularidade formal do instrumento particular, sendo que eventual irregularidade, nesse ponto, não enseja, por si só, a invalidade do contrato ou do documento. Precedentes. 2. Na hipótese, não se aventou nenhum vício de consentimento ou falsidade documental apta a abalar a higidez do título executivo, tendo-se, tão somente, arguido a circunstância de uma das testemunhas instrumentárias ter possível parentesco com o credor. 3. Agravo interno desprovido.
   (AgInt no REsp n. 1.608.498/RS, relator Ministro Raul Araújo, Quarta Turma, julgado em 6.3.2023, DJe de 27.3.2023.)

Com a sedimentação deste posicionamento e a mutação dos contratos escritos para os eletrônicos possuindo formas de certificação seguras e legalmente instituídas não tardou o surgimento do §4º do artigo 784:

§ 4º Nos títulos executivos constituídos ou atestados por meio eletrônico, é admitida qualquer modalidade de assinatura eletrônica prevista em lei, dispensada a assinatura de testemunhas quando sua integridade for conferida por provedor de assinatura.

A tendencia natural é a substituição do documento físico pelo eletrônico e a aplicação cotidiana do parágrafo citado acima.

Já o inc. IV cuida do *instrumento de transação referendado pelo Ministério Público, pela Defensoria Pública, pela Advocacia Pública, pelos advogados dos transatores ou por conciliador ou mediador credenciado pelo tribunal.*

Não obstante a continência desse inciso ao anterior – afinal de contas, qualquer documento particular assinado pelas partes e mais duas testemunhas que represente obrigação líquida, certa e exigível é título executivo –, é salutar, por outros motivos (culturais e políticos), destacar a importância do dispositivo.

São nas salas das Defensorias Públicas, ou no bojo dos inquéritos civis, ou ainda no acerto prévio promovido pelos advogados das partes, que se chega a inúmeros e importantíssimos casos de autocomposição, que, pelo novo CPC, tem sido tratado com a atenção necessária, inclusive colocando a mediação com um dos princípios modernos do processo civil.

A exigência do "referendo" a que alude o dispositivo é desnecessária, já que a generalidade do inciso anterior exige apenas que duas testemunhas assinem o documento particular para que este se torne título executivo extrajudicial.

10.6 Contratos garantidos por hipoteca, penhor, anticrese e caução (art. 784, V)

O inc. V do art. 784 arrola situações que possuem em comum o fato de serem formados pela via particular e convencional (contratual), independentemente dos requisitos exigidos pelo art. 784, II, do CPC. O inciso refere-se aos contratos garantidos por hipoteca, penhor, anticrese, caução real e fidejussória (garantias firmadas com o fim de assegurar ao credor o adimplemento do devedor na obrigação principal).

Segundo o art. 1.419 do CC, "nas dívidas garantidas por penhor, anticrese ou hipoteca, o bem dado em garantia fica sujeito, por vínculo real, ao cumprimento da obrigação".

Aí já está evidenciado que tais figuras são ajustes convencionados com o fim de garantir uma obrigação principal. Portanto, a origem desse ajuste é um direito obrigacional, e o fim dessa garantia é apertar esse ajuste, salvaguardando o credor do risco de inadimplemento do devedor.

Apenas para diminuir o risco de prejuízos decorrentes de um inadimplemento da obrigação principal, e, ainda, para apertar o dito vínculo, é que se fazem, no próprio instrumento principal, ou a ele apartado, os contratos de garantia real (de penhor, anticrese e hipoteca, nos quais o vínculo que une o titular da garantia e o bem, que é objeto, é de natureza real) ou fidejussória (fiança ou adesão solidária à dívida).

Assim, certamente a responsabilidade do devedor incide sobre toda a dívida decorrente da ação principal, e, por isso mesmo, quando, "excutido o penhor, ou executada a hipoteca, o produto não bastar para o pagamento da dívida e despesas judiciais, continuará o devedor obrigado pelo restante" (art. 1.430 do CC). Da mesma forma não é obrigado ao credor exigir apenas do devedor, se o contrato é garantido por caução fidejussória. A importância neste último caso é saber se a responsabilidade patrimonial do garantidor é subsidiária ou solidária ao do próprio devedor.

Destarte, como se vê, a dívida e a responsabilidade patrimonial recaem sobre pessoas diversas, ou seja, o garantidor que é titular do bem dado em penhor, anticrese ou hipoteca é apenas o responsável patrimonial (nos limites do valor do bem dado em garantia), mas não o devedor principal. Disso resulta que, em caso de inadimplemento, o devedor responde (art. 391 do CC) com o seu patrimônio e o responsável (que deu a garantia) com o bem, e apenas ele, dado em garantia, sendo certo que o garantidor pode opor-se à dívida para proteger o seu patrimônio que serve de garantia.

Assim, é até possível que o contrato principal e o acessório (garantia real) possam estar em documentos diversos, mas não é mais possível que o credor tenha título executivo contra o garantidor, mas não possua título executivo contra o devedor principal. Isso porque o título executivo é o *contrato* garantido por hipoteca, penhor, anticrese e caução. Assim, o próprio contrato principal que possua as referidas garantias é título executivo, caso ele já não esteja incluído no rol do art. 784 do CPC.

Nos casos de garantia real previstos no dispositivo, a penhora deverá recair, preferencialmente (não obrigatoriamente), sobre o bem que já foi afetado no plano material, qual seja, o bem dado em garantia. Repita-se o que já foi dito anteriormente, que, se a garantia real não cobrir toda a dívida, o exequente poderá executar o devedor para satisfazer o crédito restante.

Assim, nada impede, embora seja incomum, que o credor opte por executar o devedor, abrindo mão do bem dado em garantia. Lembre-se que esta foi feita em benefício do credor, não obrigando que dela se utilize, e no caso concreto mostra-se menos viável a execução hipotecária ou pignoratícia do que a excussão de bens outros do devedor.

Como o art. 784, V, não fez qualquer distinção entre os tipos de caução, entende-se que é título executivo extrajudicial tanto o contrato garantido por caução real quanto o pessoal (fiança)[43]. Embora ambas as modalidades de caução sejam garantidoras do contrato (título executivo), há sensível distinção entre uma e outra modalidade. Ambas as cauções são figuras destinadas a servir de garantia a uma obrigação principal;

---

43. CCB, Art. 818. Pelo contrato de fiança, uma pessoa garante satisfazer ao credor uma obrigação assumida pelo devedor, caso este não a cumpra.

todavia, na caução na modalidade real, a garantia se faz mediante a oferta de um bem que, sob vínculo real, fica afetado à responsabilidade patrimonial para o caso de não adimplemento da obrigação principal.

Já na caução fidejussória (fiança) a garantia gera um vínculo obrigacional, de forma que o garantidor submete todo o seu patrimônio, sem afetação específica, à garantia do adimplemento, podendo existir ou não, a depender do que disser o negócio jurídico, ser o fiador um responsável subsidiário ou solidário do devedor.[44] Tanto o contrato de fiança quanto a caução real podem ser totais ou parciais, para o caso de servirem de garantia de toda ou parte da execução.

10.7 Contrato de seguro de vida em caso de morte (art. 784, VI)

Segundo informa o art. 758 do CC, "pelo contrato de seguro, o segurador se obriga, mediante o pagamento do prêmio, a garantir interesse legítimo do segurado, relativo à pessoa ou coisa, contra riscos predeterminados". As regras substanciais do contrato de seguro, tais como conceitos, requisitos, modalidades, efeitos etc., estão previstas no CC, arts. 757 e ss., e aqui, por óbvio, não serão tratadas.

Deve-se dizer que o Código prevê expressamente como título executivo extrajudicial o contrato de seguro, e não propriamente a "apólice de seguro", que apenas serve ao contrato. Assim, a petição inicial que instaura a demanda executiva deve estar acompanhada do contrato de seguro, não sendo suficiente usar apenas a apólice.

Insta ainda observar que nos contratos de seguro de vida, por razões óbvias, o beneficiário é que será o credor da indenização a ser paga. O beneficiário deverá ter sido indicado pelo segurado quando este realizou a contratação.

Mantida pelo NCPC a regra estabelecida pela Lei 11.382/2006, excluíram-se do antigo inc. III do art. 585 os contratos de seguro de acidentes pessoais de que resulte a incapacidade. Nesse particular, tanto o texto revogado quanto o atual do art. 784, VI, do CPC procuraram simplificar a execução desses tipos de contrato.

Na prática, para que houvesse a execução de contratos de seguro contra acidentes pessoais de que resultasse incapacidade, em geral existia uma batalha prévia com enorme discussão subjetiva sobre a "ocorrência da incapacidade" do segurado. Optou-se, desde a Lei 11.382/2006, o que foi mantido pelo NCPC por deixar apenas a morte, cujo fato é objetivo, para evitar a polêmica de outrora. Facilidades à parte e benefícios às segura-

---

44. Art. 827. O fiador demandado pelo pagamento da dívida tem direito a exigir, até a contestação da lide, que sejam primeiro executados os bens do devedor.

Parágrafo único. O fiador que alegar o benefício de ordem, a que se refere este artigo, deve nomear bens do devedor, sitos no mesmo município, livres e desembargados, quantos bastem para solver o débito.

Art. 828. Não aproveita este benefício ao fiador:

I – se ele o renunciou expressamente;

II – se se obrigou como principal pagador, ou devedor solidário;

III – se o devedor for insolvente, ou falido.

CAPÍTULO V • TÍTULO EXECUTIVO **239**

doras de outro lado, o Código entra em descompasso com a política assistencialista e protetiva do incapaz, que é regra comum no Código Civil brasileiro,[45] como já alertara Rodrigo Mazzei em recente conclave sobre o tema.

10.8 Crédito decorrente de foro e laudêmio (art. 784, VII)

Conforme rezava o art. 678 do antigo CC, foro "é a pensão anual certa e invariável que o enfiteuta paga ao senhorio direto pelo direito de usar, gozar e dispor do imóvel objeto do direito real de enfiteuse". Já o art. 686 do antigo CC prescrevia que laudêmio é "a compensação que é devida ao senhorio direto pelo não uso do direito de preferência quando o enfiteuta aliena onerosamente o imóvel foreiro". Com o advento do novo CC/2002, não foram mantidos os institutos *supra* (foro e laudêmio), tal como determina a nova regra do art.2.038 do CC/2002, que expressamente prevê que as antigas enfiteuses e subenfiteuses ficam regidas pelas regras do CC revogado.

Segundo o art. 2.038 do CC: "Fica proibida a constituição de enfiteuses e subenfiteuses, subordinando-se as existentes, até a sua extinção, às disposições do Código Civil anterior, Lei 3.071, de 1.º de janeiro de 1916, e leis posteriores".

Já o instituto da "constituição de renda" (antes previsto no art. 585, III, do CPC de 1973, e simplesmente extinto do dispositivo com a nova redação que lhe deu a Lei 11.382/2006), que era regulamentado pelo art. 674 do CC/1916, correspondia ao produto da exploração do imóvel que tivesse sido objeto de direito real sobre coisa alheia.

Tal figura também foi extinta pelo atual CC, mas os contratos pendentes ainda são regidos pelo Código Civil anterior. Assim, os antigos contratos representativos de crédito oriundos de foro, laudêmio e constituição de renda, vigentes pelo CC/1916, são títulos executivos extrajudiciais.

Percebe-se a falta de sintonia entre o Código Civil atual, de 2002, e a reforma introduzida pela Lei 11.382/2006, e que neste particular foi mantida pelo NCPC, porque naquele houve a supressão dos institutos mencionados *supra*, mas mesmo assim, o CPC manteve a previsão de que são títulos executivos os foros e os laudêmios.

10.9 Crédito, documentalmente comprovado, decorrente de aluguel de imóvel, bem como encargos acessórios, tais como taxas e despesas de condomínio (art. 784, VIII)

O título executivo extrajudicial é o contrato escrito de locação, e os legitimados ativo e passivo à execução civil são, respectivamente, locador e locatário (devedor) e eventuais garantidores (fiador). Assim, os encargos condominiais que não forem pagos pelo locatário ao condomínio é que poderiam ser objeto de execução, além, é claro, do próprio aluguel do imóvel, se este não tiver sido pago também.

---

45. Fato alertado pelo notável Professor Rodrigo Mazzei em palestra proferida na Universidade Federal do Espírito Santo, antes da vigência da Lei 11.382/2006, em 29.11.2006.

10.10 A certidão de dívida ativa da Fazenda Pública da União, Estado, Distrito Federal, Território e Município, correspondente aos créditos inscritos na forma da lei

A execução fiscal é disciplinada pela Lei federal 6.830/1980. O CPC determina ser título executivo extrajudicial a "certidão de dívida ativa da Fazenda Pública da União, Estado, Distrito Federal, Território e Município, correspondente aos créditos inscritos na forma da lei". É interessante observar que esse título extrajudicial (art. 784, IX, do CPC) é o único formado sem a participação do devedor, mas, ao contrário, feita unilateralmente pelo credor, que é a Fazenda Pública. Mais uma das questionáveis "prerrogativas" da Fazenda Pública.

A certidão de dívida ativa conterá os mesmos elementos do termo de inscrição e será autenticada pela autoridade competente (art. 2.º, § 6.º, da Lei 6.830/1980). Por sua vez, o termo de inscrição deve conter: a) o nome do devedor, dos corresponsáveis e, sempre que conhecido, o domicílio ou residência de um e de outros; b) o valor originário da dívida, bem como o termo inicial e a forma de calcular os juros de mora e demais encargos previstos em lei ou contrato; c) a origem, a natureza e o fundamento legal ou contratual da dívida; d) a indicação, se for o caso, de estar a dívida sujeita à atualização monetária, bem como o respectivo fundamento legal e o termo inicial para cálculo; e) a data e o número da inscrição, no registro de dívida ativa; f) o número do processo administrativo ou do auto de infração, se neles estiver apurado o valor da dívida (art. 2.º,§ 5.º, da Lei 6.830/1980).

10.11 O crédito referente às contribuições ordinárias ou extraordinárias de condomínio edilício, previstas em Convenção de Condomínio ou aprovadas em Assembleia Geral, desde que documentalmente comprovadas (art. 784, X)

Esse título executivo põe uma pá de cal no assunto deixando claro que não só o locador, munido de contrato escrito (art. 784, VIII), possui título executivo extrajudicial para cobrança do locatário das contribuições ordinárias e extraordinárias de condomínio edilício, mas também o próprio condomínio poderá fazê-lo com base em documentos que comprovem que as referidas despesas estejam previstas em convenção de condomínio ou aprovadas em assembleia geral.

No CPC de 1973, previa o artigo 275, II, "B" a hipótese de procedimento sumário para obtenção de sentença condenatória cuja finalidade fosse a "cobrança ao condômino de quaisquer quantias devidas ao condomínio". O procedimento cognitivo prévio e obrigatório à formação do título criva uma série de situações insustentáveis de dívidas que acabam por onerar os demais condôminos. Pensando em maior agilidade criou-se o título executivo acima mencionado, mas é preciso que todos os documentos que legitimem a reunião condominial (quórum, edital de convocação, descrição do que será tratado, a regularidade da representação de quem não está presente etc.). Todos estes documentos devem estar presentes para que exista segurança jurídica sobre o que está revelado no título, até porque sabemos, a presença e o debate dos condôminos em reuniões condominiais é uma raridade. Assim, é preciso que as cobranças, se houver mais de uma rubrica devida pelo condômino, sejam tratadas de forma individualizadas e analisadas uma por uma. Também respondem pela dívida os proprietários mesmo que não estejam habitando o imóvel, dada a natureza da obrigação.

10.12 A certidão expedida por serventia notarial ou de registro, relativa a valores de emolumentos e demais despesas devidas pelos atos por ela praticados, fixados nas tabelas estabelecidas em lei

Esse título executivo inexistente no CPC anterior privilegia a fé pública dos serviços notariais relativamente a despesas que venham a ter em favor de terceiros, desde que tais valores estejam previstos em lei.

10.13 Títulos executivos previstos fora do Código de Processo Civil

Nos termos do artigo 784, XII do CPC, são títulos executivos extrajudiciais:

XII – todos os demais títulos aos quais, por disposição expressa, a lei atribuir força executiva.

Parece-nos significativamente forte e explicita a determinação do Poder Legislativo quando impõem que apenas a lei, por disposição expressa, poderia atribuir força executiva a determinado documento. A expressão "lei" e "por disposição expressa" revelam o princípio da reserva legal dos títulos executivos extrajudiciais, afastando, por exemplo, a incidência da clausula geral das convenções processuais do art. 190 do CPC. Conquanto esta seja uma regra geral aplicável a todo o Código, há, no dispositivo acima expressa restrição no sentido de que só a lei, por disposição expressa, poderia atribuir força executiva aos documentos extrajudiciais. Há nítida preocupação com a segurança jurídica com relação a preservação do patrimônio e da liberdade, uma vez que a força executiva do título é elemento legitimador de expropriação judicial. Por outro lado, diminui a intensidade da discussão quando se encontra no artigo 784, III, um tipo abstrato de título executivo extrajudicial que consegue absorver a grande parte das situações envolvendo o desejo das partes em criar um título executivo extrajudicial.

Conquanto se possa admitir um alargamento do conceito de "título executivo", para nele se incluírem, por exemplo, provimentos judiciais provisórios sem audiência da parte contrária (liminares), ainda continua resistindo a máxima da *nulla executio sine titulo*, ou seja, toda tutela executiva, autônoma ou não, precisa ser embasada em título executivo.

Partindo dessa premissa, que constitui uma garantia à legitimação da atuação do Estado na intervenção da propriedade e liberdade do Estado para atuar executivamente, o título executivo é também uma garantia para o próprio executado, que sabe que só terá o seu patrimônio atingido pelos atos executivos se contra si houver um título executivo nos limites que ele, título, impuser.

Já para o exequente o título executivo é um instrumento que torna hábil e adequada a tutela executiva. Assim, mais do que um instituto jurídico, o título executivo constitui um pressuposto político à tutela executiva.

Justamente por causa dessa importância exige-se que a criação dos títulos executivos extrajudiciais fique sujeita à reserva legal, ou seja, só podem ser criados por lei federal. Na verdade, a exigência não é do Código de Processo Civil, porque ela emana do art. 22, I, da CF/1988, no qual se lê a regra de que só a lei federal pode cuidar de direito processual em sentido estrito, se, nesse particular, o título executivo extrajudicial é exemplo disso.

Por outro lado, ainda que sujeita à reserva legal, critica-se a criação legislativa extravagante pela forma desenfreada e descontrolada como têm sido criados títulos executivos extrajudiciais.

Fora do CPC, são exemplos de títulos executivos extrajudiciais o contrato de honorários de advogado (art. 24 da Lei 8.906/1994); os créditos da previdência social (art. 39, § 3.º, da Lei 8.212/1991); os contratos de alienação fiduciária em garantia (Decreto-lei 911/1969, art. 5.º); as decisões dos Tribunais de Contas, art. 71, § 3.º, da CF/1988;[46] as decisões do CADE, arts. 60 e 53, § 4.º, da Lei 8.884/1994 e art. 93 da Lei 12.529/2011; os compromissos de ajustamento de conduta às exigências legais previstos no art. 5.º, § 6.º, da Lei 7.347/1985, entre outros.

11. ALGUMAS REFLEXÕES SOBRE O ART. 785 DO CPC (QUE PERMITE A PARTE BUSCAR A TUTELA COGNITIVA MESMO SENDO PORTADORA DE TÍTULO EXECUTIVO EXTRAJUDICIAL)

O art. 785 do CPC tem a seguinte redação:

"A existência de título executivo extrajudicial não impede a parte de optar pelo processo de conhecimento, a fim de obter título executivo judicial". Tal dispositivo não encontra correspondente no direito processual anterior nem em diploma alienígena.

---

46. Segundo o art. 71, § 3.º, da CF/1988: "as decisões do Tribunal de que resulte imputação de débito ou multa terão eficácia de título executivo". O Tribunal de Contas é órgão administrativo, e o processo que ali se forma é igualmente de índole administrativa. Apenas a decisão administrativa do Tribunal de Contas que tiver transitado em julgado no âmbito administrativo é que será título extrajudicial. Mas não é só isso. Somente a decisão administrativa que imponha débito ou multa é que terá a dita eficácia, excluindo-se qualquer outra referente à imposição de condutas de fazer ou não fazer ou devolução de bens que não sejam dinheiro. Por outro lado, a decisão absolutória do ordenador de despesas poderá ter a sua legalidade questionada em juízo, só que para afastá-la deverá a parte interessada, Ministério Público, por exemplo, requerer a anulação da decisão administrativa no processo jurisdicional. Não poderá, por exemplo, pedir a condenação de improbidade administrativa do ordenador de despesas sem antes requerer a anulação da decisão absolutória dessa mesma pessoa no Tribunal de Contas.

A proposição do art. 785 é daquelas que, ora provoca críticas, ora comentários que enxergam no dispositivo uma novidade atraente, onde se valorizaria o princípio da liberdade – disponibilidade do credor de decidir qual o procedimento que quer tomar para tutela de seu direito. A lei lhe facultaria o processo de execução imediatamente, mas por dúvida ou receio, ou segurança, optaria por seguir um processo cognitivo prévio para ter a segurança almejada.

É regra comezinha de direito processual, fruto de um princípio informativo lógico, de que ninguém vai em juízo buscar a tutela de seu direito se este não tiver sido nem lesado ou ameaçado. Socorre-se ao Poder Judiciário e ao processo porque, pelo menos em tese, alguém pretende tutelar uma pretensão resistida ou insatisfeita. Não por acaso o art. 17 diz que "para postular em juízo é necessário ter interesse e legitimidade", bem como o art. 786 determina que "a execução pode ser instaurada caso o devedor não satisfaça a obrigação certa, líquida e exigível consubstanciada em título executivo". Assim, aquele que se aventura a buscar uma tutela jurisdicional sem ter interesse, ou seja, sem que exista a necessidade dessa intervenção do Poder Judiciário ou que use a via processual absolutamente inadequada terá como resultado uma manifestação do Poder Judiciário dizendo exatamente que será extinto o processo pela falta do referido interesse (art. 485, VI).

O que se vê no art. 785 do CPC é uma contradição lógica, pois qual a razão para alguém, que é portador de um título executivo extrajudicial, optar pelo processo de conhecimento, a fim de obter título executivo judicial? Insegurança, medo, incerteza e por isso valeria do seu direito de optar pelo procedimento cognitivo?

O questionamento acima decorre do fato de que existem premissas que tornam absolutamente atípica a opção ventilada no referido dispositivo, a saber:

1. Pelo fato de ser portador de um título executivo extrajudicial, permite que seja dado início a um processo de execução contra o devedor, tendo mais rapidamente acesso aos atos de execução forçada, bem como ao exercício de atos que permitem evitar o desfalque patrimonial do responsável.

2. Se optar por um processo cognitivo, terá primeiro que obter, depois de longos anos de procedimento ordinário, um título judicial que lhe permita um *cumprimento* provisório ou definitivo de sentença, com o risco da improcedência e com ela a sucumbência.

3. Enquanto o contraditório do devedor no processo de execução é *eventual* e *posterior* ao início dos atos executivos, no cumprimento de sentença ele (o contraditório) é *necessário* e *anterior* aos atos de execução. Lá se vale dos embargos do executado que não tem *ex lege* o efeito suspensivo, e aqui só se inicia o cumprimento de sentença depois de revelado o direito exequendo e, normalmente, após o julgamento em dois graus de jurisdição, pois, via de regra, a apelação é dotada de efeito suspensivo.

4. O título executivo extrajudicial surgiu como uma técnica processual alternativa a necessária e prévia cognição judicial para formação do título; com isso valorizaria a economia processual, a duração razoável do processo e o respeito à vontade das partes na celebração de seus negócios jurídicos, atribuindo-lhes uma eficácia executiva que só era conferida pela sentença judicial.

5. O acertamento do direito poderia vir, caso o executado embargasse à execução, com a sentença de improcedência dos embargos.

Entretanto, mesmo diante dessas premissas lógicas, pode-se, num exercício mental, imaginar uma série de situações que, em tese, poderiam justificar um credor em seguir a orientação do art. 785 do CPC.

A *primeira situação* em que poderia o credor valer-se da regra do art. 785 do CPC seria para obter uma tutela provisória antecipada, sempre que tivesse diante de uma situação de urgência, servindo o título executivo extrajudicial como prova inequívoca do direito pleiteado. Contudo, a premissa é errada, porque, sendo portador de um título extrajudicial, se o credor estiver diante de uma situação de urgência, poderá, no curso ou antecipadamente ao próprio ajuizamento do processo de execução, requerer a providência antecipatória, sem que para isso precise estar diante de um processo cognitivo. Registre-se que o art. 799, VI, do CPC, ao tratar da petição inicial do processo de execução, prescreve que "incumbe ao exequente pleitear, se for o caso, medidas urgentes". E, bem se sabe, pelo art. 294, parágrafo único, que a "tutela provisória de urgência, cautelar ou antecipada, pode ser concedida em caráter antecedente ou incidental". Portanto, a *primeira situação* de utilização do art. 785 é injustificável.

A *segunda situação* em que poderia o credor valer-se da regra do art. 785 do CPC seria, por exemplo, porque há alguns direitos materiais que não encontram procedimento executivo específico, havendo uma verdadeira lacuna processual a respeito deles. Para driblar esse problema, poderia, em tese, praticar a opção do art. 785. Assim, por exemplo, se o credor for portador de um título executivo extrajudicial que contenha obrigação de não fazer, diante de uma ameaça ao seu direito, ele certamente não encontrará nos arts. 814 a 823 a técnica processual executiva adequada para esse desiderato. Nada obstante o legislador intitular a seção III "da obrigação de não fazer" e nela inserir o art. 822 que, em tese, seria para executar tal modalidade de obrigação revelada num título executivo, não é o que se tem no tal art. 822 que cuida da *tutela do desfazer*. Assim, atento a isso é que poderia imaginar a adoção do art. 785 do CPC. Contudo, o CPC foi muito claro ao estabelecer a simbiose entre o Livro I e o Livro II da Parte Especial do Código, como se observa nos arts. 513 e 769. Também aqui a atitude do credor seria absolutamente ilógica e incompreensível.

A *terceira situação* em que poderia o credor valer-se da regra do art. 785 do CPC seria porque se sente inseguro em relação aos requisitos da certeza, exigibilidade e liquidez da obrigação revelada no título, ou seja, tem dúvidas inclusive se o título do qual é portador é realmente *executivo*. Nem nessa hipótese é simples justificar a opção pelo procedimento cognitivo prévio autorizado pelo art. 785. Este dispositivo dá a entender que realmente o credor possa *optar*, o que não parece ser exatamente o exemplo dessa terceira situação em que o credor tem dúvida se o documento que possui é realmente um título executivo extrajudicial. Nesse caso, então, basta a sentença de improcedência do eventual embargo do executado para que tenha a confirmação de que o título executivo contém todos os elementos da obrigação que o tornam hábil a promover a execução. Ademais, registre-se que a *disponibilidade do processo de execução* é amplamente mais favorável do que a *disponibilidade da ação cognitiva*, pois o regime jurídico do art. 775 é amplamente mais favorável ao exequente do que o art. 485, VII, §§ 4.º e 5.º, em relação ao autor da ação. Portanto, nem aqui justificar-se-ia o art. 785 do CPC. É absolutamente injusta e inadequada qualquer relação de familiaridade de propósitos entre o art. 20

e o art. 785, simplesmente porque naquele artigo há, entre a sentença declaratória e a sentença condenatória, uma paridade jurídica que é o fato de que ambos os provimentos são obtidos por uma tutela cognitiva, e, após as recentes reformas, tanto uma sentença quanto a outra servem de título executivo judicial (art. 515, I, do CPC).

Uma *quarta situação* em que poderia o credor valer-se da regra do art. 785 do CPC seria um pouco absurda que consiste em adotar o procedimento cognitivo prévio para obter, com a ação de conhecimento, os 10% da multa do art. 523 do CPC. Mas nem aqui isso se justifica. Isso porque, se é verdade que esse percentual não existe na execução de título extrajudicial, por outro lado, é um tremendo risco para o credor, pois a multa de 10% só incide caso, *depois de iniciado o cumprimento de sentença*, o devedor não cumpra a sentença. Do contrário, se a cumprir no prazo de 15 dias, livra-se da multa e dos honorários advocatícios (art. 523, § 1.º), ao passo que, no processo de execução de título extrajudicial, se pagar o que deve nos três dias depois de citado (art. 827), ficará livre apenas de 50% dos honorários. Assim, também sob esse prisma surreal, não se justifica a escolha do art. 785 do CPC.

Poder-se-ia dizer que o processo de execução de um título executivo extrajudicial seria apenas um *procedimento especial* em favor daquele que possui um documento dotado desta eficácia, e, seria esta uma opção do titular do crédito, especialmente nas hipóteses em que ele tivesse dúvidas sobre o referido documento ser realmente ou não um título executivo. Esta parece ser o verdadeiro intuito do referido dispositivo que não fica imune de críticas redacionais. Na verdade o art. 785 é a contramão da normalidade, eficiência (art. 8º) e logicidade do que se espera de um processo judicial, e, em nosso sentir, de certa forma revela uma certa tendência do legislador de reconhecer que tem-se criado títulos executivos sem critérios mínimos de certeza e segurança da obrigação nele contida, e, por isso, a saída de optar pelo procedimento cognitivo prévio.

Capítulo VI
INADIMPLEMENTO E EXECUÇÃO CIVIL

1. CRISE DE ADIMPLEMENTO E EXECUÇÃO[1-2]

A palavra "inadimplemento", tão frequente na execução civil, está, etimologicamente, vinculada a "implere" que designa "completar, saciar, realizar", que quando precedida do prefixo de negação "in", já permite que se infira o seu preciso sentido. Inadimplir é não realizar, não completar, não saciar. E, portanto, inadimplir uma obrigação é não realizar uma obrigação, ou seja, é uma situação contrária, oposta àquilo que deveria prestar: o adimplemento.

Obviamente que, nem sonhando, as relações jurídicas obrigacionais envolvendo credor e devedor se resumem a este esquema mínimo, simples, simétrico e estático. Essa noção de obrigação serve apenas para explicar os principais direitos e deveres envolvendo os destacados sujeitos da referida relação jurídica.

Numa sociedade complexa e dinâmica, também a relação jurídica obrigacional e a teoria do adimplemento sofreram várias modificações trazendo à tona elementos laterais e anexos que lhe dão movimento e tessitura.

Longe de serem adversários polarizados em lados diferentes do vínculo obrigacional as partes principais da relação jurídica obrigacional possuem entre si muito mais do que o vínculo principal estabelecido, mas estão submetidos a uma série de deveres recíprocos secundários que giram em torno da relação jurídica principal e que devem ser cumpridos para que a prestação principal seja exitosa para as partes envolvidas.

---

1. Sobre o tema, ver Humberto Theodoro Júnior. *Curso de direito processual civil*. 36. ed. Rio de Janeiro: Forense, 2004. p. 79, Amílcar de Castro. *Comentários ao Código de Processo Civil*, 1963. t. I, v. X, p. 88; Francesco Carnelutti. *Sistema di diritto processuale civile*. Padova: Cedam. v. II, n. 541, p. 475; Araken de Assis. *Comentários ao Código de Processo Civil*. Rio de Janeiro: Forense, 1999. v. VI, p. 75; Cândido Rangel Dinamarco. *Execução civil*. 5. ed. São Paulo: Malheiros, 1997. p. 487; Teori Albino Zavascki. *Título executivo e liquidação*. São Paulo: RT, 1999. p. 89; José Carlos Barbosa Moreira. Execução sujeita a condição ou termo no processo civil brasileiro. *Temas de direito processual*: sexta série. São Paulo: Saraiva, 2001. p. 111 e ss.

2. Talvez fosse mais bem apelidada de crise de cooperação ou cumprimento, já que a palavra adimplemento está vinculada às relações jurídicas entre pessoas (obrigações ou dever legal), e, como se sabe, nem sempre é essa modalidade de situação jurídica subjetiva que fundamenta a tutela executiva. A execução de um direito real agredido é exemplo disso, pois, às vezes, a tutela executiva tem por base uma insatisfação decorrente de um direito potestativo. Por isso, deve-se ler a expressão "crise de adimplemento" com a devida extensão e amplitude para abraçar a proteção judicial executiva de "pretensões" fundadas em direitos potestativos, tal como se dá em uma execução real.

Além destes, há ainda o que se denomina de deveres laterais que são os comportamentos pautados pela boa-fé objetiva e que são essenciais para que se alcance o fim a que se destina toda e qualquer relação obrigacional. Não precisam estar previstos em contrato porque emanam do ordenamento jurídico e da necessidade de que a sociedade seja regida por comportamentos guiados pela boa-fé objetiva. Há ainda os que, enfim, reconhecem que na estrutura ou no "processo" dinâmico que marca a relação jurídica obrigacional há o poder e a sujeição patrimonial resultante do inadimplemento (previsto na norma secundária da obrigação).

Neste tema não há como não mencionar o trabalho ímpar de Judith Martins Costa que foi um divisor de águas na exposição e lapidação dos estudos de Clovis Couto e Silva.[3] Segundo ela: "Com efeito, da boa-fé nascem, mesmo na ausência de regra legal ou previsão contratual específica, os deveres, anexos, laterais ou instrumentais de consideração com o alter, de proteção, cuidado, previdência e segurança com a pessoa e os bens da contraparte; de colaboração para o correto adimplemento do contrato; de informação, aviso e aconselhamento; e os de omissão e segredo, os quais, enucleados na conclusão e desenvolvimento do contrato, situam-se, todavia, também nas fases pré e pós-contratual", consistindo, em suma, na adoção de "determinados comportamentos, impostos pela boa-fé em vista do fim do contrato [...] dada a relação de confiança que o contrato fundamenta, comportamentos variáveis com as circunstâncias concretas da contratação".[4]

De outra banda, parece claro que a teoria do inadimplemento não passou imune a tudo isso e houve, naturalmente, uma transposição da antiga dicotomia, ainda presente no CCB, de que o inadimplemento se bifurca no binômio mora e inadimplemento absoluto.

Da leitura do CCB observa-se claramente que o inadimplemento é uma situação jurídica de fato que caracteriza o incumprimento de uma obrigação ou um dever legal, é regulamentado pelos artigos 389-420 do CCB e pode ser classificado em "absoluto" ou "relativo" (mora).

Como o nome mesmo já diz o inadimplemento *absoluto* é assim chamado porque uma vez ocorrido ou a obrigação não pode mais ser cumprida, ou então mesmo que ela possa ser realizada, já não tem mais utilidade o seu cumprimento. Ao contrário, no inadimplemento *relativo*, ainda que com atraso é possível realizar a obrigação na forma específica, ainda que se cumule sanções pelo descumprimento no prazo e forma determinados pela lei ou contrato.

Na medida que hoje reconhecemos uma série de deveres secundários e deveres laterais recíprocos que devem ser prestados a todo tempo de existência da relação ju-

---

3. COUTO E SILVA, Clovis do. *A obrigação como processo*. São Paulo: José Bushatski, 1976, p. 16.
4. Judith Martins Costa. *O direito privado como um sistema em construção*. Disponível em: <http://www.egov. ufsc.br/portal/sites/default/files/r139-01.pdf>. Acesso em: 18.03.2019.

rídica obrigacional, dado o dinamismo que lhe é imanente, não será incomum surgir questionamentos e crises jurídicas envolvendo o descumprimento de deveres secundários, antes mesmo de ocorrer o inadimplemento da obrigação principal, nascendo a partir daí a noção de inadimplemento antecipado.

Como se observa o inadimplemento é o reverso do adimplemento, e, portanto, é um fenômeno que ocorre no direito material com reflexos no âmbito do processo. Podem se dar de modo absolutamente simplista e percebido facilmente quando um devedor não cumpre, por exemplo, a prestação principal do contrato, mas também pode acontecer em relação ao não cumprimento das obrigações secundárias que giram em torno da prestação principal e que inclusive podem se colocar como necessárias aquelas. Podem ainda derivar de comportamentos que violam os deveres laterais pautados pela boa-fé objetiva como dissemos alhures.[5]

Assim, sempre que não houver o cumprimento espontâneo da obrigação ou do dever legal nascido de uma relação jurídica entre dois sujeitos, ou quando não houver cooperação (positiva ou negativa) de um sujeito decorrente de uma sujeição a um respectivo direito potestativo, nascerá, nesses dois casos, para o titular do sujeito ativo, um direito à obtenção da satisfação, *in concreto*, do direito que ele possui. Para essa modalidade de conflitos de interesses, à qual se dá o nome de "crise de adimplemento", o ordenamento jurídico oferece como métodos adequados para debelar a crise as seguintes ferramentas processuais:

1. Uma etapa ou fase ou módulo processual executivo (que o CPC denomina de cumprimento de sentença) e um processo de execução autônomo;

2. Um procedimento especializado (típico ou atípico), cujas peculiaridades levam em consideração o tipo de direito exequendo; e

3. Provimentos executivos instrumentais e finais que visam alcançar o resultado pretendido (medidas de coerção ou sub-rogação), também típicas ou atípicas, que são impostos contra o executado mesmo contra a sua vontade.

2. CRISE DE ADIMPLEMENTO: A MORA E O "INADIMPLEMENTO"

Não há correspondência ou consenso entre o conceito legal e o doutrinário (civilista) do vocábulo "inadimplemento". Para a doutrina, o inadimplemento e a mora constituem situações jurídicas distintas. Afirma-se que o inadimplemento corresponde sempre a um Estado jurídico resultante do descumprimento da obrigação ou do dever

---

5. O "pagamento voluntário", expressão que tipifica a situação jurídica do artigo 523, §1º, bem como o "integral pagamento" do artigo 827, § 1º ou o "pagar a dívida" do artigo 829, caput não corresponde ao conceito *material* de inadimplemento. Este "não pagamento" revela uma dupla ou tripla recalcitrância do devedor, a depender se se trata de título executivo extrajudicial ou judicial respectivamente. No extrajudicial *inadimpliu* e uma vez citado não pagou espontaneamente no prazo de 3 dias. No judicial *inadimpliu* a obrigação, e, posteriormente deixou de cumprir o comando da sentença, bem como, posteriormente, o pagamento voluntário do artigo 523, § 1º.

legal, que acarreta uma situação de impossibilidade ou inutilidade da realização da prestação antes devida. Já a mora corresponde sempre a um atraso no cumprimento da prestação devida, mas que não afasta a realização da mesma – que ainda se mostra útil ou passível de ser realizada. Vê-se, assim, que, para os civilistas, o inadimplemento e a mora são situações jurídicas distintas derivadas do não adimplemento da obrigação ou dever não prestado.

Contudo, sob a perspectiva do direito objetivo (CPC e CC), e para fins da tutela executiva, tem-se que o inadimplemento corresponde ao não cumprimento da prestação devida revelada (reconhecida) no título executivo judicial ou extrajudicial, de forma que a tutela executiva presta-se para alcançar tanto o mesmo resultado originalmente esperado (nos casos de mora) quanto a tutela das perdas e danos decorrentes da impossibilidade ou inutilidade da prestação originariamente descumprida (inadimplemento em sentido estrito).

Pela redação do *caput* do art. 786 do CPC, tem-se como inadimplente caso o devedor "não satisfaça a obrigação certa, líquida e exigível, consubstanciada em título executivo". Importante que fique claro que não basta o "incumprimento da prestação", mas que esta prestação esteja estampada num título executivo, seja judicial, seja extrajudicial. Estar estampada em um título executivo não diz nada sobre o momento em que aconteceu o incumprimento da prestação nele revelada. Assim, por exemplo, se na sentença condenatória revela-se um dever ou obrigação inadimplida, tanto que há uma condenação a ser cumprida pelo vencido (art. 515, I), já nos contratos particulares com eficácia executiva (art. 784, III) o título é formado antes do incumprimento da prestação nele revelada.

Interessante notar que quando alguém deixa de cumprir a prestação no prazo assinalado pelo artigo 523 do CPC é porque, na verdade, mantem um estado de inadimplência que nasce antes do processo cognitivo formador da sentença condenatória, permanece após a sentença condenatória não cumprida voluntariamente, e, continua latente quando deixa de cumprir a exortação do artigo 523, caput do CPC. Embora seja comum falar em "triplo inadimplemento" considerando os momentos em que o devedor teve a oportunidade de cumprir a obrigação, na verdade é apenas a manutenção de um estado de inadimplência que, neste exemplo, primeiro aconteceu no plano material antes do processo cognitivo e que por isso mesmo motivou a propositura da demanda condenatória. O mesmo inadimplemento que se o autor afirma existir para dar início a demanda condenatória, e, é também aquele que motiva o início do cumprimento de sentença, agravado, justamente, porque há uma sentença que reconheceu o dever de cumprir.

Prosseguindo, o CPC de 2015 manteve a regra de que o inadimplemento é requisito prático para promover a execução, e também de enunciar o momento em que ele se dá, ou seja, quando não é satisfeita a obrigação contida no título executivo. Como veremos oportunamente, o inadimplemento é requisito (causa de pedir) para promover o processo de execução e também o cumprimento de sentença.

3. INADIMPLEMENTO COMO REQUISITO NECESSÁRIO DA TUTELA EXECUTIVA (ART. 786 DO CPC E ART. 523, § 1º)

Já explicitamos anteriormente o sentido que deve ser emprestado ao conceito de inadimplemento quando o CPC afirma que ele (o inadimplemento) é requisito necessário para realizar qualquer execução (art. 786).[6]

Se o inadimplemento é uma situação de fato resultante de um ato comissivo ou omissivo do devedor, ele (o inadimplemento) não faz parte do título executivo, sendo, pois, algo extrínseco a ele.[7]

E por ser algo extrínseco ao título executivo, este não faz prova de que isso aconteceu, e, portanto, o inadimplemento não poderia ser um requisito ou pressuposto para a instauração ou desenvolvimento da tutela executiva.

Ora, se a demonstração – e não apenas a afirmação – do inadimplemento fosse realmente um requisito necessário para a instauração e desenvolvimento da tutela executiva, tal exigência entraria em contradição lógica com a eficácia "abstrata" imanente ao título executivo. E, se fosse necessário demonstrar o inadimplemento para propositura e atuação executiva, não haveria a denominada eficácia abstrata do título, que ficaria condicionada à existência da situação do inadimplemento.

Assim, por isso, quando se fala que o inadimplemento é um requisito necessário para a obtenção da tutela executiva, o que se quer dizer é que o exequente deve sustentar (afirmar, aduzir, alegar) em sua petição (processo autônomo) ou em seu requerimento inicial (cumprimento de sentença) que não ocorreu o adimplemento, que sua pretensão está insatisfeita, e, por isso, é "necessária" a tutela jurisdicional executiva para trazer-lhe a satisfação pretendida.

Sob os olhos do exequente, portanto, a tutela executiva deve ser instaurada com a presença do título executivo e com a afirmação de que a sua pretensão está insatisfeita (situação jurídica de inadimplemento causada pelo executado). Colhe-se dos arts. 525, §1º, VII combinado com o art. 917, VI que é ônus do executado arguir e demonstrar

---

6. A influência do sistema italiano no CPC é o causador dessa "ginástica interpretativa" do conceito de "inadimplemento", além, é claro, da necessidade de ver o problema com os olhos da evolução dos tempos e da própria ciência processual, que só recentemente tem sistematizado a tutela jurisdicional executiva. Assim, voltando às influências italianas, a verdade é que exigir o "inadimplemento" como requisito prático da tutela executiva naquele sistema faz sentido, porque a execução é precedida de ato (*precetto* e *notificazione*) que prenuncia a propositura da execução. Caso não exista oposição pelo devedor (*opposizione all'esecuzione*), tendo passado *in albis* o referido prazo, estará comprovado o "inadimplemento" como pressuposto fático para a promoção da execução. Aqui no Brasil não existe essa simetria com o modelo italiano, mas fica claro, tanto no cumprimento de sentença quanto no processo de execução, que o inadimplemento é pressuposto prático da execução. Só fazendo uma interpretação como a que foi dita (que o credor afirme em seu requerimento ou em sua petição inicial a ocorrência de uma pretensão insatisfeita) para se considerar preenchido o referido requisito do art. 786 do CPC.

7. Tanto é que a sentença declaratória da obrigação é título executivo, mas que só poderá dar início à execução quando se verificar o inadimplemento no plano material.

que não houve o inadimplemento da obrigação revelada no título executivo tal como afirmado pelo exequente.

Ainda em relação ao cumprimento judicial da obrigação não pode ser olvidado o fato de que o legislador pecou pela falta de sistematização em relação ao prazo para adimplir nas diversas modalidades de execução, muito embora, a rigor, este inadimplemento processual não seja correspondente ao material. Assim, por exemplo, quando alguém inicia a tutela executiva lastreada em um título extrajudicial e o juiz fixa um prazo para o executado cumprir a prestação devida, parte-se da premissa de que *inadimplemento material já existe*, sem o qual nem faria sentido iniciar uma execução. O não cumprimento da prestação no prazo judicial não cria um inadimplemento, mas sim mantém de um estado de inadimplência existente.

Essa heterogeneidade do regime jurídico dos prazos processuais para cumprimento da prestação já inadimplida se vê, por exemplo, no art. 806, que trata do processo de execução para entrega de coisa certa, o legislador menciona que o devedor será citado para, em 15 (quinze) dias, satisfazer a obrigação.

Já no art. 815, que trata do processo de execução da obrigação de fazer, o legislador fala que "o executado será citado para satisfazê-la no prazo que o juiz lhe designar, se outro não estiver determinado no título executivo".

Por sua vez, tratando-se de processo de execução para pagamento de quantia o legislador fala no art. 829 que executado será citado para pagar a dívida no prazo de 3 (três) dias, contado da citação.

Destarte, inexplicavelmente, tratando-se de cumprimento de sentença (título executivo judicial) para pagamento de quantia o legislador fixa o prazo de 15 dias nos termos do art. 523, § 1º, deixando claro que nenhuma consequência haverá para o devedor condenado que não cumprir espontaneamente a sentença condenatória senão após iniciado o cumprimento de sentença e no prazo fixado no dispositivo.[8]

Em nosso sentir, respeitado eventual prazo contido na obrigação existente no título executivo extrajudicial, deveria o legislador ter unificado o prazo para o adimplemento processual, pois, tomando como exemplo as obrigações para pagamento de quantia, não há razão que um seja de três dias, outro seja de 15 e outro seja o que o juiz assinar se não estiver previsto no título.

A falta de sistematização torna-se ainda mais grave, como dito anteriormente, quando se compara prazos para adimplemento da mesma espécie obrigacional que seja objeto de cumprimento de sentença e de processo de execução, como, por exemplo, a hipótese dos arts. 523 e 829 (ambos para pagamento de quantia), na qual os prazos são respectivamente de 15 dias e de três dias.

---

8. Até o protesto da sentença é realizado após o referido prazo, nos termos do art. 517 do CPC.

A rigor, melhor seria se o prazo processual para efetuar o cumprimento fosse sempre estabelecido pelo juiz, antes as circunstâncias do caso concreto, desde que outro não constasse no título executivo.

4. INADIMPLEMENTO E EXIGIBILIDADE

Já dissemos que o título executivo é o documento que representa uma obrigação de fazer ou de dar (quantia ou coisa). Têm-se aí, nesse conceito, os aspectos "extrínseco" e o "intrínseco" do título executivo.

Também já vimos que no referido documento devem estar identificados os aspectos objetivos e subjetivos da obrigação, sem o que não se torna viabilizada a execução. Saber quem é o sujeito ativo (a quem se deve); o sujeito passivo (quem deve/responde); a existência do direito (se é devido); e o que é devido (objeto ou o *quantum*) é necessário para que se possa iniciar a execução.

Feitas essas considerações, fica fácil perceber que a exigibilidade e o inadimplemento não têm o mesmo DNA. Enquanto a exigibilidade está atrelada aos elementos do "crédito", o inadimplemento não faz parte dele. Mais que isso, a exigibilidade existe independentemente do inadimplemento, sendo lógica e cronologicamente anterior a ele. Destarte, o inadimplemento é uma situação de fato extrínseca ao título, não representada por ele, que consiste no não cumprimento do direito declarado no título.

Na verdade, o inadimplemento é o oposto do adimplemento; é o que gerou a crise que motiva a tutela executiva e que deixa o "credor" com uma pretensão insatisfeita que necessita ser debelada pelo Poder Judiciário.

Por outro lado, a "exigibilidade" é uma situação jurídica que qualifica o próprio direito (crédito) que se adquire quando são superados os fatos que impediam o exercício do direito. Alcança-se, pois, uma situação de exigibilidade do direito (seu exercício) quando se ultrapassam as condições (termo, vencimento, condição etc.) que impediam o seu exercício. Assim, *v.g.*, um título de crédito com vencimento para determinada data só é exigível se e quando for ultrapassado o dito momento.

Assim, a exigibilidade corresponde a um aspecto intrínseco ao próprio crédito e que deve estar estampado no título executivo, permitindo, inclusive, a sua verificação de ofício pelo magistrado. Já o não adimplemento, simplesmente alegado pelo exequente, é situação jurídica extrínseca ao título e sempre posterior à exigibilidade, obviamente, mas cuja prova *in concreto* depende de provocação do executado por intermédio de oposição do executado. Portanto, o fato de a dívida ser exigível não gera nenhuma conclusão acerca do não adimplemento; já o inadimplemento pressupõe uma dívida exigível.

O CPC de 2015 manteve a confusão antes existente no CPC de 1973, pois, ao tratar dos "requisitos necessários para realizar qualquer execução", o título que atribuiu ao Capítulo IV do Livro II da Parte Especial distribuiu os tais requisitos em duas seções: a seção I, que trata do título executivo, e a seção II, que cuida da "exigibilidade da obrigação". E a "confusão mantida" decorre do fato de que o art. 786 que encabeça a Seção II dispõe, na verdade, sobre o inadimplemento do devedor, e não da exigibilidade propriamente dita. Além disso, a exigibilidade, como requisito necessário da execução, assim como o são a liquidez e a certeza da obrigação, já devem estar estampadas no título executivo.

5. EXIGIBILIDADE E CONTRAPRESTAÇÃO NOS CONTRATOS BILATERAIS

Todo contrato é, por si só, um ato bilateral, porque apresenta um conteúdo mínimo envolvendo duas pessoas, um vínculo e um objeto. No entanto, é classificado como "unilateral" ou "bilateral" se não estabelece ou se estabelece, respectivamente, obrigações recíprocas.

Por isso, contratos que possuem obrigações recíprocas entre as partes são denominados contratos bilaterais, tal como a compra e venda, em que o ajuste impõe ao vendedor a obrigação de entrega da coisa e ao comprador, o pagamento do preço. Assim, verifica-se que, nesses tipos de contratos de obrigações recíprocas (sinalagmáticos), cada uma das partes é ao mesmo tempo credora e devedora da respectiva obrigação recíproca, de forma que o dever de prestar a obrigação de uma das partes nasce exatamente da prestação a ser cumprida pela outra parte.

Por isso, diz-se que o vendedor só entrega a coisa porque recebe o preço, e vice-versa. No CC, os contratos sinalagmáticos vêm previstos no art. 476, que assevera que "nos contratos bilaterais nenhum dos contratantes, antes de cumprida a sua obrigação, pode exigir o implemento do outro".

Partindo da premissa determinada pelo art. 476 do CC, e atento a eventuais problemas *in executivis* envolvendo a execução de obrigações sinalagmáticas, o CPC dispõe, no art. 787, que:

> Art. 787. Se o devedor não for obrigado a satisfazer sua prestação senão mediante a contraprestação do credor, este deverá provar que a adimpliu ao requerer a execução, sob pena de extinção do processo.
>
> Parágrafo único. O executado poderá eximir-se da obrigação, depositando em juízo a prestação ou a coisa, caso em que o juiz não permitirá que o credor a receba sem cumprir a contraprestação que lhe tocar.

O citado dispositivo do CPC pretende dizer a mesma coisa que dispôs o art. 476 do CC, porém não conseguiu ser tão claro quanto o texto civil, cuja redação foi repetida do art. 1.092 do CC de 1916.

Como bem estabeleceu o texto civil (art. 476), o problema de reclamar a prestação de uma parte sem ter se desincumbido da sua diz respeito à "exigibilidade da prestação" (como corretamente enuncia o título da Seção II do Capítulo IV), ou seja, não poderá ser exigida uma prestação pelo exequente se ele mesmo não cumpriu a sua parte, ou seja, não se desincumbiu da contraprestação, que é o que pretende dizer o art. 787 do CPC.

Com isso, o exequente só poderá "exigir" a prestação que lhe é devida se tiver cumprido a prestação que lhe toca. Tanto isso é verdade que o art. 798, I, *d*, do CPC determina que o exequente, ao propor a execução forçada, tem o ônus de provar, "*se for o caso, de que adimpliu a contraprestação que lhe corresponde ou que lhe assegura o cumprimento, se o executado não for obrigado a satisfazer a sua prestação senão mediante a contraprestação do exequente*", tudo sob pena de indeferimento da petição inicial, nos termos do art. 801 do CPC.

Portanto, a prova da contraprestação é documento essencial para desenvolvimento válido e regular da execução.

Observe-se que, se o exequente promove a execução sem ter feito essa prova ou sem ter cumprido a prestação que lhe toca, fica em uma posição de não poder exigir a prestação do executado (inexigibilidade da obrigação contida no título), e, por isso mesmo, carece de interesse-necessidade da tutela executiva.

Trata-se de matéria de ordem pública, não precluível. Em resposta à petição do exequente – caso ela não seja de plano indeferida pelo magistrado –, o executado poderá arguir a *exceptio non adimplenti contractus*,[9] e o CPC permite que a sua arguição, em geral, seja feita mediante a oposição do executado impugnação (arts. 525, III, ou 917, I, do CPC).[10]

6. EXIGIBILIDADE E OBRIGAÇÕES SUJEITAS À CONDIÇÃO OU TERMO

A redação dos arts. 514,[11] 798, I, *c*, e 803, III, do CPC determina mais um caso interessante acerca da exigibilidade da prestação, cujo efeito é determinante para a tutela executiva. Lembre-se, contudo, de, embora o dispositivo dê margem ao entendimento de que as obrigações sujeitas a condição ou termo sejam representadas apenas por título judicial, a premissa é falsa, admitindo-se também a sua ocorrência em títulos extrajudiciais.

A simples observação do texto supracitado permite enxergar, sem maiores dificuldades, que se está cuidando das relações jurídicas que só podem ser exigidas depois de ocorrida determinada condição ou termo. Trata-se das relações jurídicas que no plano do direito material são condicionais, ou seja, existem determinadas relações jurídicas que são confeccionadas para produzirem efeitos depois de ocorrido um determinado evento futuro, que inclusive pode não vir a ocorrer. Tais relações ficam em um estado

---

9. "A *exceptio non adimplenti contractus* paralisa a ação do autor ante a alegação do réu de não haver recebido a contraprestação devida; não se debate o mérito do direito arguido, nem o excipiente nega a obrigação; apenas contesta a sua exigibilidade, em face de não haver o *exceptio* adimplido o contrato" (Sílvio Rodrigues. *Direito civil*. 19. ed. Rio de Janeiro: Forense, 1990. v. III).

10. Por mais paradoxal que isso possa parecer, a verdade é que o fato de o executado, verdadeiramente, ter ou não ter cumprido a sua obrigação (inadimplemento), tampouco o exequente, efetivamente, ter cumprido a sua parte, isso não impede que seja manejada a execução. É que basta a mera demonstração ("prova") da realização da contraprestação preenche o requisito da exigibilidade, muito embora possa ser questionada pelo executado a realização *in concreto* da contraprestação. Perceba-se que aqui é ainda mais tênue o liame entre a exigibilidade e o adimplemento. A efetiva realização da prestação diz respeito ao adimplemento, que o executado irá questionar mediante exceção de contrato não cumprido.

11. Art. 514. Quando o juiz decidir relação jurídica sujeita a condição ou termo, o cumprimento da sentença dependerá de demonstração de que se realizou a condição ou de que ocorreu o termo.

de dormência, aguardando a ocorrência dessa condição ou termo para que possam ser exigidas pelo seu titular ativo. Antes desse termo, não há inadimplemento, e por isso não há possibilidade de se exigir o cumprimento da prestação que permanece sob condição. O direito que ainda depende de uma condição é um *direito expectado* que pode ser tutelado apenas nesta condição, como por exemplo o reconhecimento judicial da própria obrigação sujeita a condição.

No CC, o art. 121 considera condição "a cláusula que, derivando exclusivamente da vontade das partes, subordina o efeito do negócio jurídico a evento futuro e incerto". Assim, a melhor doutrina separa a condição como o evento futuro e incerto, portanto imprevisível de acontecer, enquanto o termo seria o evento futuro e certo de acontecer, ainda que não se saiba precisar quando acontecerá.

Existem, pois, relações jurídicas que subordinam seus efeitos à ocorrência de determinada condição (ou termo). Assim, por exemplo, a empresa que se compromete a adquirir determinado maquinário de outra empresa, caso ela vença os certames licitatórios do qual está participando. Vencer ou não vencer a licitação é, no momento do contrato, um evento futuro e incerto, que pode ou não ocorrer. Assim, a empresa só poderá ser compelida a adquirir o maquinário se e quando sair vitoriosa do tal certame licitatório. Enquanto tal condição não acontecer, não será exigível essa prestação porque esta é uma eficácia subordinada à ocorrência do referido evento. Conectado à exigibilidade, tal requisito está ligado ao interesse de agir na execução, ou seja, se inexigível a prestação porque não ocorreu a condição ou termo, então se tem aí a ausência da necessidade da tutela jurisdicional executiva.

Assim, se o dito contrato é um título executivo extrajudicial,[12] a ação de execução só poderá ser proposta se com a petição inicial o exequente fizer prova de que aconteceu o termo ou condição a que estava subordinada a obrigação, nos termos exatos do art. 514 do CPC. Por outro lado, tratando-se de "título executivo judicial",[13] uma de duas, ou a condição já se operou e a execução se opera normalmente, ou então a sentença apenas reconheceu a existência de uma relação jurídica condicional, de forma que a execução da prestação subordinada ao termo ou condição só poderá ser iniciada quando eles ocorrerem.

---

12. Se dito contrato não é um título executivo, o contratante terá de promover demanda cognitiva para obter um provimento que imponha uma condenação para o futuro, ou melhor, que declare a existência do crédito e, além disso, impõe uma exigibilidade potencial, que por isso mesmo retira essa sentença da classe das exclusivamente declarativas. Há mais do que simples declaração, porque há a imposição de cumprir a prestação tão logo ocorra a condição ou termo, tornando a prestação exigível a partir desse momento. Aliás, com a nova regra do art. 515, I, que permitiu que sentenças declaratórias tenham eficácia executiva, o problema da natureza da sentença do art. 514 parece em grande parte resolvido.

13. Não se confunde sentença condicional com a sentença que decida uma relação jurídica condicional. A primeira é nula de pleno direito porque vincula seus efeitos à ocorrência de determinado evento (*v.g.*, o efeito condenatório depende da ocorrência de um evento). A segunda é perfeitamente válida porque nada mais faz do que revelar aquilo que já existe no plano do direito material. Decide sobre uma relação jurídica condicional existente no plano do direito material.

Por se tratar de matéria de ordem pública, sendo, pois, um requisito do interesse de agir na busca da tutela executiva, a demonstração da ocorrência da condição ou termo para a obtenção da tutela executiva poderá (deverá) ser analisada de ofício pelo magistrado, que deverá indeferir o requerimento inicial da execução caso tal requisito não esteja presente (art. 514 do CPC). Destarte, o executado poderá arguir em defesa (impugnação ou embargos) dessa matéria a qualquer tempo, pois, como se disse, está atrelada ao interesse de agir na execução. Não será incomum, contudo, que esta situação dependa de instrução probatória.

Capítulo VII
A RELAÇÃO PROCESSUAL EXECUTIVA

1. CONSIDERAÇÕES PRELIMINARES

A derrocada do Estado liberal lançou ao chão diversos dogmas que dele eram projetados no direito processual civil. Um deles, sem dúvida – e talvez o mais importante –, do qual têm partido tantas e tantas inovações no campo do processo civil, foi a recolocação do processo no seu papel de "instrumento" destinado a dar resultados justos, inclusive, e principalmente, por meio de soluções não adjudicadas.

Desse ponto de partida – "do direito público subjetivo à justiça e dever do Estado de prestá-la integralmente" – vários outros pontos de destaque têm sido revisitados, tais como a atuação do juiz, o regime das nulidades processuais, a ampliação do autorregramento da vontade no processo, o sistema de precedentes, o regime jurídico das provas, a coisa julgada e as estabilidades do processo, a tipicidade/atipicidade dos meios executivos, o juiz natural e a competência adequada etc. Aqui neste tópico nos interessa mais diretamente as mudanças envolvendo a tutela executiva, e, mais especialmente ainda a relação processual executiva.

Um dos aspectos revisitados pela mudança de paradigma do Estado liberal para o Estado social e pela influência dos direitos fundamentais constitucionais no processo, e que aqui nos interessa de perto, foi a releitura do princípio da instrumentalidade das formas, em que a nova postura introduzida exige que este seja aplicado mediante uma regra objetiva de simplificação do processo e do procedimento visando à obtenção do acesso à ordem jurídica justa.

Inegavelmente, fruto dessas mudanças tem sido a adoção, pelo legislador processual, dos denominados processos sincréticos instaurados para debelar as crises de cooperação, em que uma só relação processual é suficiente para englobar as aludidas atividades jurisdicionais cognitivas e executivas. O legislador processual reconheceu que a autonomia da função jurisdicional executiva não depende da existência formal de um processo autônomo para cognição e outro para execução, ou seja, a função cognitiva e a função executiva não deixam de existir apenas porque são concedidas de forma conjugada e contida em uma só relação jurídica processual. A distinção entre as atividades existe, mas o biombo que as separa pode ser mais ou menos formalista.

Diante do caminho trilhado pelo legislador processual, que hoje se encontra sedimentado no CPC de 2015, resta claro que a atividade executiva é formalmente dividida em dois tipos:

1. Prestada mediante processo autônomo toda vez que a atividade executiva for fundada em título extrajudicial, exceção feita à sentença arbitral, sentença penal condenatória e à decisão que homologa sentença estrangeira (art. 515, § 1º);

2. Prestada mediante cumprimento de sentença, no qual a atividade executiva é fundada em título judicial, e realizada na mesma relação jurídica processual imediatamente após o término da fase ou módulo cognitivo.

A par da diferença dos modelos acima a partir da origem do título executivo (cumprimento de sentença e o processo de execução) há ainda, sob outro aspecto, uma distinção referente a *tipicidade e atipicidade* do procedimento executivo.

1. No modelo típico há um procedimento estabelecido pelo direito legislado onde o juiz e as partes têm menor flexibilidade e o roteiro executivo é mais seguro e previsível.

2. Já no *atípico* o procedimento executivo é marcado com imprevisibilidade do itinerário executivo, justamente porque nele se admite a realização de medidas executivas atípicas cujos requisitos estão predeterminados em conceitos abertos (adequação da medida, necessidade da medida, proporcionalidade da medida) que só podem ser preenchidos de acordo com as peculiaridades do caso concreto.

Esta distinção entre o modelo típico e atípico não leva em consideração, a priori, a origem do título executivo[1], mas sim aspectos ligados à natureza da obrigação exequenda. Para as obrigações de pagar quantia, seja ela fundada em título judicial ou extrajudicial, o modelo típico previsto em lei deve ser seguido pelo juiz e pelas partes. Se há expropriação do patrimônio do executado, adota-se o modelo típico.

Para as obrigações de fazer e não fazer/entrega de coisa, onde se deseja obter uma transformação e um desapossamento, respectivamente, há um modelo atípico quando se está diante de um *cumprimento de sentença* (art. 536-538) e um *típico* quando se está diante de um título executivo extrajudicial (art. 804 e 814). Temos defendido que esta diferença de tratamento resulta muito mais de um "esquecimento" do CPC de estabelecer uma simbiose entre as obrigações específicas fundadas em título judicial e extrajudicial, do que qualquer outra coisa, não fazendo nenhum sentido que não se adote um intercâmbio de atipicidade de modelos típicos e atípicos nas execuções específicas fundadas em título executivo extrajudicial. É verdade que em se tratando de execuções de entrega de coisa fundadas em título executivo extrajudicial há questões como o *incidente para definir a coisa certa* e *aspectos do direito material de retenção por benfeitorias* que, quando são trazidos ao processo, exigem uma obediência do procedimento executivo (fundado em título extrajudicial) que não acontecem no âmbito do

---

1. Pode-se sustentar a existência de "tônus" executivo diverso a depender do título executivo ser judicial ou extrajudicial. O art. 785 seria indicativo disso, bem como o fato de que as obrigações específicas (fazer e não fazer e entrega de coisa) reveladas num título executivo extrajudicial se submeteriam a um regime procedimental típico (arts. 806-823) enquanto que estas mesmas obrigações fundadas em título executivo judicial estariam submetidas a um regime procedimental executivo atípico (arts. 536-538).

cumprimento de sentença porque tais aspectos do direito material já estão definidos quando da prolação da sentença condenatória de entrega de coisa (art. 498).

Por outro lado, há, é claro, algumas particularidades em relação aos modelos típicos e atípicos mencionados acima. É que o CPC admite que se o procedimento típico de expropriação não funcionar, ou seja, se não for frutífero (ex. não encontrar bens do executado ou este não for encontrado), mas se houver indícios de que é possível encontrar o executado ou descobrir seu patrimônio expropriável que está ocultado, então pode-se partir para um modelo procedimental atípico nos termos do art. 139, IV do CPC.

Outra particularidade diz respeito aos provimentos provisórios que, em razão das circunstâncias que o tipificam (urgência e evidência), seguem um modelo atípico de execução tal como determinado pelo art. 297 do CPC. E, registre-se, mesmo que se trate de obrigações pecuniárias, deve-se seguir a atipicidade do procedimento executivo.

É preciso que fique claro que pouco interessa o fato de a tutela executiva ser prestada por "módulo ou fase processual contida em uma mesma relação jurídica", ou então mediante um "processo autônomo", ou então ser apelidada de "cumprimento de sentença", ou ainda ser alcunhada de "efetivação da tutela provisória". Nada disso desnatura o fato de que há uma relação jurídica processual executiva, que segue um modelo procedimental típico ou atípico, marcada por atos de execução em sequência e destinados à satisfação do direito revelado no título executivo.

2. A RELAÇÃO PROCESSUAL EXECUTIVA

2.1 A tessitura da relação processual executiva

A tessitura da relação processual executiva, prestada em fase processual ou formalmente autônoma, não discrepa das situações jurídicas ativas e passivas às quais se submetem os sujeitos do processo. Assim, apenas para usar os principais personagens, o juiz, o exequente, o executado são, em um ou outro caso, titulares de ônus, poderes, deveres, sujeição etc., em uma situação jurídica subjetiva passiva ou ativa, dependendo da posição processual que ocupem na referida situação processual legitimante.

Assim, por exemplo, o exequente tem o poder de postular a medida executiva; o juiz, de emitir o provimento satisfativo; o exequente, o ônus de nomear bens à penhora; sempre, repita-se, no momento adequado e conferido pela situação legitimante haurida na relação processual. E, ao mesmo tempo, todos tem o dever de cooperação e boa-fé processual.

2.2 Pressupostos processuais

Os requisitos processuais atrelados ao plano da existência e validade da relação processual executiva são os mesmos da relação cognitiva. Tratando-se de módulo executivo realizado em cumprimento de sentença (cognição e execução em um só processo), a relação processual só termina quando a fase executiva tem fim, e, por isso, a rigor, os pressupostos processuais não são "da execução", mas, antes, da relação jurídica processual sincrética que envolve as duas atividades, e por isso têm de estar presentes do início da fase cognitiva até o fim da fase executiva, quando então terá cessado a relação jurídica processual como um todo.

Tratando-se de processo autônomo, os pressupostos processuais devem ser analisados desde o início da relação até o final da relação processual executiva (processo de execução).

Entretanto, não se pode perder de vista que, sendo o processo uma técnica a serviço do direito material, um dos postulados mais importantes em relação ao processo é o da *instrumentalidade das formas*, ou seja, que o processo só existe como ferramenta que oferta ao jurisdicionado acesso à tutela jurisdicional justa. Por isso, qualquer *requisito* processual não pode deixar de ser visto sob o ângulo da *instrumentalidade das formas*, e a consequência disso é refletida diretamente sobre o sistema de invalidades, porque a ausência ou falha formal da técnica não necessariamente culminará na sanção de nulidade, ainda que a técnica esteja relacionada à existência ou validade da relação processual.[2]

A análise da tutela obtida, bem como a verificação do prejuízo, processual ou material, são essenciais para determinar o regime da decretação de invalidades no processo civil. Com o CPC isso ficou ainda mais evidente com a diretriz da *primazia do mérito* estampado em vários dispositivos, a começar pelo artigo 4º. Todos os esforços devem ser feitos no sentido de convalidar as invalidades e mirar o processo na solução do mérito, incluída aí a atividade satisfativa.

2.3 A competência na execução

A competência na execução variará conforme se trata de execução fundada em título judicial ou extrajudicial. Nesse caso, a execução é feita mediante processo autônomo, e aplica-se a regra do art. 781 do CPC.

Contudo, tratando-se de execução fundada em título judicial, portanto, de cumprimento de sentença, a regra da competência comporta variações de acordo com a natureza da obrigação.

Tratando de cumprimento de sentença de uma obrigação específica (arts. 536-538), a efetivação da sentença será imediatamente feita pelo órgão prolator da decisão, ou seja, não há cisão da competência, e por isso o mesmo juízo que diz o direito é o

---

2. O art. 803 fala em "nulidade da execução", mas é preciso também aqui aplicar a regra da instrumentalidade das formas. Não se deve extinguir a relação processual executiva sem antes vislumbrar a possibilidade de salvar a relação processual, evitando desperdício de atividade jurisdicional e ao mesmo tempo respeitando a duração razoável do processo. Todo esse esforço, contudo, não pode prevalecer de forma a macular, ainda que de raspão, o contraditório e o prejuízo que tal nulidade pode ter causado a parte em desfavor da qual será sanado o vício.

que o satisfaz, salvo se o dever de prestar ou de entrega for em local diverso do juízo de onde formou um título, caso em que caberá ao exequente decidir onde escolherá que se processe a fase executiva.

Todavia, tratando-se de cumprimento da sentença para pagamento de quantia, embora tenha mantido a regra continue a ser a de que o juízo que executa é o mesmo que profere a sentença, agora o art. 516, parágrafo único, expressamente admite a relativização dessa competência funcional, permitindo que o exequente requeira no juízo de origem a remessa dos autos no juízo da execução quando, por exemplo, os bens do executado situarem-se em outra comarca, tal como foi mais bem explicado neste trabalho quando abordamos sobre a execução para pagamento de quantia.

Em nosso sentir houve importante inovação no parágrafo único que procurou trazer maior pragmatismo e eficiência processual, ao tempo em que coloca sob encargo do exequente – em favor de quem é realizada a execução, art. 797 – a liberdade de decidir se inicia o cumprimento de sentença para pagamento de quantia no juízo de origem de onde emanou o título executivo ou onde se situam os bens que poderão ser mais facilmente expropriados.

Ao dizer no parágrafo único do artigo 516 que "*nas hipóteses dos incisos II e III, o exequente poderá optar pelo juízo do atual domicílio do executado, pelo juízo do local onde se encontrem os bens sujeitos à execução ou pelo juízo do local onde deva ser executada a obrigação de fazer ou de não fazer, casos em que a remessa dos autos do processo será solicitada ao juízo de origem*", bem se observa que o Código foi redigido pensando ainda nos autos físicos, com papel.

Essa preocupação no final do texto só existe se não se tratar de autos eletrônicos, portanto, é regra que tende a ficar em desuso porque a realidade é justamente a do processo eletrônico. Isso sem contar nas inúmeras possibilidades de *cooperação judiciária* para atos de execução, como dizem os arts. 68 e 69, §2º, III e VII do CPC. O mesmo se diga se pensarmos nos leilões eletrônicos, que é a regra do art. 882 do CPC, e que torna absolutamente inócua qualquer consideração sobre onde fica o juízo da situação dos bens. O Superior Tribunal de Justiça já decidiu a respeito de que não conflita a competência se o juízo que processa o leilão eletrônico não é o mesmo da situação dos bens.

Enfim, tirantes as críticas decorrentes da evolução tecnológica que modificaram sensivelmente o modo de ser de vários aspectos do processo, essa questão aí posta no art. 516 é apenas para deixar claro que o exequente tem o direito de escolher onde deseja propor a demanda, quando preenchida a situação jurídica prevista no referido texto.

Assim, por exemplo, requerido o cumprimento de sentença em local diverso do juízo onde formou o título porque no novo juízo existem bens do executado que poderão ser expropriados, a eventual impugnação da incompetência deve ser feita pelo executado pela via adequada quando lhe for dada a oportunidade de falar nos autos. Não se manifestando incide a preclusão dada a natureza relativa desta competência territorial.

Em tempo, o art. 516 relembra que, tratando-se de execução fundada nos títulos executivos judiciais do inc. III, por razões lógicas de incompetência absoluta, o juízo da execução será diverso do da cognição.

2.4 A finalidade da relação processual executiva

A função jurisdicional executiva, embasada em título executivo, precedido ou não de prévio contraditório judicial, tem por finalidade a realização prática do direito revelado (provisória ou definitivamente) pelo Poder Judiciário.

Já dissemos que a referida função pode ser feita no mesmo processo (cumprimento de sentença) ou em processo autônomo (títulos extrajudiciais). Assim, em um ou outro caso, a finalidade é exatamente a mesma, alterando apenas a técnica ou caminho de sua realização. O que se quer é tornar "real" (prático) o direito exequendo, dotando-o de eficácia social, já que ele não foi espontaneamente cumprido pelo vencido.

Registre-se que nas hipóteses de autonomia formal do *processo de execução* é fácil de visualizar que o desfecho normal do processo de execução será a obtenção de uma sentença que formalmente declare o fim da execução em razão de ela ter sido frutífera.

Já nos casos de execução imediata em processos sincréticos há um processo com duplo objeto, em um invulgar acúmulo sucessivo de pedidos (cognitivo e executivo), e a atividade jurisdicional só termina quando o segundo objeto é entregue (*rectius* = realizado), em um fenômeno de materialização da sentença mediante atos de execução (coerção e/ou sub-rogação) como deixa claro o art. 4º do CPC ao dizer que a atividade satisfativa deve estar inserida no conceito de "solução integral do mérito".

Importa destacar que mesmo quando estamos diante do modelo de processo único contendo duas etapas distintas e sucessivas, ainda assim haverá uma fase cognitiva e outra executiva. E insista-se, nem todas as fases executivas serão tão claras e evidentes como no caso de cumprimento de sentença de pagar quantia que segue um modelo procedimental típico (art. 523). Haverá situações em que o procedimento executivo será atípico e marcado por uma pequena sequência de medidas executivas (art. 536), mas ainda assim haverá uma "fase executiva". Não se trata de uma mera exigência acadêmica, quando se insiste em que há uma fase executiva, senão porque, por exemplo, a depender da fase processual, cognitiva ou executiva, diferente será o regime jurídico dos remédios recursais e oposições do executado. Assim, por exemplo, iniciada de ofício o cumprimento da sentença das obrigações de fazer e não fazer (art. 536), poderá o executado contra ela opor-se, valendo-se de impugnação ao cumprimento de sentença (art. 536, § 4º). Há um certo silêncio do CPC com relação à defesa do executado nas execuções sincréticas, onde vários atos processuais sub-rogatórios e/ou coercitivos podem ser deferidos, mas é claro e indiscutível que ele tem o direito de opor-se a referidos atos como deixa claro o artigo 518 do CPC. Além disso, desse controle endereçado ao próprio juízo é possível controlar as decisões por meio de recurso de agravo de instrumento (art. 1015, parágrafo único do CPC).

Em qualquer hipótese de processo sincrético, com procedimento executivo típico ou atípico, há uma fase cognitiva e outra executiva, ainda que essa última não seja facilmente visualizada porque, por exemplo, tenha tido início sem um requerimento formal do exequente. O *procedimento atípico* não significa "ausência de procedimento", de forma que ao final desta fase deverá ser prolatada sentença extinguindo a fase executiva.

Recorde-se que o art. 203, § 1.º do CPC assim definiu sentença: "*ressalvadas as disposições expressas dos procedimentos especiais, sentença é o pronunciamento por meio do qual o juiz, com fundamento nos arts. 485 e 487, põe fim à fase cognitiva do procedimento comum, bem como extingue a execução*".

A redação dada pelo CPC de 2015, adotou o conceito de sentença de acordo com dois aspectos: conteúdo e fim. Conteúdo porque estipula ser sentença o pronunciamento que contém os fundamentos descritos nos arts. 485 e 487, e, finalístico porque ele mesmo diz que além de ter estes fundamentos deve ainda pôr fim à fase cognitiva do procedimento comum, bem como o que extingue a execução.

Tal como dito acima, o referido conceito levará a algumas situações curiosas, como, por exemplo, a existência de duas sentenças em um único processo:

(i) a condenatória que põe fim a etapa cognitiva e

(ii) a sentença de extinção da etapa (fase) executiva, seja ela realizada num procedimento típico (art. 523) ou atípico (art. 536)

O conceito adotado é impreciso, porque, sabe-se, nem todo processo cognitivo tem mais de uma "fase" como sugere o conceito, afinal, v.g. a sentença constitutiva põe fim a relação jurídica processual sem que nenhuma atividade de execução lhe prossiga.

Em tempo, há ainda o problema das decisões interlocutórias, que, excepcionalmente, podem ter o conteúdo dos arts. 485 e 487, e, ainda por cima, por exemplo, excluírem determinado sujeito processual da relação processual, e, nem por isso deixarão de ser um pronunciamento interlocutório.

2.5 Procedimentos executivos

2.5.1 Introdução

O ordenamento jurídico oferta a possibilidade de que os procedimentos (modo pelo qual se desenvolve a relação jurídica) sejam legais, judiciais e convencionais. O primeiro deles, mais comum, é determinado pelo legislador, o segundo pelo juiz, e o terceiro pelas partes.

No que concerne à atividade executiva encontramos as três modalidades, sendo a mais comum a *legal*, como veremos no tópico seguinte. Aliás, "legal", todas três modalidades são, porque no final das contas é sempre a lei que autoriza em situações específicas o procedimento determinado pelo juiz e/ou pelas partes.

Atendidas as exigências do artigo 190 do CPC, a *flexibilização convencional* do procedimento é perfeitamente possível, inclusive no curso do procedimento legal executivo, mas, sejamos sinceros, é bastante improvável que no curso de um procedimento legal as partes – exequente e executado – estabeleçam convenções processuais que determinem o modo pelo qual se desenvolverá a tutela executiva (arts. 190 e 191 do CPC).

Sabe-se que embora a flexibilização procedimental pela convenção das partes seja ampla e cheia de possibilidades, ela não acontece na prática pela própria cultura do litígio e a desconfiança das próprias escolhas. Nada obstante o otimismo contagiante da doutrina com o tema, a experiência de 30 anos de foro, e, em especial em matéria de execução, é muito pouco provável – eu diria utópico – que convenções processuais ou cooperações altruístas sejam feitas por exequente e executado nem antes e nem após iniciado o cumprimento de sentença ou o processo de execução.[3]

Frise-se, conquanto as inovações trazidas no artigo 190 e 191 sejam aplicáveis *in executivis* não é de se esperar que no curso da execução, ou próximo a ela, as partes decidam, por exemplo, encurtar ou elastecer a cadeia executiva. A possibilidade de flexibilização do procedimento executivo por convenção das partes (negócio jurídico processual), como dito no parágrafo anterior, é bem mais factível – mas improvável – antes de existir o conflito posto em juízo do que depois de iniciado, e, em especial, antes da posição jurídica de exequente e executado estar definida num título executivo.

De qualquer forma há a *possibilidade* de que as partes se valham das convenções processuais com a finalidade de encurtar o procedimento executivo, ajustando-o às realidades da causa e assim permitir que se alcance um resultado mais rente às necessidades do direito material.

A *flexibilização judicial* é autorizada pela cláusula geral do art. 139, IV do CPC em tese aplicável a qualquer modalidade de obrigação como prescreve o dispositivo. Todavia, não é bem assim que se passa. Se, por um lado, por expressa dicção legal o procedimento executivo atípico – judicial – se aplica de forma direta na "efetivação da tutela provisória" (art. 297 do CPC) e no cumprimento das obrigações específicas (art. 536 e 538), por outro lado, em todas as outras situações será necessário fazer uma aplicação apenas subsidiária do art. 139, IV porque há um procedimento legislado que deve ser seguido pelo juiz. Conquanto tenhamos defendido que o processo de execução das obrigações específicas deva seguir um rito procedimental semelhante ou muito próximo dos artigos 536 e 538, a verdade é que também para estas duas modalidades

---

3. Como dissemos, a experiência de foro nos permite dizer que é difícil inclusive que no curso da execução, não apenas o procedimento ou parte dele seja convencionado, mas até mesmo alguns atos executivos, justamente por causa da posição jurídica de desvantagem de um em relação ao outro, e da animosidade natural entre os litigantes, caso em que a segurança abstrata da lei acaba sendo uma forma de evitar que as suas próprias escolhas possam refletir em uma diminuição de uma situação abstratamente prevista na lei que poderia ser melhor do que a que seria negociada.

existe um procedimento legislado e apenas subsidiariamente (art. 513c/c art. 771 c/c art. 139, IV) seguir-se-ia um modelo atípico. Já no que concerne à grande fatia de execuções no país, de pagar quantia, estas continuam a seguir de forma direta o procedimento legislado, seja no cumprimento de sentença (art. 523), seja no processo de execução (art. 827), e, apenas subsidiariamente e mediante certos requisitos é que se cogita utilizar o procedimento atípico do artigo 139, IV do CPC.

2.5.2 Os procedimentos típicos

O sistema procedimental da execução não guarda similitude com a tutela cognitiva. Não obstante existirem modelos procedimentais também na execução, não há, por assim dizer, um "modelo-padrão" que seja assim, nesses termos, tomado como ponto de partida para os demais.

Na atividade executiva o modelo procedimental é variável de acordo com a "natureza do direito exequendo" (pagar quantia, entrega de coisa, fazer e não fazer), que ainda pode se ramificar de acordo com o titular ativo ou passivo da obrigação (Fazenda Pública, execução fiscal, devedor solvente e insolvente etc.). A divisão procedimental também pode ser feita, ou classificada, a partir de aspectos fornecidos pelo direito processual, porque hauridos a partir da finalidade dos atos executivos realizados ou a realizar em cada modalidade de execução.

Nesses termos, denomina-se execução por expropriação (pagamento de quantia), desapossamento (entrega de coisa) e transformação (fazer e não fazer). Tais "modelos procedimentais" correspondem àquilo que o legislador denomina "diversas espécies de execução".

Tratando-se de cumprimento de sentença, nos quais a atividade executiva é imediata e sequencial à fase cognitiva, adota-se a regra da "atipicidade" e "fungibilidade" dos meios executivos para as obrigações específicas (arts. 536 e 538), quebrando bastante o rigor da sequência ordenada dos procedimentos executivos do processo de execução das obrigações específicas contidas nos arts. 806-823 previstos no Livro II, Parte Especial, do CPC. Contudo, por outro lado, tratando-se de cumprimento de sentença de pagar quantia, mantém-se a regra da tipicidade (art. 523) tanto para títulos judiciais e extrajudiciais e aplicação apenas subsidiária do artigo 139, IV.

A regra estatuída nos arts. 536 e 538 do CP atribui certa "liberdade necessária" ao magistrado para ele definir qual o melhor caminho – a melhor sequência de atos executivos – para alcançar a satisfação do direito declarado em uma norma jurídica concreta provisória ou definitiva. Todavia, isso não implica dizer que não exista um procedimento para tais hipóteses, mas sim que existe uma "forma procedimental atípica", preocupada apenas em realizar o direito, respeitados os limites políticos ou naturais da atividade executiva. Enfim, a inexistência de um engessamento procedimental permite que o magistrado defina qual a sequência e quais as medidas executivas que serão empregadas, visando a obter mais celeremente a tutela jurisdicional.

Frise-se, pois, que isso não desnatura, portanto, que as medidas executivas sejam tendentes à obtenção de uma entrega de coisa (desapossamento) ou fazer e não fazer (transformação), pois o destino e finalidade são determinados pelo direito exequendo. As técnicas processuais são apenas ferramentas que gravitam em torno do (e para o) direito material.

As fases do procedimento executivo nos cumprimentos de sentença de pagar quantia e nos processos de execução (autônomo) podem, por razões meramente didáticas, ser distribuídas da seguinte forma: a) fase postulatória; b) fase instrutória; e c) fase satisfativa.

A primeira é marcada pelo ajuizamento da petição inicial executiva (art. 799) ou requerimento executivo (art. 513); a segunda, pela preparação da execução para a fase satisfativa (*v.g.*, depósito da coisa na execução para entrega de coisa e penhora e avaliação na execução para pagamento de quantia). Já a terceira fase é a mais almejada pelo exequente e marca o fim (normal) do procedimento executivo, quando há a satisfação do crédito exequendo.

3. CUMULAÇÃO DE EXECUÇÕES

Toda pretensão executiva deve fundar-se em título executivo que corporifica um direito líquido, certo e exigível. Há situações, entretanto, em que um mesmo direito exequendo se fundamenta em mais de um título executivo, e, nesses casos, ter-se-á um só direito, porém embasado em mais de um título executivo que lhe dê sustentação. É o caso, muito comum, de o próprio negócio jurídico ser um título executivo (art. 784, II) e, ao mesmo tempo, ser garantido por outro título (hipoteca, fiança etc.). Nesse sentido, já se posicionou, sumularmente, o Superior Tribunal de Justiça (Súmula 27), no sentido de que "pode a execução fundar-se em mais de um título extrajudicial relativo ao mesmo negócio".

Em tais situações, pensamos, o exequente deve expor claramente na sua demanda que a execução civil iniciada tem o propósito de satisfazer uma mesma pretensão com base em mais de um título, que é juntado na respectiva demanda instaurada, que, portanto, poderá ser proposta contra o devedor principal e contra o garantidor, desde que fundada nos respectivos títulos.

Desse modo, pensamos que a propositura em separado e concomitante de duas demandas executivas (duas vias eleitas), sendo uma proposta contra o devedor principal, aparelhada em instrumento de contrato, e outra fundada em título dado em garantia, configura um ferimento direto ao art. 805 do CPC (princípio do menor sacrifício possível), ferimento ainda da regra lógica de que dois caminhos processuais que visem a tutelas equivalentes ou idênticas não podem ser utilizados, e, também, porque faltaria interesse de agir (necessidade), de pleitear o mesmo crédito duas vezes, em separado, configurando hipótese de *bis in idem*, sem contar violação da boa-fé processual (art. 6°).

A hipótese da Súmula 27, extraída do art. 780 do CPC,[4] permite que uma só execução seja fundamentada em mais de um título, hipótese distinta de duas ou mais execuções fundadas em um mesmo título. Se não existe aqui, em sentido técnico e estrito (critério processual), uma duplicidade de litispendências, porque o executado poderá ser diferente, a verdade é que, sob o ponto de vista material, é o mesmo crédito que está sendo pleiteado mais de uma vez, e, por isso, falecerá ao exequente (o mesmo em todas elas) o requisito da necessidade da tutela jurisdicional.[5]

Destarte, não só é possível que se tenha uma execução fundada em vários títulos, caso em que devem ser distribuídas as execuções para o mesmo juízo prevento (ou para este reunidas, art. 55, § 2º, I), como dito *supra*, mas também a verdadeira cumulação objetiva de execuções, na qual haja mais de um título executivo, cada um deles representando um (distinto) crédito exequendo. Nesses casos, de típica cumulação objetiva simples, verifica-se que há permissão do art. 780 do CPC ao mencionar que é lícito ao exequente, sendo o mesmo executado, cumular várias execuções, ainda que fundadas em títulos diferentes, de que para todas elas seja competente o juiz, e idêntico o procedimento. A regra, em si, guarda semelhança com o art. 327 do CPC, lembrando, portanto, que os requisitos para que seja possível tal cúmulo são o "mesmo credor", o "mesmo devedor", que o juízo não seja absolutamente incompetente para conhecer de algum deles, que exista compatibilidade procedimental (mesma espécie de execução).

Ora, se o artigo 780 prescreve que pode o exequente *"cumular várias execuções, ainda que fundadas em títulos diferentes, quando o executado for o mesmo e desde que para todas elas seja competente o mesmo juízo e idêntico o procedimento"*,[6] então com muito maior razão deve-se admitir a cumulação quando existam várias execuções fundadas em títulos diversos sendo todos eles oriundos da mesma relação jurídica obrigacional. Acaso não exista a cumulação, por exemplo por causa da exigibilidade do título (vencimentos diferentes), então deveriam ser propostas no juízo prevento ou reunidas por conexão por interpretação extensiva do artigo 55, § 2º do CPC.

Insta dizer ainda que é possível que a mesma obrigação seja lastreada em mais de um título executivo, ou seja, mais de um documento represente o crédito líquido certo e exigível, podendo o exequente optar por qualquer um deles ou até mesmo juntar todos eles em sua demanda executiva, não sendo admissível, seja pela litispendência, seja pela violação da boa-fé processual, que promova a execução dos títulos filhos (notas promissórias, por exemplo) e do contrato ao qual eles estão vinculados. Em casos como este já se posicionou o Superior Tribunal de Justiça no sentido de que [...] A execução

---

4. Art. 780. O exequente pode cumular várias execuções, ainda que fundadas em títulos diferentes, quando o executado for o mesmo e desde que para todas elas seja competente o mesmo juízo e idêntico o procedimento.
5. Nesse sentido, Quarta Turma do Superior Tribunal de Justiça, REsp 160.235/PR; REsp 1997/0092523-4, *DJ* 11.10.1999, p. 73.
6. O artigo 780 não se exige que exista qualquer conexão ou afinidade entre os créditos que se pretende cumular na mesma execução civil bastando ser contra o mesmo devedor num típico caso de cumulação em razão do aspecto meramente subjetivo.

pode fundar-se em mais de um título extrajudicial relativo ao mesmo negócio jurídico. Reconhecida a nulidade de um desses títulos, poderá a execução prosseguir com relação aos outros (REsp 397.637/RS, Rel. Min. Nancy Andrighi, Terceira Turma, j. 22.05.2003, *DJ* 23.06.2003, p. 353).

Situação interessante pode acontecer quando o credor possuir um crédito contra devedores solidários e um desses devedores seja uma pessoa jurídica de direito público submetida ao regime de precatório (rito especial). Nesta hipótese ao nosso ver parece ser inviável a cumulação por razões procedimentais e da competência om obediência ao art. 780 do CPC, mas contrariamente ao nosso posicionamento decidiu o STJ que *"existência de solidariedade passiva no cumprimento individual de sentença coletiva, confere ao exequente (credor) a prerrogativa de escolher entre o ajuizamento da execução contra um, contra alguns ou contra todos os devedores solidários, consoante exegese do art. 275 do Código Civil, ainda que, em virtude da pessoa dos devedores, as execuções se sujeitem a ritos diversos (como na espécie, em que executadas, conjuntamente, pessoas jurídicas de direito público e de direito privado), desde que observadas, além da competência do Juízo, as peculiaridades de cada procedimento, com a ressalva de que o credor deve optar pela expedição de precatório ou RPV ou pela realização de atos expropriatórios, vedando-se a utilização de ambos simultaneamente, em observância ao caráter instrumental do direito processual civil e ao princípio da menor onerosidade ao devedor (art. 805 do CPC/2015)"*.[7]

Tendo em vista a diversidade de procedimentos envolvendo os títulos judiciais e extrajudiciais, pois o primeiro se efetiva por cumprimento de sentença, enquanto o segundo por processo de execução autônomo, não nos parece possível a cumulação de ambos, ainda que a espécie de obrigação seja a mesma.

Também é perfeitamente possível, por exemplo, que um mesmo documento contratual com eficácia executiva revele uma série de obrigações de diferentes naturezas que não admitam a cumulação. Num termo de ajustamento de conduta ambiental, por exemplo, é bastante comum a existência de obrigações pecuniárias e obrigações de fazer e não fazer, cuja execução, pelo código não admite cumulação. Não seria o caso de nestas hipóteses admitir a flexibilização do procedimento nos termos do artigo 139, IV do CPC.

4. TUTELA DE URGÊNCIA NA EXECUÇÃO

As situações de urgência que acometem as vidas das pessoas não escolhem hora, local ou momento para acontecerem, e, a rigor, sempre achamos que ocorrem justamente no momento menos propício ou menos adequado para resolvê-las. Assim como o processo civil tem de estar preparado para dar resultados justos, deve também estar adequadamente aparelhado para dar resultados efetivos, que contemplem, portanto, técnicas que consigam, dentro do máximo possível, minimizar os efeitos nocivos do

---

7. REsp n. 1.753.295/RS, relator Ministro Marco Aurélio Bellizze, Terceira Turma, julgado em 18/10/2022, DJe de 27/10/2022.

tempo, evitando que situações urgentes comprometam a eficácia do próprio instrumento ou do direito material nele contido. São as técnicas de tutela preventiva do processo e as técnicas preventivas do direito material.

Embora seja extremamente festejada no processo de cognição, a técnica de tutela urgente dos arts. 294 e ss. do CPC não foi projetada para o processo de execução, em razão da simples e pueril afirmação de que não há, pelo menos em tese, o que satisfazer ou acautelar na execução, já que esta (a execução) justamente realiza o direito contido no título.

Todavia, "na prática" a coisa não funciona assim de forma tão simplista como pensa o legislador, porque tanto no cumprimento de sentença quanto no processo de execução autônomo ainda existe um itinerário executivo a ser seguido para cada espécie de execução.

Nesse passo, torna-se evidente que em um procedimento de cadeia fechada, por mais que exista em alguns casos a atipicidade de meios, há a possibilidade de surgirem inúmeros incidentes e acidentes de percurso que retardem a satisfação do direito, o que, na verdade, é algo bastante comum. Enfim, nenhum processo é instantâneo, e algum tempo leva para se obter a tutela jurisdicional, inclusive a executiva. É possível que o tempo de espera da satisfação sacrifique também o resultado a ser obtido no próprio resultado da execução. Por isso, pensamos que também é possível a utilização da técnica de antecipação da tutela no processo autônomo de execução, sendo relevante observar que o título executivo é atestado mais do que suficiente da "prova inequívoca do direito alegado", cabendo ao exequente demonstrar a existência da situação de urgência (*periculum in mora*) que justifica a medida antecipada.

Por isso, onde se lê no art. 799, VIII, que compete ao credor requerer na petição inicial da execução, se for o caso, "as medidas urgentes", não se deve fazer uma interpretação restritiva do dispositivo imaginando que aí estariam contempladas apenas as medidas cautelares genuínas de prevenção do processo, senão, antes, também as medidas urgentes satisfativas, pois, caso contrário, seria estimular, *v.g.*, que o titular de um título extrajudicial (eficácia executiva abstrata) busque a tutela jurisdicional cognitiva porque esta lhe ofertaria técnicas de obtenção de resultado mais eficazes que o próprio processo de execução. Não por acaso, inclusive, que o art. 294, parágrafo único, trata a urgência como o tronco comum de onde se esgalham a tutela cautelar ou satisfativa.

5. SUSPENSÃO DA RELAÇÃO PROCESSUAL EXECUTIVA

5.1 Noções preliminares

Toda atividade jurisdicional realizada por meio de processo tem um início e um fim. Aliás, a rigor, o processo nasce para chegar ao fim, que, diga-se de passagem, é justamente o momento mais esperado pela parte que anseia a tutela jurisdicional. Por isso, todas as vezes que a sequência de atos processuais é interrompida – por uma causa interna ou externa – com o sobrestamento do itinerário procedimental até que a causa incidental seja cessada, quando então retorna ao seu curso normal, tem-se aí uma "crise do procedimento", que, a bem da verdade, não constituiu um problema exclusivo do processo de execução, mas que aqui será analisada sob o manto da "suspensão da execução", nos termos dos arts. 921 e ss. do CPC.

5.2 Causas suspensivas e impeditivas da execução

É importante que fique claro que a suspensão da atividade jurisdicional (nesse particular interessa-nos apenas a execução) representa, em geral, uma crise ou uma patologia que aflige o procedimento seguido pela relação processual, que vê o seu caminho interrompido, destinado à satisfação da norma jurídica concreta. Todavia, se o normal é que o itinerário procedimental desenvolva-se sem percalços, então tem-se que tais hipóteses de "crises de suspensão" estão sempre ligadas a um fato ou situação jurídica incidental que tem o condão de sobrestar o andamento típico e vulgar do feito.

No âmbito do estudo das hipóteses de "suspensão da execução", verifica-se, a par da leitura do art. 921,[8] que as figuras ali descritas não guardam relação de homogeneidade em relação à natureza delas, senão apenas pelos efeitos de todas elas (sobrestamento da execução). É que, do ponto de vista ontológico, as causas denominadas "causas suspensivas" comportam alguma diferenciação importante de ser evidenciada. Assim, do ponto de vista da sua gênese, as referidas causas podem ser identificadas como "suspensivas" e "impeditivas", muito embora, em relação ao efeito que produzem, ambas, indistintamente, enquanto presentes, suspendam a execução.

A despeito das diferenças terminológicas adotadas pelo Código que baralha a causa suspensiva com a impeditiva, pode-se dizer que a causa suspensiva é sempre externa à atividade executiva, e, por imposição de um fato jurídico involuntário (força maior ou caso fortuito) ou voluntário (ato jurídico ou negócio jurídico processual), o legislador reconhece que em tais casos o processo ou a atividade executiva (cumprimento de sentença) ficam sobrestados até que cessem os efeitos da causa suspensiva. Já a causa impeditiva da atividade executiva é algo que está internamente relacionado com a essência ou a eficácia dos atos executivos, de tal forma que a sua ocorrência impede (paralisa) o itinerário do procedimento executivo.

São exemplos da primeira hipótese as regras do art. 921, I e II, do CPC. São hipóteses da segunda a situação descrita no art. 921, III e IV etc. Como se disse anteriormente, a causa impeditiva corresponde à existência de algum fato íntimo à execução que interrompe o itinerário processual de tal forma que a paralisação só cessa quando a referida

---

8. Como foi dito anteriormente, o Livro II da Parte Especial é o habitat natural das técnicas processuais executivas e, não por acaso, inúmeras vezes as regras ali contidas deverão ser emprestadas para o cumprimento de sentença. Também as regras de suspensão e extinção da relação processual executiva devem ser aplicadas ao cumprimento de sentença.

condição ou situação jurídica impeditiva é cessada. Como a atividade jurisdicional é prestada mediante um processo que caminha por um encadear de atos destinados a um fim, tem-se a causa impeditiva quando um determinado elemento de formação de um ato dessa cadeia não se realiza, impedindo o seu prosseguimento.

No artigo eleito pelo CPC (art. 921) para cuidar das hipóteses de "suspensão da execução", verifica-se que o rol ali previsto contém causas suspensivas e impeditivas, todas sob o mesmo rótulo. Ademais, diga-se de passagem, contém apenas alguns exemplos de ambas, já que tantas outras são as hipóteses de suspensão e impedimento da execução. Por fim, é importante salientar que as causas da suspensão e extinção da execução previstas nos arts. 921 e ss. do CPC se aplicam tanto ao cumprimento de sentença quanto aos processos autônomos de execução.

5.3 Hipóteses de causas impeditivas da execução

5.3.1 Quando não for localizado o executado ou bens penhoráveis (art. 921, III, do CPC)

Tomando como ponto de partida ele mesmo, o art. 921, tem-se no inc. III a regra de que: suspende-se a execução quando o executado não for encontrado ou, se encontrado, não possuir bens penhoráveis.

Ora, caso se trate de execução para pagamento de quantia e seja impossível a satisfação da execução, já que o pagamento não pode ser realizado porque inexistem bens a serem penhorados, adjudicados, ou, ainda, se impossível a realização do recebimento de frutos e rendimentos, certamente haverá um impedimento lógico ao prosseguimento da execução. Por outro lado, se o executado já tiver triangularizado a relação jurídica processual e no curso do processo tornar-se desconhecido o seu paradeiro, isso não impede que prossiga a execução sobre o seu patrimônio devendo ser ele intimado, se for o caso (art. 274), pelo regime editalício (art. 256, I).

Caso se trate de execução para entrega de coisa certa e esta não for encontrada, haverá também um impedimento em relaçao ao prosseguimento dessa espécie de execução, e, em tal situação, aplica-se a regra da conversão procedimental, mudando a execução para pagamento de quantia, devendo haver um incidente prévio de liquidação se o valor da coisa já não tiver sido estabelecido no contrato. O mesmo raciocínio se aplica para a hipótese de execução para prestação de fazer infungível em que é impossível a obtenção de tutela específica (resultado prático equivalente). Nesses casos, de entrega de coisa certa ou de prestações infungíveis de fazer, a solução será um temporário impedimento da referida modalidade executiva, que culminará na adoção da espécie de pagamento por quantia, que é forma genérica de execução pela sua própria natureza.

Como toda e qualquer execução se funda na responsabilidade patrimonial, parece evidente e fora de dúvida que, se bens não existem para satisfazer o crédito devido ao exequente, outra não será a solução senão suspender o que já se encontra naturalmente obstado pela ordem natural das coisas. A questão que mereceria uma reflexão é a de que a prestação da tutela executiva revelada num título executivo judicial ou extrajudicial é dever do Estado e com a existência de inúmeras ferramentas públicas de investigação patrimonial a suspensão da execução nesta hipótese de inexistência de bens penhoráveis deveria ser precedida de um esgotamento de meios cujo acesso e manipulação por parte do Estado é irrestrito quando comparado com as possibilidades do exequente. A *suspensão da execução por ausência de bens penhoráveis* é o reconhecimento público de que aquela dívida ficou sem garantia patrimonial e esta informação é de interesse público na medida em que evita que terceiros não apenas possa evitar como tomar cautelas em relação aquele executado inadimplente. Outrossim, um cadastro de execuções suspensas em razão desta situação permitiria que exequentes consultassem previamente e avaliassem se seria adequado propor uma demanda, ou quiçá, requerer a insolvência civil daquele executado. A decisão que decreta a *suspensão da execução pela ausência de bens penhoráveis*, lamentavelmente, não tem sido vista sob a perspectiva pública – do fracasso da tutela e do interesse público em ter a referida informação -, mas apenas na perspectiva micro de saber quando se inicia a contagem do prazo prescricional.

Para esta hipótese do artigo 921, III, segunda parte, o Código dedicou um regime jurídico especial, dada a possibilidade de prescrição intercorrente. Assim, inexistindo bens penhoráveis, o juiz suspenderá a execução pelo prazo de 1 (um) ano, durante o qual se suspenderá a prescrição. Uma vez que seja decorrido o prazo máximo de 1 (um) ano sem que sejam encontrados bens penhoráveis, o juiz ordenará o arquivamento dos autos. Contudo, se a qualquer tempo forem encontrados bens penhoráveis poderá o exequente requerer o desarquivamento dos autos para *prosseguimento* da execução que estava suspensa.

Para que aconteça a extinção da execução pela prescrição intercorrente há um regime jurídico estabelecido pelos §§ 4º a 6º do CPC. Neles está previsto que o termo inicial da prescrição no curso do processo será a ciência da primeira tentativa infrutífera de localização do devedor ou de bens penhoráveis, e será suspensa, por uma única vez, pelo prazo máximo previsto no § 1º deste artigo que é de um ano. É importante que fique claro que a efetiva citação, intimação do devedor ou constrição de bens penhoráveis interrompe o prazo de prescrição, que obviamente não corre pelo tempo necessário à realização da própria citação e da intimação do devedor, bem como para as formalidades da constrição patrimonial, se necessária, desde que o credor cumpra os prazos previstos na lei processual ou fixados pelo juiz.

Por segurança e para evitar violação do art. 10 do CPC, o juiz, depois de ouvidas as partes, no prazo de 15 (quinze) dias, poderá, de ofício, reconhecer a prescrição no curso do processo e extingui-lo, sem ônus para as partes. A eventual alegação de nulidade quanto ao procedimento previsto neste regime jurídico de decretação de prescrição e extinção da execução do artigo 921, §§somente será conhecida caso demonstrada a ocorrência de efetivo prejuízo, que será presumido apenas em caso de inexistência da intimação de que trata o § 4º deste artigo.

5.3.2 Prestação de caução no cumprimento provisório da sentença (art. 521, IV)

Consoante determina o art. 521, IV, do CPC – destinado ao cumprimento provisório da sentença –, quando o exequente pretender o *"o levantamento de depósito em dinheiro e a prática de atos que importem transferência de posse ou alienação de propriedade ou de outro direito real, ou dos quais possa resultar grave dano ao executado"*, não será possível a realização dos referidos atos executivos de satisfação da norma jurídica concreta (provisória) sem que o exequente requeira e preste caução idônea, assim reconhecida pelo magistrado. Logo, verifica-se que a referida exigência da contracautela põe-se como condição necessária à realização dos referidos atos executivos, ou, se preferir, não poderá praticar os referidos atos se não for prestada ou não for aceita pelo juiz a caução prestada pelo exequente.

Por isso, caso o cumprimento provisório de sentença tenha superado todas as fases executivas e nada há mais a fazer senão alienar o domínio ou levantar a quantia, resta claro que a prestação de caução idônea é requisito intrínseco à realização completa da atividade executiva, que ficará impedida de prosseguir enquanto não cumprida a exigência mencionada. Tem-se aí uma hipótese de ato necessário à atividade executiva fundada em título instável, que, se não for atendido, coloca-se como óbice ao prosseguimento do procedimento executivo.[9]

5.3.3 Penhora sobre ação e direito do devedor (penhora no rosto dos autos – art. 860 do CPC)

Consagrada no art. 860 do CPC[10] encontra-se a "penhora no rosto dos autos", que corresponde, precisamente, às situações em que a constrição (penhora) judicial na execução por quantia certa (processo A) incide sobre um bem jurídico que está sendo objeto de ação em outro processo (processo B). Assim, realizada a penhora sobre o bem que é objeto do processo B, a execução (processo A) não poderá avançar além disso, porque deve aguardar a solução dada no processo B, no qual foi feita a penhora, pois, enquanto não for entregue o bem ou transferido o valor para o credor do processo B, que é devedor do processo A, este não poderá prosseguir. E pode acontecer que o destino do bem penhorado seja desfavorável ao executado do processo A, caso em que, não havendo outros bens, ficará o processo A impedido de prosseguir, devendo ser requerida sua suspensao (*rectius* = impedimento) que será deferida com base na hipótese do art. 921, III, do CPC.[11]

---

9. Não se admite execução provisória na ação que tenha por objeto a emissão de declaração de vontade, pois segundo o artigo 501 do CPC a sentença que julgar procedente o pedido, somente quando transitar em julgado, produzirá todos os efeitos da declaração não emitida.

10. Art. 860. Quando o direito estiver sendo pleiteado em juízo, a penhora que recair sobre ele será averbada, com destaque, nos autos pertinentes ao direito e na ação correspondente à penhora, a fim de que esta seja efetivada nos bens que forem adjudicados ou que vierem a caber ao executado.

11. A penhora sobre o bem litigioso de outra demanda e o respectivo andamento do processo de execução têm a sua sorte determinada pelo resultado do processo B, caso não existam outros bens que garantam a satisfação do

5.3.4 Concurso particular de credores e exequentes (arts. 908 e 909 do CPC)

Outra figura que constitui um fato impeditivo e obstaculizador do deslinde normal do procedimento executivo é o incidente processual causado pelo concurso particular de credores ou exequentes, previsto nos arts. 908 e 909 do CPC. Tal incidente tem lugar sempre que, coexistindo execuções contra um mesmo devedor e em tais execuções um mesmo bem do devedor é objeto de penhora, logo após a arrematação e antes de ser feita a entrega do dinheiro, é possível que os demais exequentes que penhoraram o mesmo bem provoquem o "concurso particular de exequentes", para que seja definido, entre os exequentes, aquele que tem primazia no recebimento do dinheiro, devendo o juiz usar como critério de julgamento a anterioridade do direito de preferência entre os exequentes.

Esse direito de preferência pode ser estabelecido pela lei civil ou pela lei processual (penhora), prevalecendo o critério da anterioridade se não existir qualquer tipo de preferência ou privilégio creditício estabelecido no direito material.

Assim, enquanto não resolvido esse incidente processual, não poderá ser feito o pagamento do dinheiro obtido com a arrematação do bem,[12] e, por isso, fica paralisado o procedimento executivo. Há, pois, de se resolver essa questão, que é antecedente lógico e cronológico ao pagamento.

5.4 Hipóteses de causas suspensivas da execução

As hipóteses de suspensão – e não de paralisação do procedimento executivo – vêm descritas também no mesmo art. 921 do CPC. Na verdade, o dispositivo manda aplicar à execução as hipóteses previstas nos arts. 313 e 315 (no que couber), além de dizer, no inc. II, que será caso de suspensão do processo de execução quando "no todo ou em parte, quando recebidos com efeito suspensivo os embargos à execução".[13] Obviamente que a regra se aplica, também às hipóteses em que a impugnação ao cumprimento de sentença tenha sido deferido o efeito suspensivo.[14]

---

processo A. Assim, somente depois de revelado no processo B o direito que foi objeto de penhora é que poderá ter prosseguimento o processo do qual emanou a penhora. Enquanto não passar a ser titular definitivo (coisa julgada material) do bem, o executado não é titular do bem que perseguia em juízo, e, por isso, não poderá sofrer expropriação do que ainda não era seu.

12. Este dinheiro obtido com a arrematação fica penhorado e a disposição do juízo. A rigor, o dinheiro obtido com a alienação em leilão público substitui o bem penhorado que foi arrematado.

13. Quando nos embargos à execução o executado alegar retenção por benfeitorias necessárias ou úteis, nos casos de execução para entrega de coisa certa (art. 917, IV) haverá uma impossibilidade de prosseguir na entrega da coisa certa não porque tais embargos tenham efeito suspensivo, mas sim porque o contradireito de retenção impede que a execução prossiga sem que antes se apure a indenização pelas benfeitorias, a não ser que exequente preste caução ou deposite o valor devido pelas benfeitorias ou resultante da compensação, caso em que poderá ser imitido na posse da coisa. (art. 917, §§5º e 6º).

14. A mini impugnação do artigo 854 §3º do CPC possui efeito suspensivo ex legge. Apenas se "rejeitada ou não apresentada a manifestação do executado, converter-se-á a indisponibilidade em penhora" quando então o dinheiro poderá ser levantado pelo exequente. (art. 854, §5º).

Assim, nem os embargos do executado (utilizáveis nos processos de execução fundados em título extrajudicial) nem a impugnação do executado ao cumprimento de sentença possuem, *ex lege*, o poder de provocar a suspensão da execução.

O art. 922 encerra hipótese curiosa de suspensão ao dizer que "convindo as partes, o juiz declarará suspensa a execução durante o prazo concedido pelo exequente para que o executado cumpra voluntariamente a obrigação". Segundo o parágrafo único "findo o prazo sem cumprimento da obrigação, o processo retomará o seu curso". Este dispositivo se aplica tanto ao cumprimento de sentença quanto ao processo de execução.

Assim, imaginando a hipótese de processo de execução de obrigação de pagar quantia onde seja firmado um acordo para pagamento da dívida entre o exequente e o executado, este documento, se juntado ao processo, *ipso facto* implicará *confissão* da dívida, acarretando extinção dos embargos naquilo que for acordado e tiver sido impugnado e levará à suspensão do processo de execução. Caso não haja o adimplemento do acordo, então o processo de execução *retomará o seu curso*, o que significa dizer que o juiz não extinguirá o processo com a apresentação do pacto firmado entre as partes. Ao retomar a execução, o processo continua de onde parou, ou seja, não há fixação de novos honorários, não há a possibilidade (preclusão lógica) de embargar a dívida confessada. O título que se passa a executar é de natureza judicial, mas frise-se, não há a necessidade de iniciar um cumprimento de sentença com intimação do executado para pagar nos termos do art. 523, § 1º, bastando que se siga – assim que retome a execução – os atos expropriatórios, lembrando que resta afastada a possibilidade de opor defesa (impugnação) em razão da preclusão lógica (acordo firmado e homologado superveniente e o oferecimento da defesa).

5.4.1 Efeitos da suspensão

O regime jurídico da suspensão da relação processual executiva é definido nos arts. 921 e ss. do CPC, que deixam bastante claro que a suspensão da execução depende de ato judicial reconhecendo a suspensão requerida pelas partes[15] (negócio processual), ou nas hipóteses previstas no Código que não foram exaustivamente narradas nesses dispositivos. A suspensão da execução não implica fim do estado de pendência, mas apenas que o procedimento executivo fica sobrestado dali para frente, não se realizando nenhum ato processual após a declaração da suspensão, salvo se, nos termos do art. 923 do CPC, a requerimento das partes ou de ofício (quando assim permitir a lei), o juiz ordenar a realização de providências urgentes, sejam elas cautelares ou satisfativas. Uma vez cessada a causa suspensiva, uma de duas: ou o procedimento executivo retoma o seu curso normal, ou, dependendo da resolução da causa suspensiva, haverá a extinção do processo executivo, *v.g.*, como no caso de suspensão da execução para que o devedor cumpra a obrigação.

---

15. Art. 922. Convindo as partes, o juiz declarará suspensa a execução durante o prazo concedido pelo exequente para que o executado cumpra voluntariamente a obrigação. Parágrafo único. Findo o prazo sem cumprimento da obrigação, o processo retomará o seu curso.

6. EXTINÇÃO DA EXECUÇÃO

6.1 Extinção do "processo" de execução

Como já afirmado por José Carlos Barbosa Moreira, a dicção do art. 794 do CPC de 1973 não era um primor de técnica, seja no aspecto semântico, seja na tradução do modelo que lhe serviu de inspiração.[16] O NCPC trocou o referido dispositivo pelo art. 926 que melhorou bastante a redação, mas o novo texto ainda contém defeitos.

Não obstante a imperfeição do texto, é nos arts. 924 e 925 que está regulamentada a extinção da execução. Aprioristicamente, as hipóteses de extinção da execução referem-se ao processo de execução, e não propriamente ao cumprimento de sentença, embora, subsidiariamente as hipóteses ali descritas possam se encaixar em situações processuais que aconteçam na efetivação de títulos judiciais em processos sincréticos. Seja o "processo", seja a "fase" de execução devem se extinguir por sentença.

6.2 A sentença no processo de execução

O processo é sempre um caminho com início, meio e fim. Em algum momento o processo deve ser extinto e a sentença é, nos termos do artigo 203, §1° "o pronunciamento por meio do qual o juiz, com fundamento nos arts. 485 e 487, põe fim à fase cognitiva do procedimento comum, bem como extingue a execução". Assim, o cumprimento de sentença ou o processo de execução serão extintos por meio de uma sentença. E, sabe-se, que duas são as possibilidades de extinção: com ou sem resolução do mérito. A primeira é considerada um desfecho anormal e indesejado e a segunda um desfecho normal e esperado (art. 317).

No processo cognitivo admite-se como desfecho normal a extinção com resolução do mérito tanto pela procedência, quanto pela improcedência do pedido do autor. Esse desfrecho duplo existe porque a improcedência é tutela meritória a favor do réu.

Já no processo de execução também é possível falar em desfecho normal (com resolução do mérito) e desfecho anormal (sem resolução do mérito). Todavia, ao contrário do processo cognitivo, que admite como "desfecho normal" uma sentença de mérito de procedência ou improcedência, o processo de execução ou o módulo de execução (cumprimento da sentença), cujo mérito é a pretensão à satisfação do direito revelado no título executivo, admite como desfecho normal ou típico a *satisfação da pretensão do exequente* não havendo que se falar em solução de "improcedência desta pretensão.

Por isso, menciona-se que o processo ou módulo de execução é de desfecho único, porque construído com a finalidade de concentrar os atos executivos tendentes à atuação da norma concreta, não tendo sido preparado para servir a um resultado duplo do tipo *procedente e improcedente.*

---

16. José Carlos Barbosa Moreira. Notas sobre a extinção da execução. *Temas de direito processual civil*. 5.ª série. São Paulo: Saraiva, 1987.

Quando se fala em "sentença" no processo de execução ou que põe fim à fase executiva do cumprimento de sentença, embora o mérito tenha sido satisfeito, não é de melhor técnica utilizar a nomenclatura do art. 487, I, do CPC (procedência e improcedência), porque, a rigor, ou o processo executivo satisfez (execução frutífera) ou não satisfez (execução infrutífera) o credor exequente.

Portanto, uma de duas: ou o processo de execução é extinto pela eficácia de uma decisão judicial como no caso da sentença que acolhe os embargos ou o cumprimento de sentença ou uma ação rescisória etc. ou então pela eficácia de algum ato jurídico que extinguindo o crédito, elimina também a pretensão executiva, como no caso das hipóteses do artigo 924 I à III. Nestas hipóteses é necessário que seja proferida uma sentença que declare o reconhecimento do referido ato jurídico culminando com a extinção da execução.

Assim, a sentença de extinção da execução que reconhece o ato jurídico que eliminou o crédito – ato de satisfação do crédito do exequente – se dá, rigorosamente, antes de ser extinto o processo ou a fase executiva. Isso implica dizer que a sentença no processo de execução é declaratória, porque declara a extinção do processo executivo, portanto com eficácia *ex tunc*. Essa declaração serve para reconhecer se a execução forçada foi frutífera ou não. Não é a sentença em si mesma o ato executivo que realiza a execução em concreto, mas apenas dá o acertamento de que houve (no passado – declaração) ou não a satisfação do direito exequendo.

6.3   O rol do art. 924 do CPC

Não obstante a redação do art. 924 do CPC, de que o rol ali contido é taxativo (o legislador utiliza a expressão "quando"), é fora de dúvida que o dispositivo não contempla todas as hipóteses de extinção do processo executivo. As hipóteses de acolhimento dos embargos do executado, a desistência da execução, a extinção do processo executivo pela ausência de pressuposto processual ou condição da ação, eventualmente conhecidas de ofício, são exemplos de que o rol do art. 924 é tímido e não contém todas as hipóteses de extinção da execução.

6.3.1   *Art. 924, I (a petição inicial for indeferida)*

A petição inicial tem requisitos que devem ser atendidos pelo exequente, seja em relação ao que deve instruir e o que requerer. Várias são as hipóteses de extinção da execução por falha ou defeito que leve ao indeferimento da petição inicial. Contudo, assim como no processo de cognição, a petição inicial só será indeferida depois de aplicada a regra do art. 801 que assim diz: "Art. 801. Verificando que a petição inicial está incompleta ou que não está acompanhada dos documentos indispensáveis à propositura da execução, o juiz determinará que o exequente a corrija, no prazo de 15 (quinze) dias, sob pena de indeferimento".

6.3.2 Art. 924, II (a obrigação for satisfeita)

A satisfação da obrigação pode se dar por diversas formas, inclusive na remota hipótese de o devedor remir o que lhe for devido. A realização dos atos executivos pode levar à satisfação do crédito exequendo, caso em que a execução será frutífera. É bom lembrar que a "satisfação da obrigação" pode se dar, inclusive, por aquele que não era o devedor principal, mas apenas o garantidor da obrigação, e, portanto, sujeito à responsabilidade patrimonial. O que importa no presente dispositivo – enfim, o que pretende dizer – é que a execução é extinta quando o crédito é satisfeito, pouco importando se por ato do devedor ou não, tal como aqui demonstrado. É importante registrar que a "satisfação" aí mencionada refere-se ao recebimento pelo exequente do que lhe é devido, principal (obrigação de pagar, fazer ou não fazer ou entrega de coisa) ou acessório (custas e despesas processuais etc.).

6.3.3 Art. 924, III (o executado obtiver, por qualquer meio, a extinção total da dívida)

O dispositivo em tela engloba qualquer hipótese de extinção da dívida livrando o devedor. Assim, seja por transação, remissão, conciliação etc., havendo a extinção da dívida, dela estará livre o executado, o que será reconhecido por sentença de extinção da execução. Nesse caso, uma sentença atípica, posto que o normal ou esperado no processo de execução é a hipótese descrita no art. 924, II, do CPC. Não é demais lembrar que a transação é meio de que se utilizam "os interessados para prevenirem ou terminarem o litígio mediante concessões mútuas" (art. 840 do CC). Remissão é o perdão que o credor concede ao devedor, liberando-o, gratuitamente, da obrigação. É, pois, uma renúncia de direito (art. 385).

Esse dispositivo deve ser interpretado de forma que as hipóteses de transação, conciliação e remissão sejam apenas exemplos de meios extintivos das obrigações, que, ocorridos no plano substancial, influenciam diretamente no objeto do procedimento executivo, ou seja, deverá ser extinta a execução quando ocorrer qualquer meio extintivo da obrigação – dação em pagamento, art. 356 do CC; confusão, art. 381 do CC; compensação, art. 368 do CC –, porque nesses casos não haverá mais interesse na satisfação do direito exequendo. Desaparecido o crédito, desaparece igualmente a razão de ser da demanda executiva.

6.3.4 Art. 924, IV (o credor renuncia ao crédito)

Nesse dispositivo fica evidente a falha do legislador quando traduziu equivocadamente o art. 677, § 4.º, do Código do Vaticano (art. 696 do Projeto Carnelutti). O erro foi repetido pelo NCPC (art. 924, IV) que manteve o teor do art. 794, III, do CPC de 1973.

Como já se disse, os referidos diplomas serviram de fonte imediata para o legislador brasileiro do CPC de 1973, especialmente nos temas da suspensão e extinção da execução. Contudo, faltou cuidado ao legislador brasileiro quando traduziu o vocábulo *rinunziare* do texto do Vaticano como se fosse "renúncia ao direito", quando o texto lá significa "renúncia à execução".

Para nós, renúncia à execução corresponderia a "desistência da execução", portanto, apenas do procedimento (técnica) executivo. Isso que foi dito se comprova porque a hipótese de renúncia ao crédito exequendo no Código do Vaticano está no dispositivo do art. 677, § 2.º (projeto, art. 694) – "[...] la remissione dell'obbligo o della parte dell'obligo tuttora inadempiuta e abbia pagato le spese esecutive o pure queste gli sineo state rimesse".

Ora, sendo a renúncia ao crédito tomada como sinônimo de remissão (ou gênero desta), o fato é que existe uma redundância entre a hipótese descrita no inc. IV do art. 924 com a hipótese descrita no inc. III do art. 924. A hipótese de "renúncia" do inc. IV já estaria inserta no inc. III, porquanto contemplada no gênero "extinção total da dívida". A rigor, o inc. IV do art. 924 que reproduziu o texto do art. 794 do CPC de 1973, na correta tradução do italiano, deveria referir-se à "desistência da execução", e não a "renúncia do crédito exequendo". Só assim pode ser compreendida a repetição desnecessária entre os dois dispositivos.

6.3.5 O fim da execução e efeito sobre o direito material: satisfação do direito e quitação

Não ocorrendo este *concurso de credores ou de exequentes*, ou depois dele ter ocorrido e ainda tendo sobrado dinheiro para o exequente, será concedido ao exequente o mandado de levantamento da quantia, que poderá ser substituído pela transferência eletrônica do valor depositado em conta vinculada ao juízo para outra indicada pelo exequente.

Com a entrega do dinheiro ou com a adjudicação do bem penhorado a pretensão satisfativa é realizada e com isso o exequente dará ao executado, por termo nos autos, a *quitação* da quantia paga. Uma vez recolhidas as custas e os honorários, então a importância que sobrar será restituída ao executado. Nesta sonhada situação temos a incidência da hipótese do artigo 924, II do CPC. É claro que existem outras formas de extinção da execução e, infelizmente, esta não é a mais comum. Normalmente, a hipótese mais comum de execução é a extinção da execução pela prescrição intercorrente (art. 924, V) depois de o processo ter ficado anos com a execução suspensa e contando o prazo de prescrição pelo fato de o executado não possuir bens penhoráveis (art. 921, III e §§ 1º a 5º).

Este *termo de quitação* tem repercussão no âmbito do direito material, posto que é o reconhecimento de que aquela dívida foi satisfeita e não pode mais ser exigida do executado. Talvez por causa do *desfecho único* da natureza meramente declaratória de extinção do processo ou módulo executivo o legislador não tenha se preocupado com o ato processual que dá quitação ao executado.

O que precisa ficar claro que o fundamento da execução, a causa de pedir, é o *inadimplemento do devedor*, que, nos títulos executivos judiciais é exatamente o mesmo que justifica a propositura da demanda condenatória. O reconhecimento da *satisfação pela expropriação judicial ou por qualquer outro meio tem o poder de impedir que tal dívida seja novamente cobrada*. Se a sentença executiva apenas declara o fim do processo ou módulo executivo, é preciso reconhecer, por outro lado, que quando se fundamenta na satisfação do direito exequendo, este termo de quitação dá ao executado a segurança que permite impedir que seja novamente cobrado pela mesma dívida.

7. REMIÇÃO DA EXECUÇÃO

7.1 Conceito e generalidades[17]

Uma vez iniciada a execução para pagamento de quantia contra o devedor, seja ela cumprimento de sentença ou extrajudicial, concede o Código o direito subjetivo de o executado pagar ou consignar a importância atualizada da dívida, mais juros, custas e honorários advocatícios, e assim livrar-se dos indesejáveis ônus de uma expropriação judicial. Se de fato o executado *remir a execução*, não há outra solução senão a extinção da relação processual executiva com fulcro no art. 924, I, do CPC.

Há, portanto, para o executado um direito subjetivo de remir a execução, pagando ou consignando o seu valor, desde que o faça nos termos das hipóteses previstas no CPC. Tal direito nada mais é do que uma projeção do art. 805 do CPC, que, *lato sensu*, prescreve a regra de que o devedor tem o direito de ser executado pela forma menos gravosa possível.

É claro que tal princípio deve se compatibilizar com o da *maior efetividade possível da execução*, que existe em favor do exequente. É evidente que, na maior parte dos casos, a remição da execução é algo que será muito bem aceito pelo exequente, pois, afinal de contas, ao remir a execução o devedor satisfaz a obrigação, arcando com todos os encargos processuais que dela resulta. Todavia, excepcionalmente, é possível que esse direito de o executado remir a execução se veja limitado pelas circunstâncias da própria execução, ou seja, quando, embora raramente, o direito de remir represente um pesadelo para o exequente, isto é, um ônus ainda maior e mais pesado do que manter a execução do jeito que se encontra. No entanto, como se disse, é algo raro de ocorrer.

---

17. Humberto Theodoro Junior. *Curso de direito processual civil*. 22. ed. Rio de Janeiro: Forense, 2000. v. II; Luiz Rodrigues Wambier; Flávio Renato Correia Almeida; Eduardo Talamini. *Curso avançado de processo civil*. 6. ed. rev. e atual. São Paulo: RT, 2004; Araken de Assis. *Manual do processo de execução*. 6. ed. São Paulo: RT, 2000; Paulo Henrique dos Santos Lucon. *Embargos à execução*. São Paulo: Saraiva, 1996; Nelson Nery Junior; Rosa Maria de Andrade Nery. *Código de Processo Civil comentado*. 10. ed. São Paulo: RT, 2007; Ernane Fidélis dos Santos. *Manual de direito processual civil*. 6. ed. São Paulo: Saraiva, 1998. v. 2.

7.2 Remição da execução e institutos afins

Inicialmente, há de se distinguir a remição da execução com a remição de bens. Embora ambos se finquem na noção de *libertação, salvamento*, no primeiro tem-se o livramento do devedor da própria execução contra si instaurada. No segundo, livra-se apenas o bem que será expropriado pela alienação ou pela adjudicação.[18] Aqui, cuidamos da remição da execução.[19]

Igualmente, também não se confunde a remição da execução com a remissão da dívida.[20] Nesta há perdão, e enseja uma das hipóteses do art. 924, II. Naquela, repita-se, há satisfação da execução.

Também não se confunde a substituição do bem penhorado por dinheiro com a remição da execução. Naquele, a execução prossegue e o bem penhorado passa a ser dinheiro, porém mantendo viva a resistência do executado. Neste, a execução é extinta pelo reconhecimento do direito do exequente com a consequente extinção da execução pela satisfação da obrigação.

7.3 Tipos de remição da execução

Seguindo essa esteira, verificam-se no Código diferentes formas de o executado remir a execução. Enfim, modos diversos de o executado exercer o seu direito subjetivo de livrar-se da execução por expropriação contra si instaurada.

A regra geral ou clássica da remição encontra-se prevista no art. 826,[21] mas ainda existem formas especiais de exercer esse direito, que estão estabelecidas nos arts. 827, § 1.º, parágrafo único, 523, § 1.º, e 916 do CPC.[22]

---

18. A remição de bens estava prevista nos arts. 789-792 do CPC originalmente em 1973. Depois de sucessivas reformas tais dispositivos foram revogados Lei 11.382/2006. Embora quase extinto o instituto da forma como originalmente foi concebido, esta Lei manteve o seu "embrião" (resgate de bens a serem expropriados por membros da família do executado) no art. 685-A, § 2.º, introduzido pela mesma lei. Nesse dispositivo, dizia-se existir um direito dos familiares do executado (cônjuge, dos ascendentes e descendentes) de adjudicar o bem penhorado pelo preço da avaliação em condições de preferência em relação aos demais adjudicantes, nos termos do § 3.º desse mesmo dispositivo. Com o CPC de 2015 a referida regra foi mantida no art. 876, § 5.º, que assim diz: "*Idêntico direito pode ser exercido por aqueles indicados no art. 889, incs. II a VIII, pelos credores concorrentes que hajam penhorado o mesmo bem, pelo cônjuge, pelo companheiro, pelos descendentes ou pelos ascendentes do executado*". Este direito de adjudicação do bem pela família do executado é resquício da antiga remição de bens. No atual código sobrou apenas o artigo 902 como verdadeira hipótese de remição (resgate, salvamento) do bem. O limite para salvar o bem é a assinatura do auto de arrematação.
19. S.f. 1. Ato ou efeito de remir(-se). 2. Libertação, resgate. 3. Salvação de pecados ou de crimes por meio da expiação. Remição é resgate de dívida. Remido é aquele que se acha desobrigado de uma prestação mediante o pagamento desta.
20. Do lat. *remissione*. S.f. 1. Ação ou efeito de remitir(-se); remitência. 2. Compensação, paga; satisfação: 3. Misericórdia, clemência, indulgência; perdão. 4. Perdão total ou parcial dos pecados, concedido pela Igreja. 5. Perdão de ônus ou dívida. 6. Falta ou diminuição de rigor, de força, de intensidade. 7. Lenitivo, alívio, consolo. 8. Ação ou efeito de remeter, de mandar a um ponto dado.
21. Art. 826. Antes de adjudicados ou alienados os bens, o executado pode, a todo tempo, remir a execução, pagando ou consignando a importância atualizada da dívida, acrescida de juros, custas e honorários advocatícios.
22. Assim como existe o direito de cobrar o crédito existe o direito dele se libertar. O devedor pode dele se libertar com a execução em curso ou antes de ela ser promovida, quando, ele mesmo dá início ao que se denomina de execução às avessas. O texto do artigo 526 está na parte do cumprimento de sentença, mas se aplica igualmente ao processo execução.

Os requisitos básicos de toda e qualquer remição da execução vêm descritos no art. 826 do CPC, que deixa claro que esse direito pode ser exercido pelo executado, desde que seja ele parte na execução a partir do momento que o faça até o instante em que se dê a realização, perfeita e acabada, da alienação ou adjudicação do bem a ser expropriado. Esse termo final ocorre, portanto, *v.g.*, na adjudicação e na arrematação, com a lavratura dos respectivos autos de arrematação e adjudicação (arts. 877, 903 e 904 do CPC).

É claro que, além de a remição só poder ser feita nesse hiato temporal, é mister que ela se realize mediante pagamento ou consignação em dinheiro de tudo quanto for devido na execução (crédito + honorários, se houver + despesas) devidamente atualizado e acrescido dos respectivos juros, pois a remição é direito de o executado se livrar da execução,[23] sem que isso, porém, represente um óbice ou um prejuízo maior do que o que já existia para o exequente em relação ao recebimento do seu crédito pela via executiva.

Enfim, regra geral, a remição não pode colocar o executado em uma situação de vantagem em relação à execução contra si instaurada, e o exequente em uma situação de desvantagem em relação a ela, sob pena de violar o direito constitucional à ordem jurídica executiva justa. Enfim, não é nem pode ser a remição da execução uma técnica de driblar, maliciosamente, a tutela jurisdicional executiva.

Assim, não sendo caso de se aplicarem as hipóteses especiais de remição previstas nos citados dispositivos, ter-se-á a regra genérica do art. 826 do CPC.

A primeira regra especial de remição da execução está prevista no art. 827, § 1.º, do CPC, que repetiu a redação do art. 652-A, parágrafo único, do CPC revogado. Nessa modalidade de remição, o executado poderá se libertar da execução, desde que efetue o pagamento voluntário ou consigne em juízo a importância da dívida, devidamente atualizada, mais despesas processuais e verbas honorárias no prazo de três dias, contados da sua citação.[24] Assim, se realizada no referido prazo, os honorários serão arcados pela metade, como diz o dispositivo que fixa uma sanção premial para estimular o executado. Portanto, o prazo é decadencial para o exercício desse direito e se finda, exatamente, ao término dos três dias contados da citação da execução por expropriação fundada em título executivo extrajudicial. Pela sua localização no Código, dentro do Livro II, e porque se trata de exercer esse direito de remição em um prazo (três dias) que só existe nas execuções por expropriação fundadas em título extrajudicial, tem-se que essa hipótese especial de remição está restrita a essas modalidades de execução por quantia certa, excluída, portanto, do cumprimento de sentença.

---

23. Observe-se que a que a remição é da *execução*, que envolve a dívida e as custas, despesas e honorários processuais. Não adianta o executado pretender pagar apenas a dívida, pois não obterá a extinção da execução, permanecendo responsável pelos honorários, custas e despesas da própria execução.

24. O prazo inicia com a citação e termina após três dias. Não se conta da juntada aos autos do mandado de citação devidamente cumprido, pois desse fato nasce o prazo para oferecer embargos do executado, e no prazo deste é que se exercita a outra modalidade especial de remição da execução.

Não apenas por isso, mas também porque o legislador previu no art. 526, §§ 1.º e 2.º, hipótese especial de remição da execução pelo executado nos casos de cumprimento de sentença. Trata-se da segunda hipótese de regime especial de remição da execução.[25]

Segundo esse dispositivo, após o requerimento inicial da execução, e, portanto, após ser dela intimado, o executado possui 15 dias para espontaneamente pagar o débito acrescido de custas, se houver. Caso efetue o pagamento nesse prazo, o executado livra-se da execução que será extinta com fulcro no art. 924, II, do CPC. Verifique-se que apenas no caso de não pagamento ou pagamento parcial é que incidem a multa de 10% e os honorários fixados para a execução.

A rigor, quando essa hipótese de remição é comparada com a anterior (do art. 827, § 1.º), que é análoga, verifica-se o absurdo cometido pelo NCPC, pois, nada obstante tratar-se de um cumprimento de sentença, portanto, lastreada em um título judicial, a remição da execução pelo executado nesse caso é infinitamente melhor do que a que se encontra presente no art. 827, § 1.º, dos títulos extrajudiciais.

Isso porque, além de ter 15 dias, e não três como nos casos de execução fundada em título extrajudicial, o executado que paga nesse quinquídio se livra integralmente dos honorários advocatícios, ao passo que na hipótese de processo de execução (título extrajudicial), além do prazo mais exíguo, os honorários são reduzidos à metade se houver a remição da execução no trídio legal. A ilogicidade das regras é patente e coloca o exequente do cumprimento de sentença em posição jurídica de desvantagem em relação ao exequente do processo de execução.

A outra forma especial de o executado exercer o seu direito de remir a execução vem descrita no art. 916 do CPC, restringe-se à execução fundada em título extrajudicial para pagamento de quantia, o que, data vênia é inexplicável (art. 916, § 7.º), e é marcada por duas peculiaridades: prazo e modo específico de exercer tal direito.[26]

---

25. Art. 523. No caso de condenação em quantia certa, ou já fixada em liquidação, e no caso de decisão sobre parcela incontroversa, o cumprimento definitivo da sentença far-se-á a requerimento do exequente, sendo o executado intimado para pagar o débito, no prazo de 15 (quinze) dias, acrescido de custas, se houver.
§ 1.º Não ocorrendo pagamento voluntário no prazo do *caput*, o débito será acrescido de multa de dez por cento e, também, de honorários de advogado de dez por cento.
§ 2.º Efetuado o pagamento parcial no prazo previsto no *caput*, a multa e os honorários previstos no § 1.º incidirão sobre o restante.

26. Art. 916. No prazo para embargos, reconhecendo o crédito do exequente e comprovando o depósito de trinta por cento do valor em execução, acrescido de custas e de honorários de advogado, o executado poderá requerer que lhe seja permitido pagar o restante em até 6 (seis) parcelas mensais, acrescidas de correção monetária e de juros de um por cento ao mês.
§ 1.º O exequente será intimado para manifestar-se sobre o preenchimento dos pressupostos do *caput*, e o juiz decidirá o requerimento em 5 (cinco) dias.
§ 2.º Enquanto não apreciado o requerimento, o executado terá de depositar as parcelas vincendas, facultado ao exequente seu levantamento.
§ 3.º Deferida a proposta, o exequente levantará a quantia depositada, e serão suspensos os atos executivos.
§ 4.º Indeferida a proposta, seguir-se-ão os atos executivos, mantido o depósito, que será convertido em penhora.
§ 5.º O não pagamento de qualquer das prestações acarretará cumulativamente:

O prazo para remição da execução do art. 916 coincide com o prazo para oferecimento dos embargos do executado, ou seja, nasce com a juntada aos autos do mandado de citação devidamente cumprido e termina 15 dias depois, valendo-se das regras normais de contagem de prazo do CPC. Enfim, coincide com o prazo dos embargos do executado, e essa coincidência não foi por acaso. Foi clara a intenção do legislador de estabelecer a coincidência de prazos (embargos e remição), justamente para assim evitar que, uma vez realizada a remição, pudesse o executado oferecer os embargos. O pressuposto da remição é o reconhecimento da dívida (art. 916), com a consequente satisfação do crédito e acessórios, e, por isso, uma vez praticado tal ato, torna-se preclusa (logicamente) a possibilidade de oferecer embargos (art. 916, § 6.º), como expressamente diz o legislador ao afirmar que a opção pelo parcelamento de que trata esse artigo importa renúncia ao direito de opor embargos.

Mas por que o executado iria remir a execução no prazo dos embargos, abrindo mão do seu direito de opor-se à execução? O motivo é simples, e daí exsurge o segundo aspecto de *especialidade* dessa forma de o executado remir a execução em relação ao modo genérico previsto no art. 826 do CPC.

É que, na tentativa de aproximar o processo da realidade cotidiana, o legislador previu a possibilidade de o executado pagar a dívida e seus acessórios de forma parcelada, em até sete vezes. Para tanto, repita-se, é preciso que, no prazo que teria para embargar, o executado reconheça o crédito do exequente e deposite 30% do valor da execução (crédito + honorários + custas), podendo requerer pagar o restante em até seis parcelas iguais, acrescidas de juros de 1% ao mês e correção monetária.

Essa forma especial de remição, com parcelamento do valor devido na execução, apresenta-se como um atrativo a mais para o executado livrar-se da execução contra si proposta, pois permite que o valor total seja pago em até sete parcelas. Se tal medida se mostra "interessante" para o executado, não menos vantajosa se apresenta ao exequente, pois evita a interposição de embargos do executado, e ainda se coloca como uma medida que torna bem próxima a satisfação do crédito exequendo.

Uma questão muito intrigante reside em saber se, uma vez escolhida essa via de remição por parte do executado, poderia tal requerimento ser recusado ou inadmitido. Enfim, atendidas as exigências legais quanto ao prazo, ao depósito e ao pedido de parcelamento, poderia o juiz negar o direito de o executado remir a execução na forma do art. 916?

Inicialmente é importante deixar claro que tal requerimento formulado pelo executado enseja o contraditório por parte do exequente, como consagra didaticamente

---

I – o vencimento das prestações subsequentes e o prosseguimento do processo, com o imediato reinício dos atos executivos;

II – a imposição ao executado de multa de dez por cento sobre o valor das prestações não pagas.

§ 6.º A opção pelo parcelamento de que trata este artigo importa renúncia ao direito de opor embargos.

§ 7.º O disposto neste artigo não se aplica ao cumprimento da sentença.

o art. 916, § 1.º. Embora tenha silenciado sobre o prazo para o exequente se manifestar sobre o pedido de remissão parcelada, crê-se, por amor à igualdade, que deva ser feito no prazo de 15 dias, e que o magistrado tenha que julgar o incidente processual no prazo, sempre impróprio, de cinco dias.

O CPC deixa clara a possibilidade de indeferimento do pedido de remição parcelada, mas dá a entender que isso se dará apenas quando não estiverem preenchidos os pressupostos objetivos descritos no referido artigo.

Pensamos que, em geral, está correta essa linha de interpretação sugerida pelo legislador processual, pois, se houvesse um subjetivismo para *deferir/indeferir* o pedido de remição parcelada, nenhum devedor estaria estimulado a fazê-lo, pois relembre-se que a opção por esse caminho processual importa em renúncia ao direito de oferecer embargos à execução.

Entretanto, excepcionalmente é possível que o juiz indefira o pedido de remição parcelada feito pelo executado, ainda que este tenha preenchido os requisitos objetivos descritos no dispositivo legal, desde que o exequente se manifeste contrariamente à remição pretendida e demonstre de modo fundado e coerente que o parcelamento é medida que lhe ofertará um resultado pior do que aquele que ele tem ou terá em menor tempo com a atividade executiva, por exemplo, nos casos em que o pedido de remição da execução seja feito após a penhora (completa) de dinheiro do executado, tal como acontece nas execuções contra bancos para valer-se de exemplo mais comum onde o bem penhorado é dinheiro e o levantamento da quantia é imediato após a penhora pela inexistência de efeito suspensivo à oposição do executado.

Nesse caso, a execução poderia proporcionar ao exequente um resultado mais efetivo do que aquele que se teria com o deferimento da remição solicitada pelo executado. Essa e outras situações muito excepcionais podem constituir óbices ao deferimento da remição da execução na hipótese do art. 916, e, dada a sua singularidade, não deverão ser um problema típico à realização dessa forma de remir a execução.

Obviamente que, deferida a remição, permitir-se-á ao exequente o levantamento da quantia depositada, no mínimo 30% do valor da execução, e se suspenderá a execução até que o executado cumpra integralmente o que é devido. Enquanto não for decidido o pedido, prescreve o legislador que deverá o executado depositar as parcelas vincendas, facultado ao exequente seu levantamento. Isso se dá por determinação do art. 916, § 2.º, do CPC.

O requerimento formulado pelo executado importa em suspensão dos atos executivos (art. 921, V), o que se observa pela interpretação *a contrario sensu* do art. 916, § 4.º: "Indeferida a proposta, seguir-se-ão os atos executivos, mantido o depósito, que será convertido em penhora".

É muitíssimo importante que o executado, ao fazer o requerimento de remição da execução, atente-se para os requisitos formais do *prazo*, do *depósito de 30% no* mínimo *do valor da execução* e de pedir o parcelamento em no máximo *seis parcelas*. Caso não atenda a esses requisitos, ou na hipótese excepcional comentada alhures, se tiver feito o depósito, o executado não poderá reavê-lo, posto que convertido em penhora, e ainda por cima terá perdido a oportunidade de oferecer embargos do executado.[27]

Por outro lado, caso não cumpra regularmente os prazos e pagamentos deferidos, automaticamente ocorrerão o vencimento das prestações subsequentes e o prossegui-mento do processo, com o imediato reinício dos atos executivos e a imposição ao execu-tado de multa de dez por cento sobre o valor das prestações não pagas (art. 916, § 5.º).[28]

8. RECURSOS NA EXECUÇÃO

A sistemática recursal prevista no Livro I deve ser aplicada na execução, identi-ficando, é claro, pela singularidade recursal, o pronunciamento dado com o recurso cabível. Assim, tratando-se de sentença que declara extinto o processo de execução (art. 924), o recurso será o de apelação.

Tratando-se de decisão interlocutória, esta será desafiada pelo recurso de agravo, que na hipótese é o de instrumento, nos termos do art. 1.015, parágrafo único, do CPC, que prescreve que também caberá agravo de instrumento, contra decisões interlocutó-rias proferidas na fase de liquidação de sentença ou de cumprimento de sentença, no processo de execução e no processo de inventário.

Para as ações conexas, incidentais ou não, à atividade executiva (embargos do executado, embargos de terceiro etc.), se se tratar de processo incidente que foi extinto com base em algumas das situações dos arts. 485 ou 487 do CPC, haverá aí sentença, e o recurso cabível será o de apelação. No que concerne aos efeitos recursais, inclusive à possibilidade de obtenção do efeito suspensivo (arts. 1.012, § 3.º, e 1.019), aplicam-se as regras gerais contidas no capítulo atinente aos recursos no CPC (arts. 994 e ss. do CPC).

---

27. Observe-se que aqui a oportunidade perdida é para oposição de embargos do executado. Não está impedido de oferecer qualquer outra modalidade de defesa posterior referentes a vícios posteriores dos atos executivos que se realizaram após o insucesso da remição. Tampouco fica impedido de oferecer ação autônoma que lhe permita discutir o crédito exequendo.

28. Segundo o § 7º do artigo 916 "o disposto neste artigo não se aplica ao cumprimento da sentença". Não faz muito sentido a referida regra, que, acertadamente, tem sido muito criticada pela doutrina, pois o importante é buscar a satisfação do crédito exequendo e esta pode ser uma importante via para a sua obtenção.

PARTE II
O PROCEDIMENTO DAS DIVERSAS ESPÉCIES DE EXECUÇÃO

Capítulo I
REGRAS GERAIS
DO CUMPRIMENTO DE SENTENÇA

1. INTRODUÇÃO

A tutela jurisdicional executiva pode ser fundada em título judicial e extrajudicial. No primeiro caso, o CPC usou a terminologia de *cumprimento de sentença* e no segundo caso, *processo de execução*. A terminologia foi utilizada de acordo com a necessidade ou não de se estabelecer uma nova e autônoma relação jurídica processual para a prestação da tutela executiva. Tanto em um quanto em outro caso a tutela prestada é a executiva, qual seja, satisfazer um direito revelado em um título executivo.

Como existem espécies distintas de obrigações (pagar quantia, fazer e não fazer e entrega de coisa) didática e organizadamente o CPC prevê a existência de diversos tipos de procedimentos para o *cumprimento de sentença* e diversos tipos de procedimento para o *processo de execução*.

Assim, há o procedimento de cumprimento de sentença para entrega de coisa (art. 538), de fazer e não fazer (art. 536) e para o pagamento de quantia (art. 523). Este, por sua vez, conta com os procedimentos especiais contra a fazenda pública (art. 534) e o cumprimento de sentença para pagamento de alimentos (art. 528).

Em relação ao "cumprimento de sentença" há ainda o procedimento do cumprimento *provisório (art. 520) e o definitivo* (art. 523) de sentença. Tal distinção leva em consideração a instabilidade do título executivo *judicial*.

Por sua vez, tratando-se de *processo de execução*, existem também os mesmos procedimentos existentes para o cumprimento de sentença: entrega de coisa (art. 806), de fazer e não fazer (art. 814) e pagamento de quantia (art. 824), sendo que este último ainda possui os procedimentos especiais contra a fazenda pública (910) e de alimentos (art. 911).

Assim, todas as modalidades de cumprimento de sentença estão descritas nos arts. 513 a 538 do CPC e espelham as mesmas modalidades[1] de procedimentos no *processo de execução* que estão entre os arts. 806 e 913 do CPC.

---

1. Exceção ao cumprimento provisório/definitivo que só se aplica aos títulos executivos judiciais.

Contudo, é preciso uma advertência. Não pense que essa divisão, didática e organizada do CPC, permite que se possa dar um tratamento ao *cumprimento de sentença* isolando-o do processo de execução. Não mesmo.

Só para se ter uma ideia do peso dessa afirmação, não é possível pensar em cumprimento de sentença para pagamento de quantia, sem utilizar as regras do Livro II da Parte Especial que cuidam do processo de execução. Basta responder para si mesmo às seguintes indagações: onde estão as regras de penhora e avaliação? As regras dos atos expropriatórios finais? As regras de suspensão e extinção da execução? Todas no Livro II da Parte Especial (do processo de execução).

Então, será mais do que comum, corriqueiro mesmo, que exista um intercâmbio natural entre as regras processuais contidas no Livro I com o Livro II da Parte Especial, como, aliás, advertem os arts. 513 e 771 do CPC.

2. DISPOSIÇÕES GERAIS DO CUMPRIMENTO DE SENTENÇA

2.1 As regras processuais aplicáveis

Por expressa dicção do art. 513 do CPC, "o cumprimento da sentença será feito segundo as regras deste Título, observando-se, no que couber e conforme a natureza da obrigação, o disposto no Livro II da Parte Especial deste Código".

É preciso deixar claro, mais uma vez, que não há possibilidade de que o cumprimento de sentença possa chegar ao seu final sem o uso de regras processuais da Parte Especial do Livro II do CPC. Não apenas porque as regras atinentes a importantes atos executivos estão concentradas no referido Livro, mas também porque os dispositivos que cuidam da extinção da execução, inclusive do cumprimento de sentença, estão descritos no art. 924 que se situa no Livro II da Parte Especial. Fez certo o legislador em inserir, logo no primeiro dispositivo, o alerta sobre a necessidade de intercâmbio do Livro II com o I da Parte Especial do CPC.[2]

2.2 Cumprimento de sentença e provocação do interessado

O art. 513, § 1.º, determina que: "o cumprimento da sentença que reconhece o dever de pagar quantia, provisório ou definitivo, far-se-á a requerimento do exequente".

O referido texto deixou muito claro que, tratando-se de cumprimento de sentença que vise uma *expropriação* do executado (obrigação de pagar quantia), será necessário

---

2. O artigo 523, §3º deixa clara a insuficiência do procedimento para pagamento de quantia sempre que o executado não paga no prazo nele previsto. Segundo o dispositivo "não efetuado tempestivamente o pagamento voluntário, será expedido, desde logo, mandado de penhora e avaliação, *seguindo-se os atos de expropriação*". Ora, "seguir os atos de expropriação" importa, necessariamente, saltar para o Livro II (do processo de execução), pois nele estão as regras e procedimentos dos atos expropriatórios.

o requerimento do exequente. Sem esse *requerimento inicial* não terá início a fase de cumprimento de sentença para pagamento de quantia.

Nas demais modalidades de obrigação, ensejadoras de tutela executiva por desapossamento (entregar coisa) e por transformação (fazer e não fazer), a regra é a de que "o juiz poderá, de ofício ou a requerimento, para a efetivação da tutela específica ou a obtenção de tutela pelo resultado prático equivalente, determinar as medidas necessárias à satisfação do exequente" (art. 536).

Como se disse anteriormente é clara a diferença de tratamento da tutela executiva expropriatória das demais modalidades de execução das obrigações específicas, e não é por acaso.

Nestas os atos executivos de transformação e desapossamento não implicam expropriação do patrimônio do executado, e, bem sabemos, historicamente no nosso ordenamento há a proteção do sacrossanto direito de propriedade (art. 5.º, *caput*, XXII, XXIII e LIV, da CF/1988), de forma que para o legislador deve haver um *devido processo* para que se dê a desapropriação do patrimônio de alguém. Eis o motivo claro para que o cumprimento de sentença para pagamento de quantia tenha um tratamento diferenciado em relação aos demais tipos de cumprimento de sentença (das obrigações específicas).[3]

Ademais, quando alguém ajuíza uma demanda condenatória, seja ela de uma obrigação específica ou não, já está embutido na petição inicial o pedido de tutela jurisdicional satisfativa, ou seja, a sua pretensão só se esgota quando for satisfeito o direito revelado na sentença. Assim, no caso das obrigações de pagar quantia, em razão da necessidade de preservação maior do direito de propriedade, o legislador exige que, antes de dar início à fase de cumprimento de sentença, exista novo requerimento formulado pela parte interessada, sem o qual permanecerá inerte a jurisdição.

Seria de bom alvitre que o CPC tivesse retirado essa exigência e mantido uma uniformidade teórica e lógica em relação ao cumprimento de sentença para pagamento de quantia com os demais casos, até porque o artigo 4º determina que a "solução integral do mérito" inclui a "atividade satisfativa".[4]

---

3. Em nosso sentir há um injustificado temor de excepcionalmente aplicar de forma direta e imediata a atipicidade de meios para a tutela pecuniária como determina a clausula geral executiva do artigo 139, IV, mas que o STJ determina que seja aplicado apenas subsidiariamente aos meios típicos e desde que exista indícios de ocultação patrimonial. (AgInt no HC n. 711.185/SP, relatora Ministra Maria Isabel Gallotti, Quarta Turma, julgado em 24/4/2023, DJe de 27/4/2023). Basta pensar na hipótese de o exequente já ter demandado aquele executado inúmeras vezes e em outros processos já ter obtido o reconhecimento de que há a ocultação de bens penhoráveis tendo sido deferida a utilização de medidas atípicas.

4. Não se sustenta o argumento de que isso violaria o princípio da disponibilidade da execução, senão porque a violação é exatamente oposta, na medida em que ninguém vai a juízo pedir a "mera condenação". A condenação não passa de um documento que declara um crédito habilitando para a fase executiva. O que pacifica a crise de adimplemento não é a sentença condenatória, mas a satisfação do direito. É isso que deseja o jurisdicionado quando provoca a tutela jurisdicional do direito inadimplido. Caso o exequente não desejasse o prosseguimento, por exemplo por achar que o custo da execução não compensa ou por saber que o executado não teria patrimônio expropriável, bastaria peticionar manifestando esta intenção. Também não se sustenta o argumento de que caberia ao exequente apresentar a memória de cálculo, sem o qual o executado não poderia efetuar o

Em relação ao *cumprimento provisório* da sentença, é outro o motivo pelo qual se faz necessário o *requerimento* que comece fase executiva. Nesse caso, *para qualquer modalidade de obrigação*, tem-se que o *risco decorrente da provisoriedade do título executivo* faz que o Poder Judiciário transfira para o interessado o ônus de pedir, de forma expressa, que se dê início a uma tutela executiva provisória.

A provisoriedade do título executivo permite que se principie o cumprimento de sentença, mas impõe sobre o requerente o ônus de assumir o risco de iniciar a tutela executiva com um título que ainda esteja em formação (instável). É preciso que requeira expressamente o início do *cumprimento provisório da sentença* para qualquer modalidade de obrigação.

Ainda em relação a esse tema, é de dizer que o tal *requerimento do exequente* que dá início ao cumprimento de sentença para pagamento de quantia ou ao cumprimento provisório da sentença tem nome de *mero requerimento*, mas em tudo se assemelha a uma *petição inicial*, ou seja, embora o legislador tenha atribuído a tal manifestação do exequente um nome de mero *requerimento*, é este ato formal que principia a fase executiva e que será extinta por sentença.

O nome atribuído pelo legislador é o menos importante. Se o fez apenas para não confundir esse requerimento com a *petição inicial que dá início a um processo de execução* (títulos executivos extrajudiciais), isso não terá o condão de afastar nem a função e efeitos desse requerimento.

Assim como uma *petição inicial*, o requerimento inaugura a fase executiva e exige que o Poder Judiciário preste uma tutela jurídica que só extinguirá por sentença (art. 924 do CPC). Esse mesmo requerimento deverá comportar-se, em tudo, como se fosse uma petição inicial, e os efeitos serão os mesmos.

Assim, por exemplo, poderá nele pleitear medidas de urgência, fixará a competência do magistrado, mormente naqueles casos em que o legislador admite que o juízo da execução não coincida com o juízo da cognição, interrompe a prescrição, exige a fixação dos honorários devidos na fase executiva pelo magistrado, e que deverá vir acompanhado da memória discriminada do cálculo referente à quantia que se pretende obter do executado, é com esse requerimento que a parte deixa de ser autor e réu e passa a ser *exequente e executado*, deverá instruir a petição inicial com todas aquelas exigências dos arts. 798 e 799, se estiver incompleta ou que não está acompanhada dos documentos indispensáveis à propositura da execução, o juiz determinará que o exequente a corrija, no prazo de quinze dias, sob pena de indeferimento, enfim, passa-se com o requerimento inicial tudo aquilo que ocorre com uma petição inicial. A diferença de

---

pagamento, pois ambos, exequente e executado tem acesso à sentença e podem-devem apresentar os cálculos para exercício da demanda (art. 524) e defesa (art. 525, §5° e art. 526), ou seja, ao fim da fase executiva já poderia o magistrado determinar ao executado o pagamento da quantia que lhe pareça devida (fundamentada em memória de cálculo por ele apresentada) sob pena de multa. Mas não é essa a realidade do CPC.

CAPÍTULO I • REGRAS GERAIS DO CUMPRIMENTO DE SENTENÇA

uma e outra, se existir, permita-nos o trocadilho, é que esta inaugura uma nova relação jurídica processual e aquela, apenas uma fase executiva.

2.3   A intimação do executado

Com o requerimento executivo, o réu passa à condição de executado e é assim que será intimado da nova fase processual, a de *cumprimento da sentença* para o pagamento da quantia revelada na sentença. A partir de então a tutela jurídica estatal será destinada à expropriação do seu patrimônio por intermédio de atos executivos que, contra e independentemente da sua vontade, promoverão a satisfação do direito reconhecido ao exequente em seu título executivo judicial.

Como estamos diante de apenas uma *fase do novo processo*, o executado deste não precisa ser citado, *pois não se inaugura uma nova relação jurídica processual*, pois é apenas uma fase daquela que já havia se iniciado com a fase cognitiva. Por isso, anteriormente, a parte foi citada, e, para a fase executiva, será somente *intimado* da pretensão ao cumprimento de sentença.

Nesses termos o legislador fixa a regra no art. 513, § 2.º, de que o devedor, *desde que o requerimento executivo seja feito no prazo de um ano do trânsito em julgado da sentença*, será intimado para cumprir a sentença:

1. Pela regra geral das intimações, ou seja, pelo Diário da Justiça, na pessoa de seu advogado constituído nos autos.

2. Nas hipóteses em que for representado pela Defensoria Pública ou quando não tiver procurador constituído nos autos por carta com aviso de recebimento que deverá ser enviada para o endereço que consta nos autos, pois, recorde-se o art. 77, V, diz que é dever das partes e de seus procuradores declinar, no primeiro momento que lhes couber falar nos autos, o endereço residencial ou profissional onde receberão intimações, atualizando essa informação sempre que ocorrer qualquer modificação temporária ou definitiva. Assim, não poderá o executado, posteriormente, alegar nulidade da sua intimação dizendo que não se encontrava mais naquele endereço que havia indicado quando atuou na primeira fase (cognitiva) do processo.[5]

3. Será intimado pelo meio eletrônico, quando, no caso do § 1.º do art. 246, não tiver procurador constituído nos autos. Essa hipótese consagra situação em que, com exceção das microempresas e das empresas de pequeno porte, as empresas públicas e privadas são obrigadas a manter cadastro nos sistemas de processo em autos eletrônicos, para efeito de recebimento de citações e intimações.[6]

4. Não se encaixando em nenhuma dessas hipóteses, ou seja, se é um réu revel desde a fase de conhecimento, será intimado por edital.

---

5. Nesse sentido, o art. 274 do CPC ao dizer que: Não dispondo a lei de outro modo, as intimações serão feitas às partes, aos seus representantes legais, aos advogados e aos demais sujeitos do processo pelo correio ou, se presentes em cartório, diretamente pelo escrivão ou chefe de secretaria. Parágrafo único. Presumem-se válidas as intimações dirigidas ao endereço constante dos autos, ainda que não recebidas pessoalmente pelo interessado, se a modificação temporária ou definitiva não tiver sido devidamente comunicada ao juízo, fluindo os prazos a partir da juntada aos autos do comprovante de entrega da correspondência no primitivo endereço.

6. Tanto nessa hipótese quanto na anterior determina o art. 513, § 3.º, que se considera realizada a intimação quando o devedor houver mudado de endereço sem prévia comunicação ao juízo, observado o disposto no parágrafo único do art. 274.

Se o requerimento executivo for formulado após um ano do trânsito em julgado da sentença, a intimação será feita na pessoa do devedor, por meio de carta com aviso de recebimento encaminhada ao endereço constante dos autos, observado o disposto no parágrafo único do art. 274 e no § 3.º deste artigo (art. 513, § 4.º).

2.4 O exequente e o executado no cumprimento de sentença

O que foi dito em capítulos anteriores sobre as partes na execução valem tanto para o *processo de execução* quanto para o cumprimento de sentença. Tratando-se de *cumprimento de sentença* é mais fácil a identificação do executado porque o sujeito que passa a tal condição é aquele que já figurava no processo, salvo as substituições e as sucessões permitidas por lei, e em desfavor de quem foi proferida a sentença que constitui título executivo. Talvez por excesso de zelo, o legislador previu de forma expressa a regra óbvia do art. 513, § 5.º, ao dizer, até em local impróprio, que "*o cumprimento da sentença não poderá ser promovido em face do fiador, do coobrigado ou do corresponsável que não tiver participado da fase de conhecimento*".

A regra é de uma obviedade incrível porque apenas aquele sujeito que tiver integrado a relação jurídica processual cognitiva, ainda que no direito material figurasse como corresponsável, é que suportará a condição de executado no cumprimento de sentença. O responsável (corresponsável, solidário, subsidiário) responde com o seu patrimônio na execução desde que conste a sua responsabilidade no título executivo.

O cumprimento de sentença deve ser efetivado contra aquele em desfavor de quem foi dada a sentença que revela o direito que se pretende satisfazer. Admite-se, contudo, as sucessões permitidas em lei e, até mesmo, a inserção de nova parte, como nos casos do incidente cognitivo de desconsideração da personalidade jurídica que pode ocorrer em qualquer fase do processo, inclusive na fase executiva do cumprimento de sentença já iniciado.

2.5 A sentença que decide relação jurídica sujeita a condição ou termo

No plano do direito material, normalmente, os negócios jurídicos e as obrigações neles contidas não se sujeitam a nenhuma condição ou termo para serem exigidas. Todavia, atipicamente, admite-se que determinadas obrigações fiquem sujeitas à ocorrência futura de alguma condição ou termo para que possam ser exigidas.

Denomina-se a condicional a obrigação subordinada a um evento futuro e incerto. Tal condição pode se manifestar de duas formas: suspensiva e resolutiva. A nós interessa, nesse caso, apenas a obrigação sujeita a condição ou a algum termo. Na condição suspensiva o credor não pode exigir a referida obrigação porque, a rigor, ela nem sequer se completou, o que só ocorrerá quando se apresentar a respectiva condição. Depois disso, a obrigação se perfaz e torna exigível pelo credor.

Já a obrigação sujeita a um termo (convencional, legal ou judicial), como o nome mesmo já diz, é aquela que depende da verificação de um momento para que possam ser exigíveis, como vencimento do débito para que se configure o inadimplemento.

O que diz o art. 514 do CPC é que, "quando o juiz decidir relação jurídica sujeita a condição ou termo, o cumprimento da sentença dependerá de demonstração de que se realizou a condição ou de que ocorreu o termo".

Na verdade, o que pretende dizer o dispositivo é que a sentença declaratória que reconhece a existência de uma obrigação sujeita a condição ou termo não poderá ser executada, simplesmente porque não é título executivo, pois falta a condição de exigibilidade necessária ao início da tutela executiva. A sentença declaratória pode ser líquida e certa, no sentido de reconhecer a liquidez e a certeza da obrigação sujeita a condição ou termo, mas lhe faltará a exigibilidade necessária para dar início à tutela executiva.

Assim, para que seja dado início ao cumprimento de sentença é mister que, além da própria sentença declaratória que já consta no processo, o exequente faça juntar aos autos a prova de que o termo ou condição se verificou e que assim possa dar início à tutela executiva. Nesse caso, estaremos diante de um título executivo misto, com parte dele judicial (sentença) e parte dele extrajudicial (demonstração da superação do termo ou condição).

2.6   Dos títulos executivos judiciais

Reservamos um capítulo próprio para tratar dos títulos executivos judiciais (art. 515) e extrajudiciais e por isso remetemos o leitor ao referido tópico.

2.7   Da competência no cumprimento de sentença

A competência do juízo no *cumprimento de sentença* (art. 516) foi tratada em capítulo próprio quando cuidamos da relação jurídica processual executiva, e, por isso, remetemos o leitor ao referido tópico.

2.8   O protesto da decisão judicial transitada em julgado

O art. 514 incorporou ao texto do Código de Processo Civil a técnica do *protesto da decisão judicial transitada em julgado*, o que em tese já era permitido e autorizado pelo art. 1.º da Lei 9.492/1997, que não faz nenhuma restrição de que dentre os títulos protestáveis possa estar incluída a decisão transitada em julgado com força executiva. O *protesto da decisão* é medida executiva coercitiva típica com importante grau de eficácia porque submete a imagem do devedor à sociedade como sendo alguém que não cumpre as suas obrigações, decorrendo daí uma série de restrições de crédito por aqueles que consultam as informações de protesto.

No âmbito do processo trabalhista há muito tempo essa técnica de efetivação da sentença já vinha sendo utilizada, e, ao colocá-la no CPC, e, em especial, nas disposições gerais do cumprimento de sentença, o legislador deu um passo fundamental e decisivo para que esta seja mais uma técnica de efetivação importante dos títulos executivos judiciais transitados em julgado. Entretanto, frise-se, tal técnica de execução indireta já podia ser realizada no âmbito do processo civil desde o advento da precitada lei do protesto.

Segundo o art. 1.º da Lei 9.492, o protesto é "o ato formal e solene pelo qual se provam a inadimplência e o descumprimento de obrigação originada em títulos e outros documentos de dívida". Assim, não há nenhuma restrição, antes o contrário, de que as *decisões judiciais com força executiva transitadas em julgado* sejam objeto de protesto nos respectivos cartórios de protestos de títulos e documentos.

A grande vantagem e benefício do protesto da decisão judicial transitada em julgado não está no fato de o protesto constituir-se em *meio de prova do inadimplemento da obrigação*, tampouco o fato de ele dar publicidade da mora do devedor, pois esses fins são alcançados por intermédio da instauração da fase procedimental executiva, posto que todos os atos processuais são públicos e certidões desse estado do processo podem ser obtidas e inclusive registradas como forma de evitar a fraude à execução.

Enfim, o maior benefício que o credor pode obter ao se protestar a decisão judicial transitada em julgado é o que ele produz na prática, na vida cotidiana, e que nenhum título judicial poderia conseguir de forma tão eficiente e lépida que é o abalo do crédito do devedor.

É que a partir do protesto do título o nome do devedor passa a ser inscrito nos serviços e cadastros de proteção ao crédito como Serasa, SPC etc., o que lhe causa enorme estorvo e complicações de seu crédito pessoal. Esse fato é que se torna deveras importante e eficiente para fazer com que o se devedor sinta compelido e estimulado a adimplir a obrigação contida no título protestado.

Esse ato de protestar a decisão judicial transitada em julgado com força executiva é um ato simples, e disso não há o que o devedor reclamar, porque, sendo decisão judicial transitada em julgado com força executiva, não há razão para que esta não possa valer-se dos mesmos instrumentos coercitivos que se utilizam os títulos executivos extrajudiciais cambiais.

A rigor, frise-se, o art. 517 do NCPC foi até benevolente com o devedor, pois submeteu o protesto da decisão judicial transitada em julgado ao momento posterior ao inadimplemento do prazo do art. 523, ou seja, exige que seja dado início ao cumprimento de sentença, e, mais que isso, que o prazo para adimplir de 15 dias seja passado *in albis* sem o cumprimento pelo devedor.[7]

---

7. Trocando em miúdos pode-se dizer que houve um desprezo do legislador pela sentença condenatória transitada em julgado, já que o protesto só pode ser feito depois de iniciado o cumprimento da sentença, e, em especial depois de esgotado, sem êxito, o prazo para o adimplemento "voluntário" a que alude o art. 523, § 1º, do CPC.

CAPÍTULO I • REGRAS GERAIS DO CUMPRIMENTO DE SENTENÇA   **299**

Essa publicidade da inadimplência do devedor pode e deve ser mais um instrumento de agilização e coerção do devedor que terá consequências de divulgação de sua recalcitrância nos meios de proteção do crédito.

No CPC, como se disse, o legislador ainda foi *benevolente* com o devedor, pois determina as seguintes condições para a realização do protesto: a) que se trate de decisão judicial transitada em julgado com força executiva; b) que tenha decorrido o prazo para pagamento voluntário previsto no art. 523, o que significa, em outros termos, que só após o requerimento executivo feito pelo exequente e do inadimplemento no quinquídio do art. 523 é que o exequente poderá providenciar o protesto; c) que não pode ser feito o protesto de ofício pelo magistrado, fato que seria possível com a realização de convênios entre esses cartórios e o Poder Judiciário;[8] d) que para efetivar o protesto incumbe ao exequente apresentar certidão de teor da decisão que deve conter os seguintes elementos (o nome e a qualificação do exequente e do executado, o número do processo, o valor da dívida e a data de decurso do prazo para pagamento voluntário).

Registre-se que, ainda que o devedor proponha ação rescisória para desconstituir a decisão judicial que deu origem a título executivo protestado, isso não terá o condão de cancelar o protesto, permitindo apenas que o executado, autor da ação rescisória, possa requerer, às suas expensas e sob sua responsabilidade, a anotação da propositura da ação à margem do título protestado.

Perceba-se que a eventual impugnação do executado não permite que se lhe atribua a mesma eficácia dada a ação rescisória comentada anteriormente. O legislador foi cirúrgico ao dizer que apenas a propositura de ação rescisória que tenha por alvo o título judicial transitado em julgado é que permitirá a anotação desta no cartório de protesto. Nenhuma outra ação poderá fazer as vias da ação rescisória, sob pena de tornar letra morta o dispositivo e a eficácia da medida de protesto.

Em caso de extinção da obrigação exequenda, devidamente comprovada, poderá o executado requerer ao juiz que determine ao cartório o cancelamento do protesto no prazo de três dias, contado da data de protocolo do requerimento, caso isso já não tenha sido determinado de ofício pelo juízo.

2.9 A validade do procedimento de cumprimento da sentença e dos atos executivos e a objeção do executado

O art. 518 do CPC estabelece que "todas as questões relativas à validade do procedimento de cumprimento da sentença e dos atos executivos subsequentes poderão ser arguidas pelo executado nos próprios autos e nestes serão decididas pelo juiz".

---

8. Por expressa dicção do art. 528, § 3.º, tratando-se de cumprimento de sentença para pagamento de alimentos, o protesto da sentença transitada em julgado é ato de ofício do juiz ao contrário do que determina a regra geral do art. 517. A razão dessa diferença de regime jurídico se dá em virtude da natureza do direito objeto do cumprimento de sentença (alimentos).

O dispositivo nada mais diz do que todas as defesas ou oposições que o executado pretender fazer tendo por objetivo atacar a validade do procedimento ou dos atos executivos ocorridos no curso do cumprimento de sentença podem ser arguidas por meio de simples objeção nos autos da própria execução, dando a entender que as hipóteses ali mencionadas referem-se às questões de ordem pública que envolvam vícios que acarretem a nulidade do feito, por exemplo, a falta de pressupostos processuais.[9]

Esse dispositivo é importante porque deixa claro que as oposições de mérito (impugnação do executado ou embargos à execução) devem ser feitas pelos instrumentos adequados em seus respectivos momentos processuais, mas que as defesas processuais relativas ao controle da regularidade do processo e do procedimento do cumprimento de sentença e dos atos executivos podem ser feitas por petição ou objeção simples pelo próprio devedor.

Esse dispositivo parece-nos muito útil no cumprimento das obrigações específicas em que a efetivação do comando da sentença é feita de forma muito lépida, por meio de atos de coerção e sub-rogação expedidos por mandados judiciais, de forma que o controle desses atos (regularidade e adequação) poderá ser realizado por meio de petição ou objeção simples com base nesse dispositivo.

Por mais que se pretenda questionar com essa defesa a proporcionalidade ou a razoabilidade do ato executivo coercitivo ou sub-rogatório determinado pelo juiz em busca da efetivação da tutela específica ou do resultado prático equivalente, tal defesa discutirá apenas o ato executivo, e não propriamente questões atinentes ao mérito da obrigação revelada no título executivo.

Não pode o devedor transformar o itinerário executivo em um campo minado onde para cada ato que se siga tenha uma nova defesa. O exercício dessa prerrogativa previsto nesse dispositivo deve ser usado com cautela e responsabilidade pelo executado, especialmente quando já tenha ultrapassado o momento adequado de sua defesa (embargos ou impugnação), sob pena de sua atitude ser considerada litigância de má-fé e sancionada como tal.

2.10 Tutela provisória, liquidação de sentença e cumprimento de sentença

A efetivação da tutela provisória nada mais é do que uma modalidade de execução fundada em título executivo provisório, fruto de uma tutela de urgência ou evidência, e, como tal, será necessário inúmeras vezes valer-se das regras e técnicas processuais relativas ao cumprimento de sentença, no que couber. A expressão "no que couber" do artigo 297 do CPC é importante para evitar que a *execução imediata regida pela atipicidade de meios executivos* da tutela provisória se transforme num procedimento burocrático, rígido e inflexível (tipicidade) previsto no artigo 520.

---

9. O fato de ser feito por petição simples não afasta jamais a necessidade de se instaurar o contraditório, valendo aqui o lembrete do art. 10 do CPC.

O mesmo se diga, por exemplo, da liquidação de sentença que é mera fase cognitiva subsequente à condenação genérica, e, que, portanto, regras como a do art. 518 também devem lhe ser aplicadas. Exatamente por isso que o art. 519 do CPC diz, textualmente, que "aplicam-se as disposições relativas ao cumprimento da sentença, provisório ou definitivo, e à liquidação, no que couber, às decisões que concederem tutela provisória".

Capítulo II
CUMPRIMENTO DA SENTENÇA DAS OBRIGAÇÕES DE FAZER E NÃO FAZER

1. CONSIDERAÇÕES SOBRE A TUTELA DAS OBRIGAÇÕES DE FAZER E NÃO FAZER NO CPC

A proteção jurisdicional das obrigações de fazer e não fazer encontra-se dispersada nos seguintes dispositivos do Código de Processo Civil:

> Arts. 497, 499, 500 e 501, que estão insertos na Seção IV (Do Julgamento das Ações Relativas às Prestações de Fazer, de Não Fazer e de Entregar Coisa), do Capítulo XIII (Da sentença e coisa julgada), do Título I (do procedimento comum), do Livro I (do processo de conhecimento e do cumprimento de sentença) da Parte Especial do CPC;

> Arts. 536 e 537, que estão insertos na Seção I (Do Cumprimento de Sentença que Reconheça a Exigibilidade de Obrigação de Fazer ou de Não Fazer), do Capítulo VI (Do cumprimento de sentença que reconheça a exigibilidade de obrigação de fazer, de não fazer ou de entregar coisa), do Título II (Do cumprimento de sentença) do Livro I da Parte Especial do CPC;

> Arts. 814 a 823, que estão insertos no Capítulo III (da execução das obrigações de fazer e não fazer), do Título II (das diversas espécies de execução), do Livro II (do processo de execução) da Parte Especial do CPC.

A partir da análise locacional dos dispositivos supracitados, da forma como foram alocados pelo legislador, podemos chegar a algumas conclusões.

A primeira delas é que há uma clara divisão entre o *cumprimento de sentença* e o *processo de execução*.

O primeiro encontra-se no Livro I da Parte Especial, em que podemos encontrar os diversos procedimentos de *cumprimento de sentença*, e o segundo no Livro II da mesma Parte Especial, que dispõe os diversos procedimentos das espécies de execução fundadas em título extrajudicial.

Por isso, nos arts. 536 e 537 do Livro I, tem-se o *cumprimento de sentença* das obrigações de fazer e não fazer, e nos arts. 814 a 823, o processo de execução das obrigações de fazer e não fazer.

Devemos nos lembrar que tanto as regras do Livro II podem ser emprestadas para o Livro I quanto as regras do Livro I servem subsidiariamente ao Livro II. O intercâmbio foi expressamente autorizado pelo legislador, como já comentado alhures.

Entretanto, se esse é o desenho dos dispositivos legais que tratam da tutela das obrigações de fazer e não fazer no CPC, então, qual seria a razão dos dispositivos 497, 499, 500 e 501, insertos no Capítulo "da sentença e coisa julgada"?

De fato, o legislador perdeu ótima oportunidade de simplificar a questão, pois poderia ter inserido o conteúdo dos referidos artigos nos textos dos dispositivos do cumprimento de sentença das obrigações de fazer e não fazer. Todas as informações ali contidas poderiam sim estar agasalhadas nos arts. 536 e 537 do CPC.

O isolamento dos referidos dispositivos foi assistemático e contraproducente para o operador do direito, pois, frise-se, todo o conteúdo do que está descrito nos tais dispositivos diz respeito a efeitos da sentença que poderiam estar alocados no procedimento do cumprimento de sentença.

2. OBRIGAÇÕES OU DEVERES DE FAZER E NÃO FAZER?

A tutela jurisdicional das prestações de fazer e não fazer engloba não apenas as oriundas de negócio jurídico, portanto, *obrigação* em sentido estrito, mas também as decorrentes de disposição legal (*deveres legais*), tais como os deveres legais fundamentais previstos na CF/1988 (meio ambiente, saúde, lazer etc.).[1]

É importante que se diga isso porque o CPC não foi criterioso com a terminologia nesse particular, já que na Seção IV do Capítulo XIII do Livro I do Título I da Parte Especial usou a expressão "prestação de fazer e não fazer", e ao tratar do cumprimento de sentença e do processo de execução adotou a expressão "obrigação de fazer e não fazer".

Um simples passeio pelo texto constitucional permitirá que se identifique uma série de deveres fundamentais, individuais e coletivos, que todo cidadão tem o direito de obter do Poder Público.

Portanto, não apenas os direitos patrimoniais e disponíveis, ensejadores de obrigações em sentido estrito, são tutelados pelos referidos dispositivos do CPC, mas também todos os deveres jurídicos, previstos em lei, sejam eles individuais e coletivos, também poderão utilizar-se das regras contidas no CPC.

3. BREVES CONSIDERAÇÕES SOBRE AS *OBRIGAÇÕES DE FAZER E NÃO FAZER*

3.1 A identificação do fazer e não fazer

Denomina-se positiva a obrigação de fazer que implica um *faciendi*. Já a obrigação de não fazer é assim chamada porque acarreta uma "abstenção", um não fazer do obrigado.

---

1. Sempre que utilizarmos o vocábulo "obrigação" estaremos tomando-o como gênero de todas as modalidades de prestação de fazer e não fazer, ou seja, tanto as obrigações em sentido estrito quanto os deveres legais propriamente ditos.

Não pode ser olvidado que a obrigação de não fazer só pode ser assim denominada se não realizado o ato em que deveria ter havido a abstenção, pois, uma vez que tenha sido praticada, a tutela executiva que surge para o seu desfazimento é de obrigação de fazer. A obrigação de não fazer existe somente, precisamente falando, enquanto não praticado o ato que deveria ter deixado de sê-lo. A abstenção e a tolerância constituem a *obrigação de não fazer*. Se houve o descumprimento destas, a obrigação de desfazer, quando possível, é positiva e representa um *fazer* do obrigado. Tanto isso é verdade que não existe mora para esse tipo de obrigação.

São exemplos de obrigações de não fazer o dever de preservação ambiental, o dever de sigilo empresarial, a obrigação de não construir sobre determinada área etc.

3.2 Obrigações fungíveis e infungíveis

É fungível a obrigação de fazer cuja prestação respectiva pode ser executada por terceiro, enfim, que leva em conta o resultado prático a ser obtido, e não a execução pela pessoa que prestaria a obrigação.

Por outro lado, denomina-se infungível a obrigação quando a sua respectiva prestação deve ser executada por pessoa específica, no caso, o devedor. Portanto, não considera "somente" o resultado decorrente da execução da prestação, mas também ter sido feito pela pessoa que executaria a prestação. Exemplo: todos os contratos *intuitu personae*, todas as obrigações de não fazer.

Parece claro que a inexorável importância dessa distinção reside no fato de que, sendo fungível a prestação das obrigações de fazer, o resultado prático pretendido pelo credor será perfeitamente passível de ser alcançado por ato de terceiro, na medida em que este poderá executá-lo, independentemente da vontade do devedor, mas a suas expensas.

O mesmo não se passa com as obrigações de fazer com prestação infungível e em todos os casos das obrigações de não fazer (abstenção), em que só o devedor, na sua pessoa, poderia cumprir a obrigação, de forma que do seu descumprimento exsurge apenas a possibilidade de o credor receber as perdas e os danos pelo inadimplemento.

Assim, fungíveis são as obrigações ou deveres que podem ser prestados por terceiro, pois o mesmo resultado pode ser alcançado. Infungíveis são aquelas cujo resultado só pode ser obtido por ato do próprio devedor.

A diferença entre *obrigações infungíveis e fungíveis* tem enorme relevância para a tutela processual, pois, dependendo de qual se trata, diferentes serão os meios processuais disponíveis e eficazes para a obtenção do resultado pretendido pelo titular do direito.

O alcance do resultado da tutela específica da obrigação de fazer e não fazer dependerá da colaboração do obrigado *quando a sua participação for imprescindível, ou seja, essencial para se chegar ao resultado desejado*. Isso ocorrerá, necessariamente, quando se tratar de obrigações negativas, que, obviamente, só podem ser cumpridas pelo obrigado. Assim, o resultado a ser obtido com uma "abstenção" ou "tolerância" só será conseguido por uma atitude negativa do próprio devedor (são sempre infungíveis).

Já nas obrigações positivas há de se fazer a distinção entre as tutelas que podem ser obtidas sem a colaboração do devedor (fungíveis) e as em que existe tal dependência (infungíveis).

Nesse passo, cabe ao direito processual a disponibilização de meios e técnicas que permitam obter, com o menor sacrifício possível e maior efetividade possível, o mesmo resultado previsto no plano do direito material.

Exemplo dessa evolução processual é a obrigação de prestar declaração de vontade. Embora tal obrigação seja "juridicamente infungível", afinal de contas apenas o devedor é que em tese poderia prestar a declaração de vontade, o sistema jurídico excogitou formas de se obter o mesmo resultado que se teria no plano do direito material, por exemplo, a *sentença judicial* que valha como a declaração não emitida, ou seja, se o devedor se recusa a cumprir a declaração de vontade, pode a sentença valer como a declaração não emitida. Por isso se diz que a infungibilidade da declaração de vontade é relativa, uma vez que a sentença emitida "constitui" a situação jurídica final, que deveria ter sido oferecida ao credor por ato do obrigado.[2]

Decerto que, em algumas obrigações, como a pintura de um quadro por um artista famoso, um show de um determinado músico etc., existe uma coincidência entre a infungibilidade natural ou jurídica, e nessas hipóteses a tutela jurisdicional se mostra incompetente, sendo salutar, principalmente para esses casos de uso dos meios de coerção patrimoniais. Tudo isso para evitar que o autor tenha de se contentar com a "meia justiça" da conversão da obrigação específica em perdas e danos.

4. A CONVERSÃO EM PERDAS E DANOS

Aprioristicamente, a conversão em perdas e danos não parece favorável ao credor, que só poderá obter a quantia convertida após prévia liquidação (quando o contrato já não preveja o valor) e posteriormente por intermédio de uma execução por expropriação, seguindo o rito processual dessa modalidade de obrigação, caso o devedor não cumpra voluntariamente o preceito condenatório previsto na sentença.

Exatamente por isso, porque representa um custo muito elevado ao jurisdicionado, a conversão da obrigação em perdas e danos não é mais uma imposição do sistema com a qual deve submeter o credor. A solução da conversão em *perdas e danos* não se aponta como solução imediata para a inexecução das obrigações de fazer e não fazer, pois, inclusive, há de se lembrar que existem determinados deveres de fazer e não fazer que não encontram um correspondente em pecúnia nem mesmo podem ser "compensados"

---

2. Apenas nas obrigações naturalmente infungíveis é que o resultado não pode ser alcançado sem a participação do devedor. A prestação de declaração de vontade, como a assinatura de um contrato pelo devedor, é juridicamente infungível, e por isso o seu resultado pode ser alcançado prescindindo da atuação do devedor.

de forma justa e equitativa, por exemplo, o direito fundamental a um meio ambiente ecologicamente equilibrado que para ser alcançado depende do cumprimento de uma série de deveres do poder público e da própria coletividade.

A violação desses deveres impõe ao titular desse direito (povo) uma situação irreversível e inconciliável com perdas e danos, pois não há, por exemplo, perdas e danos que se equiparem à perda da qualidade de vida causada pela poluição, a extinção de uma espécie, a supressão de um monumento natural etc.

É exatamente por isso que a tutela processual dos deveres e obrigações de fazer e não fazer deve ser ágil, eficiente, robusta e que permita a obtenção do mesmo resultado que se teria no plano do direito material, ou, na pior das hipóteses, o resultado prático equivalente. Só em último caso deve-se buscar a tutela pecuniária das perdas e danos, exceção feita quando se tratar de direito patrimonial e disponível, e que seja opção do próprio credor.[3]

Segundo o art. 499, o momento para a conversão em perdas e danos deve ocorrer *"quando for impossível a tutela específica ou a obtenção do resultado prático equivalente"*, o que pode se verificar não apenas na propositura da demanda, mas também no seu final, quando se mostrem infrutíferas as técnicas de efetivação da tutela *in natura*. Inclusive, a impossibilidade objetiva deve ser reconhecida de ofício, portanto, a conversão em perdas e danos independe de requerimento do autor[4]. Nesse caso, deve-se promover a liquidação antes ou depois de iniciado o cumprimento de sentença. Nessa hipótese o legislador deixa bem claro que "a indenização por perdas e danos dar-se-á sem prejuízo da multa fixada periodicamente para compelir o réu ao cumprimento específico da obrigação" (art. 500 do CPC). É deveras importante que a decisão que prolata a conversão em perdas e danos delimite em que momento se deu a impossibilidade objetiva da prestação para que se possa fazer um cálculo preciso das perdas e danos. Se havia astreinte fixada para o cumprimento da tutela específica que se tornou impossível, é a partir do momento em que se deu a impossibilidade que cessa a incidência da referida multa processual.

É de dizer que o referido dispositivo admite que, por *opção* do credor, poderá ser feita a conversão das perdas e danos. Nesta última hipótese, uma de duas: ou o credor

---

3. Art. 499. A obrigação somente será convertida em perdas e danos se o autor o requerer ou se impossível a tutela específica ou a obtenção de tutela pelo resultado prático equivalente.

Art. 500. A indenização por perdas e danos dar-se-á sem prejuízo da multa fixada periodicamente para compelir o réu ao cumprimento específico da obrigação.

[...]

Art. 816. Se o executado não satisfizer a obrigação no prazo designado, é lícito ao exequente, nos próprios autos do processo, requerer a satisfação da obrigação à custa do executado ou perdas e danos, hipótese em que se converterá em indenização.

Parágrafo único. O valor das perdas e danos será apurado em liquidação, seguindo-se a execução para cobrança de quantia certa.

4. AgInt no AREsp n. 1.991.961/SP, relator Ministro Raul Araújo, Quarta Turma, julgado em 13.6.2022, DJe de 29.6.2022.

já ajuíza a demanda reclamando a tutela pecuniária ou só poderá fazê-lo no seu curso, depois de procedente a demanda e após o inadimplemento do devedor, sempre com respeito ao contraditório e a ampla defesa.

Sobre o tema tivemos oportunidade de escrever artigo específico com Guilherme Abelha. A conclusão que chegamos foi a seguinte:

> "Uma vez proposta a demanda para obtenção da tutela específica só é possível requerer a conversão em perdas e danos com base no artigo 499 do CPC – excluída a hipótese de impossibilidade material da tutela específica ou do resultado prático equivalente – após a concessão da tutela específica e desde que exista recusa do devedor em cumprir o comando judicial no prazo assinalado pelo juiz. Isso se dá porque, neste particular, o referido dispositivo inverteu a regra da automaticidade da conversão em perdas e danos, tornando necessário o requerimento do autor em razão das diversas modificações principiológicas e estruturais pelas quais passou o sistema de satisfação das obrigações específicas fundadas em título judicial (interlocutórias, sentenças ou acórdãos)".[5]

5. O RESULTADO PRÁTICO EQUIVALENTE

O sistema processual tem se esmerado em excogitar meios que sejam adequados à proteção dos direitos. Com a reforma processual de 1994, o legislador introduziu no CPC o art. 461 que deu importante e irreversível passo à frente na tutela das obrigações e deveres de fazer e não fazer.

Naquele dispositivo o legislador previa que:

> Na ação que tenha por objeto o cumprimento de obrigação de fazer ou não fazer, o juiz concederá a tutela específica da obrigação ou, se procedente o pedido, determinará providências que assegurem o resultado prático equivalente ao do adimplemento.

Aí, portanto, surgiu a figura jurídica do "resultado prático equivalente" sobre a qual não existe ainda hoje um consenso doutrinário a respeito do seu conceito e alcance. Tal expressão foi mantida no art. 536 do CPC que assim diz:

> No cumprimento de sentença que reconheça a exigibilidade de obrigação de fazer ou de não fazer, o juiz poderá, de ofício ou a requerimento, para a efetivação da tutela específica ou a obtenção de tutela pelo resultado prático equivalente, determinar as medidas necessárias à satisfação do exequente.

Inicialmente, cabe dizer que o "resultado prático equivalente" está previsto apenas nos dispositivos referentes ao cumprimento de sentença, mas em nosso sentir não há motivos para não aceitar no *processo de execução* as prestações de fazer e não fazer.

Identificar o conceito da referida expressão não tem sido tarefa fácil, mas parece-nos que a lei pretendeu dizer que *o resultado prático equivalente* seria um resultado *diverso* do que se obtém com a tutela específica. Vejamos.

---

5. ABELHA, Guilherme; ABELHA, Marcelo. "Notas para uma compreensão da frase "a obrigação somente será convertida em perdas e danos se o autor o requerer" contida no art. 499 do código de processo civil brasileiro", in Processo de Execução e Cumprimento da Sentença, coordenada por ASSIS, Araken; Bruschi, Gilberto. v. 4, São Paulo: RT, 2023.

O sistema processual de tutela das obrigações específicas procura fornecer todos os meios possíveis para que o autor possa obter o mesmo resultado que teria caso a utilização do processo fosse desnecessária pelo cumprimento voluntário da obrigação. Assim, chega-se à tutela específica quando se alcança o mesmo *"resultado que haveria se não fosse necessário processo"*.

Entretanto, esse resultado idêntico ao do voluntário adimplemento pode ser alcançado de duas formas: por conduta do próprio obrigado ou por mecanismos que possam substituir a sua conduta. Assim, quando se obtém o *mesmo resultado* por ato do próprio devedor ou por medidas que alcancem o mesmo resultado, então teremos a tutela específica. A coincidência de resultados no plano do direito material é que determina tratar-se de tutela específica.[6]

E quando não for possível alcançar a tutela específica, ou seja, o mesmo resultado, caso tivesse sido espontaneamente cumprida a obrigação?

Portanto, considerada a impossibilidade de obtenção da tutela específica, exsurge a questão formulada no parágrafo anterior. Deve-se converter a obrigação de fazer ou não fazer em perdas e danos ou há ainda outra possibilidade de obter um resultado *in natura*, embora diverso do originalmente previsto na obrigação inadimplida?

Em nosso sentir, o resultado prático equivalente é forma de obter uma *reparação* específica (*in natura*), portanto, um resultado que não coincide com aquele originariamente previsto no plano do direito material, mas que do ponto de vista prático atende, a um só tempo, às expectativas do credor sem agravar a situação do devedor.

Argumentar-se-ia que não seria lícito pensar que o resultado prático equivalente fosse distinto daquele obtido na tutela específica, porque senão estaríamos diante de uma decisão *extra petita*, na medida em que o resultado alcançado seria diverso do pleiteado. Haveria aí uma mudança judicialmente imposta da prestação originalmente prevista na lei?

A nosso ver, a própria previsibilidade legal do "resultado prático equivalente" no art. 536 do CPC já demonstra que não existe violação da congruência entre pedido e sentença. Ao propor a referida demanda, já se sabe que na impossibilidade de se alcançar a tutela específica o legislador autoriza, alternativa e subsidiariamente, a obtenção do resultado prático equivalente.

O referido dispositivo não deixa dúvidas ao dizer que o juiz tomará as medidas necessárias e adequadas para atingir um fim: a efetivação da tutela específica **ou** a obtenção de tutela pelo resultado prático equivalente.[7]

---

6. Parcela considerável da doutrina entende que o resultado prático equivalente é modalidade de tutela específica em que o resultado obtido coincide com aquele no plano do direito material, porém alcançado por meios e técnicas processuais que prescindam da conduta do devedor.

7. Igualmente: "Art. 497. Na ação que tenha por objeto a prestação de fazer ou de não fazer, o juiz, se procedente o pedido, concederá a tutela específica ou determinará providências que assegurem a obtenção de tutela pelo resultado prático equivalente. Parágrafo único. Para a concessão da tutela específica destinada a inibir a prática, a reiteração ou a continuação de um ilícito, ou a sua remoção, é irrelevante a demonstração da ocorrência de dano ou da existência de culpa ou dolo".

O *resultado* que *vale igual* (*equi* = igual + *valente* = vale) ao da tutela específica não é, no vernáculo, o mesmo resultado. Trata-se de resultado que se *equipara* àquele, porque na prática tem igual valor para o exequente, além, é claro, de poder ser suportado pelo executado de forma razoável e justa. Entendemos que existe a previsão da fungibilidade do pedido mediato no art. 536, algo que inclusive já existe em outras situações expressamente previstas em lei.[8]

Assim, por exemplo, são casos de resultado prático equivalente o recolhimento de livros que não poderiam ser publicados, o desligamento do som de bares e restaurantes que violaram a proibição de música ao vivo estabelecida em lei municipal, o custeio pelo Estado de consultas e medicamentos que deveriam ser gratuitamente por ele fornecidos, o reflorestamento de área que não deveria ser desmatada, a entrega de um bem móvel (carro, televisor, geladeira etc.) de marca semelhante em qualidade àquela que deveria ser prestada etc.

Em nenhum, absolutamente nenhum, desses casos, houve tutela específica da obrigação, pois o resultado no plano do direito material não é coincidente com aquele que se teria caso fosse espontaneamente cumprida a obrigação ou o dever legal. Todavia, em todos esses casos existe a obtenção de uma *tutela reparatória in natura* que se aproxima daquele que se teria com a tutela específica. A tutela específica é sempre o comando primário previsto na lei, enfim aquele que pode ser obtido por ato do devedor ou de terceiro. Já o resultado prático equivalente, respeitadas opiniões contrárias, é o resultado diverso, mas que, no caso concreto atende as expectativas do credor.

É claro que há situações em que o *resultado prático equivalente* pode mostrar-se distante, em custo e complexidade, da tutela específica da obrigação, e, nessas situações, recomenda-se que esse conceito vago seja preenchido mediante cooperação e contraditório das partes. Não pode um "resultado prático equivalente" ser abusivo ou desproporcional quando comparado à tutela específica. Isso quer dizer que, se nos exemplos supracitados se vislumbra com alguma tranquilidade a possibilidade de se obter o resultado prático equivalente, há outros em que essa definição do que seja "resultado prático equivalente" mostra-se arenosa e de difícil delimitação, como no caso, por exemplo, de determinado arquiteto escolhido a dedo (*intuitu personae*) pelo credor para desenhar a planta de sua casa que se recuse a cumprir o contrato. Nesse caso, poderia o magistrado substituir o arquiteto por outro, com igual *expertise* e nome, para fazer a planta da casa sem consultar os credores? Parece-nos que não porque não cabe ao juízo definir qual a melhor reparação para o credor; é deste o ônus de demonstrar qual o resultado prático que te atenderia; deve ainda ouvir o devedor, pois não se pode admitir a conversão para uma situação desproporcional e irrazoável, seja do ponto de vista da complexidade, seja do ônus financeiro.

---

8. A possibilidade de o exequente adjudicar o bem penhorado em vez de receber a quantia em dinheiro resultante da alienação do bem não deixa de ser *resultado prático equivalente*, ou seja, algo diverso do que originariamente estava previsto na obrigação (pagar quantia).

De qualquer forma, o art. 536 se presta tanto à tutela específica da obrigação quanto ao seu resultado prático equivalente, ou seja, o mesmo resultado no plano do direito material, quanto a tutela reparatória *in natura* resultante do eventual descumprimento da obrigação ou dever legal.

6. O CUMPRIMENTO DE SENTENÇA E O PROCESSO DE EXECUÇÃO DAS OBRIGAÇÕES DE FAZER E NÃO FAZER E A PRIORIDADE DA TUTELA *IN NATURA*

A tutela específica das obrigações de fazer e não fazer no CPC encontra-se desenhada da seguinte forma: processo de execução autônomo de obrigação de fazer e não fazer (art. 814 e ss.) e cumprimento de sentença de obrigação de fazer e não fazer, cujas regras estão delimitadas nos arts. 497 e ss. e também nos arts. 536 e 537.

Embora, excepcionalmente, os arts. 498 e 499 e 815 do CPC possam ser utilizados para se alcançar a tutela genérica (perdas e danos), resta claro que tais dispositivos não foram ali colocados para tal desiderato. É que tais normas (arts. 497, 536 e 814) procuram privilegiar o princípio da "maior coincidência possível" já explicado *retro*, evitando que o processo funcione como instrumento de se obter uma "meia justiça" (tutela genérica, nesse caso).

A necessidade de se buscar prioritariamente a tutela específica em detrimento da tutela das perdas e danos é uma imposição do direito material não apenas de ordem principiológica (o direito de cada um receber o que lhe é devido), mas diretamente relacionada com aspectos práticos e concretos do próprio bem da vida perseguido em juízo.

Tome-se como exemplo o direito fundamental ao meio ambiente ecologicamente equilibrado, bem de uso comum do povo. Imaginemos o direito de todos respirarem um ar puro e livre de poluição. A tutela da qualidade do ar atmosférico deve privilegiar, primeiramente, a tutela específica, inibindo condutas que possam desequilibrar o ambiente, mas, em relação ao passivo ambiental já existente, deve privilegiar a adoção de soluções que, *in natura*, promovam a reparação do ar poluído, ou seja, resultados práticos equivalentes. E isso por uma razão muito simples, qual seja, a ninguém do povo interessa, aprioristicamente, a tutela das perdas e danos, pois nada se compara ao bem de uso comum meio ambiente. O dinheiro jamais irá substituir o "ar limpo" em termos de importância e igualdade de fruição do referido bem pelo povo.

Exatamente por isso e por tantos outros aspectos principiológicos e materiais do direito substancial que a conversão da obrigação em perdas e danos é algo subsidiário e apenas aceitável se impossível a tutela *in natura* (específica ou pelo equivalente), ou se, tratando-se de direitos patrimoniais e disponíveis, a conversão seja uma opção do autor.

Nesta toada, tem o CPC se esmerado em criar e desenvolver as mais variadas técnicas processuais (processos, procedimentos e provimentos) que permitam realizar em concreto o direito material das obrigações de fazer e não fazer.

Aquele sentimento existente no CC de 1916 de que bastava o devedor recusar-se a cumprir a prestação de fazer e não fazer para que a conversão fosse imediata já não existe mais no atual estágio da tutela jurídica da prestação de fazer e não fazer. Caso o devedor assuma essa postura, as regras processuais e materiais permitem que o Estado-juiz atue com rigor no sentido de ofertar ao credor a tutela específica da obrigação ou o seu resultado prático equivalente.

É curioso notar que o CPC manteve, inexplicavelmente, a abissal diferença entre o *cumprimento de sentença da obrigação de fazer e não fazer* e o *processo de execução das obrigações de fazer e não fazer*, dando a este um tratamento processual infinitamente pior do que àquele. Neste manteve um modelo procedimental rígido e típico; naquele um modelo aberto e atípico. Pode-se sustentar essa diferença de tratamento em razão da natureza do título, judicial ou extrajudicial, que revela a obrigação nele contida., mas a maior parte da doutrina crê em uma falta de sistematização entre o livro I e II do CPC como se observa em contrastes que se possam fazer entre um e outro.[9]

É realmente incompreensível que os dispositivos processuais destinados à tutela do *provimento judicial* que impõe uma obrigação de fazer seja infinitamente mais moderno, mais forte e robusto do que as regras processuais disponíveis no CPC para a efetivação de títulos executivos extrajudiciais dessa modalidade de obrigação (processo de execução). Chega a ser risível a diferença, e, depois de tantas críticas doutrinárias absolutamente coerentes desse problema que já se arrastava no CPC de 1973, o legislador simplesmente manteve a mesma situação, o que obriga o magistrado e o operador do direito à utilização corriqueira dos arts. 536 e ss. para a tutela das obrigações de fazer e não fazer fundadas em título extrajudicial.

Voltando aos mecanismos e técnicas processuais desenvolvidas pelo legislador para a tutela das obrigações de fazer e não fazer fundadas em título judicial, merecem destaque a fungibilidade e a cumulatividade de meios executivos coercitivos e sub-rogatórios que podem ser utilizados pelo magistrado, a liberdade do magistrado em escolher o(s) meio(s) que lhe parece(m) mais adequado(s) e razoável(is) para obtenção da tutela, a ausência de tipicidade procedimental para se alcançar o resultado, a possibilidade de antecipação da tutela específica,[10] a própria possibilidade de obtenção de um resultado prático equivalente quando impossível a tutela específica etc.

6.1   O cumprimento de sentença das obrigações de fazer e não fazer

O cumprimento de sentença das obrigações de fazer e não fazer encontra-se disposto em dois locais diversos no CPC: nos arts. 497, 499, 500 e 501, que estão insertos

---

9. Cite-se dentre muitas incoerências a inexistência de previsão de tutela de obrigação de não fazer fundada em título executivo extrajudicial, posto que o art. 822 é típico caso de obrigação de fazer (desfazer o ato).
10. Merece aplausos o CPC ao concentrar, num só dispositivo, as regras matrizes para a obtenção de tutela provisória, cautelar ou satisfativa, em qualquer demanda, inclusive, nas que pretendam a imposição do fazer e não fazer.

na Seção IV (Do Julgamento das Ações Relativas às Prestações de Fazer, de Não Fazer e de Entregar Coisa), do Capítulo XIII (Da sentença e coisa julgada), do Título I (do procedimento comum), do Livro I (do processo de conhecimento e do cumprimento de sentença) da Parte Especial do CPC; e nos arts. 536 e 537, que estão inseridos na Seção I (Do Cumprimento de Sentença que Reconheça a Exigibilidade de Obrigação de Fazer ou de Não Fazer), do Capítulo VI (Do cumprimento de sentença que reconheça a exigibilidade de obrigação de fazer, de não fazer ou de entregar coisa), do Título II (Do cumprimento de sentença) do Livro I da Parte Especial do CPC.

6.1.1 Do julgamento das ações relativas às prestações de fazer e não fazer – a pretensão à tutela específica

Como foi dito anteriormente, a tutela jurisdicional específica pode ser satisfeita mediante cumprimento de sentença ou processo autônomo, dependendo tratar-se, respectivamente, de título judicial ou extrajudicial.

Atendo-nos aos provimentos judiciais, interinais ou finais, percebe-se pelo art. 497 do CPC que o legislador determina que, "*na ação que tenha por objeto a prestação de fazer e não fazer, o juiz, se procedente o pedido, concederá a tutela específica ou determinará providências que assegurem o resultado prático equivalente*".

A sentença de procedência nessas demandas implica a concessão de uma tutela específica ou a concessão de um resultado que outorgue ao titular do direito um resultado prático que equivalha ao da tutela específica.

É salutar deixar claro que deve estar compreendida no conceito de tutela específica toda e qualquer tutela jurisdicional que outorgue ao titular do direito o *mesmo resultado que teria no plano do direito material*.

6.1.2 O dano e o ilícito e sua tutela específica

O reconhecimento de direitos fundamentais e de direitos extrapatrimoniais, que, portanto, não admitem qualquer forma de violação (saúde, lazer, meio ambiente etc.), fez com que a noção clássica de *ilícito e dano*, vistos como faces indissolúveis de uma mesma moeda, deixassem de ser uma premissa incontestável para a configuração do direito à tutela jurídica.

A clássica noção da tutela condenatória (tutela que pressupõe o dano) como meio de se obter um ressarcimento pelo dano ocorrido é imprestável para essa modalidade de direitos que exigem uma tutela específica, justamente porque o uso e gozo desses direitos jamais encontram correspondente patrimonial justo e equânime.

Ora, a quem interessa a indenização (condenação) pela perda da qualidade de vida decorrente da poluição hídrica? A quem interessa a verba compensatória resultante da condenação do Estado que não prestou a saúde como deveria? Enfim, há um sem-número de situações, públicas e privadas, que justificam e legitimam a tutela dos direitos da forma específica.

Não por acaso a CF/1988 prescreve o direito de todos a uma tutela jurisdicional contra a *lesão* ou contra a *ameaça* ao direito. Daí se extrai o direito constitucional de se obter uma tutela que proteja o indivíduo não apenas contra uma lesão (prejuízo, dano), mas também contra o direito ameaçado ou em situação de risco. Portanto, a proteção da integridade do direito, e não necessariamente do direito já lesionado, também faz parte do acesso efetivo à justiça.

A partir da abertura do conceito do direito fundamental de ação, bem como o reconhecimento de que determinados direitos devem ser prestados na sua forma específica, percebeu-se que nem sempre dano e ilícito são indissociáveis e que, por isso mesmo, podem existir tutelas autônomas tanto do dano quanto do ilícito, sem que se precise dizer que tais modalidades de tutela seriam "cautelares".

Esse tempo passou, e, por isso mesmo, não se pode mais admitir que o conceito de ilícito civil, especialmente como está descrito no art. 186 do CCB,[11] já não atende mais os ditames constitucionais de tutela de direitos. Isso porque ato ilícito era tomado como formado pela conjugação de dois elementos: o dano (prejuízo) e a violação do direito. A rigor, dever-se-ia entender a antijuridicidade (ato contrário ao ordenamento) como elemento autônomo para configuração do ilícito, e, portanto, passível de ser tutelado. Os ilícitos podem ser danosos ou não. A sanção reparatória é apenas um dos tipos de sanções que podem ser impostas contra a ilicitude.

É sob esse matiz que se coloca a tutela das obrigações e deveres de fazer e não fazer, ou seja, deve-se admitir essa modalidade de tutela tanto para inibir o ilícito quanto para removê-lo, independentemente de estar ou não vinculado ao dano possível ou já ocorrido. Da mesma forma, deve-se admitir a tutela preventiva ou ressarcitória do dano. A identificação desse fenômeno, dano e ilícito, como elementos que podem ser protegidos de forma autônoma permite que se maneje com maior efetividade e lepidez a tutela adequada à proteção do direito de se obter a tutela específica.

Atento a esse aspecto deve-se ler o parágrafo único do art. 497 que assim diz: "*Para a concessão da tutela específica destinada a inibir a prática, a reiteração ou a continuação de um ilícito, ou a sua remoção, é irrelevante a demonstração da ocorrência do dano ou da existência de culpa ou dolo*".

Esse dispositivo é de uma importância descomunal porque reconhece a necessidade de o ordenamento jurídico tutelar os direitos de forma adequada e justa.

Tal dispositivo mostra-se fundamental para a tutela de direitos da personalidade, direitos difusos, direitos fundamentais etc., em que a tutela específica deve ser pres-

---

11. Art. 186. Aquele que, por ação ou omissão voluntária, negligência ou imprudência, violar direito e causar dano a outrem, ainda que exclusivamente moral, comete ato ilícito.

tada, sob pena de incalculável prejuízo a quem suporte os danos ou os ilícitos de seu descumprimento.

É inevitável que se repense a teoria dos ilícitos civis para ampliar a equivocada construção teórica de que ato ilícito é sempre aquele que causa dano (art. 186 do CCB), e, dentro esta amplitude exegética admitir que o legislador tem passado a adotar *o* risco (situações de exposição ao risco) como configurador de uma conduta ilícita. O mero risco de violação desses direitos que só admitem fruição e gozo se prestados na forma específica, já deve ser tomado como ilícito que pode ser evitado ou removido, justamente para impedir a possibilidade de dano.

6.1.3 A obrigação de prestar declaração de vontade

É certo que a obrigação de emitir declaração de vontade se alcança por intermédio de uma obrigação de fazer juridicamente infungível, porque, pelo menos em tese, ninguém poderá prestar a vontade de outra pessoa.

Entretanto, cabe aqui uma consideração. A infungibilidade no cumprimento de uma obrigação de fazer pode ser bipartida em "natural" ou "jurídica", tal como muitíssimo bem distinguido por Calamandrei[12] e Chiovenda.[13]

O inadimplemento da obrigação *naturalmente infungível* implica em perdas e danos; contudo, quando uma obrigação é infungível apenas em virtude de um princípio jurídico, nada impede que o legislador (e também o magistrado nos termos do artigo 139, IV do CPC) excogite meios aptos e idôneos para que se possa alcançar um resultado equivalente àquele que se obteria caso o devedor tivesse cumprido espontaneamente a obrigação.

No presente caso, "não presta o Estado pelo devedor a declaração de vontade; cria, porém, uma situação equivalente à que nasceria se aquela declaração fosse prestada".[14]

De fato, não é o Estado (sentença) que presta a declaração não emitida nem a "sentença substitui a vontade" do devedor, pois simplesmente ela, a sentença, tem os mesmos efeitos da declaração não emitida. Nesse passo, parece-nos de boa técnica a redação do art. 501 do CPC, quase cópia do artigo do CPC italiano, ao dizer que a sentença tem os "mesmos efeitos da declaração não emitida". Já o CPC de 1939 (art. 1.006), que reproduziu a primeira parte do *ZPO* alemão (§ 894), fez uso da técnica legislativa da ficção jurídica, sempre abominável, ao dizer que (art. 1.006), "condenado o devedor a emitir declaração de vontade, será esta havida por enunciada logo que a sentença de condenação passe em julgado".

O que deve restar claro para o operador do direito é que as obrigações de prestar declaração de vontade ensejam uma tutela específica para obtenção de uma sentença

---

12. Piero Calamandrei. *Studi sul processo civile*. Padova: Milani, 1934. v. III, p. 21 e ss.
13. Cf. *Istituzioni di diritto processuale civile*. v. 1, p. 187 e ss.
14. Luis Eulálio Bueno Vidigal. *Direito processual civil*. São Paulo: Saraiva, 1965. p. 165.

condenatória que imponha ao devedor o dever de emitir a vontade, mas que, se não realizada pelo réu no prazo fixado pela sentença, então, já determina o legislador processual a incidência de uma técnica executiva que faz que a sentença tenha, ela própria, o mesmo efeito de uma declaração não emitida.

Pela simples observação da localização do art. 501 do CPC, pode-se perceber que o legislador processual leva em consideração apenas as situações jurídicas em que a *prestação de declaração de vontade* seja objeto de uma ação cognitiva que enseje o cumprimento de sentença. Aliás, no próprio texto do art. 501 menciona-se que "a sentença produzirá todos os efeitos da declaração não emitida", vinculando o *trânsito em julgado* a produção destes efeitos (não admite o cumprimento provisório destas obrigações).

Contudo, e se a referida obrigação de prestar a declaração de vontade estiver contida em um título executivo extrajudicial?

Nesse caso, mantendo o defeito do CPC revogado, o NCPC simplesmente ignorou a hipótese ventilada na questão anterior, que, diga-se de passagem, é bem mais provável do que a prevista no CPC (cumprimento de sentença de prestar declaração de vontade).

Entendemos que seria ilógico e irrazoável que o exequente tivesse que dispor do título executivo extrajudicial para buscar a tutela jurisdicional de conhecimento apenas para fazer uso do art. 501 (tendo em vista a lacuna dos arts. 814 e ss. em relação ao tema).

Assim, pensamos que, uma vez iniciado o processo de execução para o executado prestar a declaração de vontade não emitida, deverá o magistrado aplicar o art. 816 em consonância com o art. 501, ou seja, se o executado não satisfizer a obrigação no prazo designado, é lícito ao exequente requerer que o juiz profira decisão que tenha os mesmos efeitos da declaração não emitida.[15]

6.1.4 *As técnicas de efetivação (medidas necessárias) da tutela específica*

O art. 536 menciona que *"para a obtenção da tutela específica ou a obtenção do resultado prático equivalente"* o juiz poderá, de ofício ou a requerimento, determinar as medidas necessárias à satisfação do exequente. O dispositivo, amalgama-se ao que prescreve o inciso IV do artigo 139 do CPC.

Aquilo que o legislador denomina de "medidas necessárias à satisfação do exequente" nada mais são do que os meios executivos, sub-rogatórios e/ou coercitivos, que, no limite do absolutamente essencial, nem a mais e nem a menos, serão utilizados pelo magistrado para realizar a satisfação da tutela (específica ou o resultado prático equivalente).

Tais *medidas necessárias*, como o nome mesmo já diz, devem atender a um critério de proporcionalidade e razoabilidade, e, sob esse viés, podem ser controladas pelo

---

15. Não incide aqui o óbice do art. 520, IV, porque não se está diante de uma execução provisória, mas sim definitiva.

executado por intermédio da impugnação do art. 525 (art. 536, § 4.º), no que couber, além da possibilidade de oferecer contra elas o recurso de agravo de instrumento, se entender que foram irrazoáveis e desproporcionais. É fundamental que as medidas escolhidas tenham pertinência e adequação com os aspectos objetivos e subjetivos da obrigação inadimplida.

Por expressa dicção do legislador, não há um rol fixo ou limitado de quais medidas poderão ser utilizadas pelo magistrado para satisfação da tutela concedida em provimento judicial provisório ou definitivo. Na verdade, a própria expressão "medidas necessárias" remete o magistrado a uma análise do caso concreto e a um juízo de valor que, permeado de razoabilidade e proporcionalidade, identifique qual o melhor meio – aquele que seja *adequado* – para se obter a satisfação do direito exequendo. Esse meio deve ser necessário sob a perspectiva do credor e do devedor, ou seja, sem ele não poderia ser obtida a satisfação, e, ao mesmo tempo, constitui o meio menos gravoso para o executado (art. 805).

O que fez o legislador foi dar um norte, uma diretriz, um caminho a ser seguido pelo juiz ao ditar algumas medidas de coerção e sub-rogação que poderão ser por ele utilizadas, separada ou cumulativamente, para se obter a satisfação do direito. É o que fez o art. 536, § 1.º, ao dizer que, "*para atender ao disposto no* caput, *o juiz poderá determinar, entre outras medidas, a imposição de multa, a busca e apreensão, a remoção de pessoas e coisas, o desfazimento de obras e o impedimento de atividade nociva, podendo, caso necessário, requisitar o auxílio de força policial*", deixando claro que, se for necessária a expedição de "*mandado de busca e apreensão de pessoas e coisas será cumprido por 2 (dois) oficiais de justiça, observando-se o disposto no art. 846, §§ 1.º a 4.º, se houver necessidade de arrombamento*".

A partir da redação desse dispositivo percebe-se que, em relação à tutela específica, o legislador adotou, claramente, a *atipicidade dos meios e do procedimento executivo* na medida em que não fixa nem o itinerário nem os meios que poderão ser utilizados pelo magistrado no cumprimento de sentença, o que aumenta muito a responsabilidade do juiz, devendo atuar com cuidado e prudência na escolha do meio necessário e adequado. Exatamente por isso que o dever de fundamentação da respectiva decisão ganha enorme relevo.

O dispositivo (art. 536) fala em atuação de ofício do juiz ou em requerimento da parte, mas não custa lembrar que ao propor a demanda sincrética (cognição com execução) o autor da demanda formula a dupla pretensão, de forma que o magistrado já havia sido provocado à prestação dessa tutela satisfativa.

É claro que, se se tratar de sentença ou provimento judicial que esteja impugnado por recurso sem efeito suspensivo, o eventual cumprimento de sentença será provisório e seguirá as regras atinentes do art. 520, § 5.º, não sendo admitida a atuação oficiosa do magistrado, ou seja, dependerá de requerimento do exequente que submeterá aos riscos inerentes a uma execução (cumprimento) provisória.

Importa dizer que o descumprimento e a recalcitrância do executado em cumprir a ordem judicial que impõe o cumprimento da tutela específica ou do resultado prático equivalente configuram ato atentatório à dignidade da justiça, como se depreende do art. 77, IV, do CPC, e, também por expressa dicção legal incide a regra dos §§ 1.º e 2.º, devendo o executado ser advertido e, posteriormente, punido com a sanção punitiva de multa processual sem prejuízo de outras de natureza cível, processual e criminal. Assim, é pertinente a legítima regra do art. 536, § 3.º, que assim diz: "*O executado incidirá nas penas de litigância de má-fé quando injustificadamente descumprir a ordem judicial, sem prejuízo de sua responsabilização por crime de desobediência*".

Dentre as medidas de apoio para satisfação da tutela específica ou do resultado prático equivalente o legislador dá enorme destaque à multa coercitiva, dedicando um artigo inteiro para tratar do seu regime jurídico. É o que passaremos a abordar no próximo tópico.

6.1.5 A multa do art. 537 do CPC

A denominada *astreinte*, inspirada no direito francês e no instituto do *contempt of court* do ordenamento anglo-saxão,[16] é forma de coerção psicológica do executado, atuando no sentido de pressioná-lo a cumprir a obrigação específica. Trata-se de medida coercitiva em parte típica e em parte atípica porque embora a astreinte esteja prevista na lei, cabe ao magistrado fixar o seu valor e a sua periodicidade segundo as peculiaridades do caso concreto.

Também é aplicável nas execuções de fazer e não fazer fundadas em título executivo extrajudicial, e com especial destaque aos deveres de fazer e não fazer de natureza não obrigacional, em que a tutela específica é a única forma de se conceder justiça ao jurisdicionado.

A multa tanto pode ser aplicada para servir de técnica de coerção para provimentos provisórios como para provimentos finais que concedam a tutela específica ou o resultado prático equivalente.

Feitas essas considerações preliminares, temos que a multa prevista no art. 537[17] possui natureza processual e serve como meio de *coerção* para que o obrigado possa cumprir obrigação que lhe foi ordenada.

---

16. O instituto do *contempt of court*, originado no ordenamento jurídico anglo-saxão, surgiu a partir das decisões dos tribunais ingleses, com a inexorável finalidade de coibir e reprimir os atos das partes que fossem ofensivos à dignidade da justiça. Sobre o tema, ver Cândido Rangel Dinamarco. *Execução civil*. p. 174.

17. Art. 537. A multa independe de requerimento da parte e poderá ser aplicada na fase de conhecimento, em tutela provisória ou na sentença, ou na fase de execução, desde que seja suficiente e compatível com a obrigação e que se determine prazo razoável para cumprimento do preceito.

    § 1.º O juiz poderá, de ofício ou a requerimento, modificar o valor ou a periodicidade da multa vincenda ou excluí-la, caso verifique que:

    I – se tornou insuficiente ou excessiva;

    II – o obrigado demonstrou cumprimento parcial superveniente da obrigação ou justa causa para o descumprimento.

O valor da multa deve ser *suficiente e compatível* com a obrigação, o que significa dizer por exemplo, que nada adianta uma multa fixada em horas se a obrigação só pode ser cumprida em dias. A noção de suficiência, adequação e proporcionalidade deve estar atrelada à força coercitiva que deve ter a multa para estimular o sujeito a imaginar que é mais vantajoso cumprir a obrigação do que suportar a multa decorrente do descumprimento. Além disso deve estar perfeitamente harmônica com o prazo para adimplemento da respectiva obrigação.[18] Tais aspectos podem ser impugnados pelo executado valendo-se do artigo 518 do CPC, e, se for o caso, por meio de agravo de instrumento (art. 1015, parágrafo único).

Embora seja muito mais útil nos casos de prestação infungível, não deve ser descartada a sua utilização quando se tratar de prestação fungível, porque o que se busca, aprioristicamente, é a tutela específica ou o resultado prático equivalente.

Segundo o artigo citado, a medida coercitiva pode ser concedida de ofício, o que permite que também seja revogada ou majorada independentemente de requerimento da parte, caso verifique que: a) se tornou insuficiente ou excessiva; b) o obrigado demonstrou cumprimento parcial superveniente da obrigação ou justa causa para o descumprimento.[19]

É importante observar que a possibilidade de o magistrado, fundamentadamente, modificar o valor e a periodicidade da multa, e até mesmo excluí-la nas hipóteses descritas nos incisos do § 1.º do art. 537, restringe-se apenas ao que não se referir ao passado, ou seja, apenas às situações vincendas, posto que para o passado já está acobertada pela preclusão, salvo se tiver sido objeto de impugnação recursal pela parte. A expressão "modificar o valor ou a periodicidade da multa vincenda ou excluí-la" deixa muito claro que não pode o juiz nas execuções definitivas, sob pena de violar a segurança jurídica, mexer a seu bel prazer com a multa, ora colocando, ora tirando, como se fosse um joguete nas suas mãos. Apenas sobre as *vincendas* é que poderá revogar ou alterar o seu valor ou periodicidade.

---

§ 2.º O valor da multa será devido ao exequente.

§ 3º A decisão que fixa a multa é passível de cumprimento provisório, devendo ser depositada em juízo, permitido o levantamento do valor após o trânsito em julgado da sentença favorável à parte.

§ 4.º A multa será devida desde o dia em que se configurar o descumprimento da decisão e incidirá enquanto não for cumprida a decisão que a tiver cominado.

§ 5.º O disposto neste artigo aplica-se, no que couber, ao cumprimento de sentença que reconheça deveres de fazer e de não fazer de natureza não obrigacional.

18. A multa, pela sua própria índole, deve servir como um estimulante positivo, e não negativo (quando é desproporcional) ao cumprimento voluntário da obrigação. Com isso se quer dizer que o juiz deve ter o maior cuidado ao aplicar a multa, de modo a conseguir o "justo ponto de equilíbrio entre o interesse na efetividade da execução e a necessidade de não onerar o devedor além da medida razoável".

19. Não se deve perder de vista que a multa tem uma finalidade *coercitiva* e não *punitiva*. Essa finalidade coercitiva deve ser o tempo todo questionada e avaliada pelo magistrado, ou seja, se uma obrigação é cumprida em horas e já se passam semanas sem que o devedor a cumpra, é certo que a multa mostra-se descabida. Manter a sua incidência como mecanismo de punição pela recalcitrância é afastar a *astreinte* do seu papel e violar o art. 77 do CPC que fixa limite para o *contempt of court*, além de desnaturar a função do instituto.

Uma questão tormentosa do ponto de vista acadêmico é saber o destinatário da multa. Dissemos "acadêmica" porque, *de lege lata*, o legislador disse que o destinatário dela é o exequente, nos termos do art. 537, § 2.º. O tormento doutrinário se dá pelo fato de que essa multa possui, em sua essência, um caráter público inegável, pois, como se disse, é um mecanismo processual destinado à efetivação da tutela do exequente. E, por ter uma veia pública, questiona-se o porquê de ela não ser destinada ao poder público, como se chegou a cogitar enquanto tramitava o projeto que deu origem ao CPC vigente.

Não por acaso o tema é objeto de diversas soluções no direito comparado, em que a multa ora vai para o Estado, ora para o exequente, ora para ambos. Entendemos que seria correto se o legislador tivesse destinado a multa aos cofres públicos, inclusive porque do seu descumprimento incide outra multa, punitiva pelo descumprimento do referido comando. Esse parece ter sido, inclusive, o motivo pelo qual o legislador manteve a ideia de que a multa coercitiva deve destinar-se ao exequente.

Dessa forma, sendo ela destinada ao exequente como quis o NCPC, deve permanecer a alarmante prática de uma conduta maliciosa de exequentes inescrupulosos que, valendo-se dos provimentos mandamentais (com multa periódica imposta ao executado), aproveita-se da recalcitrância do devedor para deixar que a multa se acumule no tempo, informando ao juiz muito tempo depois – quando a soma da multa diária já está elevada – que o devedor continua em mora. Então, iniciam uma execução para pagamento de quantia elevada oriunda da soma das multas que incidiram sobre o devedor. Tal aspecto tem sido observado pelos Tribunais e tem sido comum a revogação da multa impugnada com o reconhecimento da abusividade da conduta.

A decisão que fixa a multa é passível de formar título executivo judicial[20] que permite o cumprimento provisório, e deve ser depositada em juízo, permitindo o levantamento do valor após o trânsito em julgado da sentença favorável à parte.

Portanto, por expressa dicção do art. 537, § 3º não se aplica o art. 520 do CPC. Em outras palavras, não é possível ao exequente prestar caução idônea para obter o levantamento do valor constrito.

O cumprimento provisório da astreinte só pode ir até a constrição do valor devido; além disso – atos de expropriação – há vedação legal pois exige o trânsito em julgado da sentença favorável ao exequente, isto é, depende de decisão de procedência definitiva transitada em julgado em favor do autor da demanda.

Se no curso do cumprimento provisório for ofertada e rejeitada a impugnação ao cumprimento de sentença, os eventuais honorários resultantes da sucumbência não

---

20. Só será título executivo – provisório ou definitivo – se houver a comprovação de que houve o incumprimento da decisão, ou seja, sendo a multa coercitiva fixada pelo juiz uma decisão condenatória sob condição cuja finalidade é obter um determinado comportamento, só há a pena de multa se houver a comprovação de que houve o incumprimento da decisão e que este se deu por uma causa injusta (art. 537, §1º). Antes de ser reconhecido judicialmente o injusto incumprimento da decisão não há título executivo aparelhado que permita o início de uma execução.

poderão ser *provisoriamente executados*. Apenas a multa astreinte pode ser cumprida provisoriamente, pois há uma razão lógica para isso: o cumprimento provisório é justamente para forçar o cumprimento do preceito de fazer ou não fazer, que não existe em relação à verba honorária que é uma obrigação de pagar quantia.

Não se descarta, em alguns casos, que a dita execução seja precedida de liquidação. Caso, ao final, o pedido do autor seja improcedente, a multa fixada para cumprimento da tutela não será devida, pois o provimento de improcedência é declaratório negativo, com efeito *ex tunc*, e reflete a inexistência do direito afirmado pelo autor.

A liquidez da multa deve ser aferida a partir da soma dos valores referentes ao período de descumprimento da decisão, cuja data de início é "o dia em que se configurar o descumprimento da decisão" e a data final, "enquanto não for cumprida a decisão que a tiver cominado", salvo se algum prazo tenha sido fixado pelo juiz ou da data de sua exclusão, o que, aliás, recomenda-se muito.

A multa coercitiva convive perfeitamente com as perdas e danos, como expressamente já foi dito no art. 500 do CPC, e, também é harmônica com a possibilidade de que a ela seja cumulada a penalidade da multa pelo ato atentatório contra a dignidade da justiça, como lembra o art. 77, §§ 1.º e 2.º, do CPC c/c o art. 536, § 3.º.

Não obstante a regra genérica do art. 771 do CPC permitir a aplicação do Livro I da Parte Especial subsidiariamente ao Livro II da Parte Especial, não se pode negar que o legislador perdeu grande oportunidade de dizer expressamente que os arts. 536, 537 e 497 e ss. emprestariam suas regras ao processo de execução (desapossamento e transformação).

É que a não adoção da regra supracitada poderia levar a certos anacronismos injustificáveis. Com efeito. Vejamos pelo menos duas hipóteses que se apresentam.

É o que se dá, por exemplo, quando o Ministério Público realiza um compromisso de ajustamento de conduta nos termos do art. 5.º, § 6.º, da Lei da Ação Civil Pública (Lei 7.347/1985),[21] em que esteja prevista uma conduta específica (dever de fazer e não fazer).

Nesse caso, por ser detentor de um título executivo extrajudicial, o eventual e único caminho judicial a ser percorrido pelo Ministério Público, caso precise atuar coativamente a norma concreta contida no título, será o processo de execução previsto nos arts. 814 e ss.

Por outro lado, caso o *Parquet* não tivesse firmado o compromisso e existisse a crise de descumprimento, o caminho seria então uma demanda cujo julgamento desembocasse num cumprimento de sentença descrito nos arts. 536 e ss. do CPC.

Outra fragilidade inexplicável é a ausência de tutela executiva de obrigação de não fazer prevista nos arts. 814 e ss., já que o art. 822 trata, na verdade, de obrigação e *desfazer*.

---

21. Lei da Ação Civil Pública (Lei 7.347/1985), art. 5.º, § 6.º: "Os órgãos públicos legitimados poderão tomar dos interessados compromisso de ajustamento de sua conduta às exigências legais, mediante cominações, que terá eficácia de título executivo extrajudicial".

Capítulo III
PROCESSO DE EXECUÇÃO DAS OBRIGAÇÕES DE FAZER E NÃO FAZER

1. CONSIDERAÇÕES GERAIS

Em capítulo anterior, versamos sobre a teoria geral das obrigações de fazer e não fazer ao tratar do cumprimento de sentença dessa modalidade de obrigação, e, por isso, as lições constantes naquele capítulo são perfeitamente aplicáveis nesta sede.

O que aqui se pretende cuidar é apenas do procedimento do processo de execução (título extrajudicial) das obrigações de fazer e não fazer constantes, fixando desde já uma premissa básica para o leitor de que não pode o portador de um título executivo extrajudicial ter uma situação processual pior do que aquele que dispõe de um título executivo judicial (provisório ou definitivo), dado que a eficácia abstrata dos títulos executivos é a mesma, mormente porque é definitiva a execução fundada em título extrajudicial.

Exatamente por isso parece-nos óbvio que o magistrado deve fazer uso subsidiário das medidas executivas (coercitivas e sub-rogatórias) previstas nos arts. 536 e 537, também quando se tratar de execução por transformação fundada em título extrajudicial (processo de execução).

A necessidade de tratamento isonômico aos procedimentos lastreados em diferentes títulos executivos fica ainda mais acentuada quando se verifica que no procedimento executivo previsto nos arts. 814 e ss. não tem a mesma flexibilidade judicial existente nos arts. 536 e ss.

Pelo procedimento previsto nos arts. 814 e ss., depois de definida a execução pelo terceiro, caberá ao exequente pagar ao terceiro pelo serviço, e, depois de este ter sido realizado, poderá cobrar do executado a quantia gasta com a execução da prestação específica.[1]

---

1. Art. 817. Se a obrigação puder ser satisfeita por terceiro, é lícito ao juiz autorizar, a requerimento do exequente, que aquele a satisfaça à custa do executado.
   Parágrafo único. O exequente adiantará as quantias previstas na proposta que, ouvidas as partes, o juiz houver aprovado.

MANUAL DE EXECUÇÃO CIVIL • Marcelo Abelha

Nada mais injusto e inefetivo. Por isso, é claro que poderão ser importadas as medidas executivas de apoio, com ampla liberdade de escolha pelo juiz (art. 536, § 1.º), também para as execuções de fazer e não fazer fundadas em título extrajudicial.

2. O INÍCIO DO PROCESSO DE EXECUÇÃO

Apesar de o processo de execução se iniciar com a citação do devedor para que este cumpra a obrigação de fazer, seja em decorrência de um *faciendi* positivo ou de um *faciendi* originário do descumprimento de um não *faciendi* (abstenção), na verdade, a execução forçada só se inicia, com os seus atos característicos, depois de verificado o prazo para o cumprimento voluntário da prestação devida. Esse prazo de cumprimento do objeto da execução é fixado pelo juiz, e deve constar do mandado citatório. O juiz só não o determinará, se ele já estiver previsto no título executivo.

Nos termos do art. 814 do CPC *"na execução de obrigação de fazer ou de não fazer fundada em título extrajudicial, ao despachar a inicial, o juiz fixará multa por período de atraso no cumprimento da obrigação e a data a partir da qual será devida. Parágrafo único. Se o valor da multa estiver previsto no título e for excessivo, o juiz poderá reduzi-lo".*

Desse dispositivo é importante deixar claro que a multa a ser fixada pelo juiz é uma multa de índole processual com papel coercitivo e que por isso mesmo segue a disciplina do art. 537 do CPC.

O parágrafo único do art. 814 parece confundir a multa contratual (normalmente prevista no título) que tem natureza civil, de direito material, com a multa processual que pretende atuar sobre a vontade do devedor no âmbito do processo.

Não parece lógico nem adequado que o título executivo contenha em si uma *astreinte*, seja porque sua natureza é processual, seja porque cabe ao juiz fixá-la se e quando houver a necessidade de satisfazer em juízo o direito revelado no título.

Portanto, frise-se, cabe ao juiz reduzir ou alterar a *cláusula penal* ou *multa civil* existente no contrato que dá origem ao título executivo nos limites das normas de ordem pública do direito civil e desde que submetido ao contraditório das partes. Tampouco fica o magistrado vinculado ao valor da multa civil para fixar a *astreinte* quando proferir o despacho citatório.

3. PRAZO PARA CUMPRIMENTO VOLUNTÁRIO DA OBRIGAÇÃO

Nos termos do art. 815 do CPC, *"Quando o objeto da execução for obrigação de fazer, o executado será citado para satisfazê-la no prazo que o juiz lhe designar, se outro não estiver determinado no título executivo".*[2]

---

2. Esta redação deveria servir de modelo para todas as outras modalidades de prazo para cumprimento "voluntário" de todos os outros procedimentos executivos, inclusive para pagamento de quantia.

CAPÍTULO III • PROCESSO DE EXECUÇÃO DAS OBRIGAÇÕES DE FAZER E NÃO FAZER **325**

O texto é claro e inequívoco. É o título executivo que deve dizer qual o prazo para o cumprimento da obrigação, só cabendo ao magistrado fixar o prazo nele não estiver previsto. Isso porque tal prazo contido no título representa a autonomia da vontade das partes, e sobre ela o juiz não pode dispor. Enfim, apenas no caso de lacuna do título é que deve fixar o prazo para cumprimento da obrigação, que, registre-se, deve ser razoável e adequado com a prestação de fazer a ser cumprida.

Se já constar o prazo no referido título, então caberá ao juiz fixar a astreinte levando em consideração o prazo já estabelecido no título.[3]

Não podem ser confundidos, porque distintos, o prazo para o cumprimento da obrigação, fixado pelo juiz quando no título não constar, e o prazo para o oferecimento dos embargos do devedor pelo executado, que segue disciplina própria dos arts. 914 e ss. Obviamente que esses prazos podem não coincidir, nem o termo inicial nem o termo final. O termo do primeiro (cumprimento da obrigação) será aquele estipulado no título, ou, quando neste não existir, aquele que tiver sido fixado pelo juiz. O termo do segundo (oferecimento dos embargos) é o décimo quinto dia depois da juntada do mandado de citação aos autos (arts. 915 e ss.).

4. A OPÇÃO PELAS PERDAS E DANOS

Independentemente da modalidade da execução das obrigações de fazer ou não fazer (fungíveis ou não fungíveis),[4] por imperativo legal o exequente pode optar pela reparação das perdas e danos em lugar da prestação devida, ainda que se trate de obrigação fungível, caso em que a execução se converte em execução por quantia certa.

Nos termos do art. 816, "*se o executado não satisfizer a obrigação no prazo designado, é lícito ao exequente, nos próprios autos do processo, requerer a satisfação da obrigação à custa do executado ou perdas e danos, hipótese em que se converterá em indenização. Parágrafo único. O valor das perdas e danos será apurado em liquidação, seguindo-se a execução para cobrança de quantia certa*".

Daí se extrai que, havendo conversão em perdas e danos, será necessário proceder à liquidação no curso da própria execução, abrindo se um incidente cognitivo para esse desiderato, que terminará por decisão interlocutória de mérito fixadora do *quantum* devido. Só não acontecerá a referida liquidação se no próprio título já existir previsão

---

3. O dispositivo é excelente porque respeita o prazo do direito material estabelecido pelas partes, e, só admite a intervenção judicial no sentido de fixar um prazo caso nada conste no título executivo. Esse prazo judicial deve ser estabelecido de acordo com as circunstâncias do caso concreto e deve ser razoável e equilibrado no sentido de dar a maior efetividade com o menor sacrifício.
4. Art. 821. Na obrigação de fazer, quando se convencionar que o executado a satisfaça pessoalmente, o exequente poderá requerer ao juiz que lhe assine prazo para cumpri-la. Parágrafo único. Havendo recusa ou mora do executado, sua obrigação pessoal será convertida em perdas e danos, caso em que se observará o procedimento de execução por quantia certa.

das referidas perdas e danos, o que tornará mais fácil o início do procedimento expropriatório por quantia certa.

5. PROCEDIMENTO DA EXECUÇÃO DAS OBRIGAÇÕES FUNGÍVEIS

O início do processo de execução é feito por petição inicial, em que o executado é citado para, no prazo estabelecido pelo título extrajudicial ou fixado pelo juiz, quando naquele não constar, cumprir voluntariamente a obrigação (art. 815 do CPC). Assim, uma vez citado, o executado poderá (talvez a hipótese mais remota) cumprir a obrigação no prazo determinado, caso em que estará extinta a obrigação, não sem antes oportunizar o contraditório ao exequente (arts. 818 c/c o 924 do CPC).

De outra parte, se for cumprida em parte ou não cumprida, permanece "viva" a execução. Nesse caso, o exequente tomará uma de duas atitudes (art. 816):

a) requerer seja executada a obrigação às custas do devedor, o que poderá ser feito por intermédio de terceiro ou pelo próprio exequente;

b) requerer conversão em perdas e danos.

Se requereu haver perdas e danos, então será feita a liquidação em incidente cognitivo nos autos da própria execução, e, depois, cobrada em execução para pagamento de quantia certa (art. 816, parágrafo único) num exemplo de conversão procedimental dentro do processo de execução.

Por outro lado, se requereu que seja executada a obrigação às custas do devedor, e o fato puder ser prestado por terceiros, então o juiz, a requerimento do exequente, decidirá que o terceiro realize a prestação às custas do executado (art. 817, *caput*), caso em que caberá ao exequente adiantar as despesas para o terceiro realizar a prestação (art. 817, parágrafo único).[5]

Uma vez prestado o fato, o juiz ouvirá as partes (inclusive o terceiro, se necessário), no prazo comum de dez dias. Durante esse prazo, podem-se ou não impugnar aspectos relativos à execução da prestação do fato (art. 818). Não havendo impugnação, dará por cumprida a obrigação. O credor poderá cobrar o que foi pago por meio de execução por quantia certa contra o executado.

Havendo impugnação, forma-se um incidente processual, com contraditório, entre o exequente, o executado e o terceiro, devendo o juiz decidir de maneira sumária. Se o contratante abandonou o serviço, ou não o fez por completo, então

---

5. É verdade que, diante da ampla variedade de situações práticas, pode haver casos que justifiquem prosseguir com a execução por meio de um terceiro. Contudo, de forma geral, essa alternativa faz pouco sentido, considerando que, ao final, é o próprio exequente quem arca com o pagamento ao terceiro para realizar a prestação. Posteriormente, o exequente ainda precisará buscar do executado a restituição desse valor por meio de uma execução por quantia certa. Em situações como essa, seria mais lógico e eficiente optar diretamente pela conversão da obrigação em perdas e danos, simplificando o procedimento e reduzindo etapas desnecessárias.

CAPÍTULO III • PROCESSO DE EXECUÇÃO DAS OBRIGAÇÕES DE FAZER E NÃO FAZER **327**

o credor poderá requerer ao juiz que o autorize a concluí-lo, ou a repará-lo, por conta do contratante.[6]

Por fim, mais uma vez registra-se que o sistema de prestação de fato por terceiro continua sendo antiquado, quando comparado com a lepidez e a simplicidade dos arts. 536 e 537 do CPC, que tem a seu favor um leque atípico de medidas, coercitivas e sub-rogatórias, que podem ser lançadas pelo juiz em busca da efetivação da tutela específica ou do resultado prático equivalente. É óbvio que, subsidiariamente, tais regras devem ser aplicadas às execuções por transformação fundadas em título executivo extrajudicial.

6. EXECUÇÃO DAS PRESTAÇÕES INFUNGÍVEIS

Como já dissemos, as obrigações infungíveis são aquelas que, em decorrência da sua natureza (por exemplo, uma informação sigilosa que só uma pessoa pode fazer), ou por convenção (contrato de um pintor famoso para fazer um quadro), só podem ser cumpridas pelo obrigado; enfim, são *intuitu personae*.

O art. 821 do CPC cuida do procedimento da execução dessas obrigações fundadas em título executivo extrajudicial, sempre lembrando que o juiz poderá importar as técnicas executivas dos arts. 536 e 537 do CPC.

Tratando-se de prestação infungível (fazer infungível ou de não fazer – abster ou tolerar) contida em título extrajudicial, o processo de execução ocorre por petição inicial, sendo o devedor citado para, no prazo estabelecido pelo título ou fixado pelo juiz, quando naquele não constar, cumprir voluntariamente a obrigação (art. 821, *caput*).

Havendo recusa ou mora, converte-se a obrigação em perdas e danos (obrigação subsidiária) (art. 821, parágrafo único). Nesse caso, só será instaurado o incidente de liquidação das perdas e danos para apurar o *quantum* devido se no contrato não estiver previsto o montante da indenização para o caso de inadimplemento. Uma vez apurado o valor, a execução será por cobrança de quantia certa, em uma atípica situação de título executivo misto, em que o valor apurado é fruto de atividade judicial, e o restante dos elementos do título (a quem se deve, se deve e quem deve) foram hauridos extrajudicialmente.

7. "EXECUÇÃO" DAS OBRIGAÇÕES DE EMITIR DECLARAÇÃO DE VONTADE

As obrigações de prestar declaração de vontade podem estar contidas em títulos executivos extrajudiciais; fato, aliás, que se mostra extremamente comum em promessas de compra e venda de bens imóveis.

---

6. Art. 819. Se o terceiro contratado não realizar a prestação no prazo ou se o fizer de modo incompleto ou defeituoso, poderá o exequente requerer ao juiz, no prazo de 15 (quinze) dias, que o autorize a concluí-la ou a repará-la à custa do contratante. Parágrafo único. Ouvido o contratante no prazo de 15 (quinze) dias, o juiz mandará avaliar o custo das despesas necessárias e o condenará a pagá-lo.

Contudo, mantendo a lacuna e o defeito já existente no CPC de 1973, o CPC vigente simplesmente ignorou essa possibilidade e previu a técnica dos efeitos da sentença valer como a declaração não emitida apenas *nas hipóteses de cumprimento de sentença de obrigações de fazer e não fazer.*

Entretanto, tal falha não constitui óbice para que a referida regra do art. 501 seja aplicado subsidiariamente ao processo de execução dessa modalidade de obrigação.[7]

Assim, lege ferenda, a melhor solução nos parece a que, depois de citado o devedor para prestar a declaração não emitida contida no título extrajudicial, se este quedar-se inerte, deve o juiz proferir decisão cujo efeito valerá como a declaração não emitida. Lembre-se de que a questão do trânsito em julgado tem lugar quando o título é judicial, em que o art. 520, IV, veda, *a priori*, o cumprimento provisório da sentença. Todavia, sendo título extrajudicial, a execução é definitiva e, por isso, o exequente não pode ter o seu direito prejudicado, sob pena de admitirmos a absurda hipótese de o título extrajudicial não valer de nada, e o credor se ver obrigado a ajuizar a demanda que se satisfaça nos termos do art. 536 do CPC.

8. EXECUÇÃO DAS OBRIGAÇÕES DE NÃO FAZER PREVISTAS NOS ARTS. 822 E 823 DO CPC[8]

Não há, propriamente, uma execução de obrigação de não fazer prevista nesses dispositivos, embora assim seja nominada pelo legislador. Quando o art. 822 alude ao desfazimento pelo devedor do ato que este deveria abster de praticar por decorrência de lei ou contrato, na verdade, não é da execução de uma obrigação de não fazer que se trata. Bem pelo contrário, é de obrigação de fazer, já que o "desfazer" é uma obrigação positiva do devedor.

O fato de essa obrigação nascer de um dever originário de abstenção não pode modificar sua natureza jurídica. As obrigações de não fazer não incidem em mora. Podem configurar-se como atos de tolerância ou em uma abstenção.

A obrigação de não fazer contida em um título extrajudicial poderá ensejar: a) a propositura de um processo executivo, em que o juiz imporá ao executado um comando judicial (decisão), compelindo o executado a abster-se ou a tolerar determinado fato ou ato, sob pena de multa ou outra técnica coercitiva, uma vez que as obrigações de não fazer são sempre infungíveis (podendo utilizar as regras de apoio dos arts. 536 e

---

7. Art. 501. Na ação que tenha por objeto a emissão de declaração de vontade, a sentença que julgar procedente o pedido, uma vez transitada em julgado, produzirá todos os efeitos da declaração não emitida.
8. Art. 822. Se o executado praticou ato a cuja abstenção estava obrigado por lei ou por contrato, o exequente requererá ao juiz que assine prazo ao executado para desfazê-lo.

   Art. 823. Havendo recusa ou mora do executado, o exequente requererá ao juiz que mande desfazer o ato à custa daquele que responderá por perdas e danos.

   Parágrafo único. Não sendo possível desfazer-se o ato, a obrigação resolve-se em perdas e danos, caso em que, após a liquidação, se observará o procedimento de execução por quantia certa.

ss.); b) uma execução de fazer configurada no desfazimento do ato pelo devedor, que não deveria ter sido praticado por tolerância ou abstenção (arts. 822 e 823 do CPC), que configuraria a obtenção pelo exequente de um resultado prático equivalente; c) a indenização do credor pelas perdas e danos, quando houver recusa de desfazimento do ato, ou sendo caso de obrigação de não fazer instantânea (é materialmente impossível o desfazimento).

Capítulo IV
CUMPRIMENTO DA SENTENÇA DAS OBRIGAÇÕES DE ENTREGA DE COISA

1. GENERALIDADES

A tutela específica para entrega de coisa encontra-se dividida no CPC entre as técnicas para o *cumprimento de sentença* que impõe a prestação de entrega de coisa (art. 538) e o *processo de execução* para a entrega de coisa (art. 806). Há ainda o art. 498 que se refere ao efeito do julgamento dessa modalidade de demanda, cujo teor de seu texto bem poderia estar inserido integralmente no art. 538 do CPC.

A tutela das obrigações de entrega de coisa no CPC guarda enorme similitude com os dispositivos que, num passado recente, foram introduzidos no CPC de 1973 pelas Leis 10.444/2002 e 11.382/2006.

Depois da bem-sucedida experiência com a tutela específica das obrigações de fazer e não fazer do art. 461 introduzida em 1994 pela Lei 8.952, o legislador animou-se e estendeu o mesmo tratamento processual para a tutela específica das obrigações de entrega de coisa (que não seja dinheiro) por intermédio do art. 461-A do CPC revogado, que foi criado pela Lei 10.444/2002. Esses dois dispositivos promoveram uma sensível e esperada modificação na estrutura da tutela das obrigações de entrega de coisa e da tutela dos deveres de fazer e não fazer trazendo a ideia, à época ainda tímida, de que haveria um processo único com uma fase cognitiva e outra, subsequente, executiva.

Evitando misturar ou ampliar o art. 461 do CPC/1973 para nele incluir mais essa modalidade de tutela específica, o legislador preferiu criar um artigo só para regular a tutela específica das obrigações de entrega de coisa. É bem verdade que, mesmo sendo um artigo próprio, o legislador estabeleceu um enlace entre o art. 461 e o seu irmão, o art. 461-A, incluindo dispositivo neste último que permitia o uso das disposições dos parágrafos do art. 461 para o art. 461-A.

Portanto, seguindo a linha da reforma de 1994 e do sucesso ali alcançado com a tutela específica das obrigações de fazer e não fazer, o legislador, munido da experiência positiva, mutilou mais uma vez o Livro II do CPC/1973 para estabelecer que, no tocante às obrigações de entrega de coisa, haveria de se distinguirem as demandas que fossem calcadas em título executivo extrajudicial daquelas em que não existe o título ainda.

Para as primeiras, sobreviveria a demanda executiva que, uma vez proposta, teria rito próprio do Livro II, e, para as últimas, as funções de cognição e de execução não serão mais bipartidas e separadas em duas relações jurídicas processuais, pois, a partir da vigência da nova regra introduzida pelo art. 2.º da Lei 10.444/2002, as funções de cognição e execução passariam a ser exercidas na mesma relação jurídica processual, seja por intermédio da técnica de execução *lato sensu*, seja por meio do uso de provimentos mandamentais, tal qual determinavam os §§ 3.º e ss. do art. 461, que foram expressamente estendidos ao art. 461-A.

Mantendo o que já havia sido estabelecido pelo legislador desde 2002, o CPC 2015 não alterou esse regime jurídico das obrigações de entrega de coisa, pois, tratando-se de *cumprimento de sentença*, segue a regra dos arts. 538[1] c/c o 498, ao passo que, em se tratando de processo de execução para entrega de coisa, adota-se o procedimento dos arts. 806 a 814 do CPC.

2. O INTERCÂMBIO ENTRE O CUMPRIMENTO E A SENTENÇA PARA OBRIGAÇÃO DE FAZER E NÃO FAZER E PARA A ENTREGA DE COISA

O íntimo relacionamento entre o cumprimento da tutela para a entrega de coisa e as obrigações de fazer e não fazer não se dá apenas por razões formais estabelecidas pelo CPC, por exemplo, o fato de ambas estarem sob o mesmo título do Capítulo VI do Título I do Livro I da Parte Especial, tampouco porque o § 3.º do art. 538 determina que se aplicam ao procedimento previsto nesse artigo, no que couber, as disposições sobre o cumprimento de obrigação de fazer ou de não fazer.

A intimidade entre as duas modalidades de demanda se dá precisamente porque ambas tratam de tutela específica, ou seja, pretendem a satisfação da própria prestação devida e recaem sobre uma situação específica. Mais que isso, ensejam a realização de execução por desapossamento e transformação, cujas técnicas processuais são bem mais simples de serem efetivadas do que a execução por expropriação do patrimônio do executado. A execução de dinheiro, bem inespecífico, recai sobre o patrimônio do executado.

3. A OBRIGAÇÃO DE ENTREGA DE COISA

Reputa-se existente uma obrigação de dar quando o devedor se vê obrigado, por lei ou contrato, a entregar alguma coisa ao credor. A obrigação de dar é tradicionalmente

---

1. Art. 538. Não cumprida a obrigação de entregar coisa no prazo estabelecido na sentença, será expedido mandado de busca e apreensão ou de imissão na posse em favor do credor, conforme se tratar de coisa móvel ou imóvel.

    § 1.º A existência de benfeitorias deve ser alegada na fase de conhecimento, em contestação, de forma discriminada e com atribuição, sempre que possível e justificadamente, do respectivo valor.

    § 2.º O direito de retenção por benfeitorias deve ser exercido na contestação, na fase de conhecimento.

    § 3.º Aplicam-se ao procedimento previsto neste artigo, no que couber, as disposições sobre o cumprimento de obrigação de fazer ou de não fazer.

CAPÍTULO IV • CUMPRIMENTO DA SENTENÇA DAS OBRIGAÇÕES DE ENTREGA DE COISA **333**

classificada de duas formas: a) em relação à individuação da coisa, biparte-se em entrega de coisa certa e coisa incerta; b) em relação à natureza do vínculo do credor com a coisa, divide-se em obrigação de "restituir e dar propriamente dita". Quando o credor é o dono da coisa, a obrigação de dar consiste em uma devolução, em uma restituição do bem devido, daí se falar em devolução ou restituição.

A distinção entre as obrigações de "restituir" e de "dar coisa" é de importância capital também para o direito processual,[2] pois, para as primeiras, a atividade executiva tem por finalidade devolver ao proprietário determinada coisa que esteja indevidamente na posse do devedor.

Na obrigação de dar sem o lastro no senhorio da coisa (direito pessoal), normalmente é necessário primeiro declarar a propriedade da coisa para o credor para só depois obter a coisa que lhe é devida.

Ocorre que, no nosso ordenamento jurídico, como a propriedade se dá com a tradição,[3] o comprador que não teve a coisa ainda não seria proprietário e, por isso, não poderia utilizar os mesmos meios executivos da "restituição" (reivindicatória, por exemplo), sendo necessário primeiro declarar o direito de crédito para depois, com base nele, pleitear a entrega de coisa.

Com o art. 538, observa-se que, para fins processuais, tanto é possível obter a coisa com fundamento em uma obrigação de restituir (ação real) ou em uma obrigação de "dar propriamente dita" (entrega de coisa). Buscando o máximo de efetividade, o legislador nivelou por cima as modalidades de obrigação, permitindo que as ações fundadas em direito pessoal (obrigacional) recebam o mesmo tratamento da execução das ações de restituição da coisa fundada em direito real.

Não resta dúvida de que, nas obrigações de restituir, a prova do domínio sempre facilitará a vida do magistrado, especialmente quando for o caso de obter a tutela específica urgente, em que é necessária a presença da "probabilidade do direito alegado".

No que se refere às obrigações de entrega de coisa, verifica-se que o legislador não fez distinção entre aquelas que sejam de "restituir" um bem que já pertença ao requerente e aquelas outras, em que seja necessária, primeiramente, a obtenção de certeza do direito obrigacional, para só depois se alcançar a satisfação do direito declarado na sentença. Tanto em um (*v.g.*, fundado em direito real) como em outro caso (fundado em direito pessoal) será possível a utilização do art. 538 do CPC, aplicando-se os arts. 806 e ss. para os casos de processo de execução (títulos executivos extrajudiciais).

---

2. No regime civil, dependendo de se tratar de restituição ou de "dar propriamente dito", ter-se-ão diferentes soluções apontadas pelo legislador acerca dos riscos incidentes sobre a coisa.

3. "Dentro do sistema brasileiro, que seguiu o latino, é a tradição e não o contrato o elemento que transfere o domínio. Nisso o Código Civil se afastou do sistema francês, que possibilita a transferência do direito de propriedade pelo mero consentimento entre as partes. Assim, entre nós o contrato de compra e venda não torna o adquirente dono da coisa comprada, mas apenas titular da prerrogativa de reclamar sua entrega. De fato, o ajuste, embora ultimado, fá-lo apenas senhor de um direito de crédito, que lhe confere a prerrogativa de reclamar a sua entrega" (Silvio Rodrigues. *Direito civil*. 23. ed. São Paulo: Saraiva, 1995. v. II, p. 22).

4. ENTREGA DE COISA CERTA E COISA INCERTA

Como dito alhures, a obrigação de entrega de coisa pode recair sobre uma coisa certa e outra incerta. A expressão "coisa incerta" não pode levar a equívocos. Obviamente, para que ocorra a satisfação do direito exequendo, a "incerteza" deve deixar de existir, pois alguma coisa específica será entregue. Na verdade, a correta compreensão da classificação, que também é relevante para o direito processual, refere-se ao fato de que o objeto da obrigação (a coisa devida) pode ser específico ou inespecífico.

Um exemplo permite a compreensão. Imagine que uma empresa concessionária seja compelida a entregar dois carros "0 km" da marca tal, modelo tal e cor tal, e outra empresa concessionária seja compelida a entregar dois carros tais com os chassis tais (número que identifica aqueles dois carros).

Nos dois casos há uma obrigação de dar coisa, mas, enquanto no primeiro há a necessidade de entregar quaisquer carros na quantidade devida (dois) e no gênero especificado (marca, cor, modelo), no segundo, tem-se um dever obrigacional de entregar dois carros específicos, que só poderão ser aqueles são identificados pelos números dos chassis que os personificam.

Assim, o pacto firmado entre devedor e credor no primeiro exemplo foi inespecífico quanto à identificação completa do bem devido, portanto, trata-se de bem fungível por qualquer outro de mesmo gênero. Já no segundo caso tem-se exatamente o contrário, ou seja, o crédito refere-se a uma coisa específica, perfeitamente identificada no pacto, e por isso mesmo infungível em relação às demais.

Em uma sociedade em que os bens de consumo são cada vez mais padronizados, as obrigações de dar coisa incerta ganham relevo e se tornam mais acentuadas.

Todavia, como se vê, mesmo nas obrigações de entrega de coisa incerta há um momento que essa "incerteza" é totalmente dirimida, afinal de contas em algum momento será procedida a realização da entrega da coisa.[4] Portanto, o adimplemento individualiza a coisa objeto da obrigação. Destarte, como essa "incerteza" cessa com a satisfação, é possível a outorga aos sujeitos da obrigação da possibilidade de escolher a coisa que será entregue.

Segundo o CC, tem-se no art. 244 que, *"nas coisas determinadas pelo gênero e pela quantidade, a escolha pertence ao devedor, se o contrário não resultar do título da obrigação, mas não poderá dar coisa pior, nem será obrigado a prestar a melhor"* (art. 875 do CC revogado).

---

4. "A distinção entre a obrigação de dar coisa certa ou incerta, se bem que relevante, é de duração limitada. De fato, a mesma desaparece no momento da escolha, a qual tem por efeito transformar a obrigação de dar coisa incerta em obrigação de dar coisa certa. [...]. As partes, vinculadas a uma obrigação genérica, devem, em momento anterior ao adimplemento, escolher qual das espécies componentes do gênero será entregue em pagamento. [...] Ora, 'no momento em que se efetua a escolha, a obrigação de dar coisa incerta se transforma em obrigação de dar coisa certa', passando, por conseguinte, a obedecer às regras concernentes a esta espécie" (Silvio Rodrigues. *Op. cit.* p. 21).

CAPÍTULO IV • CUMPRIMENTO DA SENTENÇA DAS OBRIGAÇÕES DE ENTREGA DE COISA

Assim, quando ocorre um inadimplemento relacionado a uma obrigação de dar coisa incerta, sem dúvida esse aspecto da "incerteza" terá reflexos na esfera do processo, pois ninguém poderá pleitear uma entrega de coisa sem que antes se identifique o que será devido. Esse aspecto tem significativa importância, pois, em regra, salvo disposição em contrário, a individuação da coisa devida de acordo com as especificidades já existentes (gênero e quantidade) recai sobre o devedor. Por isso, antes de se pretender obter a entrega da coisa devida, há logicamente de identificar completamente a coisa devida.

Exatamente por causa disso é que consta, na redação do art. 498, parágrafo único, a regra de que, "*tratando-se de entrega de coisa determinada pelo gênero e quantidade, o autor a individualizará na petição inicial se lhe couber a escolha; cabendo ao réu escolher, este a entregará individualizada, no prazo fixado pelo juiz*".

Portanto, tratando-se o art. 538 do cumprimento de sentença oriunda de uma demanda que envolve função cognitiva com executiva, é certo que, no momento em que tiver de ser realizado o ato executivo de imissão ou de busca e apreensão para dar efetividade ao provimento jurisdicional final que concedeu a tutela específica, certamente o eventual incidente relativo à escolha do bem já terá sido dirimido pelo juiz ao longo da fase cognitiva.

Assim, nos casos em que a escolha seja reconhecida em favor do devedor, uma vez concedida a tutela específica, o provimento será direcionado ao réu para que este entregue a coisa individualizada no prazo fixado pelo juiz. Não o fazendo, permitirá que o credor realize a escolha e solicite em seu favor a expedição do mandado executivo (imissão ou busca e apreensão) do bem devido.

Como se verá adiante, em comentário aos dois momentos previstos no art. 538, *caput*, para a satisfação da tutela específica, o legislador perdeu, em relação às obrigações de entrega de coisa (certa ou incerta), uma ótima oportunidade de fazer com que o próprio provimento jurisdicional final fosse executivo, atribuindo-lhe a mesma força que normalmente se outorga aos provimentos interlocutórios de urgência, qual seja, em vez de primeiro dirigir um comando para o réu para que este cumpra a obrigação, o próprio provimento já seria executivo, isto é, seria direcionado à imissão ou à busca e apreensão.

Da maneira como fez o legislador, previu um momento para o atendimento do provimento que concedeu a tutela específica e logo após, se não cumprido, expedição de mandado executivo.[5] Ora, na prática forense esses dois momentos representam enorme dispêndio de tempo, dinheiro, sendo mais uma decisão impugnável e, venhamos e

---

5. O art. 538 deve ser lido em sequência ao art. 498, pois descumprido o prazo do art. 498, segue-se a determinação da realização das medidas executivas. Vejamos: "Art. 498. Na ação que tenha por objeto a entrega de coisa, o juiz, ao conceder a tutela específica, *fixará o prazo para o cumprimento da obrigação.*"; "Art. 538. *Não cumprida a obrigação de entregar coisa no prazo estabelecido na sentença*, será expedido mandado de busca e apreensão ou de imissão na posse em favor do credor, conforme se tratar de coisa móvel ou imóvel."

convenhamos, se o devedor não cumpriu a obrigação até tal momento, não irá fazê-lo no prazo estabelecido pelo juiz, previsto no *caput* do dispositivo.

Certamente, diante de provimentos de urgência, a regra do art. 538, *caput,* mostra-se completamente inconveniente, já que para tais situações normalmente não há como esperar primeiro o descumprimento do comando judicial no prazo fixado para só depois ser expedido o mandado executivo.[6]

Esse tempo é um *tempo morto*, diríamos assim, porque em regra nenhum devedor nele cumpre a obrigação, e apenas afasta mais ainda as chances de se obter uma tutela jurisdicional específica. Exatamente por isso pensamos que, quando se antecipa ou se concede a tutela específica com base na urgência, o que se quer e o que se deve dar de imediato, sob pena de perecimento do direito, é a própria tutela satisfativa que se realiza com o cumprimento do mandado de imissão ou de busca e apreensão.

5. ENTREGA DE COISA E DEVIDO PROCESSO LEGAL

Seria um cinismo admitir que a regra constitucional de que "*ninguém será privado da liberdade ou de seus bens sem o devido processo legal*" (art. 5.º, LIV) seria somente garantida ante a existência de um processo de execução autônomo.

Pelo contrário, esse mecanismo – do processo autônomo de execução – sempre funcionou muito mais como refúgio e manutenção de um estado de inadimplência do que como garantia contra uma execução injusta, arbitrária ou invasiva do direito de propriedade.

Não é o fato de se ter um processo autônomo de execução que faz com que esteja garantida a regra constitucional citada. A experiência prática do cotidiano forense sempre nos deu a certeza de que o grau de insatisfação com os resultados do processo de execução só vem indicar que este sempre foi o campo de ambiência perfeito dos devedores. Nem mesmo o CPC 2015 modificou essa realidade, pois ali se encontram todos os meios, atalhos, chicanas necessárias para tornar infrutífera a atividade jurisdicional executiva.

Fazendo uma análise em sentido inverso, vendo a tutela satisfativa, de índole constitucional, sob a ótica do credor, é possível dizer que, quando se pretende do Estado que este satisfaça uma crise de adimplemento por intermédio de um desapossamento, uma transformação ou uma "expropriação", o que se quer é justamente proteger um direito de propriedade em sentido lato, qual seja, do titular (proprietário) de um crédito inadimplido.

---

6. Também poderia ser argumentada a impossibilidade de obtenção da tutela urgente (antecipação da execução), sem ouvir o devedor, quando seja direito seu realizar a escolha. Como antecipar o provimento executivo ferindo a escolha prevista na lei e no contrato. Há choques de valores que devem ser sopesados pelo magistrado, pois simplesmente deferir o tempo ao devedor para que ele formule a escolha pode ser inexorável para a perda da tutela específica.

CAPÍTULO IV • CUMPRIMENTO DA SENTENÇA DAS OBRIGAÇÕES DE ENTREGA DE COISA

Com muito maior razão isso se verifica quando estamos diante do desapossamento e da transformação que correspondem às obrigações de entrega (restituição) de coisa e de fazer e não fazer, respectivamente.

Por isso, parece-nos lógico e até natural que fosse realmente introduzida a regra do art. 461-A nos idos de 2002 ao CPC de 1973 e que ela fosse mantida no atual art. 538 do NCPC, tendo em vista que, sob a ótica do devido processo legal, seria injusto e até ilegítimo que credores de obrigações que se efetivaram mediante um desapossamento não tivessem a seu favor a possibilidade de utilização de técnicas de cognição e execução incrustadas em um único processo judicial, ainda que não se trate de uma situação urgente; afinal de contas, desde o direito romano, algumas modalidades de obrigações de restituir já conheciam tal mecanismo.

6. AS OBRIGAÇÕES DE ENTREGA DE COISA E A UTILIZAÇÃO DOS MEIOS DE COERÇÃO PREVISTOS NO ART. 536

Para conseguir satisfazer a norma jurídica concretizada, o Estado dispõe de técnicas processuais de coerção e de sub-rogação, mediante a cláusula geral da execução do art. 139, IV, do CPC. Pela primeira, exerce pressão psicológica (no patrimônio ou na liberdade do devedor), "estimulando-o" a adimplir a obrigação insatisfeita. Por intermédio da segunda técnica, de sub-rogação, o Estado realiza, coativa e independentemente da colaboração do devedor, aquilo que ele deveria ter feito espontaneamente e não o fez, proporcionando ao credor a satisfação do direito declarado. Lá, tem-se execução indireta; aqui, direta.

Conquanto as técnicas de coerção e sub-rogação possam, e até devam ser realizadas em conjunto, visando obter mais celeremente a efetivação da vontade concreta da lei, é certo também que o tipo de técnica a ser empregada será naturalmente influenciado pela espécie de direito de crédito envolvida, ou seja, as peculiaridades do direito material (obrigação) é que vão determinar a tendência ao uso mais frequente dessa ou daquela técnica de execução.

Com isso, queremos dizer algo que soa até óbvio ao leitor: o direito material predetermina qual a técnica processual mais indicada à sua proteção. Por isso, para a obtenção da tutela específica dos deveres de fazer e não fazer, as técnicas de coerção recebem forte influxo do direito material, especialmente quando se está diante de uma obrigação infungível. De outra parte, em relação às obrigações de entrega de coisa, nas quais a satisfação é realizada mediante um desapossamento, ganham relevo as técnicas de sub-rogação, em que o Estado realiza imperativamente aquilo que o devedor não fez espontaneamente.

Ratificando o que já foi dito, isso não quer dizer que para se obter a satisfação das obrigações de fazer e não fazer só sejam possíveis as técnicas de coerção, e na entrega de coisa, as de sub-rogação, até porque é comum a existência de obrigações mistas, em que se possam antever as duas modalidades obrigacionais (com uma principal e outra acessória) e que, por isso mesmo, seja necessário o emprego concomitante das técnicas processuais de coerção e sub-rogação.

Conquanto seja possível mesclar as técnicas de coerção com as de sub-rogação para a obtenção da tutela específica (fazer ou não fazer e entrega de coisa), pensamos que, seguindo os influxos do direito material e fazendo uso do poder inquisitorial, o juiz não deve desperdiçar atividade jurisdicional apenas como demonstração de força, até porque em matéria de execução deve vingar o princípio do menor sacrifício possível do devedor (art. 805). O fato de o dito princípio se encontrar no Livro II da Parte Especial, e não no Livro I da Parte Especial (no qual estão contidas as regras dos arts. 536 e 538), em nada retira a sua aplicabilidade a tais situações; afinal de contas, é de função estatal executiva que estamos cuidando.

7. A OBRIGAÇÃO DE ENTREGA DE COISA TAMBÉM É FORMA DE TUTELA ESPECÍFICA

Por expressa dicção do Capítulo VI, que abriga os arts. 536 e 538, é também tutela específica aquela que impõe o cumprimento da obrigação de entrega de coisa, qual seja, que dá a mesma solução que se teria caso o processo fosse desnecessário. Significa obter o mesmo bem da vida caso fosse adimplida espontaneamente a obrigação. O bem a ser entregue tem um papel *final* e não *instrumental* como na tutela para pagamento de quantia. Nas obrigações para entrega de coisa pretende-se efetivar a endonorma (o cumprimento daquilo que constava na obrigação), ao passo que, nas obrigações de dar dinheiro, o que se pretende efetivar é a perinorma (a responsabilidade patrimonial que incide em razão do inadimplemento). Lá o bem é o próprio bem da vida a ser entregue. Aqui exerce uma função instrumental de conversão do bem em dinheiro.

Assim, considerando a existência de obrigação de entrega de coisa certa e incerta, é possível falar em tutela específica mesmo neste último caso, pois a especificidade da tutela não está identificada entre a tutela jurisdicional e a obrigação prevista no plano do direito material. Assim, a especificidade da tutela reside na obtenção do mesmo resultado de um adimplemento espontâneo que infelizmente não aconteceu. Não é, pois, a individualização do bem que faz específica a tutela, mas a coincidência do resultado do processo com o plano do direito material (obrigação).

Para ratificar o que já vínhamos sustentando em trabalhos anteriores, a expressão "tutela específica" não é nem sinônimo de execução específica (recai sobre coisa específica) e menos ainda de reparação específica (reparação *in natura*). Designa, pois, a obtenção de uma proteção específica que resulte na obtenção de uma situação jurídica final exatamente igual àquela que se teria caso a obrigação tivesse sido espontaneamente cumprida. Cada expressão mencionada deve ser compreendida sob sua própria perspectiva. Ora leva-se em consideração o resultado original no plano do direito material, ora a especificidade do bem objeto da satisfação.

CAPÍTULO IV • CUMPRIMENTO DA SENTENÇA DAS OBRIGAÇÕES DE ENTREGA DE COISA **339**

Sendo assim, pouco importa se a situação tutelanda já foi descumprida ou apenas está na ameaça de sê-lo. Se ainda não foi, então se usa de uma tutela específica para inibir (positiva ou negativamente) o comportamento que levará à formação da crise de adimplemento. Se já existe a crise (e não mera ameaça), então resta saber se ainda é possível a obtenção do mesmo resultado ou se a "reparação" é a única solução possível. Assim, seja sob uma visão "perspectiva" ou "prospectiva", a obtenção por via do processo da mesma situação jurídica final que se teria com o adimplemento espontâneo é que se denomina "tutela específica". Como se vê, portanto, a "reparação específica" pode não ser coincidente com o conceito de "tutela específica", mas poderá ser um resultado prático equivalente ao adimplemento.

Ademais, a variabilidade de meios para se obter a mesma situação jurídica não desfaz a natureza específica da tutela, pois o que importa é justamente a identidade da situação jurídica final trazida pelo processo com aquela do hipotético adimplemento espontâneo. Não fosse assim, o desapossamento realizado – ato executivo do Estado – ou a realização do dever de fazer fungível por via de terceira pessoa, às expensas do devedor, não poderiam ser enquadrados na condição de "tutela específica". Repita-se, o que importa é a obtenção da mesma situação jurídica final, e não o meio como se pode obtê-la. Por isso, nesses casos tem-se, sim, a tutela específica e, nesse passo, essa é a posição do legislador em relação aos arts. 498 e 538 do CPC.

8. ART. 498 E ART. 538 E A OBTENÇÃO DA TUTELA ESPECÍFICA

Obter a tutela específica da entrega da coisa nos termos do que foi pactuado entre credor e devedor não é tão fácil como se poderia pensar, ou "bem mais fácil do que obter a tutela específica da obrigação de fazer e não fazer".

A ideia de que a obtenção de um desapossamento como ato de execução direta (meio de sub-rogação) não teria os mesmos tipos de problemas atinentes à execução indireta (meios de coerção impostos nas obrigações de fazer e não fazer) é uma verdadeira falácia.

Isso porque, quando nesses casos a obrigação é infungível e o devedor é daquele tipo teimoso e recalcitrante, não restaria outra alternativa ao credor senão a busca de uma solução *in pecunia* (perdas e danos). Ou, ainda, mesmo quando a obrigação for fungível, há toda uma dificuldade operacional para se alcançar o mesmo resultado mediante ato ou fato realizado por terceiro à custa do devedor. Quando se compara tudo isso com um "simples desapossamento", tem-se a falsa ideia de que a obtenção da tutela específica nas obrigações de entrega de coisa é apenas uma questão de tempo. Entretanto, não é bem assim que a coisa funciona. Vejamos.

Se, por um lado, o ato de "desapossar" é em tese mais simples do que o de "transformar", isso não significa um sucesso absoluto no tocante à obtenção da tutela específica nas obrigações de entrega de coisa. Isso porque, nessa modalidade de obrigação (entrega de coisa), como o nome já diz, a coisa encontra-se em poder alheio, e por isso mesmo é que se pretende realizar um desapossamento.

Ora, se assim é, estando a coisa em poder alheio e sabendo o devedor que tem grandes chances de ser dela desapossado, não sejamos fingidos e admitamos que existem grandes chances de o bem da vida vir a ser deteriorado pelo longo período que estiver na posse do devedor. E nem estamos falando aqui em destruição total do bem, mas em uma simples conduta desleixada que por si só seria suficiente para diminuir o valor da coisa litigiosa. Tempo não lhe faltará para deixar que tal aconteça, afinal de contas, entre a crise de descumprimento e a obtenção de tutela específica há um longo e demorado caminho a ser percorrido.

Comparando com as obrigações de fazer e não fazer, em que a situação jurídica final resultante do adimplemento ainda não ocorreu (salvo nas negativas em que se pleiteia uma tolerância ou abstenção) e só ocorrerá com a prestação do fato pelo devedor, é certo que não há risco de se deteriorar aquilo que ainda não existe fisicamente. Assim, o quadro não pintado, o muro não construído etc., ainda não existem fisicamente, e por isso mesmo não correm o risco de ser deteriorados, residindo os problemas no campo da realização da obrigação. Já nas obrigações de entrega de coisa, a maior parte dos problemas não se concentra no ato executivo de desapossar, mas em todos os riscos existentes sobre a coisa até que se realize o desapossamento.

Dessa forma, como o ato de desapossamento é que constitui o ato de satisfação das obrigações de entrega de coisa, enfim, que proporciona a mesma situação jurídica final do "sonhado" adimplemento espontâneo não ocorrido, será certo pensar que na maior parte das vezes a realização do ato de desapossar deverá ser feita liminarmente, antes mesmo de se ouvir o réu (antes da sua participação), pois o risco de deterioração da coisa certa que é devida é quase *in res ipsa* a tal modalidade de obrigação, pois o atual possuidor e iminente desapossado (o devedor) não terá a menor preocupação em entregar algo que ainda possa ser útil ao credor.

Pelo contrário, se puder frustrar-lhe a satisfação, não pensará duas vezes. Se levarmos em consideração o fato de que o bem pode ser móvel ou imóvel, o risco de diminuição do valor da coisa em poder do devedor pode ser ainda maior, dependendo do objeto a ser entregue. Destarte, por mais que se diga que essa diminuição do valor do bem ou até a sua destruição poderá ser "transformada" em obrigação genérica, a verdade é que terá sido frustrada a tutela específica, e não raras vezes o devedor não possui bens que sejam aptos a suprir a dívida resultante da destruição ou deterioração do bem que deveria ter sido entregue.

A simples leitura condoreira e comparativa do art. 813 com os arts. 806 e ss. dá bem o tom da preocupação que aqui se colocou. Nos arts. 813 e ss. (ver também o art. 536), quase toda a preocupação dos dispositivos reside na adoção de técnicas que sejam voltadas à realização da prestação do fato, especialmente de técnicas coercitivas. Já nos arts. 806 e ss. o que se vê é uma sensível preocupação com o resultado infrutífero

CAPÍTULO IV • CUMPRIMENTO DA SENTENÇA DAS OBRIGAÇÕES DE ENTREGA DE COISA

da execução específica, admitindo que a coisa, ela mesma, a coisa, seja deteriorada, perdida, alienada etc.

Portanto, não temos a menor dificuldade em afirmar que, se, por um lado, a obrigação de entrega de coisa enseja a satisfação por simples ato executivo de desapossamento, por outro, isso não significa que seja certo e seguro o sucesso na obtenção da tutela específica, já que entre a crise de adimplemento e a obtenção do desapossamento há um longo período em que a coisa fica fisicamente na posse do devedor, e bem sabemos que essa situação poderá tornar inviável a obtenção de uma tutela específica.

9. ART. 538: MANDADO DE CUMPRIMENTO DA OBRIGAÇÃO (*CAPUT*) E PARÁGRAFO ÚNICO

Fazendo uma análise mais detida do art. 538 do CPC (com auxílio do art. 498), pode-se perceber que ele separa dois momentos distintos em relação à concessão da tutela específica da entrega de coisa. Esses "dois momentos" encontram-se isolados por "mandados" que são expedidos pelo magistrado, tendo em vista a obtenção da satisfação da obrigação. No primeiro caso, expede-se o mandado para o réu cumprir o preceito e, no segundo, em favor do credor, para que se realize a busca e apreensão (coisa móvel) ou imissão de posse (imóvel).

Quando se observa o *caput* do dispositivo, enxerga-se que no mesmo ato judicial que conceder o provimento satisfativo ensejador da tutela específica também haverá a fixação de prazo para o cumprimento da obrigação. Isso vem demonstrar que esse provimento ainda não é executivo, posto que se direciona ao réu para que este cumpra a obrigação. Aqui, sem dúvida, por causa do intercâmbio do § 3.º do art. 538 com o art. 536 e art. 537, será possível imaginar a utilização de medidas de apoio para que o devedor satisfaça, nesse momento, ele mesmo a obrigação inadimplida.

De outra parte, quando se observa o § 2.º do art. 538, deve-se notar que o dispositivo cuida de momento posterior, cuja premissa já não é mais o inadimplemento somente, mas também o descumprimento do comando fixado no *caput* do dispositivo dentro do prazo assinalado pelo juiz. Entretanto, aqui (art. 538, § 2.º) há provimento executivo, em forma de mandado judicial em favor do autor para que este possa, via atuação estatal, imitir-se na posse ou buscar e apreender o bem, caso seja imóvel ou móvel, respectivamente.

Fica muito evidente que no *caput* há regra dirigida ao réu e, aqui, regra dirigida em favor do autor, outorgando-lhe um poder de exigir do Estado a efetivação do seu direito. Assim, enquanto lá no *caput* do art. 538 (formulação da norma concreta) podem-se utilizar mecanismos coercitivos, aqui no § 2.º já é o próprio ato executivo (atuação da norma concreta), sendo, pois, inútil, e diríamos até desnecessário, pensar em coerção.

Essa distinção tem grande importância, não somente teórica, para identificar meios de coerção e até os tipos de técnicas utilizadas, mas também prática, pois, se o devedor não atender ao comando do magistrado, certamente o credor deverá provocar o juiz para lhe informar que o devedor descumpriu o preceito, sendo necessária a medida executiva de imissão ou busca e apreensão da coisa.

Deve-se notar, entretanto, que esse *iter* procedimental em que se verifica a existência de um momento para o cumprimento da obrigação pelo réu e um momento para a execução pelo Estado (para o caso de não atendimento do anterior) só deveria ser seguido quando se tratasse de tutela específica concedida em provimento judicial não urgente, pois nos casos em que exista o risco de dano à coisa e probabilidade do direito alegado o juiz deverá de plano, sem ouvir a parte adversária, conceder no âmbito real e concreto a tutela específica, antecipando o momento executivo, ou seja, antecipando a imissão ou busca e apreensão do bem.

Nas tutelas urgentes, provisórias ou não, seria um contrassenso esperar que fosse adimplida a obrigação pelo réu, ainda que com apoio em técnicas de coerção, se já fosse possível obter o desapossamento por intermédio de técnica de sub-rogação (imissão e busca e apreensão). Por isso, para tais casos, deve ser emprestada a regra dos arts. 536 e 537, tal como enuncia o art. 538, § 3.º

10. ART. 538, § 3.º: EXPRESSA REFERÊNCIA DE APLICAÇÃO DAS TÉCNICAS DOS ARTS. 536 E 537

Talvez no afã de evitar um tratamento desigual sob o ponto de vista da efetividade da obrigação de entrega de coisa em relação à obrigação de fazer e não fazer, o legislador utilizou-se da técnica legislativa mais simples e econômica, qual seja, no § 3.º do art. 538 determinou que se aplicariam a esse dispositivo todos os parágrafos dos dispositivos referentes ao cumprimento de sentença de obrigação de fazer e não fazer. Todavia, se isso não causa nenhuma discrepância quanto à isonomia de tratamento entre as duas espécies de obrigação, por outro lado provoca certa perplexidade em alguns aspectos, uma vez que o art. 538 (desde o art. 461 do CPC/1973) e todas as suas técnicas foram primitiva e originariamente idealizados para dar efetividade aos deveres de fazer e não fazer.

Como bem se sabe, o nosso direito processual civil vive uma atmosfera de "processo de resultados", em que toda e qualquer técnica processual é moldada e instrumentalizada de acordo com as regras e exigências impostas pelo direito material. Isso é louvável e tem sido muito bem compreendido pelo legislador processual. Todavia, não parece ter ocorrido quando se utilizou a técnica do art. 538, § 3.º, que manda aplicar no que couber à ação prevista neste artigo o disposto nos dois artigos precedentes que tratam do cumprimento de sentença de obrigação de fazer e não fazer.

Ora, não é só porque em ambas as modalidades de obrigações (fazer e não fazer e entrega de coisa) a tutela prestada é do tipo "específica" que se pode tratá-las da mesma forma. Assim, nem sempre as técnicas processuais que resolvem uma são igualmente

CAPÍTULO IV • CUMPRIMENTO DA SENTENÇA DAS OBRIGAÇÕES DE ENTREGA DE COISA **343**

servíveis para a outra. Isso não foi observado pelo legislador, mas trata-se de problema que deverá ser resolvido pelos operadores do direito no dia a dia forense.[7]

Já dissemos que os meios de coerção diferem dos meios de sub-rogação, e que estes são mais aptos a debelar crises de descumprimento relativas à entrega de coisa, enquanto aqueles são mais direcionados à resolução de crises relativas aos deveres de fazer e não fazer. Já dissemos que uma não elide a outra, e até podem ser utilizadas em conjunto, mas é inegável uma proximidade e até uma correspondência entre elas, e tudo isso por causa da forte influência do direito material.

De outra parte, se o que se espera é a obtenção imediata do bem com a antecipação da imissão ou busca e apreensão, certamente que quase não haverá espaço para a imposição de multa diária ou por qualquer outra unidade temporal, justamente porque será prescindida a conduta do devedor para a obtenção de qualquer resultado, salvo nos casos em que, por exemplo, existirem obrigações acessórias à principal que sejam adimplidas mediante um fazer. Para estas poderá ser direcionado o comando coercitivo excepcionalmente.

11. O DIREITO DE RETENÇÃO DEVE SER EXERCITADO NA CONTESTAÇÃO, E NÃO EM IMPUGNAÇÃO DO EXECUTADO

A fusão da cognição com a execução em um mesmo processo simplifica o procedimento para o jurisdicionado, que nunca entendeu muito bem a explicação de que "vencer" o primeiro processo não lhe traz o bem da vida, já que teria sido superado o obstáculo da "pretensão resistida". Seria preciso ainda um novo processo só para se realizar a "pretensão insatisfeita", com grandes possibilidades de assim permanecer em virtude de remédios processuais que poderiam suspender a execução iniciada. Todo esse formalismo depunha contra a efetividade do processo, e nisso andou muito bem o legislador que manteve o sincretismo processual e melhorou sensivelmente a organização do cumprimento de sentença no CPC.

Ao se colocar fim ao processo de execução com base em título judicial, porque a atividade executiva ficaria adstrita a atos executivos realizados na mesma relação jurídica processual em que se desenvolveu a atividade cognitiva, deve restar claro que, se não há uma relação jurídica processual executiva autônoma e a efetivação da decisão se faz por meio de atos executivos incrustados na mesma relação em que foi formulada a norma concreta, tudo se passa de modo muito semelhante àquilo que se passa nas execuções *lato sensu* ou mandamentais de provimentos antecipatórios, qual seja, não há

---

7. Assim, por exemplo, não nos parece adequado importar a regra da conversão das perdas e danos por opção do autor previsto na tutela das obrigações de fazer e não fazer (art. 496) para utilizá-la nas obrigações para a entrega de coisa. O CCB determina que, nas obrigações de entrega de coisa, só há falar em perdas e danos se e somente se a coisa for deteriorada ou perdida. Portanto, o novo Código Civil brasileiro (arts. 233 a 242) expressamente prevê a regra de que nas obrigações de entrega de coisa certa, existindo a coisa e não tendo sido perdida ou deteriorada, não há que se referir ainda a perdas e danos.

espaço, nem momento, nem previsão de uma demanda judicial prejudicial impeditiva que tenha o condão de suspender a eficácia dos atos de execução.

Assim, o que deve fazer o executado que porventura deseje atacar o provimento executivo sem fazer uso de uma ação autônoma (por exemplo, uma declaratória com pedido de tutela antecipada ou cautelar para suspender a execução)? Em nosso sentir, deve primeiro respeitar o princípio da eventualidade e da preclusão, só podendo, no cumprimento de sentença de obrigações específicas, arguir matéria dispositiva que porventura seja superveniente por intermédio de "exceção impeditiva, modificativa ou extintiva" ou, então, tratando-se de matéria de ordem pública e vício insanável, respeitados os princípios do prejuízo e da torpeza, arguir por intermédio de "objeção" de que os provimentos executivos devem ser suspensos para que se conheça das alegações formuladas nos termos do que dispõe o art. 536, § 4.º, aplicável por expressa referência do art. 538, § 3.º.

Logo, por exemplo, o *ius retentiones* (direito de retenção pelas benfeitorias realizadas na coisa) deve ser alegado pelo retentor em contestação, por intermédio de defesa indireta de mérito (exceção substancial), que será apreciada pelo magistrado necessariamente antes de concedido o provimento jurisdicional final que conceda a tutela específica (art. 437). Em tal momento irá fixar os limites do eventual direito de retenção, de forma que o credor da coisa só poderá recebê-la se antes cumprir a obrigação de indenizar o retentor (possuidor de boa-fé) pelas benfeitorias indenizáveis.

Assim, pensamos que em sua defesa de mérito indireta o réu deverá desde já especificar as benfeitorias indenizáveis; o estado anterior e atual da coisa; o custo das benfeitorias e o seu valor atual; a valorização da coisa decorrente das benfeitorias. Por sua vez, em réplica, o autor da demanda (credor) poderá oferecer artigos de liquidação de frutos ou de danos, a fim de se compensarem com as benfeitorias. Uma vez decidida a exceção dilatória, o magistrado, ao dar o provimento final de procedência do pedido do autor, poderá: a) acolher a pretensão do retentor; ou b) não acolher a sua pretensão.

Ocorrida a primeira hipótese, será condição *sine qua non* para que se promova o ato executivo (provisório ou definitivo) de imissão ou busca e apreensão o credor prestar caução ou depositar o preço das benfeitorias ou a diferença entre o preço das benfeitorias e o valor dos frutos ou dos danos que já tiverem sido liquidados.

Capítulo V
PROCESSO DE EXECUÇÃO DAS OBRIGAÇÕES DE ENTREGA DE COISA

1. INTRODUÇÃO

O procedimento do processo de execução para entrega de coisa era o mais desorganizado e confuso no CPC de 1973, porque, depois de sucessivas reformas ocorridas no CPC após a CF/1988, o legislador literalmente esqueceu-se de sistematizar os dispositivos com as novas regras que ele mesmo introduziu acerca dos atos executivos, dos embargos do executado etc., transformando o procedimento dos arts. 621 a 631 (atualmente arts. 806 a 813 do NCPC) em um amontoado de regras absolutamente antinômicas com o contexto processual adotado pelo próprio legislador. Para se ter uma ideia, nesses dispositivos ainda era mantida a segurança do juízo e o efeito suspensivo dos embargos do executado, quando no capítulo dos embargos à execução era clara e inequívoca a desnecessidade da segurança do juízo para o seu oferecimento e também o fim do efeito suspensivo *ope legis* dessa modalidade de oposição. Enfim, o procedimento do processo de execução para entrega de coisa estava anacrônico, obsoleto, descontextualizado e antinômico, sendo urgente a adequação de seus dispositivos ao contexto da tutela executiva como um todo. O CPC de 2015 realizou essa adequação, mas sem se preocupar em fazer inovações de conteúdo acerca do tema.

Assim, todas as considerações de ordem teórica que fizemos sobre as obrigações de entrega de coisa constantes do capítulo correspondente ao tema servem para esse tópico.

A diferença do isolamento de tratamento decorre de questões procedimentais estabelecidas pelo Código de Processo Civil, que previu um regime procedimental atípico para a execução de títulos judiciais, ao qual denominou de cumprimento de sentença, e outro, típico, para o processo de execução de títulos extrajudiciais fundada em título executivo extrajudicial. Do ponto de vista do direito material, não há diferença entre as obrigações contidas no Livro I da Parte Especial do Livro II da Parte Especial do CPC.

2. NATUREZA PESSOAL OU REAL DA EXECUÇÃO DE ENTREGA DE COISA

Como foi assentado no capítulo anterior, o CPC não distingue o procedimento executivo das pretensões reais de entrega de coisa do das pretensões pessoais de entrega do bem. Embora, ontologicamente, as pretensões sejam diversas e até por isso mesmo exijam tratamento diferenciado – pois, no direito real, o ato executivo funda-se no exercício do direito de sequela –, o Código optou por não fazer distinção de acordo com a natureza do direito exequendo. Assim, seja para os casos de obrigações de "dar, prestar ou restituir", o Código prescreve que o procedimento será o mesmo, excetuando, como já foi dito, se se tratar de título fundado em título judicial ou extrajudicial.

3. ENTREGA DE COISA *CERTA* E INCERTA

O procedimento do processo de execução para entrega de coisa (que não seja dinheiro) está tipificado nos arts. 806 a 813 do CPC que está dividido em duas seções: uma que cuida da entrega de coisa certa e outra, da entrega de coisa incerta.

Como se sabe, nessas modalidades de deveres ou obrigações nem sempre o objeto da prestação está completamente individualizado, e é exatamente por isso que o Código deu tratamento diferenciado ao procedimento.

Assim, se a coisa é certa, o procedimento é o previsto nos arts. 806 a 810; se é incerta, seguem-se os arts. 811 a 813.

A rigor, a distinção procedimental de um caso e outro existe apenas no momento vestibular do procedimento executivo, tendo em vista a necessidade preliminar de "individualizar" a coisa a ser entregue antes de iniciar os atos de execução forçada. Passada essa etapa, como determina o próprio art. 813, segue-se em tudo o procedimento para entrega de coisa certa.

4. PROCEDIMENTO PARA ENTREGA DE COISA CERTA

4.1 Postulação

Tratando-se de título executivo extrajudicial, portanto, execução definitiva, inicia-se o processo autônomo (e procedimento executivo) para entrega de coisa certa (determinada pelo gênero, qualidade e quantidade), por intermédio de uma petição inicial que, se estiver em termos, levará a citação do executado para que este satisfaça a obrigação no prazo de 15 dias.[1-2]

O Código permite que o juiz, ao despachar a inicial, fixe multa diária por dia de atraso no cumprimento da obrigação, consentindo a alteração (para mais ou para menos)

---

1. Caso satisfaça a obrigação, se o executado entregar a coisa, será lavrado o termo respectivo e considerada satisfeita a obrigação, prosseguindo-se a execução para o pagamento de frutos ou o ressarcimento de prejuízos, se houver. Finda a execução, será extinta com fulcro no art. 924, I, do CPC.
2. O legislador deveria ter feito como fez no art. 815, deixando o prazo do adimplemento para ser fixado pelo juiz se outro não estiver determinado no título executivo, afinal de contas os 15 dias previstos genericamente pelo legislador podem não ser o mais adequado – aferível em cada caso concreto – para o adimplemento da entrega do bem.

CAPÍTULO V • PROCESSO DE EXECUÇÃO DAS OBRIGAÇÕES DE ENTREGA DE COISA **347**

do valor da multa caso se mostre insuficiente ou excessiva.[3] A permissão de incidência de multa coercitiva resulta da intenção em dar maior efetividade, com menor custo possível do processo de execução. Embora silente, obviamente que deve o juiz também fixar a verba honorária, aplicando analogicamente a regra do art. 827, §§ 1º e 2º do CPC.

É sempre mais barato e mais rápido obter a satisfação da obrigação por ato do próprio devedor, e, nesse passo, a multa coercitiva serve de estimulante para tal desiderato. Já dissemos em outra oportunidade, contudo, que o magistrado deve ter muita sensibilidade em fixar a multa por dia de descumprimento, porque, ao contrário das obrigações de fazer e não fazer, o bem da vida (a coisa a ser entregue) encontra-se em poder do devedor, e, dia após dia, existe o risco maior de a mesma (a coisa) se dissipar, motivo pelo qual a utilização de técnicas de sub-rogação (busca e apreensão e imissão) pode ser aparentemente mais cara do ponto de vista do custo processual, sendo estas, no entanto, as únicas efetivamente úteis para desapossar a coisa do executado, mantendo-a incólume de avarias e danificações. Contudo, a multa ali prevista veio para somar, no sentido de trazer mais efetividade às execuções para entrega de coisa, de forma que deve ser vista com bons olhos a possibilidade de cumulação de técnicas coercitivas e sub-rogatórias.[4-5]

4.2 A expedição do mandado executivo

Caso o executado não cumpra a obrigação no prazo de 15 dias como foi determinado no mandado citatório, neste constará ordem para imissão na posse ou busca e apreensão, conforme se tratar de bem imóvel ou móvel, cujo cumprimento se dará de imediato, ou seja, não será necessário expedir novo mandado, executivo, porque a ordem sub-rogatória já consta do mandado citatório. Isso significa que, ante a inércia do executado, basta o exequente informar tal fato ao magistrado para que este determine a execução da medida, podendo o oficial de justiça valer-se do mesmo mandado para o qual foi realizada a citação (art. 806, § 2.º).[6]

---

3. Se a multa é fixada no despacho inicial, certamente que de despacho não se trata e, como tal, esse aspecto do pronunciamento judicial é uma decisão judicial, que poderá ser desafiada por recurso de agravo de instrumento, ao qual poderá ser deferido o efeito suspensivo, se presentes os requisitos para a sua concessão.

4. A multa tem índole processual e, mesmo que seja prevista no título executivo extrajudicial, o magistrado está livre para definir segundo as circunstâncias e peculiaridades da causa, não estando preso aos eventuais limites quantitativos previstos no título extrajudicial.

5. A multa começa a incidir a partir do momento indicado pelo juiz no despacho inicial, e, se não houver tal especificação, então será computada diariamente, mas com o termo inicial a partir do décimo quinto dia (sem adimplemento) após a juntada do mandado citatório.

6. Art. 806. O devedor de obrigação de entrega de coisa certa, constante de título executivo extrajudicial, será citado para, em 15 (quinze) dias, satisfazer a obrigação.

   § 1.º Ao despachar a inicial, o juiz poderá fixar multa por dia de atraso no cumprimento da obrigação, ficando o respectivo valor sujeito a alteração, caso se revele insuficiente ou excessivo.

   § 2.º Do mandado de citação constará ordem para imissão na posse ou busca e apreensão, conforme se tratar de bem imóvel ou móvel, cujo cumprimento se dará de imediato, se o executado não satisfizer a obrigação no prazo que lhe foi designado.

Por mais que o legislador tenha tentado trazer agilidade ao procedimento ao criar a convolação automática do mandado citatório em executivo, esta só ocorre se o executado não cumprir a obrigação no prazo de quinze dias, e essa informação somente poderá ser fornecida pelo credor/exequente nos autos da execução, ou seja, não é tão simples assim, mas de qualquer forma é válida a intenção do legislador.

4.3 Os embargos do executado

No prazo de 15 dias para satisfação da obrigação, o executado poderá oferecer embargos à execução, que prescinde da segurança do juízo, tal como determinam os arts. 914 e ss. do CPC. Contudo, por não possuir efeito suspensivo *ex lege*, não impedem o prosseguimento da execução, e, ainda que tal oposição tenha sido ajuizada pelo executado, não impedirá a realização dos atos executivos de imissão ou busca e apreensão da coisa.

Caso pretenda obter o efeito suspensivo, será necessário que o executado garanta o juízo mediante o depósito da coisa, além de demonstrar os requisitos para a concessão da tutela provisória.[7]

É por intermédio dos embargos do executado que o devedor deverá arguir o direito de retenção por benfeitorias, nos termos do art. 917, IV, do CPC. Nessa hipótese, e apenas nessa hipótese, por se tratar de defesa impeditiva, havendo benfeitorias indenizáveis feitas na coisa pelo executado ou por terceiros de cujo poder ela houver sido tirada, a liquidação prévia é obrigatória e a coisa não será entregue ao exequente (art. 818).[8]

Entretanto, frise-se que o embargante/executado deve alegar o *ius retentiones* e os seus embargos devem ser admitidos, caso contrário não haverá óbice à entrega da coisa. Não se trata de dizer que os embargos possuem *efeito suspensivo ex lege* nesse caso, pois a impossibilidade de entregar a coisa ao exequente decorre da própria natureza impeditiva do direito de retenção alegado em defesa nos embargos.

4.4 Alienação da coisa pelo executado

Não é difícil imaginar a possibilidade de, quando o exequente promover a expropriação por desapossamento da coisa, esta já não se encontrar mais em poder do executado. Atento a esse problema, o CPC previu no art. 808 a regra de que, "alienada a

---

7. Art. 919. Os embargos à execução não terão efeito suspensivo.

    § 1.º O juiz poderá, a requerimento do embargante, atribuir efeito suspensivo aos embargos quando verificados os requisitos para a concessão da tutela provisória e desde que a execução já esteja garantida por penhora, depósito ou caução suficientes.

8. Art. 810. Havendo benfeitorias indenizáveis feitas na coisa pelo executado ou por terceiros de cujo poder ela houver sido tirada, a liquidação prévia é obrigatória.

    Parágrafo único. Havendo saldo:

    I – em favor do executado ou de terceiros, o exequente o depositará ao requerer a entrega da coisa;

    II – em favor do exequente, esse poderá cobrá-lo nos autos do mesmo processo.

CAPÍTULO V • PROCESSO DE EXECUÇÃO DAS OBRIGAÇÕES DE ENTREGA DE COISA

coisa quando já litigiosa, expedir-se-á mandado contra terceiro adquirente, que somente será ouvido depois de depositá-la".

Esse dispositivo deve ser interpretado sob duas frentes. A primeira, levando-se em consideração o fato de que, se a execução é fundada em direito real, então o dispositivo consagra clássica situação de exercício de "direito de sequela", em um caso típico de fraude à execução. Por outro lado, tratando-se de pretensão fundada em direito pessoal, a regra é também de fraude à execução, mas com base no art. 792, I, ou seja, quando sobre o bem pender ação fundada em direito real ou com pretensão reipersecutória, desde que a pendência do processo tenha sido averbada no respectivo registro público, se houver a alienação, terá ocorrido após a propositura da ação condenatória para entrega da coisa. Contudo, sendo caso de título extrajudicial, o dispositivo abriga hipótese de fraude à execução, porque a alienação teria ocorrido após a citação no processo executivo.

Assim, constatada a alienação da coisa para terceiro, o credor poderá tomar uma de duas atitudes: a) redireciona o mandado executivo contra o terceiro, sustentando ter havido fraude à execução e, portanto, a ineficácia da alienação feita pelo executado, caso em que será instaurado um incidente cognitivo de fraude à execução; b) o exequente pode optar por converter a execução em perdas e danos pela perda da coisa alienada (art. 809).

Caso o exequente decida direcionar o mandado executivo contra o terceiro, este só poderá se defender depois de ter sido feito o depósito da coisa (espontâneo ou forçado). Sua pretensão deverá ser oposta na condição de legitimado passivo no incidente de reconhecimento de fraude à execução ou então pelo exercício da ação de embargos de cujo objetivo é livrar o bem da execução específica.

Registre-se que, se o bem não mais estiver em poder do terceiro, este não terá nenhuma responsabilidade indenizatória sobre o valor da coisa em relação ao exequente. Essa responsabilidade é exclusiva do executado (devedor).

4.5 Conversão da execução específica para pagamento de quantia (perdas e danos)

Como já foi dito no tópico antecedente, é possível que a execução específica seja infrutífera, porque a coisa a ser entregue já não se encontra mais disponível para ser entregue. É que a coisa pode ter sido destruída, ou deteriorada, ou alienada, de forma a tornar-se impossível a tutela específica.

É igualmente cabível o ressarcimento de prejuízos mesmo quando a coisa tenha sido entregue, conforme dispõe o art. 807 do CPC. Em combinação com o art. 395 do Código Civil, é plenamente possível a conversão da execução por entrega de coisa em execução por quantia certa – mesmo após a entrega da coisa –, desde que apurados os prejuízos decorrentes da mora no cumprimento da obrigação.[9]

_____
9. REsp nº 1507339 / MT.

Nessa hipótese, ainda que a coisa tenha sido entregue no curso do processo, a demora no cumprimento da prestação obriga o devedor a responder pelos prejuízos causados, incluindo juros, atualização monetária e honorários advocatícios, nos termos do art. 395 do Código Civil. Essa orientação reafirma o dever de cumprimento integral da obrigação, assegurando ao credor o direito à reparação pelos danos decorrentes do atraso na prestação.

Sem prejuízo das medidas coercitivas e sancionatórias, o Código prescreve a possibilidade de o procedimento executivo para entrega de coisa se converter em procedimento executivo para pagamento de quantia.

Para tanto, será preciso encontrar o valor da coisa (alienada ou destruída), e, somados a esse valor, eventualmente, as perdas e danos decorrentes da sua perda ou deterioração. É claro que, se no título executivo já consta o valor da coisa, tudo ficará muito mais fácil para o andamento do novo procedimento executivo.

Entretanto, caso nele não esteja previsto o valor da coisa, restará a formação de um incidente cognitivo liquidatório para que se descubra o *quantum* devido.

Sem isso, não se poderá ir adiante a execução por quantia. Nesse incidente, o exequente e o executado, em contraditório, exporão as razões e fundamentos para acolhimento ou rejeição do incidente. Se necessário, poderá haver prova pericial ou testemunhal em audiência para comprovar os fatos relativos ao valor da coisa ou perdas e danos. O juiz decidirá o incidente por decisão interlocutória de mérito, pois estará declarando o *quantum* devido na execução por quantia (art. 809).[10] Por fim, é interessante observar que, se o título executivo era extrajudicial (para entrega de coisa), após a conversão do procedimento, ele – o título – passará a conter uma parte (valor, *quantum*) "judicial", em um atípico caso de título misto.

Tal aspecto refletirá diretamente no conteúdo dos embargos do executado, uma vez que não se submeterá à amplíssima liberdade do art. 917, VI, porque em relação ao *quantum* devido aplicar-se-á a disciplina do art. 525 do CPC.

5. PROCEDIMENTO DO PROCESSO DE EXECUÇÃO PARA A ENTREGA DE COISA INCERTA

Está previsto nos arts. 811 e ss. o procedimento executivo fundado em título extrajudicial para entrega de coisa incerta. A existência de regras executivas específicas para essas modalidades de obrigações de entrega de coisa decorre do fato de que, nesses casos, a coisa a ser entregue é determinada apenas pelo gênero e pela quantidade. Inserem-se

---

10. Art. 809. O exequente tem direito a receber, além de perdas e danos, o valor da coisa, quando essa se deteriorar, não lhe for entregue, não for encontrada ou não for reclamada do poder de terceiro adquirente.

§ 1.º Não constando do título o valor da coisa e sendo impossível sua avaliação, o exequente apresentará estimativa, sujeitando-a ao arbitramento judicial.

§ 2.º Serão apurados em liquidação o valor da coisa e os prejuízos.

CAPÍTULO V • PROCESSO DE EXECUÇÃO DAS OBRIGAÇÕES DE ENTREGA DE COISA

aqui aquelas situações em que o objeto a ser entregue é, por exemplo, 10 sacas de café, 50 novilhos etc. Nesses casos, é preciso que se definam, no universo de sacas de café, ou de todos os novilhos existentes, quais serão objeto da entrega. Exclui-se dessa modalidade de procedimento executivo a entrega de dinheiro, que, embora seja uma modalidade de obrigação de dar, possui um procedimento executório específico, previsto nos arts. 824 e ss. do CPC (execução por quantia certa).

É importante que fique bastante claro o fato de que a incerteza em relação à coisa a ser entregue é apenas inicial, afinal de contas não será possível realizar qualquer desapossamento sem que se defina precisamente o objeto da entrega. Na verdade, como nessas modalidades de obrigação, segundo o título, a escolha pode caber ao credor ou ao devedor, o procedimento executivo inicia-se com um incidente de individualização da coisa a ser entregue.[11] Se a escolha da coisa a ser entregue couber ao credor, então este a individualizará na petição inicial da execução. Se a escolha couber ao executado, este será citado para entregá-la individualizada (art. 811), segundo o critério previsto no art. 244 do CC (não pode escolher a melhor nem a pior). O Código prevê que "qualquer das partes poderá, no prazo de 15 (quinze) dias, impugnar a escolha feita pela outra, e o juiz decidirá de plano ou, se necessário, ouvindo perito de sua nomeação" (art. 812). Embora seja de bom alvitre uma decisão sumária acerca do incidente, o Código permite (art. 812) que o juiz nomeie perito quando estritamente necessária a presença do experto, que seguirá, nesse particular, as regras normais de perícia. Obviamente que, se a escolha competia ao executado, e, no prazo mencionado, não se manifestou a respeito, a faculdade será transferida automaticamente ao exequente. Por isso, recomenda-se que, mesmo nos casos em que a escolha caiba ao executado, o credor já individualize os bens para o caso de omissão do executado. Assim, superado esse momento e individualizada a coisa, segue-se o rito normal já comentado alhures, nos termos do que determina o art. 813 do CPC.

6. APLICAÇÃO SUBSIDIÁRIA DO ART. 538 AO PROCEDIMENTO EXECUTIVO DOS ARTS. 806 E SS.

A distinção feita pelo Código entre os procedimentos executivos fundados em títulos judiciais e extrajudiciais tem razões ligadas à economia processual e efetividade do direito reclamado. A superação da autonomia procedimental dos processos executivos fundados em título judicial, a execução mediante procedimento e meios atípicos e a ampla liberdade do magistrado em definir o melhor (ou melhores) meio(s) para satisfação da obrigação não podem levar, contudo, à ideia de que um título executivo

---

11. Esse incidente não se verifica quando o título executivo é judicial, porque, ao proferir a sentença, a ser executada pelas regras do art. 498, o juiz já terá decidido sobre a questão manifestada na petição inicial e na contestação. Todavia, poderá haver problemas se o título executivo judicial for uma liminar, concedida sem ouvir o réu, e, nesse caso, se a escolha couber a ele. Assim, a execução da liminar poderá ser feita, mas a entrega da coisa deverá ocorrer por escolha do executado.

judicial é "mais forte" que um título executivo extrajudicial. Ambos dispõem de uma mesma eficácia abstrata, e lembre-se de que a execução fundada em título extrajudicial é definitiva, porque o título não está em formação. Não é a largueza do conteúdo dos embargos que define um título mais ou menos forte que outro.

Assim, se isso é verdade, não parece justo nem lógico que os meios disponíveis para se promover uma execução de entrega de coisa fundada em título judicial (às vezes uma liminar) sejam absolutamente mais variados e diversificados do que quando se está diante de títulos extrajudiciais. Naqueles segue-se a atipicidade de meios e neste a tipicidade?

Exatamente por isso, pensamos que, não obstante exista um procedimento específico para os títulos extrajudiciais, devem-se, sim, aplicar, sempre que possível e necessário, as regras executivas do art. 538 do CPC, sob pena de o titular de um título extrajudicial se ver encorajado, mesmo sendo detentor de um "título executivo", a promover uma demanda condenatória, o que seria totalmente absurdo.

7. EMBARGOS DE RETENÇÃO POR BENFEITORIAS

É perfeitamente possível que, nas execuções para entrega de coisa certa, o devedor tenha feito benfeitorias e possua sobre elas o "direito de retenção", ou seja, de reter a coisa (não a entregar) até que seja indenizado por elas.

No cumprimento de sentença o direito de retenção pelas benfeitorias indenizáveis já deveria ter sido alegado pelo réu em contestação, pois aí é quer seria o momento oportuno para tal defesa indireta de mérito impeditiva do direito do autor. Caso não tenha feito na contestação, poderá, por ação ordinária, exigir o ressarcimento da coisa, que já terá sido entregue ao exequente.

Contudo, permanece viva a possibilidade de utilização dos embargos de retenção por benfeitorias nos casos de processo de execução (títulos executivos extrajudiciais), tal como foi dito anteriormente. Aliás, só depois de superado o direito de retenção é que pode prosseguir os atos de desapossamento. A natureza de fato impeditivo do *ius retentionis* se apresenta como obstáculo ao desapossamento imediato, dando a impressão de que os embargos à execução é que teriam efeito suspensivo obrigatório, quando na verdade o fenômeno deriva da natureza do direito de retenção.

Capítulo VI
ASPECTOS GERAIS DA TUTELA EXECUTIVA DA OBRIGAÇÃO DE PAGAR QUANTIA

1. EXECUÇÃO POR QUANTIA CERTA E EXPROPRIAÇÃO FORÇADA

Já dissemos inúmeras vezes que o Código regula três tipos de atividade executiva, segundo uma terminologia processual. Trata-se da execução por desapossamento, por transformação e por expropriação.

Cada uma dessas técnicas processuais executivas corresponde, respectivamente, às prestações de entrega de coisa, prestações de fazer e não fazer e prestações de pagar quantia certa.

O CPC estabeleceu uma distinção muito clara na técnica processual executiva: cumprimento de sentença lastreada em título executivo judicial e processo de execução fundado em título executivo extrajudicial, respectivamente, no Livro da Parte Especial e no Livro II da Parte especial.

Contudo, é no Livro II que se encontram os pormenores, as minúcias da atividade jurisdicional executiva, em especial em relação aos atos da execução por expropriação, além de aspectos relacionados à relação processual executiva, como a suspensão e a extinção do processo. Sabendo disso, o legislador deixou claro que existe um intercâmbio entre os referidos Livros I e II da Parte Especial (arts. 513 e 771).

A prestação de pagar quantia (modalidade de obrigação de dar) enseja a utilização de técnicas processuais executivas que culminam com a expropriação forçada do patrimônio do devedor em prol do credor no limite necessário à satisfação do crédito. Há, por assim dizer, uma transferência de patrimônio do devedor para o credor no limite do crédito exequendo.

2. EXPROPRIAÇÃO E PODER DE IMPÉRIO DO ESTADO

A execução por quantia certa inicia-se por título judicial ou extrajudicial, e a obrigação que nele se documenta advém de qualquer modalidade de obrigação, seja ela contratual ou extracontratual (resultante de ato ilícito). Se o título for judicial, denomina-se *cumprimento de sentença para pagamento de quantia*; se extrajudicial, *processo de execução para pagamento de quantia*.

Como toda e qualquer atividade executiva, a expropriação forçada é praticada pelo Estado-juiz, que manifesta o seu poder de império sobre o patrimônio do executado, o qual a ele se sujeita. Há, sem dúvida, interesse público do Estado em resolver o conflito, inclusive mediante a execução forçada como determina o artigo 4° do CPC seguindo à risca a máxima de que *ninguém será privado de seus bens* sem o devido processo legal.[1]

A expropriação do patrimônio do executado por império do Estado se justifica pelo direito potestativo do exequente de realizar a garantia patrimonial (*reponsabilidade patrimonial) que, salvo raras exceções, existe em toda obrigação por expressa disposição legal*, ou seja, um direito que nasce com a obrigação e incide com o inadimplemento do devedor.

Pela responsabilidade patrimonial, *todos os bens do executado respondem/garantem pelo inadimplemento da obrigação*. Ocorrido o inadimplemento, abre para o credor munido de título executivo a possibilidade de acionar a garantia patrimonial sobre o patrimônio do responsável. Esse direito material de excutir o patrimônio do executado precisa estar revelado em um título executivo judicial ou extrajudicial e é exercido por intermédio de atos de império do Estado, a quem são reservados os poderes de coação e coerção, inerentes à tutela expropriatória.

3. CONFIGURAÇÃO DA EXECUÇÃO POR QUANTIA CERTA NO CÓDIGO DE PROCESSO CIVIL

A execução por quantia certa é a espécie executiva que concentra o maior número de dispositivos do Código, e isso se dá, basicamente, devido a alguns aspectos que não podem ser olvidados.

Primeiro, porque a execução por quantia certa funciona, sempre, como espécie executiva subsidiária das execuções específicas (desapossamento e transformação), nas situações em que estas são convertidas em perdas e danos.

Segundo, porque o dinheiro acaba sendo o instrumento mais popular e convencional de realização dos atos mercantis na sociedade, sendo, pois, bastante usual que as obrigações sejam cumpridas mediante pagamento em pecúnia.

---

1. Apenas para deixar claro e fora de qualquer dúvida, é importante que fique bem sedimentado que toda e qualquer expropriação judicial realizada com o fim de satisfazer o exequente, seja ela mediante a alienação do bem penhorado (nas diversas e quaisquer formas de alienação previstas no Código), seja mediante a apropriação de frutos e rendimentos do bem penhorado, ou, ainda, por meio da adjudicação do bem penhorado, todas elas, rigorosamente, para que aconteça o ato judicial de alienação, é irrelevante a vontade do executado, e, na maior parte das vezes, tudo é feito contra a sua vontade. Por isso, não é correto fazer qualquer relação entre os institutos referentes à execução forçada e o direito privado, posto que é do poder de império do Estado que decorre a expropriação forçada. Por isso, por exemplo, embora exista uma referência semântica idêntica entre o instituto da adjudicação com a *dação em pagamento*, e muito embora até seja interessante usar a comparação para fins didáticos, eles são figuras absolutamente distintas. O mesmo se diga no tocante ao ato de arrematação na alienação de bem penhorado. Não há aí nenhum contrato de compra e venda, é irrelevante a vontade do executado, e o que se tem é o poder estatal de transferir o bem penhorado para o exequente caso este manifeste o interesse e atenda as exigências do artigo 876 e ss..

CAPÍTULO VI • ASPECTOS GERAIS DA TUTELA EXECUTIVA DA OBRIGAÇÃO DE PAGAR QUANTIA **355**

Terceiro, porque o Código criou modalidades especiais de execução de obrigação por quantia certa, que são: execução (cumprimento de sentença e processo de execução) por quantia certa contra devedor solvente. Mas não é só, pois as obrigações por quantia certa contra devedor solvente têm um procedimento-padrão e procedimentos executivos especiais, que são a execução (cumprimento de sentença e processo de execução) por quantia certa contra a Fazenda Pública e a execução (cumprimento de sentença e processo de execução) por quantia certa da prestação alimentícia.

Fora do Código há ainda a execução fiscal, que é modalidade de execução por quantia certa contra devedor solvente quando promovida pela Fazenda Pública (Lei 6.830/1980). Já a execução por quantia certa contra devedor *insolvente*, apenas enquanto não surge lei específica para cuidar dessa modalidade de execução, será regulada pelos arts. 748 e ss. do CPC/1973 (art. 1.052 do CPC).

4. TÉCNICAS EXECUTIVAS EXPROPRIATÓRIAS (INSTRUMENTAIS E FINAIS) PREVISTAS NO CÓDIGO DE PROCESSO CIVIL

A finalidade da execução por quantia certa, em qualquer caso, seja pelo cumprimento de sentença ou pelo processo de execução, é expropriar o executado para apropriar o exequente: tirar dinheiro do patrimônio do executado para satisfazer o direito do exequente (art. 824).[2]

O CPC arrola três modalidades (típicas) de expropriação forçada do patrimônio do executado: a) adjudicação; b) alienação; c) apropriação de frutos e rendimentos de empresa ou de estabelecimentos e de outros bens.

É de se notar que, quando o art. 825 do CPC elenca quais são os atos expropriatórios previstos no Código, não quer dizer que é por aí que uma execução por expropriação se inicia, antes o contrário. A expropriação é a fase derradeira da execução para pagamento de quantia, salvo nas raras hipóteses em que há urgência, em que o legislador admite, excepcionalmente, a alienação antecipada do bem.

Por isso, para que se chegue aos atos expropriatórios previstos no art. 824 do CPC, é mister que ocorra, necessariamente, a realização de alguns atos processuais que são fundamentais para a satisfação do direito contido no título executivo.

Esses atos são os denominados atos executivos expropriatórios "instrumentais" e "finais". Os atos finais tipificados pelo Código estão no art. 824. Há ainda os atípicos que podem ser convencionados pelas partes (art. 190), bem como escolhido pelo magistrado segundo a necessidade da causa e a finalidade satisfativa (art. 139, IV).

Mas, a despeito da possibilidade da utilizar-se da atipicidade dos atos executivos, o normal e padrão é que se siga a tipicidade de meios e do procedimento previsto pelo

---

2. Expropriar não é o fim da execução para pagamento de soma em dinheiro. Trata-se de meio para se obter o dinheiro que será entregue ao credor. Execução "por expropriação" corresponde à técnica processual (instrumento) que o sistema prevê para obter a satisfação do crédito.

legislador. Assim, uma vez escolhido um desses três caminhos mencionados (do artigo 824), outro fica excluído (ao menos temporariamente), e para a realização de cada um deles existe uma sequência de atos processuais que lhes seja peculiar.[3]

Entretanto, os atos *preparatórios* servem para qualquer ato final do art. 824, porque sempre será necessário afetar um bem do patrimônio do executado (penhorar) e em seguida avaliá-lo para saber se o seu valor corresponde ao que está sendo executado e estabelecer um parâmetro (em alguns casos o valor-limite) para a expropriação.

No entanto, poderia ficar uma pergunta no ar: já que a execução para pagamento de quantia pressupõe atos executivos instrumentais e finais, e considerando ainda que os atos instrumentais não sofrem variação, posto que são necessários à realização da técnica expropriatória, como fica a escolha dos atos executivos finais? Uma vez vencida a etapa dos atos executivos preparatórios, qual ato final deve ser escolhido? A quem cabe essa escolha?

5. A ESCOLHA DAS TÉCNICAS EXECUTIVAS FINAIS NA EXECUÇÃO POR EXPROPRIAÇÃO

Os atos e procedimento executivos podem ser definidos pelas partes em convenção processual (art. 190), podem ser definidos pelo juiz (art. 139, IV) e também podem ser estabelecidos pela lei, como na maior parte dos casos. O nosso CPC contempla as três situações, mas inegavelmente, por razões atávicas, jurídicas e culturais, que aqui não cabem digressão, a última opção ainda é muito "forte" e "influente" no Código de 2015, em especial quando estamos diante da execução para pagamento de quantia, mesmo com o efusivo (e inescondível) teor do inciso IV do art. 139 do CPC.

Numa visão literal do Código apenas no cumprimento de sentença das obrigações específicas (art. 536 e 538) teria havido a opção expressa do legislador pela adoção imediata da atipicidade de meios e procedimentos, assim como na efetivação das tutelas provisórias (art. 297).

Ainda sob tal prisma no cumprimento de sentença para pagamento de quantia (art. 520 e 523), e nos processos de execução de qualquer modalidade de obrigação (art. 806, 812 e 827) o legislador teria mantido firme sob sua batuta o desejo de ele mesmo dizer qual seria o procedimento e meio típico que lhe parecesse adequado para satisfação do direito exequendo.

A despeito da literalidade é preciso interpretar sistematicamente o Código e tentar conciliar os aparentes conflitos, afinal de contas ninguém pode fechar os olhos para o artigo 139, IV do CPC.

---

3. Como se verá oportunamente, quando o bem penhorado não é dinheiro, o legislador dá preferência à determinada forma de expropriação, pois encurta o tempo e o custo da atividade jurisdicional. É o que acontece com a adjudicação do bem penhorado, que é o ato expropriatório final preferido pelo legislador.

CAPÍTULO VI • ASPECTOS GERAIS DA TUTELA EXECUTIVA DA OBRIGAÇÃO DE PAGAR QUANTIA | **357**

Nós temos sustentado que:

(1) Não há justificativa lógica para, em prol da literalidade pura, manter de pé o indizível e inexplicável desnível qualitativo entre as regras previstas para o cumprimento de sentença de obrigação específica (fazer e não fazer e entrega de coisa) e o processo de execução de obrigação específica (fazer e não fazer e entrega de coisa), sendo necessário que se *interprete sistematicamente* os dois modelos;

(2) A par disso, há, se formos seguir a literalidade, a clausula geral do artigo 139, IV prevista na Parte Geral do Código, que chacoalhou as "regras *típicas* rígida de procedimento e de meios executivos", permitindo que ante as circunstâncias do caso concreto, seja possível ao magistrado lançar mão da atipicidade, com prudência e responsabilidade, além das hipóteses do artigo 536-538 onde a atipicidade é expressamente prevista. A exigência da *subsidiariedade* do art. 139, IV para estas hipóteses de execução resulta da interpretação mais conservadora do STJ como já visto alhures.

A posição conservadora do STJ também resulta da interpretação sistemática do CPC que pode ser explicada pela resposta que se dá a seguinte pergunta: se o artigo 139, IV poderia ser aplicado sem subsidiariedade, porque o legislador manteve procedimentos e meios típicos para todos os casos, exceto nos artigos 536-538 e 297 do CPC?

A "problemática" ganha relevo quando a execução é para pagamento de quantia, cujo método executivo se faz pela expropriação, mexendo na sacrossanta propriedade do executado. Segue-se prioritariamente o procedimento legislado do artigo 523 e 827 e só depois, se este falhar e houver indícios de ocultação patrimonial, que se partirá para o artigo 139, IV.

Inegavelmente que, estando o procedimento ali na prateleira, com regras abstratas prontas é muito mais simples segui-lo, daí porque, se admitida a não subsidiariedade faz-se necessária a demonstração de que outro itinerário, o atípico, seria o mais adequado para aquele caso concreto.

O procedimento legislado para expropriação de dinheiro do executado é bem burocrático e rígido, especialmente quando é necessário transformar bens do patrimônio em dinheiro a ser entregue ao exequente, pois não se trata apenas de desapossar o bem em poder físico do devedor, e, menos ainda, de compeli-lo a praticar ou tolerar (abster) a prática de determinado fato. Aqui é preciso expropriar o executado.

Nesses casos, é preciso expropriá-lo, e isso se faz mediante uma prévia afetação de bem(ns) específico(s) do patrimônio do executado, para em seguida avaliá-lo e depois expropriá-lo, e, com o produto daí resultante, pagar o exequente.

Toda essa sequência é exaustivamente prevista pelo Código, com inúmeros artigos e dispositivos que regulam todos os passos do juiz nesse itinerário executivo para pagamento de quantia.

Assim, o Código prevê a possibilidade de serem utilizadas três técnicas de expropriação forçada do patrimônio do executado, quando este permanecer recalcitrante e não pagar o que é devido. São elas: a adjudicação, a alienação e a apropriação de frutos e rendimentos de empresa ou de estabelecimentos e de outros bens. Todas, como se disse, são instrumentos ou técnicas executivas.

Mais uma vez relembro que é perfeitamente possível que o juiz, iluminado pelos postulados constitucionais da efetividade da jurisdição e menor onerosidade possível, mescle no procedimento executivo típico que esteja sendo utilizado as técnicas de coerção com as de sub-rogação, por exemplo, impondo multa diária já no momento em que afeta o bem do patrimônio do executado. É preciso abandonar a ideia de que o caminho típico não se comunica com o atípico e vice-versa. Sustentamos que essa permissão vem descrita de forma expressa no art. 139, IV, do CPC ao dizer que "O juiz dirigirá o processo conforme as disposições deste Código, incumbindo-lhe: [...] determinar todas as medidas indutivas, coercitivas, mandamentais ou sub-rogatórias necessárias para assegurar o cumprimento de ordem judicial, inclusive nas ações que tenham por objeto prestação pecuniária".

A despeito disso, e considerando que toda execução para pagamento de quantia precisa passar pela afetação de um bem (penhora) e (quase sempre) por uma avaliação desse mesmo bem, o juiz terá tempo mais do que suficiente para saber e antever, considerando "a razoável duração do processo", qual ato expropriatório mostra-se mais eficiente para aquele caso em concreto. Isso porque a "escolha" de um ou outro ato sub-rogatório implica adotar uma complexa sequência de atos processuais destinados à realização do direito revelado no título executivo.

Assim, por exemplo, se a escolha recair sobre a alienação do bem em leilão, será necessária a realização de uma licitação pública, e isso implica cumprir um *iter* procedimental típico dessa modalidade de expropriação, com publicação de edital, realização de leilão etc. Por outro lado, se o caminho escolhido for a apropriação de frutos e rendimentos de um bem, não se exigirá a alienação em leilão público, mas regra geral será necessária a nomeação de um administrador judicial do bem dado em usufruto. É claro que, se um caminho se mostrar infrutífero, o mais rápido possível deve haver a sua modificação por outro mais eficaz, mas essas mudanças devem ser evitadas para impedir um aumento do custo processual (tempo e dinheiro).

É verdade que o legislador coloca, ele mesmo, uma ordem de preferência entre as técnicas expropriatórias finais, e deixa isso à mostra não só na ordem dos incisos arrolados no art. 876, mas, especialmente, na redação do art. 878, em que se lê uma ordem de preferência pela adjudicação de bem penhorado quando comparada com a alienação do bem.

No que concerne à apropriação de frutos e rendimentos, embora seja uma técnica expropriatória, a sua "escolha" acaba sendo condicionada pelo bem que foi objeto de penhora, posto que deverá recair sobre algo que forneça frutos e rendimentos que proporcionem a expropriação pelo referido meio expropriatório. Todavia, sem dúvida, parece-nos que essa técnica precede a qualquer outra sempre que o juiz entender que seja menos gravoso ao executado e mais eficiente ao recebimento do crédito.

Embora o Código tenha estabelecido uma *ordem preferencial*, não nos parece que ela não possa ser alterada pelo magistrado, diante do caso concreto, e, é claro, com contraditório às partes. Também não se nos afigura que seja inviável, dependendo de cada situação em concreto, que, após escolhida uma via, não possa o credor desistir daquele caminho e optar pelo outro, enquanto a expropriação não tiver sido perfeita e acabada, devendo arcar, é lógico, com os custos desse retardamento, se houver (art. 878).

O fato de o legislador ter colocado uma ordem de preferência e deixado, residualmente, a alienação em leilão público reside no fato de que a adjudicação tem um custo/benefício mais interessante que a alienação. A economia processual é que determina a regra preferencial estabelecida pelo legislador, pois, a rigor, a adjudicação é forma de outorgar ao exequente um resultado prático equivalente, mas não propriamente o dinheiro a que teria direito.[4]

A opção pelo caminho cabe ao exequente, que deverá fazer o seu requerimento tão logo esteja superada a fase da avaliação do bem penhorado (art. 875). Mesmo tendo o requerente feito o seu pedido de expropriação por uma das vias do art. 824, parece-nos que o juiz deve submeter tal pedido ao contraditório e só depois, ele, juiz, decidir qual é o melhor meio para se buscar a satisfação do crédito exequendo, sopesando eficiência do recebimento do crédito com menor onerosidade possível. Poderá, inclusive, decidir por caminho diverso daquele que foi solicitado pelo exequente. É que nem sempre este escolhe o meio mais eficiente, mas sim aquele que pode trazer mais prejuízos ao executado, e, como se sabe, a execução não é forma de punição de nenhum devedor.

Por isso, após o contraditório, o juiz decidirá, mediante o sopesamento dos postulados constitucionais mencionados, qual o melhor ato expropriatório e respectiva sequência procedimental a ser seguida para a satisfação da norma jurídica concreta. Aliás, é desse contraditório que poderá chegar, com menor dose de erro, à escolha do melhor caminho a ser trilhado pela execução.

Por isso, não faz o menor sentido que, para as execuções específicas, o juiz possa ter poderes de escolha do itinerário e dos meios executivos (até mesmo atípicos), e para a execução por quantia isso não exista. O art. 139, IV, nos direciona a pensar dessa forma. Em uma interpretação "conforme a Constituição", e seguindo os postulados do

---

4. É preciso deixar claro que o que se pretende na execução para pagamento de quantia é a *obtenção da quantia devida*, de forma que a adjudicação do bem penhorado é modalidade de *resultado prático equivalente*. E, para a obtenção da quantia devida, não havendo penhora imediata de dinheiro, uma de duas: aliena-se o bem do patrimônio do executado, e, em seguida, aliena-se o dinheiro (entrega a quantia) para o exequente ou então se admite que nas hipóteses em que o bem penhorado for gerador de frutos e rendimentos que o dinheiro daí decorrente seja apropriado (entregue ao exequente) paulatinamente em parcelas. Por isso que o art. 904, I e II, do CPC menciona a entrega do dinheiro e a adjudicação do bem penhorado como meios de satisfação do crédito exequendo.

devido processo legal na execução, não só o juiz pode, mas deve escolher a técnica (e, consequentemente, a sequência processual e procedimental) que parecer mais eficiente e adequada à satisfação da norma jurídica concreta.

6. IDENTIFICAR OS FUNDAMENTOS E FINS DA PRETENSÃO À TUTELA PECUNIÁRIA E A APLICAÇÃO DO ARTIGO 139, IV

Os procedimentos típicos de pagar quantia, fazer e não fazer e entrega de coisa foram abstratamente previstos pelo legislador que ditou o ritmo, a forma e as técnicas que devem ser utilizadas para satisfação do direito.

A tutela satisfativa das obrigações específicas há algum tempo vem tendo o procedimento e os meios executivos flexibilizados, admitindo que se aplique a atipicidade de meios e formas como se observa no atual art. 536 (cumprimento de sentença) que, inclusive, deve ser emprestado para os processos de execução das obrigações específicas por expressa dicção legal.

No tocante à tutela pecuniária sempre se manteve uma restrição e um certo comedimento em relação à adoção das medidas atípicas. Como dito, a cláusula geral da execução inserta no artigo 139, IV do CPC quebrou este dogma de engessamento da tutela pecuniária, permitindo que as tais medidas atípicas possam ser utilizadas também na execução por expropriação contra devedor solvente.

Considerando que dinheiro é sempre instrumento para aquisição de outros bens e serviços, necessários ou voluptuários, é possível que tomando de análise a origem e o fim a que se destina o dinheiro o magistrado possa valer-se da técnica do artigo 139, IV para buscar caminhos mais adequados à tutela pecuniária. Aliás, é o que o legislador já fez ao prever modelos procedimentais típicos nas execuções de prestações de alimentos e nas execuções que envolvam a fazenda pública como exequente ou como executado.

Afora estes procedimentos especiais, o que se tem no CPC é um modelo procedimental engessado onde se colocam todos os créditos numa vala comum, misturando indenizações por atos ilícitos, com créditos de astreintes, com multas processuais, com multas pecuniárias de contratos particulares, com perdas e danos de negócios jurídicos etc. Enfim, trata o crédito pecuniário todos da mesma forma, proporcionando ao jurisdicionado uma tutela procedimental/meios padrão para todos.

Bem sabemos que dinheiro é sempre instrumento de alguma coisa, mas sua origem e finalidade podem revelar uma situação de necessidade ou essencialidade que, talvez, mediante as circunstâncias do caso concreto, devessem ter uma desigualação procedimental e de meios executivos, coisa que o legislador não fez, mas permitiu que o magistrado fizesse com fulcro no artigo 139, IV do CPC mediante a integração e colmatação da cláusula geral mencionada.

Obviamente que não somos favoráveis que sempre se descortine os fundamentos e os fins da obrigação de pagar quantia, valendo-se do artigo 139, IV, como forma de "fazer justiça em cada caso concreto", pois isso representaria um estado de insegurança e instabilidade que talvez se mostrasse ainda mais pernicioso ao ordenamento jurídico como um todo.

É de se reconhecer que a previsão normativa (ou simplesmente legalidade democrática) é manifestação direta da democracia representativa e por meio dela é estabelecida um procedimento padrão que pode sim ser flexibilizado, especialmente quando o modelo abstrato (penhora/alienação) se mostrar claramente inadequado para alcançar o fim a que se destina. Muitas vezes, sem alterar o núcleo dos meios típicos, mas apenas alterando a forma e modo de realizá-los, é possível valer-se dos meios executivos atípicos para alcançar o desiderato de satisfação do direito exequendo, o que implicará, regra geral no respeito ao contraditório participativo e necessária e transparente fundamentação das decisões judiciais.

Capítulo VII
CUMPRIMENTO PROVISÓRIO DA SENTENÇA

1. GENERALIDADES

Para ser bem compreendida – ou pelo menos entendida –, a execução provisória (ou cumprimento provisório da sentença como denomina o CPC), vista como um instituto fundamental da execução civil no direito brasileiro (arts. 520 ss. do CPC), precisa ser enxergada levando-se em consideração alguns dados de ordem histórica.

Sem fazer um escorço histórico muito longo, tomemos como ponto de partida o CPC de 1939. Nesse diploma, existiam a ação executiva e a ação executória.

A *ação executiva* era uma ação cognitiva que levava à formação de um título executivo judicial (sentença condenatória), mas que no seu procedimento havia um ato executivo instrumental (penhora).

Já a *ação executória* era a ação judicial que dava início à tutela executiva, ou seja, a um processo autônomo de execução. Portanto, não existiam títulos executivos extrajudiciais e toda execução era lastreada em um título executivo judicial.

Nesse diapasão, o legislador permitia, em casos excepcionais, quando o recurso para atacar a sentença ou o acórdão fosse desprovido de efeito suspensivo, que o autor da demanda iniciasse formalmente uma *execução provisória (cumprimento provisório da sentença)* em autos apartados perante o juiz de primeiro grau. Essa execução nada mais era do que uma simples antecipação de atos da futura e eventual execução definitiva, ou seja, se o título provisório fosse mantido pelos tribunais aos quais havia sido interposto recurso sem efeito suspensivo, então, assim que transitasse em julgado a demanda, a execução provisória se convolaria em definitiva.

Por ser mera antecipação de atos da execução, e por não se admitir a satisfação do direito com base num título provisório, toda execução provisória (cumprimento provisório da sentença) caminhava ou adiantava até um limite natural, que eram os atos finais da execução (expropriação). A rigor a execução provisória não levava a satisfação do direito, senão depois que convolasse em definitiva.

A denominação de execução "provisória" assim lhe era dada não apenas porque o título executivo judicial era provisório, mas também porque o processo de execução iniciado necessariamente seria substituído por um processo definitivo, tão logo o título judicial fosse definitivamente confirmado no âmbito dos tribunais.

Com o advento do CPC de 1973, foram criados os títulos executivos extrajudiciais ao passo que também foi suprimida a tal ação executiva, de forma que tanto poderia ser iniciado um processo de execução lastreado em título judicial quanto em título extrajudicial.

Nessa toada, assim que surgiu o CPC de 1973, a execução provisória passou a ocupar os arts. 588 e ss., mas desde então não lhe foi dado um tratamento consentâneo com o contexto no qual tal instituto se inseria.

O que se observa é que o instituto da execução provisória previsto em 1939 era harmônico com o fato de que a atividade executiva só tinha início se fosse fundada em um título executivo judicial, ou seja, ou o título executivo judicial era definitivo (sentença transitada em julgado) ou provisório (sentença ou acórdão impugnados por recurso sem efeito suspensivo).

Só que, na medida em que o CPC de 1973 introduziu a possibilidade de se ter um processo de execução lastreado em títulos executivos extrajudiciais, então a execução definitiva (alicerçada em título definitivo) passou a ser possível tanto com base numa sentença transitada em julgado quanto num título executivo extrajudicial. E provisória, portanto, seria apenas a execução apenas lastreada em título executivo judicial ainda instável, por não estar acobertado pela eficácia e autoridade da coisa julgada material.

E, desde então, observe, já era um incômodo para o legislador admitir que o credor de uma execução provisória de um acórdão que, por exemplo, que já tivesse percorrido duas instâncias do Poder Judiciário, não tivesse a seu favor um itinerário executivo melhor ou mais efetivo do que aquele que portador de um título executivo extrajudicial.

Isso porque a execução provisória em 1973 até admitia a satisfação do direito exequendo (*execução provisória satisfativa*) em raríssimas hipóteses e desde que oferecida e aceita a contracautela da caução idônea pelo exequente. Assim, quando se comparavam o percurso de uma execução fundada em título judicial provisório e uma execução fundada em título executivo extrajudicial,[1] certamente se enxergava um desmerecimento, pelas próprias regras do percurso executivo, do título executivo judicial (ainda que provisório) com o título executivo extrajudicial.

Esse problema ou incômodo passou a ser sanado pelo discernimento cada vez maior de dois elementos fundamentais do título executivo: a sua *eficácia executiva* e o seu *grau de vulnerabilidade*.

Todos os títulos executivos seriam dotados de mesma eficácia executiva, mas seriam diferentes os graus de vulnerabilidade de cada um deles; sendo o título extrajudicial o mais vulnerável e o título executivo judicial transitado em julgado o menos vulnerável. Esse grau de vulnerabilidade seria controlado ou atacável por intermédio das oposições do executado, que, em 1973, era a ação judicial cognitiva conhecida como "embargos do executado", "embargos do devedor" ou ainda "embargos à execução".

---

1. O título executivo extrajudicial é sempre um título definitivo.

Entretanto, com a massificação das técnicas de antecipação de tutela (art. 273 do CPC/1973 com a redação dada pela Lei 8.952/1994) e o surgimento do sincretismo processual (art. 461 do CPC com a redação dada pela Lei 8.952, art. 461-A do CPC/1973 incluído pela Lei 10.444/2002 e art. 475-J do CPC/1973 incluído pela Lei 11.232/2005), percebeu-se que determinados títulos judiciais de cognição sumária (liminares) tinham muito mais efetividade que provimentos judiciais de cognição exauriente (sentenças), pois os recursos cabíveis contra os primeiros era o agravo de instrumento, desprovido de efeito suspensivo e o recurso desafiador do segundo era a apelação que se sujeitava ao duplo efeito (devolutivo e suspensivo). Logo, a interlocutória, cuja cognição era sumária, era mais efetiva do que a sentença, cuja cognição era exauriente.

Assim, frise-se, com o advento das reformas de 1994 em diante, esse novo ingrediente foi incluído no estudo da execução provisória, qual seja, se tornava possível, por via da antecipação da tutela (art. 273 do CPC de 1973), especialmente nas situações de urgência, obter a satisfação da pretensão veiculada (*efeitos da tutela pretendida no pedido inicial*). Era a obtenção da satisfação do direito mediante a execução provisória de uma decisão interlocutória!

Tal dispositivo permitia, portanto, que se generalizasse para qualquer tipo de demanda, a obtenção da satisfação antecipada do resultado pretendido, por intermédio de um provimento interlocutório, fundado em um juízo de probabilidade que, na maioria das vezes, era e é dado sem nem sequer o réu ter sido citado.

E, note bem, o detalhe importante – que não era apenas um detalhe – é que a realização concreta (efetivação) do provimento antecipado se fazia (e se faz) por simples mandado executivo (com fungibilidade de técnicas coercitivas e sub-rogatórias), sem o uso de um procedimento formal e burocrático, que caracterizava a execução provisória (cumprimento provisório da sentença) (art. 589 do CPC de 1973).

Aliás, o próprio art. 273, § 3.º, dizia expressamente que apenas "no que couber" é que se poderiam adotar as regras do art. 588 do CPC de 1973, deixando claro que somente os aspectos substanciais do instituto da execução provisória (cumprimento provisório da sentença) – e com as devidas ressalvas – é que poderiam ser utilizados.

Como se pode ver, aí estava imposta, e exposta, uma "crise de identidade" derivada de uma ausência de sistematização de institutos do art. 273 com o art. 475-O, ambos do CPC revogado, e que tinham finalidades muito próximas.

A questão era, e é, a seguinte: A sentença com cognição exauriente não tem eficácia imediata (apelação com efeito suspensivo), mas a técnica antecipatória de tutela, com cognição sumária, teria eficácia imediata (agravo sem efeito suspensivo).

Enfim, a constatação que incomodava era a de que a eficácia executiva do título provisório de uma demanda era maior que a de uma sentença. Daí sobrevinha uma outra pergunta. A *urgência* seria a justificativa para tal diferença? Mesmo que a urgência fosse o fator legitimante para tal diferenciação, questionar-se-ia a manutenção do formalismo burocrático do então vigente § 3.º do art. 475-O do CPC/1973.

O fato verdadeiro é que o legislador processual acordou para o problema, e, justiça seja feita, tentou até o último momento inverter a regra do então vigente art. 520 do CPC/1973, mas pressões políticas (manutenção do poder no âmbito dos tribunais) mantiveram o atual regime de duplo efeito em que é recebida a apelação, tal como se observa no art. 1.012 do NCPC

Nada obstante a timidez legislativa em relação a esse aspecto, o CPC de 2015 manteve as boas inovações que já haviam sido incorporadas no final da vida do CPC revogado, em especial contidas no art. 475-O, deixando, por outro lado, de inovar em tantos pontos acerca do tema.

Enfim, sob a rubrica de cumprimento provisório da sentença, o instituto da execução provisória (cumprimento provisório da sentença) presta-se *apenas àqueles títulos executivos judiciais provisórios que não se submetem ao regime da tutela provisória dos arts. 294 e ss. do CPC.*

Tal histórico de atecnia e falta de sistematização levou a execução provisória a tal *crise de identidade* da qual não saiu nem mesmo com o surgimento do CPC de 2015, pois é inexplicável, mesmo no vigente CPC, que existam "dois tipos de execução provisória", um previsto para as tutelas provisórias (arts. 294 e ss.) e outro para as tutelas exaurientes, sempre que ambas forem impugnadas por recurso desprovido de efeito suspensivo.

Também parece desgostoso admitir, nesse particular, que um título executivo extrajudicial tenha eficácia executiva imediata e um itinerário mais "limpo" e sem percalços do que um acórdão ou sentença que se submeta a um regime de *cumprimento provisório da sentença*. Contudo, apenas um cuidado. Essa questão ou paradoxo não se resolveria retirando a força ou eficácia dos títulos extrajudiciais, mas, ao contrário, simplesmente implementando mais efetividade ao cumprimento provisório da sentença.

2. CONCEITO E REGIME JURÍDICO DA EXECUÇÃO PROVISÓRIA

2.1 Considerações preliminares

Na atividade jurisdicional executiva, dois princípios entram em rota de colisão e, comumente, são sopesados pelo juiz no desenrolar dos atos executivos. Trata-se do princípio da efetividade da tutela que atua em favor do exequente (art. 797), e, outro que atua em favor do executado (menor sacrifício possível art. 805), de que a atividade executiva não pode levá-lo à ruína em razão de exageros desnecessários, mormente com base numa situação jurídica instável que fundamente a execução.

Assim, há um pêndulo entre os dois extremos que justifica a necessidade de se encontrar um ponto de equilíbrio na busca da solução do conflito. Não obstante a transparente tendência atual de procurar ou incrementar técnicas que priorizem a efetividade do processo, é inegável que o nosso CPC, fruto do liberalismo clássico, assumiu clara predileção pelas técnicas de segurança jurídica que limitam ao máximo a intervenção do Estado na propriedade dos indivíduos.

CAPÍTULO VII • CUMPRIMENTO PROVISÓRIO DA SENTENÇA   **367**

A execução provisória – cumprimento provisório da sentença – prevista no art. 520 e ss. do CPC[2] – mesmo após tantas mudanças na última década – faz parte desse rol de técnicas que privilegiam a segurança e batem continência ao liberalismo clássico. Mesmo tendo recebido algumas modificações com o tempo, tal instituto não perdeu o seu "ar liberal", e pode-se dizer que isso fica evidente quando ele é comparado à execução das tutelas provisórias (art. 294 e ss. do CPC), ou, ainda, quando se recorda que tal instituto é uma exceção à regra da ineficácia dos provimentos judiciais.

Nesses termos, a execução provisória nada mais é do que o modelo de técnica processual que permite que sentenças ou acórdãos ainda não transitados em julgado possam produzir a satisfação do direito exequendo, reconhecida a possibilidade de desfazer o que foi executado caso seja provido o recurso do devedor.

O Código de Processo Civil reservou três artigos para tratar da execução provisória (cumprimento provisório da sentença).[3]

Os quatro primeiros incisos são destinados às regras de cabimento e as diretivas da execução provisória, ou seja, os seus aspectos substanciais, e os parágrafos que se seguem servem para explicitar regime jurídico das regras anteriores.

---

2. Equivocamente o legislador dá a entender que o cumprimento provisório da "sentença" restringe-se às hipóteses de pagamento de quantia, pois insere as suas regras no artigo 520 que está localizado no Capítulo II assim denominado: *do cumprimento provisório da sentença que reconhece a exigibilidade de obrigação de pagar quantia certa*. É cediço que o cumprimento provisório tanto pode se dar no pagamento de quantia, quando nas demais modalidades de obrigações, seguindo-se o padrão procedimental aqui previsto. Tanto isso é verdade que o § 5º do artigo 520 diz que "*ao cumprimento provisório de sentença que reconheça obrigação de fazer, de não fazer ou de dar coisa aplica-se, no que couber, o disposto neste Capítulo*".

3. Art. 520. O cumprimento provisório da sentença impugnada por recurso desprovido de efeito suspensivo será realizado da mesma forma que o cumprimento definitivo, sujeitando-se ao seguinte regime:

   I – corre por iniciativa e responsabilidade do exequente, que se obriga, se a sentença for reformada, a reparar os danos que o executado haja sofrido;

   II – fica sem efeito, sobrevindo decisão que modifique ou anule a sentença objeto da execução, restituindo-se as partes ao estado anterior e liquidando-se eventuais prejuízos nos mesmos autos;

   III – se a sentença objeto de cumprimento provisório for modificada ou anulada apenas em parte, somente nesta ficará sem efeito a execução;

   IV – o levantamento de depósito em dinheiro e a prática de atos que importem transferência de posse ou alienação de propriedade ou de outro direito real, ou dos quais possa resultar grave dano ao executado, dependem de caução suficiente e idônea, arbitrada de plano pelo juiz e prestada nos próprios autos.

   § 1.º No cumprimento provisório da sentença, o executado poderá apresentar impugnação, se quiser, nos termos do art. 525.

   § 2.º A multa e os honorários a que se refere o § 1.º do art. 523 são devidos no cumprimento provisório de sentença condenatória ao pagamento de quantia certa.

   § 3.º Se o executado comparecer tempestivamente e depositar o valor, com a finalidade de isentar-se da multa, o ato não será havido como incompatível com o recurso por ele interposto.

   § 4.º A restituição ao estado anterior a que se refere o inciso II não implica o desfazimento da transferência de posse ou da alienação de propriedade ou de outro direito real eventualmente já realizada, ressalvado, sempre, o direito à reparação dos prejuízos causados ao executado.

   § 5.º Ao cumprimento provisório de sentença que reconheça obrigação de fazer, de não fazer ou de dar coisa aplica-se, no que couber, o disposto neste Capítulo.

A leitura dos seus dispositivos leva à conclusão de que o instituto em si, na sua completude (conteúdo e forma), se aplica às decisões jurisdicionais finais (plenárias, exaurientes), ainda não transitadas em julgado, que visam alcançar a satisfação do direito mediante técnicas executivas destinadas a obter a expropriação, desapossamento ou transformação do direito do exequente.

Resumindo, serviria para o cumprimento de qualquer interlocutória ou sentença ou acórdão (cognição exauriente) ainda não transitados em julgado quando não estivesse presente a situação de urgência ou evidência para qualquer modalidade de obrigação (pagar, fazer e entrega de coisa), caso em que, nesta hipótese seguiria a técnica do artigo 297 do CPC.[4]

2.2 Diretivas e cabimento (regras materiais) do cumprimento provisório da sentença

2.2.1 Responsabilidade objetiva por dano processual (art. 520, I, do CPC)

A possibilidade excepcional de executar antes do tempo com base em título provisório é uma posição de vantagem outorgada ao credor. Todavia, tal prerrogativa traz consigo um ônus que é objetivamente assumido (imposto pela lei processual) pelo credor-exequente que faz uso do cumprimento provisório. É que, para equilibrar o risco da execução fundada em título instável, o legislador impõe a regra da responsabilidade objetiva pelos danos que o executado venha a sofrer caso a sentença seja reformada (o provimento do seu recurso). É o que diz o art. 520, I, ao enunciar que: "*corre por iniciativa, conta e responsabilidade do exequente, que se obriga, se a sentença for reformada, a reparar os danos que o executado haja sofrido*".

A regra prevê, portanto, hipótese de "responsabilidade objetiva por dano processual", em que a simples reforma do título provisório constitui, objetivamente (*ope legis e in re ipsa*), uma conduta antijurídica para fins de responsabilização civil. Nesse passo, ocorrida a hipótese, o exequente passará a ser réu, nos mesmos autos da execução extinta, em um processo cognitivo instaurado para *apuração dos danos* que eventualmente sofreu em virtude das medidas executivas indevidas.

Embora essa hipótese do inc. I do art. 520 seja de liquidação, parece-nos que não se trata de "quantificar" ou de "tornar líquida" a obrigação, porque só haverá obrigação de indenizar se os atos executivos (da execução provisória (cumprimento provisório da sentença)) tiverem causado dano ao executado. Esses "eventuais" danos deverão ser provados e poderão ser quantificados (ou não) nesse processo cognitivo aludido no mencionado dispositivo (é que pode ser necessária a sua liquidação, por arbitramento, em procedimento, subsequente, se tiver de se provar fato novo). É certo que a execução

---

4. A ressalva contida no § 5.º do art. 520 do CPC foi inovação importante para deixar claro que mesmo as obrigações específicas se submetem a um regime de execução provisória.

provisória (cumprimento provisório da sentença) indevida torna certa a injuridicidade da conduta, mas nada diz sobre a existência de danos ou prejuízos sofridos pelo executado. A existência e a quantificação do dano deverão ser demonstradas pelo autor da "liquidação". Só depois do êxito desse procedimento é que terá título executivo resultante de responsabilidade civil por dano processual.

2.2.2 O efeito retroativo da indevida execução provisória (cumprimento provisório da sentença)

O presente postulado encerra regra lógica porque a reforma ou modificação da sentença provisoriamente executada implica a inexistência (total ou parcial) do título, e, portanto, dos atos processuais dele derivados. A instabilidade do título provisório reflete-se na atividade executiva, de forma que a segurança e a definitividade dos atos executivos ficam condicionadas à confirmação da decisão provisoriamente executada.

Insta observar, entretanto, que tal dispositivo atribui eficácia *ex tunc* à decisão que anula[5] ou reforma o provimento que serve de título provisório. Isso significa que a situação jurídica do executado deve ser, sempre que puder, a mais coincidente possível com aquela que possuía antes de sujeitar-se à execução de um título instável.

Assim, *v.g.*, se o bem estava constrito, de tal constrição deve ser libertado.[6] Ou, se já houve o levantamento da quantia, a caução prestada pelo exequente (contracautela) garantirá a execução a ser promovida pelo primitivo executado, que agora assume a posição de exequente em face do antigo credor, lembrando ainda que o bem alienado em hasta pública para o adquirente de boa-fé não retornará para o antigo devedor sujeito a uma execução indevida, como, aliás, faz referência de forma expressa o § 4.º do art. 520, devendo apurar-se as perdas e danos, e, no caso de quantia levantada, deverá haver execução por quantia contra o antigo credor e atual devedor, sempre que a contracautela prestada se mostrar insuficiente ao ressarcimento.[7]

---

5. A decisão que anula ou reforma pode ser proferida em ação, recurso ou incidente processual (embargos do executado, mandado de segurança contra ato judicial, reclamação constitucional, apelação, recurso extraordinário ou especial etc.). Tal decisão, como diz o dispositivo, implicará a imediata anulação de todos os atos executivos, e, portanto, pondo um fim à execução provisória (cumprimento provisório da sentença), sempre que isso for possível do ponto de vista fático.

6. Por outro lado, se já ocorreu a alienação do domínio (hasta pública ou iniciativa particular) em favor de adquirente de boa-fé, e a caução prestada pelo exequente (contracautela) mostrar-se insuficiente para "repor as coisas ao estado anterior", o executado deverá verificar as perdas e danos (art. 776), sendo inviável o retorno do bem para o seu patrimônio (anulação da escritura pública e registro) por essa via procedimental.

7. Se foi o caso de entrega de bem ou de execução de fazer ou não fazer fundada em título provisório, o retorno ao estado anterior implicará, precipuamente, a devolução do bem entregue ou o desfazimento do que foi pleiteado quando isso for possível. Não sendo mais possível nem viável um resultado prático equivalente nesta última hipótese, o caminho será inelutavelmente na apuração das perdas e danos pelo prejuízo sofrido. Frise-se, portanto, que a regra é sempre a do retorno ao *status quo ante*; portanto, existe aí um dever legal específico, e, como tal, deve ser cumprido sempre que possível.

2.2.3 Prestação de caução nos casos de levantamento de depósito em dinheiro e a prática de atos que importem transferência de posse ou alienação de propriedade ou de outro direito real, ou dos quais possa resultar grave dano ao executado

O novo inc. IV do art. 520 reproduz quase integralmente o art. 475-O, III, do CPC revogado. Dele retirou-se quase todo o conteúdo, tendo sido retocada apenas a redação para aumentar o rol de hipóteses em que se exige a prestação de caução pelo exequente.

Antes, lia-se que:

"o levantamento de depósito em dinheiro e a prática de atos que importem alienação de propriedade ou dos quais possa resultar grave dano ao executado dependem de caução suficiente e idônea, arbitrada de plano pelo juiz e prestada nos próprios autos".

Agora, lê-se que:

"levantamento de depósito em dinheiro e a prática de atos que importem transferência de posse ou alienação de propriedade ou de outro direito real, ou dos quais possa resultar grave dano ao executado, dependem de caução suficiente e idônea, arbitrada de plano pelo juiz e prestada nos próprios autos."

Percebe-se pela alteração feita que se inclui na necessidade de contracautela a alienação de qualquer direito real, e não somente à proteção da propriedade.

A caução a ser prestada pelo exequente deverá ser "suficiente", ou seja, a mais adequada possível, para garantir os eventuais prejuízos que o executado poderá sofrer com a execução provisória injusta. A decisão que defere ou indefere a caução ofertada deve ser precedida de contraditório e motivada por um fundamentado juízo valorativo claro e coerente com a prova dos autos onde se possa verificar em concreto se a caução prestada serve ou não de contracautela, pois, do contrário, não haveria a regra prevendo que a caução a ser prestada deve ser "idônea e suficiente", que são conceitos jurídicos indeterminados aplicáveis às peculiaridades de caso concreto.

A *idoneidade* da caução se relaciona com a *qualidade* da caução (se a mesma é idônea para servir como garantia ou contracautela, tendo em vista o eventual prejuízo a ser suportado pelo executado em razão da execução fundada em título instável) e à *suficiência* com a sua *quantidade* em relação ao prejuízo a ser suportado.

É claro que a caução será prestada antes da realização de atos de execução forçada, e, por isso, torna-se bem difícil, nesse momento, estabelecer um valor que corresponda a eventuais prejuízos que nem se sabe se vão acontecer. Exatamente por isso, vimos defendendo a tese de que a prestação de caução como medida de contracautela deve ser precedida de contraditório, até para que o magistrado possa definir, com alguma solidez, a suficiência da caução a ser prestada.

O *arbitramento* da caução pelo juiz é expresso na nova regra, muito embora não se tivesse dúvida alguma de que ele, o juiz, é que deveria arbitrar o *quantum* a ser prestado a título de contracautela. O *arbitramento* não é feito sem parâmetros e, repita-se, deve se aproximar, dentro de um critério de razoabilidade, de uma previsão (estimativa) dos eventuais danos e prejuízos que o executado poderá sofrer; daí por que é importante o contraditório nesse momento.

Esse dispositivo assume, claramente, a postura de que a execução provisória por expropriação (pagamento de quantia), quando não fundada em tutela provisória (recursos interpostos sem efeito suspensivo), seguirá as regras do instituto ora em estudo. Ao mencionar que o levantamento de quantia e a alienação do domínio ou de qualquer direito real só poderão ser executados com base em título provisório se for prestada "caução idônea e suficiente", mostra que a obrigação de pagar quantia não concedida em tutela provisória observará o rito do cumprimento provisório da sentença do art. 520 do CPC.

Se, por um lado, o dispositivo demonstra toda a preocupação com o direito de propriedade, por outro, também mostra que a execução fundada em título provisório pode realmente acelerar todos os atos executivos, mesmo que em algumas situações exista a excepcionalidade da exigência de caução a ser prestada. Assim, a caução é, regra geral, exigência legal (*ope legis*), não havendo liberdade para o magistrado permitir o levantamento de quantia, seja ela de qualquer valor, e nem mesmo a alienação do domínio sem que seja prestada e deferida caução suficiente e idônea.

Em relação ao *procedimento da caução a ser prestada*, são importantes algumas palavras, porque a experiência do foro tem mostrado que aí acontecem muitos absurdos que só se descortinam mais tarde, quando se descobre que a caução prestada não possuía elementos mínimos suficientes para validar a sua suficiência e idoneidade. A prestação de caução não pode ser óbice à satisfação, mas também não pode ser uma exigência meramente formal.

Assim, sempre que se tratar das hipóteses previstas no dispositivo, o juiz poderá determinar que ela seja prestada, sem olvidar a possibilidade de que ela (a caução) possa ser "requerida" pelo exequente, que poderá fazê-lo por petição simples no próprio procedimento da execução provisória (cumprimento provisório da sentença).

Assim, antes de o magistrado decidir pela aceitação da caução, repita-se, sugere-se ouvir o executado para que este exponha suas razões e, assim, forneça maiores elementos à sua convicção.

Só depois desse necessário contraditório é que ele decidirá pela aceitação ou não da caução prestada, e, pode ser possível que ele necessite de um experto avaliador que será nomeado, exclusivamente, para periciar se a referida caução é realmente suficiente. Tal decisão poderá, obviamente, ser desafiada por recurso de agravo de instrumento. Tratando-se de hipótese *ope judicis* de prestação de caução (risco de grave dano ao executado), caberá ao juiz exigi-la tão logo seja requerida a execução provisória (cumprimento provisório da sentença), ou, se tender, ouvir o executado antes de decidir pela existência ou não da situação de risco.[8]

---

8. Como há a provisoriedade do título e inexiste a urgência, então é necessário que o juiz permita o contraditório prévio ao deferimento da caução prestada, especialmente quando se tratar de levantar quantia em dinheiro, pois esses são os casos de maior risco de prejuízo para o executado. Se o dinheiro está "preso", não há o risco de

2.2.4 A dispensa da caução do inc. IV do art. 520

O texto atual do art. 521, I a IV, cuida das hipóteses em que a caução – contracautela – poderá ser dispensada.[9]Tais hipóteses não são cumulativas, ou seja, independem umas das outras.

O primeiro deles diz respeito à dispensa da caução nos créditos de natureza alimentar. O novo dispositivo, corretamente, fez questão de deixar claro que pouco importa a origem do crédito alimentar (ato ilícito, parentesco etc.) e sem fixar um limite máximo de valor como fazia o CPC revogado.

Já o inciso seguinte trata de hipótese em que o exequente demonstre se encontrar em estado de necessidade. Certamente que esse estado de necessidade não se refere às hipóteses de crédito alimentar, porque se cuida de situação autônoma, por exemplo, a necessidade de realização de cirurgia ou despesas para tratamento de saúde.

O inc. III "pender o agravo fundado do art. 1.042".[10] Apenas para lembrar, o tal agravo mencionado no dispositivo é aquele que é interposto contra a decisão que indeferir o recurso especial ou extraordinário no tribunal de origem, lembrando que os recursos especial e extraordinário são desprovidos de efeito suspensivo, e, por isso mesmo, permitem a execução provisória do acórdão impugnado.

Assim, pela hipótese do inc. IV do art. 521, permite-se a dispensa da caução na execução provisória sempre que estiver pendente de julgamento o agravo interposto pelo executado contra o indeferimento do recurso especial ou extraordinário; ou seja, pela dicção do dispositivo, é preciso que não tenha sido admitido o recurso especial e extraordinário, e contra essa inadmissão o executado tenha interposto o agravo de instrumento que esteja pendente de julgamento no Superior Tribunal de Justiça ou Supremo Tribunal Federal. Trata-se de nítida intenção de privilegiar um título judicial fruto de cognição exauriente que, nada obstante ser *provisório*, passou por duas instâncias do Poder Judiciário.

O inc. IV do art. 521 trata de hipótese que privilegia a coerência, a igualdade e a uniformidade do sistema jurídico ao admitir que pode ser provisoriamente cumprida

---

ineficácia da execução, sendo aconselhável, até para legitimar a decisão do juiz, que este ouça o executado antes de julgar a caução idônea ou inidônea como garantia contra os prejuízos a serem suportados pelo executado.

9. Art. 521. A caução prevista no inciso IV do art. 520 poderá ser dispensada nos casos em que:

I – o crédito for de natureza alimentar, independentemente de sua origem;

II – o credor demonstrar situação de necessidade;

III – pender o agravo fundado nos incisos II e III do art. 1.042;

IV – a sentença a ser provisoriamente cumprida estiver em consonância com súmula da jurisprudência do Supremo Tribunal Federal ou do Superior Tribunal de Justiça ou em conformidade com acórdão proferido no julgamento de casos repetitivos.

Parágrafo único. A exigência de caução será mantida quando da dispensa possa resultar manifesto risco de grave dano de difícil ou incerta reparação.

10. Art. 1.042. Cabe agravo contra decisão do presidente ou do vice-presidente do tribunal recorrido que inadmitir recurso extraordinário ou recurso especial, salvo quando fundada na aplicação de entendimento firmado em regime de repercussão geral ou em julgamento de recursos repetitivos.

a sentença que estiver em consonância com súmula da jurisprudência do Supremo Tribunal Federal ou do Superior Tribunal de Justiça, ou em conformidade com acórdão proferido no julgamento de casos repetitivos. Tal como se observa no art. 537, que trata do regime jurídico das *astreintes*, determina o § 3.º que "a decisão que fixa a multa é passível de cumprimento provisório, devendo ser depositada em juízo, permitido o levantamento do valor após o trânsito em julgado da sentença favorável à parte ou na pendência do agravo fundado nos incisos II ou III do art. 1.042".

Todavia, o legislador, atemorizado com o risco da execução provisória, criou exceção à exceção, ou seja, uma válvula de escape, que já existia no CPC revogado dizendo no parágrafo único do art. 521 que "a exigência de caução será mantida quando da dispensa possa resultar manifesto risco de grave dano de difícil ou incerta reparação".

2.2.5 O cumprimento provisório das astreintes e a impossibilidade de levantamento de quantia antes do trânsito em julgado da sentença favorável à parte

O regime jurídico de cumprimento provisório da sentença previsto no artigo 520 do CPC admite a possibilidade de que o direito do exequente possa ser satisfeito desde que o autor preste caução suficiente e idônea arbitrada de plano pelo juiz e prestada nos próprios autos.

Muito embora o artigo 537, § 3º expressamente diga que "a decisão que fixa a multa é passível de cumprimento provisório", este mesmo dispositivo deixa claro que só é "*permitido o levantamento do valor após o trânsito em julgado da sentença favorável à parte*".

Como se observa não é possível ao credor de astreintes valer-se da regra do inciso IV do artigo 520 do CPC, porque há regra expressa vedando o levantamento da quantia enquanto não houver o trânsito em julgado da sentença favorável à parte.

Nada mais lógica a previsão deste dispositivo, pois se de um lado era preciso dar alguma efetividade à multa coercitiva para cumprimento do preceito, permitindo que fosse permitido o início do cumprimento provisório, de outro lado também era preciso ter prudência em não admitir que o crédito decorrente de uma multa de natureza processual e instrumental ao direito material pudesse ser totalmente satisfeita antes mesmo de se ter definido em favor de quem estaria o direito material.

Com isso é preciso deixar claro que o credor de astreintes poderá dar início ao cumprimento provisório da quantia, mas haverá um limite que impedirá os atos finais de expropriação e desapossamento, que só poderão acontecer se o direito material para o qual as astreintes serviram de instrumento coercitivo for reconhecido em favor da parte e que este direito material tenha transitado em julgado.

Isso quer dizer que o credor das astreintes pode dar início ao cumprimento provisório da multa, mas só poderá levantar a quantia penhorada ou proceder atos de expropriação se e somente se tiver a seu favor o título executivo definitivo referente a obrigação principal para a qual a astreinte serviu de instrumento.

Segue o texto revisado:

Dessa forma, é perfeitamente possível admitir, nessas situações, que o executado substitua o dinheiro penhorado por fiança bancária ou seguro garantia judicial, desde que em valor não inferior ao débito indicado na inicial, acrescido de trinta por cento. Isso porque, nessa hipótese, o exequente não poderá levantar a quantia até o trânsito em julgado de uma sentença favorável. Ademais, cabe aqui uma advertência importante: caso ocorra a redução ou revogação das astreintes, o exequente deverá responder pelos prejuízos causados ao executado em razão de uma execução injusta, incluindo o custo da fiança bancária mencionado anteriormente caso ela seja estabelecida.

3. O PROCEDIMENTO DO CUMPRIMENTO PROVISÓRIO DA SENTENÇA

O art. 522 do CPC[11] cuida dos aspectos formais da execução provisória (cumprimento provisório da sentença).

Pela nova regra, não se tratando de processo eletrônico, o cumprimento provisório da sentença começará por petição inicial que será dirigida ao juízo competente, e tal peça processual deverá conter a decisão exequenda, a certidão de interposição de recurso não dotado de efeito suspensivo; procurações outorgadas pelas partes; decisão de habilitação, se for o caso; e, facultativamente, qualquer outra peça processual que o exequente considere necessária para demonstrar a existência do crédito.

Nos termos do parágrafo único desse dispositivo, permite-se que as cópias das peças do processo que serão anexadas à petição inicial do cumprimento provisório da sentença sejam declaradas autênticas pelo próprio advogado, sob sua responsabilidade pessoal. Tal regra facilita muito o exercício da advocacia, porque o processo de autenticação independe de serviço cartorário, normalmente deveras burocrático.

4. CUMPRIMENTO PROVISÓRIO DA SENTENÇA, SUSPENSIVIDADE DA EXECUÇÃO E OPOSIÇÃO DO EXECUTADO

Tema que frequenta com assiduidade os nossos tribunais é a confusão que se faz entre o efeito suspensivo da oposição oferecida pelo executado e a definitividade/provisoriedade da tutela executiva.

---

11. Art. 522. O cumprimento provisório da sentença será requerido por petição dirigida ao juízo competente.

Parágrafo único. Não sendo eletrônicos os autos, a petição será acompanhada de cópias das seguintes peças do processo, cuja autenticidade poderá ser certificada pelo próprio advogado, sob sua responsabilidade pessoal:

I – decisão exequenda;

II – certidão de interposição do recurso não dotado de efeito suspensivo;

III – procurações outorgadas pelas partes;

IV – decisão de habilitação, se for o caso;

V – facultativamente, outras peças processuais consideradas necessárias para demonstrar a existência do crédito.

Antes de mais nada, deve-se dizer que a qualificação da execução em "provisória" ou "definitiva" decorre, na verdade, do título que a fundamenta. Quando a execução é lastreada em título executivo provisório, denomina-se então provisória a execução; quando é lastreada em título executivo definitivo, é chamada de definitiva a execução. Claro que, quando se trata da primeira hipótese, há certos rigores e exigências em relação à obtenção da satisfação do direito exequendo, mas em ambos os casos (fundada em título provisório ou definitivo) a execução poderá chegar ao seu final, ou seja, ser satisfativa.

Por outro lado, diz-se ser provisório o título quando ainda está em formação, e definitivo quando já está formado. São títulos definitivos o provimento judicial transitado em julgado e todos os títulos extrajudiciais. Por isso, quando servem de base a uma execução, ela será *definitiva*. De outra banda, são provisórios todos os provimentos judiciais interinais com eficácia executiva, ou seja, que ainda não estão sedimentados, e que podem ser substituídos por um provimento definitivo. Portanto, estes ensejam uma *execução provisória ou simplesmente cumprimento provisório da sentença para usar a nomenclatura do CPC.*

Observe-se que o fato de serem opostos remédios ou medidas judiciais a um título definitivo, ou a uma execução fundada em título definitivo, portanto, *execução definitiva*, não se lhes retira (do título e da execução) o caráter de definitividade, porque, repita-se, são títulos que já foram formados. Isso não significa que não possam ser atacados e até que contenham vícios, mas são títulos definitivos.

Do contrário, toda sentença de mérito condenatória transitada em julgado e acobertada pela coisa julgada material não geraria a possibilidade de uma execução definitiva, caso, por exemplo, o executado ajuizasse uma ação rescisória da sentença transitada em julgado. Ou, ainda, bastaria ao executado oferecer a *impugnação do executado* para que a execução se transformasse de definitiva em provisória. Não há nada mais equívoco e absurdo do que esse entendimento.

O mesmo se passa com os títulos executivos extrajudiciais.

Uma vez realizados (um cheque, uma nota promissória etc.), são definitivos, porque, repita-se, não estão em formação. Já existem e não serão substituídos por outro título "definitivo". Logo, dão ensejo a execuções definitivas. Nesse particular, não se pode confundir "*efeito suspensivo da oposição do executado*" com a natureza definitiva ou provisória da execução, tal como explicado alhures.

É que, se a oposição oferecida pelo executado – ou qualquer ação heterotópica autônoma – for provida de efeito suspensivo dos atos executivos, impedindo que estes tenham a sua eficácia normal, isso não quer dizer que a execução iniciada como definitiva tenha, em um passe de mágica, se transformado em provisória. Não há essa possibilidade.

Se a execução iniciou-se definitiva, ela assim se mantém, e o eventual efeito suspensivo do remédio contra ela oposto não lhe altera a natureza, simplesmente porque o título permanece o mesmo. Todavia, por óbvio que o inverso não é o mesmo, pois se a execução iniciou-se como provisória, poderá se transformar em definitiva, desde que no seu curso o provimento executivo (o título) transite em julgado. O *provisório* é substituído pelo *definitivo* e não o inverso.

5. PRECLUSÃO DE EXECUÇÃO DEFINITIVA

Uma situação bastante comum na prática judiciária diz respeito aos casos de cumulação objetiva, ou quando um só pedido é decomponível (pagamento de dinheiro), e apenas parte dele é impugnado, tornando-se preclusa a outra parte ou capítulo da decisão exequenda. Nesses casos, deve-se questionar se a execução da parte incontroversa da demanda é definitiva ou provisória, ou seja, se aquela parte da decisão teria ou não transitado em julgado.

Em nosso sentir, independentemente de se tratar de provimento interlocutório ou sentença (ou acórdão), se é de mérito e se está preclusa aquela parte da decisão, não podendo ser mais atacada por recurso, então uma de duas: ou é provisório, porque não se admite a divisão do provimento judicial em partes ou capítulos (unicidade procedimental), e tal decisão preclusa poderia ser revogada em razão do acolhimento de alguma questão de ordem pública no julgamento da parte da decisão que teria sido impugnada, ou então será definitivo o título, não sujeito a modificações, e haveria mais do que simples preclusão da decisão, senão o trânsito em julgado daquela parte da decisão.

Particularmente, entendo como justa a segunda posição, pois não acredito que deva ser estimulada a cumulação de pedidos pelo Código, mas, de outro lado, ele mesmo, o Código, oferte ao jurisdicionado uma situação pior do que aquela que teria caso tivesse ajuizado cada pedido em separado. Aliás, esta parece ser a conclusão do CPC como se extrai do art. 523, *caput*, ao dizer expressamente que o cumprimento definitivo da sentença dar-se-á não apenas sobre "no caso de condenação em quantia certa, ou já fixada em liquidação", mas também nas hipóteses de "de decisão sobre parcela incontroversa".

Portanto, o art. 523, *caput*, põe uma pá de cal no assunto, ignorando tratar-se de sentença ou interlocutória que decide a parte incontroversa da demanda ao reconhecer que tal título executivo tem o selo da definitividade.

Capítulo VIII
CUMPRIMENTO DEFINITIVO DE SENTENÇA PARA PAGAMENTO DE QUANTIA

1. CONSIDERAÇÕES GERAIS

Apenas para relembrar, pode-se afirmar que a trilha demarcada pelo Código para a satisfação por *expropriação* (seja em cumprimento de sentença ou em processo de execução) pode ser dividida, didaticamente, em três etapas básicas, a saber: (i) etapa postulatória que é marcada pela apreensão de bem ou de bens do executado que servirão para pagamento do crédito; (ii) transformação desses bens em dinheiro mediante expropriação forçada; (iii) expropriação forçada para pagamento ao credor do produto angariado com a fase anterior.

Obviamente que, se o bem apreendido for dinheiro, o caminho se vê encurtado (já que não será preciso converter bens em dinheiro), bastando que se realize imediatamente o pagamento da quantia ao credor.

> É realmente incrível que precise o legislador dizer, com todas as letras, que a penhora de dinheiro é prioritária em relação aos demais bens que compõem o patrimônio do devedor como fez o art. 835, I, do CPC. A necessidade de dizer o óbvio (dinheiro é prioridade numa execução onde o que se pretende é exatamente o dinheiro) expõe toda a fragilidade da execução por expropriação. E essa fragilidade não se restringe apenas às técnicas processuais, ainda muito impregnadas pela supervalorização do direito de propriedade do devedor, mas principalmente pela forma de pensar essa modalidade de execução. Assim, por exemplo, pergunta-se: porque a necessidade de o requerente requerer a penhora de dinheiro (art. 854, caput)? Por que o executado não tem o dever de apresentar seus comprovantes de declaração de imposto de renda ao ingressar na execução e, ainda, os extratos bancários dos últimos anos dos cartões de crédito e conta-corrente? Por que não haver um cadastro nacional de execuções judiciais informando o exequente, o executado, o valor da execução e o órgão jurisdicional que pudesse ser consultada por qualquer terceiro interessado, à semelhança dos cadastros privados de restrição ao crédito? Por que a avaliação do bem feita pelo oficial de justiça (auxiliar do juízo) nas hipóteses em que o bem será arrematado em leilão? Por que não a simples estimativa das partes atribuindo a elas o ônus e responsabilidades por tal estimativa? Por que a figura do preço vil (art. 891) se o que determina o preço é a oferta e a procura do bem no leilão judicial? Estas são apenas algumas questões – dentre muitas – que mereceriam ser refletidas para uma modificação de ser e pensar da execução para a expropriação de quantia.

Cada uma dessas fases é marcada, diríamos assim, por um ato executivo que o tipifica. Na primeira fase, o ato executivo é a penhora (com a avaliação); na segunda, a alienação; e na terceira, o pagamento ao credor, que se pode dar pela entrega do dinheiro haurido com a alienação forçada, ou a adjudicação de bem penhorado, ou ainda a apropriação de frutos e rendimentos do bem penhorado.

Exatamente por isso é preciso dizer que o procedimento do cumprimento de sentença para pagamento de quantia não se esgota nos arts. 523 a 527 do CPC, salvo se, uma vez intimado da fase executiva, o executado adimplir integralmente a obrigação, pois do contrário aplica-se textualmente o art. 523, § 3.º, que diz "não efetuado tempestivamente o pagamento voluntário, será expedido, desde logo, mandado de penhora e avaliação, seguindo-se os atos de expropriação".

E, como todos bem sabem, o itinerário dos atos da execução estão descritos no Livro II da Parte Especial. Por isso, como não é de esperar que o devedor resolva adimplir a obrigação, uma vez intimado do requerimento executivo, então deve o operador se preparar para saber que o cumprimento de sentença deverá valer-se de todas as regras expropriatórias do Livro II da Parte Especial para satisfazer o direito revelado no título judicial.

2. O INÍCIO DA FASE DE CUMPRIMENTO DE SENTENÇA

2.1 Inércia e requerimento executivo

Tratando-se de cumprimento definitivo de sentença para pagamento de quantia fundada em título judicial, não há necessidade de processo autônomo, porque a execução é apenas um módulo ou uma fase da mesma relação jurídica processual, sendo, pois, desnecessária a *citação* do executado. Por isso, para integrar a nova fase – agora executiva – desse mesmo e único processo, o art. 513 prescreve apenas que haverá o requerimento do exequente para dar início ao cumprimento da sentença.

Assim, sem o requerimento executivo não terá início a fase executiva ou de cumprimento da sentença *nas obrigações de pagar quantia*, tal como denomina o CPC, porque inerte ficará a jurisdição até ser solenemente provocada.

> É preciso refletir sobre a "necessidade" do requerimento executivo do art. 513. Ora, se alguém se tornou titular de uma sentença condenatória transitada em julgado para pagamento de quantia, então por que não ter início de forma imediata fase de cumprimento de sentença sem a necessidade de requerimento do exequente? Qual a diferença desta hipótese das demais hipóteses de cumprimento de sentença de uma obrigação específica para justificar a inércia da jurisdição no pagamento de quantia? Sobre a questão já tratamos em tópico específico.

O requerimento executivo deve ser feito ao juízo competente. Por juízo competente no cumprimento de sentença para pagamento de quantia deve-se entender, nos termos do artigo 516 aquele que tinha competência originária para processar e julgar a fase cognitiva.

Entretanto, tratando-se de sentença penal condenatória, de sentença arbitral, de sentença estrangeira não há como prosseguir no mesmo juízo pelas lógicas razões da impossibilidade de executar no juízo de origem do título executivo. Mas há outras duas hipóteses em que o legislador permite a desconexão da competência (cognição/execução) submetendo a escolha do foro competente à opção do autor, em favor de quem é instaurada a fase executiva (art. 787).

São as hipóteses do parágrafo único do artigo 516 que assim diz: excluída a hipótese da competência originária dos tribunais, *o exequente poderá optar pelo juízo do atual domicílio do executado, pelo juízo do local onde se encontrem os bens sujeitos à execução ou pelo juízo do local onde deva ser executada a obrigação de fazer ou de não fazer, casos em que a remessa dos autos do processo será solicitada ao juízo de origem.*

No que concerne ao objeto deste capítulo (cumprimento pagar quantia) observa-se claramente, e em boa hora, que o legislador foi claro em apostar no pragmatismo, na eficiência, na simplificação, evitando que no curso da execução houvesse o velho problema de cooperação entre juízo deprecante e deprecado, onde os atos executivos emanam de um juízo e se cumprem em outro. E mais, já estava na hora de o legislador deixar o ônus da escolha sob as costas do exequente que é justamente aquele que aguarda a prestação da tutela satisfação e em favor de quem é prestada. Nada melhor do que o exequente para apontar onde ela deve ser mais efetiva e eficiente. Parece-nos que essa liberdade não é plena[1], na medida que impõe condição para a escolha do juízo diverso: que no juízo escolhido estejam bens expropriáveis, o que deve ser demonstrado pelo exequente no requerimento executivo. A *situação da coisa expropriável* é, portanto, fator que quebra a regra da continuidade da competência entre cognição e execução.

A tendência é que esta festejada regra que dá a opção ao exequente caia no desuso porque espera-se que num futuro próximo todo processo deve ser eletrônico, e, portanto, os atos executivos tendem a ser totalmente eletrônicos – penhora, avaliação, alienação – não havendo mais a preocupação com o *juízo do local da expropriação* como se houvesse uma vantagem considerável em termos de eficiência e efetividade que justificasse essa quebra da conexão da fase cognitiva com a executiva[2].

---

1. A limitação (foro da situação dos bens expropriáveis) evita, por exemplo, que o exequente leve a execução para juízo onde o executado tenha maiores dificuldades para estar em juízo e exercer seus direitos.
2. "1. Trata-se de Conflito Negativo de Competência suscitado nos autos da Carta Precatória expedida com a finalidade de que os atos processuais relacionados à alienação judicial eletrônica fossem realizados na Comarca em que se situa o imóvel penhorado. 2. Os procedimentos relativos à alienação judicial por meio eletrônico, na forma preconizada pelo art. 882, § 1º. do Código Fux (CPC/2015), têm por finalidade facilitar a participação dos licitantes, reduzir custos e agilizar processos de execução, primando pelo atendimento dos princípios da publicidade, da celeridade e da segurança. 3. Tal modelo de leilão revela maior eficácia diante da inexistência de fronteiras no ambiente virtual, permitindo que o leilão judicial alcance um número incontável de participantes em qualquer lugar do País, além de propiciar maior divulgação, baratear o processo licitatório e ser infinitamente mais célere em relação ao leilão presencial, rompendo trâmites burocráticos e agilizando o processo de venda do bem objeto de execução. 4. Logo, cabe ao Magistrado atentar para essa relevante alteração trazida pelo Novel Estatuto Processual, utilizando-se desse poderoso instrumento de alienação judicial do bem penhorado em processo executivo, que tornou inútil e obsoleto deprecar os atos de alienação dos bens para satisfação do crédito, já que a alienação pela rede mundial dispensa o comparecimento dos interessados no local da hasta pública. 5. Portanto, considerando que a alienação eletrônica permite ao interessado participar do procedimento mediante um acesso simples à internet, sem necessidade de sua presença ao local da hasta, tem-se por justificada a recusa do cumprimento da Carta Precatória pelo Juízo deprecado, ora suscitante, visto que não há motivos para que a realização do ato de alienação judicial eletrônica seja praticada em Comarca diversa do

Outro aspecto que nos parece importante é que a regra acima não se restringe ao local onde se situam os "bens imóveis" como se poderia imaginar, mas a qualquer bem expropriável, e mais ainda, basta a *existência de bens expropriáveis*, sendo irrelevante se estes bens são suficientes ou não para satisfazer a dívida exequenda. Seria ridículo impor ao exequente a tarefa de fazer um cotejo prévio entre o valor dos bens situados na comarca para onde deseja iniciar o cumprimento de sentença e o valor da sua dívida. Igualmente, a existência de bens expropriáveis no juízo diverso da cognição é condição apenas para libertar o exequente da competência funcional, mas jamais poderia obrigá-lo a excutir os bens que ali estão neste novo juízo apenas porque exerceu *a opção* prevista no texto legal.

Por fim, é preciso dizer que o parágrafo único menciona que, feita a opção pelo exequente de iniciar o cumprimento de sentença no novo juízo, a definição de qual será o competente neste *novo juízo* será feito segundo as regras normais de identificação da competência territorial e material se houver mais de um juízo no referido local. E, ao dizer que "*a remessa dos autos do processo será solicitada ao juízo de origem*" resta claríssimo que, se necessário for[3], o novo juízo é que deve solicitar ao juízo original, sendo totalmente contrário à eficiência e pragmatismo da exceção prevista no parágrafo único que se exija que o exequente tenha que pedir ao juízo de origem para enviar para o novo os autos do processo.

2.2 A condenação em quantia certa, ou já fixada em liquidação, e no caso de decisão sobre parcela incontroversa

O requerimento executivo no cumprimento definitivo de sentença para pagamento de quantia pressupõe que exista *condenação em quantia certa*, ou *já fixada em liquidação*, e no caso de decisão sobre parcela incontroversa.

Isso significa que já existe um título executivo judicial líquido, certo e exigível. Esse título tanto pode ser uma sentença ou um acórdão, ou até mesmo uma decisão interlocutória, como no caso, por exemplo, da *parcela incontroversa*. Por metonímia o legislador fala em sentença, mas na verdade é um título executivo que representa ou revela uma obrigação líquida, certa e definitiva.

Por se tratar de cumprimento *definitivo* do título executivo judicial, é certo que a decisão exequenda deve ser *estável*, ou seja, que o título já esteja formado e sobre ele não paire mais discussão naquele processo. Se o título judicial for uma obrigação de direito material, então deverá estar acobertado pela autoridade da coisa julgada, mas,

---

Juízo da Execução. 6. Conflito de Competência conhecido para declarar competente o JUÍZO DE DIREITO DA 4ª. VARA DE FEITOS TRIBUTÁRIOS DE BELO HORIZONTE/MG, ora suscitado. (CC n. 147.746/SP, relator Ministro Napoleão Nunes Maia Filho, Primeira Seção, julgado em 27.5.2020, DJe de 4.6.2020).

3. Deixamos grifados "*se necessário for*" porque, por exemplo, os autos podem ser eletrônicos e nada precisará ser remetido, bem como é perfeitamente possível que o exequente faça cópia física devidamente autenticada dos autos e inicie o cumprimento de sentença no novo juízo sem que nada precise ser remetido de um local para outro.

se for um título judicial de uma obrigação processual, por exemplo, uma multa por má-fé processual, será estável e definitivo o cumprimento de sentença, porém não estará ele acobertado pela coisa julgada material, simplesmente porque se trata de conteúdo processual.[4]

Poderá parecer estranho, mas, tratando-se de parcela incontroversa, a decisão interlocutória que transitou em julgado poderá dar início ao cumprimento definitivo de sentença, ainda que o restante da parcela esteja sendo objeto de discussão em juízo. Nessa situação, apenas a parcela incontroversa será acobertada pela coisa julgada e dará ensejo ao cumprimento definitivo da sentença.

É de se lembrar que muitas vezes a liquidez não está visualmente tão clara na sentença, mas todos os elementos para aferir a liquidez do título estão presentes no referido comando sentencial. Não há a possibilidade de *liquidar* o que já é líquido, e depende apenas de operações aritméticas que deverão embasar o requerimento inicial com memória discriminada de cálculos.

2.3 Honorários advocatícios no cumprimento de sentença

No requerimento executivo o exequente não precisa pedir que o magistrado fixe a verba honorária, porque, segundo o art. 523, § 1.º, é dever do magistrado fixá-lo, inclusive no patamar de 10%, tendo em vista a imperativa determinação do legislador.

Na verdade, o legislador já previu que a verba honorária de 10% será devida – e, portanto, já está por ele fixada – no caso de não pagamento voluntário do devedor no prazo (15 dias) do *caput* do art. 523. Tal dispositivo está em consonância com o art. 85, § 1.º, do CPC, em que há previsão expressa de honorários no cumprimento de sentença, seja ele resistido ou não.[5]

O valor de 10% dos honorários incidirá sobre o valor integral da dívida, e apenas ele, indicada no requerimento executivo. No entanto, caso o pagamento do executado seja parcial, então os mesmos 10% dos honorários incidirão sobre o restante da dívida não adimplida.

Nesse diapasão, vale o registro da enorme incongruência do CPC em relação à fixação da verba honorária na tutela satisfativa, pois, tratando-se de cumprimento de sentença (art. 523, § 1.º), se o devedor adimplir no prazo de 15 dias, ficará inteiramente livre da verba honorária, ao passo que, tratando-se de processo de execução (título extrajudicial), se o devedor adimplir a obrigação no prazo de três dias, deverá arcar com a metade dos honorários advocatícios (art. 827, § 1.º).

---

4. Art. 523. No caso de condenação em quantia certa, ou já fixada em liquidação, e no caso de decisão sobre parcela incontroversa, o cumprimento definitivo da sentença far-se-á a requerimento do exequente, sendo o executado intimado para pagar o débito, no prazo de 15 (quinze) dias, acrescido de custas, se houver.

5. Art. 85. A sentença condenará o vencido a pagar honorários ao advogado do vencedor.
   § 1.º São devidos honorários advocatícios na reconvenção, no cumprimento de sentença, provisório ou definitivo, na execução, resistida ou não, e nos recursos interpostos, cumulativamente.

A nosso ver, não há razão para essa distinção, até porque a regra mais branda, por razões lógicas ligadas à duração razoável do processo e à formação do título executivo judicial, não deveria estar no cumprimento de sentença, e sim no processo de execução. Essa situação é absurda e antinômica. Primeiro, porque o *requerimento executivo* é uma petição que dá início a uma nova fase processual, e deve ser feita por advogado constituído nos autos. Mais que isso, deve ter o ônus e o risco de elaborar uma memória correta de cálculo, que normalmente é feita pela contratação de um contador, justamente para não correr riscos num eventual excesso de execução que pode ser alegado pelo executado. Ademais, há o tempo e o trabalho do advogado em dedicar-se a promover a execução para o exequente. Assim, é absurdo que, *depois de iniciada a execução,* se o devedor pagar em 15 dias, ele fique livre dos honorários decorrentes da execução que se iniciou. Se o legislador queria aboná-lo da multa, poderia fazê-lo, mas não dos honorários de advogado. E é também antinômico o dispositivo 523, § 1.º, porque se choca com a regra análoga do art. 827, § 1.º, pois, tratando-se de *processo de execução de título extrajudicial*, que não passou pelo crivo do Judiciário, o prazo para adimplemento com benefício do referido art. 827, § 1.º, é de três dias e resulta em pagamento de metade das verbas honorárias.

Já no caso de *cumprimento de sentença*, portanto fundado em título que passou pelo crivo do Poder Judiciário, o prazo é de 15 dias depois de iniciada a fase executiva, e o executado fica livre da verba honorária integralmente, bem como da multa de 10%.

Por que três dias no processo de execução (título extrajudicial) e 15 para o cumprimento de sentença (título judicial) nas obrigações para pagamento de quantia? Por que redução de metade dos honorários no processo de execução e livramento total dos honorários no cumprimento de sentença, caso aconteça o adimplemento voluntário da obrigação nos referidos prazos?

2.4 A multa de 10%

O art. 523, § 1.º, se aplica aos casos em que o devedor foi *condenado* ao pagamento de quantia já líquida ou a ser fixada em liquidação. Perceba-se que o legislador usou a palavra "condenado" e, por isso, poder-se-ia imaginar que estaria afastada a possibilidade de incidência da multa de 10% quando o título executivo fosse uma sentença declaratória que reconhecesse a obrigação para pagamento de quantia (art. 515, I). É preciso, pois, diferenciar os casos de sentença que *condena* ao pagamento de quantia certa (ou a ser fixada em liquidação) dos casos de sentença que *declara (reconhece)* a existência de obrigação líquida, certa e exigível.

Conquanto o art. 523, *caput,* prescreva a regra de que apenas nos casos de *condenação* do devedor é que se aplicará a regra do *caput*, não é assim que deve ser, pelo simples fato de que a exortação ao pagamento só é feita depois de iniciado o requerimento executivo, devidamente embasado pelo título executivo. É do não cumprimento "voluntário" nesse prazo de 15 dias que incide a referida multa, e não de um mero descumprimento da sentença, até, porque tratando-se de mera declaração, a prolação dessa sentença que reconhece a obrigação líquida, certa e exigível não impõe ao réu o dever de cumpri-la.

Tem natureza de sanção processual a multa legislada de 10% sobre o valor da condenação para o caso de o devedor não efetuar o pagamento ao credor no prazo de 15 dias. A multa é uma sanção contra o não pagamento imposto na condenação ou reconhecido na liquidação e exigido no requerimento executivo, e apenas incide se e quando o devedor não cumprir a obrigação no referido prazo.[6] Portanto, a multa depende do requerimento da execução. É posterior a isso, ou seja, é uma pena processual pelo não pagamento "espontâneo" do devedor no prazo em que foi intimado depois de protocolado o requerimento que deu início ao cumprimento da sentença.

> Infelizmente, a sentença condenatória voltou a ser um nada jurídico pelo NCPC. Isso porque se no CPC anterior (art. 475-J introduzido pela Lei 11.232/2005) a multa de 10% incidia antes do início do requerimento executivo, portanto, dotando de força coativa a sentença condenatória transitada em julgado, agora não é mais assim. Obtida uma sentença condenatória transitada em julgado, não há nenhum estímulo para o devedor condenado pagar espontaneamente a obrigação revelada na sentença, pois poderá fazer isso sem qualquer ônus nos 15 dias depois de intimado do requerimento executivo que deve ser iniciado pelo exequente. Para que o devedor vai cumprir a sentença condenatória se pode fazer depois, sem nenhum ônus a mais por isso, quando intimado do requerimento executivo, nos termos do art. 523, § 1.º, do CPC.

Como toda e qualquer *pena*, a sanção tem, igualmente, um caráter coercitivo, no sentido de que o destinatário da norma seja estimulado a não cometer a infração, cuja sanção é prevista.

O prazo de 15 dias a que alude o dispositivo deve ser contado, regra geral, da intimação do devedor na forma estabelecida no art. 513 do CPC.

Na verdade, a multa não precisa nem ser imposta pelo juiz, porque já foi imposta pelo legislador, diante do dever jurídico de *pagamento espontâneo da obrigação*, cabendo ao magistrado apenas cumprir, de ofício, a regra do dispositivo legal (art. 523, § 1.º).

É preciso lembrar que o art. 520, §3º prescreve que "se o executado comparecer tempestivamente e depositar o valor, com a finalidade de isentar-se da multa, o ato não será havido como incompatível com o recurso por ele interposto". Sobre este dispositivo o STJ já se posicionou no sentido de que "o depósito integral do valor devido em sede de cumprimento provisório da sentença afasta a aplicação da multa prevista no art. 523, § 1º, do CPC.[7]

Observe-se que, ainda que o magistrado não o faça expressamente – na intimação não conste o aviso da multa para o caso de não efetuar o pagamento –, ela será devida, porque a sua existência e a incidência estão expressas no dispositivo legal. Frise-se

---

6. O fato jurídico que destrava a aplicação da multa é o incumprimento da prestação de pagar no prazo assinalado no §1º do art. 523. A multa de 10% incide sobre o valor exequendo integral ou sobre a parcela que não foi paga no referido prazo. Não tem qualquer cabimento pretender incidir os 10% desta multa com os honorários de 10% fixados no cumprimento da sentença.

7. (AgInt no REsp n. 2.042.023/DF, relator Ministro Marco Buzzi, Quarta Turma, julgado em 26.6.2023, DJe de 30.6.2023).

que qualquer depósito (depósito não é pagamento[8]) ou qualquer garantia do juízo em dinheiro ou em seguro fiança por exemplo, não afasta a incidência da multa do artigo 523 do CPC.[9]

Como foi dito, parece-nos que essa multa processual é punitiva, pois foi criada pelo legislador pelo fato objetivo de não ter sido efetuado o pagamento espontâneo pelo devedor intimado a fazê-lo. Todavia, como toda e qualquer punição, esta também tem um efeito educativo e estimulador de conduta do devedor.

Ao formular o seu requerimento executivo, o exequente deve juntar a memória discriminada do cálculo que lhe supostamente lhe é devido. Esse é o valor que o devedor será intimado a pagar. Nesse caso, é claro que o devedor pode não concordar com o cálculo apresentado pelo exequente e efetuar apenas o pagamento daquilo que considera devido, ainda que destoe dos valores apontados pelo exequente. A multa, nessa hipótese, incidirá sobre a parcela não paga de acordo com o que prescreve o art. 523, § 2.º. Todavia, uma vez que não tenha sido efetuado o pagamento no prazo quinzenal, e apresentando o executado as suas justificativas por intermédio da *impugnação do executado* (art. 525, § 1.º, V), o juiz poderá dar provimento à sua defesa, afastando a incidência da multa.

2.5 O demonstrativo discriminado e atualizado do crédito

Há muito tempo (desde a reforma processual de 1994) já não existe a *liquidação por cálculo do contador*, que se reduziu à simples elaboração de planilha de cálculos que deve ser apresentada pelo exequente no requerimento executivo. Isso porque a antiga liquidação por cálculo servia apenas para realização de cálculos aritméticos de dados e elementos constantes do provimento condenatório que, repita-se, não era "genérico".

Por isso, a função da realização do cálculo foi repassada ao exequente, e o executado deverá impugnar o eventual excesso pela via da impugnação do executado (art. 525, V), lembrando que, pela redação do art. 524 do CPC, em tal memória discriminada deverão constar:

I – o nome completo, o número de inscrição no Cadastro de Pessoas Físicas ou no Cadastro Nacional da Pessoa Jurídica do exequente e do executado, observado o disposto no art. 319, §§ 1.º a 3.º;

II – o índice de correção monetária adotado;

III – os juros aplicados e as respectivas taxas;

IV – o termo inicial e o termo final dos juros e da correção monetária utilizados;

V – a periodicidade da capitalização dos juros, se for o caso;

---

8. "A multa do art. 523 do Código de Processo Civil de 2015 será excluída apenas se o executado depositar voluntariamente a quantia devida em juízo, sem condicionar seu levantamento a qualquer discussão do débito." (AgInt no AREsp n. 2.038.468/DF, relator Ministro Ricardo Villas Bôas Cueva, Terceira Turma, julgado em 3.10.2022, DJe de 10.10.2022).

9. (AgInt no AREsp n. 2.189.739/SC, relator Ministro Marco Buzzi, Quarta Turma, julgado em 15.5.2023, DJe de 18.5.2023).

VI – especificação dos eventuais descontos obrigatórios realizados. Tudo isso com intuito de facilitar a compreensão e a origem do débito apresentado pelo credor, evitando defesas infundadas sobre o excesso de execução.

Também é possível que o juiz, antes de expedir o mandado de penhora e avaliação, caso o devedor não efetue o pagamento no prazo de 15 dias do art. 523, se estiver desconfiando de eventual excesso dos cálculos apresentados pelo exequente em seu requerimento, determine a remessa do processo ao contador do juízo para que ele o auxilie e aponte qual o correto demonstrativo, que poderá ser ou não acolhido pelo exequente. Se este não concordar, a execução seguirá pelo valor solicitado pelo credor, mas a penhora recairá sobre o valor apontado pelo valor que o magistrado entender como adequada.[10]

Há situações em que o exequente não pode fazer a referida memória discriminada dos cálculos devidos porque alguns dados e documentos estão em poder de terceiro ou do próprio executado. Nessas hipóteses, não será necessário fazer uma ação de exibição de documento ou coisa, pois é bastante que o juiz requisite tais dados e documentos do terceiro ou do executado sob cominação do crime de desobediência (art. 524, § 3.º).[11]

De outra banda, quando a complementação do demonstrativo depender de dados adicionais em poder do executado, o juiz poderá, a requerimento do exequente, requisitá-los, fixando prazo de até 30 dias para o cumprimento da diligência, de forma, que se os dados adicionais a que se refere o § 4.º não forem apresentados pelo executado, sem justificativa, no prazo designado, reputar-se-ão corretos os cálculos apresentados pelo exequente apenas com base nos dados de que dispõe (§§ 4.º e 5.º do art. 524).

2.6 A indicação de bem à penhora/avaliação

Tratando-se de cumprimento de sentença ou de processo de execução para pagamento de quantia, o ônus processual de indicação dos bens à penhora/avaliação pertence ao exequente, que poderá indicar os bens penhoráveis do patrimônio do executado – seguindo as gradações legais – no próprio requerimento que dá início à fase executiva, como determina o art. 524, VII, do CPC c/c o art. 523, § 3.º.[12]

---

10. Art. 524. [...] § 1.º Quando o valor apontado no demonstrativo aparentemente exceder os limites da condenação, a execução será iniciada pelo valor pretendido, mas a penhora terá por base a importância que o juiz entender adequada. § 2.º Para a verificação dos cálculos, o juiz poderá valer-se de contabilista do juízo, que terá o prazo máximo de 30 (trinta) dias para efetuá-la, exceto se outro lhe for determinado.

11. A memória discriminada do cálculo não é algo "estranho" ao devedor. Assim como o credor tem acesso à leitura da sentença e dela retira o valor que lhe pareça devido para dar início ao cumprimento de sentença, o devedor também tem e deverá fazê-lo, sob pena de indeferimento, se pretender arguir o excesso de execução (art.525, §5º). Caso também queira fazer uso do artigo 526 o devedor deverá depositar o referido valor trazendo a memória discriminada do cálculo a partir de dados extraídos da sentença.

12. Art. 524. O requerimento previsto no art. 523 será instruído com demonstrativo discriminado e atualizado do crédito, devendo a petição conter: [...] VII – indicação dos bens passíveis de penhora, sempre que possível. Art. 523, § 3.º Não efetuado tempestivamente o pagamento voluntário, será expedido, desde logo, mandado de penhora e avaliação, seguindo-se os atos de expropriação.

Por ser uma faculdade, não está o exequente obrigado a cumpri-la, até porque, em tese, quem mais conhece o patrimônio do executado é ele mesmo, e não o seu adversário. Assim, caso isso não seja feito pelo exequente, o juiz poderá indicar, ele mesmo, segundo elementos da causa, os bens que serão objeto de penhora, ou então ordenar que o devedor os aponte (art. 829, § 1.º), seja de ofício ou mediante provocação do exequente, aplicando-se, sempre, a regra do art. 774, V, do CPC. É claro que o juiz não está vinculado aos bens indicados – e eventualmente penhorados pelo exequente ou executado, podendo a penhora recair sobre bem diverso dos indicados, pois é importante que o juiz conjugue a menor onerosidade possível com a máxima efetividade da execução, seguindo os parâmetros e regras relativos à gradação e nomeação dos bens à penhora.

Uma vez admitido o requerimento executivo inicial a que se refere o art. 523, e não efetuado tempestivamente o pagamento *voluntário*,[13] será expedido, desde logo, mandado de penhora e avaliação, seguindo-se os atos de expropriação.

Da forma como é redigido o *caput* (fala em mandado) e o início do § 1.º, que usa a expressão "auto de penhora e avaliação", o dispositivo leva a crer – equivocadamente – que estaria banida a penhora por termo nos autos, realizada pelo escrivão, o que não é verdade, pois, se é permitido ao exequente indicar os bens a serem penhorados, poderá ele, tranquilamente, juntar ao requerimento inicial a certidão cartorária do imóvel, cabendo a penhora ser feita mediante *termo* nos autos pelo próprio escrivão (art. 838). Nesse caso, o termo de penhora conterá a avaliação que deverá ser feita pelo oficial de justiça.

Muito embora entre o art. 523 e o seu § 3.º não exista nenhuma só palavra ou texto que os separe, dando uma impressão de que há entre os atos previstos nesses dispositivos uma sequência imediata e tranquila, não é bem assim que as coisas acontecem no real e concreto mundo da execução por quantia. É que, no hiato temporal situado entre a expedição do mandado de penhora e avaliação e a intimação do executado do auto de penhora e avaliação, inúmeras são as variações e atos processuais, além de incidentes e percalços que podem ocorrer.

Inicialmente, deve-se lembrar que ao exequente é outorgada a faculdade de indicar os bens do executado que estarão sujeitos à penhora. Como o exequente não é obrigado a conhecer quais os bens que compõem o patrimônio do devedor, então não incidirão, nesse momento, as regras previstas no art. 835 (gradação legal). Por outro lado, lembre-se, trata-se de faculdade do exequente, que apenas possui o ônus de fazer

---

13. A expressão "pagamento voluntário" é do legislador (art. 523, § 1º) e, com o devido respeito, é acintosa. Voluntariedade haveria se a sentença condenatória transitada em julgado fosse espontaneamente cumprida, inclusive judicialmente como menciona o art. 526, sendo desnecessário ao exequente promover o cumprimento da sentença. Recorde-se que ao promover a demanda cognitiva o credor o fez porque o devedor *inadimpliu* a obrigação. Depois, ao promover o cumprimento de sentença para pagar quantia o exequente só o fez porque o executado não cumpriu o comando condenatório.

tal indicação. Assim, se foi feita a indicação pelo exequente, será expedido mandado de penhora e avaliação. Mas, e se não for realizada essa indicação?[14]

Nada diz o Código no Livro I da Parte Especial, mas deixa clara a aplicação subsidiária do Livro II, sobre o que deve ser feito, ou seja, nos termos dos arts. 829 e ss., c/c o art. 774, V, o juiz tem o poder, de ofício, de ordenar que o executado exiba os bens que compõem o seu patrimônio, o local onde se encontram, sem descartar a possibilidade de, provocado pelo exequente, investigar a existência de ativos financeiros do executado, para assim proceder à indisponibilidade e posteriormente à penhora da quantia suficiente.

Assim, se não existirem bens no patrimônio do executado, a execução ficará suspensa, por absoluta falta de bens a serem penhorados (art. 921, III, do CPC); por outro lado, se houver bens penhoráveis (seja porque o auto os indicou, seja porque ditos bens foram descobertos), então proceder-se-á à penhora e à avaliação deles.

A tudo o que se refere à localização, apreensão e depósito dos bens penhorados, bem como ao conteúdo do auto de penhora, aplicam-se as regras contidas nos arts. 831 e ss. do CPC.

No tocante à avaliação, esta deverá ser feita pelo próprio oficial de justiça, mas o próprio legislador admite que, em casos excepcionais, quando este não tiver conhecimento técnico, que seja então nomeado um perito pelo juiz para o fim de estimar o valor do bem, o que deverá ser feito em prazo não superior a dez dias para entrega do laudo (art. 870, parágrafo único).

O fato de ser um *perito judicial* não significa em hipótese alguma que será adotado o *procedimento de uma prova pericial*, pois a hipótese é apenas para estimar um valor do bem e assim fixar um piso para eventual alienação ou adjudicação.

É o mercado que dirá o verdadeiro valor, e a finalidade dessa estimativa é estabelecer um parâmetro seguro para os lances a serem feitos em hasta pública.

Após a avaliação – ainda quando esta tenha sido feita por avaliador e não por oficial de justiça –, proceder-se-á a continuação dos atos expropriatórios (art. 875).

Todas as alegações e defesas do executado referentes à penhora e avaliação (gra dação legal, excesso de penhora, avaliação inferior etc.) deverão ser feitas na referida impugnação, nos termos prescritos no art. 525, § 1.º, IV, do CPC, além, é claro, de outras defesas, previstas no próprio dispositivo.

---

14. É realmente inacreditável que num processo de execução (ou em um cumprimento de sentença) para pagamento de quantia onde o que se pretende é justamente o recebimento da quantia devida que seja preciso que o exequente requeira expressamente a penhora do dinheiro (ativos financeiros) como menciona o art. 854. Esse "requerimento" é, a nosso ver, *in re ipsa* na própria pretensão à tutela satisfativa. A penhora do dinheiro é sempre prioritária (art. 835, § 1º) e normalmente realizada pelo meio eletrônico, de forma que se deve entender a necessidade de "requerimento do exequente" como um formalismo prescindível oriundo da interpretação lógica do art. 322, § 2º na tutela executiva.

Sem desprezar a possibilidade de que a penhora seja feita por termos nos autos e não por mandado, e, também, de que o oficial de justiça não proceda à avaliação por não possuir conhecimentos técnicos, passa-se então à intimação do executado do auto de penhora e avaliação.

De início, surge uma questão interessante. É que, ao condensar a avaliação e a penhora em atos contínuos praticados pelo mesmo auxiliar de justiça (oficial de justiça), e, ainda, ao falar em intimação do executado do auto de penhora e avaliação, questiona-se a possibilidade de o próprio exequente impugnar aspectos relacionados à penhora e à avaliação, afinal de contas, poderão surgir problemas relativos ao depósito do bem e à sua avaliação que sejam contrários aos interesses do exequente.

Nesse caso, o legislador não prevê a possibilidade de o exequente impugnar incorreções ocorridas nesses atos, porque partiu da premissa de que *na maior parte dos casos* faleceria interesse do exequente em atacar esses atos executivos preparatórios. O momento de o executado impugnar está previsto no art. 525, § 1.º, IV, mas silencia sobre a oportunidade que será dada ao exequente, caso queira oferecer alguma impugnação a esses atos (art. 841).

Como os atos estão condensados e o dispositivo menciona apenas a possibilidade de o executado opor-se aos referidos atos, pensamos que a intimação do auto de penhora e avaliação a que se refere o art. 523, § 3.º, deve ser feita às partes na execução (exequente e executado). Nesse caso, ao executado cabe a impugnação a que se refere o art. 525, IV, enquanto, para o exequente, a eventual impugnação de algum desses atos deve ser feita por petição simples.

A intimação é o ato pelo qual se dá ciência a alguém dos autos e termos do processo, para que faça ou deixe de fazer alguma coisa. Assim, o art. 841 é claro ao informar que a intimação é do *executado*, só que na pessoa do seu advogado nos termos do art. 513 do CPC. É que, tratando-se de um só processo, a fase executiva é mera sequência da fase cognitiva, motivo pelo qual bastará que seja feita a intimação do advogado do executado, com as ressalvas do referido dispositivo legal.

3. O CUMPRIMENTO DA SENTENÇA PROVOCADO PELO DEVEDOR

As Leis 11.232/2005 e 11.382/2006 modificaram sensivelmente as regras originais da execução do CPC de 1973. Dentre as inúmeras modificações introduzidas, uma delas foi a revogação do antigo art. 570, que tratava do que a doutrina havia chamado de "execução às avessas",[15] quando o devedor consignava em juízo o valor supostamente devido ao credor. A revogação desse dispositivo aconteceu não só porque a ação de

---

15. Nada impede que a referida regra seja utilizada também pelo devedor de obrigação constante de títulos executivos extrajudiciais. É de se observar que estas situações do artigo 526 não se confundem com aquela que diz respeito às relações jurídicas complexas, sinalagmáticas, onde a posição de credor e devedor se alternam de acordo com as diferentes obrigações previstas na mesma relação jurídica mãe.

consignação em pagamento já estava prevista no ordenamento jurídico processual, mas também porque era de pouquíssima importância prática, embora de significativa relevância jurídica.

O CPC/2015 reintroduziu o tema da "execução às avessas" com o instituto semelhante ao do art. 570 revogado; e o fez por intermédio do art. 526 que assim diz:

> Art. 526. É lícito ao réu, antes de ser intimado para o cumprimento da sentença, comparecer em juízo e oferecer em pagamento o valor que entender devido, apresentando memória discriminada do cálculo.
>
> § 1.º O autor será ouvido no prazo de 5 (cinco) dias, podendo impugnar o valor depositado, sem prejuízo do levantamento do depósito a título de parcela incontroversa.
>
> § 2.º Concluindo o juiz pela insuficiência do depósito, sobre a diferença incidirão multa de dez por cento e honorários advocatícios, também fixados em dez por cento, seguindo-se a execução com penhora e atos subsequentes.
>
> § 3.º Se o autor não se opuser, o juiz declarará satisfeita a obrigação e extinguirá o processo.

Imagina-se que esse dispositivo não tenha tanta importância prática, sendo difícil conceber que um devedor possa, espontaneamente, e antes de ser intimado para o cumprimento de sentença – portanto, antes de o exequente requerer o cumprimento de sentença –, ir a juízo e oferecer o pagamento que entende devido, fundamentando seu pedido de adimplemento em memória discriminada do cálculo. Embora incomum de se ver no âmbito jurisdicional, a verdade é que assim como existe o direito do credor de exigir o adimplemento existe também o direito do devedor de se livrar da prestação. Pode ser que ele, devedor, agora seguro de que deve porque foi condenado, decida promover o cumprimento da sentença realizando a satisfação do direito do credor. Ao fazê-lo libertar-se-á da dívida.

É curioso notar que para o devedor que decide atuar dessa forma, com o oferecimento do adimplemento antes do requerimento executivo do exequente, algumas consequências inexoráveis (ônus perfeito) derivam de sua conduta. A primeira delas é a de que não haverá mais aquele prazo de quinze dias para adimplemento, posto que com essa atitude há a preclusão lógica daquela possibilidade processual. Sua atitude deflagra, formalmente, a fase de cumprimento de sentença só que às avessas.

Assim, uma vez depositada a quantia com a referida memória do cálculo, o credor será intimado para no prazo de cinco dias impugnar o valor depositado, sem prejuízo de levantar o valor depositado que é reconhecido como devido pelo devedor (requerente). Se o magistrado concluir – inclusive após perícia contábil ou análise realizada pelo contador do juízo – que o valor oferecido pelo devedor é inferior ao que seja devido, então sobre a diferença incidirão multa de dez por cento e honorários advocatícios, também fixados em dez por cento, seguindo-se a execução com penhora e atos subsequentes, o que demonstra, portanto, que não é necessário qualquer requerimento de início da fase executiva por parte do credor. Todavia, se por outro lado o autor não se opuser no prazo de cinco dias, o juiz declarará satisfeita a obrigação e extinguirá o processo.

Capítulo IX
PROCESSO DE EXECUÇÃO PARA PAGAMENTO DE QUANTIA

1. INTRODUÇÃO

A execução por quantia certa (técnica expropriatória) pode ser fundamentada em um título judicial ou extrajudicial. A primeira denomina-se *cumprimento de sentença* e a segunda, *processo de execução*.

A distinção de nomes levou em consideração o fato de que a primeira é uma fase ou etapa (executiva) de um mesmo e único processo que contempla a fase cognitiva e executiva. O segundo, por dar início a uma relação jurídica processual nova, é chamado de *processo de execução* e finca-se em um título executivo extrajudicial. Excepcionalmente, como nos casos de sentença penal condenatória transitada em julgado ou de sentença arbitral ou de sentença estrangeira homologada pelo Superior Tribunal de Justiça o devedor será citado no juízo cível para o cumprimento da sentença ou para a liquidação no prazo de 15 (quinze) dias, posto que nestas hipóteses, mesmo em se tratando de títulos executivos judiciais, em razão da competência será necessário que se inicie um processo autônomo de execução.

A execução fundada em título extrajudicial é sempre definitiva, e as baseadas em título judicial podem ensejar um cumprimento de sentença provisório ou definitivo, dependendo, é claro, do tipo do título judicial: provisório ou definitivo (arts. 520 e 523, respectivamente).

Tratando-se de execução definitiva por quantia certa contra devedor solvente fundada em título extrajudicial (processo de execução), a regra é a estabelecida nos arts. 824 e ss. do CPC, e esses dispositivos servirão de fonte subsidiária para as demais espécies ou modalidades procedimentais para pagamento de quantia, inclusive para o cumprimento de sentença. É que, tratando-se deste último (execução fundada em título judicial), o Código segue a regra dos arts. 523 e ss., devendo-se, após a fase postulatória, passar às regras contidas nos já citados arts. 824 e ss. do CPC.

2. O AJUIZAMENTO DA PETIÇÃO INICIAL

A execução definitiva para pagamento de quantia fundada em título extrajudicial é realizada por um processo autônomo, que se instaura mediante o ajuizamento de uma petição inicial (propositura de uma demanda), que deverá atender às regras dos arts. 798 e ss. do CPC.

Em tempo, também é faculdade do exequente, na petição inicial, a indicação de bens sujeitos à penhora, o que deverá ser feito, caso o executado, uma vez citado, não efetue o pagamento no prazo de três dias (art. 829, § 1º). Ao indicar o bem sujeito a penhora, caso exista gravame, averbação ou qualquer tipo de registro sobre o bem indicado (penhor, hipoteca, enfiteuse, promessa de compra e venda etc.), deverá requerer que seja intimado o respectivo terceiro que seja titular em favor de quem o gravame ou averbação ou registro sobre o bem existe.[1] Igualmente, se a penhora recair sobre cotas de empresa (quota social ou de ação de sociedade anônima), deve também intimar a respectiva sociedade para que ela possa exercer o direito previsto no art. 876, § 7.º.[2]

Ainda, tratando-se de processo de execução para pagamento de quantia, a petição inicial deverá estar acompanhada pelo demonstrativo do débito atualizado até a data da propositura da ação executiva. Isso poderá ser feito na própria petição inicial ou em documento anexo que a acompanhe (art. 798, I, B).[3]

Também na petição inicial já deve requerer, se for o caso, as medidas urgentes, por exemplo, a antecipação imediata da indisponibilidade dos ativos, a penhora e a alienação antecipada de bens perecíveis etc., demonstrando com razoabilidade os motivos que justificam a tutela de urgência.

---

1. Art. 799. Incumbe ainda ao exequente:

   I – requerer a intimação do credor pignoratício, hipotecário, anticrético ou fiduciário, quando a penhora recair sobre bens gravados por penhor, hipoteca, anticrese ou alienação fiduciária;

   II – requerer a intimação do titular de usufruto, uso ou habitação, quando a penhora recair sobre bem gravado por usufruto, uso ou habitação;

   III – requerer a intimação do promitente comprador, quando a penhora recair sobre bem em relação ao qual haja promessa de compra e venda registrada;

   IV – requerer a intimação do promitente vendedor, quando a penhora recair sobre direito aquisitivo derivado de promessa de compra e venda registrada;

   V – requerer a intimação do superficiário, enfiteuta ou concessionário, em caso de direito de superfície, enfiteuse, concessão de uso especial para fins de moradia ou concessão de direito real de uso, quando a penhora recair sobre imóvel submetido ao regime do direito de superfície, enfiteuse ou concessão;

   VI – requerer a intimação do proprietário de terreno com regime de direito de superfície, enfiteuse, concessão de uso especial para fins de moradia ou concessão de direito real de uso, quando a penhora recair sobre direitos do superficiário, do enfiteuta ou do concessionário;

   VII – requerer a intimação da sociedade, no caso de penhora de quota social ou de ação de sociedade anônima fechada, para o fim previsto no art. 876, § 7.º. [...].

2. A intimação destes terceiros na execução está diretamente atrelada à preferência em adjudicar e arrematar bem penhorado, bem como para permitir o concurso de credores e exequentes na satisfação de seus créditos preferenciais. É preciso ler esta exigência com o que prescreve o artigo 804 combinado com os artigos 876 e 889 do CPC.

3. O demonstrativo do débito deverá conter (art. 798, parágrafo único): Parágrafo único. O demonstrativo do débito deverá conter: I – o índice de correção monetária adotado; II – a taxa de juros aplicada; III – os termos inicial e final de incidência do índice de correção monetária e da taxa de juros utilizados; IV – a periodicidade da capitalização dos juros, se for o caso; V – a especificação de desconto obrigatório realizado.

Ainda, diz o CPC que é possível ao exequente, no requerimento inicial, já solicite a certidão do objeto da causa para proceder à averbação em registro público do ato de propositura da execução e dos atos de constrição realizados, para dar conhecimento de terceiros, tudo para o fim de evitar fraude do executado e prejuízo a terceiros de boa-fé, além de prejuízo ao próprio exequente.

Na petição inicial deve-se indicar ainda, se for o caso, a espécie de execução, quando por mais de um modo puder ser satisfeita a obrigação, e, quando se tratar de obrigações alternativas, é preciso tornar certa a obrigação a ser cumprida.[4]

Por fim, o pedido formulado na petição inicial da execução é para que o devedor seja citado a fim de, no prazo de três dias úteis,[5] efetuar o pagamento (art. 827). A inicial fica sujeita ao controle de admissibilidade das questões de ordem pública, e pode ser de plano indeferida. Obviamente, se for possível corrigir os vícios da petição inicial, também aqui no processo de execução dispõe o Código que isso deverá ser feito, pois o art. 801 determina que, *"verificando que a petição inicial está incompleta ou que não está acompanhada dos documentos indispensáveis à propositura da execução, o juiz determinará que o exequente a corrija, no prazo de 15 (quinze) dias, sob pena de indeferimento"*.

Deve-se dizer, ainda, que, nos termos do art. 799, IX, em aparente conflito com o art. 828, permite que uma vez distribuída a petição inicial, o exequente possa obter certidão comprobatória do ajuizamento dela (com indicação das partes e valor da causa), e assim averbá-la nos registros de bens sujeitos à penhora, com intuito de tornar presumida como fraude à execução a alienação ou oneração de bens efetuada após a averbação.[6]

Nos parece que a regra a ser seguida deve ser a do artigo 828 do CPC – averbar apenas depois de ser admitida a petição inicial. Isso evita por exemplo, o infortúnio de o

---

4. Assim, quando a escolha couber ao credor, será simples, e basta ele indicar na petição inicial (art. 811, parágrafo único). Por outro lado, quando a "execução recair sobre coisa determinada pelo gênero e pela quantidade, o executado será citado para entregá-la individualizada, se lhe couber a escolha" (art. 811, *caput*). Em tempo, o art. 812 prescreve que "qualquer das partes poderá, no prazo de 15 (quinze) dias, impugnar a escolha feita pela outra, e o juiz decidirá de plano ou, se necessário, ouvindo perito de sua nomeação". Após esse incidente, "aplicar-se-ão à execução para entrega de coisa incerta, no que couber, as disposições da Seção I deste Capítulo" (art. 813).

5. REsp n. 2.066.240/SP, relator Ministro Marco Aurélio Bellizze, Terceira Turma, julgado em 15.8.2023, DJe de 21.8.2023.

6. Observe-se que o art. 828 exige que seja admitida a petição inicial e não simplesmente *distribuída*, como alude o art. 799, IX. Art. 828. O exequente poderá obter certidão de que a execução foi admitida pelo juiz, com identificação das partes e do valor da causa, para fins de averbação no registro de imóveis, de veículos ou de outros bens sujeitos a penhora, arresto ou indisponibilidade.
§ 1.º No prazo de 10 (dez) dias de sua concretização, o exequente deverá comunicar ao juízo as averbações efetivadas.
§ 2.º Formalizada penhora sobre bens suficientes para cobrir o valor da dívida, o exequente providenciará, no prazo de 10 (dez) dias, o cancelamento das averbações relativas àqueles não penhorados.
§ 3.º O juiz determinará o cancelamento das averbações, de ofício ou a requerimento, caso o exequente não o faça no prazo.
§ 4.º Presume-se em fraude à execução a alienação ou a oneração de bens efetuada após a averbação.
§ 5.º O exequente que promover averbação manifestamente indevida ou não cancelar as averbações nos termos do § 2.º indenizará a parte contrária, processando-se o incidente em autos apartados.

arrematante/adjudicante do bem imóvel, depois de procedido o registro em seu nome, ter que solicitar às partes responsáveis pelas averbações, que podem estar em inúmeros processos e juízos diferentes que procedam o cancelamento. Sendo a averbação chancelada pelo juízo, permite que o requerimento de cancelamento da averbação possa ser feito ao juízo que procedeu a adjudicação ou arrematação para que este oficie os juízos de onde emanaram as averbações para que cooperem no sentido de cancelá-las para evitar prejuízo a quem arrematou ou adjudicou.

Ao juiz cabe, ao despachar a inicial, fixar, de plano, os honorários de advogado a serem pagos pelo executado nos termos do art. 827 do CPC.[7] E, embora inexplicavelmente silente o Código, deve o juízo proceder a fixação dos honorários não apenas no processo de execução para pagamento de quantia, mas também nos demais casos (entrega de coisa e fazer e não fazer).

Portanto, descartada a hipótese de pagamento nos três dias úteis pelo executado na hipótese de processo de execução para pagamento de quantia (art. 827 e ss.), a verba honorária poderá ser elevada em até 20% quando rejeitados os embargos à execução. Ainda que tais embargos não sejam opostos, a majoração poderá ocorrer ao final do procedimento executivo, em atenção ao trabalho prestado pelo advogado do exequente. Veja o art. 827, § 2.º, citado retro. O Código não fixa quando se dá o *final do procedimento executivo*, para fins de majoração da verba honorária nos casos em que não forem opostos embargos do executado em atenção ao trabalho prestado pelo advogado, mas tal aspecto é importante de ser definido, pois imagine-se a situação de o juiz elevar a verba honorária após a alienação do bem em leilão público e o valor arrecadado dê apenas para pagar o que se tinha na execução (mais honorários, custas etc.) antes de elevada a verba honorária. Nesse caso, deverá o advogado prosseguir na execução contra o executado para realizar nova penhora e expropriação do bem, para satisfação do percentual elevado no *final do procedimento executivo*.

3. A FORMAÇÃO DA RELAÇÃO EXECUTIVA: A CITAÇÃO DO EXECUTADO E O ARRESTO DOS BENS NA EXECUÇÃO FUNDADA EM TÍTULO EXTRAJUDICIAL

Como foi visto, na petição inicial o exequente insere o seu título executivo e já indica – ou pode indicar – bens do executado sujeitos à penhora (art. 829). Despachada a petição inicial, o oficial de justiça procederá à citação do executado para que este efetue o pagamento devido no prazo de três dias (art. 829).

---

7. Art. 827. Ao despachar a inicial, o juiz fixará, de plano, os honorários advocatícios de dez por cento, a serem pagos pelo executado.

§ 1.º No caso de integral pagamento no prazo de 3 (três) dias, o valor dos honorários advocatícios será reduzido pela metade.

§ 2.º O valor dos honorários poderá ser elevado até vinte por cento, quando rejeitados os embargos à execução, podendo a majoração, caso não opostos os embargos, ocorrer ao final do procedimento executivo, levando-se em conta o trabalho realizado pelo advogado do exequente.

Entretanto, as coisas não são tão simples no mundo dos fatos, tal como descrito na norma, e algumas situações podem ocorrer:

a) ser regularmente citado e efetuar o pagamento no prazo de três dias contados da sua citação;

b) ser regularmente citado e não efetuar o pagamento no prazo de três dias contados da sua citação, mas tenha o exequente indicado bens à penhora na sua petição inicial;

c) ser regularmente citado e não efetuar o pagamento no prazo de três dias contados da sua citação, mas não tenha o exequente indicado bens à penhora na sua petição inicial;

d) não ser encontrado o executado, mas tenha o exequente indicado bens à penhora;

e) não ser encontrado o executado e não tenha o exequente indicado bens à penhora.

Na hipótese prevista na alínea *a*, infelizmente a mais improvável de todas, poderá o executado efetuar o pagamento espontâneo, valendo-se do desconto de 50% da verba honorária fixada, e, quiçá, do pagamento parcelado a que alude o art. 916, desde que esta última proposta seja aceita pelo juiz. Efetuado o pagamento, extingue-se a execução.

Na segunda hipótese – alínea *b* –, mesmo tendo sido citado, e não tendo realizado o pagamento espontâneo (inércia) – fato que deverá ser informado pelo exequente –, o oficial de justiça procederá de imediato à penhora dos bens e à sua avaliação, lavrando-se o respectivo auto, e de tais atos intimando, na oportunidade, o executado (art. 829, § 1.º).

Na terceira hipótese – alínea *c* –, embora citado o executado, este não fez o pagamento espontâneo, mas também não foi possível ao oficial de justiça proceder de imediato à penhora e à avaliação de bens em razão de o exequente não os ter indicado na petição inicial. Nessa hipótese, deverá o exequente ou o juiz, de ofício, determinar a intimação do executado para que este indique bens passíveis de penhora, sob pena do art. 774, V, do CPC. O exequente poderá requerer ao juiz e valer-se da regra do art. 854 para obter informações sobre a existência de ativos em nome do executado e assim proceder à indisponibilização de dinheiro até o valor indicado na execução para sua futura penhora.

Na hipótese da alínea *d*, qual seja, de não ter sido encontrado o executado, mas ter o exequente indicado bens à penhora, então aplicar-se-á a regra do art. 829, § 2.º.

No caso da alínea *e*, qual seja, de não ter sido encontrado o executado e não ter o exequente indicado bens à penhora, deverá o oficial de justiça proceder ao arresto a que se refere o art. 830 do CPC,[8] sem obstar a possibilidade de o exequente valer-se da regra do art. 854 do CPC (verificação e indisponibilização de ativos em nome do executado).

---

8. Art. 830. Se o oficial de justiça não encontrar o executado, arrestar-lhe-a tantos bens quantos bastem para garantir a execução.

§ 1.º Nos 10 (dez) dias seguintes à efetivação do arresto, o oficial de justiça procurará o executado 2 (duas) vezes em dias distintos e, havendo suspeita de ocultação, realizará a citação com hora certa, certificando pormenorizadamente o ocorrido.

§ 2.º Incumbe ao exequente requerer a citação por edital, uma vez frustradas a pessoal e a com hora certa.

§ 3.º Aperfeiçoada a citação e transcorrido o prazo de pagamento, o arresto converter-se-á em penhora, independentemente de termo.

A medida de arresto executivo prevista nesse dispositivo não se confunde com a medida cautelar prevista no art. 301 do CPC. A figura do art. 830 do CPC tampouco é uma sanção contra o executado, mas apenas algo que é feito para acelerar o itinerário executivo, funcionando como uma antecipação da penhora dos bens que servirão à execução, inclusive se lhe aplicando o mesmo direito de preferência adquirido pela penhora (art. 797). Ademais, não há necessidade de demonstrar ou evidenciar qualquer conduta evasiva ou fugidia do executado. Tampouco precisa estar presente qualquer indicativo de *periculum in mora*. Enfim, o arresto aí previsto – feito de ofício pelo oficial de justiça – decorre de uma situação objetiva: não encontrado o executado para ser citado, o oficial de justiça deve comunicar ao juízo as suas tentativas frustradas, e, em seguida, independentemente de ordem judicial, realizar o que determina o art. 830 do CPC.

Devemos dizer que a norma prevista no art. 830 encerra uma função aparentemente singela a ser executada pelo oficial de justiça, mas que na prática não se mostrava tão simples porque, no momento em que teria que efetivar a medida prevista no art. 830, o oficial de deparava com alguns problemas para cumprir o seu mister: onde procurar os bens? Como descobrir quais os bens móveis que eventualmente pertencem ao executado? Como arcar com o ônus financeiro das buscas etc. Por aí se via que embora o referido arresto devesse ser cumprido de ofício, acabava não sendo efetivado se não houvesse uma cooperação ativa do exequente (inclusive financeira), no sentido de fornecer todas as informações que viabilizassem a efetivação do arresto. Entretanto, com o aumento cada vez maior da possibilidade de realização eletrônica dos atos de constrição judicial e a existência de programas que permitem a identificação da situação patrimonial do executado na tela de um computador este *arresto online* passou a ser realizado com maior frequência e efetividade nas hipóteses em que ele é cabível.[9]

Por tudo isso que o arresto do art. 830 do CPC é uma antecipação da penhora, e, como tal, o direito de preferência que a penhora proporciona ao exequente retroagirá à data de efetivação do arresto executivo.

Todavia, nas hipóteses em que não houve a citação, mas foram realizados atos de constrição, então é necessária a triangularização da relação processual executiva, o que deverá ser feito mediante citação por edital, nos termos do art. 830, § 2.º, do CPC.

Assim, realizado o arresto (frutífero ou infrutífero), o oficial de justiça deve procurar o devedor – de preferência no local onde o mesmo normalmente se encontra – por três vezes em dias distintos, e, não o encontrando, deverá certificar o ocorrido (art. 830, § 1.º), incumbindo ao exequente requerer a citação por edital, uma vez frustradas a pessoal e a por hora certa (art. 830, § 1.º).

---

9. "(...) 1. A jurisprudência desta Corte Superior é assente no sentido de que, uma vez frustrada a tentativa de localização do devedor, é possível o arresto de seus bens na modalidade on-line, com base na aplicação analógica do art. 854 do CPC/2015, sendo prescindível que haja o exaurimento das tentativas. (AgInt no AREsp n. 1.288.367/RS, relator Ministro Raul Araújo, Quarta Turma, julgado em 19/9/2022, DJe de 4/10/2022)".

Se não foi citado o executado e não houve constrição alguma, a citação por edital será assim mesmo realizada, mas o processo ficará suspenso por falta de bens a serem penhorados (art. 921, III).

Por outro lado, nos casos em que o executado foi citado, e não tendo ele feito o pagamento espontâneo, foram realizados atos de constrição, então será ele intimado, na pessoa do seu advogado, ou pessoalmente, das constrições realizadas, segundo as regras do art. 829.

4. ATITUDES DO EXECUTADO NO PROCEDIMENTO EXECUTIVO PARA PAGAMENTO DE QUANTIA FUNDADA EM TÍTULO EXTRAJUDICIAL

Na execução para pagamento de quantia fundada em título extrajudicial, uma vez realizada validamente a citação, o devedor assume a condição de executado. É parte no processo de execução, incidindo contra si os efeitos de uma lide pendente (art. 802).[10]

Sendo parte, e tendo recebido a exortação para pagar no prazo de três dias, admite-se as seguintes posturas do executado diante das formas como pode ter transcorrido o ato citatório:

a) é possível, embora improvável, que o devedor satisfaça a obrigação, culminando na extinção do processo executivo (art. 924, I, do CPC), podendo-se valer dos benefícios dos arts. 827, § 1.º, e 916 do CPC;

b) em vez de pagar, é possível que o executado permaneça inerte, caso em que: (i) se procederá imediatamente à penhora e à avaliação de bem indicado pelo exequente em sua inicial; ou (ii) será exortado, de ofício ou por requerimento do exequente, a indicar bens passíveis de serem penhorados, sob pena de litigância de má-fé (art. 774, IV); ou (iii) terá seus ativos financeiros penhorados no montante da execução, caso o juiz acolha requerimento do exequente, nos termos do art. 854 do CPC;

c) também é possível que o executado não tome atitude nenhuma, ou seja, nem nomeie bens à penhora nem pague o que deve. Nesse caso, se houve arresto executivo (art. 830 do CPC), este se converte em penhora automaticamente. Todavia, se nem arresto houve por que não foram encontrados bens, então o processo de execução será suspenso, nos termos do art. 921, III, do CPC.

---

10. Art. 802. Na execução, o despacho que ordena a citação, desde que realizada em observância ao disposto no § 2.º do art. 240, interrompe a prescrição, ainda que proferido por juízo incompetente. Parágrafo único. A interrupção da prescrição retroagirá à data de propositura da ação.

Capítulo X
DA PENHORA E DA AVALIAÇÃO

1. CONCEITO E NATUREZA JURÍDICA

A relação obrigacional fundamenta-se em dois eixos essenciais: (a) a relação débito/crédito, que envolve a prestação devida, e (b) a garantia patrimonial, que estabelece o direito do credor a uma segurança patrimonial, bem como a obrigação do devedor ou responsável de assegurar eventuais prejuízos decorrentes do inadimplemento com seu próprio patrimônio.

A existência de uma obrigação inadimplida, comprovada por um título judicial ou extrajudicial, concede ao titular do crédito o direito de exigir a intervenção do Estado para reparar os prejuízos sofridos em razão do inadimplemento do devedor. Essa intervenção ocorre por meio da expropriação de bens do devedor. Caso o devedor ou responsável permaneça inadimplente, o credor munido de título executivo pode recorrer à tutela jurisdicional executiva para buscar a satisfação de seu crédito.

Nesse contexto, deve-se perceber que a penhora constitui, na cadeia procedimental executiva, o ato executivo de identificação do bem do patrimônio do executado que se sujeitará à expropriação. Essa identificação implica pinçar, do universo patrimonial do executado, qual o bem ou bens que servem ao ato final de expropriação.

Assim, tem-se que a penhora é um ato executivo instrumental (preparatório) da execução por expropriação, e, por meio dela, apreende(m)-se bem(ns) do executado, com ou contra a sua vontade, conservando-os para a expropriação final que irá satisfazer o crédito exequendo. A penhora é, na execução por expropriação, o ato executivo que torna concreta a responsabilidade patrimonial, pois individualiza o(s) bem(ns) que será(ão) expropriado(s) para a satisfação do crédito.

Por se tratar de um ato executivo preparatório do ato expropriatório final, pode-se dizer que a penhora é um degrau importantíssimo nessa escalada rumo à expropriação, pois fixa qual o bem do patrimônio que a ela estará sujeito. Não é a penhora que expropria, mas é ela que identifica o bem a ser expropriado. Por isso, não basta que a penhora seja apenas um ato de apreensão, mas também de guarda (depósito) do referido bem; afinal de contas, este deverá estar incólume (fática e juridicamente) para que seja exitoso o ato final de expropriação. O fato de a penhora ter uma função conservativa do bem penhorado até o ato final de expropriação não lhe retira a natureza de ato executivo, tampouco lhe outorga a natureza de ato cautelar.

É que a função de proteger a incolumidade física e jurídica do bem decorre do fato de que, por ser a penhora o primeiro ato inaugural da execução forçada, com individualização do bem a ser expropriado, obriga que tal bem fique conservado para que o ato executivo final possa ser útil. A penhora é um dos atos que compõe a cadeia procedimental executiva para pagamento de quantia, e, sem ele, não se individualiza o bem que será expropriado ao final. Assim, se é verdade que um dos efeitos da penhora é manter o bem incólume para futura expropriação, é fora de dúvidas que tal efeito é consequência lógica da constrição executiva que sobre ele recai, fruto do papel executivo que lhe é inerente. O efeito conservativo decorre da natureza executiva, que é anterior e imanente à penhora.

2. O MESMO REGIME JURÍDICO DA PENHORA NA EXECUÇÃO POR CUMPRIMENTO E POR PROCESSO AUTÔNOMO

As pequenas diferenças procedimentais da execução por cumprimento de sentença da que se realiza por processo autônomo terminam na fase postulatória. Com o início dos atos de constrição do patrimônio, da penhora em diante, ambas as modalidades se valem das regras existentes na Parte Especial, Livro II do CPC. Assim, o que aqui será dito para um modelo servirá também para o outro, salvo eventuais particularidades que, se forem dignas de diferença, serão realçadas no texto.

3. PROPRIEDADE, PATRIMÔNIO, RESPONSABILIDADE PATRIMONIAL E PENHORA

3.1 A propriedade do devedor sobre bens e valores que integram o seu patrimônio

Os artigos 391 e 942 do Código Civil Brasileiro (CCB), em conjunto com o artigo 789 do Código de Processo Civil (CPC), oferecem uma compreensão essencial sobre a atuação da atividade jurisdicional executiva nas obrigações de pagar quantia. De acordo com o art. 391 do CCB, "pelo inadimplemento das obrigações respondem todos os bens do devedor." Já o art. 942 dispõe que "os bens do responsável pela ofensa ou violação do direito de outrem ficam sujeitos à reparação do dano causado; e, se a ofensa tiver mais de um autor, todos responderão solidariamente pela reparação."

O devedor, desde o início da relação obrigacional, sabe que seu patrimônio poderá ser utilizado para satisfazer os prejuízos resultantes do inadimplemento. Essa é uma cláusula implícita (garantia patrimonial) em toda relação jurídica obrigacional. Uma cláusula instituída por lei em todas as relações obrigacionais que protege o credor comum contra o risco de acontecer o inadimplemento do devedor.

Embora ninguém deseje ativar essa cláusula de garantia patrimonial para expropriar bens do devedor, a expectativa sempre é a de que a prestação assumida e devida seja cumprida voluntariamente. Mesmo após o inadimplemento, e quando possível, espera-se que a prestação seja exigida judicialmente. Em certos casos, como obrigações de fazer, não fazer ou de entregar coisa, o credor pode exigir diretamente a realização da própria prestação e o normal é que assim seja, pois é sempre melhor obter, ainda que por meio do processo, exatamente aquilo que era devido. No entanto, é claro ao devedor que, se houver inadimplemento, seu patrimônio estará sujeito a essa garantia geral, que é inerente a toda relação obrigacional.

Vale lembrar que, com a evolução e a humanização do conceito de patrimônio após a constitucionalização do direito civil, considera-se aqui o patrimônio do devedor em seu sentido clássico: um conjunto de direitos e obrigações, ativos e passivos, que são economicamente mensuráveis e pertencem a um determinado sujeito.

3.2 Inadimplemento da obrigação e sujeição do patrimônio do devedor: retirar do executado e dar para o exequente

Partindo dessa premissa, ao afirmar que o patrimônio do devedor responde pelos prejuízos resultantes do inadimplemento, estamos dizendo que o devedor, ao ser alvo de execução forçada, perderá, em favor do credor munido de título executivo, a propriedade de determinados bens de valor econômico justamente para pagar os prejuízos que ele causou ao inadimplir a prestação. Ou seja, quando o art. 391 do Código Civil diz que "pelo inadimplemento das obrigações respondem todos os bens do devedor", ele se refere a bens que pertencem ao devedor e possuem valor econômico, passíveis de serem utilizados para satisfazer a dívida.

Esse direito de propriedade que o devedor possui sobre seus bens será afetado pela execução forçada, que o expropriará, até o limite da dívida, para que o credor possa ser satisfeito. O papel do Estado-juiz é essencial nesse processo: ele retira a propriedade de um e transfere ao outro, respeitando o valor exato da dívida inadimplida.

É evidente que o credor não pode, por conta própria, retirar bens do patrimônio do devedor, e a regra geral é que não é admitida a autotutela, sendo necessário que a atuação do Estado sobre a garantia patrimonial do devedor só pode ser feita por meio do devido processo judicial.

É de se notar que ao instituir a garantia patrimonial esta funciona como uma "nuvem" que cobre todo o patrimônio do devedor. Enquanto não extinta a obrigação ou não satisfeito o credor pelos prejuízos que suportou com o inadimplemento paira sobre o patrimônio do devedor este estado de sujeitabilidade abstrata. Iniciada a expropriação a sujeição geral e abstrata vai dando lugar a uma sujeitabilidade específica sobre bens específicos, selecionados conforme o valor necessário para satisfazer o crédito inadimplido.

3.3 Os limites políticos: o que não pode ser expropriado do executado

A lei estabelece a regra de que todo tipo de obrigação conta com uma garantia patrimonial, mas também cria exceções a essa regra. Existem situações específicas previstas na legislação que funcionam como "limites políticos" à garantia patrimonial, em que certos bens são protegidos por uma espécie de imunidade e não podem ser usados como garantia para o pagamento de dívidas.

O legislador, ao definir essas exceções, geralmente o faz com o objetivo de preservar a dignidade do devedor e de sua família, garantindo que bens essenciais não sejam comprometidos. Em outras situações, como em casos de patrimônio de valor irrisório, a lei simplesmente isenta esses bens da garantia para evitar que o custo do processo seja superior ao valor que poderia ser recuperado. É o caso do artigo 833 do CPC, que determina que bens de pequeno valor não se sujeitam à execução por sua baixa relevância econômica.

Além destas limitações políticas estabelecidas em relação ao patrimônio garantidor do devedor, existem ainda outras limitações políticas que interferem na execução, que são as limitações relativas a determinados atos executivos firam direitos humanos fundamentais, como, por exemplo, a proibição da prisão civil por dívida não alimentar como método coercitivo para compelir o devedor a cumprir a obrigação.

Grande parte das limitações à atividade executiva atualmente ocorre por meio da criação de imunidades ao patrimônio do devedor, com o objetivo de proteger sua dignidade e a de sua família. Essa ideia de proteção não é nova: já em 326 a.C., a Lei Poetelia/Papiria, promulgada pelos cônsules Lúcio Papírio Cursor e Caio Petélio Libo Visolo, proibiu a garantia de dívidas com a escravidão ou a vida do devedor. Esse marco estabeleceu a transição da responsabilidade pessoal para a responsabilidade patrimonial, sendo um divisor de águas na evolução da atividade executiva. Desde então, o legislador passou a limitar a execução criando imunidades para determinados bens do devedor.

Essas "escolhas políticas" – limitadoras de atos de execução e de bens do patrimônio do devedor – que interferem diretamente na atividade executiva podem estar em normas constitucionais e infraconstitucionais. Como se disse mais acima o inciso LXVII do artigo 5º da CF/88 é um exemplo de limitação constitucional, proibindo a prisão civil por dívida, exceto em caso de inadimplemento voluntário e inescusável de obrigação alimentícia, configurando uma limitação política ao uso da prisão como meio executivo. De forma semelhante, o artigo 100 do CPC define uma execução diferenciada para a Fazenda Pública, protegendo seu patrimônio ao prever que pagamentos decorrentes de sentenças judiciais sejam feitos exclusivamente na ordem cronológica de apresentação dos precatórios. Isso proíbe designações específicas no orçamento para casos ou pessoas, impondo uma regra que visa tanto à organização financeira quanto à justiça distributiva na execução contra o poder público. Por outro lado, são exemplos de limitações políticas que criam imunidades patrimoniais a regra da proteção do bem de família, a regra da proteção dos salários etc.

É preciso ficar atento para o fato de que as limitações políticas que vedam a utilização de determinados atos de execução têm caráter geral e são irrenunciáveis e indisponíveis. Já as imunidades patrimoniais criadas em prol do devedor são disponíveis e renunciáveis, ou seja, pode o devedor delas dispor, sendo seu encargo invocá-las a seu favor no tempo e forma legal.

3.4 Patrimônio Garantidor e Limitação por Convenção das Partes

A possibilidade de limitar a garantia patrimonial comum foi fortalecida com o CPC de 2015, que trouxe os negócios jurídicos processuais (art. 190). Ainda que não seja uma novidade no processo civil brasileiro, esse tema ganhou destaque. É preciso, no entanto, uma observação: a convenção que limita a garantia patrimonial trata de uma questão material, não processual, pois estabelece limites à garantia além dos previstos na lei.

Embora essas limitações reflitam no processo, impondo limites à execução, elas se situam no núcleo da relação obrigacional. São "imunidades materiais", onde bens e direitos ficam excluídos de servir como garantia em caso de inadimplemento, diferenciando-se de negócios jurídicos processuais que ajustam apenas a execução (como métodos de execução).

A limitação da responsabilidade patrimonial é um conceito já presente no direito brasileiro, como nas sociedades limitadas (LTDA), onde a responsabilidade dos sócios por dívidas da empresa é limitada ao valor de suas quotas (art. 1.052 do CCB). Nesse modelo, o patrimônio pessoal dos sócios está protegido, pois a responsabilidade é transferida para o capital social da empresa.

Embora algumas convenções em matéria de execução, como o ajuste sobre a administração de bens penhorados (art. 862, §1º do CPC), sejam benéficas e incentivadas para a eficiência do processo, é diferente quando falamos de convenções que excluem ou limitam a (garantia) responsabilidade patrimonial. Essa possibilidade irrestrita pode gerar inúmeros problemas em relação à proteção do crédito, especialmente diante de altos índices de inadimplência e a possibilidade de o credor comum ser prejudicado se a garantia do cumprimento ficar apenas na confiança de pagamento.

O artigo 789 do CPC ressalta que "o devedor responde com todos os seus bens presentes e futuros para o cumprimento de suas obrigações, **<u>salvo restrições legais</u>**", limitando a autonomia das partes em convenções sobre responsabilidade patrimonial. Dessa forma, as limitações não podem inviabilizar a garantia legal do cumprimento das obrigações.

A título ilustrativo, observa-se no Código Civil português que o artigo 602º estabelece que as partes podem limitar a responsabilidade do devedor a certos bens, exceto em matérias não disponíveis. Isso pode servir de parâmetro para a interpretação dos limites no direito brasileiro: é possível delimitar a responsabilidade patrimonial a parte do patrimônio, mas sem renunciar completamente à garantia, pois o patrimônio excluído por convenção torna-se disponível e não pode ser acionado pelo credor em caso de inadimplemento, pois não servirá de garantia, mesmo que permaneça no patrimônio do devedor.

Admitida a delimitação do patrimônio garantidor por convenção, é de se dizer que isso não altera o regime jurídico da garantia patrimonial, ou seja, o credor não adquire um direito especial sobre a parte delimitada; a garantia patrimonial segue as mesmas regras de uma garantia comum. Essa limitação serve apenas para reconhecer que uma parte específica do patrimônio não se submete à eventual expropriação em caso de incumprimento da prestação, enquanto o restante permanece como garantia.

Por outro lado, parece claro que a *ampliação* da responsabilidade patrimonial, ao contrário, não enfrenta restrições. As partes podem ampliar a responsabilidade por meio de garantias adicionais, como frequentemente ocorre na criação de garantias especiais reais e fidejussórias.

Embora o artigo 789 do CPC trate a responsabilidade patrimonial como um aspecto legalmente delimitado, ele permite às partes estabelecer algumas restrições, daí porque se fala em restrição "da lei e pela lei". Um exemplo é o bem de família convencional (art. 1711 do CCB), onde a lei abre a possibilidade de que as partes possam definir certas restrições, mas sem eliminar completamente a garantia patrimonial. A exclusão total da responsabilidade patrimonial, transformando a obrigação em uma "obrigação natural" (sem garantias contra inadimplemento), somente poderia ocorrer por disposição legal.

Por fim, as limitações de responsabilidade patrimonial devem sempre considerar a vulnerabilidade das partes, evitando que cláusulas limitadoras prejudiquem o credor. Afinal, como já mencionava Ennercerus, "raramente se celebrarán contratos de esta clase, ya que, por lo general, el acreedor no consentirá en que se le disminuyan los medios de ejecución que la ley otorga".

3.5   Responsabilidade patrimonial e penhora

3.5.1   Distinguindo os institutos

É fundamental compreender que a responsabilidade patrimonial é um instituto de direito material, mas que se projeta no plano do processo. Esteja ou não regulamentada em uma lei civil ou processual, pouco importa. A responsabilidade patrimonial é uma garantia geral que todo credor comum possui contra o inadimplemento das obrigações. Toda obrigação assumida, ou seja, todo vínculo pessoal que envolva uma prestação, quer decorra da lei, quer da vontade das partes, traz embutida uma garantia legal: se ocorrer o inadimplemento, o responsável cobre os prejuízos com seu patrimônio. Na verdade, sempre há um risco de que a prestação obrigacional não seja cumprida, mas o credor tem a segurança de que, caso isso aconteça, ele poderá retirar do patrimônio do garantidor o valor correspondente ao prejuízo que suportou.

O gatilho que permite ao credor acionar essa garantia patrimonial é o inadimplemento da obrigação, conforme expressam os arts. 391 e 942 do Código Civil Brasileiro. A garantia patrimonial confere ao credor o direito de retirar do patrimônio do garantidor a quantia devida para ressarcir os prejuízos causados pelo inadimplemento. Evidentemente, o credor só poderá exercer esse direito mediante uma expropriação judicial e desde que esteja munido de um título líquido, certo e exigível, seja judicial ou extrajudicial.

Não há qualquer problema em aceitar que esse direito do credor só possa ser exercido por meio de uma execução judicial. Vários direitos subjetivos só podem ser exercidos em um processo judicial, sem que, por isso, deixem de existir no plano material. O direito de o credor excutir (retirar) o patrimônio do devedor para ressarcir-se dos prejuízos causados pelo inadimplemento é, em regra geral, um direito exercível apenas dentro de um processo judicial, pois envolve atos de expropriação forçada dos bens do devedor. Como qualquer direito subjetivo, nos termos do inciso XXXV da CF/88, esse direito pode ser protegido contra lesão ou ameaça de lesão. Por isso, há várias técnicas que protegem o direito de garantia patrimonial, prevenindo uma lesão (por exemplo, a ação de arresto) ou reprimindo e removendo o desfalque patrimonial já ocorrido (fraude contra credores).

A princípio, é a lei que limita a garantia patrimonial, de forma direta, quando estabelece que determinados bens estão imunes à garantia patrimonial, ou de forma indireta, ao definir em que hipóteses essa imunidade pode ser criada de maneira convencional (como no caso do bem de família convencional).

Embora a lei processual traga uma lista de bens "impenhoráveis", trata-se, em regra, de fenômeno que nasce anteriormente ao processo, pois essas são imunidades legais que visam proteger o patrimônio do devedor. Projetam-se na execução, mas nascem no direito material. Ainda que a Lei Processual mencione "impenhorabilidade", dando a entender que seria um instituto de direito processual, na verdade não é bem assim. Rigorosamente, o que se tem são limitações à responsabilidade patrimonial; em outras palavras, são bens que, por determinação legal direta ou indireta, não estão sujeitos à responsabilização patrimonial decorrente do inadimplemento do devedor. Esses bens ficam imunes à cláusula legal de que o patrimônio serve de garantia, devendo ser dito que por se tratar de direito disponível e renunciável cabe ao beneficiário dessa imunidade, o garantidor responsável, invocar a proteção no momento processual oportuno, conferida pelo legislador por meio da exceção de impenhorabilidade.

Não é adequado falar em impenhorabilidades, pois a penhora é um instituto de direito processual, um ato processual executivo que está intimamente ligado à responsabilidade patrimonial. No entanto, penhora e responsabilidade patrimonial não se confundem. A questão da impenhorabilidade antecede a penhora e pertence ao direito material, situando-se nos limites políticos da garantia patrimonial. Em outras palavras, trata-se de determinar quais bens do executado compõem o patrimônio e podem ou não ser retirados para satisfazer o direito do credor em razão do inadimplemento.

Quanto aos desfalques patrimoniais que prejudicam a responsabilidade patrimonial, eles violam precisamente a garantia patrimonial conferida ao credor pelo inadimplemento. Essa garantia nada mais é que o direito do credor de retirar do patrimônio do devedor o valor suficiente para ressarcir o prejuízo sofrido.

Ora, como qualquer direito, esse direito de garantia pode ser ameaçado ou lesado, e, para tanto, nos termos do artigo 5º, XXXV, da CF/88, o credor dispõe de meios e técnicas para prevenir ou desfazer desfalques propositais cometidos pelo devedor com o objetivo de livrar seu patrimônio da responsabilidade.

Dentre os métodos preventivos de fraude ao patrimônio destaca-se o arresto, o arrolamento de bens, a ação sub-rogatória etc. Se já aconteceu o desfalque, o remédio deve ser repressivo. Existem três condutas bastante comuns de fraude patrimonial que são reconhecidas por "fraude contra credores", "fraude à execução" e "alienação de bem penhorado". Todas as três situações são, na verdade, manifestações de uma mesma prática, com a diferença de momento em que ocorrem e dos sujeitos prejudicados.

A primeira deve ser reconhecida por meio de ação autônoma, já a segunda, por envolver o estado pode ser reconhecida por simples petição nos autos, já a alienação de um bem penhorado além de envolver o estado é um ato gravíssimo porque já existia a afetação de determinado bem para sujeitar a execução.

O ponto central a destacar é que a responsabilidade patrimonial é um instituto de direito material, um direito de garantia conferido pela lei ao credor comum contra os prejuízos do inadimplemento. Portanto, é um direito que antecede ao processo, mas que é realizado num procedimento executivo de expropriação, de forma que, quando a penhora individualiza o bem que será expropriado, esta é a hora do responsável garantidor invocar o eventual direito material que imuniza o patrimônio que tenha sido penhorado. Logo, o estudo da impenhorabilidade (ou seja, dos limites – imunidades – da responsabilidade patrimonial) pertence ao campo do direito material, mas que se projeta no processo. Já temas como o local de realização da penhora, a documentação envolvida, o depósito do bem penhorado e a intimação do titular do bem são, de fato, questões meramente processuais.

3.5.2   A conexão da penhora com a responsabilidade patrimonial

Assim, salvo as restrições previstas em lei, o devedor responde com todos os seus bens presentes e futuros para o cumprimento de suas obrigações, conforme o artigo 789 do Código de Processo Civil (CPC). A tarefa de tornar concreta essa sujeição patrimonial abstrata, ou seja, de expropriar bens do executado para satisfazer o crédito do exequente, ocorre através da execução para pagamento de quantia. E o ato que individualiza e concretiza a responsabilidade patrimonial é, precisamente, a penhora.

A penhora é o ato processual da execução forçada que seleciona o bem (seja ele um bem, direito, coisa etc.) pertencente ao executado, dando concretude à responsabilidade patrimonial. Imagine o patrimônio do executado como um espaço repleto de bens variados. Nesse contexto, a penhora é como uma grua que "pinça", identifica e apreende o bem, vinculando-o à execução. É com a penhora que se identifica qual bem de propriedade do executado será expropriado e servirá para satisfazer o crédito do exequente. Vale ressaltar que, ao "pinçar" o bem, o processo deve respeitar os limites impostos pelo direito material, evitando atingir bens imunes à responsabilidade patrimonial ou pertencentes a terceiros. Se isso vier a acontecer cabe ao executado arguir a impenhorabilidade por meio de exceção e, se pertencer a terceiro, ofertar embargos de terceiro contra o esbulho judicial.

Uma vez penhorado o bem, ele está identificado; sabe-se que é a propriedade do executado sobre esse bem que será expropriada pelo processo judicial. Nesse ponto, o bem penhorado deixa de estar sujeito de forma abstrata à execução e passa a estar sujeito de forma concreta. Com a penhora definida sobre determinado bem do executado, todos os outros bens do patrimônio continuam sob um estado de sujeição abstrata, enquanto o direito do exequente não for satisfeito pela expropriação do bem penhorado. Alguém poderia argumentar que isso seria injusto, considerando que, após a penhora de um bem, os demais bens deveriam ser liberados dessa "nuvem" de sujeição patrimonial. No entanto, não é assim que funciona, pois não há garantias de que o bem penhorado inicialmente será suficiente para quitar o crédito do exequente. Por exemplo, um imóvel penhorado pode não ser vendido em leilão por falta de interessados, o que obrigará o processo a buscar outro bem no patrimônio do executado para satisfazer o crédito.

3.5.3 Os bens "impenhoráveis" do art. 833 do CPC

3.5.3.1 Introito

Na primeira Subseção I, intitulada "Do Objeto da Penhora", o legislador principia com o art. 831 dando todo sinal, élan e ânimo ao exequente de que, doa a quem doer, "a penhora deverá recair sobre tantos bens quantos bastem para o pagamento do principal atualizado, dos juros, das custas e dos honorários advocatícios".

Contudo, logo depois deste estímulo dado ao exequente arrefece os ânimos iniciando uma série de restrições à penhora, já dizendo que (art. 832) "não estão sujeitos à execução os bens que a lei considera impenhoráveis ou inalienáveis" e em seguida dizendo que os bens listados nos doze incisos do art. 833 "são impenhoráveis".

Mais adiante, no artigo 836 termina por dizer o óbvio, ou seja, de que o Estado--Juiz não irá perder, nem perder tempo e nem dinheiro, uma vez que "não se levará a efeito a penhora quando ficar evidente que o produto da execução dos bens encontrados será totalmente absorvido pelo pagamento das custas da execução". Os limites políticos estabelecidos pelo legislador é que predeterminam o que não pode ser expropriado e, logicamente, estão imunes ao ato de execução forçada preparatório da futura expropriação judicial.

Já falamos sobre esse rol de bens contidos no inciso 833 quando tratamos das limitações políticas, e, insistimos que é preciso rever o posicionamento do legislador de fazer tantas restrições à responsabilidade patrimonial e ser tão paternalista com o executado/devedor. Seria melhor se tivesse adotado em um artigo apenas os conceitos jurídicos indeterminados que permitissem o magistrado avaliar em cada caso concreto a solução necessária/adequada/proporcional para a constrição patrimonial, inclusive quando se tratasse até mesmo de salários.

Não se pode tratar da mesma forma um executado que ganha até 10 salários-mínimos por exemplo e é responsável por uma família de 4 pessoas, com um outro que ganha 1000 salários-mínimos e é responsável pelas mesmas quatro pessoas. O dispositivo que cuida da caderneta de poupança, por exemplo, é um acinte ao bom senso. A proteção ao bem de família, um esconderijo imutável para o executado, e por aí vai. Falaremos disso mais adiante quando tratarmos da flexibilização dessas "impenhorabilidades".

3.5.3.2 Impenhorabilidade ou impossibilidade de expropriar judicialmente?

É importante destacar que as impenhorabilidades descritas no artigo 833 do CPC são simplesmente casos em que a lei exclui a possibilidade de certos bens serem expropriados judicialmente, tornando-os imunes à responsabilidade patrimonial. Esses bens são considerados impenhoráveis porque, em princípio, não podem ser alvo de expropriação em um processo executivo para pagamento de quantia.[1]

Portanto, se estamos lidando com imunidades à responsabilidade patrimonial, as regras legais sobre impenhorabilidades têm natureza de direito material, mesmo que estejam inseridas em um Código de Direito Processual[2] e, em alguns casos, tratem de direitos patrimoniais disponíveis.

Essa distinção é importante, pois, se surgir uma nova lei que declare como impenhorável um bem que já tenha sido penhorado, mas ainda não expropriado, essa lei deverá incidir no processo em andamento. Afinal, a finalidade da impenhorabilidade é justamente excluir o bem da responsabilidade patrimonial, impedindo que ele seja submetido à expropriação judicial.

3.5.3.3 O Patrimônio mínimo – Motivos das limitações políticas e possibilidade de flexibilização

O *patrimônio mínimo* é um desses temas que foram sensivelmente afetados pelo fenômeno de entronização da Constituição Federal no Direito Privado.[3] O reconheci-

---

1. LIEBMAN, Enrico Tullio. *Processo de execução*. 4. ed. São Paulo: Saraiva, 1980, p. 102.
2. PONTES DE MIRANDA, Francisco Cavalcanti. Op. cit., p. 175-6; "(...) o ser penhorável ou impenhorável o bem diz respeito à pretensão a executar em sua abrangência objetiva: é de direito material, não formal, mas pré-processual a impenhorabilidade absoluta, é julgável de ofício, em qualquer tempo. No mundo jurídico, a execução apanha todos os bens do devedor, e o *beneficium competentiae* limita este princípio".
3. A respeito ver FACHIN, Luiz Edson. *Estatuto jurídico do patrimônio mínimo*: à luz do novo Código Civil brasileiro e da Constituição Federal. 2. ed. atual. Rio de Janeiro: Renovar, 2006, p. 160 e ss. da Constituição Federal. 2. ed. atual. Rio de Janeiro: Renovar, 2006.

mento de que o patrimônio de alguém é mais largo e incontido na noção do direito de propriedade sobre coisas e o valor econômico que isso representa, é fundamental para se entender que mesmo as coisas de valor econômico que pertencem a alguém não são um fim em si mesmo, senão instrumentos para obtenção de direitos essenciais como lazer, segurança, liberdade, trabalho etc. Esse redirecionamento do patrimônio econômico como *meio* e não como *fim* serve tanto ao credor que executa e pede dinheiro, quanto ao devedor que é executado e deve ter o seu patrimônio mínimo preservado pelas limitações legais estabelecidas por lei à responsabilidade patrimonial.

A expressão consagra uma cláusula aberta cujos parâmetros de colmatação se dá pela projeção constitucional do direito à *vida digna*, assim entendida a existência com os direitos e garantias fundamentais concretizados. Logo, não há um conteúdo fixo e abstrato para o que seja *patrimônio mínimo*.

As razões pelas quais a lei cria estas hipóteses (art. 833 do CPC) é importante que seja identificada. A partir da leitura das situações ali descritas, deve-se atentar que o que se pretende preservar é o "núcleo patrimonial essencial do indivíduo",[4] o "benefício jurídico do estritamente necessário".[5]

A importância em se detectar as razões pelas quais a lei restringiu a responsabilidade patrimonial reside no fato de que, excepcionalmente, diante das circunstâncias do caso concreto, poderá o juiz flexibilizar as hipóteses justamente para proteger as mesmas razões pelas quais o credor pretende a quantia que servirá de instrumento para aquisição do seu *patrimônio mínimo*.[6] Como alerta Dinamarco "*pelo aspecto da relevância social da tutela jurisdicional, é imperioso mitigar as impenhorabilidades, adequando as previsões legais ao objetivo de proteger o mínimo indispensável à vida*".[7]

Em tese o rol de impenhorabilidades do CPC existe para atender a esta "proteção do patrimônio mínimo", mas com a devida vênia, está muito longe de se mostrar compatível com a nossa realidade, sem contar que possui uma inegável e inescondível contradição entre com o art. 7º da CF/88, como já alertara Vander Giuberti[8] ao tratar, com extrema percuciência, as limitações à penhora dos bens de família.

Enquanto o art. 7º, IV da CF/88 diz que são direitos dos trabalhadores urbanos e rurais, além de outros que visem à melhoria de sua condição social: o "*salário-mínimo, fixado em lei, nacionalmente unificado, capaz de atender às suas necessidades vitais básicas e às de sua família com moradia, alimentação, educação, saúde, lazer, vestuário,*

---

4. THEODORO JUNIOR, Humberto. *Processo de execução e cumprimento de sentença*. 29. ed. São Paulo: LEUD, 2017, p. 373.

5. PONTES DE MIRANDA, Francisco Cavalcanti. *Comentários ao Código de Processo Civil*. Rio de Janeiro: Forense, 1976, t. X, p. 173.

6. Estas são as razões para se ancorar a flexibilização judicial e não a simples modificação da expressão "absolutamente impenhorável" constante no texto do art. 649 revogado para "penhorável" constante no art. 833 do CPC atual.

7. DINAMARCO, Candido Rangel. *Instituições de direito processual civil*. 4. ed. São Paulo: Malheiros, 2016, v. IV, p. 360.

8. GIUBERTI, Santos Vander. Impenhorabilidade e (in)efetividade da execução por expropriação: da teoria geral ao bem de família. Dissertação de Mestrado da Universidade Federal do Espírito Santo. 2019, p. 85.

higiene, transporte e previdência social, com reajustes periódicos que lhe preservem o poder aquisitivo, sendo vedada sua vinculação para qualquer fim", já o § 3º do artigo 833 preserva o patrimônio mínimo de "50 (cinquenta) salários-mínimos mensais", salvo se se tratar de *"hipótese de penhora para pagamento de prestação alimentícia"*. Parece muito evidente, e não é necessário maior esforço para perceber que o valor preservado de 50 salários-mínimos é, além de injusto, até mesmo acintoso para a realidade do país, além de claramente afrontar o texto constitucional.

Alguém dirá que o próprio legislador já teria colocado as *exceções* às "impenhorabilidades" como se observa nos parágrafos do art. 833, mas as situações da vida não são facilmente emolduradas e as razões subjacentes à cobrança da quantia podem não estar previstas nas tais exceções e ainda assim mostrarem-se dignas de tutela, afastando, nos limites do caso concreto a limitação legal à sujeição patrimonial.[9]

E, como se viu, as hipóteses descritas como *impenhoráveis* pelo art. 833 do CPC não se mostram tão próximas assim do fundamento remoto que motivou a sua criação: preservação da existência digna do executado, permitindo que seja conservado um patrimônio mínimo que proporcione essa situação. Não só é possível a flexibilização judicial sob o espectro constitucional, como é devida para não se admitir distorções claras como a que comentou acima, ou seja, sendo mais claro *"um patrimônio mínimo exige um direito mais aberto à percepção social e às concretudes que somente o caso concreto poderá fornecer"*.[10-11]

3.5.3.4 A possibilidade de disposição pelo próprio executado

A lei cria imunidades à responsabilidade patrimonial do devedor para que ele não seja privado de um patrimônio mínimo necessário à preservação de sua dignidade e de sua família. Sendo geral e abstrata, a lei aplica-se a todos de forma igual, sem considerar as particularidades de cada caso concreto. Muitas vezes, contudo, essa proteção legal pode não se adequar à realidade do devedor. Em nossa experiência forense, especialmente na esfera executiva, já observamos devedores que prefeririam renunciar a um "bem impenhorável" para quitar uma dívida, buscando a tranquilidade e a paz interior de ver-se livre do débito.

---

9. O art. 942 do CPC de 1939 estabelecia que "não poderão ser absolutamente penhorados "(...) II – as provisões de comida e combustíveis necessários à manutenção do executado e de sua família durante um mês; (...) IV – uma vaca de leite e outros animais domésticos, à escolha do devedor, necessários à sua alimentação ou a suas atividades, em número que o juiz fixará de acordo com as circunstâncias (...)". Importante verificar neste dispositivo a abertura que o dispositivo dava ao tema, como se pode verificar no inciso II a palavra *necessário*, e no exemplo seguinte a *necessidade* e *de acordo com as circunstâncias*.

10. GIUBERTI, Vander Santos. Op. cit., p. 86.

11. "(...) 2. O novo Código de Processo Civil, em seu art. 833, deu à matéria da impenhorabilidade tratamento um tanto diferente em relação ao Código anterior, no art. 649. O que antes era tido como "absolutamente impenhorável", no novo regramento passa a ser "impenhorável", permitindo, assim, essa nova disciplina maior espaço para o aplicador da norma promover mitigações em relação aos casos que examina, respeitada sempre a essência da norma protetiva. Precedente: EREsp 1.582.475/MG, Rel. Ministro Benedito Gonçalves, Corte Especial, julgado em 03.10.2018, REPDJe 19.03.2019, DJe de 16.10.2018". (AgInt no AREsp 1128952/RS, Rel. Ministro Raul Araújo, Quarta Turma, julgado em 18.05.2020, DJe 01.06.2020).

O fato de a lei estabelecer um patrimônio mínimo como essencial à dignidade do devedor não significa que o próprio devedor, supostamente protegido por essa norma, tenha a mesma visão. Ora, se é possível alienar o bem impenhorável para saldar uma dívida, nada impede que ele voluntariamente ofereça esse bem à execução, renunciando expressamente à proteção legal. No entanto, o Superior Tribunal de Justiça (STJ) entende de forma diversa: o STJ afirma que a proteção conferida ao bem de família pela Lei nº 8.009/90 não pode ser afastada pela renúncia do devedor, pois essa proteção constitui princípio de ordem pública, prevalente sobre a vontade manifestada.

Embora as impenhorabilidades existam para proteger o executado, elas são renunciáveis e disponíveis, e, por isso, não deveriam ser consideradas matérias de ordem pública, passíveis de reconhecimento de ofício pelo magistrado. Parece lógico que o executado possa usar seu salário para pagar o que deve ou opte por utilizar o bem de família para evitar a situação de inadimplência. A lei que cria essa imunidade parte do pressuposto de que beneficiará o executado, mas não deve restringi-lo a ponto de impedir que ele disponha livremente do direito que lhe é conferido. Seria absurdo permitir que alguém, fora do processo, use o dinheiro guardado na poupança para pagar suas dívidas, mas impedir que ele assim o faça dentro do processo apenas pelo fato da existência da regra do inciso X do artigo 833 do CPC.[12] Tomando de análise esta última hipótese (penhora do dinheiro depositado na caderneta de poupança), parece ser claro que deve o executado arguir, por meio de impugnação à penhora (art. 854, § 3º) a impenhorabilidade prevista o referido dispositivo, sob pena de que se não oferecer a exceção isso seja tomado como a liberdade de dispor da proteção que lhe foi dada pelo legislador. As impenhorabilidades incidem sobre um patrimônio disponível e privado do executado e, conquanto tenham sido criadas para atender à suposta proteção do patrimônio mínimo do executado, cabe a este decidir se deve oferecer referidos bens à penhora, renunciando voluntariamente a essa proteção legal. A proteção legal tem um destinatário específico, e, se ele opta por abrir mão dessa proteção, entendendo que ela não se aplica à sua situação, não há justificativa para sua manutenção.[13]

3.5.3.5 O rol de bens do art. 833

A) Art. 833, I do CPC

O Art. 833, I do CPC diz que são "impenhoráveis" os **bens inalienáveis e os declarados, por ato voluntário, não sujeitos à execução**. Como já dissemos, está invertida a regra do *caput* com o começo do texto do *inciso*, pois a impossibilidade de se penhorar

---

12. A tese firmada no Tema 1235 do STJ definiu que "A impenhorabilidade de quantia inferior a 40 salários mínimos (art. 833, X, do CPC) não é matéria de ordem pública e não pode ser reconhecida de ofício pelo juiz, devendo ser arguida pelo executado no primeiro momento em que lhe couber falar nos autos ou em sede de embargos à execução ou impugnação ao cumprimento de sentença, sob pena de preclusão".

13. Neste sentido DINAMARCO, Candido Rangel. *Instituições de direito processual civil*. 4. ed. São Paulo: Malheiros, 2016, v. IV, p. 358.

é consequência lógica da impossibilidade de se alienar. Não se penhora aquilo que não se poderia alienar. Mas, é preciso voltar um pouco no tempo, fazendo a estreita combinação do Código Civil com o Código de Processo Civil, para entender o atual art. 833, I, porque a segunda parte do inciso pode gerar alguma dificuldade de compreensão.

No Código Civil de 1916 dizia o art. 69 que *"são coisas fora de comércio as insuscetíveis de apropriação, e as legalmente inalienáveis"*. Relembramos também que a divisão metódica do Código Civil de 1916 colocava na parte geral uma "parte preliminar", uma outra sobre "pessoas" (que cuidava dos *sujeitos de direitos*), uma outra contendo os "bens" (que seriam *o objeto de direitos*) e outra contendo os "fatos jurídicos" (que seriam as causas surgimento e extinção desses direitos).

Logo, a definição de *coisa fora do comércio* estava dentro da parte destinada a tratar dos bens que poderiam ser objeto de direitos. Sem aqui polemizar na infindável discussão sobre a distinção de bens e coisas[14], quando se diz *"fora do comércio"*, isso significa que são coisas que não podem ser compradas e nem vendidas, não podem ser trocadas, transferidas, doadas, emprestadas etc., pois não circulam comercialmente, e, em sentido inverso, as coisas que estão no comércio são justamente aquelas que podem ser objeto destas relações que permitem a circulação do bem.

A definição do art. 69 do CCB de 1916 era elíptica e poderia causar alguma dificuldade na primeira leitura. Isso porque ali estavam duas categorias de *coisas fora do comércio*: (1) as que não poderiam ser apropriadas e (2) as que seriam legalmente inalienáveis.

A rigor, o que se tinha no dispositivo é que algumas coisas fora do comércio nem sequer podem ser apropriadas, porque pela sua própria natureza não seriam apropriáveis (como a luz solar e o equilíbrio ecológico); e outras que, (2) pressupondo apropriáveis, também não circulariam comercialmente (não se trocam, não se vendem, não se doam, não se transferem etc.) por determinação legal como por exemplo os bens públicos.[15]

Foi seguindo esta trilha que o artigo 942, I do Código de Processo Civil de 1939 dizia no seu artigo 942 que *"não poderão absolutamente ser penhorados: I – os bens inalienáveis por força de lei"*. Bastava dizer isso, pois aqueloutros fora do comércio nem sequer suscetíveis de apropriação nem sequer precisaria ser dito que não poderiam ser "penhorados".

---

14. A respeito ver ABELHA, Guilherme. Bens e coisas. In: LIMA NETO, Francisco Vieira; SILVESTRE, Gilberto Fachetti; HERKENHOFF, Henrique Geaquinto. (Org.). *Introdução ao Direito Civil*. Vitória: Edição dos Organizadores, 2020, v. 2: bens, p. 7-54.

15. Não se descura da discussão envolvendo os direitos da personalidade – projeções sobre seus atributos – se seriam objeto de propriedade do sujeito ou uma extensão de si mesmo. No primeiro caso, haveria então uma nova categoria, apropriáveis, mas inalienáveis pela própria natureza. No segundo caso nem sequer seriam direitos propriamente ditos. A respeito ver GAGLIANO, Pablo Stolze; PAMPLONA FILHO, Rodolfo. *Novo curso de direito civil*. 5. ed. São Paulo/SP: Saraiva, 2004. v. 1. Parte Geral; TARTUCE, Flávio. *Manual de direito civil*. 6. ed. Edição Digital. Rio de Janeiro/RJ: Forense; São Paulo/SP: Método, 2016, volume único; DE CUPIS, Adriano. *Os direitos da personalidade*. Lisboa: Livraria Morais Editora, 1961; DINIZ, Maria Helena. *Curso de direito civil brasileiro*. 20. ed. rev. aum. São Paulo: Saraiva, 2003. v. 1: teoria geral do direito civil; PEREIRA, Caio Mario da Silva. *Instituições de Direito Civil*. 19. ed. rev. atual. Rio de Janeiro: Forense, 2002.

CAPÍTULO X • DA PENHORA E DA AVALIAÇÃO

Posteriormente, ainda na vigência do CCB de 1916, o Código de Processo Civil de 1973 deu um passo diferente em relação ao anterior, pretendendo com isso ser mais minudente em relação ao Código de 1939 neste quesito da impenhorabilidade absoluta. Segundo o artigo 649, I do CPC de 1973 *"são absolutamente impenhoráveis: I – os bens inalienáveis e os declarados, por ato voluntário, não sujeitos à execução"*. A redação deste inciso foi decalcada para o inciso primeiro do art. 833 do atual Código de Processo Civil.

Bem, a princípio, nenhum dispositivo precisaria dizer que não se penhoram bens que sejam *naturalmente* "fora do comércio", porque *naturalmente* nem sequer apropriam, e por isso mesmo não se comercializam, não se vendem, não se trocam etc. Logo, nem o CPC de 1939, nem o de 73 e nem o atual perderam tempo com isso. Entretanto, disse o CPC de 1973 que seria absolutamente impenhorável "os bens inalienáveis e os declarados, por ato voluntário, não sujeitos à execução". Melhor tivesse dito, na esteira de 1939, os "inalienáveis por força de lei" e "os declarados, por ato voluntário, não sujeitos à execução". Suprimiu a expressão "por força de lei", dando a entender que também seriam inalienáveis os não sujeitos à execução por ato voluntário, o que não é verdade.

Como já se viu, a redação é ruim não apenas pelo conteúdo que lhe falta. Primeiro, porque, como dito acima, a impenhorabilidade decorre da inalienabilidade, e não do inverso. Em outras palavras, a sentença coerente deveria ser a seguinte *"porque não são alienáveis, eles não são penhoráveis"*, posto que a penhora é ato inicial do procedimento expropriatório, onde se aliena de um (executado), e para outro se entrega (exequente), o produto da alienação. Não pode haver penhora, porque antes disso não pode haver alienação.

Em segundo lugar também é ruim porque a "inalienabilidade" ali mencionada é por ato legal, por disposição de lei, tendo em vista a situação objetiva do próprio bem e a sua utilização, como por exemplo os bens públicos.

Em terceiro lugar o dispositivo também peca porque em 1973 já se tinha conhecimento que débito e responsabilidade não eram a mesma coisa e a redação poderia ser mais precisa. Isso quer dizer que além dos "inalienáveis" por direta determinação legal, também seriam absolutamente impenhoráveis aqueles que fossem *imunes à responsabilidade patrimonial* "por ato voluntário". O que quis dizer o dispositivo, laconicamente replicado no atual inciso I do art. 833, é que haveria a possibilidade de que "por ato voluntário" fosse *declarado* que determinado bem "não se sujeitasse à responsabilidade patrimonial" e, por consequência, ficaria *"isento de execução de dívidas"* para usar a expressão que era utilizada no CPC de 1916 quando ainda se descobria a distinção de débito e responsabilidade.

Ora, *não se sujeitar à execução* como menciona o atual art. 833, I e antigo 649, I nada mais é do que excluí-lo da responsabilidade patrimonial, dizer que é inexpropriável em uma execução para pagamento de quantia. Não significa dizer que o proprietário do bem não possa aliená-lo, nem transferi-lo, nem doá-lo etc. Logo, não é um bem inalienável para o seu proprietário, mas é um bem que não se sujeita à "execução de dívidas", enfim é bem do patrimônio do devedor, mas não sujeito à responsabilidade patrimonial porque gravado com cláusula de exclusão.

Obviamente que essa não é uma hipótese livre e solta no Código sob pena de transformar como panaceia a cláusula de exclusão da responsabilidade patrimonial. Só é possível valer-se desta clausula quando a lei expressamente autorizar e seguindo os seus requisitos para não esvaziar a responsabilidade patrimonial e prejudicar a segurança das relações obrigacionais.

A ideia do legislador processual de 1973, repetida no atual, foi contemplar situações, específicas, expressamente autorizadas por lei, tal como a prevista no então art. 70 CCB de 1916[16] onde *autorizava* que qualquer pessoa poderia, munidos de boa-fé, sem prejudicar credores e na plenitude do seu direito de liberdade, criar um "enclausuramento do bem" mesmo que este bem tivesse todas as características de um bem alienável, ou seja, isentaria da execução de dívidas, porque ficaria fora da responsabilidade patrimonial (nome e expressão que só veio a ser identificada após 1916) e, portanto, imune à qualquer execução forçada. Vejamos o que dizia o artigo 70 do CCB:

> Art. 70. É permitido aos chefes de família destinar um prédio para domicílio desta, com a cláusula de ficar isento de execução por dívidas, salvo as que provierem de impostos relativos ao mesmo prédio.
>
> Parágrafo único. Essa isenção durará enquanto viverem os cônjuges e até que os filhos completem sua maioridade.

Este dispositivo, tanto quanto o art. 1676[17] do Código Civil de 1916 que privilegiava a vontade dos doadores e testadores, jamais permitiu que este "ato voluntário" de liberdade do sujeito pudesse ser praticado em detrimento da "responsabilidade patrimonial" no sentido de esvaziar o seu conteúdo.

Tanto isso é verdade que o artigo 71 do antigo Código Civil, mesmo sem saber que tratava da proteção da "responsabilidade patrimonial" dizia que "*para o exercício desse direito é necessário que os instituidores no ato da instituição não tenham dívidas, cujo pagamento possa por ele ser prejudicado*", e ainda tinha o cuidado de dizer que "*a isenção se refere a dividas posteriores ao ato, e não ás anteriores, se verificar que a solução destas se tornou inexequível em virtude de ato da instituição*" e a tal instrumento deveria ser dada ampla divulgação para que terceiros pudessem dele saber e assim evitar que

---

16. Art. 1.676. A cláusula de inalienabilidade temporária, ou vitalícia, imposta aos bens pelos testadores ou doadores, não poderá, em caso algum, salvo os de expropriação por necessidade ou utilidade pública, e de execução por dívidas provenientes de impostos relativos aos respectivos imóveis, ser invalidada ou dispensada por atos judiciais de qualquer espécie, sob pena de nulidade. Art. 1.677. Quando, nas hipóteses do artigo antecedente, se der alienação de bens clausulados, o produto se converterá em outros bens, que ficarão sub-rogados nas obrigações dos primeiros.

17. "Art. 1.676. A cláusula de inalienabilidade temporária, ou vitalícia, imposta aos bens pelos testadores ou doadores, não poderá, em caso algum, salvo os de expropriação por necessidade ou utilidade pública, e de execução por dívidas provenientes de impostos relativos aos respectivos imóveis, ser invalidada ou dispensada por atos judiciais de qualquer espécie, sob pena de nulidade". Nenhum doador (art. 158) e nenhum testador poderia furtar-se às suas dívidas realizando a doação ou realizando testamento, como se observa no antigo CCB, art. 1796 e no atual CCB, no art. 1.997.

fossem surpreendidos com tal clausula restritiva. O art. 73 era claro ao dizer que "*a instituição deverá constar de instrumento público inscrito no registro de imóveis e publicado na imprensa e, na falta desta, na da capital do Estado*".

O tal *bem de família convencional* como é conhecido hoje e se encontra no art. 1711 do atual Código Civil, contém os mesmos cuidados, ainda mais específicos – de preservação da sujeitabilidade do patrimônio.

Logo, o que se quer demonstrar é que o inciso I do artigo 833 trata da "impenhorabilidade absoluta" de bens que por força direta da lei são inalienáveis e de bens que por força indireta da lei, que estabelece os limites e condições, se excluem da responsabilidade patrimonial. São delimitadas e restritas as possibilidades de exclusão de bens do patrimônio que se sujeitam à responsabilidade patrimonial.

B) Art. 833, II do CPC

No inc. II do art. 833 do CPC assevera que são impenhoráveis "os móveis, os pertences e as utilidades domésticas que guarnecem a residência do executado, salvo os de elevado valor ou os que ultrapassem as necessidades comuns correspondentes a um médio padrão de vida".

Já vimos que "efetuar-se-á a penhora onde se encontrem os bens" (art. 845 CPC), inclusive na residência do executado como prevê o art. 846 que trata da ordem de arrombamento caso o executado recuse-se a abrir a porta para o oficial de justiça.

O inciso II do art. 833 estabelece uma regra geral de que os móveis, os pertences e as utilidades domésticas que guarnecem a residência do executado não podem ser penhorados. A regra geral parte da premissa de que todos os bens que ali estão guarnecendo a residência do executado são absolutamente necessários, não podem ser prescindidos, para o seu cotidiano. Segue, portanto, a regra do art. 1º, parágrafo único da Lei 8.009 ao dizer que "*a impenhorabilidade compreende o imóvel sobre o qual se assentam a construção, as plantações, as benfeitorias de qualquer natureza e todos os equipamentos, inclusive os de uso profissional, ou móveis que guarnecem a casa, desde que quitados*".[18]

Contudo, quando se para e pensa, um a um, nos tais bens que guarnecem a residência do executado, tais como televisões, móveis aparadores, mesa de jantar e de centro, faqueiros, aparelhos e caixas de som etc. percebe-se, claramente, que pode haver situações absolutamente claras onde tal proteção não se justifica.

---

18. "I. É assente na jurisprudência das Turmas que compõem a Segunda Seção desta Corte o entendimento segundo o qual a proteção contida na Lei 8.009/90 alcança não apenas o imóvel da família, mas também os bens móveis que o guarnecem, à exceção apenas os veículos de transporte, obras de arte e adornos suntuosos. II. São impenhoráveis, portanto, o televisor e a máquina de lavar roupas, bens que usualmente são encontrados em uma residência e que não possuem natureza suntuosa. Reclamação provida (Rcl. 4.374/MS, Rel. Ministro Sidnei Beneti, Segunda Seção, julgado em 23.02.2011, DJe 20.05.2011).

Então o Código deixa duas válvulas abertas no dispositivo para que tenha mobilidade suficiente para que não fique engessado e crie situações absurdas e injustificada de impenhorabilidade que destoaria da ideia de preservação do *patrimônio mínimo do executado*.

Assim, para saber quais os bens que guarnecem a residência do executado que estão fora do campo de proteção da impenhorabilidade é preciso realizar, *alternativamente*, as seguintes perguntas:

a) tais bens são de elevado valor? e

b) ultrapassam as necessidades comuns correspondentes a um médio padrão de vida?

As duas situações não são cumulativas, mas alternativas, ou seja, uma autônoma da outra. Tanto pode incidir na primeira, ou na segunda hipótese. Frise-se, basta a incidência de uma das hipóteses para permitir a penhora sobre o referido bem.

Assim, por exemplo, ainda que exista apenas um aparelho de som e seja de elevado valor, não há por que não penhorá-lo. Uma única televisão, mas de tecnologia OLED e 8K, segue-se o mesmo raciocínio. O texto é claríssimo na independência das hipóteses que permitem a quebra da impenhorabilidade dos bens que guarnecem a residência do executado. Por outro lado, mesmo que não seja de elevado valor, mas esteja em duplicidade, vê-se claramente que não se sustenta, a priori, no critério da necessidade.[19]

A segunda hipótese que afasta a impenhorabilidade é saber se os bens que guarnecem a residência do executado "*ultrapassam as necessidades comuns correspondentes a um médio padrão de vida*". A cláusula é, sem dúvida, aberta, mas existem critérios objetivos que contribuem para a sua justa interpretação. É preciso encontrar o ponto de equilíbrio entre o que é necessário considerando um médio padrão de vida e o que é excesso, para não impedir uma proteção indevida ao executado e um sacrifício igualmente indevido ao exequente.[20]

O conceito de *padrão de vida* não se confunde com *qualidade de vida*, pois este leva em conta aspectos subjetivos do indivíduo que não integram o primeiro. Considerando que o *padrão de vida* constitui um dos três critérios para se descobrir o IDH

---

19. "1. Os bens que guarnecem a residência são impenhoráveis, a teor da disposição da Lei 8.009/90, excetuando-se aqueles encontrados em duplicidade, por não se tratar de utensílios necessários à manutenção básica da unidade familiar. 2. Recurso especial a que se dá provimento. (REsp 533.388/RS, Rel. Ministro Teori Albino Zavascki, Primeira Turma, julgado em 04.11.2004, DJ 29.11.2004, p. 231)".

20. "A Lei 8.009/90 foi concebida para garantir a dignidade e funcionalidade do lar. Não propósito do legislador, permitir que o prodigo e o devedor contumaz se locupletem, tripudiando sobre seus credores; ii – na interpretação da lei 8.009/90, não se pode perder de vista seu fim social; iii – a impenhorabilidade não se estende a objeto de natureza suntuária; iv – se a residência e guarnecida com vários utilitários da mesma espécie, a impenhorabilidade cobre apenas aqueles necessários ao funcionamento do lar. Aqueles que excederem o limite da necessidade podem ser objeto de constrição; v – aparelhos de televisão, som e vídeo cassete inserem-se no conceito de equipamento suntuário. São, assim, penhoráveis (REsp 60.993/SP, Rel. Ministro Humberto Gomes de Barros, Primeira Turma, julgado em 03.05.1995, DJ 05.06.1995, p. 16642)".

(índice de desenvolvimento humano) de uma determinada localidade pode-se recorrer à fórmula PIB (PPC) *per capita* que podem ser analisados sob uma perspectiva regional ou nacional. As necessidades comuns de um executado não podem ser melhores e nem piores de que qualquer brasileiro do Município ou Estado que ele vive. A perspectiva "*médio* padrão de vida" significa que deve estar na *média*, nem mais e nem menos, de qualquer cidadão comum. Assim, todos os bens que não atenderem a este critério, ou seja, que superarem esta noção de *médio padrão de vida*, poderão ser objeto de penhora independentemente de ser de elevado valor.

O direito de propriedade que o executado tem sobre cada um dos bens móveis que guarnecem a sua residência é impenhorável *no limite* da *necessidade comum de um médio padrão de vida*, ou seja, acima deste patamar pode ser penhorado. Os de elevado valor, apenas pelo valor que possuem, consideram-se acima deste limite.

Não há como o oficial de justiça saber quais os bens que guarnecem a residência do executado que seriam protegidos pela impenhorabilidade descrita no dispositivo. É ônus do executado requerer por meio da impugnação ao cumprimento de sentença ou embargos do executado, sob pena de preclusão, o reconhecimento de que referidos bens estariam protegidos pela regra do inciso II do art. 833, e, não se descarta a possibilidade de que seja necessária uma dilação probatória para identificar se são de elevado valor ou se ultrapassam as necessidades comuns correspondentes a um médio padrão de vida.

Nem sempre será possível ao oficial de justiça identificar se tais bens que se encontram guarnecendo a casa do executado se encaixam nos critérios que permitem a penhora. Nesta hipótese deve-se valer a regra do art. 836, § 2º, caso em que até que o juiz defina a partir da lista apresentada, o executado ou seu representante legal será nomeado depositário provisório de tais bens até ulterior determinação do juiz.

C) Art. 833, III do CPC

No inc. III do art. 833 do CPC, têm-se como impenhoráveis "*os vestuários, bem como os pertences de uso pessoal do executado, salvo de elevado valor*". Aqui, também, o legislador deixou a possibilidade de o juiz verificar a situação em jogo, e encontrar o justo equilíbrio entre o direito exequendo, os pertences de uso pessoal do executado e aquilo que é de elevado valor. O *valor em jogo* é, de um lado, a efetivação do direito exequendo e, de outro, a garantia da dignidade do executado. Assim, não são todos os vestuários (ternos, casacos, sobretudos etc.) e pertences de uso pessoal (caneta, relógios etc.) absolutamente impenhoráveis. Todos os que sejam de "elevado valor" podem ser penhorados. O *elevado valor* é algo intrínseco ao bem, ou seja, quando o seu preço final é bem maior do que o gênero no qual ele se insere, seja por causa da sua marca, seja por causa das suas características e propriedades.

D) Art. 833, IV do CPC

Nos termos do art. 833, IV do CPC são absolutamente impenhoráveis "os vencimentos, subsídios, soldos, salários, remunerações, proventos de aposentadorias, pensões, pecúlios e montepios; as quantias recebidas por liberalidade de terceiro e destinadas ao sustento do devedor e sua família, os ganhos do trabalhador autônomo e os honorários do profissional liberal, ressalvado o § 2º".

O parágrafo segundo mencionado no referido dispositivo abre a possibilidade de penhora destes valores ao dizer que: "o disposto nos incisos IV e X do *caput* não se aplica à hipótese de penhora para *pagamento de prestação alimentícia*, independentemente de sua origem, bem como às *importâncias excedentes a 50 (cinquenta) salários-mínimos mensais*, devendo a constrição observar o disposto no art. 528, § 8º, e no art. 529, § 3º.

Uma leitura diagonal das treze hipóteses de impenhorabilidade previstas no referido dispositivo aponta todas para um tronco comum: o valor necessário para sustento do executado e de sua família. A rubrica e a origem de onde provêm o dinheiro podem ser distintas, mas o caráter alimentar é o que une todas estas hipóteses.

Da combinação entre a proibição da penhora descrita no inciso IV com a flexibilização prevista no § 2º conclui-se que:

> a) Podem penhorar as verbas alimentares do inciso IV, quando o crédito que se executa também tenha natureza alimentar, pois as mesmas razões que justificam a proteção do executado também devem ser aplicadas ao exequente;
>
> b) As importâncias excedentes a 50 (cinquenta) salários-mínimos mensais podem ser penhoradas.

O CPC DE 2015 perdeu grande oportunidade de ajustar essa situação acima à dura realidade salarial do país e assim aplicar com sabedoria a máxima da proporcionalidade e razoabilidade, pois bem se sabe que a remuneração do executado pode ser tão elevada que, se fosse penhorado um percentual de sua renda, isso não impediria que vivesse com dignidade para seu sustento e de sua família, e, ao mesmo tempo, efetivar-se-ia o direito fundamental do credor à satisfação do seu crédito.

A livre penhorabilidade apenas das importâncias excedentes a 50 (cinquenta) salários-mínimos mensais é acintosa e elitista, porque totalmente divorciada da realidade brasileira onde a renda média do brasileiro é menor do que 3 salários-mínimos mensais, e, mais da metade da população sobrevive com apenas um salário.[21]

É verdade que ainda nos idos de 2006, quando a Lei 11.382/2006 promoveu alterações na execução civil do CPC revogado, tentou-se introduzir a seguinte regra, que acabou sendo vetada:

---

21. Disponível em: https://www.infomoney.com.br/carreira/renda-efetiva-de-trabalhador-sobe-para-r-2-168-em-setembro/. Acesso em: 20.10.2020.

Na hipótese do inc. IV do *caput* deste artigo, será considerado penhorável até 40% (quarenta por cento) do total recebido mensalmente acima de 20 (vinte) salários-mínimos, calculados após efetuados os descontos de imposto de renda retido na fonte, contribuição previdenciária oficial e outros descontos compulsórios.

As razões do veto em relação a esse dispositivo foram as seguintes, na íntegra:

O Projeto de Lei quebra o dogma da impenhorabilidade absoluta de todas as verbas de natureza alimentar, ao mesmo tempo em que corrige discriminação contra os trabalhadores não empregados ao instituir impenhorabilidade dos ganhos de autônomos e de profissionais liberais. Na sistemática do Projeto de Lei, a impenhorabilidade é absoluta apenas até 20 salários-mínimos líquidos. Acima desse valor, 40% poderá ser penhorado (sic). A proposta parece razoável porque é difícil defender que um rendimento líquido de vinte vezes o salário-mínimo vigente no País seja considerado como integralmente de natureza alimentar. Contudo, pode ser contraposto que a tradição jurídica brasileira é no sentido da impenhorabilidade, absoluta e ilimitada, de remuneração.

Em nosso sentir, nada obstante tenha sido vetado o dispositivo as razões do veto foram precisas ao confirmar que "é difícil defender que um rendimento líquido de vinte vezes o salário-mínimo vigente no País seja considerado como integralmente de natureza alimentar". De fato, é insustentável essa defesa, e, como se disse acima, acintosa ao trabalhador comum no Brasil.

O que deveria ter feito o dispositivo era ter fixado um valor realmente mínimo, absolutamente necessário, condizente com a realidade brasileira e um limite que ficasse entre 5 a 10 salários mínimos teria sido adequado, permitindo que o executado demonstrasse fundamentadamente, com planilha de gastos mensais devidamente comprovada, as razões pelas quais o valor protetivo necessitaria ser ampliado. A proteção de 50 salários-mínimos demonstra o descolamento entre o titular da soberania (povo) e o seu representante eleito.

Atento a isso o Superior Tribunal de Justiça[22] tem admitido a flexibilização judicial, portanto, além daquela legalmente prevista no § 2º do art. 833, ao admitir que em casos excepcionais e diante das circunstâncias do caso concreto seja possível a relativização da impenhorabilidade de verba salarial ainda que o crédito exequendo não tenha natureza alimentar. Afastada a limitação dos 50 salários-mínimos do § 2º deve-se preservar um

---

22. Corte Especial do STJ (EREsp 1.518.169/DF); ver ainda (AgInt no REsp 1787043/MG, Rel. Ministro Moura Ribeiro, Terceira Turma, julgado em 19/10/2020, DJe 22/10/2020); "(...) 5. Registrou-se, naquela ocasião, todavia, que, na interpretação da própria regra geral (art. 649, IV, do CPC/73, correspondente ao art. 833, IV, do CPC/15), a jurisprudência desta Corte se firmou no sentido de que a impenhorabilidade de salários pode ser excepcionada quando for preservado percentual capaz de dar guarida à dignidade do devedor e de sua família (EREsp 1582475/MG, Corte Especial, julgado em 03/10/2018, REPDJe 19/03/2019, DJe de 16/10/2018). 6. Assim, embora não se possa admitir, em abstrato, a penhora de salário com base no § 2º do art. 833 do CPC/15, é possível determinar a constrição, à luz da interpretação dada ao art. 833, IV, do CPC/15, quando, concretamente, ficar demonstrado nos autos que tal medida não compromete a subsistência digna do devedor e sua família. 7. Recurso especial conhecido em parte e, nessa extensão, desprovido. (REsp 1806438/DF, Rel. Ministra Nancy Andrighi, Terceira Turma, julgado em 13.10.2020, DJe 19.10.2020)".

percentual que seja capaz de garantir o patrimônio mínimo necessário de sustento do devedor e da sua família.[23]

E) Art. 833, V do CPC

No inc. V do art. 833, o CPC cuida de tratar como impenhoráveis, respectivamente, "os livros, as máquinas, as ferramentas, os utensílios, os instrumentos ou outros bens móveis necessários ou úteis ao exercício da profissão do executado".

O dispositivo protege a dignidade da pessoa humana, na medida em que tornam imunes de penhora – e de expropriação judicial – os bens que sejam necessários ou úteis ao exercício do trabalho do executado.

O direito social ao trabalho é constitucionalmente assegurado, e, como tal, foi respeitado pelo legislador processual. Há situações em que surgirão dúvidas, pois não só os instrumentos necessários, mas também os úteis são objeto de proteção.

O conceito de "necessário" ou "útil" não pode ir além do exercício digno da profissão. Ainda que o executado esteja desempregado e não esteja exercendo episodicamente a sua profissão, isso não desobstrui a imunidade que foi conferida pelo legislador.

Não custa lembrar que "cabe ao executado, contudo, ou àquele que teve um bem penhorado, demonstrar que o bem móvel objeto de constrição judicial enquadra-se nessa situação de "utilidade" ou "necessidade" para o exercício da profissão" como alerta o STJ.[24] É ônus do executado demonstrar na forma e no prazo legal, sob pena de preclusão, que o referido bem penhorado é protegido pela imunidade patrimonial, até porque a regra é a da universalidade da garantia patrimonial e a exceção em favor do executado deve ser por ele alegada e demonstrada.

Esse dispositivo deve contar com análise criteriosa do magistrado, afinal de contas um automóvel para um devedor pode ser essencial ao exercício de sua profissão, e, para outro devedor, ser apenas um meio de transporte (perfeitamente substituível) para se chegar ao seu trabalho. Assim, caberá ao juiz, segundo critérios de razoabilidade e proporcionalidade, identificar o que seja útil e necessário, para não tornar inviável a tutela executiva.

---

23. "(...) 6. A impenhorabilidade da verba remuneratória, prevista no art. 833, IV, do CPC/15, não é absoluta. Para além das exceções expressas na legislação (art. 833, § 2º, do CPC/15), a jurisprudência desta Corte evoluiu no sentido de admitir, em execução de dívida não alimentar, a flexibilização da regra de impenhorabilidade quando a hipótese concreta revelar que o bloqueio de parte da remuneração não prejudica a subsistência digna do devedor e de sua família. (...)".(REsp n. 2.116.813/SP, relatora Ministra Nancy Andrighi, Terceira Turma, julgado em 8/10/2024, DJe de 10/10/2024).

24. (AgInt no AREsp n. 2.265.391/SP, relatora Ministra Maria Isabel Gallotti, Quarta Turma, julgado em 23/10/2023, DJe de 26/10/2023).

CAPÍTULO X • DA PENHORA E DA AVALIAÇÃO **421**

Insta dizer que é correta a extensão, com cautela e prudência,[25] do benefício do inciso IV que a jurisprudência do Superior Tribunal de Justiça tem dado a *"pessoas jurídicas, notadamente às pequenas empresas, empresas de pequeno porte ou firma individual, quanto aos bens necessários ao desenvolvimento da atividade objeto do contrato social"*. (AgInt no AREsp 1548274/SP, Rel. Ministro Marco Buzzi, Quarta Turma, julgado em 26.11.2019, DJe 27.11.2019).

F) Art. 833, VI do CPC

O inciso sexto do CPC estabelece como impenhorável o "seguro de vida" que no Código Civil Brasileiro é tratado sob o rótulo de *seguro de pessoa* (arts. 789 à 802).[26]

Apenas para recordar, diz o artigo 757 que *"pelo contrato de seguro, o segurador se obriga, mediante o pagamento do prêmio, a garantir interesse legítimo do segurado, relativo à pessoa ou a coisa, contra riscos predeterminados"*.[27] Por sua vez, diz o artigo 794 do CCB que *"no seguro de vida ou de acidentes pessoais para o caso de morte, o capital estipulado não está sujeito às dívidas do segurado, nem se considera herança para todos os efeitos de direito"*.

Para compreender a regra do artigo 833, VI (impenhorabilidade do seguro de vida) é preciso lembrar que além do segurado e do segurador, o contrato de seguro também prevê quem será o beneficiário da indenização, qual seja, o sujeito que deve receber a quantia em caso de morte do segurado. Sob uma perspectiva abstrata, o seguro de vida é realizado porque o segurado, normalmente o provedor da família, deseja que o (s) beneficiário (s), que normalmente são seus familiares, possam ter uma proteção financeira em caso de sua morte. Conquanto a condição para o pagamento da indenização seja a *morte* do segurado, é alcunhado de seguro de *vida* pois a sua finalidade é proteger a qualidade de vida de pessoas (beneficiário) que sejam importantes para o segurado. A *vida* protegida é do beneficiário. De posse destas informações contidas no direito material então pode-se compreender melhor o dispositivo do CPC.

Tomando de análise uma situação em que A (segurado) contrata com B (segurador) para que C seja o beneficiário da indenização no caso de sua morte, então surge a seguinte dúvida: quem é o executado que o dispositivo protege? O segurado ou o beneficiário?

---

25. "(...) exceção à penhora de bens de pessoa jurídica deve ser aplicada com cautela, a fim de se evitar que as empresas fiquem imunes à constrição de seus bens e, consequentemente, não tenham como ser coagidas aos pagamentos de seus débitos" (STJ, REsp 512.555/SC, Rel. Ministro Francisco Falcão, Primeira Turma, DJU de 24.05.2004).

26. O CCB divide em 3 seções o regramento do contrato de seguro. Na primeira (arts. 757 a 777) trata das *disposições gerais*; na segunda dedica-se ao *seguro de dano* (arts. 778 a 787) e, por fim, na terceira trata do seguro de pessoa (art. 789 a 802).

27. "Contrato de seguro é o contrato pelo qual o segurador se vincula, mediante pagamento de prêmio, a ressarcir ao segurado, dentro do limite que se convencionou, os danos produzidos por sinistro, ou a prestar capital ou renda quando ocorra determinado fato, concernente à vida humana, ou ao patrimônio". MIRANDA, Pontes de. *Tratado de Direito Privado*: parte especial. Rio de Janeiro: Borsoi, 1964, p. 272-273.

Antes do evento morte, tem-se que:

a) se o executado é o segurado, diz a primeira parte do artigo 794 do CCB que "o capital estipulado não está sujeito às dívidas do segurado, nem se considera herança para todos os efeitos de direito;

b) se o executado é o beneficiário, este nada tem em seu patrimônio, senão a expectativa, mórbida, de um dia receber a referida quantia. Neste limbo, nem o beneficiário é ainda titular de um direito que depende de uma condição para acontecer, nem o prêmio pago pelo segurado continua livre no seu patrimônio por expressa determinação do artigo 794.

Por outro lado, se já houve o evento morte, então nada mais pertence ao segurado e sendo ele o espólio executado não se pode cogitar a penhora e expropriação do produto da liquidação do sinistro[28] porque tal valor não lhe pertence, uma vez que é o beneficiário que passa a ser titular do direito de receber a quantia que será paga pela seguradora, ou seja, tal direito já integra o seu patrimônio no momento em que o evento *morte* se implementou (condição). Frise-se que o credor da quantia é o beneficiário, que por sua vez é portador de um título executivo extrajudicial (art. 784, VI), enquanto o devedor da quantia é a seguradora.

Sendo titular de um direito à indenização ou da quantia já paga pela morte do segurado e de se questionar se tais valores podem ser penhorados e expropriados quando o beneficiário estiver sendo executado, ou seja, este é o objeto de proteção do dispositivo (art. 833, VI do CPC)?

É possível se entender que a limitação à penhora prevista no artigo 833, VI tenha por finalidade "a proteção patrimonial que o segurado desejou destinar aos beneficiários" de forma que o "valor devido pela empresa seguradora a esse título não é penhorável por dívidas destes nem do espólio ou o autor da herança, porque em qualquer destas hipóteses tal instituto estaria frustrado".[29]

Por outro lado, também é perfeitamente possível entender que se a finalidade da indenização do seguro em caso de morte do segurado é proteger, para o futuro, o sustento e as condições de vida com qualidade do beneficiário, então tal desiderato já estaria protegido pelo inciso IV do artigo 833 quando diz ser impenhorável "*as quantias recebidas por liberalidade de terceiro e destinadas ao sustento do devedor e de sua família*", ou seja, o que não estivesse nesta cláusula poderia ser objeto de penhora e expropriação.

Feitas estas considerações parece-nos, sem desprezar a seriedade dos argumentos contrários, que a impenhorabilidade descrita no artigo 833, VI que repete o artigo 649, IX do CPC de 1973 recai sobre o benefício endereçado ao beneficiário, ou seja, tanto o direito de receber a quantia, quanto o valor já recebido possuem uma cláusula de impenhorabilidade.

Ora, *antes da morte do segurado*, o capital por ele investido já está protegido pelo art. 794 do CCB, conquanto nem esteja mais em seu patrimônio, e, por outro lado, o

---

28. ASSIS, Araken. *Manual da execução*. 16. ed. São Paulo: Ed. RT, 2013. p. 262-263.
29. DINAMARCO, Candido Rangel. *Instituições de direito processual civil*, v. IV, p. 380-381.

beneficiário indicado pelo segurado ainda não é titular de algum direito. Ao nosso ver não faria sentido dizer que é impenhorável o que não integra o patrimônio de um e de outro, e, no caso do beneficiário dizer que seria impenhorável a mera *expectativa* de receber a quantia (quando ocorrer a morte do segurado), muito embora esta seja a opinião autorizadíssima de Pontes de Miranda ao tratar do tema:

> Se o executado é o beneficiário, a soma que poderá receber ainda não está em seu patrimônio, nem da pessoa estipulante, e a lei faz imune à penhora o direito expectativo à soma (...).[30]

Contudo, e se o evento morte ocorrer? O que era expectativa, concretiza-se em direito de recebimento da indenização junto ao segurador, de forma que tal direito integra o seu patrimônio e como tal pode ser penhorado ou não?

Já dissemos linhas atrás sobre as duas posições defendidas na doutrina, e inclinamo-nos pela posição da impenhorabilidade da indenização recebida pelo beneficiário (ou direito de recebê-la), independentemente do seu encaixe na proteção do artigo 833, IV do CPC.

Ao estabelecer o *seguro de vida* o que deseja o segurado é que determinada pessoa ou pessoas possam estar protegidas no futuro quando da sua ausência como provedor. Obviamente que ao fazer um seguro de vida nem o segurado e nem o beneficiário desejam que o evento aconteça, daí porque o Código Civil estabelece uma série de cuidados de informação em relação a quem faz o seguro e quem é indicado como beneficiário,[31] e, nesta linha também a preocupação com as hipóteses de suicídio do segurado.[32]

O que parece desejar o ordenamento jurídico é combinar o art. 794 do CCB com o art. 833, VI do CPC, ou seja, fazer com que antes ou depois do evento morte, respectivamente, o *capital estipulado* fique imune das dívidas do segurado e o direito de receber a quantia (ou ela mesma) também fique livre protegido pela impenhorabilidade.

O argumento de que o dispositivo não estaria tratando como impenhorável o "seguro de vida" que o beneficiário tem direito por considerar que se esta indenização tivesse natureza alimentar já estaria absorvida pelo inciso IV do art. 833 ao nosso ver não procede porque o legislador, ao que parece, optou por presumir de forma absoluta que tal quantia – a razão de ser do seguro de vida – é *necessário ao sustento do beneficiário*.

---

30. PONTES DE MIRANDA, Francisco Cavalcanti. *Comentários ao Código de Processo Civil*. Rio de Janeiro: Forense, 1976, t. X, p. 189.
31. Art. 790. No seguro sobre a vida de outros, o proponente é obrigado a declarar, sob pena de falsidade, o seu interesse pela preservação da vida do segurado. Parágrafo único. Até prova em contrário, presume-se o interesse, quando o segurado é cônjuge, ascendente ou descendente do proponente. Art. 797. No seguro de vida para o caso de morte, é lícito estipular-se um prazo de carência, durante o qual o segurador não responde pela ocorrência do sinistro. Parágrafo único. No caso deste artigo o segurador é obrigado a devolver ao beneficiário o montante da reserva técnica já formada.
32. Art. 798. O beneficiário não tem direito ao capital estipulado quando o segurado se suicida nos primeiros dois anos de vigência inicial do contrato, ou da sua recondução depois de suspenso, observado o disposto no parágrafo único do artigo antecedente.
    Parágrafo único. Ressalvada a hipótese prevista neste artigo, é nula a cláusula contratual que exclui o pagamento do capital por suicídio do segurado.

Assim, rumando para a conclusão, antes do evento morte não há direito do beneficiário e por isso não haveria que se falar em penhora de bem que compõe o seu patrimônio, daí porque não faria nenhum sentido que o texto protegesse uma situação que nem sequer necessitaria de proteção. A expectativa não integra o patrimônio do beneficiário e não pode ser penhorada, pois o que não pertence a ele não pode ser expropriado.[33] Por outro lado, se o executado for o segurado há expressa *impenhorabilidade* do capital estipulado em seu favor.

Todavia, na medida em que o evento morte ocorre e o beneficiário passa a ter o direito de recebimento da quantia junto ao segurador, então, este direito já integra o seu patrimônio, e, aí sim fica imune à penhora e à expropriação nos termos do inciso VI do artigo 833, ou seja, não poderá ser penhorado o benefício do beneficiário quando este estiver sendo executado pois se presume, sobre todo o benefício, a sua natureza alimentar.[34-35]

Tal é o que acontece, por exemplo, no caso seguro obrigatório de danos pessoais causados por veículos automotores de via terrestre (DPVAT) que é regulamentado pela Lei 6194/74 como se observa no aresto do Superior Tribunal de Justiça.

> 1. "O Seguro DPVAT tem a finalidade de amparar as vítimas de acidentes causados por veículos automotores terrestres ou pela carga transportada, ostentando a natureza de seguro de danos pessoais, cujo escopo é eminentemente social, porquanto transfere para o segurador os efeitos econômicos do risco da responsabilidade civil do proprietário em reparar danos a vítimas de trânsito, independentemente da existência de culpa no sinistro" (REsp 876.102/DF, Rel. Ministro Luis Felipe Salomão, Quarta Turma, julgado em 22.11.2011, Dje 01.02.2012).

---

33. Até porque antes de morrer, pode o segurado substituir ou indicar outros beneficiários. Como a condição (art. 121 do CCB) ainda não ocorreu não há direito do beneficiário e não há como a penhora recair sobre um bem jurídico que não integra o seu patrimônio.

34. A matéria é longe de ser pacífica tanto na doutrina quanto na jurisprudência. O Superior Tribunal de Justiça no REsp 1361354/RS deixou claro que uma vez incorporado o benefício ao patrimônio do beneficiário, caso este seja executado ele poderá responder pelas suas dívidas, portanto, pode ser submetido à penhora, desde que prove que a quantia – no limite de 40 salários-mínimos – é destinada ao seu sustento e tem natureza alimentar. Neste particular, como já expusemos no texto, mais adequada nos parece a opinião do Ministro Raul Araújo quando, no REsp 1133062/RS, consigna que *"A busca de uma solução para o sensível tema, que divide doutas opiniões como se viu, reclama então redobrado cuidado, o que convida a exame sistemático do ordenamento jurídico. Cabe lembrar que o seguro de vida normalmente se relaciona a uma fonte de segurança para a família, sendo objeto de atenção do respectivo arrimo, preocupado em amparar, em suprir aos seus entes quando faltar. A Constituição Federal, em seus arts. 226 a 230, estabelece alicerces firmes de comprometimento do Estado com a tutela desse núcleo-base da sociedade, ao qual deve dispensar "especial proteção". (...) Portanto, da leitura do art. 649, VI, do CPC/73, c/c o art. 794 do Código Civil, infere-se que a impenhorabilidade (absoluta na dicção processual) do seguro de vida está estabelecida em termos firmes em favor do beneficiário do seguro. (...) Portanto, se se pode afirmar que o objetivo do legislador foi o de salvaguardar de insegurança o beneficiário do seguro de vida, com uma verba de fundo alimentar, pouco sentido prático haveria em somente se considerar impenhorável a mera expectativa do direito do beneficiário ao recebimento da verba, quando se sabe que esse direito apenas se concretizará com o efetivo recebimento do benefício previsto no seguro de vida. A impenhorabilidade estabelecida em favor do beneficiário, portanto, deve corresponder à finalidade do seguro de vida, que é criar um fundo alimentar previdenciário, prospectivo e resguardado, e não se traduzir em mais um meio para pagamento de dívidas(...)".*

35. Obviamente que se com o benefício adquiriu outros bens cessa a cláusula da impenhorabilidade.

2. Os valores pagos a título de indenização pelo "Seguro DPVAT" aos familiares da vítima fatal de acidente de trânsito gozam da proteção legal de impenhorabilidade ditada pelo art. 649, VI, do CPC/1973 (art. 833, VI, do CPC/2015), enquadrando-se na expressão "seguro de vida".

3. Recurso especial a que se dá provimento.(Resp 1412247/MG, Rel. Ministro Antonio Carlos Ferreira, Quarta Turma, julgado em 23.03.2021, Dje 29.03.2021).

Por sua vez aplica-se este mesmo dispositivo (art. 833, VI) para os contratos de previdência privada com plano de pecúlio por morte, pois o art. 73 da Lei Complementar 109 determina que "as entidades abertas serão reguladas também, no que couber, pela legislação aplicável às sociedades seguradoras" e esta vem sendo a orientação do STJ.[36]

G) Art. 833, VII do CPC

São impenhoráveis "*os materiais necessários para obras em andamento*", mas a regra do art. 833, VII comporta exceções. Uma delas está no próprio inciso VI quando faz a ressalva de que não será impenhorável "se a própria obra for penhorada", já que o acessório segue o principal. Noutra hipótese, agora no § 1º do art. 833 diz que também é inoponível a impenhorabilidade "à execução de dívida relativa ao próprio bem, inclusive àquela contraída para sua aquisição".

Nitidamente o legislador não apenas deixa clara a intenção de que primeiro seja penhorada a própria obra, justamente para evitar que, não sendo ela penhorada possa ser concluída com o material (bloco, cimento, areia, vergalhão, canos etc.) adquirido para este fim.

A regra que hoje se encontra no artigo 833, VII do CPC antes se encontrava no artigo 649, VIII do CPC de 1973, e, também, mais antigamente no artigo 942, XIV do CPC de 1939.

Em nosso sentir a regra prevista no inciso VII está mal inserida no art. 833, pois o que deseja o legislador é que a penhora da obra (bem principal) seja prioritária em relação aos materiais de construção (bem acessório) que nela serão utilizados,[37] ou seja, não são impenhoráveis os materiais necessários para obras em andamento se a própria obra for penhorada. Há, a rigor, uma situação de *preferência* da penhora da obra em relação aos materiais que serão necessários à sua realização.

H) Art. 833, VIII do CPC

O inciso VIII do art. 833 estabelece que é impenhorável *a pequena propriedade rural, assim definida em lei, desde que trabalhada pela família*. Na verdade, o dispositivo projeta no CPC, com maior amplitude, o que já está previsto no texto constitucional, quando estabelece no artigo 5º XXVI que "*a pequena propriedade rural, assim definida*

---

36. (REsp 1713147/MG, Rel. Ministra Nancy Andrighi, Terceira Turma, julgado em 11/12/2018, DJe 13/12/2018).
37. ASSIS, Araken. *Manual da execução*. Imprenta: São Paulo: Ed. RT, 2008, p. 232.

em lei, desde que trabalhada pela família, não será objeto de penhora para pagamento de débitos decorrentes de sua atividade produtiva, dispondo a lei sobre os meios de financiar o seu desenvolvimento".

Enquanto o texto constitucional torna imune à responsabilidade patrimonial a pequena propriedade rural trabalhada pela família em relação às dívidas decorrentes de sua atividade produtiva (como por exemplo as que sejam frutos de empréstimo para compra de irrigadores, sementes etc.), o Código de Processo Civil vai mais adiante ao estabelecer a mesma imunidade à propriedade rural para débitos de qualquer natureza, ou seja, ainda que não estejam atrelados à sua atividade produtiva.

O Código de Processo Civil dá, portanto, uma proteção mais ampla do que a que está estabelecido no texto constitucional, ampliando a garantia fundamental estabelecida às atividades agrícolas dos pequenos produtores rurais e sua família.

Colhe-se do texto do inciso VIII do CPC a regra de que dois aspectos são fundamentais para conferir a imunidade do executado no caso concreto: a) que se trate de uma pequena propriedade rural; b) que verdadeiramente o produtor rural e sua família trabalhe a terra, pois esta é a justificativa do benefício da imunidade à responsabilidade patrimonial. Como se vê há uma correlação lógica entre a proteção do bem de família legal e a hipótese prevista neste inciso com a ressalva de que o proprietário rural não precisa ser dono de apenas este imóvel. A impenhorabilidade recai sobre situação jurídica de *produção agrícola pela família da pequena propriedade rural.*

No que se refere ao conceito de *pequena propriedade rural* não existe uma lei específica que defina o que seja uma "pequena propriedade rural" para fins de regulamentação da sua impenhorabilidade, sendo utilizado para colmatar esta lacuna tanto o conceito do art. 4º da Lei 8.629/1993, quanto o art. 4º do estatuto da terra (Lei 4.504/64).

Em relação ao segundo requisito, de que deve ser utilizada pela família, é o executado que deve demonstrar tal situação caso a referida propriedade seja objeto de penhora. Neste sentido é preciso o aresto do STJ:

(...) 2. O propósito recursal consiste em definir sobre qual das partes recai o ônus da prova de que a pequena propriedade rural é trabalhada pela família e se a proteção da impenhorabilidade subsiste mesmo que o imóvel tenha sido dado em garantia hipotecária. 3. Para reconhecer a impenhorabilidade nos termos do art. 833, VIII, do CPC/2015, é imperiosa a satisfação de dois requisitos, a saber: (i) que o imóvel se qualifique como pequena propriedade rural, nos termos da lei, e (iii) que seja explorado pela família. Até o momento, não há uma lei definindo o que seja pequena propriedade rural para fins de impenhorabilidade. Diante da lacuna legislativa, a jurisprudência tem tomado emprestado o conceito estabelecido na Lei 8.629/1993, a qual regulamenta as normas constitucionais relativas à reforma agrária. Em seu artigo 4ª, II, alínea "a", atualizado pela Lei 13.465/2017, consta que se enquadra como pequena propriedade rural o imóvel rural "de área até quatro módulos fiscais, respeitada a fração mínima de parcelamento". 4. Na vigência do CPC/73, esta Terceira Turma já se orientava no sentido de que, para o reconhecimento da impenhorabilidade, o devedor tinha o ônus de comprovar que além de pequena, a propriedade destinava-se à exploração familiar (REsp 492.934/PR; REsp 177.641/RS). Ademais, como regra geral, a parte que alega tem o ônus de demonstrar a veracidade desse fato (art. 373 do CPC/2015) e, sob a ótica da aptidão para produzir essa prova, ao menos abstratamente, é certo que é mais fácil para o devedor demonstrar a veracidade do fato alegado. Demais disso, art. 833, VIII, do CPC/2015 é expresso ao condicionar o reconhecimento da impenhorabilidade da pequena propriedade rural à sua exploração familiar. Isentar o devedor de comprovar a efetiva satisfação desse requisito legal e transferir a prova negativa ao credor importaria em desconsiderar o propósito que orientou a criação dessa norma, o qual consiste em assegurar os meios para a manutenção da subsistência do executado e de sua família. 5. A ausência de comprovação de que o imóvel penhorado é explorado pela família afasta a incidência da proteção da impenhorabilidade. 6. Ser proprietário de um único imóvel rural não é pressuposto para o reconhecimento da impenhorabilidade com base na previsão do art. 833, VIII, do CPC/2015. A imposição dessa condição, enquanto não prevista em lei, é incompatível com o viés protetivo que norteia o art. 5º, XXVI, da CF/88 e art. 833, VIII, do CPC/2015. 7. A orientação consolidada desta Corte é no sentido de que o oferecimento do bem em garantia não afasta a proteção da impenhorabilidade, haja vista que se trata de norma de ordem pública, inafastável pela vontade das partes 8. O dissídio jurisprudencial deve ser comprovado mediante o cotejo analítico e a demonstração da similitude fática entre o acórdão recorrido e os acórdãos paradigmas. 9. Recurso especial parcialmente conhecido e, nessa extensão, desprovido.

(REsp 1913236/MT, Rel. Ministra Nancy Andrighi, Terceira Turma, julgado em 16.03.2021, DJe 22.03.2021).

I) Art. 833, IX do CPC

Segundo o inciso IX do art. 833 do CPC são impenhoráveis "os recursos públicos recebidos por instituições privadas para aplicação compulsória em educação, saúde ou assistência social".

A primeira advertência em relação ao dispositivo é linguística, pois se os recursos são públicos certamente que não podem ser objeto de penhora, ainda que estejam em poder das instituições privadas que estejam sendo executadas.

O que quis dizer o dispositivo é que – considerando a crescente descentralização das atividades estatais – se os recursos públicos que por qualquer motivo, legal ou convencional, forem entregues a entidades privadas para que estas realizem uma finalidade específica em educação, saúde ou assistência social, tais recursos não perdem a sua natureza pública porque afetados a uma destinação pública, ainda que estejam sob gestão e poder das instituições privadas.

Desta forma, acaso venha a ser executada a instituição privada, estes recursos públicos que por ela são geridos para um fim social específico, não podem ser penhorados, simplesmente porque o fato de ter sido entregue à entidade privada não retira deles a natureza e a finalidade pública.[38]

---

38. "(...) 1. Cinge-se a controvérsia em definir, além da necessidade de redução do percentual de constrição do faturamento, a possibilidade, ou não, de penhora de recursos oriundos de recompra do FIES, ante a sua aplicabilidade compulsória na área da educação. 2. Conforme a legislação de regência, na medida em que há a prestação do serviço educacional, os títulos Certificados Financeiros do Tesouro – Série E (CFT-E), emitidos pelo Tesouro Nacional, são repassados às Instituições de Ensino Superior (IES) para pagamento exclusivo de contribuições sociais previdenciárias e, subsidiariamente, dos demais tributos administrados pela Receita Federal do Brasil (art. 10, *caput* e § 3º, da Lei n. 10.260/2001). 2.1. Após o pagamento dos referidos débitos previdenciários e tributários, o FIES recomprará os valores de titularidade das instituições de ensino que eventualmente sobrepujam as obrigações legalmente vinculadas, resgatando os títulos CFT-E junto às mantenedoras das IES, e entregará o valor financeiro equivalente ao resgate, atualizado pelo Índice Geral de Preços – Mercado (IGP-M). 2.2. A Terceira Turma do STJ firmou a tese de que os recursos públicos recebidos por instituição de ensino superior privada são impenhoráveis, pois são verbas de aplicação compulsória em educação. Precedentes. 2.3. Contudo,

J) Art. 833, X do CPC

O artigo 833, X estabelece ser impenhorável "a quantia depositada em caderneta de poupança, até o limite de 40 (quarenta) salários-mínimos". Como lembra Mazzei[39] o que o legislador teve em mente ao prever a impenhorabilidade neste dispositivo – mantendo a regra existente no art. 649, X do CPC de 1973 – é a proteção de uma *reserva financeira* para o executado em situações imprevistas no cotidiano e que não se insiram na hipótese do inciso IV do mesmo artigo.

É preciso deixar claro que numa execução que se pretende receber dinheiro é natural que este seja o primeiro bem na ordem de preferência da penhora (art. 835, I). Uma vez penhorado o dinheiro cabe ao executado sustentar, por meio da impugnação prevista no artigo 854, §3º, que tal quantia é protegida pela imunidade prevista no inciso X. Não cabe ao magistrado, de ofício, desbloquear a quantia, e, caso assim o faça deveria previamente ouvir o exequente em respeito ao art. 10 do CPC.

A Corte Especial do Superior Tribunal de Justiça ao julgar o tema n.º 1235 reconheceu que "6. A impenhorabilidade prevista no art. 833, X, do CPC consiste em regra de direito disponível do executado, sem natureza de ordem pública, pois pode o devedor livremente dispor dos valores poupados em suas contas bancárias, inclusive para pagar a dívida objeto da execução, renunciando à impenhorabilidade. 7. Assim, o Código de Processo Civil não autoriza que o juiz reconheça a impenhorabilidade prevista no art. 833, X, de ofício, pelo contrário, atribui expressamente ao executado o ônus de alegar tempestivamente a impenhorabilidade do bem constrito, regra que não tem natureza de ordem pública. Interpretação sistemática dos arts. 833, 854, §§ 1º, 3º, I, e § 5º, 525, IV, e 917, II, do CPC". Em seguida, fixou a tese de que "para os fins dos arts. 1.036 a 1.041 do CPC: "A impenhorabilidade de quantia inferior a 40 salários mínimos (art. 833, X, do CPC) não é matéria de ordem pública e não pode ser reconhecida de ofício pelo juiz, devendo ser arguida pelo executado no primeiro momento em que lhe couber falar nos autos ou em sede de embargos à execução ou impugnação ao cumprimento de sentença, sob pena de preclusão".

---

deve-se fazer uma distinção entre os valores impenhoráveis e aqueles penhoráveis. Os certificados emitidos pelo Tesouro Nacional (CFT-E), de fato, não são penhoráveis, haja vista a vinculação legal da sua aplicação. 2.4. De outro lado, ao receber os valores decorrentes da recompra de CFT-E, as instituições de ensino incorporam essa verba definitivamente ao seu patrimônio, podendo aplicá-la da forma que melhor atenda aos seus interesses, não havendo nenhuma ingerência do poder público. Assim, havendo disponibilidade plena sobre tais valores, é possível a constrição de tais verbas para pagamento de obrigações decorrentes das relações privadas da instituição de ensino. 3. Quanto à penhora de percentual do faturamento, ressalta-se que o recurso especial é reclamo de natureza vinculada e, para o seu cabimento, inclusive quando apontado o dissídio jurisprudencial, é imprescindível que se aponte, de forma clara, os dispositivos supostamente violados pela decisão recorrida, sob pena de inadmissão, ante a aplicação analógica da Súmula 284/STF. 4. Recurso especial parcialmente conhecido e, nessa extensão, desprovido". (REsp 1761543/DF, Rel. Ministro Marco Aurélio Bellizze, Terceira Turma, julgado em 23.03.2021, DJe 26.03.2021).

39. MAZZEI, Rodrigo. Art. 833 do CPC. In: CRAMER, Ronaldo; CABRAL, Antônio do Passo. *Comentários ao novo código de processo civil*. 2. ed. São Paulo: Forense, 2016, p. 1196.

Deve –se dizer que questão de estar depositada em *caderneta de poupança* ou outro *fundo de investimento* é absolutamente irrelevante, ainda mais porque normalmente aquela tem rendimentos menores do que outros fundos, e, atualmente existe a própria *poupança automática* nas contas bancárias. O que é relevante é que esta regra de impenhorabilidade deve estar em sintonia com o inciso IV do artigo, ou seja, "*é mais razoável o entendimento de que tal limitação se impõe somente em relação a depósitos oriundos de outras fontes, não remunerações recebidas por celetistas, agentes públicos, profissionais liberais, nem quantias recebidas por liberalidade de terceiro. Do contrário, em alguma medida em alguma medida um funcionário, profissional ou trabalhador remunerado com valores mais elevados teria sempre seus salários, vencimentos, soldos, proventos etc. vulneráveis à penhora*".[40]

Por certo que não se deve cogitar a hipótese de tratar como impenhorável mais de uma caderneta de poupança ou fundo de investimento quando o executado tenha mais de uma aplicação financeira no limite de 40 salários-mínimos. A regra protege apenas uma aplicação financeira no limite daquele valor, e, o que exceder poderá ser penhorado e expropriado.

Outro aspecto deveras relevante diz respeito ao fato de que é preciso que se perquira o momento em que o executado fez a referida aplicação para se verificar se o fez apenas para blindar o referido valor da penhora e da expropriação, desviando da finalidade protetiva do dispositivo. Parece-nos que um bom momento para esta verificação é o início da execução, ou seja, se depois de citado no processo de execução ou intimado no cumprimento de sentença tratou de pôr a quantia em caderneta de poupança para assim valer-se da impenhorabilidade não nos parece que tal verba deva ter esta proteção, pois tal atitude foi fraudulenta à execução.[41]

K) Art. 833, XI do CPC

O inciso XI do artigo 833 do CPC determina serem impenhoráveis "os recursos públicos do fundo partidário recebidos por partido político, nos termos da lei".

Mais uma vez, à semelhança do inciso IX, o legislador reconhece que ainda que os recursos provenientes do fundo partidário já tenham sido entregues aos Partidos Políticos eles não podem ser penhorados porque conservam a sua natureza e finalidade pública. É de se observar que pelo sistema de estruturação dos partidos políticos existem os *diretórios nacionais, estaduais e municip*ais e que os recursos do fundo partidário são distribuídos pelo Tribunal Superior Eleitoral aos diretórios nacionais que farão os devidos repasses aos diretórios estaduais e municipais.

---

40. DINAMARCO, Candido Rangel. *Instituições de direito processual civil*, v. IV, p. 374.
41. Neste sentido, mas fixando como marco o inadimplemento da obrigação, ver DIDIER, CUNHA, BRAGA e OLIVEIRA, *Curso de direito processual civil*, v. 5, p. 838.

Assim, as dívidas assumidas pelos diretórios municipais e estaduais não permitem que os recursos do fundo partidário que a eles serão entregues sejam objeto de penhora porque, como se disse, se destinam ao próprio sustento da atividade partidária que é essencial à democracia representativa.

Neste sentido a orientação do Superior Tribunal de Justiça:

> Recurso especial. Serviços de propaganda eleitoral. Fundo partidário. Lei n. 9.096/1996. Penhora. Impossibilidade. Natureza pública dos recursos. Relevância dos partidos políticos na democracia representativa. Financiamento público. Art. 833 do CPC/2015. Impenhorabilidade absoluta. Verbas de natureza pública.
>
> 1. Os partidos políticos são entidades privadas constitucionalmente incumbidos de assegurar, no interesse do regime democrático, a autenticidade do sistema representativo e organizados nos termos da lei, de estatutos e programas, com o objetivo de conquista do poder político e de defesa dos direitos fundamentais.
>
> 2. As agremiações partidárias são a expressão maior de uma das configurações da República, consistente na eletividade dos representantes populares, estruturados para mediar entre o pluralismo ideológico da sociedade e o interesse estatal de produzir uma unidade de decisão e ação governamental.
>
> 3. O financiamento dos partidos políticos é instituto que proporciona a consecução de suas atividades, e especificamente o financiamento público, formalizado pelos repasses dirigidos ao Fundo Partidário, promove o estabelecimento do sistema de concorrência partidária e igualdade formal.
>
> 4. Após a incorporação dos repasses ao Fundo Partidário, os valores transferidos, públicos ou privados, incorporam a natureza jurídica pública e, nos termos da Lei dos Partidos Políticos, passam a ter destinação vinculada e específica à subsistência do Partido.
>
> 5. Nos termos do inciso XI, do art. 833 do CPC/2015, são impenhoráveis os recursos públicos do fundo partidário, vedação que se fundamenta na natureza pública e na finalidade vinculada daqueles recursos e que serve de garantia de que as atividades dos partidos não serão comprometidas por insuficiência financeira.
>
> 6. Recurso especial provido para decretar a impenhorabilidade dos valores depositados em conta-corrente destinada ao depósito do Fundo Partidário.
>
> (REsp 1891644/DF, Rel. Ministro Luis Felipe Salomão, Quarta Turma, julgado em 06.10.2020, DJe 05.02.2021).

L) Art. 833, XII do CPC

O inciso XII do artigo 833 trata da impenhorabilidade dos "créditos oriundos de alienação de unidades imobiliárias, sob regime de incorporação imobiliária, vinculados à execução da obra". Muito embora sejam os incorporadores imobiliários que na condição de executados invocarão a imunidade prevista no dispositivo, a intenção da regra legal é a proteção dos *adquirentes* das frações ideais do imóvel que paulatinamente, mediante prestações periódicas são responsáveis pelo desembolso de quantia necessária à construção do empreendimento.

A rigor existe uma correspondência biunívoca deste dispositivo do CPC com os artigos 31-A a 31-F introduzidos na Lei 4.591/64 por intermédio da Lei 10931/04 que, por sua vez revogou a Medida Provisória 2.221 que foi, efetivamente, a responsável por introduzir o regime de afetação na incorporação imobiliária.

E isso foi feito, como se disse, porque passou a ser corriqueiro inúmeros casos de consumidores/adquirentes lesados e prejudicados por construtoras/incorporadoras que acabam quebrando antes de iniciar ou no curso do empreendimento, como todos podem se lembrar do emblemático caso de falência da Encol em 1999.

O artigo 31-A da Lei 4591 é autoexplicativo:

A critério do incorporador, a incorporação poderá ser submetida ao regime da afetação, pelo qual o terreno e as acessões objeto de incorporação imobiliária, bem como os demais bens e direitos a ela vinculados, manter-se-ão apartados do patrimônio do incorporador e constituirão patrimônio de afetação, destinado à consecução da incorporação correspondente e à entrega das unidades imobiliárias aos respectivos adquirentes. (Incluído pela Lei 10.931, de 2004).

§ 1º O patrimônio de afetação não se comunica com os demais bens, direitos e obrigações do patrimônio geral do incorporador ou de outros patrimônios de afetação por ele constituídos e só responde por dívidas e obrigações vinculadas à incorporação respectiva. (Incluído pela Lei 10.931, de 2004)

§ 2º O incorporador responde pelos prejuízos que causar ao patrimônio de afetação. (Incluído pela Lei 10.931, de 2004)

§ 3º Os bens e direitos integrantes do patrimônio de afetação somente poderão ser objeto de garantia real em operação de crédito cujo produto seja integralmente destinado à consecução da edificação correspondente e à entrega das unidades imobiliárias aos respectivos adquirentes. (Incluído pela Lei 10.931, de 2004)

§ 4º No caso de cessão, plena ou fiduciária, de direitos creditórios oriundos da comercialização das unidades imobiliárias componentes da incorporação, o produto da cessão também passará a integrar o patrimônio de afetação, observado o disposto no § 6º. (Incluído pela Lei 10.931, de 2004)

§ 5º As quotas de construção correspondentes a acessões vinculadas a frações ideais serão pagas pelo incorporador até que a responsabilidade pela sua construção tenha sido assumida por terceiros, nos termos da parte final do § 6º do art. 35. (Incluído pela Lei 10.931, de 2004)

§ 6º Os recursos financeiros integrantes do patrimônio de afetação serão utilizados para pagamento ou reembolso das despesas inerentes à incorporação. (Incluído pela Lei 10.931, de 2004)

§ 7º O reembolso do preço de aquisição do terreno somente poderá ser feito quando da alienação das unidades autônomas, na proporção das respectivas frações ideais, considerando-se tão somente os valores efetivamente recebidos pela alienação. (Incluído pela Lei 10.931, de 2004)

§ 8º Excluem-se do patrimônio de afetação (Incluído pela Lei 10.931, de 2004)

I – os recursos financeiros que excederem a importância necessária à conclusão da obra (art. 44), considerando-se os valores a receber até sua conclusão e, bem assim, os recursos necessários à quitação de financiamento para a construção, se houver; e (Incluído pela Lei 10.931, de 2004)

II – o valor referente ao preço de alienação da fração ideal de terreno de cada unidade vendida, no caso de incorporação em que a construção seja contratada sob o regime por empreitada (art. 55) ou por administração (art. 58). (Incluído pela Lei 10.931, de 2004)

§ 9º No caso de conjuntos de edificações de que trata o art. 8º, poderão ser constituídos patrimônios de afetação separados, tantos quantos forem os: (Incluído pela Lei 10.931, de 2004)

I – Subconjuntos de casas para as quais esteja prevista a mesma data de conclusão (art. 8º, alínea "a"); e (Incluído pela Lei 10.931, de 2004)

II – Edifícios de dois ou mais pavimentos (art. 8º, alínea "b"). (Incluído pela Lei 10.931, de 2004)

§ 10. A constituição de patrimônios de afetação separados de que trata o § 9º deverá estar declarada no memorial de incorporação. (Incluído pela Lei 10.931, de 2004)

§ 11. Nas incorporações objeto de financiamento, a comercialização das unidades deverá contar com a anuência da instituição financiadora ou deverá ser a ela cientificada, conforme vier a ser estabelecido no contrato de financiamento. (Incluído pela Lei 10.931, de 2004)

§ 12. A contratação de financiamento e constituição de garantias, inclusive mediante transmissão, para o credor, da propriedade fiduciária sobre as unidades imobiliárias integrantes da incorporação, bem como a cessão, plena ou fiduciária, de direitos creditórios decorrentes da comercialização dessas unidades, não implicam a transferência para o credor de nenhuma das obrigações ou responsabilidades do cedente, do incorporador ou do construtor, permanecendo estes como únicos responsáveis pelas obrigações e pelos deveres que lhes são imputáveis.(Incluído pela Lei 10.931, de 2004).

Assim, esta é a relação entre o CPC e a Lei 4.591, de forma que se considera constituído o patrimônio de afetação mediante averbação, a qualquer tempo, no Registro de Imóveis, de termo firmado pelo incorporador. Este patrimônio afetado é imune à responsabilidade patrimonial da incorporadora responsável pela gestão e destinação específica dos créditos recebidos das pessoas adquirentes das unidades.

M) Bem de família legal (Lei 8.009/90) e convencional (Art. 1711 do CCB)

A *moradia* é essencial ao *ser humano* seja para habitar, seja para exercer as suas atividades cotidianas. É nela, inclusive, que constrói e molda a sua personalidade e dos entes que eventualmente com ele habitam o local.

O direito à moradia não foi reconhecido nos artigos XII[42] e XXV[43] da Declaração Universal dos Direitos do Homem em 1948 e os consectários deste direito tem se projetado para as diversas constituições democráticas. No texto constitucional de 1988 o artigo 6º prescreve que *"são direitos sociais a educação, a saúde, a alimentação, o trabalho, a moradia, o transporte, o lazer, a segurança, a previdência social, a proteção à maternidade e à infância, a assistência aos desamparados, na forma desta Constituição"*, e, mais adiante prevê o art. 7º, IV que o salário mínimo deve ser *"capaz de atender às suas necessidades vitais básicas e às de sua família com moradia, alimentação, educação, saúde, lazer, vestuário, higiene, transporte e previdência social, com reajustes periódicos que lhe preservem o poder aquisitivo, sendo vedada sua vinculação para qualquer fim"*.

É nesta linha de raciocínio que se deve compreender a proteção legislativa à moradia, ao lar, ao lugar onde o indivíduo ou a família moram e ali desenvolvem suas atividades cotidianas. Obviamente que o direito à moradia é um direito fundamental do ser humano, ou seja, é o lugar onde habita a pessoa natural.

Uma destas proteções legislativas é impenhorabilidade do bem de família, que tanto pode se dar de forma *convencional* ou *legal*. Na primeira, a lei dá permissão para que seja criada uma situação jurídica de proteção do imóvel (bem de família convencional), tal como previsto no artigo 1711 do Código Civil brasileiro desde que atendidas algumas exigências ali previstas. Por outro lado, há ainda há a proteção legislativa direta, ou seja, o próprio legislador prevê em moldura abstrata a hipótese em que o bem de família é imune à responsabilidade patrimonial. Esta não depende de nenhum ato voluntário, naquela sim.

---

42. Artigo XII "Ninguém será sujeito à interferência na sua vida privada, na sua família, no seu lar ou na sua correspondência, nem a ataque à sua honra e reputação. Todo ser humano tem direito à proteção da lei contra tais interferências ou ataques".

43. Art. XXV. "Toda pessoa tem direito a um padrão de vida capaz de assegurar a si e a sua família saúde e bem-estar, inclusive alimentação, vestuário, habitação, cuidados médicos e os serviços sociais indispensáveis, o direito a segurança, em caso de desemprego, doença, invalidez, viuvez, velhice ou outros casos de perda dos meios de subsistência em circunstâncias fora de seu controle".

CAPÍTULO X • DA PENHORA E DA AVALIAÇÃO **433**

Conquanto a espinha dorsal do bem de família convencional (art. 1.711) seja o mesmo do bem de família legal (Lei 8.009) há importantes diferenças entre um e outro.

O *bem de família convencional* já estava previsto no Código Civil de 1916, ainda de modo muito rudimentar pois não se tinha a exata distinção entre débito e responsabilidade patrimonial. Também foi tratado na Lei de Registros Públicos (Lei 6.015/73), mas foi apenas com o Código Civil de 2002 que recebeu um tratamento jurídico consentâneo com a carta constitucional.

É no art. 1711 e ss. do CCB que se encontra delimitado o regime jurídico do *bem de família convencional*, que pode ser assim constituído atendidos os seguintes requisitos: (1) *voluntariamente*, podem os cônjuges, ou a entidade familiar; (2) por meio de escritura pública ou testamento; (3) destinar parte de seu patrimônio para instituir bem de família; (4) desde que a afetação do patrimônio como *bem de família convencional* não ultrapasse um terço do patrimônio líquido existente ao tempo em que for instituído.

Uma vez constituído o *bem de família convencional* pelo registro de seu título no Registro de Imóveis respectivo, então ele fica isento de execução por dívidas posteriores à sua instituição, salvo as que provierem de tributos relativos ao prédio, ou de despesas de condomínio[44]. Não apenas o imóvel (rural ou urbano) destinando-se em ambos os casos a domicílio familiar, mas também as suas pertenças e acessórios recebem a imunidade à responsabilidade patrimonial que também poderá abranger valores mobiliários,[45] cuja renda será aplicada na conservação do imóvel e no sustento da família.

Uma vez constituído o *bem de família convencional* ele passa a ficar destinado a finalidade a que se propôs (domicílio familiar, art. 1712)) e por isso mesmo protege todos os membros da entidade familiar beneficiada, de forma que a isenção da execução por dívidas perdurará enquanto viver um dos cônjuges, ou, na falta destes, até que os filhos completem a maioridade (art. 1.716). Salvo disposição em contrário, a administração do bem de família compete a ambos os cônjuges, resolvendo o juiz em caso de divergência (Art. 1.720).

Ademais, ainda que ocorra a dissolução da sociedade conjugal após a instituição do bem de família, este gravame não se extingue. Contudo, se esta dissolução se der

---

44. Caso venha responder pelas dívidas que provierem de tributos relativos ao prédio, ou de despesas de condomínio, então o eventual saldo será aplicado em outro prédio, como bem de família, ou em títulos da dívida pública, para sustento familiar, salvo se motivos relevantes aconselharem outra solução, a critério do juiz (art. 1715, parágrafo único).

45. Art. 1.713. Os valores mobiliários, destinados aos fins previstos no artigo antecedente, não poderão exceder o valor do prédio instituído em bem de família, à época de sua instituição.

    § 1º Deverão os valores mobiliários ser devidamente individualizados no instrumento de instituição do bem de família.

    § 2º Se se tratar de títulos nominativos, a sua instituição como bem de família deverá constar dos respectivos livros de registro.

    § 3º O instituidor poderá determinar que a administração dos valores mobiliários seja confiada a instituição financeira, bem como disciplinar a forma de pagamento da respectiva renda aos beneficiários, caso em que a responsabilidade dos administradores obedecerá às regras do contrato de depósito.

pela morte de um dos cônjuges, o sobrevivente poderá pedir a extinção do bem de família, apenas se for o único bem do casal. Extingue-se, igualmente, o bem de família com a morte de ambos os cônjuges e a maioridade dos filhos, desde que não sujeitos a curatela (art. 1.722).

Por sua vez, é possível que com o tempo a manutenção do imóvel torne-se muito custosa para a entidade familiar e poderá o referido bem ser alienado, desde que se tenha o consentimento dos interessados e seus representantes legais, bem como que seja ouvido o Ministério Público. A *desconstituição* voluntária do bem de família para retornar à situação antes do regime de afetação é possível, mas deve ser comprovado pelos administradores do bem de família a impossibilidade da sua manutenção nas condições em que foi instituído, caso em que poderá o juiz, a requerimento dos interessados, extingui-lo ou autorizar a sub-rogação dos bens que o constituem em outros, ouvidos o instituidor e o Ministério Público.

Uma vez instituído o *bem de família convencional* ele dá proteção (imunidade à execução de dívidas) protegendo todos os membros da família que nele habitam, ou seja, protege a moradia de seus habitantes, pois sobre ele pesa a cláusula de inalienabilidade (art. 833, I). Mas assim como proporciona este bônus ele também projeta sobre todos o ônus de não poder usar ou dar destinação diversa (art. 1712), e, também não pode ser extinto sem as exigências minudentes do texto legal.

Já o bem de família legal surge com a Lei 8.009/90 com o objetivo de tornar imune de execução de dívidas, independentemente da instituição do bem de família convencional, o imóvel urbano ou rural[46] de morada da entidade familiar. Além de custoso e com regras específicas que dificultavam às pessoas a criarem o bem de família convencional, o bem de família legal traz o bônus irrenunciável da impenhorabilidade[47] – salvo nas hipóteses que a própria lei excepciona –, mas não traz o ônus na inalienabilidade, ou seja, pode ser alienado por ato do proprietário.

Nos termos do art. 1º da Lei 8.009 e o seu parágrafo único "o bem imóvel residencial próprio do casal, ou da entidade familiar, é impenhorável e não responderá por qualquer tipo de dívida civil, comercial, fiscal, previdenciária ou de outra natureza, contraída pelos cônjuges ou pelos pais ou filhos que sejam seus proprietários e nele residam, salvo nas hipóteses previstas nesta lei. A impenhorabilidade compreende o imóvel sobre o qual se assentam a construção, as plantações, as benfeitorias de qualquer natureza e todos os equipamentos, inclusive os de uso profissional, ou móveis que guarnecem a casa, desde que quitados". O conceito de "casal" ou "entidade familiar" é o mais amplo

---

46. Art. 5º, § 2º Quando a residência familiar constituir-se em imóvel rural, a impenhorabilidade restringir-se-á à sede de moradia, com os respectivos bens móveis, e, nos casos do art. 5º, inciso XXVI, da Constituição, à área limitada como pequena propriedade rural.

47. "(...) 6. A proteção legal conferida ao bem de família pela Lei 8.009/1990 não pode ser afastada por renúncia do devedor ao privilégio, pois é princípio de ordem pública, prevalente sobre a vontade manifestada. Incidência da Súmula n. 168/STJ. 7. Agravo regimental desprovido. (AgRg nos EREsp 888.654/ES, Rel. Ministro João Otávio De Noronha, Segunda Seção, julgado em 14.03.2011, DJe 18.03.2011).

possível porque o que se protege é o direito fundamental à moradia do ser humano, esteja ele morando sozinho ou com outras pessoas. Ademais, por expressa dicção do artigo 5º para que tenha sobre si a impenhorabilidade, considera-se residência um único imóvel utilizado pelo casal ou pela entidade familiar para moradia permanente, sendo certo que nas hipóteses em que num mesmo imóvel a família exerce atividade comercial e moradia, e, não sendo possível o desmembramento, a impenhorabilidade poderá ser também ser arguida.

A Lei 8.009 não afasta a hipótese de incidência sobre o bem que é destinado a moradia do casal ou da entidade família, ainda que tenham outros bens, mas o parágrafo único do art. 5º expressamente determina que na hipótese de o casal, ou entidade familiar, ser possuidor de vários imóveis utilizados como residência, a impenhorabilidade recairá sobre o de menor valor, salvo se outro tiver sido registrado, para esse fim, no Registro de Imóveis e na forma do art. 70 do Código Civil.

Agravo interno no recurso especial. Bem de família. Impenhorabilidade. Mais de um imóvel. Artigo 5º, parágrafo único, da Lei 8.009/1990.

1. Recurso especial interposto contra acórdão publicado na vigência do Código de Processo Civil de 2015 (Enunciados Administrativos 2 e 3/STJ). 2. A jurisprudência do Superior Tribunal de Justiça é firme no sentido de que a Lei 8.009/1990 não retira o benefício do bem de família daqueles que possuem mais de 1 (um) imóvel. 3. O artigo 5º, parágrafo único, da Lei 8.009/1990 dispõe expressamente que a impenhorabilidade recairá sobre o bem de menor valor na hipótese em que a parte possuir vários imóveis utilizados como residência. Precedentes.

4. Agravo interno não provido. (AgInt no REsp 1873254/MG, Rel. Ministro Ricardo Villas Bôas Cueva, Terceira Turma, julgado em 15.03.2021, Dje 19.03.2021).

O regime de impenhorabilidade não abraça os veículos de transporte, obras de arte e adornos suntuosos porque não integram o direito fundamental de moradia. Além disso, de forma expressa o Código determina que a impenhorabilidade *não será oponível* em qualquer processo de execução civil, fiscal, previdenciária, trabalhista ou de outra natureza se tiver sido movida (1) por razões óbvias e autoexplicativas que se coadunam com o art. 833, § 1º do CPC, pelo titular do crédito decorrente do financiamento destinado à construção ou à aquisição do imóvel, no limite dos créditos e acréscimos constituídos em função do respectivo contrato, (2) para cobrança de impostos, predial ou territorial, taxas e contribuições devidas em função do imóvel familiar, o que para autorizada doutrina[48] é uma exceção que não se coaduna com o direito fundamental à moradia; (3) para execução de hipoteca sobre o próprio imóvel quando foi espontaneamente oferecido como garantia real pelo casal ou pela entidade familiar;[49] (4) por ter

---

48. DINAMARCO, Candido Rangel. *Instituições de direito processual civil*, v. IV, p. 367.
49. A especificidade do dispositivo, que deve ser interpretado restritivamente no sentido de ampliar a proteção da morada e diminuir a exceção à impenhorabilidade, afasta a sua incidência sobre outras situações em que o bem for dado em garantia, ou seja "em se tratando de caução oferecida em contrato de locação, não se aplica

sido adquirido com produto de crime ou para execução de sentença penal condenatória a ressarcimento, indenização ou perdimento de bens; (5) pelo credor da pensão alimentícia,[50] resguardados os direitos, sobre o bem, do seu coproprietário que, com o devedor, integre união estável ou conjugal, observadas as hipóteses em que ambos responderão pela dívida.

Ainda que não esteja listada nestas hipóteses específicas previstas nos incisos do art. 3º, também não poderá ser arguida – *e se for, deve ser rechaçada* – as situações jurídicas onde se evidencie a violação das regras de boa-fé. Por isso o artigo 4º deixa uma cláusula aberta para se reconhecer a não incidência da impenhorabilidade àquele que, sabendo-se insolvente, adquire de má-fé imóvel mais valioso para transferir a residência familiar, desfazendo-se ou não da moradia antiga. A rigor trata-se de hipótese de fraude à execução ou contra credores, onde poderá juiz, na respectiva ação do credor, transferir a impenhorabilidade para a moradia familiar anterior, ou reconhecer a ineficácia ou anular-lhe a venda, liberando a mais valiosa para execução ou concurso, conforme a hipótese.

Como toda e qualquer regra deve passar pelo filtro constitucional, e, sendo evidente que o instituto do bem de família é para proteção do direito fundamental à moradia, é preciso que o caso concreto se amolde ao sentido lógico da norma, ou seja, deve haver uma harmonia entre o caso concreto e a exegese constitucional que deve nortear a incidência da regra de impenhorabilidade, ou seja, deve ser absolutamente rente às situações de uso regular do direito. Nesta linha tem sido a orientação do Superior Tribunal de Justiça quando diz que:

> a regra de impenhorabilidade aplica-se às situações de uso regular do direito. O abuso do direito de propriedade, a fraude e a má-fé do proprietário devem ser reprimidos, tornando ineficaz a norma protetiva, que não pode tolerar e premiar a atuação do agente em desconformidade com o ordenamento jurídico. 5. A propriedade fiduciária consiste na transmissão condicional daquele direito, convencionada entre o alienante (fiduciante), que transmite a propriedade, e o adquirente (fiduciário), que dará ao bem a destinação específica, quando implementada na condição ou para o fim de determinado termo. 6. Vencida e não paga, no todo em parte, a dívida e constituído em mora o fiduciante, consolidar-se-á a propriedade do imóvel em nome do fiduciário, consequência ulterior, prevista, inclusive, na legislação de regência. 7. Sendo a alienante pessoa dotada de capacidade civil, que livremente optou por dar seu único imóvel, residencial, em garantia a um contrato de mútuo favorecedor de pessoa diversa, empresa jurídica da qual é única sócia, não se admite a proteção irrestrita do bem de família se esse amparo significar o alijamento

---

a exceção prevista no art. 3º, VII, da Lei 8.009/90. Caso o legislador desejasse afastar da regra da impenhorabilidade o imóvel residencial oferecido em caução o teria feito, assim como o fez no caso do imóvel dado em garantia hipotecária (art. 3º, V, da Lei 8.009/90) (...)". (REsp 1873594/SP, Rel. Ministra Nancy Andrighi, Terceira Turma, julgado em 02.03.2021, DJe 04.03.2021).

50. "(...) 2. A indenização, no caso, decorre de erro médico, sobrevindo condenação civil a reparação do dano material e moral, sem obrigação de prestar alimentos. Não incide, portanto, a exceção de impenhorabilidade de bem de família prevista no inciso III, do art. 3º, da Lei 8.009/90. 3. De outra parte, não é possível ampliar o alcance da norma prevista no art. 3º, inciso VI, do mesmo diploma legal, para afastar a impenhorabilidade de bem de família em caso de indenização por ilícito civil, desconsiderando a exigência legal expressa de que haja "sentença penal condenatória" (REsp 711.889/PR, Rel. Ministro Luis Felipe Salomão, Quarta Turma, julgado em 22.06.2010, DJe 01.07.2010).

da garantia após o inadimplemento do débito, contrariando a ética e a boa-fé, indispensáveis em todas as relações negociais" (REsp n. 1.559.348/DF, Relator Ministro Luis Felipe Salomão, Quarta Turma, julgado em 18.6.2019, Dje 5.8.2019). (AgInt no AREsp 1507673/RJ, Rel. Ministro Antonio Carlos Ferreira, Quarta Turma, julgado em 22.03.2021, Dje 26.03.2021).

A questão da flexibilização da impenhorabilidade do bem de família quando recaia sobre bem suntuoso ou de altíssimo padrão é séria e ao nosso ver deve ser objeto de análise de acordo com a circunstâncias do caso concreto, nada obstante a orientação do STJ seja pela *restritividade* do rol do art. 3º independentemente do valor do bem.

Segundo o Superior Tribunal de Justiça "para efeito da proteção do art. 1º da Lei n. 8.009/1990, basta que o imóvel sirva de residência para a família do devedor, sendo irrelevante o valor do bem. Isso porque as exceções à regra de impenhorabilidade dispostas no art. 3º do referido texto legal não trazem nenhuma indicação nesse sentido. Logo, é irrelevante, a esse propósito, que o imóvel seja considerado luxuoso ou de alto padrão".[51] Com o devido respeito é preciso que o caso concreto seja levado em consideração para verificar se o direito fundamental de moradia realmente está ali protegido, pois não raramente o devedor escuda-se na proteção legal, sem nem mesmo justificar como mantém aquele imóvel de alto padrão, ou seja, não possui bens para adimplir a obrigação, mas mesmo assim é responsável pela manutenção de um imóvel de alto custo.

Outra questão não menos importante diz respeito ao fato de que o bem de família legal deve ser comprovado como tal pelo executado, ou seja, deve demonstrar que o imóvel não é ocasionalmente um bem de família, senão porque cabalmente destinado à moradia do devedor ou de sua família. Deve trazer a referida alegação em impugnação do executado ou em embargos à execução, ou em outra oportunidade por se tratar de questão de ordem pública, mas jamais deve ser repetido por outra via se já foi rechaçado em alegação anterior.

3.5.3.6 A penhora não retira a propriedade do executado

O direito de propriedade sobre um bem que integra o patrimônio do executado será realmente dele retirado com a execução forçada, mas não ainda com a penhora. A penhora é, como se disse antes, o ato processual que seleciona e define o bem objeto da propriedade do executado que será expropriado. É, pois o ato que principia, que prepara, mas não o que termina, a *expropriação judicial*. Como se fosse a grua que prende determinado bem do patrimônio do executado vinculando-o à expropriação forçada a penhora atinge o direito de propriedade, mas não o retira do executado. Atinge o direito de propriedade pois não pode ele dispor como normalmente o faria se não estivesse penhorado e muitas vezes nem poderá usá-lo se o referido bem ficar depositado com o exequente ou um terceiro.

---

51. (REsp 1726733/SP, Rel. Ministro Marco Aurélio Bellizze, Terceira Turma, julgado em 13.10.2020, DJe 16.10.2020).

A penhora sobre determinado bem tem o poder de tornar absolutamente ineficaz em relação ao exequente e àquela execução, qualquer alienação que venha a praticar sobre aquele bem. Assim, por exemplo, se determinado bem imóvel é penhorado, a eventual alienação deste imóvel que o executado venha a fazer com quem quer que seja é perfeitamente válida, mas absolutamente ineficaz em relação a esta execução, ou seja, este bem continuará a ser expropriado e o dinheiro arrecadado será entregue ao exequente. O poder de livremente dispor inerente a propriedade já não é tão livre assim com a penhora. E mais, por exemplo, acaso esta grua além de apreender o bem, uma motocicleta por exemplo, retire-o do contato do devedor, colocando sob custódia do exequente, nem mesmo o poder físico para uso o executado terá. Mas, mesmo assim continuará proprietário do bem.

A penhora mantém o vínculo de direito público do bem com a execução, mas não é ato expropriatório. É interessante notar que quando o objeto penhorado é um bem que deverá ser convertido em dinheiro mediante um leilão público, nem mesmo o dinheiro arrecadado com a arrematação deixa de ser do executado. Agora, não é mais o bem arrematado que está penhorado, mas sim o dinheiro fruto da alienação judicial que se encontra sob gestão do estado juiz. Este dinheiro, preso pela penhora e depositado em conta do juízo encontra-se afetado à execução, mas ainda é de propriedade do executado. Tanto isso é verdade que o artigo 907 diz, com precisão milimétrica, que "pago ao exequente o principal, os juros, as custas e os honorários, *a importância que sobrar será restituída ao executado*".

Se bem observado, no exemplo que demos, a primeira expropriação retirou o apartamento do patrimônio do executado (em leilão judicial), mas o dinheiro arrecadado com esta expropriação entrou diretamente no patrimônio do executado só que ficou literalmente preso, vinculado à execução e administrado pelo juízo. O executado só poderá exercer os poderes inerentes à propriedade deste dinheiro quando e se sobrar alguma quantia depois de todos os custos da execução serem quitados como diz o art. 907. É por isso que se fala em *restituir*; só se restitui a alguém o que lhe pertence.

Portanto, a penhora não é ato que expropria, mas é ato que principia o procedimento de expropriação, pois tem o papel de pinçar, dentro do patrimônio do executado qual ou quais os bens que lhe pertencem que se submeterão ao procedimento expropriatório. A depender do objeto penhorado, traz uma maior segurança[52] ao exequente de que a execução será frutífera. Ao fazer isso a penhora estabelece um vínculo jurídico de direito público concreto entre aquele bem específico e a atividade executiva daí porque se diz que *concretiza* a responsabilidade patrimonial.

---

52. NEVES, Daniel Amorim Assumpção. *Manual de Direito Processual Civil*. 7. ed. Rio de Janeiro: Forense; São Paulo: Método, ano 2015, p. 1019.

4. ASPECTOS GERAIS DA PENHORA

4.1 Introito

Os artigos 789 e 831 do CPC estabelecem uma relação lógica que reflete a estrutura do sistema de execução civil no Brasil. Ambos convergem para a ideia de assegurar o cumprimento das obrigações do devedor, mas sob perspectivas complementares.

O art. 789 consagra a universalidade da responsabilidade patrimonial, determinando que o devedor responde com a totalidade de seu patrimônio, presente e futuro, para o cumprimento de suas obrigações, ressalvadas as restrições legais. Essa regra estabelece a base ampla da execução, garantindo que todos os bens do devedor estão, em tese, sujeitos à expropriação judicial, salvo aqueles protegidos por normas específicas de impenhorabilidade.

Já o art. 831 opera como um limitador dentro dessa universalidade. Ele disciplina a penhora, determinando que o ato executivo deverá recair somente sobre tantos bens quantos sejam suficientes para satisfazer o crédito em execução, incluindo o valor principal, juros, custas processuais e honorários advocatícios. Assim, enquanto o art. 789 expõe a amplitude do patrimônio comprometido, o art. 831 estabelece a necessidade de contenção e proporcionalidade no ato executivo, evitando excessos que ultrapassem o necessário para quitar a dívida.

Portanto, a lógica entre os dois dispositivos reside na complementaridade: o art. 789 define o campo de responsabilidade do devedor, e o art. 831 ajusta a execução a critérios de completude e eficiência, garantindo que somente os bens necessários sejam atingidos para preservar o equilíbrio entre o direito do credor e a proteção ao patrimônio do devedor além do estritamente exigível.

Depois da demorada fase de angularização da relação processual executiva no processo de execução ou de cumprimento de sentença no prazo do artigo 523 (que quase sempre é inútil) inicia se, propriamente, a execução forçada para pagamento de quantia certa ao exequente. Isso mesmo, não se pode perder de vista que o que se pretende é justamente satisfazer o direito do exequente, e isso implica a entrega de numerário que corresponda ao seu crédito.

Assim, há, basicamente, três etapas para esse percurso executivo: identificação e apreensão do(s) bem(ns) no patrimônio do executado; não sendo apreendido dinheiro, qualquer outro bem precisaria nele se converter, mediante a expropriação judicial forçada; e, por fim, a entrega do dinheiro ao credor/exequente.

Obviamente, se do patrimônio do executado já puder ser apreendida a quantia devida (dinheiro, art. 835, I), o trabalho do Estado-juiz ficará bastante facilitado, pois não será necessário converter nenhum bem em dinheiro, podendo o processo executivo saltar da primeira etapa (apreensão e depósito) para a última, que é a entrega da quantia ao exequente (art. 904, I).[53]

No entanto, infelizmente, não é como sói ocorrer, pois, na maior parte das execuções por quantia certa, não se penhora o dinheiro, de forma que, primeiro, identificam-se os bens e depois eles são convertidos mediante alienação forçada, e só em seguida passa-se o produto adquirido (dinheiro) em favor do exequente. Por isso, a indicação do bem e a sua penhora é, definitivamente, o ato que dá início à *execução forçada propriamente dita*, pois é quando o executado sente na pele e concretamente que será expropriado, e, nesse passo, tem especial importância, pois os bens que forem apreendidos por indicação ocorrida nesse momento é que serão transformados em dinheiro a ser entregue ao exequente. A indicação do bem à penhora tem a tarefa de demonstrar qual ou quais bens do patrimônio do executado serão individualizados para a tutela executiva.

4.2   Os elementos constitutivos do ato de penhora

Na execução para pagamento de quantia certa contra devedor solvente há um itinerário procedimental previsto pelo legislador em que primeiro se pinça(m) do patrimônio do executado qual (ou quais) o(s) bem(ns) – para em seguida avaliá-lo(s) – que suportará(ão) a expropriação para a satisfação do crédito.

Se o bem singularizado for dinheiro, então o caminho fica mais curto, pois o crédito será pago com a referida quantia, e não precisará ser feita avaliação alguma. Todavia, se o bem individualizado não recair sobre o dinheiro, será necessário que primeiro se proceda à penhora de determinado bem do patrimônio do executado e, em seguida, realizar-se-á a sua avaliação para saber se o bem afetado poderá converter-se em quantia suficiente à satisfação do crédito exequendo. Assim, regra geral, esses dois atos executivos instrumentais são necessários para que se faça a execução por expropriação (para pagamento de quantia certa contra devedor solvente).

A penhora é o primeiro ato de execução forçada quando se requer o pagamento de quantia, e tem o papel importantíssimo de identificar o bem que será expropriado, fazendo com que sobre ele incida a responsabilidade executiva.

Tal ato é executivo (instrumental) porque é marcado pela coercibilidade estatal, que afeta o bem à expropriação judicial, gerando efeitos no plano material e processual que deverão ser respeitados pelos litigantes.

---

53. O Código de 2015 não teve o mesmo esmero com a execução como teve com tantos outros temas do processo, o que é até curioso, pois todos os índices estatísticos revelam que a execução é engessada, enferrujada e ótimo (e seguro) esconderijo para o executado que não quer pagar, já que há inúmeros atalhos. Em relação ao tema deste capítulo chama a atenção a redação do primeiro dispositivo da Seção III do Capítulo IV do Livro II que é onde começam as regras da penhora. Segundo o legislador, no artigo 831 "*A penhora deverá recair sobre tantos bens quantos bastem para o pagamento do principal atualizado, dos juros, das custas e dos honorários advocatícios*". Observe, querido leitor, que o próprio legislador dá ensanchas à interpretação de que é preciso penhorar bens primeiro para transformá-los em dinheiro, quando na verdade todos, absolutamente todos os esforçam devem existir para que se busque dinheiro como determina o § 1º do artigo 835.

A penhora, enquanto ato executivo, ocorre por meio de dois passos principais: a apreensão do bem e o seu depósito, conforme está claramente definido no art. 839 do CPC. Portanto, a apreensão e o depósito não são consequências da penhora, mas sim elementos que a compõem como um ato executivo.

Vale destacar que, atualmente, esses atos nem sempre precisam ocorrer de forma física, como o oficial de justiça indo até um local para apreender um bem tangível. Em um contexto cada vez mais digital, onde bens e valores podem ser virtuais, tanto a apreensão quanto o depósito podem ser realizados de forma eletrônica. Assim, a escolha do método de penhora dependerá das características específicas do bem, sempre priorizando a eficiência e a efetividade proporcionadas pelos meios digitais.

4.3 O OBJETO DA PENHORA

4.3.1 Bens do patrimônio sujeito à execução

O artigo 831 do CPC é claro ao dizer que a penhora deverá recair sobre tantos bens quantos bastem para o pagamento do principal atualizado, dos juros, das custas e dos honorários advocatícios. Aí ele diz que a penhora recai sobre "bens" e que o número de bens afetados pela penhora à execução forçada deve ser o adequado à satisfação não apenas do valor do débito, mas do valor da execução.

Uma advertência aguda precisa ser feita.

A penhora não recai sobre o "bem", mas sim sobre o direito real ou pessoal que o executado tem sobre aquele bem. Assim, quando se penhora o veículo, não é o "veículo", mas o domínio que o executado tem sobre o veículo. Sintetiza-se falando-se apenas na *coisa*, mas é o direito sobre ela. Daí porque se fala, corretamente, em *expropriação do direito do executado sobre o "bem" penhorado*.

Os "bens" do patrimônio sobre os quais recai a penhora são todos os *objetos dos direitos*, reais e pessoais, que tenham valor econômico apreciável em dinheiro porque "tanto quanto bastem" é a expressão que deixa clara a correspondência que deve haver entre o objeto da penhora e o valor da execução. Assim, podem ser penhorados, e, expropriados, os direitos reais e pessoais que o executado tem em seu patrimônio.

A penhora deverá recair sobre os "bens do patrimônio do executado" que sejam necessários para o pagamento do principal atualizado, dos juros, das custas e dos honorários advocatícios.

A execução por quantia tem um valor; e por isso a penhora deve recair sobre bens que em tese correspondam a este valor; o bem penhorado (*rectius* = direito sobre ele) é o que ficará vinculado à expropriação executiva que se aproxima. É, a penhora, o primeiro passo desta expropriação.

Como se disse acima, para ficar mais claro, quando se diz que a penhora recai sobre o automóvel, é na verdade que ela recai sobre o *objeto do direito de propriedade* do executado; ou ainda, quando se diz que recai sobre a indenização que será recebida pelo executado, na verdade ela recai sobre o *direito à indenização* que o executado irá receber. Nos exemplos listados pelo CPC o que se tem a rigor é que a penhora *apreende o direito real* ou *pessoal* (sobre coisa ou sobre créditos, respectivamente) que são de titularidade do executado; neste passo, a penhora é o primeiro passo concreto e efetivo para tal mister, pois é ela que *afeta* o referido "bem" a ser futuramente expropriado.

4.3.2 Exemplos de bens expropriáveis no CPC

O art. 835 apresenta uma lista ordenada de bens que podem ser objeto de penhora. Lendo-os à distância percebe-se dois aspectos fundamentais: primeiro que são bens que constituem *objeto de direito do executado*, ou seja, direitos reais sobre coisas e direitos pessoais. Outro aspecto fundamental é que o "bem penhorado" seja dotado de valor econômico apreciável, e que "baste" à satisfação do valor da execução.

Em linguajar sintético como faz o Código, o objeto da penhora, é, portanto, qualquer bem expropriável do patrimônio do executado, tais como (i) dinheiro, em espécie ou em depósito ou aplicação em instituição financeira, cotas fundo de investimento[54]; (ii) títulos da dívida pública da União, dos Estados e do Distrito Federal com cotação em mercado; (iii) títulos e valores mobiliários com cotação em mercado; (iv) veículos de via terrestre; (v) bens imóveis; (vi) bens móveis em geral; (vii) semoventes; (viii) navios e aeronaves; (ix) ações e quotas de sociedades simples e empresárias, inclusive se estiver em recuperação judicial;[55] (x) percentual do faturamento de empresa devedora; (xi) pedras e metais preciosos; (xii) direitos aquisitivos derivados de promessa de compra e venda e de alienação fiduciária em garantia; (xiii) títulos de crédito; (xiv) direitos reais limitados; (xv) os frutos e os rendimentos dos bens inalienáveis; (xvi) ação na qual o devedor figura como credor; (xvii) verba indenizatória.[56]

4.3.3 "Tantos bens quanto bastem" e "custos da execução": os parâmetros valorativos máximo e mínimo da penhora

É muito interessante que a frase do art. 831 quando diz "a penhora deverá recair sobre *tantos bens quantos bastem* para o pagamento do principal atualizado, dos juros, das custas e dos honorários advocatícios". Com esta expressão ele deixa claro que o objeto da penhora deve ter um valor apreciável em dinheiro que corresponda ao valor da execução, pois, é justamente o *valor da execução* que será retirado do patrimônio do executado mediante uma expropriação judicial.

---

54. AgInt no AREsp 945.366/RS, Rel. Ministra Maria Isabel Gallotti, Quarta Turma, julgado em 28.09.2020, DJe 01.10.2020.
55. REsp 1803250/SP, Rel. Ministro Marco Aurélio Bellizze, Rel. p/ Acórdão Ministro Ricardo Villas Bôas Cueva, Terceira Turma, julgado em 23.06.2020, DJe 01.07.2020.
56. AgInt no AREsp 1404115/SP, Rel. Ministro Ricardo Villas Bôas Cueva, Terceira Turma, julgado em 24.08.2020, DJe 31.08.2020.

Logo, bens com valor meramente sentimental ou moral apenas para o executado, como, por exemplo, a propriedade de um lenço deixado pelos pais falecidos; ou, noutro exemplo, a sua propriedade sobre um boneco de pelúcia de sua infância etc., embora integrem o patrimônio do executado, tais bens *não* servem ao ato de penhora como nenhum outro que não tenha *valor econômico apreciável.*

O objeto da penhora deve ser *útil* à execução para pagamento de quantia, pois, no final das contas, é o objeto da penhora que será levado à expropriação para saldar o que deve ao exequente. Por isso, chega a ser didático, e óbvio, o art. 836 ao dizer que *não se levará a efeito a penhora quando ficar evidente que o produto da execução dos bens encontrados será totalmente absorvido pelo pagamento das custas da execução.*

Isso quer dizer que não apenas o *patrimônio que vale menos do que a execução* não será objeto de penhora, mas também o que vale apenas sentimentalmente sem valor economicamente apreciável. Não é demais lembrar que não se penhoram direitos cívicos do executado, tampouco direitos ínsitos à sua personalidade, embora os efeitos econômicos da exploração da imagem, do nome (etc.) de determinadas pessoas possam ser penhorados se forem apreciáveis economicamente e não forem impenhoráveis por alguma razão jurídica (impenhorabilidade do salário do ator que é remunerado pela exploração da sua imagem).[57]

Importante que se perceba que o *parâmetro máximo* da penhora é o valor da execução. Não poderá passar disso. Se a execução vale "X", será objeto de penhora *tantas coisas e direitos pertencentes ao executado, quanto bastem* para fazer frente a este valor. Por outro lado, o *parâmetro mínimo é o custo da execução*, ou seja, não se perderá tempo e nem dinheiro com um processo executivo se o que puder ser objeto de penhora não sirva nem para pagar às custas da execução. Difícil é saber neste momento da penhora, se os bens penhorados bastarão para satisfazer o valor exequendo.

Também colhe-se da expressão *tantos bens quanto bastem* uma indistinção do bem que servirá à expropriação. Não há nenhuma razão para que o exequente deseje que determinado bem seja selecionado para ser expropriado. Seu interesse reside apenas em receber dinheiro e deve-se priorizar a ordem de liquidez dos bens (art. 835) caso não tenha sido penhorado dinheiro. Observe que nem mesmo há para o exequente o direito de selecionar este ou aquele bem para poder adjudica-lo posteriormente. Quando se inicia uma execução não há um direito do exequente em penhorar determinado bem para poder adjudica-lo posteriormente; a adjudicação pelo exequente (art. 876) é um direito que nasce a partir da penhora do bem, funcionando como se fosse um resultado prático equivalente, tanto que antes da adjudicação acontecer pode o executado remir a execução nos termos do artigo 826 do CPC.

---

57. Os direitos autorais possuem um núcleo patrimonial e extrapatrimonial. É comum a penhora, para futura expropriação, dos aspectos patrimoniais (núcleo econômico) dos direitos autorais, mas não se poderia cogitar de expropriação dos elementos que compõem o seu núcleo da personalidade (paternidade da intelectualidade e integralidade da obra criada).

4.3.4 O valor do objeto penhorado pode não ser tão preciso

Como se observou acima há uma relação lógica entre o objeto da penhora e o valor da execução de forma que procede-se a penhora sobre bens que correspondam a um valor que faça frente ao valor da execução e não se procede a penhora se o produto da venda dos bens penhoráveis do patrimônio da execução não der para pagar as custas da execução. Eis aí o teto valorativo limite da penhora, e, o piso limite de quando se pode começar a penhorar bens do patrimônio do executado.

É possível, leitor, que você já deva ter identificado um problema lógico. Quando o bem penhorado não é dinheiro, como saber os limites máximo (valor da execução) e mínimo (custos da execução) foram atingidos se o ato de *avaliação do bem penhorado* é posterior à penhora? E mais, já sabendo que o bem penhorado será expropriado, possivelmente em um leilão, surge um outro problema: e se o valor adquirido com a venda for menor do que o valor da execução? Ter-se-á que voltar tudo e penhorar mais bens (*tantos quanto bastem*)?

Sim, este é um problema, mesmo tendo a lei processual dito que a *avaliação é feita em sequência imediata à penhora* (v.g. art. 523, § 3º). Só que nem sempre isso acontece (art. 872), nem sempre a avaliação é precisa, e, como se sabe, um bem avaliado em "2X" e que em tese corresponda ao valor da execução, pode ser vendido por "X" num leilão, sendo necessário retornar o caminho com nova penhora para uma nova expropriação.

Dois dispositivos do Código elucidam isso. Um deles, já citado acima, é o artigo 836 que estabelece o limite mínimo do que pode ser penhorado. Repetindo o dispositivo, tem-se que "*não se levará a efeito a penhora quando ficar evidente que o produto da execução dos bens encontrados será totalmente absorvido pelo pagamento das custas da execução*".

Está muito claro o limite mínimo, mas depois de ler os §§ 1º e 2º do art. 836, a pergunta que não cala é a seguinte: por que será que os parágrafos determinam que "*quando não encontrar bens penhoráveis, independentemente de determinação judicial expressa, o oficial de justiça descreverá na certidão os bens que guarnecem a residência ou o estabelecimento do executado, quando este for pessoa jurídica*"? E, mais ainda, por que "*elaborada a lista, o executado ou seu representante legal será nomeado depositário provisório de tais bens até ulterior determinação do juiz*"?

Parece-nos fora de dúvida que na hipótese acima quem tem o poder de decidir se os limites mínimos e máximos da penhora foram atingidos é o juiz e não o oficial de justiça. Ele, oficial, faz a estimativa dos valores dos bens (art. 154, V) que guarnecem a residência ou o estabelecimento comercial; bens usados e que muitas vezes não é possível dizer se valem muito ou se valem pouco, ou, se o produto deles vale menos do que o custo da execução.

Enquanto não decidido pelo juiz que os referidos bens são inúteis economicamente para fins da execução eles estão sob *sujeitos à execução* e podem vir a serem penhorados a qualquer momento. A "lista descritiva dos bens que guarnecem o imóvel" não significa dizer que estão "penhorados", mas significa dizer que estes bens ali descritos e perfeitamente identificados estão num estado de "sujeição patrimonial".

Este dispositivo revela que não se tem absoluta segurança de que o valor atribuído ao bem penhorado realmente será apto para satisfazer ao valor da execução. Isso fica claro, inclusive, quando o art. 851, II diz que *não se procede à segunda penhora, salvo se executados os bens, o produto da alienação não bastar para o pagamento do exequente*". Como diz o dispositivo *nova* penhora deverá ser feita porque há ainda valor exequendo que não foi satisfeito.

4.3.5 Bens de qual patrimônio podem ser penhorados?

É muito importante usar a terminologia processual "do executado" e não "do devedor" porque isso pode trazer equívocos indesejáveis. Exemplificamos.

Num contrato de empréstimo de dinheiro com eficácia de título executivo firmado entre A e B, este indica C como seu fiador (garantia pessoal especial) para o caso de não adimplir a prestação devida. Ocorrido o inadimplemento, e iniciada a execução contra B e C, sobre qual patrimônio pode ocorrer a penhora de bens quanto bastem para satisfação da execução? A resposta é simples: sobre ambos os patrimônios de B e C. Este não era o *devedor,* mas era também o *responsável* pela dívida assumida por B. Ambos serão *executados*, o devedor e o responsável.

Usando o mesmo exemplo, mas imaginando que este contrato não seja título executivo extrajudicial, A promove demanda condenatória apenas contra B e contra este obtém sentença condenatória para pagamento de quantia. Poderá iniciar a execução contra B e C? Como lembra didaticamente o § 5º do art. 513 "*o cumprimento da sentença não poderá ser promovido em face do fiador, do coobrigado ou do corresponsável que não tiver participado da fase de conhecimento*". Há contrato, mas não há título executivo judicial formado contra C, porque ele não participou da fase cognitiva do processo.

O que deve ficar claro é que a penhora poderá recair sobre bens do patrimônio daquele devedor ou responsável que se encontram no título executivo judicial ou extrajudicial. Há situações que são interessantes, como por exemplo a *desconsideração da personalidade jurídica* ou *inversa* que é cabível em todas as fases do processo de conhecimento, no cumprimento de sentença e na execução fundada em título executivo extrajudicial (art. 134 do CPC). Observe que se for acolhida a desconsideração no referido incidente haverá uma ampliação do polo passivo da demanda, ampliando também com isso o número de patrimônios sujeitos à execução. A mesma coisa quando ocorre quando no processo cognitivo o réu requer o chamamento ao processo (art. 130) do requerido pelo réu: I – do afiançado, na ação em que o fiador for réu; II – dos demais fiadores, na ação proposta contra um ou alguns deles; III – dos demais devedores solidários, quando o credor exigir de um ou de alguns o pagamento da dívida comum.

Por estas razões é mais adequado falar sujeição patrimonial do *executado* porque apenas os bens do *executado* é que podem ser objeto de penhora. O artigo 791 do CPC é preciso no seu texto ao dizer que "*se a execução tiver por objeto obrigação de que seja sujeito passivo o proprietário de terreno submetido ao regime do direito de superfície, ou o superficiário, responderá pela dívida, exclusivamente, o direito real do qual é titular o executado, recaindo a penhora ou outros atos de constrição exclusivamente sobre o terreno, no primeiro caso, ou sobre a construção ou a plantação, no segundo caso*".

Nas hipóteses em que se reconhece a *fraude* contra credores e de fraude *à execução* o bem alienado ou onerado em fraude *retorna à sujeitabilidade patrimonial* do devedor/responsável não havendo que se falar em *ampliação subjetiva* de patrimônios. A rigor, nem mesmo se amplia objetivamente o patrimônio, porque o efeito da decisão que reconhece a fraude é declaratória e atinge apenas a ineficácia, perante o credor/exequente, do negócio firmado entre o devedor (executado) e o terceiro (adquirente).

4.3.6 *Quando a penhora recai sobre bem de terceiro dado em garantia real*

A responsabilidade patrimonial é uma garantia que o credor possui de que não sofrerá prejuízo em caso de inadimplemento. Todos os bens presentes e futuros do responsável, em relação ao vínculo jurídico, concorrem pelo adimplemento da obrigação eventualmente não adimplida.

Sem dúvida, portanto, a responsabilidade patrimonial tem papel fundamental nas relações obrigacionais, sejam elas oriundas de uma relação negocial ou de um ato ilícito.

Contudo, bem sabemos que a simples existência da responsabilidade patrimonial, prevista em lei, e que apenas a própria lei pode restringir, não impede ao credor mais preocupado que, além dessa garantia geral, imanente a qualquer obrigação, resolva acrescentar no negócio jurídico outra garantia para apertar ainda mais o negócio ou resguardar-se contra o eventual inadimplemento.

> "As garantias representam, assim, um reforço ao vínculo obrigacional constituindo um elemento apto a facilitar a extinção satisfativa do crédito, mas evidentemente, asseguram de forma absoluta o seu recebimento. Diz-se que esse reforço é *quantitativo*, quando, por meio da garantia, o credor passa a ter acesso ao patrimônio de outra pessoa, o garante, que se obriga em face do credor (caso típico de fiança); e é *qualitativo*, quando se traduz numa preferência concedida ao credor sobre o valor de terminados bens (caso do penhor e da hipoteca)"[58]

O que se quer dizer é que a responsabilidade patrimonial não afasta a possibilidade de que no mesmo negócio jurídico sejam tomadas outras garantias, reais ou fidejussórias[59], que assegurem ao credor uma tranquilidade para o caso de inadimplemento do devedor.

---

58. FARIAS, Cristiano Chaves de; ROSENVALD, Nelson. *Curso de direito civil*. 15. ed. Salvador: Podivm, 2021, v. 2, obrigações, p. 62.
59. LEITÃO, Luís Manuel Teles de Menezes. *Direito das obrigações*. 9. ed. Coimbra: Almedina, 2014. v. II, p. 303-4.

É importante ressaltar que, no caso de serem tomadas outras garantias (além da garantia patrimonial que está prevista na Lei), o credor poderá, se necessário for, lançar mão de remédios jurisdicionais para tutela da garantia patrimonial comum ou das especiais que eventualmente tiver feito para impedir o prejuízo no caso do inadimplemento.

O fato de existirem outras garantias específicas firmadas entre o credor e o devedor (como a fiança ou a hipoteca, por exemplo), isso em nada afasta a regra legal de que os bens que compõem o patrimônio do devedor continuam submetidos à responsabilidade patrimonial. É um *plus*, não um *minus*.

Assim, é perfeitamente possível que havendo um contrato de mútuo de dinheiro envolvendo A (mutuante) e B (mutuário), que um imóvel de C seja dado em garantia real para o caso de inadimplemento de B. Usando de exemplo a hipoteca, tem-se o art. 1419 do Código Civil que nas dívidas garantidas por penhor, anticrese ou hipoteca, o bem dado em garantia fica sujeito, por vínculo real, ao cumprimento da obrigação". Observe que não é todo o patrimônio do C que está *sujeito à execução promovida* por A em razão do inadimplemento de B. Apenas aquele bem específico (precisamente o valor em dinheiro que ele representa). E há pelo menos 5 situações que daí resultam que são importantes.

A *primeira* de que sendo um vínculo real, sua eficácia é erga omnes, ou seja, este vínculo jurídico da coisa com aquela obrigação deve ser respeitado por todos, independentemente onde a coisa se encontre e com quem se encontre quando no momento da execução, e, precisamente quando a penhora afetar este bem para ser futuramente expropriado para garantir contra o inadimplemento.

A *segunda* de que o fato de estar vinculado a obrigação apenas este bem, o restante do patrimônio de C não é e nem pode ser atingido pela execução movida por A contra B, porque C limitou a sujeição patrimonial exclusivamente àquele bem hipotecado.

A *terceira* de que acaso a execução de A movida contra B não seja satisfeita com a alienação do bem que foi dado em garantia, ainda assim pode A continuar a buscar patrimônio de B para se satisfazer, como expressamente menciona o art. 1430 do CCB ao dizer que "*quando, excutido o penhor, ou executada a hipoteca, o produto não bastar para pagamento da dívida e despesas judiciais, continuará o devedor obrigado pessoalmente pelo restante*". Realçamos a palavra "continuará" porque está muito claro que o devedor *tinha e continua a ter* o seu patrimônio sujeito à execução.

Assim, sendo insuficiente o preço alcançado na execução judicial do imóvel hipotecado, o credor hipotecário transferirá o seu interesse na proteção da garantia genérica de preservação dos demais bens que compõem o patrimônio do devedor, uma vez que será dali que extrairá numerário suficiente para se proteger do prejuízo causado pelo inadimplemento. O que se quer dizer é que a garantia real estabelecida num negócio jurídico não afasta a possibilidade de que sejam excutidos bens do executado/devedor em razão do inadimplemento, muito embora, preferencialmente, seja bem melhor ao credor efetivar excussão sobre o bem dado em garantia real pelo *terceiro*.

O *quarto* e *quinto* ponto importante do direito material com reflexos na atividade executiva é extraída do art. 1422 do CCB que assim diz: "o credor hipotecário e o pignoratício têm o direito de excutir a coisa hipotecada ou empenhada, e *preferir*, no pagamento, a outros credores, observada, quanto à hipoteca, a prioridade no registro".

Há, portanto, neste dispositivo a descrição de um direito de excutir a coisa hipotecada e um direito de preferência no pagamento resultante da excussão da coisa.

No que concerne ao *direito de excutir a coisa hipotecada* está claro, usando o nosso exemplo acima, que "A" *tem o direito de excutir a coisa hipotecada*, ou seja, pode submeter o bem dado em garantia hipotecária por "C" à execução movida contra "B".

Considerando o que diz o Código Civil sobre os direitos reais de garantia não parece ter sido feliz o CPC quando disse imperativamente no § 3º do art. 835 que "na execução de crédito com garantia real, *a penhora recairá sobre a coisa dada em garantia*, e, se a coisa pertencer a terceiro garantidor, este também será intimado da penhora". *Data maxima respecta*, não me parece correta a afirmação de que a penhora tenha necessariamente que recair sobre a coisa dada em garantia, muito embora autorizadíssima doutrina sustente o inverso.

> "Havendo negócio jurídico das partes vinculando determinados bens à satisfação da dívida, ou gravame real – hipoteca, penhor e anticrese –, a constrição recairá obrigatoriamente sobre os bens dados em garantia, chamando a tal penhora de 'natural'. Essa constrição poderá ser ampliada, recaindo sobre outros bens, caso a garantia seja insuficiente, ou restringir-se a parte dos bens gravados, havendo excesso. Em nenhuma hipótese, entretanto, deixará recair sobre os bens gravados, no todo ou em parte, porque a nenhuma das partes é dado desvincular-se unilateralmente do negócio jurídico no plano do direito material".[60]

É importantíssimo deixar claro numa situação como esta que são *responsáveis* pela dívida o *devedor* (por meio da garantia geral da responsabilidade patrimonial) e o *terceiro* que assume a responsabilidade pela dívida de outrem no limite do bem ofertado como garantia real.

Diante deste cenário, então, havendo o inadimplemento o que deve fazer o credor? (1) Obrigar-se a promover uma execução hipotecária só contra o terceiro ou; (2) Iniciar uma execução apenas contra o devedor principal pretendendo a sua responsabilização do seu patrimônio, ou (3) iniciar uma execução contra ambos pretendendo responsabilizar o patrimônio do devedor e também sobre o bem dado em garantia? Uma das três possibilidades pode ser exercida pelo credor.

Impor ao credor a primeira conduta é negar a possibilidade de que venha a receber o que lhe é devido da expropriação do patrimônio do próprio devedor, transformando a *garantia* que é um plus, em um limitador da própria responsabilidade patrimonial do devedor que passaria a ser subsidiária à excussão do bem hipotecado. Por outro lado, impor a segunda conduta é privar o exequente do direito de excutir o bem dado em garantia, negando, pois, a própria razão de ser da sua realização. A terceira conduta

---

60. ASSIS, Araken. *Manual da execução*. 20. ed. São Paulo: Ed. RT, 2018, p. 959-960.

CAPÍTULO X • DA PENHORA E DA AVALIAÇÃO

parece ser a *normal* porque ambos, devedor e garantidor, são *responsáveis* pela dívida com a peculiar limitação do *garantidor* ao limite da garantia hipotecária (bem dado em garantia).

Ora, se tivéssemos um procedimento comum voltado às execuções de pretensões reais, certamente poderia ser levantada a discussão sobre a compatibilidade cumulação do procedimento contra o devedor e o procedimento contra o terceiro garantidor. Infelizmente, o nosso CPC, desde o Código passado, simplesmente submeteu, indevidamente (salvo nos procedimentos especiais petitórios), as pretensões reais ao mesmo regime executivo das pretensões pessoais.

Assim, lembrando o art. 835, § 3º:

§ 3º Na execução de crédito com garantia real, a penhora recairá sobre a coisa dada em garantia, e, se a coisa pertencer a terceiro garantidor, este também será intimado da penhora.

Com o devido respeito o dispositivo é inadequado porque não se adotou no nosso ordenamento um procedimento comum para as chamadas execuções de pretensões reais. Primeiro porque não deveria ser imperativo ("recairá"), mas sim *prioritário* como dizia o Código de Processo Civil anterior, segundo porque a preferência de penhorar o bem dado em garantia real só deve ser invocada pelo credor em seu favor, pois do contrário, se o executado pudesse invocá-la em seu favor, certamente que poderia colocar o credor preferencial numa posição pior do que a do quirografário caso o devedor pudesse ter em seu patrimônio a quantia para ser objeto de penhora. E, em terceiro lugar o equívoco do dispositivo é que da forma como está escrito ele admite que a execução seja movida contra o devedor, mas a penhora recaia sobre bem de quem não é parte, sendo suficiente a sua *intimação da penhora*. Ora, se ambos são responsáveis, devedor e garantidor hipotecário, e, se se pretende excutir o bem hipotecado não se pode admitir que alguém tenha o seu patrimônio expropriado sem que participe do processo.[61]-[62]

Da forma como pretende o dispositivo do CPC seria como obrigar que a penhora na execução de "A" contra "B" recaia necessariamente sobre o imóvel de "C" que foi dado em garantia seja pelo próprio devedor ou por terceiro garantidor. Não pode o legislador processual impor que a futura execução seja promovida para expropriar o tal bem

---

61. Neste sentido o aresto do STJ "(...) o proprietário do bem dado em garantia deve ser intimado do ato constritivo, bem como "ser indispensável que o garantidor hipotecário figure como executado para que a penhora recaia sobre o bem dado em garantia, porquanto não é possível que a execução seja endereçada a uma pessoa, o devedor principal, e a constrição judicial atinja bens de terceiro, no caso, o garantidor hipotecário" (AgRg no AREsp n. 131.437/PR, Relator Ministro Luis Felipe Salomão, Quarta Turma, julgado em 7.5.2013, DJe 20.5.2013).

62. Em sentido contrário, admitindo a intimação da penhora a posição mais recente do STJ: "(...) 1. Ação de execução de título executivo extrajudicial. (...) 3. O propósito recursal é definir se, na ação de execução com garantia hipotecária, os terceiros garantidores precisam ser citados para figurar no polo passivo da lide ou se basta que haja a intimação dos mesmos acerca da penhora, para que haja a expropriação do bem. (...) 6. A intimação do terceiro garantidor quanto à penhora do imóvel hipotecado em garantia é suficiente, não sendo necessário que o mesmo seja citado para compor no polo passivo da ação de execução. 7. Recurso especial parcialmente conhecido e, nessa extensão, parcialmente provido. (REsp 1649154/SC, Rel. Ministra Nancy Andrighi, Terceira Turma, julgado em 03.09.2019, REPDJe 10.10.2019, DJe 05.09.2019).

dado em garantia. Não tem o menor cabimento que numa execução para pagamento de quantia o credor se veja obrigado a excutir a coisa dada em garantia para depois obter o dinheiro à satisfação do crédito, promovendo duas expropriações (liquidativa e satisfativa) quando, por exemplo, seja possível penhorar dinheiro do executado.

Cabe ao credor/exequente decidir se pretende ou não promover a execução sobre a garantia geral (responsabilidade patrimonial) e/ou sobre a garantia específica (hipoteca), mas sabe que na hipótese de a hipoteca ter sido prestada por um *terceiro garantidor* ele também deve ser citado para integrar a relação jurídica processual executiva, inclusive porque poderá deduzir todas as defesas que envolvam a sua responsabilidade ou a dívida contraída pelo devedor.

Neste particular, era inegavelmente melhor a redação do art. 655, § 1º do CPC revogado que dizia que "na execução de crédito com garantia hipotecária, pignoratícia ou anticrética, a penhora recairá, <u>preferencialmente</u>, sobre a coisa dada em garantia; se a coisa pertencer a terceiro garantidor, será também esse intimado da penhora". O que não tem o menor cabimento, como já dissemos anteriormente, que o sujeito titular do bem hipotecado, constante do título executivo, não seja citado para integrar a lide executiva que pretenderá expropriar seu patrimônio.

A *prioridade* não é *obrigatoriedade*, e, corretamente vem decidindo o STJ em colocar nos trilhos a regra do § 3º do art. 835 ao dizer que "no tocante ao malferimento do artigo 835, § 3º, do CPC (correspondente ao artigo 655, § 1º, do CPC/73), a jurisprudência desta Corte Superior firmou-se no sentido de que a preferência é relativa, devendo ser afastada tal regra quando constatada situação excepcional, notadamente se o bem dado em garantia real se apresenta impróprio ou insuficiente para a satisfação do crédito da parte exequente".[63]

Ademais, como se disse, do art. 1422 do CCB também ressai para "A", usando o nosso exemplo, um *direito de preferência no pagamento* em relação a outros credores, ou seja, se este mesmo bem estiver sendo submetido a execução de um outro credor "D" contra "C" que é dono do imóvel, então, aquela garantia hipotecária vinculada ao negócio jurídico de A com B dá ao primeiro a preferência no pagamento.

4.3.7 Penhora sobre bem que está penhorado

Se o bem penhorado não foi dinheiro, nada impede que ele seja penhorado mais de uma vez ao mesmo tempo. Uma, duas, três etc., tantas quantas penhoras podem ser feitas sobre o mesmo bem, bastando que ele seja suficiente para atender a todas as execuções. O próprio Código admite isso no art. 797, parágrafo único ao falar sobre uma ordem de preferencias de penhoras. A rigor a *segunda* penhora sobre o mesmo

---

63. AgInt no REsp n. 1.778.230/DF, Rel. Ministro Marco Buzzi, Quarta Turma, julgado em 11.11.2019, DJe 19.11.2019; AgInt no AREsp 1389406/RS, Rel. Ministro Antonio Carlos Ferreira, Quarta Turma, julgado em 24.08.2020, DJe 28.08.2020.

CAPÍTULO X • DA PENHORA E DA AVALIAÇÃO   **451**

bem (penhora de segundo grau), feita por outro exequente ou pelo mesmo, atingirá as eventuais *sobras* da expropriação liquidativa realizada sobre o bem penhorado. Se o bem do executado tem valor suficiente para ser penhorado mais de uma vez, não há problema nenhum que sobre ele pairem mais de uma penhora.

4.3.8   Penhora sobre bem gravado com ônus real

Um exequente "A" pode solicitar a penhora de um bem de "B" que já esteja servindo de garantia real para uma outra obrigação assumida com um credor C. A penhora sobre o bem gravado com ônus real vinculado a outra obrigação pode acontecer, mas o exequente sabe que deve intimar o *credor preferencial* para que ele possa acompanhar a execução e assim exercer as suas preferências neste processo de A contra B.

Não por acaso diz o art. 799, I que "incumbe ainda ao exequente: I – requerer a intimação do credor pignoratício, hipotecário, anticrético ou fiduciário, quando a penhora recair sobre bens gravados por penhor, hipoteca, anticrese ou alienação fiduciária".

Mais adiante diz o artigo 804 que a "alienação de bem gravado por penhor, hipoteca ou anticrese será ineficaz em relação ao credor pignoratício, hipotecário ou anticrético não intimado".

Na mesma linha diz o art. 889, V que "serão cientificados da alienação judicial, com pelo menos 5 (cinco) dias de antecedência: (V) o credor pignoratício, hipotecário, anticrético, fiduciário ou com penhora anteriormente averbada, quando a penhora recair sobre bens com tais gravames, caso não seja o credor, de qualquer modo, parte na execução".

Estas regras servem não apenas para os credores com garantia real sobre o bem penhorado, mas para todos os terceiros que possuem algum tipo de preferência legal sobre o bem objeto da penhora. Essa preocupação do Código de que acompanhem a execução da qual não são parte, mas que possuem relação com o bem que será expropriado, é justamente para que possam exercer o direito de adjudicar (art. 876, § 5º) ou, exercer sua preferência no recebimento do dinheiro obtido pela alienação do referido bem (art. 908 e ss.), ou quiçá apenas saber quem será o novo proprietário do bem sobre o qual exercem (e continuarão a exercer depois da arrematação) os direitos reais limitados.

Merece ser lembrada ainda a decisão que condenar o réu ao pagamento de prestação consistente em dinheiro e a que determinar a conversão de prestação de fazer, de não fazer ou de dar coisa em prestação pecuniária possuem um *efeito secundário* à própria condenação. É que as referidas decisões valem como título constitutivo de hipoteca judiciária. Portanto, caso efetive a referida hipoteca da sentença perante o cartório de registro imobiliário, colocará este credor na posição de *credor hipotecário* do referido bem dando a ele, no futuro, o direito de preferência, quanto ao pagamento, em relação a outros credores, observada a prioridade no registro. Pode, portanto, no cumprimento de sentença pedir a penhora do referido bem do patrimônio do executado sobre o qual recai a hipoteca judiciária.

4.3.9 A ordem de preferência da penhora

O Código de Processo Civil estabelece uma ordem de preferência de penhora dos bens integrantes do patrimônio do executado sujeitos à execução (art. 835). Em primeiro lugar é de se dizer que este não é um rol de bens *penhoráveis* embora dali se possa ter um alcance do leque de opções que se pode penhorar. A rigor, não há no CPC uma *lista de bens penhoráveis*, porque para saber o que pode ser penhorado o raciocínio é invertido como sugere o artigo 832 ao dizer "não estão sujeitos à execução os bens que a lei considera impenhoráveis ou inalienáveis". Disso se conclui que podem ser penhorados todos aqueles que tenham valor econômico acima do patamar mínimo do art. 836 e que a lei não reputa como impenhorável ou inalienável. Não estando na lista negativa ou proibitiva do legislador então poderá ser objeto de penhora.

Assim, feita esta ressalva, a lista do artigo 835, repetida e robustecida ao longo dos diplomas processuais que o país já teve desde as Ordenações Filipinas, segue uma razão lógica. Imaginou a lei que a *ordem preferencial* de penhora existe, em tese, porque se imagina que seguindo esta receita será mais facilmente satisfeito o direito exequendo com menor custo e tempo (art. 797 do CPC e art. 8º). Em escala decrescente, sem contar o primeiro da lista que já é o próprio dinheiro e o último que é uma norma de encerramento (outros direitos), é fácil perceber que a abstração da lei tem realmente que permitir a flexibilização, afinal de contas é fácil para qualquer um imaginar hipótese de semoventes que sejam mais fáceis de liquidar do que bens imóveis, embora no texto do dispositivo estes se apresentem como de melhor liquidez que aqueles.

Não há muita dificuldade para reconhecer que numa execução para pagamento de quantia o dinheiro deve ser o primeiro da lista. Se o sujeito pretende uma prestação de fazer, o normal é que obtenha a realização do fazer; se é uma entrega de um bem móvel, que lhe seja entregue este bem; se é dinheiro, que receba o dinheiro. Parece-nos óbvio e ululante que o dinheiro seja o primeiro da lista e que não se permita flexibilizar o dinheiro por outro bem da lista. Além da correspondência entre o objeto almejado pela execução e o objeto penhorado há um outro fator que torna a penhora de dinheiro inflexível, que é o fato de que a penhora de dinheiro evita uma demorada e interminável expropriação liquidativa, pois passa-se da penhora diretamente para a fase satisfativa.

Exatamente por isso o § 1º do art. 855 diz que "é prioritária a penhora em dinheiro, podendo o juiz, nas demais hipóteses, alterar a ordem prevista no *caput* de acordo com as circunstâncias do caso concreto". Ao dizer "nas demais hipóteses" o texto é claro que é rígida a posição do dinheiro na ordem do legislador.[64] Não há "preferência" em relação ao dinheiro, mas sim "prioridade" e uma vez penhorada a quantia, apenas rarissima-

---

64. Em nosso sentir é superada a incrível Súmula 417 do STJ que diz que "na execução civil, a penhora de dinheiro na ordem de nomeação de bens não tem caráter absoluto". Com o devido respeito não deveria nem ter sido editada em obediência da efetividade e eficiência do processo, e agora deve ser cancelada diante da regra do § 1º do art. 835 do CPC.

mente é que se pode cogitar em substituir o dinheiro por outro bem, mas cuidaremos disso mais adiante.

O Código também estabelece uma prioridade no art. 835, § 3º ao dizer que "na execução de crédito com garantia real, a penhora recairá sobre a coisa dada em garantia", mas sobre isso já falamos no item 1.4.7 retro.

Não sendo dinheiro o objeto da penhora, admite o Código a alteração da ordem de acordo com as circunstâncias do caso concreto. Essas circunstâncias que permitem a flexibilização podem ser tanto invocadas pelo exequente como pelo executado (art. 848, I), mas sempre tendo como firme a premissa de que a ordem existe para satisfazer mais facilmente o direito exequendo. O executado poderá pedir a flexibilização da ordem ou impedir que ela ocorra invocando como pano de fundo a cláusula geral do art. 805 do CPC (desde que comprove que lhe será menos onerosa e não trará prejuízo ao exequente), desde já indicando bens que sejam igualmente eficazes e menos onerosos, sob pena de manutenção da ordem preestabelecida. O exequente, por sua vez, poderá sustentar que considerando os tipos e particularidades dos bens que integram o patrimônio do executado seria mais fácil obter a satisfação do seu direito se o bem afetado à futura expropriação fosse um que estivesse fora da ordem de preferência.

Sobre a ordem de preferência o Superior Tribunal de Justiça já sedimentou que:

> a ordem de preferência estabelecida no art. 835 do CPC/2015 (art. 655 do CPC/73) não tem caráter absoluto, podendo ser flexibilizada em atenção às particularidades do caso concreto. De igual modo, o princípio da menor onerosidade da execução também não é absoluto, devendo ser observado em consonância com o princípio da efetividade da execução, preservando-se o interesse do credor. Precedentes. Nos termos do art. 805, parágrafo único, do CPC/2015, "Ao executado que alegar ser a medida executiva mais gravosa incumbe indicar outros meios mais eficazes e menos onerosos, sob pena de manutenção dos atos executivos já determinados". Hipótese na qual, não tendo a parte executada indicado os meios que considera mais eficazes e menos onerosos, os atos executivos determinados pelas instâncias ordinárias devem ser mantidos. (AgInt no AREsp 1650911/SP, Rel. Ministro Raul Araújo, Quarta Turma, julgado em 21.09.2020, DJe 08.10.2020).

Além da ordem preferencial do art. 855 há ainda outros bens que também se submetem a uma "ordem preferencial", igualmente de gradação, mas que por opção da lei, não estão inscritos em incisos do art. 855, e, na praxe judiciária são conhecidos como bens *relativamente impenhoráveis*. São assim chamados porque, por técnica legislativa, vinham em dispositivo logo em seguinte à lista dos bens impenhoráveis (art. 650 e 649 do CPC/73; art. 942 e 943 do CPC/39).

Tal como no atual CPC, desde o Código de Processo Civil de 1939 o legislador apresentava uma ordem decrescente de bens a serem penhorados, e, em outros dispositivos do mesmo capítulo dedicado à penhora dizia quais bens *não poderiam* ser penhorados (absolutamente impenhoráveis) e aqueles que *poderiam* ser penhorados *à falta de outros bens*. A rigor, tais bens se submetem a um regime de responsabilidade patrimonial subsidiária, ou seja, existe uma limitação relativa à responsabilidade patrimonial, uma ordem legal de quais os bens devem garantir os prejuízos do inadimplemento. Falava-se antigamente em impenhorabilidade absoluta e relativa, mas a rigor a "impenhorabilidade relativa" sempre foi uma contradição em termos, pois tais bens poderiam ser penhorados *à falta de outros bens*.

Como o atual CPC eliminou o "absolutamente" impenhorável (antes nos art. 649/73 e art. 942/39) constando apenas os bens *impenhoráveis*, isso abriu a porta para se dizer que esta lista de bens tidos como impenhoráveis podem ser excepcionalmente penhorados diante das circunstancias do caso concreto, e, por tabela, pôs por terra a nomenclatura de bens relativamente e absolutamente impenhorável.

O que deve ficar claro é que existe no CPC uma ordem de preferência processual, onde alguns bens, na visão do legislador, possuem maior liquidez do que outros, e, uma ordem de preferência material vinculada a uma responsabilidade patrimonial subsidiária.

Feito este esclarecimento, parece-nos que para estes bens do art. 834, art. 865, art. 866 etc.[65]. só se pode penhorá-los se nenhum outro existir em razão da *subsidiariedade da responsabilidade patrimonial*, não se submetendo, portanto, a flexibilizações naquela ordem processual estabelecida no art. 835.

Segundo o artigo 834 "podem ser penhorados, à falta de outros bens, os frutos e os rendimentos dos bens inalienáveis", ou seja, não havendo outros bens no patrimônio do executado aí sim que estes poderiam ser atingidos. Ao receber esta "preferência destacada", já que não constam da ordem preferencial do artigo 835, parece-nos que a interpretação que se deve dar a estes bens do artigo 834 é que são de *penhora subsidiária em obediência ao direito material da garantia patrimonial subsidiária* que só pode ocorrer se não for possível a penhora *primária* na ordem ou fora da ordem processual do artigo 835.

4.3.10 O meio de realização e a formalização da penhora

O desenvolvimento tecnológico trouxe inúmeras facilidades e agilidade e deter-minados procedimentos que eram inimagináveis para o legislador do CPC de 1973.

Para aqueles que operaram na vigência do Código anterior compreendem facil-mente quando se diz que era burocrática a realização da penhora, a ponto de a sua forma ser, muitas vezes, considerada tão ou mais importante que o seu próprio conteúdo.

---

65. Também de forma expressa e fora do art. 835 o Código estabelece outras hipóteses de preferência colocando no final da lista, por reconhecer as dificuldades de conservação/administração/gestão do bem penhorado alguns casos de penhoras especiais como se vê no art. 865 ao dizer que "a penhora de que trata esta Subseção somente será determinada se não houver outro meio eficaz para a efetivação do crédito"; no artigo 866 quando diz que "se o executado não tiver outros bens penhoráveis ou se, tendo-os, esses forem de difícil alienação ou insuficientes para saldar o crédito executado, o juiz poderá ordenar a penhora de percentual de faturamento de empresa"; e também no artigo 867 quando diz que "o juiz pode ordenar a penhora de frutos e rendimentos de coisa móvel ou imóvel quando a considerar mais eficiente para o recebimento do crédito e menos gravosa ao executado".

Até que a Lei 11232/06 trouxe algumas inovações aos atos executivos e uma delas foi justamente a possibilidade de *realização eletrônica da penhora, in verbis*:

> Art. 659,
>
> § 6º que "obedecidas as normas de segurança que forem instituídas, sob critérios uniformes, pelos Tribunais, a penhora de numerário e as averbações de penhoras de bens imóveis e móveis podem ser realizadas por meios eletrônicos".
>
> Art. 655-A. Para possibilitar a penhora de dinheiro em depósito ou aplicação financeira, o juiz, a requerimento do exequente, requisitará à autoridade supervisora do sistema bancário, preferencialmente por meio eletrônico, informações sobre a existência de ativos em nome do executado, podendo no mesmo ato determinar sua indisponibilidade, até o valor indicado na execução.

O CPC atual manteve a linha evolutiva e ampliou as hipóteses de realização de atos eletrônicos na execução, inclusive, estabelecendo como regra de alienação o leilão judicial eletrônico (art. 882). Assim, no que concerne a penhora eletrônica o legislador previu no artigo 837 que "obedecidas as normas de segurança instituídas sob critérios uniformes pelo Conselho Nacional de Justiça, a penhora de dinheiro e as averbações de penhoras de bens imóveis e móveis podem ser realizadas por meio eletrônico".

Se formos comparar o atual art. 854 e art. 837 com os arts 659 e 655 do Código anterior que foram citados acima, podemos imaginar que as mudanças não foram tão substanciais assim, mas na verdade elas foram significativas especialmente porque inseriram o CNJ na responsabilidade de definir os critérios uniformes das ferramentas que se operacionalizam a penhora online de dinheiro e demais bens móveis e também os imóveis. Essa cláusula permite que se dê mobilidade necessária para que o CNJ possa não apenas uniformizar a utilização das ferramentas eletrônicas que serão utilizadas por todos os juízos no país, mas especialmente atualizar estas ferramentas de acordo com a própria evolução tecnológica. O sistema BACENJUD recentemente superado pelo SISBAJUD, que deve estar ativo e disponível ao Judiciário, é um bom exemplo disso, pois amplia consideravelmente os acessos a dados financeiros permitindo que se dê maior efetividade e eficiência aos atos eletrônicos de apreensão de quantia.

O Conselho Nacional de Justiça tem se esforçado, e conseguido, ofertar ferramentas eletrônicas que tendem a simplificar a realização destes atos eletrônicos pelo juízo. Certamente, chegaremos a um momento em que um único sistema eletrônico permitirá, pelo CPF ou CNPJ, identificar de modo muito simples, todo o patrimônio registrável do executado (carros, embarcações, aeronaves, imóveis, ações, cotas de sociedade, dinheiro, semoventes, aplicações etc.), bem como, inclusive, os registros em cartório de títulos e documentos, de procurações que eventualmente tenham sido feitas pelo executado para laranjas. Com a utilização da inteligência artificial tal possibilidade não se mostra mais tão distante.

No que concerne à formalização e documentação da penhora não é demais lembrar que todo ato jurídico possui uma forma, um conteúdo e aptidão para produzir efeitos. A penhora também tem seu conteúdo e uma forma pela qual ela se apresenta. Nos termos do artigo 838 a penhora será exteriorizada mediante *auto* ou *termo*, que conterá: I – a indicação do dia, do mês, do ano e do lugar em que foi feita; II – os nomes do exequente e do executado; III – a descrição dos bens penhorados, com as suas características; IV – a nomeação do depositário dos bens. Tratando-se de ato realizado pelo oficial de justiça adverte o CPC que lavrar-se-á um só auto se as diligências forem concluídas no mesmo dia, e, havendo mais de uma penhora, serão lavrados autos individuais.

A objetiva e minudente descrição do bem penhorado é muito importante pois são todas as suas mínimas características é que descreverão o estado em que o bem se encontra permitindo comparar, no futuro, se houve ou não falha no papel de guarda e conservação. Além disso, são elas que deverão servir de parâmetro para a avaliação do bem e que constarão nas informações que serão divulgadas aos interessados em adquiri-lo quando da alienação. Uma descrição insuficiente pode ser causa de uma *avaliação incorreta* o que causará enormes prejuízos ao processo. A *descrição* é objetiva, ou seja, não cabe ao auxiliar do juízo apor comentários pessoais, nem enaltecedores e nem depreciativos do bem. Além de deselegante, é ilegal e incabível porque traz traços de quebra da necessária impessoalidade que deve governar a atuação daqueles que devem atual de modo imparcial. A depender da hipótese não se descarta o oferecimento de exceção de suspeição nos termos do art. 148 do CPC.

Conquanto a penhora possa se materializar em um *termo de penhora* feito pelo escrivão ou por um *auto de penhora* realizado pelo oficial de justiça não são estes auxiliares do juízo os responsáveis pela definição de quem será o depositário. Esta é tarefa do juiz, com a sensibilidade de julgador, que deverá definir, de acordo com as regras do CPC e das particularidades da causa, sobre quem deve recair o múnus público de depositário judicial. Antecipamos o que será dito no próximo tópico de que o *normal é* que a escolha não recaia sobre a pessoa do executado por várias razões que explicaremos adiante.

Nada obstante o Código diga, imperativamente, que o *auto ou termo de penhora* "conterá", dando tom imperativo do conteúdo do documento, é certo que falhas podem acontecer na elaboração do *termo ou do auto,* mas só se pode falar em *nulidade* se se tratar de algo realmente muito sério que inviabilize o que nele contém. Do contrário, irregularidades sanáveis devem ser sempre supridas, pois o defeito puro e simples da forma não pode ser um obstáculo ao processo se o resultado foi alcançado sem que houvesse prejuízo para as partes.

4.3.11 O lugar de realização da penhora

O lugar da penhora é o lugar onde se encontra o bem penhorado, daí porque diz o art. 845 que "efetuar-se-á a penhora onde se encontrem os bens, ainda que sob a posse, a detenção ou a guarda de terceiros" e isso pode exigir que exista cooperação entre juízos, pois é possível que o executado não tenha bens no foro do processo, caso em que se diz que a *execução será por carta,* sempre lembrando que nas comarcas contíguas, de fácil comunicação, e nas que se situem na mesma região metropolitana não será necessária a expedição de carta de cooperação entre os juízos, pois oficial de justiça poderá cumprir os atos executivos determinados pelo juiz (art. 782, § 1º).

Tratando-se de bens imóveis ou móveis de difícil remoção, a competência para realizar os atos de execução (penhora, avaliação e alienação) serão no foro de situação da coisa. É justamente para evitar este problema que o Código flexibiliza a competência para o cumprimento da sentença admitindo que o exequente opte "pelo juízo do local onde se encontrem os bens sujeitos à execução ou pelo juízo do local onde deva ser executada a obrigação de fazer ou de não fazer" (art. 515, parágrafo único e art. 781, I, *in fine*). Todavia, nem sempre esta opção é exercida porque pode o exequente desconhecer onde se encontra o patrimônio do executado ou simplesmente não exerça a faculdade legal.

> É preciso ficar atento para o fato de que estes dispositivos do Código não foram pensados na perspectiva da realização eletrônica dos atos de constrição e de alienação judicial, de forma que perde muito o sentido qualquer discussão sobre competência – especialmente com o avanço das regras de cooperação judiciária (art. 69, §2º, VII) – quando os atos executivos não são realizados fisicamente pelo juízo onde os bens se localizam.

Assim, na "execução por carta", por coerência lógica, tendo os atos executivos sido realizados pelo juízo de outra comarca, então o eventual questionamento que venha a ser feito exclusivamente acerca destes atos deve ser de competência dele (juízo deprecado) e não de onde emanou a carta. Se a oposição versar sobre aspectos que tocam não apenas a estes atos, mas à execução como um todo, então a competência para julgar é do juízo deprecante (art. 915, § 2º do CPC).

Como dito alhures o desenvolvimento tecnológico tornou-se possível a realização da penhora (apreensão e depósito do bem) sem a necessidade de cooperação de juízos como no caso de penhora eletrônica de bens imóveis e de automóveis. O próprio juiz da execução cumpre o ato sem a necessidade de qualquer cooperação. Além disso, mesmo que não faça uso da via eletrônica, a penhora de bens imóveis e de veículos pode ser simplificada, pois basta apresentar ao juízo, respectivamente, a certidão da respectiva matrícula ou o DUT que a penhora será realizada por termo nos autos, independentemente de onde se encontrem os referidos bens.

Dentre os bens que *não* podem ser penhorados (art. 833, II) estão aqueles móveis, os pertences e as utilidades domésticas que guarnecem a residência do executado. Entretanto o Código abre a possibilidade de que tais bens que estejam na casa do executado possam ser penhorados se: (i) tiverem um "elevado valor" ou, (ii) ainda que não sejam de elevado valor, "*ultrapassem as necessidades comuns correspondentes a um médio padrão de vida*". Relembre-se ainda que o § 1º do art. 836 diz que "*quando não encontrar bens penhoráveis, independentemente de determinação judicial expressa, o oficial de justiça descreverá na certidão os bens que guarnecem a residência ou o estabelecimento do executado, quando este for pessoa jurídica*".

O texto do parágrafo acima é apenas para demonstrar que talvez seja necessário penhorar bens do executado que estejam *dentro da sua residência*. Não é demais relembrar que o art. 5º, inciso XI da CF/88 expressamente diz que "a casa é asilo inviolável do indivíduo, ninguém nela podendo penetrar sem consentimento do morador, salvo em caso de flagrante delito ou desastre, ou para prestar socorro, ou, durante o dia, por determinação judicial". Logo, partindo da premissa que exista a *determinação judicial* (mandado de penhora) e que seja *durante o dia* deve-se seguir o que prescreve o art. 212 no sentido de que podem ser realizados das 06:00 às 20:00hs.

Nas hipóteses de penhora de bens que estejam dentro da residência do executado, respeitada as prescrições acima, pode acontecer de o executado simplesmente recusar-se a abrir as portas da casa, causando enorme problema para a realização da audiência. Relembremos que o art. 782 determina que "não dispondo a lei de modo diverso, o juiz determinará os atos executivos, e o oficial de justiça os cumprirá", e, sempre que, para efetivar a execução ou os atos executivos como a penhora de bens, for necessário o emprego de força policial, o juiz a requisitará (art. 782, § 2º).

Nestas hipóteses há certamente um clima de tensão e receio de que venham acontecer problemas/incidentes que coloquem em risco o próprio auxiliar do juízo na realização da diligência, e, por isso mesmo que o CPC reservou dispositivo específico para tratar da situação (art. 846). Neste dispositivo está consagrado que se o executado fechar as portas da casa a fim de obstar a penhora dos bens, ou seja, se isso ficar claro ao oficial de justiça este não deve insistir, caso em que deve comunicar o fato ao juiz, solicitando-lhe ordem de arrombamento.

Uma vez deferida a ordem de arrombamento, e, tendo em vista a situação de risco, serão designados dois oficiais de justiça para cumprir o mandado, o que, ao nosso ver, não deixa de ser um exagero da Lei (2 oficiais de justiça). Não há nulidade se ao invés de dois for um oficial, pois a regra do art. 846 é destinada a proteção do oficial e não do executado, pois foi este que ofereceu resistência ao não abrir a porta. Não pode o executado valer-se deste aspecto para pretender nulificar a diligência ou impedir que ela ocorra.

O cumprimento do mandado é com *ordem de arrombamento* o que significa que deve adentrar na casa à força, arrombando cômodos e móveis em que se presuma estarem os bens, e lavrarão de tudo auto circunstanciado, que será assinado por 2 (duas) testemunhas presentes à diligência. Sempre que necessário, e se necessário for o arrombamento recomenda-se que desde o deferimento do pedido o juiz já requisite força policial a fim de auxiliar os oficiais de justiça na penhora dos bens.

Realizada a diligência os oficiais de justiça lavrarão em duplicata o auto da ocorrência, entregando uma via ao escrivão ou ao chefe de secretaria, para ser juntada aos autos, e a outra à autoridade policial a quem couber a apuração criminal dos eventuais delitos de desobediência ou de resistência. Do auto da ocorrência constará o rol de testemunhas, com a respectiva qualificação.

4.4 O depósito do bem apreendido

Como já se disse o *deposito* é elemento integrante da penhora e não propriamente um dos seus efeitos como deixa clara a primeira parte do artigo 839 ao dizer que "considerar-se-á feita a penhora mediante a apreensão e o depósito dos bens".

No momento em que se apreende o bem, automaticamente se retira a posse do executado. O Estado passa a ser o titular da posse, e, transfere apenas a posse imediata a um sujeito (exequente, executado ou terceiro) que terá a responsabilidade de *guarda e conservação* para futura expropriação. Com a constituição do deposito evita-se que o bem penhorado seja de alguma forma depreciado, destruído, deteriorado, fraudado etc. até o momento da alienação.

Seria uma tolice imaginar que o Estado-juiz apenas apreende ou individualiza o bem do patrimônio do executado que servirá à execução. Essa apreensão implica em transferir a posse para o Estado, nada obstante o executado ainda seja o proprietário dele. Mas a posse ele perde, e, como nem sempre o Estado teria condições de conservar, administrar e guardar o bem para a futura alienação, então ele cinde essa posse adquirida com a apreensão, reservando para si a posse mediata e para o depositário a posse imediata.

Sendo um depósito judicial (público) o depositário tem um *múnus público importantíssimo*, pois será responsável pela guarda e conservação de um bem cujo possuidor mediato é o Estado, de forma que é preferível que o Estado-juiz defina como *depositário* uma pessoa diversa do executado, pois sob os cuidados deste sempre haverá o risco de cometimento de atos – comissivos ou omissivos – de depreciação do bem para frustrar a execução, sem contar o fato de que isso pode dificultar, e, muito, os preparativos e a própria alienação futura do bem.

Ademais, não custa lembrar que é sempre importante que o executado perceba que o seu direito sobre o penhorado será expropriado e isso ficará muito evidente quando perder a posse física dele. Mantê-la com o executado, ainda que sob o regime do deposito judicial significa poupá-lo da expropriação que se avizinha trazendo o risco de que tente prolongar indevidamente o itinerário executivo enquanto estiver na posse física do bem.

Ainda que o depositário tenha o dever de prestar contas ao Estado-juiz e responda civil e criminalmente pelo descumprimento do dever de guarda/conservação/administração do bem, ainda assim não se recomenda que ele seja escolhido como o *depositário*.

O CPC estabelece no art. 840 que tratando-se de bens móveis, os semoventes, os imóveis urbanos e os direitos aquisitivos sobre imóveis urbanos, a regra é que se não houver depositário judicial, os bens ficarão em poder do exequente. Esta regra só se flexibiliza, ficando em poder do executado, nos casos de difícil remoção ou quando anuir o exequente.

Em se tratando de penhora de quantias (espécie), papéis de crédito e as pedras e os metais preciosos, no Banco do Brasil, na Caixa Econômica Federal ou em banco do qual o Estado ou o Distrito Federal possua mais da metade do capital social integralizado, ou, na falta desses estabelecimentos, em qualquer instituição de crédito designada pelo juiz. O Código ainda faz um lembrete: as joias, as pedras e os objetos preciosos deverão ser depositados sempre com registro do valor estimado de resgate.

4.5 A intimação da penhora

4.5.1 Intimação do exequente e do executado

Conforme preceitua o art. 249 do CPC a intimação é o ato pelo qual se dá ciência a alguém dos atos e dos termos do processo. Sendo um ato processual de extrema relevância com tantos efeitos e consequências no âmbito do processo é obrigatória a intimação das partes, exequente e executado, e, em alguns casos também de terceiros que serão afetados juridicamente pelo referido ato.

É equívoco pensar que apenas o executado deve ser intimado da penhora, a partir da intuição de que por se tratar de constrição do seu patrimônio ele seria o único atingido. Isso porque pode ocorrer de o bem penhorado ter sido fruto da nomeação do executado e o exequente não concordar com eventual quebra da ordem de preferência estabelecida pelo art. 835. Ao dizer que "as partes poderão requerer a substituição da penhora" o art. 848 deixa evidente que o pedido de substituição pode ser feito tanto pelo exequente, quanto pelo executado e algumas hipóteses ali arroladas, como a do inciso primeiro, exigem que ambos sejam intimados do referido ato. É verdadeiro que a falta de intimação do executado (art. 841) importa em nulidade absoluta, porque o prejuízo processual é *in re ipsa*. Já em relação ao exequente, acaso este não tenha sido intimado da penhora, só haverá que se falar em nulidade dos atos subsequentes pela falta de intimação, se esta falta tiver causado algum prejuízo que deverá manifestar na primeira oportunidade de falar nos autos. Há para o exequente presunção relativa de nulidade pelo vício da ausência de intimação.

Partindo da premissa que *as partes devem ser intimadas*, tudo fica mais simples se ambos tiverem participado da diligência de realização da penhora, ainda que eventualmente tenham se recusado a assinar o auto de penhora, o que deverá ser registrado pelo oficial de justiça. Segundo o art. 841, § 3º a intimação do executado (e também do exequente) reputa-se ocorrida pelo simples fato de a penhora ter sido realizada na presença do executado, o que deve ser certificado pelo auxiliar do juízo.

Não sendo este o caso, as partes serão intimadas – e principalmente o executado – por intermédio de seu advogado ou da sociedade de advogados que o representa em juízo (capacidade postulatória). Se não houver constituído advogado nos autos, o *executado* será intimado pessoalmente, de preferência por via postal, lembrando que considera-se realizada a intimação postal quando o executado houver mudado de endereço sem prévia comunicação ao juízo, observado o disposto no parágrafo único do art. 274.

CAPÍTULO X • DA PENHORA E DA AVALIAÇÃO

Merece observação o disposto no art. 829, § 1º que trata de processo de execução para pagamento de quantia. Segundo este dispositivo "do mandado de citação constarão, também, a ordem de penhora e a avaliação a serem cumpridas pelo oficial de justiça tão logo verificado o não pagamento no prazo assinalado, de tudo lavrando-se auto, com intimação do executado". Observe-se que sempre que no mesmo mandado de citação que exorta o executado para pagar em 3 dias, também contiver ordem de penhora e avaliação porque algum bem já teria sido nomeado pelo exequente ao propor a execução, o executado já sabe que em caso de ele não efetuar o "pagamento voluntário" no prazo os bens ali arrolados serão objeto de penhora e avaliação pelo oficial de justiça. Obviamente que não há intimação antecipada do ato processual posterior ao referido inadimplemento voluntário, mas só reforça que a sua intimação – possivelmente pessoal porque ainda pode não ter advogado – será suficiente pelo correio para o mesmo endereço onde foi citado, desde que, obviamente, ele não esteja presente na diligência de realização do ato.

4.5.2 Intimação de terceiros

4.5.3 Terceiro garantidor caso seu patrimônio seja atingido

Não é apenas o exequente e o executado que devem ser intimados da penhora, mas também aqueles que, não sendo parte, são atingidos pelo vínculo jurídico que possuem com o bem jurídico do patrimônio do executado que ficará afetado à execução e destinado a futura expropriação. A rigor deveriam ser *citados* e não intimados porque não são *terceiros* em relação a *responsabilidade*, mas sim em relação à dívida.

Diz a segunda parte do parágrafo terceiro do art. 833 que "na execução de crédito com garantia real, a penhora recairá sobre a coisa dada em garantia, e, *se a coisa pertencer a terceiro garantidor, este também será intimado da penhora*".

A imposição do Código de que seja o terceiro, titular do bem dado em garantia real, intimado da penhora é, ao nosso sentir, menos do que deveria ser como já expusemos alhures. A rigor, ninguém pode ser privado de seus bens sem o devido processo legal. Se há título executivo contra o *devedor e contra o responsável* ambos devem figurar como *executados* na referida execução caso se trate de execução que venha atingir o patrimônio também do responsável.

Violaria o devido processo legal admitir que o exequente "A" promovesse execução apenas contra o devedor "B", mas a penhora recaísse sobre o bem dado em garantia real pertencente a "C" (responsável). É direito de "C" participar do processo que pretende a expropriação de bem que te pertence, deduzindo todas as exceções objetivas e subjetivas relativamente ao crédito exequendo que podem lhe trazer benefícios jurídicos. Mais do que *intimá-lo* da penhora, deveria o terceiro ser *citado* para integrar a relação jurídica processual e dela participar como *executado*.[66]

---

66. Da mesma forma, que seria inadmissível que o exequente "A" promovesse execução apenas contra "C", garantidor, sem que "B" devedor" participasse dessa relação, pois o direito subjacente ao título executivo que se executa diz respeito a ele, devedor. É a ele que se imputa o inadimplemento, e, tem todo interesse em ofertar defesas que venham beneficiá-lo

4.5.4 Execução que recai sobre o patrimônio do atingido pela desconsideração da personalidade jurídica

Não é propriamente uma *intimação de terceiro* a situação em que o sujeito no curso da execução ou cumprimento de sentença é atingido pela desconsideração da personalidade jurídica (art. 133), e, por sua vez é atingido pela penhora de bens do seu patrimônio.

É que tendo ocorrido a *desconsideração* o sujeito atingido amplia o polo passivo e passa a condição de parte (responsável pelo débito), daí porque se algum bem de seu patrimônio vier a ser penhorado deverá ser intimado na condição de *executado* e não mais de terceiro.

A partir do momento que foi reconhecida a desconsideração ele assume a condição de parte (responsável pela dívida) e todas as consequências daí decorrentes, inclusive, a possibilidade de oferecer impugnação ou embargos do executado, sob pena de violação do direito ao contraditório e ampla defesa.

4.5.5 Intimação do Cônjuge ou companheiro

Com a redação que lhe foi dada pela Lei 11.382, de 2006, o art. 655, § 2º do CPC revogado dizia que "*recaindo a penhora em bens imóveis, será intimado também o cônjuge do executado*". O atual CPC manteve a regra, sendo, no entanto ainda mais preciso. Diz o artigo 842 que "*recaindo a penhora sobre bem imóvel ou direito real sobre imóvel, será intimado também o cônjuge do executado, salvo se forem casados em regime de separação absoluta de bens*".

Excluída a óbvia hipótese de regime de casamento onde os bens não se comunicam, tanto no regime legal quanto no regime de comunhão universal não é dado a um cônjuge dispor de bens imóveis sem conhecimento do outro pois de ambos é a propriedade dos bens que compõem o patrimônio, tanto que em caso de divórcio e partilha os bens terão que ser divididos em igual proporção.

Dessa forma, não seria lícito admitir que recaindo a penhora sobre um bem imóvel ou um direito real sobre imóvel que pertence a ambos (penhora que levará à expropriação do direito de propriedade sobre o bem penhorado) que um deles não tivesse conhecimento desse ato. Seria como admitir uma expropriação de um bem sem que o seu dono fosse cientificado formalmente dessa expropriação em franca violação do devido processo legal.

A rigor, parece-nos que o correto que, na linha de raciocínio do que dissemos no item 1.8.2.1, o cônjuge também deveria ser *citado* para integrar a relação jurídica processual e ali deduzir as defesas que entender pertinentes como, por exemplo, demonstrar que a dívida assumida pelo outro cônjuge não teria sido realmente tomada em favor do casal e que apenas os 50% do patrimônio do casal pertencente ao cônjuge devedor é que deveria responder pela dívida etc.

CAPÍTULO X • DA PENHORA E DA AVALIAÇÃO

Deve-se ficar atento para se evitar que este dispositivo sirva de "nulidade de algibeira" assim conhecida aquelas nulidades guardadas cuidadosamente pela parte para alegar em momento que lhe parecer oportuno.

Assim, deve ser rechaçada a alegação de nulidade processual pelo cônjuge não intimado se, por exemplo, se quando da tentativa de citação do cônjuge devedor, o cônjuge não intimado foi que informou ao oficial de justiça que o tal consorte não se encontrava na residência em que ambos coabitam. Não é aceitável que nas situações em que reste clara a ciência da execução e da penhora que nela foi realizada que venha o cônjuge não intimado alegar desconhecimento da execução e da penhora que nela foi realizada.[67]

4.5.6 Intimação da penhora de bem indivisível pertencente a coproprietário ou do cônjuge alheio à execução

A regra do artigo 843 do CPC determina que "tratando-se de penhora de bem indivisível, o equivalente à quota-parte do coproprietário ou do cônjuge alheio à execução recairá sobre o produto da alienação do bem".

Nas hipóteses em que o bem (móvel ou imóvel) seja indivisível e pertença ao devedor e a outrem que seja alheio à referida dívida (coproprietário ou cônjuge) o exequente não ficará privado de prosseguir na execução, o que implica dizer que será possível levar a leilão o referido bem. Esta é a opção do Código, nada obstante as críticas que se façam sob alegação de violação do direito de propriedade.

Não poderá o condômino alheio à execução impedir que o referido bem seja penhorado na sua integralidade e que posteriormente seja levado a leilão e alienado também na sua integralidade.

A lei processual impôs a extinção forçada do condomínio, salvaguardando o direito do condômino ou cônjuge alheio à execução e titular de parte do bem indivisível o direito de adjudicar preferencialmente pelo preço da avaliação (art. 876, § 5º) ou arrematar em igualdades de condições ao maior lance com preferência em caso de empate das propostas (art. 892, § 3º, 889, II e 843, § 2º do CPC).

Caso opte por não adjudicar ou não arrematar o bem, ainda assim o Código salvaguarda o seu direito ao dizer que não será levada a efeito a expropriação por preço inferior ao da avaliação na qual o valor auferido seja incapaz de garantir, ao coproprietário ou ao cônjuge alheio à execução, o correspondente à sua quota-parte calculado sobre o valor da avaliação (843, § 3º).

---

67. "8-A não arguição da alegada nulidade por ausência de intimação imediatamente após a efetivação do ato de penhora, que veio a ser manifestada apenas em ulterior ação anulatória, bem como a presunção não elidida de que houve ciência inequívoca do ato constritivo pela cônjuge do herdeiro do executado, demonstram ter havido, na hipótese, a denominada nulidade de algibeira, estratégia absolutamente incompatível com o princípio da boa-fé que deve nortear todas as relações jurídicas. (REsp 1643012/RS, Rel. Ministra Nancy Andrighi, Terceira Turma, julgado em 22.03.2018, DJe 26.03.2018)".

A rigor o que diz o dispositivo é que só será alienado o bem por valor inferior ao da avaliação se o montante auferido no leilão seja capaz de garantir o pagamento integral da sua quota parte (do coproprietário ou cônjuge alheio à execução.

Diante desta proteção dada pelo Código é preciso que o exequente fique atento porque, por exemplo, se o apartamento penhorado pertencer a duas pessoas, e, levado a leilão acabar sendo arrematado pelo preço de 50% do valor da avaliação (art. 891, parágrafo único), a alienação lhe terá sido inútil pois todo o valor obtido deverá ser entregue ao coproprietário ou cônjuge.

4.5.7 Intimação da penhora de quota social ou de ação de sociedade anônima fechada realizada em favor de exequente alheio à sociedade

Na ordem de preferência da penhora estabelecida no art. 835 do CPC as ações e quotas de sociedades simples e empresárias estão em nono lugar da referida lista.

Não precisa muito esforço para se perceber que ao levar à leilão as referidas ações ou cotas de participação destas sociedades fechadas isso permitirá que um arrematante qualquer, um terceiro estranho à sociedade e sem a *affectio societatis*, possa ingressar na sociedade contra o desejo dos outros cotistas.

Exatamente para evitar ao máximo este desconforto que pode levar, inclusive, a uma futura dissolução da própria sociedade é que o CPC estabelece a regra no parágrafo 7º do artigo 876 que "no caso de penhora de quota social ou de ação de sociedade anônima fechada realizada em favor de exequente alheio à sociedade, esta será intimada, ficando responsável por informar aos sócios a ocorrência da penhora, assegurando-se a estes a preferência".

Ao invés de intimar cada sócio ou cotista que poderia ser um entrave à tutela executiva, optou corretamente o CPC por intimar a própria sociedade para que esta comunique aos seus sócios e cotistas para que estes possam se tornar *adquirentes preferenciais* como dizem o art. 876, § 7º e 861 do CPC.

4.5.8 Outros terceiros elencados no artigo 799

O art. 831 do CPC determina que "a penhora deverá recair sobre tantos *bens* quantos bastem para o pagamento do principal atualizado, dos juros, das custas e dos honorários advocatícios". No artigo seguinte diz que "não estão sujeitos à execução *os bens* que a lei considera impenhoráveis ou inalienáveis". E, seguindo todo capítulo dedicado a penhora refere-se como penhorável ou impenhorável o *bem* ou *bens* que integram o patrimônio do executado.

Como já tivemos oportunidade de salientar o que se expropria do executado não é um *bem*, mas o domínio que tem sobre um direito pessoal ou real que integra o seu patrimônio. Assim, será *penhorável*, e, portanto, *expropriável*, a propriedade do carro, a propriedade sobre o direito de crédito, a propriedade das cotas sociais da empresa etc. Qualquer direito real ou pessoal com valor econômico que integre o patrimônio do executado sobre o qual não tenha nenhuma limitação legal à expropriação, pode ser *penhorado* para ser futuramente *expropriado*.

Assim, por exemplo, quando o direito do executado é a propriedade de um imóvel cujo direito de usufruto foi dado a um terceiro (direito real limitado) antes da penhora, é certo que este terceiro usufrutuário tem um vínculo jurídico com o "bem" e como tal tem o direito de ser informado do processo em que o "bem" será alienado para que possa exercer o seu direito de preferência ou, quando nada, saber quem será o novo *nu proprietário* caso a alienação se concretize na execução.

Há, no Código de Processo Civil um conjunto de artigos que se intercomunicam e que cuidam exatamente desta preocupação de fazer com que o *terceiro* seja convidado a exercer, caso queira, o seu direito de preferência. Sempre que o objeto da penhora recaia sobre um direito do executado decorrente de uma relação jurídica com um terceiro cujo objeto seja um direito real limitado então este terceiro deve ser intimado. Assim, por exemplo, seja ele o titular do direito de superfície ou o superficiário, o titular da construção base ou o titular do direito de laje, o credor de garantia real ou o titular do bem submetido à tal garantia, o usufrutuário ou o nu proprietário etc.

Este é o motivo pelo qual deve ser lido o artigo 799 I à VI, X e XI em conjunto com o artigo 804 e com o artigo 889 (que se aplica tanto à alienação quanto à adjudicação). Assim, não sendo possível desde a petição inicial identificar o bem que será penhorado, a intimação do terceiro que possui vinculo jurídico com o bem que será expropriado deve ocorrer com a penhora, pois ao realizar este ato se enxergará o gravame prévio que coloca o terceiro na condição de juridicamente interessado em ser cientificado e eventualmente intervir para exercer o seu direito de preferência dada a conexão do direito do executado que será expropriado e o direito que possui sobre o mesmo bem.

Não é que o direito do terceiro será expropriado, nada disso. O que será expropriado é o direito do executado, mas que se conecta com o direito (diverso) que o terceiro tem sobre o mesmo bem.

4.6 Os efeitos da penhora

A penhora realizada, perfeita e acabada (e devidamente registrada nas situações em que o bem é sujeito a algum tipo de registro) produz importantes efeitos, todos resultantes da finalidade a qual se destina.

Como dissemos alhures, tal como se fosse uma grua que pinça e individualiza (torna específico, isola) o bem do patrimônio do executado *afetando-o* à futura expropriação a penhora tem vários efeitos daí decorrentes. Esses efeitos, chamados de *conservativos*, são assim conhecidos porque derivam da necessidade de manter (conservar) o bem penhorado vinculado à futura expropriação para satisfação do valor exequendo.

Uma das consequências dessa "individuação e vinculação" é o de *não permitir que este bem de desvincule desta execução*, ou seja de fazer com que ele *permaneça afetado e destinado* à futura expropriação no processo executivo. Entre o momento de realização da penhora e a efetiva expropriação do bem leva tempo e nada adiantaria chegar ao momento da expropriação se o referido bem já tivesse sido alienado do patrimônio do executado.

Eis que, por isso mesmo, como não é a penhora que retira a propriedade do executado sobre o bem penhorado, pode acontecer, em tentativa de fraude, que o executado queira alienar o bem penhorado para um terceiro, só que esta alienação, se vier a ocorrer, é totalmente *ineficaz* em relação ao exequente e à execução dado o *vínculo de afetação* estabelecido pela penhora. Isso significa dizer que a execução continuará sobre o bem penhorado independentemente de o bem penhorado ter sido alienado para um terceiro. Este é o primeiro efeito da penhora, desse vínculo de afetação que amarra o bem penhorado à futura expropriação executiva. Mas uma advertência precisa ser feita. É que tratando-se de bem sujeito a registro como um bem imóvel, é importante a advertência do artigo 844 do CPC ao dizer que "*para presunção absoluta de conhecimento por terceiros, cabe ao exequente providenciar a averbação do arresto ou da penhora no registro competente, mediante apresentação de cópia do auto ou do termo, independentemente de mandado judicial*". Caso o exequente não realize a averbação da penhora na matrícula do bem onde ele se encontra registrado, não dará conhecimento a terceiros e não afastará a possibilidade de que *pessoas de boa-fé* possam adquiri-los; mas se fizer o registro cria uma presunção de má-fé na aquisição de bem penhorado sendo, portanto, ineficaz em relação ao exequente qualquer alienação ocorrida.

Outro efeito decorrente dessa *individuação que amarra o bem penhorado à futura expropriação na execução* é o *direito de preferência* que se cria com a penhora. Mas é preciso não confundir esta *preferência* com a *preferência* que o direito material atribui a determinados créditos de determinados credores (hipotecário, trabalhista, fiscal etc.). O dispositivo que trata da *preferência da penhora* está previsto no artigo 797 do CPC, que se pede licença para transcrever:

> Art. 797. Ressalvado o caso de insolvência do devedor, em que tem lugar o concurso universal, realiza-se a execução no interesse do exequente que adquire, pela penhora, o direito de preferência sobre os bens penhorados.
>
> Parágrafo único. Recaindo mais de uma penhora sobre o mesmo bem, cada exequente conservará o seu título de preferência.

Como se observa o texto trata da *penhora de bens penhorados*, e, portanto, *preferência entre exequentes*; sujeitos que executam um mesmo devedor e penhoram o mesmo bem do seu patrimônio, desde que este bem não seja, obviamente, dinheiro. É perfeitamente possível que exista penhora de bem que já esteja penhorado, pois o mesmo bem pode ser absolutamente valioso e capaz de satisfazer várias execuções, daí porque podemos ter várias penhoras sobre um mesmo bem. O que acontece no dispositivo é que havendo mais de uma penhora sobre o mesmo bem, então, quando este for expropriado, alguém irá receber a quantia antes do outro; é justamente esta *preferência temporal* (*prior tempore potior*) que permitirá ao exequente que *penhorou primeiro* receber o valor obtido pela alienação do bem penhorado. Esta *preferência temporal da penhora* é uma preferência de natureza processual, pressupõe, portanto, *concurso de exequentes*, ainda que estejam, e, normalmente é assim que se passa, em processos diferentes que tramitam em juízos diferentes. Obviamente que não irá acontecer dois leilões, mas apenas um leilão e em um só processo. Conquanto a penhora no processo A possa ter acontecido antes da penhora no processo B, é possível que neste processo o leilão venha a acontecer antes do outro. O que deveria acontecer nesta hipótese é que uma vez alienado o bem, o exequente A deve habilitar-se no processo B e o dinheiro deve ser entregue, primeiro a ele, *exequente* do processo A, pois é dele a *preferência temporal* por ter realizado, cronologicamente, a primeira penhora.

Mas como se disse a *preferência da penhora* não se confunde com a *preferência de créditos* do direito material. A regra do art. 797 do CPC é apenas entre *exequentes*, sem qualquer preocupação com as preferências do direito material. Essas preferencias do direito material se sobrepõem a preferência da penhora, pois no fundo no fundo, a penhora cria um vínculo de direito processual entre *exequente – patrimônio penhorado – satisfação da execução*, mas que não se sobrepõe às eventuais preferencias existentes no direito material como por exemplo, créditos trabalhistas, fiscais, hipotecário etc. Um exemplo permitirá entender a questão.

Imaginemos duas execuções, uma trabalhista e outra cível, cada um num respectivo juízo. É no processo cível manejado por um credor comum, sem qualquer crédito preferencial de direito material (credor quirografário) que acontece *primeiro* a penhora do bem do executado, ou seja, no processo trabalhista a penhora do mesmo bem acontece em segundo lugar. Neste caso, independentemente de a alienação do bem acontecer no processo cível ou trabalhista é o credor trabalhista que receberá primeiro a quantia, pois mesmo não tendo a prioridade da penhora, tem a seu favor a *preferência do direito material* estabelecida em favor do crédito trabalhista. Como se observa, a *preferência da penhora* é apenas sob a análise temporal e entre execuções em curso, sem perquirição da preferência material do crédito. Isso quer dizer que entre exequentes detentores de créditos de igual preferência no âmbito material, prevalece o direito de receber primeiro para aquele que penhorou em primeiro lugar.

Toda esta análise para saber quem deve receber primeiro – se o exequente onde foi alienado o bem ou se outros credores e/ou exequentes – é realizado por meio do incidente de concurso de credores e exequentes previsto nos arts. 908 e 909 do CPC, daí porque o art. 797 tem íntima relação com este dispositivo.

Um outro efeito muito importante resultante dessa individualização e vinculação à execução que a penhora proporciona é o de *privar* o *executado do contato/detenção* do bem penhorado, ou seja, é retirar o seu poder físico sobre o bem. Conquanto não seja a penhora que retire a propriedade que o executado tem sobre o bem, ela já traz uma série de limitações como *tornar ineficaz a alienação em relação ao exequente*, como a possibilidade de lhe ser retirado o direito de uso do bem quando o depositário não é o executado, como aliás recomenda o CPC, como a possibilidade de não lhe ser permitido fruir os frutos do bem quando a penhora também recaia sobre os frutos etc. Essa perda do poder físico, impedindo o seu uso não é uma consequência inexorável da penhora, pois pode acontecer de o juiz manter o depósito do bem sob cuidados do próprio executado, com as responsabilidades (civis e criminais) de conservação e prestação de contas daí decorrentes (art. 840, § 2º).

Todavia, não é o que se recomenda, pois o desapossamento pode ser vital para *impedir a alienação fraudulenta* ou a *destruição ou perecimento do bem*, também para *facilitar a alienação judicial*, sem contar para o fato importantíssimo ao nosso ver de que é fazer com que o executado perceba que quer ele queira ou não o Estado irá expropriá-lo e esta é a medida jurídica (desapossamento) que promoverá a alteração fática que irá fazer com que perceba claramente que seu patrimônio está literalmente respondendo pela dívida inadimplida. Curiosamente, essa preocupação estava muito nítida nas Ordenações Filipinas (Título LIII, § 1º) onde se lia que *"e até erem os penhores realmente entregues às Justiças, que houverem de fazer a execução, ou a pessoa, a que as estas Justiças os mandarem entregar, de maneira que o condenado nem per si, nem per outrem fique per via alguma em posse dos penhores"*.

4.7 As penhoras especiais no CPC

4.7.1 Introito

A seção III dedicada a penhora, depósito e avaliação possui nove subseções, sendo que destas o legislador processual reservou nada mais, nada menos, do que seis delas para tratar de *regras especiais de penhora* para determinados direitos. Essas são chamadas de "penhoras especiais" porque o Código dedicou tratamento especial e pormenorizado quando o objeto da penhora forem direitos do executado que ali previstos.

Assim, a Subseção V cuida da Penhora de Dinheiro em Depósito ou em Aplicação Financeira, a Subseção VI da penhora de créditos, a subseção VII da penhora das Quotas ou das Ações de Sociedades Personificadas, a subseção VIII da Penhora de Empresa, de Outros Estabelecimentos e de Semoventes, a subseção IX da penhora de percentual de faturamento da empresa e a subseção X da penhora de frutos e rendimentos da coisa móvel ou imóvel.

A razão deste destaque não parece ser outro senão as peculiaridades que envolvem o direito (real ou pessoal) que integra o patrimônio do executado e que será objeto da penhora. Essas peculiaridades tanto podem estar relacionadas a complexidades inerentes ao objeto penhorado, como no caso da penhora de créditos, como também o enorme grau de importância que ele possui para o executado, como a penhora eletrônica de ativos financeiros.

Há casos, como na penhora de créditos, em que não apenas a penhora segue uma disciplina especial, mas também a própria expropriação, a ponto haver doutrina autorizada que sustente existir nestes arts. 855-869 verdadeiras *execuções especiais*[68] para pagamento de quantia além daquelas que receberam destaque pelo CPC (contra a fazenda pública e alimentos).

Uma última palavra introdutória precisa ser dita, quase em tom de advertência para o leitor desavisado. O CPC atual praticamente decalcou do CPC anterior os textos dos dispositivos correspondentes previstos no art. 671/676 que tratava da "penhora de crédito e outros direitos patrimoniais".

Por sua vez, numa tentativa de simplificar o mesmo tema da forma como se encontrava no CPC de 1939, o Código de 1973 simplesmente eliminou regras importantes, misturou dispositivos, enxertou textos causando uma balburdia que serviu muito mais para confundir do que para simplificar a *penhora especial de créditos*. E, como neste aspecto, o CPC de 1973 foi copiado pelo atual, é inegável que o tema esteja muito maltratado, daí porque será necessário para compreensão dos dispositivos atuais referentes ao tema que tenhamos que saltar o CPC de 1973 e visitar o texto de 1939, bem mais minudente e coerente com o objeto de análise.

4.7.2 Da penhora de dinheiro em depósito ou em aplicação financeira no artigo 854 do CPC

4.7.2.1 Explicando o problema

Tema da maior relevância é saber como se deve processar a penhora eletrônica de dinheiro em depósito ou em aplicação financeira. Esta é uma das modalidades especiais de penhora que possuem rito próprio descrito no art. 854 do CPC.

Propositadamente colocamos o tema no controle de admissibilidade do requerimento inicial (petição inicial) do exequente porque, em nosso sentir, é possível extrair do art. 854 uma interpretação que permita estabelecer momentos absolutamente distintos para a *penhora on-line de dinheiro*. Essa interpretação que propusemos desde a vigência do CPC procura dar rendimento e efetividade à penhora *on-line* de dinheiro.

Não parece haver dúvidas de que "*considerar-se-á feita a penhora mediante a apreensão e o depósito dos bens*" (art. 839) de forma que é possível distinguir dois momentos distintos do ato da penhora: o ato que apreende e o ato que deposita os bens apreendidos. Normalmente são condensados num só ato e em um só momento, mas o que pretendemos trazer na diferenciada interpretação do art. 854[69] é que esses dois momentos: apreensão e depósito do dinheiro não são realizados num só ato e nem no mesmo momento.

---

68. DINAMARCO, Cândido Rangel. *Instituições de direito processual civil*. 4. ed. v. IV, p. 663.
69. A leitura mecânica do artigo 523, § 3º e art. 829, § 1º levam a imediata conclusão de que a penhora só pode ser realizada depois de ter sido infrutífera a exortação para pagamento voluntário no prazo de 15 dias e de 3 dias a que aludem os arts. 523 e 827.

4.7.2.2 Quando e como é realizada a penhora on-line de dinheiro

Segundo o CPC o momento típico, vulgar, comum de realização da penhora na execução por expropriação fundada em título extrajudicial vem descrito no artigo 829, § 1º, quando este dispositivo diz que tão logo verificado o não pagamento no prazo assinalado, será cumprida a ordem de penhora e a avaliação a serem cumpridas pelo oficial de justiça.

Já no caso de cumprimento de sentença (títulos judiciais) diz o artigo 523, § 3º, com redação de quase igual teor, que "não efetuado tempestivamente o pagamento voluntário, será expedido, desde logo, mandado de penhora e avaliação, seguindo-se os atos de expropriação".

Mas, diante das regras acima, será que a penhora eletrônica de ativos financeiros do executado também segue a regra geral dos dispositivos acima, ou seja, será iniciada após transcorrido o prazo do art. 523 sem o pagamento voluntário? Será neste momento que deve o exequente requerer a penhora *on-line* de dinheiro?

Entendemos que não, mas antes de explicar o porquê disso, ou seja, antes de demonstrar que o artigo 854 permite uma interpretação diversa desta regra geral sem ofender os citados dispositivos, é preciso que seja respondida uma indagação com a maior sinceridade possível. A pergunta é a seguinte: o que irá fazer o executado que já sabe, que já tem consciência que, uma vez intimado do prazo do art. 523, não irá cumprir voluntariamente a obrigação contida no título executivo? [no prazo de 15 dias previsto no caput artigo 523 ou no prazo de 3 dias previsto no caput do artigo 829, respectivamente].

O que ele vai fazer neste prazo se ele tiver dinheiro em conta ou ativos financeiros que possam ser penhorados após [tão logo ou desde logo como dizem os dispositivos acima] o fim deste prazo?

4.7.2.3 A atitude do executado que não efetua o pagamento voluntário e que sabe que o dinheiro de sua conta possa ser penhorado

Repetindo a questão que pôs fim ao tópico anterior, então, admitindo que ele não pague a dívida voluntariamente no referido prazo, alguém acredita que o executado irá deixar algum dinheiro ou ativos financeiros em seu nome em contas bancárias para que sejam penhorados em seguida?

Todos sabemos, infelizmente, a resposta, qual seja, o executado que inadimpliu no prazo do art. 523 irá "zerar" a sua conta bancária ou aplicações financeiras, retirando todo que lá se encontra, se já não tiver feito isso antes da própria fase executiva ter sido iniciada.

Todos sabemos que uma vez citado ou intimado para pagar voluntariamente no prazo dos artigos 829 e 523, o devedor que não paga neste prazo, na verdade dele se utiliza para "zerar" suas contas, tornando um fracasso total a posterior penhora *on-line* dos ativos financeiros.

Sim, porque se a <u>apreensão</u> da quantia ou dos ativos financeiros do executado só puder ser feita após este prazo como é na regra geral do CPC, que fala em *seguir a realização da penhora tão logo ou desde logo se verifique o inadimplemento voluntário neste prazo*, então é certo que o resultado da penhora *on-line* de ativos financeiros será absolutamente inócuo, ineficaz, infrutífero.

Como veremos no próximo tópico o que pretendemos trazer a reflexão é que embora a penhora dos ativos financeiros só se concretize após a manifestação do executado, ela se inicia antes mesmo da sua citação/intimação para cumprir voluntariamente a obrigação, exatamente no momento em que o magistrado examina o controle da admissibilidade da execução, seja por cumprimento de sentença, seja por processo autônomo.

Daí porque dissemos, anteriormente, é preciso saber como é realizada a penhora tradicional para saber como deve ser realizada a penhora de dinheiro e de ativos financeiros do executado.

4.7.2.4 *Premissa para compreensão: como é a penhora tradicional*

Sem fim exaustivo porque iremos tratar da penhora mais adiante, deve-se lembrar que a penhora é um ato sub-rogatório típico e instrumental da execução por expropriação que torna concreta a responsabilidade patrimonial, simplesmente porque ela *individualiza* qual (ou quais bens) do patrimônio do responsável se sujeitam à execução.

Não é necessário dizer o óbvio e ululante, como didaticamente fez o artigo 835, I, §1º, de que numa execução para pagamento de quantia toda preferência do bem a ser penhorado deve recair sobre o dinheiro que regra geral por outro bem não pode ser substituído, porque é exatamente isso que se espera receber ao final no menor tempo possível.

Na verdade, a penhora, ato tão importante e tão pouco estudado, é um ato que se corporifica pela realização de dois atos processuais sequenciais: (1º) a *apreensão* do bem e (2º) o seu *depósito,* como determina o artigo 839 do CPC numa redação clara, mas normalmente esquecida pelos operadores do direito.

Ainda que a penhora seja registrada num único auto ou termo de penhora, nele existem dois atos processuais distintos, com características e regimes jurídicos peculiares: a apreensão e depósito do bem (art. 839).

Neste cenário de diversidade, entre *apreender o bem* e *depositar o bem* objeto da penhora, é preciso não cometer uma sinédoque, tomando a parte pelo todo. *Apreender não é depositar e depositar não é apreender*. Enfim, penhora se tem, quando os dois atos se aperfeiçoam.

Na penhora eletrônica de ativos financeiros do executado, ou simplesmente, penhora *on-line de dinheiro* como é popularmente conhecida, deve existir, como em qualquer outra penhora, dois atos processuais distintos: primeiro, a apreensão dos ativos financeiros e, segundo o seu depósito.

Conquanto estes dois atos processuais se realizem em sequência e normalmente quase sem identificar um intervalo visível entre um e outro, nada impede que o legislador os isole em momentos diferentes; ou que os separe, permitindo, por exemplo, que no meio deles, entre a apreensão e o depósito do bem, possa existir um intervalo onde se permita o executado impugnar separadamente o primeiro ato (de apreensão), impedindo que o outro (de depósito) se concretize em seguida, ou seja, primeiro determinando a *apreensão do bem* e entre este ato e o *depósito do bem* seja possível a impugnação da apreensão do bem pelo executado. Isso quer dizer que só em momento posterior, depois de rechaçada a impugnação do executado, é que seja realizado o seu *depósito judicial* com a concretização da penhora.

Logo, para evitar uma sinédoque e não tomarmos a parte pelo todo, não poderemos chamar de *penhora eletrônica dos ativos financeiros do executado* quando *apenas a apreensão dos ativos financeiros é realizada pelo juízo*.

Enfim, penhora eletrônica dos ativos financeiros do executado só é verdadeiramente uma "penhora" quando a apreensão [indisponibilização/bloqueio] e depósito judicial da quantia se concretizam.

Como já antecipado no início deste tópico, em se tratando de penhora de dinheiro do executado, existem peculiaridades que atinem ao próprio objeto da penhora [dinheiro e a forma eletrônica de sua realização] que fizeram com que o legislador desse um tratamento jurídico diferenciado, ou seja, trazendo no artigo 854 regras diferenciadas sobre "*quando*" e "*como*" este ato se concretiza.

Assim, partindo das premissas aqui estabelecidas podemos enfrentar o que diz o artigo 854 do CPC que cuida, como ele mesmo diz, *Penhora de Dinheiro em Depósito ou em Aplicação Financeira*.

4.7.2.5 *Como é realizada a penhora de dinheiro no art. 854 do CPC*

Primeiro vamos analisar "como" se tem como realizada a penhora dos ativos financeiros tal como descrito no regime jurídico do artigo 854 do CPC que é o dispositivo que regula este tema.

Lembrando que a penhora é a conjugação de "indisponibilidade/bloqueio/apreensão" + "deposito" do referido bem, o texto do artigo 854 é expresso, claríssimo mesmo, em separar os dois momentos distintos da penhora de dinheiro em depósito ou em aplicação financeira.

O *primeiro momento* é dedicado àquilo que ele denomina de *indisponibilidade dos ativos financeiros existentes em nome do executado*, onde se percebe que o legislador foi bastante criterioso e preocupado com excessos, permitindo que o executado possa impugnar este ato antes de passar ao *segundo momento*, que é o momento do *deposito da quantia indisponibilizada* que se dá mediante a transferência do "montante indisponível para a conta vinculada ao juízo da execução".

Assim, o segundo momento se concretiza mediante o *"depósito do bem apreendido na conta do juízo"*. Quando isso acontecer é que efetivamente se terá como realizada a *penhora de dinheiro em depósito ou em aplicação financeira.*

No artigo 854 fica muito, mas muito claro mesmo, a existência de um **intervalo** que permite enxergar isoladamente esses dois atos de **apreender o bem** e de **depositar o bem**, mas que em conjunto foram a *penhora do bem*. Entre os dois há um intervalo que permite o executado ofertar uma mini impugnação ao primeiro ato (art. 854, § 3º). É ônus do executado oferecer a impugnação e nela arguir, caso exista no artigo 833 e sob pena de preclusão, a proteção de impenhorabilidade da quantia que tenha sido apreendida na sua conta bancária.

Essa *apreensão* é feita na própria conta do executado *sem transferência dos valores para a conta do juízo.* Há apenas um *bloqueio do valor apresentado pelo exequente no seu requerimento ou petição inicial* e que por ordem do juiz torna tal quantia indisponível. Tal ato somente será convolado em penhora, quando for transferido e depositado em conta do juízo, mas isso só depois de rejeitada a impugnação prevista no artigo 854, § 3º.

A *indisponibilidade* dos ativos financeiros não é *penhora* dos ativos financeiros. Não podemos cometer esta sinédoque sob pena de tomar a parte pelo todo. É, verdadeiramente o primeiro ato, o primeiro passo para se chegar à penhora, mas a preocupação do legislador foi tão grande com esse bloqueio que permitiu que o executado pudesse impugná-lo autonomamente, ou seja, tem o executado o direito de impugnar a eventual *indisponibilidade excessiva*, e, por isso que o CPC diz que deverá ser feita a intimação do executado deste ato de apreensão (§ 2º, 854).

Na verdade, se percebido pelo próprio juiz o *excesso de bloqueio*, deve de ofício ser cancelado nos limites do excesso nas 24 horas seguintes ao bloqueio. Tal regra do § 7º do artigo 854 é na verdade uma resposta contra a enorme quantidade de situações que vinham acontecendo na prática forense onde o executado tem diversas contas bloqueadas em seu CPF superando o valor do crédito exequendo e criando uma situação de enorme prejuízo para ele.

Observem que não há, ainda, em penhora do dinheiro. Existe apenas o primeiro ato para a efetivação da penhora de dinheiro; a penhora mesmo só acontecerá com a transferência do dinheiro bloqueado da conta do executado para a conta do juízo.

Então, essa indisponibilidade determinada pelo juiz é um ato processual que pode ser impugnado pelo executado. Antes de ser apreciada ou rejeitada essa *mini impugnação* como temos denominado, não se avança no ato seguinte que é a transferência da quantia para a conta do juízo, quando então estará aperfeiçoada a penhora.

Essa previsão no texto legal de que a transferência do bem apreendido para *depósito na conta do juízo vinculado à execução* só pode se dar se for rejeitada ou não apresentada a manifestação do executado, a tal mini impugnação, como determina o § 5º do art. 854 **deixa claro que o legislador quis mesmo isolar os dois atos juntos corporificam a penhora**, deixando evidente que esta não se concretiza enquanto não oportunizado (e rejeitado) o contraditório do executado em relação à indisponibilidade.

Essa *mini impugnação* tem um efeito obstativo à concretização da penhora, daí porque o legislador só autoriza o segundo ato [depósito do bem na conta do juízo] se não ofertada ou rejeitada a mini impugnação do executado.

O segundo ato, que concretiza a penhora é a transferência do dinheiro bloqueado da conta do executado para a conta do juízo vinculada à execução. Rejeitada ou não apresentada a manifestação do executado à indisponibilidade então deve o juiz transferir o dinheiro que está depositado (mas bloqueado) na conta do executado para uma conta do juízo que esteja vinculada à execução proposta. É neste momento, de depósito da quantia na conta do juízo, que se faz pela via igualmente eletrônica, que se tem como realizado o segundo ato, e, então concretizada a penhora, da qual será novamente intimado o executado [art. 841].

4.7.2.6 O requerimento inicial do exequente e o pedido de penhora on-line de dinheiro

Retomemos ao início do processo de execução ou ao do cumprimento de sentença para pagamento de quantia. O raciocínio serve para ambos. O nó a ser desatado é o seguinte: os dois atos que compõem e corporificam a penhora do executado [indisponibilidade e depósito] serão feitos após o prazo para adimplemento voluntário de 15 dias para o cumprimento de sentença e de 3 dias para o processo de execução por expropriação? Ou, podemos defender que o primeiro ato da indisponibilidade da quantia pode ser feito antes mesmo desse prazo para adimplemento voluntário? Recorde-se a resposta à indagação feita mais acima sobre o que normalmente faz o executado que não paga nesse prazo de adimplemento processual, utilizando-o para "limpar", para "zerar" a sua conta.

Em nosso sentir, a análise mais profunda do artigo 854, somado a uma interpretação conforme a Constituição e em obediência às claríssimas intenções das normas fundamentais do CPC, nos parece que o ato de indisponibilidade dos ativos financeiros deve acontecer precisamente no momento que o magistrado aprecia o *requerimento inicial* do cumprimento de sentença ou a *petição inicial* do processo de execução para pagamento de quantia, quando o requerente ou autor já requer a realização da penhora de dinheiro ou ativos financeiros do executado. Vejamos o porquê disso.

Consta no caput do artigo 854 do CPC que "para possibilitar a penhora de dinheiro em depósito ou em aplicação financeira, o juiz, a requerimento do exequente, **sem dar ciência prévia do ato ao executado**, determinará às instituições financeiras, por meio de sistema eletrônico gerido pela autoridade supervisora do sistema financeiro nacional, que torne indisponíveis ativos financeiros existentes em nome do executado", ou seja, **expressamente** o legislador disse que este ato de indisponibilidade dos ativos financeiras determinado pelo juiz deve ser feito **sem dar ciência prévia ao executado**, ou seja, a ciência ao executado deste ato de bloqueio é obviamente posterior ao bloqueio. Parece-nos que o legislador reconheceu o que é axiomático, de que se o devedor souber que terá seu dinheiro bloqueado, será infrutífero este ato. Enfim, o legislador pensou como todos pensamos ao responder intuitivamente a indagação anterior. Em nosso sentir, esta foi uma inovação importantíssima que não constava no texto do artigo 655 do CPC de 1973.

Por podemos dizer que os operadores do direito têm uma excelente oportunidade para cumprir com exatidão o modelo constitucional de processo previsto na Constituição e expressamente adotado no artigo 1º do CPC/2015.

Como já dissemos, pela letra do artigo 523, § 3º e 829, § 1º verifica-se que a **penhora em casos comuns**, *em sentido lato*, é **realizada depois do prazo** (15 e 03 dias respectivamente) para cumprimento "espontâneo" da obrigação revelada no título executivo. Contudo, aqui na penhora de dinheiro e de ativos financeiros o caput do artigo 854 trata, *primeiramente, do ato de indisponibilidade dos ativos financeiros, ou seja, não é ainda a penhora, que só se efetiva após a não impugnação deste ato ou a rejeição da mini impugnação do artigo 853, § 3º, que também já mencionamos retro.*

Assim, realmente me parece ser perfeitamente cabível e recomendável que se interprete a expressão "**sem dar ciência prévia do ato ao executado**" contida no artigo 854, identificando este momento como o que antecede o prazo para o adimplemento, ou seja, tão logo o juiz despache a inicial ou o requerimento executivo.

Não fosse assim, qual seria o momento em que se aplicaria a regra de "não dar ciência prévia do ato ao executado"? Depois de ele ter sido intimado ou citado?

Lembrem-se da máxima interpretativa de que o texto legal não contém palavras inúteis. Se interpretarmos dessa forma de que deve ser depois deste prazo, com o devido respeito, será inútil, um verdadeiro chiste, porque se alguma esperança se tinha de levar à penhora ativos financeiros do executado, esta esperança será aniquilada, com requinte de crueldade, justamente no tal prazo para adimplir voluntariamente, pois é neste momento que o executado irá "zerar" sua conta bancária.[70]

Insistimos em dizer que o artigo 854 diz que o ato de **apreensão dos ativos financeiros será realizado sem a ciência prévia do executado**. Assim, frise-se, segundo o modelo constitucional de processo, antes mesmo de proceder a citação do executado (no processo de execução) ou a sua intimação (no cumprimento de sentença) proceder-se-á a realização do ato de apreensão dos ativos financeiros pela forma descrita no dispositivo. Trata-se apenas do *primeiro ato da penhora* e, por isso mesmo, *penhora ainda*

---

70. Um lembrete: se o executado tiver zerado suas contas em momento próximo à realização do bloqueio judicial, sugere-se que o magistrado determine a apresentação dos extratos bancários ou que verifique de ofício quando o devedor tomou tal atitude que se se encaixa como uma luva naquelas condutas ímprobas do artigo 774 do CPC e portanto, poderá ser punido por isso (art. 139, III e 77 do CPC).

não há, motivo pelo qual não há violação nenhuma ao artigo 523 e 829 que tratam do momento de realização da penhora em geral.

A inovação é importante pois normalmente a citação ou intimação prévia permitia que o executado esvaziasse suas contas bancárias tornando infrutífero o ato de penhora.

Ao reconhecer que a penhora só ocorre depois de rejeitada ou não interposta a mini impugnação, então, o dispositivo é perfeitamente compatível com os artigos 523, § 3º e 829, § 1º.

Em nosso sentir a Lei [ou o intérprete do texto] reconheceu como *in re ipsa a urgência* transferindo para este momento liminar do processo de execução ou do cumprimento de sentença a necessidade de se realizar a *indisponibilidade dos ativos financeiros*, colocando entre a *apreensão* e o futuro *depósito da quantia indisponibilizada*, a possibilidade de o executado impugnar o bloqueio.

A indisponibilidade em nada impede, antes facilita, o cumprimento espontâneo nos prazos de 15 e 03 dias. É importante dizer isso porque esse não é óbice para que o devedor possa adimplir a sua obrigação no referido prazo, na medida que o bloqueio, ainda que seja a primeira etapa da penhora que será efetivada com a futura transferência (depósito) da quantia na conta do juízo, acaba servindo também como estímulo positivo e coercitivo para que seja adimplida a obrigação no referido prazo, em consonância com o artigo 139, IV do CPC.

4.7.3 Da penhora de créditos

4.7.3.1 É preciso visitar o CPC de 1939 para entender o tema da forma como se encontra no atual CPC

Já dissemos antes que o tema da *penhora de créditos* no CPC atual, mero decalque do CPC de 1973, é confuso, baralhado e fruto de uma tentativa malsucedida de simplificação do tema. Não se simplifica o tema simplesmente *suprimindo* textos sem fazer o devido arranjo sistemático do que foi mantido. Adianto ao leitor que para compreensão dos textos que cuidam da penhora de crédito no CPC de 2015 será necessário investigar como o tema era tratado no CPC de 1939.

Assim, ao tratar de cada uma das hipóteses da penhora de crédito do atual CPC iremos iniciar o texto com a citação dos dispositivos correspondentes do CPC de 1973 e de 1939.

4.7.3.2 Panorama inicial

A penhora deverá recair sobre tantos bens quantos bastem para o pagamento do principal atualizado, dos juros, das custas e dos honorários advocatícios. A priori, tudo que integra o patrimônio do executado e tem valor econômico pode ser objeto de penhora, salvo as restrições estabelecidas em lei.

Portanto, não apenas o *objeto* do direito de propriedade que o executado tem sobre coisas como dinheiro, ações, carros, imóveis etc. podem ser objeto de penhora, embora estes sejam mais comuns quando se pensa em "penhora" como ato que "apreende e deposita" o bem que será futuramente expropriado. É perfeitamente possível que sejam penhorados direitos de crédito que o executado tenha junto a terceiros e, eventualmente, em relação ao próprio exequente.

Já dizia o artigo 931 do CPC de 1939, bem mais minudente que o CPC atual em relação ao tema da penhora de créditos, que "*consideram-se direitos e ações, para os efeitos de penhora: as dívidas ativas, vencidas, ou vincendas, constantes de documentos; as ações reais, reipersecutórias, ou pessoais para cobrança de dívida; as quotas de herança em autos de inventário e partilha e os fundos líquidos que possua o executado em sociedade comercial ou civil*".

O fato de o executado "B" ser um devedor em relação ao exequente "A", isso não significa que ele não possa ser credor de diversos outros devedores com os quais tenha vínculo obrigacional. Assim possuindo o executado créditos junto a terceiros, certamente que tais créditos integram o seu patrimônio e como tal respondem também pelas suas dívidas. E não se deve reduzir os créditos apenas aquelas hipóteses tradicionais em que ele é representado por um *título de crédito* como cheque, nota promissória, duplicata etc. É preciso expandir o espectro de visão e admitir créditos que nem sequer tenham sido instrumentalizados em documentos e até mesmo para aqueles que são objeto de ação judicial onde se pleiteia o seu reconhecimento (ação cognitiva).

Na execução promovida por "A" contra "B" poderá ser penhorado o crédito que este possui junto a "C" (terceiro). O crédito a ser penhorado pode estar documentado ou não, ser um título executivo judicial ou extrajudicial, pode estar sendo pleiteado em juízo o seu reconhecimento, pode ser um título de crédito ou não, pode estar sendo cobrado em juízo ou não, pode ser quirografário ou pignoratício, pode estar vencido ou a vencer etc.

O artigo 789 diz que o devedor responde com todos os seus bens presentes e futuros para o cumprimento de suas obrigações, salvo as restrições estabelecidas em lei. O *crédito* que ele possui não é "bem futuro", mas sim bem atual, concreto, e, futuro será, eventualmente o dinheiro resultante deste crédito caso o terceiro efetue o pagamento que deve em juízo.

A penhora de crédito é, com o perdão da repetição, do "crédito" e não do bem jurídico que a ele corresponda na relação jurídica entre executado e seu devedor, inclusive porque é perfeitamente possível que o exequente *adjudique* para si o crédito como forma de satisfação do direito exequendo evitando a transformação do crédito na futura quantia que a ele corresponda que poderia ser depositada pelo terceiro que deve ao executado.

Assim, pode o exequente requerer sejam penhorados créditos que o executado possua junto a terceiros (devedor do executado), mas nestas hipóteses é preciso que saiba que existem certas peculiaridades previstas nos arts. 855 a 860 que precisam ser atendidas e cumpridas para não haver desagradáveis surpresas no itinerário executivo para recebimento de quantia.

Assim, por exemplo, é preciso saber qual a natureza da obrigação e o respectivo objeto do crédito que o executado possui com terceiros; saber se o crédito está reconhecido em algum título de crédito ou se ainda depende de reconhecimento judicial etc. A depender de cada uma destas respostas será preciso seguir as regras previstas nos dispositivos da Subseção VI.

4.7.3.3 A importância na identificação da natureza do crédito a ser penhorado

O executado "B", que deve dinheiro ao exequente "A", pode ser credor de um terceiro "C", e, justamente este direito de crédito pode ser objeto de penhora da execução movida por A contra B.

Por sua vez, é importante que se saiba qual a natureza da relação jurídica obrigacional que será objeto da penhora, pois, tratando-se de vínculo que envolva uma obrigação de pagar quantia, esta será muito mais simples do que se a prestação for uma entrega de coisa.

Não esqueçamos que o exequente "A" pretende receber dinheiro do executado "B", e a penhora do crédito não se confunde com a penhora de dinheiro. Quando se pretende a penhora de um crédito pecuniário que o executado possua com um terceiro isso significa apenas que possui o direito de receber determinada quantia, mas quantia ainda não há, porque se houvesse seria penhora de dinheiro ainda que o dinheiro estivesse em *mão de terceiro*. A penhora de dinheiro do executado que está sob guarda de um terceiro é *penhora de dinheiro* (art. 835, I) e não *penhora de crédito* (art. 835, XIII).

A penhora de um *crédito pecuniário* tem a vantagem, inescondível para o exequente, de fazer com que a penhora do crédito se convole em penhora de dinheiro assim que o terceiro depositar a quantia que deve ao executado na conta do juízo da execução. Quando isso acontecer, a penhora do crédito simplesmente se convola, sem qualquer outra formalidade, em penhora de dinheiro tornando bem mais simples o itinerário executivo.

Por outro lado, se se tratar de crédito que envolva uma prestação de entregar ou restituir uma coisa, assim que o terceiro depositar em juízo a coisa devida à *penhora do crédito passará a ser a penhora da coisa depositada* que ainda precisará ser liquidada em uma expropriação liquidativa para só depois disso entregar o dinheiro ao exequente.

Por sua vez quando a penhora recair sobre um crédito que envolva uma prestação de fazer, situação ignorada pelo Código, mais complexo ainda será o caminho do exequente porque, dada as especificidades naturais que envolvem este tipo de vínculo

CAPÍTULO X • DA PENHORA E DA AVALIAÇÃO

(execução por transformação), só poderá ser penhorado o eventual crédito pecuniário da prévia e necessária conversão da obrigação específica em perdas e danos.

4.7.3.4 Hipóteses de penhora de crédito descritas no CPC

A) A efetivação da penhora de crédito do art. 855 enquanto não acontecer a hipótese do artigo 856

CPC de 2015

Art. 855. Quando recair em crédito do executado, enquanto não ocorrer a hipótese prevista no art. 856, considerar-se-á feita a penhora pela intimação:

I – Ao terceiro devedor para que não pague ao executado, seu credor;

II – Ao executado, credor do terceiro, para que não pratique ato de disposição do crédito.

CPC de 1973

Art. 671. Quando a penhora recair em crédito do devedor, o oficial de justiça o penhorará. Enquanto não ocorrer a hipótese prevista no artigo seguinte, considerar-se-á feita a penhora pela intimação:

I – ao terceiro devedor para que não pague ao seu credor;

II – ao credor do terceiro para que não pratique ato de disposição do crédito.

CPC de 1939

Art. 937. Para que a penhora recaia em dinheiro existente em mão de terceiro, notificar-se-á este para que não pague ao executado.

§ 1º Se o terceiro confessar o débito, será havido como depositário para todos os efeitos legais.

§ 2º Se negar o débito, em conluio com o devedor, a quitação, que este lhe der, não poderá ser oposta a terceiros.

§ 3º O terceiro exonerar-se-á da obrigação depois de depositada a quantia devida.

O artigo 855 estabelece o regime jurídico da realização da penhora de crédito, *enquanto não tiver ocorrido a hipótese do artigo 856* como ele mesmo diz. Logo, parece claro que existe um regime jurídico para as penhoras dos créditos que se encaixam no que dispõe o artigo 855 e outro regime jurídico para aqueles que se subsumam à hipótese do artigo 856.

Adiantamos que a hipótese do artigo 855 trata de identificar como se dá a efetivação penhora de créditos em geral e o artigo 856 de como ela é realizada quando o crédito a ser penhorado está incorporado a um título de crédito.

A regra geral da penhora do crédito é que ela se efetiva quando os titulares da relação jurídica creditícia forem intimados da referida constrição do crédito. É a dupla intimação a que alude o art. 855 quando diz que *"considerar-se-á feita a penhora pela intimação: I – ao terceiro devedor para que não pague ao executado, seu credor; II – ao executado, credor do terceiro, para que não pratique ato de disposição do crédito".*

Uma intimação não depende da outra, ou seja, deferida a penhora do crédito, deve o magistrado determinar que ambas se realizem o mais depressa possível para evitar a dissipação do crédito a ser penhorado. Ademais, acaso uma intimação seja realizada antes da outra, isso significa que aquele que foi intimado deve cumprir a ordem nele emanada sob pena de responder por ato de má-fé processual.

A intimação do inciso primeiro do art. 855 é direcionada ao devedor do executado, que é *terceiro* em relação a execução de onde emanou a ordem de penhora, de forma se não reconhecer a legitimidade do referido ato constritivo poderá ofertar embargos de terceiro para livrar-se do esbulho judicial.

A intimação deste terceiro tem por finalidade obter dele um comportamento negativo, para que ele *não pague o que deve ao executado* porque este direito de crédito estará afetado à execução. Observe que a *intimação* não é para exortá-lo a *não pagar*, mas que se abstenha de pagar *ao executado*. Não poderia a penhora do crédito deferida num processo do qual o terceiro não faz parte interferir no seu direito potestativo de livrar-se da dívida mediante o pagamento do valor devido na data prevista. Isso não é afetado pela penhora, antes o contrário, pois não só pode, como deve pagar e obter a quitação para exonerar-se da dívida, mas deve fazê-lo ao juízo da execução.[71] É o Estado-juiz, novo *possuidor* do crédito penhorado, que dará a quitação ao terceiro quando este pagar o que deve mediante depósito da quantia em conta vinculada à referida execução. É de se notar que a penhora se concretiza com a mera intimação, ou seja, a comunicação para proceder segundo o que determina os incisos do art. 855. Como este sujeito é *terceiro* em relação à execução parece-nos claro que por nunca ter integrado o feito deverá ser intimado pessoalmente, por carta ou oficial de justiça, já que dele não consta nenhum dado no processo.

Diversa é a intimação do executado, titular do crédito junto ao terceiro. O executado será intimado na pessoa do seu advogado para não praticar ato de disposição do crédito, ou seja, mantê-lo em seu patrimônio pois ele se sujeitará à expropriação judicial.

B) O art. 856 – a penhora pela apreensão física do título de crédito e lege ferenda o edital de comunicação dos terceiros interessados

A regra geral da efetivação da penhora do crédito se dá pela simples intimação do *terceiro devedor* e do *executado credor* não havendo que se falar em *apreensão física do crédito* ainda que ele esteja documentado como vimos na hipótese acima. O objeto da penhora é o crédito, o direito subjacente, o objeto da relação jurídica material, esteja ela revelada ou não em algum documento. O documento em si é irrelevante, pois o que importa é a comunicação ao terceiro e ao executado de que o crédito está penhorado e afetado à execução.

Essa regra geral da dupla intimação não se aplica quando o crédito for representado por um *título de crédito* que, sabe-se, possui a característica da *incorporação do crédito à*

---

71. A penhora do crédito coloca o terceiro numa posição de prudência em relação ao pagamento do valor. Só deve fazer isso no processo onde aconteceu a penhora. Eventual disposição de direitos (renuncia, transação etc.) feita entre o executado e o terceiro que o deve é ineficaz em relação ao sujeito que penhorou o referido crédito.

cártula ou seja, dado que o documento que representa o crédito possui o predicado da *circularidade* e pode ser endossado para outros portadores é mister que o documento seja apreendido, esteja ou não este em poder do executado, para evitar a mudança de sua titularidade. Nestas hipóteses o *crédito* e o *documento* se amalgamam e a dupla intimação não resolveria o problema.

Por isso o artigo 856, caput diz que "a penhora de crédito representado por letra de câmbio, nota promissória, duplicata, cheque ou outros títulos far-se-á pela apreensão do documento, esteja ou não este em poder do executado" deixando claro que a penhora se efetiva apenas pela apreensão física do documento, prescindindo da dupla intimação prevista no artigo antecedente.

Nesta hipótese diz o artigo 856, § 1º que "se o título não for apreendido, mas o terceiro confessar a dívida, será este tido como depositário da importância". A regra acima dá a entender que o problema resultante da não apreensão do título de crédito estará resolvido se o terceiro confessar a dívida. Em relação ao exequente o problema aparentemente estará realmente resolvido, pois tudo indica que a confissão do terceiro leve a crer que irá depositar o valor devido em juízo. Mas, por outro lado, haverá um problema na praça onde circula o título de crédito pois alguém de boa-fé poderá ter adquirido a cártula e ser portador do crédito nela incorporado.

Nesta hipótese, de bom alvitre que se realize não apenas a dupla intimação mencionada no artigo antecedente para presumir a má-fé de qualquer atitude de disponibilização e circularização do título de crédito, como ainda cumprir o que determinava o artigo 939 quando dizia que "tratando-se de letra de câmbio, nota promissória ou outro título de crédito, considerar-se-á feita a penhora, mediante *notificação ao devedor para não pagar*, e aos *terceiros interessados, por edital com o prazo de quinze (15) dias, para ciência da penhora*".

Em nosso sentir é muito importante a medida de publicação do edital para atingir *terceiros interessados* pois quando estamos de um título de crédito que não seja apreendido (captação física pela penhora) corre-se o risco de que ele circule na sociedade ainda que o terceiro devedor e o executado tenham sido notificados de que tal crédito estaria penhorado

C) Ainda o art. 856: o terceiro que confessa se torna "depositário da importância".

O § 1º do artigo 856 diz que o *terceiro que confessa a dívida será tido como "depositário da importância"*. O texto é completamente desconexo, totalmente sem sentido, afinal de contas *confessar a dívida* não transforma ninguém em depositário da importância. Ao confessar (reconhecer) que deve, o terceiro assume que o executado é seu credor e também põe sobre si a responsabilidade de pagar no juízo da execução, afinal de contas tal crédito do executado está penhorado. A rigor, o problema deste dispositivo é que o legislador de 2015 repetiu o texto do art. 672 de 1973 que por sua vez fez uma indevida mescla dos arts. 937 e 939 do CPC de 1939.

O art. 937 do CPC de 1939 dizia que:

Art. 937. Para que a penhora recaia em dinheiro existente em mão de terceiro, notificar-se-á este para que não pague ao executado.

§ 1º Se o terceiro confessar o débito, será havido como depositário para todos os efeitos legais.

§ 2º Se negar o débito, em conluio com o devedor, a quitação, que este lhe der, não poderá ser oposta a terceiros.

§ 3º O terceiro exonerar-se-á da obrigação depois de depositada a quantia devida.

Por sua vez o artigo 939 dizia que:

Art. 939. Tratando-se de letra de câmbio, nota promissória ou outro título de crédito, considerar-se-á feita a penhora, mediante notificação ao devedor para não pagar, e aos terceiros interessados, por edital com o prazo de quinze (15) dias, para ciência da penhora.

§ 1º O disposto neste artigo não excluirá a efetiva apreensão do título, se encontrado em poder do executado.

§ 2º A transferência do título, feita após o prazo do edital, considerar-se-á em fraude de execução.

§ 3º O devedor do título não se exonerará, da obrigação sem consignar judicialmente a importância da dívida.

Muito bem, o art. 856, repetindo o art. 672 de 1973, entendeu por bem unir a redação dos arts. 937 e 939 do CPC de 1939 sem se atentar para as peculiaridades que lá existiam.

O art. 937 do CPC de 1939 cujos parágrafos encontram-se repetidos no atual art. 856 tratava não apenas de crédito do executado junto a terceiro, mas também de *dinheiro em mão de terceiro*, daí porque fazia todo sentido a expressão "será tido como depositário da importância". Só que atualmente a penhora de "dinheiro em mão de terceiro" além de ser situação bastante improvável, se insere na hipótese do art. 835, I do CPC e não na "penhora de crédito".

D) A exoneração do terceiro

Como dissemos anteriormente o direito de exonerar-se da obrigação pagando o que for devido no prazo avençado não foi esbulhado com a penhora do referido crédito. A penhora do crédito não retira do terceiro devedor o direito de exonerar-se da sua obrigação. Apenas determina que este direito seja exercido perante o juízo da execução de onde emanou a penhora, pois o executado (que é o seu credor), com a penhora efetivada, perde a gestão do crédito e não tem poderes para receber o que for pago. Eis que por isso o § 2º adverte ao terceiro que este só se exonerará da obrigação depositando em juízo a importância da dívida.

E) Negação do débito pelo terceiro

Uma vez intimado para não pagar ao executado o terceiro pode não confessar o débito, ou seja, pode silenciar a respeito ou simplesmente refutar a própria existência do débito. Diz o § 3º que se o terceiro *"negar o débito em conluio com o executado, a quitação que este lhe der caracterizará fraude à execução".* Para a prova do conluio pode ser necessário, a requerimento do exequente, ou até mesmo de ofício já que se trata de fraude à execução, que o juiz determine o comparecimento, em audiência especialmente designada, do executado e do terceiro, a fim de lhes tomar os depoimentos.

É perfeitamente possível que o terceiro não reconheça o débito e também não esteja em conluio com o executado, caso em que poderá valer-se de embargos de terceiro para livrar-se da constrição judicial (penhora) referente a um suposto débito que afirmou-se possuir junto ao executado.[72]

F) Penhora efetivada no *"rosto dos autos"*

Nas hipóteses em que o crédito esteja sendo pleiteado em juízo, seja em demanda cognitiva ou executiva, inclusive na justiça arbitral[73], a penhora se efetiva mediante a averbação destacada no "rosto dos autos" a fim de que esta seja efetivada nos bens que forem adjudicados ou que vierem a caber ao executado. Embora silente o Código, parece-nos que mesmo havendo o registro da penhora nos autos é importante que se dê a dupla intimação: do terceiro para não pagar ao credor-executado; e do executado para não praticar ato de disposição do seu crédito. Em tese a *averbação* da penhora nos autos físicos ou eletrônicos traria ciência inequívoca de conhecimento, mesmo assim, *ad cautelam*, entendemos que deva ser feita a dupla intimação para evitar questionamentos futuros.

Assim, pela letra da lei, a penhora do crédito pleiteado em juízo pelo executado contra um terceiro necessita de que seja feita a averbação nos autos físicos ou no registro eletrônico se o processo for eletrônico, de forma que assim que houver a satisfação do direito em favor do executado (entrega do dinheiro ou adjudicação do bem penhorado ou fruto de acordo etc.), o produto desta "satisfação", de qualquer forma que ela se der, fica penhorado e afetado à execução movida contra o executado.

Sendo mais explícito, "A" move execução contra "B", que, por sua vez move uma execução contra "C". Então "A" pede a penhora do crédito que "B" tem contra "C". Essa penhora se efetiva mediante um registro nos autos físicos ou eletrônico de tal forma que assim que B receber o que pede contra C (dinheiro ou bem adjudicado) a penhora do crédito se convola em penhora do próprio direito recebido por B, ou seja, este nem terá acesso ao bem que serviu para satisfazer sua pretensão pois já estará afetado ao processo que "A" move contra "B".

---

72. RECURSO ESPECIAL 1834169 – PR (STJ – REsp: 1834169 PR 2019/0253400-5, Relator: Ministro Moura Ribeiro, Data de Publicação: DJ 02.02.2021).
73. Recurso Especial 1.678.224-SP.

O texto do dispositivo (art. 860) é claro ao falar em "quando o direito estiver sendo pleiteado em juízo, a penhora que recair sobre ele será averbada, com destaque, nos autos" e mais em seguida fala que "a fim de que esta seja efetivada nos bens que forem adjudicados ou que vierem a caber ao executado". É muito claro que primeiro há a penhora do crédito que se postula em juízo e em seguida a convolação desta penhora sobre o produto da satisfação deste crédito em juízo.

G) Penhora no "rosto dos autos" e prosseguimento da execução: adjudicação ou expropriação liquidativa

Efetivada a penhora do crédito *no rosto dos autos* de demanda judicial movida pelo executado contra seu devedor então teremos duas demandas conectadas pela penhora do crédito. A penhora é feita num processo e o crédito objeto da penhora é reclamado em outro processo. Assim, tentando ser didático, tem-se uma demanda executiva, aqui chamada de "primeira demanda", movida por "A" contra "B" cuja penhora recaiu sobre um crédito judicialmente reclamado por "B" contra "C" em uma "segunda demanda".

Diante deste cenário tem-se que a penhora ocorrida na *primeira demanda* sobre um bem jurídico reclamado na *segunda demanda* (crédito judicial) pode levar as seguintes situações:

a) A segunda demanda evolui e a penhora do crédito emanada da primeira demanda se convola em penhora dos bens que, na segunda demanda, forem adjudicados ou que vierem a caber ao executado (art. 860);

b) A primeira demanda evolui e o crédito penhorado será ou *adjudicado pelo exequente* ou *alienado (expropriação liquidativa)* em leilão público realizado na primeira demanda (art. 857).

É dessa segunda hipótese que trata o artigo 857 do CPC, ou seja, é possível que na execução que move contra "B", o exequente "A" ou opte por *adjudicar o crédito* ou então levá-lo *à alienação judicial* para que seja arrematado por um terceiro e o produto desta arrematação (dinheiro) servirá para satisfazer total ou parcialmente o seu crédito exequendo.

O Código fala em "sub-rogação nos direitos do executado", mas a rigor o que se tem aí é verdadeira *adjudicação* do bem penhorado (crédito) pelo exequente. Exige o Código que dita *adjudicação* só possa acontecer se o executado não tiver oferecido embargos ou se já tiverem sido rejeitados.

Dá a entender o CPC que a adjudicação é imediata, mas não é como deve ser pois não se pode impor ao exequente receber algo diverso do que ele pretende (dinheiro). Por isso deve ser lido *cum grano salis* a regra do § 1º que diz que o "exequente pode preferir, em vez da sub-rogação, a alienação judicial do direito penhorado", pois é exatamente o inverso que deve ser, ou seja, o exequente pode preferir a adjudicação ao invés da alienação do bem penhorado, o que, segundo o Código sua vontade deve ser manifestada no prazo de 10 (dez) dias contado da realização da penhora.

CAPÍTULO X • DA PENHORA E DA AVALIAÇÃO

O problema do Código é que ele parte da premissa que a adjudicação do crédito seria mais benéfica do que a alienação do crédito em leilão público, e, isso fica evidente quando diz no parágrafo segundo que "a sub-rogação não impede o sub-rogado, se não receber o crédito do executado, de prosseguir na execução, nos mesmos autos, penhorando outros bens".

H) O interesse jurídico do exequente na tutela do crédito penhorado

Não será difícil imaginar a hipótese de o Exequente "A" ter penhorado direito de crédito do executado "B" que esteja sendo objeto de demanda judicial contra "C". Feito o registro da penhora na ação de "B" contra "C "de que tal crédito está afetado à execução de "A" contra "B" é possível que este simplesmente passe a adotar um comportamento desidioso e desinteressado nesta demanda pois já sabe que o crédito que vier a receber será destinado parcial ou integralmente à demanda de onde emanou a penhora. É possível, inclusive, que adote este comportamento desidioso com a conivência (conluio) com o próprio devedor de seu crédito.

Para lidar com situações como esta é útil o artigo 857 pois se o exequente tiver adjudicado o crédito penhorado (sub-rogado nos direitos do executado) ele poderá atuar em juízo no processo substituindo a posição do executado, pois ele, exequente, passa a ser o credor do terceiro já que adjudicou para si o referido crédito. Por outro lado, ainda que não tenha adjudicado o crédito penhorado ainda assim terá interesse jurídico manifesto em fazer com que o executado receba em juízo o crédito penhorado culminando na hipótese do art. 860 do CPC. Assim, poderá ingressar e atuar no processo movido pelo executado contra o terceiro devedor sempre no sentido de proteger o referido crédito, pois ao protegê-lo estará reflexamente resguardando a utilidade da penhora emanada da execução que move contra o executado.

I) Penhora sobre dívidas de dinheiro a juros, de direito a rendas ou de prestações periódicas

O art. 858 determina que "quando a penhora recair sobre dívidas de dinheiro a juros, de direito a rendas ou de prestações periódicas, o exequente poderá levantar os juros, os rendimentos ou as prestações à medida que forem sendo depositados, abatendo-se do crédito as importâncias recebidas, conforme as regras de imputação do pagamento".

A penhora na hipótese acima não destoa do que já foi dito anteriormente, pois ou será caso da *dupla intimação* a que alude o art. 855, I e II, ou será caso de apreensão física do título de crédito (art. 856), ou será hipótese de penhora de direito e ação no rosto dos autos (art. 860).

A diferença aí não é a forma de realização da penhora, mas da peculiaridade de que o crédito penhorado é daqueles que são pagos periodicamente de forma que o terceiro devedor do executado só se exonera da obrigação que possui mediante o deposito judicial periódico, ou seja, se aplica integralmente a regra do artigo 856, § 2º do CPC.

A referência que o dispositivo faz às regras de imputação do pagamento diz respeito, precisamente, aos artigos 354 e 355 do CCB que determinam que "havendo capital e juros, o pagamento imputar-se-á primeiro nos juros vencidos, e depois no capital, salvo estipulação em contrário, ou se o credor passar a quitação por conta do capital", e, ainda, de que a imputação do pagamento há de se reputar, em primeiro lugar "*nas dívidas líquidas e vencidas*", e, se todas "*líquidas e vencidas ao mesmo tempo, a imputação far-se-á na mais onerosa*".

J) Penhora sobre direito a prestação ou a restituição de coisa determinada

O direito de crédito que o executado tenha junto a terceiro pode referir-se ao recebimento de uma coisa, ou seja, não se trata de dívida de dinheiro como nas outras hipóteses tratadas nesta subseção. Diz o art. 859 que "recaindo a penhora sobre direito a prestação ou a restituição de coisa determinada, o executado será intimado para, no vencimento, depositá-la, correndo sobre ela a execução".

Está claro o dispositivo que a penhora do crédito ao recebimento da coisa passa a recair sobre a própria coisa quando esta for entregue pelo terceiro ao executado. Também aqui não discrepa o momento da penhora como nos outros casos, ou seja, aplica-se a regra do artigo 855 da dupla intimação, ou a hipótese de penhora no rosto dos autos aludida no artigo 860, inclusive com a possibilidade de que venha ocorrer a situação do art. 857 (adjudicação do crédito penhorado ou alienação do crédito em leilão).

O que importa deixar claro que a penhora do artigo 859 é sobre o direito de crédito do executado junto a terceiro, e, este deve ser intimado nos termos do art. 855 para que deposite em juízo a coisa na data do vencimento da dívida, ou seja, não irá entregar a coisa ao seu credor (executado), mas sim depositá-la em juízo da execução de onde emanou a penhora.

Uma vez depositada a coisa no juízo da execução é sobre ela que recairá a penhora, não mais então do direito de crédito, mas da coisa efetivamente "entregue" em juízo, liberando-se o terceiro da obrigação que tinha. Com a penhora sobre a coisa o exequente tanto poderá adjudicá-la quanto levá-la ao leilão para expropriação liquidativa e dali extrair a quantia para satisfação total ou parcial do direito exequendo.

4.7.4 *Da penhora das quotas ou das ações de sociedades personificadas*

4.7.4.1 Introito

Não há dúvidas de que a propriedade que o devedor tem sobre cotas e ações em sociedades personificadas são dotadas de valor econômico e integra o seu acervo patrimonial, pois do contrário, não poderia falar em "apuração de haveres" nas hipóteses de dissolução parcial da sociedade em que ele, sócio ou cotista, dela se desvincula.[74-75]

Lembrando que o devedor responde com todos os seus bens presentes e futuros para o cumprimento de suas obrigações, salvo as restrições estabelecidas em lei, não há dúvidas que tais bens sujeitam-se a responsabilidade patrimonial. Seria um absurdo negar a possibilidade de que tal patrimônio não respondesse pelas dívidas do sujeito simplesmente para proteger a sociedade da entrada de estranhos numa eventual arrematação ou adjudicação.

Na medida em que podem ser *penhorados*, então, logicamente, admite-se que venham a ser *expropriados judicialmente* e é aí que reside a *vexata quaestio* de saber "se" e "como" seria possível a um terceiro, alheio à sociedade, que tenha adjudicado ou arrematado as tais cotas e ações, passar a integrá-la em suposto "desrespeito" a *affectio societatis.*

Como veremos adiante, o Código teve a preocupação com este aspecto (princípio da preservação da empresa), mas ela não constitui óbice intransponível à responsabilidade patrimonial, ainda que o contrato social da sociedade expressamente vede a alienação das ações ou cotas, seguindo posição consolidada na jurisprudência brasileira.

4.7.4.2 *A sociedade de pessoas e a sociedade de capitais*

Toda preocupação do CPC de 2015 sobre o "modo de ser" diferenciado da execução nas hipóteses do art. 861 é voltada à preservação desses vínculos *personificados* (*intuitu personae*) de confiança, afinidade, credibilidade etc. que levaram a criação da sociedade personificada (simples ou empresária).

Certamente que esta preocupação restringe-se às sociedades *personificadas* como se vê no título da subseção VII, pois naquelas onde o vínculo firmado é o capital (*intuitu pecuniae*) tais regras não se aplicam, como expressamente deixa claro o § 2º do art. 861.

Tratando-se de sociedade anônima de capital aberto tanto a avaliação (art. 871, II), quanto a alienação (art. 881, § 2º) seguem disciplina específica e diversa da prevista no artigo 861.

---

74. Código Civil Brasileiro, Art. 1.031. Nos casos em que a sociedade se resolver em relação a um sócio, o valor da sua quota, considerada pelo montante efetivamente realizado, liquidar-se-á, salvo disposição contratual em contrário, com base na situação patrimonial da sociedade, à data da resolução, verificada em balanço especialmente levantado.

    § 1º O capital social sofrerá a correspondente redução, salvo se os demais sócios suprirem o valor da quota.

    § 2º A quota liquidada será paga em dinheiro, no prazo de noventa dias, a partir da liquidação, salvo acordo, ou estipulação contratual em contrário.

75. Código de Processo Civil, Art. 606. Em caso de omissão do contrato social, o juiz definirá, como critério de apuração de haveres, o valor patrimonial apurado em balanço de determinação, tomando-se por referência a data da resolução e avaliando-se bens e direitos do ativo, tangíveis e intangíveis, a preço de saída, além do passivo também a ser apurado de igual forma.

4.7.4.3   O problema da avaliação

Outro aspecto que motiva o legislador a dar tratamento diferenciado à penhora de cotas e ações das sociedades personificadas está na maior complexidade da avaliação das cotas e ações quando comparadas com a sociedade de capital aberto. Nestas nem sequer há propriamente um momento de "avaliação" (art. 871, II) pois o preço dela é definido pela cotação em bolsa e nem sequer há que se falar em preço vil quando da aquisição em pregão feito na bolsa de valores (art. 881, § 2º). O preço justo é o preço do mercado quando da sua oferta na bolsa de valores.

Já nas sociedades personificadas a definição do valor das ações ou cotas é mais complexo e segue a disciplina prevista no *caput* do art. 861, I (prazo de 3 meses para que a sociedade apresente balanço especial).

4.7.4.4   Affectio societatis e direito de preferência

O vínculo pessoal que une os sócios e cotistas de uma sociedade personificada é que justifica a *preferência* na aquisição das cotas ou ações tanto pelos demais sócios ou cotistas quanto pela própria sociedade. Há uma natural preocupação do Código em fazer com que se preserve a sociedade evitando que seja liquidada ou que um estranho possa nela ingressar.

Exatamente por isso desde a petição/requerimento inicial deve o exequente – caso indique este bem a penhora neste momento inicial – cumpra o mister do artigo 799, VII do CPC que diz:

> Art. 799, VII – requerer a intimação da sociedade, no caso de penhora de quota social ou de ação de sociedade anônima fechada, para o fim previsto no art. 876, § 7º.

O art. 876, § 7º trata da adjudicação preferencial das cotas/ações penhoradas justamente com intuito de manter a sociedade com as pessoas que naturalmente a integram.

> § 7º No caso de penhora de quota social ou de ação de sociedade anônima fechada realizada em favor de exequente alheio à sociedade, esta será intimada, ficando responsável por informar aos sócios a ocorrência da penhora, assegurando-se a estes a preferência.

O exercício do direito de preferência deve ser efetuado por meio da *adjudicação* preferencial das cotas ou ações pelo valor da avaliação por expressa dicção do *caput* do art. 876. Isso vem corroborado pelo artigo 861, § 5º quando diz que:

> Art. 861, § 5º. Caso não haja interesse dos demais sócios no exercício de direito de preferência, não ocorra a aquisição das quotas ou das ações pela sociedade e a liquidação do inciso III do *caput* seja excessivamente onerosa para a sociedade, o juiz poderá determinar o leilão judicial das quotas ou das ações.

É nítido no texto acima que só depois de não exercida a adjudicação preferencial, e, se a liquidação for demasiadamente onerosa para a sociedade, aí sim o magistrado deverá prosseguir com o leilão judicial das quotas ou ações. E, nesta hipótese o Código não abre uma via preferencial para a arrematação, o que é de todo criticável, pois em caso de igualdade de ofertas na arrematação, e, desde que não seja o preço vil, deveria dar prioridade àqueles que teriam preferência para adjudicar, afinal de contas a adjudicação é sempre pelo valor pelo qual foi avaliado o bem e o preço pelo qual pode ser arrematado é o preço mínimo fixado pelo juiz ou, quando não tiver fixado, desde que não seja vil (art. 891, parágrafo único). Uma solução interessante é apresentada pelo art. 2.480 do Código Civil Italiano que, para evitar o ingresso de um estranho à sociedade, permite que ela exerça uma espécie de *remição do bem* apresentando no prazo de 10 dias da adjudicação/arrematação "un altro acquirente che offra lo stesso prezo" (um outro adquirente que ofereça igual preço).

4.7.4.5 O procedimento

A) A efetivação da penhora

Reconhecida a complexidade imposta pelo direito material ao itinerário executivo quando a jurisprudência se firmou no sentido de que "*a penhora sobre as quotas da sociedade deve ser realizada somente após esgotados os meios para localização de outros bens do devedor*", inclusive devendo ser verificada no caso concreto, previamente, a própria possibilidade de penhora "*dos lucros referentes às quotas sociais*".[76]

Uma vez deferida a penhora das cotas/ações do executado este deve ser intimado (art. 841), assim como a sociedade (art. 861). Para evitar os dissabores de uma alienação fraudulenta e presunção absoluta de conhecimento por terceiros, cabe ao exequente providenciar a averbação da decisão que deferiu a penhora das cotas e ações.

A intimação da sociedade tem a finalidade não apenas de permitir que se prepare para exercer – ela mesma ou os demais sócios/cotistas – o direito de preferência na adjudicação do bem penhorado.

Destina-se a intimação também para que, nos termos do art. 861, I – apresente balanço especial, na forma da lei; II – ofereça as quotas ou as ações aos demais sócios, observado o direito de preferência legal ou contratual; III – não havendo interesse dos sócios na aquisição das ações, proceda à liquidação das quotas ou das ações, depositando em juízo o valor apurado, em dinheiro. Os incisos I, II e III do art. 861 citado acima deve ser lido em consonância com o § 3º e 5º pois complementam a sua exegese.

É de se lembrar que a sociedade e os demais sócios ou cotistas são estranhos à execução promovida contra um deles. Em nosso sentir é justo e lógico que se lhe outorgue um direito de preferência, inclusive previsto no direito material, para evitar que um terceiro estranho adentre numa sociedade personificada.[77]

---

76. AgInt no AREsp 1295996/MA, Rel. Ministro Lázaro Guimarães (Desembargador convocado do TRF da 5ª Região), Quarta Turma, julgado em 18/09/2018, DJe 02/10/2018.

77. "2. No entanto, não se pode ignorar que o advento do artigo 1.026 do Código Civil relativizou a penhorabilidade das quotas sociais, que só deve ser efetuada acaso superadas as demais possibilidades conferidas pelo dispositivo mencionado, consagrando o princípio da conservação da empresa ao restringir a adoção de solução que possa

Contudo, na condição de *terceiro* em relação à execução de "A" contra "B" (cotista), a sociedade, intimada da penhora, terá que em prazo razoável, não superior a 3 (três) meses, apresentar um *balanço especial na forma da lei* (inciso I) sem descurar dos parâmetros previstos nos atos constitutivos da sociedade. É certo que este balanço especial tem um custo financeiro e soa-nos absurdo que a sociedade tenha que assumir este ônus. É o exequente que deveria custear a execução deste balanço especial ou ressarcir a sociedade tão logo seja apresentado em juízo.

Não há qualquer obstáculo ou dificuldade para a sociedade em *oferecer as quotas ou as ações aos demais sócios, observado o direito de preferência legal ou contratual,* como determina o inciso II, mas entendemos que o custo financeiro para cumprir o mister do inciso III também parece ser inadequado e impertinente à sociedade vista como terceiro em relação a referida execução. Diz o inciso III que não havendo interesse dos sócios na aquisição das ações, a sociedade deve proceder *"à liquidação das quotas ou das ações, depositando em juízo o valor apurado, em dinheiro".* Essa liquidação pode ser evitada pela sociedade, posto que *"poderá adquiri-las sem redução do capital social e com utilização de reservas, para manutenção em tesouraria".* Numa hipótese ou na outra deverá depositar em juízo o valor apurado em dinheiro, caso em que a penhora da ação ou da quota será convolada em penhora do dinheiro fruto desta liquidação.

Certamente que este procedimento liquidatório terá um custo que pode comprometer a estabilidade financeira da sociedade, e, por outro lado, a "saída" dada pelo Código prevista no parágrafo terceiro pode ser extremamente invasiva da sociedade que, frise-se, não se confunde e nem se mistura com o cotista que deve ao exequente.

Relembramos que o § 3º do art. 861 determina que "para os fins da liquidação de que trata o inciso III do caput, o juiz poderá, a requerimento do exequente ou da sociedade, nomear administrador, que deverá submeter à aprovação judicial a forma de liquidação". A nomeação de um administrador elimina o custo financeiro da sociedade, mas por outro lado à expõe a uma administração de um terceiro que deve ser limitada, exclusivamente, à função de liquidar as cotas do executado.

B) *Prazo razoável não superior a 3 meses*

Há uma certa contradição no *caput* do art. 861 quando diz que *"o juiz assinará prazo razoável, não superior a 3 (três) meses"* para que a sociedade: I – apresente balanço especial, na forma da lei; II – ofereça as quotas ou as ações aos demais sócios, observado o direito de preferência legal ou contratual; III – não havendo interesse dos sócios na

---

provocar a dissolução da sociedade empresária e maior onerosidade da execução, visto que a liquidação parcial da sociedade empresária, por débito estranho à empresa, implica sua descapitalização, afetando os interesses dos demais sócios, empregados, fornecedores e credores. (...)" (REsp 1284988/RS, Rel. Ministro Luis Felipe Salomão, Quarta Turma, julgado em 19.03.2015, DJe 09.04.2015).

aquisição das ações, proceda à liquidação das quotas ou das ações, depositando em juízo o valor apurado, em dinheiro.

Como se observa a frase *"prazo razoável não superior a três meses"* não nos parece adequada, pois contém em si a impropriedade de que o prazo razoável para cumprir o mister previsto nos incisos só consiga ser feito em prazo superior a 3 meses.

A razoabilidade do prazo não deveria estar limitada ao prazo máximo de 3 meses, até porque há uma sequência lógica dos atos previstos nos incisos, ou seja, *primeiro* a sociedade deve preparar um balanço especial o que pode não ser uma tarefa fácil (ainda que não justifique o requerimento do § 3º), *segundo* deve intimar os sócios para que exerçam a preferência na aquisição o que deve ser feito dentro de tempo igualmente razoável para que tal aquisição possa acontecer, e *terceiro* que não havendo interessados, ela deve proceder a liquidação das quotas ou ações, caso, ela mesma, não pretenda adquiri-las sem redução do capital social e com utilização de reservas, para manutenção em tesouraria.

Não nos parece que a possibilidade de dilatação do prazo de 3 meses pelo juiz, que está prevista no § 4º deva se limitar às situações dos incisos I e II do referido parágrafo, a saber:

> § 4º O prazo previsto no *caput* poderá ser ampliado pelo juiz, se o pagamento das quotas ou das ações liquidadas:
>
> I – Superar o valor do saldo de lucros ou reservas, exceto a legal, e sem diminuição do capital social, ou por doação; ou
>
> II – Colocar em risco a estabilidade financeira da sociedade simples ou empresária.

Não temos dúvida que não apenas nas hipóteses acima o prazo razoável pode passar do limite de 3 meses.

C) Quando a alienação em leilão público é a última saída

O parágrafo quinto do art. 861 diz que:

> § 5º Caso não haja interesse dos demais sócios no exercício de direito de preferência, não ocorra a aquisição das quotas ou das ações pela sociedade e a liquidação do inciso III do *caput* seja excessivamente onerosa para a sociedade, o juiz poderá determinar o leilão judicial das quotas ou das ações.

Resta muito clara a preocupação do legislador em evitar ao máximo, deixando como última saída, o leilão judicial das cotas ou das ações. A subsidiariedade do leilão é clara ao dizer "caso" (1) *não haja interesse dos demais sócios no exercício de direito de preferência*; (2) *não ocorra a aquisição das quotas ou das ações pela sociedade*; (3) *não ocorra a liquidação do inciso III do caput por ser excessivamente onerosa para a sociedade*, aí sim o juiz poderá determinar o leilão judicial das quotas ou das ações. E, mesmo nesta hipótese, como dissemos anteriormente, deveria haver a possibilidade de arrematação preferencial ou, lege ferenda, a solução ofertada pelo Código Civil Italiano (art. 2480) que muito se assemelha a uma remição do bem arrematado.

4.7.5 Da penhora de empresa, de outros estabelecimentos e de semoventes

4.7.5.1 A subsidiariedade desta penhora

Inicialmente cabe dizer que o artigo 865 revela-nos que "*a penhora de que trata esta Subseção somente será determinada se não houver outro meio eficaz para a efetivação do crédito*". O último dispositivo da subseção (art. 865) deveria principiar o tópico (art. 862).

As dificuldades inerentes à implementação da penhora e dos atos executivos subsequentes relativamente a este bem penhorado é que praticamente impõe a subsidiariedade desta penhora em relação as demais.[78] Todo cuidado tem o Código de evitar que a produtividade e o bom funcionamento da empresa, estabelecimentos e de semoventes – e terceiros que deles dependem – sejam prejudicados pela penhora, daí porque só faz sentido pensar neste *regime especial* quando verdadeiramente houver risco de que a *empresa* ou *estabelecimento ou semoventes* possam ter a sua produção, manutenção e bom funcionamento engessados ou prejudicados pela penhora. Este é o móvel do regime especial, ou seja, a especificidade das regras está diretamente relacionada com a necessidade de se preservar a *continuidade da produção, manutenção das atividades e serviços, cuidados e alimentação dos* semoventes etc. Não havendo risco de que tais aspectos sejam comprometidos, e, não havendo necessidade de um regime especial de administração/gestão então não há por que seguir este regime especial. A penhora da empresa, estabelecimentos e semoventes não se confunde com a penhora de sua renda, cujo regime jurídico está no art. 866.

Uma outra observação importante deve ser feita. O fato de o legislador ter estabelecido para esta modalidade de penhora o regime de *administração/depositário* mencionando ainda a necessidade de que este apresente um *plano de administração* (art. 862, caput), isso não quer dizer de forma alguma que *necessariamente* a expropriação se dará por meio de *apropriação de frutos e rendimentos*. Este modelo especial de penhora (administração do bem penhorado) é comumente utilizado para a expropriação de frutos e rendimentos (art. 825, III), mas não necessariamente se restringe a isso. É claro que deve, ao máximo possível, preservar a empresa e suas atividades para que terceiros não sejam prejudicados, mas se pela administração perceber-se que existem patrimônios que não se sujeitam a atividade fim da empresa ou que não atrapalhem o seu funcionamento caso sejam alienados, então deve ele, o administrador, apontar esta possibilidade para que seja considerada pelo exequente e pelo próprio juiz. Enfim, pode-se até mesmo concluir que todo o patrimônio deva ser alienado, de forma que tal *administração* permitirá descortinar todo o patrimônio, permitindo que outras

---

78. "(...) 3. Ademais, o entendimento do Tribunal de origem de que a penhora sobre estabelecimentos comerciais somente é possível em casos excepcionais, quando há comprovação do esgotamento de todas as diligências para localização de bens em nome da empresa, e quando há tentativa de penhora sobre o faturamento da empresa, está em conformidade com precedentes desta Corte Superior. O entendimento do Tribunal a quo de que a impenhorabilidade prevista na Lei n° 8.009/90 pode ter como destinatário pessoa jurídica caracterizada como pequena empresa com conotação familiar também está em conformidade com precedentes do STJ. (AgRg no AREsp 709.060/RS, Rel. Ministro Luis Felipe Salomão, Quarta Turma, julgado em 20.08.2015, DJe 28.08.2015).

CAPÍTULO X • DA PENHORA E DA AVALIAÇÃO **493**

penhoras sejam realizadas sobre bens específicos da empresa, como aliás, sugere o art. 863, §2º ao tratar das empresas submetidas ao regime de concessão e permissão que veremos mais adiante.

Enfim, se nada houver a penhorar é que se deve lançar mão destes bens que compõem o patrimônio do devedor, dada a dificuldade operacional para administrá-los e complexa liquidez.

4.7.5.2 A complexidade do depósito (administração e gestão do bem penhorado)

Se em tópicos precedentes o instituto da penhora recebeu um tratamento especial em função das peculiaridades referentes à "apreensão" de bens incorpóreos como alguns créditos não incorporados em títulos, neste tópico a peculiaridade que transforma a penhora em "especial" não está na apreensão do bem, mas sim no seu depósito, já que as hipóteses contempladas nos arts. 862[79] e segs. exigirão do depositário cuidados especiais (alimentação de semoventes, manutenção da atividade e produção do estabelecimento, continuidade da construção etc.), pois, além de guardar ou conservar a coisa, ele deverá ainda, literalmente, administrar o referido bem, o que implica em maiores responsabilidades, conhecimentos técnicos e custos, aspectos que devem ser sopesados pelo depositário/administrador antes de aceitar o encargo.[80] Não por

---

79. Art. 862. Quando a penhora recair em estabelecimento comercial, industrial ou agrícola, bem como em semoventes, plantações ou edifícios em construção, o juiz nomeará administrador-depositário, determinando-lhe que apresente em 10 (dez) dias o plano de administração.

§ 1º Ouvidas as partes, o juiz decidirá.

§ 2º É lícito às partes ajustar a forma de administração e escolher o depositário, hipótese em que o juiz homologará por despacho a indicação.

§ 3º Em relação aos edifícios em construção sob regime de incorporação imobiliária, a penhora somente poderá recair sobre as unidades imobiliárias ainda não comercializadas pelo incorporador.

§ 4º Sendo necessário afastar o incorporador da administração da incorporação, será ela exercida pela comissão de representantes dos adquirentes ou, se se tratar de construção financiada, por empresa ou profissional indicado pela instituição fornecedora dos recursos para a obra, devendo ser ouvida, neste último caso, a comissão de representantes dos adquirentes.

80. "(...) 4. De fato, o Código Buzaid prevê situações em que o depositário, para além da guarda e conservação, assume as funções de administrador quando se trata de bens economicamente produtivos (CPC, arts. 677-678), isto é, o auxiliar da justiça também tem o múnus de gerir e fomentar o bem objeto de apreensão, fazendo jus a remuneração, bem como a indenização pelas despesas inerentes ao negócio – o credor adiantará, mas, ao final, as despesas recairão sobre o executado (CPC, art. 19) –, além do dever de prestar contas. (...) 6. Na hipótese, não há como afastar a responsabilidade do depositário pelos frutos civis decorrentes do depósito (gado) – matrizes e respectivas crias. 7. Não se pode olvidar que o depositário poderia ter recusado o encargo posto (Súm. 319/STJ), justamente demonstrando que não possuía condições práticas de realizar suas atribuições, ou ainda, poderia ter requerido a alienação antecipada dos bens depositados por manifesta vantagem ou por estarem sujeitos à deterioração/ depreciação (CPC, art. 670) ou, ademais, por ser a guarda dos semoventes excessivamente dispendiosa (CPC, art. 1.113), sendo dever do depositário "comunicar ao juízo as hipóteses de perecimento ou impossibilidade de entrega do bem, em virtude de fortuito ou força maior" (HC 59.877/SP, Rel. Ministra Eliana Calmon, Segunda Turma, julgado em 19/09/2006, DJ 03/10/2006). 8. Recurso especial não conhecido. (REsp 1117644/MS, Rel. Ministro Luis Felipe Salomão, Quarta Turma, julgado em 16.09.2014, DJe 07.10.2014).

acaso, em hipóteses que o executado oferece semoventes à penhora é justa a recusa do exequente por considerar como excessivamente onerosa a manutenção/guarda/cuidados/administração dos referidos bens.[81] Daí porque não é incomum a penhora de semoventes, mantendo o depósito com o executado. No fundo, acaba sendo apenas uma penhora que indisponibiliza o bem, devendo o executado arcar com as despesas de manutenção do bem apreendido.

Por isso, quando a penhora recair sobre estabelecimento comercial, industrial ou agrícola, bem como em semoventes, plantações ou edifício em construção, o juiz nomeará um depositário, determinando-lhe que apresente em 10 dias a forma de administração. O plano da administração deve ser submetido ao contraditório das partes, e só em seguida o juiz decidirá pela aceitação do projeto de administração. Entretanto, o dispositivo afirma que "*é lícito, porém, às partes ajustarem a forma de administração, escolhendo o depositário; caso em que o juiz homologará por despacho a indicação*". Eis aí um bom exemplo de *negócio jurídico processual* no procedimento executivo.

4.7.5.3 Penhora sobre edifícios em construção

Nos §§ 3º e 4º do artigo 860 constam as regras referentes a edifícios em construção, caso em que a penhora só poderá recair sobre as unidades não comercializadas, o que nos parece obvio, sob pena de atingir a esfera patrimonial de terceiros (estes que são protegidos pelo dispositivo), e de que sendo necessário afastar o incorporador da administração da incorporação, será ela exercida pela comissão de representantes dos adquirentes ou, se se tratar de construção financiada, por empresa ou profissional indicado pela instituição fornecedora dos recursos para a obra.

O Código fala em "sendo necessário afastar o incorporador" porque há casos em que a relação dos terceiros consumidores com o incorporador já pode estar desgastada por desconfiança e descrédito o que pode ser comprovado muitas vezes com ações de prestações de contas e atas de assembleias que revelem a *necessidade* de que ele seja substituído. Sendo possível mantê-lo (executado como incorporador) deve-se privilegiar esta opção não apenas pelo conhecimento que já possui, mas também pela redução do custo para o próprio executado.

Neste último caso, a comissão de representantes dos adquirentes deve ser ouvida. Reforça o § 3º a regra do artigo 833, XII que considera impenhoráveis "*os créditos oriundos de alienação de unidades imobiliárias, sob regime de incorporação imobiliária,*

---

81. (...) II – A recusa de semoventes, oferecidos à penhora pela ora agravada, não foi desprovida de fundamentos. A exequente pautou a recusa à penhora oferecida pela devedora, por entender que haveria dificuldade em se conseguir um depositário para firmar compromisso de guarda dos bens.
   III – Indicou a Fazenda à penhora bem imóvel de propriedade da devedora, em valor suficiente para cobrir o débito e em posição prevalente com relação aos semoventes na ordem legal prevista no art. 11 da LEF. IV – Possibilidade de recusa, por parte da Fazenda Pública, dos bens indicados à penhora pela devedora. V – Agravo regimental improvido. (AgRg nos EDcl nos EDcl no AgRg no REsp 1038582/RS, Rel. Ministro Francisco Falcão, Primeira Turma, julgado em 18.11.2008, DJe 01.12.2008).

CAPÍTULO X • DA PENHORA E DA AVALIAÇÃO

vinculados à execução da obra". Nem as unidades comercializadas, nem os créditos desta comercialização que se destinam à construção do prédio podem ser objeto de penhora e alienação.

4.7.5.4 Penhora de empresa concessionária ou permissionária de serviço público

Ainda nesta mesma seção VIII do CPC, no artigo 863 o Código trata da penhora de empresa concessionária ou permissionária de serviço público.

Em relação a este tema é preciso dizer que a penhora recai sobre direito patrimonial e disponível, e, na maior parte dos casos, funciona como ato executivo de uma execução singular. Por isso, o modo de se realizar a penhora previsto no art. 863[82] não pode estar em descompasso com o fato de que a dita concessionária ou permissionária prestam um serviço público, de forma que a penhora que sobre elas recai não poderá prejudicar a prestação do mesmo (supremacia do interesse público sobre o privado).

Assim, restringe o legislador a forma de satisfação do direito do exequente à técnica de *penhora e futura* apropriação *de frutos e rendimentos de coisa móvel e imóvel*, o que será feito mediante a nomeação de administrador depositário (normalmente um dos diretores da empresa)[83] que deverá apresentar ao juiz forma de administração e esquema de pagamento nos termos do que determina o artigo 863 do CPC. Não sendo possível proceder desta forma, e, recaindo a penhora sobre todo o patrimônio, prosseguirá a execução em seus ulteriores termos, ouvindo-se, antes da arrematação ou da adjudicação, o ente público que houver outorgado a concessão.

4.7.5.5 Penhora de navio ou aeronave

Ainda nesta seção VIII está prevista a penhora de navio ou aeronave, ou seja, nada obsta a que navios ou aeronaves sejam penhorados, até porque são bens de alto valor econômico. Todavia, é justamente do transporte de bens ou pessoas que os navios ou aeronaves auferem rendas, e, por mais incrível que possa parecer muitos destes se deterioram muito rapidamente se não forem utilizados com frequência. Daí, por causa destas peculiaridades que envolvem este tipo de meios de transporte (alto custo do bem, risco de dissipação pelo não uso, rentabilidade pelo uso), vem o art. 864 informar que

---

82. Art. 863. A penhora de empresa que funcione mediante concessão ou autorização far-se-á, conforme o valor do crédito, sobre a renda, sobre determinados bens ou sobre todo o patrimônio, e o juiz nomeará como depositário, de preferência, um de seus diretores.

    § 1º Quando a penhora recair sobre a renda ou sobre determinados bens, o administrador-depositário apresentará a forma de administração e o esquema de pagamento, observando-se, quanto ao mais, o disposto em relação ao regime de penhora de frutos e rendimentos de coisa móvel e imóvel.

    § 2º Recaindo a penhora sobre todo o patrimônio, prosseguirá a execução em seus ulteriores termos, ouvindo-se, antes da arrematação ou da adjudicação, o ente público que houver outorgado a concessão.

83. Nada impede também que as partes estabelem negócio processual que escolha no administrador nos termos do artigo 190 do CPC.

"a penhora sobre o navio ou aeronave não obsta a que continue navegando ou operando até a sua alienação; mas o juiz, ao conceder a autorização para tanto, não permitirá que saiam do porto ou aeroporto antes que o executado faça o seguro usual contra riscos".

Na verdade, a manutenção da incolumidade física do bem penhorado mediante seguro contra riscos é prática comum e exigência corriqueira nesse meio, sendo quase didática a orientação do código. Ainda, atente-se para o fato de que existem regras específicas na legislação comercial que fazem várias exigências à penhora de navios e aeronaves.

4.7.6 Da penhora de percentual de faturamento de empresa

4.7.6.1 Subsidiariedade

A penhora de percentual de faturamento de empresa era o sétimo da ordem de preferência da penhora (art. 655, VII) do CPC de 1973. Contudo, era no artigo 655-A, que cuidava da penhora *online* de quantia, que o legislador reservara no seu parágrafo terceiro a regra de que *"na penhora de percentual do faturamento da empresa executada, será nomeado depositário, com a atribuição de submeter à aprovação judicial a forma de efetivação da constrição, bem como de prestar contas mensalmente, entregando ao exequente as quantias recebidas, a fim de serem imputadas no pagamento da dívida".*

Enfim, o legislador tratava esta modalidade como espécie de penhora de dinheiro quando na verdade tratava-se de situação extremamente mais complexa e que exigia muita cautela, fato que foi observado pelo CPC.

Há que se ter em mente que o faturamento de uma empresa está diretamente relacionado com a sua existência e o comprometimento destes valores podem significar o comprometimento da própria atividade empresarial, inclusive com reflexos para terceiros de forma direta que dela dependem (serviços, trabalho etc.). Por isso, com acerto o artigo 866 que coloca ser esta modalidade de penhora que subsidiária às outras, com intuito, justamente, de preservar ao máximo a atividade empresarial, evitando que ela possa ter a sua existência comprometida e afetando a vida de diversas pessoas que dela dependem.

É preciso ter este justo equilíbrio e prudência para compatibilizar a tutela do crédito pela sujeição patrimonial e efetivação da tutela executiva em prazo razoável e de outro lado a preservação da atividade e funcionamento da empresa. Para se conseguir ter equilíbrio nesta equação é, não raras vezes, necessário imiscuir-se em informações contábeis e administrativas sem as quais não se conseguirá identificar um percentual adequado.

Certamente não se pode fingir e acreditar que o devedor forneça de forma transparente e sincera todas as informações precisas que permitam definir com equilíbrio o percentual da constrição, motivo pelo qual não será incomum a inversão do ônus da demonstração, para o executado, de que o percentual fixado pelo magistrado segundo as informações que possua mostre-se inadequado para o caso concreto. É, pois, do executado o dever de demonstrar que o percentual fixado é comprometedor das atividades da empresa.

4.7.6.2 Requisitos e procedimento

A penhora sobre o percentual de faturamento de empresa é perfeitamente possível dentro de lineamentos que devem basilar a referida constrição judicial, como já alertara há algum tempo o Superior Tribunal de Justiça.[84] Assim, é preciso que (a) inexistam outros bens passíveis de garantir a execução ou sejam os indicados de difícil alienação; b) seja nomeado administrador/depositário que deverá apresentar formas de administração e esquema de pagamento de modo que seja compatível com a atividade da empresa; c) que o percentual submetido à constrição não torne inviável o funcionamento da empresa.[85]

Como se disse, apenas se o executado não tiver outros bens penhoráveis ou se, tendo-os, esses forem de difícil alienação ou insuficientes para saldar o crédito executado, o juiz poderá ordenar a penhora de percentual de faturamento de empresa.

A fixação do percentual deve levar em consideração a equação que o tempo todo governa a execução: satisfação do crédito exequendo em tempo razoável x não torne inviável o exercício da atividade empresarial (menor onerosidade possível).

Esse percentual pode ser fixado após a nomeação de administrador-depositário que poderá dar as diretrizes do percentual que atenda a equação acima, e, além disso submeterá à aprovação judicial a forma de sua atuação e prestará contas mensalmente, entregando em juízo as quantias recebidas, com os respectivos balancetes mensais, a fim de serem imputadas no pagamento da dívida seguindo a disciplina do art. 354 do CCB.

As quantias entregues em juízo são quantias "penhoradas" fruto da extensão lógica da penhora do faturamento. Determina o Código que se aplique subsidia-

---

84 (AgInt no AREsp 1466151/RS, Rel. Ministro Marco Aurélio Bellizze, Terceira Turma, julgado em 24.08.2020, DJe 01.09.2020); (REsp 1646363/MG, Rel. Ministro Herman Benjamin, Segunda Turma, julgado em 07.03.2017, DJe 27.04.2017).

85. Art. 866. Se o executado não tiver outros bens penhoráveis ou se, tendo-os, esses forem de difícil alienação ou insuficientes para saldar o crédito executado, o juiz poderá ordenar a penhora de percentual de faturamento de empresa.

§ 1º O juiz fixará percentual que propicie a satisfação do crédito exequendo em tempo razoável, mas que não torne inviável o exercício da atividade empresarial.

§ 2º O juiz nomeará administrador-depositário, o qual submeterá à aprovação judicial a forma de sua atuação e prestará contas mensalmente, entregando em juízo as quantias recebidas, com os respectivos balancetes mensais, a fim de serem imputadas no pagamento da dívida.

§ 3º Na penhora de percentual de faturamento de empresa, observar-se-á, no que couber, o disposto quanto ao regime de penhora de frutos e rendimentos de coisa móvel e imóvel.

riamente à penhora de percentual de faturamento da empresa, no que couber, o disposto quanto ao regime de penhora de frutos e rendimentos de coisa móvel e imóvel, mas na prática pouca coisa dali se aproveita, salvo as regras de administração do bem penhorado.

Portanto, é preciso ficar claro que por não possuir informações prévias sobre o quanto a empresa *fatura*, qual o seu fluxo de caixa em um determinado período, o normal é que o magistrado não tenha condições de fixar, desde logo, o *percentual* justo e adequado levando em consideração o binômio *efetividade da execução e menor gravosidade possível para o executado*. Observe, portanto, que muito embora a penhora sobre percentual de faturamento da empresa recaia sobre *valores* arrecadados das atividades prestadas pela empresa, isso só é feito depois que os créditos obtidos entram na contabilidade da empresa e deles sejam decotadas as despesas necessárias à sua sobrevivência e manutenção de seus serviços. Não é, portanto, uma *penhora direta da quantia* em conta da empresa, mas uma *penhora de valores* após a análise técnica, pelo administrador depositário, de quanto pode ser penhorado e, muitas vezes, apenas em determinada conta bancária.

Também não se confunde a penhora sobre percentual de faturamento da empresa com a penhora de crédito que a mesma tenha para receber junto a terceiro, que, inclusive, está prevista em outro dispositivo do Código (art. 855 e ss.). Na penhora de crédito há uma penhora sobre um bem específico (o crédito a receber junto a terceiro), e, nenhuma necessidade de *administrador-depositário* existirá, bastando a intimação do terceiro para que pague diretamente em juízo o referido valor. Caberá, em determinadas hipóteses, a própria empresa alegar que tal valor é fundamental para sua sobrevivência e apresentar um plano que permita substituir a penhora do crédito pela penhora de percentual de seu faturamento.

4.7.7 Da penhora de frutos e rendimentos de coisa móvel ou imóvel

O artigo 675 do CPC de 1973 previa que "quando a penhora recair sobre dívidas de dinheiro a juros, de direito a rendas, ou de prestações periódicas, o credor poderá levantar os juros, os rendimentos ou as prestações à medida que forem sendo depositadas, abatendo-se do crédito as importâncias recebidas, conforme as regras da imputação em pagamento.

O atual CPC reservou os artigos 867-869 para tratar pormenorizadamente da penhora de frutos e rendimentos de coisa móvel ou imóvel, e, de uma só vez extinguir o usufruto de bem móvel e imóvel para admitir que a percepção paulatina de frutos e rendimentos seria feita de forma mais simples do que pela instituição de usufruto judicial (art. 825, III do CPC).

Conquanto a ideia seja a mesma, simplificou-se a nomenclatura e a disposição da matéria. Assim, não é coincidência a redação do art. 867 do CPC com o art. 716 do CPC de 1973, ou seja, esta alternativa expropriatória depende, primeiro, de que o bem admita

CAPÍTULO X • DA PENHORA E DA AVALIAÇÃO

frutos e rendimentos, e, em segundo lugar que seja penhorado e que esta hipótese se mostre viável sob a perspectiva do exequente e do executado.[86]

A operacionalização da *apropriação de frutos e rendimentos* depende é claro de o bem ser penhorado, e, como o pagamento será paulatino, então é preciso que exista um administrador/depositário pois as quantias serão pagas periodicamente e é preciso encontrar um método de trabalho e administração que separe o que será usado para pagar o exequente e o que servirá para a mantença do executado.

Obviamente que o executado perde o gozo daquele bem e submete-se à administração feita pelo auxiliar do juízo (quando não recair sobre o exequente ou o executado), pelo menos até que seja inteiramente satisfeito o crédito exequendo.

À semelhança do antigo usufruto judicial de bem móvel e imóvel, também aqui recomenda-se que o exequente proceda à averbação da penhora de frutos e rendimentos no registro respectivo para que tenha eficácia contra terceiros e não seja o exequente surpreendido no curso de sua execução com algum direito de terceiro sobre a coisa.

Nada impede que o magistrado simplifique a situação e permita que nos casos de penhora do aluguel de imóvel, o inquilino pague diretamente ao exequente quando não houver administrador. E, seguindo o que já se previa para o usufruto, desde que tenha autorização judicial poderá o administrador ou o exequente alugar o imóvel com a autorização do executado, sempre que a situação assim o permitir. À medida que os frutos e rendimentos forem sendo pagos o exequente deve dar, nos autos, a quitação das referidas parcelas.

---

86. Art. 867. O juiz pode ordenar a penhora de frutos e rendimentos de coisa móvel ou imóvel quando a considerar mais eficiente para o recebimento do crédito e menos gravosa ao executado.
Art. 868. Ordenada a penhora de frutos e rendimentos, o juiz nomeará administrador-depositário, que será investido de todos os poderes que concernem à administração do bem e à fruição de seus frutos e utilidades, perdendo o executado o direito de gozo do bem, até que o exequente seja pago do principal, dos juros, das custas e dos honorários advocatícios.
§ 1º A medida terá eficácia em relação a terceiros a partir da publicação da decisão que a conceda ou de sua averbação no ofício imobiliário, em caso de imóveis.
§ 2º O exequente providenciará a averbação no ofício imobiliário mediante a apresentação de certidão de inteiro teor do ato, independentemente de mandado judicial.
Art. 869. O juiz poderá nomear administrador-depositário o exequente ou o executado, ouvida a parte contrária, e, não havendo acordo, nomeará profissional qualificado para o desempenho da função.
§ 1º O administrador submeterá à aprovação judicial a forma de administração e a de prestar contas periodicamente.
§ 2º Havendo discordância entre as partes ou entre essas e o administrador, o juiz decidirá a melhor forma de administração do bem.
§ 3º Se o imóvel estiver arrendado, o inquilino pagará o aluguel diretamente ao exequente, salvo se houver administrador.
§ 4º O exequente ou o administrador poderá celebrar locação do móvel ou do imóvel, ouvido o executado.
§ 5º As quantias recebidas pelo administrador serão entregues ao exequente, a fim de serem imputadas ao pagamento da dívida.
§ 6º O exequente dará ao executado, por termo nos autos, quitação das quantias recebidas.

É preciso deixar claro que não é correta a orientação do artigo § 5º do artigo 869 quando diz que "as quantias recebidas pelo administrador serão entregues ao exequente, a fim de serem imputadas ao pagamento da dívida". Ora, as quantias não serão entregues ao exequente pelo administrador. Quem deve liberar os valores depositados em juízo é o magistrado, até porque é perfeitamente possível que seja instaurado concurso de credores/exequentes com preferência no recebimento dos valores nos termos do art. 908 do CPC. Apenas depois de levantado o dinheiro pelo exequente, e que este dará por termo nos autos, quitação da quantia paga, lembrando que apenas depois de pago o principal, os juros, as custas e os honorários, é que a importância que sobrar – e que estiver constrita sob gestão do juízo – será restituída ao executado.

4.8 Incidentes envolvendo a penhora

4.8.1 Introito

Sendo um ato de capital importância para a execução por quantia certa e consistindo no primeiro ato de execução forçada propriamente dito, em torno da penhora podem ocorrer incidentes que precisam ser superados para que o processo tome o curso escorreito.

Assim, embora isso seja possível, não é desejável, e nem típico, que o executado feche as portas da casa a fim de obstar a penhora dos bens, caso em que será necessário ao Estado impor-se mediante a solução preconizada no art. 846 e já explicada alhures. Também é perfeitamente possível que após adentrar a casa o oficial de justiça tenha dúvidas sobre a penhorabilidade dos itens que guarnecem a casa (art. 836 e art. 833, II) e seja obrigado a fazer uma lista de bens, nomear um depositário provisório, entregar esta lista ao juiz para que se defina se e quais bens poderiam ser penhorados.

Casos mais comuns de incidentes envolvendo a penhora estão diretamente atrelados aos dois valores mais significativos da execução: efetividade do direito exequendo e menor gravosidade possível para o executado. Como são valores que protegem tanto o exequente quanto o executado, é possível que cada um destes sujeitos se sinta prejudicado em relação ao objeto da penhora, e, a partir disso impugne o ato executivo.

Nos arts. 847 ao 853 o CPC trata das *modificações da penhora*. Nesta Subseção IV, evidenciam-se hipóteses que tanto podem provocar a *substituição* completa do bem penhorado (modificação qualitativa), quanto o ajuste em relação ao valor (modificação quantitativa).

4.8.2 As hipóteses

4.8.2.1 Substituição do bem penhorado

A *substituição* do bem penhorado pressupõe que algum bem do patrimônio do executado já tenha sido penhorado e em tese a execução deveria prosseguir. Deve haver,

CAPÍTULO X • DA PENHORA E DA AVALIAÇÃO

portanto, razões concretas e significativas para que se peça – e se efetive – a substituição de um pelo outro.

Mais que isso, todos os cuidados em se realizar a troca devem ser tomados, especialmente quando o pedido vem do executado, pois a penhora lhe aflige, e, infelizmente, pode pretender tal medida de substituição apenas para embaraçar ou dificultar a execução. Não por acaso o artigo 847, romanticamente, adverte ao executado que pretende pedir a substituição do bem penhorado que se abstenha de qualquer atitude que dificulte ou embarace a realização da penhora.

Assim, prosseguindo, pode-se dizer que há a provocação do *incidente de substituição do bem penhorado* pode se dar por razões típicas e atípicas.

A) Razões típicas

As hipóteses de substituição do bem penhorado fulcrada em razões típicas estão descritas no art. 848 do CPC e tanto pode ser requerida pelo exequente quanto pelo executado. O CPC silencia quanto ao prazo para provocação do incidente, mas razões de ordem isonômica predeterminam que deve ser o mesmo prazo que se aplica ao art. 847, portanto de 10 (dez) dias contado da intimação da penhora.

Segundo o art. 848. As partes poderão requerer a substituição da penhora se: I – ela não obedecer à ordem legal; II – ela não incidir sobre os bens designados em lei, contrato ou ato judicial para o pagamento; III – havendo bens no foro da execução, outros tiverem sido penhorados; IV – havendo bens livres, ela tiver recaído sobre bens já penhorados ou objeto de gravame; V – ela incidir sobre bens de baixa liquidez; VI – fracassar a tentativa de alienação judicial do bem; ou VII – o executado não indicar o valor dos bens ou omitir qualquer das indicações previstas em lei.

As hipóteses descritas nos incisos I à IV sempre devem ser acompanhadas de argumentos plausíveis que justifique a substituição do bem penhorado, seja por solicitação do exequente ou do executado. Todas elas cuidam de alteração da ordem preferencial de penhora. O inciso I refere-se a ordem estabelecida no art. 835, enquanto as demais hipóteses previstas nos incisos II à IV também cuidam de ordem preferencial estabelecida pelo legislador, porém que estão fora do rol do art. 835. Assim, em qualquer caso de alteração da ordem, seja na hipótese do art. 835, seja nos demais casos esparsos do Código, é mister que o legitimado demonstre algo mais do que a simples quebra da ordem.

É preciso que deixe claro e devidamente fundamentado que se a ordem preferencial tivesse sido seguida não teria nenhum prejuízo para a execução e seria menos gravoso para ele executado (binômio *maior efetividade da execução/menor gravosidade para o executado*). É claro que num primeiro momento tudo leva a crer que a penhora de bens livres e desembaraçados (v.g. sobre os quais não penda uma penhora anterior) ou que evitem a execução por carta sejam preferenciais do que o que eventualmente tenha sido penhorado por já ter um gravame anterior, ou por situar em comarca diversa, mas só as circunstâncias do caso concreto podem ratificar a ordem preferencial do legislador.

Já a hipótese do inciso V – a penhora recair sobre bens de baixa liquidez – é uma hipótese que justifica, inclusive, um pedido de substituição que acabe por inverter ordem legal preferencial da penhora, caso esta tenha sido atendida. Se o caso concreto revelar que o bem penhorado apresente baixa liquidez, isso pode justificar a substituição da penhoram. Sabemos que a ordem legislativa foi pensada justamente para permitir uma expropriação liquidatória mais fácil, mas o legislador não tem uma bola de cristal para antecipar que todos os casos concretos se encaixariam nas razões que justificaram a ordem preestabelecida. Desta forma, se o bem penhorado, ainda que na ordem legal, tiver baixa liquidez, este deve ser também o fundamento para afastar a ordem preestabelecida.

A hipótese do inciso VI – fracassar a tentativa de alienação judicial do bem – é uma situação objetiva, pois o resultado infrutífero do leilão judicial é prova concreta e irrefutável de que aquele bem não prestou para o fim ao qual ele foi afetado. Nesta hipótese, uma de duas, ou o exequente (dificilmente esta hipótese será requerida pelo executado) pode pedir a substituição do bem penhorado, ou pode requerer uma nova avaliação do bem pois o fracasso pode ter sido resultado de erro neste ato.

Se o inciso anterior dificilmente o pedido de substituição será requerido pelo executado, o do inciso V só pode ser requerido pelo exequente (salvo se houver outros executados). Basta observar o texto, pois o fundamento do pedido é resultante de uma conduta praticada pelo executado. Nas hipóteses em que o executado não indique o valor dos bens ou omita qualquer das indicações previstas em lei, tem o exequente a faculdade de desobstruir os embaraços à execução pedindo a substituição do bem penhorado. Caso seja reconhecida a conduta do executado, deve ser sancionado nas iras do art. 774, III do CPC.

B) Razões atípicas

Como o legislador não conseguiria prever todas as hipóteses justificativas da *substituição do bem penhorado*, acabou por prever um dispositivo aberto, onde basta demonstrar, cumulativamente, que a substituição pretendida: **a)** será menos onerosa para o executado e; **b)** não trará prejuízo à execução. Trata-se de clara invocação de equilibrada combinação do art. 797 com o art. 805 do CPC.

Conquanto o dispositivo seja voltado para a provocação do *executado* porque a maior parte dos casos de "substituição da penhora" seja de seu interesse, não se pode negar a possibilidade de que o exequente possa pedir com base no art. 847 alegando o mesmo binômio da maior efetividade com a menor gravosidade, se o que pretende não se encontra embasado em nenhuma das razões típicas do art. 848.

De forma muito minudente o Código estabelece que nesta provocação fundada em razões atípicas o executado deve, sob pena de indeferimento do seu pedido, I – comprovar as respectivas matrículas e os registros por certidão do correspondente ofício, quanto aos bens imóveis que deve constar a expressa anuência do cônjuge, salvo se o regime for o de separação absoluta de bens; II – descrever os bens móveis, com todas as

CAPÍTULO X • DA PENHORA E DA AVALIAÇÃO

suas propriedades e características, bem como o estado deles e o lugar onde se encontram; III – descrever os semoventes, com indicação de espécie, de número, de marca ou sinal e do local onde se encontram; IV – identificar os créditos, indicando quem seja o devedor, qual a origem da dívida, o título que a representa e a data do vencimento; e V – atribuir, em qualquer caso, valor aos bens indicados à penhora, além de especificar os ônus e os encargos a que estejam sujeitos.

Atípica também é a modificação convencional do bem penhorado, ou seja, quando exequente e executado, entabulando negócio jurídico processual (art. 190 do CPC) decidem conjuntamente pela substituição que independe de qualquer justificativa para a manifestação de vontade.

C) O dinheiro como bem substituto e substituído

A substituição do bem penhorado pressupõe que um bem já esteja penhorado e que outro seja ofertado para ocupar o seu lugar. Já dissemos antes que essa "substituição" deve ser feita com máxima cautela porque já há um bem afetado e destinado à expropriação, e, a substituição precisa atender, claramente, ao binômio *efetividade e eficiência da execução/menor gravosidade possível*.

Seria verdadeiro exercício de futurologia tratar casuisticamente quais bens seriam melhores do que outros, pois são justamente as circunstâncias do caso concreto que dão o tom de definição do problema da substituição do bem penhorado. Todavia, há duas situações que merecem alguma digressão.

A primeira é quando o bem que se oferta para substituir o bem que já está penhorado é dinheiro. Quando o bem substituto é dinheiro a situação parece ser mais simples não apenas porque dinheiro é o que se persegue na execução por quantia certa, mas porque com ele se evitará uma demorada e imprevisível expropriação liquidativa, tornando mais rápido e seguro o itinerário executivo[87]. Por isso, não há dúvidas que o pedido de substituição deve ser aceito de forma que o *"devedor pode, a qualquer tempo antes da arrematação ou da adjudicação, requerer a substituição do bem penhorado, exclusivamente por dinheiro"*.[88] Para o executado que oferta dinheiro em *substituição do bem penhorado* é preciso ter máxima cautela ao realizar a provocação para deixar evidente que não se trata de *remição da execução*, pois o pedido de substituição não leva a extinção da execução, mas a remição da execução sim. Aliás, não há motivos para impedir que a substituição do dinheiro seja promovida por um terceiro e não pelo devedor, ainda mais porque se admite a possibilidade de adjudicação (remição) do bem penhorado por terceiro na hipótese do art. 876, § 5º do CPC.

---

87. Antes prevista expressamente no art. 668 do CPC de 1973 (substituição do bem penhorado por dinheiro) o texto não foi repetido no atual Código *porque absolutamente desnecessário dada a sua obviedade.*
88. (AgRg no AREsp 477.223/RJ, Rel. Ministro Raul Araújo, Quarta Turma, julgado em 28.06.2016, DJe 03.08.2016).

Uma situação peculiar – mas que não é de se desprezar – pode ocorrer quando o executado pretende a substituição ofertando parte do valor em dinheiro e parte em outro bem. Vale aqui tudo que se disse em relação a oferta da quantia, e, também todos os cuidados em relação aos demais bens como menciona o art. 847. É possível até mesmo que esta oferta de parte em quantia proporcione um pedido de redução da penhora caso o dinheiro seja aceito, mas seja recusado o bem ofertado em complemento.

Por outro lado, quando o bem penhorado já é dinheiro não nos parece que seja possível a substituição do bem penhorado, pois o bem substituto sempre será prejudicial para o exequente, ou seja o binômio *maior efetividade/menor gravosidade* não será atendido. Após a penhora do dinheiro entra-se diretamente na fase satisfativa e basta apenas e tão somente a autorização judicial de levantamento ou transferência para o exequente, respeitado o momento de concurso de credores exequentes. Por isso, qualquer outro bem que não seja dinheiro precisará passar por um procedimento de conversão, que o transforme em dinheiro. É um retrocesso na execução que não deve ser suportado pelo exequente.

Algum princípio de dúvida poderia surgir em relação a possibilidade de substituição do dinheiro por outro bem quando o bem substituto seja "fiança bancária" ou "seguro garantia judicial" pois, expressamente o parágrafo único do art. 848 diz que a *"penhora pode ser substituída por fiança bancária ou por seguro garantia judicial, em valor não inferior ao do débito constante da inicial, acrescido de trinta por cento"*. E mais, diz o artigo 835, § 2º que *"para fins de substituição da penhora, equiparam-se a dinheiro a fiança bancária e o seguro garantia judicial, desde que em valor não inferior ao do débito constante da inicial, acrescido de trinta por cento"*.

Os dispositivos deixam claro algumas premissas: a) fiança bancária e seguro garantia podem ser bens substitutos; b) nesta condição, como bens substitutos, equiparam-se a dinheiro se ofertados em valor não inferior ao do débito constante da inicial, acrescido de trinta por cento. Não há dúvidas que tanto um quanto outro podem ser ofertados, aliás, antes mesmo de ser penhorado algum outro bem, e são ótimas opções para substituir o bem penhorado. Se podem substituir, poderiam ser ofertados anteriormente.[89]

Entretanto, nada há nos dispositivos mencionados que regulam o tema que leve a interpretação, nem mesmo excepcional, de que podem substituir o próprio dinheiro se assim discordar o exequente, antes o contrário. Isso porque no parágrafo anterior, o § 1º do art. 835, diz expressamente que *"é prioritária a penhora em dinheiro, podendo o juiz, nas demais hipóteses, alterar a ordem prevista no caput de acordo com as circunstâncias do caso concreto"*. Este dispositivo deixa claro que, na ordem de preferência do art. 833, o dinheiro é o único bem para o qual a ordem é *imperativa, obrigatória e inflexível*. E não pode ser alterada simplesmente porque o dinheiro é o que se persegue na execução para pagamento de quantia e qualquer alteração substitutiva que se faça será sempre

---

89. (REsp 1838837/SP, Rel. Ministra Nancy Andrighi, Rel. p/ Acórdão Ministro Ricardo Villas Bôas Cueva, Terceira Turma, julgado em 12.05.2020, DJe 21.05.2020).

CAPÍTULO X • DA PENHORA E DA AVALIAÇÃO

prejudicial ao exequente. Seria como, *mutatis mutandis*, dizer que pode ser substituída a obrigação de fazer ou substituída a entrega da coisa. Se o bem perseguido na execução é dinheiro, e, penhorada está a quantia, não tem nenhum sentido a sua substituição por qualquer outro bem se assim não concordar o exequente.

Ao exequente não será entregue a *fiança bancária* e nem mesmo o *seguro garantia* e tampouco os 30% a mais ali previsto. Terão que ser convertidas em dinheiro e o exequente não é obrigado a concordar com isso, pois a conjugação do binômio *maior efetividade/menor gravosidade,* nesta hipótese, não se preenche. Na execução o exequente não presta nenhum favor ao executado, tampouco envolve compaixão. Se não há vício da penhora de dinheiro e ela foi realizada, não é possível substituí-la por outro bem qualquer por maior que seja o prejuízo do executado. Aliás, está ele ali para sofrer a expropriação da quantia para ressarcir um prejuízo que já causou ao exequente ao inadimplir a obrigação.

Quando se diz que a fiança bancária e o seguro garantia se "equiparam a dinheiro" é obvio que a equiparação só existe para todos os demais casos de substituição do bem penhorado *que não seja dinheiro*, ou seja, o que quer dizer o dispositivo é que quando o bem ofertado em substituição é a fiança bancária e o seguro garantia na proporção de valor mencionada no Código tem o mesmo regime jurídico de quando o dinheiro é ofertado em substituição *exceto*, obviamente, quando o bem que já está penhorado é dinheiro por expressa dicção do artigo 833, § 1º.[90]

4.8.2.2 *Incidente de redução ou reforço da penhora (modificação qualitativa)*

Como já se disse anteriormente a "penhora deverá recair sobre tantos bens quantos bastem para o pagamento do principal atualizado, dos juros, das custas e dos honorários advocatícios" (art. 831). Ocorre que todas as vezes que o bem penhorado não é dinheiro, então será preciso levá-lo à leilão judicial para ser expropriado e com o valor obtido satisfazer o crédito exequendo. Logo, deve haver uma correlação lógica entre o valor do bem penhorado e o valor da execução sob pena de que se assim não for um de dois problemas pode acontecer: ou o valor do bem é inferior e será preciso fazer uma nova apreensão de bens do patrimônio do executado ou então o valor do bem será excessivo em relação a execução e o executado poderá ter suportado um gravame excessivo se tivesse outros bens que poderiam satisfazer o direito exequendo.

---

90. O Superior Tribunal de Justiça parece indicar a possibilidade, excepcional, de substituição do dinheiro penhorado na hipótese do art. 833, § 2º. "(...)1. A Primeira Seção desta Corte, ao apreciar os EREsp 1.077.039/RJ (Rel. p/ acórdão Min. Herman Benjamin, DJe de 12.4.2011), pacificou entendimento no sentido de que, em se tratando de execução fiscal garantida por meio de depósito em dinheiro, a sua substituição por fiança bancária, em regra, sujeita-se à anuência da Fazenda Pública, admitindo-se, excepcionalmente, tal substituição quando comprovada a necessidade de aplicação no disposto no art. 620 do CPC (princípio da menor onerosidade), o que não restou demonstrado no caso concreto". (AREsp 1507971/SP, Rel. Ministro Herman Benjamin, Segunda Turma, julgado em 17.09.2019, DJe 11.10.2019).

Uma das modificações da penhora se dá por razões quantitativas relativas à diferença, à maior ou à menor, do bem penhorado em relação ao valor da execução. A possibilidade de *redução* ou de *reforço da penhora* está ligado a um problema quantitativo envolvendo o valor do bem penhorado e o valor da execução. Assim, uma vez avaliado o bem, a requerimento do interessado e ouvida a parte contrária, poderá ser autorizado pelo juiz que se (1) reduza a penhora aos bens suficientes ou transferi-la para outros, se o valor dos bens penhorados for consideravelmente superior ao crédito do exequente e dos acessórios; (2) amplie ou transfira a penhora para outros bens mais valiosos, se o valor dos bens penhorados for inferior ao crédito do exequente.

Isso não quer dizer que necessariamente tenha havido um descompasso entre o bem afetado pela penhora e o valor da execução na data em que foi feita a apreensão e depósito do bem. Ocorre com alguma frequência que entre a data da realização da penhora e a alienação do bem em leilão tenha passado tanto tempo que seja necessário reavaliá-lo para saber se de fato o bem ainda vale o valor que lhe foi atribuído quando da realização da penhora seguida da avaliação. Atento a esta possibilidade o Código admite prescreve que será admitida a redução ou a ampliação da penhora, bem como sua transferência para outros bens, se, no curso do processo, o valor de mercado dos bens penhorados sofrer alteração significativa (art. 850).

Como se observou dos dispositivos processuais citados mais acima nem sempre a *modificação quantitativa* da penhora implica em alteração objetiva do bem penhorado, ou seja, uma substituição de um bem por outro que seja adequado ao valor da execução, pois nem sempre o patrimônio do executado dispõe de bem que atenda a esta expectativa. Portanto, na hipótese de *reforço* pode acontecer de se manter o bem penhorado e realizar mais uma penhora sobre outro bem que seria *complementar* aquela já realizada. Por outro lado, é perfeitamente possível que embora exista uma enorme distância entre um valioso bem penhorado e o pequeno valor da execução e mesmo assim a penhora continue sobre o referido bem por não ter o executado outro bem, na mesma ordem de liquidez, que pudesse substituir, a contento, o valioso bem penhorado.

4.8.2.3 A segunda penhora

Sob o rótulo de "segunda penhora" o Código estabelece no artigo 851 que "não se procede à segunda penhora, salvo se: I – a primeira for anulada; II – executados os bens, o produto da alienação não bastar para o pagamento do exequente; III – o exequente desistir da primeira penhora, por serem litigiosos os bens ou por estarem submetidos a constrição judicial".

A primeira hipótese não é de "segunda penhora" porque, anulada a primeira, apenas uma terá sido válida. Também não se trata de "substituição" do bem penhorado, pois a nulidade por ser para corrigir algum aspecto que não leve a desafetação do bem apreendido, como por exemplo algum vício no depósito do bem apreendido. A anulação da penhora também pode se dar de ofício, mas com respeito ao prévio contraditório, quando por exemplo se penhora um bem impenhorável (art. 833), caso em que necessariamente deverá acontecer uma substituição do bem porque o próprio objeto da penhora era imune à responsabilidade patrimonial. A priori não nos parece que o mero defeito de forma seja capaz de *anular* a penhora, pois é preciso que tenha ocorrido prejuízo para o interessado na sua anulação e que o vício, eventualmente existente, não puder ser corrigido. Tudo em prol do aproveitamento dos atos processuais (arts. 277 e 283 do CPC).

Por sua vez, as hipóteses dos incisos II e III diferem-se completamente do primeiro, pois em nenhum desses últimos há qualquer defeito no ato processual executivo. No inciso II diz que "*executados os bens, o produto da alienação não bastar para o pagamento do exequente*", ou seja, para a realização da penhora complementar pouco importa a causa do insucesso, se foi falha na avaliação, se foi perecimento do bem ao longo do tempo, se foi em razão de concurso de credores etc. O texto legal é claro e objetivo: basta o produto da alienação ser insuficiente para que se justifique o pedido da penhora complementar. Esta hipótese corresponderia a uma espécie de *reforço de penhora* só que após a alienação insuficiente do bem.

Já o inciso III determina que poderá ser realizada a segunda penhora se "o exequente desistir da primeira penhora, por serem litigiosos os bens ou por estarem submetidos a constrição judicial". A justificativa para o pedido é inexplicavelmente limitadora do pedido de segunda penhora, como se apenas nesta hipótese pudesse pedir a segunda penhora. Não é verdade que seja assim pois expressamente o art. 775, *caput* expressamente diz que "exequente tem o direito de desistir de toda a execução ou de apenas alguma medida executiva", submetendo-se obviamente aos ônus decorrentes dessa declaração unilateral de vontade. Portanto, pode o exequente simplesmente desistir da medida executiva sem qualquer motivo que justifique a desistência e se desistiu da primeira penhora, ou seja, não há mais constrição existente, nada impede que possa requerer uma nova penhora. Não é necessário que a desistência que motiva a segunda penhora seja uma destas hipóteses ali descritas no inciso III do art. 851, e, muito menos que o exequente tivesse ou não tivesse conhecimento das situações de "litigiosidade dos bens" ou de que "estariam constritos".

O que precisa ficar claro neste dispositivo é que não se pode realizar uma segunda penhora (substitutiva ou complementar) se o bem já penhorado atende legitimamente à expectativa de satisfazer ao valor exequendo. Não é possível, portanto, uma segunda penhora para "garantir" o resultado da primeira penhora pois afrontaria o art. 805 do CPC. Por outro lado, não se confunde a segunda penhora que é "a *segunda* no tempo e a *única* no plano jurídico".[91]

---

91. PONTES DE MIRANDA, Francisco Cavalcanti. Op. cit., 284.

4.8.2.4 Contraditório

Uma observação óbvia, mas necessária, é que nenhuma modificação pode ser feita sem que se estabeleça o contraditório prévio. Segundo o artigo 853 do CPC "quando uma das partes requerer alguma das medidas previstas nesta Subseção, o juiz ouvirá sempre a outra, no prazo de 3 (três) dias, antes de decidir". Além disso, diz o § 4º do CPC que "o juiz intimará o exequente para manifestar-se sobre o requerimento de substituição do bem penhorado".

O prazo de 3 dias estabelecido no art. 853 não parece adequado ou isonômico ao prazo de 10 dias estabelecido no art. 847 para exercer a pretensão à modificação, daí porque recomenda-se que o contraditório possa ser exercido em igual prazo.

Interessante notar que se houver embargo de terceiro ajuizado contra o esbulho judicial corrido pela penhora, certamente que a substituição do bem penhorado trará reflexos – e possivelmente uma extinção pela "perda do objeto" – da ação proposta pelo terceiro, de forma que o *terceiro* deve ser ouvido no referido incidente de modificação da penhora. A verificação da causalidade – para fins de sucumbência nos embargos de terceiro que vier a ser extinto pela substituição do bem penhorado– não recairá necessariamente sobre aquele que *pediu a substituição a substituição do bem*, porque a causa dos embargos de terceiros opostos para afastar o esbulho judicial causado pela penhora não foi a substituição do bem, mas sim a sua indicação.

Por se tratar de *substituição* do bem penhorado por outro, portanto, uma modificação *qualitativa*, é preciso ter todo cuidado e prudência, pois o juízo já se encontra seguro e uma modificação pode causar prejuízo. Por isso é mister que o bem que ele apresente seja tão ou mais eficiente para mais facilmente obter a satisfação do direito exequendo e que lhe seja menos gravoso. Essa análise pode não ser tão simples e nem ser tão lépida como sugere o prazo de 3 dias para decidir de plano as questões apresentadas no incidente da penhora (art. 853, parágrafo único).

O Código chega ao ponto de dizer, como se tivesse advertindo os cuidados que o magistrado deve ter, que só poderá autorizar a substituição se o executado I – comprovar as respectivas matrículas e os registros por certidão do correspondente ofício, quanto aos bens imóveis; II – descrever os bens móveis, com todas as suas propriedades e características, bem como o estado deles e o lugar onde se encontram; III – descrever os semoventes, com indicação de espécie, de número, de marca ou sinal e do local onde se encontram; IV – identificar os créditos, indicando quem seja o devedor, qual a origem da dívida, o título que a representa e a data do vencimento; e V – atribuir, em qualquer caso, valor aos bens indicados à penhora, além de especificar os ônus e os encargos a que estejam sujeitos.

4.8.2.5 Alienação antecipada dos bens penhorados

O artigo 852 não trata de nenhum incidente sobre o bem penhorado. Está topograficamente mal localizado no Código. Trata de alienação (expropriação liquidativa) fora do momento normal ou típico que seria o do leilão público judicial e trataremos mais adiante quando falarmos sobre os modos de alienação judicial.

5. A AVALIAÇÃO

5.1 Conceito

O texto do atual artigo 870 é mais bem organizado que o artigo 680 do CPC/73, além do que traz condição nova para que se proceda a avaliação por um avaliador especializado que é, além da necessidade de conhecimentos especializados, que o valor da execução comporte a contratação de perito para proceder a avaliação especializada.

Avaliar é atribuir um valor a alguma coisa. "É estabelecer o valor, a valia ou o preço de" algo.[92] Para que tal ato aconteça é preciso que exista uma *pessoa* e um *bem* e uma *relação* entre ambos. Não por acaso a "avaliação" é uma palavra transitiva, e, a rigor, *avaliar* é um verbo bitransitivo.[93] Enfim, há um *sujeito* que avalie e um *objeto* que será avaliado e uma *relação* entre eles. Esses dois elementos, um subjetivo e outro objetivo são essenciais para o ato de avaliação. Cada um desses elementos guarda peculiaridades e o legislador processual estabelece regras pertinentes a cada um deles, ou seja, tanto para *quem* irá proceder a avaliação, quanto sobre *o que* será avaliado.

Destarte, como todo e qualquer ato processual a avaliação também tem uma *finalidade* e um *procedimento*, ou seja, destina-se a um fim e deve ser feito sob um rito procedimental próprio previsto pelo legislador.

Assim, em tópicos seguintes ocupa-se o legislador de fixar regras para *o sujeito que avalia*, o *bem a ser avaliado*, o *procedimento da avaliação*, e o *fim* a que se destina.

5.2 Avaliação no CPC

A *avaliação* é um termo que aparece em diversas oportunidades no Código de Processo Civil. Identifica-se o vocábulo pelo menos 59 nove vezes em que é utilizado nas mais diferentes situações do Código, podendo-se extrair que ora é usado com sentido de "apreciação ou conjectura sobre condições, extensão, intensidade, qualidade etc. de algo" como no caso do artigo 167, § 4º, ou ainda como elemento importante na identificação do valor da causa (art. 292, IV), mas também como uma das modalidades da prova pericial (art. 464), ou ainda como elemento necessário para identificar o valor de um bem nos diversos procedimentos de cognição ou execução.

Aqui neste livro a avaliação será vista como ato processual instrumental da execução, cuja importância é cordial para a satisfação do direito exequendo. Como veremos adiante, o ato de avaliação no procedimento executivo tanto pode acontecer numa

---

92. Dicionário Houaiss Eletrônico.
93. Diz-se do verbo que exige objeto direto e indireto, na mesma frase.

tutela executiva iniciada para pagamento de quantia (cumprimento de sentença ou processo de execução), como também numa execução (cumprimento de sentença ou processo de execução) para pagamento de quantia que tenha se iniciado para cumprir uma tutela específica (fazer e não fazer ou entrega de coisa), mas que, em razão da impossibilidade prática de sua realização, tenha se convertido em pagamento de perdas e danos (art. 809, § 1º).

Também é muito importante dizer que embora o legislador tenha reservado o artigo 870 e ss. contido no Livro II da Parte Especial do CPC para cuidar exclusivamente da *avaliação* como ato instrumental da execução, é fora de dúvidas que tais dispositivos se prestam tanto para o cumprimento de sentença (art. 523, § 3º), provisório ou definitivo, quanto para o processo de execução para pagamento de quantia. Recorde-se da simbiose entre o Livro I e Livro II da Parte Especial do CPC, tal como consta nos arts. 771 e 513, ambos do CPC.

5.3   A avaliação e a execução por quantia certa

A execução por quantia certa contra devedor solvente vem descrita nos artigos 824 a 909. Esses 65 artigos estão organizados de acordo com a sequência lógica e sucessiva dos atos executivos desta espécie de execução.

Assim, os referidos dispositivos se abrigam em 5 grandes seções: a) das disposições gerais; b) da citação do devedor e do arresto; c) da penhora, do depósito e da avaliação; d) da expropriação dos bens; e) da satisfação do crédito.

Como se pode observar, por intermédio do nome de cada uma dessas subseções é possível fazer uma radiografia do itinerário executivo. Cada uma dessas seções, à exceção da primeira, contém um ou mais de um, ato processual essencial à execução por quantia certa contra devedor solvente.

Pela simples leitura dos títulos de cada uma dessas seções é fácil perceber que a seção III e a seção IV são aquelas que abrigam o maior número de dispositivos, simplesmente porque concentram a maior parte dos atos processuais. A seção III, por exemplo, contém nada mais nada menos do que 11 subseções destinadas as regras da penhora e suas especificidades e também à avaliação (à penhora coube as 10 primeiras subseções e à avaliação a subseção número 11).

Depois de penhorado e avaliado o bem objeto da expropriação, então segue-se à seção IV que trata da expropriação, nas suas diversas formas, e, em seguida a seção V que cuida da satisfação do direito exequendo. Como se observa, tudo numa sequência lógica e cronológica dos atos processuais.

A avaliação, portanto, constitui um dos atos *instrumentais* da execução por quantia certa contra devedor solvente, ou seja, não é um ato final porque não realiza a expropriação, porém é instrumental, essencial, para que a expropriação seja realizada.

Não é demais lembrar que tais dispositivos (assim como as regras da penhora e dos atos de expropriação) devem ser utilizados não apenas no processo de execução, mas também nos casos de cumprimento de sentença para pagamento de quantia (arts. 771 e 513).

5.4 Não se confunde a avaliação como ato executivo e como prova pericial

A avaliação como ato instrumental da execução civil tem por finalidade identificar o valor do bem objeto da execução. Não se trata de uma *prova pericial* para destinada ao convencimento do magistrado para saber se a razão se encontra com o autor ou com o réu em relação a *causae petendi* ou *excipiendi*.

Na tutela executiva a avaliação cumpre um papel específico, qual seja, identificar quanto vale o bem penhorado sobre qual pretende recair o ato de expropriação judicial.

Não tem, portanto, qualquer finalidade probatória em relação à lide posta em juízo, pois não é para isso que a avaliação serve, e, por isso mesmo é inaplicável as regras procedimentais da prova pericial para este ato da execução civil. Tanto isso é verdade que a *prova pericial* é realizada sempre por um experto com conhecimento técnico específico sobre o objeto a ser avaliado, submetido a um contraditório pleno dar partes que poderão ser acompanhados por assistentes técnicos.

Já no caso da execução, por tratar-se de *avaliação de um bem objeto da execução* ela é realizada, via de regra, pelo próprio oficial de justiça, e, excepcionalmente por um experto nomeado pelo magistrado quando o oficial de justiça não tiver condições técnicas de fazê-lo.

5.5 O avaliador

Por expressa dicção do Código, o *avaliador* é, geralmente, o oficial de justiça. O *caput* do artigo 870 é claro ao fazer esta afirmação, coadunando-se com o que já disse o CPC em outros dispositivos como o artigo 154, V; artigo 829, § 1º etc.

Entretanto, pode ser que o objeto da execução recaia sobre bem, cuja avaliação dependa de conhecimento técnico, como por exemplo, um quadro pintado por um pintor famoso, uma escultura etc., ou seja, bens que não são tão simples de serem avaliados como alguns bens móveis que cotidianamente estão em sítios eletrônicos específicos ou jornais de grande circulação. Apenas no caso concreto é que se terá a identificação se é necessário ou não o conhecimento especializado que justifique a nomeação de um experto para avaliar o bem penhorado.

Não é correto imaginar que por ser um veículo, por exemplo, que sempre será suficiente valer-se do "preço médio de mercado possa ser conhecido por meio de pesquisas realizadas por órgãos oficiais ou de anúncios de venda divulgados em meios de comunicação" (art. 871, III). Basta pensar num veículo antigo de um colecionador que podem exigir um conhecimento técnico que que uma simples pesquisa nos veículos de comunicação seja suficiente para resolver, caso em que será necessária a nomeação de um perito para este desiderato.

É também possível que a avaliação não seja feita por um auxiliar do juízo, seja ele o oficial de justiça (padrão) ou um perito nomeado especificamente para avaliar o bem penhorado. Há casos em que o legislador admite que a avaliação seja fruto da concordância da parte em relação a estimativa apresentada pela outra. Nesta hipótese não haverá um avaliador do juízo, mas haverá avaliação. Também é possível que a avaliação recaia sobre a *cotação do dia*, ou seja, o órgão oficial de publicação dos resultados da bolsa de valores informe qual o valor de negociação do mercado do título mobiliário que eventualmente tenha sido penhorado. Aqui também há avaliação, mas não é feita por pessoa auxiliar do juízo.

Assim, sempre que houver avaliação realizada por oficial de justiça ou por perito nomeado pelo juiz, a regra será de que este sujeito deve ser imparcial, isento de qualquer interesse na causa em favor de uma das partes, e, por isso mesmo ele se submete às mesmas regras de suspeição e impedimento, podendo ser arguida pela parte nos termos do artigo 148, II e ss. do CPC.

5.6 Requisitos para a nomeação do avaliador especializado

Segundo o artigo 870 "se forem necessários conhecimentos especializados e o valor da execução o comportar" o juiz nomeará um perito avaliador para estimar o preço do bem penhorado.

O legislador estabelece dois requisitos para seja realizada a avaliação por um avaliador especializado, ou seja, pessoa diversa do oficial de justiça.

O primeiro requisito é diretamente relacionado com as características do bem penhorado que "exige", pelas suas peculiaridades, que a avaliação seja feita por um experto.

O segundo requisito é de ordem pragmática, pois não se procederá a avaliação se o seu custo não for suportável pelo próprio valor da execução. Não é demais lembrar o artigo 836 que assim diz: "Não se levará a efeito a penhora quando ficar evidente que o produto da execução dos bens encontrados será totalmente absorvido pelo pagamento das custas da execução".

Na verdade, o dispositivo contém uma imprecisão cronológica, mas que não impede a sua melhor aplicação. É que para se fazer um contraste entre o custo da execução e o custo da avaliação, e, assim chegar a uma conclusão de que aquele não comporta este é preciso que o avaliador especializado seja nomeado e que apresente um orçamento pelo seu serviço de avaliação do bem penhorado. Só então é que será possível saber se o custo da avaliação é compensatório ou não em relação ao valor da própria execução. Portanto, (1) *será nomeado o perito avaliador se o objeto exigir conhecimentos especializados* e (2) *depois de nomeado o perito avaliador a avaliação só será feita se o custo (orçamento) da avaliação for adequado ao valor da execução.*

Certamente que se o bem depender de conhecimento especializado, mas não for esta procedida porque o seu custo não compensa frente ao valor da própria execução então o referido bem não poderá ser expropriado, porque nenhum bem pode ser alienado se não lhe for definido um valor. Neste caso, então deverá ocorrer uma mudança qualitativa da penhora, devendo recair sobre outro bem do patrimônio do devedor.

5.7 Prazo para a entrega do laudo

É de 10 dias o prazo para que o experto nomeado pelo juiz entregue o laudo de avaliação. O prazo mínimo de 10 dias é flexível pois dependendo do bem é possível que a avaliação demore mais tempo do que o que foi fixado pelo magistrado. O legislador fixou um parâmetro a ser seguido pelo magistrado e como tal deve ser seguido. Excepcionalmente é que poderá ser aumentado e de forma fundamentada.

O nome *laudo* é adequado porque a avaliação nada mais é do que um ato de perícia realizado por um experto realizado pelo juiz. Não se confunde ato de perito com *prova pericial*, cujos conceito e fins são absolutamente diferentes do presente caso. Na execução há um bem penhorado que precisa ser avaliado para ser levado à expropriação liquidativa ou submetido à adjudicação. Não há nenhuma discussão sobre *fatos constitutivos ou extintivos*, sobre razões de autor e réu em relação ao objeto do litígio. A única discussão que poderá haver é sobre o valor da avaliação, se está correto ou incorreto, após ela ser apresentada e depois de intimadas as partes. Não é, portanto, *prova*, ainda que a atividade de avaliar seja uma modalidade de perícia, mormente quando realizada por um experto com conhecimentos específicos e especializados que lhe permitem avaliar o referido bem.

5.8 Avaliação e avaliador: desnecessidade de avaliação pelo oficial de justiça

5.8.1 Generalidades

O art. 870 é maior e melhor do que o artigo 684 do CPC/73. Primeiro porque amplia as hipóteses em que não será realizada a avaliação, além de melhorar sensivelmente do artigo correspondente do CPC anterior. No entanto, como será observado alhures, poderia o legislador ter usado de maior rigor técnico ao tratar da *desnecessidade da avaliação pelo oficial de* justiça, pois é disso que o dispositivo trata. Em todas as hipóteses há a necessidade de que o bem tenha uma avaliação, só que era não será realizada pelo oficial de justiça, que é a regra geral.

A avaliação na execução por expropriação (cumprimento de sentença e processo de execução para pagamento de quantia) é ato instrumental e necessário na cadeia de atos executivos que culminam com a satisfação do direito exequendo. Não se deve confundir a necessidade de se avaliar o bem penhorado, com a necessidade de se avaliar por oficial de justiça e, por fim, com a necessidade de se avaliar por perito com conhecimentos especializados.

Em apenas uma hipótese o bem penhorado não precisará ser avaliado que é justamente, por razões óbvias, quando o objeto da penhora recair sobre o dinheiro (art. 835, I e art. 854). Em todas as demais hipóteses haverá a necessidade de se avaliar o bem antes de se realizar os atos de expropriação.

As hipóteses listadas nos referidos incisos do artigo 871 tratam da desnecessidade da avaliação do bem penhorado pelo *oficial de justiça*, mas obviamente que em nenhuma delas está dispensada a *avaliação* do bem penhorado.

5.8.2 Estimativa da parte

O inciso primeiro do artigo 871 trata da hipótese de dispensa da avaliação pelo oficial de justiça quando "uma das partes aceitar a estimativa feita pela outra". Assim, por exemplo, tal como acontece na hipótese de *substituição do bem penhorado requerida pelo executado* no artigo 847, § 1º, V do CPC, é possível que o exequente, uma vez intimado para se manifestar sobre o pedido de substituição (art. 847, § 4º) manifeste sua concordância (inclusive pela sua inércia) com a estimativa apresentada pelo executado.

Curiosamente, é de se observar que o inciso IV também trata de avaliação por estimativa da parte, só que independe da concordância do adversário, e, por isso o inciso primeiro (estimativa depende da aceitação da outra parte) é gênero do qual o inciso IV (estimativa independe da aceitação do adversário) é espécie.

Nesta hipótese, como em todas as outras dos referidos incisos, o bem penhorado terá um valor e poderá ser expropriado, embora a estimativa não tenha sido feita pelo auxiliar do juízo, mas sim pela aquiescência das partes.

Em boa hora o legislador previu no parágrafo único do artigo 871 que "ocorrendo a hipótese do inciso I deste artigo, a avaliação poderá ser realizada quando houver fundada dúvida do juiz quanto ao real valor do bem". Na verdade, o que quis dizer foi que a "avaliação por auxiliar do juízo poderá ser realizada", pois, na hipótese do inciso primeiro existe avaliação, só que ela é fruto da estimativa de uma parte com a aquiescência da outra.

Nada obstante a atecnia do dispositivo ele é importante porque permite ao magistrado evitar, de ofício, que a avaliação não traduza o real valor do bem, o que poderia comprometer a efetividade da própria execução. Assim, se o magistrado entender, mesmo que sem provocação, que a estimativa feita por uma parte e aceita pela outra não corresponde ao valor real do bem, então pode, e deve, determinar a sua avaliação pelo oficial de justiça, ou se for o caso, a nomeação de perito para este desiderato.

A questão referente ao que seja "valor real do bem" é bem interessante, pois a rigor o "valor real" de qualquer bem é ditado pelo mercado, ou, em outras palavras, é valor real de um bem é na verdade o valor que o mercado paga por ele. O que faz a avaliação do bem penhorado é estimar um valor que seja o mais próximo possível do valor real. Nesse diapasão, portanto, a regra do parágrafo único só poderá ser invocada pelo magistrado quando ele tiver dúvida ou insegurança se o valor atribuído ao bem por uma parte (e aceito pela outra) estiver realmente o mais próximo possível do valor que ele possui no mercado.

Assim, por exemplo, isso pode ser observado quando o magistrado perceba que o valor atribuído pelo exequente e aceito pelo executado (fato que por si só já é incomum) seja bem abaixo do valor de mercado e o exequente manifeste interesse na adjudicação do bem penhorado.

5.8.3 Cotação do bem penhorado por órgão oficial

Tratando-se de títulos ou de mercadorias que tenham cotação em bolsa, comprovada por certidão ou publicação no órgão oficial ou ainda de títulos da dívida pública, de ações de sociedades e de títulos de crédito negociáveis em bolsa, cujo valor será o da cotação oficial do dia, comprovada por certidão ou publicação no órgão oficial não se procederá a avaliação pelo oficial de justiça.

Como já se disse, nas hipóteses dos incisos II e III do artigo 871 há avaliação do bem penhorado, inclusive comprovado por órgão oficial, mas não será feito pelo oficial de justiça.

Os referidos incisos trazem uma peculiaridade não apenas em relação a forma de avaliação do bem penhorado, mas também no tocante ao momento em que isso se dá. A avaliação se dará no mesmo dia e momento em que for realizada a expropriação, justamente porque na bolsa de valores mobiliários de um dia para o outro, e até de uma hora para a outra há variações de preços e valores das ações e títulos que nela são negociáveis. Nestas hipóteses em que há uma volatilidade do valor do bem penhorado não será incomum a necessidade de se proceder o reforço de penhora, pois, pode acontecer de o bem penhorado passe a ter um valor inferior ao do crédito exequendo na data da sua expropriação.

Mas também o inverso é possível, pois pode acontecer de o título "subir na bolsa de valores" na data da expropriação e assim o que exceder o crédito exequendo ser devolvido ao executado (art. 907).

5.8.4 Veículos automotores e outros bens cujo preço médio de mercado possa ser conhecido por meio de pesquisas realizadas por órgãos oficiais ou de anúncios de venda divulgados em meios de comunicação

Uma das virtudes do CPC é a simplificação e a desburocratização do processo e do procedimento. Eis aí um grande exemplo desta iniciativa salutar do legislador. Todos sabemos que em sites eletrônicos de venda de veículos (tabelas de seguradoras, tabelas de publicações e periódicos respeitados, sítios de concessionárias etc.) é possível de forma rápida e segura conhecer o valor de um veículo identificando um modelo, marca, ano, cilindrada etc. com uma precisão bem grande. Aliás o próprio mercado usa estas tabelas e anúncios e publicações como parâmetro e por isso mesmo é a melhor forma de se obter a avaliação do bem.

Fez bem o legislador em determinar que nestas hipóteses do inciso IV cabe a parte que indicar o bem penhorado proceder a juntada dos documentos comprobatórios e/ou informar os sítios visitados em suas respectivas datas pois o dispositivo deixa claro que será seu o referido encargo comprobatório.

Pode acontecer, entretanto, que entre a data da avaliação do bem e a sua expropriação (imagine-se por exemplo a hipótese de suspensão do processo pelo oferecimento de embargos do executado ao qual se atribua efeito suspensivo) passe tanto tempo que o valor de mercado do referido veículo (ou qualquer outro bem nas mesmas condições) tenha se alterado. Nestas hipóteses poderá ser procedida nova avaliação, o que deve ser feito da forma mais simples possível, evitando desperdício de tempo processual importante à satisfação do direito.

5.9 Conteúdo e forma da avaliação

5.9.1 Generalidades

O atual art. 872 é bem mais bem redigido do que o revogado artigo 681 do CPC/73, sendo mais minudente e criterioso até mesmo com o uso do vernáculo. Do ponto de vista material o artigo 872 subdividiu o antigo parágrafo único em dois parágrafos, e, apenas o parágrafo segundo traz mudança substancial que não constava no texto do artigo 681 do CPC/73 como veremos alhures.

O legislador admite neste dispositivo e no anterior a existência de diversas formas de realização da avaliação do bem penhorado. A maneira mais simples é aquela que é obtida pela *cotação do dia publicada por órgão oficial* se se tratar de títulos da dívida pública, de ações de sociedades e de títulos de crédito negociáveis em bolsa. Em seguida, outra forma também bem simples e pouco burocrática é aquela que se dá pela *estimativa do valor do bem penhorado* feita por uma parte e aceita pela outra. A forma padrão prevista pelo Código é a avaliação realizada pelo oficial de justiça e a maneira mais atípica e complexa é aquela em que se faz necessária a nomeação de um perito para que este estregue um laudo informando o valor do bem penhorado.

5.9.2 A forma de realização da avaliação pelo oficial de justiça e pelo avaliador nomeado pelo juiz

A forma padrão da avaliação é que ela seja feita pelo oficial de justiça, tal como determina o artigo 870 do CPC. E, sempre que for realizada pelo oficial de justiça a avaliação deverá constar de vistoria e de laudo que serão anexados ao auto de penhora, podendo-se concluir que ambos os atos processuais (penhora e avaliação), serão realizados na mesma diligência, sendo um subsequente ao outro.

Há algum tempo o legislador processual uniu cronologicamente a penhora e a avaliação estabelecendo este encargo para o oficial de justiça. Neste sentido, o presente dispositivo está em consonância com o artigo 523, § 3º que trata do cumprimento de sentença para pagamento de quantia onde determina que num único mandado conste a ordem de penhora e avaliação. Igualmente o artigo 829, § 1º que cuida do processo de execução para pagamento de quantia onde no mesmo mandado deve constar além da própria citação do executado a ordem de penhora e avaliação.

É claro que haverá situações em que essa união de atos executivos instrumentais (penhora e avaliação) não será realizada no mesmo momento, tal como se dá nas hipóteses em que a nomeação é feita pelo executado, ou ainda sempre que for feita por termo nos autos junto ao escrivão. Igualmente, todas as vezes que se fizer necessária a realização da avaliação por um perito nomeado pelo juiz, então a avaliação será um ato isolado devendo o laudo do perito ser apresentado no prazo fixado pelo juiz.

5.9.3 O conteúdo da avaliação

A avaliação é um ato processual de fundamental importância para a execução, seja para o credor, seja para o devedor. Qualquer distorção do valor para maior ou para menor do que realmente valha o bem poderá causar um enorme prejuízo às partes e à própria tutela executiva. Exatamente por isso a avaliação deve ser feita com rigor e transparência de forma que deverá especificar os bens, com as suas características, o estado em que se encontram e o valor que possuem.

5.9.4 Imóvel que admitir cômoda divisão

Os §§ 1º e 2º do art. 872 estão em plena sintonia com o artigo 894 que admite a arrematação de partes do imóvel. Esta é mais uma hipótese de satisfação do direito exequendo pela forma menos gravosa possível para o executado. Assim, se o referido imóvel penhorado admitir cômoda divisão, então o executado poderá requerer que a avaliação seja feita em partes, com a apresentação de memorial descritivo para possível desdobramento para a alienação. Nesta hipótese, se for apresentada e aceita a proposta de desmembramento, as partes poderão dela se manifestar no prazo de cinco dias, tornado possível que a arrematação seja das referidas partes do imóvel nos termos do artigo 894 do CPC.

5.10 Nova avaliação

5.10.1 Generalidades

O artigo 873 perdeu ótima oportunidade de melhorar o tratamento do tema da "nova avaliação". Isso porque assim como o artigo 683 do CPC/73 manteve a indesejável mistura de situações que justificam a "nova avaliação".

Pode-se ter nova avaliação tanto porque ela apresenta defeito subjetivo ou objetivo, ou quiçá, por defeito algum. E as diferentes hipóteses poderiam ter sido esclarecidas, porque estão submetidas aos regimes diferentes em relação ao princípio inquisitivo e dispositivo. Outrossim, deixou de colocar hipótese de nova avaliação descrita no artigo 878 do CPC, mantendo o erro do CPC anterior.

O Código admite que uma nova avaliação seja feita em substituição ou em complemento a anterior, dependendo da hipótese tratada. Da forma como está descrita no dispositivo a *nova avaliação* será admitida por razões subjetivas (que recaiam sobre o avaliador) ou objetivas (o objeto ou o procedimento de avaliação). A nova avaliação será feita sobre o mesmo bem penhorado e tanto pode ser determinada de ofício (respeitado o contraditório prévio), quanto provocada por iniciativa das partes. O artigo 878 também prevê outra hipótese de nova avaliação que é quando se veem frustradas as tentativas de alienação do bem.

5.10.2 Arguição do defeito da avaliação.

A incorreção da avaliação pode ser alegada pelas partes por intermédio da *impugnação do executado* (art. 525, § 1º, IV) ou por intermédio dos embargos à execução (art. 917, II), caso em que se for acolhida ocasionará a determinação de realização de nova avaliação.

Contudo, nem sempre a avaliação é realizada em momento anterior ao início do prazo para o devedor impugnar ou embargar a execução, mas nem por isso será prejudicado. O próprio legislador prevê nos artigos 917, § 1º e no artigo 525, § 11 que "as questões relativas a fato superveniente ao término do prazo para apresentação da impugnação, assim como aquelas relativas à validade e à adequação da penhora, da avaliação e dos atos executivos subsequentes, podem ser arguidas por simples petição, tendo o executado, em qualquer dos casos, o prazo de 15 (quinze) dias para formular esta arguição, contado da comprovada ciência do fato ou da intimação do ato A incorreção da penhora ou da avaliação poderá ser impugnada por simples petição, no prazo de 15 (quinze) dias, contado da ciência do ato".

5.10.3 Tipos de incorreções arguíveis

Não será apenas por vício no aspecto subjetivo ou objetivo da avaliação que esta poderá estar incorreta. O legislador admite, aliás, sensatamente, que uma avaliação pode não conter vício algum na sua formação, mas ainda assim padecer de incorreção e por isso ser requerida a sua substituição por uma nova avaliação.

No primeiro inciso do artigo 873 permite-se que qualquer das partes possa, sempre de forma fundamentada, requerer nova avaliação quando tiver ocorrido erro na avaliação ou dolo do avaliador. O *erro* aí deve ser tomado na forma mais lata possível, ou seja, basta que a avaliação que *não esteja correta*, por qualquer motivo, seja ela ligada ao

CAPÍTULO X • DA PENHORA E DA AVALIAÇÃO

procedimento e técnicas de avaliação, seja ela ligada à incompetência do avaliador, ou quiçá os erros materiais que possam comprometer a compreensão do valor atribuído ao bem penhorado. Ainda no primeiro inciso o legislador trata do *dolo* do avaliador. A hipótese, muito antiga no nosso ordenamento, envolve situações em que o avaliador, que deveria ser um sujeito imparcial, acaba atuando de forma intencional para prejudicar uma das partes. A palavra *dolo* deve ser tomada na forma mais lata possível, ou seja, sempre que o avaliador atuar de forma intencional, sem isenção, seja com fraude, dolo, coação, simulação a nova avaliação poderá ser requerida. O fundamento deste pedido incidente é o elemento anímico viciado do avaliador e o pedido é a nova avaliação. Certamente que tendo conhecimento do fato que configura o referido vício, que compromete a isenção do avaliador, deve a parte também oferecer a exceção de suspeição respectiva, prevista no artigo 148, II do CPC.

A segunda hipótese descrita no dispositivo como fundamento para o requerimento de uma nova avaliação não provém de nenhum vício de nulidade na primeira avaliação, ou seja, se "verificar, posteriormente à avaliação, que houve majoração ou diminuição no valor do bem". Essa situação é bem possível de acontecer quando entre o tempo que medeia a primeira avaliação e o início da expropriação tem-se um largo espaço temporal. Basta imaginar a hipótese de ter sido suspenso o processo executivo por intermédio de embargos do executado. Neste caso a avaliação feita pode não mais corresponder à realidade e por isso mesmo, ainda que sem defeito ou vício na sua formação, a primeira avaliação ser absolutamente imprestável.

É curioso notar que o legislador fala em *"verificar, posteriormente à avaliação..."*. Ora, essa verificação deverá ser constatada no próprio pedido de *nova avaliação* onde o requerente deve fundamentar de forma objetiva e clara que o valor atribuído ao bem não mais corresponde à realidade atual, demonstrando, por exemplo, que um imóvel vizinho em iguais condições foi vendido por menor ou maior valor, que a construção de melhorias no bairro alterou o valor de mercado, que o veículo penhorado saiu de linha etc.

Já o terceiro inciso trata da hipótese em que a nova avaliação decorre da fundada dúvida do juiz sobre o valor atribuído ao bem na primeira avaliação. Por ser ato processual da maior significância para o processo ou tutela executiva é óbvio que é informado pelo princípio inquisitivo e pode o juiz entender que o valor atribuído ao bem não esteja adequado à realidade, ou que não esteja suficientemente esclarecida a avaliação apresentada, determinando ele mesmo a realização de uma nova. É dever que o faça de forma fundamentada, e que decida após a cooperação processual, ou seja, que deva o juiz ouvir as partes antes de decidir pela realização do novo ato. Segundo o parágrafo único do art. 873, a este inciso aplica-se a regra do artigo 480 do CPC que cuida da "nova perícia quando a matéria não estiver suficientemente esclarecida". Na verdade, tanto nesta hipótese, quanto nos outros incisos do artigo 873: a) a segunda avaliação tem por objeto os mesmos fatos sobre os quais recaiu a primeira e destina-se a corrigir eventual omissão ou inexatidão dos resultados a que esta conduziu; b) a segunda

MANUAL DE EXECUÇÃO CIVIL • Marcelo Abelha

avaliação rege-se pelas disposições estabelecidas para a primeira e c) dependendo do vício ou motivo que justificou o deferimento da segunda avaliação, esta poderá ou não substituir a primeira. Caso se trate de segunda avaliação para complementar a primeira, caberá ao juiz apreciar o valor de uma e de outra.

Embora fora do dispositivo, há outra hipótese de nova avaliação descrita no artigo 878 do CPC, quando o legislador determina que "frustradas as tentativas de alienação do bem, será reaberta oportunidade para requerimento de adjudicação, caso em que também se poderá pleitear a realização de nova avaliação".

Nesta hipótese o legislador admite que um dos motivos do insucesso da alienação seja o descompasso do valor do bem estabelecido na avaliação e a realidade. É claro que não apenas um erro de avaliação pode causar a frustração das tentativas de alienação, pois o próprio bem pode não despertar qualquer interesse ainda que corretamente avaliado. De qualquer forma nos parece que nesta hipótese a frustração da alienação é fundamento bastante, objetivo, que justifica o pedido de nova avaliação, caso este seja interesse da parte.

5.11 Avaliação e modificação quantitativa da penhora

5.11.1 Generalidades

Com a penhora identifica-se o bem sujeito à expropriação e a avaliação fornece o piso, e, muitas vezes o próprio teto, do valor pelo qual o bem poderá ser expropriado em alienação ou adjudicação.

Sendo a penhora um ato logicamente anterior à avaliação, é certo que após a avaliação pode-se concluir que o bem penhorado, e, sujeito à expropriação, seja excessivo ou insuficiente em relação ao valor da execução. Pode-se constatar que o bem possui um valor muito maior ou muito menor do que o valor da execução, permitindo que seja instaurado o incidente processual da *modificação* qualitativa ou quantitativa da penhora.

Assim, uma vez intimadas da avaliação cabe a parte interessada provocar o incidente de modificação da penhora que tanto pode ser para *substituir* o bem penhorado, quanto *para reforçar ou reduzir* a penhora feita.

Nesse diapasão, se a avaliação indicou um valor consideravelmente superior ao crédito exequente, então poderá ser requerida a redução da penhora, o que, muitas vezes implicará a própria substituição do bem penhorado. Percebe-se que o legislador usa a expressão "consideravelmente superior" porque já admite uma tolerável margem de erro entre o valor da avaliação e o preço pelo qual o bem é arrematado, que, frise-se só não pode ser vil. Assim, seguindo as diretrizes do art. 891, parágrafo único, considera-se vil o "preço inferior ao mínimo estipulado pelo juiz e constante do edital, e, não tendo sido fixado preço mínimo, considera-se vil o preço inferior a cinquenta por cento do valor da avaliação".

CAPÍTULO X • DA PENHORA E DA AVALIAÇÃO

Portanto, este é o parâmetro para o magistrado entender como *consideravelmente superior* o valor da avaliação frente ao valor da execução. Admitindo que o bem possa ser arrematado até por cinquenta por cento a menos do que o valor avaliado (art. 891, parágrafo único), não será *consideravelmente superior* uma diferença entre a execução e a avaliação do bem onde o valor desta seja o dobro do valor daquela.

Por outro lado, se o valor dos bens penhorados for inferior ao valor da execução, será necessário reforçar a penhora, o que pode se dar pela ampliação dos bens penhorados ou pela substituição por outro bem de maior valor.

É de se dizer ainda que ao cuidar da *modificação da* penhora no artigo 850 do CPC o legislador disse que "será admitida a redução ou a ampliação da penhora, bem como sua transferência para outros bens, se, no curso do processo, o valor de mercado dos bens penhorados sofrer alteração significativa". Ora, esta é apenas uma das hipóteses em que pode se dar a modificação da penhora, sendo de melhor alcance e técnica o artigo 874 ora comentado. Pode-se afirmar que este artigo 874 é gênero do qual aquele artigo 850 é espécie, pois, a *alteração significativa do valor de mercado dos bens no curso do processo* é apenas uma das hipóteses em que se admite a ampliação ou redução da penhora. Assim, por exemplo, se porventura não houve nenhuma alteração de mercado, mas por qualquer motivo se fez necessária uma nova avaliação (erro ou dolo da anterior), poderá acontecer a regra do artigo 874 do CPC.

5.12 Término da avaliação e início dos atos de expropriação

5.12.1 Generalidades

Com melhor redação – mais minudente e mais clara – o texto do artigo 875 do CPC é melhor do que o artigo 685 do Código revogado. Contudo, não há alterações de substância entre um e outro.

É importante deixar claro que a avaliação é um ato executivo instrumental que é *sucessivo* à penhora – sempre quando esta não recair sobre dinheiro – e *anterior* ao início dos atos expropriatórios. Sem a penhora nada há que ser avaliado e sem a avaliação não se pode dar início aos atos de expropriação. Isso faz com que a avaliação tenha pontos de contato tanto com o ato que lhe antecede (a penhora) quanto com os atos que lhes sucedem (expropriação). O artigo 874 é um bom exemplo disso, pois, depois da avaliação permite-se a modificação da penhora.

Com isso queremos dizer que ao tratar da avaliação não iremos encontrar nesta subseção todos os dispositivos que lhes sejam pertinentes, já que há outros dispositivos, em outras seções, que com ele se relacionam.

5.12.2 Avaliação e adjudicação

Uma das formas de expropriação é a adjudicação do bem penhorado, que, a rigor, é um *resultado prático equivalente ao adimplemento*, uma vez que o exequente inicia a execução para obter um pagamento de quantia, mas dela obtém um bem diverso, porém com valor que lhe corresponda.

A adjudicação do bem penhorado é uma técnica processual expropriatória que o legislador vê com bons olhos porque simplifica o procedimento, evitando a demora e risco de insucesso de um leilão, e especialmente porque o valor pelo qual se adjudica o bem é o valor estabelecido na avaliação, ou seja, neste caso, a avaliação fixa o teto e o piso da técnica expropriatória, evitando que o bem penhorado possa ser arrematado por metade do preço (abaixo disso seria vil).

Eis aí a importância da avaliação nesta situação em particular, pois é ela que fixa o limite pelo qual permite-se adjudicar o bem penhorado, seja pelo exequente ou por aqueles que gozam da preferência dos §§ 5º e 7º do artigo 876 do CPC, tal como determina o *caput* deste dispositivo ao dizer que "é lícito ao exequente, oferecendo preço não inferior ao da avaliação, requerer que lhe sejam adjudicados os bens penhorados".

5.12.3 Avaliação, expropriação e preço vil

Exceção feita aos bens com cotação em bolsa que são fixados pelo mercado, todas as demais formas de avaliação, pelas partes, pelo oficial de justiça ou por um perito nomeado pelo juiz, indicarão um valor para o bem penhorado que tem a intenção de ser o mais próximo possível daquilo que ele realmente vale para o mercado, pois, no momento que o bem submete-se ao leilão judicial, ele tanto poderá ser arrematado por um preço maior ou menor do que o que consta na avaliação, dependendo sempre da *oferta ou procura* de interessados ao leilão judicial.

Portanto, a avaliação do bem penhorado fixa um valor que atua como se fosse um parâmetro que deve guiar os atos de expropriação. Se o ato de expropriação é a adjudicação, por não haver a mesma concorrência de um leilão, então a avaliação do bem penhorado é que determina o valor pelo qual deve ser feita a adjudicação do bem. Por outro lado, se o bem penhorado e avaliado se submete a um leilão judicial então aquele valor da avaliação atua como patamar para dar início à alienação do bem, admitindo que o mesmo bem possa ser vendido por valor maior, ou que possa ser vendido por valor menor, respeitado o preço mínimo fixado pelo juiz ou o limite do art. 891, parágrafo único do CPC.

Se for vendido por valor maior do que for avaliado, é certo que a avaliação feita não conseguiu precisar com correção a estimativa do bem, mas neste caso nenhum prejuízo acontece, pois tanto para o exequente, quanto para o executado é melhor que o bem seja arrematado por um valor superior àquele que foi avaliado. Em tese, há uma vantagem para ambos.

Contudo, se o bem for alienado por um valor menor existe um risco para ambos os litigantes, sendo mais evidente para o devedor, pois em tese terá que submeter outros bens do seu patrimônio para responder pela dívida. Para o exequente sempre haverá o risco de o executado não ter outros bens e assim ficar com uma execução parcialmente infrutífera.

Pensando nesta situação o legislador – muito preocupado com o devedor (art. 805, *caput*) – acabou por fixar um limite mínimo, que entende como razoável para a alienação do bem penhorado, que é o estabelecido pelo artigo 891 que assim diz:

> Art. 891. Não será aceito lance que ofereça preço vil.
>
> Parágrafo único. Considera-se vil o preço inferior ao mínimo estipulado pelo juiz e constante do edital, e, não tendo sido fixado preço mínimo, considera-se vil o preço inferior a cinquenta por cento do valor da avaliação.

Assim, será vil, e por isso poderá ser invalidada a arrematação que desrespeitar esta regra (art. 904, § 1º, I), o que nos leva a concluir que é a avaliação do bem penhorado que serve de parâmetro para que se considere vil o preço oferecido à arrematação do bem penhorado em leilão judicial. O preço mínimo fixado pelo juiz também é estabelecido tendo como parâmetro o valor da avaliação, assim como o percentual de 50% previsto no parágrafo único do art. 891 do CPC.

5.12.4 Avaliação e expropriação de imóvel de incapaz

Tratando-se de penhora sobre imóvel de incapaz o legislador também dá um tratamento diferenciado, admitindo que "quando o imóvel de incapaz não alcançar em leilão pelo menos oitenta por cento do valor da avaliação, o juiz o confiará à guarda e à administração de depositário idôneo, adiando a alienação por prazo não superior a 1 (um) ano".

5.12.5 Avaliação e expropriação de imóvel de coproprietário ou cônjuge alheio à execução

Nos termos do art. 843 do CPC a avaliação do bem penhorado também é tratada como limite para a alienação do bem em leilão quando este bem também pertença a um coproprietário ou cônjuge alheio à execução. Nesta hipótese, para evitar prejuízos para aquele terceiro que não participa da execução, mas que é coproprietário do bem penhorado, então prescreve o artigo 843 que:

> Art. 843. Tratando-se de penhora de bem indivisível, o equivalente à quota-parte do coproprietário ou do cônjuge alheio à execução recairá sobre o produto da alienação do bem.
>
> § 1º É reservada ao coproprietário ou ao cônjuge não executado a preferência na arrematação do bem em igualdade de condições.
>
> § 2º Não será levada a efeito expropriação por preço inferior ao da avaliação na qual o valor auferido seja incapaz de garantir, ao coproprietário ou ao cônjuge alheio à execução, o correspondente à sua quota-parte calculado sobre o valor da avaliação

Tratando-se de penhora de bem indivisível, o equivalente à quota-parte do coproprietário ou do cônjuge alheio à execução recairá sobre o produto da alienação do bem.

Aqui nesta hipótese, a avaliação do bem penhorado atua como fator de garantia do terceiro (cônjuge ou coproprietário) em relação à parte que lhe cabe do bem penhorado.

5.12.6 Avaliação e o efeito suspensivo nas oposições do executado (impugnação e embargos)

A impugnação do executado e os embargos à execução não são dotados de efeito suspensivo *ex legge*. Para que tal efeito seja concedido é necessário que o executado requeira na sua oposição. Ainda que seja concedido o efeito suspensivo este só se opera como causa impeditiva de atos de expropriação (expropriação liquidatória ou final), ou seja, os atos executivos da fase instrutória como a penhora e a avaliação não são paralisados pelo efeito suspensivo, *in verbis*.

> Art. 919
>
> § 5º A concessão de efeito suspensivo não impedirá a efetivação dos atos de substituição, de reforço ou de redução da penhora e de avaliação dos bens.
>
> Art. 525
>
> § 7º A concessão de efeito suspensivo a que se refere o § 6º não impedirá a efetivação dos atos de substituição, de reforço ou de redução da penhora e de avaliação dos bens

5.12.7 Remição do bem penhorado pelo valor da avaliação

O Código de Processo Civil admite, em restritos casos, a remição do bem penhorado antes de ser entregue ao adjudicatário (até a assinatura do auto de adjudicação), tal como se enxerga nas hipóteses do art. 877, §§ 3º e 4º, do CPC.

Assim, como a adjudicação do bem penhorado só pode acontecer pelo valor estabelecido na avaliação, da mesma forma os casos de remição do referido bem.

Segundo o art. 877, §§ 3º e 4º:

> § 3º No caso de penhora de bem hipotecado, o executado poderá remi-lo até a assinatura do auto de adjudicação, oferecendo preço igual ao da avaliação, se não tiver havido licitantes, ou ao do maior lance oferecido.
>
> § 4º Na hipótese de falência ou de insolvência do devedor hipotecário, o direito de remição previsto no § 3º será deferido à massa ou aos credores em concurso, não podendo o exequente recusar o preço da avaliação do imóvel.

Capítulo XI
DA EXPROPRIAÇÃO LIQUIDATIVA

1. EXPROPRIAÇÃO LIQUIDATIVA E SATISFATIVA

O Código tenta, e consegue em boa parte, ser organizado na distribuição das matérias para facilitar o operador do direito, mas sob a perspectiva teórica comete alguns pecados. Um destes é justamente a falta de clareza distintiva entre a expropriação liquidativa e a satisfativa.

Na execução por quantia haverá expropriação *satisfativa* do executado quando a execução for satisfeita, o que acontece quando o *dinheiro for retirado do patrimônio do executado e colocado no patrimônio do exequente* para pagar o principal, os juros, as custas e os honorários.

Observe-se que essa "desapropriação do executado e apropriação do exequente", representada pela transferência da quantia, é justamente o que se denomina de *expropriação satisfativa*.

Apenas excepcionalmente, e desde que cumpridas as demais exigências legais, é possível que o exequente aceite o próprio bem que está penhorado ao invés de receber a quantia que se obteria com a sua alienação judicial. É a *adjudicação do bem penhorado pelo exequente* que também é forma de satisfazer o direito pretendido. Nesta hipótese a *adjudicação* também atua como *expropriação satisfativa*. São estas duas situações (entrega do dinheiro e do bem penhorado ao exequente) que cuidam da expropriação satisfativa – art. 904 do CPC.

Sempre que o bem penhorado (1) não for dinheiro e (2) não ocorrer a adjudicação desse bem pelo exequente, torna-se necessário transformá-lo em dinheiro para posteriormente entregá-lo ao exequente. Assim, por exemplo, bens como carros, imóveis, semoventes, direitos de crédito do executado, entre outros, precisam passar por um processo de "expropriação liquidativa", cujo objetivo é converter o referido bem em dinheiro. Isso geralmente ocorre por meio de uma alienação judicial, comumente realizada por meio de leilão eletrônico ou presencial, mas que também pode assumir outras formas. Uma vez alienado, o valor obtido com a venda é que passa a ficar penhorado e será posteriormente entregue ao exequente. O que for excedente será devolvido ao executado.

É importante observar que a "expropriação liquidativa" implica na liquidação do bem penhorado, caso em que, com a alienação a penhora passa a recair sobre o dinheiro obtido com a alienação. Enquanto o dinheiro obtido pela alienação do bem não for entregue ao exequente ele permanece, juridicamente, como parte do patrimônio do executado, embora, como se disse, penhorado e vinculado à execução. Em outras palavras, esse valor está preso e destinado ao pagamento da dívida, mas ainda pertence formalmente ao executado.

Por exemplo, o automóvel penhorado do executado é alienado em leilão para um terceiro (o arrematante), e o valor pago por ele é depositado em uma conta vinculada ao processo e sob o controle do juízo da execução. Esse dinheiro, apesar de estar vinculado ao processo, ainda pertence ao executado juridicamente, mesmo que ele não tenha poder de gestão ou administração sobre esse valor. Esse montante servirá, então, para realizar a futura "expropriação satisfativa", que consiste no repasse efetivo ao exequente. Se, depois de repassado o valor devido, ainda sobrar alguma quantia ela deve ser devolvida ao executado.

2. A ADJUDICAÇÃO E O DUPLO REGIME: LIQUIDATIVA OU SATISFATIVA

O Código de Processo Civil (CPC) não faz a devida distinção, o que pode gerar alguma dificuldade na compreensão teórica do tema. A adjudicação é um ato executivo que pode se caracterizar tanto como uma expropriação liquidativa quanto satisfativa, dependendo de quem solicita a adjudicação.

Para entender melhor, vejamos um exemplo: imagine que "A" está executando "B" e tenha penhorado um imóvel de "B". Se "A" solicita a adjudicação do imóvel de "B" e cumpre os requisitos legais do art. 876, esta expropriação será satisfativa, pois o bem penhorado (o imóvel) será transferido diretamente para o patrimônio de "A", que o aceita como forma de satisfazer seu crédito. Sendo uma expropriação satisfativa, ela integra a fase satisfativa da execução.

Agora, imaginemos que, em vez de "A" (o exequente), quem deseja adjudicar o bem penhorado é "C", irmão de "B" (o executado). Mesmo não sendo parte do processo, "C" pode, pela lei processual, adjudicar o bem penhorado, mantendo-o na família, desde que deposite no processo o valor pelo qual o bem foi avaliado. Nesse caso, a adjudicação não foi feita para o exequente ("A"), e a execução deve prosseguir até que o dinheiro depositado por "C" seja entregue ao exequente. Aqui, a adjudicação realizada pelo terceiro ("C") é liquidativa, pois para o exequente serviu apenas para converter o bem em dinheiro.

Para identificar se a adjudicação é liquidativa ou satisfativa, é necessário verificar quem é o adjudicante: se for o exequente, a adjudicação é satisfativa; se for um terceiro, a adjudicação é liquidativa. A adjudicação feita por um terceiro funciona como uma arrematação preferencial pelo preço da avaliação.

O CPC não esclarece essa distinção. Por exemplo, no artigo 825, lê-se que "a expropriação consiste em: I – adjudicação; II – alienação; III – apropriação de frutos

CAPÍTULO XI • DA EXPROPRIAÇÃO LIQUIDATIVA

e rendimentos de empresa ou de estabelecimentos e de outros bens." O código não especifica se a adjudicação mencionada no inciso I é liquidativa ou satisfativa.

Além disso, o artigo 904 é incompleto ao afirmar que "a satisfação do crédito exequendo far-se-á: I – pela entrega do dinheiro; II – pela adjudicação dos bens penhorados". Na verdade, o inciso II deveria esclarecer que se trata da "adjudicação dos bens penhorados pelo exequente", pois é somente nesse caso que há satisfação do crédito.

3. A EXPROPRIAÇÃO LIQUIDATIVA POR MEIO DE LEILÃO PÚBLICO

A expropriação liquidativa implica em transformar o bem penhorado em dinheiro. Essa transformação do *bem penhorado em dinheiro* não é mágica, se dá por meio de complexa e cuidadosa *alienação* destinada a transferir a propriedade do bem para um terceiro adquirente.

Obviamente não se trata de uma *compra e venda* porque não tem natureza privada, mas uma *expropriação pública* em que a vontade do executado é irrelevante, mas todas as garantias de transparência, lisura e idoneidade do procedimento devem ser garantidas, inclusive o seu direito de ter o seu patrimônio mínimo preservado, pois não se admite a expropriação liquidativa por um preço vil ou abaixo do mínimo fixado pelo juiz (art. 891).

Respeitada a premissa de que a alienação do bem penhorado deve ser feita em leilão judicial (público) – ressalvada a hipótese de alienação a cargo de corretores de bolsa de valores – o CPC oferta diferentes formas de se realizar a expropriação liquidativa, sempre tendo por premissa a expectativa de ofertar meios que consagrem maior efetividade para o exequente e menor onerosidade para o executado.

4. EXCEÇÕES AO LEILÃO PÚBLICO (PRESENCIAL OU ELETRÔNICO)

A alienação liquidativa do bem penhorado é ato processual integrante da cadeia executiva. A regra geral do Código é a de que todos os bens penhorados serão alienados em leilão público, pois esta é uma forma natural de proporcionar transparência, concorrência e segurança ao procedimento expropriatório.

Sendo ato judicial público o leilão pode ser realizado de duas formas: eletrônica ou presencial, sendo que a lei privilegia a primeira em detrimento da segunda por óbvias razões de custo e benefício. O custo do leilão público eletrônico é bem menor do que o presencial com maior amplitude em relação àqueles que dele podem participar. A alienação judicial por meio eletrônico será realizada, observando-se as garantias processuais das partes, de acordo com regulamentação específica do Conselho Nacional de Justiça, e deverá atender aos requisitos de ampla publicidade, autenticidade e segurança, com observância das regras estabelecidas na legislação sobre certificação digital. Apenas quando não for possível a realização por meio eletrônico, é que o leilão será presencial.

528 MANUAL DE EXECUÇÃO CIVIL • Marcelo Abelha

Apenas em duas hipóteses a alienação do bem penhorado não será efetuada em um leilão público, presencial ou eletrônico. Em primeiro lugar nos casos de alienação a cargo de corretores de bolsa de valores no caso de penhora de cotas de sociedades de capital aberto (art. 861, § 2º e art. 881, § 2º). Nestas hipóteses nem sequer é feita uma avaliação das ações que devem ser negociadas em bolsa (art. 871, II) pois o valor delas é o valor de mercado da cotação do dia e do momento em que tiver sido oferecida e negociada. Conquanto não seja um leilão público, pois as bolsas de valores têm natureza privada, elas oferecem um serviço ao público e como tal devem cumprir um regramento estabelecido em Lei (n. 6.385) e são controladas e fiscalizadas pelo poder público (CVM e CMN).

Em segundo lugar, embora o CPC não mencione a *alienação por iniciativa particular* (art. 880) *realizada pelo exequente* como exceção ao leilão público, ela não deixa de ser um exemplo, tímido é verdade, de desjudicialização do ato executivo, ainda que o juiz fixe os critérios/parâmetros básicos para esta alienação. Nesta modalidade, nem o exequente nem o corretor credenciado mencionados no art. 880 realizarão a alienação nos moldes de um leilão público, devendo apenas obedecer às regras básicas definidas pelo juiz, como preço, condição de pagamento, garantias etc.

4.1 Alienação por iniciativa particular

Prevista nos arts. 879, II, e 880 do CPC, a *alienação por iniciativa particular* nasceu da antiga alienação de bem imóvel com intermediação de corretor (nos arts. 700 e ss. do CPC de 1973 e no art. 973 do CPC/1939). A ideia era excelente, mas inoperante na prática em razão das diversas minúcias exigidas pelo dispositivo para que se efetivasse a alienação.[1]

Absorvida a ideia contida naqueles dispositivos dos Códigos anteriores, e de alguma forma influenciado pela maleabilidade experimentada com sucesso no § 2.º da Lei dos Juizados Especiais Cíveis (Lei 9.009/1995), o legislador da Lei 11.382/2006 criou, ainda na vigência do CPC revogado, a *alienação por iniciativa particular*, tratando-a, autonomamente, como uma espécie de técnica expropriatória, que, na prática, acaba sendo uma modalidade de alienação de bem penhorado (alienação antecipada; alienação em leilão público presencial ou eletrônico; alienação a cargo de corretores da bolsa de valores, e alienação por iniciativa particular), tal como descrita nos arts. 879, II, e 880 do atual CPC.

Tendo sido descartada a adjudicação de bem penhorado – nos artigos precedentes –, então a primeira da fila entre as técnicas de alienação forçada de bem penhorado passa a ser a alienação por iniciativa particular, que, em tese, teve essa preferência pelo

---

1. Essa modalidade de alienação não é estranha ao direito alienígena. Citem-se, por exemplo, a *venda por negociação particular* dos arts. 904 e 905 do CPC português ou ainda a *venda alheia à hasta pública* (*senza incanto*) descrita no art. 532 do CPC italiano (*vendita a mezzo di comissionario*).

CAPÍTULO XI • DA EXPROPRIAÇÃO LIQUIDATIVA **529**

legislador, em razão da economia de tempo e dinheiro quando comparada com a alienação em leilão público.

Tentando ser o máximo sintético e direto o legislador evitou colocar no texto do art. 880 minúcias que pudessem atrapalhar e engessar esta técnica expropriatória. Acertadamente, o legislador estabeleceu os requisitos básicos, bem genéricos, para essa modalidade de alienação, e o restante deixou ao alvedrio do magistrado, que, diante de cada caso concreto, poderá estabelecer regras da referida alienação.

O nome do instituto poderia sugerir tratar-se de um negócio privado ou uma compra e venda gerenciada pelo exequente. Nada disso. A alienação por iniciativa particular é um ato expropriatório público, realizado pelo Estado e com cooperação do exequente, mas que em nada se assemelha e uma compra e venda privada.

A rigor, o art. 880 contempla duas formas de alienação por iniciativa particular: a primeira quando o próprio exequente promove a alienação do bem penhorado, sob a supervisão do magistrado, é claro; e a outra quando o exequente requer ao magistrado a alienação por intermédio de corretor ou leiloeiro público credenciado perante o poder judiciário. Em ambas, as regras e as exigências são as mesmas fixadas no art. 880 do CPC.

Os requisitos básicos para essa modalidade de alienação são: (a) que tenha sido descartada a adjudicação de bem penhorado; (b) que seja requerida essa modalidade pelo exequente; (c) fixação de preço mínimo pelo juiz do bem a ser alienado; (d) fixar o prazo em que ela deve ser feita; (e) sua publicidade; (f) as condições de pagamento; (g) as garantias; e, se for o caso, (h) a comissão de corretagem.[2]

Deve-se notar que o juiz não poderá dispensar nenhum dos itens listados, mas apenas decidir sobre eles, não lhe sendo lícito, por exemplo, não exigir nenhuma garantia por parte do adquirente.

Outrossim, no tocante à comissão de corretagem, ela só será exigida se houver participação de corretores de imóveis (eventualmente credenciados por regra expedida pelo tribunal competente, os quais deverão estar em exercício profissional por não menos de três anos); daí por que o dispositivo (art. 880, § 1.º) fala em "se for o caso".[3]

É de dizer, ainda, que, nessa "liberdade" conferida ao magistrado para ditar o *modus operandi*, prevista no art. 880 do CPC (seguindo eventuais provimentos do respectivo tribunal art. 880, § 3.º), deve-se incluir, é claro, a possibilidade de o magistrado decidir acerca do depósito judicial (art. 840), se entender que em cada caso concreto o sucesso da alienação depende de que o exequente seja depositário do bem. Basta imaginar, por exemplo, a alienação por iniciativa particular de veículos que estejam depositados sob

---

2. No tocante ao *modus operandi* da alienação por iniciativa particular, permite o Código que os tribunais possam "editar disposições complementares sobre o procedimento da alienação prevista neste artigo, admitindo, quando for o caso, o concurso de meios eletrônicos, e dispor sobre o credenciamento dos corretores e leiloeiros públicos, os quais deverão estar em exercício profissional por não menos que 3 (três) anos" (art. 880, § 3.º).

3. Art. 880, § 4.º Nas localidades em que não houver corretor ou leiloeiro público credenciado nos termos do § 3.º, a indicação será de livre escolha do exequente.

guarda do executado para se perceber, regra geral, que não será possível proceder à alienação se o devedor permanecer como depositário do bem, usando-o normalmente.

Outra questão muito sutil, mas deveras importante, diz respeito à fixação do preço mínimo do valor do bem. No art. 685-C do CPC revogado previa o legislador que o preço mínimo era o da avaliação, e o CPC 2015 não faz mais essa exigência. E, a nosso ver, trata-se de inovação bastante lúcida porque, se na própria alienação por leilão público admite-se que o preço da arrematação seja inferior ao da avaliação (desde que não seja vil), então, não faz sentido algum que a mesma regra não seja estendida a essa forma de alienação.

Uma vez realizada a alienação do bem penhorado (móvel ou imóvel) por iniciativa particular, com ou sem o auxílio do corretor, ela será "formalizada por termo nos autos, com a assinatura do juiz, do exequente, do adquirente e, se estiver presente, do executado, expedindo-se: I – a carta de alienação e o mandado de imissão na posse, quando se tratar de bem imóvel; II – a ordem de entrega ao adquirente, quando se tratar de bem móvel".

5. O LEILÃO PÚBLICO

5.1 Conceito e características gerais

O leilão é um método econômico de negociação voltado a compra e venda de bens e serviços que é compreendido e estudado pela Teoria dos Jogos, ramo da matemática aplicada, que permite a compreensão dos comportamentos, das estratégias e ações dos jogadores no sentido de obter o melhor rendimento e resultado. Daí porque o seu conceito normalmente é associado a um jogo competitivo, não cooperativo, onde os participantes não possuem uma simetria *completa* de informações em relação ao objeto do leilão, já que além das informações necessárias contidas no edital, cada participante pode ter um conhecimento específico variável, ora mais profundo ora mais raso, sobre o objeto a ser leiloado.[4]

Muitas vezes nem nos damos conta, mas os leilões interferem diretamente no nosso cotidiano, pois são eles que definem os preços de uma série de serviços públicos que vão desde a tarifa de energia e preço de combustíveis, passando pelas aquisições dos bens públicos como computadores das repartições públicas, serviços de construção de estradas e aeroportos etc. Até mesmo os sites de busca definem os resultados dos itens que aparecem primeiro a partir de um "leilão" onde o uso de algoritmos é fundamental para identificar os números e os tipos de usuários.

Não há dúvidas que este ramo, que aproxima a matemática da economia, tem se desenvolvido enormemente – inclusive merecendo o Prêmio Nobel de 2020[5] – pois

---

4. A respeito ver CHAKRAVARTI et al. Dipankar. Auctions: Research Opportunities in Marketing. *Marketing Letters* 13:3, 281-296, 2002.

5. Robert Wilson e Paul Milgrom, professores na Universidade Stanford, ganharam o Prêmio Nobel de Economia de 2020 Economia por trabalhos que desenvolveram a melhoria da teoria e criação de novos formatos de leilões.

vivemos uma economia capitalista onde o que prevalece é a concorrência de mercado com produtos e serviços ofertados para um mundo de consumidores.

O Prêmio Nobel concedido a Robert Wilson e Paul Milgrom revela a atualidade do tema dos leilões na teoria dos jogos, mas a utilização dos leilões como método de compra e venda de mercadorias sempre esteve presente na humanidade, sendo relatado o surpreendente comércio de *filhas para se tornarem esposas* em 500 A.C.[6]

Ainda que desde a antiguidade os leilões sejam técnicas muito utilizadas para o comércio de mercadorias foi o trabalho desenvolvido pelo economista canadense William Vickrey "Counterspeculation, auctions, and competitive sealed tenders" sobre a teoria dos leilões, publicado no *The Journal of Finance* em 1961, o marco teórico importantíssimo no desenvolvimento do tema. Vickrey, que mais tarde ganharia um Nobel (1996) três depois do seu falecimento, foi pioneiro na utilização da teoria dos jogos para explicar como se desenvolvia a dinâmica dos leilões, e, até hoje o seu *teorema da equivalência de receitas* é tido como base fundamental para compreensão dos leilões.

Assim, pode-se dizer, concluindo que o leilão é um método de compra e venda de mercadorias que se realiza por meio de um processo sequencial e complexo de atos que se realizam em uma cadeia sucessiva – etapas – onde pelo menos quatro elementos são essenciais: a) um objeto a ser leiloado, b) um leiloeiro (vendedor), c) licitantes que concorram para aquisição do referido bem, d) informações precisas, transparentes, seguras acerca destes três elementos e sobre o processo em si mesmo.

5.2 Tipos de leilões

Considerando o (i) preço a ser pago pelo vencedor e (ii) o modo de apresentação das propostas, a literatura classifica os leilões em 5 tipos básicos que podem sofrer variações: (a) leilão inglês; (b) leilão holandês; (c) leilão japonês; (d) leilão selado ou cego e (e) leilão de Vicrey ou de segundo preço.

No leilão inglês, também chamado de *leilão aberto de preço ascendente* é o mais comum e tanto pode ter previamente fixado um *preço de reserva* ou não. Nesta modalidade os participantes competem oferecendo *abertamente* preços que superem o do seu concorrente pelo objeto ofertado. Há, portanto, publicidade dos lances ofertados. Como se disse, há variações que admitem que esta publicidade tanto se dê porque o leiloeiro divulga os lances feitos que a ele são endereçados, ou porque é anunciada diretamente pelos participantes. O leilão então, termina quando nenhum outro participante decide oferecer um lance maior do que o anterior, sendo comum a frase do leiloeiro "dou-lhe uma, dou-lhe duas, dou-lhe três", momento que cessa a possibilidade de nova oferta e é anunciada a vitória do participante que fez o maior lance, caso em que deve pagar

---

6. A respeito ver o interessante histórico trazido por Robert A. Doyle, CAI-ISA e Steve Baska. *História dos leilões da Roma antiga aos leilões de alta tecnologia.* Disponível em: https://web.archive.org/web/20080517071614/ http://auctioneersfoundation.org/news_detail.php?id=5094. Acesso em: 20.10.2020.

pela sua oferta que foi vencedora do certame. Como se disse, há a possibilidade de o vendedor fixar um preço de reserva, de forma que se o lance final não atingir este limite o objeto leiloado não será vendido.

O leilão holandês, também conhecido como *leilão de preço descendente aberto*, a lógica é inversa a anterior. É apelidado com o nome de "antileilão" porque etimologicamente o vocábulo leilão (do latim augeō) significa "eu aumento" e não um decréscimo. Neste tipo, o leiloeiro começa com um preço alto, que vai diminuindo com as propostas eventualmente feita encerrando quando algum licitante não pretenda ofertar um lance inferior. Também aqui pode ser fixado um preço de reserva abaixo do qual não poderá ser vendido.

O leilão japonês é assim conhecido porque se iniciou nos mercados de peixe no Japão[7] e atualmente é bastante utilizado inclusive nos sítios eletrônicos de venda de mercadorias e não deixa de ser uma variação do leilão inglês onde o dono no maior lance é considerado o vencedor. A dinâmica difere-se um pouco porque os participantes ingressam numa arena/sítio e é o leiloeiro que vai aumentando/decrescendo o preço inicial e o licitante que permanecer na arena/sítio é que se sagra vencedor. Também pode ser estabelecido um preço mínimo ou de reserva e um tempo para sua ocorrência. Também é conhecido como *leilão de botão* porque muitas vezes a "saída da arena" se concretiza pelo licitante que não aperta o botão, ou seja, considera-se fora da próxima rodada aquele que não teria apertado o botão, e, uma vez que tenha saído não pode voltar a participar.

No leilão *selado ou cego* (sealed-bid auction) todos os participantes enviam ao mesmo tempo as suas propostas fechadas de forma que nenhum licitante tem conhecimento da oferta do outro e o vencedor é aquele que oferta o maior lance sobre determinado bem leiloado. Esta modalidade de leilão não se confunde com uma outra, mas é parecida, que é a "*blind bid*" (oferta fechada ou às cegas) onde a licitação é sobre um lote de bens identificados por gênero, mas sem informações e garantias sobre a espécie. Algo parecido como uma "porteira fechada" em que se compra o todo sem o preço e a individuação precisa de cada bem.

No *leilão de Vickrey* ou de *segundo preço* os licitantes ofertam lances selados de modo simultâneo, sendo que aquele que ofertar o maior preço vence o certame, mas pagará o segundo maior preço. A ideia de pagar pelo "segundo maior preço" foi apresentada por Vickrey,[8] daí a homenagem, como forma de evitar um fenômeno apelidado de "maldição do vencedor". Essa "maldição" é assim chamada porque aquele que vence o certame é o único que paga o preço pelo objeto leiloado, e, por isso mesmo, destoa do mercado. Ao

---

7. Famosa a venda de atuns no leilão do mercado de peixe no Japão como se observa na reportagem https://g1.globo.com/mundo/noticia/2019/01/05/atum-e-vendido-por-us-31-milhoes-e-bate-recorde-em-leilao--anual-no-japao.ghtml. Acesso em: 20.10.2020.

8. Vickrey, W. (1961). Counterspeculation, auctions and competitive sealed tenders. *The Journal of Finance* 16(1), 8–37. Disponível em: https://www.cs.princeton.edu/courses/archive/spr09/cos444/papers/vickrey61.pdf. Acesso em: 20.10.2020.

CAPÍTULO XI • DA EXPROPRIAÇÃO LIQUIDATIVA

pagar o maior preço é o vencedor, mas este valor pode não corresponder ao preço justo e ser fruto apenas da concorrência e não precisamente do valor de mercado do bem. Se duas pessoas pagariam o mesmo preço pelo referido bem, então aquele que deu a maior proposta é o vencedor, mas só precisa pagar pela segunda proposta mais vantajosa.

5.3 O leilão judicial público presencial ou eletrônico

O método padrão definido pelo legislador para que se dê a expropriação liquidativa do bem penhorado do executado é o leilão judicial público, e a prioridade é que seja feito eletronicamente, seja pelos custos, seja pela probabilidade de maior êxito. A opção do Código parece-nos fruto de um axioma lógico de ordem econômica, pois o leilão judicial eletrônico não tem limites territoriais e permite que atinja um número inimaginável de pessoas que jamais poderiam ou conseguiriam comparecer ao local se fosse presencial.

A rigor, até mesmo as regras de juízo deprecante/deprecado perdem sentido, pois o juízo que está fora do local onde se situam os bens também poderia realizar o leilão virtual. Segundo o Superior Tribunal de Justiça, com acerto disse que:

> 1. Trata-se de Conflito Negativo de Competência suscitado nos autos da Carta Precatória expedida com a finalidade de que os atos processuais relacionados à alienação judicial eletrônica fossem realizados na Comarca em que se situa o imóvel penhorado.
>
> 2. Os procedimentos relativos à alienação judicial por meio eletrônico, na forma preconizada pelo art. 882, § 1o. do Código Fux (CPC/2015), têm por finalidade facilitar a participação dos licitantes, reduzir custos e agilizar processos de execução, primando pelo atendimento dos princípios da publicidade, da celeridade e da segurança.
>
> 3. Tal modelo de leilão revela maior eficácia diante da inexistência de fronteiras no ambiente virtual, permitindo que o leilão judicial alcance um número incontável de participantes em qualquer lugar do País, além de propiciar maior divulgação, baratear o processo licitatório e ser infinitamente mais célere em relação ao leilão presencial, rompendo trâmites burocráticos e agilizando o processo de venda do bem objeto de execução.
>
> 4. Logo, cabe ao Magistrado atentar para essa relevante alteração trazida pelo Novel Estatuto Processual, utilizando-se desse poderoso instrumento de alienação judicial do bem penhorado em processo executivo, que tornou inútil e obsoleto deprecar os atos de alienação dos bens para satisfação do crédito, já que a alienação pela rede mundial dispensa o comparecimento dos interessados no local da hasta pública.
>
> 5. Portanto, considerando que a alienação eletrônica permite ao interessado participar do procedimento mediante um acesso simples à internet, sem necessidade de sua presença ao local da hasta, tem-se por justificada a recusa do cumprimento da Carta Precatória pelo Juízo deprecado, ora suscitante, visto que não há motivos para que a realização do ato de alienação judicial eletrônica seja praticada em Comarca diversa do Juízo da Execução.
>
> 6. Conflito de Competência conhecido para declarar competente o Juízo de Direito da 4ª Vara de Feitos Tributários de Belo Horizonte/MG, ora suscitado.
>
> (CC 147.746/SP, Rel. Ministro Napoleão Nunes Maia Filho, Primeira Seção, julgado em 27.05.2020, DJe 04.06.2020).

Sendo leilão judicial público na forma *eletrônica*, será realizado de acordo com a regulamentação específica do Conselho Nacional de Justiça, observando-se as garantias processuais das partes e deverá atender aos requisitos de ampla publicidade, autenticidade e segurança, com observância das regras estabelecidas na legislação sobre certificação digital. A regulamentação específica mencionada no art. 882 do CPC é a Resolução CNJ 236 que, adaptada à perspectiva eletrônica, segue boa parte da disciplina do que já dispõe o CPC em relação aos atos que compõem o itinerário do leilão judicial presencial. Já o leilão judicial público presencial é regulamentado pelos arts. 883 e ss. do CPC.

5.4 Leilão judicial presencial: elementos necessários e dinâmica

Como já se disse anteriormente o leilão judicial é o nome que se dá a um complexo de atos que tem por finalidade alienar o bem penhorado obtendo dinheiro dessa alienação; dinheiro este que será usado para satisfazer a execução.

Conquanto possamos identificar os elementos necessários e básicos ao leilão judicial, não há como nele se pensar numa forma estática porque a sua característica mais marcante é justamente a dinâmica de lances e propostas que são feitas pelos licitantes e administradas pelo leiloeiro até que se encontre um vencedor. Por outro lado, não há como reduzir o seu conceito àquele momento em que todos numa arena ofertam em concorrência lances sobre o bem leiloado até que saia um vencedor. Há um antes e um depois deste momento tão característico que poderão ser compreendidos a partir da identificação dos sujeitos que participam de um leilão judicial e que juntos contribuem para o funcionamento da engrenagem. Sob a batuta do juiz, mas realizado pelo auxiliar do juízo – leiloeiro –, o leilão judicial possui atos preparatórios à licitação, atos da dinâmica da licitação quando acontecem os lances dos participantes e atos de documentação final desta concorrência.

A seguir veremos – sob a perspectiva estática – quais os elementos essenciais de um leilão judicial e posteriormente como se dá a sua dinâmica, o procedimento em si mesmo considerado. São elementos essenciais os sujeitos que dele participam (leiloeiro e licitantes), o objeto a ser leiloado (o bem penhorado) e o local e data de sua realização. Na análise dinâmica do leilão, veremos a publicação prévia de editais, o seu respectivo conteúdo, a forma de oferta dos lances, a arrematação, o modo de pagamento, a documentação da arrematação etc.

5.5 Os sujeitos participantes

5.5.1 O Estado-juiz

O leilão judicial nada tem de privado, pois o que está ali em jogo é a necessidade de satisfazer o direito revelado num título executivo judicial ou extrajudicial. Não se promove um contrato de compra e venda, mas negócio jurídico público fruto de uma expropriação judicial forçada.

O leilão judicial é ato complexo integrante de uma cadeia sequencial de atos que compõem o procedimento executivo. Tem, portanto, natureza pública. Não custa lembrar que o Código Penal expressamente tipifica como crime no art. 358 o ato de *"impedir, perturbar ou fraudar arrematação judicial; afastar ou procurar afastar concorrente ou licitante, por meio de violência, grave ameaça, fraude ou oferecimento de vantagem"* e estabelece como pena a "detenção, de dois meses a um ano, ou multa, além da pena correspondente à violência".

O fato de o *leilão* ser técnica muito utilizada e conhecida pela venda/aquisição de bens e mercadorias privadas isso não significa que não possa ser utilizado pelo Poder Público, como aliás, o faz na aquisição de bens e serviços para funcionamento da sua estrutura. O leilão é "público" não apenas porque é *aberto ao público*, mas porque a sua natureza é de ato estatal processual complexo integrante da cadeia executiva.

O juízo competente da execução é o competente para a realização da alienação judicial do bem penhorado, devendo ser lembrado apenas que na execução por carta esta competência se distribui entre o juízo deprecante e deprecado e o juízo competente para a alienação do bem será o da situação da coisa (deprecado), sendo inclusive o competente para julgamento dos embargos/impugnação que verse sobre vícios dos atos que forem efetuados sob seu crivo como a alienação do bem penhorado em leilão (art. 914).

Ainda que seja presencial, o leilão não acontece, como já foi outrora, no próprio átrio do Fórum ou na sede do juízo onde trabalha o juiz, onde funciona o cartório judicial e enfim, de onde emanam as ordens e atos jurisdicionais que determinaram a realização do leilão. Uma vez terminado o leilão, é preciso que se tenha um documento "auto de arrematação" cuja finalidade é consolidar a alienação judicial e só se torna perfeito e acabado depois que leiloeiro, arrematante vencedor e juiz assinam (art. 903).

5.5.2 O leiloeiro

5.5.2.1 Auxiliar da justiça (art. 149)

Nada obstante não conste no rol (exemplificativo) do art. 149 do CPC, o leiloeiro é um auxiliar da justiça, e, como tal exerce um múnus público quando nomeado para realizar o leilão judicial. Assim como o intérprete, o perito, o administrador, o depositário etc. o leiloeiro faz parte do grupo de auxiliares da justiça sem vínculo permanente com o Poder Judiciário, pois a sua atuação é eventual de depende de nomeação pelo juiz. Mas esta eventualidade não lhe retira, de forma alguma, a necessidade de que seja isento, imparcial e por isso mesmo contra ele se aplicam as regras de impedimento e suspeição (art. 144, 145 e 148 do CPC).[9]

---

9. O ato processual de realização do leilão pelo leiloeiro é exemplo, bem-sucedido, de desjudicialização de ato executivo.

Conquanto seja um auxiliar eventual da justiça o Código tenta evitar que os leiloeiros sejam escolhidos aleatoriamente sem um critério de segurança e eficiência que os qualifique, por isso estabelece regra de que a alienação deva ser feita mediante leilão realizado por um leiloeiro credenciado ao Poder Judiciário (art. 880, *caput* e § 3º), determinando que os tribunais editem disposições complementares sobre o credenciamento dos corretores e leiloeiros públicos, os quais deverão estar em exercício profissional por não menos que 3 (três) anos. Segundo o art. 10 da Resolução 236/CNJ:

> "os tribunais brasileiros ficam autorizados a editar disposições complementares sobre o procedimento de alienação judicial e dispor sobre o credenciamento dos leiloeiros públicos de que trata o art. 880, § 3º, do Código de Processo Civil, observadas as regras desta Resolução e ressalvada a competência das unidades judiciárias para decidir questões jurisdicionais".

Apenas para lembrar não é possível se autointitular leiloeiro para habilitar-se em credenciamentos perante os órgãos judiciários imaginando que por ser um *bom comerciante* ou uma *pessoa de confiança* estaria habilitado para receber este múnus público. Existe uma profissão de leiloeiro que regula sua atividade e os requisitos para que se torne tal profissional estão estampados no Decreto-Lei 21981/32.

Além das exigências da própria lei, a Resolução CNJ 236 estabelece uma série de requisitos importantes que realmente são necessários para que alguém possa vir a se tornar um leiloeiro credenciado. É preciso lembrar que existem bens corpóreos de todos os tipos, formas e tamanhos e isso pode impor uma série de cuidados ligados à remoção e guarda do bem até que seja leiloado. É preciso lembrar que o leiloeiro deve ter um bom sistema de divulgação, controle e gestão de visitas e vistorias pelos interessados que podem visitar fisicamente e local onde se encontram os bens que serão leiloados para um exame mais minudente etc.

Exatamente por isso, por ocasião do seu credenciamento o leiloeiro público deverá atestar que: "I – dispõe de propriedade, ou por contrato de locação com vigência durante o período de validade do cadastramento, de imóvel destinado à guarda e à conservação dos bens removidos, com informações sobre a área e endereço atualizado completo (logradouro, número, bairro, município e código de endereçamento postal), no qual deverá ser mantido atendimento ao público; II – possui sistema informatizado para controle dos bens removidos, com fotos e especificações, para consulta on-line pelo Tribunal, assim como de que dispõe de equipamentos de gravação ou filmagem do ato público de venda judicial dos bens ou contrato com terceiros que possuam tais equipamentos; III – possui condições para ampla divulgação da alienação judicial, com a utilização dos meios possíveis de comunicação, especialmente publicação em jornais de grande circulação, rede mundial de computadores e material de divulgação impresso; IV – possui infraestrutura para a realização de leilões judiciais eletrônicos, bem como de que adota medidas reconhecidas pelas melhores práticas do mercado de tecnologia da informação para garantir a privacidade, a confidencialidade, a disponibilidade e a segurança das informações de seus sistemas informatizados, submetida à homologação pelo Tribunal respectivo; V – não possui relação societária com outro leiloeiro público ou corretor credenciado" (art. 2º Resolução CNJ 236).

O procedimento de credenciamento e descredenciamento fica a cargo e responsabilidade dos respectivos tribunais como determina o § 3º do art. 880 do CPC, que, para tanto, poderá criar "Comissões Provisórias de Credenciamento de Leiloeiros" que poderão definir, analisar, fiscalizar e informar ao Tribunal sobre o cumprimento das disposições editalícias e normativas referente ao exercício da atividade. Se por um lado o credenciamento depende de provocação do interessado, o seu descredenciamento não precisa ser provocado, pois é ato de ofício da administração pública (tribunal), mas devem ser feitos (credenciamento e descredenciamento) por meio de um procedimento formal, transparente, com contraditório de todos os interessados, e, especial se se tratar de descredenciamento que deve ser assegurada a ampla defesa, não apenas porque tem por consequência a exclusão dos quadros, mas também porque afetará a sua imagem/credibilidade como leiloeiro público que é essencial para o exercício de seu mister.[10]

5.2.2.2 A indicação do leiloeiro público

O art. 883 diz que caberá ao juiz a designação do leiloeiro público, que poderá ser indicado pelo exequente. *Indicar* e *designar* não se confundem. Há uma faculdade do exequente em indicar, dar uma sugestão dentro da ideia de cooperação processual e de bom alvitre que fundamente as razões pelas quais oferta a indicação, mas ela não vincula o juiz de forma alguma. A definição cabe ao magistrado que deve proceder a escolha e designar o leiloeiro público responsável pela alienação do bem penhorado.

Obviamente que, indicados ou não pelo exequente, a escolha e designação judicial deve estar limitada àqueles que estiverem credenciados no poder judiciário e deve ser pautada numa maior expertise para alienação do bem penhorado e não em relações de coleguismo ou amizade. A eficiência e a impessoalidade devem ser marcas claras e transparentes. Seja por escolha direta do juiz (art. 883) ou por sorteio eletrônico (regulamento pelos tribunais) dentre os credenciados devem ser *"feitas de modo equitativo, observadas a impessoalidade, a capacidade técnica do leiloeiro público e a participação em certames anteriores"* (art. 9º da Resolução 236 do CNJ).

5.5.2.3 Deveres do leiloeiro

Sem prescindir dos deveres inerentes ao exercício da profissão que são regulamentados no Decreto Lei 21891, diz o artigo 884 que incumbe ao leiloeiro público: I – publicar o edital, anunciando a alienação; II – realizar o leilão onde se encontrem

---

10. Resolução CNJ 236, Art. 4º O credenciamento de novos leiloeiros e corretores públicos será realizado por meio de requerimento dos interessados, conforme procedimento definido pelo Tribunal correspondente. Parágrafo único. O descredenciamento de leiloeiros públicos e corretores ocorrerá a qualquer tempo, a pedido da parte interessada ou pelo descumprimento de dispositivos desta Resolução, mediante ampla defesa e contraditório.

os bens ou no lugar designado pelo juiz; III – expor aos pretendentes os bens ou as amostras das mercadorias; IV – receber e depositar, dentro de 1 (um) dia, à ordem do juiz, o produto da alienação; V – prestar contas nos 2 (dois) dias subsequentes ao depósito.

A rigor o leiloeiro não é apenas aquele sujeito que anuncia o bem, ouve as propostas e "bate o martelo" rematando a licitação. Ele faz a gestão de todo o leilão, que se inicia antes mesmo deste momento tão marcante que é aquele que as propostas são ofertadas, e, diríamos, os atos preparatórios deste momento crucial são decisivos para o seu "sucesso". Não será incomum, portanto, que existam *prepostos* do leiloeiro que atuem no procedimento de venda do bem penhorado. Tais funcionários se submetem ao mesmo regime jurídico do próprio leiloeiro em relação a necessidade da impessoalidade, isenção e imparcialidade. É dever do leiloeiro (e de seus prepostos) sempre atender aos chamados do juiz para reuniões com os órgãos judiciais onde atuem, de manter os seus dados cadastrais atualizados; de criar e manter, na rede mundial de computadores, endereço eletrônico e ambiente web para viabilizar a realização de alienação judicial eletrônica e divulgar as imagens dos bens ofertados (at. 5º da Resolução CNJ 236).

Para que existam interessados em fazer ofertas é preciso que tais pessoas tenham conhecimento prévio do leilão. A informação clara, precisa, transparente e completa sobre o que será leiloado, quando e onde será leiloado, o valor de cada lote ou cada bem, em que condições se encontra, as especificidades do bem, suas qualidades, aspectos como ano, modelo, tempo de uso entre outros dados são fundamentais para que interessados possam comparecer e ofertar um preço. Tratando-se de um bem que já pertence a uma pessoa (executado) é mister que possam ser visualizados e até vistoriados, e, por isso, tais bens – ou amostras deles – devem estar expostas para que os interessados possam confrontar as informações e decidir se vale ou não a pena oferecer o preço na data, local e hora marcada do leilão. Tudo deve ser feito com a maior transparência possível. Daí porque o art. 884 diz praticamente o óbvio nos incisos I a III em relação aos atos preparatórios.

Já os incisos IV e IV refere-se a deveres jurídicos posteriores à arrematação, pois na condição de auxiliar de justiça do Estado juiz com a incumbência de venda de bens que não te pertencem, deve depositar em juízo, na conta judicial vinculada à execução respectiva, o valor recebido na arrematação e por isso mesmo deve prestar contas de como se deu o leilão, em especial da disputa que levou a arrematação vencedora, como determina o inciso V em consonância com as regras do art. 693-709 do CCB.

Mais minudente que os dispositivos legais citados acima que estabelecem a responsabilidade do leiloeiro é o art. 5º da Resolução CNJ 236 ao determinar que "*mediante a celebração do Termo de Credenciamento e Compromisso, em modelo aprovado pelo órgão jurisdicional, o leiloeiro público assumirá, além das obrigações definidas em lei*" outras responsabilidades que são especificadas nos incisos do referido artigo.

CAPÍTULO XI • DA EXPROPRIAÇÃO LIQUIDATIVA **539**

Estas responsabilidades não são mencionadas no texto do CPC, mas são óbvias pois resultam da própria atividade desenvolvida pelo leiloeiro no exercício do leilão judicial.

Assim, justamente porque devem proceder a alienação do bem penhorado, permitindo que sejam visitados e vistoriados por interessados em participar do leilão, devem manter sob guarda e depósito os bens que foram anunciados e descritos no estados em que se encontravam, então deverá o leiloeiro proceder a *"remoção dos bens penhorados, arrestados ou sequestrados, em poder do executado ou de terceiros, para depósito sob sua responsabilidade, assim como a guarda e a conservação dos referidos bens, na condição de depositário judicial, mediante nomeação pelo juízo competente, independentemente da realização pelo leiloeiro público depositário do leilão do referido bem"*. Desta forma, nessa condição deve *"comunicar, imediatamente, ao juízo da execução, qualquer dano, avaria ou deterioração do bem removido"*. Aliás, justamente porque acaba sendo um depositário provisório do bem a ser alienado, é perfeitamente possível – *até recomendável* – que o juiz decida já por nomeá-lo como depositário quando da realização da penhora, evitando deslocamentos e remoções, como expressamente autoriza o § 5º, art. 7º da Resolução CNJ 236 ao dizer que *"os leiloeiros públicos credenciados poderão ser nomeados pelo juízo da execução para remover bens e atuar como depositário judicial"*.

Conquanto o art. 884 do CPC determine o seu dever de publicar o edital, e, o artigo 886 estabeleça o conteúdo do edital, o artigo 5º da Resolução CNJ 236 vai além ao estabelecer diretivas sobre como deve ser este dever de divulgação, ou seja, é de responsabilidade do leiloeiro a *"divulgação do edital dos leilões de forma ampla ao público em geral, por meio de material impresso, mala direta, publicações em jornais e na rede mundial de computadores, inclusive com imagens reais dos bens nesse canal de comunicação, para melhor aferição de suas características e de seu estado de conservação"*.

Ademais, como o art. 884, III do Código de Processo Civil determina o seu dever de "expor aos pretendentes os bens ou as amostras das mercadorias" que serão leiloados, o artigo 5º, III da Resolução CNJ 236 vai além, impondo a responsabilidade de expor os bens sob sua guarda, *"mantendo atendimento ao público em imóvel destinado aos bens removidos no horário ininterrupto das 8h às 18h, nos dias úteis, ou por meio de serviço de agendamento de visitas"*.

Na condição de auxiliar do juízo deve ainda (i) "responder ou justificar sua impossibilidade, de imediato, a todas as indagações formuladas pelo juízo da execução"; (ii) estar presente no local do leilão com "antecedência necessária" para certificar se todos os aspectos estão funcionando corretamente para evitar qualquer tipo de incidente que comprometa a realização do leilão; (iii) deve guardar, para futura comprovação de todos os recibos de "despesas decorrentes de remoção, guarda e conservação dos bens", posto que deverá prestar contas formalmente da sua atividade ao juiz e eventualmente ser ressarcido pelas despesas apresentadas que estiverem devidamente documentadas; (iv) excluir imediatamente do leilão os bens quando o juiz determinar.

5.5.2.4 Remuneração do leiloeiro

O trabalho do leiloeiro tem custo e deve ser remunerado. Não parece haver dúvidas de que realizar, com responsabilidade e competência, a tarefa de alienação do bem penhorado implica em um ônus financeiro que obviamente deve ser remunerado, daí porque o parágrafo único do art. 884 diz que o leiloeiro tem o direito de receber do arrematante a comissão estabelecida em lei ou arbitrada pelo juiz.

É incisivo o art. 901, § 1º quando diz que a ordem de entrega do bem móvel ou a carta de arrematação do bem imóvel, com o respectivo mandado de imissão na posse, só será expedida "*depois de efetuado o depósito ou prestadas as garantias pelo arrematante, bem como realizado o pagamento da comissão do leiloeiro e das demais despesas da execução*".

Na verdade, o comitente é o Estado juiz e o comissário é o leiloeiro, mas por razões simplificadoras este recebe diretamente do arrematante o percentual de sua remuneração que não deve ser "arbitrada" pelo juiz porque não há arbítrio no sentido de o magistrado poderia impor um valor e o leiloeiro ter que aceitá-lo. O art. 24, parágrafo único do DL 21981/32 diz que "*os compradores pagarão obrigatoriamente cinco por cento sobre quaisquer bens arrematados*". O valor legal definido no parágrafo único pode se mostrar exagerado na hipótese.

Nos parece, lege ferenda, que deveria haver equilíbrio na definição do valor da corretagem, pois, por exemplo, se se tratar de leilão de muitos bens imóveis que tenham um poder de atração de licitantes muito grande é justo que o valor da corretagem possa ser inferior ao legal pois o percentual sobre o bem vendido pode ser elevado e as chances de ocorrer a venda podem ser grandes. Apenas o caso concreto é que dirá se há esta margem de possibilidade de redução do percentual legal. Nem o juiz (Estado) está ali para negociar, nem o leiloeiro deve fazer da sua atividade para o poder judiciário uma oportunidade de lucro exorbitante. Por isso, acaso o juiz, segundo suas máximas de experiência entenda que o leilão tem ótima oportunidade de bons resultados pelos bens que serão leiloados, pode fixar o percentual abaixo da lei e consultar leiloeiros cadastrados para saber se se interessam em realizar a venda do bem segundo aquelas condições, que, obviamente, podem ser recusadas pelo leiloeiro consultado.

De qualquer forma nesta comissão sobre o valor da arrematação não se incluem as despesas que ele (leiloeiro) teve com a remoção, guarda e conservação dos bens, que deverão ser ressarcidas, desde que documentalmente comprovadas, na forma da lei. Esse "ressarcimento das despesas" deve ser apresentado em prestação de contas formalmente ao juízo da execução e não pode ser nem além e nem aquém do que efetivamente foi gasto.

E, *quid inde*, se todo o trabalho foi desenvolvido pelo Leiloeiro, mas não houve interessados na aquisição do bem, sendo infrutífero o leilão judicial? Obviamente que tanto nesta hipótese quanto nas situações em que o exequente desistir em tempo da execução, ou em que a arrematação for anulada ou de extinção da execução por renúncia do exequente, ou ainda por remição da execução pelo executado, ou adjudicação promovida pelos legitimados do art. 876, não será devida a comissão ao leiloeiro público pois

CAPÍTULO XI • DA EXPROPRIAÇÃO LIQUIDATIVA **541**

não foi procedida nenhuma arrematação válida. Obviamente que as eventuais despesas realizadas com o leilão que não se realizou devem ser reembolsadas se devidamente comprovadas pelo leiloeiro.

> (...) 2. Em regra, a base de cálculo da comissão a ser paga pelo arrematante ao leiloeiro é o valor da arrematação, nos termos do art. 24, parágrafo único, do Decreto n. 21.981/1932 c/c o art. 705, IV, do Código de Processo Civil.
>
> 3. O direito subjetivo à comissão exsurge quando efetivamente realizada a hasta ou leilão, com a consequente arrematação do bem, cabendo ao arrematante o dever de efetuar o pagamento da referida remuneração. Inexistente a arrematação, o leiloeiro faz jus somente à percepção das "quantias que tiver desembolsado com anúncios, guarda e conservação do que lhe for entregue para vender, instruindo a ação com os documentos comprobatórios dos pagamentos que houver efetuado, por conta dos comitentes e podendo reter em seu poder algum objeto, que pertença ao devedor, até o seu efetivo embolso" (art. 40 do Decreto n. 21.981/1932). Precedentes.
>
> 4. No caso, porém, é fato incontroverso a não ocorrência de arrematação, uma vez que a dívida foi remida pelo devedor logo após a realização da primeira praça – em caráter condicional. Nessa linha de intelecção, ante a não efetivação do leilão e a inexistência de previsão expressa no edital acerca de eventual comissão devida se acaso suspensa ou anulada a hasta pública, não é devido nenhum pagamento ao pregoeiro a título de prestação de serviços.
>
> (...) (REsp 1179087/RJ, Rel. Ministro Luis Felipe Salomão, Quarta Turma, julgado em 22.10.2013, DJe 04.11.2013).

Na hipótese de arrematação feita, mas anulada ou cuja ineficácia foi reconhecida posteriormente (art. 903), o leiloeiro público (e o corretor se for o caso) deverá devolver ao arrematante o valor recebido a título de comissão, corrigido pelos índices aplicáveis aos créditos respectivos como determina o art. 7º da Resolução 236 do CNJ. Por outro lado, seguindo este mesmo dispositivo, se após a arrematação em leilão público foi realizada a *remição do bem arrematado pelo executado* na hipótese do artigo 902 o leiloeiro e o corretor público farão jus à comissão prevista no *caput*.

Nos termos do artigo 884, parágrafo único do CPC o leiloeiro tem o direito de receber do arrematante a comissão estabelecida em lei ou arbitrada pelo juiz, mas se o valor da arrematação for superior ao do crédito exequendo, tanto *"a comissão do leiloeiro público, bem como as despesas com remoção e guarda dos bens, poderá ser deduzida do produto da arrematação".* (§ 4º do art. 7º da Resolução 236 CNJ).

5.5.2.5   O custo da remoção dos bens

Lembremos que a penhora, regra geral, pressupõe a *"a apreensão e o depósito dos bens"* (art. 831) e que os bens poderão ser depositados em poder do executado *"nos casos de difícil remoção"* (§ 2º art. 840), caso em que não perde o contato físico com a coisa, mas altera a natureza da sua relação com a mesma (de possuidor a depositário).

Assim, basta imaginarmos a hipótese de num caso em que algumas máquinas agrícolas de grande porte (arados, semeadoras, subsoladoras, pulverizadores etc.) do executado são penhoradas e valendo-se da regra do dispositivo citado acima o juízo determina que ele, executado, permaneça como depositário das máquinas. Nesta hipótese haverá um custo para transferir os bens que estão com o executado para o espaço físico do leiloeiro onde os bens serão disponibilizados à exposição dos interessados e onde possivelmente será o local do leilão. Esse custo de remoção se agrega, ainda, obviamente, o de guarda a conservação do bem durante o período em que ali estiver sob custódia do leiloeiro.

É claro que algumas situações devem ser *pensadas* porque não apenas o leilão pode ser infrutífero (ninguém arremate o bem) e o bem precise ser devolvido ao executado para que volte à condição de depositário da referida máquina. Pode ocorrer também de depois de ter ocorrido a remoção para ser anunciado o leilão seja deferida a substituição do bem penhorado, ou tenha ocorrido a adjudicação do bem ou, qualquer situação jurídica que afaste a necessidade de realização do leilão. Obviamente que este custo/despesa do leiloeiro deve ser ressarcido como expressamente determina o § 7º do art. 7º da Resolução CNJ 236 ao dizer que *"o executado ressarcirá as despesas previstas no caput, inclusive se, depois da remoção, sobrevier substituição da penhora, conciliação, pagamento, remição ou adjudicação".*

Pensando nestas situações prescreve a Resolução CNJ 236, art. 7º diz que "os leiloeiros públicos credenciados poderão ser nomeados pelo juízo da execução para remover bens e atuar como depositário judicial", o que diminuiria bastante o custo da execução se desde o início da penhora já fosse nomeado como tal. Uma vez aceito o múnus de depositário para futuro leilão se o leiloeiro/depositário se recusar injustificadamente "à ordem do juízo da execução para remoção do bem deverá ser imediatamente comunicada ao Tribunal para análise de eventual descredenciamento" (art. 7º, § 6º da Resolução CNJ 236). Nos termos do artigo 8º "o juízo da execução deverá priorizar os bens removidos na ordem de designação do leilão, assim como o ressarcimento das despesas com a remoção e guarda, observados os privilégios legais".

5.5.2.6   Os licitantes

A) Quem não pode participar como licitante

Desde que sejam maiores, capazes e estejam na livre administração dos seus bens qualquer pessoa pode ser um licitante, ou seja, pode participar do leilão judicial ofertando um preço – *fazendo um lance* – pelo bem objeto da venda.

É claro que existem exceções a esta regra, por exemplo, para preservação da segurança jurídica e da imparcialidade que alguns personagens devem ter em relação à causa ou às pessoas nelas envolvidas. Assim, determina o artigo 890 do CPC:

Art. 890. Pode oferecer lance quem estiver na livre administração de seus bens, com exceção:

I – dos tutores, dos curadores, dos testamenteiros, dos administradores ou dos liquidantes, quanto aos bens confiados à sua guarda e à sua responsabilidade;

II – dos mandatários, quanto aos bens de cuja administração ou alienação estejam encarregados;

III – do juiz, do membro do Ministério Público e da Defensoria Pública, do escrivão, do chefe de secretaria e dos demais servidores e auxiliares da justiça, em relação aos bens e direitos objeto de alienação na localidade onde servirem ou a que se estender a sua autoridade;

IV – dos servidores públicos em geral, quanto aos bens ou aos direitos da pessoa jurídica a que servirem ou que estejam sob sua administração direta ou indireta;

V – dos leiloeiros e seus prepostos, quanto aos bens de cuja venda estejam encarregados;

VI – dos advogados de qualquer das partes.

Há neste dispositivo uma louvável preocupação em deixar claro que, em razão do papel que possuem e da função que exercem, determinadas pessoas não podem "oferecer lance em leilão" seja por si mesmo, diretamente, ou por terceiros que os representem explícita ou implicitamente.

A clareza e objetividade do Código é exemplar, pois mostra claramente que estes sujeitos simplesmente não podem, por melhor que seja a intenção e ausente o dolo, ser licitante num leilão judicial. É interessante notar que o inciso III não proíbe apenas os servidores públicos que direta ou indiretamente atuaram naquele processo em que será feito o leilão, mas *em relação aos bens e direitos objeto de alienação na localidade onde servirem ou a que se estender a sua autoridade*. Se insere nesta hipótese também o juiz deprecante, ainda que a alienação tenha sido realizada no juízo deprecado e a ele caiba julgar os incidentes envolvendo tal ato da execução. Neste particular a redação do inciso III é bem melhor do que o texto original do inciso III do artigo 690 do Código revogado.

Da forma como é posta a exceção do inciso III parece claro que deva ter uma exegese *ampliativa*, ou seja, na dúvida não é permitido ao servidor público oferecer lance. Com isso o Código pretende afastar qualquer possibilidade de que informações ou facilidades possam ser dadas a tais servidores na participação do certame. Observe-se que não é apenas a proteção da isenção em relação ao objeto da causa, mas também se busca preservar a isonomia dos licitantes que devem estar em igualdade de condições para licitar.

Aquele que de alguma forma possui uma relação de guarda/administração/tutela de bens confiados à sua responsabilidade, aí incluído os leiloeiros e os seus prepostos, simplesmente não possuem, pela função que exercem, a condição de igualdade necessária para participar de uma licitação, e, mais ainda os leiloeiros, que, além disso atuam como auxiliar do juízo no processo no qual atuam, fazendo incidir a hipótese do inciso III. Assim, embora a redação original do CPC de 1973 não constasse nem o inciso IV e nem o V, parecia-nos claro que o leiloeiro e seus prepostos não poderiam participar pela relação de *comitente/comissário*, bem como por ser auxiliar do juízo especificamente para alienar o bem penhorado.

A vedação do inciso V, ao nosso ver só se encaixaria em relação ao advogado do executado, inclusive sujeito à reprimenda pelo estatuto do advogado, mas não em relação ao advogado do exequente que não exerce nenhum papel que justifique a proibição, nem mesmo acerca de informações sobre o bem penhorado, ou seja, estaria em igualdade de condições aos demais. Se o próprio exequente pode licitar, não vemos razão para que o legislador tenha impedido a sua participação. Dada a objetividade do texto do artigo 890 parece-nos que a arrematação realizada por quem não poderia licitar é causa de nulidade do referido ato (art. 903, I do CPC).

B) O exequente como licitante

O exequente pode ser um dos licitantes, ou seja, estando ele na livre administração dos seus bens, nada impede que seja ele um dos concorrentes a oferecer oferta pelo bem do executado que foi levado a leilão. E pode fazê-lo, inclusive usando o seu crédito como se observa no § 1º do artigo 892 quando diz que *"se o exequente arrematar os bens e for o único credor, não estará obrigado a exibir o preço, mas, se o valor dos bens exceder ao seu crédito, depositará, dentro de 3 (três) dias, a diferença, sob pena de tornar-se sem efeito a arrematação, e, nesse caso, realizar-se-á novo leilão, à custa do exequente".*

Esta regra que permite ao exequente participar do leilão e ofertar um preço pode servir de desestímulo à adjudicação do bem penhorado por ele (art.876, *caput*), pois dificilmente ele pretenderá a adjudicação pelo preço da avaliação, quando poderia participar do leilão pagando um preço inferior ao avaliado (preço mínimo fixado pelo juiz ou que não seja vil).

Assim, por exemplo, um bem imóvel penhorado que seja avaliado em 150 mil reais pode ser adjudicado pelo exequente por este valor, ou, se ele preferir, pode optar por não adjudicar e, mais adiante, ser objeto de arrematação por metade deste valor (art. 890, parágrafo único), obviamente que concorrendo com outros licitantes e sem qualquer tipo de preferência para arrematar.

É de se observar que normalmente o pagamento a ser feito pelo arrematante *deverá ser realizado de imediato pelo arrematante, por depósito judicial ou por meio eletrônico* (art. 892). Contudo, salvo pronunciamento judicial em sentido diverso ou situações especialmente tratadas pelo legislador o pagamento pode ser protraído no tempo como na hipótese do art. 895 do CPC ou ainda quando o arrematante é o exequente e for o único credor, caso em que não estará obrigado a exibir o preço, mas, se o valor dos bens exceder ao seu crédito, depositará, *dentro de 3 (três) dias, a diferença, sob pena de tornar-se sem efeito a arrematação, e, nesse caso, realizar-se-á novo leilão, à custa do exequente* (art. 892, § 1º).

C) Cientificar não é participar do leilão judicial como licitante

É importante não confundir que todos os sujeitos indicados nos incisos do art. 799, do art. 804, bem como no artigo 889 devem sem cientificados previamente da alienação judicial a ser realizada por meio do leilão judicial porque possuem um vínculo jurídico com o bem penhorado que lhes permite, ou exercer direito de preferência na arrematação, em igualdade de oferta (art.892, § 3º) ou então exercer o direito de preferência no concurso de créditos/exequentes após a expropriação liquidativa e antes da entrega do dinheiro ao exequente (art. 908). Isso quer dizer que serão cientificados, mas não necessariamente que devem participar do leilão. Participam se quiserem participar e desde que estejam na livre administração de seus bens. Por expressa manifestação do artigo 903, § 1º, III a arrematação será considerada ineficaz, se não observado o disposto no art. 804.

D) Concorrência de licitantes e preferências em caso de empate de ofertas

É da natureza dos leilões a competitividade, a concorrência e a existência de ofertas pelos licitantes para a aquisição do bem leiloado. Assim, se houver mais de um pretendente, proceder-se-á entre eles à licitação num certame competitivo. Embora seja indesejável, pode acontecer de dois ou mais lances serem iguais e, portanto, estar configurada a inusitada situação de "empate" de lances.

Para estas situações o Código cria "preferencias em caso de empate", tal como determina o artigo como a prevista no artigo 892, § 2º ao dizer que *"se houver mais de um pretendente, proceder-se-á entre eles à licitação, e, no caso de igualdade de oferta, terá preferência o cônjuge, o companheiro, o descendente ou o ascendente do executado, nessa ordem"*. Mais adiante, no § 3º ao dizer que *"no caso de leilão de bem tombado, a União, os Estados e os Municípios terão, nessa ordem, o direito de preferência na arrematação, em igualdade de oferta"*. Também no art. 893 diz o texto legal que "se o leilão for de diversos bens e houver mais de um lançador, terá preferência aquele que se propuser a arrematá-los todos, em conjunto, oferecendo, para os bens que não tiverem lance, preço igual ao da avaliação e, para os demais, preço igual ao do maior lance que, na tentativa de arrematação individualizada, tenha sido oferecido para eles".

E) Licitante e arrematante: figuras distintas

Licitantes são todos aqueles que participam e oferecem lances no leilão enquanto o arrematante é, em linguagem vulgar, dentre estes, o que proporciona o remate, a conclusão, a finalização.

O sujeito que oferece a maior oferta e sagra-se vencedor permite com isso que seja feito o *remate* do leilão. A rigor, arrematante não é o lançador que oferece o maior e último lance, porque não é ele que põe o remate no leilão. Por metonímia chama-se *arrematante* aquele que, ao oferecer o último e maior lance faz com que a concorrência termine, seja rematado. Mas quem põe formalmente o fim é o juiz ao assinar e entregar a carta de arrematação ao licitante vencedor.

O Código usa a maior parte das vezes o termo de forma coloquial (v.g. art. 885) e também de modo técnico (v.g. art. 901), pois toma como *arrematante* a pessoa que dá o maior lance e sagra-se vencedora, proporcionando que seja feito o remate, como também como ato de pôr fim ao procedimento de alienação pelo leilão ao falar em *carta de arrematação*.

F) A participação do executado

Por expressa dicção do artigo 889 "serão cientificados da alienação judicial, com pelo menos 5 (cinco) dias de antecedência o executado, por meio de seu advogado ou, se não tiver procurador constituído nos autos, por carta registrada, mandado, edital ou outro meio idôneo".

Esta regra melhorou em relação ao CPC revogado, que na sua redação original (art. 687, § 3º) previa que o próprio executado deveria ser *intimado por mandado do dia e hora da realização da praça ou leilão* o que sempre era uma dificuldade que acabava fazer com que o leilão fosse adiado prejudicando o exequente e a própria eficiência da prestação estatal.

Assim, atualmente, o executado deverá ser intimado, na pessoa de seu advogado, e, se não tiver, na forma descrita no artigo 889, I, lembrando que se aplica integralmente a regra do artigo 274 do CPC em relação ao endereço do executado já constante dos autos.

Mas, como se vê acima, uma coisa é ter a *ciência*, outra coisa é *participar do leilão*. Pouco importa se o executado estará ou não presente no leilão que servirá para alienar o seu bem, e, isso fica claro porque o artigo 880, § 2º menciona que "a alienação será formalizada pôr termo nos autos, com a assinatura do juiz, do exequente, do adquirente e, se estiver presente, do executado", ou seja, se estiver presente e quiser assinar, ótimo, mas se não quiser, não altera em nada.

5.5.3 O objeto a ser leiloado

5.5.3.1 Bens e lotes

Não há leilão sem um objeto a ser leiloado. No leilão judicial o objeto a ser leiloado é o bem penhorado pertencente ao executado que não foi adjudicado. Para que alguém se interesse em arrematar o bem é necessário que saiba previamente o estado em que se encontra o bem, como adverte o art. 886, II ao dizer que o edital deve conter "a descrição do bem penhorado, com suas características, e, tratando-se de imóvel, sua situação e suas divisas, com remissão à matrícula e aos registros, o valor pelo qual o bem foi avaliado, o preço mínimo pelo qual poderá ser alienado (...), a menção da existência de ônus, recurso ou processo pendente sobre os bens a serem leiloados".

Na dinâmica dos leilões os bens a serem leiloados são separados por lotes, que podem conter um ou mais produtos. Assim, por exemplo, se o bem penhorado do executado são 30 caixas de celulares novos, estes bens podem ser separados em lotes diferentes (com numeração diferente), até porque tudo leva a crer que seja mais fácil vender em unidades separadas. Por outro lado, se o bem penhorado é um veículo, integrará sozinho um único lote.

Desta forma um lote pode conter um, ou mais de um produto, e considerando que um mesmo leilão pode ser utilizado para venda de muitos produtos, até de diferentes execuções, os lotes servem para distinguir e ao mesmo tempo identificar qual o lote interessa ao licitante. Não é necessário que se realize um leilão para cada bem penhorado de cada executado, pois isso teria um enorme custo de tempo e dinheiro.

5.5.3.2 Leilões de bens de diversas execuções

Não será incomum que sejam aglutinados num mesmo leilão várias alienações diferentes de vários bens de diversos executados de distintos processos. A concentração de todas as alienações num "grande" leilão pode ser um chamariz importante para que se tenham mais interessados presentes que desejem participar. Relembre-se que uma forma de reduzir o custo da alienação por leilão judicial é, sempre que possível e viável, reunir num mesmo leilão várias alienações referentes a processos diferentes que tramitem no mesmo juízo. Tanto isso é verdade que ao tratar da divulgação prévia da alienação judicial para atrair interessados a comparecer no leilão diz o CPC no artigo 887, § 6º que "*o juiz poderá determinar a reunião de publicações em listas referentes a mais de uma execução*".

5.5.3.3 Conjunto de bens e arrematação preferencial

Assim, recomenda-se que sejam os bens separados por lotes diferentes, ainda que, como se disse, um lote contenha apenas um único bem. No exemplo que demos acima, de alienação de 30 caixas de celulares novos, é possível que existam lançadores diferentes para os diversos lotes. Nesta hipótese (leilão for de diversos bens e houver mais de um lançador), o CPC estabelece uma preferência para aquele "*que se propuser a arrematá-los todos, em conjunto, oferecendo, para os bens que não tiverem lance, preço igual ao da avaliação e, para os demais, preço igual ao do maior lance que, na tentativa de arrematação individualizada, tenha sido oferecido para eles*". O artigo 893 opta por simplificar a relação fixando a alienação em apenas um arrematante, respeitada a regra acima.

5.5.3.4 Bens imóveis que admitem cômoda divisão

Também é regra (art. 894) referente ao objeto do leilão as situações em que o imóvel admite uma cômoda divisão, que ele seja alienado por partes, como no exemplo de uma penhora de um prédio comercial que seja possível alienar as salas/unidades em separado. Não havendo lançador das unidades separadamente, far-se-á então a alienação do imóvel em sua integridade.

Só que para proceder desta forma, é preciso que a alienação por partes seja requerida a tempo de permitir a avaliação das glebas destacadas e sua inclusão no edital, e, nesse caso, caberá ao executado instruir o requerimento com planta e memorial descritivo subscritos por profissional habilitado. Se o executado não fizer o requerimento a tempo e só vier a fazê-lo depois de marcado o leilão, mas antes de ter sido realizado, deve o juiz admitir o eventual cancelamento do leilão e a determinação de avaliação em partes se isso se mostrar evidente na referida petição do executado (questão de ordem pública), sem prejuízo de ter que custear imediatamente os custos já ocorridos para a realização do certame que causou adiamento. Trata-se de situação excepcional – requerimento tardio de avaliação por partes – que como tal deve ser avaliada pelo juiz, sem esquecer de ofertar ao exequente o direito de se manifestar previamente, caso incline-se pelo adiamento.

É certo que a alienação por partes tende a ser mais protetiva do executado e, a priori, é ele que deve, quando o imóvel admitir cômoda divisão, proceder o requerimento ao juiz para que seja a alienação judicial de parte dele, desde que suficiente para o pagamento do exequente e para a satisfação das despesas da execução.

5.5.3.5 Preço de reserva: preço mínimo judicial e legal

Todos os bens penhorados que se submetem a uma expropriação liquidativa passam por uma avaliação prévia, salvo nas hipóteses dos incisos II e III do art. 870. O ponto de partida do leilão judicial é o valor da avaliação do bem, e, a depender da concorrência e do interesse dos licitantes ele pode subir ou descer. Não existem limites para o valor acima do que foi avaliado judicialmente, mas existe o *preço de reserva* na alienação judicial por meio do leilão público.

Esse preço de reserva é o limite mais baixo, o piso, o preço, inferior ao da avaliação judicial, pelo qual ele não pode ser alienado em leilão público. O valor inferior ao preço de reserva, legal ou judicial, é considerado vil, como diz o art. 890, parágrafo único:

Art. 890, parágrafo único

Considera-se vil o preço inferior ao mínimo estipulado pelo juiz e constante do edital, e, não tendo sido fixado preço mínimo, considera-se vil o preço inferior a cinquenta por cento do valor da avaliação.

E, sendo vil o preço a arrematação pode ser invalidada como diz o artigo 903, § 1º, I do Código. O preço de reserva pode ser fixado pelo juiz, ou, na ausência deste, o fixa a lei o valor de 50% abaixo da avaliação.

O dever judicial de fixar o preço mínimo pelo qual o bem pode ser alienado, tanto no caso de alienação por iniciativa particular, quanto pelo leilão judicial vem expresso no Código, a saber:

Art. 880

§ 1º O juiz fixará o prazo em que a alienação deve ser efetivada, a forma de publicidade, o preço mínimo, as condições de pagamento, as garantias e, se for o caso, a comissão de corretagem.

Art. 885. O juiz da execução estabelecerá o preço mínimo, as condições de pagamento e as garantias que poderão ser prestadas pelo arrematante.

Ademais, o tal "preço mínimo" deve constar inclusive no edital de convocação de interessados (art. 886), o que nos parece muito importante, afinal de contas todos os interessados devem saber o valor pelo qual foi avaliado, o valor do preço mínimo e a comissão de corretagem. Não apenas a transparência recomenda-se que tais informações constem do edital, mas também para que se possa estimular o interesse dos eventuais lançadores.

Todavia, o Código deixa escapar que, nada obstante esse dever judicial de fixar o *preço mínimo*, é possível que ele não seja fixado pelo juiz, e, para evitar qualquer tipo de prejuízo no itinerário executivo, deixa claro havendo esta lacuna, considera-se como preço mínimo 50% do valor pelo qual ele foi avaliado judicialmente.

O parágrafo único do art. 890 reforça, portanto, a existência de um preço mínimo judicial e um legal, sendo que este é fixado em 50% do valor da avaliação. Uma questão interessante é saber se o preço mínimo judicial pode ser abaixo deste valor do preço mínimo legal (50% do valor da avaliação). Em nosso sentir o juiz deve respeitar este limite legal, isto é, o preço mínimo a ser fixado por ele não pode ser inferior ao mínimo legal, sob pena de se criar uma regra absolutamente sem sentido, pois, por exemplo, seria como admitir que para o legislador um imóvel avaliado em 150 mil reais não pudesse ser arrematado por menos de 75 mil reais, mas pudesse ser alienado por um valor menor caso tenha o juiz fixado um mínimo abaixo disso. O valor mínimo legal é o limite para o valor mínimo judicial.

Pode-se até questionar, e, pensamos que tal questionamento é muito importante, sobre mais este limite político à execução, ou seja, qual a real necessidade de se fixar um preço de reserva para proteger o patrimônio do executado, quando se sabe que dito patrimônio responde pela dívida por ele assumida. Nos leilões privados o preço de reserva está diretamente relacionado com a proteção dos interesses econômicos do comitente ou do comissário, pois acreditam que terão prejuízo se o bem sair por um valor inferior àquele, e, por acreditar que em outra oportunidade pode ser alcançado um preço melhor do que o de reserva. Contudo, não estamos num leilão privado e não se espera que ninguém tenha lucro. A expropriação liquidativa é parte de um processo de expropriação estatal e não está ali para dar lucro ou prejuízo a quem quer que seja. O estado não está ali para fazer bons negócios, nem para ele, nem para o executado e menos ainda para o executado.

O seu patrimônio mínimo já foi protegido pela impenhorabilidade e não haveria por que existir um preço mínimo. Se o bem do executado foi a leilão e não houve interessados, partindo da premissa que todos os meios normais e típicos de divulgação tenham sido realizados, então é sinal de que pela lei da oferta e da procura o referido bem não vale o preço que foi fixado na avaliação, daí porque nesta hipótese adotamos a posição de que, se for de interesse do exequente (art. 878), poderá ser reavaliado tendo por base o leilão infrutífero para que possa novamente se submeter a novo leilão judicial.

5.5.3.6 *Bem com mais de uma penhora*

O artigo 797, parágrafo único reconhece a possibilidade de que possa recair mais de uma penhora sobre o mesmo bem, estabelecendo um "título de preferência" cronológico entre os exequentes. Assim, na execução de "A" contra "B" pode ser penhorado o imóvel "x", e, em outra execução movida por "C" contra "B" este mesmo imóvel pode ser penhorado. Para que isso aconteça é de se supor que o bem imóvel pertencente a "B" seja suficiente para satisfazer tanto o direito exequendo de "A" quanto de "C". Por isso, é possível que mais de uma penhora, oriundas de processos diferentes, recaiam sobre o mesmo bem do executado. Até aí não há problema algum, sendo relevante descobrir a ordem cronológica para fins da preferência do art. 797. A questão principal reside em saber se este único bem é suficiente para satisfazer todas as execuções.

Assim, conquanto exista mais de uma penhora sobre o mesmo bem, mas apenas uma alienação ocorrerá. Com as sobras resultantes da execução preferencial é que será satisfeita a da segunda execução e assim em diante. Não sendo suficiente para satisfazer a todos, e, não havendo outros bens, pode-se instaurar então o procedimento de insolvência civil previsto no art. 748 do CPC de 1973 ainda vigente (art. 1052 do CPC).

Nada impede que a alienação do bem penhorado se dê no juízo onde a penhora foi realizada em segundo lugar. O itinerário executivo de onde se deu a segunda penhora pode ter sido mais rápido do que de onde existe a preferência da primeira penhora.

Como expressamente diz o artigo 889, V do CPC será cientificado da alienação judicial, com pelo menos 5 (cinco) dias de antecedência o credor com penhora anteriormente averbada, quando a penhora recair sobre bens com tais gravames, caso não seja o credor, de qualquer modo, parte na execução.

Desta forma, devidamente intimado da alienação poderá acompanhá-la e exercer o seu direito de adjudicar preferencialmente ou, se preferir, aguardar a alienação do bem em leilão e habilitar-se em concurso de *exequentes* nos termos do artigo 907 e ss. antes de o dinheiro ser entregue ao exequente cuja preferência pela penhora[11] era posterior à sua. Neste sentido o Superior Tribunal de Justiça ao dizer que "*no processo de execução, recaindo mais de uma penhora sobre o mesmo bem, terá preferência no recebimento do numerário apurado com a sua arrematação, o credor que em primeiro lugar houver realizado a penhora, salvo se incidente outro título legal de preferência. Aplicação do brocardo prior tempore, potior iure*" (...).[12]

5.5.3.7 Bem tombado

O artigo 889 diz que serão cientificados da alienação judicial, com pelo menos 5 dias de antecedência a União, o Estado e o Município, no caso de alienação de bem tombado. E, mais adiante o artigo 892, § 3º estabelece um regime de preferência na arrematação ao dizer que "*no caso de leilão de bem tombado, a União, os Estados e os Municípios terão, nessa ordem, o direito de preferência na arrematação, em igualdade de oferta*".

---

11. Havendo habilitação no referido concurso de credores com título legal de preferência que se sobreponham ao da preferência da penhora estes terão direito de receber a quantia antecipadamente.
12. (REsp 829.980/SP, Rel. Ministro Sidnei Beneti, Terceira Turma, julgado em 01/06/2010, DJe 18.06.2010).

CAPÍTULO XI • DA EXPROPRIAÇÃO LIQUIDATIVA

O bem tombado que pode ser alienado em leilão judicial público é o bem pertencente ao particular, já que os bens públicos são insuscetíveis de expropriação judicial e nem poderiam ser sequer penhorados.[13] Mesmo o bem do particular que tenha sido tombado possui regime jurídico de afetação a uma finalidade pública (proteção do patrimônio cultural) e por isso mesmo, ainda que venha a ser alienado de um particular para o outro, conserva o regime jurídico de afetação do ato público que o reconheceu como bem tombado.[14] Logo, a alienação judicial em leilão público de um bem de propriedade particular que esteja tombado conserva o regime de afetação pública que sobre ele existe. O que faz o Código é, nada mais lógico, permitir que os entes públicos tenham uma preferência na arrematação.

5.5.3.8 Bem gravado com ônus real

O Código não veda – e nem poderia – a possibilidade de alienação de direitos reais limitados que estejam ou não vinculados a créditos, mas impõem, sob risco de ineficácia absoluta da alienação, que os titulares desses direitos sejam cientificados previamente da alienação judicial nos termos do artigo 889 que se afina com o artigo 799, 804 e 908 do CPC.

Daí porque diz o artigo 889 determina que "o titular de usufruto, uso, habitação, enfiteuse, direito de superfície, concessão de uso especial para fins de moradia ou concessão de direito real de uso, quando a penhora recair sobre bem gravado com tais direitos reais; o proprietário do terreno submetido ao regime de direito de superfície, enfiteuse, concessão de uso especial para fins de moradia ou concessão de direito real de uso, quando a penhora recair sobre tais direitos reais; o credor pignoratício, hipotecário, anticrético, fiduciário ou com penhora anteriormente averbada, quando a penhora recair sobre bens com tais gravames, caso não seja o credor, de qualquer modo, parte na execução".

É importante saber que sobre o bem do executado que será alienado há um gravame que a ele se incorpora, mas que não pertence ao executado, mas sim a um terceiro, porque se pertencer ao exequente não há que se falar em nenhuma intimação do art. 889. O que se pretende alienar é o bem do executado e não o direito do terceiro sobre o bem.

---

13. Segundo o artigo 11 do DL n25/37, "as coisas tombadas, que pertençam à União, aos Estados ou aos Municípios, inalienáveis por natureza, só poderão ser transferidas de uma à outra das referidas entidades. Parágrafo único. Feita a transferência, dela deve o adquirente dar imediato conhecimento ao Serviço do Patrimônio Histórico e Artístico Nacional".

14. DL 25/37, Art. 13. O tombamento definitivo dos bens de propriedade particular será, por iniciativa do órgão competente do Serviço do Patrimônio Histórico e Artístico Nacional, transcrito para os devidos efeitos em livro a cargo dos oficiais do registro de imóveis e averbado ao lado da transcrição do domínio. § 1º No caso de transferência de propriedade dos bens de que trata este artigo, deverá o adquirente, dentro do prazo de trinta dias, sob pena de multa de dez por cento sobre o respectivo valor, fazê-la constar do registro, ainda que se trate de transmissão judicial ou causa mortis. § 2º Na hipótese de deslocação de tais bens, deverá o proprietário, dentro do mesmo prazo e sob pena da mesma multa, inscrevê-los no registro do lugar para que tiverem sido deslocados. § 3º A transferência deve ser comunicada pelo adquirente, e a deslocação pelo proprietário, ao Serviço do Patrimônio Histórico e Artístico Nacional, dentro do mesmo prazo e sob a mesma pena.

Assim, por exemplo, usando um dos terceiros citados acima, imaginemos um Exequente "A" que encontre no patrimônio de "B" apenas um bem imóvel que seja objeto de usufruto em favor de "C". Assim, mesmo sabendo disso, "A" penhora o referido bem e pretende aliená-lo em leilão judicial. O que será alienado é o direito de propriedade de "B" sobre o referido imóvel, mas não o direito real limitado (usufruto) que "C" possui legitimamente sobre o referido bem.[15]

O mesmo se passa, por exemplo, quando "A", exequente, penhora o bem imóvel de "B" que está hipotecado em favor de um terceiro "C" para garantir uma obrigação que o segundo tinha com este último. O bem imóvel que pertence a "B" será expropriado, mas não a *garantia real* que sobre ele recai e se vincula e que pertence a "C", tanto que o produto da alienação servirá, primeiro, para responder pelo gravame do bem do qual o titular é o terceiro. A cientificação do terceiro titular de garantia real sobre o bem objeto da penhora que será alienado em leilão público não apenas permite que adjudique o bem usando o seu crédito (art. 976), como lhe garante o direito de exercer a preferência no recebimento do preço pelo qual foi arrematado em concurso de credores (art. 908 e 909), independentemente de ter penhorado o referido bem[16]. O exequente só terá

---

15. (...) 2. O Tribunal de origem ao reconhecer a possibilidade de penhora sobre fração ideal do imóvel de propriedade do executado, ainda que gravado com usufruto, não destoou da jurisprudência do STJ, que decidiu que a alienação de bem sobre o qual recai usufruto não pode inviabilizar a penhora, sobretudo porque a Execução é feita no interesse do credor. 3. Recurso Especial parcialmente conhecido e, nessa parte, não provido. (REsp 1758076/DF, Rel. Ministro Herman Benjamin, Segunda Turma, julgado em 11.09.2018, DJe 21.11.2018); "(...) 3. A nua-propriedade pode ser objeto de penhora e alienação em hasta pública, ficando ressalvado o direito real de usufruto, inclusive após a arrematação ou a adjudicação, até que haja sua extinção. 4. A cláusula de inalienabilidade vitalícia implica a impenhorabilidade e a incomunicabilidade do bem (art. 1.911 do CC/02) e tem vigência enquanto viver o beneficiário. 5. Recurso especial desprovido. (REsp 1712097/RS, Rel. Ministra Nancy Andrighi, Terceira Turma, julgado em 22.03.2018, DJe 13.04.2018)".

16. (...) 3. Para o exercício da preferência material decorrente da hipoteca, no concurso especial de credores, não se exige a penhora sobre o bem, mas o levantamento do produto da alienação judicial não prescinde do aparelhamento da respectiva execução. 4. A jurisprudência do STJ orienta que o crédito resultante de despesas condominiais tem preferência sobre o crédito hipotecário. 5. No concurso singular de credores, o crédito tributário prefere a qualquer outro, inclusive ao crédito condominial, ressalvados apenas aqueles decorrentes da legislação do trabalho ou do acidente de trabalho. 6. Recurso especial conhecido e parcialmente provido. (REsp 1580750/SP, Rel. Ministra Nancy Andrighi, Terceira Turma, julgado em 19/06/2018, DJe 22/06/2018); "(...) I – Conforme a regra geral (CPC, art. 711), o primeiro no tempo tem preferência no direito – *prior in tempore, potior in iure* –.Ressalva foi feita, todavia, à existência de título legal à preferência, o que vale dizer que o produto da arrematação só deve ser distribuído com observância da anterioridade das penhoras (título de preferência decorrente de direito processual) se inexistir preferência fundada em direito material (como a decorrente de hipoteca ou crédito trabalhista). II – Desse modo, o credor hipotecário, embora não tenha proposto ação de execução, pode exercer sua preferência nos autos de execução ajuizada por terceiro, uma vez que não é possível sobrepor uma preferência de direito processual a uma de direito material. III – No caso em análise, a prevalência do direito de preferência do Banco Bandeirantes decorre da sua condição de credor hipotecário, independentemente da propositura de processo executivo, razão pela qual não faz sentido que, a despeito de ter assegurada a preferência de seu crédito, seja mantida a higidez da alienação promovida pelo Banco do Brasil, ora agravante, em relação ao devedor hipotecante e a terceiros, sendo acertada, pois, a conclusão do Acórdão recorrido que, ante a ausência de intimação pessoal do credor hipotecário, deliberou pela nulidade da arrematação. IV – Agravo Regimental improvido. (AgRg nos EDcl no REsp 775.723/SP, Rel. Ministro Sidnei Beneti, Terceira Turma, julgado em 20.05.2010, DJe 09.06.2010).

direito de receber o produto da alienação do que sobrar em relação ao direito pretérito que o terceiro tinha sobre o bem.

5.5.3.9 Bem de incapaz

Com intuito de proteger os interesses do incapaz – mesmo estando ele devidamente representado no processo – o Código estabelece a obsoleta regra do artigo 896, que repete o que já constava no art. 972 do CPC de 1939 e do art. 701 do CPC de 1973.

Desta forma, se o imóvel de incapaz não alcançar em leilão pelo menos oitenta por cento do valor da avaliação, então, determina o art. 896 que o juiz confie o imóvel à guarda e à administração de depositário idôneo, adiando a alienação por prazo não superior a 1 (um) ano, findo o qual, o imóvel será submetido a novo leilão, submetendo-se ao regime normal de alienação. Admite o Código a possibilidade – romântica e remotíssima – de surgir algum interessado neste período que deseje obter o bem, caso em que poderá assegurar, mediante caução idônea, o preço da avaliação. Feito isso, o juiz ordenará a alienação em leilão. Contudo, se tal pretendente se arrepender, o juiz impor-lhe-á multa de vinte por cento sobre o valor da avaliação, em benefício do incapaz, valendo a decisão como título executivo.

Além da improvável hipótese acima de surgir algum pretendente à arrematação pelo preço da avaliação durante o período de adiamento, prevê o Código a possibilidade, mais factível, de surgir algum interessado em fazer a locação do bem, caso em que o juiz poderá autorizar a locação do imóvel no prazo do adiamento, e, o valor daí auferido deverá ser depositado em, restando penhorado em favor da execução.

5.5.3.10 Bem com execução embargada ou impugnada

O artigo 903 do CPC é claríssimo ao reconhecer que pode ser expropriado o bem do executado ainda que penda de julgamento os embargos ou a impugnação por ele ofertada (processo de execução ou cumprimento de sentença). Segundo este dispositivo, qualquer que seja a modalidade de leilão, estando devidamente documentada a arrematação (assinado o auto pelo juiz, pelo arrematante e pelo leiloeiro), ela será considerada *"perfeita, acabada e irretratável, ainda que venham a ser julgados procedentes os embargos do executado"*.

E nem poderia ser diferente, pois se a oposição do executado não possui efeito suspensivo que se prestaria para impedir a expropriação liquidativa, não há que se cogitar em qualquer impedimento legal à expropriação do executado, ainda que esteja pendente a sua oposição (impugnação ou embargos). Mais que isso, conquanto deva ser informado no edital a *"menção da existência de ônus, recurso ou processo pendente sobre os bens a serem leiloados"*, esta regra é para proteger e dar transparência ao arrematante (art. 903, § 5º) e não ao executado. Aliás, como dito no artigo 903, *caput* ainda que a oposição do executado seja procedente isso nada altera o seu direito legitimamente adquirido em leilão público, e a eventual injustiça da execução perante o executado deve ser suportada pelo exequente (art. 776). Não fosse dessa forma não haveria arrematante em nenhum leilão judicial.

5.5.4 O local e a data

Para que o leilão se realize é mister que as pessoas sejam informadas previamente da sua existência, do bem a ser leiloado e suas características, do local, da data e da hora de sua realização. Ainda que seja realizado na rede mundial de computadores – eletrônico – é preciso informar em qual sítio eletrônico, qual o dia e hora de sua localização. Aliás, o Código vai além pois prevê no art. 886, V que o edital deve conter a indicação de local, dia e hora de *segundo leilão* presencial, para a hipótese de não haver interessado no primeiro.

Algum motivo pode provocar a não realização do leilão naquela data, caso em que o juiz mandará publicar a transferência (art.888), observando-se o disposto no art. 887, devendo apurar, inclusive, se o motivo da transferência – sempre muito custosa à efetividade e eficiência do processo – se deu por culpa do escrivão, do chefe de secretaria ou o leiloeiro, caso em que tais pessoas deverão responder pelas despesas da nova publicação, podendo ainda o juiz aplicar-lhe a pena de suspensão por 5 (cinco) dias a 3 (três) meses, precedida de regular procedimento administrativo.

É perfeitamente possível que o leilão não consiga terminar na data em que se iniciou. Tal situação também foi prevista pelo Código (já prevista também nos Códigos de Processo Civil de 1939 e de 1973) ao dizer que *"o leilão prosseguirá no dia útil imediato, à mesma hora em que teve início, independentemente de novo edital, se for ultrapassado o horário de expediente forense"* (art. 900).

5.5.5 A arrematação

5.5.5.1 Conceito: o ato de arrematar

Arrematar é colocar o remate, concluir, acabar. Assim, sob a perspectiva do leilão judicial do bem penhorado, de fato a arrematação (lance vencedor) põe o termo, termina com a licitação pública do referido bem no leilão judicial (art. 899). Contudo, sob a perspectiva do procedimento executivo para pagamento de quantia a *arrematação* não termina ali com o lance vencedor, pois ainda depende da consolidação do referido ato por meio da assinatura do auto de arrematação. Entre o momento do maior lance que encerra o leilão e a assinatura do auto, pode o executado, por exemplo, efetuar a remição do bem hipotecado que foi "arrematado" no leilão judicial impedindo a consolidação da arrematação (art. 902).

A arrematação é, portanto, um ato do processo executivo que consiste na transferência forçada de um bem que se encontra no patrimônio do executado –*administrado pelo Estado-juiz* – e que passará ao patrimônio do arrematante. Como o exequente pretende o recebimento de quantia devida pelo executado, que responde com o seu patrimônio

CAPÍTULO XI • DA EXPROPRIAÇÃO LIQUIDATIVA

pelo inadimplemento da obrigação, a arrematação é forma de obter a referida quantia. Assim, não sendo penhorado dinheiro, é preciso penhorar algum bem, ou bens, que, uma vez liquidados em leilão público, servirão para satisfazer o crédito exequendo.

Para o Código, a arrematação é um ato do processo de execução que se perfaz pela compra do bem penhorado, como se diz corriqueiramente. Todavia, o estudo da arrematação envolve não só a aquisição do bem penhorado em leilão público, mas também todos os atos necessários, anteriores e posteriores, à realização do arremate do bem. Observe-se que a arrematação ou venda pública do bem penhorado não é o fim do processo, mas apenas um meio (expropriação forçada) para se alcançar o dinheiro que será entregue ao exequente. Aliás, não foi por acaso que o CPC colocou, no art. 904, I, que uma das formas de pagamento ao credor é pela entrega do dinheiro, e não pela arrematação.

A forma de se realizar esta *liquidação* se dá por um procedimento que *expropria um e apropria outro* – retira a propriedade do executado e transfere a um terceiro adquirente – com máxima segurança, isonomia, transparência e de maneira que a expropriação seja realizada com o menor prejuízo possível ao executado. Não é uma *compra e venda* porque o Estado-Juiz não está ali para "vender" o patrimônio do executado. Não é um negócio jurídico privado, mas um ato expropriatório de império estatal onde pouco importa quem adquire, desde que seja alguém que atenda as condições estabelecidas pela lei exigidas em juízo.

A arrematação é um desses atos – o culminante – que compõem a alienação liquidativa do patrimônio do executado, de forma que *desde o momento que se penhora um bem que não seja dinheiro, e, desde o momento que o exequente não deseja adjudicá-lo*, não há outra saída senão transformar o bem penhorado em dinheiro, e, a forma com que isso se realiza é por meio de uma *licitação pública* onde o sujeito que propõe o maior lance em dinheiro terá o direito de ter pra si o bem objeto da referida licitação (leilão público). As condições para a participação do certame são preestabelecidas pela lei ou pelo juiz e se forem atendidas o Estado expropriará o executado e firmará com o adquirente um negócio jurídico de direito público.

Voltando à arrematação, é preciso dizer que não há arremate se não houver leilão, e, não há leilão se o bem não tiver sido penhorado. O ato de arrematação pode ser visto sob diferentes flancos e perspectivas. Assim, para o exequente a arrematação é apenas um ato da execução que, coativamente, liquida o bem penhorado em dinheiro, tanto que nem sequer participa da assinatura do auto de arrematação.

Por sua vez, para o Estado a arrematação é ato de império da cadeia executiva onde, independentemente da vontade do executado, retira-se a sua propriedade e transfere-a ao arrematante. A realização deste ato implica em um negócio jurídico de direito público firmado entre o Estado, às expensas do executado, e o arrematante. Já sob a perspectiva do arrematante é preciso entender, primeiro, que cada um dos licitantes que participam e concorrem entre si no leilão são terceiros em relação ao processo de execução. Cada um destes terceiros faz a sua intervenção no processo executivo, por meio do seu lance, ou seja, deduzem um pedido formulado ao Estado-juiz (representado ali no leilão pelo leiloeiro) para que a sua oferta seja aceita e tomada como vencedora da licitação. Apenas um licitante, o de maior lance, terá o seu pedido aceito, deferido. Este será o arrematante, qual seja, o vencedor do certame, enfim, aquele que pagou o maior preço e que será o novo proprietário do bem que foi retirado do patrimônio do executado e lhe foi transferido por ato de império estatal.

Não há como negar que a arrematação é um ato processual da cadeia executiva (decisão interlocutória) que acontece sempre que o bem penhorado precise passar pela expropriação liquidativa. É um ato processual que faz parte do procedimento de expropriação liquidativa que começa com a afetação do patrimônio do executado por meio da penhora e culmina com a consolidação formal da melhor oferta em leilão público onde se deu a licitação para a aquisição da propriedade do bem penhorado do executado. Também não se pode negar que sob a perspectiva do arrematante-adquirente a *arrematação* é um negócio jurídico de direito público firmado com o Estado que sacramenta a aquisição de um bem adquirido em leilão judicial.

A arrematação é a epígrafe de um procedimento licitatório que é realizado pelo Estado-juiz com a finalidade de alienar o bem do executado e assim obter a quantia que servirá para satisfazer o exequente. Neste procedimento, em concorrência pública, um, dentre vários terceiros possíveis, será o *vencedor* do certame. Isso se dá mediante a formulação de *lances* (pedido, pretensão) pelos terceiros interessados ao Estado com a intenção de que a oferta seja aceita e assim possa adquirir o bem tornando-se novo proprietário do bem.

Parece – e apenas parece – com uma compra e venda, mas com ela não se confunde, pois o estado não "vende" o bem do executado, e tampouco existe um contrato de compra e venda entre o arrematante e o Estado. Por meio de ato de império o Estado expropria o executado e transfere a propriedade do bem para o arrematante.[17] O procedimento de expropriação é feito por meio de uma licitação pública[18] – leilão público judicial – com máxima transparência, isonomia (competitividade) e segurança, afinal *ninguém pode ser privado dos seus bens sem o devido processo legal.*

Com visto acima o ato de arrematar provém de a, re, mactare, que se relaciona a matar, imolar como prover, lançar, e, portanto, pressupõe, na execução civil ao ato processual complexo de aquisição do bem penhorado em leilão judicial. Assim, "*salvo pronunciamento judicial em sentido diverso, o pagamento deverá ser realizado de imediato pelo arrematante, por depósito judicial ou por meio eletrônico*" (art. 892).

Em boa hora o legislador prevê a regra do art. 895 para os casos em que o pagamento à vista e imediato pode ser fator de inibição para a aquisição do bem penhorado (especialmente de bens imóveis, que, normalmente, têm um preço elevado).

---

17. LIEBMAN, Enrico Tullio. *Processo de execução*. 2. ed. São Paulo: Saraiva, 1963, p. 107.
18. DINAMARCO, Candido Rangel. *Instituições de Direito Processual Civil*. 4. ed. São Paulo: Malheiros, 2019, p. 635. v. IV.

CAPÍTULO XI • DA EXPROPRIAÇÃO LIQUIDATIVA **557**

Por isso, tentando se aproximar mais da realidade e do cotidiano, o legislador estabeleceu que:

> Art. 895. O interessado em adquirir o bem penhorado em prestações poderá apresentar, por escrito:
>
> I – até o início do primeiro leilão, proposta de aquisição do bem por valor não inferior ao da avaliação;
>
> II – até o início do segundo leilão, proposta de aquisição do bem por valor que não seja considerado vil.
>
> § 1.º A proposta conterá, em qualquer hipótese, oferta de pagamento de pelo menos vinte e cinco por cento do valor do lance à vista e o restante parcelado em até 30 (trinta) meses, garantido por caução idônea, quando se tratar de móveis, e por hipoteca do próprio bem, quando se tratar de imóveis.
>
> § 2.º As propostas para aquisição em prestações indicarão o prazo, a modalidade, o indexador de correção monetária e as condições de pagamento do saldo.
>
> § 3.º (Vetado).
>
> § 4.º No caso de atraso no pagamento de qualquer das prestações, incidirá multa de dez por cento sobre a soma da parcela inadimplida com as parcelas vincendas.
>
> § 5.º O inadimplemento autoriza o exequente a pedir a resolução da arrematação ou promover, em face do arrematante, a execução do valor devido, devendo ambos os pedidos ser formulados nos autos da execução em que se deu a arrematação.
>
> § 6.º A apresentação da proposta prevista neste artigo não suspende o leilão.
>
> § 7.º A proposta de pagamento do lance à vista sempre prevalecerá sobre as propostas de pagamento parcelado.
>
> § 8.º Havendo mais de uma proposta de pagamento parcelado:
>
> I – em diferentes condições, o juiz decidirá pela mais vantajosa, assim compreendida, sempre, a de maior valor;
>
> II – em iguais condições, o juiz decidirá pela formulada em primeiro lugar.
>
> § 9.º No caso de arrematação a prazo, os pagamentos feitos pelo arrematante pertencerão ao exequente até o limite de seu crédito, e os subsequentes, ao executado.

Segundo o Código, nessas hipóteses a proposta deve ser por escrito, respeitando os limites do valor do bem tratando-se de primeiro ou segundo leilão, e, é muito importante ter o Código previsto que tais propostas não suspendem o leilão, de forma que, se ao final deste houver mais de uma proposta, o juiz decidirá pela proposta mais vantajosa, e, em igualdade de condições, segue a regra cronológica daquela que se deu em primeiro lugar.

E tais propostas devem especificar o valor do sinal e das prestações acatando os limites impostos pelo dispositivo. Deve ainda constar a caução indicada pelo arrematante, tratando-se de bem móvel, e, no caso de bem imóvel, a garantia é a hipoteca sobre o próprio bem. As prestações poderão ser pagas por meio eletrônico, com correção mensal pelo índice definido na proposta.

Se houver atraso no pagamento de qualquer das prestações, incidirá multa de dez por cento sobre a soma da parcela inadimplida com as parcelas vincendas, e o referido inadimplemento permite que o exequente requeira a resolução da arrematação ou promova, em face do arrematante, a execução do valor devido, devendo ambos os pedidos ser formulados nos autos da execução em que se deu a arrematação.

5.5.5.2 *Arrematação, auto de arrematação e carta de arrematação*

A *arrematação* ocorrida no leilão judicial será vertida e consolidada num "auto de arrematação", tanto que o art. 901 diz expressamente que "a arrematação constará de auto que será lavrado de imediato".

A confecção do documento público (lavratura) é imediata, mas normalmente o juiz não está presente no leilão e deverá ser juntado aos autos para que seja por ele assinado. No leilão colhe-se a assinatura do leiloeiro e do arrematante, ou seja, o auto é imediatamente lavrado, mas só se completa quando é assinado pelo juiz depois de já ter sido subscrito pelo leiloeiro e pelo arrematante. Daí porque o *caput* do artigo 903 é claro ao dizer que "*qualquer que seja a modalidade de leilão, assinado o auto pelo juiz, pelo arrematante e pelo leiloeiro, a arrematação será considerada perfeita, acabada e irretratável*".

Assim como uma compra e venda se sacramenta com a assinatura do contrato pelas partes envolvidas, a arrematação se completa com a subscrição pelo juiz, pelo leiloeiro e pelo arrematante, concluindo, portanto, o negócio jurídico público iniciado no leilão judicial. É neste momento que todas as manifestações de vontade são explicitadas, não mais havendo nenhuma dúvida quanto ao negócio jurídico firmado.

No momento em que se completa o auto de arrematação com a última assinatura então considera-se "*perfeita, acabada e irretratável*", o que significa dizer que antes disso o ato jurídico ainda está em formação, inacabado, inconcluso.

O auto de arrematação não é mera formalidade documental, mas elemento essencial à completude do ato. O texto do Código é claro ao dizer que com a assinatura do auto pelo juiz, pelo arrematante e pelo leiloeiro, aí sim pode-se falar em *arrematação* "perfeita, acabada e irretratável".

Há uma razão para tamanha preocupação. É preciso dar *segurança jurídica* àqueles (exequente, executado e terceiros com algum vínculo jurídico com o bem arrematado) que terão as suas esferas jurídicas afetadas pelo referido ato.

Assim, por exemplo, com o marco temporal resultante da formalização da arrematação em um auto (ou termo, art. 880, § 2º), pode-se, v.g., (*i*) identificar o momento em que o exequente pode pedir a liberação da quantia obtida pela arrematação; ou ainda, (*ii*) quando os terceiros interessados poderão ingressar com pedido de concurso de credores/exequentes; (*iii*) quando cessa para o executado o direito de remir a execução (art. 826); (*iv*)quando nasce para o arrematante, por exemplo, o dever de arcar com as dívidas ou o direito de receber os alugueis do imóvel arrematado. Não se trata de *mero formalismo* a fixação de um momento para se considerar a arrematação como um "ato jurídico perfeito".

Contudo, além do auto de arrematação fala o Código em *carta de arrematação* que é, por sua vez, o *documento que oficializa a transferência da propriedade do bem arrematado ao arrematante*. O auto de arrematação é o documento judicial que fica inserto no processo judicial, e, a *carta de arrematação* é o título jurídico entregue ao arrematante que reproduz o que no auto contém. Observe-se que o art. 902 e seus parágrafos deixam claro que o *auto de arrematação* é o instrumento público que concretiza à arrematação (proposta vencedora no leilão nas condições estabelecidas pelo juiz), pois é ele que é assinado pelo juiz, pelo leiloeiro e pelo arrematante.

Contudo, o fato de ter sido formado o *titulus adquirendi* em favor do arrematante isso não significa que já se possa considerar proprietário do bem arrematado, pois é preciso que seja confirmado o pagamento assumido e de que não exista nenhuma impugnação ao referido ato negocial.

Duas são as exigências para a expedição da *carta de arrematação* ou da *decisão que ordena a entrega do bem* móvel: a) a primeira (art. 902, § 1º) é que o arrematante tenha adimplido a obrigação assumida no auto de arrematação (efetuado o depósito do valor do lanço ou prestadas as garantias pelo arrematante, bem como realizado o pagamento da comissão do leiloeiro e das demais despesas da execução); b) a segunda exigência (art. 903, § 3º) é que se escoe o prazo de 10 dias sem que tenha havido alegação de ineficácia, invalidade ou resolução da arrematação previstas no § 1º 903, § 3º.

Apenas depois de superadas estas duas exigências (adimplemento do arrematante e inexistência de impugnação do art. 903, § 1º no prazo de 10 dias) é que será expedida a carta de arrematação e ordem de entrega do bem.

A superação destas duas condições é que garante ao arrematante a propriedade sobre o bem arrematado e isso se cristaliza na *ordem de entrega* (bem móvel) ou na *carta de arrematação* (bem imóvel), tanto que só será expedida depois de superado o prazo do art. 903, § 3º.

De posse da carta de arrematação ou da ordem judicial de entrega do bem o arrematante já é proprietário do bem *em relação aos envolvidos no negócio jurídico processual público*, mas para ter eficácia em relação a terceiros, como sói ocorrer, é necessário que realize o seu registro no órgão público, seja para bens móveis ou imóveis (v.g. veículo no Detran e Imóvel no Cartório de Registro de Imóveis).

Por se tratar de documento que será levado a registro, a *carta de arrematação* deve conter os elementos necessários para que o registrador tenha segurança necessária à sua realização. Assim, tratando-se de bem imóvel é necessária a descrição do imóvel, com remissão à sua matrícula ou individuação e aos seus registros, a cópia do auto de arrematação e a prova de pagamento do imposto de transmissão, além da indicação da existência de eventual ônus real ou gravame.

Portanto, até que se torne proprietário do bem o arrematante passa por algumas etapas. A primeira é participar de uma licitação pública e ofertar a maior proposta sagrando-se vencedor do certame. A segunda é transpor esse fato ocorrido no leilão para um documento público (termo ou auto de arrematação) que será assinado por ele, pelo leiloeiro e pelo juiz ultimando assim as condições assumidas no certame do qual saiu vencedor. A terceira é obter a *ordem de entrega* ou a *carta de arrematação* que sacramenta o cumprimento das condições assumidas no auto de arrematação e confirma a inexistência de impugnação (art. 903, § 3º). Tal título (carta de arrematação ou ordem de entrega) é que permitirá realizar a tradição (art. 1247) do bem móvel (com respectivo registro se for necessário) ou o registro do bem imóvel (art. 1247) para eficácia erga omnes da propriedade.

Nesta linha é certeira a posição do Superior Tribunal de Justiça ao dizer que:

Não há confundir o "auto de arrematação" previsto no *caput* do art. 693 do CPC/1973, com a "carta de arrematação" vazada no parágrafo único do mesmo dispositivo legal. Auto de arrematação é o documento que registra a alienação e é lavrado de imediato, mencionando as condições pelas quais o bem foi alienado (art. 693, *caput*, do CPC/1973). Já a carta de arrematação (art. 693, parágrafo único) é o documento que transfere a posse e a propriedade do bem adquirido, e somente é expedida após efetuado o depósito ou prestadas as garantias pelo arrematante.

4. A transmissão da propriedade imobiliária do bem objeto da arrematação só se perfaz com o registro da carta, nos termos do art. 1.245 do Código Civil, razão pela qual passível de invalidação o auto que lhe antecede se presente algum dos vícios contidos no § 1º do art. 694 do Código de 1973.[19]

Por outro lado, é preciso não confundir a ausência de ultimação do ato pelas assinaturas do juiz, leiloeiro e arrematante com a eventual irregularidade de forma como uma *inexistência de arrematação*. Um auto de arrematação sem a assinatura dos tais sujeitos é um ato incompleto. Isso não se confunde com a possibilidade de se corrigir um auto que equivocadamente contenha uma irregularidade sem que isso implique em considerar como não *concluída* validamente a arrematação.

5.5.5.3 Conteúdo

Além deste papel integrativo do próprio ato jurídico, o auto de arrematação formaliza a etapa licitatória, pois é nele que contém os fatos importantes ocorridos no leilão, inclusive o lanço que saiu o vencedor.

Estabelece o artigo 901, *caput* que no auto de arrematação devem constar "*as condições nas quais foi alienado o bem*". A frase deve ser lida de forma a considerar que o auto de arrematação deve retratar todos os aspectos que tenham sido relevantes no procedimento licitatório do bem arrematado.

É, pois, de bom alvitre que nele conste os eventuais incidentes existentes no leilão, como, por exemplo, a ocorrência de empate de propostas e escolha seguindo a ordem de preferência do artigo 892, § 2º. Parece-nos óbvio que o auto de arrematação que retrata com fidelidade tudo que tiver ocorrido no leilão (em relação àquele bem), terá maior segurança e menor será a sua vulnerabilidade.

Ainda sobre o conteúdo do auto de arrematação diz o artigo 901 que ele "*poderá abranger bens penhorados em mais de uma execução*", ou seja, cumulação de execuções (art. 780) num auto formalmente único, mas materialmente contendo mais de uma execução do mesmo exequente contra o mesmo executado.

5.5.5.4 Efeitos da arrematação

Como todo negócio jurídico em geral a arrematação possui um conteúdo, apresenta uma forma e é realizada para produzir efeitos no mundo jurídico.

---

19. REsp 1682079/PR, Rel. Ministro Herman Benjamin, Segunda Turma, julgado em 19/09/2017, DJe 09/10/2017.

CAPÍTULO XI • DA EXPROPRIAÇÃO LIQUIDATIVA | **561**

Antes mesmo de se ultimar com a assinatura do auto de arrematação pelo juiz, pelo leiloeiro e pelo arrematante ela já começa a produzir efeitos, pois reza o artigo 899 que "*será suspensa a arrematação logo que o produto da alienação dos bens for suficiente para o pagamento do credor e para a satisfação das despesas da execução*". Obviamente que aqui neste dispositivo o legislador fala que "arrematação será suspensa", quando na verdade quer dizer que a *licitação, o leilão* em relação ao referido bem será suspenso quando houver proposta vencedora que cobra tais despesas. Ainda não haverá auto de arrematação completo, perfeito e acabado, mesmo assim a *proposta vencedora* – a ser honrada – *que cubra as citadas despesas* impede que se continue o leilão sobre outros bens do executado. Entretanto é a partir do momento em que se tem um auto de arrematação perfeito e acabado que se projetam inúmeros efeitos, processuais e materiais.

Certamente que um dos mais ávidos em obter os efeitos da arrematação é o arrematante. Seu desejo é o de conseguir, o mais breve possível, o documento eu lhe permita registrar o imóvel no cartório respectivo e, conforme o caso, a obtenção da ordem de entrega.

Só que este efeito da arrematação de *transferir a propriedade do bem penhorado do executado para o arrematante* só acontece quando tiver escoado o prazo de 10 dias previsto no § 2º do art. 903 sem que tenha havido alegação de qualquer das situações previstas no § 1º do mesmo dispositivo, como expressamente menciona o art. 903, § 3º.

Se a propriedade a ser transferida continha limitações estes não desaparecem e se mantém, mesmo tendo um novo proprietário. Assim, por exemplo, se existia um vínculo de usufruto (art. 1391 do CCB), servidão de passagem (1378), direito de superfície (art. 1369) etc. sobre o imóvel arrematado, é certo que tais vínculos permanecerão mesmo após a transferência da propriedade, pois o que foi alienado em leilão público era o que pertencia ao executado e não o direito de terceiros sobre o referido bem.

Por outro lado, em se tratando de dívidas garantidas por vínculo real (penhor, hipoteca) a situação se passa de forma um pouco diversa. Se o bem adquirido em leilão público estava vinculado por garantia real (hipoteca) a uma obrigação, então é efeito da arrematação a extinção desta garantia que recaia sobre o bem, ou seja, o arrematante recebe um patrimônio sem a hipoteca ou penhor que sobre ele recaía, desde que o credor pignoratício ou hipotecário tenha sido intimado para exercer o seu direito de adjudicar (art. 876, V) ou de habilitar-se (art. 889, V) para receber a quantia obtida com a arrematação (art. 908).

Uma vez assinado o auto de arrematação cessa para o executado a possibilidade de remir a execução (art. 826), assim como a possibilidade de adjudicação (art. 876) e quaisquer de suas hipóteses (art. 876, § 5º – arrematação preferencial e remição por terceiros) e assim evitar a alienação judicial do bem penhorado.

Na medida em que negócio jurídico público da arrematação se realiza em concreto, com o ingresso da quantia em juízo do dinheiro fruto da arrematação e a transferência da propriedade para o arrematante, então a penhora que antes recaía sobre o bem arrematado passa imediatamente para o produto da arrematação (dinheiro). Eis aí uma convolação imediata da *penhora* que antes recaía sobre o bem que foi arrematado e passa a incidir sobre o produto pecuniário obtido com a arrematação.

Tornando-se ato jurídico perfeito e acabado a arrematação retira do executado o direito de propriedade do bem, e, por isso mesmo, suportará os ônus e os bônus desta perda da propriedade: i) desde então, ele executado, não terá mais direito de receber eventuais frutos e rendimentos (v.g. alugueres) que o bem possa gerar, (ii) bem como não poderá lhe ser imputada dívidas que tenham por fato gerador situação jurídica ocorrida a partir desta data.

O "novo proprietário" passa a ser o arrematante, tal como consta no auto de arrematação e é ele que se beneficia dos frutos e rendimentos do bem, bem como assume os ônus respectivos que possam sobre ele recair.

> "1. Conforme a jurisprudência do Superior Tribunal de Justiça, o arrematante de imóvel tem o direito de receber os valores relativos ao aluguel a partir da lavratura do auto de arrematação, não sendo preciso esperar o registro no cartório do registro de imóveis.
>
> 2. Não apresentação pela parte agravante de argumentos novos capazes de infirmar os fundamentos que alicerçaram a decisão agravada. (AgInt nos EDcl no REsp 1724168/DF, Rel. Ministro Paulo De Tarso Sanseverino, Terceira Turma, julgado em 24/08/2020, DJe 28/08/2020)".
>
> "3. O adquirente do imóvel sub-roga-se nos direitos decorrentes do contrato de locação relativo ao bem arrematado a partir da lavratura do auto de arrematação, sendo parte legítima para a cobrança de débitos locatícios referentes a período posterior à arrematação judicial". (REsp 1689179/SP, Rel. Ministro Ricardo Villas Bôas Cueva, Terceira Turma, julgado em 12/11/2019, DJe 22/11/2019)."

É preciso ficar atento que as obrigações *proter rem*, como as despesas condominiais existentes sobre o imóvel, acompanham o bem, de forma que *"constando do edital de praça ou havendo ciência inequívoca da existência de ônus incidente sobre o imóvel, o arrematante é responsável pelo pagamento das despesas condominiais vencidas, ainda que sejam anteriores à arrematação"*[20].

5.5.5.5 A ineficácia, a resolução e a resilição da arrematação

A. Art. 903 e segurança jurídica

Como todo ato/fato jurídico o complexo negócio jurídico da arrematação deve ser *perfeito*, ou seja, não deve conter *imperfeições* que o tornem inválido ou ineficaz. O CPC adota a nomenclatura do Código Civil Brasileiro (art. 104) que não faz a distinção dos planos da *existência*, validade e eficácia, mas apenas destes dois últimos. Parte o Código da premissa de que a arrematação imperfeita, mas existente, pode ter a sua invalidade ou sua ineficácia reconhecida posteriormente ao seu nascimento, ou seja, ainda que ela tenha toda aparência de estar *perfeita e acabada* o negócio jurídico poderá ser desfeito ou ter a sua ineficácia reconhecida a posteriori.

---

20. (REsp 1769443/PR, Rel. Ministra Nancy Andrighi, Terceira Turma, julgado em 01/09/2020, DJe 09/09/2020); (AgInt nos EDcl no REsp 1864944/PR, Rel. Ministro Luis Felipe Salomão, Quarta Turma, julgado em 31/08/2020, DJe 09/09/2020); 1. "O arrematante de imóvel em hasta pública não será responsável pelo pagamento das dívidas condominiais pendentes quando omisso o edital a respeito dos débitos anteriores à praça" (AgInt no REsp 1.496.807/SP, Relatora para Acórdão Ministra Maria Isabel Gallotti, Quarta Turma, julgado em 17.11.2016, DJe 19.12.2016).

É importante que o Código tenha se debruçado e que tenha sido explicito em relação ao tema, pois deixa clara a sua intenção de que *a regra* (no *caput*) é a da preservação da validade e da eficácia da arrematação e a *exceção* (parágrafos) é o seu desfazimento ou reconhecimento de sua ineficácia. Ao adotar tal postura o Código traz a necessária segurança jurídica àqueles que se de boa-fé se encorajam a adquirir bens em leilões judiciais.[21] Essa *segurança* é fundamental para que os leilões não sejam vistos com desconfiança e receio por aqueles que dele desejem participar como licitantes.[22]

B. Os prejuízos do executado pela procedência dos embargos ou da impugnação

Assim, quando o art. 903 diz, no *caput*, que "assinado o auto pelo juiz, pelo arrematante e pelo leiloeiro, a arrematação será considerada perfeita, acabada e irretratável, *ainda que venham a ser julgados procedentes os embargos do executado ou a ação autônoma de que trata o § 4º deste artigo*, assegurada a possibilidade de *reparação pelos prejuízos sofridos*" o Código deixa clara a sua intenção de preservar a arrematação.

Ali no texto a expressão "embargos do executado" engloba também a figura da impugnação do executado, que por imperfeição legislativa não foi mencionada. Assim, como nem os embargos e nem a impugnação do executado são dotados de efeito suspensivo legal, é perfeitamente possível que os atos expropriatórios do procedimento executivo sejam realizados ainda que esteja pendente de julgamento a defesa do executado. E não poderia ser diferente, pois se fosse o contrário certamente haveria um estímulo ao exercício temerário da defesa do executado, e, nenhum terceiro se aventuraria a licitar num leilão com receio que se fosse procedente a defesa do executado, tudo poderia ser desfeito. Nesta hipótese de procedência da defesa do executado, se o que nela se acolhe é uma situação jurídica que impediria a realização do leilão judicial, então, a solução é transformar o prejuízo do executado em perdas e danos.

O prejuízo existe, *in re ipsa*, na própria expropriação judicial injusta que o executado teve que suportar. Para cômputo dos prejuízos sofridos pelo executado, a perda inde-

---

21. "(...) o artigo 694, *caput*, do Código de Processo Civil, estabelece que, assinado o auto pelo juiz, arrematante e serventuário da Justiça ou leiloeiro, a arrematação considerar-se-á perfeita, acabada e irretratável. É nítido que a norma busca conferir estabilidade à arrematação, não só protegendo e, simultaneamente, impondo obrigação ao arrematante, mas também buscando reduzir os riscos do negócio jurídico, propiciando efetivas condições para que os bens levados à hasta pública recebam melhores ofertas, em benefício das partes do feito executivo e da atividade jurisdicional na execução." (AgRg no AgRg no REsp 1193362/SP, Rel. Ministro Luis Felipe Salomão, Quarta Turma, julgado em 02.06.2015, DJe 09.06.2015); (REsp 1313053/DF, Rel. Ministro Luis Felipe Salomão, Quarta Turma, julgado em 04.12.2012, DJe 15.03.2013).

22. Conquanto o Código de Processo Civil trate especificamente do desfazimento da arrematação, entende-se que as mesmas disposições se aplicam à adjudicação e à alienação por iniciativa particular. Importa destacar que, quando a arrematação ou a adjudicação é realizada pelo próprio exequente, inclusive utilizando-se do seu crédito, não apenas é possível como também é recomendável o desfazimento do ato jurídico, especialmente nos casos em que o recurso, ainda que desprovido de efeito suspensivo, não tenha impedido a realização da alienação do bem. Nessas situações, o bem deve retornar ao patrimônio do executado, uma vez que a finalidade da norma é tutelar a segurança jurídica de terceiros adquirentes, que obtiveram o bem por meio da arrematação ou adjudicação. Portanto, quando o exequente é o adquirente, não há violação à segurança jurídica, justificando-se o desfazimento para restabelecer o status quo patrimonial do executado.

vida do patrimônio não corresponde apenas àquilo que foi pago na arrematação, pois além de esta poder ter ocorrido por preço inferior ao da avaliação, é possível também que existam outros prejuízos que devem ser demonstrados além da perda do bem em si mesmo. Não é por acaso que o texto do dispositivo coloca no plural a expressão "dos prejuízos sofridos". Tudo isso deve ser feito em *incidente de liquidação* tão logo tenha eficácia a decisão proferida nos embargos ou na impugnação do executado.

C. Arrematação e os vícios redibitórios

É preciso partir da premissa de que não há um local mais seguro e confiável para a aquisição de um bem que em um leilão judicial. A participação e chancela estatal não permitem qualquer interpretação que não seja a de dar conforto e segurança àquele que se propõe a participar e adquirir um bem em um leilão judicial.

Ao longo do procedimento de expropriação forçada iniciado com a penhora, passando pela avaliação e culminando com a alienação judicial em leilão público o Código preocupa-se em dar máxima transparência sobre a situação que se encontra o bem penhorado que será futuramente alienado. No artigo 838 tem-se que a "*penhora será realizada mediante auto ou termo, que conterá: (...) III – a descrição dos bens penhorados, com as suas características*".[23] Mais adiante diz o artigo 872 determina que a avaliação "*realizada pelo oficial de justiça constará de vistoria e de laudo anexados ao auto de penhora ou, em caso de perícia realizada por avaliador, de laudo apresentado no prazo fixado pelo juiz, devendo-se, em qualquer hipótese, especificar: I – os bens, com as suas características, e o estado em que se encontram (...)*". No artigo 886, I determina o CPC que "*o leilão será precedido de publicação de edital, que conterá: I – a descrição do bem penhorado, com suas características (...)*".

Como se observa há uma preocupação muito clara em permitir que o participante do leilão tenha, com transparência e sinceridade, o máximo acesso às informações sobre o estado que se encontra o bem, justamente para proporcionar segurança aos licitantes. Não é demais lembrar que tratando-se de bens móveis e imóveis, "usados", e que estavam sob os cuidados do executado até o momento em que lhe foi retirada a condição de possuidor direto, é sempre muito importante a minudência na descrição de como se encontram os bens.

Nada obstante esta preocupação é perfeitamente possível que o arrematante venha descobrir, depois de adquirido o bem, a existência de "*vícios ou defeitos ocultos, que a tornem imprópria ao uso a que é destinada, ou lhe diminuam o valor*" (art. 441).[24] O fato de não se tratar de uma compra e venda não impede que se aplique a garantia

---

23. Um dos requisitos para substituição do bem móvel penhorado por solicitação do executado é que este descreva-os, "com todas as suas propriedades e características, bem como o estado deles e o lugar onde se encontram" (art. 847, II).

24. O Código Civil anterior expressamente dizia no art. 1.106 que "se a coisa foi vendida em hasta pública, não cabe a ação redibitória, nem a de pedir abatimento no preço". Esta regra não foi mantida no atual Código abrindo espaço para que se aplique às situações envolvendo aquisição em leilão público.

contra os vícios redibitórios na aquisição do bem em hasta pública, antes o contrário. Tratando-se de negócio jurídico de direito público, com a participação do Estado e sob batuta do Poder Judiciário, todos os aspectos que dão segurança à boa-fé daquele que é convidado a participar do certame licitatório deve ser garantido. Não é possível tratar o leilão judicial de forma pior que um negócio jurídico privado, como um ambiente inseguro, onde o arrematante deva se preocupar contra armadilhas que não teria que se preocupar numa compra e venda privada.[25]

D. Arrematação e evicção

Imaginemos a hipótese de uma arrematação em leilão público onde o terceiro arrematante adquire regularmente a posse e a propriedade do bem e futuramente é demandado por um terceiro se afirmando dono daquele mesmo bem.

Costuma-se identificar o fenômeno da evicção sob o prisma do sujeito que *perde* um direito em razão de uma sentença que atribuiu a outrem o referido direito, mas, ao menos etimologicamente[26], o vocábulo tem o seu sentido vinculado àquele que *triunfa*, que *vence completamente, que recupera*, daí porque tal sujeito é chamado de *evencente* e o que perde é o evicto.

O art. 447 e ss. do Código Civil trata da evicção e deixa claro que "nos contratos onerosos, o alienante responde pela evicção (...) ainda que a aquisição se tenha realizado em hasta pública", ou seja, se o arrematante adquiriu regularmente um bem em leilão judicial, e posteriormente perdeu tal direito sobre o referido bem em razão de sentença judicial transitada em julgado, ele terá o direito de ser ressarcido pelos prejuízos que sofreu. Mesmo sabendo que a aquisição de bem em leilão judicial não é um *contrato oneroso* o legislador civil a equiparou para fins de aplicação da responsabilidade pela evicção. E, honestamente, não poderia ser diferente, pois seria inadmissível que um negócio jurídico público fosse uma emboscada para um arrematante de boa-fé. Mais uma vez a opção do legislador – aqui no art. 447 do CCB – foi pela segurança jurídica das arrematações realizadas em leilão judicial.

No entanto, é importante ficar atento para o fato de que, nos termos do art. 457 do CPC, "*não pode o adquirente demandar pela evicção, se sabia que a coisa era alheia ou litigiosa.*" Assim, se no edital do leilão constava (art. 886, VI) a "*menção da existência de ônus, recurso ou processo pendente sobre os bens a serem leiloados*" incide o art. 457 e o adquirente não poderá invocar a garantia da evicção. Enfim, para a incidência do

---

25. Em sentido contrário, porém antiga, a jurisprudência do STJ: "(...) 4. A natureza da arrematação, assentada pela doutrina e pela jurisprudência, afasta a natureza negocial da compra e venda, por isso que o adquirente de bem em hasta pública não tem a garantia dos vícios redibitórios nem da evicção". (REsp 625.322/SP, Rel. Ministro Luiz Fux, Primeira Turma, julgado em 11.05.2004, DJ 14.06.2004, p. 184).

26. A evicção: *evictĭo, ōnis* 'evicção, recuperação de uma coisa perdida', rad. de evictum, supn. de *evincĕre* 'vencer completamente, triunfar'.

art. 447 do CCB combinado com o artigo 886, VI do CPC é preciso que exista uma coincidência, v.g. entre o processo informado no edital e aquele que levou a evicção.

Não constando tal informação no edital torna-se mais difícil, mas não impossível, a demonstração de que o arrematante/adquirente tinha conhecimento de que a coisa adquirida era litigiosa em outro processo. A boa-fé do adquirente/arrematante se presume nesta última hipótese, pois as informações constantes do edital do leilão é que dão segurança e transparência às informações do procedimento licitatório de aquisição do bem da alienação judicial. Para as situações em que nem sequer ainda havia processo judicial de terceiro pretendendo o bem que foi antes adquirido em leilão pelo arrematante a presunção de sua boa-fé é absoluta.

Os direitos resultantes da evicção poderão ser exercidos por meio de ação autônoma proposta pelo evicto contra o executado, porque o bem alienado não lhe pertencia e o dinheiro serviu para exonerar-se total ou parcialmente da dívida exequenda e também deve figurar no polo passivo o exequente que recebeu a quantia como forma de satisfação total ou parcial do seu direito exequendo. Não é necessário que o arrematante/adquirente aguarde o término do processo para exercer o seu direito, podendo ajuizar demanda condenatória eventual de denunciação da lide nos termos do artigo 125, I e ss. do CPC.

E. Invalidação e ineficácia da arrematação

Como se disse anteriormente o Código permitiu, excepcionalmente, que a arrematação (e por extensão a adjudicação) seja fulminada quando houver vício de invalidade e de ineficácia do referido negócio jurídico. Antes de qualquer comentário é preciso uma advertência: *pas nullité sans grief*, ou seja, não há que se reconhecer a imperfeição da arrematação sem que esteja presente a demonstração do prejuízo. Apenas para relembrar o Código Civil no art. 104 identifica que: a validade do negócio jurídico requer: I – agente capaz; II – objeto lícito, possível, determinado ou determinável; III – forma prescrita ou não defesa em lei.

Por sua vez, segundo o art. 903, § 1º, I do CPC a arrematação poderá ser "*invalidada, quando realizada por preço vil ou com outro vício*". Assim, embora tenha ocorrido formalmente uma *arrematação* e se apresente como um ato "perfeito e acabado", ela pode padecer de imperfeição que esteja atrelada à falta de algum elemento fundamental que comprometerá a sua validade.[27]

Segundo o Código de Processo Civil, art. 903, § 1º, "ressalvadas outras situações previstas neste Código, a arrematação poderá, no entanto, ser: I – invalidada, quando realizada por preço vil ou com outro vício". Portanto, o dispositivo deixa claro que existem outras hipóteses de invalidação da arrematação, além da que trata da aquisição do bem

---

27. A invalidade no Código de Processo Civil (art. 903), harmônica com o art. 104 e ss. do CCB, engloba tanto os vícios que comprometem o plano da existência, bem como o da validade propriamente dito dos negócios jurídicos em geral.

CAPÍTULO XI • DA EXPROPRIAÇÃO LIQUIDATIVA

por preço vil, que é definido no art. 891 do CPC.[28] Cite-se como exemplo a aquisição por pessoa que não poderia participar do leilão como licitante, e, portanto, não poderia adquirir o referido bem (art. 890). Inválida é a arrematação quando adquirida pelos "leiloeiros e seus prepostos, quanto aos bens de cuja venda estejam encarregados" (art. 890, V). Noutro exemplo, será inválida a arrematação caso o leilão seja precedido de publicação do edital que não contenha a "VI – menção da existência de ônus, recurso ou processo pendente sobre os bens a serem leiloados" (art. 886, VI).

Como se disse, em respeito a instrumentalidade das formas,[29] em toda e qualquer hipótese é preciso que a imperfeição do ato ocorrido no itinerário executivo cause prejuízo àquele que postule a invalidação da arrematação.[30]

Assim, por exemplo, não tem o menor cabimento ao executado a postulação da invalidação da arrematação nesta última hipótese, assim como não é possível que o *leiloeiro* que adquiriu indevidamente o bem postule a invalidação da arrematação como mencionado na hipótese mais acima, ou ainda que o terceiro arrematante invoque o preço vil para pedir a invalidação da arrematação. Aliás, quanto a este último a arrematação é *irretratável* e por isso mesmo não se poderia travestir as hipóteses de invalidação em uma desistência enrustida por parte do terceiro adquirente.

Importa registrar que não se pode transformar o pedido de invalidação da arrematação em uma impugnação disfarçada de vícios da execução, ou seja, "(...) no pertinente à anulação do auto de arrematação, a conclusão alcançada pelo Tribunal de origem encontra respaldo em precedentes desta Corte, segundo os quais, aperfeiçoada a arrematação com a assinatura do auto pelo Magistrado, pelo Escrivão, pelo arrematante e pelo Leiloeiro, o ato é considerado perfeito, acabado e irretratável, a teor do disposto no art. 694 do CPC/1973, e somente poderá ser desconstituído por vício intrínseco e insanável da própria arrematação, o que não restou demonstrado nos autos".[31]

Isso quer dizer que não é possível invocar, por exemplo, a alegação de que o bem alienado era de família e impenhorável,[32] porque este não é vício da arrematação e deveria ter sido alegado pelo executado quando lhe cabia falar no procedimento executivo. Tanto é verdade que o Código admite a arrematação ainda que esteja pendente

---

28. Art. 891. Não será aceito lance que ofereça preço vil.
   Parágrafo único. Considera-se vil o preço inferior ao mínimo estipulado pelo juiz e constante do edital, e, não tendo sido fixado preço mínimo, considera-se vil o preço inferior a cinquenta por cento do valor da avaliação.

29. "(...) 1. Não enseja declaração de nulidade do ato a ausência de representante do Ministério Público ao leilão judicial, porquanto inexistente prejuízo às partes e ao processo, máxime diante do fato de que, em segunda instância, manifestou-se o Parquet pela convalidação da hasta pública. Incidência do princípio da instrumentalidade das formas. Precedentes. (...)" (AgRg no AgRg no REsp 1193362/SP, Rel. Ministro Luis Felipe Salomão, Quarta Turma, julgado em 02.06.2015, DJe 09.06.2015).

30. Basta imaginar a hipótese de um bem alienado em leilão público por valor acima da avaliação, ainda que dele não tenha sido intimado o executado (art. 889, I).

31. (AgInt no REsp 1462256/SC, Rel. Ministro Napoleão Nunes Maia Filho, Primeira Turma, julgado em 25.11.2019, DJe 27.11.2019).

32. Esta foi a hipótese do AgRg no REsp 1328153/SP, Rel. Ministro Luis Felipe Salomão, Quarta Turma, julgado em 25.11.2014, DJe 02.12.2014.

os embargos do executado, pois estes não são dotados de efeito suspensivo, e, eventual procedência da demanda do executado lhe dará direito apenas ao ressarcimento pela expropriação injusta.

F. Ineficácia da arrematação

Segundo o art. 903, § 1º, II "ressalvadas outras situações previstas neste Código, a arrematação poderá, no entanto, ser: II – considerada ineficaz, se não observado o disposto no art. 804". O artigo 804 diz que "a alienação de bem gravado por penhor, hipoteca ou anticrese será ineficaz em relação ao credor pignoratício, hipotecário ou anticrético não intimado".

O que quer dizer o Código é de que o referido negócio jurídico da arrematação não tem aptidão para irradiar seus efeitos jurídicos àqueles que deveriam ser intimados previamente à sua realização, mas que não foram cientificados como tal. A *inoponibilidade da arrematação* a terceiros que deveriam ser intimados previamente do negócio jurídico é forma de garantir que terceiros não sejam injustamente atingidos em seu patrimônio.

Por outro lado, não se quer dizer que o negócio jurídico da arrematação seja totalmente ineficaz, mas apenas em relação a tais terceiros que deveriam ser previamente cientificados. Vale, e é eficaz a arrematação entre o executado, o exequente e o arrematante, mas, por exemplo, se o credor hipotecário não foi intimado do leilão para exercer seu direito preferencial de adjudicar (art. 876, V) ou de habilitar-se em concurso de credores (art. 908), certamente que em relação a ele a arrematação simplesmente não produz efeitos, o que implica dizer que o arrematante terá adquirido um bem que continua gravado com hipoteca em favor do terceiro que não foi intimado.

Neste particular é preciso o Superior Tribunal de Justiça ao dizer que "a não observância do requisito exigido pela norma do art. 698 do CPC/73 para que se proceda à adjudicação ou alienação de bem do executado – prévia cientificação dos credores com garantia real ou com penhora anteriormente averbada – enseja sua ineficácia em relação ao titular da garantia, não contaminando a validade da expropriação judicial. Precedentes. 4 – O executado não possui interesse em requerer a nulidade da arrematação com fundamento na ausência de intimação de credores com garantia real ou penhora anteriormente averbada, pois a consequência jurídica derivada dessa omissão do Juízo é a decretação de ineficácia do ato expropriatório em relação ao credor preterido, não gerando repercussão negativa na esfera econômica do devedor".[33]

G. Resolução da arrematação

A arrematação poderá resolvida "se não for pago o preço ou se não for prestada a caução". Na medida em que o caput do art. 892 determina que "salvo pronunciamento

---

33. (REsp 1677418/MS, Rel. Ministra Nancy Andrighi, Terceira Turma, julgado em 08.08.2017, DJe 14.08.2017).

judicial em sentido diverso, o pagamento deverá ser realizado de imediato pelo arrematante, por depósito judicial ou por meio eletrônico", então a possibilidade de que a arrematação não seja concluída – ensejando a sua resolução pelo inadimplemento do arrematante – restringe-se àquelas hipóteses em que o pagamento não seja imediato.

Nesta linha, o próprio art. 901, § 1º deixa claro que "a ordem de entrega do bem móvel ou a carta de arrematação do bem imóvel, com o respectivo mandado de imissão na posse, será expedida depois de efetuado o depósito ou prestadas as garantias pelo arrematante, bem como realizado o pagamento da comissão do leiloeiro e das demais despesas da execução".

Contudo, há casos, como o próprio artigo 892 prevê, que o pagamento não é imediato como na hipótese do § 1º deste mesmo dispositivo quando o exequente arrematar os bens e tiver que completar o valor até três dias depois, ou ainda, por exemplo, quando "*o interessado em adquirir o bem penhorado em prestações poderá apresentar, por escrito*" (art. 895). Inclusive, nesta hipótese o próprio Código diz que havendo mora no pagamento de qualquer das prestações, incidirá multa de dez por cento sobre a soma da parcela inadimplida com as parcelas vincendas e que o "*inadimplemento autoriza o exequente a pedir a resolução da arrematação ou promover, em face do arrematante, a execução do valor devido, devendo ambos os pedidos ser formulados nos autos da execução em que se deu a arrematação*".

H. Desistência da arrematação pelo arrematante

Conquanto o artigo 903 fale que "*a arrematação será considerada perfeita, acabada e irretratável*", admite o Código, neste mesmo dispositivo, a possibilidade de o arrematante, e só ele, voltar atrás e pedir a *desistência da arrematação*.

Na realidade prática a situação de *desistência eficaz* deve ser rara de acontecer porque o Código estabelece um prazo para o exercício deste direito potestativo do arrematante.

Segundo o CPC, em três situações diferentes, e, portanto, *numerus clausus*,[34] o arrematante poderá desistir da arrematação, *sendo-lhe imediatamente devolvido o depósito que tiver feito*:

I – se provar, nos 10 (dez) dias seguintes, a existência de ônus real ou gravame não mencionado no edital;

II – se, antes de expedida a carta de arrematação ou a ordem de entrega, o executado alegar alguma das situações previstas no § 1º;

III – uma vez citado para responder a ação autônoma de que trata o § 4º deste artigo, desde que apresente a desistência no prazo de que dispõe para responder a essa ação.

A primeira situação – *se provar, nos 10 (dez) dias seguintes, a existência de ônus real ou gravame não mencionado no edital* – pode-se dar, por exemplo, quando o arre-

---

34. Não cabe aqui a invocação de desistência por vício redibitório, por exemplo.

matante pretenda realizar a transferência do imóvel arrematado e encontre no registro uma hipoteca em favor de um terceiro. Neste caso, o prazo decadencial de 10 dias deve ser iniciado a partir do momento em que o arrematante poderia realizar o ato (transferência) que lhe permitiria conhecer do gravame, ou seja, quando tivesse em mãos a carta de arrematação. Antes disso não seria lícito contar o prazo, pois teria confiado no edital onde não constou referida informação.

Na situação seguinte, *se antes de expedida a carta de arrematação ou a ordem de entrega, o executado alegar alguma das situações previstas no § 1º* – ou seja, é preciso que após o leilão, mas antes da carta de arrematação ser expedida, conste nos autos a impugnação do executado alegando algum dos vícios do § 1º para o qual tenha efetivo interesse em arguir, como o preço vil, por exemplo. Portanto, é preciso que concorram duas situações: a primeira de que ainda não tenha sido expedida a carta de arrematação e que o executado tenha ofertado a impugnação do artigo 903, §§ 1º e 2º.

Na terceira hipótese pode o arrematante *desistir da arrematação no prazo da contestação* quando ele for citado para responder a ação autônoma de anulação da arrematação que trata o § 4º do art. 903.

Todas as hipóteses cuidam de direito potestativo do arrematante,[35] mas dificilmente esta *desistência* trará de volta para o arrematante "o depósito que tiver feito". As chances de isso acontecer – desistência eficaz – com retorno ao status quo ante (dinheiro de volta para o arrematante, inclusive da comissão do leiloeiro[36] e retorno do bem arrematado à penhora na execução) não são as mesmas nos três incisos. Assim, por exemplo, na hipótese do inciso III isso dificilmente acontecerá porque o prazo para a propositura da ação anulatória da arrematação é de 4 anos (art. 178, II do CCB) e certamente que durante todo este período o valor pago não ficará depositado já que a execução terá seu curso.

---

35. Precisa a lição de Talamini ao dizer que "possibilidade de o adquirente desistir, quando interpostos embargos, consiste em direito potestativo seu. Vale dizer, é direito que, respeitados seus pressupostos, o adquirente exerce mediante sua simples manifestação de vontade no sentido do desfazimento do ato aquisitivo. Não é necessária nenhuma prestação de conduta, nenhuma manifestação de vontade, por parte do executado ou do exequente (quando esse não for o próprio adquirente). É preciso apenas a intervenção do juiz, deferindo a manifestação de arrependimento, para que o ato expropriatório seja juridicamente desconstituído. Nesse sentido, é direito potestativo com intervenção jurisdicional necessária. Isto é, a modificação do estado jurídico (desfazimento da aquisição) não se dá com a simples manifestação de vontade do titular do direito, mas com o pronunciamento judicial que chancela essa manifestação. Não há, contudo, nenhuma margem de discricionariedade ou mesmo de liberdade de avaliação para o juiz. Presentes os pressupostos, impõe-se-lhe o deferimento da desistência." TALAMINI, Eduardo. "Direito de desistência da aquisição de bem em execução". *Revista de Processo*. n. 155. São Paulo: Ed. RT, 2008.

36. Processual civil. Arrematação desfeita. Embargos à arrematação. Comissão do leiloeiro. Devolução.1. "Desfeita a arrematação, a requerimento do arrematante, por força da oposição de embargos, nos termos do art. 694, § 1º, IV, do CPC, é devida a devolução da comissão do leiloeiro, corrigida monetariamente" (RMS 33.004/ SC, Rel. Ministro Castro Meira, Segunda Turma, DJe 6/12/2012).2. Nos termos do art. 694, § 1º, IV, do CPC, a arrematação poderá ser tornada sem efeito por requerimento do arrematante, na hipótese de Embargos à Arrematação (art. 746, §§ 1º e 2º). Se o arrematante exerce essa faculdade, não há como reconhecer a existência de arrematação perfeita, acabada e irretratável.3. Uma vez frustrada a arrematação, a jurisprudência do STJ entende que o leiloeiro não faz jus à comissão.4. Agravo Regimental não provido. (AgRg no RMS 47.869/RS, Rel. Ministro Herman Benjamin, Segunda Turma, julgado em 22.09.2015, DJe 03.02.2016).

CAPÍTULO XI • DA EXPROPRIAÇÃO LIQUIDATIVA **571**

Já em relação aos incisos I e II o Código estabelece o § 3º do art. 903 que "passado o prazo previsto no § 2º sem que tenha havido alegação de qualquer das situações previstas no § 1º, será expedida a carta de arrematação e, conforme o caso, a ordem de entrega ou mandado de imissão na posse". Disso se conclui que a ordem de entrega e a carta de arrematação só serão expedidas, permitindo o arrematante transferir para si a propriedade do bem, depois destes 10 dias mencionados no § 2º. Recomenda-se, por isso mesmo, para eficácia completa da desistência da arrematação pelo arrematante, que o juiz não dê sequência à execução satisfazendo o direito do exequente mediante a entrega do dinheiro ou prosseguindo no concurso de credores antes de esgotado o prazo de 10 dias para a impugnação prevista no artigo 903, §§ 1º e 2º. O CPC é silente quanto a isso, mas de bom alvitre que uma vez realizada a arrematação só dê prosseguimento à execução quando tiver escoado o prazo de 10 dias mencionados nos referidos parágrafos, afinal de contas apenas após estes 10 dias que o arrematante poderá transferir para si a propriedade valendo-se dos títulos da carta de arrematação e da ordem de entrega do bem.

I. Remédios contra a arrematação: impugnação e ação autônoma

O CPC estabelece duas formas de se opor à arrematação: por petição simples ou por ação autônoma. Em ambas delas a matéria alegável é exatamente a mesma (art. 903, § 1º), variando-se, portanto, a forma e o prazo de utilização.

Segundo o § 2º do art. 903 o juiz decidirá acerca das situações referidas no § 1º, se for provocado em até 10 (dez) dias após o aperfeiçoamento da arrematação. O Código fala em "provocação" dando a entender que basta uma simples petição impugnativa para arguição dos vícios da arrematação. Obviamente que o fato de ser por "simples petição" não muda em nada o exercício do contraditório, ou seja, todos os sujeitos afetados pela eventual decisão devem ser previamente ouvidos. A provocação por simples petição corresponde, no Código passado, aos embargos de 2ª fase ou embargos à adjudicação ou arrematação. O que antes era feito por meio de embargos, agora poderá ser feito por simples petição. Uma questão que nos parece importante é saber se mesmo depois do prazo de 10 dias, mas antes da expedição da carta de arrematação (ou adjudicação) ou ordem de entrega seria possível a utilização da provocação por simples petição?

A resposta parece ser positiva, porque a ação anulatória vincula-se à fulminação do ato jurídico representado pela carta de arrematação (adjudicação) ou ordem de entrega. Enquanto não tiver sido formalizado desta forma, a impugnação simples será suficiente. Embora os vícios que impregnam a arrematação possam ser de ordem pública não nos parece que pode o juiz de ofício, ainda que respeitado o artigo 10, conhecer do vício que só deve ser alegado por aquele que sofreu prejuízo. Uma vez decidida a impugnação, após regular contraditório e se necessário com produção de provas além da documental, o juiz proferirá decisão interlocutória desafiável por agravo de instrumento. Em nosso sentir o mérito da questão terá sido decidido com aptidão para fazer coisa julgada

572 MANUAL DE EXECUÇÃO CIVIL • Marcelo Abelha

material. Não há limitação vertical em relação à cognição judicial e contraditório das partes pelo fato de ser feita por simples petição.[37]

A segunda forma de arguição dos vícios da arrematação é por meio de ação autônoma como determina o § 4º ao dizer que "após a expedição da carta de arrematação ou da ordem de entrega, a invalidação da arrematação poderá ser pleiteada por ação autônoma, em cujo processo o arrematante figurará como litisconsorte necessário". Portanto, o limite da impugnação por simples petição não são os dez dias como mencionamos no parágrafo anterior, mas sim a expedição da ordem de entrega ou carta de arrematação. Este é o limite para saber se é caso de uma simples petição de impugnação ou se é caso de propositura de ação autônoma para tal desiderato (art. 178, II do CCB). Trata-se de ação incidental e conexa com a execução e que deve ser proposta no juízo onde ela tramita. É uma ação que pretende o desfazimento da arrematação, e, como tal, forma no polo passivo um litisconsórcio necessário, como expressamente menciona o § 4º, merecendo o reparo técnico de que nem sempre este cúmulo subjetivo passivo será entre o arrematante e o exequente, porque nem sempre a ação será proposta pelo executado, como sugere afoitamente o texto.

J. Contempt of court pela oposição infundada contra a arrematação para forçar a desistência do arrematante

O Código prevê três hipóteses de *desistência da arrematação* pelo arrematante. A primeira delas é por provocação dele mesmo, *se provar, nos 10 (dez) dias seguintes, a existência de ônus real ou gravame não mencionado no edital.* Nas outras duas ele poderá desistir: *II – se, antes de expedida a carta de arrematação ou a ordem de entrega, o executado alegar alguma das situações previstas no § 1º; III – uma vez citado para responder a ação autônoma de que trata o § 4º deste artigo, desde que apresente a desistência no prazo de que dispõe para responder a essa ação.*

Nestas duas hipóteses descritas no § 4º do art. 903 o arrematante poderá desistir da arrematação tendo por fundamento o receio, a insegurança de que ela poderá ser anulada pela impugnação do executado ou por ação autônoma por ele proposta. Nestas duas hipóteses o Código não descarta a possibilidade de venha ocorrer uma conduta improba do executado que pode manipular tais remédios apenas para forçar uma desistência do arrematante, tanto que expressamente prevê a regra no § 6º de que *"considera-se ato atentatório à dignidade da justiça a suscitação infundada de vício com o objetivo de ensejar a desistência do arrematante, devendo o suscitante ser condenado, sem prejuízo da responsabilidade por perdas e danos, ao pagamento de multa, a ser fixada pelo juiz e devida ao exequente, em montante não superior a vinte por cento do valor atualizado do bem".*

---

37. O Código nada diz, mas tratando-se de hipótese de ineficácia da arrematação (art. 903, II) poderá o terceiro provocar por simples petição ou até mesmo por embargos de terceiro, além do que em se tratando de alegação de resolução da arrematação (art. 903, III) também poderá ser feita por simples petição nos autos.

5.5.5.6   A entrega do dinheiro resultante da arrematação

A satisfação do exequente faz-se mediante a expropriação satisfativa do executado. A arrematação apenas retira do patrimônio do executado o bem que foi convertido em dinheiro, mas após a arrematação o dinheiro ainda pertence ao executado, embora constrito e administrado judicialmente com a finalidade de satisfazer o direito exequendo.

A satisfação do direito exequendo se dá com a entrega do dinheiro do patrimônio do executado para o exequente nos termos exatos do art. 904, I, do CPC.[38] É aí que se dá a *segunda* expropriação do executado, só que agora do dinheiro em favor do exequente. Como dito, ela se dá com a entrega do dinheiro ao exequente por ordem do juiz ao depositário. A ordem pode ser decretada de ofício ou a requerimento da parte, e é dever legal do depositário cumpri-la.

Entretanto, para desespero do exequente, a entrega do dinheiro pode não ser algo tão simples, e novas surpresas podem ser apresentadas ao exequente nesse momento. Como se verá oportunamente, há a possibilidade de se instaurar um incidente de pluralidade de credores ou exequentes, como se tratará adiante, fazendo com que o pagamento do exequente seja preterido de acordo com as ordens de preferências.

Não havendo esse concurso, o juiz autorizará que o exequente levante, até a satisfação integral de seu crédito, o dinheiro depositado para segurar o juízo ou o produto dos bens alienados, bem como do faturamento de empresa ou de outros frutos e rendimentos de coisas ou empresas penhoradas, quando: I – a execução for movida só a benefício do exequente singular, a quem, por força da penhora, cabe o direito de preferência sobre os bens penhorados e alienados; II – não houver sobre os bens alienados outros privilégios ou preferências instituídos anteriormente à penhora.[39]

5.5.6   O leilão na perspectiva dinâmica de sua realização

5.5.6.1   O bem penhorado "vai" a leilão

O bem penhorado segue o caminho do leilão judicial se não for efetivada a adjudicação (art.876) ou a alienação por iniciativa particular (art. 880), como deixa claro o artigo 881 ao revelar de modo explícito a subsidiariedade do leilão judicial.

Contudo, embora silente o Código, por razões óbvias, o bem do executado também não irá a leilão judicial acaso a execução seja extinta pela remição da própria execução (art. 826) ou pela renúncia do crédito (art.924, IV), ou quando o bem penhorado seja

---

38. Art. 904. A satisfação do crédito exequendo far-se-á:

I – pela entrega do dinheiro;

II – pela adjudicação dos bens penhorados.

39. O art. 905, parágrafo único, prescreve importante regra de que, durante o plantão judiciário, veda-se a concessão de pedidos de levantamento de importância em dinheiro ou valores ou de liberação de bens apreendidos.

substituído (art. 849), quando o exequente desista da execução ou do ato executivo (art. 775), quando não se tenha dado efeito suspensivo aos embargos (art. 919, § 5º) ou a impugnação do executado (art. 525, § 6º e 7º) etc.

Não se tratando de nenhuma destas situações, e nem sendo caso de penhora de ações com cotação em bolsa de valores (art. 881, § 2º) ou penhora especial como, por exemplo, dos frutos e rendimentos (art. 867), o bem então irá a leilão judicial que, prioritariamente, deve ser feito na forma eletrônica por representar custos menores e ter uma eficiência muito maior.

Não é necessário, embora seja mais comum, que o exequente requeira expressamente o seu desejo de que o bem penhorado vá ao leilão judicial, porque, não ocorrida nenhuma destas situações excludentes, naturalmente ele seguirá este rumo.

5.5.6.2 Os primeiros passos da alienação por leilão judicial presencial: definição do leiloeiro/corretor; local; preço mínimo, as condições de pagamento e as garantias que poderão ser prestadas pelo arrematante

A. Definição do leiloeiro

Não ocorrida nenhuma das situações anteriores e estando aberto o caminho do leilão judicial o primeiro passo é a definição do leiloeiro público (art. 883), o local de sua realização (art. 881, § 3º), o preço mínimo, as condições de pagamento e as garantias que poderão ser prestadas pelo arrematante (art. 885).

No que concerne ao leiloeiro público, indicado ou não pelo exequente, deve estar *credenciado* perante o órgão judiciário. As regras de credenciamento previstas no CPC e na Resolução CNJ 236 são pautadas na eficiência, na efetividade, na segurança, na expertise e na isenção completa do leiloeiro/corretor e sua equipe. Além dos deveres estampados no artigo 884 do CPC (I – publicar o edital, anunciando a alienação; II – realizar o leilão onde se encontrem os bens ou no lugar designado pelo juiz; III – expor aos pretendentes os bens ou as amostras das mercadorias; IV – receber e depositar, dentro de 1 (um) dia, à ordem do juiz, o produto da alienação; V – prestar contas nos 2 (dois) dias subsequentes ao depósito), há uma série de outros previstos no art. 5º e seguintes da Resolução 236 do CNJ.

Obviamente, que não existem só *deveres*, mas também o correlato direito de remuneração e ressarcimento de despesas resultante deste serviço público prestado ao Estado (processo judicial). Por isso, na esteira do art. 7º da citada resolução, *"além da comissão sobre o valor de arrematação, a ser fixada pelo magistrado (art. 884, parágrafo único), no mínimo de 5% (cinco por cento) sobre o valor da arrematação (art. 24, parágrafo único, do Decreto 21.981/1932), a cargo do arrematante, fará jus o leiloeiro público ao ressarcimento das despesas com a remoção, guarda e conservação dos bens, desde que documentalmente comprovadas, na forma da lei".*

B. Local

No que se refere ao local de realização, normalmente, o próprio leiloeiro dispõe de espaço destinado a este fim. E a definição do local não é apenas importante porque nele será realizado o leilão, mas também porque é nele onde normalmente os bens devem estar disponíveis para vistorias e conferências dos interessados, afinal de contas, sendo um bem de propriedade de outra pessoa, é preciso saber se o estado que se encontra descrito no edital corresponde à situação concreta. O local deve também atender as expectativas gerais de deslocamento dos interessados, num ponto que seja de fácil acesso, além de que é preciso ter estrutura necessária para a remoção do bem, a guarda e a sua conservação etc.

C. Preço mínimo judicial e legal

O preço mínimo é o preço de reserva, ou seja, valor abaixo do qual não pode ser alienado o bem. Tal preço deve constar do edital, seja para dar transparência aos eventuais licitantes, seja para que se estimulem (ou desestimulem) a participar do leilão.

Esse "preço mínimo" é, ao nosso ver, um absurdo paternalista do CPC, mais uma limitação política à responsabilidade patrimonial no meio de tantas outras. E entendemos como "absurda proteção ao executado" porque o bem levado a leilão judicial não integra o seu *patrimônio mínimo impenhorável* (art. 833), tanto que foi penhorado para ser alienado. Não é demais lembrar que não existe na teoria dos leilões a obrigatoriedade do "preço mínimo" sendo esta apenas uma opção política de quem institui o leilão, pois entende que poderia lucrar mais com o referido bem em outra oportunidade, evitando um "prejuízo" pela venda abaixo do "preço de reserva".

Também não custa lembrar que a expropriação judicial do patrimônio do executado para responder pelas suas dívidas acontece porque não adimpliu a obrigação por ele assumida. Ademais, partindo do pressuposto de que houve a ampla divulgação do leilão, então, se não houve interessados em adquirir o bem pelo valor da avaliação, e nem mesmo pelo valor mínimo, sinal de que o *mercado* compreende que nem o valor da avaliação, nem o valor mínimo fixado, correspondem àquilo que o bem vale realmente. O valor de mercado nem sempre corresponde ao valor intrínseco do bem e este é um ônus que deveria ser suportado pelo executado e não pelo exequente.

Assim, quando o art. 891 determina que "não será aceito lance que ofereça preço vil" e, no parágrafo único deste mesmo dispositivo diz que "considera-se vil o preço inferior ao mínimo estipulado pelo juiz e constante do edital, e, não tendo sido fixado preço mínimo, considera-se vil o preço inferior a cinquenta por cento do valor da avaliação",[40] o Código estabelece duas regras importantes: a primeira de que além do "preço

---

40. Observe que entre a data da avaliação e a data da arrematação pode se mostrar necessária a atualização monetária do valor para verificar se houve ou não o preço vil legalmente previsto. (REsp n. 1.823.954/SP, relator Ministro Moura Ribeiro, Terceira Turma, julgado em 12/12/2023, DJe de 14/12/2023).

mínimo judicial", há o "preço mínimo legal", para o caso de o magistrado não fixá-lo. E, a segunda de que abaixo deste valor (mínimo judicial ou legal) o preço é "vil" o valor, não podendo ser arrematado sob pena de invalidade da arrematação (art. 903, § 1º, I). O parâmetro de preço vil estabelecido pelo dispositivo se aplica a todas as formas de alienação (alienação por iniciativa particular, por leilão judicial eletrônico ou presencial (art. 879 do CPC/15, alienação antecipada, alienação por meio de proposta escrita etc.).[41]

Embora o Código não diga absolutamente nada a respeito, e, muito embora dê preferência ao *preço mínimo judicial*, entendemos que não faria muito sentido admitir que o preço mínimo judicial pudesse ser abaixo do preço mínimo legal, ou seja, o parágrafo único do art. 891 serve de limitador à fixação do preço mínimo legal.

Uma questão importante precisa ser esclarecida. Havendo pagamento à vista, o preço alcançado no primeiro leilão pode ser inferior ao valor da avaliação, desde que não seja considerado vil. Isso significa que o preço não deve ser inferior ao mínimo estipulado pelo juiz no edital ou, na ausência de um valor mínimo, que não seja inferior a 50% (cinquenta por cento) do valor da avaliação. O art. 886, V prevê a possibilidade do segundo leilão, mas não estabelece nenhuma regra, como o artigo 895, sobre o limite a menor do pagamento à vista além daquele previsto no artigo art. 891 do CPC.[42]

Apenas na hipótese prevista no artigo 895 do CPC — que permite ao interessado adquirir o bem penhorado em prestações — é que se exige o respeito à regra dos dois leilões com limites mínimos: o valor da avaliação no primeiro leilão e o limite de preço vil no segundo leilão.

D. As condições de pagamento

As *condições de pagamento* não se confundem com as *formas de pagamento*. Estas são, por exemplo, pagamento com cheque, por transferência eletrônica bancária, em dinheiro, PIX, por meio de boleto bancário etc. Já as primeiras correspondem se será *a prazo* ou *à vista*, se terá algum desconto ou não, se for a prazo em quantas parcelas, o valor de cada parcela etc.

Estas condições de pagamento são fundamentais que constem no edital para que os pretendentes a licitar possam conhecer previamente as condições da licitação, e, assim programarem-se para a sua eventual participação. Às vezes algum interessado pode não ter condições de adquirir o bem à vista, mas sim a prazo e essa informação é fundamental ser conhecida previamente.

Segundo o artigo 892 "salvo pronunciamento judicial em sentido diverso, o pagamento deverá ser realizado de imediato pelo arrematante, por depósito judicial ou

---

41. (REsp n. 2.039.253/SP, relatora Ministra Nancy Andrighi, Terceira Turma, julgado em 21/3/2023, DJe de 23/3/2023).
42. (REsp n. 1.909.299/PR, relator Ministro Marco Aurélio Bellizze, Terceira Turma, julgado em 7/3/2023, DJe de 14/3/2023).

por meio eletrônico", ou seja, a regra é que a *condição de pagamento* seja "à vista" e que a *forma de pagamento* é o depósito judicial do valor ou por meio eletrônico (transferência bancária). Combinando os arts. 885 com o 892 parece-nos claro que a condição *legal* de pagamento é à vista, mas admite o juiz possa fixar condições de pagamento diversas desta. E, ainda que o juiz não tenha estabelecido condições a prazo, o próprio Código admite que o bem possa ser adquirido parceladamente, por meio de proposta por escrito que deve ser formulada pelo interessado nos autos (físicos ou eletrônico) do processo seguindo as regras do art. 895 do CPC que é claro ao dizer no seu § 7º – e nem poderia ser diferente – que *"a proposta de pagamento do lance à vista sempre prevalecerá sobre as propostas de pagamento parcelado".*

E. As garantias que poderão ser prestadas pelo arrematante

Justamente porque admite o pagamento a prazo, e, à vista sem o desembolso instantâneo da quantia (pagamento em cheque cada vez mais incomum), o Código prevê a possibilidade de que o arrematante deva prestar garantias para o cumprimento da proposta vencedora, afinal de contas, há enorme prejuízo à efetividade e eficiência do processo executivo quando a arrematação não é honrada pelo licitante vencedor.

O Código já prevê a *fiança* (art. 897) como uma destas garantias, mas não se descarta que outras como o seguro garantia ou garantias reais possam ser prestadas, especialmente quando se tratar de pagamento com prazo mais elastecido, como os 30 meses previsto no art. 895, § 1º.

5.5.6.3 O Edital

A. Antes do edital

Definido pelo juiz o leiloeiro/corretor, o local, o preço mínimo, as condições de pagamento e as garantias que poderão ser prestadas pelo arrematante, caberá ao leiloeiro proceder a publicação do edital. O Código não fala nada a respeito, mas sabemos que antes disso o leiloeiro deverá remover o bem e trazer para o seu estabelecimento, identificá-lo, cadastrá-lo em lotes e individuá-lo ainda que aproveite as descrições que já constem no auto ou termo de penhora (art. 838 e 872), afinal de contas entre a data desta e do leilão pode ter se passado muito tempo e o estado que se encontre o bem não seja o mesmo de outrora. Também terá que deixar o bem limpo e disponível (ou amostras dele) poder ser visto durante o período posterior ao edital e antecedente ao leilão. Enfim, ficará como depositário durante este período em que ficará sob sua guarda e administração.

B. Publicação do edital

Assim, atendendo às definições estabelecidas no art. 885 e cumprindo o mister do art. 884, I, caberá ao leiloeiro confeccionar e divulgar o edital dos leilões (quando atender a mais de um processo[43]) de forma ampla ao público em geral (art. 887), pelos meios que se mostrarem mais eficientes para o sucesso do leilão, tais como material impresso, mala direta, publicações em jornais, rádios, televisão, e na rede mundial de computadores, inclusive contendo imagens reais dos bens no sítio eletrônico, para melhor aferição de suas características e de seu estado de conservação.

É dever do leiloeiro público adotar todas as providencias necessárias para que o edital tenha a mais ampla divulgação. É de seu interesse que isso seja feito porque a sua comissão depende do sucesso do leilão. Assim, não adianta publicar o edital nem tão longe e nem tão próximo do dia do leilão. O Código diz no art. 887, § 1º que "deverá ocorrer pelo menos 5 (cinco) dias antes da data marcada para o leilão". Há um prazo mínimo, mas não máximo. Aliás, pode ser publicado mais de uma vez com "chamadas" nos veículos de comunicação. Ademais, seja pelo custo mais barato, seja pela eficiência, o edital deve ser publicado na rede mundial de computadores, em sítio designado pelo juízo da execução, e conterá descrição detalhada e, sempre que possível, ilustrada dos bens, informando expressamente se o leilão se realizará de forma eletrônica ou presencial.

Na remota hipótese de não ser possível a publicação na rede mundial de computadores ou considerando o juiz, em atenção às condições da sede do juízo, que esse modo de divulgação é insuficiente ou inadequado, o edital será afixado em local de costume e publicado, em resumo, pelo menos uma vez em jornal de ampla circulação local como determina o § 3º do art. 887.

Não necessariamente uma *maior* divulgação é sinônimo de melhores resultados, pois é preciso identificar o público-alvo para aquisição dos bens objeto do leilão. Um mesmo veículo de comunicação (TV ou rádio por exemplo) poder oferecer horários diferentes com maior penetração em segmentos diferentes de pessoas. Assim, tem também o leiloeiro esta tarefa, qual seja, de identificar qual o tipo e a intensidade da divulgação, o melhor horário, a forma de apresentação do anúncio etc.[44]

Tudo isso influencia, e muito, no resultado que é atingir o maior número de pessoas interessadas em participar do leilão. Mais licitantes, maior a concorrência, maior a chance de o bem ser alienado por um preço que atenda as expectativas do processo (exequente/executado), e, também maior o valor da comissão a que tem direito o leiloeiro (5% da arrematação).

Não por acaso o Código (art. 887, § 4º) dá mobilidade ao magistrado em considerar todos estes aspectos e "atendendo ao valor dos bens e às condições da sede do juízo, o juiz poderá alterar a forma e a frequência da publicidade na imprensa, mandar publicar o edital em local de ampla circulação de pessoas e divulgar avisos em emissora de rádio ou televisão local, bem como em sítios distintos do que for por ele mesmo indicado anteriormente".

---

43. Art. 887, § 6º O juiz poderá determinar a reunião de publicações em listas referentes a mais de uma execução.

44. Art. 887, § 5º Os editais de leilão de imóveis e de veículos automotores serão publicados pela imprensa ou por outros meios de divulgação, preferencialmente na seção ou no local reservados à publicidade dos respectivos negócios.

CAPÍTULO XI • DA EXPROPRIAÇÃO LIQUIDATIVA

C. Conteúdo mínimo do edital

Nos termos do art. 886 o edital deverá conter, no mínimo:

I – a descrição do bem penhorado, com suas características, e, tratando-se de imóvel, sua situação e suas divisas, com remissão à matrícula e aos registros. Importante que se identifique o lote no qual se encontre o bem para que o licitante possa identificá-lo, especialmente porque num mesmo leilão são alienados vários bens de vários processos;

II – o valor pelo qual o bem foi avaliado, o preço mínimo pelo qual poderá ser alienado, as condições de pagamento e, se for o caso,[45] a comissão do leiloeiro designado, que, segundo a lei (art. 24, parágrafo único, do Decreto 21.981/1932) é de 5%. O valor da avaliação é fundamental para que o interessado possa verificar se a avaliação condiz com o preço de mercado e assim conjecturar se vale a pena ou não participar. Quando o juiz não fixar o preço mínimo, este será 50% da avaliação;

III – o lugar onde estiverem os móveis, os veículos e os semoventes e, tratando-se de créditos ou direitos, a identificação dos autos do processo em que foram penhorados. Tratando-se de bens corpóreos o lugar é fundamental não só para saber onde serão leiloados, mas também para poder vistoriá-los caso algum interessado deseje fazer a conferência física do bem. No caso de bens incorpóreos como direitos de crédito representados por ações judiciais, é preciso saber se existem autos eletrônicos ou físicos. Se forem eletrônicos é mais fácil a consulta do processo, se físicos poderá ser consultado no cartório judicial respectivo;

IV – o sítio, na rede mundial de computadores, e o período em que se realizará o leilão, salvo se este se der de modo presencial, hipótese em que serão indicados o local, o dia e a hora de sua realização;

V – a indicação de local, dia e hora de segundo leilão presencial, para a hipótese de não haver interessado no primeiro, ou seja, o próprio Código admite que um segundo leilão possa ser realizado caso não existam interessados no primeiro em pagar, pelo menos, o preço mínimo legal ou judicial. Não se descarta que o segundo leilão seja precedido de nova avaliação, já que a ausência de interessados pode ser (possivelmente é) indicativo de que teria havido uma falha na avaliação feita;

VI – Menção da existência de ônus, recurso ou processo pendente sobre os bens a serem leiloados, pois deve o arrematante conhecer exatamente a situação jurídica do processo e do próprio bem objeto do leilão, pois pode não desejar adquirir um bem que esteja com algum tipo de gravame ou em processo que ainda pende de julgamento de embargos ou impugnação do executado. Não que esses gravames ou restrições ou pendencias de recursos afetem a arrematação perfeita e acabada (art. 903), mas evita o dissabor de ter que ser réu em uma ação anulatória de arrematação como preveem os parágrafos do art. 903;

VII – No caso de títulos da dívida pública e de títulos negociados em bolsa, constará do edital o valor da última cotação, pois já que não há avaliação prévia deste bem (art. 871), é mister que se dê um parâmetro prévio para o interessado em adquirir o referido bem.

5.5.6.4 Pessoas que devem ser obrigatoriamente cientificadas da alienação judicial, com pelo menos 5 (cinco) dias de antecedência

O Código impõe (art. 889) que alguns sujeitos devem ser cientificados da alienação judicial, com pelo menos 5 (cinco) dias de antecedência, e, acaso não seja cumprida a exigência a arrematação tanto poderá ser invalidada (caso de não

---

45. Já decidiu o Superior Tribunal de Justiça, ao nosso ver com lucidez, ao reconhecer como válida a arrematação feita com pagamento parcelado mesmo que "as condições para o pagamento parcelado não tenham sido delineadas no edital" (AgInt no REsp 1694767/SC, Rel. Ministro Napoleão Nunes Maia Filho, Primeira Turma, julgado em 17.12.2019, DJe 19.12.2019).

cientificação do executado) ou ineficaz (em relação a terceiros não cientificados). É preciso ficar atento a este prazo conjugando com o prazo do tempo mínimo de publicação do edital (art.887, § 1º) já que a publicação dos sujeitos elencados no artigo 889 não será feita no mesmo edital de convocação de interessados em participar do leilão.

São prazos e sujeitos diversos, embora ambos estabeleçam o *mínimo de 5 dias antes do leilão.*

Dentre os sujeitos que devem ser obrigatoriamente intimados do leilão está o executado e vários terceiros com diferentes vínculos com o bem penhorado. Com a intimação poderão pretender a adjudicação do bem (art. 876, § 5º) e alguns deles terão preferência na arrematação (art. 892, § 3º). De qualquer forma, todos os terceiros com algum tipo de vínculo com o bem (direito real limitado etc.) já ficam cientes que havendo adjudicação ou alienação, os créditos que recaem sobre o bem, inclusive os de natureza *propter rem,* sub-rogam-se sobre o respectivo preço, deixando o bem livre de qualquer ônus para o arrematante. É sobre o preço obtido com a arrematação que tais credores poderão exercer, quando for o caso, as suas preferências no recebimento do seu crédito nos termos do art. 908 e 909 do CPC.

Assim, deve ser cientificado da alienação o executado, por meio de seu advogado ou, se não tiver procurador constituído nos autos, por carta registrada, mandado, edital ou outro meio idôneo[46]. O exequente não precisa ser pessoalmente intimado da alienação do bem, embora naturalmente o seja porque as partes devem ser intimadas dos atos processuais em geral.[47] Como ele pode ser licitante, também já teria sido atingido pela publicação do edital do leilão, não havendo que se falar em nulidade da arrematação porque o exequente não teria sido intimado.

Deve ser cientificado o coproprietário de bem indivisível do qual tenha sido penhorada fração ideal, na linha do que determina o art. 843 do CPC, pois além da preferência na adjudicação (art. 876, § 5º) e na arrematação (art. 843, § 1º) terá direito de receber o correspondente à sua quota-parte calculado sobre o valor da avaliação (art. 843, § 2º), o que significa dizer, por exemplo, que se existirem dois proprietários de um bem imóvel que foi avaliado em 240 mil reais, o coproprietário terá direito de receber o valor exato de 120 mil reais acaso a arrematação se dê pelo mínimo legal (50% da avaliação) ou por qualquer valor superior a este.

Deverão ser intimados o titular de usufruto, uso, habitação, enfiteuse, direito de superfície, concessão de uso especial para fins de moradia ou concessão de direito real de uso, quando a penhora recair sobre bem gravado com tais direitos reais; o proprietário do terreno submetido ao regime de direito de superfície, enfiteuse, concessão de uso

---

46. Art. 889, parágrafo único: "Se o executado for revel e não tiver advogado constituído, não constando dos autos seu endereço atual ou, ainda, não sendo ele encontrado no endereço constante do processo, a intimação considerar-se-á feita por meio do próprio edital de leilão".
47. Art. 269. Intimação é o ato pelo qual se dá ciência a alguém dos atos e dos termos do processo.

especial para fins de moradia ou concessão de direito real de uso, quando a penhora recair sobre tais direitos reais. Todos estes sujeitos terão direito de adjudicar preferencialmente (art. 876, §5º), e, ainda que assim não fosse, teriam o direito de saber que será o novo titular do bem, sobre o qual exercem o direito real limitado.

Também deve ser intimado o credor pignoratício, hipotecário, anticrético, fiduciário ou com penhora anteriormente averbada, quando a penhora recair sobre bens com tais gravames, caso não seja o credor, de qualquer modo, parte na execução seja para ter a preferência na adjudicação, seja para estar ciente que o seu crédito se sub-roga no preço da arrematação podendo exercer o direito de receber no concurso de credores/exequentes do art. 908 e 909 do CPC.

O mesmo raciocínio se passa para os casos em que o objeto da penhora recai sobre bem do promitente comprador em relação ao qual haja promessa de compra e venda devidamente registrada; ou quando recaia sobre direito aquisitivo do promitente vendedor derivado de promessa de compra e venda registrada. Não havendo registro público do contrato de promessa de compra e venda não haveria presunção erga omnes e nem haveria que ser intimado para exercer sua preferência na adjudicação, já que o bem penhorado estaria livre e desembaraçado para ser expropriado.

Deve ser intimado ainda a União, o Estado e o Município, no caso de alienação de bem de particular que tenha sido tombado para que exerça o direito de adjudicação ou arrematação preferencial em igualdade de condições (art. 892, § 3º).

5.5.6.5 O adiamento do leilão

Na data, local e hora marcada deve ser realizado o leilão judicial para o qual foram tomadas as providências de confecção e publicação do edital em veículos de comunicação. Entretanto, sabemos, inúmeros motivos podem levar o adiamento do leilão – desde uma queda de transmissão da internet se for eletrônico até uma chuva muito forte no caso de leilão presencial. O fato é que adiar um leilão que estava pronto para ser realizado é sempre um estorvo que causa prejuízos àqueles que desejam que a execução seja breve e efetiva. Diz o artigo 888 do CPC que se por qualquer motivo o leilão for adiado, o juiz mandará publicar a transferência, observando-se o disposto no art. 887, ou seja, todas as regras de publicação deverão ser novamente cumpridas e, da mesma forma, as cientificações prévias.

Como o adiamento causa muitos prejuízos que não são apenas ligados a efetividade de tutela executiva, mas também prejuízos materiais quantificáveis, como por exemplo os gastos com publicação, então prescreve o parágrafo único do art. 888 que se algum dos auxiliares de justiça (*o escrivão, o chefe de secretaria ou o leiloeiro*), *"culposamente der causa à transferência responde pelas despesas da nova publicação, podendo o juiz aplicar-lhe a pena de suspensão por 5 (cinco) dias a 3 (três) meses, em procedimento administrativo regular"*.

5.5.6.6 O leilão: do início ao fim

A. Cadastro dos licitantes que irão participar

Para que um sujeito possa participar do leilão como licitante apto a arrematar, terá, previamente, que apresentar alguns documentos para a realização de um cadastro. Estes documentos são os de identificação pessoa (RG ou Carteira Nacional de Habilitação, Passaporte ou Carteira de Trabalho), além do CPF, endereço com comprovação, os dados do cônjuge ou convivente e o regime de casamento. Tratando-se de pessoa jurídica, deve ter consigo os atos constitutivos da empresa e a ata da última alteração, os Estatutos Sociais, es os documentos comprobatórios de que o sujeito que está ali realmente é o representante legal da empresa, ou seja, também os documentos pessoais dele devem estar presentes.

Nada impede que a participação da pessoa física ou jurídica seja feita por procuração, que além de ter que conter poderes específicos para arrematar para aquele leilão específico, deve estar com firma reconhecida em cartório, lembrando que se se tratar de pessoa jurídica representada por 3º, também os documentos constitutivos comprobatórios da empresa serão necessários. Apenas para relembrar, a regra é a de que todos que estejam na livre administração de seus bens podem participar como licitante, exceto aqueles que estão descritos no art. 890 do CPC.

B. Abertura e concorrência de lances

Aberto pelo leiloeiro o leilão no local, na data e hora marcada então este, ou seus prepostos, irá apresentar sequencialmente os lotes tal como anunciados. Todos os lotes são numerados e serão anunciados pelo número e pelo que nele contêm, ou seja, com a descrição minuciosa do bem ou do conjunto de bens que nele se inserem, o estado em que se se encontram, o preço pelo qual foram avaliados, o preço mínimo fixado pelo juiz, o local onde se encontram, o número do processo em que foram penhorados e o juízo onde tramita a execução. Havendo mais de um bem em cada lote poderá haver o desmembramento para uma arrematação individualizada se a arrematação em conjunto não foi frutífera.

Para cada lote anunciado abre-se a possibilidade de realização dos lances o que pode ser feito à viva voz levantando o dedo ou fazendo um aceno àquele que conduz a concorrência. É o momento da concorrência dos licitantes que desejam arrematar o referido bem em leilão.

De forma sucessiva e ascendente os lances devem acontecer naturalmente, de forma que chegará a um momento que o último lance não terá concorrência e vencerá a disputa, não sem antes o leiloeiro perguntar se "alguém dá mais" ou ainda "dou-lhe uma, dou-lhe duas, dou-lhe três" até bater o martelo como "vendido". Não havendo mais concorrente o licitante que ofertou o maior preço é o arrematante, pois é ele que proporcionou o remate do leilão, ou seja, deu o lance de rematação do leilão. Para

CAPÍTULO XI • DA EXPROPRIAÇÃO LIQUIDATIVA **583**

preservar o patrimônio do executado que pode ter vários bens penhorados em leilão para ser alienado, não se prosseguirá com novas alienações se o produto da primeira arrematação for suficiente para o pagamento do credor e para a satisfação das despesas da execução (art. 889).

Nem sempre o leilão é simples assim, pois algumas variações e situações peculiares podem acontecer.

Uma delas é que mais de um pretendente pode oferecer o mesmo valor e nenhum deles evoluir para um lance superior. Portanto, se houver mais de um pretendente, proceder-se-á entre eles à licitação, e, no caso de igualdade de oferta, terá preferência o cônjuge, o companheiro, o descendente ou o ascendente do executado, nessa ordem (art. 892, § 2º).

Também pode acontecer de o exequente ser o arrematante (vencedor do certame) e, se ele for o único credor do executado, ele não estará obrigado a exibir o preço, *"mas, se o valor dos bens exceder ao seu crédito, terá que depositar dentro de 3 (três) dias, a diferença, sob pena de tornar-se sem efeito a arrematação, e, nesse caso, realizar-se-á novo leilão, à custa do exequente".*

É de se lembrar também que se o bem levado a leilão for de incapaz não poderá ser arrematado por preço inferior a 80% da avaliação no primeiro leilão, como determina a regra do art. 896.

Também há regra especial para as hipóteses em que o leilão é de diversos bens, pois o art. 893 dá preferência à arrematação daquele que se propuser a arrematar os bens em conjunto, oferecendo, para os bens que não tiverem lance, preço igual ao da avaliação e, para os demais, preço igual ao do maior lance que, na tentativa de arrematação individualizada, tenha sido oferecido para eles.

Lembra-se ainda que quando se tratar de bem imóvel que admita uma cômoda divisão (alienação em frações ou partes), será possível aliená-los por partes desde que o executado tenha requerido e que tenha ocorrido a avaliação dessas partes, sendo tal informado no edital. Se não for vendido em partes, poderá ser alienado na sua integridade (art. 894).

Pode acontecer também de o leilão não terminar na data em que se iniciou ultrapassando o horário de expediente forense, caso em que, sem maiores formalidades, seguindo o art. 900 do CPC, deve prosseguir no dia útil imediato, à mesma hora em que teve início, independentemente de novo edital.

C. É considerado vil o lance abaixo do mínimo legal ou judicial

É considerado vil, ultrajante, desprezível, abjeto o lanço oferecido abaixo do *preço mínimo* fixado pelo juiz, ou, quando por este não tiver sido fixado, abaixo de 50% do valor da avaliação, nos termos do art. 891, parágrafo único do CPC. Se a arrematação for deferida com base num preço vil ela poderá ser invalidada nos termos do art. 903, § 1º, I do CPC.

D. Proposta de pagamento parcelado

Ainda que o juiz da execução estabeleça as condições de pagamento (art.885) fixando o número de parcelas que pode ser alienado o bem em leilão, é possível que um interessado possa apresentar no processo uma proposta escrita de pagamento parcelado atendendo aos limites e regras do artigo 895 do CPC.

E. O pagamento do lance vencedor

Declarado como vencedor o maior lance o arrematante será imediatamente procurado pelo leiloeiro ou por membro da sua equipe para que proceda o pagamento e seja lavrado o auto de arrematação. Normalmente os leiloeiros dispõem de infraestrutura organizada para que o arrematante seja conduzido pela sua equipe a escritório ou sala ou espaço ali mesmo no local do leilão só que destinado justamente a realização do pagamento e confecção e assinatura do autor de arrematação. É neste momento que deverá ser feito o pagamento do lanço por simples transferência bancária à conta do juízo da execução onde foi penhorado o bem arrematado, também deve ser paga a comissão do leiloeiro (5%), além das despesas que teve pela guarda e administração do bem.

Já vimos mais acima que a regra é do pagamento à vista, por transferência bancária. Entretanto, excepcionalmente pode ser estabelecido outras condições de pagamento (a prazo e com financiamento desde que conste no edital do leilão. Apenas para se ter uma ideia, vale lembrar o artigo 895 que admite o pagamento em até 30 vezes seguindo as regras ali descritas como já mencionamos anteriormente. É de se lembrar que no caso de incumprimento destas parcelas na forma descrita do artigo 895 determina o § 5º que o *"exequente pode pedir a resolução da arrematação ou promover, em face do arrematante, a execução do valor devido, devendo ambos os pedidos ser formulados nos autos da execução em que se deu a arrematação".*

Justamente por causa dos pagamentos a prazo em que desembolso da quantia não é instantâneo que o artigo 897 diz que se o arrematante ou seu fiador (garantidor da obrigação assumida pelo arrematante) não pagar o preço *no prazo estabelecido*, o juiz impor-lhe-á, em favor do exequente, a perda da caução, voltando os bens a novo leilão, do qual não serão admitidos a participar o arrematante e o fiador remissos. E, prossegue o art. 898, seguindo a regra do art. 794, § 2º, que se o referido fiador do arrematante pagar o valor do lance e a respectiva multa, se sub-roga no direito do arrematante e poderá requerer que a arrematação lhe seja transferida.

F. Documentação que consolida a arrematação

Denomina-se de *auto de arrematação* o documento que sacramenta formalmente a arrematação; tanto que será lavrado de imediato e poderá abranger bens penhorados em mais de uma execução, nele mencionadas as condições nas quais foi alienado o bem, como as parcelas, as garantias, o valor da caução, o lote que ele constava etc. Qualquer que seja a modalidade de leilão, assinado o referido auto pelo juiz, pelo arrematante e pelo leiloeiro, a arrematação será considerada perfeita, acabada e irretratável.

Pouco importa que após a assinatura do auto de arrematação venham a ser julgados procedentes a oposição do executado (embargos ou impugnação). É claro que nesta hipótese o executado terá direito a reparação pelo prejuízo sofrido (art. 776 e 903, *caput*, *in fine*), afinal de contas foi expropriado injustamente como se verificou depois pelo acolhimento de sua oposição.

A solução do artigo 903, *caput* não poderia ser diferente, pois se a arrematação fosse desfeita pelo posterior acolhimento dos embargos do executado, não haveria licitantes dispostos a correr este risco.

Capítulo XII
EXPROPRIAÇÃO SATISFATIVA DOS BENS DO EXECUTADO

1. INTRODUÇÃO

A terceira, e última, fase do procedimento executivo para pagamento de quantia certa contra devedor solvente, aplicável tanto à execução fundada em título extrajudicial como ao cumprimento de sentença, é a da expropriação judicial, que, por sua vez, caracteriza-se pela *finalidade* de se transferirem bens ou valores do patrimônio do executado para o patrimônio do exequente nos limites do crédito exequendo.

A fase expropriatória[1] para satisfação do crédito exequendo pode apresentar diversas variantes, dependendo da ocorrência de certas condições previstas na lei processual. Essas "variantes" correspondem, precisamente, às diferentes formas (técnicas e procedimentos) de realizar a expropriação judicial para se alcançar a satisfação do crédito exequendo. Obviamente, são excludentes entre si. Seguindo um determinado caminho, outro não poderá ocorrer.

Pode-se afirmar que existe um itinerário sugerido pelo Código, mas que a rigor não é vinculativo do caminho a ser tomado pelo procedimento executivo para realizar a expropriação judicial. A preferência do Código extrai-se da redação dos arts. 878, 880 e 881 do CPC.[2]

Tudo leva a crer, por razões de economia processual, que o Código tenha privilegiado a adjudicação, depois a alienação por iniciativa particular, em seguida a alienação por leilão judicial eletrônico e presencial, nessa ordem.[3] E, no tocante à apropriação

---

1   É possível – e desejável – saltar da penhora para a entrega do dinheiro quando o objeto penhorado é a quantia. Nesta hipótese o itinerário executivo é bem mais simples e não é necessário liquidar o patrimônio para depois, com o produto da alienação, entregar a quantia ao exequente, restituindo ao executado o que sobrar.

2   Relembrando o que foi dito sobre a possibilidade das (improváveis) convenções processuais na execução, bem como da incidência do inciso IV do artigo 139 que permite que o juiz determine as medidas atípicas necessárias e adequadas à satisfação do direito.

3   Art. 878. Frustradas as tentativas de alienação do bem, será reaberta oportunidade para requerimento de adjudicação, caso em que também se poderá pleitear a realização de nova avaliação.

(...)

Art. 880. Não efetivada a adjudicação, o exequente poderá requerer a alienação por sua própria iniciativa ou por intermédio de corretor ou leiloeiro público credenciado perante o órgão judiciário.

Art. 881. A alienação far-se-á em leilão judicial se não efetivada a adjudicação ou a alienação por iniciativa particular.

de frutos e rendimentos de bem móvel ou imóvel (art. 905), entendemos que, sempre que for possível, ou seja, sempre que o bem comporte essa modalidade de expropriação, poderá ser preferencial às demais formas de expropriação dependendo da análise judicial do binômio maior efetividade para o exequente e menor sacrifício possível do executado (art. 867 do CPC).

Fica clara a ordem pretendida pelo Código em relação à adjudicação (art. 880), à alienação por iniciativa particular e à alienação por leilão público.

Observe-se que, embora seja, hoje, a técnica expropriatória residual do Código, alienação de bem penhorado em leilão público sempre foi a mais tradicional forma de se expropriar o executado, e poderá apresentar diversas variantes, dependendo da ocorrência de diversas condições, que culminará na escolha de um ou outro caminho.

Com essa ordem de preferências, dois problemas parecem ter sido definitivamente sanados em relação à sistemática que durante anos esteve vigente no CPC de 1973.

É que, no sistema processual revogado, a adjudicação de bem penhorado só poderia ser feita após o insucesso da alienação em leilão público, e, no silêncio da lei, existia certa dúvida em saber se a adjudicação poderia ser feita logo após a primeira hasta pública infrutífera, ou apenas após a segunda.

Com a redação do art. 880, esse problema acabou, afinal de contas é claro o art. 878 ao dizer que, "frustradas as tentativas de alienação do bem, será reaberta oportunidade para requerimento de adjudicação, caso em que também se poderá pleitear a realização de nova avaliação".

O segundo problema era que havia um "desestímulo" à adjudicação do bem penhorado, não só pelo seu caráter subsidiário em relação à alienação em leilão público, mas especialmente porque, para o exequente, qual seria a vantagem de se adjudicar o bem penhorado pelo valor da avaliação se a partir do segundo leilão público ele poderia arrematar o bem por preço inferior ao da avaliação? Por isso eram raras as adjudicações. No CPC melhorou a situação, mas ainda não é o melhor dos mundos.

Com a regra sedimentada no CPC 2015, esse problema também não existe, pois, sendo a adjudicação a forma preferencial, então é sempre um estímulo ao exequente caso esteja interessada no bem, evitando o risco de "perdê-lo" num leilão posterior.

---

§ 1.º O leilão do bem penhorado será realizado por leiloeiro público.

§ 2.º Ressalvados os casos de alienação a cargo de corretores de bolsa de valores, todos os demais bens serão alienados em leilão público.

Art. 882. Não sendo possível a sua realização por meio eletrônico, o leilão será presencial.

§ 1.º A alienação judicial por meio eletrônico será realizada, observando-se as garantias processuais das partes, de acordo com regulamentação específica do Conselho Nacional de Justiça.

§ 2.º A alienação judicial por meio eletrônico deverá atender aos requisitos de ampla publicidade, autenticidade e segurança, com observância das regras estabelecidas na legislação sobre certificação digital.

§ 3.º O leilão presencial será realizado no local designado pelo juiz.

Deve-se deixar claro que a opção de escolher o procedimento é do credor, pois é em favor dele e em seu interesse a execução. Nesse sentido, aliás, a redação dos arts. 876 e 880 do CPC ao mencionar a expressão "requerimento do exequente". Assim, caso o exequente silencie e não postule nem a adjudicação ou a alienação por sua iniciativa, ou, ainda, permaneça inerte em relação ao despacho do juiz questionando por qual meio pretende expropriar, não haverá aí nenhuma nulidade. E será perfeitamente válida a realização da expropriação em leilão público, que é a regra subsidiária de expropriação.

Assim, em seguida, cuidaremos das três formas expropriatórias previstas pelo Código: a adjudicação do bem penhorado, a alienação do bem penhorado (que pode ser feita por iniciativa particular ou em leilão público, analisadas cada uma em separado) e, por fim, ainda, a apropriação de frutos e rendimentos de bem imóvel ou móvel visando à satisfação do crédito exequendo.

2. DA ADJUDICAÇÃO

A adjudicação é uma das formas de expropriação previstas no CPC de 2015 (art. 824). Sob o mesmo rótulo encontram-se figuras absolutamente diferentes que seguem o mesmo regime e procedimento previsto pelo artigo 876 e ss. do CPC. Nestes dispositivos estão a adjudicação do bem penhorado pelo exequente, a adjudicação que funciona como uma arrematação preferencial e a adjudicação que serve como remição do bem penhorado.

2.1 O bem-instrumento e o bem-fim na execução pecuniária

A obrigação, originária ou subsidiária, para pagamento de quantia enseja a execução por expropriação cuja finalidade é obter *dinheiro* do patrimônio do executado. Contudo, quando existe patrimônio executável, nem sempre o dinheiro está ali disponível para ser penhorado (art. 854) e posteriormente entregue ao exequente (art. 904, I). Se assim fosse a execução para pagamento de quantia teria sempre um itinerário muito mais simples. Não raras vezes, portanto, e infelizmente, é necessário penhorar um (ou alguns) bens do patrimônio do executado para com a sua "venda" em leilão judicial, obter a quantia em dinheiro devida que servirá para pagar ao exequente.

Parece óbvio o que vamos dizer, mas às vezes o óbvio precisa ser dito. Sempre que o bem penhorado é dinheiro o caminho executivo fica muito mais tranquilo, rápido e curto. Ao contrário, sempre que o bem penhorado não é dinheiro, o caminho executivo fica mais demorado, mais complexo, cheio de nuances e variáveis, pois o procedimento do leilão judicial é sempre um *prato cheio* para o executado encontrar chicanas e obstáculos que retardam o feito.

Neste contexto o dinheiro é o *bem fim*, pois é o que a execução persegue e o que satisfaz o exequente. Por outro lado, quando o objeto penhorado é algo diverso do dinheiro (cotas de ações, bens móveis ou imóveis, direitos etc.), então tem-se aí o que se pode denominar de *bem-instrumento*, que é assim chamado porque não é ele que será entregue ao exequente, senão porque será alienado judicialmente, e o dinheiro obtido com a sua alienação é que servirá para satisfazer o crédito exequendo.

Numa mesma execução para pagamento de quantia é possível que ocorra uma ou várias alienações de bens do patrimônio do executado. Lembra o artigo 831 que *"a penhora deverá recair sobre tantos bens quantos bastem para o pagamento do principal atualizado, dos juros, das custas e dos honorários advocatícios"* e o artigo 907 determina que *"pago ao exequente o principal, os juros, as custas e os honorários, a importância que sobrar será restituída ao executado"*.

Feitas estas observações preliminares fica fácil compreender o que vem a ser a *adjudicação do bem penhorado*.

Se a *adjudicação do bem penhorado* é requerida pelo exequente e deferida pelo juízo, então dá-se um fenômeno de conversão do *bem instrumento* em *bem fim*, ou seja, ao invés de aguardar a alienação judicial do bem para receber o dinheiro obtido com esta "venda" o que faz o exequente é dar-se por "satisfeito" com a obtenção deste próprio bem, ou seja, *troca o recebimento do dinheiro pelo bem que seria vendido*, evitando todo o procedimento de alienação judicial e encurtando o itinerário executivo. Não por acaso o artigo 904, II do CPC diz que *"a satisfação do crédito exequendo far-se-á: (...) II – pela adjudicação dos bens penhorados*).

Por outro lado, se a adjudicação do bem penhorado não é requerida pelo exequente, mas sim por terceiros (que não fazem parte da execução) esta modalidade de *adjudicação* em nada se assemelha à hipótese anterior, pois *o exequente continuará aguardando o recebimento do dinheiro*.

Na verdade, esta *"adjudicação" por terceiros alheios à execução* recebe, por ficção jurídica, o mesmo regime jurídico da genuína adjudicação do bem penhorado pelo exequente. Contudo, advirta-se, é uma espécie de *arrematação preferencial do bem penhorado* que é deferida a determinadas pessoas (terceiros na execução) em razão de um vínculo que possuem com o bem que está penhorado e que será levado à leilão judicial.

2.2 O conceito de adjudicação

Tendo em vista a diferença de regimes jurídicos entre (1) a adjudicação do bem penhorado pelo exequente e (2) a adjudicação do bem penhorado por terceiros alheios à execução, e, considerando que ambas as figuras estão tratadas no mesmo dispositivo legal, é preciso encontrar um conceito mais amplo para adjudicação de forma que contemple as duas situações mencionadas acima, ainda que possuam genealogias diferentes.

Assim, adjudicação é o ato processual expropriatório em que o órgão jurisdicional transfere o bem penhorado do patrimônio do executado diretamente *para o exequente ou para terceiros.*

CAPÍTULO XII • EXPROPRIAÇÃO SATISFATIVA DOS BENS DO EXECUTADO **591**

2.3 A adjudicação no CPC

O código de processo civil brasileiro trata a adjudicação como *técnica de expropriação da execução por quantia certa*, como expressamente mencionam as redações dos seus artigos 824 e 825:

> Art. 824. A execução por quantia certa realiza-se pela expropriação de bens do executado, ressalvadas as execuções especiais.
>
> Art. 825. A expropriação consiste em:
>
> I – Adjudicação;
>
> II – Alienação;
>
> III – Apropriação de frutos e rendimentos de empresa ou de estabelecimentos e de outros bens.

Mais adiante, no artigo 904, em seção intitulada "da satisfação do crédito", o Código prescreve as duas maneiras pelas quais a "satisfação" acontece, sendo uma delas a adjudicação, *in verbis*:

> Art. 904. A satisfação do crédito exequendo far-se-á:
>
> I – Pela entrega do dinheiro;
>
> II – Pela adjudicação dos bens penhorados[4].

Por sua vez, nos artigos 876 a 878, o legislador estabelece os *requisitos* e o *procedimento* da adjudicação, que iremos analisar ao longo deste ensaio.

2.4 Adjudicação no cumprimento de sentença (provisório ou definitivo) e no processo de execução

Apontada como técnica expropriatória da execução para pagamento de quantia, a adjudicação tanto pode ser realizada em um *cumprimento de sentença* (provisório ou definitivo) quanto num *processo de execução*.

É de se lembrar que o artigo 523, §3º do CPC, que trata do *cumprimento definitivo da sentença que reconhece a exigibilidade da obrigação de pagar quantia*, menciona que "*não efetuado tempestivamente o pagamento voluntário, será expedido, desde logo, mandado de penhora e avaliação, seguindo-se os atos de expropriação*". Por sua vez, no cumprimento provisório, determina o §5º do artigo 520 que "*ao cumprimento provisório de sentença que reconheça obrigação de fazer, de não fazer ou de dar coisa aplica-se, no que couber, o disposto neste Capítulo*".

Ora, como o cumprimento de sentença para pagamento de quantia não contém regras procedimentais suficientes para os atos de expropriação, sempre que se fizer necessária a realização desses atos executivos, instrumentais ou finais, mister será a

---

4. Esta hipótese restringe-se à genuína adjudicação feita pelo exequente, pois quando a adjudicação é realizada pelo terceiro, o exequente só será satisfeito com o dinheiro obtido nesta *arrematação/adjudicação* realizada por quem não era parte da execução.

utilização do Livro II da Parte Especial do Código que é destinada ao *processo de execução*. Aliás, a mesma autorização foi dada pelo artigo 771 e 513 do CPC.

2.5 Adjudicação e satisfação do crédito exequendo (art. 904, II do CPC)

Não é possível fixar a premissa de que a adjudicação é um ato processual reservado ao exequente, porque *"idêntico direito pode ser exercido por aqueles indicados no art. 889, incisos II a VIII"* do CPC, ou seja, tanto o exequente (876, caput), quanto terceiros que não fazem parte da execução (art. 876, §5º), podem proceder a *adjudicação do bem penhorado*.

Disso resulta, à toda evidência, a existência de duas figuras jurídicas distintas sob o "mesmo" regime jurídico nos arts. 876 e ss. do CPC.

Uma coisa é a adjudicação do bem penhorado em prol do exequente e outra é a realizada para terceiros alheios à execução.

Na primeira hipótese, exercida pelo exequente, a adjudicação é ato processual que lhe concede, de modo imediato, e por vontade sua expressamente manifestada nos autos, um resultado prático equivalente àquele que pretendia (receber o bem penhorado ao invés da quantia). Neste aspecto, é absolutamente harmônico com o artigo 904, II quando diz que a satisfação do crédito exequendo se dá pela "adjudicação do bem penhorado".

Frise-se, só é válida a afirmação do artigo 904, II do CPC quando a adjudicação é requerida pelo exequente que pretende o recebimento do bem penhorado em substituição (total ou parcial) do crédito exequendo. Portanto, *contrario sensu*, quando a adjudicação do bem penhorado é feita por terceiros (art. 876, § 5º) a satisfação do crédito exequendo se dá pela *entrega do dinheiro ao exequente*, portanto, incide a hipótese do artigo 904, II do CPC.

2.6 A preferência e o momento da adjudicação

Como diz o artigo 875 do CPC, *"realizadas a penhora e a avaliação, o juiz dará início aos atos de expropriação do bem"*. Ora, partindo da premissa que o objeto da penhora não tenha sido dinheiro, que não tenha sido atribuído efeito suspensivo à eventual oposição contra ela ofertada (embargos do executado ou de terceiro ou impugnação do executado), então o itinerário executivo segue em direção aos atos de expropriação como adverte o artigo mencionado acima.

Neste passo, é expressa a intenção do Código de que a técnica expropriatória da adjudicação é *preferencial* às demais formas de expropriação do bem penhorado, como se observa a redação do artigo 880 ao dizer que *"não efetivada a adjudicação, o exequente poderá requerer a alienação por sua própria iniciativa ou por intermédio de corretor ou leiloeiro público credenciado perante o órgão judiciário"*, e, mais adiante, ao dizer no artigo 881 que *"a alienação far-se-á em leilão judicial se não efetivada a adjudicação ou a alienação por iniciativa particular"*.

Da leitura dos dois dispositivos extrai-se a regra de que a adjudicação precede a alienação por iniciativa particular, e que esta precede a alienação em leilão judicial.

As razões pelas quais o legislador opta pela prioridade da adjudicação em relação às outras técnicas variam de acordo com *tipo de adjudicação*, se pelo exequente ou por terceiros.

No primeiro caso, é simples. É muito mais cômodo, rápido, efetivo e eficiente que se proceda diretamente a transferência do bem penhorado para o exequente evitando um percurso sempre cheio de percalços de uma alienação do bem (por iniciativa particular ou leilão judicial), para depois disso, com o dinheiro obtido, satisfazer o crédito exequendo. A adjudicação é, portanto, um ato judicial que imediatamente realiza esta satisfação como expressamente menciona o artigo 904, II do CPC.

No segundo caso, da alienação por terceiros, que na verdade nada mais do que uma *arrematação preferencial*, a vantagem é que pelo vínculo jurídico que estas pessoas têm com o bem penhorado, tudo indica (pelo menos no plano teórico) que podem interessar-se em adquirir o referido bem pelo preço da avaliação, proporcionando de modo mais rápido e com maior eficiência o dinheiro que irá satisfazer o crédito exequendo. Mas, neste caso, como dito, por ser requerida por terceiro e não pelo exequente, a adjudicação não promove a imediata satisfação do direito exequendo, não se aplicando a regra do artigo 904, II do CPC. É o dinheiro obtido com a "adjudicação/arrematação por terceiros" que irá ser entregue ao exequente (art. 904, I).

O *momento inicial* para a adjudicação é logo após a realização da penhora e a avaliação, e, o *momento final* não é estabelecido pelo Código, de forma que pode ser feito sempre que não tiver sido realizada a alienação do bem. Relembre-se que uma vez assinado o auto pelo juiz, pelo arrematante e pelo leiloeiro, a arrematação será considerada perfeita, acabada e irretratável, sendo este o limite final para que se proceda a adjudicação.

Portanto, sendo mais claro, nada impede que seja requerida a adjudicação após o início do procedimento de alienação, desde que esta não tenha sido efetivada. Tampouco é proibitivo – antes o contrário – que se proceda a adjudicação após um infrutífero leilão, como deixa claro tanto o art. 878 (*frustradas as tentativas de alienação do bem, será reaberta oportunidade para requerimento de adjudicação, caso em que também se poderá pleitear a realização de nova avaliação*), como ainda o artigo 921, V do Código.

2.7   Legitimidade para adjudicar

Segundo o Código de Processo Civil podem adjudicar o bem penhorado tanto o *exequente*, quanto *terceiros* alheios à execução. A *legitimidade* para adjudicar do exequente e dos terceiros nascem em fundamentos jurídicos diferentes, daí a importância de se distingui-los ainda que estejam sob a mesma rubrica nos arts. 876 e ss. do CPC.

Para o exequente, até que este deseje realizar a adjudicação do bem móvel ou imóvel, o bem penhorado é tão somente um *bem-instrumento* que se converterá em dinheiro; dinheiro este que constitui o *objeto-fim* da execução instaurada. Neste particular, quando, no curso do itinerário executivo, o exequente deseja realizar a adjudicação do bem penhorado ele então realiza uma mudança da rota inicial da execução por quantia, na medida em que postula a obtenção de um resultado prático equivalente àquele originariamente pretendido. Enfim, ele troca, total ou parcialmente, o recebimento do dinheiro pretendido pelo bem penhorado. Satisfaz-se em obter o bem penhorado e não o dinheiro que adviria da sua alienação judicial.

Para os terceiros legitimados pelo artigo 876, § 5º as razões que os legitimam a postular a adjudicação são totalmente diferentes das do exequente. É que há entre esses terceiros e o bem penhorado um *vínculo jurídico*, exógeno à execução, mas por esta afetada, que lhes permite exercer um *direito de preferência na aquisição* do bem penhorado. Na verdade, na adjudicação realizada por terceiros, o que se tem é o exercício de um direito de preferência de arrematar o bem penhorado, com os ônus e os bônus processuais de poderem fazer isso antes do leilão judicial do qual qualquer um pode participar.

Assim, na esteira do que determina o artigo 876, §5º do CPC "*idêntico direito pode ser exercido*" pelo coproprietário de bem indivisível do qual tenha sido penhorada fração ideal; o titular de usufruto, uso, habitação, enfiteuse, direito de superfície, concessão de uso especial para fins de moradia ou concessão de direito real de uso, quando a penhora recair sobre bem gravado com tais direitos reais; o proprietário do terreno submetido ao regime de direito de superfície, enfiteuse, concessão de uso especial para fins de moradia ou concessão de direito real de uso, quando a penhora recair sobre tais direitos reais; o credor pignoratício, hipotecário, anticrético, fiduciário ou com penhora anteriormente averbada,[5] quando a penhora recair sobre bens com tais gravames, caso não seja o credor, de qualquer modo, parte na execução; o *promitente comprador*, quando a penhora recair sobre bem em relação ao qual haja promessa de compra e venda registrada; o promitente vendedor, quando a penhora recair sobre direito aquisitivo derivado de promessa de compra e venda registrada; a União, o Estado e o Município, no caso de alienação de bem tombado; os credores concorrentes que hajam penhorado o mesmo bem, pelo *cônjuge*, pelo *companheiro*, pelos *descendentes* ou pelos *ascendentes* do executado.

---

5. Observe que só há o privilégio decorrente da penhora se esta for "anteriormente averbada". Os exequentes de outros processos que tenham penhora registrada posterior e não tenham crédito nesta lista de credores preferenciais, não se inserem no rol deste dispositivo. O registro da penhora posterior não confere legitimidade a adjudicar aos exequentes fora deste rol. Ademais, o registro deve ser da *penhora* ou *constrição* (ex. arresto cautelar) *do bem* que *garanta o juízo da execução*. A simples averbação premonitória anterior ao registro da constrição do imóvel não tem o condão de legitimar exequente de outra execução a adjudicar o bem constrito em outro processo.

CAPÍTULO XII • EXPROPRIAÇÃO SATISFATIVA DOS BENS DO EXECUTADO   **595**

Como é de se observar acima, todos estes legitimados são *terceiros* em relação a execução instaurada, mas dado o vínculo que possuem com o bem penhorado, se lhes é permitido pelo Código arrematá-lo (*rectius*=adjudicá-lo) em situação preferencial ao leilão judicial.

2.8   A adjudicação no CPC e a dação em pagamento no direito privado: figuras próximas, mas diferentes

Nos termos do art. 356 do Código Civil Brasileiro o *"credor pode consentir em receber prestação diversa da que lhe é devida"*. Por sua vez, diz o artigo 876 do CPC, que no curso da execução por quantia *"é lícito ao exequente, oferecendo preço não inferior ao da avaliação, requerer que lhe sejam adjudicados os bens penhorados"*.

Eis aí a semelhança entre os institutos, pois em ambos os casos o credor/exequente satisfaz-se com o recebimento de um bem diverso daquele que constituía a obrigação/pretensão primitiva. É realmente mais fácil imaginar e até de compreender a adjudicação do bem penhorado pelo exequente como se fosse uma "dação em pagamento" dentro da execução.

Contudo, a semelhança para por aí, pois há muitos aspectos que não permitem dizer que a dação em pagamento (*datio in solutum*) seja a mesma coisa que a adjudicação.

O primeiro aspecto, fundamental, é o de que a adjudicação é um ato de império estatal praticado no curso de uma execução judicial, portanto, no curso de um processo que pretende expropriar o executado.

Em segundo lugar, ao contrário do direito privado, é absolutamente irrelevante a vontade do executado no ato de adjudicação judicial, ou seja, na posição de titular de um direito potestativo o exequente pode, preenchidas as condições objetivas, exigir a adjudicação do bem penhorado, sem que o executado possa opor-se, pois seu patrimônio *sujeita-se* em razão da *responsabilidade patrimonial*. Recorde-se que a penhora tira do executado o poder de administração sobre a coisa, de forma que sua contrariedade à adjudicação pretendida pelo exequente é absolutamente irrelevante.

Como não há liberdade para ajustar o preço da coisa dada em pagamento, tal como permite o artigo 357 do CCB, as partes da execução, exequente e executado, simplesmente submetem-se ao valor da avaliação judicial, de forma que não possuem nem de forma expressa e nem de forma tácita a possibilidade de "ajustar o preço" do objeto a ser adjudicado.

Nem se diga que as partes poderiam, em convenção processual ajustar o preço do bem para fins de uma futura adjudicação, pois é a adjudicação é ato estatal que afeta e tem repercussões sobre terceiros, como, por exemplo, os impostos devidos pela transmissão do bem imóvel adjudicado que incidem sobre o valor da avaliação judicial. É preciso que a avaliação passe pelo crivo e controle judicial. Além disso, dependendo da hipótese, porque não dizer, é possível que terceiros possuam vínculo jurídico com o bem e também possam realizar a adjudicação nos termos do artigo 876, §5º, de forma que nenhuma *avaliação combinada entre credor e devedor*, sem a análise e chancela judicial, seria eficaz em relação a estas pessoas.

Como dito acima, a *datio in solutum* envolve apenas o credor e o devedor, e a adjudicação judicial do artigo 876 e ss. do CPC envolve outras pessoas, verdadeiros terceiros em relação à execução, e que também podem *pretender adjudicar o bem*, de forma que não se encaixam no conceito de *dação em pagamento* do artigo 356 do CCB.

2.9   As três modalidades de adjudicação do artigo 876 e ss.

2.9.1   *As três figuras do artigo 876 e ss.: a genuína adjudicação, a adjudicação-arrematação e a adjudicação-remição*

Se aceitarmos como *conceito de adjudicação* a *"transferência do bem penhorado por decisão judicial"* aí sim poderemos dizer que as três figuras descritas no artigo 876 e ss. podem ser acomodadas numa vala comum. Todavia, basta uma análise um pouco mais vertical e acurada sobre as situações descritas no artigo 876 e ss. para se perceber que neste dispositivo estão concentradas figuras absolutamente distintas, por qualquer ângulo que se pretenda analisá-las.

A rigor, com o perdão da palavra, a *adjudicação por terceiros* (art. 876, § 5º) nem deveria ser considerada uma *adjudicação*, pois nem sequer se afina com a previsão do artigo 904, II do CPC e tampouco, semanticamente, há um *resgate ou salvamento* do bem. Aliás, essa observação é ainda mais apropriada e certeira, quando o terceiro é o membro da família, como se verá diante. Nesta modalidade a adjudicação não é forma direta de satisfação do crédito exequendo, senão uma *arrematação preferencial* por terceiros.

Assim, pode-se distinguir no artigo 876 e ss. do CPC as seguintes figuras:

* adjudicação do bem penhorado pelo exequente, ou seja, a genuína *adjudicação expropriatória* que leva à situação do artigo 904, II do CPC;
* adjudicação-arrematação por terceiros que possuem vínculo jurídico com o bem penhorado o que lhes garante um direito de preferência a adquirir o bem;
* adjudicação-remição do bem penhorado por membros da família do executado.

Vejamos cada um deles em tópicos seguintes.

2.9.2   *Adjudicação do bem penhorado pelo exequente*

2.9.2.1   *Características*

A genuína adjudicação é descrita no artigo 876, *caput* do CPC, ou seja, a adjudicação do bem penhorado pelo exequente que possui correspondência biunívoca com o artigo 904, II do CPC. Neste caso há o exequente que expressamente manifesta sua intenção de receber o bem penhorado (bem instrumento) em troca do dinheiro que pretendeu inicialmente ao promover a execução pecuniária. Observe que o direito à adjudicação do bem penhorado pelo exequente nasce com a penhora e nunca antes disso. O exequente não tem o direito de escolher do patrimônio do executado o bem que será penhorado já pensando em adjudicá-lo no futuro. A execução é por quantia e não de entrega de um bem, tanto que a qualquer momento antes da adjudicação ou da arrematação pode o executado remir a execução (art. 826).

E, o faz por razões de conveniência dele mesmo exequente, que tanto pode ser um grande interesse que tenha em ter para si aquele bem penhorado, seja para evitar as delongas de uma alienação judicial, seja por temer um possível estado de insolvência do executado caso tenha que aguardar uma alienação judicial etc. As razões podem ser de várias ordens e não foram catalogadas pelo legislador.

O exequente não precisa justificar por qual motivo deseja receber o bem penhorado ao invés do dinheiro, simplesmente porque o Código lhe faculta esse direito. Como o executado sujeita-se à responsabilidade patrimonial e como a penhora de bem do seu patrimônio retira de seu poder a gestão e administração do referido bem, então, não sendo dinheiro o bem penhorado, para o Estado é sempre muito mais vantajoso e eficiente que o procedimento executivo seja abreviado pela adjudicação do bem penhorado em favor do exequente, evitando delongas desnecessárias e permitindo que a execução seja frutífera, ou pelo menos parte dela no que se refere ao montante do bem adjudicado.

Essa faculdade processual do exequente é consequência lógica do direito potestativo do exequente; direito este que lhe permite exigir do estado a expropriação do patrimônio do executado nos exatos limites do que lhe é devido. Quando a sujeitabilidade patrimonial deixa de ser abstrata e concretiza-se na individualização dos bens penhorados uma de duas: ou o bem é dinheiro e será entregue ao exequente, ou então o bem precisa ser convertido em dinheiro por meio de alienação judicial e o produto desta alienação (dinheiro) será entregue ao exequente (art. 904, I). Ocorre que esta última etapa pode ser abreviada com uma mudança de rota, caso o exequente opte por receber o próprio bem penhorado ao invés do dinheiro que seria arrecadado com a sua "venda". Trata-se de *faculdade* [6] inerente ao seu direito potestativo, e, que o Código, inclusive, prefere às demais formas de alienação, pois é bem mais eficiente e efetiva.

Obviamente que só se pode falar em *adjudicação do bem penhorado pelo exequente* se quem pede a adjudicação é o exequente, e, desde que o bem que se pretenda adjudicar tenha sido penhorado. Na verdade, mais do que isso, como a adjudicação – nesta ou nas demais formas – só pode acontecer pelo preço da avaliação judicial do bem, então é preciso que o bem a ser adjudicado esteja *penhorado e avaliado judicialmente* (avaliação com a qual concorde o magistrado).

---

6. A adjudicação já foi *compulsória* quando regente o nosso ordenamento pelas Ordenações Filipinas, sendo o exequente obrigado a aceitar o bem com abatimento percentual do preço avaliado, sempre que não tivesse sido arrematado em hasta pública. Transformou-se em *faculdade do exequente* pelo Decreto nº 9549 de 1886.

Isso não significa que o exequente não possa manifestar-se desde cedo no processo no sentido de que optará, quando todos os requisitos estiverem presentes, pela execução de adjudicar determinado bem do patrimônio do executado, ou seja, mesmo tendo promovido uma execução por quantia, pode indicar à penhora determinado bem do patrimônio do executado que interesse a uma futura adjudicação. Claro que não necessariamente tal bem indicado será penhorado, até porque pode o executado pode questionar a ordem de preferência, ou até mesmo segurar o juízo com a quantia em dinheiro, daí porque, pelo menos em tese, o desejo de receber um bem ao invés do dinheiro só nasce depois de realizada a penhora sobre o bem móvel ou imóvel do patrimônio do executado.

Uma situação interessante acontece quando se está diante, por exemplo, de uma *execução hipotecária*, onde o exequente, credor hipotecário que é, desde já indica a penhora do bem dado em garantia real. Nesta hipótese, a *penhora recairá*, preferencialmente, sobre bem dado em garantia, caso em que a figura do artigo 876, *caput* (exequente) e do §5º recaem sobre a mesma pessoa. Além da ter a preferência na *adjudicação-arrematação* por causa do vínculo com o bem, o credor, nesta hipótese é também exequente, valendo-se, portanto, da regra do caput do dispositivo.

Na adjudicação do bem penhorado pelo exequente, uma vez consolidado o ato, uma de duas: imediatamente em seguida procede-se a extinção total da execução por meio de sentença com base no artigo 921, II do CPC, ou então procede-se a extinção parcial da execução por decisão interlocutória, remanescendo a tutela executiva apenas na parte que não foi contemplada pela adjudicação, fato que acontece nas hipóteses em que o valor do bem adjudicado é menor do que o valor do crédito exequendo. Não se descarta a possibilidade de que em razão das novas penhoras sobre bens móveis ou imóveis uma nova adjudicação possa vir a acontecer.

É de se notar que a *adjudicação do bem penhorado pelo exequente* promove, de imediato, a satisfação do exequente, culminando com a extinção parcial ou total da execução. O mesmo ato que expropria o executado é o ato que satisfaz o exequente, tal como quando se *entrega a quantia penhorada ao exequente*. O bem penhorado adjudicado é como se dinheiro fosse para o exequente, e daí porque se fala em caráter pro soluto com imediata quitação do valor correspondente à adjudicação.

2.9.3 Adjudicação do bem penhorado pelo exequente e sub-rogação decorrente da penhora de crédito (art. 857)

Neste particular é importante destacar que a figura descrita o artigo 857, §1º não é adjudicação de bem penhorado pelo exequente. Segundo o dispositivo:

Art. 857. Feita a penhora em direito e ação do executado, e não tendo ele oferecido embargos ou sendo estes rejeitados, *o exequente ficará sub-rogado nos direitos do executado até a concorrência de seu crédito*.

§ 1º O exequente pode preferir, em vez da sub-rogação, a alienação judicial do direito penhorado, caso em que declarará sua vontade no prazo de 10 (dez) dias contado da realização da penhora;

> § 2º A sub-rogação não impede o sub-rogado, se não receber o crédito do executado, de prosseguir na execução, nos mesmos autos, penhorando outros bens.

A *sub-rogação* aí descrita não é adjudicação, porque para que esta ocorra é preciso que exista o manifesto interesse do exequente em adjudicar o bem penhorado. Aqui a sub-rogação da penhora do crédito é efeito automático à penhora realizada, mas sem qualquer semelhança com a adjudicação, pois como dito acima, depende de expressa manifestação de vontade do exequente, e, além disso gera a imediata satisfação do direito exequendo que, na hipótese não acontece, como faz questão de alertar o parágrafo segundo. Observe-se que nada impede que além da sob rogação automática o exequente, por critérios de conveniência e oportunidade, decida assumir o referido risco (de futuramente não receber o crédito) e requeira a *adjudicação do crédito* ao invés da *alienação judicial do direito penhorado*.

2.9.4 Adjudicação do bem penhorado pelo exequente e apropriação de frutos e rendimentos (art. 825, III)

Outra situação jurídica peculiar é a figura da "apropriação de frutos e rendimentos" que o Código estabelece como uma das formas de expropriação do art. 825, III e que está regulamentada no artigo 867 e ss. Por expressa dicção do legislador a apropriação dos frutos e rendimentos não se confunde com a *adjudicação do bem penhorado*.

No Código anterior após a modificação trazida pela Lei 11.382/06 a *apropriação de frutos e rendimentos* já foi tratada como *usufruto de bem móvel e imóvel* e na redação original como usufruto de bem imóvel, sendo que no passado mais remoto, como se verifica na Consolidação Ribas, já foi até considerada como *adjudicação de rendimentos*.

A situação é *peculiar* e merece que seja estabelecida uma premissa inicial. A penhora de uma coisa não inclui, necessariamente, a penhora de frutos e rendimentos que tal coisa possa proporcionar. É possível penhorar a coisa e também penhorar seus frutos e rendimentos, ou penhorar apenas os frutos e rendimentos e não necessariamente a coisa principal. Tanto o artigo 834, quanto o artigo 835, X são exemplos desta distinção. O mesmo pode ser observado na redação do artigo 862 onde a distinção é ainda mais clara. Por isso, é preciso deixar claro que tanto é possível penhorar a coisa (principal), ou seus frutos e rendimentos (acessório), quanto ambos.

Estabelecida a premissa acima e atendo-nos a penhora de frutos e rendimentos algumas questões surgem em relação à possibilidade, ou não, de se tratar a *apropriação de frutos e rendimentos* como "espécie" ou uma "variante" da adjudicação, tal como se fosse uma *adjudicação de rendimentos* como um dia foi chamada.

Em primeiro lugar, há o problema desta modalidade de expropriação ser feita de modo paulatino, mediante o percebimento de frutos e rendimentos ao longo do tempo até que a dívida seja integralmente paga. Tal fato – *pro solvendo* – não se coaduna com a ideia *pro soluto* da adjudicação, até porque a *transferência do direito de receber os frutos e rendimentos* não implica em imediata satisfação do direito exequendo. Ora, tanto os frutos podem não ser colhidos e os rendimentos não serem pagos por diversas razões, inclusive alheias à vontade do exequente e do executado, e, a dada a situação de insatisfação da pretensão executiva, esta prosseguirá pelo caminho natural de penhora de outros bens do executado. Além disso, ter-se-ia que admitir uma *adjudicação temporária e sob condição*, o que não se coaduna com a segurança jurídica que a adjudicação do bem penhorado proporciona ao longo do Código.

Por outro lado, não nos parece que o termo *apropriação de frutos e rendimentos de empresa ou de estabelecimentos e de outros bens* como fez o Código, em substituição ao termo *usufruto de bens móveis e imóveis*. Ao nosso ver seria melhor que tivesse mesclado as duas terminologias, ou seja, falasse em *apropriação de frutos e rendimentos,* mas também que mantivesse o *usufruto de bens*, pois há hipóteses em que não se apropria de frutos e nem de rendimentos, mas permite-se *usufruir* de determinado bem. Basta imaginar, por exemplo, a hipótese em que o executado possua uma casa de veraneio e o exequente se satisfaça com o uso da casa por três verões seguidos ao invés de penhorar a renda a ser auferida pela eventual locação por temporada, ou ainda penhorar o próprio imóvel. Não se trata de *apropriar-se de frutos e rendimentos*, mas usar e fruir a coisa por período determinado que corresponda ao valor do seu crédito. Seria, portanto, um linguajar inadequado de "adjudicação de uso" e não propriamente de "adjudicação de rendimentos", mas nem mesmo nesta hipótese haveria que se falar em caráter *pro soluto*.

2.9.5 A adjudicação pelo exequente que possui garantia real sobre o bem

É possível que o exequente promova execução por quantia certa contra devedor solvente e indicando à penhora o bem dado em garantia (hipoteca ou penhor) pelo executado. O fato de o devedor ter ofertado uma garantia específica e de a penhora recair sobre o referido bem, isso não quer dizer que o exequente deva pedir a sua adjudicação. Sendo uma execução pecuniária e é exatamente o dinheiro que o exequente visa obter. Poderá, portanto, é uma faculdade, pedir a adjudicação do bem dado em garantia real, mas obviamente não está obrigado a fazê-lo. A garantia específica é *instrumento* para garantir e não o *fim* da relação jurídica obrigacional. Acaso o credor hipotecário faça a cessão do crédito para terceiro, o cessionário se sub-roga nos mesmos direitos do cedente, inclusive em relação à garantia hipotecária.

2.9.6 A adjudicação-arrematação do § 5º, primeira parte, do artigo 876 do CPC

Como já dito acima, além do exequente, outras pessoas podem *adjudicar o bem penhorado*. Por não serem parte da relação jurídica processual executiva, são considerados *terceiros juridicamente interessados*. A rigor, tais sujeitos não possuem vínculo jurídico com o exequente, mas sim o bem objeto da penhora, e, por isso mesmo que a lei processual os legitimou à adjudicação do bem.

Deste rol de terceiros legitimados é possível fazer uma distinção entre os *terceiros familiares do executado*, que constam na segunda parte do parágrafo quinto e os demais casos.

CAPÍTULO XII • EXPROPRIAÇÃO SATISFATIVA DOS BENS DO EXECUTADO **601**

É que a possibilidade de os *terceiros familiares adjudicarem* (arrematarem preferencialmente) o bem penhorado nada mais é do que, para quem estudou pelo Código de 1939 e de 1973, a antiga figura da *remição do bem* por membros da família do executado. Nos termos do antigo artigo 787 do CPC de 1973 tinha-se que era "*lícito ao cônjuge, ao descendente, ou ao ascendente do devedor remir todos ou quaisquer bens penhorados, ou arrecadados no processo de insolvência, depositando o preço por que foram alienados ou adjudicados*", o que poderia ser feito nas 24 horas subsequentes à adjudicação ou arrematação, mas antes da assinatura do respectivo auto que sacramentasse esses atos. Era, literalmente, um *salvamento* de um bem que já havia sido arrematado. A previsão do prazo em horas aumentava ainda mais essa noção de *resgate* do bem.

Por sua vez, as outras hipóteses de terceiros legitimados à adjudicação do bem penhorado consagram situações jurídicas onde existe, à toda evidência, um *vínculo jurídico*, e, não simplesmente afetivo, entre o terceiro e o bem objeto da penhora. Esse vínculo é tão proeminente que se lhes é permitido realizar uma *arrematação travestida de adjudicação*, justamente para permitir que adquiram preferencialmente o bem antes de ser levado a leilão judicial. Em tese, pelo menos no plano teórico, possuem um interesse jurídico singular que lhes concede um direito de preferência.

A ideia do legislador não foi ruim, pois, inegavelmente, os legitimados ali descritos[7] presumem-se interessados em adquirir preferencialmente o referido bem, aquiescendo com o preço fixado na avaliação judicial. Justamente por isso o legislador lhes concedeu um momento especial para exercer o direito preferencial de arrematação travestido em adjudicação. Nesta hipótese, por óbvio, a "adjudicação" não levará a extinção da execução (art. 904, II), justamente porque de arrematação preferencial se trata. O que será entregue ao exequente, se for o caso, é o dinheiro daí resultante (art. 904, I).

É de se observar que de certa forma esta "adjudicação disfarçada de arrematação" pode acabar se tornando uma antecipação do *concurso de credores e exequentes* previsto na hipótese do artigo 908 e 909 do CPC, só que ao invés de *concorrerem para obter o dinheiro* obtido com o leilão judicial, concorrerão pelo bem propriamente dito.

E, é de se notar que desta operação poderá não resultar dinheiro nenhum para o exequente já que o terceiro adjudicante poderá usar o seu crédito preferencial para

---

7. São eles: (a) os credores concorrentes que hajam penhorado o mesmo bem respeitada a ordem de registro da constrição, (b) o coproprietário de bem indivisível do qual tenha sido penhorada fração ideal; (c) o titular de usufruto, uso, habitação, enfiteuse, direito de superfície, concessão de uso especial para fins de moradia ou concessão de direito real de uso, quando a penhora recair sobre bem gravado com tais direitos reais; (d) o proprietário do terreno submetido ao regime de direito de superfície, enfiteuse, concessão de uso especial para fins de moradia ou concessão de direito real de uso, quando a penhora recair sobre tais direitos reais; (e) o credor pignoratício, hipotecário, anticrético, fiduciário ou com penhora anteriormente averbada, quando a penhora recair sobre bens com tais gravames, caso não seja o credor, de qualquer modo, parte na execução; (f) o promitente comprador, quando a penhora recair sobre bem em relação ao qual haja promessa de compra e venda registrada; (g) o promitente vendedor, quando a penhora recair sobre direito aquisitivo derivado de promessa de compra e venda registrada; (h) a União, o Estado e o Município, no caso de alienação de bem tombado

adquirir o referido bem. Se o valor do bem for maior do que o crédito, aí sim deverá o adjudicante depositar a diferença para obter o bem que estava penhorado em execução alheia. Não se descarta a possibilidade, ainda mais remota do que a própria a adjudicação por terceiro, de que exista um concurso de adjudicantes como preveem o § 6º aplicável à adjudicação-remição e o artigo 908 aplicável analogicamente.

2.9.7 A adjudicação-remição do § 5º, segunda parte, do artigo 876 do CPC

2.9.7.1 Características

A terceira modalidade de "adjudicação" prevista no artigo 876 do CPC é denominada de *adjudicação-remição*, assim chamada, obviamente, porque corresponde, exatamente, à antiga remição do bem arrematado ou adjudicado por membros da família do executado, tal como constava no artigo 546 do Regulamento 737 de 1850,[8] art. 986 do CPC de 1939,[9] art. 787 do CPC de 1973.[10] Antes da Lei 11382/2006 que alterou o CPC de 1973 a remição do bem penhorado tinha tratamento autônomo e próprio no CPC e não se confundia com a "adjudicação do bem penhorado".

Todavia, após a Lei de 2006 a remição do bem arrematado ou adjudicado por membros da família deslocou-se para a figura da *adjudicação do bem penhorado*, trazendo não apenas alterações no nome do instituto, mas especialmente nos requisitos para que possa ser exercido. O CPC de 2015 manteve a alteração de 2006 deixando o instituto da remição do bem pela família do executado dentro do instituto da *adjudicação do bem penhorado*.

É questionável a razão pela qual ainda se sustenta em dias de hoje a possibilidade de que membros da família possam ter e exercer um direito potestativo de resgatar o bem penhorado, tal como um dia isso tinha alguma razão de ser. Ao nosso ver, não há mais razão para se manter esta preferência.

---

8. Art. 546. E' licito não só ao executado mas também a sua mulher, ascendentes e descendentes remir, ou dar lançador a todos ou a algum dos bens penhorados até a assinatura do auto da arrematação ou publicação da sentença de adjudicação, sem que seja necessária citação do executado para dar lançador.

9. Art. 986. Realizada a praça, o executado poderá, até a assinatura do auto de arrematação ou até que seja publicada a sentença de adjudicação, remir todos os bens penhorados ou qualquer deles, oferecendo preço igual ao da avaliação, si não tiver havido licitantes, ou ao do maior lanço oferecido.
   § 1º Igual direito caberá ao cônjuge, aos descendentes ou ascendentes do executado.
   § 2º Na falência do devedor hipotecário, o direito de remissão transferir-se-á à massa.

10. Art. 787. É lícito ao cônjuge, ao descendente, ou ao ascendente do devedor remir todos ou quaisquer bens penhorados, ou arrecadados no processo de insolvência, depositando o preço por que foram alienados ou adjudicados.
    Parágrafo único. A remição não pode ser parcial, quando há licitante para todos os bens.
    Art. 788. O direito a remir será exercido no prazo de 24 (vinte e quatro) horas, que mediar:
    I – entre a arrematação dos bens em praça ou leilão e a assinatura do auto (art. 693);
    II – entre o pedido de adjudicação e a assinatura do auto, havendo um só pretendente (art. 715, § 1º); ou entre o pedido de adjudicação e a publicação da sentença, havendo vários pretendentes (art. 715, § 2º)

CAPÍTULO XII • EXPROPRIAÇÃO SATISFATIVA DOS BENS DO EXECUTADO

Na sua origem, o instituto fincava-se no elo quase espiritual que ligava a família ao bem (imóvel) penhorado e por isso mesmo, para proteção desta célula da sociedade se permitia que qualquer membro da mesma pudesse livrar o bem (imóvel) arrematado ou adjudicado nas 24 horas subsequentes à sua arrematação ou adjudicação, desde que oferecesse preço igual ao da avaliação, se não tiver havido licitantes, ou ao do maior lanço oferecido no caso de adjudicação ou arrematação.

Não nos parece crível que ainda se sustente na sociedade atual esse *elo da família com o bem penhorado a ponto de permitir que se possa resgatá-lo*, ainda que o faça por meio de adjudicação anterior à arrematação o bem em leilão e mesmo que seja depositando o preço fixado na avaliação. Considerando que o imóvel da entidade familiar é impenhorável, e, considerando ainda que o instituto foi pensado para proteger a propriedade imóvel da família, o instituto mostra-se obsoleto, mesmo que esteja sob a veste da "adjudicação".

De qualquer forma a técnica da "adjudicação-remição" não tem mais, desde 2006, a regalia de ser feita no prazo de 24 horas, que mediar:

I – entre a arrematação dos bens em praça ou leilão e a assinatura do auto;

II – entre o pedido de adjudicação e a assinatura do auto, havendo um só pretendente; ou entre o pedido de adjudicação e a publicação da sentença, havendo vários pretendentes.

Da forma como previa o CPC de 1973 a remição do bem por membros da família era quase que uma "condição" para que se aperfeiçoasse a arrematação ou a adjudicação do bem penhorado, pois, era preciso aguardar as tais 24 horas para dar como certo o ato expropriatório.

Atualmente, a adjudicação-remição pela família do executado é uma espécie de arrematação preferencial e deve ser feita antes do leilão judicial sob a forma de *adjudicação* do artigo 876 e ss., devendo o remidor-adjudicante pagar o preço estabelecido pela avaliação judicial. Logo, se não há mais um resgate ou salvamento do bem, nem seria adequado o uso da palavra *remição*. Se o direito potestativo de adjudicar (arrematar preferencialmente) é anterior ao leilão judicial, não há um "salvamento" nem um "resgate" propriamente dito.

Curiosamente, nada obstante a remição do bem penhorado por membros da família do executado ter se deslocado para o tópico da adjudicação (art. 876, §5º, segunda parte) ainda sobrevivem duas hipóteses de remição do bem arrematado que estão previstas no artigo 902 do CPC (com redação idêntica ao art. 877, §§ 3º e 4º).

Segundo este dispositivo *"no caso de leilão de bem hipotecado, o executado poderá remi-lo até a assinatura do auto de arrematação, oferecendo preço igual ao do maior lance oferecido"* e ainda, no parágrafo único do mesmo dispositivo, só que no parágrafo único, tem-se que *"no caso de falência ou insolvência do devedor hipotecário, o direito de remição previsto no caput defere-se à massa ou aos credores em concurso, não podendo o exequente recusar o preço da avaliação do imóvel".*

2.9.7.2 Manutenção do direito de remir o bem arrematado em casos específicos

Os artigos 1882 e 1483 do Código Civil brasileiro, revogados pelo artigo 1072, II do CPC de 2015, tinham a seguinte redação:

> Art. 1.482. Realizada a praça, o executado poderá, até a assinatura do auto de arrematação ou até que seja publicada a sentença de adjudicação, remir o imóvel hipotecado, oferecendo preço igual ao da avaliação, se não tiver havido licitantes, ou ao do maior lance oferecido. Igual direito caberá ao cônjuge, aos descendentes ou ascendentes do executado. (Revogado pela Lei nº 13.105, de 2015).
>
> Art. 1.483. No caso de falência, ou insolvência, do devedor hipotecário, o direito de remição defere-se à massa, ou aos credores em concurso, não podendo o credor recusar o preço da avaliação do imóvel. (Revogado pela Lei n º 13.105, de 2015)
>
> Parágrafo único. Pode o credor hipotecário, para pagamento de seu crédito, requerer a adjudicação do imóvel avaliado em quantia inferior àquele, desde que dê quitação pela sua totalidade.

Embora tenham sido revogados os dispositivos acima, os seus conteúdos passaram a constar nos §§3º e 4º do artigo 877 do CPC, *in verbis*:

> § 3º No caso de penhora de bem hipotecado, o executado poderá remi-lo até a assinatura do auto de adjudicação, oferecendo preço igual ao da avaliação, se não tiver havido licitantes, ou ao do maior lance oferecido.
>
> § 4º Na hipótese de falência ou de insolvência do devedor hipotecário, o direito de remição previsto no § 3º será deferido à massa ou aos credores em concurso, não podendo o exequente recusar o preço da avaliação do imóvel.

Portanto, remanesce ao devedor hipotecário executado (e à massa ou aos credores em concurso no caso de falência ou insolvência) o direito potestativo de *resgatar* o bem hipotecado até a assinatura do auto de adjudicação.

Aí sim se tem um genuíno "salvamento", e, ao contrário da hipótese do artigo 876, §5º, segunda parte, não se confunde com a *adjudicação do bem penhorado pelos familiares* que veio substituir a antiga remição do artigo 787 do CPC de 1973. Observe-se que *adjudica-se um bem penhorado* e *redime-se o bem hipotecado que tenha sido adjudicado ou arrematado* (art. 902).

A remição do bem hipotecado pelo próprio executado até a assinatura do auto de adjudicação (ou auto de arrematação no artigo 902) nada mais é do que a substituição do bem penhorado, tardiamente, pelo dinheiro correspondente ao valor da avaliação do bem penhorado. A justificativa "pietatis causa" de proteção do bem familiar que justifica o instituto do artigo 876, §5º, segunda parte do CPC é absolutamente irrelevante quando a remição do bem é feita pelo executado como na hipótese do artigo 877, §§3º e 4º do CPC. Trata-se de exercício de direito potestativo de *resgate do bem penhorado em troca do valor em dinheiro estabelecido na avaliação judicial*, afinal de contas, enquanto não assinado o auto de adjudicação (e de arrematação) tal ato (ainda em potência) não se considera perfeito e acabado.

CAPÍTULO XII • EXPROPRIAÇÃO SATISFATIVA DOS BENS DO EXECUTADO

A rigor, não deixa de ser este dispositivo uma forma peculiar e especializada da remição prevista no artigo 826 (remição do valor integral da execução) onde se lê que: *"antes de adjudicados ou alienados os bens, o executado pode, a todo tempo, remir a execução, pagando ou consignando a importância atualizada da dívida, acrescida de juros, custas e honorários advocatícios"*.

2.10 Requisitos para adjudicar no artigo 876 do CPC

Existem requisitos que devem ser cumpridos para que se possa exercer o direito à adjudicação, seja pelo exequente, seja pelos terceiros legitimados no dispositivo.

O primeiro deles é diz respeito ao valor pelo qual se pode adjudicar o bem penhorado. O Art. 876 é claro ao estabelecer o valor mínimo, mas não máximo para a adjudicação. Diz o Código que "é lícito ao exequente, oferecendo preço não inferior ao da avaliação, requerer que lhe sejam adjudicados os bens penhorados". A regra do preço serve também para os demais legitimados como expressamente menciona o §5° do mesmo dispositivo.

É de observar que nem sequer poderá ser *ofertado* um preço inferior ao da avaliação, ou seja, deve ser indeferida de plano qualquer petição dos legitimados a adjudicar que pretenda a adjudicação sem ofertar, no mínimo, o preço já fixado na avaliação. Há, portanto, o piso valorativo para a adjudicação, mas não o teto, pois, bem sabemos que, embora improvável, pode haver concorrência em aquisição e neste caso o valor da adjudicação pode ser maior do que o da avaliação.

A partir desse requisito – valor mínimo para adjudicar fixado na avaliação – é preciso então perceber que sem uma *avaliação judicial* não é possível proceder a adjudicação. Apenas para recordar, a regra estabelecida no Código é de que *"avaliação será feita pelo oficial de justiça"* (art. 870) e *"se forem necessários conhecimentos especializados e o valor da execução o comportar, o juiz nomeará avaliador, fixando-lhe prazo não superior a 10 (dez) dias para entrega do laudo"* (870, parágrafo único).

O artigo 876, caput ao falar em "avaliação" refere-se à avaliação judicial. É preciso deixar isso claro para evitar que a adjudicação seja instrumento de simulação, fraude e prejuízo para terceiros, pois, admitida a hipótese do artigo 871, I (uma das partes aceitar a estimativa feita pela outra), tem-se uma porta aberta para o exequente e o executado possam, por exemplo, em conluio, fixar um preço baixo para o bem imóvel, com o fim de burlar terceiros credores com vínculo sobre o mesmo bem, ou até mesmo a fazenda pública, reduzindo o valor de recolhimento de impostos de transmissão de bens. Portanto, deve-se tomar a regra do artigo 876, caput do CPC como avaliação judicial. É preciso que a avaliação do bem tenha passado pelo crivo do magistrado.

Ainda sobre este preço mínimo para adjudicar é preciso fazer uma crítica ao Código porque nada impediria que tivesse adotado a regra do antigo artigo 981 do CPC de 1939 que assim dizia: "realizada a praça, ou o leilão, poderá o exequente requerer lhe sejam adjudicados os bens, devendo oferecer prego igual ao da avaliação, si não tiver havido licitante, ou *ao do maior lanço"*. Fugindo à tradição e a sua origem lusitana, que oferece vantagens para o exequente proceder a adjudicação, o legislador brasileiro filiou-se ao modelo italiano fixando uma correspondência entre o valor mínimo para adjudicar e o valor fixado pela avaliação.

Da forma como se encontra no Código, dificilmente algum exequente se convencerá de que vale a pena requerer a adjudicação do bem penhorado, pois, poderá arrematá-lo, posteriormente, em leilão judicial, pelo preço mínimo fixado pelo juiz ou até por metade do valor da avaliação (art. 891, parágrafo único). Portanto, não sendo um sujeito ansioso ou afoito, ou não exista o risco de uma futura insolvência do executado, ainda que o exequente tenha interesse no bem penhorado, é fato que poderá obter uma vantagem considerável em participar do leilão como arrematante (arts. 890 e 892). Se a opção do legislador foi a de manter uma correspondência, no mínimo, entre a adjudicação e o valor da avaliação, poderia ao menos ter permitido que ela fosse feita com abatimento mínimo após um leilão fracassado e sem licitantes, mas nem isso é permitido no Código.

Outro requisito para que a adjudicação seja um ato válido e eficaz é que além do executado (art. 876, §§1º a 3º), também sejam intimados do pedido de adjudicação todos aqueles que têm algum tipo de preferência em resgatar o referido bem, ou seja, os legitimados do artigo 889, II a VIII) porque possuem um vínculo de direito material com o bem penhorado. Igualmente, o coproprietário do bem indivisível (art. 843, §1º) e aos sócios da sociedade quando suas cotas porém penhoradas por exequente alheio à sociedade (art. 876, §7º e 861). Aplica-se, portanto, a regra do artigo 889 para a adjudicação, ou seja *"serão cientificados da alienação judicial, com pelo menos 5 (cinco) dias de antecedência: I – o executado, por meio de seu advogado ou, se não tiver procurador constituído nos autos, por carta registrada, mandado, edital ou outro meio idôneo; II – o coproprietário de bem indivisível do qual tenha sido penhorada fração ideal; III – o titular de usufruto, uso, habitação, enfiteuse, direito de superfície, concessão de uso especial para fins de moradia ou concessão de direito real de uso, quando a penhora recair sobre bem gravado com tais direitos reais; IV – o proprietário do terreno submetido ao regime de direito de superfície, enfiteuse, concessão de uso especial para fins de moradia ou concessão de direito real de uso, quando a penhora recair sobre tais direitos reais; V – o credor pignoratício, hipotecário, anticrético, fiduciário ou com penhora anteriormente averbada, quando a penhora recair sobre bens com tais gravames, caso não seja o credor, de qualquer modo, parte na execução; VI – o promitente comprador, quando a penhora recair sobre bem em relação ao qual haja promessa de compra e venda registrada; VII – o promitente vendedor, quando a penhora recair sobre direito aquisitivo derivado de promessa de compra e venda registrada; VIII – a União, o Estado e o Município, no caso de alienação de bem tombado"*. Observe que no inciso V só determina a intimação prévia do credor quirografário que seja exequente em outro processo se houver registro de penhora anterior por ele efetivado, pois do contrário a preferência é justamente do exequente da execução onde o bem será adjudicado que tenha penhora anteriormente registrada.

CAPÍTULO XII • EXPROPRIAÇÃO SATISFATIVA DOS BENS DO EXECUTADO

Também é verdadeira condição para a adjudicação que seja feita enquanto não tenha acontecido outra forma de expropriação ou que o executado não tenha remido a própria execução (art. 826).

Nas hipóteses em que o valor do crédito do requerente é inferior ao do (s) bem (ns) penhorado (s), é necessário que o requerente da adjudicação deposite de imediato a diferença, que ficará à disposição do executado. Se, porventura, ao inverso, o valor do crédito for superior ao dos bens, então a execução prosseguirá pelo saldo remanescente.

2.11 Documentação e o efeito de aquisição da propriedade pela adjudicação

Uma vez requerido o pedido de adjudicação e transcorrido o prazo de 5 (cinco) dias, contado da última intimação, ou, se for o caso, decididas eventuais questões que tenham surgidas como por exemplo a concorrência de licitantes, então o juiz ordenará a lavratura e a assinatura do auto pelo juiz, pelo adjudicatário, pelo escrivão ou chefe de secretaria, e, se estiver presente, pelo executado, expedindo-se desde logo: I – a carta de adjudicação e o mandado de imissão na posse, quando se tratar de bem imóvel, que poderão ser levados a registro nos órgãos públicos competentes; II – a ordem de entrega ao adjudicatário, quando se tratar de bem móvel.

Não há óbice de que a carta de adjudicação seja expedida num momento e posteriormente a ordem de imissão de posse, mormente quando o bem penhorado está sob detenção do executado (depositário), sendo perfeitamente possível que entre o registro da carta de adjudicação perante o órgão registral e o efetivo apossamento o executado possa criar embaraços ao exequente. Tratando-se de bem imóvel essa possibilidade é bastante acentuada e recomenda-se que nas hipóteses em que o bem adjudicado esteja sob custódia do executado que o mandado de imissão seja deferido junto com a carta, mas em separado pois serão direcionados a órgãos e pessoas distintas.

É a carta de adjudicação que permitirá o registro do bem no cartório competente conterá a descrição do imóvel, com remissão à sua matrícula e aos seus registros, a cópia do auto de adjudicação e a prova de quitação do imposto de transmissão. A título de ilustração, tratando-se de bem imóvel ou de veículos não será incomum que, além da dívida com o exequente o executado, existam outras que sejam até mesmo relativas ao bem penhorado (dívidas de condomínio, impostos prediais, taxas de licenciamento, multas etc.). Nestas hipóteses, sabemos, só se procede o registro se todas estas pendências estiverem devidamente quitadas. O legislador silencia a respeito do assunto, mas nos parece que tais valores destas dívidas em atraso, quitados pelo exequente podem ser exigidos do executado. Por outro lado, é importante que se diga que, ao adjudicar o bem, o adjudicante não é sucessor processual do executado em eventuais cobranças contra ele ajuizadas.

É de se dizer ainda que há consonância do artigo 877, II do CPC, citado retro, com o artigo 1.267 do Código Civil que prescreve, em linhas gerais que "a propriedade das coisas não se transfere pelos negócios jurídicos antes da tradição". Contudo, por vezes, pode ser necessário em razão de especificações do bem móvel que a tradição da coisa apenas não é suficiente, sendo mister a confecção e expedição de carta para devido registro em órgão público competente. Como dito acima, se por qualquer razão o adjudicante não conseguir tomar a posse do bem adjudicado será necessário peticionar ao juízo da execução de onde emanou o ato expropriatório para que este determine, por ordem de cumprimento nos termos do artigo 139, IV do CPC combinado com o artigo 771, a efetivação do ato.

Portanto, por aí se observa que embora "perfeita e acabada" a adjudicação quando é assinado o referido *auto de adjudicação*, só haverá propriamente o título representativo da propriedade quando o adjudicante estiver de posse da *carta de adjudicação do bem imóvel* ou da *ordem judicial de entrega* do bem móvel.

Como se observa na documentação acima a adjudicação é um ato processual que expropria o executado e confere propriedade ao adjudicante. Para o Código de Processo Civil, independentemente de considerar-se a adjudicação uma forma de aquisição *derivada ou originária* da propriedade, o artigo 908, § 1º foi claro ao dizer que "no caso de adjudicação ou alienação, os créditos que recaem sobre o bem, inclusive os de natureza *propter rem*, sub-rogam-se sobre o respectivo preço". Não por acaso o artigo 1499, VI do CCB determina que extingue-se a hipoteca pela "arrematação ou adjudicação", o artigo 1436, IV em relação ao penhor, o artigo 1418 em relação ao promitente comprador. A opção do legislador parece ter sido acertada porque do contrário haveria um total desestímulo à licitação em adjudicar ou arrematar bens penhorados (REsp 1446249/SP, Rel. Ministro Og Fernandes, Segunda Turma, julgado em 21.09.2017, DJe 28.09.2017). Nada obstante a dicção do artigo 908, §1º, aplica-se à adjudicação no que for possível o artigo 903 e seus parágrafos.

Fato que se mostra muito comum envolvendo a adjudicação é que uma vez realizada e feito o registro do bem em nome do adjudicante é possível que mesmo após a realização do ato no registro competente ainda persistam averbações realizadas por outros exequentes (posteriores ao registro do exequente/adjudicante), caso em que o adjudicante deverá requerer em cada um dos juízos de onde emanou a averbação que determine o referido cancelamento em respeito ao que determina o art. 908 citado acima. Não é o juízo da execução o competente para tanto, porque dele não partir as ordens ou ofícios ou autorizações de averbações no registro no bem.

2.12 Adjudicação e evicção

Embora o artigo 447 do CCB mencione que "nos contratos onerosos, o alienante responde pela evicção. Subsiste esta garantia ainda que a aquisição se tenha realizado em hasta pública", não se descarta a possibilidade de evicção para com o adjudicante do bem penhorado, desde que, obviamente, como alerta o artigo 457 do CCB se o adquirente (adjudicante) tivesse ciência de que a coisa era alheia ou litigiosa.

Deve-se tomar como ponto de partida para entender o direito do evicto ao ressarcimento pelo prejuízo que teve o fato de que não se admite no nosso ordenamento

CAPÍTULO XII • EXPROPRIAÇÃO SATISFATIVA DOS BENS DO EXECUTADO

o enriquecimento ilícito, ainda que o executado não tenha, diretamente, concorrido para tal situação.

Na hipótese do exequente ser o adjudicante a situação se torna aparentemente menos complexa porque, uma vez evicto, deve-se o adjudicante exequente retomar ao *status quo* ante o momento anterior ao da adjudicação, reabrindo-se e prosseguindo-se a execução no estágio em que se encontrava, ainda que o restabelecimento temporal desta situação possa ser dificultoso do ponto de vista formal, afinal de contas, a execução pode ter terminado e estar arquivada quando se deu a evicção. A questão mais complexa se dá quando terceiros adjudicantes "arrematam" o bem penhorado e posteriormente são privados do referido bem em favor de terceiro. Nestas hipóteses não vemos dificuldade, sempre com base na boa-fé e na vedação ao enriquecimento ilícito, que o adjudicante poderá se valer de demanda judicial que repare os prejuízos que teve. A priori, não nos parece que o estado, no exercício de seu dever-função de realizar os atos de expropriação, possa ser responsável solidária ou subsidiariamente pelos prejuízos suportados pelo adjudicante, como se dele se pudesse esperar um dever de vigilância ou fiscalização do bem adjudicado.

3. APROPRIAÇÃO DE FRUTOS E RENDIMENTOS DO BEM PENHORADO

3.1 Características

Uma vez superada a fase da penhora, da avaliação segue-se ao caminho dos atos expropriatórios, que será definido pelo juiz não sem antes ouvir as partes, caso em que sopesará os postulados constitucionais do devido processo legal na execução.

Isso implica, concretamente, que a definição do itinerário pelo juiz do ato executivo expropriatório final deve ser feita levando-se em consideração, principalmente, a provocação do exequente, mas com os seguintes aspectos: (i) o princípio da menor gravosidade possível para o executado; (ii) a razoável duração do processo e a economia processual; e, ainda, (iii) a efetividade da tutela jurisdicional executiva, não necessariamente nessa ordem.

Não é sempre que o patrimônio do executado oferta a possibilidade de se expropriarem rendimentos por intermédio da técnica da apropriação de frutos e rendimentos de bem penhorado, e isso já constitui um limitador natural para a escolha da técnica executiva a ser empregada.

Todavia, para os casos em que a penhora recair sobre imóvel ou móvel (medida executiva típica), ou, ainda, sobre bem móvel ou semovente que permita auferir rendimentos (medida executiva atípica), poderá o juiz, em vez de alienar o bem, e considerando os valores constitucionais mencionados no parágrafo anterior, determinar a adoção da técnica executiva prevista nos arts. 867-869 do CPC.

Observe-se, portanto, que a apropriação de frutos e rendimentos do bem penhorado é uma técnica expropriatória que não se submete à ordem preferencial estabelecida pelos arts. 880 e 881, mas exatamente o contrário.

A rigor, as hipóteses que justificam a *apropriação* são as mesmas que permitiriam valer-se do revogado instituto do usufruto judicial, ou seja, naqueles casos em que o objeto da penhora recai sobre os frutos e rendimentos que ainda serão produzidos pelo bem que foi constrito, ou seja, há realmente uma *apropriação de valores que ainda serão produzidos*.

A hipótese do art. 825, III, está diretamente relacionada com os arts. 867 e ss., que tratam da penhora de frutos e rendimentos de coisa móvel ou imóvel.

Feita a penhora, o executado perde o gozo do bem e será nomeado administrador/depositário do bem (art. 868), que, munido de todos os poderes de administração e fruição dos frutos e rendimentos, procederá paulatinamente à transferência dos valores percebidos para o credor até a satisfação integral do direito exequendo.

3.2   A entrega do dinheiro

O Código prevê nos arts. 867 e ss. do CPC o procedimento da apropriação de frutos e rendimentos de bem móvel ou imóvel, considerando que essa é uma das formas de se realizar a execução por expropriação (art. 825, III), visando ao pagamento da quantia devida ao exequente.

A satisfação do direito exequendo nesse caso se dá pela "entrega do dinheiro", tal como prevê o art. 904, I, do CPC. O que não diz esse dispositivo é que essa entrega do dinheiro é apenas uma das modalidades de pagamento ao credor, o que, na verdade, deve ser entendido como um dos meios pelos quais se realiza, paulatinamente, a entrega da quantia devida ao exequente. O instituto funciona como se fosse uma satisfação a prazo, em prestações periódicas.

3.3   A iniciativa para a decretação da apropriação de frutos e rendimentos de bem móvel e imóvel

Se é de ordem pública, e se são, basicamente, três, os postulados constitucionais que regulam a escolha da técnica executiva final para realização da expropriação forçada, certamente ela poderá ser tomada de ofício pelo juiz, ouvido o exequente, devendo-se considerar, nesse sentido, o art. 867 que diz "o juiz pode ordenar a penhora de frutos e rendimentos de coisa móvel ou imóvel quando a considerar mais eficiente para o recebimento do crédito e menos gravosa ao executado".

O fato de esse ato expropriatório poder ser decretado de ofício não descarta a observação de dois aspectos importantes. O primeiro, de que nada impede que a iniciativa pela sua decretação seja feita pelo credor, ou pelo devedor, ou até mesmo por ambos, em um típico acordo sobre o pagamento. O segundo aspecto que não pode ser olvidado é que, independentemente da origem da iniciativa – se pelo juiz ou não – para a decretação dessa forma expropriatória, o que importa é que o magistrado estabeleça o contraditório antes de decidir, pois assim terá maiores condições de verificar, em cada caso concreto, se esse caminho atende melhor aos postulados da duração razoável do processo, da efetividade da tutela executiva e, ainda, da menor onerosidade possível ao executado.

No entanto, se a adoção desse instituto depende de uma decisão (interlocutória) judicial que o estabeleça, pergunta-se: é possível que a mera recusa do devedor (executado) seja óbice à decretação da penhora e futura apropriação de frutos e rendimentos de coisa móvel ou imóvel?

Decerto que não, e, nesse particular, o art. 867 deve ser lido *cum grano salis*, afinal de contas o processo de execução é público, e, embora pretenda satisfazer interesses patrimoniais e disponíveis, o que está em jogo é também o exercício público de uma função estatal, de forma que o executado não se encontra em posição que lhe permita recusar, sem razões jurídicas, que o usufruto seja decretado. O exequente deve, sim, municiar o magistrado sobre qual o melhor caminho a ser percorrido (uma das técnicas do art. 825 do CPC), aduzindo suas razões, para que se chegue à tutela executiva com maior efetividade e satisfação. É o juiz que decide qual medida executiva deve ser tomada, e, dessa decisão, as partes poderão oferecer agravo de instrumento, ao qual, dependendo das circunstâncias, poderá ser atribuído efeito suspensivo.

3.4 Momento

Obviamente, superado o momento da penhora e da avaliação dos bens penhorados, e superada ainda a eventual suspensão causada pelos embargos ou impugnação do executado, o magistrado se vê diante de uma encruzilhada, em que deverá tomar um caminho rumo à expropriação forçada.

Um desses caminhos é a apropriação de frutos e rendimentos de coisa móvel ou imóvel do usufruto judicial, que requer, como condição lógica para a sua efetivação, que a penhora tenha recaído sobre um bem (móvel, imóvel ou semovente) do qual seja possível auferir frutos ou rendimentos, pois do contrário será impossível pensar nessa forma de satisfação do crédito exequendo.

Assim, a escolha dessa forma de apropriação já deverá ter sido feita no momento de realização da penhora, portanto, quando se identifica o bem do patrimônio do executado que forneça frutos e rendimentos que possam ser penhorados e posteriormente entregues para satisfação do exequente.

Nao é por acaso que a penhora e a apropriação de frutos e rendimentos de coisa móvel ou imóvel estão tutelados no mesmo dispositivo, ou seja, para satisfazer o exequente com essa forma de expropriação, é preciso que tenha ocorrido a penhora específica descrita nos arts. 867 e ss. do CPC.

3.5 A decretação da penhora para a apropriação de frutos e rendimentos de coisa móvel ou imóvel

É interlocutória a decisão do juiz que decreta a penhora de frutos e rendimentos de coisa móvel ou imóvel, estabelecendo desde então um regime jurídico de apropriação pelo exequente de rendimentos do bem do executado. Ressalte-se que o bem penhorado são os frutos e os rendimentos do bem, e não o próprio bem de onde se extraem os frutos. E, por isso mesmo, serão os bens penhorados (renda) entregues ao exequente como forma de satisfação, paulatina, de seu crédito.

Na medida em que se pretenda fazer a expropriação dos frutos e rendimentos da coisa móvel ou imóvel, parece óbvio que a decretação dessa medida expropriatória fará com que o devedor perca "o gozo do móvel ou imóvel, até que o exequente seja pago do principal, juros, custas e honorários advocatícios", devendo o juiz nomear administrador para que possa extrair da referida coisa os frutos e os rendimentos. Ao nomear um administrador, o devedor perde o gozo do bem, ainda que sobre si recaia a função, que é pública, de administrá-lo.

3.6   O objeto

O requisito número um é que o bem objeto da penhora e da avaliação seja passível de auferir rendimentos ou frutos. O Código fala de móvel ou imóvel, porque de tais bens, tipicamente, se extraem rendimentos. A ausência no texto legal da possibilidade de se estabelecer a apropriação de frutos e rendimentos de bens semoventes não constitui óbice à sua ocorrência, porque admite-se no nosso Código a atipicidade dos meios executivos, podendo o juiz determinar que tal método de expropriação seja feito pelos meios típicos (imóvel ou móvel) ou pelos meios atípicos (semoventes), e, na prática, é bastante comum que muitos semoventes sejam mais rentáveis que determinados bens imóveis ou móveis.

3.7   O procedimento

Uma vez decidida a realização da penhora de frutos e rendimentos de coisa móvel ou imóvel, já se sabe que a satisfação do direito exequendo se dará pela apropriação dos frutos e rendimentos penhorados.

Portanto, o regime jurídico de apreensão e depósito do referido bem é fixado pelos arts. 867 e ss. do CPC, em que consta a necessidade de que o juiz nomeie um administrador depositário, de modo a extrair do bem os frutos e rendimentos necessários à obtenção de verba a ser paulatinamente paga ao credor. É claro que, se do bem já estiver sendo auferidos frutos ou rendimentos, uma vez decretada essa medida executiva, o pagamento do rendimento ou dos frutos do bem deverá ser feito diretamente ao exequente. Todavia, se houver um administrador nomeado pelo juiz que a este submeterá a forma com que pretende administrar, prestará contas periodicamente, entregará ao exequente as quantias recebidas para liquidar o crédito devido ao credor, desde que ele mesmo não seja o próprio administrador.[11]

---

11. Art. 868. Ordenada a penhora de frutos e rendimentos, o juiz nomeará administrador-depositário, que será investido de todos os poderes que concernem à administração do bem e à fruição de seus frutos e utilidades, perdendo o executado o direito de gozo do bem, até que o exequente seja pago do principal, dos juros, das custas e dos honorários advocatícios.

CAPÍTULO XII • EXPROPRIAÇÃO SATISFATIVA DOS BENS DO EXECUTADO — 613

4. A SATISFAÇÃO DO CRÉDITO: ENTREGA DO DINHEIRO / ADJUDICAÇÃO DO BEM PENHORADO PELO EXEQUENTE

A satisfação do crédito exequendo far-se-á pela *entrega do dinheiro* ou pela *adjudicação do bem penhorado*. O dinheiro a ser entregue pode ser resultante da arrematação do bem penhorado ou pela apropriação de rendimentos e frutos de coisa móvel ou imóvel. Neste último caso, a entrega do dinheiro se faz de forma paulatina e não de uma só vez, como tende a ser no caso do produto da arrematação. Já a adjudicação de bem penhorado é tutela jurisdicional diversa da que foi inicialmente pretendida pelo exequente (dinheiro), ou seja, uma espécie de resultado prático equivalente.

Não sendo caso de concurso de exequentes ou de credores, já explicado no tópico anterior, "o juiz autorizará que o exequente levante, até a satisfação integral de seu crédito, o dinheiro depositado para segurar o juízo ou o produto dos bens alienados, bem como o faturamento de empresa ou de outros frutos e rendimentos de coisas ou empresas penhoradas" (art. 905, *caput*).[12] É de se lembrar que o CPC veda a concessão de pedidos de levantamento de importância em dinheiro ou valores ou de liberação de bens apreendidos.[13] Ao receber o mandado de levantamento, o exequente dará ao executado, por termo nos autos, quitação da quantia paga. A quitação elimina a situação e inadimplência do executado. Ela importa em reconhecimento jurídico com eficácia no plano material de que o executado não poderá ser cobrado pela mesma dívida. Pagos ao exequente o principal, os juros, as custas e os honorários, a importância que sobrar será restituída ao executado (arts. 906 e 907 do CPC).

---

§ 1.º A medida terá eficácia em relação a terceiros a partir da publicação da decisão que a conceda ou de sua averbação no ofício imobiliário, em caso de imóveis.

§ 2.º O exequente providenciará a averbação no ofício imobiliário mediante a apresentação de certidão de inteiro teor do ato, independentemente de mandado judicial.

Art. 869. O juiz poderá nomear administrador-depositário o exequente ou o executado, ouvida a parte contrária, e, não havendo acordo, nomeará profissional qualificado para o desempenho da função.

§ 1.º O administrador submeterá à aprovação judicial a forma de administração e a de prestar contas periodicamente.

§ 2.º Havendo discordância entre as partes ou entre essas e o administrador, o juiz decidirá a melhor forma de administração do bem.

§ 3.º Se o imóvel estiver arrendado, o inquilino pagará o aluguel diretamente ao exequente, salvo se houver administrador.

§ 4.º O exequente ou o administrador poderá celebrar locação do móvel ou do imóvel, ouvido o executado.

§ 5.º As quantias recebidas pelo administrador serão entregues ao exequente, a fim de serem imputadas ao pagamento da dívida.

§ 6.º O exequente dará ao executado, por termo nos autos, quitação das quantias recebidas.

12. O art. 905 usa a expressão "dinheiro depositado para segurar o juízo". A rigor, a segurança do juízo não é mais requisito para o oferecimento das oposições do executado (impugnação e embargos), e só haveria que falar nessa figura (segurança do juízo) quando o executado pretenda obter efeito suspensivo à respectiva oposição, caso em que não só deve garantir o juízo, como ainda demonstrar a plausibilidade do direito e a necessidade da medida urgente para evitar dano irreparável ao seu direito.

13. Art. 906, parágrafo único. "A expedição de mandado de levantamento poderá ser substituída pela transferência eletrônica do valor depositado em conta vinculada ao juízo para outra indicada pelo exequente."

4. A SATISFAÇÃO DO CRÉDITO: ENTREGA DO DINHEIRO / ADJUDICAÇÃO DO BEM PENHORADO PELO EXEQUENTE

Capítulo XIII
CUMPRIMENTO DE SENTENÇA E PROCESSO DE EXECUÇÃO CONTRA A FAZENDA PÚBLICA: CUMPRIMENTO DE SENTENÇA (PROVISÓRIO E DEFINITIVO) E O PROCESSO DE EXECUÇÃO

1. INTRODUÇÃO

As pessoas jurídicas de direito público possuem, em todas as ramificações do direito, um regime jurídico repleto de peculiaridades (limites e prerrogativas) que decorrem de dois princípios ou postulados básicos insculpidos na CF/1988. É o que restou convencionado denominar de princípios da "supremacia do interesse público sobre o privado" e da "legalidade".

Tais postulados funcionam, a um só tempo, como pressupostos e fins da atuação do Poder Público nas diversas searas do direito. Por conta disso, esses princípios acabam criando, nas diversas áreas de atuação do Poder Público, nos âmbitos administrativo, judiciário ou legislativo, uma série de regras especiais que tanto podem assumir o papel de "limites" como de "prerrogativas" da Fazenda Pública.

Assim, são exemplos de limites as restrições existentes à celebração de contratos pela Administração Pública, e, por sua vez, são exemplos de prerrogativas o poder desapropriatório, a impossibilidade de usucapir bem público, as regras especiais para alienação de bem público que depende de autorização legislativa etc. Enfim, todos esses "limites" ou "prerrogativas têm suporte nos dois postulados constitucionais que foram mencionados *supra*: supremacia do interesse público sobre o privado e princípio da legalidade".

É justamente essa a fonte das chamadas "prerrogativas da Fazenda Pública em juízo", que correspondem, pelo menos na teoria, a uma série de posições processuais, ativas e passivas, que o legislador processual outorgou à Fazenda Pública, na expectativa de assim atender à supremacia do interesse público e ao princípio da legalidade. Essa desigualação seria, em tese, motivada pelo regime jurídico administrativo confeccionado para atender ao interesse público.

Basta uma rápida passada de olhos sobre o CPC para observar que nos quatro cantos do Código o legislador se fartou de criar prerrogativas para a Fazenda Pública – e quase nenhum limite –, que muitas vezes tornam-se verdadeiros *privilégios* com inegável colorido absolutista e cheiro inconfundível de inconstitucionalidade que contribuem demasiadamente para criar um ambiente de quebra indevida da isonomia e, por tabela, morosidade da prestação da tutela jurisdicional.

Críticas à parte, a Fazenda Pública tem a seu favor, dentre inúmeras prerrogativas, a vantagem de executar e de ser executada, nas obrigações de pagar quantia, por um regime jurídico processual bastante especial. Por isso, quando "executa" a obrigação de pagar quantia, a regra especial é estabelecida pela Lei Federal 6.830/1980. No entanto, quando ocupa o papel de "executado" na execução por quantia certa que contra si é movida, submete-se ao regime especial do art. 100 da CF/1988, c/c os arts. 534 (cumprimento de sentença) e 910 (processo de execução) do CPC. É destes que cuidaremos neste capítulo.

2. REGIMES EXECUTIVOS ESPECIAIS ENVOLVENDO A FAZENDA PÚBLICA

O Código de Processo Civil prescreve para as prestações de pagar (dar) quantia um regime executivo de "expropriação" dos bens do executado; para as prestações de entrega (dar) de coisa que não seja dinheiro, o Código oferta a execução por "desapossamento" da coisa em poder do executado; e para as prestações de fazer e não fazer, a execução por "transformação" com intuito de obter o resultado do fazer ou não fazer.

Como foi dito no tópico anterior, existe um regime jurídico processual especial *in executivis* para a Fazenda Pública quando ela se encontra no polo ativo ou passivo da execução de uma obrigação de pagar quantia. Quando é exequente de uma obrigação de pagar quantia o regime jurídico é o previsto na Lei 6.830/1980, que se encontra fora do CPC. É conhecida como Lei de Execução Fiscal. Já quando ocupa o polo passivo de uma obrigação de pagar quantia, o regime jurídico é estabelecido pelo art. 100 da CF/1988,[1-2] combinado com os arts. 534 e 910 do CPC. No primeiro caso, trata-se de cumprimento de sentença para pagar quantia contra a Fazenda Pública. No segundo caso, cuida-se de processo de execução para pagamento de quantia contra a Fazenda Pública.

---

1. Há exceções ao regime do art. 100 da CF/1988, que, obviamente, estão previstas na CF/1988. Uma é o pagamento da indenização "prévia e em dinheiro" nas desapropriações movidas pelo Poder Público (art. 5.º, XXIV, da CF/1988, c/c o Decreto-lei 3.365/1941), e outra corresponde às execuções de quantia consideradas de pequeno valor previstas no art. 100, § 3.º, da CF/1988, que acabou sendo regulamentada pela Lei 10.259/2001.

2. A Lei Federal 5.021/1966 não cria propriamente um regime jurídico diverso de execução por quantia contra a Fazenda Pública, mas permite que, nos casos previstos nessa lei, o mandado de segurança – remédio típico para a obtenção de uma prestação *in natura* – funcione como uma ação de cobrança (condenatória) em relação às parcelas pretéritas à efetivação da segurança. Também nesse caso submete-se à regra do art. 100 da CF/1988.

CAPÍTULO XIII • CUMPRIMENTO DE SENTENÇA E PROCESSO DE EXECUÇÃO CONTRA A FAZENDA PÚBLICA

Assim, nas execuções por desapossamento e por transformação, a Fazenda submete-se ao regime normal do Código de Processo Civil como se fosse um cidadão comum, e, portanto, ao cumprimento de sentença e ao processo de execução para a satisfação das obrigações específicas.

3. RAZÃO DO REGIME ESPECIAL DOS "PRECATÓRIOS" CONTRA A FAZENDA PÚBLICA

Não é de todo correto falar em "execução" contra a Fazenda Pública, porque "execução" propriamente dita não há, uma vez que nenhum ato de sub-rogação é praticado nessa modalidade de "execução". Os bens que compõem o patrimônio público são legalmente impenhoráveis, e a sua alienação depende de um regime legal específico, em que uma lei específica deverá desafetá-los da função pública, e, com a devida autorização legislativa específica, poderão ser alienados (arts. 100 e 101 do CC, c/c a Lei 8.666/1992).

Pelo que descreve o art. 100 da CF/1988, não se admitem penhora e expropriação dos bens fazendários, devendo o pagamento do crédito devido pela Fazenda Pública ser feito por intermédio dos ofícios requisitórios, denominados "precatórios judiciais".[3]

É político-constitucional a razão pela qual se impedem "a penhora e a expropriação" dos bens da Fazenda Pública. Cabe ao legislador definir sobre a alienação dos bens públicos, e uma eventual "expropriação" feita pelo "Poder Judiciário" feriria o princípio da legalidade, podendo causar um choque de funções entre os Poderes do Estado.

Entretanto, não é só: caso isso fosse possível, poderia haver um descontrole nas expropriações judiciais, e, como se sabe, há normas jurídicas que determinam como deve ser o uso dos bens públicos, que poderia ser prejudicado com as "expropriações judiciais".

Tem-se aí uma prerrogativa do Poder Público, estabelecida no texto maior, e, por isso mesmo, só admite exceções se estas estiverem previstas no próprio texto, tal como se vê no § 3.º do próprio art. 100 da CF/1988.

Frise-se, mais uma vez, que, nas outras modalidades de tutela satisfativa (fazer e não fazer e entrega de coisa) que não envolvem "expropriação", a Fazenda se submete ao mesmo regime do cidadão comum, e, por isso mesmo, às mesmas técnicas de coerção e provimentos mandamentais.

---

3. Não é por outro motivo que o artigo 85 § 7º do CPC diz que "não serão devidos honorários no cumprimento de sentença contra a Fazenda Pública que enseje expedição de precatório, desde que não tenha sido impugnada". Sendo o procedimento executivo necessário para o recebimento do crédito e não havendo impugnação pela fazenda pública aplica-se a regra acima. No julgamento do Tema 1160 o STJ decidiu que "na ausência de impugnação à pretensão executória, não são devidos honorários advocatícios sucumbenciais em cumprimento de sentença contra a Fazenda Pública, ainda que o crédito esteja submetido a pagamento por meio de requisição de pequeno valor (RPV)", estendendo, portanto, a mesma regra do artigo 85, §7º para os casos de RVP, justamente porque o ente público não pode pagar espontaneamente a obrigação.

4. CARACTERÍSTICAS DO PROCEDIMENTO EXECUTIVO PREVISTO NO ART. 100 DA CF/1988 C/C OS ARTS. 534 E 910 DO CPC

4.1 Execução fundada em título judicial ou extrajudicial

Como o art. 100 da CF/1988 usa a expressão "sentença judiciária" para designar o título executivo que enseja a execução contra a Fazenda Pública, em um primeiro momento acreditava-se que apenas o título judicial poderia fundamentar a execução contra ela. Argumentava-se que apenas as execuções com controle jurisdicional prévio (processo de cognição) é que permitiriam a dita execução, sustentando-se ainda na regra de que o duplo grau obrigatório seria uma das justificativas para que o título fosse judicial. Todavia, a jurisprudência sedimentou corretamente no sentido ampliativo, na medida em que não lê na expressão "sentença judiciária" uma vedação aos títulos extrajudiciais contra a Fazenda Pública – o que é uma vitória, considerando-se o intocável campo das prerrogativas da Fazenda Pública.[4]

Os argumentos favoráveis ao cabimento de execução de créditos fundada em título extrajudicial contra a Fazenda Pública fundamentam-se em algumas premissas. Uma delas é de que o texto constitucional não fala em "sentença de mérito", afastando, portanto, a restrição de que ali estaria incluída apenas a sentença condenatória, e, portanto, admitindo que a sentença que rejeita os embargos da Fazenda também serviria como título executivo.

Outro aspecto é que o fato de o título ser extrajudicial não altera a inexistência de qualquer constrição prévia aos bens da Fazenda, já que não se impõe contra a Fazenda nenhuma medida sub-rogatória na execução que lhe seja oposta, e a execução é feita igualmente por precatórios.

Por fim, argumenta-se que a prerrogativa do duplo grau obrigatório não teria sido usurpada em razão de que a improcedência dos embargos do executado também levaria à mesma consequência da exigência do duplo exame obrigatório.

4.2 O regime jurídico dos precatórios

Independentemente da natureza do título que embasa a execução contra a Fazenda Pública para pagamento de quantia, sempre incidirá a regra de que o crédito pecuniário devido pela Fazenda Pública se submete ao regime dos precatórios judiciais, nos termos do art. 100 da CF/1988.

Assim, depois de iniciado o processo de execução ou o cumprimento de sentença, e superadas as oposições oferecidas pela Fazenda Pública, caberá à parte interessada

---

4. A Súmula 279 do STJ consolidou que "é cabível a execução por título extrajudicial contra a Fazenda Pública". Certamente aí estaria incluída a obrigação de pagar quantia, pois é justamente nesse caso (art. 100 da CF/1988) que reside a celeuma contra os títulos extrajudiciais.

CAPÍTULO XIII • CUMPRIMENTO DE SENTENÇA E PROCESSO DE EXECUÇÃO CONTRA A FAZENDA PÚBLICA **619**

requerer ao juiz que este requisite o pagamento por intermédio do presidente do tribunal competente.

Ficam fora dessa regra os créditos de "pequeno valor", nos termos do § 3.º do art. 100 da CF/1988: "O disposto no *caput* deste artigo, relativamente à expedição de precatórios, não se aplica aos pagamentos de obrigações definidas em lei como de pequeno valor que a Fazenda federal, estadual, distrital ou municipal deva fazer em virtude de sentença judicial transitada em julgado".

A lei mencionada no dispositivo é a Lei Federal 10.259/2001, que assim dispõe sobre o pagamento de créditos de pequeno valor, no art. 17: "Tratando-se de obrigação de pagar quantia certa, após o trânsito em julgado da decisão, o pagamento será efetuado no prazo de 60 dias, contados da entrega da requisição, por ordem do juiz, à autoridade citada para a causa, na agência mais próxima da Caixa Econômica Federal ou do Banco do Brasil, independentemente de precatório".

Então, excluída a hipótese de requisição de pequeno valor (RPV), depois de a parte requerer ao juiz e este requerer ao presidente do tribunal, este irá requisitar à Fazenda Pública executada. Tal requisição tem o nome de precatório judicial. Obviamente, depois de superados os obstáculos processuais e findo o cumprimento de sentença e o processo de execução, esse procedimento de requisição do precatório perante o Presidente do Tribunal tem índole administrativa, e não cabe a este rever o conteúdo do título, mas apenas corrigir erros materiais (valores maiores ou menores), nos termos do art. 1.º-E da Lei 9.494/1997, com a redação que lhe foi dada pela Medida Provisória 2.180-35.[5]

Logo, se o pagamento por intermédio de RPV e pela via dos precatórios são as únicas formas procedimentais determinadas pela CF/88 para pagamento do que lhe foi imposto judicialmente, não há que se falar em "*incidência de juros de mora, a contar da data da apresentação da memória de cálculo da liquidação*" como já decidiu, corretamente, o STF no RE 492.779-1, afinal de contas não há inadimplemento da fazenda pública, não incidindo o fenômeno da *mora debitoris*.

Assim, cabe ao presidente do tribunal[6] competente requisitar o pagamento à Fazenda devedora, e apenas os erros materiais deverão ser por ele consertados. Logo, as eventuais discussões envolvendo o precatório, tais como o não cumprimento da decisão pela Fazenda (desobediência), atualização de valor e pedido de precatório complementar, deverão ser decididas pelo juiz da causa.

É óbvio – e infelizmente comum ao extremo – que o retardamento no cumprimento do precatório normalmente gera uma defasagem monetária entre o valor que o credor

---

5. Nesse sentido, o STJ (Primeira Turma, REsp 385.413-0/MG, Rel. Min. Franciulli Netto, *DJU* 19.12.2002), ao afirmar que: "Os embargos à execução constituem meio de impugnação incabível contra a conta de atualização apresentada pelo exequente para a expedição de precatório complementar, sob pena de enxertar-se uma infinidade de processos de execução para um único processo de conhecimento, perpetuando-se, assim, a dívida da Fazenda Pública.

6. Segundo o art. 100, § 7.º, da CF/1988, incide em crime de responsabilidade o presidente do Tribunal que, por ato comissivo ou omissivo, retardar ou tentar frustrar a liquidação regular do precatório.

deveria receber e o valor efetivamente recebido, ainda que o § 5.º do art. 100 da CF/1988 determine que os precatórios terão seus valores atualizados monetariamente na época do pagamento. Nesses casos, poderá ser solicitado o saldo remanescente ao juiz, que abrirá um incidente executivo a ser resolvido por simples decisão interlocutória impugnável por agravo de instrumento, sendo descabido falar em remessa necessária ou em embargos do executado para impugnar a decisão do juiz que resolver esse incidente. Não se trata de um novo precatório, mas de simples complementação do saldo devido. Todavia, não há, como dito alhures, *mora debitoris* que justifique a incidência de juros de mora a partir da data da apresentação dos cálculos na requisição do precatório.

Assim, reza o § 5.º do art. 100 da CF/1988 que é "obrigatória a inclusão, no orçamento das entidades de direito público, de verba necessária ao pagamento de seus débitos oriundos de sentenças transitadas em julgado, constantes dos precatórios judiciários apresentados até 1.º de julho, fazendo-se o pagamento até o final do exercício seguinte, quando terão os seus valores atualizados monetariamente".

Uma vez reservadas as referidas verbas orçamentárias para pagamento dos precatórios, prescreve o § 6.º do art. 100 que as ditas dotações e os créditos abertos serão "consignados diretamente ao Poder Judiciário" nas suas repartições competentes.

No momento devido, o pagamento será feito ao credor na ordem de apresentação do precatório e à conta do respectivo crédito (art. 100, § 6.º).

A "ordem de apresentação do precatório" não corresponde à ordem em que o mesmo é requisitado ao presidente do tribunal nem à ordem cronológica em que este requer o pagamento à Fazenda, mas sim a quando o precatório é por este inscrito no orçamento. Essa ordem de apresentação do precatório é cronológica, e, em decorrência disso, acaba por surgir uma "lista em fila cronológica de apresentação dos precatórios", na qual cada um terá direito de receber o seu crédito na respectiva ordem de preferência. Excetuam-se dessa lista ou ordem os débitos de natureza alimentícia, que acabam formando uma lista à parte só para os créditos dessa natureza, tal como determina o § 1.º do art. 100 da CF/1988.[7]

O pagamento deve ser feito cumprindo-se, rigorosamente, a regra de preferência estabelecida pela ordem dos precatórios. A quebra dessa ordem, com pagamento a credor em posição posterior (com a quebra do direito de precedência), levará ao credor preterido a possibilidade, excepcional e restrita a essas hipóteses, de requerer ao presidente do tribunal que determine, depois de ouvido o procurador-geral de justiça, o sequestro da quantia necessária à satisfação do débito, nos termos do art. 100, § 2.º, da CF/1988.[8]

---

7. Art. 100, § 1.º, da CF/1988: "Os débitos de natureza alimentícia compreendem aqueles decorrentes de salários, vencimentos, proventos, pensões e suas complementações, benefícios previdenciários e indenizações por morte ou invalidez, fundados na responsabilidade civil, em virtude de sentença transitada em julgado".

8. "[...] III – A Egrégia Primeira Turma desta Corte tem afirmado a impossibilidade de sequestro de verbas públicas, exatamente em face das disposições peremptórias do art. 730 do CPC. IV – 'Em se tratando da Fazenda Pública, qualquer obrigação de pagar quantia, ainda que decorrente da conversão de obrigação de fazer ou de entregar coisa, está sujeita a rito próprio (CPC, art. 730, e CF, art. 100), que não prevê, salvo excepcionalmente

CAPÍTULO XIII • CUMPRIMENTO DE SENTENÇA E PROCESSO DE EXECUÇÃO CONTRA A FAZENDA PÚBLICA

Esse "sequestro" não corresponde, genuinamente, ao sequestro conservativo previsto nas medidas provisórias cautelares do CPC, pois a medida contida no art. 100 da CF/1988 tem finalidade satisfativa (não cautelar) e, ainda por cima, não guarda as mesmas características do sequestro disposto nas medidas provisórias do CPC.

Nem há propriamente um arresto, porque, como se disse, pretende-se a satisfação do débito. Ainda assim, desprezando a preocupação conceitual, questiona-se de que forma seria exercido o pedido de sequestro e quem deverá ocupar o polo passivo desse requerimento. Certamente, a figura em foco é de natureza executiva, e deve ser requerida por simples petição, formando um incidente à execução da qual ele se refere. A quantia a ser sequestrada deveria ser exatamente aquela que originou a inversão do precatório e, no polo passivo, deveria estar o credor indevidamente beneficiado pelo pagamento com preterição. Todavia, a jurisprudência admite que recaia sobre renda da Fazenda Pública em quantia suficiente para satisfazer o crédito exequendo, e, nesse caso, o contraditório será por ela mesma exercido.

Para que este controle judicial possa ser exercido pelo jurisdicionado, é preciso que o tribunal competente tenha um sistema de gestão ordenada e transparente das listas de pagamentos. Assim, por exemplo, em relação aos débitos dos Municípios e do Estado caberá aos tribunais de justiça a gestão organizada das listas únicas contra os respectivos entes para que se possa aferir se houve quebra da ordem cronológica de pagamentos. Para tanto é importante que para cada ente público que seja devedor conste uma única lista cuja ordem sequencial é cronológica como determina o teto constitucional. Como há um regime diferenciado preferencial entre os precatórios de natureza alimentar (salários, vencimentos, proventos, pensões, benefícios previdenciários e indenizações por morte e invalidez etc.) e das outras situações que ensejam condenação da fazenda pública (desapropriações, repetição de indébito tributário etc.), deve haver listas diversas para o *precatório alimentar* e *precatório comum* para cada ente público, cujo pagamento por precatório esteja sob sua gestão.

4.3 Reserva da quantia dos honorários para pagamento dos precatórios proporcionais diretamente ao advogado

Segundo o artigo 22, § 4º do Estatuto da OAB (Lei 8.906/04) tem-se "*se o advogado fizer juntar aos autos o seu contrato de honorários antes de expedir se o mandado de levantamento ou precatório, o juiz deve determinar que lhe sejam pagos diretamente, por dedução da quantia a ser recebida pelo constituinte, salvo se este provar que já os pagou*". O legislador admite, portanto, que os honorários convencionais firmados em contrato entre o patrono e seu constituinte podem ser apresentados no procedimento de pagamento via precatórios para que o advogado reserve, e futuramente receba o pagamento,

---

(*v.g.*, desrespeito à ordem de pagamento dos precatórios judiciários), a possibilidade de execução direta por expropriação mediante sequestro de dinheiro ou de qualquer outro bem público, que são impenhoráveis' (REsp 784.188/RS, Rel. Min. Teori Albino Zavascki, *DJ* 14.11.2005). V – Recurso especial provido."

diretamente da fazenda pública na proporção ali destacada. Para tanto, para que isso aconteça é necessário que *"o pleito seja realizado antes da expedição do precatório ou do mandado de levantamento, mediante a juntada do contrato"*. (REsp 1703697 PE)

O limite final para que o patrono obtenha o valor que lhe é devido na proporção do que o contrato prevê é justamente que não tenha acontecido ainda a expedição do precatório ou o mandado de levantamento da quantia (REsp 1.540.073/RS). Depois de expedido o precatório ou o mandado de levantamento lhe restará receber do seu cliente (ou ex cliente) podendo, se for o caso, obter medida provisória contra o mesmo para apreender a quantia que lhe for paga pelo poder público.

5. PROCEDIMENTO DO CUMPRIMENTO DE SENTENÇA POR QUANTIA CONTRA A FAZENDA PÚBLICA

O regime jurídico da tutela satisfativa contra a Fazenda Pública está determinado no art. 100 da CF/1988. No Código de Processo Civil constam regras e técnicas processuais que gravitam em torno do que determina a CF/1988.

Alguns dispositivos do *cumprimento de sentença para pagamento de quantia contra a Fazenda Pública* merecem alguma reflexão.

O primeiro aspecto é deixar claro que não é possível falar em expropriação forçada e, portanto, nenhuma regra referente aos atos de sub-rogação ou coerção tem aplicabilidade contra a Fazenda Pública, simplesmente porque ela tem um regime próprio de adimplir o crédito exequendo.

Por isso, não há que falar em *remição*, tampouco na multa do art. 523, § 1.º, já que a Fazenda não poderia adimplir no prazo daquele dispositivo, entre tantas regras processuais que passam ao largo dessa espécie de execução.

No requerimento executivo deve o credor – e, se houver mais de um, todos eles – instruir tal petição com a memória discriminada do cálculo, que deverá conter (art. 534): I – o nome completo e o número de inscrição no Cadastro de Pessoas Físicas ou no Cadastro Nacional da Pessoa Jurídica do exequente; o índice de correção monetária adotado; os juros aplicados e as respectivas taxas; o termo inicial e o termo final dos juros e da correção monetária utilizados; a periodicidade da capitalização dos juros, se for o caso; a especificação dos eventuais descontos obrigatórios realizados.

Uma vez recebido o requerimento inicial e dado início ao cumprimento de sentença, então a Fazenda Pública será intimada na pessoa de seu representante judicial, por carga, remessa ou meio eletrônico, para, querendo, no prazo de 30 (trinta) dias e nos próprios autos, impugnar a execução, podendo arguir: I – falta ou nulidade da citação se, na fase de conhecimento, o processo correu à revelia; II – ilegitimidade de parte; III – inexequibilidade do título ou inexigibilidade da obrigação; IV – excesso de execução ou cumulação indevida de execuções; V – incompetência absoluta ou relativa do juízo da execução; VI – qualquer causa modificativa ou extintiva da obrigação, como

CAPÍTULO XIII • CUMPRIMENTO DE SENTENÇA E PROCESSO DE EXECUÇÃO CONTRA A FAZENDA PÚBLICA **623**

pagamento, novação, compensação, transação ou prescrição, desde que supervenientes ao trânsito em julgado da sentença.

É claro, portanto, que a Fazenda Pública não é intimada do requerimento executivo para pagar ou nomear bens à penhora, porque os bens fazendários são impenhoráveis e o pagamento depende de dotação e previsão orçamentária dos créditos devidos pela Fazenda.

Por isso, ela é intimada do cumprimento de sentença para no prazo de 30 dias opor a sua impugnação do executado nos próprios autos, nos termos do art. 535 do CPC. Sendo parcial a impugnação, sobre a parte incontroversa poderá prosseguir o cumprimento de sentença.[9]

Caso a Fazenda alegue em sua defesa o *excesso de execução*, então deverá declarar de imediato o valor que entende correto, sob pena de não conhecimento da arguição.

Não impugnada a execução ou rejeitadas as arguições da executada: I – expedir-se-á, por intermédio do presidente do tribunal competente, precatório em favor do

---

9. Havendo preclusão processual de parcela devida pela Fazenda Pública (parte incontroversa da demanda), da qual não caiba mais recurso, parece-nos ser permitida a execução definitiva da mesma, pois à preclusão máxima poderia ser aplicado regime jurídico de trânsito em julgado, mormente se se tratar de capítulos diferentes de uma demanda em que tenha havido cumulação de pedidos. Nesse sentido, ver o excepcional voto do min. Luiz Fux, ao dizer que: "Processual civil. Embargos de declaração. Omissão. Inexistência. Efeitos infringentes. Impossibilidade. (Execução provisória de valores incontroversos. Emenda Constitucional 30, de 13.09.2000. Trânsito em julgado. Possibilidade.) 1. Assentando o arresto recorrido que: 1. É cedido que, na obrigação de pagar quantia certa, o procedimento executório contra a Fazenda é o estabelecido nos arts. 730 e 731 do CPC que, em se tratando de execução provisória, deve ser compatibilizado com as normas constitucionais. 2. Os §§ 1.º, 1.º-A, ambos com a redação da EC 30, de 13.9.2000, e 3.º do art. 100 da Constituição, determinam que a expedição de precatório ou o pagamento de débito de pequeno valor de responsabilidade da Fazenda Pública, decorrentes de decisão judicial, mesmo em se tratando de obrigação de natureza alimentar, pressupõem o trânsito em julgado da respectiva sentença. 3. A Corte Especial decidiu nos Embargos de Divergência, em Recurso Especial 721.791/RS, de relatoria do Ministro Ari Pagendler, que restou vencido, tendo o Ministro José Delgado sido designado para lavrar o acórdão, no sentido de ser possível a expedição de precatório da parte incontroversa em sede de execução contra a Fazenda Pública. 4. Naquela oportunidade, manifestei o seguinte posicionamento, precursor da divergência acolhida pela Corte: Como se trata de parcela incontroversa, efetivamente, dela sequer cabe recurso. Se não cabe recurso é porque a decisão transitou em julgado; não há controvérsia sobre isso. Por um lado, confesso que tenho severas dificuldades de admitir que uma decisão de mérito não transita em julgado enquanto não acabar o processo que tratará de outra questão completamente diferente. Por outro lado, também sempre foi cedido no Tribunal o fato de que a sentença sujeita à apelação dos embargos não retira a definitividade da execução tal como ela era na sua origem. Se ela era definitiva, continua definitiva; se era provisória, continua provisória. Por fim, em uma conversa lateral com a Ministra Nancy Andrighi, verifiquei que, na prática, bem pode ocorrer que, muito embora a parcela seja incontroversa, haja oferecimento de embargos protelatórios, completamente infundados, exatamente com o afã de impedir a expedição de precatório complementar. Observe V. Exa. que é a causa de uma luta já antiquíssima de um funcionário público para receber uma parcela que o próprio Superior Tribunal de Justiça entendeu devida e incontroversa. O fato de o resíduo ser eventualmente controvertido não pode infirmar a satisfação imediata do direito da parte, mas, em virtude do princípio da efetividade do processo, peço vênia para abrir a divergência. Conheço dos embargos de divergência, mas os rejeito. 5. Inadmitir a expedição de precatórios para aquelas parcelas que se tornaram preclusas e, via de consequência, imodificáveis, é atentar contra a efetividade e a celeridade processual. 6. Destarte, *in casu*, a execução não definitiva não implica risco ao executado, restando prescindível a garantia. Precedentes: REsp 182.924/PE; recurso especial, Rel. Min. Milton Luiz Pereira, *DJ* 11.03.2002; REsp 30.326/SP, Rel. Min. Edson Vidigal, *DJ* 28.09.1998".

exequente, observando-se o disposto na Constituição Federal; II – por ordem do juiz, dirigida à autoridade na pessoa de quem o ente público foi citado para o processo, o pagamento de obrigação de pequeno valor será realizado no prazo de dois meses contado da entrega da requisição, mediante depósito na agência de banco oficial mais próxima da residência do exequente.

Todas as demais regras do art. 525 se aplicam à Fazenda Pública no que for cabível.

6. CUMPRIMENTO PROVISÓRIO DA SENTENÇA PARA PAGAMENTO DE QUANTIA CONTRA A FAZENDA PÚBLICA

Por imperativo constitucional não é possível o cumprimento provisório da decisão que impõe à Fazenda Pública o dever de pagar quantia. A verdade é que pensamos que não é possível a execução provisória por créditos, e não só por causa da redação da Lei 9.494/1997, art. 2.º-B (com a redação da Medida Provisória 2.180-35), que expressamente fala que, na sentença que tenha por objeto a liberação de recurso, inclusão em folha de pagamento, reclassificação, equiparação, concessão de aumento ou extensão de vantagens a servidores da União, dos Estados, do Distrito Federal e dos Municípios, inclusive de suas autarquias e fundações, a execução somente será possível após o trânsito em julgado.

Outro fundamento decorre do próprio art. 100 da CF/1988, e, mais precisamente, do § 1.º, em que se lê, expressamente, que os créditos alimentares dependem de que a sentença tenha sido transitada em julgado. Ora, se os créditos alimentares sofrem essa restrição, não parece legítimo que outros (de natureza menos importante) não sofram.[10] Ademais, considerando-se que o pagamento dos créditos seja feito por precatórios judiciais, que deverão constar de dotação orçamentária expressa e previamente prevista em lei para isso, não se admite um tipo diferente de "precatório provisório".

Considerando-se ainda que não exista penhora de bens públicos, questionar-se-ia: qual a vantagem de uma execução provisória, se não há necessidade de garantia do juízo contra a Fazenda Pública?

Por tais razões, entendemos não ser cabível a execução provisória de créditos contra a Fazenda Pública, dadas as limitações do art. 100 da CF/1988.

7. PROCEDIMENTO DO PROCESSO DE EXECUÇÃO POR QUANTIA CERTA CONTRA A FAZENDA PÚBLICA

O CPC reservou um pequeno dispositivo – art. 910 – para tratar do processo de execução para pagamento de quantia contra a Fazenda Pública. Segundo ele:

---

10. Excluam-se desse contexto as causas de pequeno valor, cujo pagamento não se faz por precatório, sendo em tese possível admitir a execução provisória fundada na urgência da execução.

CAPÍTULO XIII • CUMPRIMENTO DE SENTENÇA E PROCESSO DE EXECUÇÃO CONTRA A FAZENDA PÚBLICA

Art. 910. Na execução fundada em título extrajudicial, a Fazenda Pública será citada para opor embargos em 30 (trinta) dias.

§ 1.º Não opostos embargos ou transitada em julgado a decisão que os rejeitar, expedir-se-á precatório ou requisição de pequeno valor em favor do exequente, observando-se o disposto no art. 100 da Constituição Federal.

§ 2.º Nos embargos, a Fazenda Pública poderá alegar qualquer matéria que lhe seria lícito deduzir como defesa no processo de conhecimento.

§ 3.º Aplica-se a este Capítulo, no que couber, o disposto nos artigos 534 e 535.

Por se tratar de execução fundada em título extrajudicial, os embargos da Fazenda Pública podem versar sobre qualquer matéria que poderia ser alegada numa contestação.

O prazo para oferecimento dos embargos é o mesmo, ou seja, são 30 dias, mas, como no processo de execução há uma relação jurídica processual nova, então será citada a Fazenda para embargar no referido prazo.

Nos termos do regime jurídico do art. 100 da CF/1988, apenas depois de transitada em julgado a sentença que rejeitar os embargos da Fazenda Pública, ou caso estes não sejam opostos, é que será determinada a expedição do precatório ou requisição de pequeno valor.[11]

Ainda, por serem os embargos uma faculdade da Fazenda Pública, nada impede que promova depois do prazo dos embargos, caso não tenha interposto essa oposição, uma ação autônoma que pretenda declarar a inexistência da relação jurídica obrigacional supostamente contida no título executivo.

---

11. Tratando-se de execução por créditos contra a Fazenda Pública que enseja ao credor a apresentação de memória de cálculo, nos termos do art. 910 do CPC, deve-se dizer que, por se tratar de pagamento de quantia que sairá dos cofres públicos, poderá o juiz, antes da citação, que os valores sejam calculados pelo contabilista do juízo; poderá o juízo inclusive, dada a natureza dos bens indisponíveis, caso os embargos não sejam ofertados (ou sejam intempestivos), não determinar a imediata requisição de precatórios, como aparentemente se poderia imaginar em razão da redação do art. 910 do CPC, sob pena de que a inércia da Fazenda poderia gerar absurdos inomináveis em detrimento do dinheiro público. Por se tratar de dinheiro público, no caso de inércia da Fazenda Pública ou dúvida do magistrado, deverá este determinar que os valores sejam calculados pelo contador do juízo ou outro órgão que lhe faça as vias, e só depois disso aplicará a regra do art. 910 dentro dos limites e *quantum* que apurar dessa investigação.

Capítulo XIV
CUMPRIMENTO DE SENTENÇA E PROCESSO DE EXECUÇÃO PARA PAGAMENTO DA PRESTAÇÃO ALIMENTÍCIA[1]

1. INTRODUÇÃO

Tarefa árdua é o estudo da execução da prestação alimentícia. Nem tanto pela execução em si mesma, mas principalmente pelo fato de que há uma enorme confusão legislativa, doutrinária e jurisprudencial sobre o tema, que em geral fornecerá o título que permitirá a execução da referida obrigação alimentícia. Para tanto, em um primeiro momento decantaremos as origens do dever de prestar alimentos. Em seguida, passaremos ao estudo relativo às modalidades de execução da prestação alimentícia.

2. O CRÉDITO ALIMENTAR (CONCEITO, CLASSIFICAÇÃO E CARACTERÍSTICAS)

Todos têm direito à vida (art. 5.º da CF/1988), sendo este um valor inviolável, como sói dizer a norma constitucional citada. Ora, partindo desse raciocínio, o "direito à subsistência" é corolário daquilo que podemos chamar de direito à vida. Portanto, além de garantir o direito à vida, a Constituição procurou também proteger não só esse direito, na medida em que estabeleceu a tutela de outros direitos que permitissem a efetivação do bem maior: vida. Assim, tutelou o meio ambiente, a família, a infância, o lazer, a segurança, a informação, o desporto etc., que se constituem ora como direitos

---

1. Sebastião Luiz Amorim. A execução da prestação alimentícia e alimentos provisionais – prisão do devedor. *RT*, 558/28; Yussef Said Cahali. *Dos alimentos*. 2. ed. São Paulo: RT, 1993; Athos Gusmão Carneiro. Ação de alimentos. *RT*, 516/14; Amílcar de Castro. *Comentários ao Código de Processo Civil*. São Paulo: RT, 1974. v. 8; Luiz Flávio Gomes. Prisão civil por dívida alimentar. *RT*, 582/09; José Carlos Barbosa Moreira. *O novo processo civil brasileiro*: exposição sistemática do procedimento. 10. ed. rev. e atual. Rio de Janeiro: Forense, 1989; Theotônio Negrão. *Código de Processo Civil e legislação processual em vigor*. 24. ed. São Paulo: Malheiros, 1993; Nelson Nery Júnior; Rosa Maria Andrade Nery. *Código de Processo Civil e legislação processual civil em vigor comentados*. São Paulo: RT, 1994; Eduardo Alberto de Morais Oliveira. A prisão civil na ação de alimentos. *RT* 514/18; Teresa Arruda Wambier. *Agravo de instrumento*. São Paulo: RT, 1993; Patrícia Miranda Pizzol. Tese de Mestrado. São Paulo: PUC, 1996; Pontes de Miranda. *Comentários ao Código de Processo Civil*. Rio de Janeiro: Forense, 1973. v. X; Humberto Theodoro Júnior. *Curso de processo civil*. Rio de Janeiro: Forense, 1992. v. 2.

essenciais, ora como um *plus* ao direito à vida, ou seja, algo que lhe dê qualidade e sentido lógico, pois não haveria de admitir apenas a proteção da sobrevivência, mas, ainda, a sobrevivência digna, como estabelece o art. 1.°, III, da CF/1988.

Ainda constitucionalmente falando, procurou-se assegurar a proteção do trabalho, incluindo-o como direito social difuso, dispondo que todos têm o direito de possuir um trabalho, e que, além de todas as benesses que pode trazer ao homem, cultural e socialmente falando, o trabalho constitui a mais importante "fonte de subsistência" do ser humano, pois é com o produto do seu trabalho que ele deveria, em tese, manter a si e a sua família, permitindo-lhe exercer todos os direitos sociais que propiciam não só existir, mas viver com qualidade.

Todavia, existem situações em que uma pessoa não pode prover a sua subsistência, e, justamente por isso, o direito não descuidou da sua tutela, espraiando o seu tratamento e proteção a essas pessoas que não conseguem prover o seu sustento, pelo vínculo de parentesco, matrimônio, legal, convencional etc.

Assim, quando se fala em "obrigação alimentícia" (o direito a alimentos), por qualquer dos vínculos que o direito admite, precisamos delimitar o sentido que a palavra alcança. Partindo daí, e na esteira preconizada por Clóvis Beviláqua,[2] temos que a noção e o conceito vulgar de alimentos não encontram similitude com o conceito jurídico dado ao vocábulo. Por isso, podemos dizer que, além da acepção fisiológica do termo, "alimentos", para o direito, compreende não só isso, mas tudo o que for necessário à manutenção do indivíduo, dentro daquela concepção constitucional em que não só a sobrevivência estaria tutelada, mas a vida com qualidade.

Se é assim, os alimentos podem ser divididos em "naturais ou necessários" (alimentação, vestuário, habitação) e "civis ou côngruos" (educação, instrução, assistência). Portanto, os primeiros relacionam-se com tudo o que disser respeito à necessidade básica do alimentado (alimentando). O segundo, por sua vez, concerne a tudo o que lhe trará um *plus*, que é a proteção da sua qualidade de vida, permitindo, com isso, "retomar o patamar que se reputa desejável à recuperação e à conservação do seu *status* social".

Diante desse amplo conceito de alimentos, eles podem ser classificados quanto à sua causa:

- ü Legítimos: os devidos por força de lei.
- ü Testamentários: instituídos por disposição de última vontade.
- ü Convencionais: instituídos por estipulação negocial inter vivos.
- ü Judiciais: estabelecidos por decisão judicial.

---

2. Clóvis Beviláqua. *Direito de família.* § 78. No mesmo sentido, Pontes de Miranda. *Direito de família,* § 163 etc.; Nery; Nery. *Código de Processo Civil e legislação processual civil em vigor comentados.* São Paulo: RT, 1994. p. 802.

A doutrina civilista aponta,[3] ainda, as seguintes características inerentes ao direito aos alimentos, ou, melhor dizendo, ao direito decorrente da "obrigação de alimentar". São elas:

ü Necessidade: quando o suposto credor de alimentos não pode prover (nem por bens nem pelo trabalho ou fonte de renda) a sua mantença. É irrelevante o porquê da impossibilidade, se é por causa da menoridade, caso fortuito, prodigalidade, falta de emprego etc.

ü Possibilidade: parece um pressuposto lógico, pois só pode prestar alimentos quem não necessita de alimentos.

ü Proporcionalidade: os alimentos serão fixados levando-se em consideração as condições pessoais e sociais do alimentante e do alimentado, ou seja, na proporção das necessidades do credor e das possibilidades do devedor de alimentos.

ü Personalíssimo: os alimentos possuem a finalidade de garantir o sustento, portanto a vida com qualidade (côngruos). Justamente por esse caráter de necessidade, relacionado com a vida, possui regime jurídico de direito de "ordem pública". Portanto, não pode ser renunciado (irrenunciável), que muito se difere do não exercimento do direito. Não pode ser cedido (incessibilidade), pois o crédito é inerente à pessoa. Sendo o direito aos alimentos imprescritível (que se difere das prestações vencidas) e impenhorável, dado que se destina ao sustento, não recai sobre ele a penhora, salvo para pagamento de dívidas alimentícias.

3. ALIMENTOS E A RELAÇÃO JURÍDICA MATERIAL

Como já tivemos oportunidade de demonstrar, os alimentos podem ser legais ou voluntários. Para identificarmos se legais ou necessários, é condição *sine qua non* que saibamos a *ratio essendi* do vínculo que cria o dever de alimentos.

3.1 *Ratio essendi* da relação jurídica material alimentícia

3.1.1 *Parentesco*

É a própria Constituição Federal que determina ser a relação de parentesco uma das razões de existência da obrigação alimentícia. Diz o art. 227 da CF/1988: "É dever da família, da sociedade e do Estado assegurar à criança e ao adolescente, com absoluta prioridade, o direito à vida, à saúde, à alimentação, à educação, ao lazer, à profissionalização...". Adiante, determina o art. 229 da Carta Magna: "Os pais têm o dever de assistir, criar e educar os filhos menores, e os filhos maiores têm o dever de ajudar e amparar os pais na velhice, carência ou enfermidade".

Assim, nem precisaríamos citar os arts. 1.694 e ss. do Código Civil, ou ainda o art. 20 do Estatuto da Criança e Adolescente (ECA – Lei 8.069/1990), pois a própria Lei Maior determinou que o vínculo de parentesco é pressuposto para o dever de alimentar, seja no grau descendente, seja no grau ascendente.

---

3. Orlando Gomes. *Direito de família*. n. 207; Caio Mário da Silva Pereira. *Direito de família*. p. 275; Lafayette. *Direito de família*. § 133; entre outros. Alguns civilistas condicionam o requisito da involuntariedade ao da necessidade, por exemplo, não existindo o direito aos alimentos quando, voluntariamente, se desfez da fortuna que possuía. Todavia, não é a corrente dominante.

MANUAL DE EXECUÇÃO CIVIL • Marcelo Abelha

Problema maior reside quando não se tem, ainda, a certeza do parentesco, e o indivíduo necessita de alimentos para sua mantença. A Lei 8.560, de 29.12.1992, veio regular a investigação de paternidade dos filhos havidos fora do casamento. Para tanto, restou expressamente determinado no seu art. 7.º que, para os casos de reconhecimento judicial da paternidade (já que no art. 1.º há outras formas de reconhecimento), sempre que na sentença de primeiro grau se reconhecer a paternidade, nela se fixarão alimentos provisionais ou definitivos do reconhecido que deles necessite. Portanto, como veremos, essa norma não impede que sejam devidos alimentos antes da sentença (provisionais), apenas estabelecendo que é obrigatória a sua fixação na sentença de primeiro grau quando esta for favorável à concessão de alimentos.

3.1.2 Relação familiar (casamento e união estável)

Já dispunha o quase centenário Código Civil que são deveres dos cônjuges a mútua assistência (art. 226, § 5.º, da CF/1988), além do sustento, guarda e educação dos filhos (art. 231, III e IV, do CC revogado, e arts. 1.694 e 1.703 do CC atual). Aliás, já dizia o próprio art. 19 da Lei 6.515/1977 (de divórcio) que o cônjuge responsável pela separação judicial deverá prestar ao outro, se necessitar, uma pensão a ser fixada pelo juiz. Assim, aqui também a natureza alimentícia possui a obrigação existente.

Considerando a amplitude familiar trazida pela CF/1988, às uniões estáveis também será aplicado o dever de assistência, conforme disposição do art. 1.724 do CC, que estabelece uma verdadeira sintonia entre os efeitos assistenciais decorrentes do casamento e da união estável.

Não raro, o próprio diploma civil cunhou, no *caput* do art. 1.694, que a prestação alimentar pode ser fixada entre parentes, cônjuges e companheiros, colocando qualquer pá de cal sobre eventuais dúvidas acerca do tema, que já recebia tratamento na Lei 8.971/1994, onde já se reconhecia o direito aos alimentos para os filhos havidos dessa sociedade, como bem determinava o art. 1.º dessa lei, obviamente, se demonstrada a existência de união estável. Posteriormente, com a promulgação da Lei federal 9.278/1996, o art. 226, § 3.º, da CF/1988 recebeu a necessária regulamentação infraconstitucional e, consequentemente, espancaram-se as dúvidas que ainda existiam com relação à união estável, agora denominada entidade familiar.

Deixa-se a denominação concubinos para serem conviventes (homem e mulher); há a exigência da convivência duradoura (sem prazo preestabelecido, que será fixado pela jurisprudência); deve ser pública e contínua a relação e com a finalidade de constituição de uma família. Resta estabelecido no art. 2.º dessa lei que são direitos e deveres iguais dos conviventes a assistência moral e material recíproca, além do que determina o art. 7.º quando diz que, dissolvida a união estável por rescisão, a assistência material prevista nessa lei será prestada por um dos conviventes àquele que dela necessitar, a título de alimentos (Lei 9.278/1996). Assim, na medida em que equiparada ao casamento, a união estável também confere o direito à percepção de alimentos.

3.1.3 Voluntários

Alimentos voluntários são aqueles que são convencionados pelas partes, gerando efeitos nos limites do que foi avençado. Também desse vínculo negocial decorre o direito de perceber alimentos.

3.1.4 Ressarcitórios (ato ilícito)

O dever de prestar alimentos pelo autor do ato ilícito à vítima ou aos seus dependentes decorre da conjugação do art. 186 c/c o art. 948 do CCB.

Esses alimentos decorrentes do ato ilícito não se confundem com o benefício previdenciário denominado "pensão por morte", pois eles têm natureza indenizatória, o que não impede que sejam cumulados.

O débito alimentar decorrente de ato ilícito guarda diferenças com os alimentos devidos pelo vínculo familiar. Assim, por exemplo, "segundo a pacífica jurisprudência do Superior Tribunal de Justiça, é ilegal a prisão civil decretada por descumprimento de obrigação alimentar em caso de pensão devida em razão de ato ilícito" (HC 182.228/SP, Rel. Min. João Otávio de Noronha, Quarta Turma, j. 01.03.2011, *DJe* 11.03.2011). Outra diferença reside no fato de que no direito de família os alimentos podem ser alterados caso as condições financeiras do alimentante ou do alimentado se modifiquem com o tempo, dando ensejo à possibilidade de *revisão da prestação* alimentícia. Tratando-se de alimentos indenizatórios, essa possibilidade não existe.

4. EXECUÇÃO DA PRESTAÇÃO ALIMENTÍCIA

4.1 Considerações gerais

A execução da prestação alimentícia nada mais é do que uma execução para pagamento de quantia (execução por expropriação), revelada em um título judicial ou extrajudicial só que com regras especiais em relação ao modelo comum previsto no Código de Processo Civil.

Essas "regras especiais" estão na Carta Magna (art. 5.º, LXVII), nos arts. 528 e ss. e 911 e ss. do CPC e ainda em alguns dispositivos da Lei 5.478/1968.

Tais "regras especiais" referem-se a técnicas de expropriação diferenciadas, técnica de coerção da prisão civil, procedimento processual executivo diferenciado etc., variando a incidência de cada técnica de acordo com a situação jurídica material apresentada.

Assim, tratando-se de alimentos revelados em título executivo judicial, o Código de Processo Civil disponibiliza o *cumprimento de sentença* provisório (inclusive na forma de tutela provisória urgente) ou definitivo,[4] bem como o *processo de execução* quando se tratar de alimentos previstos em título executivo extrajudicial.

Não é muito comum a utilização do processo de execução (título extrajudicial) para percebimento dos alimentos pelo simples fato de que é invulgar a situação de alguém que decida, de forma convencional e sem vínculos de parentesco ou familiar, o compromisso de prestar alimentos a um terceiro.

A situação corriqueira é que os alimentos sejam devidos em razão de uma relação familiar ou decorrente de indenização. E, quanto às familiares, ou porque são exigidas partindo da premissa de que já existe o reconhecimento prévio dessa relação de direito material (casamento, filiação etc.), ou porque tal relação (união estável ou filiação) foi reconhecida em juízo, em que também se reclama a tutela alimentícia.

Com vistas à adoção de instrumentos eficazes para a satisfação do crédito alimentar, onde o resultado prático desejado é fruto de um sincretismo do procedimento executivo, ao juiz é assegurado determinar a inclusão do nome do devedor de alimentos nos órgãos de proteção ao crédito (*v.g.*, Serasa, SPC), bastando, tão somente, uma conjugação do art. 528, § 1º, com o art. 517, ambos do CPC.

4.2 Cumprimento de sentença da prestação de alimentos e a aplicação subsidiária ao processo de execução

No que concerne à execução por quantia certa para a prestação de alimentos fundadas em título judicial, é preciso fazer alguma digressão.

O CPC prevê os arts. 528-533, que têm por objeto o "cumprimento de sentença que condene ao pagamento de prestação alimentícia ou de decisão interlocutória que fixe alimentos", deixando claro que tanto o regime do título *provisório* quanto o do *definitivo* se submetem a esse regramento.

Tratando-se de título executivo judicial haurido em ação de alimentos que segue o rito da Lei 5.478/1968, o art. 1.072, V, do CPC revogou os arts. 16-18 da Lei 5.478, de 25 de julho de 1968, de forma que as técnicas expropriatórias da referida lei estão, agora, compatíveis com a do CPC.

É de dizer ainda que os arts. 911 e ss., que cuidam do processo de execução da prestação alimentícia (fundado em título extrajudicial), determinam que, superada

---

4. Nos termos do artigo 531: ".Art. 531. O disposto neste Capítulo aplica-se aos alimentos definitivos ou provisórios. § 1º A execução dos alimentos provisórios, bem como a dos alimentos fixados em sentença ainda não transitada em julgado, se processa em autos apartados. § 2º O cumprimento definitivo da obrigação de prestar alimentos será processado nos mesmos autos em que tenha sido proferida a sentença". O dispositivo citado mais atrapalha do que ajuda. Além de carcomido pelo tempo – ainda fala em "autos" apartados – dá a entender que o modelo provisório de execução seria o do artigo 520 do CPC e não propriamente um modelo atípico ínsito à tutela de urgência (art. 297) onde é possível a utilização de medidas típicas e atípicas e *apenas no que* couber vale-se das regras do artigo 520 do CPC.

CAPÍTULO XIV • CUMPRIMENTO DE SENTENÇA E PRESTAÇÃO ALIMENTÍCIA **633**

a fase postulatória dessa modalidade de execução, segue-se no que couber nos §§ 2.º a 7.º do art. 528, que tratam do cumprimento de sentença da prestação de alimentos.

4.3 Técnicas executivas típicas aplicáveis à execução da prestação alimentícia

4.3.1 Introito

A despeito da possibilidade de utilização das medidas executivas atípicas como prevê o artigo 139, IV do CPC, em se tratando de execução (cumprimento de sentença ou processo de execução) o legislador (constitucional e processual) oferta variadas técnicas executivas típicas a serem aplicadas na efetivação do crédito alimentício, e sua aplicação varia de acordo com a situação jurídica material e processual em jogo.

Podem ser arroladas as seguintes técnicas executivas típicas previstas na legislação: técnica da coerção pela prisão civil do executado; técnica da coerção pela multa processual a ser aplicada pela unidade de tempo (dia, mês etc.); técnicas sub-rogatórias de desconto em folha, adjudicação de bem penhorado, usufruto de imóvel ou bem móvel, alienação por iniciativa particular ou em hasta pública. A aplicação de cada uma dessas técnicas irá variar de acordo com a situação jurídica processual ou material que esteja em jogo.

4.3.2 O desconto em folha

A técnica processual executiva do desconto em folha é uma medida processual sub-rogatória e pode ser utilizada no cumprimento de sentença[5] ou no processo de execução.[6]

---

5. Art. 529. Quando o executado for funcionário público, militar, diretor ou gerente de empresa ou empregado sujeito à legislação do trabalho, o exequente poderá requerer o desconto em folha de pagamento da importância da prestação alimentícia.

   § 1.º Ao proferir a decisão, o juiz oficiará à autoridade, à empresa ou ao empregador, determinando, sob pena de crime de desobediência, o desconto a partir da primeira remuneração posterior do executado, a contar do protocolo do ofício.

   § 2.º O ofício conterá o nome e o número de inscrição no Cadastro de Pessoas Físicas do exequente e do executado, a importância a ser descontada mensalmente, o tempo de sua duração e a conta na qual deve ser feito o depósito.

   § 3.º Sem prejuízo do pagamento dos alimentos vincendos, o débito objeto de execução pode ser descontado dos rendimentos ou rendas do executado, de forma parcelada, nos termos do *caput* deste artigo, contanto que, somado à parcela devida, não ultrapasse cinquenta por cento de seus ganhos líquidos.

6. Art. 912. Quando o executado for funcionário público, militar, diretor ou gerente de empresa, bem como empregado sujeito à legislação do trabalho, o exequente poderá requerer o desconto em folha de pagamento de pessoal da importância da prestação alimentícia.

   § 1.º Ao despachar a inicial, o juiz oficiará à autoridade, à empresa ou ao empregador, determinando, sob pena de crime de desobediência, o desconto a partir da primeira remuneração posterior do executado, a contar do protocolo do ofício.

Embora o legislador não tenha dito, parece-nos claro que a técnica do desconto em folha precede à utilização da técnica coercitiva, pois sempre que possível será mais eficaz para o exequente e menos onerosa para o executado, e, com a possibilidade de comunicação e realização de atos na forma eletrônica tudo se dá de modo mais lépido.

Todavia, só é possível a sua utilização quando se tratar de devedor funcionário público, militar, diretor ou gerente de empresa, bem como empregado sujeito à legislação do trabalho, caso em que o juiz, exortando a colaboração do terceiro empregador, mandará (ordem) descontar em folha de pagamento a importância da prestação alimentícia.

É, pois, uma técnica que serve ao pagamento das prestações vencidas e vincendas com alguma diferença em relação à sua eficácia e regime jurídico para um e outro caso (vencidas e vincendas).

Tratando-se de parcelas vincendas, independentemente da origem do título executivo, o juiz oficiará à autoridade, à empresa ou ao empregador, determinando, sob pena de crime de desobediência, o desconto a partir da primeira remuneração posterior do executado, a contar do protocolo do ofício. Trata-se de dever de colaboração processual de qualquer terceiro, que, se não atender a ordem, poderá a referida ordem ser efetivada por meio de medidas típicas ou atípicas (art. 139, IV). A ordem judicial será encaminhada por meio de ofício que conterá o nome e o número de inscrição no Cadastro de Pessoas Físicas do exequente e do executado, a importância a ser descontada mensalmente, o tempo de sua duração e a conta na qual deve ser feito o depósito.

No entanto, se for o caso de parcelas vencidas, a regra do art. 529, § 3.º, que serve também ao processo de execução, determina que, "sem prejuízo do pagamento dos alimentos vincendos, o débito objeto de execução pode ser descontado dos rendimentos ou rendas do executado, de forma parcelada, nos termos do *caput* deste artigo, contanto que, somado à parcela devida, não ultrapasse cinquenta por cento de seus ganhos líquidos". O limite total, portanto, dos vincendos com o desconto dos vencidos não pode ultrapassar 50%, devendo sempre privilegiar essa forma para os vincendos. Assim, por exemplo, se restar fixado em decisão judicial o dever de prestar alimentos no valor de 40% do salário, então o que já constituir débito alimentar (vencido) só poderá ser descontado, mês a mês, na proporção de 10% do salário do alimentante, já que as parcelas vincendas comprometerão 40% do respectivo salário a ser descontado em folha de pagamento.

É de recordar que o art. 833, IV, do CPC prevê a impenhorabilidade dos "vencimentos, os subsídios, os soldos, os salários, as remunerações, os proventos de aposentadoria, as pensões, os pecúlios e os montepios, bem como as quantias recebidas por liberalidade de terceiro e destinadas ao sustento do devedor e de sua família, os ganhos de trabalhador autônomo e os honorários de profissional liberal, ressalvado o § 2.º".[7]

Todavia, prescreve o § 2.º desse mesmo artigo que "o disposto nos incs. IV e X do *caput* não se aplica à hipótese de penhora para pagamento de prestação alimentícia, independentemente de sua origem, bem como às importâncias excedentes a 50 (cinquenta) salários-mínimos mensais, devendo a constrição observar o disposto no art. 528, § 8.º, e no art. 529, § 3.º".

Logo, o desconto em folha coaduna-se com a exceção prevista no § 2.º do art. 833 do CPC.

Importante frisar que, na hipótese do manejo da técnica do desconto em folha, não ocorrendo o desconto, ou sendo este realizado de maneira irregular, tem-se por configurado crime contra administração da Justiça, consoante disposição do art. 22 da Lei de Alimentos (5.478/1968), com a possibilidade de concurso com o tipo penal da desobediência.

4.3.3 *Constituição de capital para pagamento de indenização por ato ilícito*

A técnica processual do art. 533 do CPC destina-se a *constituir capital como garantia da prestação alimentar decorrente de indenização por atos ilícitos*. Não se aplica a qualquer outra modalidade de alimentos, ou seja, seu vínculo é indenizatório, que, regra geral, deverá ser lastreada em títulos executivos judiciais.

Essa técnica não pode ser determinada de ofício pelo juiz, ou seja, deve haver requerimento da parte em favor de quem serão prestados os alimentos por expressa dicção do art. 533 do CPC.[8]

---

7. Tratando-se de penhora de ativos financeiros na conta do executado não é possível prever, de antemão, que a verba ali depositada tem natureza alimentar. Por isso deve ele, o executado, arguir por meio da mini impugnação prevista no artigo 854, §3º não apenas o excesso de bloqueio, mas também a impenhorabilidade da quantia. Rejeitado ou não realizada a impugnação do bloqueio passa-se a penhora da quantia nos termos do §5º do referido dispositivo.

8. Art. 533. Quando a indenização por ato ilícito incluir prestação de alimentos, caberá ao executado, a requerimento do exequente, constituir capital cuja renda assegure o pagamento do valor mensal da pensão.

   § 1.º O capital a que se refere o *caput*, representado por imóveis ou por direitos reais sobre imóveis suscetíveis de alienação, títulos da dívida pública ou aplicações financeiras em banco oficial, será inalienável e impenhorável enquanto durar a obrigação do executado, além de constituir-se em patrimônio de afetação.

   § 2.º O juiz poderá substituir a constituição do capital pela inclusão do exequente em folha de pagamento de pessoa jurídica de notória capacidade econômica ou, a requerimento do executado, por fiança bancária ou garantia real, em valor a ser arbitrado de imediato pelo juiz.

   § 3.º Se sobrevier modificação nas condições econômicas, poderá a parte requerer, conforme as circunstâncias, redução ou aumento da prestação.

   § 4.º A prestação alimentícia poderá ser fixada tomando por base o salário mínimo.

   § 5.º Finda a obrigação de prestar alimentos, o juiz mandará liberar o capital, cessar o desconto em folha ou cancelar as garantias prestadas.

Dada a importância da prestação de alimentos e considerando as variabilidades e incertezas econômicas que possam colocar em risco o cumprimento da obrigação alimentar indenizatória, o legislador prescreve a *constituição de capital* para essa modalidade de prestação alimentícia. Enfim, a finalidade dessa técnica é assegurar para o futuro o cumprimento da obrigação pelo devedor do pagamento do valor mensal da pensão.

O capital a ser constituído advém do patrimônio do executado, que, embora continue a ter o seu domínio, estará sujeito ao regime de inalienabilidade para o executado e impenhorabilidade para os demais credores, e assim perdurará enquanto durar a obrigação do devedor. Trata-se de hipótese de criação judicial autorizada por lei de patrimônio separado para garantir a dívida alimentar. Esse capital será representado por bens imóveis, títulos da dívida pública, e, segundo a novidade introduzida pelo dispositivo em comento, *aplicações financeiras em banco oficial*.

Como diz o dispositivo, é mister que o capital constitua renda que sirva ao pagamento mensal das prestações alimentícias. Portanto, quando o texto fala em imóveis, títulos da dívida pública e aplicações financeiras em bancos oficiais, deve restar claro que tudo isso só será útil se e somente se puder constituir renda que assegure o pagamento mensal da pensão alimentícia.

Talvez fosse melhor se o legislador não tivesse discriminado qual o objeto do capital a ser constituído, deixando ao alvedrio do juiz a escolha do melhor meio para se formar renda mensal que satisfaça a pensão alimentícia, pois, dependendo da aplicação financeira, o seu resgate pode não ser mensal. Ademais, os títulos da dívida pública nem mesmo são aceitos pelo Poder Público nas execuções de dívidas ativas. Assim, embora não citados, é perfeitamente possível que bens imóveis e semoventes (máquinas/carros e animais) possam fornecer a renda necessária ao pagamento mensal da pensão alimentar, mas nem por isso foram comentados no dispositivo.

O dispositivo permite que o capital constituído seja substituído pela inclusão do beneficiário da prestação em folha de pagamento de entidade de direito público ou de empresa de direito privado de notória capacidade econômica. Mas o que vem a ser *empresa de notória capacidade econômica*?

O conceito é vago e exigirá um trabalho de interpretação, analisando o juiz cada caso concreto, pois a capacidade de a empresa suportar um aumento na sua folha de pagamento (com a inclusão do exequente) deverá ser apreciada segundo o valor das pensões, o lucro e a contabilidade da empresa. Não se tem aí um conceito fixo, devendo ser razoavelmente analisado em cada caso concreto, sob pena de o magistrado criar um risco de endividamento da empresa, e, por conseguinte, com essa decisão, criar problemas sociais irreversíveis para a empresa e seus funcionários.

O novo dispositivo admite também que a constituição de capital poderá ser substituída, a requerimento do próprio devedor, por fiança bancária ou garantia real, em valor a ser arbitrado de imediato pelo juiz. Não nos parece que tal dispositivo tenha muitas

CAPÍTULO XIV • CUMPRIMENTO DE SENTENÇA E PRESTAÇÃO ALIMENTÍCIA

vantagens práticas, porque tanto a fiança bancária quanto a garantia real devem obedecer ao que está prescrito no *caput* do dispositivo, ou seja, devem servir para o pagamento mensal da pensão alimentícia. Se para isso não servir, deve-se questionar a utilização da garantia real ou da fiança bancária. Outro aspecto que precisa ser questionado diz respeito à regra de que o juiz *arbitrará de imediato* o valor da garantia real a ser prestada. Ora, já comentamos em diversas ocasiões sobre a necessidade de contraditório na prestação de caução, pois só assim conseguirá obter elementos bastantes para arbitrar um valor adequado e suficiente à satisfação do crédito exequendo.

Sendo a prestação de alimentos uma relação jurídica continuativa, está sujeita a alterações ao longo do tempo. É possível que o executado não tenha (ou tenha mais) condições econômicas de continuar prestando alimentos na proporção fixada, e, nesse caso, existirá uma causa justa para que a forma de prestar seja revista (aumentadas ou diminuídas as parcelas) pelo juiz, mediante requerimento da parte interessada. É, no fundo, um pedido de revisão, não do valor cuja indenização já foi fixada, mas da forma de seu cumprimento.

Se houver a cessação do dever de prestar alimentos, então o juiz mandará liberar o capital, cessar o desconto em folha ou cancelar as garantias prestadas pelo devedor.

4.3.4 A técnica da prisão civil

4.3.4.1 Noções preliminares

Verdadeira mitigação da regra de que o patrimônio é a garantia geral das obrigações contraídas pelo devedor, a prisão civil do devedor de alimentos encontra guarida no ordenamento jurídico brasileiro. Tal instituto não tem por escopo punir o devedor por aquilo que teria feito ou deixado de fazer, mas, bem pelo contrário, possui a sua finalidade distante da mencionada: decreta-se a prisão civil do devedor com o intuito de pressioná-lo a pagar, isto é, adimplir a prestação alimentícia. Dessa forma, apesar de a lei processual se referir à pena, não deve ser assim considerado.

Fazendo um escorço histórico de índole constitucional, tínhamos na Constituição anterior, em seu art. 153, § 17, a previsão da prisão civil do devedor das prestações de alimentos: "Não haverá prisão civil por dívida, multa ou custas, salvo o caso do depositário infiel, ou do responsável pelo inadimplemento de obrigação alimentar, na forma da lei".

Já na Constituição atual temos o seguinte preceito contido no art. 5.º, LXVII: "Não haverá prisão civil por dívida, salvo a do responsável pelo inadimplemento voluntário e inescusável de obrigação alimentícia e a do depositário infiel".

Grande foi a alteração entre o texto constitucional anterior e o atual, pois é clara a vontade do legislador constituinte de tratar a prisão civil por dívida como algo excepcional, no exato sentido que invoca a necessidade de que o descumprimento da prestação alimentícia seja voluntário e inescusável. Há de dizer ainda que a prisão civil pode ser decretada em qualquer caso de não pagamento de alimentos, fundados em título judicial (provisório ou definitivo) e extrajudicial,[9] não admitida apenas nos casos de alimentos devidos em razão de ato ilícito.[10]

No CPC, a regra do art. 911, parágrafo único, deixa dúvidas quanto à possibilidade de utilização da prisão civil pelo débito alimentar fundada em título extrajudicial, pois a expressão "no que couber" não esclarece se as regras dos §§ 2.º a 7.º do art. 528 são aplicáveis.

Não nos parece que deva existir alguma restrição quanto a natureza do acordo que dê origem ao título executivo extrajudicial que conste o dever de pagar alimentos, até porque, não fosse assim, haveria uma contradição entre os valores desejados pelo código de estimular realização de soluções não adjudicadas perante órgãos públicos antes de judicialização dos conflitos, bem como porque, nitidamente, a legislação desburocratizou procedimentos de família tornando as soluções mais simples perante os notários.

De certa forma há ainda um certo comedimento em admitir uma expansão da prisão civil do devedor de alimentos nos títulos extrajudiciais, restringindo-os àqueles onde a verba alimentar estejam previstos em título executivo extrajudicial haurido perante um órgão público, como a defensoria pública ou o ministério público, notários e, ainda por cima, que seja derivada de uma relação de família. Ou seja, excluir-se-iam da prisão civil aqueles casos fundados em título extrajudicial estritamente particular em que a obrigação de alimentar deriva de liberalidade de terceiro sem vínculo familiar.

---

9. A possibilidade de prisão civil do devedor de alimentos lastreada em título executivo extrajudicial não é pacífica na jurisprudência. Nesse sentido, os seguintes arestos: "[...] 1. Execução de alimentos lastreada em título executivo extrajudicial, consubstanciado em acordo firmado perante órgão do Ministério Público (art. 585, II, do CPC [de 1973]), derivado de obrigação alimentar em sentido estrito – dever de sustento dos pais a bem dos filhos. 2. Documento hábil a permitir a cominação de prisão civil ao devedor inadimplente, mediante interpretação sistêmica do art. 19 da Lei 5.478/1968 e art. 733 do Estatuto Processual Civil [de 1973]. A expressão 'acordo' contida no art. 19 da Lei 5.478/1968 compreende não só os acordos firmados perante a autoridade judicial, alcançando também aqueles estabelecidos nos moldes do art. 585, II, do Estatuto Processual Civil [de 1973], conforme dispõe o art. 733 do Código de Processo Civil [de 1973]. Nesse sentido: REsp 1.117.639/MG, Rel. Min. Massami Uyeda, Terceira Turma, j. 20.05.2010, *DJe* 21.02.2011. 3. Recurso especial provido, a fim de afastar a impossibilidade apresentada pelo Tribunal de origem e garantir que a execução alimentar seja processada com cominação de prisão civil, devendo ser observada a previsão constante da Súmula 309 desta Corte de Justiça" (REsp 1285254/DF, Rel. Min. Marco Buzzi, Quarta Turma, j. 04.12.2012, *DJe* 01.08.2013); "*Habeas corpus*. Título executivo extrajudicial. Escritura pública. Alimentos. Art. 733 do Código de Processo Civil [de 1973]. Prisão civil. 1. O descumprimento de escritura pública celebrada entre os interessados, sem a intervenção do Poder Judiciário, fixando alimentos, não pode ensejar a prisão civil do devedor com base no art. 733 do Código de Processo Civil [de 1973], restrito à 'execução de sentença ou de decisão, que fixa os alimentos provisionais'. 2. *Habeas corpus* concedido" (HC 22.401/SP, Rel. Min. Carlos Alberto Menezes Direito, Terceira Turma, j. 20.08.2002, *DJ* 30.09.2002, p. 253).

10. *Habeas corpus*. Alimentos devidos em razão de ato ilícito. Prisão civil. Ilegalidade. 1. Segundo a pacífica jurisprudência do Superior Tribunal de Justiça, é ilegal a prisão civil decretada por descumprimento de obrigação alimentar em caso de pensão devida em razão de ato ilícito. 2. Ordem concedida (HC 182.228/SP, Rel. Min. João Otávio de Noronha, Quarta Turma, j. 01.03.2011, *DJe* 11.03.2011).

4.3.4.2 Competência para decretar a prisão civil

Conforme foi dito anteriormente, como a prisão civil é meio de coerção, a regra da competência é a do juízo em que se processa o cumprimento de sentença ou o processo de execução, ou seja, é competente para decretar a prisão o juízo em que se processa a tutela satisfativa dos alimentos, pois se trata de medida executiva coercitiva no curso do procedimento executivo ou de cumprimento de sentença.

Se for caso de precatória, somente o juiz deprecante é que poderá decretar a prisão, pois, sendo um mero cumpridor da carta precatória, é defeso ao juiz deprecado determinar a prisão do devedor de pensão alimentícia e fixar o respectivo prazo.

4.3.4.3 Decretação da prisão

De acordo com o art. 528 do Código de Processo Civil, no cumprimento de sentença que condene ao pagamento de prestação alimentícia ou de decisão interlocutória que fixe alimentos, o juiz, a requerimento do exequente, deverá intimar pessoalmente o executado para, no prazo de 3 (três) dias, pagar o débito, comprovar o pagamento ou justificar a impossibilidade de efetuá-lo.

Nos termos do § 1º do referido artigo, caso o executado não cumpra nenhuma das alternativas no prazo estipulado, o juiz determinará o protesto da decisão judicial, aplicando-se, no que couber, o disposto no art. 517 do CPC. Importante destacar que dada a gravosidade da prisão civil, esta somente poderá ser decretada após a intimação pessoal do devedor, para que ele tenha a oportunidade de pagar o débito, comprovar o pagamento ou justificar sua impossibilidade. Nesse sentido, a mera intimação do procurador constituído sem poderes para tanto não é suficiente, sendo necessária a estrita observância do disposto no art. 528 do CPC/2015. Contudo, é preciso ficar atento par o fato de que em se tratando de uma segunda execução baseada no mesmo título executivo o devedor de alimentos não precisa ser novamente intimado pessoalmente dessa segunda execução.

É clara a regra do dispositivo no sentido de que, uma vez provocado o magistrado da tutela satisfativa dos alimentos, não haverá mais nenhuma necessidade de formular novo pedido apenas para decretação da prisão, ou seja, poderá o magistrado fazer de ofício, desde que verificadas as condições impostas no referido dispositivo legal, afinal ele já foi provocado para tanto.

Dentre esses requisitos, o requerimento expresso do pedido de prisão *não* é um deles. Há de se lembrar que a prisão civil é meio de coerção a ser utilizado pelo magistrado para dar efetividade ao pagamento da prestação alimentícia, portanto um direito fundamental relacionado à existência da pessoa.

A prisão civil, medida extrema no contexto do cumprimento de obrigação alimentar, pode ser revogada de ofício sempre que os elementos dos autos demonstrarem sua ineficácia e desnecessidade. Todas as medidas executivas devem se submeter ao binômio de maior efetividade do direito do exequente e menor onerosidade para o executado, conforme os princípios norteadores do processo executivo. É preciso ficar atento, contudo, com a jurisprudência consolidada pelo Superior Tribunal de Justiça (STJ), onde a maioridade civil e a capacidade de promover o próprio sustento, por si só, não são suficientes para extinguir a obrigação alimentar. É necessária a comprovação pré-constituída da ausência de necessidade de alimentos. Em reforço, a Súmula 358 do STJ dispõe que o cancelamento da pensão alimentícia de filho que atingiu a maioridade exige decisão judicial, mediante contraditório, mesmo nos próprios autos.

Certamente que a prisão civil é residual ao desconto em folha, porque esta é técnica que permite a efetivação do direito de forma menos gravosa ao executado.

4.3.4.4 Alimentos pretéritos e prisão civil

Segundo a Súmula 309 do Superior Tribunal de Justiça, "o débito alimentar que autoriza a prisão civil do alimentante é o que compreende as três prestações anteriores à citação e as que vencerem no curso do processo". Nesse mesmo sentido prescreve o § 7.º do art. 528 ao afirmar que "o débito alimentar que autoriza a prisão civil do alimentante é o que compreende até as 3 (três) prestações anteriores ao ajuizamento da execução e as que se vencerem no curso do processo".

Concordamos com o alvitre dado pelo Superior Tribunal de Justiça e reconhecido pelo CPC porque ele conseguiu temperar o uso da medida extrema – prisão civil – para os casos ou situações que realmente são justificados pela urgência.

Se os alimentos são pretéritos, em tese, embora credor da quantia não paga, o exequente pôde se alimentar, ainda que tenha sido com máxima dificuldade. Para o Superior Tribunal de Justiça, a urgência dos alimentos que justifica a prisão deve ser atual e potencial, e não em relação aos débitos que passaram e se sedimentaram no tempo. O acerto da súmula, segundo pensamos, está em dar um tratamento especial à prisão civil, colocando-a em uma posição de destaque e excepcional na execução de alimentos, e assim evitando que a medida seja desvirtuada da sua função coercitiva para punitiva.

4.3.4.5 Prazo e regime jurídico da prisão

O art. 528 regulamenta o prazo e o regime jurídico da prisão civil do devedor de alimentos. Ao revogar os artigos que tratavam do tema na Lei 5.478/1968, é no CPC que a matéria passa a ser regulamentada. Consoante o art. 528, § 3.º, o prazo é de um a três meses e a prisão será cumprida em regime fechado, devendo o preso ficar separado dos presos comuns. Determina o dispositivo que o cumprimento da pena não exime o executado do pagamento das prestações vencidas e vincendas, e, uma vez paga a prestação alimentícia, o juiz suspenderá o cumprimento da ordem de prisão.

CAPÍTULO XIV • CUMPRIMENTO DE SENTENÇA E PRESTAÇÃO ALIMENTÍCIA

4.3.4.6 Do protesto do título judicial

O art. 517 do CPC permite que a sentença transitada em julgado seja objeto de protesto sempre que o exequente assim desejar, e somente depois de ultrapassado o prazo do art. 523, sem que o devedor cumpra espontaneamente a obrigação.

Enquanto no art. 517 o protesto judicial é ato que depende da voluntariedade do exequente, que deve solicitar ao juízo para que o efetive, no caso da prestação de alimentos o legislador prevê que, se o executado não pagar ou se a justificativa apresentada não for aceita, o juiz, além de mandar protestar o pronunciamento judicial na forma do § 1.º, decretar-lhe-á a prisão pelo prazo de um a três meses. Isso implica que o protesto pelo não pagamento da verba alimentar permite que o magistrado, de ofício, determine a sua efetivação. A prisão, como vimos, depende de requerimento do credor de alimentos.

4.3.4.7 O procedimento do cumprimento de sentença e do processo de execução

O cumprimento de sentença ou de decisão interlocutória para efetivação da prestação de alimentos inicia por requerimento do exequente,[11] devendo conter a memória discriminada do cálculo do que for devido. Em seguida, o executado será intimado *pessoalmente* para, em três dias: a) pagar o débito; b) provar que o fez; ou c) justificar a impossibilidade de fazê-lo.

É de notar que a intimação é pessoal justamente porque, dependendo da conduta do executado, o juiz decretará a sua prisão civil, o que seria inadmissível caso a intimação fosse feita pelo seu advogado.

Caso o executado, no prazo referido no *caput*, não efetue o pagamento, não prove que o fez ou não apresente justificativa da impossibilidade de realizá-lo, o juiz mandará protestar o pronunciamento judicial, aplicando-se, no que couber, o disposto no art. 517. Portanto, verifica-se que o protesto da decisão exequenda é medida coercitiva de ofício determinada pelo juiz, fato que na hipótese do art. 517 não acontece, justamente em razão da importância do bem tutelado.

Somente a comprovação de fato que gere a impossibilidade absoluta de pagar justificará o inadimplemento.

Se o executado não pagar ou se a justificativa apresentada não for aceita, o juiz, além de mandar protestar o pronunciamento judicial na forma do § 1.º, decretar-lhe-á a prisão pelo prazo de um a três meses.

Essa justificativa mencionada no art. 538 não substitui a impugnação do executado, que tem sua incidência nos termos do art. 525 do CPC. Trata-se, na verdade, de uma defesa com matéria restritíssima e que deverá ser de plano decidida pelo juiz da causa.

---

11. Além das opções previstas no art. 516, parágrafo único, o exequente pode promover o cumprimento da sentença ou decisão que condena ao pagamento de prestação alimentícia no juízo de seu domicílio (art. 528, § 9.º).

Não cumprida a obrigação, observar-se-á o disposto nos arts. 831 e ss. do CPC.

Tratando-se de processo de execução, este se inicia por petição inicial devidamente fundamentada com a memória descritiva dos cálculos, e o devedor será citado para, em três dias, efetuar o pagamento das parcelas anteriores ao início da execução e das que se vencerem no seu curso, provar que o realizou ou justificar a impossibilidade de fazê-lo.

Tudo o que foi explicado para o cumprimento de sentença vale também para o processo de execução, exceto a regra do protesto que é exclusiva para os títulos judiciais.

4.3.4.8 As técnicas do procedimento comum para pagamento de quantia (penhora e demais atos expropriatórios)

Já dissemos que nem sempre a opção do desconto em folha é algo possível de ser realizado pelo exequente, pois é necessário que o devedor perceba salários ou remunerações mensais para que efetivamente possa ser executado o referido desconto. Assim, seja porque infrutífera ou impossível essa técnica sub-rogatória, então o direito processual, embasado na Carta Magna, excogita a possibilidade da medida coercitiva da prisão civil do devedor.

Contudo, essa medida só pode ser realizada se o débito alimentar compreender até as três prestações anteriores ao ajuizamento da execução e as que se vencerem no curso do processo.

Uma vez que tenha sido preenchido o requisito mencionado, ainda é possível que a técnica da prisão civil não seja efetivada, pois pode ser que o próprio credor de alimentos não deseje que o procedimento para a cobrança de alimentos contemple a prisão civil.[12] Basta imaginar, por exemplo, um ex-cônjuge que não quer que o pai de seus filhos, um trabalhador autônomo, fique preso e por isso requeira o início da execução pela regra do Livro, Título II, Capítulo III do CPC.

Nessa hipótese, o procedimento deverá seguir o trâmite de uma execução por quantia certa contra devedor solvente, com a realização da penhora de bens do executado, seguindo a prioridade do art. 835 do CPC, em que o primeiro bem da lista é o dinheiro, e que poderá ser penhorado segundo as regras do art. 854. Não sendo penhorado dinheiro, poder-se-á penhorar qualquer bem que nele possa ser convertido, não sendo lógico nesse caso admitir a adjudicação do bem penhorado.

Todas as parcelas vencidas que não sejam anteriores às três prestações anteriores ao ajuizamento da demanda poderão seguir esse rito comum.

---

12. Nesse sentido, o § 8.º do art. 528 ao dispor que: "O *exequente pode optar por promover o cumprimento da sentença ou decisão* desde logo, nos termos do disposto neste Livro, Título II, Capítulo III, caso em que não será admissível a prisão do executado, e, recaindo a penhora em dinheiro, a concessão de efeito suspensivo à impugnação não obsta a que o exequente levante mensalmente a importância da prestação".

4.3.4.9 A conduta procrastinatória do executado e o crime de abandono material

O dever de prestar alimentos àquele que os necessita foi tratado com a devida importância pelo NCPC, que não pretende admitir aquelas tantas situações em que o sujeito não apresenta bens, não faz o pagamento da parcela mensal, mas ao mesmo tempo continua a ter, ostentar e até usufruir uma vida que não condiz com tal atitude. Para tanto, além dos meios normais e típicos de se obter a satisfação do crédito alimentar, agora o NCPC inovou ao prever no art. 532 que, verificada a postura procrastinatória do executado, o magistrado deverá, se for o caso, dar ciência ao Ministério Público dos indícios da prática do delito de abandono material.

PARTE III
INCIDENTES E PROCESSOS INCIDENTAIS CONEXOS À EXECUÇÃO

Capítulo I
LIQUIDAÇÃO DE SENTENÇA

1. INTRODUÇÃO

As crises de cooperação (entrega de coisa, fazer e não fazer e pagar quantia) exigem que o Estado oferte dois tipos de atividades ao jurisdicionado, cognitiva e executiva, que delas se socorrerá toda vez que estiver com uma pretensão insatisfeita.

Assim, seja pelo acesso direto à tutela executiva[1], seja nos casos em que esta é precedida ou sucedida pela tutela cognitiva, é condição *sine qua non*, por razões práticas e lógicas, que a atuação da norma concreta (tutela executiva) só aconteça quando todos (e somente) os elementos do direito exequendo estejam presentes.

Tem sabor de obviedade, mas não custa dizer que não seria possível realizar no plano prático, nem provisória nem definitivamente, uma norma jurídica ainda incompleta ou quase completa. A falta de alguns elementos do direito exequendo impede a realização da atuação jurisdicional executiva. Ademais, só quando estiverem presentes os "elementos subjetivos" (o titular ativo e passivo do direito exequendo) e os "objetivos" (se é devida a obrigação/responsabilidade e o que é devido ou o quanto é devido), é que poderá ter início a tutela executiva.

É justamente para os casos em que a norma jurídica está quase completa, enfim, para as situações em que nela existe uma incompletude de algum(ns) de seu(s) elemento(s), que existe a atividade jurisdicional liquidatória. Essa atividade é de natureza cognitiva, porém o objeto do conhecimento é parcial do ponto de vista horizontal, pois se restringe à obtenção do elemento faltante na norma jurídica *quase* concreta. O uso da atividade jurisdicional liquidatória de forma destacada e isolada é absolutamente anormal, pois a regra prevista no CPC é de que o direito seja revelado em um só momento, em respeito à regra da concentração da sentença. Normalmente, não se biparte a fase cognitiva em dois momentos, que é, *v.g.*, o que ocorre na liquidação da sentença.

---

1. O legislador pode estabelecer que o contraditório seja *necessário e prévio* à formação do título (título judicial), ou então que seja *posterior e eventual* à sua formação (título extrajudicial). Nesta última hipótese, dada a postergação e eventualidade do contraditório para depois da execução apenas a lei pode criar títulos executivos extrajudiciais e suas hipóteses são de interpretação restritiva e taxativas.

2. LIQUIDAÇÃO E NORMA JURÍDICA (QUASE) CONCRETA

Por outro lado, o leitor poderia perguntar-se como e por que seria possível falar em "norma jurídica concreta", "direito exequendo revelado na sentença", "norma individualizada" se, afinal de contas, não está completamente "concreta". Realmente, não é exato falar em "norma jurídica concreta" se alguns de seus elementos não forem identificados, enfim, se alguns dos itens do aspecto objetivo ou do aspecto subjetivo da norma individualizada (quase individualizada) não estiverem completamente identificados.

Assim, se existe essa incompletude, é sinal de que a tarefa de identificação ou formulação da norma jurídica concreta que revelará o "direito exequendo" ainda não está acabada, devendo socorrer-se ainda de uma atividade cognitiva que terá por desiderato a identificação do(s) elemento(s) que estiver(em) faltando na norma jurídica quase completa.

Portanto, é possível que os títulos judiciais, provisórios ou definitivos, necessitem de duas fases ou momentos cognitivos para revelar o direito exequendo na sua integridade. Seria como dizer que a identificação dos elementos objetivos e subjetivos do direito corporificado no título não é feita no mesmo momento, mas *em mais de uma etapa cognitiva*, e, por isso mesmo, só quando tiver sido superado esse segundo momento é que haveria um título executivo judicial viabilizador da tutela executiva.

É de se observar uma impropriedade da expressão mencionada no Capítulo XIV do Livro I da Parte Especial, já que a liquidação é da obrigação e não da sentença,[2] motivo pelo qual poderá recair sobre provimento interlocutório, sentença ou acórdão.

No entanto, é importante frisar que, ao fazer referência à liquidação "de sentença", o legislador deixou muito claro que esse procedimento é restrito aos títulos *judiciais*.

Os títulos extrajudiciais que carecem de algum elemento objetivo ou subjetivo[3] essencial da obrigação não poderão ser considerados títulos executivos, pois lhes faltará a força executiva necessária. Essa ausência pode decorrer, por exemplo, da falta de liquidez da obrigação representada no documento extrajudicial, o que inviabiliza a sua execução.

Nesses casos, o procedimento liquidatório não servirá para integrar o título executivo, porque, a rigor, este não possui a referida eficácia, justamente porque inexistia,

---

2. Um mesmo título executivo judicial ou extrajudicial pode conter inúmeras obrigações, inclusive autônomas entre si. Por isso é perfeitamente possível que um mesmo documento, judicial ou extrajudicial, revele uma obrigação líquida certa e exigível e outras que não estejam completas. Se isso já é visível nos títulos judiciais, sendo possível liquidar parte dele, o mesmo se diga dos extrajudiciais. Debaixo do mesmo documento assinado por duas testemunhas pode existir um sem número de obrigações envolvendo os contratantes, inclusive invertendo o papel de credor e devedor para algumas delas. Não é porque alguma obrigação ali contida seja inexigível ou ilíquida ou incerta que as demais o serão. É preciso constatar se todas padecem do mesmo vício ou se são autônomas entre si.

3. Excepcionalmente faltará a identificação do elemento subjetivo que necessitará passar por uma liquidação onde se apure não apenas o quantum, mas o também quem é o titular do direito. É o caso da liquidação da sentença condenatória genérica do artigo 95 do CDC (direitos individuais homogêneos).

CAPÍTULO I • LIQUIDAÇÃO DE SENTENÇA **649**

no momento de sua concepção, a identificação de todos os elementos do direito que nele está retratado.

Trocando em miúdos, ou o título executivo extrajudicial revela uma obrigação que contém todos os elementos, e, por isso, está adequado a iniciar uma tutela executiva, ou então lhe falta algum elemento e não deve ser considerado um título executivo, sendo um mero documento que poderá dar início a um procedimento monitório ou a uma ação condenatória.

Apenas as sentenças ilíquidas se submetem a uma fase de liquidação.

3. LIQUIDAÇÃO E PRINCÍPIO DA ESTABILIDADE DA DEMANDA

As razões pelas quais o legislador repartiu em momentos ou fases distintas e sucessivas a revelação da norma jurídica concreta nas crises de cooperação estão estampadas em dispositivos excepcionais, porque a própria atividade liquidatória, assim realizada de forma destacada, é algo excepcional.

É importante que fique bem claro que a divisão de momentos ou fases para identificar o direito exequendo não constitui a regra normal adotada pelo Código, que utilizou a regra da concentração da sentença, na qual todos os elementos da norma individualizada devem estar ali identificados.

A regra geral é que a identificação do direito seja feita de uma só vez, em uma só etapa. Entretanto, como se vê, há casos, por exemplo, em que a situação jurídica do direito material não permite, naquele momento em que a crise será levada ao Judiciário, a identificação de todos os seus elementos.[4]

É possível, por exemplo, que o dano causado por alguém ainda não possa ser medido em toda a sua extensão, e tal fato só seja possível de quantificar em momento posterior à propositura da demanda (art. 324, § 1.º, III, do CPC).[5]

Ora, como se sabe, é o autor que fixa o objeto litigioso, e, após a citação do réu, vigora o princípio da estabilidade da demanda (partes, pedido e causa de pedir, art. 329

---

4. Na liquidação para a defesa de direitos individuais homogêneos, é possível que o objeto da atividade liquidatória tenha por objetivo descobrir os seguintes elementos: "a quem é devido" e/ou "o que" ou "quanto é devido". Justamente porque em tal modalidade de ação coletiva é ínsita a regra de deixar para a liquidação a identificação do próprio titular do direito subjetivo (já que os titulares são desconhecidos – art. 103, III, do CDC), e, considerando ainda que tal modalidade de ação coletiva pode ser veiculada para debelar crises de certeza e de situação jurídica (pretensões declaratórias e constitutivas), ter-se-á como possível a existência de tutela liquidatória (identificar o titular do direito) de provimentos constitutivos e declaratórios. Essa é uma característica da tutela coletiva de direitos individuais homogêneos, cujo rito é o previsto nos arts. 91 e ss. do CDC.

5. Art. 324. O pedido deve ser determinado.

§ 1.º É lícito, porém, formular pedido genérico:

I – nas ações universais, se o autor não puder individuar os bens demandados;

II – quando não for possível determinar, desde logo, as consequências do ato ou do fato;

III – quando a determinação do objeto ou do valor da condenação depender de ato que deva ser praticado pelo réu.

do CPC),[6] de forma que não seria lícito ao autor, no curso desta, ampliar o pedido ou a causa de pedir, já que o sistema impõe regra que veda tais alterações após determinado momento ou estágio procedimental.

Diante desse aspecto, e considerando que ainda incide no processo civil a regra da adstrição do pedido à demanda (art. 492 do CPC),[7] reconhece-se que existe um óbice legal que impede que, em tais casos – de propositura de demanda com um pedido genérico, art. 324 do CPC –, após a propositura dessa demanda, seja acrescido aspecto que não esteja veiculado na petição inicial (ou na petição de aditamento, quando for possível). Tais situações são, de fato, excepcionais, e, por isso mesmo, são tratadas assim no CPC, em que se lê, no art. 324, quais são as hipóteses em que o legislador admite que a norma jurídica concreta seja revelada em duas etapas distintas (condenação genérica + liquidação).

Nesse dispositivo em seus respectivos incisos, existe a previsão legal de permitir que o autor deduza pedido certo, porém ainda não completamente determinado, mas determinável em momento posterior à obtenção da sentença. Quando isso ocorrer, o autor vitorioso deverá dar início a uma nova fase ou módulo cognitivo da mesma relação jurídica processual.

É de dizer que, além dessas hipóteses impostas pelo direito material, o legislador admite que, por razões ligadas ao processo (a economia processual e a razoável duração do processo), possam permitir que seja dada uma sentença ilíquida, mesmo com o pedido certo e determinado. É o que se observa no art. 491, II, *in verbis*: "na ação relativa à obrigação de pagar quantia [...] II – a apuração do valor devido depender da produção de prova de realização demorada ou excessivamente dispendiosa, assim reconhecida na sentença [...]".[8]

Portanto, essa nova fase cognitiva tem a finalidade de completar ou integrar o elemento faltante da norma jurídica "quase" concreta. Essa é, pois, a atividade cognitiva

---

6. Art. 329. O autor poderá:

    I – até a citação, aditar ou alterar o pedido ou a causa de pedir, independentemente de consentimento do réu;

    II – até o saneamento do processo, aditar ou alterar o pedido e a causa de pedir, com consentimento do réu, assegurado o contraditório mediante a possibilidade de manifestação deste no prazo mínimo de 15 (quinze) dias, facultado o requerimento de prova suplementar.

    Parágrafo único. Aplica-se o disposto neste artigo à reconvenção e à respectiva causa de pedir.

7. Art. 492. É vedado ao juiz proferir decisão de natureza diversa da pedida, bem como condenar a parte em quantidade superior ou em objeto diverso do que lhe foi demandado.

8. Art. 491. Na ação relativa à obrigação de pagar quantia, ainda que formulado pedido genérico, a decisão definirá desde logo a extensão da obrigação, o índice de correção monetária, a taxa de juros, o termo inicial de ambos e a periodicidade da capitalização dos juros, se for o caso, salvo quando:

    I – não for possível determinar, de modo definitivo, o montante devido;

    II – a apuração do valor devido depender da produção de prova de realização demorada ou excessivamente dispendiosa, assim reconhecida na sentença.

    § 1.º Nos casos previstos neste artigo, seguir-se-á a apuração do valor devido por liquidação.

    § 2.º O disposto no *caput* também se aplica quando o acórdão alterar a sentença.

de liquidação, que poderá ser realizada para tornar líquido um provimento final ou interlocutório, sejam eles definitivos ou provisórios.

É importante deixar claro que o art. 509, § 1º, do Código de Processo Civil estabelece que, quando a sentença contiver uma parte líquida e outra ilíquida, é permitido ao credor promover simultaneamente a execução da parte líquida e, em autos apartados, a liquidação da parte ilíquida. Essa disposição visa garantir maior celeridade e efetividade no cumprimento das decisões judiciais, permitindo que o credor receba, de imediato, os valores já determinados, enquanto se apura o restante do débito. A Quarta Turma do Superior Tribunal de Justiça (STJ)[9] consolidou esse entendimento ao decidir que, na fase de liquidação de sentença, a quantia que o devedor já tenha reconhecido como devida constitui a parte líquida da condenação. Sendo assim, essa quantia pode ser imediatamente exigida pelo credor, sem necessidade de aguardar a conclusão do processo de liquidação para a parte que ainda não foi liquidada.

4. O OBJETO DA LIQUIDAÇÃO

A atividade jurisdicional de liquidação tem lugar, excepcionalmente, quando a norma jurídica *quase* concreta (já estão identificados a quem se deve, quem deve e se é devido) precisa ainda individuar *o que* se deve,[10] ou *o quantum* é devido na crise de cooperação.[11]

Nesse passo, é o que dizem os incisos do art. 324, § 1.º, do CPC, ao enunciarem que o pedido poderá ser genérico quando: I – nas ações universais, se o autor não puder individuar os bens demandados; II – não for possível determinar, desde logo, as consequências do ato ou do fato; III – a determinação do objeto ou do valor da condenação depender de ato que deva ser praticado pelo réu.

Certamente que, pelo princípio da adstrição do pedido à sentença, se na propositura da demanda o autor fez uso de um dos incisos do art. 324 do CPC, então, decerto, a sentença deverá ser igualmente genérica. É o que diz, com alguma imprecisão técnica, o art. 492 do CPC. Mais excepcionalmente ainda, nas ações coletivas para a defesa de direitos individuais homogêneos, é possível que a identificação recaia não só sobre o

---

9. . REsp nº 2067458 / SP
10. Em sentido contrário, Cândido Rangel Dinamarco, que coloca a *individuação do objeto* fora das hipóteses de *iliquidez da sentença*, e dentro da hipótese de *incerteza da obrigação*, que é resolvida mediante o incidente de concentração, como nas obrigações de entrega de coisa (individuar a coisa de incerta para certa). Seguimos o alvitre de Teori Albino Zavascki (*Título executivo e liquidação*, p. 173), que salienta que as "sentenças condenatórias nas ações universais (CPC, art. 324, I) ensejam liquidação destinada a definir os bens que integram a universalidade, e não o seu valor".

    O CPC de 2015 não se refere à *individuação* do objeto como uma das modalidades de liquidação, mantendo a supressão já existente do CPC revogado. Mesmo assim, ou seja, ainda que o dispositivo não tenha mencionado (art. 509) sobre a individuação do objeto, pensamos que esta poderá ser necessária, nas hipóteses do art. 324, I, do CPC, caso em que será preciso completar a norma jurídica concreta quase individualizada.
11. Art. 509. Quando a sentença condenar ao pagamento de quantia ilíquida, proceder-se-á à sua liquidação, a requerimento do credor ou do devedor [...].

objeto devido (o que ou o *quantum*), mas também sobre o próprio titular do direito coletivamente tutelado (arts. 97 e ss. do CDC).

É importante registrar que a reforma processual de 1994 extinguiu a desnecessária liquidação por cálculo do contador, que se reduziu à simples elaboração de planilha de cálculos que deve ser apresentada pelo exequente no ajuizamento da petição inicial. Isso porque a antiga liquidação por cálculo servia apenas para realização de cálculos aritméticos de dados e elementos constantes do provimento condenatório que, repita-se, não era "genérico".

Por isso, a função da realização do cálculo foi repassada ao exequente, e o executado deverá impugnar o eventual excesso pela via da impugnação do executado, devendo ele também trazer sua planilha caso faça a impugnação do valor (art. 525), lembrando que, pela redação do art. 524, §§ 3.º, 4.º e 5.º, "quando a elaboração do demonstrativo depender de dados em poder de terceiros ou do executado, o juiz poderá requisitá-los, sob cominação do crime de desobediência". Ou ainda, "quando a complementação do demonstrativo depender de dados adicionais em poder do executado, o juiz poderá, a requerimento do exequente, requisitá-los, fixando prazo de até 30 (trinta) dias para o cumprimento da diligência". E, por fim, "se os dados adicionais a que se refere o § 4.º não forem apresentados pelo executado, sem justificativa, no prazo designado, reputar-se-ão corretos os cálculos apresentados pelo exequente apenas com base nos dados de que dispõe".

Também é possível, pela regra dos §§ 1.º e 2.º do art. 524, que o juiz ao receber o requerimento inicial e antes de prosseguir com o cumprimento de sentença (art. 523), desconfiando de eventual excesso dos cálculos apresentados pelo exequente em seu requerimento inicial, remeta o processo ao contabilista do juízo para que ele o auxilie (em prazo não superior a trinta dias, exceto se outro lhe for determinado) e aponte qual o correto demonstrativo, que poderá ser ou não acolhido pelo exequente, de forma que, se o valor apontado no demonstrativo aparentemente exceder os limites da condenação, a execução será iniciada pelo valor pretendido, mas a penhora terá por base a importância que o juiz entender adequada.

Tendo em vista a possibilidade de que o cumprimento de sentença se inicie por iniciativa do devedor (art. 526),[12] fato que se mostra deveras incomum, é possível que o devedor promova o cumprimento de sentença, ou o que se denominava de *execução às avessas*. Assim, tendo em vista essa esdrúxula possibilidade, o legislador

---

12. Art. 526. É lícito ao réu, antes de ser intimado para o cumprimento da sentença, comparecer em juízo e oferecer em pagamento o valor que entender devido, apresentando memória discriminada do cálculo.

§ 1.º O autor será ouvido no prazo de 5 (cinco) dias, podendo impugnar o valor depositado, sem prejuízo do levantamento do depósito a título de parcela incontroversa.

§ 2.º Concluindo o juiz pela insuficiência do depósito, sobre a diferença incidirão multa de dez por cento e honorários advocatícios, também fixados em dez por cento, seguindo-se a execução com penhora e atos subsequentes.

§ 3.º Se o autor não se opuser, o juiz declarará satisfeita a obrigação e extinguirá o processo.

CAPÍTULO I • LIQUIDAÇÃO DE SENTENÇA **653**

permite, por expressa dicção do art. 509 do CPC, que o próprio devedor dê início à fase liquidatória, se não for o caso de mera memória discriminada dos cálculos à semelhança do art. 524, para encontrar a quantia que for devida, e, assim, dar início ao cumprimento de sentença.

Em tais casos, o devedor iniciará o *cumprimento de sentença*, mas, curiosamente, o titular do crédito, intimado para se manifestar, poderá alegar "escassez de execução", devendo apresentar o valor que lhe pareça correto também fundamentado em memória ou planilha de cálculo, se não for hipótese de liquidação por arbitramento ou procedimento comum.

5. LIQUIDAÇÃO PELA INDIVIDUAÇÃO DO OBJETO (ART. 324, I)

Como dito anteriormente, existe, regra geral, uma correspondência lógica entre o processo e o direito material, de forma que este impõe as regras processuais que sejam adequadas à sua tutela.

Exatamente por imposição do direito material, deve haver uma ligação entre o art. 324 e a necessidade de liquidar uma condenação cujo pedido seja nos termos desse artigo. É que, nesse caso, o legislador permite que o pedido formulado seja genérico, não porque fosse uma opção ao autor, mas simplesmente porque o direito material impõe essa condição. Todos os três incisos do art. 324 referem-se a situações impostas pelo direito material, caso em que a sentença proferida também será genérica, precisando, pois, ser liquidada para futura execução.

Em tese, para todas as hipóteses contempladas no art. 324 (os três incisos) deveria haver uma correspondente ligação ou conexão com o instituto da liquidação da sentença. Assim, como no art. 324 fala-se em impossibilidade de individuar os bens demandados (inc. I) e o "*quantum* devido" (incs. II e III), era de esperar que houvesse no Código uma previsão de liquidação para todas as hipóteses.

E dita ligação existia porque o antigo (revogado) art. 603 do CPC original previa que a liquidação poderia ser para determinar o valor da condenação ou individuar o objeto, absorvendo, pois, as hipóteses contempladas no atual art. 324 e seus respectivos incisos.

Entretanto, desde a reforma introduzida pela Lei 10.444/2002 no CPC de 1973, suprimiu-se a hipótese de individuação do objeto como objeto de um procedimento liquidatório.

Segundo pensamos, é errado imaginar que a hipótese de "individuação do objeto" tenha sido absorvida pelas hipóteses de individuação da coisa (de incerta para incerta) que seria feita no curso da fase cognitiva. Com o devido respeito, uma "coisa" não se confunde com a outra. Assim, como se passará a demonstrar, continua viva a necessidade de procedimento liquidatório para "individuação do objeto", com base no art. 324, I, ainda que os arts. 509 e ss. nada digam a respeito dessa possibilidade, simplesmente porque, sem a individuação da coisa, não será possível adentrar na fase de cumprimento de sentença subsequente àquela que contém uma condenação genérica em virtude da universalidade do bem presente na condenação.

A leitura do art. 324, § 1.º, I e II, do CPC permite inferir que esse Código regula, em relação ao objeto da liquidação, dois tipos diferentes de atividade liquidatória: uma para "individuar o objeto da condenação" e outra para "determinar o valor da prestação devida".

As situações de condenação genérica derivadas do art. 324, I, do CPC serão necessárias para adentrar na fase de cumprimento de sentença sempre que o autor formular pedido genérico "nas ações universais, se o autor não puder individuar os bens demandados" (art. 324, I, do CPC).

Para entender essa hipótese de liquidação, é mister se debruçar, preliminarmente, sobre alguns conceitos fornecidos pelo direito civil, pois é preciso que se saiba o que vem a ser uma "ação universal" para, a partir daí entender como se processa a liquidação da individuação do objeto.

No direito civil e, mais especificamente, no Livro II, Título Único, do Código Civil encontram-se as regras jurídicas dos bens que são objeto das relações jurídicas em sentido lato. Uma das classificações adotadas pelos civilistas, por influência da doutrina pandectista alemã, é a que divide os bens em "singulares e coletivos (universais)", reservando três artigos para estabelecer o referido regime jurídico. Diz o art. 89 do CC que as coisas simples ou compostas, materiais ou imateriais, podem ser singulares ou coletivas.

São singulares quando a coisa ou o bem (simples ou composta, material ou imaterial) são considerados de *per si* e independentes entre si, ainda que estejam reunidos. São coletivas, ou universais, quando se "encaram agregadas em todo", seguindo a redação do art. 54, II, do CCB de 1916.

São exemplos de coisas universais ou universalidades, embora não constem de objetos materiais, o "patrimônio e a herança", como dizia o art. 57 do CC revogado.

O CCB determina ainda a distinção entre o que seja a universalidade de fato e de direito, lembrando que a primeira é a pluralidade de bens singulares que, pertinentes à mesma pessoa, tenham destinação unitária (art. 90). Já a universalidade de direito é o complexo de relações jurídicas de uma pessoa, dotadas de valor econômico (art. 91).

Assim, verifica-se que o legislador civil prevê que há determinados bens, universais ou coletivos, que são, nessa condição, objeto de proteção do direito. Nesse passo é que "entra" o conceito de ação universal, posto que, sempre que se reclamar em juízo uma parte da universalidade (bem ou valor), mas não se souber ou naquele momento não puder delimitar ou individuar a coisa ou as coisas que a componham, é possível que seja reclamada a tutela condenatória genérica da universalidade, em que se reconhecerá o direito sobre a parcela dos bens (simples ou compostos, materiais ou imateriais, ainda não individuados), sem ter ainda fixado (porque o autor não poderia fazê-lo na inicial) ou individuado qual ou quais os bens que compõem a universalidade, mas que serão devidos ao autor credor.

É exemplo do art. 324, I, a hipótese de ação de petição de herança, em que o herdeiro demanda "o reconhecimento de seu direito sucessório, para obter a restituição da herança, ou de parte dela, contra quem, na qualidade de herdeiro, ou mesmo sem título, a possua" (art. 1.824 do CC).[13]

Diz ainda o art. 1.825 que "a ação de petição de herança, ainda que exercida por um só dos herdeiros, poderá compreender todos os bens hereditários".

Tal situação é nítido exemplo de um indivíduo que pretende receber a sua parte na herança, mas nem sequer sabe quais os bens que compõem essa universalidade. Assim, ajuíza uma demanda para que lhe seja reconhecido o direito à herança (universalidade de direito), mas com o propósito de obter a restituição da parte que lhe for devida.

É aí que entra a condenação genérica do art. 286, I, do CPC, pois obterá um provimento que reconhece o direito à restituição de bens que compõem o todo, mas que são devidos ao autor credor. No entanto, tais bens ainda não foram individuados, mas deverão sê-lo mediante uma atividade liquidatória que penetrará na universalidade (herança) e ali individuará que bens lhes serão devidos (restituídos) em razão do direito hereditário. Essa individuação do objeto se faz mediante uma atividade liquidatória. Se isso não for feito, não haverá título executivo hábil (art. 515, IV) que permita dar início ao cumprimento de sentença.[14]

A individuação do objeto, que corresponderá à identificação dos bens que compõem a universalidade, poderá ser feita mediante um simples incidente processual prévio à atividade executiva.

É interessante observar que a individuação do objeto prevista no art. 324, I, não se confunde com a identificação da coisa incerta prevista nessas modalidades de obrigação (art. 498).[15] As diferenças são ontológicas, pois a figura da "liquidação" para individuação do objeto nasce das situações derivadas de um reconhecimento de um direito a bens que sejam componentes de uma universalidade. Esses bens não puderam ser identificados na petição inicial, mas deverão ser individuados antes de realizada uma eventual atividade executiva.

Portanto, o problema é realmente descobrir quais os bens que compõem a universalidade e que deverão ser dados (entregues ou pagos) ao titular do direito exequendo. Essa relação jurídica não se funda em uma relação débito/crédito. Advirta-se ainda que,

---

13. Art. 1.791 do CC: "A herança defere-se como um todo unitário, ainda que vários sejam os herdeiros. Parágrafo único. Até a partilha, o direito dos coerdeiros, quanto à propriedade e posse da herança, será indivisível e regular-se-á pelas normas relativas ao condomínio".

14. Art. 515. São títulos executivos judiciais: [...] IV – o formal e a certidão de partilha, exclusivamente em relação ao inventariante, aos herdeiros e aos sucessores a título singular ou universal.

15. Cumpre dizer que a figura do art. 324, I, pressupõe uma condenação (leia-se provimento judicial) genérica que precisa ter o objeto individuado. Parte-se de uma sentença em direção à individuação do objeto. Já a figura da identificação da certeza da coisa a ser entregue (escolha) terá sido dirimida no curso da própria demanda, não ensejando um "momento liquidatório" prévio à execução, salvo se for concedida liminarmente e a escolha da coisa a ser entregue couber, pela lei ou contrato, ao devedor. Na individuação do objeto, portanto, há a necessidade de uma liquidação, posterior à sentença.

nessa hipótese, não se sabem nem a quantidade, nem a qualidade, tampouco o gênero da coisa a ser individuada. Há uma incerteza total.

Outrossim, enquanto na figura do art. 498 (e do art. 811) já se sabe qual o objeto (gênero e quantidade), mas não a qualidade dele, certamente o incidente ali existente parte de uma premissa diversa da do art. 324, I. Se na entrega de coisa pretende acabar com a incerteza (tornar certa a coisa), na individuação do objeto procura-se individuar o próprio objeto (bem ou valor) devido ao titular do direito exequendo, sendo perfeitamente possível que, uma vez individuados os objetos que compõem a universalidade de uma herança, por exemplo (100 sacas de feijão, 1.000 cabeças de gado etc.), ainda assim poderá ser necessária a identificação do bem devido para tornar certa a coisa a ser entregue.

Nesse caso, ter-se-ão as duas atividades – de individuação do objeto e de identificação da coisa certa –, demonstrando bem que a finalidade de ambas as figuras não é a mesma. Outrossim, importa dizer, ainda, que o procedimento liquidatório (ainda que por mero incidente) para a individuação do objeto é o *por procedimento comum*, pela necessidade de se provar fato novo referente à identificação dos bens que compõem a universalidade, e quais ou a quantidade desses bens que serão entregues ao titular do direito exequendo. Portanto, não nos aprece que o art. 498 esteja apto a resolver todos os problemas que poderão surgir da individuação do objeto, afinal de contas, dito dispositivo foi criado para as situações de *entrega de coisa incerta*, que com aquele não se confunde.

6. LIQUIDAÇÃO DO VALOR (*QUANTUM*)

6.1 Liquidação tradicional

A mais tradicional utilização da atividade liquidatória é para a verificação do *quantum* devido (*v.g.*, dinheiro ou quantidade de coisas deterioradas pelo ato ilícito). Sua fundamentação está inserta no art. 324, II e III, mas a estas não se resume, pois, razões impostas pelo próprio direito processual (e não o direito material) podem exigir a necessidade de liquidação de sentença do *quantum* devido.

A rigor, mesmo nas sentenças constitutivas e declaratórias, poderá haver liquidação do *quantum*, relativamente às verbas de sucumbência. Quadra registrar ainda que a liquidação do *quantum*, quando destinada a apurar dinheiro, será processada por mero incidente liquidatório da *fase ou módulo processual cognitivo*, e apenas excepcionalmente que a liquidação será processada mediante processo de cognição autônomo.[16]

Também não se pode descartar a liquidação do *quantum* pecuniário como mero *incidente da execução* quando se tornar inviabilizada a execução específica (desapossamento ou transformação) e for necessária a conversão da execução para quantia certa

---

16. Como no caso de ação de liquidação de sentença estrangeira homologada, sentença penal condenatória etc.

contra devedor solvente (execução genérica).[17] Nesse caso, a liquidação se dá no curso do processo executivo, como um incidente processual liquidatório, que será decidido por provimento interlocutório com aptidão para formação da coisa julgada material sobre a matéria do *quantum* apurado. A liquidação do *quantum* poderá utilizar-se dos procedimentos de arbitramento ou por procedimento comum, o que será definido pela situação jurídica de direito material.

6.2 Liquidação promovida por um devedor solidário contra os demais codevedores

O pressuposto da liquidação de sentença é, geralmente, a existência de uma decisão condenatória genérica que não especifique o valor exato da obrigação devida. No entanto, pode surgir uma situação peculiar quando a sentença condenatória contém todos os elementos da obrigação, inclusive o valor integral devido, e vários réus são condenados solidariamente pela dívida. Na perspectiva do autor nada há a ser liquidado.

Entretanto, não se pode descartar para hipóteses como a mencionada acima, à luz do art. 275 do Código Civil (que prevê que o credor pode exigir e receber de um ou alguns dos devedores, parcial ou totalmente, a dívida comum) e do art. 283 (que assegura ao devedor que satisfez integralmente a dívida o direito de exigir de cada codevedor a sua cota, dividindo-se igualmente a parte do insolvente, se houver, presumindo-se iguais as quotas dos devedores), a possibilidade de instauração de uma liquidação de sentença por um dos codevedores contra os demais.

Essa liquidação poderia ser promovida por um dos devedores contra os demais codevedores, todos condenados pela mesma sentença, com o objetivo de apurar a cota-parte de cada um. Tal procedimento em nada atrapalharia a execução a ser promovida pelo autor, mas permitiria assegurar, no curso da eventual execução, que aquele que quitasse integralmente a dívida pudesse exercer, de forma precisa, seu direito de regresso contra os codevedores. A identificação prévia das quotas individuais evitaria controvérsias futuras, garantindo maior segurança jurídica e poderia trazer até mesmo maior efetividade na fase de cumprimento da sentença.

7. LIQUIDAÇÃO NAS AÇÕES COLETIVAS PARA A DEFESA DE DIREITOS INDIVIDUAIS HOMOGÊNEOS

A terceira modalidade de liquidação foi introduzida no nosso ordenamento por intermédio dos arts. 97 e ss. do CDC (Lei 8.078/1990). A maior novidade, dentre tantas especificidades que cuidam dessa modalidade de liquidação, diz respeito ao seu objeto, que não fica restrito à identificação do *quantum* devido (quantidade de coisas ou di-

---

17. Art. 495. A decisão que condenar o réu ao pagamento de prestação consistente em dinheiro e a que determinar a conversão de prestação de fazer, de não fazer ou de dar coisa em prestação pecuniária valerão como título constitutivo de hipoteca judiciária.

nheiro), pois é por meio dela que se identifica (personifica) o provimento prolatado na ação coletiva. Essa modalidade de liquidação permite que sejam identificados o titular (indivíduo) e o respectivo prejuízo sofrido com o fato que deu origem à tutela coletiva. Assim, não obstante se fundamentar em um título liquidatório coletivo, a finalidade dessa liquidação é exatamente permitir a individualização da norma jurídica concreta individual, pois permitirá que sejam identificados o indivíduo que é titular do direito exequendo e o seu prejuízo sofrido.

Como se disse, o fundamento da liquidação prevista nos arts. 97 e ss. do CDC é a existência de um título liquidatório (provimento judicial) haurido em uma demanda coletiva. Essa demanda coletiva deve ter sido ou uma ação coletiva para a defesa de direito individual homogêneo (arts. 95 e ss.), ou, então, uma demanda coletiva para a defesa de direito difuso e coletivo, em razão da regra da coisa julgada *in utilibus* (art. 103, § 3.º, *usque*, do CDC). Assim, ocorre nos casos de procedência do provimento coletivo individual homogêneo ou nos casos difusos e coletivos (quando incida a coisa julgada *in utilibus*).[18]

Todavia, a maior inovação não parece ter sido apenas essa (a sentença difusa ou coletiva servir também como título liquidatório para a liquidação individual), mas também o fato de a possibilidade de a identificação do sujeito titular do direito ser um dos objetos da liquidação, e, somado a isso, o fato de poder haver demandas individuais homogêneas utilizadas para debelar crises de certeza, situação jurídica e cooperação, tendo-se então que essa modalidade liquidatória poderá ser utilizada para identificar a titularidade dos sujeitos em demandas constitutivas. Portanto, a anulação de determinada cláusula contratual em contratos de conta-corrente em uma ação proposta contra o maior banco do País certamente poderá beneficiar cada um dos desconhecidos titulares que estejam em uma mesma situação de fato.

Isso implica, certamente, que cada um desses sujeitos deverá promover a liquidação do provimento constitutivo para identificar que o seu respectivo contrato foi aproveitado pela decisão e, mais do que isso, que ele deseja que seja aproveitado pela tal decisão (provisória ou definitiva). Disso resulta que a liquidação individual realizada a partir de um provimento coletivo deverá ser feita mediante expressa vontade do particular, podendo ele mesmo promover a liquidação (provisória ou definitiva), ou por intermédio dos entes do art. 82 que possuam legitimidade extraordinária para o referido caso, pois aqui a hipótese seria de típica substituição processual (substituto processual defendendo direito alheio determinado).

Esse modelo de liquidação imprópria do CDC tende a ser melhorado a depender de como será decidida a questão submetida a julgamento pelo STJ por meio da técnica dos repetitivos especialmente para aqueles casos em que exista uma relação jurídica

---

18. Quando o mesmo fato deu origem a prejuízos individuais e coletivos (difusos e/ou coletivos) e o reconhecimento da injuridicidade da conduta na demanda essencialmente coletiva puder ser aproveitado pelo indivíduo, que utiliza a coisa julgada *in utilibus* para promover diretamente uma liquidação que demonstre que o seu prejuízo resulta da injuridicidade reconhecida na tutela coletiva.

base envolvendo o sujeito que tiver sido condenado e os titulares que serão beneficiados pela sentença coletiva individual homogênea (ex; banco e correntistas), onde o primeiro possui informações qualificadoras dos titulares beneficiados.

O "Tema 1.169" da Corte Especial do STJ, sob relatoria do Ministro Benedito Gonçalves, discute se a liquidação prévia de sentença condenatória genérica proferida em demanda coletiva é requisito indispensável para o ajuizamento da ação de cumprimento de sentença, sendo sua ausência causa de extinção da ação executiva, ou se cabe ao magistrado analisar o prosseguimento da execução com base nos elementos concretos do caso.

A questão essencial transcende a análise da liquidação prévia, direcionando-se ao modelo bifásico de liquidação e execução, no qual o ônus do impulsionamento recai sobre o credor e não sobre o devedor. Essa abordagem contrasta com o espírito do CPC/2015, que integra a satisfação de direitos à tutela jurisdicional efetiva (art. 4º), reconhecendo que o objetivo final do processo é a obtenção dos resultados práticos decorrentes do direito reconhecido.

O atual modelo processual, ao exigir do credor o ônus de iniciar a liquidação e execução, perpetua uma cultura de proteção ao devedor, incompatível com a cooperação processual e a eficiência jurisdicional. Essa lógica é especialmente problemática no contexto de ações coletivas, onde o ônus do cumprimento do julgado deveria recair sobre o condenado, dada a natureza dos direitos homogêneos e a potencial vulnerabilidade do grupo beneficiado, como se disse acima.

No caso do Tema 1.169, o STJ deve decidir entre um modelo tradicional e individualista ou a adoção de uma perspectiva cooperativa e eficiente, em que o condenado é instado a proceder à liquidação e ao cumprimento do julgado, sob pena de aplicação de medidas atípicas (art. 139, IV, do CPC). Essa mudança seria particularmente adequada quando houver relação jurídica prévia entre o grupo e o réu, facilitando o cumprimento de forma automatizada e célere.

Ademais, o art. 95 do CDC deve ser complementado pela exegese do art. 491 do CPC, para que as sentenças coletivas contenham parâmetros claros de indenização, reduzindo a necessidade de liquidações complexas e viabilizando uma execução mais ágil e efetiva.

O STJ, ao interpretar o art. 95 do CDC, tem a oportunidade de consolidar uma visão moderna e cooperativa da execução, alinhada aos princípios de eficiência, cooperação e efetividade da tutela jurisdicional, especialmente em demandas coletivas que protegem grupos vulneráveis.

8. LIQUIDAÇÃO: PROCESSO INCIDENTE OU QUESTÃO INCIDENTAL

Deve-se observar que a atividade jurisdicional liquidatória, regra geral, é prestada mediante um incidente processual cognitivo (iniciado por petição simples e finalizado por decisão interlocutória), a ser resolvida ou no curso do processo sincrético (art. 509) ou no curso de um processo de execução (*v.g.* art. 810), portanto, sem dar início a um processo autônomo.

A regra normal e geral, portanto, é a de que a liquidação seja apenas um incidente processual de processos sincréticos, estando a liquidação entre a fase cognitiva de revelação da norma quase concreta e a atuação dessa norma concreta. A rigor, a liquidação deve ser vista como um complemento à sentença genérica, porque de fato norma concreta ainda não existe enquanto não houver a liquidação. O procedimento-padrão do incidente liquidatório está previsto nos arts. 509 e ss. do CPC.

Como se disse, a liquidação pode ser também um incidente processual cognitivo incrustado no processo, e não necessariamente em uma "sentença". Várias são as hipóteses previstas pelo legislador, inclusive no processo de execução (título extrajudicial), que acontece, por exemplo, quando, no curso da execução de entrega de coisa, esta vier a ser deteriorada, e na conversão do procedimento executivo (passa a ser por quantia certa) for necessária a liquidação do valor do bem que não mais será entregue (ou da prestação de fazer infungível que não será realizada).[19]

9.   A LIQUIDAÇÃO DE SENTENÇA DOS ARTS. 509 E SS. DO CPC

9.1   Considerações gerais

Por intermédio de simples requerimento, o jurisdicionado provoca a tutela liquidatória que complementará a norma jurídica *quase* completa, identificando o elemento ainda faltante. Esse elemento indefinido será o *quantum* não encontrado nas hipóteses mencionadas. Tratando-se de ação coletiva para a defesa de direitos individuais homogêneos (arts. 97 e ss. da Lei 8.078/1990), permite-se, igualmente, a aplicação do art. 509 quando a liquidação for feita no mesmo juízo da condenação. Quando em juízo diverso (do liquidante), deve-se ter início pela propositura de uma demanda liquidatória, que será instaurada para identificar, também, além do *quantum* devido, o titular do direito exequendo.

Assim, para descobrir o *quantum* ou o *titular* do direito exequendo, o incidente de liquidação poderá seguir um desses dois procedimentos previstos no sistema processual brasileiro: *liquida*ção por procedimento comum e *liquidação por arbitramento*.

A natureza do incidente liquidatório é de *cognição*, ainda que seja feito dentro de um processo de execução, e o seu objeto litigioso é justamente o(s) elemento(s) faltante(s) da norma jurídica quase completa. Logo, o mérito desse incidente é a ve-

---

19. Não há necessidade de *liquidação de astreinte* para dar início ao cumprimento de sentença para pagamento de quantia sendo suficiente a simples memória de cálculo desde que esteja previamente fixado pelo juízo a data de início da multa, a sua periodicidade, o seu valor e o termo a quo, ainda que este ainda esteja em curso e se prolongue dia após dia, ou hora após hora, ou semana após semana.

CAPÍTULO I • LIQUIDAÇÃO DE SENTENÇA **661**

rificação do *quantum* devido ou o titular do direito, tal como nas hipóteses do art. 97 do CDC. Esse é o mérito da demanda, e, por isso mesmo, não é lícito utilizá-la para trazer ao conhecimento do juiz qualquer alegação, argumento, fundamento ou defesa que quaisquer das partes poderiam ter utilizado para o acolhimento ou a rejeição do direito que ora é tutelado.

É o que determina o art. 509, § 4.º, do CPC, ao dizer que é defeso na liquidação discutir de novo a lide, ou modificar a sentença, que a julgou.

A rigor, tal dispositivo precisa ser lido em conjunto com o art. 508 do CPC, pois não existe apenas o impedimento de rediscutir a lide, mas também de iniciar um debate pela primeira vez daquilo que já poderia ter sido discutido.[20]

Trata-se, na verdade, da eficácia preclusiva *panprocessual* da coisa julgada, que opera efeito preclusivo sobre todas as questões, alegações e defesas que poderiam ser opostas para o acolhimento ou rejeição do pedido, nos termos do citado art. 508 do CPC. Só por esse aspecto já se verifica que o incidente de liquidação de sentença tem um objeto de cognição restrito do ponto de vista horizontal, pois apenas o objeto liquidando é que poderá ser analisado nesse incidente.

9.2 O julgamento da liquidação: antijuridicidade e dano

O provimento (decisão) que julga o incidente de liquidação poderá ser *procedente* ou *improcedente*, e, no primeiro caso, visa "completar" a norma jurídica quase completa, colmatando a lacuna do *quantum* ou do *titular* do direito exequendo. Em nosso sentir, tem natureza declaratória a decisão de procedência proferida no processo incidental de liquidação de sentença, com eficácia retroativa, porque apenas declara qual o elemento faltante na sentença condenatória genérica. Segundo o CPC, trata-se de pronunciamento decisório que contém fundamento do art. 487, I, e põe fim à fase cognitiva, portanto uma sentença sujeita ao recurso de apelação.

Por ser um processo cognitivo, a liquidação de sentença admite, pelo menos em tese, uma extinção com desfecho duplo, ou seja, será normal a sua extinção quando for julgada procedente ou improcedente, isto é, quando rejeitar ou acolher o pedido do autor, nos exatos termos do art. 487, I, do CPC, muito embora, pela expressa dicção do Código, não seja uma sentença porque não é tal incidente que extingue a fase cognitiva.

No entanto, se isso é verdade (desfecho duplo), como explicá-lo, racionalmente, nos casos de liquidação do *quantum*, em que a decisão liquidanda, transitada em julgado, reconheça o direito à indenização, mas o provimento liquidatório venha dizer, em um caso de improcedência, que não exista valor apreciável para o dano, que, frise-se, já

---

20. Não se considera *violação da coisa julgada* o debate, inaugurado na liquidação, acerca dos expurgos inflacionários por consideração como discussão acerca de correção monetária que configura mera recomposição da moeda ante a corrosão causa pela inflação. (AgInt no AREsp 863.993/SP, Rel. Ministro NAPOLEÃO NUNES MAIA FILHO, PRIMEIRA TURMA, julgado em 28/03/2019, DJe 03/04/2019).

teria sido reconhecido em fase de cognição anterior? Ora, honestamente, tal situação é muito mais próxima da aberração do que para o senso lógico.

Não nos parece racional, nem sustentaríamos qualquer logicidade nas situações em que antes são fixados a existência do dano e o dever de indenizar, e, logo depois, em um procedimento liquidatório, verifica-se que inexiste qualquer valor para o dano existente! Nenhum homem médio admitiria – nem em uma ginástica jurídica – que seria possível haver um dano, mas que ele fosse desprovido de valor, segundo o que determinar a decisão da liquidação. Destarte, afora esse obstáculo que desafia a compreensão lógica, há ainda o problema da compatibilização entre a improcedência da liquidação e os ditames do art. 509, § 4.º, do CPC. Como fazer para não admitir o efeito rescisório da decisão de liquidação sobre a sentença liquidanda num caso como esse?

Por isso, não nos esforçaremos para convencê-lo, leitor – se nós não nos convenceríamos –, de que seria lógico admitir uma liquidação improcedente por ausência de valor para o dano já reconhecido como existente em sentença transitada em julgado.

Em nosso sentir, isso só poderia acontecer (improcedência) quando a decisão liquidanda – a despeito de eventualmente dizer o contrário – não tenha reconhecido a existência do dano, mas apenas a antijuridicidade da conduta. Nesse caso, a liquidação serviria não só para fixar o *quantum*, mas também para certificar a própria existência do dano. Aliás, é isso o que acontece, *v.g.*, nos arts. 520, I e II, do CPC, e 97 do CDC.

Nesses casos, fixa-se a antijuridicidade da conduta do sujeito passivo, mas não se reconhece ainda a própria existência do dano. E, não obstante, nesse sentido, o legislador afirmar que o procedimento seguinte seja o liquidatório, a rigor a liquidação servirá para fixar a existência da lesão ou prejuízo sofrido pelo sujeito, bem como o seu valor.

Segundo pensamos, portanto, tal situação faz emergir um grande e comum equívoco que há muito impregna o incidente de liquidação, e por isso mesmo evidencia a necessidade de um regramento mais simples e adequado ao tema.

Assim, uma de duas: a) ou a sentença condenatória fixa desde então a antijuridicidade da conduta, o dano e o seu valor, mesmo que no momento da propositura da demanda não fosse possível dimensioná-lo (art. 324); ou então b) a sentença condenatória fixa apenas a antijuridicidade da conduta, mas deixa para um momento posterior a identificação e o reconhecimento da existência e extensão do dano, bem como o seu valor.

Nesta última hipótese, não haveria problema em admitir uma improcedência do incidente de liquidação, porque a sentença liquidanda teria apenas revelado a *injuridicidade* da conduta, sem ainda ter tocado na questão da existência do dano, e, portanto, no seu valor. Enfim, não existiria o risco de ser "desdito" ou de ser contrariado o comando da decisão liquidanda, posto que esta só teria reconhecido a conduta antijurídica, enquanto o objeto da liquidação seria a verificação da existência do dano e seu valor.

CAPÍTULO I • LIQUIDAÇÃO DE SENTENÇA   **663**

Na verdade, pensamos que os motivos práticos que justificaram o fato de legislador ter dividido a revelação da norma concreta em duas fases cognitivas distintas não podem chegar a ponto de contrariar a logicidade e a cientificidade dos institutos jurídicos.

Não podemos acreditar que seja possível haver dano (lesão, prejuízo ou diminuição do patrimônio jurídico) sem valor. Não é possível existir lesão sem valor ou ausência de valor quando haja lesão ou prejuízo (dano existente). Por isso, caso exista um incidente de liquidação improcedente – "porque não haveria valor apreciável" –, tendo por base uma sentença liquidanda na qual se diz ter reconhecido a existência do dano, pensamos que aí está contida uma mácula tautológica perpetrada na "primeira fase da demanda – que, a despeito de ter dito o contrário", não reconheceu a existência do dano, mas apenas a antijuridicidade da conduta.

Se, de fato, houvesse reconhecimento da existência do dano, seria ilógico um incidente liquidatório de apuração do valor julgado improcedente.

9.3 Espécies de liquidação

São duas as espécies de liquidação previstas no CPC:[21] por procedimento e por arbitramento, e o CPC reservou especificamente dois dispositivos, um para cada. Para a liquidação por arbitramento, o dispositivo 510, e para a liquidação pelo procedimento comum, especificamente o art. 511.

9.4 Procedimento do incidente processual de liquidação

O incidente processual de liquidação depende de uma condenação genérica para ser iniciado. O procedimento a ser adotado poderá ser "por procedimento comum" ou "por arbitramento", o que será definido por diversos aspectos (natureza da causa, escolha das partes), dentre eles, o mais importante – e decisivo –, a situação jurídica liquidanda. Entretanto, em uma ou outra hipótese procedimental, serão comuns as regras relativas à competência, à legitimidade e até mesmo ao itinerário procedimental, salvo algumas ressalvas aqui e alhures.

O procedimento liquidatório está no meio de um processo sincrético, e, mais precisamente, entre a fase de certificação do direito e a fase de realização do direito reconhecido no título judicial. O resultado da liquidação declarará o elemento faltante, e assim viabilizará a tutela executiva. Repita-se que, por serem processos sincréticos, tudo se dará na mesma relação jurídica processual.

Retomando o curso do processo de liquidação, este se inicia por requerimento inicial, sem maiores formalidades, porque se trata do mesmo processo em que foi proferida a sentença condenatória genérica. Portanto, começa por iniciativa da parte

---

21. Desconsiderou-se, porque de fato não é liquidação a *memória discriminada dos cálculos* apresentados pelo credor quando dá início ao cumprimento de sentença para pagamento de quantia, e, também, fora do Código, a liquidação, *imprópria*, nas ações para defesa de direitos individuais homogêneos, contida nos arts. 97 e ss.

interessada (credor ou devedor). Deve em seguida haver intimação do demandado, na pessoa do seu advogado (arts. 510 e 511).

Havendo recurso pendente contra a decisão liquidanda, é possível a instauração do incidente liquidatório, e autos apartados no juízo *a quo*, cumprindo ao liquidante instruir o pedido com cópias das peças processuais pertinentes (art. 512).[22]

Após o requerimento de início da liquidação, a parte contrária terá a oportunidade para se manifestar.

Cuidando-se de liquidação por procedimento comum, poderá contestar a demanda (veja que o CPC trata como se fosse uma demanda, art. 511), e, se por arbitramento, será intimado para apresentação de pareceres ou documentos elucidativos.

É importante salientar que o requerimento inicial do incidente de liquidação deve indicar qual procedimento liquidatório será seguido, e, dependendo de qual seja, deve identificar qual objeto da liquidação por arbitramento, ou, se por procedimento comum, quais fatos novos serão objeto de prova, requerendo ao final que seja quantificado o valor ou o bem devido.

9.5 Legitimidade

A legitimidade para a propositura do incidente é só do credor ou do devedor, como expressamente menciona o art. 509, até porque o cumprimento de sentença pode se iniciar, inclusive, pelo devedor (art. 526), o que deve ser um caso raro.

9.6 Competência

No que se refere à competência, as regras são as mesmas que regem o cumprimento de sentença. Como só há liquidação de provimento *judicial*, e sendo ela um incidente do processo sincrético, certamente que a regra geral será a da competência funcional do juízo[23] – o mesmo da condenação genérica –, dado o elo de ligação que enrosca o título liquidatório à ação de liquidação e à futura execução. As mesmas ressalvas feitas à sentença penal condenatória, à sentença estrangeira homologada e à sentença arbitral – títulos judiciais que são – serão válidas para a liquidação desses provimentos judiciais genéricos, que, por razões de ordem pública, terão a sua competência definida pelas regras gerais de competência de prazo, foro e juízo, estabelecidos pela CF/1988, pelo CPC e pelas normas de organização judiciária de cada Estado.

9.7 Procedimento

As espécies de liquidação podem ser *por procedimento comum* ou *por arbitramento*, e têm uma condução diversa em razão da natureza e do objeto liquidando. Por isso, o

---

22. Art. 512. A liquidação poderá ser realizada na pendência de recurso, processando-se em autos apartados no juízo de origem, cumprindo ao liquidante instruir o pedido com cópias das peças processuais pertinentes.
23. Com as exceções do art. 516, parágrafo único.

requerimento inicial de uma e outra hipótese tem um conteúdo bastante diferente, em razão, obviamente, da causa de pedir e do pedido mediato de cada incidente. Isso leva à conclusão de que não é possível fazer a adaptação ou conversão do procedimento de um para o outro incidente, como se a fungibilidade pretendida encontrasse apenas uma barreira formal. Nada disso. O fundamento e os argumentos expostos na petição de liquidação por procedimento comum, por exemplo, não permitirão que seja convertido o procedimento para liquidação por arbitramento. O erro na indicação do procedimento adequado implicará a inépcia do requerimento.

É que o conteúdo da discussão na liquidação por procedimento comum envolve debate sobre a extensão do dano (em tese) reconhecido na condenação genérica. Essa extensão se faz mediante a prova e a demonstração dos fatos novos que ensejaram a apuração do *quantum* devido. Por sua vez, na liquidação por arbitramento, o objeto já está definido, e a área coberta pela perícia está sedimentada na condenação genérica. Perceba-se, portanto, que não se trata de simples exigência formal, tampouco é formalismo exagerado o respeito à regra procedimental de uma ou outra modalidade de liquidação.

Como se viu, na verdade, não será possível a conversão, especialmente se for de arbitramento para o procedimento comum, quando então a participação e o contraditório poderão ser sensivelmente adulterados pela referida conversão. Não tendo havido ainda a intimação do advogado do devedor, poderá ocorrer a desistência e assim reproposto o incidente. Também não se trata de emenda à inicial (art. 321), porque ou se apontam fatos novos a serem liquidados pelo procedimento comum (fatos esses ainda não apreciados em juízo), ou a hipótese é de avaliação, arbitramento e/ou prova pericial do bem ou serviço apreciado na sentença condenatória genérica.

9.8 Contumácia na liquidação

A contumácia no incidente liquidatório – ausência de manifestação do liquidado – não foi prevista nos arts. 510 e 511 do CPC, que nem mesmo previu regra relativa ao contraditório. Todavia, existe contraditório, em razão da própria natureza do objeto de discussão desse incidente – fatos novos ou pareceres e/ou quesitos a serem apresentados pelo liquidado, para os casos de liquidação por procedimento comum ou arbitramento, respectivamente. Assim, sendo intimado o liquidado e não fazendo qualquer manifestação, será ele contumaz.

Nesse caso, se se tratar do procedimento comum, aplica-se sobre os fatos novos a regra da revelia e seus efeitos, pois tal modalidade segue o procedimento comum. Contudo, tratando-se da liquidação por arbitramento, a regra da revelia e seus efeitos não se aplicam, pois os efeitos sobre a prova previstos para a revelia não se aplicam à demanda liquidatória em razão do princípio da fidelidade da sentença liquidanda à sentença condenatória genérica (art. 509, § 4.º, do CPC).

Isso implica que da não contestação da liquidação não decorre a aceitação imediata dos fatos alegados pelo autor (credor) da liquidação. O referido princípio determina, imperativamente (ordem pública), que deva ocorrer uma congruência (razoabilidade) entre o resultado da liquidação e o que foi decidido na condenação genérica. Esse aspecto impõe considerável dose de inquisitoriedade – maior do que a normal – ao magistrado na condução da demanda liquidatória. Caberá ao juiz, no caso de contumácia, verificar a ocorrência ou não do efeito da revelia somente a partir do confronto e da respectiva análise da compatibilidade e razoabilidade entre o pedido de liquidação e a anterior liquidação. Se esse comportamento já existe de certa forma para o juiz nas demandas cognitivas nas quais ocorre a revelia, quando se trata de incidente de liquidação por arbitramento, esse aspecto se vê acentuado porque, por mais genérica que possa ser a sentença liquidanda, ela guarda uma concretude tal que limita e delimita o âmbito da quantificação verificada na liquidação.

Saliente-se que, no caso de liquidação por arbitramento, a necessária percepção técnica do fato objeto da prova afasta quase que completamente a incidência dos efeitos da revelia, pois o referido fato não poderá ser tomado como verdadeiro se ele é o suporte do próprio objeto da liquidação.

9.9 DEFESA

Em relação ao contraditório no incidente de liquidação, o raciocínio a ser desenvolvido é o mesmo da fase cognitiva antecedente, respeitados os ditames do art. 508 do CPC.

Nesse passo, é importante salientar que o liquidado poderá oferecer defesa de mérito e/ou processual (pressupostos processuais e condições do processo incidente de liquidação),[24] lembrando apenas que o fato de não se tratar de um processo autônomo, mas simples fase ou complemento que antecede à execução em um processo sincrético, não afasta a necessidade de respeitar a regra da eficácia preclusiva da coisa julgada (art. 508 do CPC), ou seja, todas as alegações e defesas que poderiam ser opostas à rejeição da condenação genérica são reputadas como "deduzidas" e "repelidas", não existindo oportunidade de fazê-lo no processo de liquidação (art. 509, § 4.º). Contudo, deve-se dizer que o objeto do conhecimento do magistrado no incidente processual de liquidação é "identificar a quantidade de bem devido que ficou oculto" na sentença condenatória genérica. Assim, há uma "limitação horizontal" na área de conhecimento do juiz, bem como do debate das partes. O objeto de julgamento restringe-se ao que precisa ser liquidado, portanto estritamente ao acertamento do *quantum* devido ou da individuação do objeto.

---

24. Nada impede – antes se recomenda – que o liquidado (devedor) argua na liquidação a nulidade ou inexistência da citação, quando a primeira fase cognitiva desse processo sincrético lhe correu à revelia, sempre que tome ciência desses fatos no procedimento liquidatório. A rigor, não faria o menor sentido que o devedor, participando da liquidação, esperasse o momento da impugnação do art. 525 para arguir matérias que já poderiam ser deduzidas no próprio incidente de liquidação.

Nesse passo, tal limitação impede que se aprecie, conheça ou até mesmo discuta qualquer outra matéria que esteja fora da referida área de cognição da "lide" de liquidação. Assim, todas as matérias que estejam relacionadas a outros elementos da norma concreta, que não a "liquidez" do que é devido, não poderão ser ventiladas no incidente liquidatório.

Aqui não se trata de limitação imposta apenas pela perspectiva do art. 508 do CPC (eficácia preclusiva do julgado), mas também sob o ponto de vista da limitação horizontal referente ao alcance do objeto do incidente de liquidação.

Qualquer alegação ou defesa que não se refira ao objeto da liquidação não poderá ser formulada em razão do mencionado limite de cognição. Por isso, a defesa na ação de liquidação não pode raptar os fundamentos da defesa previstos no art. 525 do CPC, posto que as matérias ali dispostas referem-se ou à execução (rito) ou a outros elementos da norma concreta (fatos impeditivos, modificativos e extintivos da dívida).[25]

Insta observar que, enquanto o procedimento comum do Livro I do CPC aplica-se ao procedimento da liquidação por procedimento comum (e aí valem as regras ali existentes com as ponderações já feitas), na liquidação por arbitramento, o réu, uma vez intimado pelo seu advogado, comparecerá para não só impugnar e arguir defesa de mérito ou processual (adequação procedimental, condição da ação e pressuposto processual do incidente processual), mas também para indicar quesitos e pareceres (se for o caso) (bem como pela via adequada arguir as defesas dilatórias, seja contra o juiz ou auxiliares da justiça). Nos termos do art. 510, "Na liquidação por arbitramento, o juiz intimará as partes para a apresentação de pareceres ou documentos elucidativos, no prazo que fixar, e, caso não possa decidir de plano, nomeará perito, observando-se, no que couber, o procedimento da prova pericial".

9.10 Liquidação e recursos

O art. 203, §§ 1.º e 2.º, define da seguinte forma a sentença e a decisão interlocutória:

§ 1.º Ressalvadas as disposições expressas dos procedimentos especiais, sentença é o pronunciamento por meio do qual o juiz, com fundamento nos arts. 485 e 487, põe fim à fase cognitiva do procedimento comum, bem como extingue a execução.

§ 2.º Decisão interlocutória é todo pronunciamento judicial de natureza decisória que não se enquadre no § 1.º.

Pelo visto *supra*, o conceito de sentença pressupõe dois aspectos: o conteúdo (matérias dos arts. 485 e 487) e a finalidade (põe fim à fase cognitiva do procedimento comum, bem como extingue a execução).

---

25. A alegação de exceção substancial pelo liquidado-devedor no incidente de liquidação é viável e permitida (prescrição, novação, transação etc.), ressalvando apenas que o fato extintivo, modificativo ou impeditivo corresponde somente àqueles que sejam supervenientes à sentença condenatória genérica e restrito ao objeto da liquidação.

A decisão interlocutória, por sua vez, é a decisão por exclusão, ou seja, que não possa se enquadrar no conceito de sentença.

A liquidação de sentença dos arts. 509 e ss. parte de uma premissa: há uma sentença, provisória ou definitiva, a ser liquidada, ou seja, houve o suposto término da fase cognitiva do procedimento comum com fundamento em alguma das matérias do art. 487 (só há o que liquidar se a sentença foi procedente, ou seja, que tenha resolvido o mérito da causa).[26]

Assim, o requerimento do credor ou devedor que dá início à liquidação de sentença é uma provocação de uma nova fase cognitiva que terá que se encerrar por sentença, pois, depois dela, também por novo requerimento, deverá ter início a fase executiva. Aliás, neste sentido é a redação do *caput* do art. 523, ao dizer que no caso de condenação em quantia certa, *ou já fixada em liquidação*, e no caso de decisão sobre parcela incontroversa, o cumprimento definitivo da *sentença* far-se-á a requerimento do exequente, sendo o executado intimado para pagar o débito, no prazo de 15 (quinze) dias, acrescido de custas, se houver.

Por isso, a liquidação de sentença será julgada por sentença,[27] pois esse procedimento é realizado após o término de uma fase, e deve culminar com um pronunciamento que ponha fim a essa fase cognitiva específica, sem a qual não terá início o cumprimento de sentença.

A partir da análise do art. 511,[28] parece claro que é sentença o pronunciamento que põe fim ao procedimento de liquidação de sentença, afinal de contas o legislador fala em *contestar* e remete ao rito do procedimento comum. Alguma dificuldade pode existir quando estiver diante da hipótese de liquidação por arbitramento, descrita no art. 510, em que o juiz intimará as partes para a apresentação de pareceres ou documentos elucidativos, no prazo que fixar, e, caso não possa decidir de plano, nomeará perito, observando-se, no que couber, o procedimento da prova pericial. Pelo texto do dispositivo, o legislador dá a entender que o procedimento liquidatório seria um mero incidente, pois poderia ser decidido de imediato após o contraditório com a juntada de pareceres pelo réu.

Contudo, não é como deve ser. Ainda que formalmente o procedimento possa ser dirimido de maneira muito simples, a verdade é que o ponto de partida desse pro-

---

26. Insta observar que as hipóteses de "incidentes de liquidação", previstos nos processos de execução para entrega de coisa e fazer e não fazer (conversão da obrigação específica em perdas e danos), constituem verdadeiros oásis de atividade cognitiva no bojo do processo executivo, em que o juiz deverá respeitar o contraditório e a participação do exequente e do executado. Essa questão será resolvida por decisão interlocutória de mérito com aptidão para formar coisa julgada material em relação ao *quantum* apurado no incidente. O recurso a ser eventualmente interposto para desafiar dita decisão, mesmo sendo de mérito, é o recurso de agravo.

27. Em sentido contrário Humberto Theodoro Jr. *Curso de direito processual civil I*. Rio de Janeiro: Forense, p. 1.160.

28. Art. 511. Na liquidação pelo procedimento comum, o juiz determinará a intimação do requerido, na pessoa de seu advogado ou da sociedade de advogados a que estiver vinculado, para, querendo, apresentar contestação no prazo de 15 (quinze) dias, observando-se, a seguir, no que couber, o disposto no Livro I da Parte Especial deste Código.

cedimento é a existência de uma sentença, daí por que tem esse nome. Por outro lado, ao finalizar o dispositivo, deve-se dar início à fase executiva, por intermédio de um requerimento que pressuponha um título executivo haurido em uma fase processual que tenha terminado. O cumprimento de sentença inaugura uma nova fase processual, a executiva, que pressupõe o término da anterior.

A redação do art. 1.015, parágrafo único, do CPC não esclarece a questão, pois menciona o dispositivo que também caberá agravo de instrumento contra decisões interlocutórias proferidas na fase de liquidação de sentença ou de cumprimento de sentença, no processo de execução e no processo de inventário. Ora, "decisões interlocutórias proferidas na fase de liquidação de sentença". Ao mencionar *na fase* de liquidação de sentença o legislador deixa claro que uma coisa são as decisões proferidas dentro da fase e outra coisa são aquelas que são proferidas para pôr fim à fase, como determina o art. 203, § 1º, do CPC.

Capítulo II
OPOSIÇÕES DO EXECUTADO

1. APRESENTAÇÃO DO TEMA: AS POSIÇÕES JURÍDICAS DAS PARTES E A ATIVIDADE JURISDICIONAL

Se pudéssemos dissecar o processo, deitando-o sobre uma mesa, veríamos que esse *caminho para frente* apresenta um sem-número de matizes em que as partes principais (autor, demandante, requerente, exequente e réu, demandado, requerido e executado) ocupam, com extrema variação, diversas posições jurídicas diferentes, ora ativas, ora passivas, ao longo do desenvolvimento da relação jurídica processual. Isso decorre do fato de que é o processo uma relação jurídica em constante contraditório, desde o início até o seu final.

Nesse particular, mesmo existindo as posições jurídicas clássicas de demandante e demandado, representadas, respectivamente, pelo ato de *ajuizar a demanda* e de ter sido *citado* para *defender-se* da mesma, a grande verdade é que, ao longo do jogo processual, essas partes flutuam, em razão do contraditório, em posições jurídicas ativas e passivas, de acordo com cada ato processual da cadeia procedimental. Assim, em relação ao ato de contestar, visto isoladamente, por exemplo, o demandado é que assume a posição jurídica ativa, e o demandante, a posição passiva de sujeitar-se ao que for contestado. Esse é o reflexo do contraditório e dinamismo do processo, criando inúmeras situações jurídicas ativas e passivas para cada ato processual constante da cadeia procedimental.

É claro que a variação de posições jurídicas e passivas das partes pode estar diretamente influenciada pelo tipo de atividade jurisdicional reclamada pelo demandante e a ser suportada pelo demandado. Se estiverem em pé de igualdade, aguardando um provimento de declaração (atividade jurisdicional de pura cognição), que tenha por finalidade a revelação do direito, então não será incomum que essa variabilidade de posições seja maior, justamente por causa da dialeticidade do diálogo processual, que é conatural à atividade jurisdicional de preponderante função cognitiva.

De outra parte, se a atividade jurisdicional estiver vocacionada a atuar, realizar, efetivar um direito revelado em um título executivo (norma jurídica já individualizada), seja ele judicial ou extrajudicial, então, decerto, fica mais evidente a posição do exequente (ativa) e do executado (passiva).[1]

---

1. Não se descarta, excepcionalmente, que a execução seja movida por iniciativa do executado com a finalidade de livrar-se do débito (art. 526 do CPC).

Todavia, essa menor diversidade de posições a serem assumidas na tutela executiva não significa que o executado atue, exclusivamente, sujeitando-se aos atos executivos, pois poderá atuar seja para opor-se à regularidade da própria execução ou atacando a própria pretensão executiva.[2]

Entretanto, parece-nos claro que, em qualquer hipótese, seja nas atividades de preponderante função cognitiva ou executiva, e independentemente das posições ativas ou passivas que venham assumir ao longo da cadeia de atos processuais que se sucedam, a verdade é que as posições de *demandante* e *demandado* definem o papel precípuo de cada uma dessas partes na demanda, ou seja, o autor vem a juízo porque, insatisfeito com uma crise jurídica, espera que o Estado lhe preste tutela jurisdicional justa e efetiva. O réu, por sua vez, que é compulsoriamente colocado no polo passivo da demanda e não escolhe ser réu, estando ali para resistir à pretensão do autor, e espera obter uma tutela jurisdicional que acolha a sua resistência, ou melhor, julgue infundada a pretensão do autor por entender fundada a sua resistência. Deve-se enxergar na contestação/defesa, porque não, uma manifestação que lhe permite obter a declaração extraída da improcedência do direito do autor. Numa ação de cobrança, uma defesa de mérito de que não há a dívida afirmada pelo credor nada mais é do que uma pretensão à declaração de que não há o direito postulado pelo autor contra ele, réu.[3]

Inegavelmente o autor da demanda tem por finalidade obter um bem da vida (revelação ou atuação de uma obrigação revelada no título executivo judicial ou extrajudicial), enquanto o réu, demandado, sempre tem por finalidade obstar, impedir ou resistir ora à revelação, ora à atuação do direito do autor.

É ínsita à defesa, portanto, a função de obstar ou impedir o êxito da tutela pretendida pelo autor, bem como obter a certificação da inexistência do direito do autor. Esta é, pois, *a tutela pretendida* pelo réu, seja na atividade jurisdicional cognitiva ou na executiva. Nunca pretende ele, réu, obter o bem da vida, salvo de *declaração contrária ao direito alegado pelo autor*, pois o seu interesse restringe-se em impedir a entrega do bem da vida ao autor da demanda.

Ao contrário do autor, que tem por pretensão imediata uma tutela jurisdicional processual e uma pretensão mediata que se relaciona à obtenção do bem da vida, o réu tem por finalidade, ao se defender, obter uma pretensão imediata que se consubstancie em uma declaração de que o autor não tem razão, e, nesse particular, a solução no plano material lhe ofertará a manutenção do *status quo ante*. Regra geral, portanto, as

---

2. O inadimplemento do devedor que dá origem à ação de cobrança pelo credor é o mesmo que motiva o início da execução. Contudo, a execução tem por objetivo a satisfação do direito revelado no título.

3. Inúmeros são os corretos julgados no STJ reconhecendo a litispendência entre os embargos do devedor (de mérito) e a ação proposta para "anular" ou "declarar a inexistência da dívida". (AgInt nos EDcl no AREsp 1217327/SP, Rel. Ministro Og Fernandes, Segunda Turma, julgado em 23.08.2018, DJe 30.08.2018; AgInt no AgInt no AREsp 1041483/SP, Rel. Ministro Gurgel De Faria, Primeira Turma, julgado em 17.10.2017, DJe 15.12.2017; AgRg no AREsp 708.266/MT, Rel. Ministro Marco Aurélio Bellizze, Terceira Turma, julgado em 03.11.2015, DJe 13.11.2015).

CAPÍTULO II • OPOSIÇÕES DO EXECUTADO **673**

matérias de defesa, rituais ou substanciais, que sejam alegadas pelo demandado, têm por finalidade obstar, impedir ou quando muito retardar a entrega do bem da vida ao autor.

2. O DEMANDADO NA EXECUÇÃO

O demandado na execução é um "executado" e, nessa posição, sabe que a tutela jurisdicional executiva é prestada em prol da satisfação da norma jurídica concreta favorável ao exequente (art. 797). Sabe ainda que, por intermédio de uma expropriação, ou desapossamento ou transformação, o seu patrimônio (ou liberdade em casos excepcionais) será afetado pela tutela jurisdicional executiva.

A probabilidade de certeza do direito, liquidez e exigibilidade da obrigação representada no título executivo é que autoriza a execução sobre o patrimônio do executado.

Por razões de opção legislativa, que visava privilegiar a eficácia abstrata do título executivo, é que se firmou cultural e juridicamente a regra de que a cadeia de atos da execução seria uniforme, constante e retilínea, evitando que durante o seu percurso o demandado pudesse defender-se (contraditório) com o mesmo dinamismo e dialeticidade que marcam e caracterizam a tutela cognitiva. A finalidade desta opção do legislador era justamente permitir que a tutela satisfativa fosse efetiva.[4]

Mas aí ficava a pergunta: como deveria o executado defender-se contra a injustiça ou irregularidade da execução, ou seja, como poderia o executado obstar, impedir, ou simplesmente retardar a entrega da tutela jurisdicional executiva se, por opção de técnica legislativa, o procedimento executivo não seria propício às discussões e debates que envolvessem a dialeticidade de uma atividade cognitiva?

Assim, essa mesma técnica legislativa foi que estabeleceu que a defesa do executado – defesa mesmo–, ou seja, oposições processuais e de mérito que visam apenas impedir ou obstar, ou quando muito retardar, a entrega da tutela jurisdicional ao exequente, deveria ser feita em procedimento próprio e destacado do procedimento executivo, por entender que, se fosse feita no bojo e curso da execução, comprometeria a efetividade da sequência executiva e, especialmente, colocaria em xeque a própria eficácia executiva abstrata do título executivo.

Mas, por outro lado, como fazer isso, ou seja, como isolar, em um procedimento lateral e destacado da execução, todas as defesas que o executado poderia opor à própria execução? Ora, a via eleita pela qual o executado deveria manifestar-se seria por meio dos *embargos do executado*, que, por opção do legislador, lhe atribuíram natureza

---

4. Obviamente que nada impede, por exemplo, que o legislador decida tratar os processos de execução (título extrajudicial) como um procedimento especial como tantos outros do Código com primazia de atos de execução, mas permitindo a defesa por meio de embargos reconhecendo-lhe a natureza (intrínseca e formal) de defesa dentro do próprio procedimento, caso em que a ação de execução poderia ser julgada *procedente* ou *improcedente*. O modelo atualmente existente, bem ou mal, foi o de "isolar" a *satisfação do direito* da *discussão deste mesmo direito* em módulos separados de função predominantemente executiva e cognitivo, respectivamente (processo de execução e embargos do devedor).

formal de ação, enunciando que a oposição das matérias de defesa (contra ato executivo específico, contra a pretensão executiva ou contra os elementos do processo ou demanda executiva) seria feita pelo instituto dos embargos do executado. A natureza *formal* aí aludida é resultante do fato de o legislador ter estabelecido que a *oferta da defesa* se faz por petição inicial, que dá início a uma relação jurídica processual típica de *processo incidental*, e não de mero *incidente processual*.

Essa opção de dar uma natureza *formal de ação* aos embargos do executado traduz o formalismo da política liberal à sua época, em que a tutela jurisdicional executiva era mais vista pelo prisma do executado do que propriamente pelo do exequente.

Mas registre-se que o fato de a *defesa* ser exercitada por intermédio de uma ação não teve e nem tem o condão de alterar a substância de *defesa* do referido remédio, porque o que pretende o executado com a sua utilização é obstar a tutela jurisdicional executiva pretendida pelo credor, ou seja, impedir ou retardar a entrega do bem da vida ao exequente, ou, quiçá, obter a declaração de que o direito cuja efetivação se pediu não existe.

Daí resultam alguns inconvenientes decorrentes dessa opção feita pelo legislador de fazer com que a *defesa* seja exercida por intermédio de uma ação.

Primeiro, porque em muitos casos a defesa funda-se apenas em questões processuais, e, nesse particular, o *mérito* dessa ação jamais seria acobertado pela autoridade da coisa julgada material. Segundo, porque, tratando-se de questão processual, de fato, poderia o juiz conhecer dela na própria execução, de ofício, sem qualquer necessidade de provocação do executado pela via de embargos, levando o prazo e a forma de utilização desse remédio à inutilidade. Terceiro, porque, em muitos casos, os embargos contra um ato apenas da execução (adjudicação, por exemplo) levariam à formação de um *processo incidente*, com um custo jurisdicional elevado demais para a própria jurisdição.[5]

Partindo desses questionamentos e de outros, mas, especialmente, pela *práxis forense da exceção/objeção de pré-executividade*, o legislador processual, entendeu por bem simplificar a forma de oferecimento da defesa do executado nas execuções fundadas em título executivo judicial, ora denominadas de cumprimento de sentença.

Nesses casos, o legislador deu novo nome à forma de oferecimento da defesa do executado e estabeleceu um rito procedimental mais simples, focando a tutela satisfativa (execução), agora, sob a mira do exequente, e não mais do executado.

---

5. Especialmente nos títulos executivos extrajudiciais talvez fosse mais simples se o legislador eliminasse por completo os dispositivos relativos aos embargos do executado, permitindo a defesa das questões processuais da atividade executiva por meio de simples impugnação, concentrando momentos específicos do procedimento. Já as matérias de mérito que podem ser alegadas pelos embargos poderiam ser objeto de ação prejudiciais heterotópicas e homotópicas, declaratórias ou anulatórias do título, ajuizadas, no fundo no fundo, para reconhecer o direito do executado de que não há o direito revelado no título da forma como se apresenta. Da forma como está, se oferecido os embargos de mérito fora do prazo de 15 dias, nada impede a propositura de ação autônoma. Por sua vez, se silente for o executado na alegação de vício processual de ordem pública no momento dos embargos nada acontece, pois pode alegar a qualquer tempo. É preciso rever a execução no Brasil, lugar perfeito e seguro para os executados.

CAPÍTULO II • OPOSIÇÕES DO EXECUTADO **675**

Trata-se da impugnação do executado, prevista no art. 525 do CPC. Todavia, em relação às execuções fundadas em processo autônomo (título executivo extrajudicial), a oposição típica do executado – com a mesma função da *impugnação* nas execuções fundadas em título judicial – manteve-se com o nome de embargos do executado (art. 916).

3. AS OPOSIÇÕES TÍPICAS E ATÍPICAS DO EXECUTADO NO CUMPRIMENTO DE SENTENÇA E NO PROCESSO DE EXECUÇÃO

A tutela jurisdicional executiva fundamenta-se em título executivo judicial ou extrajudicial, e, seja ela realizada por meio de um cumprimento de sentença (fase executiva de um mesmo processo), seja ela prestada mediante processo autônomo (extrajudiciais), em ambas as hipóteses o legislador disponibilizou ao executado duas modalidades, típicas e clássicas de opor-se à execução contra si instaurada: a impugnação ao cumprimento de sentença, prevista no art. 525 do CPC, e os embargos do executado, regulados pelos arts. 916 e ss. do CPC, que se destinam a atacar as execuções fundadas em título executivo extrajudicial.

Assim, resumindo tratando-se de execução fundada em título judicial, realizada em processos sincréticos, o executado dispõe de uma exceção (defesa) típica, a qual foi denominada pelo Código "impugnação ao cumprimento de sentença", cuja disciplina jurídica é regulada pelo art. 525 do CPC.

Por outro lado, tratando-se de execução fundada em título extrajudicial, por processo de execução autônomo, o Código oferece ao executado a defesa típica conhecida como embargos à execução, que é formalmente uma ação, mas com conteúdo de defesa (a mais ampla possível), e cuja disciplina está regulamentada pelos arts. 916 e ss. do CPC.

Contudo, é importante deixar claro para o leitor que tais modalidades de defesa possuem prazo e momento específico para serem opostos pelo executado, de forma que poderá surgir, após o momento destes remédios, situações jurídicas que permitam ao executado o controle da validade e regularidade do procedimento executivo e dos respectivos atos.

Já pensando nestas hipóteses, o legislador deixou límpido, no texto do art. 518 que *"todas as questões relativas à validade do procedimento de cumprimento da sentença e dos atos executivos subsequentes poderão ser arguidas pelo executado nos próprios autos e neste serão decididas pelo juiz"*. Eis aí uma espécie de cláusula geral das impugnações do executado, que se presta tanto para o cumprimento de sentença, quanto para o processo de execução.

É preciso deixar muito claro que ao longo da cadeia procedimental, mormente nas execuções por expropriação em que o itinerário é mais longo, o próprio legislador prevê outras modalidades de oposição (defesa) do executado que não são nem a *impugnação do executado do art. 525* e nem mesmo os *embargos à execução do art. 914.*

Assim, por exemplo, a figura da *impugnação* indisponibilidade dos ativos financeiros, prevista no art. 854, §§ 2.º e 3.º, cujo prazo é de cinco dias e a matéria alegável é restritíssima. Tal impugnação não substitui gera a preclusão para o oferecimento dos embargos ou da impugnação do executado.

Outro exemplo é o caso de vício na arrematação (ineficácia, invalidade etc.) que permite a impugnação do referido ato nos termos do art. 903, § 1.º, no prazo de dez dias após o seu aperfeiçoamento.

Há ainda a possibilidade de impugnação à avaliação descrita no art. 874 que poderá acarretar a modificação quantitativa ou qualitativa da penhora.

O CPC também prevê no art. 917, § 1.º, e no art. 525, § 11, informam que é possível fazer uma impugnação por simples petição para controle da validade e adequação da penhora e da avaliação quando estas forem realizadas após o momento que o executado tinha para oferecer os embargos ou a impugnação do executado.

Como se disse, nenhuma destas modalidades de oposição ou defesa é feita por intermédio dos meios típicos da impugnação do executado (art. 525) ou dos embargos à execução (art. 914), embora estejam tipicamente previstas no CPC.

Mas não é só. O próprio CPC reconhece que sendo estas modalidades típicas de o executado opor-se a execução, e que são elas motivos pelo ônus da impugnação por parte do executado, nada impede que em vez de usar destas defesas ele valha-se de ações autônomas, como a que foi mencionada no art. 903, § 4.º, ou ainda a demanda do art. 776 do CPC.

4. A IMPUGNAÇÃO AO CUMPRIMENTO DE SENTENÇA

Ao criar a *impugnação ao cumprimento de sentença*, o legislador pretendeu que a nova figura fosse *formal e materialmente* uma defesa oposta pelo executado, pois a sua existência teria origens nas *exceções de pré-executividade* (que foram criadas pela praxe forense).

O que se quer dizer é que a *impugnação do executado ao cumprimento de sentença* é uma modalidade de reação (com natureza de defesa) típica do executado que está formalmente prevista no art. 525, e existe expressamente inserida no procedimento executivo para pagamento de quantia certa, mas que se empresta, *no que couber*, para as demais modalidades de cumprimento de sentença (das obrigações específicas) nos termos do art. 537.

É, portanto, uma técnica de defesa que contém uma pretensão de resistir ao procedimento executivo, fundamentando-se em defesas materiais e/ou processuais.

5. OS EMBARGOS À EXECUÇÃO

Os embargos do executado são um instituto exclusivo do Livro II da Parte Especial do CPC, previsto nos arts. 914 e ss., ou seja, a técnica típica eleita pelo legislador

CAPÍTULO II • OPOSIÇÕES DO EXECUTADO

para que o executado se oponha à execução fundada em título executivo extrajudicial contra si proposta.

Assim, se a execução é sincrética (fase de um mesmo processo), a técnica de oposição é a impugnação ao cumprimento de sentença; se a execução é autônoma (processo executivo autônomo), então a oposição típica se faz por embargos à execução.

6. OS EMBARGOS À EXECUÇÃO E A IMPUGNAÇÃO DO EXECUTADO: PROCESSO INCIDENTAL E INCIDENTE PROCESSUAL

"Embargos" é um termo promiscuamente utilizado, já que possui vários conceitos no processo civil, podendo significar recurso, ação e até mesmo meio de defesa.[6] Destarte, apesar dessa pouco precisa utilização do termo, todos os "embargos", independentemente do instituto que ele tipifica, todos eles possuem o inequívoco traço comum, semântico, de significar um obstáculo, uma barreira, um embaraço. Assim, seja na função de recurso ou de ação ou ainda de meio de defesa, os embargos sempre possuem o condão teleológico de determinar um embaraço ou barreira. Esse entendimento se comprova quando estudamos e identificamos a origem etimológica da palavra em estudo. Como se pode ver, "embargar vem de *borgên*, o mesmo radical de barganhar, embaraçar, entrave, suspensão, obstáculo, oposição de direitos contra decisão considerada injusta. Surgiu na linguagem marítima, e significava a apreensão de navio insolente, destinada a garantir dívida, pagamento de taxas portuárias".[7]

No direito romano, a figura da *actio judicati* não possuía força coativa de invasão do patrimônio, de modo que, justamente por isso, o instituto dos embargos era desafeto a esse procedimento. Por isso mesmo, Moacyr Lobo da Costa,[8] em memorável obra, identificou que o instituto em tela não encontra respaldo histórico nem no direito romano nem no direito germânico, e tampouco no direito canônico. Todavia, de outra parte, os embargos do devedor foram identificados pelo citado jurista como uma criação do direito lusitano.

Já a impugnação do executado no cumprimento de sentença tem a sua origem nos próprios embargos do executado. É que, antes do surgimento da Lei 11.232/2005, o devedor dispunha dos embargos do executado como meio processual típico para atacar a execução, seja sob o aspecto formal, seja sob o aspecto material.

Contudo, com o advento da citada lei, sedimentou-se uma nova disciplina no CPC/1973 em relação à tutela executiva, disciplina essa que já havia sido iniciada com as execuções imediatas (sincréticas) das obrigações específicas (arts. 461 e 461-A in-

---

6. Os embargos opostos pelo réu em ação monitória. Nelson Nery Júnior. *Atualidades sobre o processo civil*. 2. ed. p. 231; no mesmo sentido, a doutrina italiana, com Salvatore Satta. *Direito processual civil*, 7. ed. Rio de Janeiro: Borsói, 1973. v. II, p. 693.

7. Francisco Silveira Bueno. Grande dicionário etimológico e prosódico da língua portuguesa. São Paulo: Saraiva, 1968. 3 v., p. 1.079.

8. Moacyr Lobo da Costa. *Origem dos embargos no direito lusitano*. Rio de Janeiro: Borsói, 1973. p. 5.

troduzidos no CPC de 1973 pelas Leis 8.952 e 10.444), onde já se tinha experimentado o fim dos embargos do executado.

Assim, com o surgimento da Lei 11.232/2005 que modificou novamente o CPC de 1973, também as execuções para pagamento de quantia passaram a ser prestadas mediante processos sincréticos, e, por isso, para manter a sistemática, o legislador suprimiu os embargos do executado quando a execução fosse fundada em título judicial.

Todavia, embora tenha suprimido os "embargos do devedor", por outro lado, criou a *impugnação do executado* (arts. 475-L e 475-M do CPC de 1973) nas execuções para pagamento de quantia.

A impugnação do executado foi mantida no CPC de 2015 no art. 525 tendo uma redação muito próxima da que se tinha no CPC revogado. Contudo, não restringe às execuções por expropriação como alerta o art. 536, § 4º.

No fundo, o legislador apenas mudou o nome do instituto (embargos para impugnação), porque a defesa do executado, antes feita pela via dos embargos, passou a ser feita mediante a *impugnação*. Ontem, embargos à execução; hoje, impugnação do executado.

Na prática, a diferença é quase nenhuma. Nem o fato de *este ser um incidente processual e aquele ser um processo incidental* cria diferenças substanciais entre os institutos, porque aquele só é um processo incidental por pura opção política do legislador. Como já se disse, em ambos a pretensão do executado é de oferecimento de uma *defesa* que obstaculize a execução por quantia contra si iniciada, e, se houver matéria de mérito reconheça a inexistência total ou parcial do direito revelado no título. Tal defesa recebeu o nome de "impugnação do executado", e vem disciplinada no art. 525 do CPC, contendo nada mais nada menos do que quinze parágrafos.

Não se nega, também, que o instituto praxista da "exceção de pré-executividade" acabou servindo de estímulo e parâmetro (ainda que só existente na prática) para delimitar o *modus operandi* dessa modalidade de oposição prevista no capítulo referente ao cumprimento da sentença, mas nos parece que é no atual art. 518 que a *objeção de pré-executividade* deve se manifestar com alguma frequência.

Assim, a impugnação do executado do art. 525 tem natureza de incidente processual[9] que se manifesta por intermédio de uma defesa do executado no curso de um cumprimento de sentença realizado em um processo sincrético. Já os embargos do executado têm natureza de processo incidental que se manifesta por intermédio do exercício de uma ação incidental que se opõe às execuções fundadas em título executivo extrajudicial.

Entretanto, no tocante ao conteúdo do que pode ser arguido, as duas oposições se igualam, posto que ambas podem ser opostas à técnica (processo) ou pretensão

---

9. Sem procedimento lateral destacado, porque deduzido intra autos no *meio* do itinerário executivo.

executiva, trazendo a lume, como fundamento à sua interposição, matérias típicas de uma defesa, processual ou de mérito, ou ambas.

Essas oposições típicas – a impugnação e os embargos do executado – se manifestam por meio de um incidente processual e por um processo incidental, ambos instaurados por provocação do executado.

Tanto o incidente processual como o processo incidental possuem um juízo de admissibilidade e mérito, e, regra geral, razões formais e procedimentais é que determinam a diferença de um para o outro. Basicamente, o legislador denomina incidente processual aquelas situações jurídicas em que o mérito que nelas se discute (seu objeto de julgamento) não é, propriamente, uma lide, ao passo que, quando o objeto de discussão incidental é uma lide (que poderia ser oposta de forma até autônoma), a sua provocação dá ensejo a um processo incidental.

No presente caso, tanto a *impugnação* como os *embargos* do executado constituem técnicas de oposição à execução. Em ambas, o conteúdo a ser deduzido não discrepa (matéria de rito ou de mérito), e apenas razões procedimentais estabelecem a diferença entre elas. Os limites cognitivos da impugnação e dos embargos é que são distintos, como veremos adiante.

Assim, seja no incidente processual, seja no processo incidental, existe um juízo de mérito e um juízo de admissibilidade, tal como estudado de forma mais específica adiante.

Mesmo que o legislador tenha tido a intenção de *desformalizar e desburocratizar* a reação do executado nas execuções fundadas em título executivo judicial – e assim não ter atribuído natureza de ação à impugnação –, permanece a regra de que nessa *impugnação* o executado tem o encargo de provar as alegações que fez, seguindo, nesse particular, as regras de distribuição do ônus da prova do CPC.

Destarte, por se tratar de um incidente cognitivo no curso do módulo executivo (que possui a característica de ser de *desfecho* único), entendemos *de lege ferenda* que, sempre que oferecida a *impugnação*, deveria o juiz abrir um procedimento lateral, à parte, distinto do procedimento executivo, para evitar tumulto processual e mistura de atividades e funções jurisdicionais tão distintas[10]. Mas, não é como pensou o legislador que expressamente determina que seja a impugnação oferecida nos autos do cumprimento de sentença (art. 525, *caput*).

7. NATUREZA JURÍDICA DOS EMBARGOS DO EXECUTADO

A natureza jurídica dos embargos do executado, consoante a esmagadora doutrina, incluindo a alienígena, é de que o referido instituto é mesmo uma ação incidental

---

10. O fato de ser ofertada no procedimento executivo não altera em nada o fato de que existe dois procedimentos distintos, com itinerários distintos. Um cognitivo, outro executivo.

à execução,[11] nos mesmos moldes do modelo germânico, e não somente uma mera resposta do executado com funções análogas à da contestação existente no processo de conhecimento.

Se compararmos as matérias, de rito ou de mérito, que podem ser alegadas por intermédio dos embargos do executado, certamente tenderemos a dizer que eles têm natureza jurídica de defesa. Analisando cada inciso do art. 917 do CPC, possivelmente nos convenceríamos mais ainda de um possível papel de defesa desse remédio processual.

Se, ainda por cima, lermos com precisão o inc. VI do art. 917, aí teremos certeza maior de que o próprio CPC faz uma comparação entre o que pode ser alegado pelos embargos do executado e as matérias de *defesa* que poderiam ser opostas em um processo de conhecimento por intermédio de uma contestação. Como se disse, todos esses aspectos nos levariam inelutavelmente a considerar os embargos como meio de defesa, e não de ataque.

Por outro lado, não é por amor à literalidade dos dispositivos do CPC que regulam o procedimento dos embargos, que inclusive aludem a seu término por sentença (art. 920, III), que nos faz crer que esse seja o único motivo para considerá-lo como uma verdadeira ação[12] que é oposta pelo executado contra o exequente. As razões são fruto de engenhosa técnica legislativa.

É que, na medida em que o legislador tenha reservado o processo de execução para um desfecho único, que é a satisfação do crédito exequendo, criando uma sequência ordenada de atos processuais voltados ao referido fim, e em que se mostra inapropriada qualquer discussão ou contraditório sobre o mérito ou sobre a própria relação processual executiva (justamente para que a mesma não impeça desordenadamente o encadear dos atos processuais executivos), verifica-se que não seria lógico que no meio dessa relação processual executiva fosse possível o oferecimento da defesa, criando ali mesmo um incidente cognitivo obstativo causador de um tumulto na direção e sequência dos atos executivos. A eficácia executiva do título seria reduzida a pó.

Assim, esse parece ser um dos motivos pelos quais o legislador processual reservou aos embargos do executado o meio próprio e adequado para se arguir defesas processuais e de mérito relativas à execução. Por isso, um incidente separado, à parte, mas conexo com o seu objeto de ataque. É verdade que o legislador poderia ter tratado os embargos como um *incidente processual cognitivo com procedimento lateral e apenso ao principal* (execução), que em nada mudaria o seu conteúdo, pois continuariam veiculando uma defesa. Optou o legislador por oferecer ao executado a via da ação como forma de se obstar a execução fundada em título executivo extrajudicial, mas, repita-se, o conteúdo dessa "ação" é, sem dúvida, de defesa, sem negar, obviamente, que a própria defesa de mérito contém uma pretensão à declaração (de inexistência do direito do autor).

---

11. Barbosa Moreira. *Op. cit.* p. 352; Pontes de Miranda. *Comentários.* v. 11, p. 4; Enrico Tulio Liebman. *Embargos do executado.* p. 183-187; João de Castro Mendes. *Ação executiva.* p. 56.
12. Formalmente uma ação e materialmente uma defesa.

CAPÍTULO II • OPOSIÇÕES DO EXECUTADO   **681**

Outro motivo para atribuir natureza jurídica de ação aos embargos do executado parece ter sido o fato de que, ao tratá-los como ação e não como uma simples defesa, o legislador manteria a eficácia executiva abstrata do título executivo, obrigando o devedor a provar as alegações formuladas em sua "defesa" (*rectius* = ação) com fulcro nas regras de distribuição do ônus da prova onde, regra geral, aquele que alega o fato constitutivo tem o ônus de prová-lo, fossem eles ou não, exceções substanciais ou simples alegações de nulidade do processo de execução. O encargo da prova sempre caberia ao executado, em outro processo, respeitada a eficácia abstrata do título executivo e o desfecho único do procedimento executivo.[13]

8. NATUREZA JURÍDICA DA IMPUGNAÇÃO DO EXECUTADO

Com relação à "impugnação do executado", prevista no art. 525 do CPC, o legislador lhe atribuiu, formal e materialmente, a condição de "defesa do executado", a ser exercida no curso do procedimento executivo, formando um incidente processual que, segundo pensamos, contrariamente ao que determina o legislador, deveria ter um procedimento apartado ao processo principal.

A rigor, é um remédio ímpar, porque agrega uma *pretensão* à desconstituição do procedimento executivo, que usa como suporte, para tanto, matéria de defesa.[14]

Nessa oposição, existe limitação horizontal da matéria, que poderá ser alegada, restringindo-se ao conteúdo descrito no § 1.º do art. 525,[15] além de qualquer outra questão de ordem pública posterior à fase cognitiva em respeito ao art. 508 do CPC.[16]

---

13. Hoje, todavia, percebe-se que nada impede que tal técnica continue a ser empregada (encargo probatório para o executado sobre as matérias que ele alegar) por via de um incidente processual com procedimento cognitivo lateral ao da execução. Aliás, é o que foi feito para a impugnação do executado do art. 525 do CPC, que, a rigor, tanto pode conter fundamento "defesa" de rito ou de mérito.

14. No mesmo sentido, Barbosa Moreira, quando diz: "É natural que se abra ao executado, em semelhantes hipóteses, o ensejo de 'impugnar' a execução; não propriamente 'defendendo-se', mas 'contra-atacando', com o fito de tirar eficácia ao título, e, portanto, deter a atividade executiva, desfazendo a que já se houver realizado, ou, pelo menos, reduzi-la a justas proporções." *Op. cit.* p. 352.

15. Art. 525. Transcorrido o prazo previsto no art. 523 sem o pagamento voluntário, inicia-se o prazo de 15 (quinze) dias para que o executado, independentemente de penhora ou nova intimação, apresente, nos próprios autos, sua impugnação.

§ 1.º Na impugnação, o executado poderá alegar:

I – falta ou nulidade da citação se, na fase de conhecimento, o processo correu à revelia;

II – ilegitimidade de parte;

III – inexequibilidade do título ou inexigibilidade da obrigação;

IV – penhora incorreta ou avaliação errônea;

V – excesso de execução ou cumulação indevida de execuções;

VI – incompetência absoluta ou relativa do juízo da execução;

VII – qualquer causa modificativa ou extintiva da obrigação, como pagamento, novação, compensação, transação ou prescrição, desde que supervenientes à sentença.

16. Art. 508. Transitada em julgado a decisão de mérito, considerar-se-ão deduzidas e repelidas todas as alegações e as defesas que a parte poderia opor tanto ao acolhimento quanto à rejeição do pedido.

9. A PRETENSÃO NOS EMBARGOS DO EXECUTADO

Dito remédio pode ser processual ou material, dependendo do conteúdo do que for alegado, podendo atingir a pretensão executiva ou apenas os aspectos formais da tutela executiva.

9. A PRETENSÃO NOS EMBARGOS DO EXECUTADO

Identificado o fato de que os embargos do devedor são verdadeira ação de conhecimento, resta-nos descobrir, segundo a classificação que leva em consideração o pedido imediato formulado pelo autor, qual a natureza jurídica da tutela jurisdicional pretendida.

A maior parte da doutrina nacional determina que o pedido formulado na ação de embargos do devedor é de natureza constitutiva (obviamente, se for procedente), já que o que se pretende obter pela sentença de procedência é a "desconstituição do título executivo".[17]

A regra deve ser vista *cum grano salis*, porque a natureza jurídica da demanda de embargos irá depender do pedido formulado pelo embargante. Se ele pretender atacar única e exclusivamente a relação processual executiva, arguindo, por exemplo, a cumulação indevida de execuções, certamente estará incólume o documento representativo do crédito (título), que poderá ser executado posteriormente, mesmo que sejam procedentes os embargos.

Nesse caso, tem-se, por meio dos embargos, uma tutela jurisdicional meramente declaratória de que o exequente não possui o direito à via processual executiva nos termos ali pleiteados, mas isso não cria nenhuma ranhura no crédito exequendo.

Assim, admitimos que a natureza jurídica dos embargos do devedor dependerá do pedido (conteúdo da defesa) formulado pelo embargante, mas de antemão se previne que o horizonte dos embargos está limitado à obtenção de uma tutela declaratória ou constitutiva, sendo até mesmo perfeitamente possível a conjugação das duas eficácias em determinados casos. Essa conjugação de eficácias resulta do fato de que a tutela executiva finca-se em uma pretensão insatisfeita (mérito) que só poderia ser discutida no âmbito dos embargos do executado, e, ao mesmo tempo, essa mesma pretensão insatisfeita é documentalmente representada em um título executivo, que, por sua vez, é quem viabiliza a tutela executiva.

Assim, quando por meio dos embargos do executado se ataca o mérito da pretensão executiva e o derruba, declarando-se, por exemplo, a inexistência do débito,

---

17. Enrico Tulio Liebman. *Embargos do executado. Passim*; Humberto Theodoro Júnior. *Op. cit.* p. 270; Moacyr Amaral Santos; José Frederico Marques. *Apud* Marcos Afonso Borges. Execução forçada. In: *Revista de Processo*, v. 32, p. 43. Em sentido contrário, entendendo tratar-se de ação declaratória ou ação constitutiva, dependendo da situação que foi objeto de embargos, posiciona-se Vicente Grecco Filho, quando diz: "São, portanto, os embargos uma ação que, dependendo da matéria alegada, tem a natureza de uma ação constitutiva negativa (desfaz o título) ou declaratória negativa (declara a inexistência da relação jurídica que o título aparenta documentar)." *Op. cit.* p. 106.

certamente o documento que representa o crédito (ora declarado inexistente) e que torna viável a tutela executiva perde a sua razão de ser, pois, após o que restou decidido nos embargos, ele, documento, representa um nada, e aquela "eficácia abstrata" que possuía e viabilizava a tutela executiva é desfeita pela sentença proferida nos embargos do executado, anulando todos os eventuais atos processuais executivos que já tenham sido praticados.

Há ainda um argumento da doutrina para justificar uma natureza não constitutiva negativa da ação de embargos (regra geral); é no exemplo que se dá quando a sentença prolatada nos embargos acolhe a alegação de excesso de execução nos moldes do que estabelece o art. 917, III, §§ 2.º, 3.º e 4.º, do CPC.[18-19]

Nesse caso, acreditamos que, além do fato de que toda sentença possui um cunho declarativo, ela não teria perdido a sua natureza constitutiva negativa, já que teria "modificado" uma situação jurídica preexistente fundada na ação executiva fundada no seu respectivo título.

10. A "PRETENSÃO" NA IMPUGNAÇÃO DO EXECUTADO

Uma vez reconhecida a natureza jurídica de defesa que forma um incidente processual, não é fácil descobrir qual a natureza jurídica da *impugnação do executado*. Como toda e qualquer defesa oferecida no curso de um processo, ela poderá ter uma finalidade peremptória ou dilatória, se levar à extinção ou dilatação do procedimento executivo. Poderá, ainda, ser de mérito ou de rito ou misto, se o seu conteúdo for matéria relacionada à pretensão executiva ou ao procedimento ou a ambos.

Assim, se pretender atacar a relação jurídica de direito material que fundamenta a execução (art. 525, § 1.º, VII), então a sua pretensão será declaratória negativa, sendo

---

18. § 2.º Há excesso de execução quando:

    I – o exequente pleiteia quantia superior à do título;

    II – ela recai sobre coisa diversa daquela declarada no título;

    III – ela se processa de modo diferente do que foi determinado no título;

    IV – o exequente, sem cumprir a prestação que lhe corresponde, exige o adimplemento da prestação do executado;

    V – o exequente não prova que a condição se realizou.

    § 3.º Quando alegar que o exequente, em excesso de execução, pleiteia quantia superior à do título, o embargante declarará na petição inicial o valor que entende correto, apresentando demonstrativo discriminado e atualizado de seu cálculo.

    § 4.º Não apontado o valor correto ou não apresentado o demonstrativo, os embargos à execução:

    I – serão liminarmente rejeitados, sem resolução de mérito, se o excesso de execução for o seu único fundamento;

    II – serão processados, se houver outro fundamento, mas o juiz não examinará a alegação de excesso de execução.

19. Marcelo Lima Guerra. *Execução forçada*. São Paulo: RT, 1996. p. 58. Segundo esse autor: "Nesses casos, a sentença de embargos não apenas *declara* o *quantum* da obrigação consagrada no título executivo (art. 743, inc. I) ou o bem sobre o qual deve recair a execução (inc. II) ou ainda o modo de se processar a execução, como também *anula* os atos executivos eventualmente já praticados em desconformidade ao conteúdo daquela declaração".

efeito reflexo do seu acolhimento a desconstituição dos atos executivos que se embasavam na referida pretensão.

Todavia, se a defesa for apenas de rito, então a finalidade será barrar o procedimento executivo, dilatando-o ou extinguindo-o.

Observe-se, contudo, que, mesmo sendo um incidente processual, é claro e óbvio que, se houver matéria de mérito, como as alegadas no art. 525, § 1.º, VII, do CPC, certamente existirá o contraditório, se necessária a dilação probatória, e a decisão judicial que puser fim ao incidente terá aptidão para fazer coisa julgada material sobre o mérito decidido (art. 776 do CPC).[20]

Outra situação interessante ocorre com o fundamento previsto no art. 525, § 1.º, I, onde por meio da impugnação do executado pretende-se atacar o processo de conhecimento que deu origem ao título executivo judicial.

Nesse caso, possui a referida defesa a intenção e obter um pronunciamento declaratório de inexistência de relação jurídica, pois se argumenta que nem teria havido o processo (relação jurídica processual) para que houvesse título judicial. Veja-se que o fato de se conseguir a extinção do processo de execução com a "anulação" do título com base no fundamento do art. 525, § 1.º, I, é justamente porque nada se precisou anular, pois, nenhum título chegou a existir.

O processo executivo se vê prejudicado por uma condição lógica de que a sua existência dependia de um título formado em uma relação jurídica processual, que foi "declarada" inexistente por via da impugnação do executado. O objeto precípuo desta impugnação, com base no art. 525, § 1.º, I, é a declaração de inexistência de relação jurídica processual anterior, e não simplesmente dizer que não há título executivo, por ter sido obtido em processo que sequer chegou a se formar.

11. EMBARGOS DO DEVEDOR E EMBARGOS DE TERCEIRO

Os embargos do devedor seriam mais bem denominados, por amor à técnica, embargos do executado, posto que as expressões "credor e devedor" são signos utilizados para o direito substancial, além do que nem sempre o executado é devedor, e os embargos que opuser poderão declarar a condição de ilegítimo, e, portanto, de não devedor.

Como o nome mesmo já diz, tal demanda deve ser oposta pelo devedor ou responsável (executado), e não por terceiro estranho à relação jurídica deduzida na ação executiva.

Apesar de ambos possuírem natureza jurídica de ação e, ainda, possuírem o mesmo nome (embargos), possuem finalidades diferentes.

---

20. Art. 776. O exequente ressarcirá ao executado os danos que este sofreu, quando a sentença, transitada em julgado, declarar inexistente, no todo ou em parte, a obrigação que ensejou a execução.

Nos embargos de terceiro, este propõe ação para defender-se de esbulho judicial não somente em processos de execução, como em qualquer outro procedimento. Nos embargos do devedor, como diz Liebman,[21] ataca-se o título. Todavia, se pretenderem a não sujeição dos seus bens ao esbulho judicial, a medida correta é a dos embargos de terceiro, que possui um procedimento específico para essa ação (arts. 674 e ss. do CPC).[22]

Nada obstante a diferença clara entre os institutos, a jurisprudência aplica com certa tranquilidade a fungibilidade entre as demandas, recebendo uma pela outra desde que respeitadas as regras materiais de cabimento de cada uma delas.

12. EMBARGOS DO DEVEDOR E IMPUGNAÇÃO DO EXECUTADO: DISTINÇÕES

É inegável que a ação de embargos do executado – uma engenhosa técnica jurídica – constitui a origem mais próxima do recente instituto da *impugnação do executado*, prevista no art. 525 do CPC. Também é verdade que muitas das considerações feitas para um instituto valerão para o outro, dado o tronco comum, e dado o fato de que, em sentido lato, ambos se voltam contra a execução, porque, materialmente falando, ambos são meios de reação do executado. Mas há diferenças que precisam ser explicitadas.

> A primeira delas é que os embargos do executado possuem natureza mista, pois formalmente considerada pelo legislador uma ação incidental do executado contra o exequente; mas que possuem conteúdo de *defesa*. A ação de embargos forma um processo incidental. Já a impugnação a que se refere o artigo é, formal e materialmente, uma defesa oposta pelo executado que leva à formação de um incidente processual e que o executado interpõe no curso e dentro da execução contra si perpetrada em processo sincrético que contempla uma fase cognitiva e outra de cumprimento de sentença.

Em segundo lugar, os embargos do executado só têm lugar nas execuções fundadas em título extrajudicial, em que a execução precede o contraditório, que, se houver, será pela forma típica dessa ação de conhecimento. Já a impugnação do executado existe apenas como defesa do executado em processos sincréticos, em que a execução se faz

---

21. Enrico Tulio Liebman. *Processo de execução*. p. 216-217.
22. Art. 674. Quem, não sendo parte no processo, sofrer constrição ou ameaça de constrição sobre bens que possua ou sobre os quais tenha direito incompatível com o ato constritivo, poderá requerer seu desfazimento ou sua inibição por meio de embargos de terceiro.
    § 1.º Os embargos podem ser de terceiro proprietário, inclusive fiduciário, ou possuidor.
    § 2.º Considera-se terceiro, para ajuizamento dos embargos:
    I – o cônjuge ou companheiro, quando defende a posse de bens próprios ou de sua meação, ressalvado o disposto no art. 843;
    II – o adquirente de bens cuja constrição decorreu de decisão que declara a ineficácia da alienação realizada em fraude à execução;
    III – quem sofre constrição judicial de seus bens por força de desconsideração da personalidade jurídica, de cujo incidente não fez parte;
    IV – o credor com garantia real para obstar expropriação judicial do objeto de direito real de garantia, caso não tenha sido intimado, nos termos legais dos atos expropriatórios respectivos.

por módulo ou fase de uma mesma relação jurídica processual denominada de *cumprimento de sentença*, ou seja, o título executivo judicial é precedido de contraditório.

Outra distinção diz respeito ao fato de que os embargos do executado podem ser manejados por ele contra qualquer modalidade de execução fundada em título extrajudicial (expropriação, desapossamento ou transformação), ao passo que, ao menos aprioristicamente, a impugnação do executado, prevista no art. 525, não por acaso, está localizada e reservada ao cumprimento definitivo de sentença que reconhece a exigibilidade da obrigação de pagar quantia, muito embora não seja inviável, excepcionalmente, manejar a impugnação nas execuções dos arts. 536 e 538 do CPC.[23]

Do ponto de vista procedimental, também há distinção entre os embargos do executado e a impugnação do executado, embora ambos não sejam dotados de efeito suspensivo, que agora só será concedido mediante o preenchimento de condições que levem o juiz a conceder o referido efeito (*ope judicis*), ou seja, excepcionalmente, se o executado demonstrar o risco de dano e prejuízo irreparável caso a suspensão não for concedida.

No tocante ao processamento de um e outro, muitas são as distinções, a começar pelo fato de que uma é formalmente uma ação, que forma um processo incidental, e a outra é formalmente uma defesa, que forma um incidente processual, muito embora, nos dois casos, em razão da eficácia abstrata do título executivo, recaia sobre o executado o ônus de provar as alegações e fundamentos de sua defesa.

Sendo uma ação, os embargos do executado seguem o trâmite normal de uma demanda (petição inicial, citação, resposta, réplica, audiência etc.), respeitadas as condições específicas para seu ajuizamento (tempestividade etc.). Sendo a "impugnação do executado", formalmente uma defesa, seu processamento é mais simples, respeitando-se o contraditório e a ampla defesa, inclusive, se houver necessidade de dilação probatória.

Outra importante distinção entre um e outro é que os embargos do executado sempre levam à formação de um procedimento próprio que ficará apenso aos autos da execução, em um típico caso de processo incidental com seu próprio procedimento. Já na impugnação do executado do art. 525 do CPC, a sua interposição é feita diretamente no próprio procedimento executivo e não formará autos apartados para o seu processamento, apesar de que esta diferença considerando os autos eletrônicos perde qualquer sentido. Portanto, a regra é que será processada ali mesmo no procedimento executivo do processo sincrético (art. 525 do CPC).[24]

Tanto na impugnação do executado quanto nos embargos à execução a segurança do juízo não é requisito para o oferecimento das referidas oposições.

---

23. Art. 536 (...) § 4.º No cumprimento de sentença que reconheça a exigibilidade de obrigação de fazer ou de não fazer, aplica-se o art. 525, no que couber.
24. Em nosso sentir, sempre deveria ser aberto um procedimento lateral para processar e julgar a impugnação do executado, seja por razões de facilitação de método de trabalho, seja para não misturar a atividade cognitiva com a executiva.

CAPÍTULO II • OPOSIÇÕES DO EXECUTADO   **687**

Quando o Código cuida dos embargos do executado – nas execuções fundadas em título extrajudicial –, o art. 914[25] é claro e incisivo ao dispensar tal exigência para o seu oferecimento. Assim, desvincula, claramente, a segurança do juízo com a interposição dos embargos. Mais à frente, o legislador, no art. 919, § 1.º, expressamente impõe como um dos requisitos para a obtenção do efeito suspensivo nos embargos que "que a execução já esteja garantida por penhora, depósito ou caução suficientes".[26]

Há, portanto, neste particular, identidade de regimes jurídicos entre as duas modalidades de oposição, já que para ambas não se exige a segurança do juízo para a interposição das duas oposições.[27]

A desnecessidade da prévia segurança do juízo para oferecimento da oposição reside no fato de que tal exigência não faz nenhum sentido se considerarmos que nos embargos e na impugnação o efeito suspensivo depende de pedido e comprovação de requisitos perante o juízo. Há muito não existe mais o efeito suspensivo *ex legge* onde bastava interpor a oposição para que fosse suspensa a execução.

Para se compreender tal aspecto é preciso lembrar que a segurança do juízo nunca esteve vinculada à própria defesa do executado no curso da execução, mas, exatamente ao efeito paralisante que nela causava (*ex lege*) – efeito suspensivo –, que antes das reformas pelas quais passou o CPC de 1973 nos idos de 2005 e 2006 decorria da simples interposição dos embargos do executado.

Ora, sob essa perspectiva (enquanto existia o efeito suspensivo *ope legis* dos embargos), a segurança do juízo tinha por finalidade, a um só tempo, atender aos anseios do executado e do exequente. Daquele porque permitiria a discussão de rito e de conteúdo da execução nos embargos, com a certeza de que a execução ficaria paralisada até o julgamento da referida oposição. Deste porque, embora a execução estivesse paralisada, estaria garantida pelo ato executivo instrumental (penhora, depósito etc.), evitando, em tese, prejuízo ao exequente no caso de rejeição dos embargos do executado.

Entretanto, com a reforma da execução civil trazida pelas Leis 11.382/2006 e 11.232/2005 no CPC de 1973, e, agora sedimentada de forma clara e inequívoca pelo CPC de 2015, aboliu-se a segurança do juízo para a interposição de ambas as modalidades típicas de oposição, na medida em que o efeito suspensivo *ex lege* não existe para nenhuma das duas, posto que é *ope judicis* a concessão do efeito suspensivo, ou seja,

---

25. Art. 914. O executado, independentemente de penhora, depósito ou caução, poderá se opor à execução por meio de embargos.
26. Art. 919. Os embargos à execução não terão efeito suspensivo.
    § 1.º O juiz poderá, a requerimento do embargante, atribuir efeito suspensivo aos embargos quando verificados os requisitos para a concessão da tutela provisória e desde que a execução já esteja garantida por penhora, depósito ou caução suficientes.
27. Art. 525. Transcorrido o prazo previsto no art. 523 sem o pagamento voluntário, inicia-se o prazo de 15 (quinze) dias para que o executado, independentemente de penhora ou nova intimação, apresente, nos próprios autos, sua impugnação.

agora cabe ao juiz, no caso concreto, verificar se é justificável a suspensão da execução segundo os fundamentos trazidos pelo executado na impugnação ou nos embargos.

Logo, não há efeito suspensivo pela simples interposição da impugnação ou dos embargos. Por isso, não havendo tal efeito, poderá o exequente, independentemente da interposição da defesa do executado, exigir que a execução prossiga o rumo normal, sem qualquer obstáculo. Assim, não faria sentido que ainda se exigisse a prévia segurança do juízo como requisito para embargar ou impugnar a execução, sendo, pois, uma exigência supérflua e que ofenderia, claramente, o exercício constitucional do contraditório e da ampla defesa.

Assim, ainda que se trate de cumprimento de sentença, e, portanto, título executivo já passado pelo crivo do Poder Judiciário, não se vislumbraria qualquer prejuízo para a execução se a defesa do executado fosse desprovida de efeito suspensivo.

De mais a mais, deve-se dizer ainda que, como o regime jurídico da nomeação à penhora é ônus do exequente, mais ainda se mostraria esdrúxula a prévia segurança do juízo para o oferecimento da impugnação.

Pensamos, sim, que, em relação à segurança do juízo, esta é condição necessária – como expressamente diz o legislador – para a obtenção do efeito suspensivo na oposição oferecida à execução contra si instaurada, ou seja, a segurança do juízo é condição necessária – mas não suficiente – para a obtenção do efeito suspensivo da execução.

Também a contagem do prazo de 15 dias de ambos é diferente. O prazo inicial dos embargos do executado, nos termos do artigo 915 é contado, conforme o caso, na forma do art. 231, enquanto o prazo da impugnação do executado tem início quando tiver transcorrido o prazo previsto no art. 523 sem o pagamento voluntário.[28]

13. CLASSIFICAÇÕES GENÉRICAS APLICÁVEIS AOS EMBARGOS E À IMPUGNAÇÃO DO EXECUTADO

Diversas são as classificações existentes para as ações de embargos à execução, que podem, *de lege ferenda*, ser estendidas para a impugnação do executado. Adotaremos a classificação de Liebman,[29] apenas por um critério didático, e sempre lembrando que, antes de se excluírem, as classificações se completam:

* quanto ao título:

a) impugnação ao cumprimento de sentença;

b) embargos ao processo de execução;

---

28. Pode acontecer, por exemplo, de haver pagamento parcial no 5º dia do prazo do artigo 523. Nesta hipótese não se antecipa o prazo da impugnação. Este só se inicia uma vez que tenha transcorrido o prazo do artigo 523 sem o pagamento voluntário, total ou parcial.

29. Enrico Tulio Liebman. *Processo de execução*. p. 217.

- quanto à matéria:

a) impugnação ou embargos do executado à pretensão executiva (de mérito);

b) embargos ou impugnação do executado aos atos da execução (de rito ou forma);

- quanto à totalidade da matéria impugnada ou embargada:

totais ou parciais.

14. REQUISITOS DE ADMISSIBILIDADE DOS EMBARGOS E DA IMPUGNAÇÃO DO EXECUTADO

A pretensão exercida por intermédio de uma ação (processo incidental) ou por uma exceção (incidente processual) não escapa da análise de um juízo de admissibilidade e um juízo de mérito. Assim, analisemo-las no processo incidental da ação de embargos e no incidente processual da impugnação do executado. Os requisitos de admissibilidade são os seguintes: interesse e legitimidade.[30]

14.1 Interesse processual

O interesse processual personifica-se no binômio *necessidade* e *adequação*, procedimento adotado para se obter a tutela jurisdicional solicitada. Enquanto a necessidade da tutela é aspecto que toca o mérito da demanda, a adequação é aspecto exclusivo do direito processual, relacionado à escolha adequada da via procedimental os limites ofertados pelo legislador processual para se alcançar o resultado pretendido. O interesse é "processual" porque recai sobre o provimento, que, em tese, será apto para debelar a necessidade invocada. Assim, deve *haver necessidade* de tutela, e *deve-se escolher a via procedimental adequada* (prevista pelo legislador) apta a ofertar o provimento pretendido.

Em sede de embargos e de impugnação do executado a regra não diverge quanto a tal requisito, exceto porque há aspectos específicos que merecem uma digressão um pouco mais analítica, em especial o prazo para o oferecimento desses remédios e os limites da pretensão que pode ser deduzida na ação (embargos à execução) ou na exceção (impugnação do executado).

14.1.1 Os limites da cognição e adequação do pedido à via eleita

Especificamente com relação a este requisito, tem-se o seguinte. Se se tratar de execução fundada em título executivo extrajudicial, não há limitação horizontal sobre a cognição da matéria a ser objeto dos embargos, consoante determina o próprio art. 917, VI, do CPC. Todavia, tratando-se de execução fundada em título executivo judicial para pagamento de quantia, o próprio CPC, no seu art. 525, § 1.º, determina que:

---

30. Art. 17. Para postular em juízo é necessário ter interesse e legitimidade.

§ 1.º Na impugnação, o executado poderá alegar:

I – Falta ou nulidade da citação se, na fase de conhecimento, o processo correu à revelia;

II – Ilegitimidade de parte;

III – inexequibilidade do título ou inexigibilidade da obrigação;

IV – Penhora incorreta ou avaliação errônea;

V – Excesso de execução ou cumulação indevida de execuções;

VI – Incompetência absoluta ou relativa do juízo da execução;

VII – qualquer causa modificativa ou extintiva da obrigação, como pagamento, novação, compensação, transação ou prescrição, desde que supervenientes à sentença.

Assim, parece-nos que falta interesse de agir, sob o matiz da adequação, quando o executado pretende obter por meio da impugnação do executado a análise e o julgamento de matérias que estejam fora dos limites cognitivos estabelecidos pelo legislador para esta modalidade de defesa. O magistrado está adstrito à análise desses fundamentos na impugnação oposta ao cumprimento de sentença, pois a ausência de quaisquer desses fundamentos deverá culminar com a rejeição liminar da defesa no que for incompatível com os limites estabelecidos pelo legislador.

Enfim, esses são os limites da pretensão que esta via processual admite como adequados de serem postulados pela parte. Nesse caso, o juiz, ao analisar a situação, não julgará a pretensão do executado, dizendo ser procedente ou não, mas apenas verificando se aqueles pedidos poderão ser requeridos na referida impugnação, ou seja, se a via processual eleita é adequada. Pode-se dizer que, diante da limitação horizontal da matéria alegável pela impugnação do executado, esta só poderá fundamentar-se no conteúdo descrito nesse dispositivo, permitindo-se apenas que constem outras questões de ordem pública, desde que supervenientes à sentença proferida no módulo ou fase cognitiva. Do contrário, o juiz deverá rejeitar de plano a defesa manifestada no incidente processual.

No que é pertinente aos embargos à execução (opostos à execução fundada em título executivo extrajudicial), repita-se, por serem de "fundamentação livre" não sofrem a mesma restrição do remédio anterior, já que o executado poderá alegar qualquer matéria que lhe seria lícito deduzir em uma contestação (art. 917, VI).

14.1.2 O prazo nos embargos e na impugnação do executado

Como os meios de oposição do executado (impugnação e embargos) são exercidos no curso de um cumprimento de sentença ou de um processo de execução, dela dependem para ser exercidos pelo executado. Tratando-se de impugnação do executado, forma-se um incidente processual (normalmente apenso aos autos da execução), enquanto os embargos do devedor são exercitados por ação, que gera a formação de um processo incidental, sendo sempre processados em autos apartados.

Assim, ambos não existem sem uma execução iniciada, porque sobre elas incidem. Exatamente por causa desse caráter incidental33 é que, para exercitar esse direito, o prazo para sua propositura é aspecto de fundamental importância, ou seja, verdadeiro requisito de admissibilidade.

Assim, a oposição intempestiva do executado (impugnação ou embargos) carece de interesse processual, por não se ter adotado o *procedimento adequado* à sua propositura. Trata-se de aspecto puramente processual para o exercício da impugnação ou dos embargos do executado. Em se tratando de embargos de mérito, o Superior Tribunal de Justiça tem admitido a fungibilidade do remédio com a ação autônoma que poderia ser ajuizada a qualquer momento pelo executado para obter a declaração de inexistência, total ou parcial, do direito revelado no título. Isso implica dizer que o prazo dos embargos de mérito, se descumprido, não traz tanto problema para o executado que pode valer-se de ação autônoma.

O prazo para o oferecimento da impugnação ao cumprimento de sentença, assim como o dos embargos ao processo de execução, é de 15 dias. A diferença está, basicamente, no início do *dies a quo*.

O prazo para o oferecimento da impugnação é de 15 dias e vem descrito no art. 525, *caput*, contando-se o seu início do fim do prazo previsto no art. 523 sem o pagamento voluntário.

É curioso notar, mas o prazo para o oferecimento da impugnação do executado só se inicia: a) se não adimplir a obrigação no prazo de 15 dias descrito no art. 523; b) no primeiro dia após o prazo de 15 dias que tinha para cumprir a obrigação.

A rigor, portanto, quando o executado é intimado para pagar em quinze dias o crédito exequendo nos termos do art. 523 do CPC ele também está sendo intimado para oferecer a sua impugnação nos 15 dias subsequentes ao prazo anterior se não tiver adimplido total ou parcialmente a obrigação exequenda.

Obviamente que o devedor não precisa aguardar o término desse primeiro quinquídio que é destinado à realização do adimplemento "voluntário" para oferecer a sua impugnação, podendo apresentar sua defesa naquele primeiro prazo.

Já o prazo de 15 dias para o oferecimento dos embargos do executado a serem opostos contra a execução fundada em título executivo extrajudicial tem o seu início contado da juntada aos autos do mandado de citação devidamente cumprido, como prescreve o art. 915 do CPC.[31]

---

31. Art. 915. Os embargos serão oferecidos no prazo de 15 (quinze) dias, contado, conforme o caso, na forma do art. 231.
§ 1.º Quando houver mais de um executado, o prazo para cada um deles embargar conta-se a partir da juntada do respectivo comprovante da citação, salvo no caso de cônjuges ou de companheiros, quando será contado a partir da juntada do último.
§ 2.º Nas execuções por carta, o prazo para embargos será contado:
I – da juntada, na carta, da certificação da citação, quando versarem unicamente sobre vícios ou defeitos da penhora, da avaliação ou da alienação dos bens;

Mas, e se a execução for proposta ou requerida contra vários executados? A resposta aos questionamentos encontra-se expressa no § 1.º do art. 915 do CPC.

Assim, quando houver mais de um executado, o prazo é individual para cada um deles embargar, contando-se a partir da juntada do respectivo mandado citatório, salvo se cônjuges ou companheiros, caso em que será contado a partir da juntada do último comprovante de citação.

Observe-se, ainda, que, nas execuções por carta precatória, a citação do executado será imediatamente comunicada pelo juiz deprecante ao juiz deprecante, inclusive por meios eletrônicos, contando-se o prazo da juntada, na carta, da certificação da citação, quando versarem unicamente sobre vícios ou defeitos da penhora, da avaliação ou da alienação dos bens. Com a referida regra, o executado deve ficar atento, porque, uma vez citado no juízo deprecado, o termo *a quo* dos embargos não será da juntada no juízo deprecante do mandado de citação devidamente cumprido, mas apenas da comunicação do juízo deprecado ao juízo deprecante, inclusive por meios eletrônicos, da realização da citação do executado. Por outro lado, tratando-se de embargos que versem sobre matérias diversas de vícios da penhora, avaliação ou alienação dos bens, o prazo conta-se da juntada, nos autos de origem, do comunicado de que trata o § 4.º do art. 915 ou, não havendo este, da juntada da carta devidamente cumprida.[32]

II – da juntada, nos autos de origem, do comunicado de que trata o § 4.º deste artigo ou, não havendo este, da juntada da carta devidamente cumprida, quando versarem sobre questões diversas da prevista no inciso I deste parágrafo.

§ 3.º Em relação ao prazo para oferecimento dos embargos à execução, não se aplica o disposto no art. 229.

§ 4.º Nos atos de comunicação por carta precatória, rogatória ou de ordem, a realização da citação será imediatamente informada, por meio eletrônico, pelo juiz deprecado ao juiz deprecante.

32. Tem-se admitido com invocação do princípio da instrumentalidade das formas a possibilidade de que, ainda que intempestivos, os embargos possam ser admitidos, pois sendo tal remédio um ônus, nada impede que o executado, dias depois de ter perdido o prazo, possa oferecer a ação autônoma reconhecedora da inexistência do débito. A adoção desta tese leva a uma reflexão necessária sobre a inutilidade do prazo para embargar e o princípio da preclusão. Processual civil. Embargos à execução fiscal, visando ao reconhecimento da inexistência da dívida. Natureza de ação cognitiva, idêntica à da ação anulatória autônoma. Intimação da fazenda pública para impugnação. Interrupção da prescrição. 1. Embargos à execução, visando ao reconhecimento da ilegitimidade do débito fiscal em execução, têm natureza de ação cognitiva, semelhante à da ação anulatória autônoma. Assim, a rigor, a sua intempestividade não acarreta necessariamente a extinção do processo. Interpretação sistemática e teleológica do art. 739, I, do CPC, permite o entendimento de que a rejeição dos embargos intempestivos não afasta a viabilidade de seu recebimento e processamento como ação autônoma, ainda que sem a eficácia de suspender a execução. Esse entendimento é compatível com o princípio da instrumentalidade das formas e da economia processual, já que evita a proposituar de outra ação, com idênticas partes, causa de pedir e pedido da anterior, só mudando o nome (de embargos para anulatória). 2. De qualquer modo, extintos sem julgamento de mérito, os embargos intempestivos operaram o efeito próprio da propositura da ação cognitiva, que é o de interromper a prescrição. No particular, é irrelevante que a embargada não tenha sido citada para contestar e sim intimada para impugnar os embargos, como prevê o art. 17 da Lei 6.830/1980. Para os efeitos do art. 219 do CPC, aquela intimação equivale à citação. Não fosse assim, haver-se-ia de concluir, absurdamente, que não há interrupção da prescrição em embargos do devedor. 3. Recurso especial a que se dá provimento. (REsp 729.149/MG, Rel. Min. Teori Albino Zavascki, Primeira Turma, j. 24.05.2005, *DJ* 06.06.2005, p. 229).

CAPÍTULO II • OPOSIÇÕES DO EXECUTADO   **693**

14.2 Legitimidade das partes nos embargos e na impugnação do executado

14.2.1 Nos embargos do executado

Por se tratar de ação incidental com conteúdo eminentemente defensivo, portanto, cujo interesse de agir nasce invariavelmente da condição de se ver livre da execução contra si proposta, os embargos do devedor, na verdade, melhor seriam chamados de embargos do executado, já que não só o devedor (sentido material) poderá figurar na posição de executado. Assim, tem legitimidade para a propositura da ação de embargos, não aquele que poderia estar na condição de executado, mas que *já está* na posição de executado, independentemente da sua relação jurídica no plano material, pois é absolutamente viável pensar em uma ação de embargos para sustentar a ilegitimidade *ad causam*. Terá legitimidade para propor a demanda de embargos para arguir sua ilegitimidade *ad causam*.

O polo ativo da ação de embargos é impulsionado pelo executado (devedor ou responsável), que poderá ajuizar a demanda em litisconsórcio com outros embargantes ou isoladamente.[33] Deve-se falar ainda da hipótese criada pela Súmula 196 do STJ, que permite a possibilidade de o curador especial oferecer embargos para o devedor citado fictamente quando ocorrer revelia. A redação é truncada, porque não há revelia no processo de execução, e nem mesmo contestação.

Todavia, a disciplina do dispositivo pretende permitir que as matérias de defesa que são arguíveis mediante embargos do executado também possam ser feitas pelo curador especial na hipótese da súmula (inércia do executado e citação ficta). Já em relação ao polo passivo dos embargos, é possível que o embargante ofereça embargos contra um ou contra todos os exequentes, e isso irá depender (o litisconsórcio facultativo ou necessário) da matéria embargada, se a todos atinge ou não. Assim, a alegação de ilegitimidade ativa, por exemplo, poderá ocorrer em relação a um dos exequentes, mas a nulidade da execução deverá pôr no polo passivo, indispensavelmente, todos os exequentes.

14.2.2 Na impugnação do executado

Em relação à impugnação do executado, pode-se dizer que o legitimado ativo à impugnação é o *executado*, e o legitimado passivo é o *exequente*. Perceba-se que exequente e executado não serão, necessariamente, exatamente as mesmas pessoas que figuraram na condenação da sentença. Apenas o exequente, que requereu a execução, e o executado, em face de quem se requereu a execução, é que terão a legitimidade passiva e ativa da impugnação, respectivamente.

---

33. O conteúdo de um embargo pode ou não aproveitar ao outro executado. Por isso, dependendo da matéria alegada, o conteúdo de um embargante poderá ter efeito expansivo subjetivo.

Havendo pluralidade de executados e exequentes, então a legitimidade ativa para impugnar se submeterá às regras de um possível litisconsórcio facultativo simples, pois a impugnação é um ônus, e muitas defesas ali ofertadas poderão ser individualmente opostas. Já no polo passivo, o eventual litisconsórcio é sempre necessário, pois todos os exequentes, obrigatoriamente, deverão estar no polo passivo do incidente. Contudo, quanto ao resultado, o litisconsórcio será do tipo simples, já que, dependendo da modalidade da matéria oposta, o juiz poderá acolher em relação a um e não a outros exequentes.

15. COMPETÊNCIA NOS EMBARGOS E NA IMPUGNAÇÃO DO EXECUTADO

Como já tivemos a oportunidade de comentar, a competência absoluta do juízo é pressuposto processual de validade positivo, porque tem de estar presente na relação jurídica processual. Sentença prolatada por juiz absolutamente incompetente é nula e rescindível no prazo decadencial que a lei determina.

A competência em sede de ação de embargos é funcional, que, como sabemos, é de natureza absoluta. Incide a regra do art. 61 do CPC,[34] que determina que a ação acessória segue a ação principal. O fato de ser ação incidental, que depende da existência do nascimento da ação executiva, faz que o mesmo juiz seja absolutamente competente para julgar a causa. Confirma o exposto pela incidência da regra prevista no art. 914, § 1.º, do CPC, ao dizer que "os embargos à execução serão distribuídos por dependência, autuados em apartado e instruídos com cópias das peças processuais relevantes, que poderão ser declaradas autênticas pelo próprio advogado, sob sua responsabilidade pessoal".

Diz-se ser funcional essa espécie de competência, pois o "juízo da execução é o que está em melhores condições para apreciar os fundamentos invocados pelo embargante".

É de se dizer que quando os atos executivos forem praticados em foro diverso daquele em que se instaurou o processo de execução (execução por carta) incide a regra do art. 914, § 2.º, que prescreve que "os embargos serão oferecidos no juízo deprecante ou no juízo deprecado, mas a competência para julgá-los é do juízo deprecante, salvo se versarem unicamente sobre vícios ou defeitos da penhora, da avaliação ou da alienação dos bens efetuadas no juízo deprecado". Esta regra tende a entrar em desuso com a realização eletrônica dos atos executivos e a desnecessidade de realização dos atos por carta de um juízo ao outro.

Já no tocante à *impugnação do executado*, parece ainda mais clara a regra da competência, porque esta é uma defesa ofertada no próprio procedimento executivo nos termos do art. 525, *caput*, do CPC.

Observe-se, contudo, que nem sempre a competência do juízo onde será realizado o cumprimento de sentença coincide com o juízo onde foi emanado o título executivo,

---

34. Art. 61. A ação acessória será proposta no juízo competente para a ação principal.

uma vez que o art. 516, parágrafo único, relativizou regra da competência do juízo da execução, permitindo que ela se processe em juízo diverso daquele em que ocorreu a revelação da norma jurídica concreta.

16. PAGAMENTO DA QUANTIA E PRECLUSÃO LÓGICA PARA OPOR-SE À EXECUÇÃO

A qualquer tempo, desde que antes da adjudicação ou alienação, pode o executado remir a execução, pagando ao consignando, à vista, importância atualizada da dívida, mais juros, custas e honorários advocatícios, tal como enuncia o art. 826 do CPC.[35]

Entretanto, o legislador incluiu no art. 916[36] uma hipótese especial de remição pelo executado, trazendo alguma vantagem em relação à forma de quitação total do débito. Essa *vantagem* pode ser exercida pelo executado no seu prazo para embargar. Assim, em vez de oferecer os embargos no referido prazo, o executado pratica um ato incompatível com a *defesa*, precluindo logicamente o direito de oferecer embargos do executado.

Deve-se notar que, para o executado, houve aí um *reconhecimento jurídico do pedido executivo*, e o que pretendeu ele no prazo em que poderia oferecer sua defesa (ação de embargos) foi pagar o exequente, só que diluindo esse pagamento em seis parcelas mensais.

É requisito para formulação da proposta no prazo dos embargos que o executado deposite, no mínimo, 30% do valor devido. Obviamente que essa é uma proposta que o exequente, que deve ser ouvido, não está obrigado a aceitar, especialmente se ele verifica que tem mais chances de receber integralmente e antes do referido tempo o valor total do crédito exequendo.

Entretanto, ainda que não aceita pelo exequente a proposta, ou se aceita e deferida pelo juiz, no caso de o executado não honrá-la, o exequente poderá levantar a quantia e ao embargado não existirá a possibilidade de oferecer embargos em razão da preclusão lógica, nos termos do art. 916, § 6.º.

17. FUNDAMENTOS (CAUSA DE PEDIR) A SEREM OPOSTAS PELO EXECUTADO

Com a supressão do processo de execução autônomo para as execuções fundadas em título judicial, a possibilidade de ajuizamento da ação de embargos do executado só

---

35. Art. 826. Antes de adjudicados ou alienados os bens, o executado pode, a todo tempo, remir a execução, pagando ou consignando a importância atualizada da dívida, acrescida de juros, custas e honorários advocatícios.
36. Art. 916. No prazo para embargos, reconhecendo o crédito do exequente e comprovando o depósito de trinta por cento do valor em execução, acrescido de custas e de honorários de advogado, o executado poderá requerer que lhe seja permitido pagar o restante em até 6 (seis) parcelas mensais, acrescidas de correção monetária e de juros de um por cento ao mês.(...).
    § 6.º A opção pelo parcelamento de que trata este artigo importa renúncia ao direito de opor embargos.

permaneceu viva nos casos em que ainda se utiliza do *processo autônomo de execução*, tal como ocorre em todas as execuções fundadas em títulos executivos extrajudiciais.

Nas demais modalidades – cumprimento de sentença–, a tutela executiva se faz em módulo executivo inserido e de forma imediata na mesma relação jurídica que revelou o direito. Portanto, a revelação e a efetivação do direito revelado, cada uma a seu tempo e sucessivamente, são feitas na mesma relação jurídica processual instaurada uma única vez pelo demandante. Tal procedimento sacramentou o fim dos embargos do executado para tal modalidade executiva (cumprimento de sentença), que dispensou o processo autônomo de execução.

Isso não significa que não será possível fazer na mesma relação jurídica as eventuais defesas relativas a direitos ou fatos supervenientes ao título (art. 518 do CPC) e que influenciarão na tutela executiva.

Assim, ratificando, o executado poderá opor-se ao cumprimento de sentença manejando a *impugnação do executado* (art. 525) ou os *embargos do executado* (arts. 914 e ss.).

O fato de o título executivo que lastreia a execução ter ou não ter passado pelo prévio crivo do Poder Judiciário, enfim, se o título é ou não judicial, é determinante para se estabelecer a amplitude da matéria que poderá ser deduzida pelo executado (art. 508 do CPC).

Por isso, em seguida, analisaremos, separadamente, o conteúdo do que poderá ser *impugnado* ou *embargado* pelo executado.

17.1 Impugnação do executado

17.1.1 Apresentação

O artigo 525, § 1º estabelece um rol de fundamentos alegáveis pelo executado por meio da impugnação ao cumprimento de sentença. De antemão, registre-se, que não se trata de um rol exaustivo, pois há matérias – processuais e de mérito – que podem ser arguidas pelo executado por meio desta modalidade de defesa e que ali não constam. Há uma infinidade delas, e, de forma expressa isso se confirma, por exemplo, pelo artigo 33, § 3º da Lei 9.307 (Lei de Arbitragem) ao afirmar que "*a decretação da nulidade da sentença arbitral também poderá ser requerida na impugnação ao cumprimento da sentença, nos termos dos arts. 525 e seguintes do Código de Processo Civil, se houver execução judicial*".

Nada impede, antes recomenda-se, que se adote também para a impugnação ao cumprimento de sentença a máxima *iura novit curia*, ou seja, o que é realmente importante é que o executado traga à discussão e ao contraditório por meio da impugnação ao cumprimento de sentença, enfim que seja objeto de debate, o fato jurídico encaixável a uma das *fattispecies* de defesa de mérito ou defesa processual. Não importa se na elaboração de sua peça de defesa, por equívoco ou desconhecimento, por exemplo, tratou a *inexequibilidade do título* como se fosse *exigibilidade da obrigação*, sendo certo que esse tipo de equívoco é irrelevante, já que o importante é que sobre a matéria alegada, seja ela qual for, tenha havido contraditório, ampla defesa, debate e cognição judicial.

A nomenclatura atribuída é o menos importante, ou seja, a petição de impugnação não será rejeitada e nem inadmitida e nem mesmo julgada improcedente simplesmente porque atribuiu aos fatos nela narrados a alegação de *inexequibilidade do título*, quando na verdade seria *inexigibilidade da obrigação*. O que não pode ocorrer, sob pretexto do *iura novit curia*, é o julgamento surpresa, ou seja, decidir com base em fundamento diverso daquele que foi objeto de discussão, cognição e contraditório nos autos. Não se pode admitir que sob o palio de que o *juiz não desconhece o direito* que ele possa proferir um julgamento, por exemplo invocando um fundamento jurídico que não tenha sido objeto de discussão, debate ou contraditório. O novo CPC deixa clara a vedação das decisões surpresas, como expressamente menciona o artigo 10 do referido diploma.[37]

17.1.2 *Falta ou nulidade da citação se o processo correu à revelia*

A primeira hipótese de cabimento é a *"falta ou nulidade da citação se, na fase de conhecimento, o processo correu à revelia"*. Esta hipótese é uma das mais marcantes e historicamente remonta o direito romano e sempre esteve presente no direito processual brasileiro como se observa, exemplificadamente, no artigo 1339, § 1º (combinado com o artigo 486, § 1º) da Consolidação Ribas, no art.1010, I do CPC de 1939, art. 741, I do CPC de 1973 e agora no artigo 525, § 1º, I do CPC de 2015.

O *defeito na citação* (por exemplo, uma citação por edital indevida) e a *ausência de citação* (por exemplo, a não realização da citação de um litisconsorte necessário) são vícios processuais se equiparam para fins de cabimento da impugnação ao cumprimento de sentença se, num caso ou noutro, na fase de conhecimento, o processo correu à revelia da parte.

Isso implica dizer que pouco importa se a citação foi *inexistente* ou *nula*, pois, em ambos os casos, em razão do vício a parte não compareceu aos autos para oferecer contestação, evidenciando situação de que o processo correu a sua *revelia*. O problema, portanto, não está no tipo de vício que acomete a citação, inexistência ou nulidade, mas na sua consequência, no prejuízo que isso acarreta (processo correu à revelia). Por isso, se num caso ou noutro, a consequência foi a mesma, então aqui eles se equiparam. Exemplificando, para o sujeito que se vê surpreendido na fase de cumprimento de sentença tendo contra si um título executivo formado na fase cognitiva que lhe correu à revelia, pouco importa se tal situação é proveniente de uma citação nula (uma citação por edital indevida) ou uma citação inexistente. Portanto, não importa se se trata de vício de *nulidade* daquele que foi citado, mas invalidamente, daquele outro que não foi

---

37. Nesse sentido ver DELFINO, Lucio e NUNES, Dierle. *Novo CPC, o "caballo de Tróya" iura novit cúria e o papel do juiz*. Disponível em <http://justificando.cartacapital.com.br/2014/09/25/novo-cpc-o-caballo-de-troya-iura-novit-curia-e-o-papel-juiz/>. Consultado em 05.04.2017.

citado (quando deveria ter sido) e a sentença lhe é ineficaz (art. 115, II). A violação do contraditório e do devido processo legal é inaceitável nas hipóteses em que os referidos vícios culminam com a revelia do réu.

O título executivo formado nestas circunstâncias padece de um problema grave, insanável, enfim, algo que é tão sério e profundo, que tipifica uma hipótese de *vício transrescisório*, não submetendo a qualquer prazo, nem da ação rescisória, para ser arguido pelo *réu revel não citado ou citado irregularmente*.

Tal título executivo formado em tais circunstâncias reflete hipótese de violação grave do devido processo legal, já que se assim não fosse, alguém está sendo privado de seus bens sem direito a um processo com todas as suas garantias constitucionais. Observe-se que a eficácia preclusiva da coisa julgada prevista no artigo 508 do CPC não pode ser invocado ante um vício desse jaez, posto que tal decisão nem sequer é acobertada pela autoridade da coisa julgada, daí porque se diz tratar de um vício transrescisório.

Tem-se nesta hipótese a única situação que o legislador admite ser possível atacar o módulo de cognição que deu origem ao título executivo cujo cumprimento se realiza. Esmiuçando o dispositivo verifica-se que só pode ser utilizada essa hipótese quando não houve citação (ou, se houve, foi inválida), de forma que a partir desse defeito o processo tenha corrido à revelia.

O regime jurídico das invalidades processuais no atual CPC, à semelhança do que ocorre na presente hipótese em análise, desloca para a *consequência do vício a importância do defeito processual*, ou seja, mais importante do que o tipo de defeito é a consequência que dele resulta, o prejuízo, que ele causa no processo aqui visto como um fator de legitimidade da atuação estatal.

Apenas para recordar, bem sabemos que após o trânsito em julgado da sentença de mérito, em razão da coisa julgada material, apenas os vícios que tipificam o ajuizamento da ação rescisória, e dentro do seu respectivo prazo, é que podem ser fulminados, mas não este apontado no artigo 525, § 1º, I do CPC.

O presente caso do inciso I do artigo 525, § 1º escapa desta regra de tão sério que é o vício e o prejuízo dele decorrente, já que pode ser arguido em qualquer prazo e em qualquer tempo por qualquer remédio processual, inclusive, a impugnação ao cumprimento de sentença, ou quiçá, antes disso até mesmo em fase de liquidação de sentença, se houver. O reconhecimento judicial da sanção de nulidade ou inexistência de um ato processual depende da ocorrência de prejuízo em favor daquele que o vício aproveita e que não foi responsável pelo defeito, que, no presente caso é *in re ipsa*. Nesta hipótese, o reconhecimento de que o módulo cognitivo correu à revelia do impugnante é a prova objetiva do prejuízo.

Já dissemos que a presente hipótese de cabimento equipara o vício de nulidade de citação com a inexistência de citação, quando daí resulte o fenômeno da revelia do demandado. Assim, não havendo a citação ou havendo a citação inválida, mas tendo ocorrido o *comparecimento espontâneo do réu*, não será possível utilizar a presente regra, pois lhe faltará um dos requisitos essenciais de cabimento.

É de se observar ainda que ao usar a expressão *"o processo correu à revelia"* o legislador não usou a palavra revelia no sentido técnico (ausência de contestação pelo réu), justamente porque uma das hipóteses apontadas no dispositivo é até mesmo de *ausência de réu, ou seja, ele nem sequer teria sido citado.* O que quer dizer o legislador quando fala em *processo correu à revelia* é, por exemplo, que mesmo havendo *citação ficta inválida* (citação por edital quando deveria ser pelo correio) e mesmo tendi sido nomeado curador especial que oferte a contestação, haverá ainda aí o vício, pois a contestação do curador especial não supre a revelia, senão seus efeitos. A revelia aí é tomada como *ausência de defesa do réu.*

Também é digno de nota o fato de que a impugnação do art. 525 constitui no presente caso uma reminiscência da antiga *querela nulittatis insanabilis*, que tem por finalidade obter um provimento jurisdicional que declare que a relação processual cognitiva (módulo) formadora do título executivo não teria existido no plano jurídico para o impugnante. Não se ataca a coisa julgada, porque pressupõe que ela não tenha ocorrido para o impugnante, e sua finalidade, por isso mesmo não é rescindir julgado algum.

Essa mesma *querella nulittatis insanabilis* pode ser utilizada – sem revestir-se das características da impugnação do executado –, mas como simples demanda declaratória autônoma (art. 20 do CPC), quando se pretender obter a declaração de inexistência do processo cognitivo, ou declaratória de nulidade como queiram chamar, que tenha dado origem a uma sentença de mérito constitutiva ou declarativa que não sejam executadas.

Essa observação é importante porque, da forma como se estuda a *querela nulittatis insanabilis*, até parece que a mesma só teria existido se o referido vício (falta ou nulidade de citação em processo que correu à revelia) se referisse às demandas que comportam futura execução. A rigor, a sua utilização por via dessa impugnação é apenas um meio de se exercitar o referido remédio, posto que, em casos como o do art. 525, § 1.º, I, existiria o risco de o executado perder o seu patrimônio sem o devido processo legal.

A *querela nulittatis insanabilis* deve ser usada para preservar o devido processo legal, frise-se o direito ao contraditório e legitimação da atuação estatal, nos casos em que o demandado não participou da relação cognitiva, seja por inexistência ou defeito da citação. A impugnação restringe-se a este tipo de defeito processual não se estendendo para outros tipos de vícios processuais. Nesse aspecto, é taxativo o legislador. Assim, outros vícios processuais eventualmente ocorridos no módulo cognitivo que estejam ligados à inexistência, ou seja, ausência de condições da ação (legitimidade para agir, e interesse processual) e pressupostos processuais de existência da relação jurídica processual (jurisdição, pedido etc.), eles não poderão ser arguíveis em sede de impugnação do executado na situação descrita no art. 525, § 1.º, I, do CPC, devendo-se usar os meios e remédios processuais adequados e taxativos para tanto.

Caso seja acolhido o incidente de impugnação do executado na hipótese do art. 525, § 1.º, I certamente que a procedência dessa defesa levará à nulificação de todos os atos processuais posteriores ao momento citatório do módulo cognitivo, restabelecendo o direito ao contraditório para que o réu (não mais executado) possa defender-se. Neste caso não poderá haver o aproveitamento dos demais atos processuais, porque todo o processo foi maculado pela pecha da ausência de contraditório, e o prejuízo processual é, como dito antes, *in re ipsa*.

Importante notar que quando se trata de fase liquidatória ou de cumprimento provisório da sentença (art. 523 do CPC), em que ainda não houve o trânsito em julgado da sentença, surge a indagação se seria possível por via da impugnação do executado alegar nulidades absolutas relativamente ao processo ou módulo de conhecimento. Pensamos que, se se tratar de nulidades absolutas referentes ao processo ou módulo de conhecimento, que ainda estão em curso, nada impede que sejam conhecidas por via da impugnação do executado oposta ao cumprimento provisório da sentença, pelo simples fato de que: a) são questões de ordem pública informadas pelo princípio inquisitivo; é dever do juiz conhecê-las de ofício; c) poderiam ser alegadas em sede de *petitio simplex*; d) não precluem porque são normas cogentes; e) o processo ou fase ou módulo cognitivo ainda está em curso.

17.1.3 Ilegitimidade de parte

A norma permite a aplicação do dispositivo quer se trate de ilegitimidade passiva ou ativa, ou seja, quando a execução é promovida por quem não está autorizado para tanto, ou, em face de quem não tenha responsabilidade executiva, seja ela primária ou secundária. Os artigos 778 e 779 do CPC estabelece, respectivamente, quem pode promover e em face de quem deve ser promovida a execução, e, portanto, serve de substrato para complementar a hipótese ora em comento.

Obviamente que, em se tratando de *cumprimento de sentença*, uma sequência lógica da fase cognitiva, não se vislumbra a possibilidade de discussão acerca da legitimidade ativa ou passiva nesta fase se forem mantidas as pessoas com a mesma qualificação jurídica que figuraram no módulo cognitivo. Pode haver discussão, contudo, se tiver ocorrido alteração superveniente da legitimidade – ordinária ou extraordinária – da fase cognitiva para a fase executiva, como por exemplo situações previstas no direito civil de *cessão de crédito* (286 e ss. do CCB) ou *assunção de dívidas* (299 e ss. do CCB).

A princípio nada impede que se aplique subsidiariamente a regra dos artigos 338 e 339 do CPC, desde que se faça as adaptações necessárias do texto à fase executiva, ou seja, simplificando o processo e corrigindo o vício existente.

Outra questão envolvendo a legitimidade passiva pode se dar no início ou no curso do procedimento executivo, seja ele na fase de cumprimento de sentença ou do processo de execução, que é a inserção de mais um responsável patrimonialmente mediante a *desconsideração da personalidade jurídica* prevista no artigo 133 e ss. Caso

CAPÍTULO II • OPOSIÇÕES DO EXECUTADO   **701**

essa inserção no polo passivo seja por meio de incidente processual avulso no curso do procedimento, é em tal incidente que deve sustentar as suas razões, inclusive, de ilegitimidade. Todavia, se o pedido de desconsideração for formulado no requerimento inicial do procedimento para cumprimento da sentença de obrigação de pagar quantia então a defesa poderá ser apresentada na própria impugnação.

17.1.4 Inexigibilidade ou inexequibilidade do título (art. 525, § 1.º, III)

A exequibilidade é uma virtude daquilo que é exequível, que pode ser executado. A exigibilidade é virtude daquilo que é exigível, que pode ser exigir. Os termos não são sinônimos, embora não os tenha distinguido o legislador.

A exequibilidade é do título, ou seja, o documento que revela uma obrigação líquida, certa e exigível. A condição de *exequibilidade do título* é dada pelo legislador, e, prova disso é o próprio rol de títulos executivos extrajudiciais. Explico. Ora, por que o contrato assinado pelo devedor e por duas testemunhas é título executivo extrajudicial e o que for assinado por uma testemunha, não é? Trata-se de opção legislativa que elegeu aquele modelo do artigo 774, II do CPC como documento dotado de exequibilidade. Observe, por exemplo, a hipótese do artigo próprio art. 515, I do CPC que sempre se ocupou da sentença condenatória proferida no processo civil (art. 584, I do CPC de 1973) e agora admite que *qualquer modalidade de sentença* que reconheça uma obrigação liquida, certa e exigível tem força *executiva*.

Por sua vez, já a *exigibilidade* é característica da *relação jurídica obrigacional* contida no documento ao qual a lei atribui a força executiva, ou seja, é *inexigível* a obrigação enquanto não vencido determinado prazo, enquanto não superada determinada condição ou termo. Assim, por exemplo, não será exigível determinada obrigação contratualmente prevista enquanto não vencido o prazo ou a situação jurídica nele prevista ao qual está vinculado o adimplemento.

Ora, é perfeitamente possível que existam obrigações líquidas, certas e exigíveis, mas que ainda não sejam *exequíveis*, embora o inverso não seja verdadeiro. Assim, por exemplo, um contrato assinado pelas partes, mas não assinado por testemunhas pode conter obrigação líquida, certa e exigível, mas não terá a eficácia executiva determinada pelo legislador. Por outro lado, tratando-se de título executivo judicial, os momentos da exigibilidade e da exequibilidade normalmente se condensam, pois, por exemplo, só será exigível e exequível uma sentença contendo obrigação líquida e certa quando já tiver transitado em julgado ou quando for desafiada por recurso desprovido de efeito suspensivo. Contudo, se entendermos a *exequibilidade* como algo diverso da *eficácia* da sentença, certamente pode haver aspectos que ainda não sejam exigíveis ou exequíveis, mas que tenham eficácia imediata, como por exemplo a hipoteca judiciária (art. 495). Registre-se que no regime atual do CPC também as sentenças declaratórias e constitutivas (e não apenas as condenatórias) que revelem obrigação líquida, certa, são também exequíveis.

É de se notar que o artigo 514 determina que "quando o juiz decidir relação jurídica sujeita a condição ou termo, o cumprimento da sentença dependerá de demonstração de que se realizou a condição ou de que ocorreu o termo". Tem-se aí uma sentença que revela uma obrigação inexigível, e, por isso mesmo inexequível, tanto que deve ser trazida a prova (demonstração) da superação da condição ou termo no requerimento executivo.

Assim, pode-se dizer que o título é exequível e a obrigação é exigível. Contudo, obviamente, se não for exigível a obrigação, inexequível será o título, pois o legislador vincula esta característica do título à *certeza, liquidez e exigibilidade* da relação jurídica obrigacional revelada no documento. A exigibilidade está na obrigação contida no documento ao qual a lei atribui força executiva e a exequibilidade, atribuída pelo legislador, no documento ao qual atribui força executiva.

Ainda que a *exequibilidade e a exigibilidade* sejam aspectos que possam ser conhecidos de ofício pelo juiz, isso não quer dizer de forma alguma que a percepção da falta de exigibilidade ou exequibilidade, em especial nos títulos extrajudiciais, seja uma tarefa simples, pois nem sempre é algo que esteja às claras. Pense, por exemplo, na hipótese do artigo 514 citado anteriormente, onde a verificação *de que se realizou a condição ou de que ocorreu o termo* pode depender até mesmo de prova pericial.

Em torno deste inciso III, § 1º do art. 525 do CPC giram os parágrafos 12 a 15 do próprio artigo 525 que cuidam de hipótese de *inexigibilidade e inexequibilidade do título executivo judicial* fundado em lei ou ato normativo considerado inconstitucional pelo Supremo Tribunal Federal, ou fundado em aplicação ou interpretação da lei ou do ato normativo tido pelo Supremo Tribunal Federal como incompatível com a Constituição Federal, em controle de constitucionalidade concentrado ou difuso. Assim, nestes parágrafos trataremos da impugnação ao cumprimento de sentença, quando esta tenha transitado em julgado *após* a declaração de inconstitucionalidade de lei na qual ela se fundamenta. A advertência do artigo 525, § 15 é clara ao dizer que se a decisão exequenda que padeça da situação acima narrada for proferida *após* o trânsito em julgado da decisão exequenda, caberá ação rescisória, cujo prazo será contado do trânsito em julgado da decisão proferida pelo Supremo Tribunal Federal.

17.1.5 Penhora incorreta ou avaliação errônea (art. 525, § 1.º, IV)

O artigo 518 do CPC prescreve que todas as questões relativas à validade do procedimento de cumprimento da sentença e dos atos executivos subsequentes poderão ser arguidos pelo executado nos próprios autos e nestes serão decididas pelo juiz. Não havia necessidade de o legislador ter ocupado um inciso do art. 525 para tratar da possibilidade de impugnação de dois atos instrumentais – penhora e avaliação -- da execução por expropriação. Na verdade, qualquer ato executivo, coercitivo ou sub-rogatório (art. 139), ocorridos até o momento de oferecimento da impugnação ao cumprimento de sentença podem ser arguidos pelo executado.

Atualmente a penhora e a avaliação são atos da execução por expropriação que, se possível for, serão realizados num mesmo momento. A regra geral estabelecida pelo CPC é a de que, sempre que for possível, a penhora e a avaliação serão realizadas na mesma oportunidade (art. 523, § 3º e 829, § 1º), sendo daí o motivo pelo qual os vícios referentes a estes atos encontram-se no mesmo dispositivo.

Havendo vícios na penhora e/ou na avaliação, caberá ao executado impugná-los, consoante determina o art. 525, § 1.º, IV, do CPC.

Importa dizer que o Código admite que, excepcionalmente, a avaliação não possa ser efetuada no mesmo momento da penhora, quando, por exemplo, falecer ao oficial de justiça o conhecimento técnico de avaliação do bem objeto da penhora (art. 870, parágrafo único). Nessas hipóteses, não poderá haver prejuízo para o executado caso seja primeiro intimado da penhora e depois da avaliação. Ele poderá opor-se por impugnação do executado à penhora incorreta e, posteriormente, oferecer uma impugnação restrita à alegação de avaliação eventualmente errônea, quando devidamente intimado desta última.

Ainda, caso o prazo para oferecimento da impugnação se inicie antes de realizada a penhora, então se ocorrido algum vício em alguns destes atos, é certo que poderá arguir, em petição autônoma a penhora ou avaliação incorreta nos termos do art. 525, § 11. A hipótese é expressamente prevista porque, na prática, não será incomum, embora indesejável, que a penhora do bem se efetive após o escoamento do prazo para o oferecimento da impugnação. Obviamente que fatos e situações supervenientes ensejam direito de arguir e se defender a posteriori, mormente quando se trata de questão de ordem pública.

Também é mister que se diga que este inciso IV do artigo 525, § 1º deve ser confrontado com o artigo 854, § 3º do CPC quando se tratar de penhora de ativos financeiros do executado. A *mini impugnação* prevista no referido artigo 854 tem objeto e cognição restrita à alegação de que: *I – as quantias tornadas indisponíveis são impenhoráveis; II – ainda remanesce indisponibilidade excessiva de ativos financeiros.* Não nos parece que, depois de rejeitadas as referidas alegações, possa o executado novamente impugnar a penhora alegando tratar-se de *penhora incorreta* trazendo à baila os mesmos aspectos já decididos, pois sobre os temas operou-se a preclusão máxima sobre a validade do referido ato. Mas poderá fazê-lo, todavia, se não ofereceu a mini impugnação contra a *indisponibilidade financeira* e optou por questionar a *penhora incorreta*.

17.1.6 *Excesso de execução ou cumulação indevida de execuções (art. 525, § 1.º, V)*

O Código concentra neste dispositivo duas hipóteses distintas de *causae excipiendi*, ou seja, dois fundamentos diferentes.

O *excesso de execução* é, sem dúvida, uma das matérias mais frequentes nas oposições oferecidas pelo executado. É que, desde que foi suprimida a antiga liquidação por cálculo do contador, e introduzida a regra da memória discriminada do cálculo, na qual o exequente deve trazer no bojo do requerimento do início da tutela executiva a planilha e demonstrativo de cálculo para o valor (liquidez) da obrigação exequenda, quase sempre o valor trazido pelo exequente não é objeto de concordância pelo executado.

Até por isso, o CPC de 2015 tratou de impor ao magistrado o dever de ser o máximo minudente na sentença que condena ao pagamento de quantia, ao dizer que a decisão deve definir desde logo a extensão da obrigação, o índice de correção monetária, a taxa de juros, o termo inicial de ambos e a periodicidade da capitalização dos juros, se for o caso (art. 491). O que quer o legislador é evitar que o cumprimento de sentença de pagar quantia se transforme em novo palco de discussões que poderiam ser evitadas se a sentença for minudente como ele determina.

Sabe o legislador que as atualizações de débito fixadas na sentença, a soma de valores das condenações em capítulos diferentes de uma mesma sentença, os diferentes índices etc., poderão levar a desajustes quantitativos extremamente sérios, e, por isso, o assunto do excesso de execução ocupa papel comum nas oposições do executado.

Como a questão da *liquidez* nas execuções por quantia é algo extremamente subjetivo (embora não devesse sê-lo), repita-se, a matéria de excesso de execução tende a ser figura mais comum nas oposições a serem ofertadas pelo executado.

Como dito, de tão importante que é, e, de tão comum no dia a dia forense, este fundamento da impugnação (excesso de execução) mereceu do legislador dois parágrafos (4º e 5º) para tratar como deve se dar a alegação desta causa de defesa e o ônus da sua alegação pelo executado.

Assim, em atendimento ao princípio da cooperação e boa-fé (art. 5º do CPC), quando o executado alegar que o exequente, em excesso de execução, pleiteia quantia superior a resultante da sentença, cumprir-lhe-á declarar de imediato o valor que entende correto, apresentando demonstrativo discriminado e atualizado de seu cálculo. Não basta, portanto, simplesmente alegar o quanto ele, executado, considera devido, porque é necessário trazer a prova documental que ateste os cálculos que justificam a sua defesa.

Assim, segundo o § 4º do art. 525, se não for apontado o valor correto ou não for apresentado o demonstrativo, a impugnação será liminarmente rejeitada, se o excesso de execução for o seu único fundamento, ou, se houver outro, a impugnação será processada, mas o juiz não examinará a alegação de excesso de execução.

Ao dizer que a impugnação será *liminarmente rejeitada se o excesso de execução for o seu único fundamento* deixa claro o legislador que a impugnação cria um *incidente processual cognitivo com um procedimento próprio, ainda que inserido nos mesmos autos do cumprimento de sentença.*

Há, portanto, uma espécie de "petição inicial" da impugnação do executado, de forma que havendo outro fundamento além do excesso de execução, segundo o Código, ela será *processada,* mas não examinará a alegação de *excesso de execução.* A rigor, embora direcionado ao exequente, é perfeitamente possível fazer a aplicação analógica do artigo 524 do CPC à alegação de excesso de execução do executado, naquilo que couber, como por exemplos os seus incisos II a VI.

Intuitivamente, qualquer um imagina que a expressão "excesso de execução" significa uma quantidade maior do que a devida. No entanto, o conceito legal de excesso de execução vai além da nossa intuição, já que o próprio legislador, no art. 917, § 2.º, do CPC, ao tratar dos embargos à execução, definiu-o ao dizer que há excesso de execução quando: "I – o exequente pleiteia quantia superior à do título; II – ela recai sobre coisa diversa daquela declarada no título; III – ela se processa de modo diferente do que foi determinado no título; IV – o exequente, sem cumprir a prestação que lhe corresponde, exige o adimplemento da prestação do executado; V – o exequente não prova que a condição se realizou".

Ora, a quantia superior à do título é típico caso de excesso de execução, pois reflete o conceito de que há uma quantidade excedente, uma diferença para mais, de algo que passa da medida correta. Contudo, as demais hipóteses do artigo 917, § 2º, e que se aplicam à subsidiariamente à impugnação do executado ao cumprimento de sentença, são tomadas, por ficção jurídica, como sendo excesso de execução, afinal não há, verdadeiramente, um excesso, e pode até ser o contrário, quando (i) se pede algo diverso do que se contém no título, (ii) ela se processa de modo diferente do que foi determinado no título.

E nosso sentir, as hipóteses do artigo 917, § 2º (*IV – o exequente, sem cumprir a prestação que lhe corresponde, exige o adimplemento da prestação do executado; V – o exequente não prova que a condição se realizou*) constituem problemas atinentes à *exigibilidade* da obrigação e não propriamente de *excesso de execução.*

Como se observa, o dispositivo acima indica, sem rigor técnico, quais são os casos em que há o excesso da execução, e na maior parte deles as hipóteses não são verdadeiramente de excesso, salvo se por ficção jurídica, como fez o legislador, a eles se atribuir a ideia de excesso, afinal de contas, são situações desvinculadas da noção de liquidez ou de quantidade da obrigação.

Diante de hipóteses tão dispares de *excesso de execução* é possível que o resultado do acolhimento da impugnação do executado com este fundamento tanto possa levar a anulação de toda a execução, quanto reduzi-la à quantidade compatível com a força do título, hipótese que soaria como "normal" se o "excesso de execução" não tivesse um conceito tão "largo".

É preciso ter bastante cuidado ao tratar das matérias que compõem o excesso de execução, para não transformar a impugnação com base neste fundamento num ambiente para repristinar e redebater alegações que já poderiam, ou que já tenham sido deduzidas no incidente de liquidação. É preciso ter atenção para o fato de que se houve procedimento liquidatório para verificação do quantum devido, certamente que naquele momento é que deveria o ora impugnante/embargante insurgir-se contra o valor aferido na respectiva liquidação, aplicando-se *in totum* o art. 508 do CPC para a decisão liquidatória fixadora do quantum. Permitir que o executado possa reavivar discussões do quantum que deveria ter oposto na liquidação é ferir a eficácia preclusiva da coisa julgada, e por isso inadmissível.

A alegação de excesso de execução normalmente enseja a dilação probatória, e, por vezes, até mesmo a prova pericial quando se tratar de cálculos complexos que exijam um experto com conhecimento técnico, como aliás, mutatis mutandis sugere o artigo 524, § 2º do CPC.

Mesmo que não tenha alegado o *excesso de execução* na oportunidade da impugnação do executado, nada impede que o faça por ação autônoma onde se discuta os limites do que é devido, daí porque não deve o magistrado impedir, sob o raso fundamento da preclusão, que não admite o questionamento autônomo. O locupletamento ilícito do exequente que pretende receber mais do que é devido é impor ao executado uma *privação de seus bens* além do que permite a lei, e, intolerável que isso seja feito com a participação do poder de excussão do estado-juiz. A execução não deve ir além do necessário e nem além do que é devido ao exequente.

A segunda hipótese deste inciso refere-se à cumulação indevida de execuções, que, regra geral, não se aplica ao cumprimento de sentença, em que a execução é apenas uma fase seguinte ao módulo cognitivo de um mesmo processo, sendo, por isso mesmo, regra geral, óbvia a sua inaplicabilidade. Assim, por exemplo, não seria possível cumular no cumprimento de sentença de obrigação de fazer e não fazer o pedido de cumprimento do provimento judicial que fixou a multa diária (art. 537) que na referida execução foi fixada e passou a ser devida.

Para a satisfação da multa é preciso dar início a um procedimento específico para a expropriação do executado quando o título for a astreinte fixada no cumprimento da sentença da obrigação de fazer e não fazer. O mesmo e diga em relação as multas punitivas do *contempt of court* previstas no artigo 774, parágrafo único do CPC, muito embora o Código diga que será "exigível nos próprios autos do processo". Se o cumprimento de sentença no qual foi fixada a multa punitiva era para expropriar quantia então não haverá incompatibilidade procedimental, mas nos outros casos de cumprimento de sentença essa cumulação não será possível.

A eventual procedência da impugnação do executado sob este fundamento deve implicar, sempre que possível, a correção do vício, evitando a extinção de todo o processo ou do procedimento.

17.1.7 A incompetência absoluta ou relativa do juízo da execução

O regime jurídico da competência para processar e julgar o cumprimento de sentença é o de que o *juízo da execução é o juízo da cognição onde foi formado o título executivo* (art. 516, I e II do CPC), mas é claro que esta regra comporta exceções que, inclusive, vem previstas no próprio inciso III do art. 516 ao dizer que o *cumprimento de sentença processar-se-á perante o juízo cível competente, quando se tratar de sentença penal condenatória, de sentença arbitral e de sentença estrangeira.* Esses são casos em que o cumprimento de sentença, por razões de competência, dá ensejo a um *processo autônomo de execução.*

Ademais, não é demasiado lembrar que quando a competência para o cumprimento de sentença for de juiz singular (incisos II e III acima), o exequente poderá optar pelo juízo do atual domicílio do executado, pelo juízo do local onde se encontrem os bens sujeitos à execução ou pelo juízo do local onde deva ser executada a obrigação de fazer ou de não fazer, casos em que a remessa dos autos do processo será solicitada ao juízo de origem.

Como se verifica é perfeitamente possível que emerjam discussões sobre a *incompetência absoluta ou relativa* em relação ao juízo que foi instaurado o cumprimento de sentença, e, exatamente por isso prescreve o inciso VI do artigo 525, § 1º que poderá o executado alegar em sua petição de impugnação ao cumprimento de sentença incompetência absoluta ou relativa do juízo da execução.

O legislador adota o mesmo critério do dispositivo acima no artigo 64 de onde se lê que "*a incompetência, absoluta ou relativa, será alegada como questão preliminar de contestação*". Se a incompetência não for o único fundamento, recomenda-se que venha a matéria em *preliminar de impugnação*, justamente para que o magistrado se pronuncie primeiramente sobre o questionamento da sua competência antes de enfrentar qualquer outra matéria eventualmente arguida na própria impugnação.

Como a incompetência absoluta pode ser alegada em qualquer tempo e grau de jurisdição e deve ser declarada de ofício, ela não preclui, mesmo que não tenha o executado impugnado por meio da impugnação em comento, posto que tal vício permanece vivo, sendo causa, inclusive, para propositura de ação rescisória se o vício persistir mesmo após o trânsito em julgado da sentença de mérito (art. 966, II).

Obviamente que após a "contestação" do exequente à impugnação do executado, a questão da competência deve ser objeto de decisão fundamentada e caso a alegação de incompetência seja acolhida, os autos serão remetidos ao juízo competente, lembrando que salvo decisão judicial em sentido contrário, conservar-se-ão os efeitos de decisão proferida pelo juízo incompetente até que outra seja proferida, se for o caso, pelo juízo competente. Assim, por exemplo, se já realizada a penhora, esta fica mantida até ulterior deliberação do juízo tido como competente.

Tratando-se de incompetência relativa o regime jurídico é diferente, pois como se trata de matéria submetida à preclusão, se não for alegada pelo executado nesta primeira oportunidade então prorrogar-se-á a competência relativa, tornando competente o juízo que até então poderia ser relativamente incompetente.

17.1.8 Qualquer causa modificativa ou extintiva da obrigação, como pagamento, novação, compensação, transação ou prescrição, desde que supervenientes à sentença

O Código parte da premissa lógica, e coerente, de que com a formação da coisa julgada material *reputar-se-ão deduzidas e repelidas todas as matérias que a parte poderia opor ao acolhimento ou rejeição do pedido*, e, portanto, não poderiam ser opostas como defesas após a formação do título executivo judicial. Daí, portanto, a expressão final *"desde que supervenientes à sentença"*, entendendo que este seja o marco jurídico estabilizador das matérias que poderiam ser alegadas para acolher ou rejeitar o pedido.

O limite imposto no dispositivo é para proteger a segurança jurídica evitando que a qualquer tempo possa ser rediscutida a lide e que contra o pedido já julgado seja objetada qualquer causa de defesa por aquele em desfavor de quem foi dada a sentença. O rol do inciso em comento é meramente exemplificativo, pois há outras causas que podem ser alegadas pelo executado e que tenham natureza, impeditiva, modificativa ou extintiva. Tome-se de exemplo a decretação de insolvência civil do executado posteriormente à formação do título executivo.

Naturalmente que se tais fatos (novação, compensação etc.) se deram após a formação do título executivo é claro que podem ser alegados pelo executado em impugnação ao cumprimento de sentença como *oposição à obrigação revelada no título*, posto que não foram alegados antes porque isso não seria temporalmente possível. É claro que a vedação à alegação da *compensação*, por exemplo, não interfere no suposto direito que seria compensado, mas apenas limita à alegação contra este direito exequendo em razão da eficácia preclusiva mencionada no artigo 508 e ratificada no inciso que ora se comenta.

As matérias extintivas ou modificativas da obrigação supervenientes à formação do título executivo judicial normalmente serão trazidas ao processo por informação das próprias partes, e, não há que se descartar a hipótese de uma sanção punitiva por uma eventual tentativa de enriquecimento ilícito por parte do exequente que tente obter, absurdamente, em duplicidade, a execução de obrigação já extinta pelo pagamento. Contudo, na linha da Súmula 150 do STF, nada impede que de ofício, por exemplo, o magistrado reconheça de ofício a prescrição da pretensão executiva, portanto, após a formação do título executivo e extinga como permite o artigo 924, V.

17.1.9 A impugnação ao cumprimento de sentença arbitral

A sentença arbitral que revele uma obrigação líquida, certa e exigível é título executivo judicial (art. 515, VII), e, por isso mesmo, passível de ser executada perante a jurisdição estatal, já que a arbitragem não possui o poder de império exclusivo e inerente ao Estado.

Assim como no caso da execução de sentença estrangeira, da execução dos efeitos civis da sentença penal condenatória transitada em julgado, também a execução da sentença arbitral, por razões de competência jurisdicional, impõe que seja iniciado um processo autônomo de execução, e não, propriamente, um *cumprimento de sentença formalmente falando*. Enfim, *cumprir-se-á* a sentença arbitral por *processo de execução autônomo*, mas usando as regras do cumprimento de sentença naquilo que for cabível.

Embora se tenha a formação de um processo autônomo de execução, com citação do executado, de resto mantem-se a mesma disciplina de um cumprimento de sentença, respeitada a modalidade de obrigação e respectivo procedimento a ser adotado.

Da mesma forma, é possível ao executado impugnar o cumprimento de sentença arbitral valendo-se de todos os fundamentos do § 1º do artigo 525 do CPC e não apenas as hipóteses de *declaração de nulidade da sentença arbitral previstas no artigo 32 da referida lei*. É que o art. 33 da Lei 9307 determina que "*a parte interessada poderá pleitear ao órgão do Poder Judiciário competente a declaração de nulidade da sentença arbitral, nos casos previstos nesta Lei*", e que uma dessas formas de obter a declaração de nulidade da sentença arbitral seria a impugnação ao cumprimento de sentença arbitral, tal como diz o § 3º do artigo 525.

Embora o legislador tenha equiparado a *demanda de declaração de nulidade da sentença arbitral* à *impugnação do executado ao cumprimento da sentença arbitral*, não me parece que os prazos se confundam.

Na primeira, regida pelo § 1º do art. 33 o prazo é de 90 dias e deverá ser proposta no prazo de até 90 (noventa) dias após o recebimento da notificação da respectiva sentença, parcial ou final, ou da decisão do pedido de esclarecimentos. Já a impugnação do executado, segue o mesmo prazo do artigo 525 do CPC e só será ofertada se houver a execução estatal da sentença arbitral.

Não será possível usar os dois remédios e neles veicular as mesmas matérias, sob pena de litispendência ou coisa julgada entre os dois meios do executado, mas também não lhe poderá ser negado o direito de impugnar apenas porque a execução estatal da sentença arbitral tenha acontecido mais de 90 dias depois do término da arbitragem, isto é, por exemplo, se a sentença arbitral for executada um ano depois, mesmo assim estará imune à ser alvo da impugnação do executado, caso este já não tenha o feito por mcio dc ação autônoma.

17.1.10 As alegações de impedimento e suspeição

O § 2º do artigo 525 determina que "*a alegação de impedimento ou suspeição observará o disposto nos arts. 146 e 148*". Todos os sujeitos processuais *desinteressados* devem atuar com impessoalidade, imparcialidade e probidade. Até mesmo a testemunha que é *terceiro desinteressado* deve manifestar-se comprometido com verdade (art. 458), sob pena de perjúrio, e contra ela existe forma específica de impugnar seu depoimento sob o palio de violação da imparcialidade (art. 457).

Todos os sujeitos processuais imparciais se submetem, em geral, aos tipos descritos nos artigos s 144 e 145, bem como ao procedimento ali previsto, ou seja, a remissão no § 2° do artigo 525 deveria englobar todo o capítulo envolvendo a suspeição e impedimento e não apenas o artigo 146 e 148 que tratam do processamento do incidente.

O legislador não previu a possibilidade de que a alegação de suspeição e de impedimento do magistrado seja arguida na *impugnação ao cumprimento de sentença* simplesmente porque a competência para processar e julgar a *recusatio iudicis* é originária do tribunal ao qual está vinculado o referido juiz, embora, por razões de economia processual, a petição de *exceção de suspeição ou impedimento* seja protocolada perante o próprio juiz apontado como suspeito ou impedido que poderá, antes de remeter para o juízo competente com as suas razões, reconhecer os motivos e remeter a causa para seu substituto legal.

17.1.11 Impugnação à adjudicação e à arrematação (art. 903, § 2.°)[38]

Não consta no rol do art. 525 e tampouco no art. 917 a hipótese descrita neste dispositivo (art. 903, § 2.°). Trata-se de modalidade de defesa prevista no CPC servível tanto para o cumprimento de sentença, quanto para o processo de execução e tem a sua origem no antigo instituto dos embargos à adjudicação e arrematação (embargos de segunda fase) que foram revogados.

Depois da penhora, ainda é lícito ao executado utilizar-se desta modalidade de defesa específica contra os atos executivos da arrematação e da adjudicação. É, portanto, ainda mais restrita a amplitude de matérias que podem ser arguidas por via dessa impugnação do art. 903, § 2.°. Assim, só os atos executivos posteriores à penhora e à avaliação é que podem ser atacados. Dessa forma, não se permitiria a utilização dessa modalidade de defesa para discutir matérias acobertadas pela preclusão, pois o momento adequado para impugnar já teria expirado.

Assim, só os atos executivos da arrematação e adjudicação, além é claro de vícios outros de ordem pública sobre a validade e regularidade do procedimento (art. 518).

---

38. Art. 903. Qualquer que seja a modalidade de leilão, assinado o auto pelo juiz, pelo arrematante e pelo leiloeiro, a arrematação será considerada perfeita, acabada e irretratável, ainda que venham a ser julgados procedentes os embargos do executado ou a ação autônoma de que trata o § 4.° deste artigo, assegurada a possibilidade de reparação pelos prejuízos sofridos.

    § 1.° Ressalvadas outras situações previstas neste Código, a arrematação poderá, no entanto, ser:

    I – invalidada, quando realizada por preço vil ou com outro vício;

    II – considerada ineficaz, se não observado o disposto no art. 804;

    III – resolvida, se não for pago o preço ou se não for prestada a caução.

    § 2.° O juiz decidirá acerca das situações referidas no § 1.°, se for provocado em até 10 (dez) dias após o aperfeiçoamento da arrematação.

    § 3.° Passado o prazo previsto no § 2.° sem que tenha havido alegação de qualquer das situações previstas no § 1.°, será expedida a carta de arrematação e, conforme o caso, a ordem de entrega ou mandado de imissão na posse.

CAPÍTULO II • OPOSIÇÕES DO EXECUTADO **711**

A utilização desta impugnação (que já foi denominada de embargos de segunda fase), quais sejam, impugnação à arrematação e à adjudicação, deve ser feita com o máximo de rigor e responsabilidade por parte do executado, posto que um dos efeitos da sua interposição é permitir que o adquirente do bem adjudicado ou arrematado possa dele desistir, causando, pois, um transtorno à execução.[39-40] Assim, caso o adquirente desista realmente do bem adquirido, deve fazê-lo por escrito ao juiz da causa com pedido expresso, que será deferido pelo juiz. Deve-se notar que a regra é objetiva: a mera interposição dos embargos à adjudicação ou à arrematação confere ao adquirente o direito de desistir da aquisição feita nos termos do art. 903, § 5.º. Nesse caso, diante do requerimento do adquirente, o juiz deferirá de plano o pedido formulado, com a imediata liberação do depósito feito pelo adquirente.

Assim, se os embargos à arrematação e à adjudicação tiverem sido utilizados de forma indevida, com finalidade protelatória, tal ato será considerado atentatório à dignidade da justiça a suscitação infundada de vício com o objetivo de ensejar a desistência do arrematante, devendo o suscitante ser condenado, sem prejuízo da responsabilidade por perdas e danos, ao pagamento de multa, a ser fixada pelo juiz e devida ao exequente, em montante não superior a vinte por cento do valor atualizado do bem.

Ao delimitar o conteúdo desta modalidade de impugnação o legislador foi preciso e minudente ao dizer no art. 903, §§ 1.º e 2.º, que:

> Art. 903. Qualquer que seja a modalidade de leilão, assinado o auto pelo juiz, pelo arrematante e pelo leiloeiro, a arrematação será considerada perfeita, acabada e irretratável, ainda que venham a ser julgados procedentes os embargos do executado ou a ação autônoma de que trata o § 4.º deste artigo, assegurada a possibilidade de reparação pelos prejuízos sofridos.
>
> § 1.º Ressalvadas outras situações previstas neste Código, a arrematação poderá, no entanto, ser:
>
> I – invalidada, quando realizada por preço vil ou com outro vício;
>
> II – considerada ineficaz, se não observado o disposto no art. 804;
>
> III – resolvida, se não for pago o preço ou se não for prestada a caução.
>
> § 2.º O juiz decidirá acerca das situações referidas no § 1.º, se for provocado em até 10 (dez) dias após o aperfeiçoamento da arrematação.
>
> Inicialmente deixa claro o prazo para oferecimento da impugnação é de dez dias do aperfeiçoamento do ato, o que se dá, em nosso sentir, com a assinatura do respectivo auto de arrematação (ou adjudicação que por analogia se aplica) nos termos do *caput* do dispositivo.

---

39. Art. 903. § 6.º Considera-se ato atentatório à dignidade da justiça a suscitação infundada de vício com o objetivo de ensejar a desistência do arrematante, devendo o suscitante ser condenado, sem prejuízo da responsabilidade por perdas e danos, ao pagamento de multa, a ser fixada pelo juiz e devida ao exequente, em montante não superior a vinte por cento do valor atualizado do bem.

40. § 4.º Após a expedição da carta de arrematação ou da ordem de entrega, a invalidação da arrematação poderá ser pleiteada por ação autônoma, em cujo processo o arrematante figurará como litisconsorte necessário.

    § 5.º O arrematante poderá desistir da arrematação, sendo-lhe imediatamente devolvido o depósito que tiver feito:

    I – se provar, nos 10 (dez) dias seguintes, a existência de ônus real ou gravame não mencionado no edital;

    II – se, antes de expedida a carta de arrematação ou a ordem de entrega, o executado alegar alguma das situações previstas no § 1.º;

    III – uma vez citado para responder a ação autônoma de que trata o § 4.º deste artigo, desde que apresente a desistência no prazo de que dispõe para responder a essa ação.

O § 1.º fala em *invalidação, ineficácia* e resolução do ato de arrematação (ou adjudicação), demonstrando que todo tipo de vício, posterior ou anterior ao ato jurídico, bem como os seus efeitos podem ser fulminados pela respectiva impugnação.

17.1.12 Inexigibilidade da obrigação reconhecida em título executivo judicial fundado em lei ou ato normativo considerado inconstitucional pelo Supremo Tribunal Federal, ou fundado em aplicação ou interpretação da lei ou do ato normativo tido pelo Supremo Tribunal Federal como incompatível com a Constituição Federal, em controle de constitucionalidade concentrado ou difuso

Num país de dimensões continentais como o Brasil, e, especialmente considerando as milhares de demandas repetitivas concomitantes que proliferam no nosso judiciário, mormente em matéria de tributos, de consumo, de responsabilidade civil de grandes acidentes e proporções, não é absurdo imaginar que *antes* ou *depois* do trânsito em julgado dos títulos executivos judiciais formados nesses milhares de casos, venha à tona, em controle difuso ou em controle concentrado de constitucionalidade realizado pelo STF, o reconhecimento de que a lei que tenha servido de base para fundamentar estas sentenças (título executivos) sejam consideradas como inconstitucionais, ou então, que o STF entenda que tais títulos executivos sejam lastreados em aplicação ou interpretação como incompatível com a constituição federal.

Essa inusitada situação – se permitida – causaria além de quebra de isonomia de vários resultados perante a jurisdição num típico exemplo de loteria judicial, também configuraria uma grave incoerência de julgados e descrédito do órgão máximo do Poder Judiciário. Pensando não exclusivamente nisso[41], e parece-nos, também nas vantagens que isso pode trazer à defesa da fazenda pública, foi que o "legislador" de medidas provisórias criou, no antigo art. 741 do CPC revogado, a possibilidade de que tal alegação, com poucas variações, pudesse ser invocada pela Fazenda Pública.

Não mais restrito à fazenda pública, mas passível de ser alegado por qualquer executado, a norma do artigo 525, §§ 12 a 14 do CPC prevê, por *ficção jurídica*, que se considera *inexigível a obrigação* "reconhecida em título executivo judicial fundado em lei ou ato normativo considerado inconstitucional pelo Supremo Tribunal Federal, ou fundado em aplicação ou interpretação da lei ou do ato normativo tido pelo Supremo Tribunal Federal como incompatível com a Constituição Federal, em controle de constitucionalidade concentrado ou difuso".

É importante notar que o fundamento mencionado só pode ser alegado se a situação emanada do STF é *anterior ao trânsito em julgado da decisão exequenda*, caso em que, como dito acima, o executado poderá arguir a *inexigibilidade da obrigação contida no título executivo judicial* por meio da impugnação ao cumprimento de sentença, como

---

41. Ver TALAMINI, Eduardo. *Coisa julgada e sua revisão*. São Paulo: RT. 2005, p. 482-483.

determina os § 12 a 14 do artigo 525 do CPC. Assim, se porventura situação emanada do STF emergiu *após o trânsito em julgado do título executivo judicial*, tenha ou não sido iniciado cumprimento de sentença, então, segundo o artigo 525, § 15 do CPC, ao executado caberá ação rescisória, cujo prazo será contado do trânsito em julgado da decisão proferida pelo Supremo Tribunal Federal.

Como dissemos acima não nos parece que o impedimento ao recebimento do crédito revelado no título executivo seja, genuinamente, decorrente de sua *inexigibilidade*, embora assim tenha sido considerado pelo legislador, afinal de contas não há um *termo ou prazo ou condição* a ser superada ou vencida para que possa ser exigida a obrigação. O problema detectado no STF em controle difuso ou concentrado está na raiz do "direito" revelado no título, ou seja, no reconhecimento de que não há regra jurídica que o ampare, antes o contrário. A rigor, o problema reside na *existência* da própria obrigação, o que se aproxima do requisito da sua *certeza*, do *an debeatur*, e não propriamente da sua *exigibilidade*.

De qualquer forma, o legislador considera como *inexigível*, e isso é bastante, para que seja inexequível o título executivo judicial nestas circunstâncias, o que poderá ser conhecido de ofício pelo magistrado, ainda que o executado não argua o defeito em impugnação ao cumprimento de sentença nos termos do § 12 do artigo 525 do CPC.

Destarte, é preciso ter cuidado em relação a esta situação descrita no artigo 525, §§ 12 a 14 que é, inclusive, alertado pelo próprio CPC. Bem se sabe que no reconhecimento da inconstitucionalidade da lei mencionada no referido dispositivo pode ter os seus efeitos modulados no tempo pelo próprio STF para proteção da estabilidade das relações jurídicas, de forma que nem sempre o efeito será *ex tunc*. Assim, antes de reconhecer a "inexigibilidade da obrigação contida no título" é preciso fazer a verificação se na decisão do STF houve a modulação dos efeitos no tempo e se porventura a obrigação contida no título foi protegida por esta modulação.

17.1.13 *Fatos supervenientes e defesa do executado*

A impugnação ao cumprimento de sentença possui um momento para ser oferecido pelo executado como anuncia o artigo 525, caput do CPC. Entretanto, o legislador reconhece, e nem poderia ser diferente, que podem acontecer *fatos supervenientes* à interposição da sua defesa típica e que também poderão ser impugnados. Para tanto, na mesma linha do artigo 342, o artigo 525, § 11 do CPC determina que "*as questões relativas a fato superveniente ao término do prazo para apresentação da impugnação, assim como aquelas relativas à validade e à adequação da penhora, da avaliação e dos atos executivos subsequentes, podem ser arguidas por simples petição, tendo o executado, em qualquer dos casos, o prazo de 15 (quinze) dias para formular esta arguição, contado da comprovada ciência do fato ou da intimação do ato*".

A rigor, a redação do § 11 do artigo 525 é totalmente supérflua se verificarmos que o artigo 518 estabelece cláusula aberta onde está prescrito que "todas as questões relativas à validade do procedimento de cumprimento da sentença e dos atos executivos subsequentes poderão ser arguidos pelo executado nos próprios autos e nestes serão decididas pelo juiz". A questão do prazo de 15 dias e do momento em que se tem o *dies a quo* é importante apenas para aqueles casos em que a matéria objeto da impugnação está sujeita à preclusão, pois sendo fatos atrelados à *validade e adequação* dos atos e procedimentos executivos, estes são de ordem pública e podem até mesmo serem conhecidos de ofício pelo magistrado.

Como já dissemos anteriormente existem várias "impugnações inominadas" previstas para alguns atos executivos da cadeia executiva que não receberam a mesma pompa do legislador, mas estão ali, timidamente, previstas no procedimento executivo. Cite-se, por exemplo, o art. 903, § 2º do CPC que prevê a possibilidade de *provocar o juízo em até 10 (dez) dias após o aperfeiçoamento da arrematação fundamentando tal impugnação com base nos incisos I, II e III do § 1º do mesmo artigo*. Ora, afora a crítica por ter usado um prazo *desuniforme* – nem de 05 e nem de 15 dias como normalmente fez no Código – resta claro que para os vícios da arrematação mencionados neste dispositivo esta é a forma de impugnação estabelecida pelo legislador, não sendo possível invocar a regra do artigo 525, § 11 para sustentar um novo prazo ou uma nova oportunidade de atacar o referido ato executivo. E, neste caso, tal prazo é importante porque se não for utilizado pelo executado para deduzir as matérias ali contidas, prescreve o § 2º que "passado o prazo previsto no § 2o sem que tenha havido alegação de qualquer das situações previstas no § 1o, será expedida a carta de arrematação e, conforme o caso, a ordem de entrega ou mandado de imissão na posse". Depois disso, estabilizada a arrematação ou adjudicação, apenas a ação autônoma de nulidade poderá ser manejada (art. 903, § 4º).

17.1.14 *A aplicação subsidiária do artigo 916 ao cumprimento de sentença*

Embutida no tópico (Título III) dedicado aos embargos à execução, a técnica prevista no artigo 916 do CPC não tem correspondente análogo no tópico dedicado à impugnação do executado, antes o contrário, já que o seu § 7º é expresso ao dizer que "o disposto neste artigo não se aplica ao cumprimento da sentença".

Tonifica tal orientação pela constatação de que outras técnicas que foram previstas nos embargos, estão também previstas na impugnação ao cumprimento de sentença até com semelhança do texto normativo. E, ainda para robustecer mais tal intenção expressamente manifestada pelo legislador é que quando quis realmente estender tal técnica do art. 916, certamente que teria feito como o fez no artigo 701, § 5º, destinado ao procedimento da ação monitória, onde se lê, expressamente, que "aplica-se à ação monitória, no que couber, o art. 916".

Apenas para recordar, sem aqui fazer uma análise jurídica da natureza jurídica da técnica do artigo 916, tem-se neste dispositivo que "no prazo para embargos, reconhecendo o crédito do exequente e comprovando o depósito de trinta por cento do valor em execução, acrescido de custas e de honorários de advogado, o executado poderá requerer que lhe seja permitido pagar o restante em até 6 (seis) parcelas mensais, acrescidas de correção monetária e de juros de um por cento ao mês", sendo que nos parágrafos do artigo 916 é descrito de forma minudente como se processa este ato de postulação do executado.

Em nosso sentir, a despeito da regra expressa do § 7º do artigo 916, não há razão jurídica para não se admitir tal postulação do executado no procedimento de impugnação ao cumprimento de sentença, ou seja, na execução fundada em título executivo judicial[42], desde que a medida do artigo 916 seja aceita pelo exequente quando ouvido para tanto, e, não seja meio de procrastinar o feito pelo executado.[43]

Não nos parece firme ou segura a presunção absoluta desenhada no artigo 916, § 6º de que tal medida seja um *estorvo* ou um *complicador* da tutela jurídica satisfativa tempestiva iniciada pelo cumprimento de sentença. Para aquele que opera diuturnamente com a tutela executiva sabe que, regra geral, o *cumprimento de sentença para pagamento de quantia* não termina com pagamento espontâneo e quase sempre é necessário recorrer aos atos executivos instrumentais e finais da cadeia executiva e cujos procedimentos estão descritos no Livro do Processo de Execução. Enfim, ser portador de um título executivo judicial e iniciar um *cumprimento de sentença* não significa, como num passe de mágica, que tudo correrá rapidamente e que a satisfação se aproxima. Em nosso sentir foi uma tolice do legislador a vedação, e, se possível deve ser afastada em prol do interesse do exequente.

Alcunhada no meio forense de "moratória legal" ou "pagamento parcelado forçado", a técnica do artigo 916 tem sido enxergada, ao nosso ver, equivocadamente, como se fosse um *direito potestativo* do executado ao qual estaria *sujeito* o exequente, uma vez presentes os pressupostos autorizadores do art. 916.[44]

Concessa máxima vênia, temos sustentado que não é correta a interpretação deste dispositivo que, sem dúvida foi idealizado para amplificar a *celeridade e efetividade* da tutela jurisdicional satisfativa. Inegavelmente, assim como existe um direito do exequente de receber a dívida, existe, do outro lado da sinalagma o direito de o executado *pagar e livrar-se da obrigação*, tanto que lhe é permitido iniciar a *execução às avessas* do artigo 526 do CPC que nada mais é do que um direito de extinguir a obrigação pela consignação do pagamento.

---

42. Sentido contrário JUNIOR, Humberto. *A Reforma da Execução do Título Extrajudicial*, Ed. Forense, 2007, p. 217.

43. No sentido defendido no texto o Superior Tribunal de Justiça (REsp 1264272/RJ, Rel. Ministro Luis Felipe Salomão, DJe 22/06/2012; Resp. 1492070 SP 2014/0276456-7, Relator: Ministro Moura Ribeiro, Publicado em DJ 20.03.2015).

44. Neste sentido ver NERY JÚNIOR, Nelson; NERY, Rosa Maria Andrade. *Código de processo civil comentado e legislação extravagante*. 12. Ed. São Paulo: RT, 2013, p. 1.300, nota ao art. 745-A; ASSIS, Araken de. Manual do processo de execução. São Paulo: RT, 2012, p. 556; DIDIER JR., Fredie. *Curso de Direito Processual Civil. Execução*. v. 5. 4º ed. Salvador: JusPodivm, 2012.

Como dito, há uma diferença entre o direito de livrar-se da obrigação pelo pagamento, e, a técnica prevista no artigo 916 que admite a possibilidade de livrar-se da obrigação pagando a dívida a prazo nas circunstâncias ali previstas. Se se entender que o exequente está a ela subordinado estar-se-á criando uma hipótese legal de que toda e qualquer dívida contraída para pagamento à vista pode ser alterada pelo processo. Outrossim, porque o devedor pagaria a dívida no prazo do artigo 827 para livrar-se de metade dos honorários se pode pagar tudo parcelado em 6 x depositando apenas 30% à vista?

É claro que na maior parte das vezes a técnica do artigo 916 tende a ser benéfica inclusive para o exequente, pois tudo levará a crer que receberá o seu crédito em 6 meses, mas há hipóteses em que, por exemplo, numa execução contra um banco que já tenha o dinheiro penhorado, não nos parece que seja vantajoso para o exequente ter que aguardar seis meses para receber a integralidade da dívida se já poderia receber logo, tudo de uma vez.

De qualquer forma aqui não é a sede da discussão da natureza jurídica da figura do artigo 916, mas apenas queremos lembrar que não há razão lógica ou principiológica que impeça a sua aplicabilidade no cumprimento de sentença, muito embora exista a vedação do artigo 916, § 7º, devendo lembrar – caso se admita no cumprimento de sentença – apenas que a apresentação da proposta de "pagamento parcelado" é conduta processual incompatível com o oferecimento da defesa impugnativa, até porque o artigo 916 fala em *reconhecimento do crédito do exequente* de forma que não se poderia admitir que uma vez usado o prazo para reconhecer o crédito possa em seguida, ou até subsidiariamente, não obtida a "moratória", pretender a apresentação de impugnação ao direito exequendo.

17.2 Embargos do executado

17.2.1 A amplitude de fundamento dos embargos à execução

No CPC de 1973, o legislador processual acabou com a distinção entre a ação executória e a ação executiva que existia no CPC de 1939.

A ação executória correspondia às demandas que davam início ao processo de execução, e sempre eram fundadas em título judicial.

Já as executivas eram as previstas nos arts. 298 e ss. do CPC/1939, e, segundo este antigo diploma, a referida ação iniciava-se por meio da citação para que o réu pagasse a dívida em 24 horas, sob pena de penhora (art. 299 do CPC/1939). Feita a penhora, o réu tinha dez dias para *contestar* a ação, que prosseguia com o rito ordinário (art. 301) destinado a formar título executivo. O que era diferente nesta demanda era a possibilidade de se ter um ato executivo instrumental (penhora) no início de uma ação cognitiva que visava à obtenção de um título executivo judicial. Tratava-se de procedimento diferenciado reservado a algumas situações de vantagem hauridas do direito material que, regra geral, estavam representadas em documentos.

Assim, no CPC/1939, pela regra geral do art. 882, apenas eram passíveis de execução as sentenças de mérito transitadas em julgado (execução definitiva) e excepcionalmente também as sentenças definitivas nas hipóteses em que o recurso era recebido apenas no efeito devolutivo (execução provisória).

Regra geral, o único título executivo era a sentença, de modo que o que hoje se denomina "título executivo extrajudicial", antes, em 1939, deveria seguir o rito da ação executiva, até que sobre ele pairasse a sentença definitiva que então seria base para propor a ação executória. Assim, o objetivo da ação executiva no CPC/1939 era a obtenção de títulos executivos judiciais, sendo a referida demanda fulcrada em documentos que corporificavam uma obrigação extrajudicial assumida pelas partes. Algumas dessas situações ensejadoras da ação executiva deram origem aos títulos executivos extrajudiciais.

Com o advento do CPC de 1973, apenas algumas situações jurídicas que antes fundamentavam a propositura da ação executiva é que foram privilegiadas com a natureza jurídica de título executivo extrajudicial, tal como a letra de câmbio, a nota promissória e o cheque, antes previstos no art. 298, XIII, do CPC/1939.

Outras, como o contrato escrito de médico, odontólogo, professores etc., que eram previstas no art. 298, V, não receberam a mesma sorte no CPC/1973, e só poderiam ser cobradas por via ordinária, sujeitando-se, em regra, ao procedimento ordinário do CPC/1973. Assim, é nítido que algumas situações foram "esquecidas" pelo CPC/1973 e só foram tratadas de modo mais célere, por meio do procedimento monitório, com o surgimento, bem mais tarde, da Lei 9.079/1995.

Como se disse, o CPC/1973 acabou com a referida distinção, e, com lampejos de instrumentalidade do processo, na busca de um processo mais célere, pinçou algumas situações jurídicas que davam ensejo à ação executiva e atribuiu às mesmas (cheque, nota promissória, letra de câmbio etc.) a eficácia abstrata de título executivo, outorgando-lhes a mesma força executiva que possuem os títulos judiciais.

A criação legislativa de títulos executivos extrajudiciais permite que seja viável a tutela executiva sem prévio processo de cognição, tornando o contraditório eventual e posterior à primeira medida de execução forçada (penhora e depósito). Diz-se eventual o contraditório porque o mesmo deve ser exercido pelo executado por intermédio dos embargos do executado, quando então lhe será dada a chance de discutir toda a matéria de defesa relativamente ao título ou à obrigação nele corporificada.

É interessante observar que, além de eventualidade do contraditório,[45] em razão da eficácia abstrata do título executivo, cabe ao embargante o ônus da prova sobre todas

---

45. No cumprimento de sentença primeiro se faz a cognição judicial para depois se executar, e nos extrajudiciais, primeiro se inicia a execução para depois, eventualmente – se oferecidos os embargos do executado –, haver a cognição.

as matérias de defesa que pretenda alegar, ainda que estas estejam relacionadas com fatos constitutivos do direito do autor, algo que normalmente seria encargo seu provar.[46]

Assim, justamente pelo fato de não ter havido um prévio processo cognitivo, já que a eficácia abstrata do título decorre da lei processual, o legislador conferiu ao executado a possibilidade de que este, por via de embargos à execução, utilizasse como fundamento não só os elementos constantes no art. 525 (rol taxativo para os casos de impugnação à execução fundada em título judicial) como qualquer outro que lhe seria lícito deduzir como defesa em um processo de conhecimento (art. 917, VII).[47]

Certamente que a matéria embargável pode ser *processual* ou de *mérito*. A primeira, para alegar qualquer invalidade processual da relação processual executiva (alta de condição da ação ou pressuposto processual etc.), aí incluindo, obviamente, os defeitos nos atos executivos, tais como penhora incorreta ou avaliação errônea (art. 917, II). Também podem constar matérias de mérito, ou seja, referentes à própria causa de pedir e pretensão executiva. Enfim, é permitido ao executado deduzir em embargos à execução alegando qualquer matéria que lhe seria lícito deduzir como defesa em processo de conhecimento.

Quando se diz "*qualquer matéria*" no texto legal citado, quer-se dar uma amplitude inerente ao fato de que o título executivo foi formado sem que tenha passado pelo crivo da cognição judicial.

Todavia, só não se pode esquecer que a referida amplitude é delimitada pela finalidade dos embargos do devedor, qual seja, a de opor-se à exequibilidade do crédito reclamado e/ou relação processual executiva, sob pena de os embargos à execução terem a sua função desvirtuada.

17.2.2 Embargos de retenção por benfeitorias

Com a sedimentação dos processos sincréticos, formado por uma fase cognitiva e outra de cumprimento da sentença aboliu-se a figura dos embargos de retenção por benfeitorias nas execuções fundadas em título executivo judicial (cumprimento de sentença).

---

46. Ainda que não exista a "ação executiva" do CPC/1939, o CPC atual dotou de força coativa e eficácia os títulos executivos extrajudiciais, sem que haja a necessidade de sentença para lhe conferir eficácia. Ora, justamente por isso, cabe ao autor embargante-executado o ônus de provar suas alegações em sede de embargos, e assim desconstituir a presunção de legitimidade e certeza que o título executivo extrajudicial possui, alcançando, ao fim, a procedência do pedido feito nos embargos do devedor.

47. Art. 917. Nos embargos à execução, o executado poderá alegar:

    I – inexequibilidade do título ou inexigibilidade da obrigação;

    II – penhora incorreta ou avaliação errônea;

    III – excesso de execução ou cumulação indevida de execuções;

    IV – retenção por benfeitorias necessárias ou úteis, nos casos de execução para entrega de coisa certa;

    V – incompetência absoluta ou relativa do juízo da execução;

    VI – qualquer matéria que lhe seria lícito deduzir como defesa em processo de conhecimento.

CAPÍTULO II • OPOSIÇÕES DO EXECUTADO

Assim, qualquer alegação acerca do direito de retenção deve ser feita no bojo da contestação, ou excepcionalmente, se superveniente à contestação, na primeira oportunidade que o réu tiver para falar nos autos, por via de petição simples (arts. 498 e 538).[48]

Assim, não há momento e nem mais espaço para os embargos (de qualquer espécie) fundados em título judicial. Por isso, os *embargos de retenção por benfeitorias* nada mais são do que simples subespécie dos embargos à execução fundada em título extrajudicial. Mesmo sendo apenas um tipo específico de embargos à execução fundada em título executivo extrajudicial, os embargos de retenção por benfeitoria ainda mantêm um tratamento de destaque no art. 917 do CPC.

Esse destaque decorre do fato de que a matéria alegável por essa via é peculiar e típica. Diz o art. 917, IV, que nos embargos poderá o executado alegar "retenção por benfeitorias necessárias ou úteis, nos casos de obrigação para entrega de coisa certa".[49]

Portanto, emprestando do Código Civil o preceito contido no seu art. 1.219, temos que essa modalidade de embargos assenta-se no *jus retentiones*, que é o direito assegurado ao possuidor de boa-fé de reter a coisa em que tenha feito benfeitorias necessárias ou úteis até ser indenizado devidamente.

Além dos requisitos normais de uma petição inicial, é condição *sine qua non*, sob pena de indeferimento inicial dos embargos, que também venham descritos na peça inicial: (i) as benfeitorias necessárias e úteis[50]; (ii) o estado anterior e atual da coisa; (iii) o custo das benfeitorias e o seu valor atual; (iv) a valorização da coisa decorrente das benfeitorias.

---

48. Art. 498. Na ação que tenha por objeto a entrega de coisa, o juiz, ao conceder a tutela específica, fixará o prazo para o cumprimento da obrigação.

    Parágrafo único. Tratando-se de entrega de coisa determinada pelo gênero e pela quantidade, o autor individualizá-la-á na petição inicial, se lhe couber a escolha, ou, se a escolha couber ao réu, este entregará individualizada, no prazo fixado pelo juiz.

    (...)

    Art. 538. Não cumprida a obrigação de entregar coisa no prazo estabelecido na sentença, será expedido mandado de busca e apreensão ou de imissão na posse em favor do credor, conforme se tratar de coisa móvel ou imóvel.

    § 1.º A existência de benfeitorias deve ser alegada na fase de conhecimento, em contestação, de forma discriminada e com atribuição, sempre que possível e justificadamente, do respectivo valor.

    § 2.º O direito de retenção por benfeitorias deve ser exercido na contestação, na fase de conhecimento.

    § 3.º Aplicam-se ao procedimento previsto neste artigo, no que couber, as disposições sobre o cumprimento de obrigação de fazer ou de não fazer.

49. Art. 917 (...) § 5.º Nos embargos de retenção por benfeitorias, o exequente poderá requerer a compensação de seu valor com o dos frutos ou dos danos considerados devidos pelo executado, cumprindo ao juiz, para a apuração dos respectivos valores, nomear perito, observando-se, então, o art. 464.

    § 6.º O exequente poderá a qualquer tempo ser imitido na posse da coisa, prestando caução ou depositando o valor devido pelas benfeitorias ou resultante da compensação.

50. As benfeitorias voluptuárias não são objeto de indenização e, menos ainda, portanto, de retenção para esse fim. Há de se dizer ainda que, por entendimento doutrinário e jurisprudencial, apesar de não serem propriamente benfeitorias, mas sim acessões industriais, as plantações e construções têm sido objeto de retenção para fins de indenização. Ver, nesse sentido, jurisprudência in: *RTJ* 60/719 (STF, RE 66.755).

Tais exigências decorrem do fato de que a eventual indenização das benfeitorias restringe-se ao ressarcimento daquelas (benfeitorias) ainda existentes ao tempo da restituição do bem.

Como todo e qualquer pedido deduzido em juízo deve ser certo e determinado, nada mais lógico que tais aspectos venham descritos na petição inicial de embargos do executado. Na impugnação pelo embargado, este poderá, amparado pelo art. 917, §§ 6.º e 7.º (além do art. 1.221 do CC),[51] exercer o direito de compensar o crédito do retentor (embargante-executado) com os danos que este seja obrigado a reparar. Exatamente por isso, poderá o embargado/exequente "requerer a compensação de seu valor com o dos frutos ou dos danos considerados devidos pelo executado, cumprindo ao juiz, para a apuração dos respectivos valores, nomear perito, observando-se, então, o art. 464".

Mas o procedimento específico dessa modalidade de embargos não termina aí, uma vez que, para que com maior lepidez se realize a execução para a entrega de coisa, é possível que o embargado/exequente possa ser imitido na coisa, a qualquer tempo, desde que preste caução ou depósito da importância "pelas benfeitorias ou resultante da compensação".

17.2.3 A suspeição e o impedimento nos embargos do executado

Segundo o art. 917, § 7.º: "a arguição de impedimento e suspeição observará o disposto nos arts. 146 e 148", ou seja, deve fazer a alegação em petição própria (já que a competência é hierárquica e diversa do juízo) no prazo de 15 dias contados da ciência do conhecimento do fato ocasionador do vício, seguindo o rito e o procedimento dos citados artigos.

18. OS EMBARGOS E A IMPUGNAÇÃO CONTRA A EXECUÇÃO POR QUANTIA CONTRA A FAZENDA PÚBLICA

Admitindo a existência de que o CPC aceita o cumprimento de sentença ou o processo de execução contra a fazenda pública, então, este ente poderá se opor à execução tanto por intermédio da impugnação quanto pelos embargos.

O CPC de 2015 não criou uma seção ou capítulo autônomo para cuidar dos embargos da fazenda pública, senão porque reservou parágrafos da própria execução contra a fazenda pública para tratar das peculiaridades relativas ao tema.

Prescreve o art. 910 que:

---

51. Art. 1.219 do CC: "O possuidor de boa-fé tem direito à indenização das benfeitorias necessárias e úteis, bem como, quanto às voluptuárias, se não lhe forem pagas, a levantá-las, quando o puder sem detrimento da coisa, e poderá exercer o direito de retenção pelo valor das benfeitorias necessárias e úteis".

> Na execução fundada em título extrajudicial, a Fazenda Pública será citada para opor embargos em 30 (trinta) dias.
>
> § 1.º Não opostos embargos ou transitada em julgado a decisão que os rejeitar, expedir-se-á precatório ou requisição de pequeno valor em favor do exequente, observando-se o disposto no art. 100 da Constituição Federal.
>
> § 2.º Nos embargos, a Fazenda Pública poderá alegar qualquer matéria que lhe seria lícito deduzir como defesa no processo de conhecimento.
>
> § 3.º Aplica-se a este Capítulo, no que couber, o disposto nos artigos 534 e 535.

Portanto, a rigor, o prazo para a fazenda pública oferecer os seus embargos é de 30 dias, ou seja, o dobro do prazo normal para qualquer pessoa comum oferecer a mesma demanda. Por se tratar de título extrajudicial, os embargos têm horizonte (cognição horizontal) ilimitado, ou seja, pode deduzir qualquer matéria que seria lícito alegar numa contestação.

Pela regra contida no § 1.º retro, é claro e evidente que existe uma situação de ineficácia da execução decorrente da mera possibilidade de se oferecer os embargos, na medida em que *apenas se não opostos os embargos ou se transitada em julgado a decisão que os rejeitar* é que se expedirá precatório ou requisição de pequeno valor em favor do exequente. Na verdade, não são os embargos que possuem efeito suspensivo, simplesmente porque eles prolongam um estado de ineficácia em respeito à exigência do art. 100 da CF/1988, ou seja, antes de aberto prazo para oferecimento dos embargos não poderiam ser expedidos os precatórios ou requisições de pequeno valor, de forma que se este remédio for oferecido então se perpetua o estado de ineficácia até o trânsito em julgado da decisão que rejeitar os embargos da fazenda pública.

19. EFEITO SUSPENSIVO NAS OPOSIÇÕES DO EXECUTADO

19.1 O surgimento do efeito suspensivo ope judicis

O tema relativo ao "efeito suspensivo" da oposição do executado é de extrema significância. Sob o ponto de vista do exequente, o efeito suspensivo significa o retardamento e uma longa espera em ver efetivado o seu crédito exequendo. Para o executado, significa a possibilidade de manter o estado atual das coisas, evitando a expropriação ou desapossamento da coisa exigida.

O estudo do "efeito suspensivo" na oposição do executado à execução contra si proposta deve ser feito antes e depois das Leis 11.232/2005 e 11.382/2006, leis estas que modificaram sensivelmente a redação original do CPC de 1973, e, de certa forma deixaram uma herança processual que foi recepcionada pelo CPC de 2015.

Como se disse, a regra original do CPC de 1973 estabelecia que o efeito suspensivo dos embargos era ex lege; ou seja, bastava ao executado interpor os embargos para que a execução fosse automaticamente suspensa. Essa condição incentivava o uso frequente – e, por vezes, abusivo – desse recurso. Esse quadro tornava-se particularmente injusto em execuções baseadas em título executivo judicial, pois, mesmo após o trânsito em julgado de uma sentença, o devedor ainda podia oferecer embargos com efeito suspensivo.

A promulgação dessas duas leis alterou significativamente o panorama da execução civil e, em especial, a disciplina do efeito suspensivo na oposição do executado. Um dos fatores que motivou a insatisfação contra o efeito suspensivo ex lege dos embargos, já naquela época, foi a aparente contradição processual: enquanto uma tutela liminar satisfativa podia ser executada de imediato com base em um juízo de probabilidade, uma sentença de mérito, transitada em julgado e com coisa julgada material, ainda estaria sujeita ao efeito suspensivo dos embargos do executado. Tal disparidade era processualmente inexplicável.

Com o advento das Leis 11.232/2005 e 11.382/2006, consolidou-se a regra de que, tanto na impugnação quanto nos embargos do executado, o efeito suspensivo passaria a ser *ope judicis* – uma mudança mantida e aprimorada pelo CPC de 2015. Novos tempos e novas normas estabeleceram que, para que o efeito suspensivo seja concedido, cabe ao juiz avaliá-lo, com base na demonstração, pelo executado, dos requisitos específicos previstos na lei.

19.2 Características gerais do efeito suspensivo aplicáveis às oposições do executado (impugnação e embargos)

A primeira característica do efeito suspensivo aplicável à impugnação do executado e aos embargos à execução está nos limites objetivos e subjetivos da sua aplicação, que podem ser totais ou parciais.

O art. 919, § 3.º do CPC,[52] afirma que, "quando o efeito suspensivo atribuído aos embargos disser respeito apenas a uma parte do objeto da execução, esta prosseguirá quanto à parte restante". Em outras palavras, isso significa que, se o efeito suspensivo solicitado pelo devedor cobrir apenas parte do objeto que está sendo executado, apenas essa parte será suspensa, enquanto o restante da execução seguirá normalmente. Nesses casos, é fundamental que o juiz tenha cautela ao conceder essa medida, delimitando cuidadosamente sua abrangência.

Também é importante observar que, do ponto de vista subjetivo, o efeito suspensivo se limita, via de regra, ao executado que interpôs a oposição. Assim, se houver mais de um executado, o efeito suspensivo concedido a um deles não impede que a execução continue em relação aos demais, que não interpuseram oposição. No entanto, tanto nos limites objetivos (parte do objeto da execução) quanto nos subjetivos (apenas o executado que recorreu), se a matéria questionada for indivisível e afetar todos os executados, o efeito suspensivo poderá abranger a todos, conforme previsto no art. 917, § 4.º.

---

52. . Na mesma linha o artigo 525, §§ 6º a 8º que trata do efeito suspensivo na impugnação ao cumprimento de sentença,

Outro aspecto relevante nas oposições do executado é que, em regra, o efeito suspensivo se aplica apenas aos atos executivos finais. Isso significa que etapas preparatórias, como o depósito, a penhora e a avaliação dos bens, não são automaticamente interrompidas pela concessão do efeito suspensivo, conforme o art. 919, § 5.º Isso é deveras importante porque admite o adiantamento do procedimento executivo. No entanto, é preciso ficar atento porque existem situações em que o devedor busca evitar prejuízos que surgem desses atos preparatórios e até mesmo da própria existência da demanda executiva proposta contra si. Relembremos da averbação premonitória da execução, ou da existência de registro do ato de penhora que visa prevenir fraudes. Por isso, a aplicação dessa regra de que apenas os atos finais da execução podem ser suspensos deve ser feita com cautela, reconhecendo que, em alguns casos, o efeito suspensivo pode ser estendido a esses atos preparatórios desde que os requisitos para a obtenção da medida de urgência sejam atendidos.

A concessão de efeito suspensivo aos embargos ou à impugnação do executado funciona como uma tutela de urgência, cujo objetivo é evitar danos irreparáveis ao executado durante a execução, considerando a possibilidade de que suas alegações tenham fundamento convincente e os requisitos sejam todos preenchidos. Sendo uma tutela de urgência, ela é temporária e pode ser revogada a qualquer momento, caso deixem de existir as condições que justificaram sua concessão. Isso é aplicável tanto à impugnação quanto aos embargos do executado, embora a regra expressa esteja no art. 919, § 2.º, que se refere especificamente aos embargos.

Finalmente, é perfeitamente possível, por exemplo, que os embargos sejam acolhidos e a execução seja extinta. Nesta hipótese, caso o executado-embargante tenha garantido o juízo, e caso o recurso ofertado pelo exequente-embargado seja desprovido de efeito suspensivo, pode-se imaginar que aquele poderia exigir a libertação do bem que serviu de garantia. Naturalmente isso pode acontecer, mas também deve-se cogitar a possibilidade de que o juiz indefira a liberação da garantia se entender, a requerimento do segundo, que isso representaria um risco insuportável para a execução diante das circunstâncias do caso concreto.[53]

19.3 Efeito suspensivo: requisitos

A disciplina dos requisitos para a concessão do efeito suspensivo na impugnação do executado e nos embargos à execução estão previstos nos arts. 525, §§ 4.º, 5.º, 6.º e 7.º, e 919 do CPC.

A escolha política do legislador foi privilegiar a efetividade em detrimento da segurança jurídica. É que o legislador passou a enxergar a atividade executiva sob o prisma do exequente, na exata medida em que adotou como regra legal, e geral, a técnica de que

---

53. . (REsp n. 2.119.975/MG, relatora Ministra Nancy Andrighi, Terceira Turma, julgado em 21/5/2024, DJe de 24/5/2024.)

nem os embargos e nem a impugnação do executado no cumprimento de sentença *não* serão mais causadores de imediata suspensão da marcha executiva. Antes, na redação original do CPC revogado pela disciplina dos embargos do executado, bastava a mera interposição dessa ação para que fosse imediatamente suspensa a marcha executiva. Não é mais assim agora.

Merece aplauso a opção política do legislador mantida pelo CPC de 2015, porque não era justo que o exequente, portador de um título executivo, muitas vezes após longo e prévio contraditório, se visse impedido de prosseguir na marcha executiva quando o executado oferecesse os embargos do executado, independentemente da análise do seu conteúdo.

Privilegiava-se e estimulava-se o uso indiscriminado dos embargos pelo executado, porque, com o seu manejo, o devedor nada tinha a perder.

O referido efeito suspensivo só será deferido se e somente se for interposta a impugnação ou os embargos e nela constar pedido expresso do efeito suspensivo, sendo demonstrada a existência de circunstâncias (fundamento relevante e risco de prejuízo irreparável ou de difícil reparação com o prosseguimento da execução) que justifiquem a concessão do referido efeito suspensivo da marcha executiva.

Segundo a dicção do § 6.º do art. 525, "a apresentação de impugnação não impede a prática dos atos executivos, inclusive os de expropriação, podendo o juiz, a requerimento do executado e desde que garantido o juízo com penhora, caução ou depósito suficientes, atribuir-lhe efeito suspensivo, se seus fundamentos forem relevantes e se o prosseguimento da execução for manifestamente suscetível de causar ao executado grave dano de difícil ou incerta reparação".

Por sua vez, prescreve o art. 917, § 1.º, que "o juiz poderá, a requerimento do embargante, atribuir efeito suspensivo aos embargos quando verificados os requisitos para a concessão da tutela provisória e desde que a execução já esteja garantida por penhora, depósito ou caução suficientes".

Os requisitos *supra* não são novidade no ordenamento jurídico processual e têm sido criados com frequência pelo legislador, que em boa hora percebeu que as tutelas de urgência são concedidas quando se faz uma análise da sua necessidade/possibilidade em cada caso concreto. Por isso, estabeleceu a regra de que a concessão do efeito suspensivo à impugnação e nos embargos do executado são *ope judicis*, portanto, uma decisão constitutiva com eficácia *ex nunc*.

Para a sua concessão, o executado deve indicar na sua oposição os fundamentos relevantes e o tal risco de que a execução poderá causar-lhe grave dano de difícil ou incerta reparação.

Os requisitos compõem o que se chama de *conceitos vagos ou conceitos jurídicos indeterminados*, que deverão, em cada caso concreto, ser analisados mediante diversos elementos contextuais da própria causa.

Não é possível estabelecer com segurança – senão em raros casos – um rol de hipóteses que de antemão ensejariam a concessão do efeito suspensivo.

Não é isso que quer o legislador, pois o seu desejo é que o juiz, segundo as provas constantes dos autos, os elementos trazidos na oposição e as suas máximas de experiência, verifique em cada caso se deve ou não conceder o efeito suspensivo. Todavia, há uma observação muitíssimo importante que não poderá ser olvidada.

É que, se é verdade que esses conceitos vagos têm habitado com frequência as diversas tutelas de urgência contidas no Código, por outro lado, não poderá o juiz perder de vista três aspectos fundamentais, antes de conceder o efeito suspensivo.

O primeiro é de que a atribuição do efeito suspensivo, nesse caso, é exceção à regra imposta pelo legislador, ou seja, por lei, até segunda ordem, nenhuma oposição do executado (nem a impugnação e nem os embargos) são dotadas de efeito suspensivo, e, exatamente por isso, a sua concessão é excepcional e extraordinária, e como tal deve ser interpretada.

Isso significa que, para contrariar a opção política do legislador, o juiz deve ter máximo de cautela ao conceder o efeito suspensivo, porque a vontade do legislador foi de privilegiar a efetividade da execução.

O segundo aspecto que me parece fundamental, e isso não poderá ser jamais esquecido, é que o juiz deve perceber em que contexto está inserida a possibilidade de se conceder, mediante preenchimento de conceitos jurídicos indeterminados, o efeito suspensivo à oposição do executado. É que, no caso das oposições do executado, de um lado existe um exequente, portador de um título executivo (algumas vezes já com a chancela do judiciário) e por isso mesmo inicia uma execução com a credibilidade de que o seu direito consta num título idôneo à execução. Por isso, o tal "fundamento relevante" apresentado na impugnação do executado deve ser suficientemente forte e intenso para afastar a presunção de verdade do título executivo judicial ou extrajudicial, ainda mais se tal título for calcado em decisão acobertada pelo manto da coisa julgada material.

O terceiro aspecto fundamental que diferencia a tutela de urgência nestes casos, dos demais casos espalhados pelo Código é que, aqui, o conceito de dano grave, irreparável ou de incerta reparação deve ser visto e interpretado de acordo com o contexto em que ele se insere. Lembre-se de que o executado suportará (sujeitará) uma atividade jurisdicional executiva, por expropriação, desapossamento ou transformação, e, necessariamente, seu patrimônio e sua liberdade serão atingidos nos limites do necessário, mas serão atingidos.

É, pois, da própria índole de uma atividade executiva que exista uma perda patrimonial (em sentido lato) do executado em favor do exequente, e não nos parece que a simples indicação dessa perda, que é conatural à execução, seja motivo suficiente para aplacar a concessão do efeito suspensivo. A situação de risco ou prejuízo irreparável deve ser concreta, objetiva e *provada* pelo executado e que sejam além do que a simples alegação de restrição ou sujeição do patrimônio. Assim, o *grave dano irreparável ou de difícil reparação* deve ser excepcional e não simplesmente resultado da perda patrimonial a que se sujeitará o executado com a satisfação do crédito exequendo.[54-55]

Além do fundamento relevante e da situação de risco de dano o executado deve *segurar o juízo*, ou seja, deve garantir a execução.

A segurança do juízo tem importância fundamental no procedimento dessa demanda. É que o legislador deixou claro que a atribuição de efeito suspensivo aos embargos e à impugnação do executado depende da presença dos seguintes requisitos: a) requerimento nesse sentido; b) demonstração do fundamento relevante; c) demonstração de que o prosseguimento da execução pode causar ao executado grave dano de difícil reparação; e d) *que a execução esteja garantida por penhora, depósito ou caução suficiente*.

Além desses requisitos é preciso deixar claro que o *efeito suspensivo* se limita a impedir os *atos finais* da execução, ou seja, tratando-se de execução por expropriação não impede que a execução prossiga o seu itinerário executivo até o momento derradeiro, deixando tudo preparado, mas paralisado, para que aconteça a alienação, ou usufruto ou adjudicação do bem penhorado.

Resta claríssimo que o que se impede com o efeito suspensivo é apenas a realização dos atos finais da execução, mas não os atos preparatórios, como expressamente diz o artigo 525, § 7º ao dizer que "*a concessão de efeito suspensivo a que se refere o § 6º não impedirá a efetivação dos atos de substituição, de reforço ou de redução da penhora e de avaliação dos bens*".

Por outro lado, ainda que tenha sido atribuído o efeito suspensivo, impedindo o prosseguimento dos atos finais da execução, é perfeitamente possível que o exequente possa pedir, e conseguir obter, uma decisão judicial que defira a retomada do curso da execução, desde que para tanto o exequente ofereça e preste, nos próprios autos, caução suficiente e idônea a ser arbitrada pelo juiz, valendo-se aqui o que já foi dito sobre a garantia do juízo parágrafos acima.

O *efeito suspensivo* na impugnação do executado limita-se a *paralisar os atos finais do procedimento executivo* e nada além disso. E, registre-se, esse efeito deve ser analisado sob uma perspectiva *objetiva* e outra *subjetiva*. A primeira, prevista no § 8º do artigo 525 significa que "*quando o efeito suspensivo atribuído à impugnação disser respeito apenas a parte do objeto da execução, esta prosseguirá quanto à parte restante*". Já a segunda, prevista no § 9º do artigo 525 significa que "*a concessão de efeito suspensivo à impugnação deduzida por um dos executados não suspenderá a execução contra os*

---

54. Em relação ao efeito, de qualquer forma, nunca se deve esquecer que o Código permite que o executado livre-se da dívida promovendo ele mesmo a *execução às avessas* (art. 526), de forma que a situação desconfortável de ser *executado em um cumprimento de sentença* decorre de uma situação por ele mesmo criada, até que se prove o contrário.

55. Por isso, em relação a este requisito há que existir um *plus* que ultrapasse esta percepção, pois do contrário seria *venire contra fato proprio*, pois a condição de execução de ter que suportar uma execução será fundamento para a suspensão da mesma.

CAPÍTULO II • OPOSIÇÕES DO EXECUTADO **727**

que não impugnaram, quando o respectivo fundamento disser respeito exclusivamente ao impugnante".

19.4 Efeito suspensivo e contracautela prestada pelo exequente

Segundo o art. 525, § 10, para os casos em que foi deferido o efeito suspensivo à oposição do executado, poderá o exequente, possivelmente na resposta à impugnação do executado, requerer "o prosseguimento da execução, oferecendo e prestando, nos próprios autos, caução suficiente e idônea a ser arbitrada pelo juiz". Tal regra não foi repetida no art. 917 do CPC que cuida do efeito suspensivo dos embargos, mas em nosso sentir nada impede que seja ela analogamente aplicada, posto que para o executado não haveria o risco de prosseguimento da execução se garantida pelo exequente.

Como de praxe, a caução (real ou fidejussória) deve ser *idônea*, e o vocábulo "idôneo" também encerra um conceito jurídico indeterminado, devendo ser avaliado pelo magistrado em cada caso concreto. Sempre defendemos a tese de que o deferimento da referida caução deve ser precedido de contraditório, pois o adversário daquele que oferta a caução poderá trazer elementos que ajudem na formação da opinião acerca da idoneidade da caução, salvo em casos em que a idoneidade é patente e indiscutível (fiança bancária, por exemplo).

Por mais que se argumente que a oitiva do adversário daquele que oferece a caução pode representar uma demora a mais na marcha executiva, não cremos que isso deva comprometer a efetividade da execução, até porque, pela própria segurança jurídica, o juiz teria concedido o efeito suspensivo à impugnação, e a execução já estaria suspensa.

Segundo o dispositivo, além de idônea, a caução deve ser *suficiente*. Deve-se entender como suficiente o valor prestado que, em tese, seja capaz de garantir os possíveis prejuízos que o executado poderá suportar em razão de uma execução injusta. É claro que esses prejuízos não estão definidos, e por isso mesmo deve haver um equilíbrio entre a caução a ser prestada e o imaginável prejuízo causado por uma eventual execução injusta. Perceba-se que o valor da caução é atrelado ao eventual prejuízo do executado, e não ao valor da execução, podendo ser maior ou menor que o crédito exequendo. Destarte, deve-se dizer ainda que, para fazer o arbitramento, o juiz levará em consideração os supostos prejuízos narrados pelo executado, quando este requereu o efeito suspensivo. Uma vez arbitrado o valor, deverá o juiz aceitar ou não a caução apresentada pelo exequente.

Nesse caso, é possível que o juiz se socorra de profissional técnico habilitado para saber se a caução prestada corresponde ao valor que foi arbitrado.

19.5 Julgamento dos embargos do executado e efeito do recurso

O art. 1.012 do CPC informa que a apelação não terá efeito suspensivo. Contudo, neste mesmo dispositivo o legislador deixa claro em quais hipóteses esta regra poderá ser excepcionada.[56] Precisamente no § 1.º prescreve que "Além de outras hipóteses previstas em lei, começa a produzir efeitos imediatamente após a sua publicação a sentença que: (...) extingue sem resolução do mérito ou julga improcedentes os embargos do executado".

Em seguida, no § 2.º, o legislador nos informa que "Nos casos do § 1.º, o apelado poderá promover o pedido de cumprimento provisório depois de publicada a sentença".

Inicialmente cabe dizer que a regra se aplica apenas aos embargos do executado, ou seja, quando estivermos diante de um processo de execução fundado em título executivo extrajudicial.

Tratando-se de processo de execução de título executivo extrajudicial que venha a ser atacado por embargos do executado, nunca é demais lembrar que tal oposição é desprovida de efeito suspensivo *ex legge*.

O que disse o legislador, com o devido respeito é um absurdo. Segundo afirma o dispositivo, sempre que uma execução for embargada, se os embargos forem rejeitados sem julgamento do mérito ou improcedentes, a eventual apelação do embargante/executado terá o condão de transformar uma execução definitiva em uma execução que deve seguir o regime jurídico do cumprimento de sentença.

O equívoco do legislador reside no fato de que ou a execução é definitiva porque o título é definitivo, qual seja, não está *em formação*, ou então a execução é provisória porque o título ainda é provisório. Títulos executivos extrajudiciais são sempre definitivos. Títulos executivos judiciais podem ser provisórios ou definitivos, se o provimento judicial for ou não definitivo (ter ou não ter transitado em julgado).

Título executivo definitivo e execução definitiva não tem nada a ver com a *suspensividade* dos atos executivos por intermédio de ação ou recurso.

---

56. Art. 1.012. A apelação terá efeito suspensivo.

§ 1.º Além de outras hipóteses previstas em lei, começa a produzir efeitos imediatamente após a sua publicação a sentença que:

I – homologa divisão ou demarcação de terras;

II – condena a pagar alimentos;

III – extingue sem resolução do mérito ou julga improcedentes os embargos do executado;

IV – julga procedente o pedido de instituição de arbitragem;

V – confirma, concede ou revoga tutela provisória;

VI – decreta a interdição.

§ 2.º Nos casos do § 1.º, o apelado poderá promover o pedido de cumprimento provisório depois de publicada a sentença.

§ 3.º O pedido de concessão de efeito suspensivo nas hipóteses do § 1.º poderá ser formulado por requerimento dirigido ao:

I – tribunal, no período compreendido entre a interposição da apelação e sua distribuição, ficando o relator designado para seu exame prevento para julgá-la;

II – relator, se já distribuída a apelação.

§ 4.º Nas hipóteses do § 1.º, a eficácia da sentença poderá ser suspensa pelo relator se o apelante demonstrar a probabilidade de provimento do recurso ou se, sendo relevante a fundamentação, houver risco de dano grave ou de difícil reparação.

O ajuizamento da ação de embargos do executado ou até mesmo o ajuizamento de ações heterotópicas e prejudiciais à execução no curso desta, tais como a ação anulatória, ação rescisória, ação de revisão criminal, não modificam a natureza do título executivo e da respectiva execução que com eles se inicia.

O que na verdade incomodava ou incomoda o legislador por ser compreendido a partir da seguinte indagação: *por que um título executivo judicial quase definitivo* (recurso excepcional pendente no STJ) *que já tenha tramitado anos no poder judiciário e que, por exemplo, tenha sentença e acórdão favoráveis ao exequente tem um regime jurídico de cumprimento provisório de sentença, enquanto um título executivo extrajudicial tem um itinerário de cumprimento definitivo?*

Assim, a rigor, basta ter oferecido embargos à execução que, mesmo se o devedor sair derrotado nesses embargos, o eventual prosseguimento da execução será sob o regime de *cumprimento provisório.*

O legislador misturou, claramente, dois atributos do título: vulnerabilidade com a eficácia abstrata, simplesmente por não aceitar que os títulos extrajudiciais possam ter um itinerário tão "limpo" e sem "percalços" quanto um título executivo judicial transitado em julgado. É, preciso que o iguale, no mínimo, ao cumprimento provisório de títulos judiciais.

20. PROCEDIMENTO DOS EMBARGOS DO EXECUTADO

A ação de embargos do executado constitui modalidade de ação incidental, prejudicial e impeditiva do processo de execução, com a finalidade dupla de derrubar a relação jurídica executiva e/ou o título executivo e seu conteúdo. Por se tratar de uma ação incidental, a ação de embargos do executado depende do início do processo de execução propriamente dito.

Para o caso de o executado oferecer embargos, é preciso que tal remédio: (i) seja tempestivo; (ii) atenda aos requisitos normais de uma petição inicial; (iii) não seja um veículo meramente protelatório da atividade jurisdicional executiva; (iv) se houver alegação de excesso de execução, o embargante deve indicar discriminadamente o valor que considera devido ou apresente planilha de cálculos, sob pena de indeferimento liminar. Caso o executado pretenda obter o efeito suspensivo, deverá requerer expressamente (princípio dispositivo) e demonstrar na sua petição a existência de *fundamento relevante, risco de grave dano de difícil ou incerta reparação; caso ocorra o prosseguimento da execução, que esta já esteja segurada por penhora, depósito ou caução suficiente.*

A expressão "recebidos os embargos" (significa que ultrapassou o controle inicial de admissibilidade), então o exequente será ouvido no prazo de 15 dias; a seguir, o juiz julgará imediatamente o pedido ou designará audiência; encerrada a instrução, o juiz proferirá sentença. (art. 920 do CPC).

Diante do que estabelece o dispositivo, temos que o exequente embargado poderá exercer o contraditório por impugnação ou defesa ou contestação, como queira denominar esta exceção. Todavia, não pode deixar de ser esclarecido que a sua posição pode ser tanto de *inércia*, tornando-se revel, como de reconhecer o pedido. Assim, são três as atitudes possíveis ao embargado:

(i) inércia;

(II) reconhecimento jurídico do pedido;

(iii) oferecimento de resposta.

No primeiro caso, (i) tornando-se inerte o embargado, este será considerado revel. Contudo, os efeitos naturais decorrentes da revelia, tal qual ocorre tradicionalmente no processo de cognição, não se verificarão nos embargos do executado, por uma razão muito simples, qual seja, como a função dos embargos é desconstituir o título executivo ou declarar inexistente o processo cognitivo que lhe deu origem, e o título executivo, por si só, possui presunção de verdade e eficácia, e como sabemos, é requisito de toda ação de execução, então, não precisa o exequente provar o seu direito, senão tão somente concretizá-lo, já que a certeza, a liquidez e a exigibilidade da obrigação representada pelo título executivo militam a seu favor.

Ademais, como os embargos visam sempre atacar o processo executivo, que se fundamenta no título, então a própria existência do título no processo de execução por si só já é elemento bastante e suficiente para que o embargado não sofra os efeitos da revelia, e porventura permaneça inerte no prazo para impugnar os embargos do devedor.

No segundo caso, (ii) é óbvio que pode o embargado reconhecer o pedido do embargante (ou até mesmo transacionar com ele), caso em que haverá sentença de mérito sobre esses embargos a ser homologada pelo juiz. Nesse caso, a parte que deu causa à extinção do processo responde pelos ônus da sucumbência. Se for caso de transação, o ônus é repartido proporcionalmente pelas partes de acordo com a transação efetuada.

Destarte, ainda que tenha havido o reconhecimento jurídico do pedido ou a transação da matéria relativa aos embargos, isso não significa que o título estará definitivamente desconstituído, extinguindo do mundo jurídico a obrigação que nele se assenta. Isso porque pode ser que a matéria reconhecida nos embargos seja apenas com relação ao excesso de execução.

Assim, apenas o que for superior ao título é que terá sido abdicado pelo embargado (em caso de reconhecimento jurídico do pedido), permanecendo ainda vivo o título e o direito que daí decorre. Ademais, com relação à transação, pode ser que esta seja apenas parcial, e não na totalidade, como sói possível acontecer.

Na terceira hipótese, (iii) de longe a mais comum, o exequente embargado oferece a impugnação. Como dissemos, aqui se encontra idôneo para ter como objeto o crédito do réu (embargado) que for superior ao do autor (embargante).

CAPÍTULO II • OPOSIÇÕES DO EXECUTADO **731**

Assim, poderia, pelo menos em tese, o embargado, diante da alegação de compensação do embargante, reconvir, utilizando-se, também, quiçá da compensação, pois não há impossibilidade, processual e tecnicamente falando, de que tal atitude seja tomada pelo exequente na posição de embargado.

Por se tratar de demanda cognitiva como qualquer outra, os embargos de executado sujeitam-se às mesmas fases que caracterizam o procedimento de cognição.

Assim, ainda que o art. 920 só faça menção à existência da audiência de conciliação, instrução e julgamento, quando não for caso de julgamento conforme o estado do processo (os embargos versarem somente sobre matéria de direito, ou, versando sobre direito e fato, a prova for exclusivamente documental), poderá ser realizada a audiência preliminar/conciliação/saneamento (art. 357, § 3.º). Nela, caberá ao juiz: (i) tentar a conciliação; (ii) se não for possível a conciliação, decidir as questões pendentes, saneando o feito; (iii) fixar os pontos controvertidos sobre os quais versará a prova; (iv) designar a audiência de instrução e julgamento.

Assim, embora o art. 920 do CPC não faça qualquer menção, há sim a possibilidade de audiência para saneamento do feito, pois a regra subsidiária do CPC, prevista para o procedimento comum.

Enfim, só depois da sua realização é que se haverá de realizar a audiência de instrução e julgamento. Realizada a instrução, proferirá o magistrado a sentença julgando procedentes ou improcedentes os embargos do executado.

21. PROCEDIMENTO DA IMPUGNAÇÃO DO EXECUTADO

O artigo 525, *caput*, afirma que o executado pode apresentar, no prazo ali previsto, *nos próprios autos*, sua impugnação. Ora, dizer que a petição de impugnação será ofertada nos próprios autos não quer dizer, de forma alguma, que o *procedimento para cumprimento da sentença* é o mesmo *procedimento da impugnação do executado*.

O fato de se atribuir a natureza de *defesa* do executado e não de uma *ação* como no caso dos embargos à execução não implica em aceitar que esta defesa se insira no *procedimento executivo de cumprimento de sentença*. Estar nos mesmos autos é fenômeno bem diverso de estar na mesma *cadeia do procedimento executivo*.

Parece-nos evidente que em se tratando de *impugnação de mérito ao cumprimento de sentença*, ou seja, aquelas que se voltam contra a *relação jurídica obrigacional* contida no título executivo, e não simplesmente contra à *validade do procedimento ou dos atos da própria cadeia executiva*, há a inauguração de um novo procedimento destinado ao acertamento do crédito exequendo.

E, tanto é verdade que o artigo 775 do CPC não deixa dúvidas ao dizer que "o exequente tem o direito de desistir de toda a execução ou de apenas alguma medida executiva", mas que na desistência da execução "I – serão extintos a *impugnação* e os embargos que versarem apenas sobre questões processuais, pagando o exequente as custas processuais e os honorários advocatícios", e ainda diz que "II – nos demais casos, a extinção dependerá da concordância do impugnante ou do embargante".

Isso implica reconhecer que na impugnação de mérito ao cumprimento de sentença, ainda que interposta a defesa *intra autos,* inaugura-se uma nova cadeia procedimental voltada à cognição exauriente do fundamento de mérito que ataca a relação jurídica obrigacional.

Outrossim, parece-nos claro que durante todo o discurso do artigo 525 do CPC o legislador deixa claro que o *procedimento executivo* é diverso do *procedimento cognitivo* ainda que estejam ambos embutidos nos mesmos autos. Tanto é verdade que é perfeitamente possível que, ao mesmo tempo, seja *processada a impugnação ao cumprimento de sentença* e também *o cumprimento de sentença,* cujos ritos e atos em sequência são independentes um do outro. Basta observar que uma vez apresentada a *impugnação ao cumprimento de sentença,* se a ela não for atribuído efeito suspensivo, certamente que o itinerário executivo continuará a todo vapor, inclusive com a possibilidade de expropriação final como alerta o início do § 6º do artigo 525 ao afirmar que "apresentação de impugnação não impede a prática dos atos executivos, inclusive os de expropriação", bem como ratifica o artigo 903 do CPC.

Logo, não é difícil imaginar que o procedimento de cumprimento de sentença *termine* antes do procedimento de impugnação ao cumprimento de sentença, ainda que estejam todos os dois nos mesmos autos.

Uma vez oferecida a *impugnação ao cumprimento de sentença,* independentemente do prosseguimento do rito executivo do *cumprimento de sentença,* ela ensejará, seguindo analogicamente o artigo 920 do CPC e subsidiariamente o procedimento comum, então seguir-se-á com o contraditório do exequente que será intimado para se manifestar no prazo de quinze dias, e, dependendo do conteúdo da "defesa do exequente", poderá ensejar a intimação do executado para que apresente sua "réplica".

Não será absurdo imaginar que neste procedimento cognitivo seja necessária a audiência de saneamento e posterior produção de provas, inclusive pericial, se for o caso. Basta imaginar a hipótese de prova pericial contábil acerca do *excesso de execução.* Ao fim da fase instrutória, e após as alegações finais, será proferida a decisão que põe fim ao procedimento da *impugnação do executado.* Esta decisão é *secundum eventum,* pois dependendo do que nela restar decidido tanto pode ser uma sentença, quanto uma decisão interlocutória. Será sentença se o que nela for acolhido tiver o condão de extinguir não apenas a impugnação, mas também o procedimento executivo, dada a relação de conexidade genética entre um e outro. Neste caso será uma sentença que tanto extingue a cadeia procedimental inaugurada pela impugnação do executado, quanto a cadeia executiva do cumprimento da sentença. Por outro lado, se for rejeitada a impugnação do executado será uma decisão interlocutória, agravável por instrumento nos termos do artigo 1.015, parágrafo único do CPC, que ceifará o procedimento cognitivo instaurado pela *impugnação ao cumprimento de sentença,* mas não impedirá o prosseguimento do cumprimento de sentença.

22. HONORÁRIOS ADVOCATÍCIOS NA IMPUGNAÇÃO AO CUMPRIMENTO DE SENTENÇA

Da leitura dos arts. 536 a 538 observa-se que o legislador não previu a fixação de honorários na fase de cumprimento de sentença destas modalidades de obrigações, ao contrário do que fez nos arts. 520 e 523 que tratam das obrigações de pagar quantia.

No plano teórico, e, *meramente teórico*, até poderia se imaginar o silêncio seria proposital e decorreria do fato de o cumprimento de sentença das obrigações específicas (fazer e não fazer e entrega de coisa) não depender de requerimento específico da parte para que tenha início (pode ser iniciado de ofício), além do que a atipicidade do meio e do procedimento executivo poderia levar a conclusão de que não existiria muito bem definido o fim do *momento cognitivo* com o início do *momento executivo* a ponto de não se justificar a fixação de honorários nesta fase executiva.

Aqueles que militam no foro sabem que nenhum juiz inicia sem provocação um cumprimento de sentença de uma obrigação específica, a despeito do artigo 536 e ss. permitir que isso ocorra, pois, com o transito em julgado, normalmente em órgão jurisdicional hierarquicamente diverso de onde se processará a execução, o magistrado raramente tem condições, até pelo tempo de demora do processo, saber se houve o cumprimento espontâneo ou não da obrigação de fazer e não fazer, limitando-se a intimar as partes para requerer "o que de direito após a descida dos autos ou da informação da certidão de trânsito em julgado da decisão". E, eis que, normalmente, há requerimento executivo para estas modalidades de obrigação, e, mesmo que não houvesse, é perfeitamente nítida a diferença entre *quando termina uma fase e quando começa outra* não sendo imediato ou instantâneo o cumprimento de sentença dessas modalidades de obrigação. Quem lê o Código pode até acreditar que isso é lépido e ágil, mas não é assim que se passa.

Não há razão para imaginar ou iludir-se no sentido de que o trabalho do advogado no cumprimento de sentença de obrigação de fazer e não fazer ou de entrega de coisa é facilitado por causa deste tipo de execução e do procedimento para ele previsto, pois não raramente, inclusive, tais procedimentos mostram-se ainda mais demorados que os de expropriação, pois nestes acabam se convertendo por ser impossível a tutela específica ou o resultado prático equivalente. O fato de aparentemente ter uma "atipicidade de meios ou de procedimento" não retira a existência de um "procedimento executivo" do cumprimento de sentença das obrigações específicas.

A reação do executado no cumprimento de sentença por meio de impugnação ao cumprimento de sentença é garantida pela regra expressa do artigo 536,§ 4º quando prevê a incidência do artigo 525 neste procedimento atípico, bem como pela frase contida no § 3º quando admite, contrário sensu, o "incumprimento justificado da ordem judicial". É claro que o executado pode reagir opondo-se ao cumprimento de sentença por meio da impugnação do artigo 525, devendo-se considerar o termo a quo o fim do prazo judicial estabelecido para o cumprimento da ordem de fazer ou não fazer.

Em nosso sentir devem ser fixados honorários em qualquer modalidade de cumprimento de sentença e não apenas na expropriação de quantia, devendo-se aplicar o artigo 523 como regra matriz para todos os casos. Observe-se que a mesma falha foi cometida pelo legislador que esqueceu de prever o dever de fixar a verba honorária no próprio *processo de execução* das obrigações específicas devendo-se aplicar subsidiariamente os arts. 827 e ss. que cuidam do processo de execução por expropriação.

Nos termos do artigo Art. 85, § 1º do CPC *são devidos honorários advocatícios na reconvenção, no cumprimento de sentença, provisório ou definitivo, na execução, resistida ou não, e nos recursos interpostos, cumulativamente.* Ora, há cumprimento de sentença para as obrigações de fazer e não fazer, entrega de coisa e pagar quantia, e, em todas elas devem ser fixadas as verbas sucumbenciais.

De outra parte, tratando-se de impugnação ao cumprimento de sentença, também serão devidos honorários advocatícios seja qual for o cumprimento de sentença, seguindo a regra de que *"a sentença condenará o vencido a pagar honorários ao advogado do vencedor".* Não por acaso prevê o § 13 do artigo 85 do CPC que *"as verbas de sucumbência arbitradas em embargos à execução rejeitados ou julgados improcedentes e em fase de cumprimento de sentença serão acrescidas no valor do débito principal, para todos os efeitos legais".* Embora o texto não tenha usado a expressão "impugnação", nada muda em relação ao regime jurídico aplicável aos *embargos do executado*, porque ambos são substancialmente iguais, mas formalmente diferentes.

O tema dos honorários na impugnação ao cumprimento de sentença no âmbito do Superior Tribunal de Justiça, no julgamento do REsp 1.134.186/RS, sob a sistemática dos recursos repetitivos, firmou-se "no sentido de que a fixação dos honorários em favor do executado/impugnante é possível quando o acolhimento da impugnação ao cumprimento de sentença resultar na extinção do procedimento executivo ou na redução do montante executado".[57]

Esta orientação afasta, por exemplo, a incidência dos honorários se a impugnação se deu para desconstituir a penhora incorreta ou a avaliação errônea[58], por exemplo, matérias que se acolhidas não levam a extinção da execução, por se entender que a impugnação do executado *nos próprios autos do cumprimento de sentença* esta seria uma simples *defesa*.

A fixação das verbas de sucumbência decorre da causalidade e se trata de remuneração do advogado. Se para obter o êxito de desconstituir os atos executivos – mesmo sem a extinção do cumprimento de sentença – foi necessária a oposição da impugnação, contestada pelo exequente, onde houve trabalho desenvolvido por um advogado apenas por isso deveria ser fixada a verba sucumbencial.

---

57. (AgInt no AREsp n. 2.536.348/RS, relator Ministro Marco Buzzi, Quarta Turma, julgado em 2/9/2024, DJe de 5/9/2024).
58. (STJ, AgInt no REsp 1.727.091/SP, relator Ministro Antonio Carlos Ferreira, Quarta Turma, DJe de 5/9/2019).

Capítulo III
EMBARGOS DE TERCEIROS[1]

1. PROCESSO E TERCEIROS

O homem não vive isolado em uma ilha. Vive em sociedade, e, por isso, as relações sociais são conectadas umas às outras. Logo, torna-se difícil imaginar que um conflito de interesses levado a juízo consiga retratar, em toda a sua extensão, todas as pessoas e relações jurídicas que, direta ou indiretamente, são por ele afetadas. Enfim, seria verdadeira utopia imaginar que o conflito de interesses contido no processo fosse um fiel retrato do alcance, das imbricações, das conexões desse mesmo conflito no plano social.

Reconhecendo a impossibilidade prática e teórica de projetar para o plano do processo todas as nuanças e tentáculos dos conflitos de interesses no plano material, o legislador processual excogitou uma série diversificada de técnicas processuais, as mais variadas possíveis, que servem para conectar ao processo terceiros que sejam por ele afetados.

Ora, se é verdade que a coisa julgada – eternização da parte dispositiva da sentença – só se faz entre as partes, e, por isso mesmo, terceiros não são atingidos pelos seus limites objetivos e subjetivos, não é menos verdadeiro que no curso do processo emanam inúmeros atos processuais – embora não imutáveis – cujas eficácias naturais afetam direta ou indiretamente o patrimônio de terceiros estranhos à relação processual.

---

1. Luiz Ambra. *Dos embargos de terceiro.* São Paulo: RT, 1971; Donaldo Armelin. Notas sobre os embargos de terceiros, In: João Baptista Lopes e Leonardo José Carneiro da Cunha (Coord.). *Execução civil (aspectos polêmicos).* São Paulo: Dialética, 2005. p. 69-93; Araken de Assis. *Processo de execução.* 5. ed. São Paulo: RT, 1998; Yussef Said Cahali. *Honorários advocatícios.* São Paulo: RT, 1997. p. 50-60; Clóvis Couto e Silva. *Comentários ao Código de Processo Civil.* São Paulo: RT, 1982. v. XI, t. II; Luiz Felipe Silveira Difini. *Embargos de terceiro.* Rio de Janeiro: Aide, 1992; Cândido Rangel Dinamarco. *Instituições de direito processual civil.* São Paulo: Malheiros, 2005. v. IV; Gerson Fischmann. *Comentários ao Código de Processo Civil.* São Paulo: RT, 2000. v. 14; Vicente Greco Filho. *Direito processual civil brasileiro.* 3. ed. São Paulo: Saraiva, 1987.v. 3; Hamilton Moraes e Barros. *Comentários ao Código de Processo Civil.* 2. ed. Rio de Janeiro: Forense, 1977. v. IX; Nelson Roberto Parizatto. *Dos embargos de terceiro.* São Paulo: Editora de Direito, 1997; Francisco Cavalcanti Pontes de Miranda. *Comentários ao Código de Processo Civil.* 2. ed. Rio de Janeiro: Revista Forense, 1961. t. XIV; Rita de Cássia Rocha Conte Quartieri. Os embargos de terceiro como instrumento de efetividade à tutela dos direitos. In: Mirna Cianci e Rita Quartieri (Coord.). *Temas atuais da execução civil*: estudos em homenagem ao professor Donaldo Armelin. São Paulo: Saraiva, 2007. p. 713-743; Ernane Fidélis dos Santos. *Manual de direito processual civil.* 2. ed. São Paulo: Saraiva, 1988. v. 4; Humberto Theodoro Júnior. *Curso de direito processual civil.* 18. ed. Rio de Janeiro: Forense, 1999. v. 3.; BECKER, Rodrigo Franz. Manual do processo de execução dos títulos judiciais e extrajudiciais. 4ª edição. Salvador: Podivm. 2024, p. 625.

Assim, em razão dessa possível afetação da esfera jurídica de terceiros que o processo pode causar, o direito processual oferece uma série de técnicas que permitem conectar o terceiro à relação jurídica processual de onde emanou ou pode emanar o ato que afeta a sua esfera jurídica. Essa conexão pode se dar por inclusão forçada do terceiro na relação em curso ou por ingresso facultativo deste na referida relação. As variadas hipóteses de cabimento são previstas pelo legislador e estão dispostas na legislação processual civil.

É nesse contexto que se inserem os embargos de terceiro, vistos, portanto, como técnica processual que faculta ao terceiro intervir na relação processual em curso para livrar bens ou direitos que estavam sob sua posse e que teriam sido indevidamente constritos por ato judicial proferido em relação jurídica processual da qual ele, terceiro, não fazia parte. Essa figura está prevista e regulamentada nos arts. 674 a 681 do Código de Processo Civil.

2. ATOS JUDICIAIS CONSTRITIVOS E TERCEIROS

O texto constitucional tem no art. 5.º, inc. LIV, uma das cláusulas pétreas mais importantes dos direitos e garantias fundamentais individuais e coletivas. Aliás, tal texto explicita de forma direta aquilo que está dito no próprio *caput* desse importantíssimo dispositivo constitucional.

Assim, "ninguém poderá ser privado de sua liberdade ou de seus bens sem o devido processo legal". E, para proteger-se contra qualquer "lesão ou ameaça a direito", resta ao jurisdicionado o exercício do direito de ação, igualmente consagrado no inc. XXXV do art. 5.º da CF/1988.

É nesse contexto constitucional que se insere a técnica dos embargos de terceiro, vista como um milenar instrumento de proteção do patrimônio de terceiro que teria sido indevidamente afetado por ato judicial prolatado em processo do qual ele, terceiro, não participava. Aqui entra a célebre distinção de Liebman entre eficácia natural de todo ato emanado do Estado e a sua diferença para a coisa julgada que fica restrita às partes.[2]

No entanto, qual a razão de o terceiro ser afetado por ato judicial constritivo praticado em processo do qual ele não faz parte? Bem, as justificativas para se explicarem as extrapolações judiciais inconvenientes cometidas em processos e que afetam o patrimônio de terceiro são as mais variadas possíveis, podendo ser apenas um erro material ou até mesmo por se considerar que o bem afetado pertenceria ao sujeito do processo, e não ao terceiro atingido pelo respectivo ato, ou porque a aquisição por terceiro tenha sido feita em fraude à responsabilidade patrimonial do devedor.

---

2. Enrico Tullio Liebman. Eficácia e Autoridade da Sentença e Outros Escrito Sobre a Coisa Julgada. 4ª edição. Forense: Rio de Janeiro. 2006, p. 115 e ss.

A grande verdade é que, tendo a execução civil um caráter patrimonial, ou seja, recaindo a execução sobre o patrimônio do executado, o normal e esperado é que o seu patrimônio responda pelo não cumprimento da obrigação ou do dever legal ao qual estava submetido.

Por isso, é com esse desiderato, de satisfazer um direito reconhecido em título judicial (interinal ou definitivo) ou extrajudicial, que o Estado-juiz impõe medidas constritivas sobre o patrimônio do responsável. Entretanto, é possível que tal ato constritivo não recaia como deveria – sobre o patrimônio do responsável, mas sim de um terceiro, alheio à relação jurídica processual.

Nesses casos, tem-se um desbordamento indevido do ato judicial, e, como tal, poderá o terceiro provocar a tutela jurisdicional e utilizar-se da técnica dos embargos de terceiro para livrar o seu bem ou seu direito da referida constrição judicial. [3]

Assim, dois são os requisitos genéricos para a utilização dos embargos de terceiro:

- ato judicial constritivo (ou ameaça) indevido;
- sobre patrimônio ou direito de terceiro.

A partir desses dois elementos é que se desdobram outros aspectos que daqueles são corolários.

Quando se fala em *ato judicial constritivo indevido*, tem-se de admitir, inexoravelmente, que ele deve ocorrer em um processo em curso, ou seja, que já tenha sido instaurado, o que implica, no mínimo, que deve existir uma relação jurídica linear entre autor e juiz.

Disso decorre a consequência lógica de que a ação de embargos de terceiro é uma ação *incidental*, pois, se ela depende de um ato judicial constritivo indevido e esse ato tem origem em uma demanda em curso, então, *ipso facto*, sem demanda em curso é impossível pensar em embargos de terceiro.

Outra consequência lógica desse requisito – ato judicial constritivo indevido – é que, além de um processo em curso, é preciso que exista uma decisão judicial nele proferida, ou seja, que o magistrado tenha emitido um provimento decisório de natureza constritiva de direito ou patrimônio de um terceiro.

Assim, não obstante o hábitat comum dos atos judiciais constritivos ser o processo ou o cumprimento de sentença, nada impede que esses atos judiciais sejam proferidos em processos ou módulos de conhecimento, quando o magistrado antecipa a execução do pedido ou dos seus efeitos, tais como nas liminares e nas tutelas antecipadas.

---

3. Admite a regra do art. 792, § 2º, do CPC (No caso de aquisição de bem não sujeito a registro, o terceiro adquirente tem o ônus de provar que adotou as cautelas necessárias para a aquisição, mediante a exibição das certidões pertinentes, obtidas no domicílio do vendedor e no local onde se encontra o bem) que o terceiro seja exortado a deduzir sua pretensão de oposição à constrição judicial no incidente processual de verificação de fraude à execução provocado pelo juiz ou pelas partes na execução já instaurada, tornando-se desnecessária a via jurisdicional dos embargos de terceiro.

Em tempo, também é perfeitamente possível que as medidas judiciais constritivas advenham de demandas cautelares autônomas ou de medidas cautelares incidentais, especialmente quando tenham natureza patrimonial, tais como o arrolamento de bens, arresto, sequestro, busca e apreensão etc. Excepcionalmente, também em tese é possível a existência de atos judiciais constritivos em procedimentos de jurisdição voluntária, embora essa não seja uma situação vulgar. Já se posicionou corretamente o STJ que a *"anotação prévia na matrícula do imóvel, da existência de ação de execução, legitima a parte para a ação de embargos de terceiro, na medida em que o ato judicial, apesar de não caracterizar efetiva apreensão do bem, configurar ameaça ao pleno exercício da posse ou do direito de propriedade pelo terceiro"*.[4]

O outro aspecto marcante dos embargos de terceiro é que a constrição judicial tenha recaído sobre patrimônio ou direito de terceiro, ou seja, que o direito ou o bem afetado pela constrição judicial indevida (ou a ameaça dela) tenha afetado um direito ou o patrimônio de um sujeito que não figurava na relação jurídica processual de onde emanou o ato judicial constritivo. Terceiro, portanto, são todos aqueles que não são partes da relação jurídica processual, ou, ainda, nos termos do art. 674, § 2.º,[5] a parte que, por ficção jurídica, foi equiparada pelo legislador processual à condição de terceiro.

3. ESCORÇO HISTÓRICO NO DIREITO PÁTRIO

Não é à toa que o instituto dos embargos de terceiro está individualmente tratado nos procedimentos especiais do CPC/2015 (arts. 674-681). Como será vislumbrado adiante, há inúmeras peculiaridades que permitem o tratamento singularizado. Por uma análise etimológica da palavra embargos, vemos que ela designa "embaraço", obstrução, óbice. O instituto em tela já era previsto desde as Ordenações Filipinas (época em que houve a União das Coroas Ibéricas – 1548-1640 – e Portugal submetia-se ao ordenamento espanhol), porém com o nome de "incidentes da execução", e se prestava para tutelar qualquer direito real, entre eles o domínio, ainda que sem posse. Na época

---

4. AgInt no AREsp 2.095.573/SP, relatora Ministra Nancy Andrighi, Terceira Turma, julgado em 19.9.2022, DJe de 21.9.2022.

5. Art. 674. Quem, não sendo parte no processo, sofrer constrição ou ameaça de constrição sobre bens que possua ou sobre os quais tenha direito incompatível com o ato constritivo, poderá requerer seu desfazimento ou sua inibição por meio de embargos de terceiro.

   § 1.º Os embargos podem ser de terceiro proprietário, inclusive fiduciário, ou possuidor.

   § 2.º Considera-se terceiro, para ajuizamento dos embargos:

   I – o cônjuge ou companheiro, quando defende a posse de bens próprios ou de sua meação, ressalvado o disposto no art. 843;

   II – o adquirente de bens cuja constrição decorreu de decisão que declara a ineficácia da alienação realizada em fraude à execução;

   III – quem sofre constrição judicial de seus bens por força de desconsideração da personalidade jurídica, de cujo incidente não fez parte;

   IV – o credor com garantia real para obstar expropriação judicial do objeto de direito real de garantia, caso não tenha sido intimado, nos termos legais dos atos expropriatórios respectivos.

CAPÍTULO III • EMBARGOS DE TERCEIROS

em que era permitido aos Estados da Federação criarem seus próprios Códigos Estaduais Processuais (ver CF/1891 até CF/1934, que reservou a matéria à União, tendo daí surgido o CPC/1939), o referido instituto não mostrava maiores alterações do que, efetivamente, era previsto no direito reinol.

Com o advento do CPC/1939, então, a matéria passou a fazer parte do seu Livro V, que cuidava dos processos acessórios, estando presente nos arts. 707 a 711. À exceção do art. 711, que cuidava da competência do juízo deprecado, o restante foi praticamente todo incorporado ao CPC de 1973, que ampliou, em alguns pontos, o seu cabimento. No CPC de 2015 houve poucas alterações em relação a sua disciplina no CPC revogado. Como será visto adiante, não se trata de um simples processo acessório, como nominava o CPC/1939, mas de uma técnica processual engenhosa, com procedimento especial previsto no Código de Processo Civil.

4. CONCEITO DE EMBARGOS DE TERCEIRO: DA APREENSÃO JUDICIAL (CPC 1973) PARA A CONSTRIÇÃO JUDICIAL (CPC 2015)

Qualquer conceito que se dê ao instituto processual dos embargos será *de lege ferenda*, uma vez que a sua denominação vem prevista no art. 674 do CPC, quando diz: "Quem, não sendo parte no processo, sofrer constrição ou ameaça de constrição sobre bens que possua ou sobre os quais tenha direito incompatível com o ato constritivo, poderá requerer seu desfazimento ou sua inibição por meio de embargos de terceiro". Resumindo o exposto no artigo, temos por conceito: *é instituto processual que visa excluir bens ou direitos de terceiro de constrição judicial em demanda alheia*.

A ação de embargos de terceiro, prevista no art. 674 e seguintes do CPC, possui um objetivo específico: proteger o direito do terceiro contra uma constrição judicial injusta, seja para evitar que ela ocorra ou para liberar o bem já atingido. Essa demanda possui cognição horizontal limitada, voltada exclusivamente ao exame da legalidade do ato judicial que resultou na constrição ou ameaça de constrição sobre o patrimônio do terceiro.

Conforme o art. 681 do CPC, caso o pedido seja acolhido, a decisão limita-se ao cancelamento do ato constritivo, com o reconhecimento do domínio, da posse ou da reintegração do bem ao embargante. Essa delimitação demonstra que os embargos de terceiro não possuem natureza condenatória, mas sim constitutiva negativa, sendo inviável a cumulação de outros pedidos, como a condenação em danos morais por alegado esbulho judicial, aspecto que poderia tumultuar o procedimento especial determinado no artigo 674 e ss. do CPC. Assim, por sua natureza e objetivo, essa ação não comporta ampliação para pleitos de indenização ou outros pedidos, dada a sua função estritamente vinculada à proteção contra a constrição indevida.[6]

---

6. Nesse sentido o REsp nº 1703707 / RS.

No contexto dos embargos de terceiro, a constrição judicial deve ser entendida como qualquer ato judicial que imponha restrição a bens ou direitos de terceiros, mesmo que não haja apreensão física do bem. Esse conceito é mais amplo do que o de "apreensão judicial", utilizado pelo CPC/73, e abrange medidas como penhora, arresto, sequestro, busca e apreensão, hipoteca judicial, cumprimento de mandado de despejo, entre outros[7]. É inegável que o CPC/2015 inovou ao substituir o termo "apreensão" por "constrição" e ao eliminar o rol exemplificativo de atos judiciais, tornando mais abrangente o cabimento dos embargos de terceiro. Além disso, incluiu de forma expressa a possibilidade de manejo preventivo da ação (inibição), ou seja, mesmo diante de mera ameaça de constrição, fato que já era reconhecido pela doutrina inclusive por meio da pretensão de ser mantido na posse do bem (art. 1046 do CPC 1973). Com a ampliação conceitual passou a ser mais fácil admitir que o ato constritivo não emane necessariamente de um processo de execução ou tampouco esteja relacionado com a natureza do direito constrito. O ponto central é que seja qualquer medida que cause restrição indevida à esfera patrimonial do terceiro.

5. NATUREZA JURÍDICA

A partir da análise dissecada do artigo, podemos dizer que a natureza jurídica desse instituto processual colocado à disposição de terceiro é uma ação, no exato sentido que cria uma relação jurídica processual distinta da anterior, e cuja pretensão é totalmente diferente da que existia anteriormente aos embargos de terceiro e sobre a qual ele incide.

Entretanto, pelo fato de ela estar necessariamente ligada a um ato constritivo do processo alheio, é mister que haja um processo em curso para que os embargos de terceiro possam existir. Portanto, segundo o art. 676 do CPC,[8] os embargos são ação acessória, com conteúdo próprio, cujos autos correrão em autos apartados da ação originária.[9]

---

7. Em sentido contrário o STJ ao inadmitir o manejo de embargos de terceiro por terceiros afetados pela ordem de despejo. Segundo a Ministra Fátima Nancy Andrighi " por ato de constrição judicial, deve-se entender aquele que apreende o bem para determinada finalidade processual, o que não é o caso do mandado de despejo – que, em verdade, se expedido, colocará o bem à disposição da própria parte" (RECURSO ESPECIAL Nº 1.714.870 – SP).

8. Art. 677. Na petição inicial, o embargante fará a prova sumária de sua posse ou de seu domínio e da qualidade de terceiro, oferecendo documentos e rol de testemunhas.

    § 1.º É facultada a prova da posse em audiência preliminar designada pelo juiz.

    § 2.º O possuidor direto pode alegar, além da sua posse, o domínio alheio.

    § 3.º A citação será pessoal, se o embargado não tiver procurador constituído nos autos da ação principal.

    § 4.º Será legitimado passivo o sujeito a quem o ato de constrição aproveita, assim como o será seu adversário no processo principal quando for sua a indicação do bem para a constrição judicial.

9. Art. 676. Os embargos serão distribuídos por dependência ao juízo que ordenou a constrição e autuados em apartado.

    Parágrafo único. Nos casos de ato de constrição realizado por carta, os embargos serão oferecidos no juízo deprecado, salvo se indicado pelo juízo deprecante o bem constrito ou se já devolvida a carta.

É de se notar que, sendo uma nova ação, o embargado deverá ser citado pessoalmente se não tiver procurador constituído nos autos, fato que não deve acontecer com frequência. A regra normal, portanto, é que os embargados sejam intimados por intermédio de seus advogados.

Como vimos, os embargos de terceiro são mais que um simples incidente acessório, pois possuem natureza jurídica de ação.

Desse modo, uma vez percebido que se trata de uma ação, resta-nos determinar qual a sua natureza jurídica. Um dos modos usados pela doutrina para identificar a natureza de uma demanda se faz a partir da análise do comando preponderante estabelecido na sentença. Em nosso sentir – tal como será mais bem explicado no tópico dos elementos da demanda –, trata-se de uma ação constitutiva negativa, que depende de *execução imprópria* feita mediante ordem judicial.

Todavia, quando se trata de evitar a constrição, o seu caráter é inibitório, e, portanto, impõe a prestação de um não fazer. Mesmo nesse caso, há desconstitutividade do ato processual tendente à constrição, *v.g.*, o recolhimento do mandado constritivo, o acolhimento da nomeação do bem de terceiro que seria levado à penhora etc.

Uma vez percebido que se trata de uma verdadeira ação, nada obsta que o terceiro não se utilize dos embargos no prazo fixado pelo legislador, sendo, pois, permitido que, mesmo depois de terminado o processo originário, ele possa usar das vias "ordinárias". Não está ele impedido, pois, como era terceiro, não teria sido atingido pelos efeitos da coisa julgada, que se opera *inter partes*.

É importante deixar claro que a ação de embargos de terceiro ocupa um espaço próprio e exclusivo no ordenamento processual brasileiro, embora existam outros remédios processuais muito parecidos. Por isso é importante distinguir essa demanda de outras que lhe são afins.

Os embargos de terceiro não são uma ação possessória. No nosso Código, apenas três são os interditos possessórios: reintegração de posse, manutenção de posse e interdito proibitório.

Antes do CPC de 1939, alguns códigos estaduais o colocavam (os embargos de terceiro) como interdito possessório; todavia, com o advento de tal diploma, isso acabou. É técnica e cientificamente incorreto dizer que se trata de ação possessória especial.

A uma, porque nem sempre o que se protege é a posse, já que o domínio pode ser objeto de sua tutela (e, nas possessórias, só a posse com fundamento na posse é que pode ser tutelada). A duas, porque não está previsto na lei como tal interdito. A três, porque também pode ser usado como meio de proteção de credor com garantia real (art. 674, § 2.º, IV).

Não se pode também afirmar que os embargos de terceiro seriam a "oposição no processo de execução". Falar desse modo é verdadeira heresia. Mas pouco importa o nome que se dê, admitindo que a demanda do terceiro seja recebida como *embargos de terceiro* desde que os requisitos de cabimento, mal nominados, estejam presentes. A mesma coisa o inverso.[10]

O primeiro motivo é porque os embargos de terceiro são cabíveis em qualquer processo (conhecimento, cautelar e execução e até na jurisdição voluntária). Outro motivo é que a oposição é típica ação ligada ao processo cognitivo, voltada para discutir o direito ou a coisa disputada pelas partes da causa primitiva (diz que é seu o direito sobre o que litigam autor e réu, art. 682 do CPC).

Vencida a oposição, findo está o processo. Já nos embargos de terceiro o objetivo não é o *direito* das partes, mas tão somente excluir o *ato judicial constritivo* (ou ameaçador de constrição) de quem não era parte no processo. Os pedidos são absolutamente diferentes. Em um é o reconhecimento do direito, em outro é a exclusão do bem ou direito da constrição indevida. Observe-se que, os embargos de terceiro tendo fim, nada impede que o embargador, autor e réu continuem o processo originário. Entre os dois institutos, pode-se dizer que há afinidade, no exato sentido de que fazem parte do gênero intervenção de terceiros.

6. O CONCEITO DE TERCEIRO

O conceito de terceiro, em sentido lato, advém de um "contraconceito", ou seja, aquele que não é parte (art. 674 do CPC). Nunca é demais recordar o clássico conceito Chiovendiano de que parte é *aquele que pede, e contra quem se pede, a tutela jurisdicional*.[11]

A partir desse contraconceito, precisamos definir os terceiros dentre os diversos terceiros que existem em relação a uma causa da qual não são parte.

Em função da medida e do modo de seu atingimento pela sentença proferida em processo alheio, os terceiros podem ser: a) totalmente indiferentes à sentença proferida em processo alheio; b) atingidos, de fato, pela sentença; c) atingidos juridicamente, de forma reflexa ou direta.

A partir da definição estabelecida nesses moldes, poderia propor ação de embargos de terceiro, ou seja, estaria legitimado aquele que não poderia ter tido o seu bem ou direito afetado juridicamente pelo provimento judicial. Não se confunda a coisa julgada do processo originário com o ato judicial patológico oriundo de decisão judicial "em processo com o qual o terceiro, que dessa ação lança mão, não tem relação de espécie alguma".

---

10. "1. O executado, até mesmo para defesa da condição de bem de família do imóvel penhorado, deve se valer dos embargos do devedor, não lhe sendo autorizada a via dos embargos de terceiro, por não se enquadrar na condição de terceiro. Precedentes. 2. Agravo interno não provido. (AgInt no AREsp 556.180/PR, Rel. Ministro ANTONIO CARLOS FERREIRA, QUARTA TURMA, julgado em 17/10/2017, DJe 20/10/2017)".
11. Não é terceiro legitimado à propositura da ação de embargos de terceiro aquele que foi inserido no polo passivo da demanda por meio de desconsideração da personalidade jurídica. (AgInt no AREsp 850.342/SP, Rel. Ministro Antonio Carlos Ferreira, Quarta Turma, julgado em 07.11.2017, DJe 13.11.2017).

7. ELEMENTOS DA DEMANDA

Os embargos de terceiro constituem uma demanda incidental a um processo em curso. Como acontece com toda e qualquer demanda, podem ser identificados pelos três elementos fundamentais: partes, pedido e causa de pedir.

No tocante às partes, iniciemos pelo legitimado ativo, enfim, aquele que está habilitado para propor a demanda. Aqui, dois aspectos mostram-se importantes. Primeiro, analisado pela simples observação do processo em que ocorreu ou poderá ocorrer a constrição indevida. Não podem as partes desse processo, regra geral, manejar os embargos de terceiro. Assim, o terceiro é o legitimado para a propositura dessa ação, consoante determina o próprio art. 674 ("quem não foi parte no processo"). O sujeito que, por meio de intervenção de terceiro espontânea ou coacta, ingressou no processo de onde emanou o ato de esbulho judicial não pode valer-se da ação de embargos de terceiro, posto que é parte principal ou não principal do mesmo.

Lembre-se, o terceiro é aquele que não foi parte no processo nem deveria ter seu bem apreendido judicialmente por causa desse processo. Entretanto, não basta ser "terceiro", é preciso verificar outro aspecto, pois, assim como dispõe o art. 674, § 2.º, só podem assumir esse papel de terceiro: I – o cônjuge ou companheiro, quando defende a posse de bens próprios ou de sua meação, ressalvado o disposto no art. 843; II – o adquirente de bens cuja constrição decorreu de decisão que declara a ineficácia da alienação realizada em fraude à execução; III – quem sofre constrição judicial de seus bens por força de desconsideração da personalidade jurídica, de cujo incidente não fez parte; IV – o credor com garantia real para obstar expropriação judicial do objeto de direito real de garantia, caso não tenha sido intimado, nos termos legais dos atos expropriatórios respectivos.[12]

Percebe-se, pois, que por *ficção jurídica* o CPC equipara a terceiro (portanto, podendo oferecer embargos) a parte do processo originário, desde que esta defenda bens que, pelo título da sua aquisição ou pela qualidade que os possuir, não podem ser atingidos pela apreensão judicial. Exemplo é o substituto processual, o bem do assistente, o bem de família que é inalienável, ou nos casos de bens do arrendatário etc. Por intermédio da mesma técnica de *ficção jurídica* o CPC equiparou a terceiro a mulher casada quando defender a posse de bens próprios, reservados ou de sua meação, mas nesse caso há de se fazer uma consideração.

A mulher só poderá propor a ação de embargos de terceiros com relação a essa matéria (bens próprios, reservados ou de sua meação), pois, com relação à sua corresponsabilidade oriunda de uma fiança, hipoteca ou qualquer outro vínculo que a sujeite como devedora solidária, deverá se utilizar dos embargos do devedor. Assim,

---

12. Não são considerados terceiros para fins de propositura dos embargos de terceiro: a) o sucessor da parte, a título universal ou singular, que tenha adquirido o bem litigioso no curso do processo; b) o que foi chamado à autoria e não interveio; c) o sócio solidário, na execução de sentença contra sociedade – em caso de responsabilidade solidária.

por exemplo: se casada com regime de separação total de bens e a constrição judicial incidir sobre bem da mulher, mas oriundo de uma dívida do marido, então, quanto a essa defesa poderá propor ação de embargos de terceiro.

É, pois, possível que em uma mesma execução a mulher embargue como devedora solidária e também embargue como terceira. O objeto de cada uma é diferente. O que não pode é usar dos embargos de terceiros para mencionar matéria pertinente aos embargos do devedor, mas, mesmo quando o fizer, a jurisprudência tem admitido a fungibilidade e o erro cometido, processando o remédio pelo modo correto, a despeito de o embargante ter nominado errada a via processual.

Em nosso sentir, serão sempre legitimados passivos, em litisconsórcio necessário unitário, as partes do processo do qual emanou a constrição indevida, pois é desconstitutivo o pedido formulado nos embargos de terceiro, e a sentença ofertará uma nova situação jurídica processual que afetará ambas as partes no processo do qual partiu a constrição.[13] É claro que, excepcionalmente, quando os embargos de terceiro são manejados com o fim inibitório, enfim, para evitar a constrição, e esta se dá por indicação de apenas uma das partes (*v.g.*, nomeação do bem à penhora pelo autor pelo exequente), tem-se aí apenas uma das partes no polo passivo da demanda de embargos de terceiro, pois não haverá a remoção de um ato processual ilícito que já teria produzido efeito em face do executado.

Situação interessante ocorre na hipótese do arresto executivo do art. 830 do CPC. Nesse caso – arresto executivo –, permite-se ao oficial de justiça de ofício penhorar tantos bens do devedor quantos forem necessários para o pagamento do principal, juros, custas e honorários advocatícios. Assim, nesse caso, poder-se-ia questionar a quem caberia ocupar o polo passivo – e o ônus da sucumbência – na situação de ação de embargos de terceiro para livrar o bem de constrição indevida. Pensamos que o art. 677 é claro ao dizer que será legitimado passivo "o sujeito em favor de quem o ato aproveita", mas, se for inibitória do ilícito, apenas o será o exequente.

O pedido na ação de embargos de terceiro é livrar (liberar, retirar, desfazer) o bem ou o direito do terceiro da constrição judicial indevida. Enfim, a pretensão mediata dos embargos de terceiro consiste na obtenção de um provimento judicial que oferte ao jurisdicionado uma situação jurídica diversa da que ele se encontrava antes de manejar os embargos, ou seja, espera-se a desconstrição judicial com a liberação do bem ou direito do terceiro. Portanto, verifica-se, primariamente, que a crise jurídica que qualifica a lide tutelada pelos embargos de terceiro é daquelas denominadas *crises de situação jurídica*, e o provimento judicial hábil e idôneo para a pacificação do conflito é um provimento constitutivo (negativo). Trata-se, pois, de uma ação judicial constitutiva negativa, em que o bem da vida pretendido pelo terceiro é a liberação do bem ou o direito da constrição indevida.

---

13. Art. 677, § 4.º Será legitimado passivo o sujeito a quem o ato de constrição aproveita, assim como o será seu adversário no processo principal quando for sua a indicação do bem para a constrição judicial.

Obviamente, não é preciso que a constrição judicial indevida já tenha ocorrido, sendo mais do que suficiente para o manejo dessa técnica a *ameaça de constrição*, ou seja, a ação de embargos de terceiro por ter por finalidade a remoção de um ilícito (judicial), ou então a prevenção desse ilícito, sendo neste último caso um típico exemplo de demanda inibitória pura.[14]

É de observar que a ação de embargos de terceiro pretende desfazer o ilícito judicial caracterizado pela constrição indevida, e, nesse particular, é, portanto, uma ação que pretende a *remoção do ilícito* tão somente, ou, excepcionalmente, prevenir a sua ocorrência. Disso resulta o fato de que muitas vezes será comum que o ato judicial ilícito acarrete danos ao terceiro que teve o bem indevidamente constrito. Tanto isso é verdade que o próprio Código ressalva, em favor do executado – e aqui se aplica analogicamente –, a possibilidade de este ser indenizado pelos prejuízos causados pela execução indevida, tal como no art. 776 do CPC.[15] A própria exigência de caução idônea para o início dos atos de execução forçada em alguns casos de cumprimento provisório da sentença deixa claro o reconhecimento pelo legislador processual de que execuções indevidas podem causar danos que poderão ser objeto de ressarcimento.

Contudo, analisando essa questão sob o prisma do terceiro afetado indevidamente por ato judicial constritivo, este poderá valer-se dos embargos de terceiro apenas para remoção do ilícito judicial mediante o livramento do bem ou direito constrito. Assim, ainda que da referida constrição tenham ocorrido danos ao terceiro, este não poderá cumular o pedido de remoção do ilícito com reparação de danos, valendo-se do procedimento especial dos embargos de terceiro.

Repita-se aqui que, se o terceiro pretender cumular o pedido de remoção do ilícito processual (desconstitutivo) com o pedido indenizatório (condenatório), não poderá valer-se dos embargos de terceiro para tal desiderato. Poderá, sim, usar o procedimento ordinário com o rito procedimental comum do CPC.

É importante deixar claro que o legislador admite, no art. 678, que "a decisão que reconhecer suficientemente provado o domínio ou a posse determinará a suspensão das medidas constritivas sobre os bens litigiosos objeto dos embargos, bem como a manutenção ou a reintegração provisória da posse, se o embargante a houver requerido". Isso significa que o legislador admite a cumulação do pedido de resgate do bem ilicitamente apreendido judicialmente com a proteção da posse, turbada ou molestada. Esse é um caso de cumulação própria sucessiva, em que o segundo pedido (proteção possessória) só será concedido se deferido o pedido principal (livramento do bem constrito).

---

14. O *caput* do art. 684 é claro ao tratar, na parte final, de que os embargos de terceiro se prestam a inibição do ato constritivo. Art. 674. Quem, não sendo parte no processo, sofrer constrição ou ameaça de constrição sobre bens que possua ou sobre os quais tenha direito incompatível com o ato constritivo, poderá requerer seu desfazimento ou sua inibição por meio de embargos de terceiro.

15. Art. 776. O exequente ressarcirá ao executado os danos que este sofreu, quando a sentença, transitada em julgado, declarar inexistente, no todo ou em parte, a obrigação que ensejou a execução.

Como se vê, portanto, os embargos de terceiro são uma demanda que tem por pedido a desconstituição de um ato judicial, e, por isso mesmo, diz-se que o seu mérito tem natureza processual, o que não deixa de ser uma verdade.

A causa de pedir da demanda de embargos de terceiro pelo procedimento especial previsto nos arts. 674 e ss. do CPC é a proteção da posse, e isso vem descrito nas hipóteses dispostas nos arts. 674 e ss. do CPC. Excepcionalmente, o art. 680 permite a utilização desse remédio não propriamente para a proteção da posse, mas sim para a proteção de credor com garantia real.

A primeira hipótese é a de que os embargos se prestam para proteção da posse, que tem como estereótipo mais comum e típico a hipótese do art. 674, § 1.º, do CPC. As demais hipóteses previstas neste artigo e no seguinte são também para a proteção da posse, porém admitindo por ficção jurídica outros sujeitos que são equiparados a terceiro. A redação desse artigo (art. 674, § 1.º) inspirou-se no art. 709 do CPC/1939.

Quando o artigo fala em turbação ou esbulho judicial, há de se entender a turbação também como a mera ameaça de constrição judicial de bem ou direito. Assim, ainda que não tenha havido a materialidade de constrição judicial, mas existido a referida ameaça, então são cabíveis os referidos embargos. Há parcela da doutrina que sustenta que os embargos de terceiro não se prestam para proteção do domínio. Alegam tal assertiva com base na premissa de que tal instituto é espécie de interdito possessório, e, portanto, não estaria apto à proteção do domínio. O argumento é errado, pois os embargos também podem ter como causa de pedir a proteção do domínio (historicamente já era possível nas Ordenações Filipinas), desde que exista a posse pelo senhor da coisa.

Exemplo claro é o art. 674, § 1.º, o qual descreve que o legitimado a postular essa demanda é o possuidor pura e simplesmente ou terceiro proprietário, inclusive fiduciário. Aliás, para espancar qualquer dúvida, foi claro o art. 681 do CPC ao afirmar que: "Acolhido o pedido inicial, o ato de constrição judicial indevida será cancelado, com o reconhecimento do domínio, da manutenção da posse ou da reintegração definitiva do bem ou do direito ao embargante".

Outra hipótese de cabimento dos embargos de terceiro é descrita no art. 674, § 2.º, IV, quando legitima o credor com garantia real a proteger por essa via o seu direito. Significa, pois, uma forma de proteger o credor de garantia em face da execução proposta por credor quirografário. É muito polêmica a discussão nesse artigo, e por isso alguns pontos precisam ser analisados: 1. Os bens dados em penhor, anticrese e hipoteca não são impenhoráveis, já que não constam da lista do art. 833 do CPC. 2. No entanto, toda vez que o bem dado àquelas garantias for gravado com a penhora, deve ser intimado o credor pignoratício, anticrético ou hipotecário da penhora e da eventual expropriação futura (art. 804). 3. Delimitou a defesa do exequente embargado, perante o embargante, aos casos do art. 680.[16]

---

16. Nada impede o manejo da medida pelo credor hipotecário que tem conhecimento de que o bem gravado com a hipoteca está em vias de ser leiloado sem que ele tenha sido intimado previamente (art. 804 e 889). Ainda que seja ineficaz a alienação, há uma ameaça que pode ser protegida pelo terceiro.

Conclui-se: o CPC privilegiou o credor com garantia real, conforme determina o art. 1.419 do CC: "Nas dívidas garantidas por penhor, anticrese ou hipoteca, a coisa dada em garantia fica sujeita, por vínculo real, ao cumprimento da obrigação", pois poderá propor embargos quando o bem dado em garantia estiver sendo objeto de alienação judicial.

Tudo porque o credor com garantia real tem o direito de preferência à satisfação de seu crédito. Soma-se a isso o fato de que, além disso, limitou a defesa do embargado aos casos do art. 680 (I – o devedor comum é insolvente; II – o título é nulo ou não obriga a terceiro; III – outra é a coisa dada em garantia).

É importante deixar claro que sobre a causa de pedir não recairá a autoridade da coisa julgada material. Quando o art. 681 diz que, "acolhido o pedido inicial, o ato de constrição judicial indevida será cancelado, com o reconhecimento do domínio, da manutenção da posse ou da reintegração definitiva do bem ou do direito ao embargante", dá a entender que o fundamento da demanda (posse ou propriedade) também estaria acobertado pela coisa julgada, o que não é verdade. Apenas se submete à eficácia preclusiva da coisa julgada, em relação ao pedido de livramento do bem (e proteção possessória, se houver) e em relação ao legitimado passivo, nos termos do art. 508 do CPC.

8. PRAZO DOS EMBARGOS DE TERCEIRO

Antes de tudo, lembre-se que os embargos de terceiro são uma faculdade do terceiro, já que este não será atingido pela *res judicata* e, portanto, poderá utilizar-se posteriormente de outros remédios ordinários. Entretanto, segundo a regra do art. 675, "os embargos podem ser opostos a qualquer tempo no processo de conhecimento enquanto não transitada em julgado a sentença e, no cumprimento de sentença ou no processo de execução, até 5 (cinco) dias depois da adjudicação, da alienação por iniciativa particular ou da arrematação, mas sempre antes da assinatura da respectiva carta".

Assim, fixa o legislador apenas um critério temporal, em que podem ser oferecidos os embargos: a) no processo de conhecimento: em qualquer tempo enquanto não transitada em julgado a sentença; b) no cumprimento de sentença e no processo de execução até cinco dias depois da arrematação, adjudicação, da alienação por iniciativa particular ou da arrematação, mas sempre antes da assinatura da respectiva carta.[17]

Portanto, o que importa é a assinatura da carta (art. 904), pois, ainda que se tenham passado mais de cinco dias após a adjudicação ou arrematação, mas não tenha ocorrido a assinatura da carta, é possível a utilização dos embargos de terceiro.

Percebe-se pela rápida análise do art. 675 do CPC que, quanto ao processo de execução e ao cumprimento de sentença, só fez menção à execução para entrega de

---

17. (AgInt nos EDcl no REsp 1644047/PR, Rel. Ministra Maria Isabel Gallotti, Quarta Turma, julgado em 21.03.2019, DJe 27.03.2019).

quantia certa (suas fases). Todavia, nada impede o oferecimento de embargos em caso de execução para entrega de coisa certa, caso em que se contarão cinco dias do termo de entrega definitiva do bem.

Observe-se, ainda, que é perfeitamente possível que a realização da execução se dê antes do término da ação de conhecimento, nos casos de cumprimento provisório da sentença. Nestes, o prazo para utilização dos embargos de terceiro é aquele que primeiro ocorrer, ou seja, já assinada a carta de adjudicação ou arrematação na execução provisória completa, ainda que esteja pendente a causa (recurso desprovido de efeito suspensivo), não poderão mais ser manejados os embargos de terceiro, devendo este valer-se de ação ordinária para proteger o seu direito eventualmente afetado pela alienação ocorrida no outro processo.

9. COMPETÊNCIA

Segundo o art. 676, "os embargos serão distribuídos por dependência ao juízo que ordenou a constrição e autuados em apartado". Como se trata de causa acessória, mas com conteúdo próprio, deve ser proposta ao mesmo juízo do processo originário com distribuição por dependência ao juízo da causa principal.[18]

Observe-se que, no caso de a constrição judicial se dar pelo cumprimento de carta precatória, a competência dependerá de saber se a ordem de constrição é ou não genérica, ou seja, se a ordem do juízo deprecante foi feita sem especificar o bem, então a competência para julgar os embargos é do juízo deprecado (que expediu a ordem de cumprimento do mandado). Todavia, se a ordem de constrição foi específica, então o responsável é o juiz deprecante (fonte), pois o deprecado age apenas como executor material de deliberação do deprecante, tal como indica o art. 676, parágrafo único, ao dizer que, "nos casos de ato de constrição realizado por carta, os embargos serão oferecidos no juízo deprecado, salvo se indicado pelo juízo deprecante o bem constrito ou se já devolvida a carta".

10. PROCEDIMENTO

Como toda e qualquer demanda, os embargos de terceiro têm início por petição inicial que devem cumprir os requisitos normais desse ato, lembrando que o valor da causa é o do bem apreendido judicialmente; se for bem imóvel, o valor do bem, usando o inc. IV do art. 292 analogamente.

Como o procedimento prevê a possibilidade de concessão de medida liminar, é imprescindível para sua obtenção que o embargante alimente a sua petição com os documentos necessários (*quantum satis*) para comprovação da posse ou propriedade,

---

18. Art. 61. A ação acessória será proposta no juízo competente para a ação principal.

que devem constar na inicial. Admite o Código que a prova da posse pode ser feita por intermédio de audiência de justificação prévia.[19]

Uma vez que o magistrado tenha se convencido dos elementos comprobatórios do domínio ou a posse, então deferirá a liminar para o fim de suspender as medidas constritivas sobre os bens litigiosos objeto dos embargos, bem como a manutenção ou a reintegração provisória da posse, se o embargante a houver requerido.[20] Segundo o art. 678, parágrafo único, "o juiz poderá condicionar a ordem de manutenção ou de reintegração provisória de posse à prestação de caução pelo requerente, ressalvada a impossibilidade da parte economicamente hipossuficiente".

A caução aí exigida é uma forma de evitar que os embargos de terceiro sejam utilizados de modo indevido, visando fraudar e inviabilizar a tutela jurisdicional satisfativa da qual o ato constritivo é preparatório. Por isso, se é verdade que a caução não pode ser óbice à concessão da liminar aos embargos de terceiro, por outro lado, deve o juiz lembrar que a sua finalidade está diretamente relacionada com a efetividade da tutela satisfativa que o terceiro visa obstaculizar com o livramento do bem apreendido.

Portanto, pensamos, apenas excepcionalmente o juiz poderá dispensar a caução, até porque os embargos de terceiro são mera faculdade em favor do terceiro, que, por não ser atingido pela coisa julgada do processo do qual não é parte, poderá insurgir-se contra a sentença nele proferida.

Continuando o procedimento, prescreve o art. 679 que os embargos poderão ser contestados no prazo de 15 dias, findo o qual se seguirá o procedimento comum.

11. O PROCEDIMENTO COMUM SUBSIDIÁRIO

Consoante a regra estabelecida no art. 679, o procedimento é especial até que seja findo o prazo da contestação (pela preclusão temporal ou consumativa), posto que, após esse momento, ele passa a ser o procedimento comum.

12. LIMINAR EM EMBARGOS DE TERCEIRO

O texto previsto no art. 678 diz que "a decisão que reconhecer suficientemente provado o domínio ou a posse determinará a suspensão das medidas constritivas sobre

---

19. Art. 677. Na petição inicial, o embargante fará a prova sumária de sua posse ou de seu domínio e da qualidade de terceiro, oferecendo documentos e rol de testemunhas.

§ 1.º É facultada a prova da posse em audiência preliminar designada pelo juiz.

§ 2.º O possuidor direto pode alegar, além da sua posse, o domínio alheio.

§ 3.º A citação será pessoal, se o embargado não tiver procurador constituído nos autos da ação principal.

§ 4.º Será legitimado passivo o sujeito a quem o ato de constrição aproveita, assim como o será seu adversário no processo principal quando for sua a indicação do bem para a constrição judicial.

20. Determina o art. 678 que os embargos paralisam o itinerário do processo principal nos limites do bem constrito, ou seja: 1. totalmente, se os embargos versarem sobre todos os bens; 2. somente na parte relativa ao bem embargado, prosseguindo o restante. É o que se deflui da interpretação do art. 678 ao expressar que o deferimento da liminar acarretará *a suspensão das medidas constritivas sobre os bens litigiosos objeto dos embargos*.

os bens litigiosos objeto dos embargos, bem como a manutenção ou a reintegração provisória da posse, se o embargante a houver requerido".

O indeferimento da liminar não significa que os embargos deverão ser extintos, já que o *momento probandi* é outro. A liminar comporta juízo de cognição sumária. Como toda liminar (decisão interlocutória), esta também desafia a interposição do agravo (de instrumento, pois o retido seria inadmitido por falta de interesse).

13. RECURSO DE APELAÇÃO

A rejeição liminar *terminativa* da própria ação de embargos enseja o recurso de apelação, assim como quando são julgados procedentes ou improcedentes. No primeiro caso, trata-se de sentença terminativa e, no segundo, de sentença definitiva.

14. FRAUDE CONTRA CREDORES E FRAUDE À EXECUÇÃO

Existe uma discussão a respeito da possibilidade de se alegar por via de exceção (defesa) em sede de embargos de terceiros a fraude contra credores e a fraude à execução. Só esta e não aquela poderá ser alegada e comprovada no bojo dos embargos de terceiro, segundo a Súmula 195 do STJ.[21]

Essa é a posição que restou sedimentada simplesmente porque a fraude à execução é causa de ineficácia do negócio jurídico relativamente ao credor. Em outras palavras, o ato é válido e existente, mas ineficaz, motivo pelo qual não seria necessária uma demanda para reconhecer a ineficácia do ato fraudulento ao processo.

Assim, por *petitio simplex* poderia ser alegada a fraude à execução, e nem mesmo precisaria escorar-se tal alegação na resposta aos embargos de terceiro, posto que seria dever do juízo conhecer de tal vício de ofício.

Por sua vez, como a fraude contra credores diz respeito a vício entre o devedor e seus credores, ou seja, no negócio jurídico, tornando o ato anulável (ver art. 158 do CCB), somente por meio de ação prevista no referido dispositivo (art. 161) que a invalidação do ato poderá ser reconhecida. Essa ação é a ação pauliana ou revocatória, para resguardar a pretensão do credor fraudado de ver anulado o ato que lhe é lesivo.

É exatamente por isso que se construiu a tese de que não seria possível reconhecer a fraude contra credores no bojo de uma contestação oferecida em embargos de terceiro, cuja cognição é restrita ao objeto do pedido nela formulado (livramento do bem constrito judicialmente), e também porque os legitimados passivos da *fraude contra*

---

21. Em embargos de terceiro não se anula ato jurídico, por fraude contra credores.

credores podem não coincidir com o dos embargos de terceiro. Assim, não admitindo reconvenção nos embargos de terceiro em razão da especialidade do procedimento, seria inviável a postulação de fraude contra credores em contestação.[22]

Contudo, essa posição merece alguma reflexão, e, pontualmente, deve ser revista pela doutrina e operadores do Direito, pois o CPC de 2015 é claríssimo em dizer que, com o oferecimento da contestação, cessa o procedimento especial dos embargos de terceiro, e, nesse particular, nada impede que seja possível o oferecimento de reconvenção formalizada na própria contestação pela regra do art. 343,[23] especialmente porque poderá ser manejada contra um terceiro (portanto, credores que não integram a relação processual na qual houve a constrição do bem).

Não havendo mais a restrição do procedimento, tampouco a impossibilidade de reconvir trazendo para a discussão um terceiro, é de repensar, até por economia processual e coerência das decisões judiciais, a possibilidade de nos embargos de terceiro comportar a discussão acerca da fraude contra credores.

15. COMPROMISSO DE COMPRA E VENDA E EMBARGOS DE TERCEIROS

Uma celeuma que já se encontra superada pela Súmula 84[24] do Superior Tribunal de Justiça diz respeito à possibilidade ou não de o promitente comprador ser legitimado à propositura dos embargos de terceiro, ainda que não tenha sido registrado o título. Mesmo com a súmula, há corrente que entende não ser possível, pois, se não foi inscrito é porque não possui oponibilidade *erga omnes* (direito real), e, portanto, não legitima o promitente comprador.

A outra corrente, à qual nos filiamos, acredita ser possível o uso dos embargos pelo promitente comprador, pois, uma vez quitadas as prestações, dá ao promitente comprador o direito de defender a sua posse, por meio de embargos de terceiro. E, como sabemos, é possível a defesa da posse por esse instituto. Em ambos os casos, é

---

22. Súmula 195 STJ: *Em embargos de terceiro não se anula ato jurídico, por fraude contra credores.*
23. Art. 343. Na contestação, é lícito ao réu propor reconvenção para manifestar pretensão própria, conexa com a ação principal ou com o fundamento da defesa.

    § 1.º Proposta a reconvenção, o autor será intimado, na pessoa de seu advogado, para apresentar resposta no prazo de 15 (quinze) dias.

    § 2.º A desistência da ação ou a ocorrência de causa extintiva que impeça o exame de seu mérito não obsta ao prosseguimento do processo quanto à reconvenção.

    § 3.º A reconvenção pode ser proposta contra o autor e terceiro.

    § 4.º A reconvenção pode ser proposta pelo réu em litisconsórcio com terceiro.

    § 5.º Se o autor for substituto processual, o reconvinte deverá afirmar ser titular de direito em face do substituído, e a reconvenção deverá ser proposta em face do autor, também na qualidade de substituto processual.

    § 6.º O réu pode propor reconvenção independentemente de oferecer contestação.
24. Segundo a Súmula 84 do STJ: "É admissível a oposição de embargos de terceiro fundados em alegação de posse advinda do compromisso de compra e venda de imóvel, ainda que desprovido do registro".

pressuposto de qualquer discussão que não tenha havido fraude à execução, caso em que não serão possíveis os embargos de terceiro.[25]

---

25. "[...] 2. 'É assente na jurisprudência desta Corte de Justiça que a celebração de compromisso de compra e venda, ainda que não tenha sido levado a registro no Cartório de Registro de Imóveis, constitui meio hábil a impossibilitar a constrição do bem imóvel, discutido em execução fiscal, e impede a caracterização de fraude à execução, aplicando-se o disposto no enunciado da Súmula 84/STJ: 'É admissível a oposição de embargos de terceiro fundados em alegação de posse advinda do compromisso de compra e venda de imóvel, ainda que desprovido do registro' (REsp 974062/RS, Rel. Min. Denise Arruda, Primeira Turma, j. 20.09.2007, *DJ* 05.11.2007, p. 244). 3. 'A jurisprudência desta Corte, consolidada com a edição da Súmula 375/STJ, orienta que sem o registro da penhora sobre o imóvel ou prova da má-fé do adquirente, não há que se falar em fraude à execução'" (AgRg no AREsp 48.147/RN, Rel. Min. Sidnei Beneti, Terceira Turma, j. 07.02.2012, *DJe* 24.02.2012). Agravo regimental improvido (AgRg no AREsp 449.622/RS, Rel. Min. Humberto Martins, Segunda Turma, j. 11.03.2014, *DJe* 18.03.2014).

Capítulo IV
CONCURSO DE EXEQUENTES
E CREDORES

1. INTRODUÇÃO

Como visto anteriormente, o procedimento executivo para pagamento de quantia, fundado em título judicial ou extrajudicial, pode ser didaticamente compartimentado em fases, que nada mais são do que uma "divisão acadêmica" do itinerário executivo determinado pelo legislador.

Assim, vimos que a fase final do procedimento executivo para pagamento de quantia, instaurado contra devedor solvente, é caracterizada com o pagamento ao exequente, que, segundo o art. 904 do CPC, poderá ser feito pela entrega do dinheiro (inc. I), pela adjudicação dos bens penhorados (inc. II).

Todavia, para desespero do exequente, que em tal momento (fase final) já percorreu uma longa e quase interminável *via crucis* até a chegada do epílogo executivo, ainda existe o risco de um novo obstáculo, que poderá impedi-lo de receber o esperado crédito. Esse risco é causado por um incidente processual denominado "concurso de exequentes ou credores", previsto nos arts. 908 e 909 do CPC, que é caracterizado, como o nome mesmo já diz, por uma disputa entre credores/exequentes para receber a verba pecuniária oriunda da alienação dos bens.

2. NATUREZA JURÍDICA

A natureza jurídica do "concurso de credores" instaurado nos arts. 908 e 909 do CPC é de "incidente processual", e não de "processo incidental".

Essa explicação é importante porque durante muito tempo o CPC de 1973 mencionava que por sentença o juiz decidiria esse incidente. O uso da palavra sentença decorria de uma herança haurida do CPC de 1939 (art. 947), em que a cumulação de penhoras sobre o mesmo bem se resolvia em concurso de credores, com alteração da execução de singular para coletiva. Contudo, no sistema vigente, a referida cumulação de penhoras sobre um mesmo bem não enseja a mudança da natureza singular da execução para a coletiva, e o que ocorre nessa situação descrita nos arts. 908 e 909 do CPC é apenas um incidente cognitivo, incrustado na fase final do procedimento executivo, prévio à entrega do dinheiro, que irá definir a ordem do pagamento do dinheiro arrecadado. Essa ordem de entrega do dinheiro leva em consideração a ordem de preferência estabelecida pela lei material e processual.

Assim, tanto a decisão que admite o concurso de credores quanto a que define a ordem de preferência no recebimento do crédito são agraváveis, porque resolvem questão incidente na relação jurídica processual executiva. Enquanto não resolvido esse incidente, o procedimento executivo fica paralisado (na verdade, obstado), pois primeiro deve ser definido qual o credor tem o direito de preferência para em seguida proceder à entrega do dinheiro.

3. CONCURSO DE EXEQUENTES *VERSUS* CONCURSO DE CREDORES NO PROCESSO DE INSOLVÊNCIA

O incidente processual gerado pelo concurso de preferências previsto nos arts. 908 e 909 do CPC tem lugar nas hipóteses de execução por quantia certa contra devedor solvente, não havendo de confundir com o concurso de credores ocorrido no processo de insolvência, nos casos de execução universal (art. 768 do CPC/1973).

É importante que fique bastante clara a diferença entre ambos os institutos, que, embora de origem comum, não podem ser confundidos.

Na execução singular, na qual tem lugar o instituto ora em estudo, pressupõe-se a existência de mais de uma penhora sobre um mesmo bem ou quando sobre este mesmo bem penhorado e alienado existam privilégios ou preferências instituídas antes da penhora.

Em outras palavras, significa que é preciso que exista um devedor que tenha sido executado (processo de execução ou cumprimento de sentença) por credores diversos, e que nessas execuções singulares diversas um mesmo bem do devedor foi penhorado mais de uma vez, quando então se verificará em qual execução a penhora foi anterior, para assim descobrir qual dos exequentes (ou credores com privilégio e preferência sobre o bem alienado) tem primazia (direito de preferência) no recebimento do dinheiro.

Como não existe, nessa hipótese dos arts. 908 e 909 do CPC, um processo de insolvência, porque o incidente tem lugar nos casos de execução contra devedor solvente, então se pressupõe que o patrimônio do executado seja bastante ou suficiente para "satisfação integral de todos os credores concorrentes; e, se isso realmente se der, não haverá, em regra, do ponto de vista prático, diferença muito considerável entre a situação do credor preferente e a dos restantes, reduzindo-se tudo a uma questão de prioridade na obtenção do mandado de levantamento, sem que haja, porém, *redução* na importância devida a cada credor por insuficiência dos meios de pagamento".[1]

É muito importante esse registro, porque o concurso de preferências não pressupõe que as dívidas do executado sejam antecipadas, já que não existe nenhuma declaração judicial de insolvência e nenhum de seus efeitos (vencimento antecipado das dívidas,

---

1. José Carlos Barbosa Moreira. *O novo processo civil brasileiro.* 22. ed. atual. Rio de Janeiro: Forense. p. 253.

CAPÍTULO IV • CONCURSO DE EXEQUENTES E CREDORES

arrecadação de todos os bens suscetíveis de penhora, execução por concurso universal de credores).

Por isso, o incidente processual dos arts. 908 e 909 e ss. do CPC não pressupõe insolvência judicial declarada, e, portanto, não existe no incidente processual em estudo uma situação de antecipação de vencimento das dívidas do executado, de forma a gerar uma execução universal e arrecadação do patrimônio em uma massa única a ser partilhada para todos os credores, mediante a classificação e verificação dos créditos (art. 768 do CPC/1973).

Ora, então, o que existe no presente incidente é um concurso de exequentes e/ou credores que: a) exequentes que promoveram execuções contra um devedor comum a todos eles, e que o mesmo bem serviu de garantia para a satisfação de todos os créditos executados (mesmo bem com várias penhoras); e/ou b) sobre o bem penhorado e alienado existiam privilégios ou preferências legais anteriores à penhora. Nessas situações incidirá, mediante provocação na forma e modo legal, o concurso aludido nos arts. 908 e 909 do CPC.

4. DUAS OU MAIS PENHORAS SOBRE O MESMO BEM

Uma das hipóteses do concurso de exequentes/credores tem lugar nas situações em que um mesmo bem tenha sido penhorado em mais de uma execução, criando, assim, um direito de garantia para cada um dos respectivos credores-exequentes. Assim, em respeito a esse direito – que, segundo Alfredo Buzaid, constitui "um direito real sobre os bens penhorados, a exemplo do que dispõe o § 804 do Código de Processo alemão"[2] –, é que o legislador processual previu a regra desse incidente para recebimento do dinheiro obtido com a alienação do bem penhorado, que será decidido mediante o confronto temporal do nascimento da preferência adquirida por cada exequente com a penhora sobre o bem.

É importante ressaltar que, não obstante a execução singular ser realizada em benefício de um único credor (individual ou coletivo), não é impossível (senão até comum) acontecer de dois ou mais credores executarem ao mesmo tempo o mesmo devedor, vindo as penhoras respectivas a cada uma das execuções a incidir sobre o mesmo bem, o que os levará a disputar a prioridade (preferência) na satisfação do seu crédito com o valor obtido com a venda judicial do bem penhorado. Com isso, instala-se entre eles o que se denomina "concurso particular de preferência", com a finalidade de obter um pronunciamento jurisdicional que decida sobre a ordem em que deverão ser satisfeitos os diversos créditos, de acordo com as respectivas prelações.

---

2. Alfredo Buzaid. *Exposição de motivos do Código de Processo Civil*. n. 22. Registre-se que, no parágrafo citado do *ZPO* alemão, as alíneas 1.ª e 2.ª asseveram que "pela penhora adquire o credor um direito de garantia pignoratícia sobre as coisas embargadas", que acaba sendo equiparado ao direito decorrente do penhor contratual; já na alínea 3.ª apresenta a exegese que foi adotada pelo nosso CPC, de que "o direito de garantia por penhora anterior terá preferência sobre o derivado de uma penhora posterior".

5. O EXERCÍCIO DO DIREITO DE PREFERÊNCIA

A redação do art. 905 é clara ao dizer que o juiz autorizará o levantamento da quantia a ser entregue sempre que "I – a execução for movida só a benefício do exequente singular, a quem, por força da penhora, cabe o direito de preferência sobre os bens penhorados e alienados; II – não houver sobre os bens alienados outros privilégios ou preferências instituídas anteriormente à penhora". E, segundo o que dispõe o art. 908 "havendo pluralidade de credores ou exequentes, o dinheiro lhes será distribuído e entregue consoante a ordem das respectivas preferências". E, nos termos dos parágrafos seguintes, tem-se que, "no caso de adjudicação ou alienação, os créditos que recaem sobre o bem, inclusive os de natureza *propter rem*, sub-rogam-se sobre o respectivo preço, observada a ordem de preferência". "Não havendo título legal à preferência, o dinheiro será distribuído entre os concorrentes, observando-se a anterioridade de cada penhora".[3]

---

3. O Tema 1.243 do STJ trata da necessidade de prévia execução fiscal ou penhora para que o titular de crédito tributário com privilégio legal possa exercer sua preferência em uma execução movida por terceiro, especialmente no contexto do concurso de credores previsto no art. 908 do CPC. Em síntese, discute-se se esse incidente exige a existência de execução em curso e penhora sobre o mesmo bem para que credores com privilégios legais participem do concurso. O texto do CPC/2015, ao contrário do CPC/1973, é mais claro ao limitar o incidente aos exequentes e credores com privilégios legais, eliminando ambiguidades. Embora defendêssemos antes da vigência do CPC/2015 que execuções e penhoras simultâneas sobre o mesmo bem deveriam ser pré-requisitos, o código atual optou por uma abordagem mais objetiva, dispensando tais exigências. Neste particular parece-nos correta a posição estabelecida pela Corte Especial no (EREsp n. 1.603.324/SC, relator Ministro Luis Felipe Salomão, Corte Especial, julgado em 21/9/2022, DJe de 13/10/2022.) quando disse que: "1. A distribuição do produto da expropriação do bem do devedor solvente deve respeitar a seguinte ordem de preferência: em primeiro lugar, a satisfação dos créditos cuja preferência funda-se no direito material. Na sequência – ou quando inexistente crédito privilegiado –, a satisfação dos créditos comuns (isto é, que não apresentam privilégio legal) deverá observar a anterioridade de cada penhora, ato constritivo considerado título de preferência fundado em direito processual. 2. Isso porque não se revela possível sobrepor uma preferência processual a uma preferência de direito material, porquanto incontroverso que o processo existe para que o direito material se concretize. Precedentes. 3. O privilégio do crédito tributário – assim como dos créditos oriundos da legislação trabalhista – encontra-se prevista no artigo 186 do CTN. À luz dessa norma, revela-se evidente que, também no concurso individual contra devedor solvente, é imperiosa a satisfação do crédito tributário líquido, certo e exigível – observada a preferência dos créditos decorrentes da legislação do trabalho e de acidente de trabalho e dos créditos com direito real de garantia no limite do bem gravado – independentemente de prévia execução e de penhora sobre o bem cujo produto da alienação se pretende arrecadar. 4. Nada obstante, para garantir o levantamento de valores derivados da expropriação do bem objeto de penhora nos autos de execução ajuizada por terceiro, o titular do crédito tributário terá que demonstrar o atendimento aos requisitos da certeza, da liquidez e da exigibilidade da obrigação, o que reclamará a instauração de processo executivo próprio a fim de propiciar a quitação efetiva da dívida. 5. Por outro lado, a exigência de pluralidade de penhoras para o exercício do direito de preferência reduz, significativamente, a finalidade do instituto – que é garantir a solvência de créditos cuja relevância social sobeja aos demais –, equiparando-se o credor com privilégio legal aos outros desprovidos de tal atributo. 6. Assim, prevalece a exegese de que, independentemente da existência de ordem de penhora na execução fiscal, a Fazenda Pública poderá habilitar seu crédito privilegiado em autos de execução por título extrajudicial. Caso ainda não tenha sido ajuizado o executivo fiscal, garantir-se-á o exercício do direito da credora privilegiada mediante a reserva da totalidade (ou de parte) do produto da penhora levada a efeito em execução de terceiros. 7. Na hipótese, deve ser restabelecida a decisão estadual que autorizou a habilitação do crédito tributário (objeto de execução fiscal já aparelhada) nos autos da execução de título extrajudicial em que perfectibilizada a arrematação do bem do devedor. 8. Embargos de divergência do Estado de Santa Catarina providos a fim de negar provimento ao recurso especial da cooperativa de crédito".

6. OBJETO

O objeto de julgamento (mérito) do presente incidente processual é identificar, dentre os exequentes e/ou credores que penhoraram o mesmo bem do devedor nas suas respectivas execuções singulares, ou que tenham privilégios ou preferências legais anteriores à penhora, aquele que tem primazia no levantamento da quantia obtida com a arrematação do bem penhorado. Essa primazia se verifica pelo direito de preferência previsto na lei civil e na lei processual.

Assim, são várias as leis civis que estabelecem crédito com natureza privilegiada ou preferencial, destacando-se os créditos fiscais, os trabalhistas, os decorrentes de honorários advocatícios e de direito real de garantia (hipoteca, penhor ou anticrese) etc. Também a lei processual estabelece que a penhora – ato de constrição judicial – cria um direito de preferência para o credor exequente em relação à satisfação de seu crédito.

7. LEGITIMIDADE

São legitimados ativos para requerer o incidente os exequentes de outros processos/cumprimento de sentença que tenham penhorado o mesmo bem arrematado no processo em que foi arrecadado o dinheiro. Igualmente, também são legitimados os credores que possuam algum tipo de preferência ou privilégio sobre o bem alienado. A legitimidade passiva enseja a formação de litisconsórcio entre os todos os demais exequentes que penhoraram o mesmo bem arrematado ou credores com privilégio ou preferência.

8. PROCEDIMENTO

O procedimento desse incidente processual inicia-se por provocação de qualquer credor-exequente nas condições descritas no art. 905, I e II.

Essa provocação se faz por petição simples, expondo-se as razões de fato e de direito que dão suporte ao direito de preferência. O prazo para requerer o incidente – que está embutido no procedimento executivo – situa-se entre a arrematação e a entrega do dinheiro. Feito o pagamento, não existirá mais o momento para a realização do incidente.

Realizada a provocação por qualquer credor exequente, todos os demais credores-exequentes do mesmo bem penhorado deverão ser notificados (intimação do advogado) para impugnar a pretensão formulada no prazo de cinco dias, pois outro não foi estabelecido nos dispositivos que cuidam do incidente. Esgotado o prazo de impugnação e havendo questões de fato a serem resolvidas, o juiz designará audiência se necessário e, em seguida, decidirá o incidente.

Em relação ao incidente, é importante deixar claro que o tema objeto de discussão e debate é apenas o concurso de preferências sobre o produto obtido com a arrematação do bem penhorado. Não há espaço para qualquer outra discussão que não seja relativa à primazia do recebimento do crédito.

Outro aspecto digno de registro é que, nesse incidente, o executado não é convidado a participar, porque seu direito não está sendo discutido, falecendo interesse jurídico mesmo na intervenção do feito.

Por fim, é importante mencionar ainda que, uma vez instaurado o presente incidente processual, o procedimento executivo é impedido de ter prosseguimento, posto que, enquanto não identificada a ordem de recebimento do dinheiro, a referida quantia não poderá ser entregue.

Logo, não há, no rigor da palavra, uma "suspensão" do processo ou módulo executivo, mas sim uma paralisação causada por um obstáculo que precisa ser superado.

A resolução desse incidente processual se faz por meio de decisão interlocutória cuja finalidade é identificar qual dos requerentes tem a primazia no recebimento do dinheiro.

BIBLIOGRAFIA

ABELHA, Marcelo. *Execução por quantia certa contra devedor solvente*. 2. ed. São Paulo: Foco, 2024.

____. *Suspensão de Segurança*. 5. ed.: suspensão da execução de decisão judicial contra o poder público. São Paulo: Foco, 2022.

____. *Responsabilidade patrimonial pelo inadimplemento das obrigações*. 2. ed. São Paulo: Foco, 2024.

____. *Eu sou a mosca que pousou em sua sopa* – No cumprimento provisório das astreintes o art. 537, § 3º do CPC obsta a utilização do inciso IV do artigo 520 do CPC. Disponível em: https://www.migalhas.com.br/depeso/396526/cumprimento-provisorio-das-astreintes. Acessado em: 08 nov. 2023.

____. *O ser é e não pode não ser e o não-ser não é e não pode ser de modo algum*. Disponível em: https://www.migalhas.com.br/depeso/386763/o-ser-e-e-nao-pode-nao-ser-nao-ser-nao-e-e-nao-pode-ser-de-modo-algum. Acessado em: 10 out. 2023.

____. *Memórias póstumas da penhora online*. Disponível em https://www.migalhas.com.br/depeso/383106/memorias-postumas-da-penhora-online. Acessado em: 12 out. 2023.

____. *O tema 1.232 do STF....'o corpo ainda é pouco e o pulso, ainda pulsa*. Disponível em https://www.migalhas.com.br/depeso/377391/o-tema-1-232-do-stf---o-corpo-ainda-e-pouco-e-o-pulso-ainda-pulsa. Acessado em: 12 set. 2023.

____. *A arrematação de bem imóvel em leilão público não é um kinder ovo*. Disponível em: https://www.migalhas.com.br/depeso/366964/a-arrematacao-de-bem-imovel-em-leilao-publico-nao-e-um-kinder-ovo. Acessado em: 10 jul. 2023.

____. *O que fazer quando o exequente é um patife? O art. 139, IV do CPC também pode ser invocado pelo executado em seu favor?* Disponível em: <https://www.migalhas.com.br/depeso/323884/o-que-fazer-quando-o-exequente-e-um-patife--o-art--139--iv-do-cpc-tambem-pode-ser-invocado-pelo-executado-em-seu-favor>. Acessado em: 09 set. 2023.

____. *Atum, ameixas, ervilhas e títulos executivos extrajudiciais*. Disponível em: https://www.migalhas.com.br/depeso/274537/atum--ameixas--ervilhas-e-titulos-executivos-extrajudiciais. Acessado em: 10. set. 2023.

____. *O executado cafajeste II*: medida coercitiva como instrumento da medida sub-rogatória. Disponível em: https://www.migalhas.com.br/depeso/267289/o-executado-cafajeste-ii---medida-coercitiva-como-instrumento-da-medida-sub-rogatoria. Acessado em: 02 jul. 2023.

____. *O que fazer quando o executado é um "cafajeste"? Apreensão de passaporte? Da carteira de motorista?* Disponível em: <https://www.migalhas.com.br/depeso/245946/o-que-fazer-quando-o-executado-e-um--cafajeste---apreensao-de-passaporte--da-carteira-de-motorista>. Acessado em: 31 ago. 2023.

____. "Utilizar o instituto da desconsideração da personalidade jurídica para atingir alguém que já é responsável patrimonialmente?" In: RODRIGUES, Marcelo Abelha; TARPINIAN, Roberta; NAVARRO, Tricia e SIQUEIRA, Thiago (Coord.). *Desconsideração da Personalidade Jurídica* – Aspectos Materiais e Processuais. São Paulo: Editora Foco, 2023. p. 211.

ABELHA RODRIGUES, Guilherme Santos Neves. *Introdução ao Direito Civil*: bens. Vitória: Edição dos Organizadores, 2020. v. 2.

AMBRA, Luiz. *Dos embargos de terceiro*. São Paulo: Ed. RT, 1971.

AMORIM, Sebastião Luiz. *A execução da prestação alimentícia e alimentos provisionais – prisão do devedor. Revista dos Tribunais*, São Paulo, n. 558, p. 28-32, 1982.

ANDOLINA, Italo. *Cognizione e esecuzione forzata nel sistema della tutela giurisdizionale*. Milano: Giuffrè, 1983.

ARMELIN, Donaldo. Notas sobre os embargos de terceiros. In: LOPES, João Baptista; CUNHA, Leonardo José Carneiro da (Coord.). *Execução civil (aspectos polêmicos)*. São Paulo: Dialética, 2005.

____. *Embargos de terceiro*. São Paulo, Saraiva, 2017.

ARRUDA ALVIM, Agostinho Neves de. *Da inexecução das obrigações e suas consequências*. São Paulo: Saraiva, 1949.

ARRUDA ALVIM, Teresa. *Os agravos no CPC brasileiro*. 4. ed. São Paulo: Ed. RT, 2005.

____. "Anotações sobre o julgamento de processos repetitivos". *Revista IOB de direito civil e processual civil*, v. 9, n. 49, p. 38–45, set./out., São Paulo, IOB Thomson, 2007.

____. *Embargos de declaração e omissão do juiz*. 3. ed. São Paulo: Ed. RT, 2017.

____. *Recurso especial, recurso extraordinário e a nova função dos tribunais superiores*. 6. ed., rev., atual. e ampliada. São Paulo: Ed. RT, 2019.

ASSIS, Araken. *Processo de execução*. 5. ed. São Paulo: Ed. RT, 1998.

____. *Comentários ao Código de Processo Civil*. Rio de Janeiro: Forense, 1999. v. VI.

____. *Manual do processo de execução*. 6. ed. São Paulo: Ed. RT, 2000.

____. *Manual do processo de execução*. 8. ed. São Paulo: Ed. RT, 2002.

____. Responsabilidade patrimonial. In: LOPES, João Batista; CUNHA, Leonardo José Carneiro da (Coord.). *Execução civil (aspectos polêmicos)*. São Paulo: Dialética, 2005.

____. *Cumprimento da sentença*. Rio de Janeiro: Forense, 2006.

____. *Manual da execução*. 18. ed. São Paulo: Ed. RT. 2016.

AUBRY, C.; RAU, C. *Cours de droit civil français*: d'apres la methode de zachariae. 8. v., Paris, Libr. Generale de Droit Et de Jurisprudence, 1869.

BARBOSA MOREIRA, José Carlos. Convenções processuais em matéria processual. In: *Temas de Direito Processual*, 3ª série, São Paulo: Saraiva, 1984. p. 87-98.

____. Tendências em matéria de execução de sentenças e ordens judiciais. *Revista de Processo*, v. 41, p. 151-168, jan./mar. 1986.

____. Notas sobre a extinção da execução. *Temas de direito processual civil*. 5ª série. São Paulo: Saraiva, 1987.

____. *O novo processo civil brasileiro*: exposição sistemática do procedimento. 10. ed. rev. e atual. Rio de Janeiro: Forense, 1989.

____. Execução sujeita a condição ou termo no processo civil brasileiro. *Temas de direito processual*: sexta série. São Paulo: Saraiva, 2001.

____. Por um processo socialmente efetivo. *Revista Síntese de Direito Civil e Processual Civil*, Porto Alegre, v. 2, n. 11, p. 5-14, maio/jun., 2001.

____. *O novo processo civil brasileiro*. 22. ed. atual. Rio de Janeiro: Forense.

____. *Comentários ao Código de Processo Civil*. 10. ed. Rio de Janeiro: forense, 2002. v. 5.

____. *O novo processo civil brasileiro*. 23. ed. Rio de Janeiro: Forense, 2004.

BARROS, Hamilton Moraes e. *Comentários ao Código de Processo Civil*. 2. ed. Rio de Janeiro: Forense, 1977. v. IX.

BECKER, Rodrigo Frantz. . 4. ed. Salvador: Podivm, 2024.

BEDAQUE, José Roberto dos Santos. *Direito e processo (influência do direito material sobre o processo)*. 2. ed. São Paulo: Malheiros.

BETTI, Emilio. Concetto dell'obligazione costruito dal punto de vista dell'azione. *Studi nelle scienze giuridiche e social*. Universidade de Pavia, 1919.

____. *Teoria generale del negozio giuridico*. Torino, Unione Tipografico-editrice Torinese, 1943.

____. *Teoría general del negocio jurídico* / Emilio Betti; traducción y concordancias con el derecho español por a Martin Perez. Madrid, *Revista de Derecho Privado*, 1943.

____. *Teoría General de las Obligaciones*. Madrid: Editorial Revista de Derecho Privado, 1969. t. 1.

____. *Teoria geral do negócio jurídico*, 3 vols. Tradução de Fernando de Miranda. Coimbra: Coimbra, 1969.

BEVILÁQUA, Clóvis. *Theoria Geral do Direito Civil*. 2. ed. São Paulo: Livraria Francisco Alves, 1929.

____. *Direito da família*. 7. ed. Rio de Janeiro: Imprenta, Ed. Rio, 1976.

BORGES, Marcos Afonso. Execução forçada. *Revista de Processo*, v. 32, p. 43.

BRUSCHI, Gilberto Gomes. *Aspectos processuais da desconsideração da personalidade jurídica*. São Paulo: Juarez de Oliveira, 2004.

BUENO, Cassio Scarpinella. *Execução provisória e antecipação de tutela*. São Paulo: Saraiva, 1999.

____. *Execução provisória e antecipação de tutela*. 2. ed. São Paulo: Saraiva, 2001.

____. *A nova etapa da reforma do Código de Processo Civil*. São Paulo: Saraiva, 2006. v. I.

____. *Partes e terceiros no processo civil brasileiro*. São Paulo. Saraiva, 2006.

____. *Manual de Direito Processual Civil*. 2. ed. São Paulo: Saraiva, 2016.

____. *Curso Sistematizado de Direito Processual Civil* – v. 3 – 9. ed.: tutela jurisdicional executiva. São Paulo: Saraiva, 2020.

____. Do incidente de desconsideração da personalidade jurídica ao incidente de corresponsabiliza-ção." In: RODRIGUES, Marcelo Abelha; TARPINIAN, Roberta; NAVARRO, Tricia e SIQUEIRA, Thiago (Coord.). *Desconsideração da Personalidade Jurídica* – Aspectos Materiais e Processuais. São Paulo: Editora Foco, 2023. p. 15.

BUENO, Francisco Silveira. *Grande dicionário etimológico e prosódico da língua portuguesa*. São Paulo: Saraiva, 1968. 3 v.

BUZAID, Alfredo. *Do concurso de credores no processo de execução*. São Paulo: Saraiva, 1952.

____. *Exposição de motivos do Código de Processo Civil.* Código de Processo Civil de 1973 (Lei n.º 5.869/73).

CABRAL, Antonio do Passo. *Convenções processuais*: teoria geral dos negócios jurídicos processuais. 3. edição. Salvador: JusPodivm, 2020.

CAHALI, Yussef Said. *Dos alimentos.* 2. ed. São Paulo: Ed. RT, 1993.

____. *Honorários advocatícios.* São Paulo: Ed. RT, 1997.

____. *Fraude contra credores.* 2. ed. São Paulo: Ed. RT, 1999.

CALAMANDREI, Piero. *Studi sul processo civile.* Padova: Milani, 1934. v. III.

CÂMARA, Alexandre Freitas. *Lições de direito processual civil.* Rio de Janeiro: Lumen Juris, 2004. v. II.

____. *O novo processo civil brasileiro.* São Paulo: Atlas, 2016.

CAMBLER, Everaldo. Fraude à execução. *Revista de Processo*, São Paulo: Ed. RT, 2000. v. 58.

CARNEIRO, Athos Gusmão. *Ação de alimentos.* São Paulo: Ed. RT, ano 1978. v. 516. p. 14.

CARNELUTTI, Francesco. *Sistema di diritto processuale civile.* Padova: Cedam. v. II.

CASTELLAN, Alvaro Gamio Santiago. *Límites a la creación voluntaria de patrimonios de afectación para la salvaguarda de bienes.* Disponível em: http://revistaderecho.um.edu.uy/wp-content/uploads/2013/02/Gamio-y-Castellana-Limites-a-la-creacion-voluntaria-de-patrimonios-de--afectacion-para-la-salvaguarda-de-bienes.pdf. Acesso em: 02 abr. 2022.

CASTRO, Amílcar de. *Comentários ao Código de Processo Civil.* 1963. São Paulo: Saraiva. 1941. t. I. v. X.

____. *Comentários ao Código de Processo Civil.* São Paulo: Ed. RT, 1974. v. 8.

____. *Do procedimento de execução.* 2. ed. Rio de Janeiro: Forense, 2000.

CASTRO, Roberta Dias Tarpinian de. *O incidente de desconsideração da personalidade jurídica*: as diferentes funções de um mesmo mecanismo processual. Quartier Latin: São Paulo, 2019.

CHIOVENDA, Giuseppe. *Instituições de direito processual civil.* 3. ed. São Paulo: Saraiva. v. 1.

____. *Instituições de direito processual civil.* Trad. Guimarães Menegale. São Paulo, 1942. v. I e II.

____. *Istituzioni di diritto processuale civile.* Napoli: Jovene. 1961. v. 1.

CORDEIRO, Antonio Menezes. *O levantamento da personalidade colectiva.* Coimbra: Almedina, 2000.

____. *Tratado de Direito Civil Português.* Coimbra: Almedina, 2010. v. II. t. IV.

____. *Tratado de direito civil, v. VI IX e X*: direito das obrigações. 3. ed. Coimbra: Almedina, 2019.

COSTA, Moacyr Lobo da. *Origem dos embargos no direito lusitano.* Rio de Janeiro: Borsói, 1973.

CRUZ E TUCCI, José Rogério. Penhora sobre bem do fiador de locação. In: CRUZ E TUCCI, José Rogério (Coord.). *A penhora e o bem de família do fiador da locação.* São Paulo: Revista dos Tribunais, 2003.

DIFINI, Luiz Felipe Silveira. *Embargos de terceiro.* Rio de Janeiro: Aide, 1992.

DINAMARCO, Candido Rangel. *Execução civil*: a execução na teoria geral do direito processual civil. São Paulo: Ed. RT, 1972.

____. *A Instrumentalidade do processo.* São Paulo: Ed. RT, 1987.

____. *Intervenção de terceiros*. São Paulo: Malheiros, 1997.

____. Vocabulário de direito processual. In: *Fundamentos do processo civil moderno*. 3. ed. São Paulo: Malheiros, 2000. v. I. p. 136-151.

____. *Execução civil*. 8. ed. São Paulo, Malheiros, 2002.

____. *Fundamentos do Processo Civil Moderno. Fiança e processo*. São Paulo: Malheiros, 2010.

____. *Instituições de direito processual civil*. 4. ed. São Paulo: Malheiros, 2019. v. IV.

FARIA, José Leite Areias Ribeiro de. *Direito das obrigações*, Coimbra: Almedina, 1987. v. I.

FARIA, Marcio. Primeiras impressões sobre o projeto de lei 6.204/2019: críticas e sugestões acerca da tentativa de se desjudicializar a execução civil brasileira (parte um). *Revista de Processo*, v. 313, São Paulo: Ed. RT, 2021, p. 393-414, edição eletrônica.

FARIAS, Christiano Chaves de. ROSENVALD, Nelson. *Curso de direito civil*. 19. ed. Salvador: JusPodivm, 2019. v. 1.

FARIAS, Christiano Chaves; ROSENVALD, Nelson; BRAGA NETTO, Felipe Peixoto. *Curso de direito civil*: responsabilidade civil. 8. ed. Salvador: JusPodivm, 2021. v. 3.

FISCHMANN, Gerson. *Comentários ao Código de Processo Civil*. São Paulo: Ed. RT, 2000. v. 14.

GAJARDONI, Fernando da Fonseca. Convenções processuais atípicas na execução civil. *Revista Eletrônica de Direito Processual*. Disponível em: https://www.e-publicacoes.uerj.br/index.php/redp/article/view/56700. Acesso em: 02 maio 2022.

GOMES, Luiz Flávio. Prisão civil por dívida alimentar – alguns aspectos controvertidos. *Revista dos Tribunais*, v. 582, abr. 1984. p. 9 e ss.

GOMES, Orlando. *Direito de família*. 12. ed. Rio de Janeiro: Forense, 2000.

GRECO FILHO, Vicente. *Direito processual civil brasileiro*. 3. ed. São Paulo: Saraiva, 1987. v. 3.

GRECO, Leonardo. A execução e a efetividade do processo. *Revista de Processo*, São Paulo, v. 24, n. 94, p. 34–66, abr./jun., 1999.

____. *O processo de execução*. Rio de Janeiro: Renovar, 1999. v. I.

____. *O processo de execução*. Rio de Janeiro: Renovar, 2001. v. II.

GUERRA, Marcelo Lima. *Execução forçada*. São Paulo: Ed. RT, 1996.

____. *Execução indireta*. São Paulo: Ed. RT, 1999.

____. *Direitos Fundamentais e a Proteção do Credor na Execução Civil*. São Paulo: Ed. RT, 2003.

GUERRA FILHO, Willis Santiago. Responsabilidade patrimonial e fraude à execução. *Revista de Processo*, São Paulo: RT, v. 65, 1992.

JORGE, Flávio Cheim; DIDIER JR., Fredie; RODRIGUES, Marcelo Abelha. *A terceira etapa da reforma processual*. São Paulo: Saraiva, 2006.

La CHINA, Sergio. *L'esecuzione forzata*. Giuffrè, 1970. v. I.

____. *L'esecuzione forzata e le disposizioni generali del Codice di Procedura Civile*. Torino: Giuffrè, 1970.

LIEBMAN, Enrico Tulio. *Embargos do executado*. São Paulo: Saraiva. 1952.

____. *Processo de execução*. 2. ed. São Paulo: Saraiva, 1963.

_____. *Processo de execução*. 2. ed. São Paulo: Saraiva, 1963, n. 41.

_____. *Manual de Direito Processual Civil*. Forense: Rio de Janeiro, 1984. v. 1.

LIMA, Alcides de Mendonça. *Comentários ao Código de Processo Civil Brasileiro*. Rio de Janeiro: Forense, 1977. v. VI, t. II.

LIMA, Rafael de Oliveira. *Inadimplemento e execução civil*: análise do prazo de cumprimento voluntário. 2018. 487 f. Dissertação (Mestrado em Direito Processual) – Curso de Mestrado em Direito Processual, Universidade Federal do Espírito Santo, Vitória.

LIMA, Alvino. *A fraude do direito civil*. São Paulo: Saraiva, 1965.

LUCON, Paulo Henrique dos Santos. *Embargos à execução*. São Paulo: Saraiva, 1996.

_____. *Eficácia das decisões e execução provisória*. São Paulo: Ed. RT, 2000.

MANDRIOLI, Crisanto. *L'esecuzione forzata in forma specifica*. Milano: Giuffrè, 1957.

_____. *Corso di diritto processuale civile*. 12. ed. Torino: G. Giappichelli, 1998. v. III.

MARINONI, Luiz Guilherme. *Tutela específica*: arts. 461, CPC e 84, CDC. 2. ed. São Paulo: Ed. RT, 2001.

MARINONI, Luiz Guilherme. *Técnica processual e tutela de direitos*. São Paulo: Ed. RT, 2004.

_____. "A tutela inibitória e os seus fundamentos no novo código de processo civil". *Revista de Processo*, v. 252, São Paulo: RT, p. 303-318, 2016, edição eletrônica.

_____. *Técnica processual e tutela dos direitos*. 6. ed. São Paulo: Ed. RT, 2019.

MARINONI, Luiz Guilherme; ARENHART, Sérgio Cruz; MITIDIERO, Daniel. *Curso de processo civil*. São Paulo: Ed. RT, 2015. v. 2.

MARQUES, José Frederico. *Instituições de direito processual civil*. 3. ed. Rio de Janeiro: Forense, 1971. v. V.

MARTINS-COSTA, Judith. *A boa-fé no direito privado*: sistema e tópica no processo obrigacional. São Paulo: Ed. RT, 2000.

_____. *Comentários ao Novo Código Civil*. Rio de Janeiro: Forense, 2003. v. 5, t. 1.

MARTINS, Sandro Gilberto. *A defesa do executado por meio de ações autônomas*. São Paulo: Ed. RT, 2002.

MAZZARELLA, Ferdinando. *Contributo allo studio del titolo esecutivo*. Milano: Giuffrè, 1965.

MAZZEI, Rodrigo. Algumas notas sobre o ("dispensável") art. 232 do Código Civil. In: DIDIER JR., Fredie; MAZZEI, Rodrigo Reis. (Org.). *Prova, exame médico e presunção*: o art. 232 do Código Civil. Salvador: JusPodivm, 2006. p. 259-269.

_____. "Enfoque processual do art. 928 do Código civil: responsabilidade civil do incapaz (republicação)". *Revista Brasileira de Direito Processual (Impresso)*, v. 61, p. 45-70, 2008. p. 49-50.

_____. Aspectos processuais da desconsideração da personalidade jurídica no código de defesa do consumidor e no projeto do "novo" Código de Processo Civil. In: BRUSCHI, Gilberto Gomes et al. (Coord.). *Direito processual empresarial*: estudos em homenagem ao professor Manoel de Queiroz Pereira Calças. Rio de Janeiro: Elsevier, 2012.

_____. *Direito de Superfície*. Salvador, JusPodivm, 2013.

_____. Comentários ao Código de Processo Civil. v. XXII (arts. 610 a 673). In: GOUVÊA, Jose Roberto Ferreira; BONDIOLI, Luis Guilherme; FONSECA, José Francisco Naves da (Coords.). São Paulo: Saraiva, no prelo.

MAZZEI, Rodrigo; GONÇALVES, Thiago. A responsabilidade patrimonial do herdeiro: esboço sobre os principais pontos. In: ASSIS, Araken de; BRUSCHI, Gilberto Gomes (Org.). *Processo de execução e cumprimento da sentença*: temas atuais e controvertidos. São Paulo: Ed. RT, 2022, no prelo. v. 3.

MEDINA, José Miguel Garcia. *Execução civil – teoria geral: princípios fundamentais*. 2. ed. São Paulo: Ed. RT, 2004.

____. A sentença declaratória como título executivo – considerações sobre o art. 478-N, inc. I, do CPC. In: HOFFMAN, Paulo Hoffman; RIBEIRO, Leonardo Torres da Silva (Coord.). *Processo de execução civil*. São Paulo: Quartier latin. 2006.

MENDES, João de Castro. *Acção executiva*. Lisboa: Aafdl ed., 1980.

MONTESANO, Luigi; ARIETA, Giovanni. *Diritto processuale civile*. 3. ed. Torino: G. Giappichelli, 1999. v. III.

NEGRÃO, Theotônio. *Código de Processo Civil e legislação processual em vigor*. 24. ed. São Paulo: Malheiros, 1993.

NEVES, Daniel Amorim Assumpção. *Novo Código de Processo Civil*. 2. ed. São Paulo: Método. 2015.

NERY JR., Nelson; Rosa Maria de Andrade Nery. "Fraude contra credores e os embargos de terceiro". *Revista de Processo*, v. 6, n. 23, p. 90–99, jul./set., São Paulo: Revista dos Tribunais, 1981.

____. *Vícios do ato jurídico e reserva mental*. São Paulo: Ed. RT, 1983.

____. "Avanços e retrocessos do novo CPC". *Consulex*, v. 19, n. 433, p. 56–57, fev., Brasília, Consulex, 2015.

____. "Pontes de Miranda e o processo civil". *Revista de Processo*, v. 39, n. 231, p. 89–110, maio, São Paulo: Revista dos Tribunais, 2014.

____. *Código de processo civil comentado*. 18. ed. São Paulo: Ed. RT, 2019.

NERY, Rosa Maria de Andrade; NERY JR., Nelson. *Código Civil Comentado*, 6. ed. São Paulo: Ed. RT, 2008.

____. *Instituições de direito civil*. 2ª tiragem. São Paulo: Ed. RT, 2015. v. I, t. 1.

NOLASCO, Rita Dias. A responsabilidade patrimonial secundária e a fraude à execução do atual CPC até o novo CPC. *Revista de Processo*, v. 103, n. 950, p. 133–161, dez., 2014.

NOLASCO, Rita Dias; BRUSCHI, Gilberto Gomes; AMADEO, Roberto da Costa Manso Real. *Fraudes patrimoniais e a desconsideração da personalidade jurídica no novo código de processo civil*. São Paulo: Ed. RT, 2016.

NORONHA, Fernando. Patrimônios especiais: sem titular, autônomos e coletivos. *Revista dos Tribunais*, v. 747, jan. São Paulo: Ed. RT, 1998.

OLIVEIRA, Eduardo Alberto de Morais. *A prisão civil na ação de alimentos*. Rio de Janeiro: Forense. 1987.

OLIVEIRA, José Sebastião de. *Fraude à execução*. São Paulo: Saraiva, 1988.

PARIZATTO, Nelson Roberto. *Dos embargos de terceiro*. São Paulo: Editora de Direito, 1997.

PEREIRA, Caio Mário da Silva. *Instituições de direito civil*. Rio de Janeiro: Forense, 1994. v. I e II.

____. *Direito de família*. 12. ed. Rio de Janeiro: Forense. 2004. v. 5.

PEREIRA, Lafayette Rodrigues. *Direito de família.* 4. ed. Rio de Janeiro: Freitas Bastos. 1945.

PISANI, Andréa Proto. *Lezioni di diritto processuale civile.* Nápoles: Jovene, 1999.

PIZZOL, Patrícia Miranda. Dissertação de Mestrado : Liquidação nas ações coletivas. São Paulo: PUC, 1996.

PONTES DE MIRANDA, Francisco Cavalcanti. *Direito de família.* T. 01. Rio de Janeiro: José Konfino, 1939.

____. Incidência e aplicação da lei. *Revista da Ordem dos Advogados de Pernambuco,* n.º 01, ano I, Pernambuco-Recife, 1956.

____. *Comentários ao Código de Processo Civil.* 2. ed. Rio de Janeiro: Forense, 1961. t. XIV.

____. *Tratado de direito privado.* Imprenta: Rio de Janeiro, Borsoi, 1970, § 14. t. I, III, V.

____. *Comentários ao Código de Processo Civil.* Rio de Janeiro: Forense, 1973. v. X.

____. *Tratado de Direito Privado.* t. XXVI. São Paulo: Ed. RT, 1984, § 3.107.

QUARTIERI, Rita de Cássia Rocha Conte. Os embargos de terceiro como instrumento de efetividade à tutela dos direitos. In: CIANCI, Mirna; QUARTIERI, Rita (Coord.). *Temas atuais da execução civil:* estudos em homenagem ao professor Donaldo Armelin. São Paulo: Saraiva, 2007.

REIS, José Alberto dos. *Processo de execução.* Coimbra: Coimbra Ed., 1943. v. I e II.

RODRIGUES, Julio Cesar Souza. *Medidas acautelatórias no processo de execução.* São Paulo: Saraiva, 2002.

RODRIGUES, Marcelo Abelha. *Elementos de direito processual civil I.* 3. ed. São Paulo: Ed. RT, 2003.

RODRIGUES, Silvio. *Direito civil.* 19. ed. Rio de Janeiro: Forense, 1990. v. III.

____. *Curso de direito civil.* 25. e 23. ed. Rio de Janeiro: Forense, 1995. v. I e II.

____. *Direito civil.* 23. ed. São Paulo: Saraiva, 1995. v. II.

ROPPO, Enzo. La responsabilità patrimoniale del debitore. In: *Trattato di diritto privato,* diretto da Rescigno, XIX, Torino, 1985.

ROSSELLI, F. Responsabilità patrimoniale. I mezzi di conservazione. In: *Trattato di diritto privato.* Bessone, Torino, 2005. v. IX, t. III.

SALAMANCHA, José Eli. *Fraude* à *execução.* São Paulo: Ed. RT, 2005.

SANTOS, Ernane Fidélis dos. *Manual de direito processual civil.* 2. ed. São Paulo: Saraiva, 1988. v. 4.

____. *Manual de direito processual civil.* 6. ed. São Paulo: Saraiva, 1998. v. 2.

____. *Manual do direito processual civil.* 10. ed. São Paulo: Saraiva, 2006. v. II.

SATTA, Salvatore. *L'esecuzione forzata.* Milano: Giuffrè, 1957.

____. *Esecuzione forzata.* Milano: Giuffrè, 1967.

____. *Manual de derecho procesal civil.* Buenos Aires: Ejea, 1971. v. II.

____. *Direito processual civil.* 7. ed. Rio de Janeiro: Borsói, 1973. v. II.

SICA, Heitor Vitor Mendonça. *Preclusão processual civil.* 2. ed. São Paulo: Atlas, 2008.

____. *O direito de defesa no processo civil brasileiro.* São Paulo: Atlas, 2011.

SICCHIERO, Gianluca. *Le obbligazioni 2*: La responsabilità patrimoniale. UTET: Torino, 2011.

SILVA, Clóvis V. do Couto e. *A obrigação como processo*. Rio de Janeiro: FGV, 2007.

____. *A obrigação como processo*. São Paulo: Bushatsky, 1976.

SHIMURA, Sérgio. *Título executivo*. São Paulo: Saraiva, 1997.

SILVA, Clóvis Couto e. *Comentários ao Código de Processo Civil*. São Paulo: Ed. RT, 1982. t. II, v. XI.

SILVA, Ovídio Baptista da. *Jurisdição e execução*. 2. ed. São Paulo: Ed. RT, 1997.

____. *Curso de direito processual civil*. 3. ed. São Paulo: Ed. RT, 1998. v. II.

____. *Curso de direito processual civil*. 4. ed. São Paulo: Ed. RT, 2001. v. II.

SIQUEIRA, Cleanto Guimarães. *A defesa no processo civil*. 2. ed. Belo Horizonte: Del Rey, 1999.

SILVA, Ovídio A. Baptista da. *Curso de processo civil*. v. III Porto Alegre: Sérgio Antônio Fabris Editor, 1993.

____. *Jurisdição e Execução na Tradição Romano Canônica*. 2. ed. São Paulo: Ed. RT, 1997.

____. *Curso de Processo Civil*. 6. ed. São Paulo: Ed. RT, 2003. v. 01.

SILVA, Paula Costa e. O acesso ao sistema judicial e os meios alternativos de resolução de controvérsias: alternatividade efectiva e complementariedade. *Revista de Processo*, v. 158, São Paulo: Ed. RT, 2008, p. 93-106, edição eletrônica.

____. *A nova face da justiça: os meios extrajudiciais de resolução de controvérsias*. Lisboa: Coimbra Editora, 2009.

____. A constitucionalidade da execução hipotecária do decreto-lei 70, de 21 de novembro de 1966. *Revista de Processo*, v. 284, São Paulo: Ed. RT, 2018, p. 185-209, edição eletrônica.

SIQUEIRA, Thiago Ferreira. *A responsabilidade patrimonial no novo sistema processual civil*. São Paulo: Ed. RT, 2016.

SOUZA, André Pagani de. *Desconsideração da personalidade jurídica*: aspectos processuais. 2. ed. São Paulo: Saraiva, 2011.

SOUZA, Gelson Amaro de. Fraude à execução e o devido processo legal. *Revista dos Tribunais*, São Paulo: RT, v. 766, 1999.

____. *Fraude à execução e o direito de defesa do adquirente*. São Paulo: Juarez de Oliveira, 2002.

SOUSA, Miguel Teixeira de, Um novo processo civil português: à la recherche du temps perdu? *Revista De Processo*, ano 33, n. 161, p. 203-220. São Paulo: Ed. RT, 2008, edição eletrônica;

____. Processo executivo: a experiência de descentralização no processo civil português. *Revista de Processo Comparado*, São Paulo, v. 9, 2019. p. 83-97, edição eletrônica.

TALAMINI, Eduardo. *A tutela dos deveres de fazer e não fazer*. 2. ed. São Paulo: Ed. RT, 2003.

THEODORO JR., Humberto. *Fraude contra credores*: a natureza da ação pauliana. Belo Horizonte: Del Rey, 1996.

____. *Curso de direito processual civil*. Rio de Janeiro: Forense, 2002.

____. *Processo de execução e cumprimento de sentença*. 29. ed. São Paulo: Leud, 2017.

____. *Curso de Direito Processual Civil*. 52. ed. Rio de Janeiro: Forense (Grupo Editorial Nacional), 2019. v. III.

____. Novas perspectivas para atuação da tutela executiva no direito brasileiro: autotutela executiva e "desjudicialização" da execução. *Revista de Processo*, v. 315, p. 109-158. São Paulo: Ed. RT, 2021, edição eletrônica.

VIDIGAL, Luis Eulálio Bueno. *Direito processual civil*. São Paulo: Saraiva, 1965.

WALD, Arnoldo. *Curso de direito civil brasileiro*. Parte geral. 4. ed. São Paulo: Ed. Sugestões Literárias, 1975.

WAMBIER, Luiz Rodrigues. ALMEIDA, Flávio Renato Correia; TALAMINI, Eduardo. *Curso avançado de processo civil*. 6. ed. rev. e atual. São Paulo: Ed. RT, 2004.

____. *Sentença civil*: liquidação e cumprimento. São Paulo: Ed. RT, 2006.WAMBIER, Teresa Arruda. *Agravo de instrumento*. São Paulo: Ed. RT, 1993.

YARSHELL, Flávio Luiz. *Breves notas sobre a aplicação subsidiária do novo CPC à execução trabalhista e o incidente de desconsideração da personalidade jurídica*. Disponível em: https://juslaboris.tst.jus.br/bitstream/handle/20.500.12178/85447/2016_yarshell_flavio_breves_notas.pdf?sequence=1&isAllowed=y. Acesso em: 17 abr. 2021.

____. "Ampliação da responsabilidade patrimonial". *Revista Mestrado em direito* / Unifieo – Centro Universitário FIEO. v. 13, n. 1, p. 221–245, jan./jul., Osasco, Edifieo, 2013.

ZAVASCKI, Teori Albino. *Título executivo e liquidação*. São Paulo: Ed. RT, 1999.

____. *Título executivo e liquidação*. 2. ed. São Paulo: Ed. RT, 2001.

ANOTAÇÕES